JERUSALÉM

SIMON SEBAG MONTEFIORE

Jerusalém

A biografia

Tradução

Berilo Vargas e
George Schlesinger

10ª reimpressão

Companhia Das Letras

Grafia atualizada segundo o Acordo Ortográfico da Língua Portuguesa de 1990, que entrou em vigor no Brasil em 2009.

Título original
Jerusalem: The Biography

Capa
Darren Haggar

Imagem da capa
Jerusalém, em sua grandeza, gravada por Charles Mottram (1807-76), 1860.
After Henry Courtney Selous / The Bridgeman Art Library / Getty Images

Preparação
Osvaldo Tagliavini Filho

Índice remissivo
Marco Mariutti

Revisão
Carmen T. S. Costa
Ana Maria Barbosa
Marise Leal

Os editores agradecem a Luiz Sérgio Nogueira Pinto pela colaboração em trechos da tradução.

Dados Internacionais de Catalogação na Publicação (CIP)
(Câmara Brasileira do Livro, SP, Brasil)

Montefiore, Simon Sebag
Jerusalém: a biografia / Simon Sebag Montefiore; tradução Berilo Vargas e George Schlesinger. — 1ª ed. — São Paulo: Companhia das Letras, 2013.

Título original: Jerusalem: The Biography.
Bibliografia.
ISBN 978-85-359-2247-9

1. Jerusalém – Descrição 2. Jerusalém – História I. Título.

13-01441 CDD-956.9442

Índice para catálogo sistemático:
1. Jerusalém : História 956.9442

EDITORA SCHWARCZ S.A.
Rua Bandeira Paulista, 702, cj. 32
04532-002 — São Paulo — SP
Telefone: (11) 3707-3500
www.companhiadasletras.com.br
www.blogdacompanhia.com.br
facebook.com/companhiadasletras
instagram.com/companhiadasletras
twitter.com/cialetras

A minha filha querida
Lily Bathsheba

A visão de Jerusalém é a história do mundo; e é mais: é a história do céu e da terra.

Benjamin Disraeli, *Tancred*

A cidade foi destruída e reconstruída, destruída e novamente reconstruída. [...] Jerusalém é uma velha ninfomaníaca. Suga até o tutano e depois sacode com um largo bocejo um amante após o outro. Aranha que devora seus machos ainda em pleno acasalamento.

Amós Oz, *De amor e trevas*

A Terra de Israel é o centro do mundo; Jerusalém é o centro da Terra de Israel; o Templo Sagrado é o centro de Jerusalém; o Santo Santíssimo é o centro do Templo Sagrado; a Arca Sagrada é o centro do Santo Santíssimo e a Pedra Fundamental da qual o mundo foi estabelecido está diante da Arca Sagrada.

Midrash Tanhuma, *Kedoshim* 10

O santuário da terra é a Síria; o santuário da Síria é a Palestina; o santuário da Palestina é Jerusalém; o santuário de Jerusalém é o Monte; o santuário do Monte é o local de adoração; o santuário do local de adoração é o Domo da Rocha.

Thaur ibn Yazid, *Fadail*

Jerusalém é a mais ilustre das cidades. Todavia, tem algumas desvantagens. Assim, se diz que "Jerusalém é um globo dourado cheio de escorpiões".

Muqaddasi, *Description of Syria, Including Palestine*

Sumário

MAPAS

Prefácio

A história de Jerusalém é a história do mundo, mas é também a crônica de uma cidade provinciana em meio às colinas da Judeia que frequentemente vivia na penúria. Jerusalém chegou a ser vista como o centro do mundo, e hoje isto é mais verdade que nunca: a cidade é o foco da luta entre as religiões oriundas de Abraão; santuário do crescente fundamentalismo cristão, judaico e islâmico; campo de batalha de civilizações em choque; linha de frente entre ateísmo e fé; centro de atração de fascínio secular; objeto de vertiginosas teorias conspiratórias e criação de mitos via internet; palco iluminado para as câmeras do mundo na era dos noticiários 24 horas. Interesses religiosos, políticos e midiáticos alimentam-se mutuamente para torná-la intensamente escrutinada hoje mais do que em qualquer época.

Jerusalém é a Cidade Santa, ainda que tenha sido sempre um antro de superstição, charlatanismo e intolerância; desejo e prêmio de impérios, sem possuir, no entanto, qualquer valor estratégico; lar cosmopolita de muitas seitas, cada qual acreditando que a cidade lhe pertence com exclusividade; cidade de muitos nomes — embora cada tradição seja tão sectária que exclui todos os outros. É um lugar de tamanha delicadeza que é descrito na literatura sacra judaica no feminino — sempre uma mulher sensual e vívida, sempre uma beleza, mas às vezes uma meretriz desavergonhada, às vezes uma princesa ferida cujos amantes a abandonaram. Jerusalém é a casa do Deus único, a capital de dois povos, o templo de três religiões, e é a única cidade a existir duas vezes — no céu e na terra: a incomparável graça da Jerusalém terrena é nada se comparada às glórias da Jerusalém celeste. O simples fato de Jerusalém ser ao mesmo tempo terrena e celestial significa que a cidade pode existir em qualquer lugar: novas Jerusaléns têm sido fundadas por todo o mundo e todos têm sua própria visão de Jerusalém. Profetas e patriarcas, Abraão, Davi, Jesus e Maomé, diz-se que todos eles trilharam por essas pedras. As religiões que se originaram com Abraão nasceram ali e o mundo também irá acabar ali no Dia do Juízo. Jerusalém, sagrada para os Povos do Livro, é a cidade do Livro: a Bíblia é, sob muitos aspectos, a própria crônica de Jerusalém e seus leitores, desde os judeus e primeiros cristãos, passando pelos conquistadores muçulmanos e os cruzados, até os evangélicos americanos de hoje; todos eles alteraram repetidamente sua história para realizar a profecia bíblica.

Quando a Bíblia foi traduzida para o grego, depois para o latim e o inglês, ela se tornou o livro universal e fez de Jerusalém a cidade universal. Todo grande rei tornou-se Davi; todo povo especial via-se como os novos israelitas; toda nobre civilização era uma nova Jerusalém, a cidade que não pertence a ninguém e existe para todo mundo em sua imaginação. E esta é a tragédia da cidade, bem como sua magia: cada sonhador de Jerusalém, cada visitante em todas as épocas — dos Apóstolos de Jesus aos soldados de Saladino, dos peregrinos vitorianos aos turistas e jornalistas de hoje — chega com uma visão da Jerusalém autêntica, e então se decepciona amargamente com o que encontra, uma cidade sempre mutante que prosperou e minguou, que foi destruída e reconstruída muitas vezes. Mas uma vez que assim é Jerusalém, propriedade de todos, apenas a imagem que cada um tem é a correta; a realidade maculada, sintética, deve ser mudada; todo mundo tem o direito de impor a sua "Jerusalém" a Jerusalém — e com frequência isso foi feito, pela espada e pelo fogo.

Ibn Khaldun, o historiador do século XIV que é ao mesmo tempo participante e fonte de alguns dos acontecimentos relatados neste livro, observou que a história é "avidamente buscada. Os homens na rua aspiram a conhecê-la. Reis e líderes competem por ela". Isso é especialmente verdade no caso de Jerusalém. É impossível escrever uma história dessa cidade sem reconhecer que Jerusalém é também um tema, um fulcro, até mesmo uma espinha dorsal, da história mundial. Numa época em que o poder da mitologia da internet significa que o mouse *hi-tech* e a cimitarra podem ser ambos armas do mesmo arsenal fundamentalista, a busca por fatos históricos é ainda mais importante agora do que foi para Ibn Khaldun.

Uma história de Jerusalém precisa ser um estudo da natureza da santidade. A expressão "Cidade Santa" é quase sempre usada para descrever a reverência de seus locais de culto, mas o que realmente significa é que Jerusalém tornou-se o lugar essencial na terra para a comunicação entre Deus e o homem.

Precisamos também responder à pergunta: de todos os lugares do mundo, por que Jerusalém? Era um local remoto, afastado das rotas de comércio da costa do Mediterrâneo; carecia de água; era um forno sob o sol do verão, gelado nos ventos de inverno, e suas pedras denteadas eram incômodas e inóspitas. Mas a escolha de Jerusalém como cidade do Templo era em parte decisiva e pessoal, em parte orgânica e evolucionária: a santidade ia se tornando mais e mais intensa por ter sido santa por tanto tempo. Santidade requer não só fé e espiritualidade, mas também legitimidade e tradição. Um profeta radical que apresente uma visão nova precisa explicar os séculos que se passaram antes e justificar sua própria revelação na linguagem e na geografia da santidade aceitas — as profecias de revelações anteriores e os locais há muito reverenciados. Nada torna um local mais santo do que a concorrência de outra religião.

Muitos visitantes ateus são repelidos por essa santidade, vendo-a como superstição contagiosa numa cidade que sofre uma pandemia de intolerância religiosa. Mas isso é negar a profunda necessidade humana da religião, sem a qual é impossível compreender Jerusalém. Religiões devem explicar as frágeis alegrias e perpétuas ansiedades que mistificam e assustam a humanidade: precisamos sentir uma força maior que nós mesmos. Respeitamos a morte e ansiamos por encontrar nela um significado. Como local de encontro entre Deus e o homem, é em Jerusalém que essas questões são resolvidas no Apocalipse — o Fim dos Dias, quando haverá uma guerra, uma batalha entre Cristo e o anticristo, quando a Caaba virá de Meca para Jerusalém, quando será o julgamento, a ressurreição dos mortos e o reinado do Messias e o Reino do Céu, a Nova Jerusalém. Todas as três religiões oriundas de Abraão acreditam no Apocalipse, porém os detalhes variam conforme o credo e a seita. Os secularistas podem encarar tudo isso como baboseira, mas, ao contrário, tais ideias são correntes demais. Nesta época de fundamentalismos judaico, cristão e muçulmano, o Apocalipse é uma força dinâmica na febril política mundial.

A morte é a nossa companheira constante: peregrinos há muito vêm a Jerusalém para morrer e ser enterrados ao redor do monte do Templo, de modo a estar prontos para se erguer novamente no Apocalipse. E continuam vindo. A cidade é cercada por cemitérios e se assenta sobre eles; as encarquilhadas partes de corpos de santos antigos são reverenciadas — a mão direita ressecada e enegrecida de Maria Madalena ainda é exibida na Sala Superior Ortodoxa Grega na igreja do Santo Sepulcro. Muitos santuários, até mesmo muitas casas privadas, são construídos em volta de tumbas. As trevas dessa cidade dos mortos brotam não só de uma espécie de necrofilia, mas também da necromancia: os mortos aqui estão quase vivos, ainda que esperando pela ressurreição. O interminável combate por Jerusalém — massacres, mutilações, guerras, terrorismo, cercos e catástrofes — transformou o lugar num campo de batalha: nas palavras de Aldous Huxley, "o matadouro das religiões"; nas de Flaubert, uma "casa de carnificina". Melville chamou a cidade de "caveira" cercada por "exércitos de mortos", enquanto Edward Said recordava-se de que seu pai odiava Jerusalém porque "lembrava a morte".

Esse santuário de céu e terra nem sempre evoluiu conforme a Providência. As religiões começam com uma centelha revelada a um profeta carismático — Moisés, Jesus, Maomé. Impérios são fundados e cidades são conquistadas pela energia e sorte de um senhor da guerra. As decisões de indivíduos, a começar pelo rei Davi, fizeram Jerusalém ser Jerusalém.

Sem dúvida, havia escassa perspectiva de que a reduzida cidadela de Davi, capital de um pequeno reino, viesse a se tornar o centro de atração do mundo. Ironicamente, foi a destruição de Jerusalém por Nabucodonosor que criou a aura de santidade, porque a catástrofe levou os judeus a registrar e aclamar as glórias de Sião. Tais cataclismos costumavam levar ao desaparecimento de povos. No entanto, a exuberante sobrevivência dos judeus, sua obstinada devoção ao seu Deus e, acima de tudo, o registro da sua versão da história na Bíblia assentaram os alicerces para a fama e a santidade de Jerusalém. A Bíblia tomou o lugar do Estado judeu e do Templo, e tornou-se, segundo Heinrich Heine, "a pátria portátil dos judeus, a Jerusalém portátil". Nenhuma outra cidade tem seu próprio livro e nenhum outro livro guiou de tal maneira o destino de uma cidade.

A santidade de Jerusalém brotou a partir da situação excepcional dos judeus como Povo Eleito. Jerusalém tornou-se a Cidade Eleita; a Palestina, a Terra Eleita; e esse caráter excepcional foi herdado e abraçado por cristãos e muçulmanos.

A suprema santidade de Jerusalém e da terra de Israel refletiu-se na crescente obsessão religiosa com o retorno dos judeus a Israel e o entusiasmo ocidental pelo sionismo, seu equivalente secular, entre a Reforma do século XVI na Europa e os anos 1970. Desde então, a narrativa trágica dos palestinos, com Jerusalém como sua Cidade Santa perdida, alterou a percepção em relação a Israel. Assim, a fixação ocidental, esse senso universal de propriedade, pode funcionar em ambos os sentidos — uma bênção mesclada ou uma faca de dois gumes. Hoje ela se reflete no escrutínio de Jerusalém e no conflito Israel-Palestina, mais intenso e mais emocional que qualquer outro na Terra.

Todavia, nada é tão simples quanto parece. A história frequentemente é apresentada como uma série de mudanças brutais e reversões violentas, mas quero mostrar que Jerusalém foi uma cidade de continuidade e coexistência, uma metrópole híbrida de edifícios híbridos e um povo híbrido que desafia as categorizações estreitas que pertencem às lendas religiosas separadas e às narrativas nacionalistas de tempos recentes. É por isso que, sempre que possível, acompanho a história pelas famílias — a família de Davi, os macabeus e herodianos, os omíadas e as casas de Balduíno e Saladino, até os Husseini, os Khalidi, os Spafford, os Rothschild e os Montefiore —, que revelam os padrões de vida orgânicos que desafiam os incidentes abruptos e as narrativas sectárias da história convencional. Não há somente dois lados em Jerusalém, mas sim muitas culturas interligadas e sobrepostas, bem como crenças em camadas — um caleidoscópio multifacetado e mutante de ortodoxos árabes, muçulmanos árabes, judeus sefarditas, judeus asquenazitas, judeus ultraortodoxos de diversas cortes, judeus seculares, ortodoxos armênios, georgianos, sérvios, russos, coptas, protestantes, etíopes, latinos e assim por diante. Um só indivíduo muitas vezes tinha diversas lealdades a diferentes identidades, o equivalente humano das camadas de pedra e poeira de Jerusalém.

Na verdade, a relevância da cidade tem se esvaziado e transbordado, nunca estática, sempre em estado de transformação, como uma planta que muda de forma, tamanho, até mesmo de cor, mas que sempre permanece enraizada no mesmo lugar. A última e loquaz manifestação — Jerusalém, "a Cidade Santa de três religiões", como espetáculo de mídia e de noticiários nas 24 horas do dia — é relativamente recente. Houve séculos em que Jerusalém pareceu perder sua importância religiosa e política. Em muitos casos, foi a necessidade política, e não a revelação divina, que voltou a estimular e inspirar a devoção religiosa.

Sempre que Jerusalém parecia totalmente esquecida e irrelevante, em geral era a bibliolatria, o estudo dedicado da verdade bíblica por gente de terras distantes — fosse em Meca, Moscou, Massachusetts —, que projetava sua fé de volta em Jerusalém. Todas as cidades são janelas para mentalidades estrangeiras, mas esta aqui é também um espelho de duas faces revelando a vida interior e, ao mesmo tempo, refletindo o mundo exterior. Quer fosse a época de fé absoluta, de construção de um império detentor da verdade, de revelação evangélica ou de nacionalismo secular, Jerusalém tornou-se seu símbolo e seu prêmio. Porém, tal como os espelhos em um parque de diversões, os reflexos são sempre distorcidos, e muitas vezes bizarros.

Jerusalém tem uma maneira de desapontar e atormentar tanto conquistadores como visitantes. O contraste entre a cidade real e a celestial é tão excruciante que uma centena de pacientes é internada por ano no asilo da cidade, sofrendo da síndrome de Jerusalém, uma antecipação de loucura, desapontamento e delírio. Mas a síndrome também é política: Jerusalém desafia o bom senso, a estratégia prática e política, existindo no reino de paixões vorazes e emoções invencíveis, impermeáveis à razão.

Mesmo a vitória nessa batalha pela dominação e pela verdade apenas intensifica a santidade do lugar para outros. Quanto mais ávido o possuidor, mais feroz a competição, mais visceral a reação. Aqui reina a lei das consequências não pretendidas.

Nenhum outro lugar invoca tamanho desejo de posse exclusiva. No entanto, esse zelo ciumento é irônico, pois a maioria dos santuários de Jerusalém, assim como as histórias que os acompanham, é emprestada ou roubada, pertencendo antes a outra religião. O passado da cidade é muitas vezes imaginário. Virtualmente, cada pedra esteve algum dia assentada no templo há muito esquecido de outra fé, no arco do triunfo de outro império. A maioria — mas não todas — das conquistas foi acompanhada pelo instinto de expugnar a mácula de outros credos, ao mesmo tempo recrutando suas histórias, tradições e locais. Tem havido muita destruição; porém, com mais frequência os conquistadores não acabaram com o que veio antes, mas o reutilizaram e fizeram acréscimos. Os locais importantes como o monte do Templo, a Cidadela, a Cidade de Davi, o monte Sião e a igreja do Santo Sepulcro não apresentam camadas distintas de história; são mais como palimpsestos, trabalhos de bordados nos quais os fios de seda estão tão entretecidos que é impossível separá-los.

A concorrência para possuir a contagiante santidade de outros levou alguns locais de culto a se tornarem sagrados para todas as três religiões, primeiro sucessivamente e depois simultaneamente; reis decretaram e homens morreram por esses lugares — e agora, no entanto, estão quase esquecidos. O monte Sião foi o local de frenética reverência judaica, muçulmana e cristã, mas hoje em dia há poucos peregrinos muçulmanos ou judeus, e ele é basicamente cristão outra vez.

A verdade muitas vezes é menos importante que o mito. "Em Jerusalém, não me pergunte a história dos *fatos*", diz o eminente historiador palestino, dr. Nazmi al-Jubeh. "Tire a ficção e não sobra nada." A história aqui é tão pungentemente poderosa que é repetidamente distorcida. A própria arqueologia é uma força histórica, e os arqueólogos às vezes têm possuído tanto poder quanto os soldados, recrutados para adequar o passado ao presente. Uma disciplina que almeja ser objetiva e científica pode ser usada para racionalizar preconceitos étnico-religiosos e justificar ambições imperiais. Israelenses, palestinos e imperialistas evangélicos do século XIX foram todos culpados de recrutar os mesmos acontecimentos e atribuir-lhes significados e fatos contraditórios. Logo, uma história de Jerusalém precisa ser uma história tanto da verdade como da lenda. Mas existem fatos, e este livro busca narrá-los, por menos palatáveis que sejam para um lado ou para outro.

Meu objetivo aqui é escrever a história de Jerusalém em seu sentido mais amplo para leitores em geral — sejam eles ateus ou crentes, cristãos, muçulmanos ou judeus —, sem uma agenda política, mesmo nas contendas atuais.

Conto a história cronologicamente, por meio das vidas de homens e mulheres — soldados e profetas, poetas e reis, camponeses e músicos — e das famílias que fizeram Jerusalém. Penso que é a melhor maneira de trazer a cidade à vida e mostrar como suas complexas e inesperadas verdades são o resultado de sua história. É apenas mediante a narrativa cronológica que se evita a tentação de ver o passado através das obsessões do presente. Tentei evitar a teleologia — escrever a história como se ela fosse inevitável. Considerando que cada mutação é uma reação àquela que a precedeu, a cronologia é o melhor caminho para dar sentido a essa evolução, de responder à pergunta — por que Jerusalém? — e mostrar por que as pessoas agiram como agiram. Espero que também seja uma forma agradável de contar. Quem sou eu para arruinar uma história que — para usar um clichê de Hollywood, neste caso merecido — é a maior história já contada? Entre milhares de livros sobre Jerusalém, há muito poucas narrativas históricas. Quatro épocas — Davi, Jesus, as Cruzadas e o conflito árabe-israelense — nos são familiares graças à Bíblia, aos filmes, aos romances e aos noticiários, mas muitas vezes são mal compreendidas. Quanto ao resto, desejo sinceramente trazer aos leitores muito da história esquecida.

Esta é uma história de Jerusalém como centro da história do mundo, mas não pretende ser uma enciclopédia de cada aspecto, nem um guia para cada nicho, portal ou arco em cada edifício. Não é uma história minuciosa dos ortodoxos, latinos ou armênios, nem das escolas de direito islâmico Hanafi ou Shafii, nem dos judeus hassídicos ou caraítas, e tampouco é narrada de algum ponto de vista específico. A vida da cidade muçulmana desde os mamelucos até o Mandato tem sido negligenciada. As famílias de Jerusalém têm sido estudadas por acadêmicos de vivência palestina, porém raramente cobertas por historiadores populares. Suas histórias têm sido e continuam sendo extremamente importantes: algumas fontes principais ainda não são acessíveis em inglês, no entanto eu as fiz traduzir e entrevistei os membros das famílias de todos esses clãs visando aprender suas narrativas. Mas elas são apenas parte do mosaico. Esta não é uma história do judaísmo, cristianismo ou Islã, e muito menos um estudo da natureza de Deus em Jerusalém: tudo isso tem sido feito com extrema competência por outros — como no excelente *Jerusalem: One City, Three Faiths* [*Jerusalém: Uma cidade, três religiões*. São Paulo: Companhia das Letras, 2000], de Karen Armstrong. E também não é uma história detalhada do conflito Israel-Palestina: não há outro tema da atualidade mais estudado. Mas meu desafio intimidador é cobrir todas essas coisas, e espero que na proporção adequada.

Minha tarefa é buscar fatos, não adjudicar entre os mistérios de diferentes religiões. Com certeza não reivindico o direito de julgar se as maravilhas divinas e os textos sagrados das três grandes religiões são "verdade". Qualquer um que estude a Bíblia ou Jerusalém tem que reconhecer que há muitos níveis da verdade. As crenças de outras religiões e outras épocas nos soam estranhas, enquanto os costumes familiares do nosso próprio tempo e lugar sempre parecem eminentemente razoáveis. Mesmo o século XXI, que muitos dão a impressão de enxergar como o próprio apogeu da razão secular e do bom senso, possui suas próprias sabedorias convencionais e ortodoxias quase religiosas que parecerão incompreensivelmente absurdas para nossos bisnetos. Mas o efeito da religião e seu milagre na história de Jerusalém são sem dúvida reais, e é impossível conhecer Jerusalém sem algum respeito pela religião.

Há séculos da história de Jerusalém sobre os quais pouco se sabe e tudo é controverso. Tratando-se de Jerusalém, os debates acadêmicos e arqueológicos são sempre venenosos e às vezes violentos, chegando a provocar brigas e tumultos. Acontecimentos no último meio século são tão controversos que existem muitas versões deles.

Do período inicial, historiadores, arqueólogos e obcecados espremeram, moldaram e manipularam as pouquíssimas fontes disponíveis para se ajustar a cada teoria possível por eles então defendida, com toda a confiança na certeza absoluta. Em todos os casos, revi as fontes originais e as muitas teorias, chegando a uma conclusão. Tendo me coberto de forma abrangente em cada caso, as palavras mais comuns neste livro seriam "talvez", "provavelmente", "poderia ser", "é possível que". Portanto, não as incluí em cada situação específica, mas peço ao leitor que entenda que por trás de cada frase há uma literatura colossal e sempre em transformação. Cada seção foi conferida e lida por um especialista acadêmico. Sou afortunado por ter tido o auxílio de alguns dos mais distintos catedráticos em atividade hoje em dia.

A mais pesada dessas controvérsias é a do rei Davi, porque suas implicações políticas são muito carregadas e contemporâneas. Mesmo no plano mais científico, esse debate tem sido conduzido com mais dramaticidade e agressividade do que seria de se esperar em algum outro lugar ou outro assunto, exceto talvez as naturezas de Cristo ou Maomé. A fonte para a história do rei Davi é a Bíblia. Sua vida histórica sempre foi considerada um ponto pacífico. No século XIX, o interesse imperialista-cristão na Terra Santa inspirou a busca arqueológica pela Jerusalém de Davi. A natureza cristã dessa investigação foi redirecionada pela criação do Estado de Israel em 1948, que lhe deu uma apaixonada significação religiosa-política devido ao status do rei Davi como fundador da Jerusalém judaica. Na ausência de muita evidência do século X, historiadores israelenses revisionistas reduziram as dimensões da cidade de Davi. Alguns chegaram a questionar se ele teria sido um personagem histórico, para ultraje dos tradicionalistas e satisfação dos políticos palestinos, pois isso minava a alegação judaica. Mas a descoberta da estela de Tel Dan em 1993 provou que o rei Davi de fato existiu. A Bíblia, embora não escrita primeiramente como história, é não obstante uma fonte histórica que utilizei para a narrativa. A extensão da cidade de Davi e a fidedignidade desse livro sagrado são discutidas no texto; para o presente conflito sobre a Cidade de Davi, ver o Epílogo.

Muito mais tarde, é impossível escrever sobre o século XIX sem sentir a sombra de *Orientalismo*, de Edward Said. Said, um palestino cristão nascido em Jerusalém, que se tornou professor de literatura na Universidade Columbia, em Nova York, e uma voz política original no mundo do nacionalismo palestino, argumentava que o "sutil e persistente preconceito eurocêntrico contra povos árabe-islâmicos e sua cultura", particularmente entre viajantes do século XIX, tais como Chateaubriand, Melville e Twain, tem diminuído a cultura árabe e justificado o imperialismo. No entanto, o próprio trabalho de Said inspirou alguns de seus acólitos a tentar varrer alguns desses intrusos ocidentais para fora da história: isso é absurdo. É verdade, porém, que esses visitantes viam e entendiam pouco da vida real da Jerusalém árabe e judia, e, conforme explicado acima, trabalhei com afinco para mostrar as vidas reais da população nativa. Mas este livro não é uma polêmica, e o historiador de Jerusalém precisa mostrar a influência dominadora da cultura ocidental romântico-imperial sobre a cidade, pois explica por que o Oriente Médio teve tanta importância para as grandes potências.

De maneira similar, retratei o progresso do pró-sionismo britânico, secular e evangélico, de Palmerston e Shaftesbury a Lloyd George, Balfour, Churchill e seu amigo Weizmann, pela simples razão de que foi a influência isolada mais decisiva no destino de Jerusalém e da Palestina nos séculos XIX e XX.

Termino o corpo principal do livro em 1967 porque a Guerra dos Seis Dias criou essencialmente a situação atual e fornece um ponto final decisivo. O Epílogo aborda de forma superficial a política até o presente e se encerra com um retrato detalhado de uma típica manhã nos três Lugares Sagrados. Mas a situação está sempre mudando. Se eu fosse continuar a história em detalhe até hoje, um livro deixaria de ter um final claro e teria de ser atualizado praticamente hora por hora. Em vez disso, tentei mostrar que Jerusalém continua a ser tanto a essência quanto o obstáculo para um acordo de paz.

Este trabalho é uma síntese baseada em ampla leitura de fontes primárias, antigas e modernas, em seminários pessoais com especialistas, professores, arqueólogos, famílias e estadistas, e em incontáveis visitas a Jerusalém, aos locais de culto e sítios arqueológicos. Tive a sorte de descobrir algumas fontes novas ou raramente usadas. Minha pesquisa trouxe três alegrias especiais: a de passar bastante tempo em Jerusalém; a de ler as magníficas obras de escritores desde Usamah bin Munqidh, Ibn Khaldun, Evliya Celebi e Wasif Jawhariyyeh até Guilherme de Tiro, Josefo e T. E. Lawrence; e, em terceiro lugar, ter tido a amizade e o auxílio, com tanta confiança e generosidade, em meio a ferozes crises políticas, de hierosolimitas de todas as seitas — palestinos, israelenses e armênios, muçulmanos, judeus e cristãos.

Sinto que me preparei a vida toda para escrever este livro. Desde a infância, tenho vagado por Jerusalém. Devido a uma ligação de família, aqui relatada, "Jerusalém" é o lema da minha família. Independentemente do meu laço pessoal, estou aqui para contar a história do que aconteceu e no que as pessoas acreditavam. Para voltar ao começo, sempre houve duas Jerusaléns, a temporal e a celestial, ambas regidas mais pela fé e pela emoção do que pela razão e pelos fatos. E Jerusalém permanece o centro do mundo.

Nem todos haverão de gostar da minha abordagem — afinal, esta é Jerusalém. Mas durante a escrita sempre me lembrava da advertência de Lloyd George ao seu governador de Jerusalém, Storrs, que vinha sendo cruelmente criticado tanto por judeus como por árabes: "Bem, se algum lado parar de reclamar, você está demitido".[1]

Notas sobre nomes, transliterações e títulos

Este livro, inevitavelmente, contém uma desafiadora diversidade de nomes, idiomas e questões de transliteração. Ele se destina a leitores em geral, de modo que minha política é usar os nomes mais acessíveis e familiares. Peço desculpas aos puristas que se sentem ofendidos por tais decisões.

No período da Judeia, utilizo geralmente os nomes gregos (e não latinos ou hebraicos) para os reis hasmoneus — Aristóbulo, por exemplo. No caso de personagens menores tais como o cunhado de Herodes, uso seu nome hebraico Jônatas em vez do grego, Aristóbulo, para evitar confusão com os muitos outros Aristóbulos. Com nomes de tratamento, utilizo os familiares Herodes, Pompeu, Marco Antônio, Tamerlão, Saladino. Para nomes persas, se bem conhecidos como Ciro, uso essa versão. A família dos macabeus reinou como dinastia dos hasmoneus, mas eu os chamo de macabeus em nome da clareza.

No período árabe, os desafios são maiores. Não pretendo ser consistente. Normalmente uso as formas familiares em inglês [que, na tradução, se tornam as formas familiares em português], tais como Damasco em vez de Dimashq. Abandonei o artigo árabe "al-" antes de pessoas, grupos e cidades, mas o mantive de forma geral dentro de nomes compostos e para a primeira menção a nomes no texto e nas notas, e não depois. Não emprego sinais diacríticos. A maioria dos califas abássidas e fatímidas, bem como os sultões aiúbidas, adotou um nome de reinado, um *laqab*, tal como al-Mansur. Com o objetivo puramente de facilitar a leitura, abandono em todos os casos o artigo definido. Uso "ibn" em vez de "bin", exceto em nomes bastante conhecidos. Em nomes como Abu Sufayn, não utilizo o genitivo árabe (que formaria, por exemplo, Muawiya ibn Abi Sufayn), mais uma vez, por facilidade. Na maior parte das vezes, chamo os aiúbidas de "casa de Saladino".

Não há consistência no uso histórico ocidental dos nomes árabes — por exemplo, os abássidas são conhecidos pelos seus nomes reinantes, exceto Harun al-Rashid, por ser famoso graças às histórias de *As mil e uma noites*. Todos os historiadores usam o nome de Saladino para o sultão do século XII, mas chamam seu irmão de al-Adil. O nome de nascimento de Saladino era Yusuf ibn Ayyub; seu irmão era Abu Bakr ibn Ayyub. Ambos adotaram os nomes honoríficos Salah al--Din e Saif al-Din, respectivamente; e os dois usaram mais tarde como nomes reinantes al-Nasir (o Vitorioso), para Saladino, e al-Adil (o Justo), para o irmão. Por facilidade, uso Saladino e Safedin [em português, a inclusão do final "o" deve-se ao fato de ele ser assim conhecido], em parte para evitar confusão de nomes aiúbidas como al-Adil, al-Aziz, al-Afdal, e em parte para deixar clara a ligação com Saladino.

Durante o período mameluco, os historiadores geralmente usam o nome Baibars, em vez de usar o nome reinante al-Zahir; mas então empregam nomes reinantes para a maioria dos outros — exceto para Nasir Muhammad, onde utilizam ambos. Eu sigo essa tradição inconsistente.

Para a época otomana, em nomes menos conhecidos, tento usar a forma turca, e não árabe. Simplesmente escolhi a versão mais fácil de reconhecer: Kemal Paxá é Çemal em turco e com frequência transliterada como Djemal. Uso Mehmet Ali em vez de Muhammad Ali.

Em tempos modernos, chamo Hussein ibn Ali de xerife de Meca ou rei Hussein do Hejaz; chamo seus filhos de príncipe ou emir (até eles também se tornarem reis) Faisal e Abdullah, em vez de Faiçal e Abdullah ibn Hussein. Chamo-os de xerifianos no período inicial e hachemitas no posterior. Chamo o primeiro rei da Arábia Saudita de Abdul Aziz al-Saud, embora use com mais frequência a versão ocidentalizada, ibn Saud. Bertha Spafford casou-se com Frederick Vester; por consistência, chamo-a de Spafford o tempo todo.

Canaã, Judá, Judeia, Israel, Palestina, Bilad al-Shams, Grande Síria, Cele-Síria, a Terra Santa, esses são apenas alguns dos nomes usados para descrever o país, com fronteiras variáveis. Diz-se que há setenta nomes para Jerusalém. Dentro da cidade, a Casa de Deus, a Casa Santa, o Templo, todos se referem ao Templo Judaico. O Domo, o Qubbet al-Sakhra, Templo do Senhor, Templum Domini referem-se ao Domo da Rocha; a Aqsa é o Templo de Salomão. Har haBayit é o nome hebraico e Haram al-Sharif é o nome árabe para o monte do Templo, que também chamo de sacra esplanada. Santuário refere-se ou ao Santo dos Santos ou, mais tarde, ao monte do Templo, que os muçulmanos chamam de Nobre Santuário (Haram); para os muçulmanos, os Dois Santuários referem-se a Jerusalém e Hebron, outra construção herodiana: a tumba de Abraão e dos patriarcas. A Anastasis, a igreja, o Sepulcro e Deir Sultan referem-se à igreja do Santo Sepulcro. A Rocha é Sakhra em árabe; a Pedra Fundamental é Even haShtiyah em hebraico; o Santo dos Santos é Kodesh haKedoshim. O Muro, o Kotel, o Muro Ocidental ou Muro das Lamentações e al-Buraq referem-se ao local sagrado judaico. A Cidadela e a torre de Davi referem-se à fortaleza herodiana perto do portão de Jaffa. A Tumba da Virgem e Santa Maria de Josafá são o mesmo lugar. O vale de Jehoshaphat é o vale do Cédron. Tumba de Davi, Nabi Daoud, o Cenáculo ou Ceonaculum descrevem o santuário do monte Sião. Cada um dos portões tem tantos nomes que mudam com tamanha frequência que seria inútil listá-los. Cada rua tem ao menos três nomes: a rua principal da Cidade Velha é el Wad em árabe; Ha-Gai em hebraico e the Valley em inglês (o Vale, em português).

Constantinopla e Bizâncio referem-se a Roma Oriental e seu império; após 1453, refiro-me à cidade como Istambul. Católicos e latinos são usados de forma intercambiável, assim como ortodoxos e gregos. Há também esse intercâmbio no uso de Irã e Pérsia. Iraque em vez de Mesopotâmia é por facilidade.

Sobre títulos: os imperadores romanos eram *princeps* em latim e, mais tarde, *imperator*; os imperadores bizantinos posteriormente vieram a ser *basileos* em grego. No início do Islã, os sucessores de Maomé eram alternadamente comandantes dos fiéis e califas. Sultão, padixá e califa são todos títulos dos regentes otomanos; na Alemanha, Kaiser e imperador, e na Rússia, czar e imperador, são usados de forma intercambiável.

Prólogo

No dia 8 do mês judaico de Av, no fim de julho do ano 70 da Era Cristã, Tito, filho do imperador Vespasiano, no comando do cerco de Jerusalém que já durava quatro meses, ordenou a seu exército que se preparasse para invadir o Templo ao amanhecer. O dia seguinte era a data em que os babilônios tinham destruído Jerusalém mais de quinhentos anos antes. Agora, Tito comandava um exército de quatro legiões — um total de 60 mil legionários romanos e auxiliares locais ansiosos para desferir o golpe final contra a cidade desafiadora mas arruinada. Dentro dos muros, talvez meio milhão de famélicos judeus sobreviviam em condições diabólicas; alguns eram fanáticos zelotes religiosos, outros eram bandidos piratas, mas a maioria era composta de famílias inocentes, sem possibilidade de escapar daquela magnífica e mortal arapuca. Muitos judeus viviam fora da Judeia — espalhados por toda a região do Mediterrâneo e do Oriente Próximo —, e aquela luta final e desesperada decidiria não apenas o destino da cidade e de seus moradores, mas também o futuro do judaísmo e do pequeno culto judaico do cristianismo — e até mesmo, olhando-se seis séculos adiante, a forma do Islã.

Os romanos tinham construído rampas nos muros do Templo. Mas seus ataques fracassaram. No começo daquele dia, Tito disse a seus generais que os esforços para preservar esse "templo estrangeiro" lhe haviam custado um número muito alto de soldados e ordenou que o Templo fosse incendiado. A prata dos portões derreteu e espalhou o fogo pelos portais e janelas de madeira, e depois pelos acessórios de madeira nos corredores do próprio Templo. Tito mandou apagar o incêndio. Os romanos, declarou ele, "não deveriam castigar objetos inanimados em vez de homens". E retirou-se para passar a noite em seu quartel-general na semidestruída fortaleza Antônia, que dominava o resplandecente conjunto de edifícios do Templo.

Em volta dos muros, ocorriam cenas dantescas que deviam parecer o inferno na terra. Milhares de corpos apodreciam ao sol. O mau cheiro era insuportável e cães e chacais banqueteavam-se com carne humana. Nos meses anteriores, Tito mandara crucificar todos os prisioneiros ou desertores. Quinhentos judeus eram crucificados por dia. Eram tantas cruzes no monte das Oliveiras e nos morros escarpados ao redor da cidade que quase não havia mais onde enfiá-las, nem madeira para construí-las.[1] Os soldados de Tito divertiam-se pregando as vítimas com os membros esticados nas posições mais absurdas. Muitos hierosolimitas, no desespero da fuga, engoliam suas moedas ao sair da cidade como forma de esconder sua riqueza, a qual esperavam recuperar quando estivessem a distância segura dos romanos. Reapareciam mais adiante "inchados de fome e intumescidos como homens vitimados pela hidropisia", mas se comessem qualquer coisa "arrebentavam em pedaços". Quando as barrigas explodiam, os soldados encontravam lá dentro seus fétidos tesouros intestinais, e assim passaram a estripar sistematicamente todos os prisioneiros, eviscerando-os e vasculhando-lhes os intestinos enquanto ainda viviam. Mas Tito, horrorizado, tentou proibir essa pilhagem anatômica. Sem sucesso: seus auxiliares sírios, que odiavam os judeus e eram por eles odiados com toda a maldade do ódio entre vizinhos, deliciavam-se com esses jogos macabros.[2] As crueldades infligidas pelos romanos e pelos rebeldes dentro dos muros eram comparáveis às mais graves atrocidades do século XX.

A guerra tinha começado quando a inépcia e a ganância dos governadores romanos levaram até mesmo a aristocracia da Judeia — que eram os próprios aliados judeus de Roma — a aderir a uma revolta religiosa popular. Os rebeldes eram uma mescla de judeus religiosos e de bandoleiros oportunistas que haviam tirado partido do declínio do imperador Nero e do caos que se seguira ao seu suicídio para expulsar os romanos e restabelecer um Estado judeu independente, com sua base em volta do Templo. Mas a revolução judia começou imediatamente a consumir-se a si própria em sangrentos expurgos e brigas de quadrilhas.

Três imperadores romanos vieram depois de Nero em rápida sucessão. Quando Vespasiano se tornou imperador e mandou Tito tomar Jerusalém, a cidade estava dividida entre três chefes militares em guerra uns contra os outros. Os chefes militares judeus começaram travando batalhas campais nos pátios do Templo, que ficaram empapados de sangue, e em seguida pilharam a cidade. Seus combatentes abriram caminho nos bairros mais ricos, saqueando as casas, matando os homens e abusando das mulheres — "uma farra para eles". Enlouquecidos pelo próprio poder e pela emoção da caçada, provavelmente embriagados de vinho roubado, "entregavam-se a uma espécie de devassidão feminina, enfeitando os cabelos, vestindo roupas de mulher, lambuzando-se de pomadas e pintando as pálpebras". Esses assassinos provincianos, pavoneando-se em "mantos finamente tingidos", matavam qualquer um que cruzasse seu caminho. Em sua engenhosa depravação, "inventaram prazeres ilegais". Jerusalém, mergulhada em "intolerável imundície", tornou-se "um bordel" e uma câmara de tortura — sem no entanto deixar de ser um santuário.[3]

De alguma maneira o Templo continuou funcionando. Em abril, peregrinos tinham chegado para a Páscoa judaica, pouco antes de os romanos sitiarem a cidade. A população era geralmente de muitas dezenas de milhares, mas os romanos retiveram os peregrinos e muitos refugiados da guerra, de modo que havia centenas de milhares de pessoas na cidade. Só quando Tito cercou os muros, os chefes militares rebeldes suspenderam a luta interna para reunir seus 21 mil guerreiros e enfrentar juntos os romanos.

A cidade que Tito viu pela primeira vez do alto do monte Scopus, batizado com o nome grego *skopeo*, que significa "olhar para", era, nas palavras de Plínio, "de longe a mais célebre cidade do Oriente", metrópole opulenta, próspera, construída em volta de um dos maiores templos do mundo antigo, ele mesmo uma obra de arte em escala grandiosa. Jerusalém já existia havia milhares de anos, mas essa cidade de muitos muros e torres, escarranchada sobre duas montanhas em meio aos áridos penhascos da Judeia, nunca fora tão habitada, nem tão impressionante, como no século I da Era Cristã: a rigor, Jerusalém só voltaria a ser tão grande no século XX. Aquilo se devia a Herodes, o Grande, o brilhante e psicótico rei da Judeia, cujos palácios e fortalezas foram construídos em escala tão monumental e decorados com tal luxo que o historiador judeu Josefo diz que "ultrapassam minha capacidade de descrevê-los".

O próprio Templo eclipsava tudo o mais com sua glória numinosa. "Ao nascer do sol", seus pátios resplandecentes e portões dourados "refletiam um esplendor ardente, obrigando aqueles que insistiam em contemplá-los a desviar os olhos". Quando estrangeiros — como Tito e seus legionários — o viam pela primeira vez, o Templo parecia "uma montanha coberta de neve". Judeus piedosos sabiam que no centro dos pátios dessa cidade dentro da cidade no topo do monte Moriá ficava um minúsculo quarto de superlativa santidade que não continha praticamente nada. Aquele espaço era o ponto focal de sacralidade judaica; o Santo dos Santos, a morada do próprio Deus.

O Templo de Herodes era um santuário, mas também uma fortaleza quase inexpugnável dentro da cidade murada. Os judeus, encorajados pela fraqueza romana no Ano dos Quatro Imperadores e ajudados pelas alturas íngremes de Jerusalém, por suas fortificações e pelo próprio Templo labiríntico, tinham enfrentado Tito com presunçosa confiança. Afinal, vinham desafiando Roma havia quase cinco anos. No entanto, Tito tinha a autoridade, a ambição, os recursos e o talento necessários para a tarefa. Dedicou-se a conquistar Jerusalém com eficiência sistemática e força esmagadora. Pedras de catapulta, provavelmente disparadas por Tito, foram encontradas nos túneis ao lado do muro ocidental do Templo, testemunhos da intensidade do bombardeio romano. Os judeus lutaram para preservar cada polegada com impulsividade quase suicida. Porém Tito, utilizando todo o arsenal de aríetes, catapultas e a criatividade da engenharia romana, ultrapassou a Primeira Muralha em quinze dias. À frente de mil legionários dentro do labirinto de mercados de Jerusalém, tomou o segundo muro. Mas os judeus partiram da defesa para o ataque e o retomaram. O muro teve de ser atacado novamente em toda a sua extensão. Em seguida, Tito tentou intimidar a cidade com um desfile do seu exército — couraças, elmos, lâminas relampejantes, bandeiras ao vento, águias cintilando, "cavalos ricamente ajaezados". Milhares de hierosolimitas reuniram-se nas ameias para se estarrecerem com o espetáculo, admirando "a beleza de suas armaduras e a notável disciplina dos soldados". Os judeus continuaram a desafiar, talvez com medo demais de seus próprios chefes militares para desobedecerem às ordens de não capitular.

Finalmente, Tito decidiu cercar e selar a cidade inteira construindo um muro de circunvalação. No fim de junho, os romanos invadiram a volumosa fortaleza Antônia que comandava o Templo e a demoliram, deixando apenas uma torre onde Tito estabeleceu seu posto de comando.

Em meados do verão, quando os empolados e pontudos morros faziam brotar florestas de cadáveres crucificados cobertos de moscas-varejeiras, a cidade central vivia atormentada por uma sensação de perdição iminente, por um fanatismo intransigente, por um sadismo caprichoso e por uma fome que a todos consumia. Bandos armados vagavam à procura de alimentos. Crianças tiravam migalhas das mãos dos pais; mães roubavam seus bocados dos próprios bebês. Portas trancadas sugeriam a existência de provisões escondidas e os guerreiros arrombavam-nas, enfiando estacas no reto de suas vítimas para obrigá-las a revelar onde ocultavam seus depósitos de grãos. Se não achassem nada, ficavam ainda mais "barbaramente cruéis", como se tivessem sido "fraudados". Muito embora ainda dispusessem de comida, os combatentes matavam e torturavam por hábito, "para exercitar sua loucura". A caça às bruxas destroçava Jerusalém, com pessoas denunciando umas às outras por acumulação e traição. Nenhuma outra cidade, refletiu Josefo, testemunha ocular, "jamais permitiu tanto sofrimento, nem houve outra época que produzisse uma geração mais fértil em perversidades do que essa, desde o começo do mundo".[4]

Os jovens percorriam as ruas "como sombras, inchados de fome, e caíam mortos, onde quer que sua dor os alcançasse". Pessoas morriam enquanto tentavam sepultar parentes, e outras eram enterradas de qualquer jeito, ainda respirando. A fome devorava famílias inteiras em suas casas. Os hierosolimitas viam seus entes queridos morrerem "de olhos secos e boca aberta. Um profundo silêncio e uma espécie de noite mortal tomaram conta da cidade" — mas os que pereciam mantinham "os olhos fixos no Templo". Cadáveres empilhavam-se nas ruas. Em breve, apesar da lei judaica, ninguém mais enterraria os mortos nesse grandioso jazigo. Talvez Jesus Cristo falasse disso ao prever o Apocalipse iminente, dizendo: "Que os mortos enterrem seus mortos". Por vezes os rebeldes simplesmente amontoavam os corpos sobre as muralhas. Os romanos os deixavam apodrecer em pilhas. Apesar disso, os rebeldes ainda lutavam.

O próprio Tito, soldado romano nada enjoadiço, que tinha matado doze judeus com a besta que usava em sua primeira escaramuça, ficou horrorizado e estupefato: só lhe restava murmurar aos deuses que aquilo não era obra sua. "O bem-amado e a delícia da raça humana": assim ele era conhecido por sua generosidade. "Amigos, perdi meu dia", dizia, quando não achava tempo para dar presentes a seus camaradas. Robusto e franco, com cova no queixo, boca generosa e rosto redondo, Tito revelava-se comandante talentoso e filho popular do novo imperador Vespasiano, cuja dinastia ainda não testada dependia da vitória de Tito contra os rebeldes judeus.

O séquito de Tito tinha muitos judeus renegados, incluindo três hierosolimitas — um historiador, um rei e (parece) uma rainha dupla que partilhava a cama de César. O historiador era Josefo, conselheiro de Tito e comandante judeu rebelde, que passara para o lado dos romanos e é a única fonte deste relato. O rei era Herodes Agripa II, judeu muito romanizado, criado na corte do imperador Cláudio; ele tinha sido supervisor do templo judaico, construído pelo avô Herodes, o Grande, e costumava residir em seu palácio em Jerusalém, apesar de governar diferentes territórios ao norte dos atuais Israel, Síria e Líbano.

O rei quase certamente era acompanhado pela irmã, Berenice, filha de um monarca judeu e duas vezes rainha por casamento, que se tornara amante de Tito havia pouco tempo. Inimigos romanos a denunciariam posteriormente como "a Cleópatra judia". Tinha mais ou menos quarenta anos, mas "estava em seus melhores anos, no auge da beleza", observou Josefo. No começo da rebelião, ela e o irmão, que viviam juntos (incestuosamente, segundo detratores), tentaram enfrentar os rebeldes com um último apelo à razão. Agora aqueles três judeus assistiam, sem poder fazer coisa alguma, à "agonia da morte de uma famosa cidade" — Berenice o fazia da cama do homem que a destruiu.

Prisioneiros e desertores trouxeram notícias da cidade que afetaram particularmente Josefo, cujos pais estavam presos lá dentro. Até mesmo os combatentes começaram a ficar sem comida, e então passaram também a sondar e dissecar os vivos e os mortos à procura de ouro, de migalhas, de simples sementes, "tropeçando e cambaleando como cachorros loucos". Comiam esterco de vaca, couro, cintas, sapatos e feno velho. Uma ricaça chamada Maria, tendo perdido todo o dinheiro e toda a comida, ficou tão desvairada que matou e assou o próprio filho, comendo metade e deixando o resto para depois. O delicioso aroma espalhou-se pela cidade. Os rebeldes o saborearam, rastrearam e entraram à força na casa, mas mesmo aqueles práticos assassinos de aluguel, ao verem o corpo meio devorado da criança, "saíram tremendo".[5]

A mania de espionar e a paranoia imperavam em Jerusalém, a Sagrada — como a cidade era chamada pelas moedas judaicas. Charlatães delirantes e hierofantes pregadores assombravam as ruas, prometendo a redenção e a salvação. Jerusalém era, observou Josefo, "como um animal selvagem enlouquecido que, por falta de comida, pôs-se a comer a própria carne".

* * *

Aquela noite do dia 8 do mês de Av, quando Tito se retirou para descansar, seus legionários tentaram extinguir o incêndio provocado pela prata derretida, como ele ordenara. Mas os rebeldes atacaram os legionários que combatiam as chamas. Os romanos reagiram e empurraram os judeus para dentro do próprio Templo. Um legionário, tomado de "fúria divina", agarrou alguns materiais em chamas e, levantado por outro soldado, ateou fogo às cortinas e à moldura de "uma janela dourada" que se comunicava com quartos em volta do próprio Templo. Pela manhã, o fogo se espalhara para o coração da santidade. Os judeus, vendo as chamas lamberem o Santo dos Santos e ameaçando destruí-lo, "lançaram um grande clamor e correram para impedir". Mas era tarde demais. Formaram uma barricada humana no pátio interno e ficaram observando num silêncio horrorizado.

A poucos metros dali, entre as ruínas da fortaleza Antônia, Tito foi acordado; ergueu-se de um pulo e "correu para a Casa Sagrada a fim de conter o incêndio". Seu séquito — incluindo Josefo, e provavelmente o rei Agripa e Berenice — seguiu-o, e atrás deles correram milhares de soldados romanos, todos em "grande estupor". A luta foi frenética. Josefo alega que Tito ordenou novamente que o incêndio fosse apagado, mas esse colaborador dos romanos tinha boas razões para desculpar o patrão. Apesar disso, todos gritavam, o fogo ganhava velocidade e os soldados romanos sabiam que, pelas leis da guerra, uma cidade que resistia tão obstinadamente esperava ser saqueada.

Eles fingiam não ouvir Tito e até pediam aos berros a seus camaradas que jogassem mais lenha. Os legionários eram tão impetuosos que muitos foram esmagados ou morreram queimados na correria de sua sede de sangue e fome de ouro, saqueando tanto que os preços logo cairiam em todo o Oriente. Tito, incapaz de conter o incêndio e certamente aliviado pela perspectiva da vitória final, atravessou o Templo em chamas até chegar ao Santo dos Santos. Mesmo o sumo sacerdote só tinha permissão para entrar lá uma vez por ano. Nenhum estrangeiro havia maculado sua pureza desde que o soldado-estadista romano Pompeu o fizera no ano 63 a.C. Mas Tito olhou "e o viu, e viu seu conteúdo, que achou superior", escreveu Josefo; na realidade, "não inferior àquilo de que nos orgulhávamos tanto". Ordenou aos centuriões que surrassem os soldados que espalhavam o fogo, mas "suas paixões eram fortes demais". Com o incêndio crescendo em volta do Santo dos Santos, Tito foi levado por seus assessores para lugar seguro — "e ninguém mais os proibiu de atear fogo".

A luta prosseguia com fúria entre as chamas; hierosolimitas atarantados e famintos erravam, perdidos e aflitos, através dos portais ardentes. Milhares de civis e rebeldes aglomeraram-se nas escadas do altar, dispostos a lutar até o fim ou esperando a morte inevitável. Todos tiveram o pescoço cortado pelos eufóricos romanos, como se fosse um sacrifício humano em massa, até "os corpos se amontoarem em volta do altar", com o sangue a escorrer pelos degraus. Cerca de 10 mil judeus morreram no Templo incendiado.

O estalo de imensas pedras e vigas de madeira produzia um som de trovoada. Josefo assistiu à morte do Templo:

> O rugido das chamas derramando-se numa grande área mesclava-se aos gemidos das vítimas tombadas e, devido à altura do morro e ao volume da matéria em chamas, era como se toda a cidade ardesse. E o barulho — não se poderia imaginar nada mais ensurdecedor e pavoroso. Havia os gritos de guerra das legiões romanas arrastando tudo pela frente; os uivos dos rebeldes acossados pelas chamas e pelas espadas; a pressa das pessoas que, impossibilitadas de subir, fugiam em pânico apenas para cair nos braços dos inimigos, e os gritos agudos que lançavam ao encontrar o seu destino misturavam-se aos lamentos e prantos [de quem estava dentro da cidade]. A Transjordânia e as montanhas circundantes contribuíam com seus ecos, intensificando e aprofundando o barulho. Era como se o morro do Templo fervesse na base, tornando-se uma grande massa flamejante.

O monte Moriá, uma das duas montanhas de Jerusalém, onde o rei Davi colocara a Arca da Aliança, e seu filho Salomão construíra o primeiro Templo, "fervia de calor, totalmente tomado pelo fogo", enquanto lá dentro os corpos mortos cobriam os assoalhos. Mas os soldados pisoteavam os cadáveres em seu triunfo. Os sacerdotes resistiram ferozmente, alguns se atirando nas labaredas. Os alvoroçados romanos, vendo o Templo destruído, apoderavam-se do ouro e dos móveis, carregando seu butim, antes de atearem fogo aos demais edifícios.[6]

Enquanto o pátio interno ardia e a manhã seguinte raiava, os rebeldes sobreviventes escaparam através das linhas romanas, passando pelos labirínticos pátios exteriores e enfiando-se pela cidade. Os romanos contra-atacaram com a cavalaria, removendo os insurgentes e incendiando as salas do tesouro do Templo, repletas das riquezas provenientes dos impostos do Templo que todos os judeus pagavam, de Alexandria à Babilônia. Ali encontraram 6 mil mulheres e crianças amontoadas em apocalíptica expectativa. Um "falso profeta" tinha proclamado que elas poderiam prever os "sinais miraculosos de sua redenção" no Templo. Os legionários simplesmente atearam fogo nos corredores, queimando todas elas vivas.

Os romanos levaram suas águias para a Montanha Sagrada, fizeram sacrifícios aos seus deuses e aclamaram Tito como seu *imperator* — comandante-chefe. Ainda havia sacerdotes refugiados em volta do Santo dos Santos. Dois se jogaram nas chamas, e um conseguiu sair com os tesouros do Templo — os mantos do sumo sacerdote, os dois grandes candelabros e montes de canela e cássia, especiarias que eram queimadas todos os dias no santuário. Quando os demais se renderam, Tito os executou, pois "convinha a sacerdotes perecer juntamente com seu Templo".

Jerusalém era — e ainda é — uma cidade de túneis. Os rebeldes desapareceram no subsolo, enquanto mantinham o controle da Cidadela e da Cidade Alta a oeste. Tito precisou de mais um mês para conquistar o resto de Jerusalém. Quando a cidade caiu, os romanos e seus auxiliares sírios e gregos "chegaram em grande quantidade às suas vielas. De espada na mão, massacraram indiscriminadamente todas as pessoas que encontravam e incendiaram as casas com os que nelas se refugiavam". À noite, quando a matança parou, "o fogo tomou conta das ruas".

Tito parlamentou com os dois chefes militares judeus na ponte que se estendia sobre o vale entre o Templo e a cidade, propondo poupar-lhes a vida em troca da rendição. Mas ainda assim recusaram. Ele ordenou o saque e o incêndio da Cidade Baixa, na qual praticamente todas as casas estavam atulhadas de corpos mortos. Quando os chefes militares hierosolimitas recuaram para o palácio e a cidadela de Herodes, Tito mandou construir muralhas a fim de enfraquecê-los, e no dia 7 do mês de Elul, meados de agosto, os romanos invadiram as fortificações. Os insurgentes combateram dentro dos túneis até que um de seus líderes, João de Gischala, se rendesse (foi poupado, apesar de o condenarem à prisão perpétua). O outro chefe militar, Simão ben Giora, surgiu de um túnel debaixo do Templo e, envolto num manto branco, foi designado para representar o papel de estrela no Triunfo de Tito, a comemoração da vitória em Roma.

Na violenta desordem e na metódica destruição que se seguiram, um mundo desapareceu, deixando alguns momentos congelados no tempo. Os romanos mataram com selvageria os velhos e os doentes: o esqueleto da mão de uma mulher encontrado na porta de sua casa incendiada revela o pânico e o terror; as cinzas das mansões no Bairro Judeu denunciam o grande incêndio. Duzentas moedas de bronze foram encontradas numa loja na rua que passa por baixo da monumental escadaria do Templo, estoque secreto provavelmente escondido nas últimas horas da queda da cidade. Em pouco tempo, até os romanos se cansariam da matança. Os hierosolimitas foram reunidos em campos de concentração no pátio das Mulheres do próprio Templo, e ali mesmo eram filtrados: os combatentes foram mortos; os mais fortes, mandados ao Egito para trabalhar nas minas; os jovens e bonitos, vendidos como escravos para serem mortos lutando com leões no circo ou exibidos no Triunfo.

Josefo fez uma busca entre os miseráveis prisioneiros nos pátios do Templo, encontrando o irmão e cinquenta amigos, que Tito lhe permitiu libertar. Seus pais, ao que tudo indicava, tinham morrido. Mas ele viu três amigos entre os crucificados. "Fiquei arrasado e contei a Tito", que deu ordem para que fossem tirados da cruz e tratados pelos médicos. Apenas um sobreviveu.

Tito decidiu, como Nabucodonosor, erradicar Jerusalém, decisão pela qual Josefo responsabilizou os rebeldes: "A rebelião destruiu a cidade e os romanos destruíram a rebelião". A derrubada do Templo, o mais assombroso monumento de Herodes, o Grande, deve ter sido um desafio para os engenheiros. As gigantescas cantarias do Pórtico Real desabaram sobre os novos pavimentos, e ali foram encontradas quase 2 mil anos depois numa pilha colossal, exatamente como tinham caído, ocultas sob os escombros dos séculos. Os destroços foram depositados no vale junto ao Templo, onde começaram a encher a ravina, agora quase invisível, entre o monte do Templo e a Cidade Alta. Mas os muros de sustentação, incluindo o Muro das Lamentações, sobreviveram. As *spolia* — as pedras caídas — do Templo de Herodes estão por toda parte em Jerusalém, usadas e reusadas por todos os conquistadores e construtores de Jerusalém, dos romanos aos árabes, dos cruzados aos otomanos, por mais de mil anos depois.

Ninguém sabe quantas pessoas morreram em Jerusalém, e historiadores antigos são sempre descuidados no que diz respeito a números. Tácito diz que havia 600 mil na cidade sitiada, enquanto Josefo fala em mais de 1 milhão. Seja qual for a cifra verdadeira, o fato é que foi enorme, e todas aquelas pessoas morreram de inanição, foram assassinadas ou vendidas como escravas.

Tito fez uma macabra jornada da vitória. Sua amante Berenice e o rei irmão de Berenice hospedaram-no em sua capital Cesareia de Filipe, onde hoje ficam as colinas de Golã. Ali ele assistiu a milhares de prisioneiros judeus morrerem lutando uns contra os outros e contra animais selvagens. Poucos dias depois, viu mais 2500 serem mortos no circo em Cesareia Marítima; e muitos outros ainda foram jocosamente abatidos em Beirute antes de Tito voltar a Roma para comemorar seu Triunfo.

As legiões "demoliram completamente o resto da cidade e derrubaram seus muros". Tito deixou apenas as torres da cidadela de Herodes "como um monumento à sua boa sorte". Ali a Décima Legião fez o seu quartel-general. "A isso foi reduzida Jerusalém", escreveu Josefo, "outrora uma cidade de grande magnificência e de formidável fama em toda a humanidade."

Jerusalém tinha sido totalmente destruída seis séculos antes por Nabucodonosor, rei da Babilônia. Cinquenta anos após essa primeira destruição, o Templo estava reconstruído e os judeus voltaram. Mas dessa vez, depois do ano 70 da Era Cristã, o Templo nunca mais foi reedificado — e, salvo breves interlúdios, os judeus só governariam Jerusalém novamente quase 2 mil anos depois. Apesar disso, nas cinzas dessa calamidade achavam-se as sementes não só do judaísmo moderno, mas também da santidade de Jerusalém para o cristianismo e para o Islã.

No começo do cerco, de acordo com lenda rabínica muito posterior, Yohanan ben Zakkai, rabino respeitado, tinha ordenado a seus discípulos que o retirassem da cidade condenada num ataúde, metáfora da fundação de um novo judaísmo não mais baseado no culto sacrificial dentro do Templo.[7]

Os judeus, que continuaram a viver na zona rural da Judeia e da Galileia, bem como em grandes comunidades espalhadas pelos impérios romano e persa, prantearam a perda de Jerusalém e reverenciaram a cidade desde então. A Bíblia e as tradições orais substituíram o Templo, mas dizia-se que a Providência esperou durante três anos e meio no monte das Oliveiras para ver se o Templo seria restaurado — antes de subir ao céu. A destruição foi decisiva também para os cristãos.

A pequena comunidade cristã de Jerusalém, encabeçada por Simão, primo de Jesus, tinha escapado da cidade antes do cerco romano. Embora muitos cristãos não judeus morassem em diversas partes do mundo romano, esses hierosolimitas continuaram sendo uma seita judaica que orava no Templo. Mas o Templo fora destruído, e os cristãos acreditavam que os judeus já não contavam com os favores de Deus: os seguidores de Jesus separaram-se para sempre da crença materna, dizendo-se herdeiros legítimos do legado judaico. Eles vislumbravam uma nova e celestial Jerusalém, não uma cidade judia aniquilada. Os primeiros Evangelhos, escritos provavelmente logo depois da destruição, contavam que Jesus tinha previsto o cerco da cidade ("Quando virdes que Jerusalém foi sitiada por exércitos") e a demolição do Templo ("Não ficará pedra sobre pedra"). O santuário arruinado e a queda dos judeus eram provas da nova revelação. Nos anos 620, ao fundar sua nova religião, Maomé adotou inicialmente tradições judaicas, rezando voltado para Jerusalém e reverenciando os profetas judeus, porque também para ele a destruição do Templo provava que Deus tirara suas bênçãos dos judeus e as concedera ao Islã.

É irônico que a decisão de Tito de destruir Jerusalém tenha ajudado a fazer dela o molde de santidade para os outros dois Povos do Livro. Desde o início, a santidade de Jerusalém não apenas se desenvolveu como foi promovida graças às decisões de um punhado de homens. Aproximadamente no ano 1000 a.C., mil anos antes de Tito, o primeiro desses homens capturou Jerusalém: o rei Davi.

I. JUDAÍSMO

A cidade do Senhor, a Sião do Santo de Israel [...] *Desperta, desperta, veste a tua fortaleza, ó Sião; veste as tuas roupas formosas, ó Jerusalém, cidade santa.*

Isaías, 60,14; 52,1

Minha cidade natal é Jerusalém, na qual está situado o santuário sagrado do mais alto Deus. A cidade santa é a cidade-mãe não de um país, a Judeia, mas da maioria das terras vizinhas, assim como de terras distantes, a maioria na Ásia, [e] *da mesma forma na Europa, para não falar nos países além do Eufrates.*

Herodes Agripa I, rei da Judeia, citado em Fílon,
De Specialibus Legibus

Quem não viu Jerusalém em seu esplendor nunca viu uma cidade desejável na vida. Quem nunca viu o Templo em sua construção plena nunca viu um edifício glorioso na vida.

Talmude babilônico, *Tratado do Tabernáculo*

Se eu me esquecer de ti, ó Jerusalém, que a minha direita se esqueça de tua destreza. Se eu não me lembrar de ti, que a minha língua se me apegue ao paladar, se eu não preferir Jerusalém à minha maior alegria.

Salmo 137,5-6

Jerusalém é a mais famosa cidade do Oriente.

Plínio, o Velho, *História natural*, V, 70

1. O mundo de Davi

OS PRIMEIROS REIS: CANANEUS

Quando Davi capturou a cidadela de Sião, Jerusalém já era antiga. Não chegava a ser exatamente uma cidade, mas apenas uma pequena fortaleza de montanhas numa terra que teria muitos nomes — Canaã, Judá, Judeia, Israel, Palestina, a Terra Santa dos cristãos, a Terra Prometida dos judeus. Esse território, de apenas 160 por 240 quilômetros, fica entre o canto sudeste do Mediterrâneo e o rio Jordão. Sua exuberante planície costeira oferecia o melhor caminho para invasores e mercadores entre o Egito e os impérios do Oriente. Mas a isolada e remota cidade de Jerusalém, a 48 quilômetros do ponto mais próximo da costa, longe de todas as rotas comerciais, erguia-se em meio à desolação de rochas douradas dos penhascos, desfiladeiros e pedras soltas dos montes da Judeia, exposta a invernos gélidos, por vezes nevosos, e a verões de calor escorchante. Apesar disso, havia segurança no topo daqueles montes hostis, e embaixo, no vale, havia uma fonte suficiente para abastecer uma cidade.

A imagem romântica da cidade de Davi é mais vívida do que quaisquer fatos historicamente comprováveis. Na névoa da pré-história de Jerusalém, fragmentos de cerâmica, túmulos espectrais cortados na rocha, pedaços de muro, inscrições nos palácios de reis distantes e a literatura sagrada da Bíblia só podem oferecer lampejos fugazes de vida humana numa obscuridade invencível, separados por centenas de anos. As pistas esporádicas que aparecem lançam uma luz trêmula sobre algum momento aleatório de uma civilização desaparecida, seguido por séculos de uma vida sobre a qual nada sabemos — até que a próxima centelha ilumine outra imagem. Só as fontes, as montanhas e os vales continuam os mesmos, e até eles têm sido redirecionados, esculpidos novamente e reabastecidos por milênios de ação climática, escombros e esforço humano. Muito ou pouco, uma coisa é certa: à época do rei Davi, a santidade, a segurança e a natureza tinham combinado para fazer de Jerusalém um refúgio antigo, tido como inexpugnável.

Povos já viviam ali desde 5000 a.C. No começo da Idade do Bronze, por volta de 3200 a.C. — quando a mãe das cidades, Uruk, que viria a ser o Iraque, já abrigava 40 mil moradores, e a vizinha Jericó era uma cidade fortificada —, pessoas enterravam seus mortos em túmulos nos morros de Jerusalém e começaram a construir pequenas casas quadradas, no que era provavelmente uma aldeia murada, numa colina acima de uma fonte. Essa aldeia foi então abandonada durante muitos anos. Jerusalém mal existia no tempo em que os faraós egípcios do Antigo Reino elevaram ao auge a construção de pirâmides e concluíram a Grande Esfinge. Então nos anos 1900 a.C. — época em que a civilização minoica florescia em Creta, o rei Hamurabi estava prestes a compilar seu código legal na Babilônia e os bretões rezavam em Stonehenge —, algumas cerâmicas, cujos fragmentos foram descobertos perto de Luxor, no Egito, mencionam uma cidade chamada Ursalim, uma versão de Salém ou Shalem, deus da estrela Vésper. O nome pode significar "Salém fundou".*

Em Jerusalém, um assentamento crescera em torno da fonte de Giom: os habitantes cananeus abriram um canal na pedra que levava a uma poça dentro dos muros da cidadela. Uma passagem subterrânea fortificada protegia o acesso à água. As últimas escavações arqueológicas no sítio revelam que eles protegeram a fonte com uma torre e um muro maciço, de sete metros de espessura, usando

* Os faraós egípcios desejavam dominar Canaã nessa época, mas não está claro se chegaram a fazê-lo. Pode ser que tenham usado esses símbolos de cerâmica para amaldiçoar os destemidos governantes de seus inimigos ou para expressar suas aspirações. As teorias sobre esses fragmentos mudaram diversas vezes, mostrando que a arqueologia é tão interpretativa quanto científica. Há muito tempo, acreditava-se que os egípcios quebravam esses vasos ou figuras para amaldiçoar ou execrar os lugares neles mencionados — motivo pelo qual são conhecidos como textos de Execração.

pedras de três toneladas. A torre pode também ter servido como um templo para celebrar a santidade cósmica da fonte. Em outras partes de Canaã, reis sacerdotais construíram torres-templos fortificados. Morro acima, restos do muro de uma cidade foram encontrados, o mais antigo em Jerusalém. Os cananeus acabaram se revelando construtores numa escala mais impressionante do que quaisquer outros em Jerusalém antes de Herodes, o Grande, que veio quase 2 mil anos depois.[1]

Os hierosolimitas tornaram-se súditos do Egito, que tinha conquistado a Palestina em 1458 a.C. Guarnições egípcias protegiam as vizinhas Jaffa e Gaza. Em 1350 a.C., o assustado rei de Jerusalém suplicou a seu soberano, Akhenaton, o faraó do Novo Reino do Egito, que lhe mandasse ajuda — até mesmo "cinquenta arqueiros" — para defender seu pequeno reino das agressões dos reis vizinhos e de bandos de saqueadores. O rei Abdi-Hepa chamava a cidadela de "a capital da Terra de Jerusalém, cujo nome é Beit Shulmani", a Casa do Bem-Estar. Talvez esteja na palavra Shulman a origem do "Salém" presente no nome da cidade.

Abdi-Hepa era um insignificante potentado num mundo dominado pelos egípcios ao sul, pelos hititas ao norte (onde hoje fica a Turquia) e a noroeste pelos gregos miceneus, que travariam a Guerra de Troia. O primeiro nome do rei era semita — os semitas eram os muitos povos e línguas do Oriente Médio supostamente descendentes de Sem, filho de Noé. Portanto, Abdi-Hepa poderia ser oriundo de qualquer parte do nordeste do Mediterrâneo. Suas súplicas, encontradas no arquivo do faraó, são apavoradas e bajulatórias, e são também as primeiras palavras de um hierosolimita de que se tem conhecimento:*

> Aos pés do rei eu me joguei sete e sete vezes. Eis o que Milkily e Shuwardatu fizeram contra a terra — eles comandaram as tropas de Gezer [...] contra a lei do rei [...]. A terra do rei foi para os habirus [desordeiros saqueadores]. E agora uma cida-

* Estas são algumas das 380 cartas, escritas em babilônio em placas de barro cozido, por chefes militares locais para o herético faraó Amenhotep IV (1352-1336), que instituiu o culto ao Sol em substituição ao tradicional panteão de numerosos deuses egípcios: ele mudou seu próprio nome para Akhenaton. O arquivo real de seu Ministério do Exterior, a Casa da Correspondência do Faraó, foi descoberto em 1887 em sua nova capital, Akhetaten, hoje El-Amarna, ao sul do Cairo. Uma teoria sugere que os habirus foram os primeiros hebreus/israelitas, mas a palavra de fato aparece em todo o Oriente Médio naquela época para designar esses saqueadores — a palavra babilônia significa simplesmente "errante". É possível que os hebreus descendam de um pequeno grupo de habirus.

de pertencente a Jerusalém foi para os homens de Qiltu. Que o rei dê ouvidos a Abdi-Hepa, seu servo, e mande arqueiros.

Nada mais ouvimos a respeito disso, mas o que quer que tenha acontecido com esse rei acuado, o fato é que pouco mais de um século depois os hierosolimitas construíram íngremes estruturas em forma de terraço sobre a fonte de Giom, na colina Ofel, que ainda hoje sobrevivem e que serviram de alicerce de uma cidadela ou templo de Salém.[2] Esses poderosos muros, torres e terraços eram parte da cidadela cananeia conhecida como Sião, que Davi tomaria. Em algum momento do século XIII a.C., um povo chamado jebuseu ocupou Jerusalém. Mas a essa altura o velho mundo mediterrâneo era esfacelado por levas dos chamados Povos do Mar, vindos do Egeu.

Nessa tempestade de incursões e migrações, os impérios retrocederam. Os hititas caíram; Micenas foi misteriosamente destruída; o Egito estava abalado — e um povo chamado hebreu aparece pela primeira vez.

ABRAÃO EM JERUSALÉM: ISRAELITAS

Essa nova "Idade das Trevas", que durou três séculos, permitiu aos hebreus — também conhecidos como israelitas, povo obscuro que adorava um único Deus — que se estabelecessem e construíssem um reino na estreita faixa de terra de Canaã. O progresso desse povo é iluminado por histórias da criação do mundo, de suas origens e de suas relações com Deus. Eles passaram adiante essas tradições, que então foram registradas em textos sagrados em hebraico, posteriormente coligidos e ordenados nos cinco livros de Moisés, o Pentateuco, a primeira seção das escrituras judaicas, o Tanakh. A Bíblia tornou-se o livro dos livros, mas não é um documento uno. É uma biblioteca mística de textos entrelaçados, escritos por autores desconhecidos, que os redigiram e editaram em diferentes épocas, com objetivos vastamente divergentes.

Essa obra sagrada de tantas épocas e de tantas mãos contém alguns fatos de história passível de comprovação, algumas histórias de mitos impossíveis de comprovar, alguma poesia de sublime beleza e muitas passagens de mistério ininteligível — talvez codificado, talvez apenas mal traduzido. A maior parte é escrita não para relatar acontecimentos, mas para promover uma verdade mais alta: a relação de um povo com seu Deus. Para o crente, a Bíblia é simplesmente o fruto da revelação divina. Para o historiador, é uma fonte contraditória, pouco confiável e repetitiva,* mas ainda assim inestimável e geralmente a única à nossa disposição — e é também, para todos os efeitos, a primeira e suprema biografia de Jerusalém.

De acordo com o Gênesis, primeiro livro da Bíblia, o patriarca fundador dos hebreus foi Abraão — que é mostrado viajando de Ur (onde hoje é o Iraque) para se estabelecer em Hebron. Era em Canaã, a terra a ele prometida por Deus, que lhe deu o novo nome de "Pai dos Povos" — Abraão. Em suas viagens, Abraão foi recebido por Melquisedeque, o rei-sacerdote de Salém em nome de El Elyon, o Deus Altíssimo. Como primeira menção à cidade na Bíblia, isso sugere que Jerusalém já era um santuário cananeu governado por reis-sacerdotes. Depois, Deus testou Abraão ordenando-lhe que sacrificasse o filho Isaac numa montanha na "terra de Moriá" — identificada como monte Moriá, o monte do Templo de Jerusalém.

Jacó, o neto arteiro de Abraão, usou de manhas para ficar com sua herança, mas se redimiu numa disputa corpo a corpo com um estrangeiro que não era outro senão Deus, vindo desse episódio seu novo nome, Israel — o que luta contra Deus. Foi um nascimento apropriado para o povo judeu, cujas relações com Deus seriam intensas e atormentadas. Israel foi pai dos fundadores das doze tribos que emigraram para o Egito. Há tantas contradições nas histórias dos chamados patriarcas que é impossível datá-los historicamente.

Depois de 430 anos, o Livro do Êxodo descreve os israelitas oprimidos como escravos construindo as cidades do faraó e escapando milagrosamente do Egito com a ajuda de Deus (ainda celebrada pelos judeus no festival da Páscoa judaica), sob o comando de um príncipe hebreu chamado Moisés. Quando erravam pelo Sinai, Deus revelou a Moisés os Dez Mandamentos. Se os israelitas vivessem e adorassem segundo essas regras, Deus prometeu que lhes daria a terra de Canaã. Querendo conhecer a natureza desse Deus, Moisés Lhe perguntou: "Qual é o Seu

* A Criação aparece no Gênesis em 1,1; 2,3; 2,4-25. Há duas genealogias de Adão, duas histórias de dilúvio, duas capturas de Jerusalém, duas histórias nas quais Deus muda o nome de Jacó para Israel. Há muitos anacronismos — por exemplo, a presença dos filisteus e dos arameus no Gênesis quando ainda não tinham chegado a Canaã. Os camelos como animais de carga aparecem cedo demais. Especialistas acreditam que os primeiros livros bíblicos foram escritos por grupos de escritores separados, um que enfatizava El, o Deus dos cananeus, e outro que destacava Jeová, o Deus único israelita.

nome?". E então recebeu a resposta majestosamente hostil: "EU SOU O QUE SOU" — um Deus sem nome, traduzido em hebraico como YHWH: Yahweh, ou, como os cristãos escreveriam mais tarde, com erro de ortografia, Jeová.*

Muitos semitas se fixaram no Egito; Ramsés II, o Grande, foi provavelmente o faraó que obrigou os hebreus a trabalharem em suas cidades-armazéns; o nome de Moisés era egípcio, o que sugere pelo menos que teve ali sua origem; e não há motivo para duvidar que o primeiro líder carismático das religiões monoteístas — Moisés ou alguém como ele — recebeu essa revelação, pois é assim que as religiões começam. A tradição de um povo semita que escapou da repressão é plausível, embora difícil de datar.

Moisés vislumbrou a Terra Prometida do alto do monte Nebo, mas morreu antes de entrar. Foi seu sucessor Josué que conduziu os israelitas para Canaã. A Bíblia apresenta a jornada dos israelitas como uma sangrenta movimentação e uma colonização gradual. Não há provas arqueológicas de uma conquista, mas colonos pastoris de fato encontraram muitas aldeias não muradas nos planaltos da Judeia.** Um pequeno grupo de israelitas, que escapou do Egito, provavelmente estava entre eles. Unia-os a adoração de um Deus — Yahweh —, que reverenciavam num templo móvel, um tabernáculo contendo a sagrada arca de madeira conhecida como Arca da Aliança. Talvez tenham construído sua identidade contando histórias sobre os patriarcas fundadores. Muitas dessas tradições, desde Adão e do Jardim do Éden até Abraão, seriam posteriormente veneradas não apenas por judeus, mas também por cristãos e muçulmanos — e localizadas em Jerusalém.

Os israelitas estavam agora, pela primeira vez, bem perto da cidade.

* Quando o Templo foi erguido em Jerusalém, só o sumo sacerdote, uma vez por ano, podia pronunciar o tetragrama YHWH, e ainda hoje os judeus são proibidos de dizê-lo, preferindo usar Adonai (Senhor), ou apenas HaShem (o Nome indizível).

** A invasão israelita de Canaã é um campo de batalha de teorias complexas, geralmente de comprovação impossível. Mas parece que a invasão de Jericó, cujos muros foram destruídos pelas trombetas de Josué, é um mito: Jericó era mais antiga que Jerusalém. (Em 2010, a Autoridade Palestina comemorou seu aniversário de 10 mil anos — muito embora a data seja aleatória.) No entanto, Jericó ficou temporariamente desabitada, e não há provas de muros caídos. É difícil aceitar em termos literais a Hipótese da Conquista, pois a luta (como narrada no Livro de Josué) em geral ocorre numa área muito pequena. De fato, Betel, perto de Jerusalém, é uma das poucas cidades conquistadas no Livro dos Juízes que foi realmente destruída no século XIII. Os israelitas talvez tenham sido mais pacíficos e tolerantes do que alegam.

2. A ascensão de Davi

O JOVEM DAVI

Josué estabeleceu seu quartel-general ao norte de Jerusalém, em Siquém, onde construiu um santuário dedicado a Yahweh. Jerusalém era a terra dos jebuseus, governada pelo rei Adonizedeque, nome que sugere um rei-sacerdote. Adonizedeque tentou resistir a Josué, mas foi derrotado. No entanto, "não puderam os filhos de Judá expulsar os jebuseus", que "habitaram Jerusalém com os filhos de Judá até o dia de hoje". Por volta de 1200 a.C., Merneptah, filho de Ramsés, o Grande, e talvez o faraó que foi obrigado a libertar os israelitas de Moisés, enfrentou ataques dos Povos do Mar — atirando os velhos impérios do Oriente Próximo num estado de incerteza. O faraó fez uma incursão a Canaã para restaurar a ordem. Quando voltou para casa, inscreveu seu triunfo nos muros do templo tebano, declarando que tinha derrotado os Povos do Mar e recapturado Ascalon — e massacrado um povo que aqui aparece na história pela primeira vez: "Israel está devastado, e sua semente não existe".

Israel ainda não era um reino. O Livro dos Juízes conta que era uma confederação de tribos governada por anciãos que agora se viam desafiados por um novo inimigo: os filisteus, parte dos Povos do Mar, que vieram do Egeu. Eles conquistaram a costa de Canaã, construindo cinco ricas cidades onde teciam roupas, produziam objetos de cerâmica vermelha e preta e adoravam numerosos deuses. Os israelitas, pastores das montanhas oriundos de pequenas aldeias, não eram páreo para esses sofisticados filisteus, cuja infantaria usava peitorais, grevas (armaduras para as pernas) e elmos ao estilo dos gregos, e utilizavam armas para combate cerrado que desafiavam as desajeitadas quadrigas dos egípcios.

Os israelitas escolhiam chefes militares carismáticos — os juízes — para combater os filisteus e cananeus. Em dado momento, um negligenciado versículo do Livro dos Juízes alega que os israelitas tomaram e incendiaram Jerusalém; se isso ocorreu, não conseguiram manter as posições fortificadas.

Na Batalha de Ebenezer, aproximadamente em 1050 a.C., os filisteus esmagaram os israelitas, destruíram seu santuário em Siló, capturaram a Arca da Aliança, o símbolo sagrado de Yahweh, e avançaram pelas terras montanhosas em volta de Jerusalém. Diante da possibilidade de aniquilação e desejosos de serem "como outras nações", os israelitas decidiram eleger um rei, escolhido por Deus.[1] Procuraram seu idoso profeta, Samuel. Profetas não eram adivinhos do futuro, mas analistas do presente — a palavra grega *propheteia* significa a interpretação da vontade dos deuses. Os israelitas precisavam de um comandante militar: Samuel escolheu um jovem guerreiro, Saul, a quem ungiu com óleo sagrado. Governando a partir da cidadela de Gibeão (Tell al-Ful), que ficava no topo de um morro e apenas cinco quilômetros ao norte de Jerusalém, esse "capitão do meu povo de Israel" justificou sua escolha derrotando os moabitas, edomitas e filisteus. Mas Saul não estava preparado para o trono: "Atormentava-o um espírito maligno da parte do Senhor".

Samuel, vendo-se diante de um rei mentalmente instável, continuou a procurar em segredo. Percebeu a bênção do gênio entre os oito filhos de Jessé de Belém: Davi, o mais jovem, "era ruivo, de belos olhos e formosa aparência. E o Senhor disse: Levanta-te e unge-o, porque é este mesmo". Davi também "sabe tocar, é valente e vigoroso, e homem de guerra, prudente em palavras". Ele tornar-se-ia o mais notável e bem desenvolvido personagem do Velho Testamento. O criador da Jerusalém sagrada era poeta, conquistador, assassino, adúltero, a essência do rei santo e do aventureiro cheio de defeitos.

Samuel levou o jovem Davi para a corte onde o rei Saul o designou um dos seus escudeiros. Quando o rei era afligido pela loucura, Davi exibia seu primeiro dom de Deus: tocava harpa, e "então Saul sentia alívio". Os talentos musicais de

Davi são um importante elemento de seu carisma: alguns dos Salmos a ele atribuídos talvez sejam mesmo de sua autoria.

Os filisteus avançaram para o vale de Elá. Saul enfrentou-os com seu exército. Os filisteus produziram um gigantesco campeão, Golias de Gat,* cuja armadura completa contrastava com os frágeis apetrechos dos israelitas. Saul temia uma batalha campal, e por isso deve ter ficado aliviado, embora descrente, quando Davi exigiu que lhe dessem uma chance de derrotar Golias. Davi escolheu "cinco pedras lisas do regato" e, girando sua funda, "arremessou [uma pedra], ferindo o filisteu na testa; e a pedra se lhe cravou na testa".** Decapitou o campeão caído e os israelitas perseguiram os filisteus até sua cidade de Acaron. Seja qual for a verdade contida nessa história, o que ela quer dizer é de que forma o menino Davi fez seu nome como guerreiro.***

Saul promoveu Davi, mas as mulheres nas ruas cantavam: "Saul matou milhares; Davi, dezenas de milhares". O filho de Saul, Jônatas, fez amizade com Davi, e sua filha Mical o amava. Saul deu permissão para que se casassem, mas foi atormentado pelo ciúme: tentou duas vezes matar o genro com dardos. A princesa Mical salvou a vida de Davi, deixando-o sair por uma janela do palácio, e depois ele obteve asilo com os padres de Nobe. O rei o perseguiu, matando todos os sacerdotes, exceto um; mas Davi escapou novamente, passando a viver como chefe fugitivo de seiscentos bandoleiros. Duas vezes ele se aproximou furtivamente do rei que dormia, mas lhe poupou a vida, fazendo Saul chorar: "És mais justo do que eu".

Finalmente Davi passou para o lado do rei filisteu de Gat, que lhe deu sua cidade, Ziclague. Os filisteus novamente invadiram Judá e derrotaram Saul no monte Gilboa. O filho Jônatas foi morto e o rei se jogou sobre a própria espada.

* Assim como a palavra "filisteu", graças à Bíblia, entrou na linguagem corrente para descrever a falta de cultura (apesar de sua sofisticação cultural), o povo de Gat, conhecido como "git", também entrou na fala popular de língua inglesa [com o significado de indivíduo desprezível]. Mas os filisteus deram seu nome à terra que se tornou a Palestina romana, depois Palestina.

** A funda não era um brinquedo infantil, mas uma arma poderosa: em inscrições em Beni Hasan, no Egito, fundibulários aparecem ao lado de arqueiros na batalha. Inscrições reais no Egito e na Assíria mostram que contingentes de fundibulários eram unidades regulares dos exércitos imperiais no mundo antigo. Acredita-se que fundibulários hábeis eram capazes de atirar pedras lisas do tamanho de bolas de tênis a velocidades de 160 a 240 quilômetros por hora.

*** "Davi" era seu nome de guerra ou nome de rei? A Bíblia conta duas vezes a história de Davi, e na segunda versão chama o menino herói israelita de El-Hanã. Seria o verdadeiro nome de Davi?

3. O reino e o Templo

DAVI: A CIDADE REAL

Um jovem apareceu no acampamento de Davi alegando que tinha matado Saul: "Eu matei o ungido do Senhor". Davi matou o mensageiro e lamentou a Saul e a Jônatas numa tirada de eterna poesia:

> Tua flor, Israel, pereceu nas alturas: como caíram os valorosos! Filhas de Israel, chorai por Saul, que vos vestia de púrpura suntuosa, e ornava de ouro vossos vestidos [...]. Saul e Jônatas, amáveis e encantadores, nunca se separaram, nem na vida nem na morte, mais velozes do que as águias, mais fortes do que os leões [...]. Como caíram os valorosos, e pereceram as armas de guerra![1]

Naquela hora sombria, as tribos do sul de Judá ungiram Davi como rei, tendo Hebron por capital, enquanto o filho sobrevivente de Saul, Isboset, sucedeu a Saul para governar as tribos do norte de Israel. Ao fim de uma guerra de sete anos, Isboset foi assassinado, e as tribos setentrionais também ungiram Davi como rei. A monarquia foi unificada, mas a separação entre Israel e Judá foi um cisma que só o carisma de Davi conseguiu curar.

Jerusalém, conhecida como Jebus por causa de seus habitantes jebuseus, ficava logo ao sul do reduto de Saul, Gibeão. Davi e seu exército avançaram sobre a cidadela de Sião, ficando de frente para as formidáveis fortificações recentemente descobertas em torno da fonte de Giom.* Dizia-se que Sião era inexpugnável, e o modo como Davi a conquistou é um mistério. A Bíblia descreve os jebuseus alinhando nos muros os cegos e os mancos, uma advertência para os atacantes sobre o que os esperava. Mas de alguma maneira o rei entrou na cidade — através do que a Bíblia hebraica chama de *zinnor*. Isso pode ser um aqueduto subterrâneo — algum da rede que está sendo escavada na colina Ofel — ou alguma fórmula mágica. Seja como for, "Davi tomou a fortaleza de Sião: esta é a cidade de Davi".

Essa captura pode ter sido apenas um golpe palaciano. Davi não massacrou os jebuseus; em vez disso, agregou-os à sua corte e ao seu exército cosmopolitas. Rebatizou Sião com o nome de Cidade de Davi, consertou os muros e ordenou que a Arca da Aliança (recapturada no campo de batalha) fosse levada para Jerusalém. Sua tremenda santidade matou um dos que a transportavam, e por isso Davi a colocou sob os cuidados de um confiável git até que fosse seguro carregá-la. "Davi e todo o Israel levavam a arca do Senhor com júbilo e ao som das trombetas." Trajando a tanga sacerdotal, "Davi dançava diante do Senhor com todas as suas forças". Em troca, Deus prometeu a Davi que "tua casa e teu reino serão estabelecidos para sempre". Após séculos de luta, Davi declarava que Yahweh tinha fixado morada permanente numa cidade santa.[2]

Mical, filha de Saul, zombou da submissão seminua do marido a Deus como uma demonstração de vaidade vulgar.[3] Enquanto os primeiros livros da Bíblia são uma mistura de textos antigos e de histórias escritas muito depois das datas que lhes são atribuídas, o retrato bem desenvolvido e nada heroico de Davi, plantado no 2º Livro de Samuel e no 1º Livro dos Reis, é leitura tão vívida que pode muito bem ter tido por base as memórias de um cortesão.

Davi escolheu essa fortaleza para sua capital porque ela não pertencia nem às tribos do norte nem à sua meridional Judá. Levou os escudos dourados dos inimigos conquistados para Jerusalém, onde construiu para si um palácio, impor-

* Esse é o sítio arqueológico mais escavado do mundo. A atual escavação em torno da fonte, sob comando do professor Ronny Reich, é a 12ª realizada no sítio, e tem revelado as fortificações cananeias descritas no capítulo 1. Em 1867, o arqueólogo inglês Charles Warren descobriu um poço ligando Ofel à fonte. Sempre se acreditou que o poço de Warren fosse obra humana, e que os hierosolimitas baixavam seus baldes para coletar água. Mas a escavação mais recente mudou tudo: parece que o poço de Warren é obra da natureza. Na realidade, a água escorria para uma cisterna aberta na rocha por mãos humanas e protegida por enormes torres e muros.

tando madeira de cedro de seus aliados fenícios em Tiro. Consta que Davi conquistou um reino que se estendia do Líbano às fronteiras do Egito, e, em direção oeste, às atuais Jordânia e Síria, chegando a estabelecer uma guarnição em Damasco. Nossa única fonte sobre Davi é a Bíblia: entre 1200 e 850 a.C., os impérios do Egito e do Iraque foram eclipsados, deixando atrás de si escassos registros reais, mas também um vazio de poder. Davi certamente existiu: uma inscrição encontrada em 1993 em Tel Dan, no norte de Israel, datada do século IX a.C., mostra que os reis de Judá eram conhecidos como a Casa de Davi, provando que Davi foi o fundador do reino.

Mas a Jerusalém de Davi era minúscula. Naquela época, a cidade da Babilônia, onde é hoje o Iraque, ocupava 1010 hectares; até mesmo a vizinha Hazor ocupava oitenta hectares. Jerusalém provavelmente não passava de seis hectares, o suficiente apenas para abrigar 1200 pessoas em volta da cidadela. Mas a descoberta recente de fortificações acima da fonte de Giom prova que a Sião de Davi era muito mais substancial do que se pensava, ainda que estivesse longe de ser uma cidade imperial.* O reino de Davi, conquistado com seus mercenários cretenses, filisteus e hititas, também é plausível, por mais exagerado que tenha sido pela Bíblia, e era apenas uma federação de tribos sustentada por sua personalidade. Os macabeus mostrariam bem depois que chefes militares dinâmicos eram capazes de conquistar rapidamente um império judaico durante um vazio de poder imperial.

Certa tarde, quando descansava no terraço do seu palácio, Davi "avistou uma mulher que se banhava, e a mulher era muito formosa à vista. Tendo Davi mandado indagar a respeito da mulher, disseram-lhe: Porventura não é Betsabeia?". A mulher era casada com um dos seus capitães mercenários não israelitas, Urias. Davi mandou chamá-la, e "ela veio e ele dormiu com ela", engravidando-a. O rei ordenou que o comandante Joabe lhe mandasse o marido de volta das guerras onde é hoje a Jordânia. Quando Urias chegou, Davi mandou que ele fosse à sua casa para "lavar os teus pés", embora sua intenção de verdade fosse

* A escala da cidade de Davi é agora muito mais debatida entre os minimalistas, que afirmam que ela consistia apenas na cidadela de um chefe militar, e os maximalistas, que adotam a capital imperial das histórias da tradição bíblica. Antes da descoberta da inscrição de Tel Dan, os minimalistas radicais sugeriam até que Davi nunca tinha existido, chamando a atenção para a falta de indícios arqueológicos além da Bíblia. Em 2005, a dra. Eilat Mazor anunciou que tinha descoberto o palácio do rei Davi. O anúncio foi recebido com grande ceticismo, mas as escavações dela parecem ter revelado um substancial edifício público do século X, o qual, junto com as fortificações e íngremes estruturas cananeias, teria formado a cidadela de Davi.

que Urias dormisse com Betsabeia para justificar a gravidez. Mas Urias se recusou, e Davi lhe ordenou que levasse a seguinte carta para Joabe: "Coloca Urias na frente da mais renhida batalha [...] para que seja ferido e morra". Urias foi morto.

Betsabeia tornou-se a esposa predileta de Davi. Porém o profeta Natã contou ao rei a história de um homem rico que tinha tudo, mas roubou o único cordeiro de um homem pobre. Davi ficou indignado com a injustiça: "O homem que fez isso merece a morte!". "*Tu* és este homem", respondeu Natã. O rei percebeu que tinha cometido um crime terrível. Ele e Betsabeia perderam o primeiro filho nascido desse pecado — mas o segundo, Salomão, sobreviveu.[4]

Longe de ter sido a corte ideal de um rei santo, Davi presidia um ninho de cobras, que soa verdadeiro em seus detalhes. Como muitos impérios construídos em torno de um líder autoritário, quando ele adoece as rachaduras aparecem: os filhos disputam a sucessão. O mais velho deles, Amnon, talvez esperasse suceder a Davi, mas o favorito de Davi era o meio-irmão de Amnon, o mimado e ambicioso Absalão, com sua magnífica cabeleira e um físico sem defeito: "Não havia em Israel homem tão elogiado por sua beleza como Absalão".

ABSALÃO: ASCENSÃO E QUEDA DE UM PRÍNCIPE

Depois que Amnon atraiu Tamar, irmã de Absalão, para sua casa e estuprou-a, Absalão mandou matar Amnon fora de Jerusalém. Enquanto Davi pranteava, Absalão fugiu da capital e só voltou três anos depois. O rei e seu favorito se reconciliaram: Absalão curvou-se até o chão perante o trono e Davi o beijou. Mas o príncipe Absalão era incapaz de controlar sua ambição. Desfilou por Jerusalém em sua biga e cavalos com cinquenta homens iam correndo à sua frente. Enfraqueceu o governo do pai — "Absalão conquistou o coração de Israel" — e estabeleceu sua corte rebelde em Hebron.

O povo correu para o astro nascente, Absalão. Mas Davi recuperou um pouco de seu velho espírito: pegou a Arca da Aliança, emblema do favor divino, e abandonou Jerusalém. Enquanto Absalão se estabelecia em Jerusalém, o velho rei reuniu suas forças. "Por amor a mim, tratem bem o jovem", disse Davi a seu general, Joabe. Quando as forças de Davi massacraram os rebeldes na floresta de Efraim, Absalão fugiu numa mula. Sua maravilhosa cabeleira foi a sua ruína: "E passando a mula debaixo dos espessos galhos de um grande carvalho, a cabeça de Absalão prendeu-se aos galhos, e ele ficou pendurado entre o céu e a terra; e a mula prosseguiu". Quando Absalão foi encontrado balançando, Joabe o matou e sepultou o corpo num fosso em vez de fazê-lo sob o pilar que o príncipe rebelde levantara para si.* "Está bem o jovem Absalão?", perguntava o rei, pateticamente. Quando Davi soube que o príncipe estava morto, lamentou: "Meu filho Absalão, meu filho, meu filho Absalão! Por que Deus não me fez morrer em teu lugar? Absalão, meu filho, meu filho!".[5] Enquanto a fome e a peste espalhavam-se pelo reino, Davi subiu ao monte Moriá e viu um anjo da morte ameaçar Jerusalém. Teve uma teofania, uma revelação divina, na qual recebeu ordem para construir um altar. Talvez já houvesse um santuário em Jerusalém, cujos reis são descritos como reis-sacerdotes. Um dos moradores originais da cidade, Araúna, o jebuseu, tinha terras em Moriá, o que sugere que a cidade se expandira de Ofel para as montanhas vizinhas. "E Davi comprou a eira e os bois por cinquenta siclos de prata. Levantou ali um altar ao Senhor e ofereceu sobre ele holocaustos e sacrifícios pacíficos." Davi pensou em construir um templo e encomendou cedro a Abibaal, o rei fenício de Tiro. Era o momento culminante de sua carreira: a junção de Deus e seu povo, a união de Israel e Judá, a unção de Jerusalém como a capital santa. Mas não seria assim. Deus disse a Davi: "Não construirás casa em honra do Meu nome, porque és homem de guerra e derramaste muito sangue".

Agora que Davi estava "velho e frágil", seus cortesãos e filhos tramavam pela sucessão. Outro filho, Adonias, fez uma tentativa de conquistar o trono, enquanto uma ágil virgem, Abisague, foi trazida para distrair Davi. Mas os conspiradores subestimaram Betsabeia.[6]

SALOMÃO: O TEMPLO

Betsabeia reivindicou o trono para o filho Salomão. Davi convocou Zadoque, o sacerdote, e Natã, o profeta, que escoltaram Salomão na mula do próprio rei até a sagrada fonte de Giom. Ali foi ungido rei. A trombeta soou e o povo comemorou. Adonias, ouvindo as comemorações, buscou refúgio no santuário do altar, e Salomão lhe garantiu a vida.[7]

* A pirâmide conhecida como pilar de Absalão no vale do Cédron foi mencionada pela primeira vez por Benjamin de Tudela em 1170 da Era Cristã e não data de 1000 a.C. Na realidade, é um túmulo do século I a.C. Na Idade Média, os judeus, banidos da cidade e até do Muro das Lamentações, rezavam perto do pilar. Até mesmo no início do século XX, judeus de passagem costumavam cuspir-lhe ou atirar-lhe pedras para manifestar seu desgosto com a deslealdade de Absalão.

Depois de uma extraordinária carreira, que uniu os israelitas e fez de Jerusalém a Cidade de Deus, Davi morreu, tendo ordenado a Salomão que construísse o Templo no monte Moriá. Foram os autores da Bíblia, escrevendo quatro séculos depois para instruir sua época, que transformaram o imperfeito Davi na essência do rei santo. Ele foi sepultado na Cidade de Davi.* Seu filho era muito diferente. Salomão concluiria aquela missão sagrada, mas começou seu reino — mais ou menos em 970 a.C. — com um sangrento acerto de contas.

Betsabeia, a rainha-mãe, pediu a Salomão que permitisse a seu meio-irmão mais velho, Adonias, casar-se com a última concubina do rei Davi, Abisague. "Pede também para ele o reino?", respondeu Salomão sarcasticamente, ordenando o assassinato de Adonias e um expurgo da velha guarda do pai. Essa história é a última do historiador da corte de Davi, mas é também o primeiro e único vislumbre de Salomão como homem, pois ele se torna o inescrutavelmente sábio e esplêndido estereótipo do imperador fabuloso. Tudo que Salomão tinha era maior e melhor do que qualquer coisa que os reis comuns tivessem: sua sabedoria produziu 3 mil provérbios e 1005 canções; seu harém tinha setecentas esposas e trezentas concubinas; seu exército ostentava 12 mil cavaleiros e 1400 carros de combate. Essas caras atrações de tecnologia militar ficavam guardadas em suas cidades fortificadas (Megido, Gezer e Hazor), enquanto a frota era ancorada em Asiongaber, no golfo de Ácaba.[8]

Salomão estabeleceu com o Egito e a Cilícia um comércio de especiarias e ouro, carros de combate e cavalos. Participou de expedições comerciais ao Sudão e à Somália com seu aliado fenício, o rei Hiram de Tiro. Recebeu a rainha de Sabá (provavelmente onde é hoje o Iêmen), que foi a Jerusalém "com uma grande comitiva, com camelos carregados de especiarias e muitíssimo ouro e pedras preciosas". O ouro vinha de Ofir, provavelmente Índia; o bronze, de suas próprias minas. A riqueza de Salomão embelezou Jerusalém: "O rei tornou a prata tão comum como as pedras, e fez com que os cedros fossem tão numerosos como os sicômoros que há pelo vale". A marca mais reveladora de seu prestígio internacional foi o casamento com a filha de um faraó. Os faraós quase nunca

* Consta que muitos séculos depois João Hircano, o rei macabeu, saqueou o túmulo de Davi para pagar a um conquistador estrangeiro. Durante o Reino Cruzado, 2 mil anos depois disso, operários que reparavam o Cenáculo de monte Sião, onde Jesus fez sua última ceia, descobriram um quarto que julgavam ser o túmulo de Davi. O lugar tornou-se venerado por judeus, cristãos e muçulmanos. Mas a localização real do túmulo de Davi continua a ser um mistério.

casavam suas filhas com príncipes estrangeiros — muito menos com judeus novos-ricos, só recentemente promovidos da condição de chefes de pastores da montanha. Mas o outrora soberbo Egito achava-se numa situação caótica tão vergonhosa que o faraó Siamun atacou Gezer, não distante de Jerusalém, e, talvez por se encontrar exposto longe de casa, ofereceu os espólios a Salomão, juntamente com a filha, honra impensável em qualquer outra época. Mas o Templo de Jerusalém, planejado pelo pai, foi sua obra-prima.

A "casa de Deus" ficaria ao lado do palácio real de Salomão, numa acrópole sacroimperial, descrita na Bíblia, que ostentava muros e palácios de espantosa magnificência, cobertos de ouro e cedro, incluindo a Casa da Floresta do Líbano e o Pórtico de Colunas, onde o rei julgava.

Não foi apenas uma façanha israelita. Os fenícios, que viviam em cidades-Estado independentes ao longo da costa libanesa, eram os mais sofisticados artesãos e mercadores navegantes do Mediterrâneo, famosos pelo corante púrpura tíria, de onde ganharam seu nome (*phoinix* quer dizer púrpuro), e por criarem o alfabeto. O rei Hiram de Tiro forneceu não somente cipreste e madeira de cedro, mas também os artesãos que fabricaram os ornamentos de prata e ouro. Tudo era "puro ouro".

O Templo não era apenas um santuário, mas a própria casa de Deus, um conjunto de edifícios formado por três partes, de aproximadamente dez metros de altura por 35 de comprimento, dentro de um terreno murado. Primeiro havia um portão com dois pilares de bronze, Yachin e Boaz, de dez metros de altura, decorados com romãs e lírios, que levava a um imenso pátio com colunas, aberto para os céus e cercado em três lados com câmaras de dois pavimentos, que provavelmente continham o arquivo ou o tesouro real. O pórtico abria para um salão sagrado: dez lâmpadas douradas ficavam junto às paredes. Havia uma mesa dourada para pães da presença de Deus diante de um altar de incenso para sacrifícios, um tanque de água e lavatórios sobre rodas com jarras para purificação e um tanque de bronze conhecido como Mar. Escadas conduziam ao Santo dos Santos,* pequena câmara guardada por dois querubins alados, de 5,2 metros de altura, feitos de oliveira coberta com folhas de ouro.

Mas a magnificência de Salomão estava acima de tudo. Ele levou sete anos para terminar o Templo e treze para construir seu próprio palácio, que era maior.

* Onde ficava o Santo dos Santos? Essa questão agora é politicamente explosiva e um desafio intratável no caminho de qualquer acordo de paz entre israelenses e palestinos sobre o compartilha-

Deveria haver silêncio na casa de Deus, e por isso "não se ouviu no Templo nenhum barulho de martelo, nem de talhadeira, nem de qualquer outra ferramenta": os artesãos fenícios preparavam as pedras, entalhavam o cedro e o cipreste e faziam as decorações de prata, bronze e ouro em Tiro antes de embarcá-las para Jerusalém. O rei Salomão fortificou o monte Moriá ampliando as velhas muralhas: a partir de então o nome "Sião" designava tanto a cidadela original como o novo monte do Templo.

Quando tudo ficou pronto, Salomão reuniu o povo para ver os sacerdotes transportarem o móvel de madeira de acácia da Arca da Aliança de sua tenda na cidadela de Sião, a Cidade de Davi, para o Templo no monte Moriá. Salomão fez sacrifícios no altar e depois os sacerdotes levaram a Arca para o Santo dos Santos e a colocaram sob as asas dos dois imensos querubins de ouro. Não havia nada no Santo dos Santos além dos querubins e da Arca, e nada dentro da Arca — de apenas 1,2 metro por 75 centímetros — além das placas da lei de Moisés. Sua santidade era tamanha que não se destinava à adoração pública: em seu vazio residia a divindade de Yahweh, austera e sem imagem, uma ideia exclusiva dos israelitas.

Assim que o sacerdote saiu, a "nuvem" da Presença Divina, "a glória do Senhor encheu a casa do Senhor". Salomão consagrou o Templo perante o povo, declarando a Deus: "Pois construí uma casa para tua residência, um lugar onde habitarás para sempre". Deus respondeu a Salomão: "Então confirmarei para sempre o trono de teu reino sobre Israel, como prometi a Davi, teu pai". Aquele foi o primeiro dos festivais que com o tempo se tornariam as grandes peregrinações do calendário judaico: "Três vezes por ano Salomão oferecia sacrifícios so-

---

mento de Jerusalém. Há várias teorias, dependendo do tamanho do monte do Templo que posteriormente foi ampliado por Herodes, o Grande. A maioria dos estudiosos acha que ficava no alto de uma pedra dentro do islâmico Domo da Rocha. Alguns afirmam que essa misteriosa caverna amarela e torta era originariamente uma cova sepulcral datada em torno de 2000 a.C., e parece haver memórias disso no folclore: quando os exilados retornaram da Babilônia por volta de 540 a.C., consta que encontraram o crânio do jebuseu Araúna. O Mishná, a compilação das tradições orais judaicas do século II da Era Cristã, chama-a de Túmulo do Abismo, esvaziado "por medo de qualquer sepultura nas profundezas". Os muçulmanos chamavam-na Poço das Almas. Judeus e muçulmanos acreditam ser este o lugar onde Adão foi criado e Abraão quase sacrificou Isaac. É provável que em 691 da Era Cristã o califa Abd al-Malik tenha escolhido o lugar para o Domo — pelo menos em parte — a fim de criar um sucessor islâmico para o Templo. Os judeus veem a Rocha como a pedra angular do Templo.

bre o altar". Naquele momento, o conceito de santidade no mundo judaico-cristão-muçulmano encontrou sua morada eterna. Os judeus e os outros Povos do Livro acreditam que a Presença Divina jamais abandonou o monte do Templo. Jerusalém tornar-se-ia o lugar superlativo da comunicação entre o divino e o humano na terra.

SALOMÃO: O DECLÍNIO

Todas as Jerusaléns ideais, novas e antigas, celestiais e temporais, basearam-se na descrição bíblica da cidade de Salomão. Mas não existe nenhuma outra fonte que a confirme, e nada foi encontrado em seu Templo.

Isso é menos surpreendente do que parece. É impossível escavar o monte do Templo — por razões políticas e religiosas —, mas mesmo que as escavações fossem autorizadas, muito provavelmente não encontraríamos vestígios do Templo de Salomão, que foi destruído pelo menos duas vezes, reduzido a seus alicerces em pelo menos uma ocasião e remodelado outras incontáveis vezes. Mas o Templo é plausível em tamanho e projeto, mesmo que os escritores bíblicos tenham exagerado seu esplendor. Era um santuário clássico de sua época. Os templos fenícios, nos quais o de Salomão foi parcialmente calcado, eram prósperas corporações administradas por centenas de funcionários, prostitutas de templo cujo dinheiro ganho contribuía para a renda da corporação, e até mesmo por barbeiros da casa para aqueles que dedicavam os cabelos a seus deuses. A disposição física dos templos sírios, descobertos em toda a região, juntamente com sua parafernália sagrada, como lavatórios, era muito parecida com a do santuário de Salomão das descrições bíblicas.

Sua fartura de ouro e marfim é totalmente verossímil. Um século depois, os reis de Israel reinavam em suntuosos palácios na vizinha Samaria, onde arqueólogos encontraram marfim. A Bíblia diz que Salomão dedicou quinhentos escudos de ouro ao Templo numa época em que outras fontes demonstram que o ouro era abundante — importado de Ofir, também tirado pelos egípcios de minas na Núbia. Pouco depois da morte de Salomão, o faraó Sisaque foi subornado com o ouro do Templo quando ameaçou Jerusalém. Durante muito tempo supôs-se que as minas do rei Salomão eram mito, mas na Jordânia foram encontradas minas de ouro ativas durante seu reinado. O tamanho do seu exército também era plausível, pois sabemos que um rei de Israel poria em campo 2 mil carros de combate pouco mais de um século depois*[9].

A magnificência de Salomão pode ser exagerada, mas seu declínio soa bastante verdadeiro: o rei da sabedoria tornou-se um tirano impopular, que financiava suas monumentais extravagâncias com altos impostos e o "castigo com açoites". Para asco dos autores bíblicos monoteístas, que escreveram dois séculos depois, Salomão orava para Yahweh e outros deuses locais, e além disso "amou muitas mulheres estrangeiras".

Salomão enfrentou rebeliões de Edom (no sul) a Damasco (no norte), enquanto seu general, Jeroboão, começou a planejar uma revolta entre as tribos setentrionais. Salomão ordenou o assassinato de Jeroboão, mas o general fugiu para o Egito, onde foi respaldado por Sisaque, o faraó líbio de um império ressurgente. O reino israelita cambaleava.

* A Bíblia cita as fortalezas de Megido, Gezer e Hazor como cidades-armazém de Salomão. Mas nos debates do século XXI, revisionistas, encabeçados pelo professor Israel Finkelstein, afirmam que se trata, na verdade, de palácios de estilo sírio construídos cem anos depois, o que deixa Salomão sem qualquer edifício. Outros arqueólogos contestam a datação dos revisionistas. A cerâmica em preto sobre vermelho encontrada nesses sítios é do fim do século X a.C., mais ou menos a época do reino de Salomão e da invasão de Sisaque, nove anos depois da morte do rei, enquanto novas e emocionantes análises dos edifícios sugerem que eram, na verdade, imensos estábulos do século X, e, consequentemente, indícios plausíveis da força cavaleira de Salomão e de operações mediterrâneas de compra e venda de cavalos. O debate prossegue.

4. Os reis de Judá (930-626 a.C.)

ROBOÃO VERSUS JEROBOÃO: A CISÃO

Quando Salomão morreu em 930 a.C., depois de um reinado de quarenta anos, seu filho Roboão convocou as tribos a Siquém. Os homens do norte mandaram o general Jeroboão dizer ao jovem rei que não mais tolerariam os altos impostos salomônicos: "Eu farei vosso jugo ainda mais pesado: se meu pai vos castigou com açoites", respondeu o atrevido Roboão, "eu vos castigarei com escorpiões". As dez tribos do norte se rebelaram, ungindo Jeroboão como rei de um novo reino separatista de Israel.

Roboão continuou a ser rei de Judá; era neto de Davi e tinha o Templo de Jerusalém, a casa de Yahweh. Mas o mais experiente Jeroboão, que fez de Siquém sua capital, viu-se diante deste dilema: "Se esse povo subir a Jerusalém para fazer sacrifícios no templo do Senhor, voltará a ser leal a Roboão, rei de Judá, e me matará". Por isso construiu dois minitemplos em Betel e Dan, tradicionais santuários cananeus. O reino de Jeroboão foi longo e bem-sucedido, mas ele jamais conseguiu fazer algo que se igualasse à Jerusalém de Roboão.

Os dois reinos israelitas às vezes guerreavam entre si, às vezes lutavam como aliados. Por aproximadamente quatro séculos depois do ano 900 a.C., a dinastia davídica governou Judá, o pequeno resto de território em volta da real Jerusalém, cidade do Templo, enquanto Israel, muito mais rico, tornou-se uma potência militar no norte, geralmente controlada por generais aurigas que tomavam o trono com golpes sangrentos. Um desses usurpadores matou tanta gente da família reinante que "não lhe deixou ninguém capaz de urinar num muro". Os autores dos livros dos Reis e das Crônicas, escrevendo dois séculos depois, não estavam preocupados com detalhes pessoais, nem com rigores cronológicos, mas julgavam os governantes por sua lealdade ao Deus de Israel. Felizmente, porém, a Idade das Trevas acabou: as inscrições dos impérios do Egito e do Iraque agora iluminam — e muitas vezes confirmam — as proclamações furiosamente virtuosas da Bíblia.

Nove anos depois da morte de Salomão, o Egito e a história voltaram a Jerusalém. O faraó Sisaque, que encorajara o rompimento da unida monarquia israelita, marchou pela costa, virando para o interior em direção a Jerusalém. O Templo era rico o suficiente para tornar lucrativo esse desvio. O rei Roboão teve de subornar Sisaque com o tesouro do Templo — o ouro de Salomão. Atacando os dois reinos israelitas, o faraó arrasou Megido na costa, onde deixou uma inscrição numa estela gabando-se de suas conquistas: um tentador fragmento sobrevive. Ao voltar para casa, ele anunciou sua bem-sucedida incursão no templo de Amon em Karnak. Um texto hieroglífico em Bubástis, então capital do faraó, mostra que Só, herdeiro de Sisaque, dedicou logo depois 383 toneladas de ouro a seus templos, provavelmente o butim de Jerusalém. A invasão de Sisaque é o primeiro evento bíblico confirmado pela arqueologia.

Depois de cinquenta anos de luta, os dois reinos israelitas fizeram as pazes. O rei de Israel, Acabe, fez um prestigioso casamento com uma princesa fenícia, que se tornou arquimonstra da Bíblia, tirana corrupta e adoradora de Baal e outros ídolos. Seu nome era Jezebel, e ela e a família acabaram governando Israel — e Jerusalém. Levaram ambos à matança feroz e ao desastre.[1]

JEZEBEL E A FILHA, RAINHAS DE JERUSALÉM

Jezebel e Acabe tiveram uma filha chamada Atália, a quem casaram com o rei Jehorah, de Judá: ela chegou a uma Jerusalém que se desenvolvia muito — mercadores sírios negociavam em seu bairro, uma frota de Judá navegava pelo Mar Vermelho e os ídolos cananeus tinham sido expulsos do Templo. Mas a filha de Jezebel não trouxe com ela nem sorte nem felicidade.

Os israelitas só tinham progredido enquanto as grandes potências estavam em suspenso. Em 854, a Assíria, localizada em redor de Nínive, onde é hoje o Iraque, voltou a crescer. Quando o rei assírio Shalmaneser III iniciou a conquista dos reinos sírios, Judá, Israel e Síria formaram uma coalizão para resistir. Na batalha de Karkar, empregando 2 mil carros de combate e 10 mil soldados de infantaria, e com o apoio dos judeus e de diversos reis sírios, o rei Acabe deteve os assírios. Mas depois disso a coalizão se desfez. Os judeus e israelitas lutaram com os sírios; seus povos se rebelaram.* O rei Acabe, de Israel, foi morto por uma flecha — "os cães lamberam-lhe o sangue". Um general chamado Jeú rebelou-se em Israel, massacrou a família real — amontoando as cabeças de setenta filhos de Acabe à entrada de Samaria — e assassinou não apenas o novo rei de Israel, mas também o rei visitante de Judá. A rainha Jezebel, por sua vez, foi atirada pela janela do palácio e pulverizada sob as rodas dos carros de combate.**

A carcaça de Jezebel foi dada como alimento aos cães em Israel, mas em 841 a.C., aproximadamente, a filha de Jezebel, a rainha Atália, tomou o poder em Jerusalém, matando todos os príncipes davídicos (seus próprios netos) que pôde encontrar. Só um príncipe bebê, Joás, foi poupado. O 2º Livro dos Reis — e novas

* Os reis de Israel e Judá marcharam juntos contra Mesa, o rebelado rei moabita que, numa estela, declarou ter sacrificado o próprio filho e repelido os invasores. Quase 3 mil anos depois, em 1868, beduínos mostraram a um missionário alemão uma pedra de basalto negro, que deflagrou uma corrida arqueológica entre a Prússia, a França e a Inglaterra, cujos agentes armaram intrigas para ganhar esse prestigioso prêmio imperial. Uma tribo de beduínos tentou destruir a pedra, mas finalmente os franceses ganharam. A luta valeu. Às vezes contradizendo, às vezes confirmando a Bíblia, Mesa admite que Israel tinha conquistado Moabe, mas declara que se rebelou contra o rei Acabe e derrotou Israel e Judá — que (de acordo com a última tradução) ele chama de "Casa de Davi", confirmando, mais uma vez, a existência desse rei. Depois se gaba de ter tomado de uma cidade israelita capturada "os utensílios de Yahweh", a primeira menção ao Deus israelita fora da Bíblia.

** A Bíblia retrata o rei Jeú de Israel como o restaurador de Yahweh e o destruidor dos ídolos de Baal. Mas a Bíblia está mais interessada em suas relações com Deus do que no realismo político agora revelado pela arqueologia: Jeú provavelmente recebeu ajuda de Damasco, porque o rei Hazael deixou a estela de Tel Dan no norte de Israel gabar-se de que ele tinha derrotado reis anteriores da Casa de Israel e da Casa de Davi, a prova arqueológica de que o rei Davi existiu. Mas Jeú também teve de tornar-se vassalo do rei assírio Shalmaneser III. No Obelisco Negro, encontrado em Nimrud e agora no Museu Britânico, Jeú faz uma vil reverência a Shalmaneser, que se senta — com sua barba trançada, seu diadema, sua espada e seus mantos bordados — perante o símbolo alado do poder assírio, protegido por um para-sol segurado por um cortesão. "Recebi", diz Shalmaneser, "prata, ouro, uma tigela de ouro, um vaso de ouro, baldes de ouro, estanho, um bastão, lanças de caça." Esse Jeú ajoelhado é a primeira imagem histórica de um israelita.

descobertas arqueológicas — oferecem aqui o primeiro vislumbre da vida em Jerusalém.[2]

O principezinho foi escondido no conjunto de edifícios do Templo, enquanto a filha de Jezebel, metade fenícia, metade israelita, atraía o comércio cosmopolita e a adoração baalita para sua pequena capital na montanha. Foi encontrada em Jerusalém uma delicada pomba de marfim empoleirada no topo de uma romã, de menos de uma polegada de altura, possivelmente usada para enfeitar móvel numa grande casa de Jerusalém. Sinetes de barro fenícios — conhecidos como bulas, o papel de carta com cabeçalho da época — foram encontrados perto do tanque de pedra abaixo da Cidade de Davi com imagens de seus navios e totens sagrados, como um sol alado sobre um trono, junto de 10 mil espinhas de peixe, provavelmente importadas do Mediterrâneo por aqueles mercadores que atravessavam oceanos.

Mas Atália logo se tornou tão odiada como Jezebel. Seus sacerdotes idólatras puseram Baal e outros deuses no Templo. Depois de seis anos, o sacerdote chamou os grandes de Jerusalém para uma reunião secreta e revelou a existência do principezinho, Joás — a quem, de imediato, juraram lealdade. O sacerdote armou os guardas com as lanças e os escudos do rei Davi, ainda armazenados no Templo, e publicamente ungiu a criança, gritando "Deus salve o rei" e fazendo soar as trombetas.

A rainha ouviu "o barulho dos guardas e do povo" e correu pela acrópole do palácio para o vizinho Templo, agora entulhado de gente. "Traição, traição!", gritava ela; mas os guardas a prenderam, arrastaram-na para fora da montanha sagrada e mataram-na fora dos portões. Os sacerdotes de Baal foram linchados, e seus ídolos, destruídos.

O rei Joás reinou por quarenta anos, até cerca de 801, quando foi derrotado numa batalha pelo rei sírio, que marchou sobre Jerusalém e o obrigou a pagar com "todo o ouro dos tesouros" do Templo. Trinta anos depois do assassinato de Joás, um rei de Israel atacou Jerusalém e saqueou o Templo. A partir de então, a riqueza cada vez maior fez dele um troféu tentador.[3]

Mas a remota prosperidade de Jerusalém não era páreo para a Assíria, energizada sob o comando de um novo rei: aquele império carnívoro voltava a fazer progresso. Os reis de Israel e de Aram-Damasco tentaram formar uma coalizão para resistir aos assírios. Quando o rei Acaz de Judá se recusou, israelitas e sírios cercaram Jerusalém. Não puderam entrar pelas recém-fortificadas muralhas, mas o rei Acaz despachou o tesouro do Templo e um pedido de ajuda para Tiglate-Pileser III, da Assíria. Em 732, os assírios anexaram a Síria e arrasaram Israel. Em Jerusalém, o rei Acaz torturava-se para decidir se devia submeter-se à Assíria ou lutar.

ISAÍAS: JERUSALÉM COMO BELDADE E MERETRIZ

Acaz foi aconselhado por Isaías, príncipe, sacerdote e conselheiro político, a esperar: Yahweh protegeria Jerusalém. O rei, disse Isaías, teria um filho chamado Emanuel — que significa "Deus conosco" — "porque um menino nos nasceu" que seria "o Deus forte, o Pai eterno, o Príncipe da Paz", trazendo "a paz sem fim".

Houve pelo menos dois autores do Livro de Isaías — um deles escreveu duzentos anos depois. Porém, esse primeiro Isaías não era apenas um profeta, mas também um poeta visionário que, numa época de voraz agressão assíria, foi o primeiro a imaginar a vida depois da destruição do Templo, numa Jerusalém mística. "Eu vi o Senhor assentado sobre um trono alto e sublime e o seu séquito enchia o templo [...] e a casa se encheu de fumaça."

Isaías amava o "monte santo", que via como uma mulher linda, "o monte da filha de Sião, o outeiro de Jerusalém", às vezes virtuosa, às vezes meretriz. A posse de Jerusalém não era nada sem a piedade e a decência. Mas se tudo estava perdido e "Jerusalém arruinada", haveria uma nova Jerusalém mística para todos "sobre todo o monte de Sião", pregando bondade amorosa: "Aprendam a fazer o bem; busquem a justiça; acabem com a opressão; lutem pelos direitos dos órfãos; defendam a causa da viúva". Isaías previu um fenômeno extraordinário: "O monte da casa do Senhor estará colocado à frente das montanhas [...] e para lá acorrerão todas as nações". As leis, os valores e as histórias dessa remota e talvez vencida cidade da montanha ressurgirão: "E irão muitos povos, e dirão: vinde, subamos ao monte do Senhor, à casa do Deus de Jacó, para que nos ensine os seus caminhos [...]. De Sião sairá a lei, e de Jerusalém, a palavra do Senhor. E ele julgará entre as nações". Isaías previu um místico Dia do Julgamento, quando um rei ungido — o Messias — viria: "De suas espadas forjarão relhas de arados, e de suas lanças, foices [...] e não aprenderão mais a guerrear". Os mortos ressuscitarão. "E morará o lobo com o cordeiro, e o leopardo se deitará com o cabrito."

Essa poesia incandescente expressou pela primeira vez os anelos apocalípticos que atravessariam toda a história de Jerusalém, até hoje. Isaías ajudaria a moldar não apenas o judaísmo, mas também o cristianismo. Jesus Cristo estudou

Isaías, e seus ensinamentos — da destruição do Templo e da ideia de uma Jerusalém espiritual e universal em defesa dos oprimidos — descendem dessa visão poética. Jesus seria visto, ele mesmo, como o Emanuel de Isaías.

O rei Acaz viajou a Damasco para se ajoelhar diante de Tiglate-Pileser, voltando de lá com um altar de estilo assírio para o Templo. Quando o conquistador morreu em 727 a.C., Israel se rebelou, mas o novo rei assírio, Sargon II, cercou a capital Samaria durante três anos e engoliu Israel, deportando 27 mil pessoas para a Assíria. Dez das Doze Tribos, que tinham vivido no reino setentrional, por pouco não desapareceram da história.* Os judeus modernos descendem das últimas duas tribos que sobreviveram como reino de Judá.[4] O bebê que Isaías saudou como Emanuel foi o rei Ezequias, que nada tinha de Messias, mas era dotado da mais preciosa virtude política: a sorte. E traços de sua Jerusalém ainda sobrevivem.

SENAQUERIBE: O LOBO NO APRISCO

Ezequias esperou vinte anos pela oportunidade de se rebelar contra a Assíria: primeiro expurgou os ídolos, destruindo a serpente de bronze que ficava no Templo, e convocou seu povo para comemorar uma versão anterior da Páscoa numa Jerusalém que pela primeira vez se expandia para o monte ocidental.** A cidade encheu-se de refugiados vindos do derrotado reino setentrional, e esses

* As antigas comunidades judaicas do Irã e do Iraque se dizem descendentes das Dez Tribos de Israel deportadas pelos assírios, assim como daquelas que foram deportadas posteriormente pelos babilônios. As últimas pesquisas genéticas demonstram que esses judeus foram de fato separados de outras comunidades judaicas há mais ou menos 2500 anos. Mas a busca desses israelitas desaparecidos gerou mil fantasias e teorias: as Dez Tribos foram "descobertas" nos lugares mais improváveis — desde os índios nativos da América do Norte até os ingleses.

** Dois novos subúrbios surgiram fora da murada Cidade de Davi e do monte do Templo: o Makhtesh, no vale Tyropaean, entre o monte Moriá e o monte ocidental, e o Mishneh, no próprio monte ocidental, hoje o Bairro Judeu. Altas autoridades foram sepultadas nos túmulos em volta da cidade: "Este é [o túmulo] de [...] yahu, mordomo real", diz um túmulo na aldeia de Silwan. "Não há ouro ou prata aqui, apenas seus ossos e os ossos de sua mulher escrava — maldito seja aquele que abrir esta sepultura." A maldição não funcionou: a sepultura foi saqueada e é hoje um galinheiro. Mas esse mordomo real pode muito bem ter sido o cortesão de Ezequias criticado por Isaías por construir uma tumba suntuosa: o nome podia ser "Shebnayahu".

refugiados provavelmente levaram consigo alguns dos seus antigos pergaminhos sobre o começo da história e da lenda israelita. Estudiosos de Jerusalém começaram a fundir as tradições de Judá com as das tribos do norte: posteriormente, aqueles pergaminhos, escritos na mesma época em que os gregos registravam a *Ilíada*, o poema épico de Homero, tornar-se-iam a Bíblia.

Quando Sargon II foi morto no campo de batalha em 705, os hierosolimitas, entre os quais o próprio Isaías, esperavam que aquilo fosse a queda do império do mal. O Egito prometeu apoio; a cidade de Babilônia rebelou-se e enviou embaixadores a Ezequias, que achou que seu momento tinha chegado: ingressou numa nova coalizão contra a Assíria e preparou-se para a guerra. Mas, infelizmente para os judeus, o novo Grande Rei da Assíria era um chefe militar de confiança e energia aparentemente infinitas: chamava-se Senaqueribe.

Ele se dizia "Rei do Mundo, Rei da Assíria" numa época em que os títulos eram sinônimos. A Assíria mandava do golfo Pérsico a Chipre. Sua região central, sem saída para o mar, onde hoje é o Iraque, era protegida por montanhas ao norte e pelo Eufrates a oeste, mas era vulnerável a ataques do sul e do leste. O império lembrava um tubarão, que para sobreviver precisa consumir sem parar. Para os assírios, a conquista era uma obrigação religiosa. Cada novo rei jurava, quando subia ao trono, ampliar o que chamavam de "a terra do Deus Assur" — o nome do país vem do nome do santo padroeiro. Os reis também eram altos sacerdotes e comandantes que lideravam pessoalmente seus exércitos de 200 mil homens e que, como os tiranos dos tempos modernos, intimidavam os súditos utilizando-se não apenas do terror, mas de vastas deportações de povos de um extremo do império a outro.

O corpo do pai de Senaqueribe nunca foi resgatado do campo de batalha — terrível sinal de descontentamento divino — e o império começou a fragmentar-se. Mas Senaqueribe esmagou todas as rebeliões e, ao recuperar a Babilônia, destruiu a cidade inteira. Porém, uma vez restabelecida a ordem, ele tentou consolidar sua capital, Nínive — cidade de Ishtar, deusa da guerra e da paixão —, reconstruindo-a de forma extravagante, com canais para irrigar seus jardins e seu grande e sólido Palácio Sem Rival. Os reis assírios eram ávidos propagandistas, cujas decorações triunfalistas nas paredes de seus palácios divulgavam vitórias assírias e a morte horrível de seus inimigos — empalação em massa, esfolação e decapitação. Os cortesãos das cidades conquistadas desfilavam por Nínive carregando as cabeças de seus reis penduradas em macabros colares no pescoço. Mas suas depredações talvez não fossem mais cruéis do que a de outros conquistadores: os egípcios, por exemplo, colecionavam as mãos e o pênis dos inimigos. Ironicamente, a época mais brutal da Assíria tinha passado; Senaqueribe preferia negociar sempre que possível.

Senaqueribe enterrou registros de suas realizações nos alicerces dos palácios. No Iraque, arqueólogos encontraram os restos de sua cidade, mostrando a Assíria no apogeu, enriquecida pela conquista e pela agricultura, administrada por escribas cujos registros eram preservados em arquivos reais. Suas bibliotecas continham coleções de presságios para ajudar nas decisões reais, e de feitiços, rituais e hinos para preservar o apoio divino, mas também placas de barro de clássicos literários, como a *Epopeia de Gilgamesh*. Venerando muitos deuses, reverenciando figuras e espíritos mágicos e apelando para o poder de adivinhação, os assírios estudavam medicina e escreviam receitas em placas de barro que diziam: "Se o homem sofre dos seguintes sintomas, o problema é [...] tome os seguintes medicamentos [...]".

Prisioneiros israelitas, labutando longe de casa no resplendor espalhafatoso das cidades assírias, com seus zigurates e palácios pintados à maneira de Babel, viam-nas como metrópoles "ensanguentadas, cheias de mentiras, cheias de rapinagem, jamais sem vítimas!". O profeta Naum escreveu sobre "o estrépito do açoite, o estrondo das rodas, cavalos a galope, carros que pulam!". Agora, aqueles carros com rodas de oito raios, aqueles vastos exércitos e o próprio Senaqueribe marchavam sobre Jerusalém, atacando-a abruptamente, "rápidos como a águia", como diz o Deuteronômio.

O TÚNEL DE EZEQUIAS

Ezequias sabia dos horrores que haviam desabado sobre a Babilônia: construiu freneticamente fortificações em torno dos novos bairros de Jerusalém. Seções de seu "largo muro", de 7,6 metros de espessura, sobrevivem em vários lugares, porém de modo mais impressionante no Bairro Judeu. Ele se preparou para um cerco ordenando a duas equipes de artesãos que abrissem um túnel de 520 metros através da rocha para ligar a fonte de Giom, fora da cidade, ao tanque de Siloé, ao sul do monte do Templo, abaixo da Cidade de Davi, que agora, graças a suas novas fortificações, ficava dentro dos muros. Quando se encontraram nas profundezas da rocha, as duas equipes comemoraram gravando uma inscrição para registrar sua incrível realização:

> [Quando o túnel] foi aberto. E desta maneira foi aberto. Enquanto [estava] ainda [escavando com suas] ferramentas, cada homem de frente para seu companheiro, e enquanto ainda havia três cúbitos para cortar, [eles ouviram] a voz de um homem que chamava seus companheiros, pois havia uma rachadura na pedra à direita [e à esquerda]. E quando o túnel acabou de ser escavado, os cavouqueiros lavraram a pedra, cada homem de frente para seu companheiro, ferramenta contra ferramenta; e a água jorrou da fonte para o reservatório por 1200 cúbitos e a altura da pedra acima da cabeça dos cavouqueiros era de 1090 cúbitos.*

Ao norte do monte do Templo, Ezequias represou um vale para criar um dos tanques de Betesda e fornecer mais água à cidade, e parece ter distribuído alimentos — azeite, vinho, grãos — a suas forças, pronto para o cerco e para a guerra. Asas de jarras foram encontradas em sítios de Judá com a marca *lmlk* — "para o rei" — impressa em seu emblema, o escaravelho de quatro asas.

"Os assírios caíram em cima como o lobo no aprisco", escreveu Byron. Senaqueribe e seus vastos exércitos estavam perto de Jerusalém. É provável que o Grande Rei tenha viajado, como a maioria dos reis assírios, num grande e pesado carro de combate puxado por três cavalos, à sombra do para-sol real, os cavalos esplendidamente ajaezados com cintilantes penachos na cabeça, enquanto ele, o próprio, ia num longo manto bordado, chapéu achatado de bico pontudo, barba

* Em 1880, Jacob Eliahu, de dezesseis anos, filho de judeus convertidos ao protestantismo, convidou um colega de escola para percorrer toda a extensão do túnel de Siloé. Ficaram fascinados com a história bíblica descrita em 2º Reis 20,20: "O resto dos atos de Ezequias, e todo o seu poder, e como fez o reservatório e o aqueduto, e fez vir água à cidade, porventura não está escrito nas crônicas dos reis de Judá?". Jacob começou de uma extremidade e seu amigo da outra, apalpando as antigas marcas de cinzel deixadas pelos operários. Quando as marcas mudaram de direção, Jacob percebeu que estava no lugar onde as duas equipes se encontraram, e ali descobriu a inscrição. Ao sair do outro lado, viu que o amigo desistira havia muito tempo, e aterrorizou os árabes da localidade, que acreditavam que o túnel continha um djim ou dragão. Quando contou a seu diretor, a história se espalhou, e um comerciante grego entrou sorrateiramente no túnel e cortou rudemente a inscrição, quebrando-a. Mas a polícia otomana o capturou, e a inscrição agora está em Istambul. Jacob Eliahu juntou-se então aos colonistas americanos evangélicos e foi adotado pela família que fundou a Colônia Americana em Jerusalém, os Spafford. Jacob Spafford tornou-se professor na escola deles, dando aulas sobre o túnel, sem jamais mencionar aos alunos que *ele* era o menino que havia encontrado a inscrição.

longa, trançada, de corte quadrado, e braceletes com rosetas, e quase sempre um arco nas mãos e uma espada na cinta dentro de uma bainha decorada com leões. Ele se via mais como leão do que como o abutre bíblico, ou o lobo byroniano — os reis assírios usavam pele de leão para comemorar suas vitórias no templo de Ishtar, adornavam seus palácios com esfinges de leões e avidamente caçavam esses animais, o esporte dos grandes reis.

Ele contornou Jerusalém para sitiar a segunda cidade de Ezequias, a fortificada Lachish, ao sul. Sabemos, pelos baixos-relevos de seu palácio em Nínive, qual era a aparência de seus soldados (e dos judeus): os assírios, um exército imperial poliglota, usavam o cabelo trançado e vestiam túnicas e armaduras de malha; portavam capacetes emplumados e pontudos e distribuíam-se por contingentes de condutores de bigas, lanceiros, arqueiros e fundibulários. Construíram baluartes; sapadores minaram as muralhas; uma máquina de cerco terrivelmente serrilhada despedaçou as fortificações. Arqueiros e fundibulários despejaram uma carga fulminante enquanto a infantaria de Senaquerib subia as escadas para tomar a cidade. Arqueólogos escavaram sepulturas coletivas de 1500 homens, mulheres e crianças, alguns empalados e esfolados, exatamente como mostra o baixo-relevo; hordas de refugiados conseguiram escapar da onda de mutilação. Jerusalém sabia o que vinha pela frente.[5]

Senaquerib rapidamente derrotou um exército egípcio que viera em auxílio de Ezequias, arrasou Judá e depois fechou Jerusalém, acampando ao norte, no mesmo lugar escolhido por Tito mais de quinhentos anos depois.

Ezequias envenenou todos os poços fora de Jerusalém. As tropas que tomavam conta de suas novas muralhas usavam turbantes presos com faixas e longas orelheiras, saiotes curtos, caneleiras e botas. Enquanto o cerco se fechava, deve ter havido pânico na cidade. Senaquerib enviou seus generais para conferenciar — seria inútil resistir. O profeta Miqueias previu a destruição de Sião. Isaías, porém, recomendou paciência: Yahweh tomaria providências.

Ezequias orou no Templo. Senaquerib gabou-se de ter cercado Jerusalém "como um pássaro numa gaiola". Mas Isaías estava certo: Deus interveio.

MANASSÉS: SACRIFÍCIOS DE CRIANÇAS NO VALE DO INFERNO

"O anjo do Senhor saiu e feriu no campo dos assírios [...]. De manhã, ao despertar, só havia cadáveres." Os assírios de repente levantaram acampamento, provavelmente para sufocar uma rebelião no leste. "Então se retirou Senaqueribe, rei da Assíria." Yahweh disse a Senaqueribe que "a filha de Jerusalém meneia a cabeça por trás de ti". Essa foi a versão de Jerusalém, mas os anais de Senaqueribe mencionam o esmagador tributo de Ezequias, incluindo trinta talentos de ouro e oitocentos de prata: aparentemente, ele pagou-lhes para que fossem embora. Senaqueribe reduziu Judá a uma sobra, não muito maior do que o distrito de Jerusalém, e gabou-se de ter deportado 200 150 pessoas.[6]

Quando Ezequias morreu, logo depois do cerco, seu filho Manassés tornou-se leal vassalo dos sírios. Esmagou brutalmente toda oposição em Jerusalém, casou-se com uma princesa árabe, aboliu as reformas do pai e instalou prostitutos rituais e os ídolos Baal e Asherah no Templo. E, o mais horrível de tudo, encorajou o sacrifício de crianças na grelha — o *tofet* — no vale de Hinom,* ao sul da cidade. Na realidade, "fez passar pelo fogo seu próprio filho". Consta que crianças eram levadas para lá, enquanto sacerdotes tocavam tambores para ocultar os gritos das vítimas dos próprios pais.

Graças a Manassés, o vale do Hinom tornou-se não apenas o lugar da morte, mas a Geena — "inferno" na mitologia judaica e, mais tarde, nas mitologias cristã e islâmica. Se o monte do Templo era o céu de Jerusalém, a Geena era o seu Hades.

Então, em 626 a.C., Nabopolassar, general caldeu, assumiu o controle da Babilônia e começou a destruir o império assírio, registrando suas proezas nas Crônicas Babilônicas. Em 612, Nínive caiu diante de uma aliança de babilônios e medas. Em 609, a sucessão de Josias, de oito anos, neto de Manassés, pareceu anunciar uma idade de ouro, governada por um Messias.[7]

* Há insinuações de sacrifício de crianças em Gênesis e Êxodo, incluindo a boa vontade com que Abraão se dispôs a sacrificar Isaac. O sacrifício humano estava, havia muito, associado ao ritual cananeu e fenício. Muito depois, historiadores romanos e gregos atribuíram essa prática covarde aos cartagineses, descendentes dos fenícios. Mas pouquíssimos indícios foram encontrados até o começo dos anos 1920, quando dois funcionários coloniais franceses na Tunísia descobriram um *tofet*, com urnas queimadas e inscrições num campo. Traziam as letras MLK (como em *molok*, oferenda) e continham os ossos queimados de crianças e a reveladora mensagem do pai de uma vítima, que dizia: "Foi a Baal que Bomilcar prometeu este filho de sua própria carne. Abençoado seja!". Essas descobertas talvez coincidam com a época de Manassés, dando a entender que as histórias bíblicas são plausíveis. O termo *molok* (oferenda) foi distorcido, transformando-se no "moloque" bíblico, a definição do deus idólatra cruel e, depois na literatura ocidental, particularmente no *Paraíso perdido*, de John Milton, um dos anjos caídos de Satã. Em Jerusalém, Geena tornou-se não apenas inferno, mas o lugar onde Judas investiu as peças de prata obtidas por meios ilícitos, e também, durante a Idade Média, o sítio de ossários coletivos.

5. A Prostituta da Babilônia (586-539 a.C.)

JOSIAS: O SALVADOR REVOLUCIONÁRIO

Foi um milagre: o malvado império da Assíria desfez-se e o reino de Judá estava livre. O rei Josias pode ter ampliado seu reino para o norte, rumo às antigas terras de Israel, para o sul, rumo ao Mar Vermelho, e para o leste, rumo ao Mediterrâneo, e então, durante seus dezoito anos de reinado, Hilquias, o sumo sacerdote, descobriu um pergaminho esquecido nas câmaras do Templo.

Josias reconheceu o poder desse documento, uma versão inicial do Livro de Deuteronômio ("segunda lei", em grego), provavelmente um dos pergaminhos levados de Israel para o sul depois de sua queda e escondido no Templo durante as perseguições de Manassés. Tendo reunido os judeus no Templo, Josias pôs-se ao lado daquele símbolo totêmico, o pilar real, e anunciou sua aliança com Deus para manter a Lei. O rei determinou que seus estudiosos tornassem a narrar a antiga história dos judeus, juntando os mitológicos patriarcas, os sagrados reis Davi e Salomão e a história de Jerusalém num passado único, para iluminar o presente. Foi outro passo para a criação da Bíblia. De fato, essas leis foram datadas retroativamente e atribuídas a Moisés, mas o retrato bíblico do Templo de Salomão com certeza refletia a real mas posterior Jerusalém de Josias, o novo Davi. A partir de então, a montanha sagrada tornou-se nada menos que *ha-Makom*, que em hebraico quer dizer "o Lugar".

O rei mandou queimar os ídolos no vale do Cédron e expulsou os prostitutos do Templo; destruiu as assadeiras de crianças do vale do Inferno e matou os sacerdotes idólatras, moendo-lhes os ossos em seus altares.* A revolução de Josias soa violenta, frenética e puritana. Ele então organizou um festival da Páscoa para comemorar. "Ora, antes dele não houve rei que lhe fosse semelhante." Mas o que ele fazia era perigoso. Quando Neco, o faraó egípcio, marchou pela costa, Josias, temendo a iminente substituição do domínio dos assírios pelo domínio dos egípcios, correu para detê-lo. Em 609 a.C., o faraó esmagou os judeus e matou Josias em Megido. Josias fracassou, mas seu reino otimista e profético foi mais influente do que qualquer outro entre Davi e Jesus. O sonho de independência, porém, findou em Megido, que se tornou a própria definição de catástrofe: Armagedon.[1]

O faraó avançou para Jerusalém e pôs Jeoiaquim, irmão de Josias, no trono de Judá. Mas o Egito não conseguiu deter o aparecimento de um novo império no Oriente Próximo. Em 605, o filho do rei babilônio, Nabucodonosor, derrotou os egípcios em Carchemish. A Assíria desapareceu; a Babilônia herdou Judá. Mas em 597, o rei Jeoiaquim viu no meio dessa instabilidade a chance de libertá-la e convocou um jejum nacional para alcançar a proteção de Deus. Seu conselheiro e profeta Jeremias advertiu, na primeira jeremiada, que Deus destruiria Jerusalém. O rei Jeoiaquim queimou publicamente os escritos de Jeremias** e fez uma aliança entre Judá e o Egito, mas não houve ajuda egípcia quando um novo conquistador caiu sobre Jerusalém.

NABUCODONOSOR

"No sétimo mês de Kislev", declarava a crônica de Nabucodonosor, preservada numa inscrição de barro, "o rei babilônio marchou para a terra de Hatti

* As reformas de Josias representaram um passo vital no desenvolvimento do judaísmo. Dois minúsculos rolos de prata foram descobertos numa sepultura desse período no vale de Hinom: em seu interior estava gravada a oração sacerdotal de Números 6,24-26, que continua a fazer parte da cerimônia judaica ainda hoje. "Pois YHWK é nosso restaurador e nossa rocha. YHWK te abençoe e te guarde e faça resplandecer o seu rosto."

** Cortesãos reais viviam e trabalhavam no topo da Cidade de Davi. Um arquivo de 45 bulas — sinetes de barro endurecidos ao serem queimados na destruição da cidade — foi descoberto numa casa, à qual os arqueólogos deram o nome de Casa das Bulas. Tratava-se, obviamente, de uma secretaria do rei: uma bula traz a inscrição "Gamarias, filho de Safã", o nome do escriba do rei Jeoiaquim no Livro de Jeremias. Em algum momento da crise, o rei morreu e foi sucedido pelo filho Joaquim.

[Síria], cercou a cidade de Judá [Jerusalém] e no segundo dia do mês de Adar [16 de março de 597] tomou a cidade e capturou o rei." Nabucodonosor saqueou o Templo e deportou o rei e 10 mil nobres, artesãos e jovens para a Babilônia. Ali, Jeoiaquim aderiu à corte de seu vencedor.

Nabucodonosor era filho de um usurpador, mas foi um dinâmico construtor de império, que se via como o vice-rei na terra do deus padroeiro da Babilônia, Bel-Marduk. Herdeiro do estilo assírio de feroz repressão imperial, ele se promoveu como um paradigma de piedade e virtude. Em casa, "o forte costumava saquear o fraco", porém Nabucodonosor "não descansava noite e dia, mas com conselho e deliberação persistia" em distribuir justiça. Suas vítimas judaicas talvez não tenham reconhecido o pretenso "Rei da Justiça".

Os exilados de Judá viram-se numa cidade que fazia Sião parecer uma aldeia. Enquanto em Jerusalém viviam alguns milhares, a Babilônia ostentava 250 mil, numa metrópole tão majestosa e hedonística que a deusa do amor e da guerra Ishtar andava pela rua na ponta dos pés, segundo se dizia, beijando seus favoritos nas tabernas e vielas.

Nabucodonosor imprimiu à Babilônia seu próprio instinto estético: gigantismo excessivo matizado de sua cor favorita, o azul-celeste divino, refletida nos canais do majestoso Eufrates. As quatro torres do portão de Ishtar tinham tijolos de azul vitrificado, ilustrados com touros e dragões em amarelo e ocre, levando ao bulevar triunfal da cidade, a via Processional. Seu palácio, segundo ele um "edifício para ser admirado, um santuário resplandecente, minha morada real", era decorado com altos leões. Jardins suspensos embelezavam seu palácio de verão. Para homenagear o deus padroeiro da Babilônia, Marduk, Nabucodonosor ergueu um zigurate, imensa torre de sete andares, em escada, com teto achatado: sua Fundação Plataforma do Céu e da Terra era a verdadeira Torre de Babel, cujos múltiplos idiomas refletiam a capital cosmopolita de todo o Oriente Próximo.

Em Jerusalém, Nabocodonosor pôs no trono o tio do rei exilado, Zedequias. Em 594, Zedequias visitou a Babilônia para fazer vênia a Nabucodonosor, mas ao voltar iniciou uma rebelião, impressionado com as advertências do profeta Jeremias de que os babilônios destruiriam a cidade. Nabocodonosor marchou para o sul. Zedequias fez um apelo aos egípcios, que enviaram parcas forças, logo derrotadas. Dentro de Jerusalém, Jeremias, vendo o pânico e a paranoia, tentou escapar, mas foi preso nos portões. O rei, sem saber se lhe pedia conselhos ou se o executava por traição, trancafiou-o nas masmorras debaixo do palácio real. Por oito meses, Nabucodonosor arrasou Judá,* deixando Jerusalém para o fim.

Em 587, Nabucodonosor cercou Jerusalém com fortes e um terraço. "A fome", escreveu Jeremias, "era severa na cidade." Crianças pequenas "desfalecem de fome à entrada de todas as ruas", e havia insinuações de canibalismo: "A filha de meu povo se tornou cruel [...]. As mãos das mulheres compassivas cozeram os próprios filhos: eles lhes serviram de alimento na destruição". Até os ricos logo ficaram desesperados, escreveu o autor das Lamentações: "Os que foram criados no fausto têm por leito o esterco", à cata de comida. Pessoas erravam pelas ruas, atarantadas, "como cegos". Arqueólogos encontraram canos de esgoto da época do cerco: os judeus viviam geralmente de lentilhas, trigo e cevada, mas o conteúdo dos canos mostrou que as pessoas se alimentavam de plantas e ervas, e adoeciam de ancilóstomos e tênias.

No dia 9 do mês judaico de Av, agosto de 586 [a.C.], depois de dezoito meses, Nabucodonosor entrou na cidade, que foi incendiada, provavelmente com archotes e setas em chamas (pontas de setas foram descobertas no atual Bairro Judeu, numa camada de fuligem, cinza e madeira chamuscada). Mas o incêndio que consumiu as casas também assou as bulas de barro, os sinetes da burocracia, endurecendo-os a tal ponto que sobrevivem até hoje entre as casas queimadas. Jerusalém sofreu as infernais depredações das cidades vencidas. Os assassinados tiveram mais sorte do que os que morreram de inanição: "Nossa pele se queimou como um forno, por causa do ardor da fome. Eles violentaram as mulheres em Sião; príncipes foram pendurados pelas mãos". Edomitas do sul entraram na cidade para saquear, farrear e regozijar-se com o extermínio: "Regozija-te e alegra-te, ó filha de Edom [...] embebedar-te-ás e descobrirás tua nudez". Os edomitas, de acordo com o Salmo 137, encorajaram os babilônios dizendo "arrasai-a, arrasai-a, até os seus alicerces [...]. Feliz aquele que pegar os seus filhos e os esmagar contra as rochas". Os babilônios arrasaram Jerusalém enquanto Jeremias, debaixo do palácio real, sobrevivia em sua masmorra.

* Cacos com mensagens — conhecidos como *ostraca* — foram encontrados por arqueólogos enterrados em camadas de cinzas no portão da cidade da fortaleza de Lachish: eles oferecem um vislumbre humano do inexorável avanço babilônico. Lachish e outra fortaleza, Azekah, resistiram mais tempo, comunicando-se entre si e com Jerusalém por sinais de fumaça. Em Lachish, o comandante judeu sitiado, Yaush, recebia informes de seus postos avançados, que foram gradualmente destruídos. Seu oficial Hoshayahu percebeu que os sinais de fumaça pararam de vir de Azekah. Então Lachish também foi destruída num combate encarniçado.

Zedequias escapou pelo portão perto do tanque de Siloé, seguindo para Jericó, mas os babilônios capturaram o rei e o conduziram perante Nabucodonosor, "e foi-lhe pronunciada a sentença. E aos filhos de Zedequias mataram diante de seus olhos. E vazaram os olhos de Zedequias e o ataram com cadeias de bronze e o levaram para a Babilônia". Os babilônios devem ter encontrado Jeremias na prisão do rei, pois o encaminharam a Nabucodonosor, que aparentemente conversou com ele e o entregou ao comandante da guarda imperial, Nebuzaradã, encarregado de tomar conta de Jerusalém. Nabucodonosor deportou 20 mil judeus para a Babilônia, embora Jeremias diga que ele deixou para trás muitos pobres.

Um mês depois, Nabucodonosor ordenou que seu general aniquilasse a cidade. Nebuzaradã "queimou a Casa do Senhor, o palácio do rei e todas as casas de Jerusalém" e "derrubou os muros". O Templo foi destruído; seus vasos de ouro e prata, saqueados; a Arca da Aliança sumiu para sempre. "Lançaram fogo ao Teu Santuário", narra o Salmo 74. Os sacerdotes foram mortos diante de Nabucodonosor. Como ocorreu com Tito no ano 70 da Era Cristã, o Templo e o palácio devem ter sido derrubados dentro do vale: "Como escureceu o ouro! Como se alterou o ouro fino! As pedras do Santuário estão espalhadas por todas as ruas".*

As ruas ficaram desertas: "Como está sentada solitária a cidade antes tão populosa!". Os abastados empobreceram: "Os que comiam comidas finas agora desfalecem nas ruas". Raposas trotavam pelo árido monte Sião. As Lamentações dos judeus prantearam sua sangrenta "Jerusalém [...] como uma mulher menstruada": "Ela chora pela noite adentro, lágrimas lhe inundam as faces: não tem quem a console entre todos os seus amantes".

* Nada se encontrou do Templo — exceto a minúscula ponta de marfim de um cetro ou bastão usado em procissões, esculpida na forma de uma romã, que data do século VIII e onde está inscrito: "Pertencente à casa da santidade" (embora alguns aleguem que esse fragmento não seja autêntico). Mas Jeremias foi surpreendentemente preciso: os beleguins de Nabucodonosor estabeleceram sua sede no portão do Meio da cidade para organizar Judá, e seus nomes no Livro de Jeremias são confirmados por um texto descoberto na Babilônia. Nabucodonosor designou um ministro real, Gedaliah, como governante fantoche de Judá, mas como Jerusalém era só ruínas, ele se mudou para Mizpah, ao norte, aconselhado por Jeremias. Os judeus se rebelaram e mataram Gedaliah, e Jeremias teve de fugir para o Egito, onde sumiu da história.

A destruição do Templo deve ter parecido a morte não apenas de uma cidade, mas de toda uma nação. "Os caminhos de Sião pranteiam, porque não há quem venha à festa solene; todas as suas portas estão desoladas; os seus sacerdotes suspiram [...]. E da filha de Sião já se foi toda a formosura. Caiu a coroa de nossa cabeça." Parecia o fim do mundo, ou, como explicou o Livro de Daniel, "a abominação desoladora". Os judeus certamente desapareceriam, como outros povos cujos deuses os desapontaram. Mas os judeus de alguma forma transformaram essa catástrofe na experiência formadora que redobrou a santidade de Jerusalém, e criou um protótipo do Dia do Juízo. Para as três religiões, aquele incêndio fez de Jerusalém o lugar dos Últimos Dias e da vinda do reino de Deus. Foi o Apocalipse — baseado no termo grego que significa "revelação" — que Jesus profetizaria. Para os cristãos, tornou-se uma expectativa determinante e perene, enquanto Maomé veria a destruição de Nabucodonosor como a perda do favorecimento divino pelos judeus, abrindo caminho para sua revelação islâmica.

No êxodo babilônico, alguns judeus mantiveram seu compromisso com o Deus de Sião. Ao tempo em que os poemas de Homero se tornavam o épico nacional dos gregos, os judeus começaram a se definir por seus próprios textos bíblicos e por sua distante cidade: "Junto dos rios da Babilônia, ali nos assentamos e choramos, quando nos lembramos de Sião. Sobre os salgueiros que há no meio dela, penduramos as nossas harpas". Mas até os babilônios, de acordo com o Salmo 137, apreciavam as canções judaicas: "Pois lá aqueles que nos levaram cativos nos pediam uma canção; e os que nos destruíram, que nos alegrássemos, dizendo: Cantai-nos uma das canções de Sião. Como cantaremos a canção do Senhor em terra estranha?".

Mas foi ali que a Bíblia começou a tomar forma. Enquanto jovens hierosolimitas como Daniel recebiam sua educação na casa real e os exilados mais mundanos se tornavam babilônios, os judeus desenvolveram novas leis para ressaltar o fato de que ainda eram distintos e especiais — observavam o sabá, circuncidavam os filhos, seguiam as leis dietéticas, adotavam nomes judaicos — porque a queda de Jerusalém lhes tinha demonstrado o que acontecia quando não respeitavam as leis de Deus. Longe de Judá, os judeus se tornavam judeus.*

* Entre 586 e 400 a.C., os misteriosos autores da Bíblia, escribas e sacerdotes que viviam na Babilônia, refinaram e cotejaram os cinco livros de Moisés, conhecidos como Torá em hebraico, combinando as diferentes tradições de Deus, Yahweh e El. Os chamados deutoronomistas recontaram a história e refundiram a lei para mostrar a incompetência e irresponsabilidade dos reis e a suprema-

Os exilados imortalizaram a Babilônia como "a mãe da prostituição e das abominações da terra", mas o império prosperou e Nabucodonosor, a nêmese dos exilados, reinou mais de quarenta anos. No entanto, Daniel afirma que o rei enlouqueceu: "Ele foi expulso dentre os homens e pastou ervas como os bois [...] e suas unhas [cresceram] como unhas de pássaro" — punição adequada para seus crimes (e maravilhosa inspiração para as pinturas de William Blake). Se a vingança não foi completa, os exilados pelo menos podiam refletir sobre as ironias da vida na Babilônia: o filho de Nabucodonosor, Amel-Marduk, desapontou o pai, que o jogou na prisão, onde conheceu Joaquim, rei de Judá.

O BANQUETE DE BELSAZAR

Ao tornar-se rei da Babilônia, Amel-Marduk tirou da prisão seu amigo judeu. Mas em 556 a dinastia foi derrubada: o novo rei, Nabonidus, rejeitou Bel-Marduk, deus da Babilônia, em favor de Sin, o deus lunar, e excentricamente deixou a cidade para ir morar em Teima, bem longe, no deserto árabe. Acometido por uma doença misteriosa, foi certamente Nabonidus (e não Nabucodonosor, como afirmava Daniel) que ficou louco e "pastou ervas como os bois".

Na ausência do rei, o regente, seu filho Belsazar, de acordo com a Bíblia, ofereceu o depravado banquete em que usou "os vasos de ouro e prata que Nabucodonosor tinha arrebatado ao Templo de Jerusalém", e de repente viu surgirem na parede as palavras de Deus: "Mene tekel upharsin". Decifradas, essas palavras eram cálculos advertindo que os dias do império estavam contados. Belsazar estremeceu. Para a Prostituta da Babilônia, "estava escrito na parede".

Em 539 a.C., os persas marcharam sobre a Babilônia. A história judaica é repleta de salvações milagrosas. Essa foi uma das mais dramáticas. Depois de 47 anos "junto dos rios da Babilônia", a decisão de um homem, à sua maneira tão seminal como a de Davi, restaurou Sião.[2]

---

cia de Deus. E incorporaram histórias inspiradas pela Babilônia, como o Dilúvio, tão parecido com a Epopeia de Gilgamesh, as origens de Abraão na vizinha Ur e, é claro, a Torre de Babel. O Livro de Daniel foi escrito num longo período: algumas partes foram definitivamente redigidas no começo do Êxodo; outras, mais tarde. Não sabemos se houve um indivíduo chamado Daniel ou se é uma figura composta. Mas o livro também está repleto de confusões históricas, que os arqueólogos esclareceram com a ajuda das evidências encontradas na Babilônia em escavações feitas durante o século XIX.

6. Os persas (539-336 a.C.)

CIRO, O GRANDE

Astige, rei da Média na Pérsia ocidental, sonhou que sua filha urinava uma torrente dourada respingando em todo o reino. Para seus magos, os sacerdotes persas, isso queria dizer que seus netos seriam uma ameaça ao seu governo. Astige casou sua filha com um vizinho do leste, fraco, que não o ameaçava, o rei de Anshan. O casamento produziu um herdeiro, Kourosh, que se tornou Ciro, o Grande. Astige sonhou outra vez que uma videira crescia entre as fecundas coxas da filha e o obscurecia — uma versão político-sexual de João e o Pé de Feijão. Astige mandou seu comandante Harpagus matar o pequeno Ciro, mas o menino estava escondido sob os cuidados de um pastor. Quando Astige descobriu que Ciro continuava vivo, abateu e cozinhou o filho de Harpagus e o serviu para o pai na forma de ensopado. Não foi uma refeição que Harpagus pudesse facilmente esquecer ou perdoar.

Com a morte do pai em 559 a.C., aproximadamente, Ciro voltou para tomar o reino. Os picantes sonhos de Astige, narrados pelo historiador grego Heródoto, que gostava de acreditar que todos os assuntos persas eram decididos com a ajuda de augúrios sexuais ou urinários, se realizaram: Ciro, apoiado por Harpagus, derrotou o avô, unindo os medas e os persas. Deixando a Babilônia de

Belsazar ao sul, Ciro enfrentou outro potentado, Croesus, abastado rei da Lídia na Turquia ocidental. Ciro fez seu exército de cameleiros marchar rapidamente para surpreender Croesus em sua capital. Os cavalos lídios saíram em disparada ao sentir o cheiro de camelos em marcha. Então Ciro se voltou contra a Babilônia.

A metrópole azul vitrificada de Nabucodonosor abriu os portões para Ciro, que velhacamente fez reverência a Bel-Marduk, o negligenciado deus babilônio. A queda da Babilônia alegrou os exilados judeus: "Pois o Senhor agiu; ressoai [...]. Explodi de alegria, ó montanhas! E tu também, floresta, com todas as tuas árvores; pois o Senhor resgatou Jacó, e manifestou sua glória em Israel". Ciro herdou o império babilônico, incluindo Jerusalém: "Todos os reis da terra", disse ele, "pagaram-me pesados tributos, e beijaram-me os pés quando me sentei na Babilônia".

Ciro fez uma versão atualizada do império. Enquanto os assírios e babilônios construíam reinos com base na matança e na deportação, Ciro ofereceu tolerância religiosa em troca de dominação política para "unir povos num só império".*

Logo depois, o rei da Pérsia baixou um decreto que deve ter provocado espanto entre os judeus: "O Senhor Deus me deu todos os reinos da Terra e encarregou-me de lhe construir uma casa em Jerusalém. Quem dentre vós é do seu povo, seja com ele seu Deus, suba para Jerusalém e edifique a casa do Senhor Deus de Israel".

Ele não só mandou os exilados judeus para casa, garantindo seus direitos e suas leis — o primeiro governante a fazê-lo —, mas também lhes devolveu Jerusalém, oferecendo-se para construir o Templo. Ciro designou Sesbazar, filho do último rei, para governar Jerusalém, entregando-lhe os vasos do Templo. Não admira que um profeta judeu tenha saudado Ciro como o Messias. "É meu pas-

* Um dos decretos de tolerância de Ciro, inscrito num cilindro encontrado posteriormente, rendeu-lhe o apelido de Pai dos Direitos Humanos, e uma cópia se acha à entrada das Nações Unidas em Nova York. Mas ele não era um liberal. Por exemplo, quando a capital lídia de Sardes se rebelou, ele reagiu matando milhares. Ciro acreditava que Ahura Mazda, o deus alado da vida, da sabedoria e da luz para os persas, em cujo nome o profeta dos persas arianos, Zoroastro, tinha decretado que a vida era uma batalha entre a verdade e a mentira, entre o fogo e a treva. Não havia religião de Estado, mas apenas essa visão politeísta da luz e da treva, que não era incompatível com o judaísmo (e mais tarde com o cristianismo). A palavra persa para céu — *paridaeza* — tornou-se nosso "paraíso". Seus sacerdotes — os magos — nos deram a palavra "mágico", bem como os três sacerdotes orientais que, como se diz, anunciaram o nascimento de Cristo.

tor, e cumprirá tudo que me apraz, dizendo também a Jerusalém: Tu serás edificada; e ao templo: Teu alicerce será lançado."

Sesbazar conduziu 42 360 exilados de volta para Jerusalém na província de Yehud — Judá.* A cidade era um ermo em comparação com a magnificência da Babilônia, mas "Desperta, desperta, veste-te da tua fortaleza, ó Sião", escreveu Isaías, "veste-te das tuas roupas formosas, ó Jerusalém, cidade santa [...]. Sacode-te do pó [...] ó cativa filha de Sião". Porém os planos de Ciro e dos exilados que retornaram foram atrapalhados pelos habitantes locais, que tinham permanecido na Judeia e particularmente em Samaria.

Apenas nove anos depois do retorno do êxodo, Ciro, ainda na flor da juventude, foi morto no campo de batalha na Ásia Central. Consta que o inimigo vitorioso jogou sua cabeça num odre de vinho cheio de sangue para saciar sua gananciosa sede por terras alheias. Seu herdeiro recuperou o corpo e o sepultou num sarcófago dourado em Pasárgada (sul do Irã), onde até hoje está seu túmulo. "Ele eclipsou todos os monarcas que vieram antes e depois", escreveu o soldado grego Xenofonte. Jerusalém perdeu seu protetor.[1]

DARIO E ZOROBABEL: O NOVO TEMPLO

O destino do império de Ciro, já maior do que qualquer outro que havia existido, foi decidido perto de Jerusalém. O filho de Ciro, Cambises II — Kambujiya —, herdou o trono e em 525 a.C. marchou através de Gaza e do Sinai para conquistar o Egito. Longe dali, na Pérsia, o irmão se rebelou. A caminho de casa para salvar o trono, Cambises morreu misteriosamente perto de Gaza; ali, sete nobres conspiradores se reuniram a cavalo para planejar a tomada do império.

* Trata-se de um exagero bíblico. Milhares decidiram viver como judeus no Iraque e Irã. Judeus babilônicos continuaram a ser uma comunidade numerosa, rica e poderosa sob a tutela de Selencidas, Partos e Sassânidas até o califado Abássida e a Idade Média. A Babilônia tornou-se um centro de formação de lideranças judaicas quase tão importante quanto Jerusalém até a invasão mongólica. A comunidade recuperou-se sob o domínio otomano e britânico. Mas perseguições começaram durante os anos 1880 em Bagdá (que era considerada um terço judaica) e intensificaram-se durante a monarquia Hachemita. Em 1948, havia 120 mil judeus no Iraque. Quando o xá foi derrubado, em 1979, havia 100 mil judeus iranianos. A maioria de ambas as comunidades emigrou para Israel. Restam atualmente 25 mil judeus iranianos e apenas cinquenta judeus iraquianos.

Não tinham decidido quem seria seu candidato, e concordaram que "aquele cujo cavalo for o primeiro a relinchar depois do amanhecer deve subir ao trono". O cavalo de Dario, jovem herdeiro de um dos clãs nobres e escudeiro de Cambises, foi o primeiro a relinchar. Heródoto afirma que Dario trapaceou ordenando a seu palafreneiro que enfiasse o dedo na vulva de uma égua; depois o moço fez o cavalo de Dario sentir o cheiro excitante no momento crucial. Assim Heródoto atribuiu o nascimento de um déspota oriental a um ato de prestidigitação venérea.

Ajudado por seis conspiradores, Dario galopou rumo a leste e conseguiu reconquistar o império persa inteiro, sufocando rebeliões em praticamente todas as províncias. Mas a guerra civil "cessou a obra da casa de Deus, que estava em Jerusalém, ficando interrompida até o segundo ano do reinado de Dario". Por volta de 520, Josué, filho do último sacerdote do velho Templo, partiu da Babilônia para socorrer Jerusalém.

Zorobabel voltou a consagrar o altar no monte do Templo, contratando artesãos e comprando madeira de cedro fenício para reconstruí-lo. Animados pela reconstrução do edifício, encorajados pela desordem no império, os judeus não puderam deixar de alimentar sonhos messiânicos de um novo reino. "Naquele dia, diz o Senhor dos exércitos, tomar-te-ei, ó Zorobabel, servo meu [...] e farei de ti um sinete", escreveu o profeta Ageu, citando o anel de sinete davídico perdido pelo avô de Zorobabel. Líderes judeus chegaram da Babilônia com ouro e prata, saudando Zorobabel (que significa "Semente da Babilônia") como "Renovo" que "usará insígnias reais e sentar-se-á como rei sobre seu trono".

O povo local, que vivia em volta da cidade e ao norte, na Samaria, quis participar dessa tarefa sagrada e ofereceu ajuda a Zorobabel, mas os exilados que voltaram praticavam um novo judaísmo. Viam esses moradores locais como semipagãos, desdenhando-os como o Am Ha-Aretz, "o povo da terra". Alarmado com o renascimento de Jerusalém, ou subornado pelos moradores locais, o governador persa mandou parar a construção.

Em três anos, Dario pusera fim a toda contestação e aparecera como um dos mais completos governantes do mundo antigo, estabelecendo um império mundial tolerante que ia da Trácia e do Egito ao Hindu Kush — o primeiro a estender-se por três continentes.* O novo Grande Rei se revelou uma rara combi-

* Dario fez incursões pela Ásia Central, a leste do Cáspio, e sondou a Índia e a Europa, atacando a Ucrânia e anexando a Trácia. Construiu sua suntuosa capital-palácio de Persépolis (no sul do Irã),

nação de conquistador e administrador. Por uma imagem gravada em pedra para comemorar sua vitória, sabemos que esse Dario — Darayavaush — se apresentava como o ariano clássico, de testa alta e nariz reto, 1,78 metro de altura, com coroa de guerra de ouro cravejada de joias ovais, franjas frisadas, bigodes longos de pontas enroladas, cabelos presos num coque e barba quadrada em quatro filas de cachos que alternavam com fios retos. Em sua majestade, usava um longo manto sobre as calças e os sapatos, e carregava um arco com cabeça de pato.

Esse foi o formidável governante a quem Zorobabel fez um apelo, citando o decreto de Ciro. Dario mandou verificar os pergaminhos imperiais e achou o decreto, determinando: "Deixai o governador construir a casa de Deus. Eu, Dario, tenho um decreto. Que seja feito com rapidez". Em 518, marchou para o oeste a fim de restabelecer a ordem no Egito, provavelmente passando pela Judeia para acalmar os superexcitados judeus de Jerusalém: ali, pode ter executado Zorobabel, que desapareceu sem qualquer explicação — o último dos davídicos.

Em março de 515, o Segundo Templo foi consagrado com júbilo pelos sacerdotes, com o sacrifício de cem bois, duzentos carneiros, quatrocentos cordeiros e doze bodes (para expiar os pecados das Doze Tribos). Com isso os judeus comemoraram a primeira Páscoa depois do Êxodo. Mas os anciãos que se lembravam do Templo de Salomão romperam em lágrimas quando viram aquele modesto edifício. A cidade continuava minúscula e deserta.[2]

Mais de cinquenta anos depois, o copeiro do neto de Dario, o rei Artaxerxes I, era um judeu chamado Neemias. Os hierosolimitas pediram-lhe ajuda: "Os restantes estão em grande miséria. O muro de Jerusalém está em ruínas". Neemias ficou inconsolável: "Sentei-me e chorei". Da próxima vez que serviu na corte em Susa, a capital persa, o rei Artaxerxes perguntou: "Por que está triste o teu rosto?". "Viva o rei para sempre", respondeu o cortesão judeu, "como não estaria triste o meu rosto, estando a cidade, o lugar dos sepulcros de meus pais, assolada? [...] Se é do agrado do rei [...] peço-te que me envies a Judá [...] para reconstruí-la." Neemias ficou "aterrorizado" enquanto aguardava a resposta.

---

promoveu a religião de Zoroastro e Ahura Mazda, organizou a primeira moeda mundial (o dárico), construiu uma armada de gregos, egípcios e fenícios e criou o primeiro serviço postal real, estabelecendo estalagens a cada 24 quilômetros ao longo dos 2685 quilômetros da estrada real de Susa a Sardes. As realizações dos seus trinta anos de reinado fazem dele o Augusto do império persa. Mas até Dario tinha seus limites. Pouco antes de sua morte, em 490 a.C., tentou chegar à Grécia, onde foi derrotado na Batalha de Maratona.

O Grande Rei designou Neemias governador e lhe deu recursos financeiros e uma escolta militar. Mas os samaritanos, ao norte de Jerusalém, tinham seu próprio governador hereditário, Sanballat, que desconfiava desse cortesão cheio de segredos, vindo da distante Susa, e dos planos dos exilados que voltaram. À noite, Neemias, que temia ser assassinado, inspecionou os muros derrubados e os portões queimados de Jerusalém. Suas memórias, a única autobiografia política da Bíblia, contam que Sanballat "zombou de nós num tom de desprezo" quando ouviu os planos da reconstrução das muralhas, até que Neemias revelou que tinha sido designado governador. Proprietários de terras e sacerdotes ficaram incumbidos de reconstruir seções dos muros. Quando foram atacados por rufiões de Sanballat, Neemias pôs guardas, de modo que "terminou-se a muralha em 52 dias", cercando apenas a Cidade de Davi e o monte do Templo, com uma pequena fortaleza ao norte.

Agora Jerusalém era "larga de espaço e grande", disse Neemias, "porém pouco povo havia dentro dela". Neemias convenceu os judeus de fora da cidade a tirar a sorte: um em cada dez homens se estabeleceria em Jerusalém. Depois de doze anos, Neemias foi à Pérsia para apresentar um relato ao rei, mas voltando a Jerusalém descobriu que os amigos de Sanballat lucravam com a administração do Templo, enquanto os judeus se casavam com a gente local. Neemias expulsou esses intrusos, desencorajou os casamentos entre parentes e impôs seu novo e puro judaísmo.

Enquanto os reis persas perdiam o controle de suas províncias, os judeus desenvolviam seu próprio e pequeno Estado semi-independente de Yehud. Baseado em torno do Templo e financiado pelo número crescente de peregrinos, Yehud era regido pela Torá e governado por uma dinastia de altos sacerdotes, supostamente descendentes de Zadoque, o sacerdote do rei Davi. Mais uma vez, o tesouro do Templo tornou-se alvo de cobiça. Um dos altos sacerdotes foi assassinado dentro do Templo pelo seu próprio e ganancioso irmão, Jesus (palavra aramaica para Josué), sacrilégio que deu ao governador persa o pretexto para marchar sobre Jerusalém e saquear seu ouro.[3]

Enquanto os cortesãos persas se distraíam com suas próprias intrigas homicidas, o rei Filipe II da Macedônia treinou um formidável exército, conquistou as cidades-Estado gregas e preparou-se para empreender uma guerra santa contra a Pérsia a fim de vingar as invasões de Dario e seu filho Xerxes. Quando Filipe foi assassinado, seu filho Alexandre, de vinte anos de idade, assumiu o trono e lançou contra a Pérsia o ataque que levaria a Grécia a Jerusalém.

7. Os macedônios (336-166 a.C.)

ALEXANDRE, O GRANDE

Nos três anos que se seguiram ao assassinato de seu pai em 336, Alexandre tinha derrotado duas vezes o rei persa Dario III, que decidiu retirar-se para o leste. De início, Alexandre não foi atrás dele, marchando, em vez disso, ao longo da costa para o Egito, e ordenou a Jerusalém que contribuísse com provisões para seu exército. Os altos sacerdotes se recusaram. Mas não por muito tempo: quando Tiro lhe resistiu, Alexandre cercou a cidade, e quando ela caiu, crucificou todos os sobreviventes.

Alexandre "apressou-se para chegar a Jerusalém", escreveu muito depois o historiador judeu Josefo, afirmando que o conquistador foi recebido nos portões pelo sumo sacerdote, que trajava seus mantos púrpuras e escarlates, e por todos os hierosolimitas, vestidos de branco. Conduzido ao Templo, ofereceu sacrifícios ao Deus judeu. Essa história provavelmente não passa de sonho: é mais provável que o sumo sacerdote, junto com os líderes dos semijudeus samaritanos, tenha feito a corte a Alexandre na costa, em Rosh Ha Ayim, e que este, imitando Ciro, reconheceu-lhes o direito de viver de acordo com suas próprias leis.* Depois dis-

* Os samaritanos já desenvolviam seu culto semijudaico separadamente, baseando-se num judaísmo formado antes da introdução das novas regras babilônicas. Sob os persas, Samaria foi governa-

so, ele seguiu adiante para conquistar o Egito, onde fundou a cidade de Alexandria antes de ir para o Oriente, de onde jamais voltou.

Depois de acabar com o império persa e ampliar sua hegemonia até o Paquistão, Alexandre iniciou o grande projeto de fundir persas e macedônios numa única elite para governar o seu mundo. Se não foi totalmente bem-sucedido, ainda assim mudou o mundo mais do que qualquer outro conquistador na história, espalhando sua visão do helenismo — a cultura, a língua, a poesia, a religião e o esporte gregos, bem como a realeza homérica — dos desertos da Líbia aos contrafortes do Afeganistão. O estilo de vida grego tornou-se tão universal como o britânico no século XIX ou o americano hoje em dia. A partir de então, mesmo os inimigos judeus monoteístas dessa cultura filosófica e politeísta não poderiam deixar de ver o mundo através das lentes do helenismo.

Em 13 de junho de 323, oito anos depois de conquistar o mundo conhecido, Alexandre deitou-se na Babilônia para morrer de febre ou de veneno, com apenas 33 anos de idade. Seus dedicados soldados passavam em fila diante da cama de Alexandre, com lágrimas rolando pelas faces. Quando lhe perguntaram para quem ele deixava seu mundo, ele respondeu: "Para o mais forte".[1]

PTOLOMEU: O SAQUE NO SABÁ

O torneio para descobrir quem era o mais forte foi uma guerra de vinte anos entre os generais de Alexandre. Jerusalém foi atirada entre esses chefes militares macedônios, que "multiplicaram os males sobre a terra". No duelo entre os dois principais candidatos, Jerusalém mudou de mãos seis vezes. Foi governada durante quinze anos por Antígono Caolho, até 301, quando ele foi morto no campo de batalha, e o vitorioso, Ptolomeu, chegou aos muros para reivindicar Jerusalém.

---

da pela dinastia de governadores Sanballat. A exclusão de Jerusalém os estimulou a estabelecer seu próprio templo, no monte Gerizim, e eles se envolveram numa contenda com os judeus e Jerusalém. Como todas as rivalidades de família, esta fundava-se no ódio de minúsculas diferenças. Os samaritanos se tornaram cidadãos de segunda classe, desprezados como pagãos pelos judeus, vindo daí a surpreendente revelação de Jesus de que havia algo como "um bom samaritano". Cerca de mil samaritanos ainda vivem em Israel: muito depois da destruição do fim do culto judaico de sacrifício, os samaritanos do século XXI ainda sacrificam anualmente um cordeiro da Páscoa no monte Gerizim.

Ptolomeu era primo de Alexandre, um general veterano que tinha lutado da Grécia ao Paquistão, onde comandara a frota macedônia no Indus. Logo depois da morte de Alexandre, ele ficou com o Egito. Quando soube que o cortejo fúnebre de Alexandre, o Grande, viajava de volta para a Grécia, precipitou-se pela Palestina a fim de tomá-lo e levá-lo para repousar em sua capital, Alexandria. O guardião do melhor talismã grego, o corpo de Alexandre, tornou-se o portador de sua tocha. Ptolomeu não era apenas um chefe militar: o queixo forte e o nariz curto do soldado que aparece em suas moedas não fazem jus à sua sutileza e ao seu bom senso.

Ptolomeu disse aos hierosolimitas que queria entrar na cidade no sabá para oferecer sacrifícios ao Deus dos judeus. Os calmos judeus caíram nesse ardil e Ptolomeu tomou a cidade, revelando o fanatismo do rito religioso judaico. Mas quando o sol se pôs no sabá, os judeus revidaram. As tropas de Ptolomeu percorreram furiosamente Jerusalém — "as casas saqueadas, as mulheres forçadas; e metade da cidade para o cativeiro". Ptolomeu provavelmente pôs guarnições macedônias na fortaleza de Baris, construída por Neemias ao norte do Templo, e deportou milhares de judeus para o Egito. Esses judeus fundaram a comunidade judaica de fala grega na esplêndida capital de Ptolomeu, Alexandria. No Egito, Ptolomeu e seus sucessores tornaram-se faraós; em Alexandria e no Mediterrâneo eram reis gregos. Ptolomeu Sóter — o "Salvador", como era conhecido — adotou os deuses locais, Ísis e Osíris, e as tradições egípcias de realeza, promovendo sua dinastia como reis-deuses egípcios e como monarcas gregos semidivinos. Ele e os filhos conquistaram Chipre, Cirenaica e faixas da Anatólia e das ilhas gregas. Entendia que não apenas a magnificência, mas também a cultura lhe conferiria legitimidade e grandeza. Por isso fez de Alexandria a suprema cidade grega do mundo, opulenta e sofisticada, fundando os museus e a biblioteca, recrutando eruditos gregos e encomendando a construção do farol de Pharos, uma das Maravilhas do Mundo. Seu império durou três séculos, até a última da família — Cleópatra.

Ptolomeu viveu mais de oitenta anos e escreveu uma história de Alexandre.[2] Ptolomeu II Filadelfo era simpático aos judeus, libertando 120 mil escravos judeus e mandando ouro para enfeitar o Templo. Compreendia o poder da ostentação e do espetáculo. No ano 275, realizou um desfile para um pequeno número de visitantes especiais em nome de Dioniso, deus do vinho e da abundância, no qual havia um vasto odre de vinho, feito de pele de leopardo, com 760 mil litros de vinho, e um falo de 55 metros de comprimento e 2,70 de largura, além de elefantes e súditos de todos os rincões do império. Ptolomeu era também um ávido colecionador de livros. Quando o sumo sacerdote enviou os cerca de vinte livros do Tanakh* judaico para Alexandria, o rei ordenou uma tradução em grego. Ele respeitava a erudição dos judeus de Alexandria e os convidou para jantar a fim de discutir a tradução: "Tudo", prometeu o rei, "será servido em conformidade com vossos hábitos, e para mim também". Consta que, em setenta dias, cada um dos setenta eruditos produziu uma tradução idêntica. A Bíblia Septuaginta mudou a história de Jerusalém e, posteriormente, tornou possível a difusão do cristianismo. Graças a Alexandre, o grego era a língua internacional; pela primeira vez, a Bíblia podia ser lida praticamente por qualquer pessoa.[3]

JOSÉ, O TOBÍADA

Jerusalém permaneceu um pequeno Estado semi-independente dentro do império de Ptolomeu, e Judá emitia suas próprias moedas, com a inscrição "Yehud". Era não apenas uma instituição política, mas a cidade do próprio Deus governada pelos altos sacerdotes. A esses herdeiros da família Oníada, que se diziam descendentes do sacerdote bíblico Zadoque, era permitido acumular fortuna e poder, desde que pagassem tributo aos Ptolomeus. Nos anos 240, o sumo sacerdote Onias II tentou ficar com os vinte talentos de prata que devia a Ptolomeu III Euergete. Isso criou uma oportunidade para um jovem judeu bem relacionado, que decidiu pagar mais do que o sumo sacerdote não apenas por Jerusalém, mas pela terra toda.

Esse aventureiro era o sobrinho do próprio sumo sacerdote, José,** que viajou para Alexandria, onde o rei realizava um leilão. Os licitantes prometiam os mais altos tributos em troca do poder de governar e cobrar impostos em seus territórios. Os fidalgos sírios zombaram do jovem José, mas ele levou a melhor

* Tanakh era um acrônimo hebraico formado com as palavras lei, profetas e escritos, os livros que os cristãos mais tarde passaram a chamar de Velho Testamento.

** A família de José era judia de origem mista, talvez descendente de Tobias, o amonita, que se opusera a Neemias. Seu pai, Tobias, era um magnata íntimo de Ptolomeu II — o arquivo de papiros de um funcionário chamado Zenão mostra-o fazendo negócios com o rei — e governava imensas propriedades em Amnon (hoje Jordânia).

sobre todos com escandaloso atrevimento. Conseguiu ver o rei antes deles e o encantou. Quando Ptolomeu III pediu que fizessem as ofertas, o presunçoso José suplantou os rivais na disputa por toda a Coele-Síria, a Fenícia, Judá e Samaria. O rei pediu a José os reféns de costume como garantia do tributo prometido. "Não te dou outras pessoas, ó rei", respondeu o arrogante hierosolimita, "além de tu mesmo e tua mulher." José poderia ter sido executado por essa impertinência, mas Ptolomeu riu e concordou.

José retornou a Jerusalém com uma infantaria egípcia de 2 mil soldados. Precisava provar muita coisa. Quando Ascalon se recusou a pagar impostos, ele matou seus vinte cidadãos mais importantes. Ascalon pagou.

José, como seu xará do Gênesis, jogou alto no Egito e venceu. Em Alexandria, onde mantinha relações amigáveis com o rei, ele se apaixonou por uma atriz. Quando preparou a sedução, seu irmão a substituiu pela própria filha. Durante a noite, José estava bêbado demais para perceber, e quando ficou sóbrio, apaixonou-se pela sobrinha, e o casamento com ela fortaleceu a dinastia. Mas seu filho Hircano acabou se revelando trapaceiro como o próprio José. Vivendo em grande estilo, governando severamente e cobrando impostos exorbitantes, José era, apesar de tudo, "um bom homem, de grande magnanimidade", de acordo com Josefo, admirado por sua "seriedade, sabedoria e justiça. Conduziu os judeus de uma condição de pobreza e mesquinharia para uma condição mais esplêndida".

José, o Tobíada, era importante para os reis do Egito, que agora combatiam continuamente uma dinastia macedônia rival, os selêucidas, pelo controle do Oriente Médio. Por volta de 241, Ptolomeu III mostrou sua gratidão depois de uma vitória contra os inimigos fazendo uma visita a Jerusalém, onde, respeitosamente, ofereceu sacrifícios no Templo, recebido, sem dúvida, por José. Quando o rei morreu, porém, os egípcios foram desafiados por um rei selêucida adolescente de ambição irreprimível.

ANTÍOCO, O GRANDE: CHOQUE DE ELEFANTES

O desafiante era o rei macedônio da Ásia, Antíoco III. Em 223, esse adolescente peripatético, de dezoito anos, herdou um grandioso título e um império em desintegração,* mas tinha os talentos necessários para reverter a decadência. Antíoco se considerava o herdeiro de Alexandre e, como todos os reis macedônios, associava-se com Apolo, Hércules, Aquiles e, acima de tudo, Zeus. Numa vertiginosa série de campanhas, Antíoco reconquistou o império oriental de Alexandre até a Índia, ganhando o apelido de "o Grande". Atacou repetidas vezes a Palestina, mas os Ptolomeus repeliram suas invasões, e o idoso José, o Tobíada, continuou a governar Jerusalém. Mas seu filho Hircano o traiu e atacou a cidade. Pouco antes de morrer, José derrotou o filho, que foi trinchar seu próprio principado onde hoje fica a Jordânia.

Em 201, Antíoco, o Grande, já com mais de quarenta anos, retornou de seus triunfos no Oriente. Jerusalém foi "jogada como um navio na tempestade entre os dois lados". Finalmente, Antíoco derrotou os egípcios, e Jerusalém deu as boas-vindas ao novo senhor. "Os judeus, quando entramos em sua cidade", declarou Antíoco, "nos ofereceram uma esplêndida recepção e se reuniram conosco no Senado, além de nos ajudarem a expulsar a guarnição egípcia." Um rei e um exército selêucidas eram um espetáculo impressionante. Antíoco deve ter usado um diadema de realeza, botas carmesim de cadarço bordadas de ouro, um chapéu de abas largas e um sobretudo azul-escuro adornado com estrelas douradas, preso na garganta com broche carmim. Os hierosolimitas abasteceram seu exército multinacional, que incluía falanges macedônias com lanças sarissas, cretenses que combatiam nas montanhas, soldados cilicianos de infantaria leve, fundibulários trácios, arqueiros misíacos, arremessadores de dardo lídios, arqueiros persas, soldados curdos de infantaria, catafractos iranianos com armaduras pesadas em cavalos de guerra e, os mais prestigiosos de todos, elefantes — que Jerusalém via provavelmente pela primeira vez.**

* Antíoco era o herdeiro da outra grande dinastia descendente dos generais que forjaram o império de Alexandre, o Grande. Quando garantiu seu próprio reino no Egito, Ptolomeu I apoiou Seleuco, ancestral de Antíoco e um dos oficiais de Alexandre, em sua tentativa de capturar a Babilônia. Talentoso como Ptolomeu, Seleuco reconquistou a maioria dos territórios asiáticos de Alexandre — de onde veio o título selêucida de rei da Ásia. Seleuco dominou da Grécia ao Indus, mas foi assassinado em seu apogeu. A família tinha recebido a promessa de ficar com Coele-Síria, mas Ptolomeu se recusara a entregá-la: o resultado foi um século de guerras sírias.

** Foi a era das guerras com elefantes. Desde que Alexandre retornara de sua campanha indiana com um corpo de exército de elefantes, esses paquidermes dotados de armaduras tornaram-se as armas mais prestigiosas (e caras) de qualquer rei macedônio — apesar de costumarem pisotear sua própria infantaria em vez da infantaria inimiga. Enquanto isso, no Ocidente, os romanos e os car-

Antíoco prometeu reparar o Templo e as muralhas e repovoar a cidade, e confirmou o direito dos judeus de se autogovernarem "de acordo com as leis de seus pais". Proibiu até mesmo que estrangeiros entrassem no Templo ou levassem "para a cidade carne de cavalo ou mulos, asnos selvagens ou domesticados, leopardos, raposas ou lebres". Simão, o sumo sacerdote, seguramente apoiara o lado certo: Jerusalém nunca tinha tido um conquistador tão complacente. Os hierosolimitas se lembravam dessa época como uma idade de ouro, governada por um sumo sacerdote ideal que, diziam eles, parecia "a estrela da manhã no meio da nuvem".[4]

SIMÃO, O JUSTO: A ESTRELA DA MANHÃ

Quando Simão* emergiu do Santo dos Santos no Dia da Expiação, o sumo sacerdote "se adornava com a perfeição da magnificência, ao subir os degraus do altar santo". Era o paradigma dos altos sacerdotes, que governavam Judá como príncipes ungidos, uma combinação de monarca, papa e aiatolá: usava mantos dourados, um peitoral resplandecente e um turbante em forma de coroa no qual ostentava uma *nezer*, a flor dourada, símbolo da vida e da salvação, relíquia do enfeite para a cabeça dos reis de Judá. Jesus Ben Sirá, autor do Eclesiástico e o primeiro escritor a captar o drama sagrado da cidade florescente, descreveu Simão como "o cipreste que se eleva até as nuvens".

---

tagineses, descendentes dos fenícios de Tito, lutavam pelo domínio do Mediterrâneo. Aníbal, o brilhante general cartaginês, invadiu a Itália, tendo marchado com seus elefantes pelos Alpes. Antíoco usou elefantes indianos, os Ptolomeus tinham elefantes africanos e Aníbal utilizava a espécie menor, agora extinta, proveniente dos montes Atlas no Marrocos.

* Alguns historiadores acham que Simão de fato governou sob Ptolomeu I. As fontes são contraditórias, mas ele foi, muito provavelmente, Simão II — o contemporâneo de Antíoco, o Grande —, que reconstruiu as fortificações, reparou o Templo e acrescentou uma gigantesca cisterna no monte do Templo. Seu túmulo fica ao norte da Cidade Velha, no bairro palestino de Sheikh Jarrah. Durante os séculos otomanos, um "piquenique judaico" era realizado ali anualmente, comemorado por muçulmanos, judeus e cristãos, um dos festivais partilhados por todas as seitas nos tempos anteriores ao nacionalismo. Hoje, o túmulo é um santuário judaico que está no centro dos planos israelenses para construir um assentamento próximo. Mas o túmulo, como tantos sítios em Jerusalém, é um mito: nem é judaico, nem é onde descansa Simão, o Justo. Construído quinhentos anos depois, era a sepultura de uma dama romana, Júlia Sabina.

Jerusalém tornara-se uma teocracia — a própria palavra foi inventada pelo historiador Josefo para descrever esse pequeno Estado com "toda a sua soberania e toda a sua autoridade nas mãos de Deus". Regras rigorosas regulavam cada detalhe da vida diária, pois não havia distinção entre política e religião. Em Jerusalém não havia estátuas ou ídolos. A observância do sabá era uma obsessão. Todos os crimes contra a religião eram punidos com a morte. Havia quatro formas de execução: apedrejamento, fogueira, decapitação e estrangulamento. Adúlteros eram apedrejados, castigo infligido por toda a comunidade (embora os condenados fossem primeiro jogados de um penhasco, e quase sempre estavam inconscientes durante o apedrejamento). Filho que agredisse pai era garroteado. Homem que fornicasse com mãe e filha era queimado.

O Templo era o centro da vida judaica: o sumo sacerdote e seu conselho, o Sinédrio, ali se reuniam. Todas as manhãs, as trombetas anunciavam a primeira prece, como o muezim do Islã. Quatro vezes por dia, o clangor das sete trombetas de prata convocava os crentes a se prostrarem no Templo. Os dois sacrifícios diários de carneiro, vaca ou pomba sem mácula no altar do Templo, de manhã e no fim da tarde, sempre acompanhados de uma oferenda de incenso no altar de perfumes, eram os principais rituais de adoração judaica. A palavra "holocausto", derivada do hebraico *olah*, com o significado de "subir", refere-se à queima do animal inteiro, cuja fumaça "subia" para Deus. A cidade devia cheirar a altar do Templo, os incensórios com suas deliciosas canela e cássia misturando-se ao cheiro forte de carne queimada. Não admira que as pessoas usassem grandes quantidades de mirra, nardo e bálsamo como perfume.

Peregrinos chegavam a Jerusalém em grandes números para os festivais. No portão do Carneiro, ao norte do Templo, carneiros e vacas eram arrebanhados e cercados, prontos para o sacrifício. Na Páscoa, 200 mil cordeiros eram abatidos. Mas Tabernáculos era a semana mais santa e mais exuberante do ano de Jerusalém, quando homens e meninas vestidos de branco dançavam nos pátios do Templo, cantando, agitando tochas acesas e banqueteando-se. Juntavam-se palmas e ramos para construir cabanas na cumeeira das casas ou nos pátios do Templo.*

* Os maiores festivais judaicos — Páscoa, Semanas e Tabernáculos — ainda estavam em fase de desenvolvimento. A Páscoa era o festival de primavera, que agora combinava as duas festas antigas do Pão Ázimo e a história do Êxodo. Aos poucos, a Páscoa substituiu Tabernáculos como o principal festival judaico em Jerusalém. Tabernáculos sobrevive até hoje como Sucot, quando crianças judias ainda constroem cabanas para colheita decoradas com frutas. As obrigações do Templo

Mas mesmo sob o puro Simão havia muitos judeus mundanos que provavelmente pareciam gregos ricos, vivendo em seus novos palácios gregos na encosta ocidental, conhecida como Cidade Alta. O que para os conservadores judeus fanáticos era poluição pagã, para esses cosmopolitas era civilização. Foi o começo de um novo padrão em Jerusalém: quanto mais sagrada se tornava, mais dividida ficava. Dois modos de vida existiam em estreita proximidade com o ódio íntimo das brigas de família. Agora a cidade — e a própria existência dos judeus — foi ameaçada pelo monstro mais infame desde Nabucodonosor.[5]

ANTÍOCO EPIFÂNIO: O DEUS LOUCO

O benfeitor de Jerusalém, Antíoco, o Grande, não parava quieto: tornou-se o conquistador da Ásia Menor e da Grécia. Mas o superconfiante rei da Ásia subestimou o poder nascente da República de Roma, que acabara de derrotar Aníbal e Cartago para dominar o Mediterrâneo ocidental. Roma repeliu a tentativa de Antíoco de tomar a Grécia, forçando o Grande Rei a entregar sua frota e seu corpo de exército de elefantes e mandar o filho a Roma como refém. Antíoco seguiu para o leste a fim de reabastecer seu tesouro, mas foi assassinado enquanto saqueava um templo persa.

Da Babilônia a Alexandria, judeus agora pagavam um tributo anual ao Templo, e Jerusalém enriqueceu tanto que seus tesouros intensificaram lutas políticas entre os líderes judeus e começaram a atrair os reis macedônios em aperto financeiro. O novo rei da Ásia, de nome Antíoco como o pai, correu à capital em Antioquia e assumiu o trono, matando todos os pretendentes da família. Educado em Roma e Atenas, Antíoco herdou os talentos irreprimíveis e brilhantes do pai, mas sua cacarejante ameaça e sua maníaca extravagância eram mais parecidas com o exibicionismo demente de Calígula ou Nero.

Como filho de um Grande Rei abatido, precisava provar muita coisa. Tão belo quanto insano, Antíoco adorava a ostentação do ritual da corte, mas se aborrecia com suas restrições, orgulhoso do seu direito absoluto de surpreender. Em Antioquia, o jovem rei embriagava-se na praça principal, onde se banhava e

---

eram divididas por escalas entre os levitas, descendentes da tribo de Levi, e os sacerdotes (descendentes do irmão de Moisés, Arão, que por sua vez formavam um subgrupo dos levitas).

era massageado em público com pomadas caras, confraternizando nos banhos com cavalariços e carregadores. Quando um espectador se queixou de seu extravagante uso de mirra, Antíoco mandou quebrar o pote na cabeça do homem, provocando tumulto, com o populacho tentando recuperar a preciosa loção e o príncipe dando gargalhadas histéricas. Gostava de se vestir a rigor, aparecendo nas ruas com uma coroa de rosas e um capote dourado; porém, quando os súditos olhavam, ele lhes atirava pedras. À noite, mergulhava, disfarçado, no caldo das ruelas de Antioquia. Espontaneamente amistoso com desconhecidos, suas carícias eram como as de uma pantera, pois de repente podia tornar-se desagradável, tão cruel quanto tinha sido cordial.

Os potentados da era helênica geralmente se diziam descendentes de Hércules e outros deuses, mas Antíoco foi mais longe. Chamava-se a si mesmo de Epifânio — Deus revelado —, muito embora seus súditos o tenham apelidado de Epumanes — o Louco. No entanto, havia método em sua loucura, pois ele esperava manter o império unido em torno da adoração de um rei, uma religião. Esperava que seus súditos adorassem os deuses locais e os fundissem com o panteão grego e seu próprio culto. Mas era diferente com os judeus, que tinham uma relação de amor e ódio com a cultura grega. Eles desejavam ardentemente sua civilização, embora se ressentissem de seu domínio. Josefo diz que os judeus consideravam os gregos uns modernizadores irresponsáveis, promíscuos e supérfluos, ainda que muitos hierosolimitas já vivessem de acordo com o estilo da moda, usando nomes gregos e judeus para mostrar que podiam ser as duas coisas. Os judeus conservadores discordavam; para eles, os gregos eram simplesmente idólatras, cujas ginásticas que praticavam nus lhes provocava repulsa.

O primeiro instinto dos judeus próceres foi correr na frente dos outros para conseguir assegurar o poder em Jerusalém. A crise começou com uma rixa de família acerca de dinheiro e influência. Quando o sumo sacerdote Onias III fez uma oferta ao rei, seu irmão Jasão ofereceu oitenta talentos extras e voltou como sumo sacerdote com um programa para fazer de Jerusalém uma pólis grega: rebatizou-a com o nome de Antioch-Hierosolyma (Antioquia-em-Jerusalém) em honra do rei, rebaixou o status da Torá e construiu um ginásio grego, provavelmente no monte ocidental de frente para o Templo. As reformas de Jasão eram bastante populares. Jovens judeus sentiam uma penosa necessidade de parecerem modernos no ginásio, onde se exercitavam nus, a não ser pelo chapéu grego. De alguma forma conseguiam desfazer a circuncisão, a marca da aliança com

Deus, dando a impressão de restaurar o prepúcio, sem dúvida um triunfo da moda sobre o conforto. Mas o próprio Jasão foi suplantado em seu lance por Jerusalém: mandou o capanga Menelau a Antioquia entregar seu tributo. Porém o criminoso Menelau roubou os fundos do Templo, fez uma oferta mais alta do que a de Jasão e comprou o alto sacerdócio, muito embora não tivesse a linhagem zadoquita exigida. Menelau apoderou-se de Jerusalém. Quando os hierosolimitas mandaram delegados protestarem diante do rei, este os executou, permitindo inclusive que Menelau arranjasse o assassinato do ex-sumo sacerdote Onias.

Antíoco estava mais preocupado em levantar fundos para reconquistar seu império — e prestes a concluir com êxito um golpe surpreendente: a união dos impérios ptolomaico e selêucida. Em 170 a.C., Antíoco conquistou o Egito, mas os hierosolimitas minaram seu triunfo, rebelando-se sob o comando do deposto Jasão. O Louco marchou de volta pelo Sinai e invadiu Jerusalém, deportando 10 mil judeus.* Acompanhado pelo capanga Manelau, entrou no Santo dos Santos — sacrilégio imperdoável — e roubou seus inestimáveis artefatos: o altar dourado, o candelabro e a mesa de pães da presença. Pior, Antíoco ordenou que os judeus fizessem sacrifícios para ele, como Deus revelado, testando a lealdade dos muitos judeus que provavelmente eram atraídos pela cultura grega — e então, com os cofres repletos do ouro do Templo, voltou correndo ao Egito para esmagar qualquer resistência.

Antíoco gostava de bancar o romano, ostentando uma toga e realizando falsas eleições em Antioquia, enquanto secretamente reconstruía sua frota banida e seu corpo de exército de elefantes. Mas para Roma, determinada a dominar o Mediterrâneo oriental, o novo império de Antíoco era inaceitável. O enviado romano Popillius Laenas, ao encontrar-se com o rei em Alexandria, riscou temerariamente um círculo na areia em volta de Antíoco, exigindo que ele se retirasse do Egito antes de sair do círculo — origem da frase "traçar uma linha na areia" [significando um limite além do qual uma ideia ou atividade não será aceita]. Antíoco, "gemendo e com amargura no coração", curvou-se ao poder romano.

* Jasão fugiu de novo, refugiando-se com seu partidário, Hircano, o príncipe tobíada. Hircano tinha governado a maior parte de Jordânia durante quarenta anos, como aliado dos Ptolomeus mesmo quando perderam Jerusalém. Fez campanhas contra os árabes e construiu uma luxuosa fortaleza em Araq e-Emir, com belos entalhes e jardins ornamentais. Quando Antíoco conquistou o Egito e retomou Jerusalém, Hircano ficou sem opções: o último dos tobíadas cometeu suicídio. As ruínas de seu palácio agora são atração turística na Jordânia.

Enquanto isso, os judeus se recusavam a fazer sacrifício a Antíoco, o Deus. Para certificar-se de que Jerusalém não se rebelaria uma terceira vez, o Louco decidiu erradicar a religião judaica.

ANTÍOCO EPIFÂNIO: OUTRA ABOMINAÇÃO DESOLADORA

Em 167, Antíoco apoderou-se de Jerusalém por meio de um estratagema durante o sabá, matando milhares de pessoas, destruindo as muralhas e construindo uma nova cidadela, a Acra. Depois entregou a cidade a um governador grego e ao colaborador Menelau.

Antíoco proibiu qualquer sacrifício ou serviço religioso no Templo; sob pena de morte, aboliu o sabá, a lei e a circuncisão, e ordenou que o Templo fosse conspurcado com carne de porco. Em 6 de dezembro, o Templo foi consagrado como santuário do deus estatal, o Zeus Olímpico — a própria abominação desoladora. Um sacrifício foi oferecido a Antíoco, o Rei-Deus, provavelmente em sua presença, no altar fora do Santo dos Santos. "O Templo ficou repleto da devassidão e das orgias dos pagãos, que se divertiam com prostitutas", fornicando "nos pórticos sagrados". Menelau consentiu; as pessoas passavam em procissão pelo Templo usando coroas de hera e, depois das preces, até mesmo os sacerdotes desciam para assistir aos jogos entre atletas nus no ginásio.

Os que praticavam o sabá eram queimados vivos, ou padeciam um medonho castigo importado da Grécia: a crucificação. Um velho preferiu morrer a comer carne de porco; mulheres que circuncidavam os filhos eram atiradas com os bebês do alto das muralhas de Jerusalém. A Torá foi rasgada em tiras e queimada em público: quem fosse apanhado com uma cópia era morto. Mas a Torá, como o Templo, era mais valiosa do que a vida. Essas mortes criaram um novo culto do martírio e estimularam a expectativa do Apocalipse. "Muitos daqueles que dormem no pó da terra despertarão, uns para a vida eterna", em Jerusalém; o mal seria derrotado e o bem triunfaria com a chegada de um Messias — e um Filho do Homem, investido de glória eterna.*

* O Livro de Daniel é uma coleção de histórias, algumas do êxodo babilônico, outras das perseguições de Antíoco: a fornalha ardente talvez descreva as torturas que ele infligia. A nova visão de

Antíoco voltou para Antioquia, onde comemorou suas incompletas vitórias com um festival. Cavaleiros cítios com armaduras de ouro, elefantes indianos, gladiadores e cavalos nisaean com bridas de ouro desfilaram pela capital, seguidos de jovens atletas com coroas douradas, mil bois destinados ao sacrifício, carros alegóricos com estátuas e mulheres borrifando perfume na multidão. Gladiadores combatiam nos circos e fontes lançavam rubros esguichos de vinho, enquanto o rei recebia milhares de convidados no palácio. O Louco supervisionava tudo, cavalgando de um lado para outro na procissão, conduzindo os convivas até seus lugares, gracejando com os comediantes. Ao término do banquete, os comediantes trouxeram uma figura envolta num pano. Puseram-na no chão, onde, aos primeiros acordes de uma sinfonia, ela se livrou subitamente dos panos e eis que apareceu o rei, nu e dançando.

Ao sul, bem longe dessa delirante devassidão, os generais de Antíoco executavam suas perseguições. Na aldeia de Modin, perto de Jerusalém, um velho sacerdote chamado Matatias, pai de cinco filhos, recebeu ordem para oferecer um sacrifício a Antíoco, mostrando que já não era judeu, mas ele retrucou: "Ainda que todas as nações que estejam na esfera de domínio do rei lhe obedeçam, eu e meus filhos continuaremos a seguir a Aliança de nossos pais". Quando outro judeu se apresentou para sacrificar, Matatias "inflamou-se de zelo e suas veias estremeceram", e, puxando a espada, matou primeiro o traidor, depois o general de Antíoco, e derrubou o altar. "Aquele que quiser manter firme a Aliança", disse ele, "venha comigo." O velho e os cinco filhos fugiram para as montanhas, acompanhados pelos judeus extremamente piedosos conhecidos como Íntegros — hassídicos. De início, eram tão piedosos que observavam o sabá até mesmo (desastrosamente) no campo de batalha: presume-se que os gregos procuravam travar todas as suas batalhas aos sábados.

Matatias morreu logo depois, mas seu terceiro filho, Judas, assumindo o comando dos morros em volta de Jerusalém, derrotou três exércitos sírios, um atrás do outro. Antíoco, de início, não levou a revolta judaica a sério, pois marchou rumo ao leste a fim de conquistar o Iraque e a Pérsia, ordenando ao vice-rei Lísias que esmagasse os rebeldes. Mas Judas o derrotou também.

Daniel de um "Filho do Homem" inspirou Jesus. O culto do martírio seria reprisado nos primeiros séculos do cristianismo.

Até mesmo Antíoco, em campanha na distante Pérsia, percebeu que as vitórias de Judas ameaçavam seu império, e suspendeu o terror. Os judeus, escreveu ele aos membros pró-gregos do Sinédrio, poderiam "usar suas próprias carnes e observar suas próprias leis". Mas era tarde demais, e logo depois Antíoco Epifânio sofreu um ataque epiléptico e caiu morto do carro de combate.[6] Judas já ganhara a alcunha heroica que daria seu nome a uma dinastia: o Martelo.

8. Os macabeus (164-66 a.C.)

JUDAS, O MARTELO

No inverno de 164 a.C., Judas, o Martelo, conquistou toda a Judeia e Jerusalém, salvo a recém-construída fortaleza de Acra, de Antíoco. Quando Judas viu o Templo ermo e coberto de mato, lamentou. Queimou incenso, dedicou novamente o Santo dos Santos e, em 14 de dezembro, presidiu a retomada dos sacrifícios. Na cidade arrasada, o óleo para acender o candelabro no Templo era escasso, mas de alguma forma as velas nunca apagavam. A libertação e a nova santificação do Templo ainda são comemoradas no festival judaico de Chanuká — a Consagração.

O Martelo — Maqqabah* em aramaico — fez campanha na Jordânia e mandou o irmão Simão resgatar os judeus na Galileia. Na ausência de Judas, os ju-

* Sua família é conhecida, corretamente, como a dinastia hasmonea, mas, para simplificar, eles são identificados neste livro como macabeus. O macabeu tornou-se o protótipo medieval do cavalheirismo cristão, junto com o rei Arthur e Carlos Magno. Charles "Martel" — o Martelo, que derrotou os árabes na Batalha de Tours em 732 —, Ricardo Coração de Leão no século XII e Eduardo I (1271-1303) se anunciavam como macabeus de sua época. Mais tarde, Rubens pintou Judas, o Macabeu; Handel escreveu um oratório dedicado a ele. Os macabeus inspiram especialmente Israel, onde muitos jogadores de futebol recebem nomes em sua homenagem. Como os heróis do Chanuká, os judeus tradicionalmente os consideram combatentes da liberdade contra um tirano geno-

deus foram derrotados. O macabeu reagiu, capturou Hebron e Edom e destruiu o santuário pagão em Ashdod antes de cercar a Acra em Jerusalém. Mas o regente selêucida derrotou os macabeus em Beth-Zacharia, ao sul de Belém, e cercou Jerusalém, até ser obrigado a retirar-se para enfrentar uma revolta em Antioquia. Então assegurou aos judeus o direito de viver "de acordo com suas próprias leis" e de orar no Templo. Quatro séculos depois de Nabucodonosor, a independência judaica foi restaurada.

Porém os judeus ainda não estavam a salvo. Os selêucidas, atormentados por guerras civis, diminuídos mas ainda assim formidáveis, estavam decididos a esmagar os judeus e preservar a Palestina. Essa guerra feroz e complicada durou vinte anos. Não é preciso repassar todos os detalhes, com seus muitos pretendentes selêucidas de nomes parecidos, mas houve momentos em que os macabeus quase foram aniquilados. Apesar disso, essa família infinitamente criativa e talentosa sempre conseguia se recuperar e contra-atacar.

A fortaleza de Acra, supervisionando o Templo, permaneceu para atormentar a Jerusalém dividida. Enquanto as trombetas soavam e os sacerdotes voltavam a conduzir os sacrifícios, os mercenários pagãos de Acra e os renegados judeus às vezes "lançavam-se de súbito", diz Josefo, "e destruíam aqueles que subiam para o Templo". Os hierosolimitas executaram o sumo sacerdote, Menelau, "a causa de todos os males", e elegeram outro.* Mas os selêucidas reorganizaram suas forças. Seu general Nicanor reapossou-se de Jerusalém. Apontando para o altar, o grego fez uma ameaça: "Se Judas e seu exército não forem entregues às minhas mãos imediatamente, incendiarei esta casa".

Judas, lutando para salvar sua vida, fez um apelo a Roma, a inimiga dos reinos gregos, e Roma reconheceu efetivamente a soberania judaica. Em 161, o Martelo derrotou Nicanor, mandando decepar-lhe a cabeça e os braços e levá-los

---

cida, precursor de Hitler. Mas houve quem sugerisse outro ponto de vista, inspirado na luta de hoje entre a democracia americana e o terrorismo jihadista, segundo o qual os gregos são os civilizados que lutam contra os fanáticos religiosos macabeus, que lembram talibãs judeus.

* Esse novo sumo sacerdote não era sequer membro da Casa Zadoquita de Onias. Seu herdeiro legítimo era Onias IV, que fugiu com seus seguidores para o Egito, onde foi acolhido pelo rei Ptolomeu VI Filômetro. Filômetro permitiu que reconstruísse um templo judaico no sítio de um santuário egípcio em desuso em Leontópolis, no delta do Nilo, e ali ele criou sua própria Jerusalém, ainda conhecida como Tell al-Jahudiya — monte dos Judeus. Esses príncipes judeus tornaram-se poderosos comandantes militares no Egito. O templo de Onias durou até Tito ordenar sua destruição no ano 70 da Era Cristã.

para Jerusalém. No Templo, apresentou esses medonhos troféus — a mão e a língua que tinham ameaçado o Templo foram fatiadas e penduradas para as aves, enquanto a cabeça pendia no topo da fortaleza. Os hierosolimitas comemoravam o Dia de Nicanor como um festival de libertação. Os selêucidas então derrotaram e mataram o próprio Macabeu; Jerusalém caiu. Judas foi sepultado em Modin. Tudo parecia perdido. Mas seus irmãos lhe sobreviveram.[1]

SIMÃO, O GRANDE: TRIUNFO DOS MACABEUS

Após dois anos de fuga, Jônatas, irmão de Judas, emergiu dos desertos para derrotar mais uma vez os selêucidas, estabelecendo sua corte em Michmas, ao norte da Jerusalém ocupada pelos gregos. Jônatas, conhecido como o Diplomata, jogou os reis rivais da Síria e do Egito um contra o outro para recuperar Jerusalém. Depois restaurou as muralhas, reconsagrou o Templo e, em 153, convenceu o rei selêucida a indicá-lo para a posição privilegiada de "amigo do rei" — e sumo sacerdote. O macabeu foi ungido com o óleo e adornado com a flor real e os mantos sacerdotais no mais estridente dos festivais, Tabernáculos. Mas Jônatas descendia de um sacerdote de província, sem relações com Zadoque. Pelo menos uma seita judaica o via como o "Sacerdote Iníquo".

Primeiro Jônatas foi apoiado pelo rei egípcio Ptolomeu VI Filômetro, que marchou pela costa até Joppa (Jaffa, o porto mais próximo de Jerusalém) para um encontro com Jônatas, em suas respectivas magnificências faraônica e sacerdotal. Em Ptolemais (atual Acre), Filômetro realizou o sonho de todos os reis gregos que vieram depois de Alexandre, o Grande: foi coroado rei do Egito e da Ásia. Mas no exato momento de seu triunfo, o cavalo empinou-se ao ver os elefantes selêucidas, e o rei foi morto.*

* O sucessor de Filômetro era hostil aos judeus porque Onias e os judeus de Alexandria tinham apoiado Filômetro. Mesmo pelos padrões de crueldade da família, Ptolomeu VIII Euergete, apelidado de Gordo (Physkon) pela turba alexandrina, era um monstro. O Gordo vingou-se dos judeus no Egito juntando seus elefantes para os pisotear, mas, talvez por milagre divino, os elefantes pisotearam o entourage do rei. O clímax de suas crueldades foi o assassinato do próprio filho de catorze anos, que confiava totalmente no pai: o Gordo mandou decepar a cabeça, as pernas e as mãos do menino e entregá-las à mãe, Cleópatra II. Quando outra pessoa da família, Cleópatra Thea, casada com o rei sírio Demétrio II, decidiu matar o próprio filho, ofereceu-lhe uma taça de veneno. Mas o filho obrigou a mãe a tomá-lo. Assim era a vida familiar entre os Ptolomeus.

Enquanto selêucidas rivais brigavam pelo poder, Jônatas, o Diplomata, mudou de lado repetidas vezes. Um dos pretendentes selêucidas, cercado no palácio em Antioquia, pediu ajuda a Jônatas em troca da independência total dos judeus. Jônatas marchou com seus 2 mil homens de Jerusalém para Antioquia, passando pelos atuais Israel, Líbano e Síria. Os soldados judeus, disparando setas do palácio, depois pulando pelos telhados da cidade em chamas, socorreram e reconduziram o rei. Na volta para a Judeia, Jônatas conquistou Ascalon, Gaza e Beth-Zur — e começou a sitiar a fortaleza de Acra em Jerusalém. Mas foi atraído para Ptolomais sem seus guarda-costas para um encontro com seu mais recente aliado grego, que o capturou e marchou sobre Jerusalém.

A família Macabeu ainda não tinha acabado: restava mais um irmão.[2] Era Simão, que fortificara de novo Jerusalém e reagrupara seu exército. Juntamente com uma súbita tempestade de neve, o grego foi obrigado a se retirar; mas ele teve sua vingança: mandou executar o irmão cativo de Simão, Jônatas. Na primavera de 141, Simão atacou e demoliu Acra,* arrasando o próprio monte onde ela se erguia, antes de comemorar em Jerusalém "entre aclamações e palmas, ao som de cítaras, címbalos e harpas, e entoando hinos e cânticos". O "jugo dos pagãos foi retirado de Israel" e uma grande assembleia aclamou Simão como governante hereditário, vestindo-o de púrpura real afivelada com ouro, rei em tudo menos no nome. "E o povo começou a escrever nos contratos: 'No ano primeiro de Simão, o Grande, sumo sacerdote, estrategista e chefe dos judeus'."

JOÃO HIRCANO: CONSTRUTOR DE IMPÉRIOS

Simão, o Grande, estava no auge da popularidade quando, em 134 a.C., foi convidado para jantar com o genro. Ali, o último da primeira geração de macabeus foi assassinado, e o genro então capturou a mulher de Simão e dois de seus filhos. Assassinos tentaram pegar o outro filho, João — Yehohanan em hebraico —, mas ele escapou para Jerusalém e assegurou a cidade.

* Não se encontrou vestígio algum de Acra. Estudiosos acreditam que ela ficava logo ao sul do monte do Templo. Herodes, o Grande, ampliaria o monte do Templo, e provavelmente a colina nivelada de Acra está agora debaixo da plataforma do Templo, onde se ergue a mesquita de al-Aqsa. Para aqueles que indagam por que tão pouca coisa sobreviveu, digamos, do reino de Davi, isso demonstra que construções imensas podem desaparecer sem deixar vestígios arqueológicos.

João se viu face a face com o desastre em todos os lados. Quando perseguiu os conspiradores até o seu reduto, sua mãe e seus irmãos foram despedaçados diante dele. Como terceiro filho, João não esperava reinar, mas tinha todos os talentos de família para se tornar o governante judeu ideal, com "traços carismáticos messiânicos". Na verdade, escreveu Josefo, Deus deu a João "três dos maiores privilégios — o governo de uma nação, o cargo de sumo sacerdote e o dom da profecia".

O rei selêucida Antíoco VII Sidete aproveitou essa guerra civil entre os judeus para reconquistar a Palestina e cercar Jerusalém. Os hierosolimitas começavam a passar fome, quando o rei Sidete demonstrou vontade de negociar enviando "um magnífico sacrifício" de touros com chifres dourados para a Festa dos Tabernáculos. João suplicou pela paz, concordando em entregar territórios conquistados pelos macabeus fora da Judeia, pagar quinhentos talentos de prata e demolir as muralhas.

João teve de apoiar seu novo senhor em campanha contra o poder emergente dos partos no Irã e no Iraque. A expedição foi um desastre para os gregos, mas uma bênção para os judeus. É possível que João tenha negociado secretamente com o rei parto, que tinha muitos súditos judeus. O rei grego foi morto e de alguma maneira João escapou do atoleiro, retornando com sua independência restaurada.*

As grandes potências tinham a atenção desviada por suas próprias intrigas internas, o que deixava João livre para realizar conquistas em uma escala que não se via desde os tempos de Davi, que ironicamente ajudou a financiar suas guerras. João saqueou-lhe o rico túmulo, supostamente na Cidade de Davi. Conquistou Madaba, do outro lado do Jordão, forçou a conversão dos edomitas (que ficaram conhecidos como idumeus) ao sul e destruiu Samaria antes de tomar a Galileia. Em Jerusalém, João construiu a chamada Primeira Muralha em volta da cidade em crescimento.** Seu reino tornou-se uma potência regional, e o Templo

* E com um novo apelido, Hircano, certamente resultado de suas aventuras partas, muito embora jamais tenha alcançado a Hircânia, no Cáspio. Ele consolidou seu poder no exterior com uma nova aliança romana e, em Jerusalém, com a rica elite do Templo, os saduceus, descendentes da casa de Zadoque — de onde lhes veio o nome.

** A muralha da cidade ia do monte do Templo ao poço de Siloé, e dali até a Cidadela, onde as fundações de suas torres ainda permanecem, e onde se podem ver pequenas casas de moradia da Jerusalém macabeia. Seções de seu muro sobrevivem em vários lugares: na encosta meridional do monte Sião, logo a oeste do cemitério católico, há um lugar onde a muralha de João ainda permanece, perto das pedras maiores da de Ezequias e da bem posterior da imperatriz bizantina Eudócia. Em 1985, arqueólogos israelenses descobriram um aqueduto subterrâneo e uma grande cisterna

era o centro da vida judaica, apesar de as comunidades mediterrâneas, cada vez mais numerosas, realizarem as preces diárias em sinagogas locais. Foi provavelmente nessa nova época de confiança que os 24 livros se tornaram o texto consensual do Velho Testamento judaico.

Depois da morte de João, o filho Aristóbulo declarou-se rei da Judeia, o primeiro monarca em Jerusalém desde 586, e conquistou a Itureia, onde hoje é o norte de Israel e o sul do Líbano. Mas os macabeus agora eram quase tão gregos como os inimigos, usando nomes gregos e hebraicos. Começaram a se comportar com a ferocidade dos tiranos gregos. Aristóbulo botou a mãe na cadeia e matou o irmão mais popular, crime que o fez enlouquecer de remorso. No entanto, enquanto morria vomitando sangue, seu medo era que o arrogante irmão ainda vivo, Alexandre Janeu, fosse um monstro capaz de destruir os macabeus.[3]

ALEXANDRE, O TRÍCIO: O FURIOSO LEÃOZINHO

Logo que assegurou a posse de Jerusalém, o rei Alexandre (Janeu era a versão grega de seu nome hebraico, Yehonatan) casou-se com a viúva do irmão e partiu para a conquista de um império judaico. Alexandre era mimado e desalmado — logo os judeus passaram a desprezá-lo por seu depravado sadismo —, e gostava da liberdade de poder travar guerra contra seus vizinhos — os reinos gregos entravam em colapso e os romanos ainda não tinham chegado. Sempre conseguia sobreviver a suas frequentes derrotas, graças à sorte do diabo* e a uma

---

construídos por João e os macabeus. Arqueólogos britânicos, alemães e franceses do século XIX descobriram essa subterrânea cisterna Struthion em 1870, quando o convento das Irmãs de Sião foi construído na Via Dolorosa. O aqueduto revela como a cisterna Struthion era abastecida, e, debaixo do convento, perto da Via Dolorosa, visitantes podem caminhar ao longo desse aqueduto, agora parte do túnel do Templo. Os macabeus também construíram uma ponte sobre o profundo vale entre o monte do Templo e a Cidade Alta. João morou em sua fortaleza de Baris, ao norte do Templo, mas também provavelmente começou a construir um palácio na Cidade Alta em expansão.

* Quando ele atacou a cidade grega de Ptolemais, Ptolomeu IX Sóter, que então governava Chipre, interveio e derrotou Alexandre. Mas este foi socorrido por suas conexões judaicas: Sóter estava em guerra contra a mãe Cleópatra III, rainha do Egito, que temia o poder do filho na Judeia. O comandante de Cleópatra era o judeu Ananias, filho do ex-sumo sacerdote Onias, que socorreu o rei macabeu. Cleópatra pensou em anexar a Judeia, mas seu general judeu aconselhou-a a não o fazer, e ela não estava em condição de enfrentar seu próprio exército.

tenaz selvageria: os judeus o apelidaram de Trácio, pelo barbarismo e por seu exército de mercenários gregos.

Alexandre conquistou Gaza e Rafia, na fronteira do Egito, e os golanitas (Golã), no norte. Emboscado pelos árabes nabateus em Moabe, Alexandre refugiou-se novamente em Jerusalém. Quando atuava como sumo sacerdote na Festa dos Tabernáculos, as pessoas o bombardearam com frutas. Encorajadas pelos fariseus mais religiosos (que seguiam tradições orais e também a Torá escrita), elas o desafiaram com a alegação de que, tendo sua mãe sido feita prisioneira, ele não tinha condições de ser sumo sacerdote. Alexandre respondeu soltando seus mercenários gregos, que massacraram 6 mil pessoas nas ruas. Os selêucidas aproveitaram a rebelião para atacar a Judeia. Alexandre fugiu para as montanhas.

Ele aguardou, planejando a vingança. Quando o rei entrou novamente em Jerusalém, matou 50 mil pessoas de sua própria gente. Comemorou a vitória folgando com as concubinas num banquete, enquanto assistia à crucificação de oitocentos rebeldes nos morros. As mulheres e os filhos desses rebeldes tiveram a garganta cortada diante de seus olhos. "O furioso leãozinho", como os inimigos o chamavam, morreu de alcoolismo, deixando para a mulher Salomé Alexandra um império judaico que incluía partes do que é hoje Israel, Palestina, Jordânia, Síria e Líbano. Ele a aconselhara a ocultar seu corpo dos soldados, até que garantisse a posse de Jerusalém, e depois disso governar com os fariseus.

A nova rainha foi a primeira mulher a governar Jerusalém desde a filha de Jezebel. Mas o gênio da dinastia estava exaurido. Salomé Alexandra (Salomé é a versão grega de Shalomzion — Paz em Sião), esperta viúva de dois reis, governou seu pequeno império com a ajuda dos fariseus até passar dos sessenta anos, mas lutava para controlar os dois filhos: o mais velho, o sumo sacerdote João Hircano II, não tinha energia suficiente, e o mais jovem, Aristóbulo, tinha energia demais.

Ao norte, Roma avançava inexoravelmente pelo Mediterrâneo, engolindo primeiro a Grécia e depois a Turquia de hoje, onde o poder romano encontrou resistência em Mitridates, o rei grego do Ponto. Em 66 a.C., o general romano Pompeu derrotou Mitridates e foi para o sul preencher um vazio. Roma estava a caminho de Jerusalém.

9. Chegam os romanos (66-40 a.C.)

POMPEU NO SANTO DOS SANTOS

Quando a rainha Salomé morreu, seus filhos brigaram. Hircano II foi derrotado perto de Jericó pelo irmão Aristóbulo II. Os irmãos se reconciliaram, abraçando-se diante dos hierosolimitas no Templo, e Aristóbulo tornou-se rei. Hircano retirou-se, mas era aconselhado e controlado por um forasteiro esperto, Antípater. Esse potentado idumeu* era o futuro. Seu filho se tornaria o rei Herodes. Sua talentosa e depravada família dominaria Jerusalém por mais de um século e criaria o monte do Templo e o Muro das Lamentações basicamente como são hoje.

Antípater ajudou Hircano a fugir para Petra, a "cidade rubra como a rosa, com metade da idade do tempo", a capital árabe nabateia. O rei Aretas (Harith em árabe), que ficara fabulosamente rico com as especiarias indianas e era aparentado com a mulher árabe de Antípater, ajudou-o a derrotar o rei Aristóbulo,

* Os idumeus, os edomitas bíblicos, duros guerreiros pagãos baseados ao sul de Jerusalém, tinham sido convertidos em massa ao judaísmo por João Hircano. Antípater era filho de um convertido ao judaísmo, que fora designado governador de Edom pelo rei Alexandre, embora a família fosse oriunda das cidades costeiras fenícias.

que fugiu de volta para Jerusalém. O rei árabe foi atrás, cercando Aristóbulo no fortificado monte do Templo. Mas todo o som e toda a fúria nada significaram, porque ao norte Pompeu estabelecia seu quartel-general em Damasco. Cneu Pompeu, o homem mais poderoso de Roma, era um comandante nada ortodoxo que, sem cargo oficial, levara seu exército particular à vitória nas guerras civis romanas na Itália, na Sicília e no norte da África. Havia comemorado dois Triunfos e acumulara imensa fortuna. Era um general cauteloso, com um rosto angelical — "nada mais delicado do que as faces de Pompeu" — que induzia a equívocos: Pompeu era, escreveu o historiador Salústio, "honesto no rosto, sem-vergonha no coração", e seu sadismo e ambição, revelados no início das guerras civis, valeram-lhe o apelido de "jovem açougueiro". Agora tinha se estabelecido em Roma, mas os louros de um líder romano precisavam ser constantemente refrescados. Seu apelido "Magno" — o Grande — era, pelo menos em parte, sarcástico. Quando menino, ele adorava Alexandre, o Grande, e seu homérico e heroico reinado, além das províncias e dos prêmios não conquistados do Oriente, se mostraria irresistível para todo oligarca romano ambicioso.

Em 64 a.C., Pompeu acabou com o reino selêucida, anexou a Síria e ficou feliz de poder agir como mediador dos judeus. Delegações chegavam de Jerusalém representando não apenas os dois irmãos em luta, mas também os fariseus, que suplicaram a Pompeu que os livrasse dos macabeus. Pompeu ordenou aos dois príncipes que aguardassem seu julgamento, mas Aristóbulo, que não compreendera muito bem o férreo poder de Roma, imprudentemente o traiu.

Pompeu lançou-se sobre Jerusalém. Capturou Aristóbulo, porém os servos do macabeu ocuparam o fortificado monte do Templo, destruindo a ponte que o ligava à Cidade Alta. Pompeu, acampado ao norte do tanque de Betesda, cercou o Templo durante três meses, usando catapultas para bombardeá-lo. Mais uma vez se aproveitando da religiosidade judaica — era sábado e jejum —, os romanos invadiram o Templo pelo norte, cortando a garganta dos sacerdotes que guardavam o altar. Judeus atearam fogo às próprias casas; outros se atiraram das ameias. Ao todo, 12 mil foram mortos. Pompeu destruiu fortificações, aboliu a monarquia, confiscou a maior parte do reino macabeu e designou Hircano como sumo sacerdote, governando apenas a Judeia com seu ministro Antípater.

Pompeu não pôde resistir à oportunidade de olhar por dentro o famoso Santo dos Santos. Os romanos eram fascinados pelos ritos orientais, embora orgulhosos de seus muitos deuses e desdenhosos da primitiva superstição do monoteísmo judaico. Os gregos diziam, zombando, que os judeus adoravam em segredo a cabeça de um asno de ouro, ou engordavam uma vítima humana de sacrifício para canibalizá-la depois. Pompeu e seu entourage entraram no Santo dos Santos — sacrilégio inominável, já que até mesmo o sumo sacerdote só o visitava uma vez por ano. O romano foi provavelmente apenas o segundo pagão (depois de Antíoco IV) a penetrar no Santuário. Mas examinou com reverência a mesa dourada e o candelabro sagrado — e percebeu que nada havia ali, nenhum ídolo, apenas uma intensa santidade. Não roubou nada.

Pompeu voltou às pressas a Roma para deleitar-se com o Triunfo em comemoração de suas conquistas asiáticas. Enquanto isso, Hircano era atormentado pelas rebeliões de Aristóbulo e filhos, mas o verdadeiro governante, seu ministro Antípater, tinha um talento especial para conseguir apoio em Roma, agora a fonte de todo poder. No entanto, mesmo esse astuto político tinha dificuldade para acomodar-se às contorções da política romana. Pompeu foi obrigado a partilhar o poder num triunvirato com dois outros líderes, Crasso e César, este último prestes a fazer seu nome conquistando a Gália. Em 55 a.C., Crasso, o próximo oligarca romano a buscar a glória no Oriente, chegou à Síria, disposto a igualar as conquistas dos rivais.[1]

CÉSAR E CLEÓPATRA

Crasso, conhecido em Roma como Dives, o Rico, era notório pela avareza e crueldade. Tinha acrescentado nomes à lista de condenados à morte pelo ditador romano Sula simplesmente para se apoderar do dinheiro, e comemorou o esmagamento da rebelião de Espártaco crucificando 6 mil escravos ao longo da via Ápia. Agora planejava uma expedição para rechaçar os novos reis partos que tinham substituído os persas e selêucidas na região onde hoje ficam o Iraque e o Irã.

Crasso financiou sua invasão saqueando o Templo em Jerusalém, de onde roubou 2 mil talentos que Pompeu deixara intactos e a "viga de ouro sólido" no Santo dos Santos. Mas os partos aniquilaram Crasso e seu exército. O rei parto Orad II assistia a uma peça grega quando a cabeça de Crasso foi jogada no palco. Orad mandou derramar ouro derretido na boca de Crasso, dizendo: "Satisfaz agora o desejo de tua vida".[2]

Os novos líderes de Roma, César e Pompeu, competiam pela supremacia. Em 49 a.C., César atravessou o Rubicão, vindo da Gália, e invadiu a Itália, derrotando Pompeu dezoito meses mais tarde. Pompeu fugiu para o Egito. Eleito ditador de Roma, César o perseguiu, chegando ao Egito dois dias depois de os egípcios terem assassinado Pompeu. Recebeu com horror, embora também com alívio, a cabeça de Pompeu em conserva, como presente de boas-vindas. Ele tinha feito campanha no Oriente trinta anos antes. Agora chegava ao Egito dividido numa luta cruel entre o rei Ptolomeu XIII e sua irmã-esposa Cleópatra VII para assegurar a Roma o maior prêmio do Oriente: o Egito. Mas não poderia prever que essa jovem rainha, deposta do trono e em situação de desespero, moldaria a vontade dele para alcançar seus próprios objetivos.

Cleópatra exigiu uma audiência secreta com o senhor do Império Romano. Essa talentosa empresária da representação político-sexual se fez transportar até o palácio de César enrolada num saco para roupas (não num tapete) — talvez adivinhando que ele era suscetível a esse tipo de excitação teatral. Caio Júlio César, fatigado pelas batalhas e grisalho, tinha 52 anos e era consciente de seu crânio calvo. Mas essa assombrosa e um tanto assustadora força vital, homem dono de todos os talentos da guerra, das letras e da política, e da implacável energia de um homem mais jovem, era também um aventureiro sexual que dormira com as mulheres de Crasso e de Pompeu. Cleópatra tinha 21 anos, "e sua beleza não era, de forma alguma, ímpar, mas seus atrativos físicos, combinados com um convincente charme pessoal e a aura que projetava", exerciam poderoso fascínio, ainda que, como sugerem moedas e estátuas, tivesse o nariz aquilino e o queixo pontudo dos antepassados. Tinha um reino a reclamar e uma linhagem incomparável a estimulá-la. Tanto César como Cleópatra eram praticantes afiados da política como aventura. Iniciaram um caso amoroso — ela logo lhe deu um filho, Cesário — e, mais importante do que isso, ele se comprometeu a apoiá-la.

César logo se viu preso em Alexandria, uma vez que os egípcios haviam se rebelado novamente contra Cleópatra e seu patrono romano. Enquanto isso, em Jerusalém, Antípater, aliado de Pompeu, viu uma oportunidade de redimir-se perante César. Marchou para o Egito com 3 mil soldados judeus, convenceu os judeus egípcios a apoiarem-no e atacou os oponentes de César. César triunfou e reintegrou Cleópatra. Antes de voltar para Roma, o agradecido César designou Hircano como sumo sacerdote e etnarca — governador — dos judeus e permitiu-lhe reparar as muralhas de Jerusalém, mas concedeu todo o poder a Antípater como procurador da Judeia, com os filhos como tetrarcas locais: o mais velho, Fasael, governava Jerusalém; o mais novo, Herodes, ficou com a Galileia.

Herodes, que tinha apenas quinze anos de idade, imediatamente mostrou sua têmpera, perseguindo e matando um bando de fanáticos religiosos judeus. Em Jerusalém, o Sinédrio ficou furioso com as mortes não autorizadas e convocou Herodes para julgamento. Mas os romanos valorizavam o fato de Antípater e os filhos serem aliados do tipo exigido para governar aquele povo turbulento. O governador romano da Síria ordenou a absolvição de Herodes e o recompensou com amplos poderes.

Herodes já era excepcional. Era, como escreveu Josefo, "abençoado com todos os dons de aspecto, corpo e mente". Com nome de herói, era sofisticado o suficiente para impressionar os romanos distintos da época. Sexualmente, era voraz — ou, como disse Josefo, "escravo de suas paixões" — sem ser grosseiro. Tinha bom gosto em arquitetura, era altamente instruído em grego, latim e cultura judaica e, quando não estava ocupado com coisas da política e com a busca de prazeres, gostava de discutir história e filosofia. Mas o poder vinha sempre em primeiro lugar, e essa sede de poder envenenava todas as suas relações. Filho de um idumeu de segunda geração convertido ao judaísmo e de mãe árabe (por isso o irmão era Fasael — Faisal), Herodes era um cosmopolita que podia passar por romano, grego e judeu. Porém os judeus jamais lhe perdoaram de todo as origens mestiças. Criado numa casa rica, mas vigilante e brutal, ele assistiu à destruição de sua família imediata e sentiu a fragilidade do poder e a facilidade do terror. Cresceu usando a morte como arma política: paranoico, hipersensível, quase histérico, esse adolescente duro, "homem de grande barbaridade" e de sensibilidade, estava decidido a sobreviver e dominar a qualquer custo.

Depois que César foi assassinado em 44 a.C., Cássio (um dos seus assassinos) chegou para governar a Síria. Antípater, pai de Herodes, mudou de lado. Mas as cambalhotas da intriga finalmente o apanharam, e ele foi envenenado por um rival, que chegou a ocupar Jerusalém — até Herodes mandar matá-lo. Logo depois, Cássio e Bruto, seu parceiro de assassinato, foram derrotados em Filipos. Os vitoriosos foram Otaviano, sobrinho-neto e filho adotivo de César, de 22 anos, e o general fanfarrão Marco Antônio. Eles racharam o império, e Antônio ficou com o Oriente. Quando seguia para a Síria, dois jovens potentados, com interesses radicalmente opostos, correram para se encontrar com o líder romano. Um queria restaurar o reino judeu, e o outro, assimilá-lo a seu império ancestral.[3]

ANTÔNIO E CLEÓPATRA

No auge de seu carisma, a rainha Cleópatra, descendente dos Ptolomeus — a dinastia mais prestigiosa do mundo conhecido —, foi até Antônio como Ísis-Afrodite em busca do seu Dioniso, que podia lhe conceder as províncias de seus antepassados.

O encontro foi fatal para ambos. Antônio era catorze anos mais velho, mas estava em sua melhor fase: bebia muito, tinha pescoço grosso, peito largo, rosto comprido e se orgulhava das pernas musculosas. Ficou deslumbrado com Cleópatra e dispôs-se a adotar a cultura grega e o esplendor sibarita do Oriente, vendo-se como herdeiro de Alexandre, descendente de Hércules — e Dioniso, é claro. Mas também exigiu dinheiro e provisões egípcios para sua planejada invasão parta. Assim, um precisava do outro, e a necessidade é, com frequência, mãe do romance. Antônio e Cleópatra comemoraram sua aliança e seu caso amoroso assassinando a irmã de Cleópatra (que já tinha assassinado o irmão).

Herodes também tinha cavalgado às pressas para se encontrar com Antônio. Quando era ainda um jovem comandante de cavalaria no Egito, o general fizera amizade com o pai de Herodes e, consequentemente, o designou como o verdadeiro governador da Judeia, assim como o irmão, tendo o sumo sacerdote Hircano como testa de ferro. Herodes comemorou seu poder em ascensão com um noivado real. A noiva era Mariana, princesa macabeia que, graças a casamentos entre parentes, era neta de dois reis. Seu corpo, escreveu Josefo, era tão bonito quanto o rosto. Essa relação, que teve lugar em Jerusalém, seria apaixonadamente destrutiva.

Antônio acompanhou Cleópatra, grávida de gêmeos, até a capital Alexandria. Mas, exatamente quando parecia que a ascensão de Herodes estava garantida, os partos invadiram a Síria. Antígono, príncipe macabeu sobrinho de Hircano, ofereceu aos partos mil talentos e um harém de quinhentas moças em troca de Jerusalém.

PACORO: ARREMESSO PARTO

A cidade judaica levantou-se contra os fantoches romanos Herodes e seu irmão Fasael. Cercados no palácio real do lado oposto ao Templo, os irmãos sufocaram a rebelião — mas os partos eram outro assunto. Jerusalém estava atulhada de peregrinos — era a Festa das Semanas —, enquanto seguidores dos macabeus abriram os portões para o príncipe parto Pacoro* e seu protegido Antígono. Jerusalém comemorou o retorno dos macabeus.

Os partos fingiam desempenhar o papel de honestos intermediários entre Herodes e Antígono. Mas atraíram Fasael, irmão de Herodes, para uma cilada. Herodes corria o risco de ser eliminado enquanto os partos saqueavam a cidade, e então transferiu o poder para Antígono, como rei da Judeia e sumo sacerdote.** Mutilou o tio Hircano, decepando-lhe as orelhas, o que o desqualificava para o alto sacerdócio. Quanto ao irmão de Herodes, Fasael, ou foi assassinado ou se matou.

Herodes tinha perdido Jerusalém e o irmão. Apoiara os romanos, mas foram os partos que conquistaram o Oriente Médio. Homem inconstante, era certamente ciclotímico, ou, quem sabe, maníaco-depressivo. Porém sua vontade de poder, sua inteligência aguda, seu gosto pela vida e instinto de sobrevivência eram ferozes. Quase enlouqueceu, mas dominou os nervos. À noite, reuniu o entourage para uma fuga desesperada — e uma tentativa de agarrar-se ao poder.

HERODES: FUGA PARA CLEÓPATRA

Herodes, acompanhado de seu séquito — quinhentas concubinas, a mãe, a irmã e, mais importante, a noiva, a princesa macabeia Mariana —, saiu de Jeru-

* Pacoro era filho do herdeiro do rei dos reis arsácida Orad II, que tinha derrotado Crasso. Os partos tinham ampliado sua terra natal a leste até o Cáspio, separando-se dos selêucidas em torno de 250 a.C., para criar um novo império que desafiou o poder romano. O exército de Pacoro era liderado por seus cavaleiros pahlavans, que usavam pesadas armaduras e calças folgadas, e portavam lanças de 3,5 metros de comprimento e clavas. Atacando a toda velocidade, esses catafractos tinham esmagado as legiões romanas em Carras. Eram apoiados por arqueiros montados, famosos pela velocidade e pela precisão de sua pontaria por cima do ombro — o "arremesso parto". Mas a Pártia tinha um defeito feudal: seus reis geralmente ficavam à mercê dos superpoderosos e insubordinados nobres.

** Antígono, filho do falecido rei Aristóbulo II, usava nomes gregos e hebraicos. Suas moedas mostram o menorá do Templo — o candelabro, símbolo de sua família — com as palavras "Rei Antígono" em grego; o verso traz a mesa do pão da presença, com as palavras "Matatias o Sumo Sacerdote" em hebraico.

salém a galope rumo às montanhas áridas da Judeia. O rei Antígono, furioso por Herodes ter escapado com as concubinas (claramente o harém oferecido como pagamento aos partos), despachou a cavalaria para persegui-lo. Enquanto fugia pelos montes, Herodes mais uma vez teve um colapso nervoso e tentou o suicídio, mas os guardas lhe tomaram a espada levantada. Logo depois, os cavaleiros de Antígono alcançaram a caravana. Herodes recuperou a confiança e os derrotou. Deixando seu entourage na fortaleza inexpugnável de Massada, fugiu para o Egito.

Antônio já tinha partido para Roma, mas Herodes foi recebido pela rainha Cleópatra, que lhe ofereceu emprego, numa tentativa de mantê-lo em Alexandria. Mas Herodes seguiu de navio para Roma, acompanhado do irmão pequeno da noiva, Jônatas, príncipe macabeu que era seu candidato ao trono da Judeia. Antônio, que agora planejava uma guerra para expulsar os partos, percebeu que aquilo não era trabalho para criança: o que se exigia era a brutal competência de Herodes.

Antônio e Otaviano, seu parceiro no governo do império, escoltaram Herodes para o Senado, onde foi declarado rei da Judeia e aliado romano: *rex socius et amicus populi Romani*. O recém-inventado rei Herodes saiu do Senado com Otaviano e Antônio, os dois pilares do mundo — um momento e tanto para alguém que é metade judeu, metade árabe das montanhas de Edom. Suas relações com esses dois homens seriam os alicerces de um reinado de quarenta anos de terror e magnificência. Entretanto, ele ainda estava longe de governar um reino: os partos continuavam ocupando o leste; Antígono reinava em Jerusalém. Para os judeus, Herodes era um fantoche romano e um mestiço idumeu. Teria que disputar cada polegada de seu reino, e depois Jerusalém.[4]

10. Os Herodes (40 a.C.-10 d.C.)

A QUEDA DE ANTÍGONO: O ÚLTIMO DOS MACABEUS

Herodes foi de navio para Ptolemais, reuniu um exército e partiu para a conquista do seu reino. Quando rebeldes resistiram em cavernas inexpugnáveis na Galileia, ele desceu suas tropas em arcas sustentadas por correntes e, armados de ganchos, esses soldados pescaram seus oponentes e os atiraram desfiladeiros abaixo. Mas Herodes precisou do apoio de Antônio para tomar Jerusalém.

Os romanos obrigavam os partos a recuar. Em 38 a.C., Antônio foi sitiado numa fortaleza parta em Samosata (hoje sudeste da Turquia), quando Herodes marchou para o norte a fim de oferecer e pedir ajuda. Os partos tinham atacado subitamente Antônio quando Herodes contra-atacou e salvou o trem de equipamento. Antônio, simples e franco, recebeu Herodes como um velho camarada, abraçando-o afetuosamente diante de seu exército, que desfilou em honra do jovem rei da Judeia. O agradecido Antônio despachou 30 mil soldados de infantaria e 6 mil de cavalaria para cercar Jerusalém em nome de Herodes. Enquanto os romanos acampavam ao norte do Templo, Herodes casou-se com Mariana, que tinha dezessete anos. Após quarenta dias de cerco, os romanos assaltaram a muralha exterior. Duas semanas mais tarde, irromperam no Templo, devastando a cidade "como uma companhia de loucos" e matando hierosolimitas nas ruas estreitas. Herodes teve de pagar suborno para que os romanos suspendessem a matança — e depois mandou o capturado Antígono para Antônio, que solicitamente decapitou o último rei macabeu. O líder romano então partiu para a invasão da Pártia com 100 mil soldados. Havia muito exagero na exaltação do seu talento militar: a expedição foi quase um desastre, e ele perdeu um terço do exército. Os sobreviventes foram salvos pelas provisões mandadas por Cleópatra. A reputação de Antônio em Roma nunca mais se recuperou completamente.

O rei Herodes comemorou a conquista de Jerusalém liquidando 45 dos 71 membros do Sinédrio. Demolindo a fortaleza de Baris ao norte do Templo, construiu uma torre quadrangular fortificada com quatro torreões, a Antônia, que recebeu esse nome em homenagem ao patrono, e era suficientemente colossal para dominar a cidade. Nada resta de Antônia, além de vestígios de sua base de pedra, mas sabemos como deve ter sido, porque muitas fortalezas de Herodes sobrevivem: cada uma dessas fortalezas de montanha era projetada para combinar segurança inexpugnável com luxo inigualável.* Mas ele nunca se sentia seguro, e agora tinha de defender o reino contra as intrigas de duas rainhas: sua própria mulher, Mariana, e Cleópatra.[1]

HERODES E CLEÓPATRA

Herodes pode ter sido temido, mas ele mesmo era muito cauteloso com os macabeus, e o mais perigoso deles estava em sua própria cama. O rei, agora com 36 anos, apaixonara-se por Mariana, que era culta, casta e desdenhosa. Mas a mãe, Alexandra, versão cotidiana do estereótipo da sogra dos infernos, imediatamente se pôs a conspirar com Cleópatra para destruir Herodes. As mulheres macabeias eram orgulhosas de sua linhagem, e ela se ressentia do fato de sua filha ter se casado com um dos mestiços herodianos. Mas Alexandra não se deu conta

* Os conselheiros assassinados foram provavelmente sepultados na ornamentada tumba do Sinédrio, que ainda existe ao norte da Cidade Velha, decorada com romãs e folhas de acanto. No que diz respeito a seus baluartes de montanha, os mais famosos são: Massada, onde os últimos combatentes judeus contra os romanos cometeram suicídio em massa no ano 75 da Era Cristã; Machaerus, onde João Batista foi decapitado por um filho de Herodes; e Herodium, montanha feita pelo homem, onde Herodes e filhos estão sepultados.

de que, mesmo para os bestiais padrões da política do século I, o psicótico Herodes era um adversário acima de suas forças.

Como o velho e mutilado Hircano não podia mais oficiar no Templo, Alexandra queria que seu filho adolescente Jônatas, o irmão mais novo de Mariana, se tornasse sumo sacerdote, distinção a que Herodes, o *parvenu* idumeu metade árabe, não poderia aspirar. Jônatas era não só o rei por direito, mas também de beleza notável, numa época em que se acreditava que aparências refletiam favor divino. Ele era cercado pela multidão onde quer que fosse. Herodes temia o adolescente e resolveu o problema elevando um obscuro judeu babilônio ao posto de sumo sacerdote. Alexandre pediu ajuda a Cleópatra em segredo. Antônio tinha ampliado o reino de Cleópatra com terras no Líbano, em Creta e no norte da África, além de lhe dar uma das possessões mais valiosas de Herodes — os bosques de bálsamo e tâmaras de Jericó.* Herodes os alugava de Cleópatra, mas era óbvio que ela cobiçava a Judeia, o território de seus antepassados.

Usando o belo Jônatas como um saboroso petisco, Mariana e a mãe Alexandra mandaram uma pintura do menino para Antônio, que, como a maioria dos homens de seu tempo, apreciava tanto a beleza masculina como a feminina. Cleópatra prometeu apoiar-lhe a pretensão ao trono. Por isso, quando Antônio convocou o menino, Herodes ficou alarmado e recusou-se a deixá-lo partir. Herodes pôs a sogra debaixo da mais estrita vigilância em Jerusalém, enquanto Cleópatra ofereceu asilo para ela e o filho. Alexandra mandou fabricar dois caixões para que os dois pudessem sair clandestinamente do palácio.

Por fim, Herodes, incapaz de resistir à popularidade macabeia e às súplicas da mulher, designou Jônatas como sumo sacerdote na Festa dos Tabernáculos. Quando Jônatas subiu ao altar, com seus vistosos mantos e seu chapéu real-sacerdotal, os hierosolimitas o aplaudiram ruidosamente. Herodes resolveu o problema à maneira herodiana: convidou o sumo sacerdote para ir com ele a seu suntuoso palácio em Jericó. Herodes mostrou-se alarmantemente afável; a noite estava fumegante; Jônatas foi encorajado a nadar. Nas piscinas, os esbirros de Herodes seguraram o jovem debaixo da água, e seu corpo foi encontrado boian-

* Eram as marcas de luxo mais valiosas do Mediterrâneo na Antiguidade: as palmeiras de Jericó produziam vinho de tâmara; os bosques de bálsamo produziam o Bálsamo de Gileade, estimado pela cura de dor de cabeça e catarata, e também pelo caríssimo aroma. Cleópatra anexou ainda a maior parte da costa, incluindo Joppa (Jaffa), deixando Herodes com um único porto, Gaza.

do de manhã. Mariana e a mãe ficaram desconsoladas e indignadas; Jerusalém enlutou-se. No funeral de Jônatas, o próprio Herodes desfez-se em lágrimas.

Alexandra transmitiu a notícia do assassinato a Cleópatra, cuja compaixão foi apenas política: ela mesma tinha matado pelo menos dois, provavelmente três, de seus irmãos. E convenceu Antônio a convocar Herodes à Síria. Se saísse como Cleópatra queria, ele não voltava. Herodes preparou-se para esse arriscado encontro — e demonstrou amor por Mariana à sua própria e sinistra maneira: deixou-a sob a guarda de José, vice-rei em sua ausência, mas ordenou que, se fosse executado por Antônio, Mariana deveria ser morta instantaneamente. Quando Herodes saiu, José não parava de repetir a Mariana quanto o rei a amava, tanto que, acrescentava, preferiria matá-la a permitir que vivesse sem ele. Mariana ficou chocada. Jerusalém fervilhava de boatos de que Herodes estava morto. Na ausência de Herodes, Mariana exerceu sua autoridade sobre a irmã do rei, Salomé, um dos personagens mais cruéis de uma corte viperina.

Em Laodiceia, Herodes, especialista em lidar com potentados romanos, convenceu Antônio a perdoá-lo: os dois banquetearam juntos dia e noite. Quando Herodes voltou, Salomé contou ao irmão que o tio José tinha seduzido Mariana, enquanto a sogra planejava uma rebelião. De alguma forma, Herodes e Mariana se reconciliaram. Ele declarou-lhe seu amor. "Ambos se desfizeram em lágrimas e se abraçaram", até que ela deixou escapar que sabia do plano dele para executá-la. Herodes, atormentado pelo ciúme, pôs Mariana em prisão domiciliar e executou o tio José.

Em 34 a.C., Antônio reafirmou o poder romano, depois de sua fracassada primeira expedição, invadindo com êxito a Armênia parta. Cleópatra foi com ele ao Eufrates e, na volta para casa, visitou Herodes. Esses dois monstros sedutores passaram dias juntos, flertando, um pensando em como matar o outro. Herodes disse que Cleópatra tentou seduzi-lo: essa era, muito provavelmente, sua maneira de lidar com qualquer homem que pudesse fazer alguma coisa por ela. Era, também, uma cilada mortal. Herodes resistiu e resolveu matar a serpente do velho Nilo, mas seus conselheiros o orientaram veementemente a não fazê-lo.

A rainha egípcia seguiu caminho para Alexandria. Ali, Antônio, numa cerimônia espetacular, elevou Cleópatra à condição de "Rainha dos Reis". Cesário, filho dela com César, então com treze anos, tornou-se cofaraó, enquanto os três filhos dela com Antônio se tornaram reis da Armênia, Fenícia e Cirene. Em Roma, essa pose oriental parecia não romana, afeminada e insensata. Antônio tentou justificar esses festins orientais escrevendo sua única obra literária conhecida, intitulada "De suas bebedeiras", e escreveu a Otaviano: "Por que você mudou? É porque estou comendo a rainha? Que importância tem onde e em quem enfiamos o pau?". Importava, sim. Cleópatra era vista como *fatale monstrum*. Otaviano tornava-se ainda mais forte conforme sua parceria se desfazia. Em 32 a.C., o Senado revogou o *imperium* de Antônio. Em seguida, Otaviano declarou guerra a Cleópatra. Os dois lados se encontraram na Grécia: Antônio e Cleópatra reuniram o exército dele e a frota egípcio-fenícia dela. Era uma guerra pelo domínio do mundo.[2]

AUGUSTO E HERODES

Herodes teve que apoiar o vencedor. Ofereceu-se para se juntar a Antônio na Grécia, mas recebeu ordem para atacar os árabes nabateus onde hoje fica a Jordânia. Quando Herodes voltou, Otaviano e Antônio se enfrentavam em Áccio. Antônio não era páreo para o comandante de Otaviano, Marco Agripa. A batalha naval foi um desastre. Antônio e Cleópatra fugiram de volta para o Egito. Será que Otaviano acabaria também com o rei judeu de Antônio?

Herodes mais uma vez se preparou para a morte, deixando o irmão Feroras como encarregado; só por segurança, mandou estrangular o velho Hircano. Levou a mãe e a irmã para Massada, enquanto Mariana e Alexandra ficaram em Alexandrium, outra fortaleza na montanha. Caso algo lhe acontecesse, ele ordenou novamente que era para matar Mariana. E então seguiu de navio para o encontro mais importante de sua vida.

Otaviano recebeu-o em Rodes. Herodes conduziu o encontro com astúcia e franqueza. Humildemente depôs a coroa de diadema aos pés de Otaviano. Em seguida, em vez de renegar Antônio, pediu a Otaviano que não levasse em conta *de quem* ele tinha sido amigo, mas "*que tipo* de amigo sou eu". Otaviano devolveu-lhe a coroa. Herodes retornou a Jerusalém em triunfo, e então seguiu Otaviano até o Egito, chegando a Alexandria logo depois que Antônio e Cleópatra cometeram suicídio — ele com uma lâmina, ela com uma áspide.

Otaviano emergia agora como o primeiro imperador romano, adotando o nome de Augusto. Ainda com apenas 33 anos, esse administrador meticuloso, delicado, impassível e severo tornou-se o patrono mais leal de Herodes. De fato, o imperador e seu lugar-tenente, quase seu parceiro de poder, o franco e sincero Marco Agripa, ficou tão íntimo de Herodes que, na expressão de Josefo, "César não preferia ninguém a Herodes, além de Agripa, e Agripa não teve melhor amigo do que Herodes, além de César".

Augusto ampliou o reino de Herodes com a inclusão de largas faixas de terra onde hoje ficam Israel, Jordânia, Síria e Líbano. Como Augusto, Herodes era um administrador gelidamente competente: quando a fome atacou, ele vendeu seu próprio ouro e comprou grãos egípcios para importar, salvando os judeus da inanição. Presidia uma corte metade grega, metade judia, servida por belos eunucos e concubinas. Parte de seu entourage foi herdada de Cleópatra. Seu secretário Nicolau de Damasco tinha sido tutor dos filhos da rainha,* e sua guarda pessoal de quatrocentos gálatas tinha sido a guarda pessoal de Cleópatra: Augusto deu-os de presente a Herodes, e eles se juntaram a seus próprios germanos e trácios. Esses bárbaros louros encarregavam-se de torturar e matar em nome desse rei altamente cosmopolita: "Herodes era fenício por descendência, helenizado por cultura, idumeu por lugar de nascimento, judeu por religião, hierosolimita por residência e romano por cidadania".

Em Jerusalém, ele e Mariana moravam na fortaleza Antônia. Ali Herodes era um rei judeu, lendo o Deuteronômio a cada sete anos no Templo e designando o sumo sacerdote, cujos mantos guardava na Antônia. Mas fora de Jerusalém era um monarca grego magnânimo, cujas novas cidades pagãs — especialmente Cesareia, na costa, e Sebaste (em grego, o equivalente a Augusto), no sítio de Samaria — eram opulentos conjuntos de templos, hipódromos e palácios. Mesmo em Jerusalém ele construiu um teatro ao estilo grego e um hipódromo, onde apresentava seus jogos accianos para comemorar a vitória de Augusto. Quando

* O erudito greco-sírio tornou-se confidente de Herodes, assim como amigo íntimo de Augusto. Ele deve ter sido um cortesão muito flexível para sobreviver nas cortes assassinas de Cleópatra e Herodes. Posteriormente, escreveu biografias de Augusto e de Herodes, usando como fonte principal o próprio Herodes. A biografia herodiana de Nicolau desapareceu, mas foi a principal fonte de Josefo, e é difícil imaginar fonte melhor. Quanto aos ex-pupilos reais de Nicolau, Augusto mandou matar Cesário, filho de César e Cleópatra. Mas as outras três crianças foram criadas em Roma pela irmã do imperador, Otávia, ex-mulher de Antônio. O destino final dos meninos é desconhecido, mas a menina Cleópatra Selene casou-se com Juba II, rei da Mauritânia. Seu filho, o rei Ptolomeu da Mauritânia, foi executado por Calígula. Ali acabou a dinastia ptolomaica, 363 anos depois de Alexandre, o Grande.

esse espetáculo pagão provocou uma conspiração judaica, os maquinadores foram executados. Mas sua amada mulher não comemorou o êxito do marido. A corte estava envenenada pela luta entre as princesas macabeia e herodiana.[3]

MARIANA: HERODES NO AMOR E NO ÓDIO

Enquanto Herodes estava fora, Mariana mais uma vez, com seu charme, convencera o guardião a revelar-lhe os planos que o marido tinha para ela caso não voltasse. Herodes achava sua personalidade irresistível, mas politicamente tóxica: sem rodeios, ela o acusava de ter matado seu irmão. Às vezes deixava claro, de maneira humilhante, para toda a corte que lhe negava sexo; outras vezes eles se reconciliavam com toda paixão. Ela era mãe de dois filhos dele, mas apesar disso planejava sua destruição. Insultava Salomé, irmã de Herodes, por sua vulgaridade. Herodes estava "enredado entre o ódio e o amor", e sua obsessão era cada vez mais intensa porque se misturava com outra paixão dominante: o poder.

Salomé atribuía à magia a influência de Mariana sobre ele. Forneceu ao irmão provas de que os macabeus o tinham encantado com elixir do amor. Os eunucos de Mariana foram torturados até lhe revelarem a culpa. O guardião que vigiara Mariana na ausência de Herodes foi morto. A própria Mariana foi presa na Antônia e levada a julgamento. Salomé manteve o crescendo de revelações, tendo decidido que a rainha macabeia deveria morrer.

Mariana foi condenada à morte, sob denúncia da mãe Alexandra, na esperança de salvar a própria pele. Em resposta, a multidão a vaiou. Quando era levada para a execução, Mariana comportou-se com espantosa "grandeza de alma", dizendo que era uma vergonha a mãe expô-la daquele jeito. Provavelmente estrangulada, Mariana morreu como uma verdadeira macabeia, "sem mudar a cor do rosto", demonstrando uma graça que "revelou a nobreza de sua estirpe para os espectadores". Herodes quase enlouqueceu de tristeza, acreditando que seu amor por Mariana era uma vingança divina para destruí-lo. Ele gritava por ela nos palácios, ordenava aos servos que a encontrassem, e tentava distrair-se com banquetes. Mas suas festas terminavam com ele chorando por Mariana. Caiu doente e encheu-se de furúnculos, e, diante disso, Alexandra fez uma última tentativa de tomar o poder. Herodes mandou matá-la, e depois assassinou quatro dos seus amigos mais íntimos, que talvez tivessem sido próximos da sedutora rainha. Ele jamais se recuperou de Mariana, maldição que voltaria para destruir outra geração. O Talmude afirmou mais tarde que Herodes preservou o corpo de Mariana em mel, e pode ser verdade — pois era adequadamente doce, convenientemente macabro.

Logo depois da morte de Mariana, Herodes pôs-se a trabalhar em sua obra-prima: Jerusalém. O palácio macabeu, do outro lado do Templo, não lhe parecia grande o suficiente. A Antônia deve ter ficado impregnada do fantasma de Mariana. Em 23 a.C., ele ampliou suas fortificações ocidentais construindo uma nova cidadela com torres e um novo conjunto de palácios — uma Jerusalém dentro de Jerusalém. Cercada por uma muralha de catorze metros de altura, a Cidadela ostentava três torres nomeadas sentimentalmente: a mais alta, a Hippicus (nome de um amigo de juventude morto no campo de batalha), de 39 metros de altura, com base de quatro metros quadrados, a Faisal (nome do irmão falecido) e a Mariana.* Enquanto a Antônia dominava o Templo, essa fortaleza controlava a cidade.

Ao sul da Cidadela, Herodes construiu seu palácio, uma mansão dos prazeres contendo dois apartamentos suntuosos batizados com os nomes de seus patronos, Augusto e Agripa, que tinham paredes de mármore, vigas de madeira de cedro, mosaicos elaborados, enfeites de ouro e prata. Em volta do palácio foram construídos pátios, colunatas e pórticos com gramados verdes, bosques exuberantes e piscinas e canais de água fresca, alimentados por cascatas, sobre os quais se empoleiravam pombais (Herodes provavelmente comunicava-se com suas províncias por intermédio de pombos-correios). Tudo financiado pela riqueza cresiana de Herodes: depois do imperador, ele era o homem mais rico do Mediterrâneo.** O bulício do palácio, com as trombetas do Templo e com o barulho

* O nome pode ter sido homenagem a uma esposa posterior, também chamada Mariana. Mas certamente fazia lembrar, a ele e a todo mundo, a princesa macabeia. A torre de Davi de hoje, que nada tem a ver com Davi, baseia-se na torre Hippicus de Herodes. Depois da destruição da cidade por Tito, ela foi, até a época otomana, a principal fortaleza de Jerusalém. Nenhum outro edifício em Jerusalém revela a intricada natureza do desenvolvimento da cidade como a Cidadela, onde arqueólogos desenterraram ruínas judaicas, macabeias, herodianas, romanas, árabes, cruzadistas, mamelucas e otomanas.

** A riqueza de Herodes vinha de suas propriedades em todo o Oriente Médio. Estas produziam ovelhas, gado (criados na Jordânia e na Judeia), trigo e cevada (cultivados na Galileia e na Judeia), peixe, óleo de oliva, vinho e frutas, lírios e chalotas de Ascalom (espécie de cebola); romãs de Ge-

da cidade ao longe, devia ser suavizado pelo arrulho dos pássaros e o murmúrio das fontes.

Mas sua corte era tudo, menos tranquila. Seus irmãos eram intrigantes implacáveis: a irmã Salomé era um monstro sem par, e o próprio harém de mulheres era, ao que tudo indica, tão ambicioso e paranoico como o próprio rei. Os gostos priápicos de Herodes complicavam a política — ele era, escreveu Josefo, "homem de apetites". Tinha tido uma esposa antes de Mariana, Doris; e depois teve pelo menos oito, escolhendo beldades por amor ou desejo, nunca mais pelo pedigree. Além do harém de quinhentas mulheres, seus gostos gregos estendiam-se aos meninos e eunucos da casa. Mas a família inflacionada de filhos meio mimados, meio negligenciados, respaldados por mães sedentas de poder, tornou-se uma chocadeira do diabo. Até mesmo o próprio mestre titereiro lutava para administrar tanto ódio e tanto ciúme. Mas a corte não o distraía do seu projeto mais estimado. Sabendo que o prestígio de Jerusalém estava vinculado ao seu, Herodes resolveu igualar-se a Salomão.[4]

HERODES: O TEMPLO

Herodes derrubou o Segundo Templo e construiu uma maravilha do mundo em seu lugar. Os judeus tinham medo de que ele destruísse o velho Templo e não terminasse o novo, e por isso ele convocou uma reunião a fim de convencê-los, preparando cada detalhe. Mil sacerdotes receberam treinamento em construção. Florestas de cedro-do-líbano foram derrubadas, as vigas transportadas flutuando pela costa. Em pedreiras ao redor de Jerusalém, as maciças pedras quadradas — pedras calcárias de um amarelo brilhante e quase brancas — foram marcadas e cortadas. Reuniram-se mil carroças, mas as pedras eram colossais. Nos túneis ao longo do monte do Templo há uma pedra de 13,6 metros de com-

---

ba, no norte de Jerusalém; trigo de Jaffa; tâmaras e bálsamo de Jericó. Enquanto exportava os vinhos locais, ele mesmo bebia das vindimas italianas. Herodes era dono privado de metade a 2/3 de seu reino. Cobrava impostos e exportava condimentos nabateus. Também era um magnata da mineração, pagando trezentos talentos a Augusto pelos direitos sobre metade das minas de cobre de Chipre. Mesmo ao morrer, depois de toda uma vida dando grandes somas a Roma, ele ainda deixou mais de mil talentos ou 1 milhão de dracmas para Augusto, sendo que havia muito mais para sua família.

primento por 3,35 de altura que pesa seiscentas toneladas.* Nenhum ruído, nenhuma pancada de martelo tinha poluído a construção do Templo de Salomão; assim, Herodes certificou-se de que tudo fosse preparado fora do local de construção e encaixado silenciosamente. O Santo dos Santos ficou pronto em dois anos, mas o conjunto todo só foi terminado em oitenta anos.

Herodes cavou até a pedra de fundação e construiu a partir dali, e desse modo ele teria destruído quaisquer vestígios dos templos de Salomão e Zorobabel. Apesar de limitado a leste pela declividade do vale do Cédron, ele ampliou a esplanada do monte do Templo para o sul, enchendo o espaço com uma subestrutura sustentada por 88 colunas e doze arcos abobadados, agora chamados de estábulos de Salomão, para criar uma plataforma de 1,2 hectare, duas vezes maior do que o Fórum romano. Atualmente, é fácil ver a junção no Muro das Lamentações, visível a 32 metros do canto sudoeste da cidade, com pedras herodianas à esquerda e pedras macabeias, menores, à direita.

Os pátios do Templo levavam, em tamanho decrescente, à santidade cada vez maior. Gentios e judeus podiam entrar no imenso pátio dos Gentios, mas um muro cercava o pátio das Mulheres com esta advertência inscrita:

> FORASTEIRO! NÃO ULTRAPASSE A GRADE E A DIVISÓRIA QUE CERCAM O TEMPLO. AQUELE QUE FOR APANHADO DEVERÁ CULPAR APENAS A SI PRÓPRIO POR SUA MORTE QUE VIRÁ EM CONSEQUÊNCIA.

Cinquenta degraus conduziam ao portão que dava para o pátio de Israel, aberto para qualquer judeu do sexo masculino, que por sua vez levava ao exclusivo pátio dos Sacerdotes. Dentro desse ficava o Santuário, o próprio Hekhal, contendo o Santo dos Santos, que repousava na rocha onde, segundo consta, Abraão quase sacrificou Isaac e onde Davi construiu seu altar. Ali os sacrifícios eram conduzidos no altar de Queima de Oferenda, de frente para o pátio das Mulheres e para o monte das Oliveiras.

* Herodes teria usado a mais recente tecnologia disponível. Os egípcios sabiam mover grandes pedras para construir as pirâmides, já em 4000 a.C.. O engenheiro romano Vitrúvio tinha criado enormes aparelhos — rodas, trenós e guindastes — para transportar essas pedras. Grandes rodas de mais de quatro metros de diâmetro serviam de eixos, puxadas por juntas de bois. E havia guinchos — vigas horizontais giratórias com travas e manivelas, utilizadas por grupos de dez homens ou menos. Com isso, oito homens podiam levantar 1,5 tonelada.

A fortaleza Antônia, de Herodes, guardava o monte do Templo ao norte. Ali, Herodes construiu seu próprio túnel secreto para o Templo. Ao sul, chegava-se ao Templo por escadarias monumentais, passando através dos portões Duplo e Triplo, até corredores subterrâneos decorados com pombas e flores que levavam para dentro do Templo. A oeste, uma ponte colossal, que servia também de aqueduto para a água trazida de imensas cisternas ocultas, estendia-se sobre o vale até o Templo. Em seu escarpado muro oriental ficava o portão Shushan, usado exclusivamente pelo sumo sacerdote para ir ao monte das Oliveiras a fim de santificar a lua cheia — ou para sacrificar a mais rara, a mais santa das vítimas: a novilha vermelha sem manchas.*

Havia pórticos com colunas dos quatro lados; o maior deles era o Pórtico Real, uma vasta basílica que dominava toda a montanha. Cerca de 70 mil pessoas viviam na cidade de Herodes, mas durante os festivais centenas de milhares chegavam em peregrinação. Como qualquer santuário movimentado (inclusive hoje), o Templo precisava de um local em que amigos pudessem se reunir e onde rituais fossem preparados. Esse lugar era o Pórtico Real. Ao chegarem, os visitantes podiam fazer compras nas movimentadas ruas de comércio que passavam por baixo dos arcos monumentais ao longo dos muros ocidentais. Na hora de visitar o Templo, peregrinos tomavam banhos de purificação nos numerosos *mikvahs* — poços rituais — existentes em volta das entradas do lado sul. Depois galgavam uma das grandiosas escadarias que levavam ao Pórtico Real, de onde viam todos os pontos de interesse da cidade, antes da hora de rezar.

* Deus disse a Moisés e Arão em Números 19: "Dize aos filhos de Israel que te tragam uma novilha vermelha sem defeito, que não tenha mancha". A novilha era sacrificada numa pira de cedro e hissopo revestida de fio escarlate e com cinzas misturadas com água benta. De acordo com a Mishná, isso só tinha acontecido nove vezes, e na décima o Messias viria. Desde a milenar excitação da conquista israelense de Jerusalém em 1967, cristãos evangélicos fundamentalistas e judeus redentoristas acreditam que dois dos três pré-requisitos essenciais para o Apocalipse e a vinda do Messias (ou Segunda Vinda para os cristãos) foram cumpridos: Israel foi restaurado e Jerusalém é judaica. A terceira condição é a restauração do Templo. Alguns fundamentalistas cristãos e as minúsculas facções dos judeus ortodoxos redentoristas, como as do Instituto do Templo, acreditam que isso só é possível quando o monte do Templo está purificado com o sacrifício da novilha vermelha. Assim, ainda hoje um pregador pentecostal do Mississippi chamado Clyde Lott está tentando, em aliança com o rabino Richman do Instituto do Templo, criar a novilha vermelha a partir de um rebanho de quinhentos animais da raça angus vermelho importados de Nebraska para uma fazenda no vale do Jordão. Eles acreditam que vão gerar a "novilha que mudará o mundo".

No canto sudeste, as altas muralhas e os penhascos do vale do Cédron criavam um pico abrupto, o Pináculo, onde os Evangelhos dizem que o Diabo tentou Jesus. No canto sudoeste, de frente para a rica Cidade Alta, sacerdotes anunciavam o começo dos festivais e sabás nas sextas-feiras à noite, com trombetas que deviam ecoar pelos desolados desfiladeiros. Uma pedra, lançada por Tito em 70 da Era Cristã, proclama "O lugar das trombetas".

O projeto do Templo, supervisionado pelo rei e seus arquitetos anônimos (encontrou-se um ossário com a inscrição "Simão, construtor do Templo"), mostrava uma brilhante compreensão de espaço e teatro. Deslumbrante e admirável, o Templo de Herodes era "todo coberto de placas de ouro, e ao nascer o sol refletia um feroz esplendor" tão brilhante que os visitantes precisavam desviar os olhos. Para quem chegava a Jerusalém pelo monte das Oliveiras, ele se erguia "como uma montanha coberta de neve". Foi esse o Templo que Jesus conheceu e que Tito destruiu. A esplanada de Herodes sobrevive como a Haram al-Sharif islâmica, apoiada em três lados por pedras herodianas que ainda hoje cintilam, particularmente no Muro das Lamentações reverenciado pelos judeus.

Quando o Santuário e a esplanada ficaram prontos — consta que não chovia durante o dia, de modo que nunca houve atraso nas obras —, Herodes, que não podia entrar no Santo dos Santos por não ser sacerdote, comemorou com o sacrifício de trezentos bois.[5] Ele chegara ao apogeu. Mas sua grandeza inegável seria contestada pelos próprios filhos, quando os crimes do passado voltaram para perseguir os herdeiros do futuro.

OS PRÍNCIPES DE HERODES: A TRAGÉDIA DA FAMÍLIA

Herodes tinha agora pelo menos doze filhos de suas dez mulheres. Parece que ignorava a maioria deles, salvo os dois filhos de Mariana, Alexandre e Aristóbulo. Eram metade macabeus, metade herodianos, e seriam seus sucessores. Mandou-os para Roma, onde o próprio Augusto supervisionou sua educação. Depois de cinco anos, Herodes levou os dois príncipes adolescentes para casa, a fim de casá-los: Alexandre casou-se com a filha do rei da Capadócia, e Aristóbulo com a sobrinha de Herodes.*

* A árvore genealógica de Herodes é complicada porque a família era muito endogâmica, com parentes casando-se repetidamente entre si, dentro dos clãs herodiano e macabeu, numa tentativa

O monte do Templo — Har HaBayit em hebraico, Haram al-Sharif em árabe, conhecido na Bíblia como monte Moriah — é a peça central de Jerusalém. O Muro Ocidental ou Muro das Lamentações, o santuário mais sagrado do judaísmo, é parte do muro de sustentação ocidental da esplanada, o local dos santuários islâmicos, o Domo da Rocha e a mesquita de al-Aqsa. Para muitos, esses 35 acres — 140 mil metros quadrados — permanecem o centro do mundo.

Em 1994, arqueólogos acharam a estela de Tel Dan na qual Hazael, rei da Síria, se vangloria de sua vitória sobre a Judeia, a "Casa de Davi", confirmando assim a existência do rei Davi.

Em 701 a. C., o rei Ezequias fortificou a cidade contra o exército assírio que se aproximava. A sua assim chamada muralha ampla pode ser vista atualmente no Bairro Judeu.

Antes de voltar-se para Jerusalém, Senaqueribe, senhor do voraz e poderoso império assírio, atacou a segunda cidade de Ezequias, Lachish. Os baixos-relevos no seu palácio em Nínive retratam o sangrento sítio e as punições sofridas por seus cidadãos. Aqui vemos famílias da Judeia levadas embora por um assírio.

O rei Dario, visto aqui num relevo de seu palácio em Persépolis, foi o verdadeiro criador do império persa, que dominou Jerusalém por mais de dois séculos. Ele permitiu aos sacerdotes judeus que se autogovernassem.

Após a morte precoce de Alexandre Magno, duas famílias gregas competiram para controlar seu império. Ptolomeu Sóter I (*acima, à esq.*) sequestrou o cadáver de Alexandre, fundou um reino no Egito e atacou Jerusalém. Após um século sob os Ptolomeus, o extravagante rei Antíoco IV (*acima, à dir.*) profanou o Templo e tentou aniquilar o judaísmo, provocando a revolta de Judá Macabeu (aqui mostrado numa fantasiosa gravura medieval, *à esq.*), cuja família criou o novo reino judaico que durou até a chegada dos romanos.

O homem forte dos romanos no Oriente, Marco Antônio (*abaixo, à esq.*), apoiou um novo dirigente, Herodes, mas sua amante Cleópatra, a última rainha ptolomaica (*abaixo, à dir.*), queria Jerusalém para si.

Cruel, assassino e brilhante, Herodes, o Grande, meio-judeu e meio-árabe, conquistou Jerusalém, reconstruiu o Templo (mostrado aqui num modelo de reconstrução) e criou a cidade em seu esplendor máximo.

A inscrição em grego no Templo avisa aos gentios para não entrar nos pátios internos sob pena de morte.

. maior parte das muralhas meridio-al e ocidental do monte do Templo, ıclusive o local sagrado judaico, o ⁄luro, é herodiana. O inexpugnável anto sul-leste foi o Pináculo onde :sus foi tentado por Satã. Uma emen-a na muralha (visível na extremidade ireita da figura) parece mostrar as igantescas pedras polidas de Herodes esquerda, e as menores, mais antigas edras dos macabeus à direita.

A crucificação de Jesus, retratada por Hubert van Eyck nesta pintura, foi quase certamente uma medida romana, apoiada pela elite do Templo, para destruir qualquer ameaça messiânica ao status quo.

O filho de Herodes, o Grande, Herodes Antipas, governador da Galileia, zombou de Jesus, mas recusou-se a julgá-lo.

O rei Herodes Agripa era um aventureiro cortês, relaxad e o judeu mais poderoso na história romana. Sua amizad com o psicótico imperador Calígula salvou Jerusalém, mais tarde ele ajudou a elevar Cláudio ao trono.

Após quatro anos de independência, Tito (*esquerda*), filho do novo imperador romano Vespasiano, chegou para sitiar Jerusalém. (*Centro*) A cidade e seu Templo foram destruídos num combate selvagem: arqueólogos descobriram o braço do esqueleto de uma jovem mulher presa numa casa incendiada, e uma pilha de pedras herodianas empurradas para longe do monte do Templo por soldados romanos quando arrasaram o Pórtico Real de Herodes. (*Embaixo*) O Arco de Tito em Roma celebra seu triunfo, no qual o candelabro, ou *menorah*, símbolo dos macabeus, foi exibido, e esta moeda, com a inscrição "Judaea Capta", comemora a vitória.

Inquieto, petulante e talentoso, o imperad Adriano baniu o judaísmo e refundou Jerusalé como cidade romana, Aelia Capitolina, o q provocou uma rebelião judaica comandada p Simão bar Kochba.

Este grafito (*Domine ivimus*, "Senhor, nós viemos") foi descoberto pelos armênios sob a igreja do Santo Sepulcro em 1978. Possivelmente datado de cerca do ano 300, talvez mostre peregrinos cristãos orando sob o templo pagão de Adriano.

Constantino não foi nenhum santo — assassinou sua esposa e seu filho — mas abraçou o cristianismo e transformou Jerusalém, ordenando a construção da igreja do Santo Sepulcro, enviando sua mãe Helena para supervisionar a construção.

Em 15 a.C., Marco Agripa chegou para inspecionar a Jerusalém de Herodes, acompanhado da nova mulher, Júlia, a filha ninfomaníaca de Augusto. Agripa, parceiro de Augusto e vitorioso em Áccio, já era amigo de Herodes, que orgulhosamente lhe mostrou Jerusalém. Ele ficou hospedado nos apartamentos que levavam seu nome, na Cidadela, e ali ofereceu banquetes em honra de Herodes. Augusto já pagara por um sacrifício diário a Yahweh no Templo, mas agora Agripa havia sacrificado cem bois. Ele se conduziu com tanta habilidade que até os irritadiços judeus lhe concederam a distinção de colocar palhas em seu caminho, e os herodianos deram seu nome aos filhos. Depois, os dois foram à Grécia com suas frotas. Quando judeus locais lhe apresentaram um protesto contra a opressão grega, Agripa apoiou os direitos judaicos. Herodes agradeceu-lhe e os dois se abraçaram como iguais.[6] Mas ao voltar das andanças com o potentado romano, Herodes foi desafiado pelos próprios filhos.

Os príncipes Alexandre e Aristóbulo, polidos por uma educação romana, herdando a boa aparência e a arrogância dos pais, logo culparam o pai pelo destino da mãe, e, como ela, desdenhavam os mestiços herodianos. Alexandre, casado com a filha de um rei, era particularmente esnobe; os dois meninos zombavam da mulher herodiana de Aristóbulo, dessa maneira insultando-lhe a mãe, a perigosa tia Salomé. Diziam que, quando fossem reis, obrigariam as esposas de Herodes a trabalhar com as escravas e tratariam os outros filhos de Herodes como empregados.

Salomé informou isso tudo a Herodes, que ficou furioso com a ingratidão e alarmado com a traição dos mimados principezinhos. Por muito tempo ele havia ignorado Antípater, seu filho mais velho, tido com sua primeira esposa, Doris. Agora, porém, em 13 a.C., Herodes lembrara-se de Antípater e pedira a Agripa que o levasse a Roma com um documento selado para o imperador: era o seu testamento, deserdando os dois meninos e legando o reino para Antípater. Mas esse novo herdeiro, provavelmente com seus vinte e poucos anos, ainda se ressentia da negligência paterna e da inveja dos irmãos. Ele e a mãe conspiraram para destruir os príncipes deserdados, a quem acusavam de traição.

---

de reconciliá-los: ele casou o irmão Feroras com a irmã de Mariana, e o filho mais velho, Antípater, com a filha do último rei Antígono (decapitado a seu pedido por Antônio). Mas os casamentos eram intercalados com execuções: os dois primeiros maridos de Salomé foram mortos por Herodes. Herodianos casaram-se também com membros das famílias reais de Capadócia, Emesa, Ponto, Nabateia e Cilícia, todas elas aliadas dos romanos. Pelo menos dois casamentos foram anulados porque o marido não quis se converter ao judaísmo e ser circuncidado.

Herodes pediu a Augusto, que estava em Aquileia, no Adriático, para julgar os três príncipes. Augusto reconciliou pai e filhos, e, como resultado disso, Herodes voltou de navio para casa, convocou uma reunião no pátio do Templo e anunciou que os três filhos partilhariam o reino. Doris, Antípater e Salomé tentaram desfazer a reconciliação em nome de objetivos pessoais e foram ajudados pela arrogância dos meninos: o príncipe Alexandre disse a todos que Herodes pintava o cabelo para parecer mais jovem, e confessou que, quando iam caçar, errava deliberadamente seus alvos para que o pai se sentisse melhor. Também seduziu três eunucos do rei, o que lhe deu acesso a segredos do pai. Herodes prendeu e torturou os servos de Alexandre até que um deles confessasse que seu senhor planejava assassiná-lo durante uma caçada. O sogro de Alexandre, o rei da Capadócia, que estava visitando a filha, conseguiu mais uma vez reconciliar pai e filhos. Herodes manifestou sua gratidão dando ao capadócio um presente bem herodiano: uma cortesã que se orgulhava do nome Pannychis — A-Noite-Inteira.

A paz não durou muito: a tortura dos servos revelou a existência de uma carta de Alexandre para o comandante da fortaleza de Alexandrium que dizia: "Quando conseguirmos tudo que resolvemos fazer, nós o procuraremos". Herodes sonhou que Alexandre erguia uma adaga contra ele, pesadelo tão nítido que o levou a prender os dois meninos, que admitiram estar planejando escapar. Herodes teve de consultar Augusto, a essa altura já cansado dos excessos do velho amigo — muito embora o próprio imperador não fosse alheio a filhos malcriados e a sucessões complicadas. Augusto decidiu que se os meninos tinham tramado contra Herodes, o pai tinha todo o direito de puni-los.

Herodes realizou o julgamento em Berytus (Beirute), fora de sua jurisdição formal — e portanto um local supostamente isento para a audiência. Os meninos foram condenados à morte, como queria Herodes — o que não era de surpreender, uma vez que ele tinha generosamente embelezado a cidade. Os conselheiros de Herodes recomendaram misericórdia, mas quando um deles sugeriu que os meninos estavam subornando o exército, Herodes liquidou trezentos oficiais. Os príncipes foram levados de volta para a Judeia e garroteados. A tragédia da mãe Mariana, a maldição dos macabeus, completara o ciclo. Augusto não achou nada divertido. Sabendo que os judeus se abstinham de carne de porco, comentou com ironia: "Eu preferiria ser um porco de Herodes a ser seu filho". Mas isso foi apenas o começo do trágico declínio de Herodes, o Grande.

O rei, já com seus sessenta anos, estava doente e paranoico. Antípater era o único herdeiro designado, mas havia muitos outros filhos à disposição para herdar o reino, e Salomé, irmã de Herodes, começou a tramar contra ele: descobriu um servo que dizia que Antípater planejava envenenar Herodes com uma poção misteriosa. Antípater, que tinha ido a Roma encontrar-se com Augusto, voltou correndo e galopou até o palácio em Jerusalém, mas foi preso antes de chegar à presença do pai. No julgamento, a droga suspeita foi dada a um condenado que caiu morto. Mais torturas revelaram que uma escrava judia pertencente à imperatriz Lívia, mulher do próprio Augusto e especialista em venenos, tinha forjado cartas para incriminar Salomé.

Herodes mandou a prova para Augusto e rascunhou o terceiro testamento, deixando o reino para outro filho, Antipas, o Herodes que mais tarde se encontraria com João Batista e Jesus. A enfermidade de Herodes afetou seu discernimento e enfraqueceu seu controle sobre a oposição judaica. Ele pôs uma águia de bronze dourada no grande portão do Templo. Alguns estudantes subiram no telhado, desceram deslizando por uma corda diante do pátio movimentado e derrubaram-na. As tropas da fortaleza Antônia correram até o Templo e os prenderam. Enfileirados perante Herodes no seu leito de enfermo, eles sustentaram que tinham agido em obediência à Torá. Os culpados foram queimados vivos.

Herodes desmoronou, sofrendo uma dolorosa e horripilante putrefação: começou como uma coceira em todo o corpo, com uma sensação ardente nos intestinos, e então evoluiu para um inchaço nos pés e na barriga, complicando-se por ulceração do cólon. Começava a escorrer um fluido claro de seu corpo, e ele mal conseguia respirar; um fedor abominável emanava dele, e seus genitais incharam grotescamente, até que o pênis e o escroto arrebentaram em gangrena purulenta, que produziu uma massa fervilhante de vermes.

O rei apodrecido esperava poder recuperar-se no calor do seu palácio de Jericó. No entanto, quando o sofrimento aumentou, Herodes foi levado para os banhos mornos e sulfurosos de Callirhoe, que ainda existem no Mar Morto, mas o enxofre agravou-lhe a agonia.* Tratado com óleo quente, ele desmaiou e foi

* Desde então médicos discutem esses sintomas. O diagnóstico mais provável é que Herodes sofria de hipertensão e arteriosclerose, complicadas por demência progressiva e por insuficiência cardíaca

levado de volta a Jericó, onde ordenou a convocação da elite do Templo de Jerusalém, a quem mandou prender em massa no hipódromo. É improvável que planejasse matá-los. Talvez quisesse administrar cuidadosamente a sucessão, enquanto mantinha os graúdos criadores de caso sob custódia.

Mais ou menos nessa época, um menino chamado Josué ben José — ou Jesus (em aramaico) — nasceu. Os pais eram um carpinteiro, José, e sua noiva adolescente, Maria (Mariana, em hebraico), moradores de Nazaré, na Galileia. Não eram muito mais ricos do que os camponeses, mas consta que descendiam da velha casa davídica. Viajaram até Belém, onde nasceu um menino, Jesus, "que governará Israel". Depois de circuncidado no oitavo dia, de acordo com são Lucas, "levaram-no a Jerusalém para apresentá-lo ao Senhor" e fazer o tradicional sacrifício no Templo. Uma família rica sacrificaria uma ovelha ou até uma vaca, mas José só pôde oferecer duas pombas-rolas ou dois pombos.

Enquanto jazia, moribundo, afirma o Evangelho de Mateus, Herodes ordenou que suas forças liquidassem esse menino davídico, massacrando todos os recém-nascidos. José, porém, refugiou-se no Egito, até ouvir a notícia da morte de Herodes. Certamente circulavam rumores messiânicos, e Herodes teria medo de um pretendente davídico, mas não existem provas de que o rei jamais tivesse ouvido falar em Jesus ou que tivesse massacrado inocentes. É irônico que esse monstro seja particularmente lembrado por um crime que não cometeu. Quanto ao menino de Nazaré, só voltaremos a ter notícias dele cerca de trinta anos depois.*

---

congestiva e renal. A arteriosclerose levou à congestão venosa, piorada pela gravidade, de modo que o fluido se acumulava nos pés e nos genitais, condição que se tornou tão severa que o líquido formava bolhas na pele; o fluxo sanguíneo ficou tão fraco que uma necrose da pele — gangrena — se desenvolveu. O mau hálito e a coceira eram causados pela insuficiência renal. A gangrena peniana/escrotal oferecia o material ideal para as moscas botarem ovos que eclodiam em larvas. É possível que os vermes genitais sejam propaganda hostil, simbolizando a vingança divina contra um rei mau: a Antíoco IV Epifânio, neto de Herodes, Agripa I e muitos outros pecadores, incluindo Judas Iscariotes, também foi atribuída essa saída do palco infestada de vermes, com intestinos e escrotos arrebentados.

* O nascimento de Jesus é historicamente problemático, e os Evangelhos são contraditórios. Ninguém sabe a data, mas foi provavelmente antes da morte de Herodes, em 4 a.C. — o que significa que Jesus morreu com pouco mais de trinta anos, caso tenha sido crucificado em 29-30 da Era Cristã, ou com quarenta anos, caso tenha sido no ano 36. O episódio do recenseamento que convoca a família para Belém não tem base histórica, porque o recenseamento de Quirino ocorreu depois que o sucessor de Herodes, Arquelau, foi deposto no ano 6 da Era Cristã, quase

O imperador Augusto respondeu a Herodes: tinha mandado matar a pancadas a escrava de Lívia e Herodes estava livre para punir o príncipe Antípater. Mas Herodes andava tão atormentado que pegou uma adaga para se matar. Esse tumulto convenceu Antípater, em sua cela ali perto, que o velho tirano estava morto. Euforicamente chamou o carcereiro para destrancar a cela. Afinal, Antípater era o rei dos judeus? O carcereiro também escutara a gritaria. Correndo à corte, descobriu que Herodes não estava morto, apenas demente. Seus servos lhe tinham tirado a faca. O carcereiro denunciou a traição de Antípater. Aquela pustulenta mas ainda viva carcaça de rei esmurrou a própria cabeça, uivou e ordenou aos guardas que matassem imediatamente o filho odiado. Depois reescreveu o testamento, dividindo o reino entre os três filhos adolescentes — dando Jerusalém e a Judeia para Arquelau.

Cinco dias depois, em março do ano 4 a.C., após um reinado de 37 anos, Herodes, o Grande, que tinha sobrevivido a "10 mil perigos", morreu. Arquelau, de dezoito anos, dançou, cantou e comemorou ruidosamente, como se um inimigo, não um pai, tivesse morrido. Até a grotesca família de Herodes ficou espantada. O cadáver, usando a coroa e segurando o cetro, foi transportado num catafalco de ouro enfeitado de púrpura e joias num desfile — encabeçado por Arquelau e seguido pelos guardas germanos e trácios, além de quinhentos servos carregando especiarias (o fedor devia ser penetrante) — por 38 quilômetros até a

---

dez anos *após* o nascimento de Jesus. Ao narrar a viagem a Belém e sua genealogia, o Evangelho de Mateus dá a Jesus um nascimento real, cumprindo uma profecia — "porque assim foi escrito pelo Profeta". O Massacre dos Inocentes e a fuga para o Egito são claramente inspirados pela história da Páscoa: uma das Dez Pragas foi a Matança dos Primogênitos. Onde quer que Jesus tenha nascido, é provável que a família viajasse ao Templo para o sacrifício. A tradição muçulmana, ampliada pelos cruzados, acredita que Jesus foi criado na capela sob a mesquita al-Aqsa, o Berço de Jesus. A família de Jesus é misteriosa: depois do nascimento, José simplesmente desaparece dos Evangelhos. Mateus e Lucas declaram que Maria continuou virgem e Jesus foi gerado por Deus (ideia comum na teologia romana e grega, e também sugerida na profecia de Isaías sobre Emanuel). Mas Mateus, Marcos e João citam irmãos de Jesus pelo nome: Tiago, José, Judas e Simão, além de uma irmã, Salomé. Quando a virgindade de Maria passou a ser dogma cristão, a existência desses outros filhos tornou-se inconveniente. João menciona "Maria, mulher de Cléofas". Se José morreu jovem, Maria pode ter se casado com esse Cléofas e tido mais filhos, porque, depois da crucificação, Jesus foi substituído como líder primeiro pelo irmão Tiago, depois por "Simão, filho de Cléofas".

fortaleza de Herodium na montanha. Ali Herodes foi sepultado numa tumba* que ficou perdida durante 2 mil anos.[7]

Arquelau voltou para garantir a posse de Jerusalém, subindo a um trono dourado no Templo, onde declarou o abrandamento da severidade do pai. A cidade estava repleta de peregrinos da Páscoa, muitos dos quais, convencidos de que a morte do rei anunciava uma redenção apocalíptica, perderam as estribeiras no Templo. Os guardas de Arquelau foram apedrejados. Arquelau, que tinha acabado de prometer um alívio na repressão, despachou a cavalaria: 3 mil pessoas foram mortas no Templo.

Esse déspota adolescente deixou o confiável irmão Filipe como encarregado e partiu de navio para Roma a fim de confirmar sua condição de sucessor com Augusto. Mas o irmão mais novo, Antipas, chegou antes dele em Roma, na esperança de ficar com o reino. Assim que Arquelau viajou, o preposto local de Augusto, Sabino, rebuscou o palácio de Herodes em Jerusalém à procura de sua fortuna escondida, provocando mais tumultos. O governador da Síria, Varo, marchou para restaurar a ordem, mas bandos de galileus e idumeus, chegando para Pentecostes, apoderaram-se do Templo e massacraram todos os romanos que encontraram, enquanto Sabino se refugiava, acovardado, na torre Faisal.

Fora de Jerusalém, três rebeldes — todos ex-escravos — se declararam reis, queimaram os palácios herodianos e saíram pilhando em "fúria tresloucada". Esses reis improvisados eram falsos profetas, demonstrando que Jesus de fato nasceu numa época de intensa especulação religiosa. Depois de passarem todo o reinado de Herodes esperando inutilmente tais líderes, os judeus deram-se conta de que três deles chegaram de uma só vez: Varo derrotou e matou os três pretendentes.** Mas, a partir de então, pseudoprofetas continuaram

* A tumba de Herodes foi descoberta em 2007 pelo professor Ehud Netzer, que encontrou um sarcófago vermelho decorado com flores, reduzido a cacos quase certamente pelos rebeldes anti-herodianos de 66 a 70 da Era Cristã. Dois outros sarcófagos eram brancos e enfeitados com flores — seriam dos filhos? Herodium foi outro milagre de construção de Herodes: uma montanha artificial de 76 metros de diâmetro, com um maciço e luxuoso palácio no topo contendo uma casa de banhos com cúpula, torres, afrescos e piscinas. A tumba piramidal de Herodes estava no monte Herodium, abaixo da torre oriental da fortaleza, também destruída entre os anos 66 e 70.

** Um desses "reis" era Simão, um gigantesco e desajeitado escravo pertencente a Herodes, logo decapitado pelos romanos. Simão pode ser o tema da chamada Revelação de Gabriel, inscrição na pedra encontrada no sul da Jordânia, na qual o arcanjo Gabriel aclama um "príncipe dos príncipes" chamado Simão, que será morto mas ressuscitará "em três dias" quando "saberás que o mal será

a aparecer, e os romanos continuaram a matá-los. Varo crucificou 2 mil rebeldes em volta de Jerusalém.

Em Roma, Augusto, já sexagenário, ouviu as disputas dos herodianos e confirmou o testamento de Herodes. Porém, recusando o título de rei, designou Arquelau como etnarca da Judeia, da Samaria e da Idumeia, com Antipas como tetrarca da Galileia e da Pereia (parte da atual Jordânia) e seu meio-irmão Filipe como tetrarca do restante.* O estilo de vida dos ricos nas vilas romanas da Jerusalém de Arquelau era mal-afamado, à moda grega e extremamente não judaico: uma taça de prata, enterrada na vizinhança, perdida durante dois milênios antes de ser comprada em 1911 por um colecionador americano, mostra coitos explicitamente homossexuais — de um lado, um homem se abaixa usando uma polia sobre um catamito, enquanto um escravo voyeur espia pela porta; do outro, dois meninos ágeis se entrelaçam num sofá. Mas Arquelau se revelou tão cruel, inepto e extravagante que, dez anos depois, Augusto o depôs, exilando-o na Gália. A Judeia tornou-se província romana, e Jerusalém foi governada a partir da Cesareia, no litoral, por uma série de prefeitos de baixo nível; foi então que os romanos realizaram um recenseamento para registrar os contribuintes. Essa submissão ao poder romano era humilhante o suficiente para provocar uma rebelião judaica em pequena escala, e foi o recenseamento recordado por Lucas, talvez erroneamente, como motivo para a ida da família de Jesus a Belém.

Durante trinta anos, Herodes Antipas governou a Galileia, sonhando com o reino do pai, que por pouco não herdara, até que João Batista, novo profeta carismático, irrompeu do deserto para zombar dele e desafiá-lo.[8]

---

derrotado pela justiça. Em três dias estarás vivo. Eu, Gabriel, te ordeno". Os detalhes — a ressurreição e o julgamento três dias depois da morte do profeta — antecedem a crucificação de Jesus em mais de trinta anos. Depois de matar Simão, Públio Quintílio Varo comandou a fronteira germânica. Cerca de dez anos mais tarde, no ano 9 da Era Cristã, foi atacado de emboscada, perdendo três legiões. Esse desastre estragou os últimos anos de Augusto, que, segundo consta, andava pelo palácio gritando "Varo, devolva minhas legiões!".

* Os três filhos adotaram o nome "Herodes", causando muita confusão nos Evangelhos. Arquelau era casado, mas se apaixonou por Glafira, a filha do rei da Capadócia que fora casada com Alexandre, filho de Herodes e Mariana. Depois que Alexandre foi executado, ela se casou com o rei Juba da Mauritânia e, após a morte do rei, voltou para a Capadócia. Então casou-se com Arquelau.

11. Jesus Cristo (10-40)

JOÃO BATISTA E A RAPOSA DA GALILEIA

Os pais de João — Zacarias, sacerdote do Templo, e Isabel — moravam numa aldeia em Ein Kerem, nos arredores da cidade. Zacarias era provavelmente um dos sacerdotes humildes que tiravam a sorte para cumprir suas obrigações no Templo, muito longe de ser um dos graúdos de lá. Mas João visitava o Templo com frequência quando menino. Havia muitas maneiras de ser um bom judeu, e ele decidiu viver asceticamente no deserto, como Isaías recomendara: "No deserto, preparem o caminho para Yahweh".

No fim dos anos 20 da Era Cristã, João começou a conquistar adeptos: primeiro nos desertos não muito distantes de Jerusalém — "e todos perguntavam em seus corações se talvez João fosse o Cristo" —, e depois, mais ao norte, na Galileia de Herodes Antipas, onde tinha família. Maria era prima da mãe de João. Quando grávida do filho Jesus, ela ficou com os pais de João. Jesus veio de Nazaré para ouvir o primo pregar, e João o batizou no Jordão. Os primos começaram a pregar juntos, oferecendo remissão dos pecados no batismo, nova cerimônia adaptada da tradição judaica de imersão ritual no *mikvah*. Mas João começou também a denunciar Herodes Antipas.

O tetrarca da Galileia vivia de forma majestosa, seus luxos eram financiados pelos coletores de impostos, amplamente odiados. Antipas quase sempre pressionava o novo imperador romano, Tibério, rabugento sobrinho de Augusto, para que lhe concedesse todo o reino do pai. Deu à capital o nome de "Livias", em honra da viúva de Augusto, mãe de Tibério, amiga da família. Então, no ano 18 da Era Cristã, fundou uma nova cidade no mar da Galileia chamada Tiberíades. Jesus, como João, desprezava Antipas, para ele um libertino venal e fantoche romano — "aquela raposa", era como Jesus o chamava.

Antipas casara-se com a filha do rei árabe nabateu Aretas IV, numa aliança destinada a garantir a paz entre vizinhos árabes e judeus. Depois de trinta anos em seu pequeno trono, Antipas, já na meia-idade, apaixonou-se fatalmente por uma sobrinha, Herodias. Ela era filha de Aristóbulo, o filho executado de Herodes, o Grande, e já era casada com um meio-irmão. Agora ela exigia que Antipas se divorciasse da mulher árabe. Antipas concordou tolamente, mas a princesa nabateia não foi embora calada. Diante de imensas multidões, João Batista recriminava o casal adúltero, como uma versão moderna de Acabe e Jezebel, até que Antipas mandou prendê-lo. O profeta ficou preso na fortaleza Machaerus, de Herodes, o Grande, do outro lado do Jordão, setecentos metros acima do Mar Morto. João não estava sozinho na masmorra, pois havia outra celebridade presa: a mulher árabe de Antipas.

Antipas e seus cortesãos comemoraram o aniversário dele num banquete com Herodias e a filha Salomé, casada com o tetrarca Filipe. (Os pisos de mosaico do salão de banquetes de Machaerus ainda estão parcialmente intactos — como algumas das celas na parte de baixo.) Salomé "entrou, e dançou e agradou a Herodes", talvez até fazendo um striptease dos sete véus,* e com tal graça que ele disse: "Tudo o que me pedires te darei". Incentivada pela mãe, Salomé respondeu:

* Salomé, a dançarina, simboliza os frios caprichos e a depravação feminina, mas os dois Evangelhos, de Marcos e Mateus, jamais lhe citam o nome. Josefo nos dá o nome da filha de Herodias em outro contexto, mas simplesmente conta que Antipas ordenou a execução de João, sem qualquer encorajamento terpsicórico. A dança dos sete véus foi um acréscimo posterior. Houve muitas Salomés herodianas (a irmã de Jesus também era Salomé). Mas muito provavelmente a dançarina era a mulher de Herodes Filipe, tetrarca de Traconites, até que ele morreu e ela se casou com outro primo, mais tarde designado rei da Armênia Inferior — a dançarina acabou rainha. Com o tempo, a cabeça de João tornar-se-ia uma das mais valorizadas relíquias cristãs. Houve pelo menos cinco santuários que afirmavam ter o original: o santuário da cabeça de João na mesquita de Umayyhad, em Damasco, é venerado pelos muçulmanos.

"A cabeça de João Batista". Momentos depois, a cabeça foi trazida das masmorras, levada para o banquete numa salva, e dada "à jovem e a jovem a deu à mãe".

Jesus, percebendo que estava em perigo, fugiu para o deserto, mas visitava com frequência Jerusalém — o único fundador das três religiões abraâmicas a andar por suas ruas. A cidade e o Templo eram fundamentais para a ideia que tinha de si mesmo. A vida de um judeu baseava-se no estudo dos profetas, na observância das leis e na peregrinação a Jerusalém, que Jesus chamava de "a Cidade do Grande Rei". Embora desconheçamos as três primeiras décadas da vida de Jesus, está claro que ele se impregnara do conhecimento da Bíblia judaica, e tudo que fez foi o cumprimento meticuloso de suas profecias. Sendo Jesus judeu, o Templo era parte familiar de sua vida, e obcecava-o o destino de Jerusalém. Quando tinha doze anos, os pais o levaram ao Templo, por ocasião da Páscoa. Ao saírem, Lucas diz que ele se afastou e depois de três dias de preocupação "eles o acharam no Templo, sentado no meio dos doutores, ouvindo-os e interrogando-os". Quando foi tentado, o diabo "colocou-o no ponto mais alto do Templo". Ao revelar sua missão para os seguidores, ele ressaltava que a conclusão do seu destino teria que ocorrer em Jerusalém: "Desde então Jesus começou a manifestar a seus discípulos que precisava ir a Jerusalém e sofrer muito [...] que fosse morto e ao terceiro dia ressuscitasse". Mas Jerusalém pagaria por isso: "Quando virdes Jerusalém cercada de exércitos, sabei então que é chegada a sua desolação [...] e Jerusalém será pisada pelos pagãos, até se completarem os tempos das nações pagãs".

Apoiado pelos Doze Apóstolos (entre eles o irmão Tiago), Jesus apareceu novamente em sua terra natal Galileia, dirigindo-se para o sul a fim de pregar o que chamava de "Boa-nova", em seu próprio, sutil e caseiro estilo, geralmente usando parábolas. Mas a mensagem era direta e dramática: "Fazei penitência, porque está próximo o reino dos Céus". Jesus não deixou nada escrito, e seus ensinamentos têm sido analisados interminavelmente, mas os quatro Evangelhos revelam que a essência do seu ministério era a advertência sobre o iminente Apocalipse — o Dia do Juízo e o reino dos Céus.

Era uma visão atemorizante e extrema, na qual o próprio Jesus desempenharia papel central, como o místico e semimessiânico Filho do Homem, frase tirada de Isaías e Daniel: "Mandará o Filho do Homem os seus anjos, e eles ajuntarão do seu reino todos os que servem de tropeço, e os que praticam a iniquidade, e lançá-los-ão na fornalha de fogo; ali haverá choro e ranger de dentes. Então os justos resplandecerão como o sol no reino de seu pai". Ele previa a destruição de todos os laços humanos. "Um irmão entregará à morte seu irmão, e um pai, a seu filho; e filhos se levantarão contra os pais e os matarão [...]. Não penseis que vim trazer paz à terra; não vim trazer paz, mas espada."

Não se tratava de uma revolução social ou nacionalista: Jesus estava mais preocupado com o mundo depois dos Últimos Dias; pregava justiça social não tanto neste mundo, mas no próximo: "Abençoados os pobres de espírito, pois deles é o reino dos Céus". Coletores de impostos e prostitutas entrariam no reino de Deus à frente dos graúdos e dos sacerdotes. Jesus invocou o Apocalipse de forma chocante ao mostrar que as leis antigas já não teriam importância: "Deixa os mortos sepultar os seus próprios mortos". Quando o mundo acabar, "o Filho do Homem sentará no trono da sua glória" e todas as nações se juntarão diante dele para julgamento. Haverá "suplício eterno" para os maus e "vida eterna" para os justos.

Na maioria dos casos, porém, Jesus tinha o cuidado de manter-se dentro da lei judaica, e, a rigor, seu ministério inteiro enfatizava o cumprimento de profecias bíblicas: "Não penseis que vim destruir a lei ou os profetas; não vim destruir, mas cumprir". A adesão rígida à lei judaica, entretanto, não bastava: "Se a vossa justiça não exceder a dos escribas e fariseus, de modo nenhum entrareis no reino dos Céus". Mas não cometeu o erro de contestar diretamente o imperador romano, ou mesmo Herodes. Apesar de o Apocalipse dominar sua pregação, ele ofereceu uma prova mais direta de sua santidade: era um terapeuta, curava os deficientes e erguia pessoas dentre os mortos e "grandes multidões acercaram-se dele".

De acordo com João, Jesus visitou Jerusalém pelo menos três vezes na Páscoa e em outros festivais antes de sua visita final, e duas vezes teve a sorte de escapar. Quando pregava no Templo durante os Tabernáculos, foi saudado por alguns como profeta, e por outros como o Cristo (embora hierosolimitas esnobes tenham reagido com desprezo): "Vem, pois, o Cristo da Galileia?". Quando debatia com as autoridades, a multidão o desafiou: "Então pegaram em pedras para lhe atirarem; Jesus, porém, se ocultou e saiu do Templo, passando pelo meio deles". Ele voltou para Chanuká (Festa da Consagração), mas quando afirmou "Eu e meu Pai somos um, novamente os judeus pegaram pedras para apedrejá-lo [...] mas ele escapou". Ele sabia quanto lhe poderia custar uma visita a Jerusalém.

Enquanto isso, na Galileia, a esposa árabe desprezada por Antipas escapou da masmorra de Machaerus para a corte do pai, Aretas IV, o mais rico rei de Nabateia, o construtor do notável santuário de Khasneh e do túmulo real "vermelho-rosa" de Petra. Furioso com o insulto, Aretas invadiu o principado de Antipas. Herodias, que já tinha causado a morte de um profeta, agora motivou uma guerra entre árabes e judeus, que Antipas perdeu. Aliados romanos não tinham permissão para lançar guerras particulares: o imperador Tibério, que se banhava em devassidão senil em Capri, ficou irritado com o desatino de Antipas, mas o respaldou.

A essa altura, Herodes Antipas ouvira falar em Jesus. As pessoas se perguntavam quem seria ele. Alguns achavam que era "João Batista, outros dizem Elias e outros, um dos profetas", enquanto seu discípulo Pedro acreditava que era o Messias. Jesus era especialmente popular entre as mulheres, algumas delas herodianas — a mulher do administrador de Herodes era uma seguidora. Antipas sabia da ligação com o Batista: "É João, a quem mandei decapitar. Ele ressuscitou!". Ameaçou prender Jesus, mas alguns fariseus, que por certo lhe tinham amizade, o advertiram significativamente: "Sai e retira-te daqui, porque Herodes quer matar-te".

Mas Jesus desafiou Antipas. "Ide e dizei àquela raposa" que ele [Jesus] continuaria curando e pregando durante dois dias e, no terceiro dia, visitaria o único lugar onde um Filho do Homem judeu poderia cumprir seu destino: "Não é admissível que um profeta morra fora de Jerusalém". A mensagem sublimemente poética de Jesus para o filho do rei que tinha construído o Templo está impregnada de amor pela cidade condenada: "Jerusalém, Jerusalém, que matas os profetas e apedrejas os que te são enviados! Quantas vezes quis eu ajuntar os teus filhos, como a galinha os seus pintos debaixo das asas, e não quiseste? Eis que vossa casa ficará deserta".[1]

JESUS DE NAZARÉ: TRÊS DIAS EM JERUSALÉM

Na Páscoa de 33 da Era Cristã,* Jesus e Herodes Antipas chegaram a Jerusalém quase ao mesmo tempo. Jesus encabeçou uma procissão para Betânia no monte das Oliveiras, com sua vista espetacular da resplandecente montanha ne-

* Ninguém sabe exatamente quando Jesus foi a Jerusalém. Lucas começa o ministério de Jesus com o batismo administrado por João, por volta de 28-9 da Era Cristã, dizendo que ele tinha cerca de trinta anos, e sugerindo que sua morte ocorrera entre 29 e 33 da Era Cristã. João diz que seu ministério durou um ano; Mateus, Marcos e Lucas dizem três anos. Jesus pode ter sido morto no ano 30, 33 ou 36. Mas sua existência histórica é confirmada não apenas nos Evangelhos, mas em Tácito e Josefo, que também menciona João Batista. Em todo caso, sabemos que Jesus foi a Jeru-

vada do Templo. Mandou os apóstolos irem à cidade buscar um asno — não um dos nossos jumentos, mas a robusta montaria de reis. Os Evangelhos, nossa única fonte, dão versões ligeiramente diversas do que se passou nos três dias seguintes. "Tudo isso aconteceu", explica Mateus, "para que se cumprissem as escrituras dos profetas."

Foi vaticinado que o Messias entraria na cidade em cima de um asno, e, quando Jesus se aproximava, seus seguidores colocaram folhas de palmeira diante dele e o saudaram como "Filho de Davi" e "Rei de Israel". Como muitos visitantes, ele provavelmente entrou na cidade pelo portão meridional, perto do poço de Siloé, e depois subiu ao Templo pela monumental escadaria do arco de Robinson. Os apóstolos, galileus provincianos que nunca tinham ido à cidade, ficaram deslumbrados com a grandiosidade do Templo: "Mestre, olha que pedras e que construções!". Jesus, que via o Templo com frequência, respondeu: "Vês estes grandes edifícios? Não ficará pedra sobre pedra que não seja derrubada".

Jesus manifestou seu amor — e seu desapontamento — por Jerusalém, mas previu a abominação desoladora. Historiadores acreditam que essas profecias são acréscimos posteriores, porque os Evangelhos foram escritos depois de Tito ter destruído o Templo. No entanto, Jerusalém havia sido esmagada e reconstruída antes, e Jesus refletia as tradições populares em oposição ao Templo.* "Derru-

---

salém na Páscoa depois da chegada de Pilatos como prefeito (ano 26) e antes de sua partida (ano 36) durante os reinados de Tibério (morto em 37) e Antipas (antes de 39) e o alto sacerdócio de Caifás (18-36) — muito provavelmente entre os anos 29 e 33. A figura de Pilatos é confirmada por Josefo e Fílon de Alexandria, e sua existência é atestada por uma inscrição descoberta em Cesareia.

* Tal como as dos essênios, provavelmente um rebento dos piedosos hassídicos que originariamente apoiaram os macabeus. Josefo explicou que eles eram uma das três seitas do judaísmo no século I da Era Cristã, mas aprendemos mais com os Manuscritos do Mar Morto, descobertos em onze cavernas em Qumran, perto do Mar Negro, entre 1947 e 1956. Eles contêm as primeiras versões hebraicas de alguns livros bíblicos. Cristãos e judeus há muito discutem as diferenças entre a Bíblia Septuaginta (traduzida em grego a partir de um desaparecido original hebraico e base do Antigo Testamento cristão, entre os séculos III e I a.C.) e a mais antiga Bíblia hebraica que sobreviveu (a Massorética, datada dos séculos VII a X, ou início do XI, a.C.). O Códice de Aleppo é o texto massorético, mais antigo, mas incompleto; o Códice de São Petersburgo, datado de 1008, é o texto completo mais antigo. Os Manuscritos do Mar Morto revelaram diferenças, mas confirmam que os massoréticos foram bastante exatos. Eles provam, porém, que havia muitas versões dos livros bíblicos em circulação ainda na época de Jesus. Os essênios eram judeus austeros, que desenvolveram as ideias apocalípticas de Jeremias e Daniel, e viam o mundo como uma luta entre o bem e o mal que terminava em guerra e julgamento. Seu líder era um místico "Professor de Retidão"; seu

bai este Templo e eu reedificarei outro, não feito por mãos humanas", acrescentou, fazendo eco a Isaías, sua inspiração profética. Ambos olhavam além da cidade real, para uma Jerusalém celeste que teria o poder de abalar o mundo, embora Jesus tivesse prometido reconstruir o Templo em três dias, talvez para mostrar que se opunha não à Casa Santa, mas à corrupção.

De dia, Jesus ensinava e curava os doentes junto aos tanques de Betesda (logo ao norte do Templo) e de Siloé (ao sul), ambos atulhados de peregrinos judeus que se purificavam para entrar na Casa Santa. De noite, voltava para a casa dos amigos em Betânia. Na segunda-feira de manhã ele entrou novamente na cidade, dessa vez pelo Pórtico Real do Templo.

Na Páscoa, Jerusalém ficava mais movimentada e perigosa. O poder se baseava em dinheiro, status e conexões romanas. Mas os judeus não tinham o respeito dos romanos por glórias militares ou pelo dinheiro bruto. Em Jerusalém, o respeito baseava-se na família (magnatas do Templo e principezinhos herodianos), na erudição (os professores fariseus) e no fator imprevisível da inspiração divina. Na Cidade Alta, do outro lado do vale, em frente ao Templo, os graúdos viviam em mansões greco-romanas com características judaicas: a chamada Residência Palaciana ali escavada tem salões de recepção e *mikvahs* espaçosos. Ali ficavam os palácios de Antipas e do sumo sacerdote José Caifás. Porém, a verdadeira autoridade em Jerusalém era o prefeito, Pôncio Pilatos, que geralmente governava sua província a partir da Cesareia, no litoral, mas ia sempre supervisionar a Páscoa, ficando na cidadela de Herodes.

Antipas não era o único judeu membro da realeza em Jerusalém. Helena, rainha de Adiabene, pequeno reino onde hoje é o norte do Iraque,* convertera-se ao judaísmo e mudara-se para Jerusalém, construindo um palácio na Cidade de

---

inimigo, o "Sacerdote Ímpio" — um dos macabeus. Aparecem em muitas teorias excêntricas sobre as origens do cristianismo, mas tudo que podemos dizer é que João Batista talvez tenha vivido com eles no deserto, e que Jesus pode ter sido inspirado por sua hostilidade ao Templo e por suas hipóteses apocalípticas.

* Esse reino iraquiano permaneceu judaico até o século seguinte. A rainha Helena e os filhos foram sepultados perto da cidade velha de Jerusalém, debaixo de três pirâmides; o enfeitado túmulo do rei ainda sobrevive, ao norte do portão de Damasco, na estrada de Nablus, que passa pelo American Colony Hotel. No século XIX, um arqueólogo francês escavou o sítio e anunciou que tinha pertencido ao rei Davi. Adiabene não era o único feudo judaico naquela área: dois judeus que se rebelaram contra a Pártia, Asinaeus e Anilaeus, criaram um Estado judaico independente em volta da Babilônia, que durou cerca de quinze anos.

Davi, doando o candelabro dourado sobre a porta do santuário do Templo e comprando alimento quando a colheita era ruim. A rainha Helena também estaria lá na Páscoa, provavelmente usando joias do tipo recém-descoberto em Jerusalém: uma grande pérola incrustada em ouro com dois pingentes, cada um com uma esmeralda num encaixe de ouro.

Josefo calculou que 2,5 milhões de judeus chegaram para a Páscoa. É exagero, mas havia judeus "de todas as nações", da Pártia à Babilônia, de Creta à Líbia. Para imaginar o que era essa multidão, só vendo o que ocorre em Meca durante o *haj*. Na Páscoa, toda família tinha de sacrificar um cordeiro, e com isso a cidade ficava atulhada de cordeiros balindo — 255 600 foram sacrificados. Havia muita coisa que fazer: peregrinos tinham de dar um mergulho num *mikvah* toda vez que iam ao Templo, além de comprar cordeiros sacrificiais no Pórtico Real. Nem todos ficavam na cidade. Milhares alojavam-se nas aldeias dos arredores, como Jesus, ou acampavam junto às muralhas. Enquanto o cheiro de carne queimada e de incenso embriagador flutuava — e o soar das trombetas que anunciavam as preces e os sacrifícios ricocheteava — pela cidade, tudo se concentrava no Templo, sob a nervosa vigilância dos soldados romanos da fortaleza Antônia.

Jesus dirigiu-se para o Pórtico Real, que, altaneiro e com sua colunata, era o buliçoso, pitoresco e movimentado centro de toda a vida, onde peregrinos se reuniam para cuidar de alojamentos, ver os amigos e trocar dinheiro pela prata tíria usada para comprar cordeiros sacrificiais, pombos ou bois, no caso dos ricos. Não era o Templo propriamente, nem um de seus pátios internos, mas a seção pública mais acessível de todo o conjunto de edifícios, projetada para funcionar como fórum. No Pórtico, Jesus atacou os que governavam o Templo: "É esta casa, que se chama pelo meu nome, uma caverna de salteadores?", disse ele, virando as mesas dos cambistas, enquanto citava e canalizava as profecias de Jeremias, Zacarias e Isaías. Sua manifestação chamou atenção, mas não a ponto de os guardas do Templo ou os soldados romanos precisarem intervir.

Depois de mais uma noite em Betânia, ele retornou ao Templo* na manhã seguinte para debater com os críticos. Os Evangelhos citam os fariseus como inimigos de Jesus, mas isso refletia provavelmente a situação de cinquenta anos mais tarde, época em que seus autores os escreviam. Os fariseus eram a seita mais fle-

* O portão Dourado é o portão tradicional por onde os judeus entravam no Templo; no misticismo judaico, muçulmano e cristão, é por onde o Messias entrará em Jerusalém. Mas Jesus não entrou por ali: o portão só foi construído seiscentos anos depois, e o vizinho portão Shushan não

xível e populista, e alguns de seus ensinamentos talvez se assemelhassem aos de Jesus. O verdadeiro inimigo era a aristocracia do Templo. Os herodianos o desafiaram sobre a questão do pagamento de impostos a Roma, entretanto ele respondeu com habilidade: "Dai a César o que é de César, e a Deus o que é de Deus".

Mas ele não se chamava a si mesmo de Messias, ressaltando a importância da Shema — a oração judaica fundamental para o Deus único — e do amor dos seus semelhantes: era essencialmente judeu. Mas então advertiu as multidões agitadas sobre o Apocalipse iminente, que ocorreria, é claro, em Jerusalém: "Não estás longe do reino de Deus". Os judeus tinham variadas opiniões sobre a chegada do Messias, mas a maioria estava de acordo em que Deus presidiria o fim do mundo, a ser seguido pela criação do reino do Messias em Jerusalém: "Soa em Sião a trombeta que convoca os santos", declaravam os Salmos de Salomão, escritos não muito tempo depois da morte de Jesus; "anuncia em Jerusalém que a voz do que traz boas-novas para o Deus de Israel tem sido misericordiosa". Por isso seus seguidores lhe perguntaram: "Diga-nos qual será o sinal da tua volta e do fim do mundo". "Vigiai, pois, porque não sabeis a que hora há de vir o Senhor", respondeu ele, explicando logo em seguida o Apocalipse iminente: "Porquanto se levantará nação contra nação, e reino contra reino, e haverá fomes, e pestes, e terremotos", antes que eles vissem "o Filho do Homem, vindo sobre as nuvens do céu, com poder e grande glória". A estratégia inflamatória de Jesus teria alarmado seriamente o prefeito romano e os sumos sacerdotes, que, advertiu ele, não deveriam esperar misericórdia nos Últimos Dias: "Serpentes, raça de víboras, como escapareis da condenação do inferno?".

Jerusalém ficava sempre tensa na Páscoa, mas as autoridades estavam mais nervosas do que de costume. Marcos e Lucas declaram, em alguns versículos aos quais não se dá muita atenção, que tinha acabado de haver alguma rebelião galileia perto da "torre de Siloé", ao sul do Templo. Um dos rebeldes sobreviventes, Barrabás, com quem Jesus não tardaria a encontrar-se, tinha "cometido um as-

---

estava aberto ao público, e só raramente era usado pelo sumo sacerdote. Outra tradição cristã diz que Jesus entrou pelo portão Bonito, do outro lado, hoje provavelmente perto do Bab al-Silsila (portão da Corrente), no oeste. Isso é mais provável. Mas o portão Bonito é também o lugar onde Pedro e João realizaram um milagre depois da morte de Jesus. O próprio nome portão Dourado pode ser uma versão confusa de "bonito", pois dourado em latim (*aurea*) e bonito em grego (*oreia*) são muito parecidos. A santidade de Jerusalém está cheia desses mal-entendidos, e múltiplas lendas se aplicam aos mesmos lugares, para reforçar e embelezar sua santidade.

sassinato na insurreição". Os sumos sacerdotes resolveram não correr riscos com outro galileu que previa a destruição deles num Apocalipse iminente; Caifás e Anás, influente ex-sumo sacerdote, discutiram o que fazer. Seguramente era melhor, disse Caifás no Evangelho de João, "que um homem morra pelo povo e que não pereça toda a nação". E fizeram seus planos.

No dia seguinte, Jesus preparou-se para a Páscoa na Sala Superior — o Cenáculo —, no monte ocidental de Jerusalém (mais tarde conhecido como monte Sião). Durante a ceia, Jesus soube de alguma maneira que seu apóstolo Judas Iscariotes o traíra por trinta moedas de prata, mas não alterou seu plano de andar pela cidade até os tranquilos olivais do jardim de Getsêmani, do outro lado do vale do Cédron, em frente ao Templo. Judas escapuliu. Não sabemos se traiu Jesus por princípio — por ser radical demais, ou radical de menos — ou por ganância ou inveja.

Judas voltou com um grupo de sacerdotes superiores, guardas do Templo e legionários romanos. Jesus não foi reconhecido de imediato no escuro; por isso, Judas o traiu identificando-o com um beijo, e então recebeu a prata. Num caótico drama à luz de archotes, os apóstolos desembainharam as espadas. Pedro cortou fora a orelha de um dos servos do sumo sacerdote e um rapaz anônimo correu nu na noite, toque tão excêntrico que soa verdadeiro. Jesus foi preso e os apóstolos debandaram, exceto dois que seguiram de longe.

Já era quase meia-noite. Jesus, guardado por soldados romanos, foi levado ao longo das muralhas meridionais pelo portão de Siloé até o palácio da eminência parda da cidade, Anás, na Sala Superior.* Anás dominava Jerusalém e personi-

* Todos os passos dessa história desenvolveriam sua própria geografia em Jerusalém, embora a localização de muitos deles, provavelmente, esteja errada do ponto de vista histórico. A Sala Superior (Cenáculo) no monte Sião é o lugar tradicional da Última Ceia; o verdadeiro lugar talvez fosse mais perto das casas baratas em volta do poço de Siloé, pois Marcos menciona "um homem carregando uma jarra de água" ali. A tradição da Última Ceia desenvolveu-se no fim do século v, e ainda com mais força sob os cruzados. Uma tradição mais forte sugere que esse lugar foi onde o Espírito Santo desceu sobre os apóstolos em Pentecostes, depois da morte de Jesus: esse é, certamente, um dos mais antigos santuários cristãos. Sua santidade era tão contagiosa que judeus e muçulmanos passaram a reverenciá-la também. O lugar tradicional — mas plausível — da mansão de Anás é sob a igreja do Santo Arcanjo, no bairro Armênio. Um peso de pedra com a inscrição "pertence à casa de Caifás", em aramaico, foi encontrado em Jerusalém, e em 1990 construtores descobriram um estojo funeral lacrado, no qual havia um ossário com a inscrição "José filho de Caifás" — de modo que provavelmente se trata dos ossos do sumo sacerdote. Acredita-se que o jardim de Getsêmani, com seus olivais antigos, é o lugar correto.

ficava a rígida e incestuosa rede de ligações das famílias do Templo. Ex-sumo sacerdote, era sogro do encarregado atual, Caifás, e não menos do que cinco de seus filhos seriam sumos sacerdotes. Mas ele e Caifás eram desprezados pela maioria dos judeus como colaboradores venais e violentos, cujos servos, queixava-se um texto judaico, "nos batem a bengaladas"; sua justiça era um esquema corrupto para ganhar dinheiro. Já Jesus tocara numa corda popular e tinha admiradores até no Sinédrio. O julgamento desse pregador popular e destemido teria de ser realizado às pressas, de noite.

Passada a meia-noite, enquanto os guardas acendiam uma fogueira no pátio (e Pedro, discípulo de Jesus, negava três vezes que conhecia o mestre), Anás e o genro reuniram seus leais membros do Sinédrio — mas não todos, porque pelo menos um, José de Arimateia, era admirador de Jesus e não aprovava sua prisão. Jesus foi interrogado pelo sumo sacerdote. Era verdade que tinha ameaçado destruir o Templo e reconstruí-lo em três dias? Que dizia ser o Messias? Jesus nada respondeu, mas finalmente admitiu: "Vereis o Filho do Homem sentado à direita do poder de Deus, vindo sobre as nuvens do céu".

"Acabastes de ouvir a blasfêmia", disse Caifás.

"Merece a morte", respondeu a multidão, que se reunira apesar da hora tardia. Jesus teve os olhos vendados e foi insultado no pátio até amanhecer, quando tudo poderia começar para valer. Pilatos aguardava.[2]

PÔNCIO PILATOS: O JULGAMENTO DE JESUS

O prefeito romano, guardado por suas tropas auxiliares e observado por uma tensa multidão, administrava justiça na Pretoria, a elevada plataforma fora da cidadela de Herodes, quartel-general romano perto do atual portão de Jaffa. Pôncio Pilatos era um comandante militar agressivo e sem tato, fora de ambiente na Judeia. Também era desprezado em Jerusalém, notório por "venalidade, violência, roubo, assaltos, abuso, intermináveis execuções e selvagem ferocidade". Até mesmo um dos príncipes herodianos o chamava de "vingativo, de gênio furioso".

Ele já tinha deixado os judeus indignados por ordenar que suas tropas marchassem em Jerusalém ostentando escudos com imagens do imperador. Herodes

Antipas encabeçou delegações para pedir que fossem retiradas. Sempre "inflexível e cruel", Pilatos recusava. Quando mais judeus protestaram, ele soltou seus guardas, mas os delegados se jogaram no chão e descobriram seus pescoços. Pilatos então retirou as imagens ofensivas. Posteriormente, matou os rebeldes galileus "cujo sangue Pilatos misturara com o de seus sacrifícios".[3]

"És tu o rei dos judeus?", perguntou Pilatos. Afinal de contas, os seguidores de Jesus tinham-no aclamado rei quando entrou em Jerusalém. Mas ele respondeu: "Tu o dizes". E recusou-se a acrescentar qualquer coisa. Porém Pilatos foi informado de que ele era galileu. "Ao descobrir que era da jurisdição de Herodes", Pilatos mandou o prisioneiro para Herodes Antipas, em sinal de cortesia ao governante da Galileia, que tinha interesse especial em Jesus. Era uma pequena caminhada até o palácio de Antipas. Herodes Antipas, diz Lucas, "alegrou-se muito", pois de longo tempo desejava conhecer o sucessor de João Batista, "e esperava presenciar algum milagre operado por ele". Mas Jesus tinha tal desprezo pelo "raposa", assassino de João, que nem sequer se dignou falar-lhe.

Antipas entreteve-se com Jesus, pedindo-lhe que mostrasse seus truques, presenteando-o com um manto real e chamando-o de "rei". É pouco provável que o tetrarca tentasse salvar o sucessor de João Batista, mas ficou feliz com a oportunidade de entrevistá-lo. Pilatos e Antipas eram antigos inimigos, mas agora "ficaram amigos". Apesar de tudo, Jesus era problema romano. Herodes Antipas devolveu-o à Pretoria. Ali, Pilatos julgou Jesus, dois supostos ladrões e Barrabás, que, diz Marcos, "fora preso com seus cúmplices". Entende-se com isso que alguns rebeldes, incluindo talvez os dois "ladrões", foram julgados juntamente com Jesus.

Pilatos divertiu-se com a ideia de soltar um dos prisioneiros. Alguns na multidão pediram por Barrabás. De acordo com os Evangelhos, Barrabás foi solto. Parece improvável: os romanos geralmente executavam rebeldes assassinos. Jesus foi condenado à cruz, enquanto Pilatos, segundo Mateus, "fez com que lhe trouxessem água e lavou as próprias mãos diante do povo e disse: 'Sou inocente do sangue deste justo'".

"Caia sobre nós o seu sangue e sobre nossos filhos", respondeu o povo.

Longe de ser vacilante e timorato, o violento e obstinado Pilatos jamais tinha sentido necessidade de lavar as mãos antes de derramar sangue. Numa disputa anterior com os judeus, mandara suas tropas, disfarçadas em trajes civis, infiltrarem-se no meio de uma pacífica multidão de Jerusalém; a um sinal de Pilatos, os soldados desembainharam as espadas e limparam as ruas, matando muitos deles. Agora Pilatos, que já tinha enfrentado a rebelião de Barrabás naquela semana, temia claramente o reaparecimento dos "reis" e "pseudoprofetas" que infestaram a Judeia desde a morte de Herodes. Jesus era sedicioso à sua maneira oblíqua, e sem dúvida popular. Até Josefo, ele mesmo um fariseu, descreveu Jesus anos depois como um sábio mestre.

O relato tradicional da condenação, portanto, não soa verdadeiro. Os Evangelhos afirmam que os sacerdotes insistiam em dizer que não tinham autoridade para decretar sentença de morte, mas não está claro, de forma alguma, que isso seja verdade. O sumo sacerdote, escreve Josefo, "julgará em casos de disputa, e punirá os culpados de crime". Os Evangelhos, escritos ou corrigidos depois da destruição do Templo no ano 70 da Era Cristã, acusam os judeus e absolvem os romanos, desejosos de mostrar lealdade ao império. Mas as acusações contra Jesus, bem como o castigo, contam sua própria história: foi uma operação romana.

Jesus, como a maioria das vítimas de crucificação, foi açoitado com chicote de couro e ponta de osso ou metal, um tormento tão feroz que geralmente matava a vítima. Usando uma placa com os dizeres "Rei dos judeus" — preparada pelos soldados romanos, muitos deles auxiliares sírio-gregos — e sangrando muito depois da flagelação, Jesus foi levado embora, provavelmente na manhã de 14 de Nisan, ou sexta-feira, 3 de abril de 33. Junto com duas outras vítimas, ele carregou o *patibulum*, a trave da cruz, para sua própria crucificação, saindo da prisão da Cidadela e passando pelas ruas da Cidade Alta. Seus seguidores convenceram Simão, o Cirineu, a ajudá-lo a carregar o madeiro, enquanto as admiradoras lamentavam. "Filhas de Jerusalém, não choreis por mim; chorai antes por vós mesmas e por vossos filhos", porque o Apocalipse era iminente — "os dias hão de vir".

Jesus saiu de Jerusalém pela última vez, dobrando à esquerda pelo portão de Gennath (dos Jardins) para uma área de jardins acidentados, túmulos cortados na pedra e a colina de execuções de Jerusalém, adequadamente chamada de Lugar da Caveira: Gólgota.*

* Essa rota é totalmente diferente da tradicional Via Dolorosa. O portão de Gennath, mencionado por Josefo, foi identificado pelo arqueólogo israelense Nahman Avigad na parte setentrional do Bairro Judeu, numa seção da Primeira Muralha. No período muçulmano, cristãos acreditavam erroneamente que a fortaleza Antônia era a pretoria onde Pilatos tinha feito o julgamento. Monges franciscanos medievais desenvolveram a tradição das Estações da Cruz ao longo da Via Dolorosa, indo do local de Antônia até a igreja do Santo Sepulcro — quase certamente a rota errada. Gólgota deriva da palavra aramaica para "crânio", e Calvário, da palavra latina para "crânio", *calva*.

Uma multidão de inimigos e amigos seguiu Jesus fora da cidade para observar a questão macabra e técnica da execução, sempre um espetáculo que fascinava. O sol tinha se posto quando ele chegou ao local da crucificação, onde o poste vertical o aguardava: tinha sido usado antes dele e seria usado depois. Os soldados ofereceram a Jesus o tradicional gole de vinho e mirra para acalmar os nervos, mas ele recusou. Prenderam-no ao braço da cruz e o levantaram para o alto da estaca.

A crucificação, disse Josefo, era "a mais miserável das mortes",* destinada a humilhar a vítima em público. Por isso Pilatos mandou prender a placa na cruz — "Rei dos Judeus". As vítimas eram atadas ou pregadas. A habilidade estava em impedir que a vítima sangrasse até morrer. Os cravos eram geralmente enfiados através dos antebraços — não das palmas — e tornozelos: os ossos de um judeu crucificado foram descobertos num túmulo no norte de Jerusalém, com um cravo de ferro de 11,4 centímetros ainda fincado no tornozelo. Cravos de vítimas de crucificação eram usados popularmente como talismã em volta do pescoço, tanto por judeus como por pagãos, para prevenir doenças. Portanto, o fetiche das relíquias da crucificação, cultivado mais tarde pelos cristãos, era, na verdade, parte de uma longa tradição. Muitas vezes as vítimas eram crucificadas nuas — homens de frente e mulheres de costas.

Os verdugos eram especialistas em prolongar ou abreviar a agonia. O objetivo não era matar Jesus muito depressa, mas demonstrar a futilidade de desafiar o poder de Roma. Ele provavelmente foi pregado na cruz com os braços abertos, como aparece na arte cristã, apoiado por um pequeno calço (*sedile*) sob as nádegas e com uma saliência (*suppedaneum*) debaixo dos pés. Com esse arranjo, pode-

* Em 74 a.C., o jovem Júlio César foi capturado por piratas. Depois de pagar o resgate e ser solto, ele voltou para prendê-los e crucificá-los. Mas, em reconhecimento à sua polidez, ele agiu da forma mais humana possível: graciosamente cortou-lhes a garganta *antes* da crucificação. A crucificação teve origem no leste — Dario, o Grande, crucificava rebeldes babilônios — e foi adotada pelos gregos. Como vimos, Alexandre, o Grande, crucificou os tírios; Antíoco Epifânio e o rei judeu Alexandre Janeu crucificaram hierosolimitas rebeldes; os cartagineses crucificavam generais insubordinados. Em 71 a.C., a supressão romana da revolta escrava de Espártaco culminou com uma crucificação em massa. A madeira para a cruz veio, segundo consta, do local do fortificado mosteiro da Cruz, do século XI, perto de onde fica hoje o Knesset israelense. O mosteiro foi por muito tempo o quartel-general da Igreja Ortodoxa Georgiana em Jerusalém.

ria sobreviver por horas, até mesmo dias. A melhor maneira de apressar a morte era quebrar as pernas. O peso do corpo caía sobre os braços, e a vítima era asfixiada em dez minutos.

Horas se passaram; os inimigos zombavam dele; passantes escarneciam. A amiga Maria Madalena fez vigília com a mãe Maria e o "discípulo amado", possivelmente o irmão Tiago. Seu defensor José de Arimateia também o visitou. O calor do dia ia e vinha. "Tenho sede", disse Jesus. Suas seguidoras molharam uma esponja em vinagre e hissopo, e a ergueram até seus lábios num junco para que ele pudesse sugá-la. Às vezes parecia desesperar-se. "Deus meu, Deus meu, por que me desamparaste?", falou, citando a passagem apropriada da Escritura, o Salmo 22. Mas o que significava dizer que Deus o desamparara? Jesus esperava que Deus desencadeasse o Fim dos Tempos?

Enquanto enfraquecia, viu a mãe. "Eis aí o teu filho", disse Jesus, pedindo ao discípulo amado que cuidasse dela. Faria sentido se fosse seu irmão, pois o discípulo afastou Maria para que ela descansasse. As multidões devem ter dispersado. A noite caiu.

A crucificação era uma morte lenta, de calor, fome, sufocação, choque ou sede, e Jesus provavelmente sangrava em consequência da flagelação. De repente, deu um suspiro. "Está consumado", disse, e perdeu a consciência. Devido à tensão em Jerusalém e à iminência do sabá e do feriado da Páscoa, Pilatos deve ter ordenado a seus verdugos que apressassem as coisas. Os soldados quebraram as pernas dos dois bandidos ou rebeldes, permitindo-lhes sufocar; quando chegaram a Jesus, porém, ele já parecia morto, e então "um dos soldados lhe furou o lado com uma lança e logo saiu sangue e água". Pode ter sido a lança que o matou.

José de Arimateia correu à Pretoria para pedir o corpo a Pilatos. As vítimas costumavam apodrecer na cruz, comidas pelos abutres, mas os judeus acreditavam em sepultamento rápido. Pilatos concordou.

Os judeus mortos não eram sepultados na terra no século I; jaziam num lençol dentro de um túmulo na pedra, do qual as famílias tomavam conta para terem certeza de que estavam mortos, e não apenas em estado comatoso — embora raro, não era inédito descobrir que os "mortos" estavam acordados na manhã seguinte. Depois os corpos dessecavam durante um ano, e então os ossos eram postos numa caixa conhecida como ossário, geralmente com o nome gravado do lado de fora, numa tumba na pedra.

José, a família de Jesus e seguidores foram buscar o corpo e logo encontraram um túmulo desocupado num jardim próximo onde o haviam deitado. O corpo foi tratado com especiarias caras e enrolado numa mortalha — como o sudário do século I descoberto num sepulcro um pouco ao sul das muralhas da cidade, no Campo de Sangue, ainda com tufos de cabelos humanos (mas diferente do famoso Sudário de Turim, agora datado de 1260 a 1390).* É provável que a atual igreja do Santo Sepulcro, que abrange o lugar da crucificação e o túmulo, seja o local genuíno, pois a tradição foi mantida por cristãos locais pelos três séculos seguintes. A pedido de Caifás, Pilatos designou guardas para o túmulo de Jesus, pois "os discípulos poderiam vir à noite roubar o corpo e dizer ao povo: 'Ele ressuscitou dos mortos'".

Até aqui, a história da Paixão de Jesus — do latim *patior*, sofrer — é baseada em nossa única fonte (os Evangelhos), mas não é preciso ter fé para acreditar na vida e na morte de um profeta e taumaturgo judeu. No entanto, três dias depois da crucificação, no domingo de manhã, de acordo com Lucas, mulheres da família de Jesus e seguidoras (incluindo sua mãe e Joana, mulher do administrador de Herodes Antipas) visitaram o sepulcro: "Encontraram removida a pedra do sepulcro e, entrando, não acharam o corpo do Senhor Jesus [...] e estando elas muito perplexas, eis que pararam junto delas dois homens, com vestes resplandecentes, e, como estivessem amedrontadas, eles lhes disseram: 'Por que buscais entre os mortos aquele que está vivo? Não está aqui, mas ressuscitou'". Os discípulos amedrontados esconderam-se no monte das Oliveiras durante a semana da Páscoa, mas Jesus apareceu várias vezes para eles e para sua mãe, dizendo-lhes: "Não tenhais medo". Quando Tomé duvidou da Ressurreição, Jesus lhe mostrou as chagas das mãos e do lado. Dias depois, levou-os até o monte das Oliveiras, de onde subiu aos céus. Essa Ressurreição, que converteu uma morte sórdida num triunfo transformador da vida sobre a morte, é o momento crucial da fé cristã, comemorado no domingo de Páscoa.

Para os que não compartilham essa fé, é impossível verificar os fatos. Mateus revela o que com certeza era uma versão alternativa contemporânea de eventos "comumente relatados entre os judeus até hoje": os sumos sacerdotes pagaram sem demora aos soldados que deviam estar guardando o túmulo, ordenando-lhes que contassem a todo mundo que "vieram de noite os seus discípulos e, estando nós dormindo, furtaram-no".

* As investigações sobre o Santo Sudário ainda são cercadas de grande polêmica. (N. E.)

Os arqueólogos tendem a acreditar que o corpo foi simplesmente retirado e sepultado por amigos e pela família em outro sepulcro na rocha, em algum ponto de Jerusalém. Escavaram tumbas, com ossários que trazem nomes como "Tiago irmão de Jesus" e até "Jesus filho de José". Isso provocou manchetes na mídia. Alguns ossários foram expostos como fraudes, mas a maioria era de genuínas sepulturas do século I, com nomes judaicos muito comuns — e sem qualquer relação com Jesus.*

Jerusalém celebrou a Páscoa. Judas investiu sua prata em imóvel — o Campo do Oleiro [vala comum] de Aceldama, ao sul da cidade, apropriadamente no vale do Inferno —, onde então "caiu prostrado e arrebentou pelo meio, e todas as suas entranhas se derramaram".** Os discípulos, quando saíram do esconderijo, reuniram-se para Pentecostes na Sala Superior, o Cenáculo, em monte Sião, "e de repente veio do céu um vento impetuoso" — o Espírito Santo, que lhes permitiu falar línguas para se dirigirem às muitas nacionalidades que estavam em Jerusalém e realizarem curas em nome de Jesus. Pedro e João entravam no Templo pelo portão Bonito para suas preces diárias quando um deficiente físico pediu esmolas. "Levanta-te e anda", disseram; e ele o fez.

Os apóstolos escolheram o irmão de Jesus como "supervisor de Jerusalém", líder dos sectários judeus conhecidos como nazarenos. A seita deve ter crescido porque, não muito tempo depois da morte de Jesus, "houve grande perseguição contra a Igreja em Jerusalém". Um dos seguidores de Jesus que falava grego, Estêvão, tinha denunciado o Templo, dizendo que "o Altíssimo não habita em ca-

* O Evangelho de Pedro, um códice gnóstico que data do século II ou III, descoberto no século XIX no Egito, traz uma história misteriosa sobre a remoção do corpo. O Evangelho mais antigo, o de Marcos, escrito quarenta anos depois, por volta do ano 70, termina com Jesus colocado no sepulcro, e não menciona a Ressurreição. O relato de Marcos sobre a Ressurreição é acréscimo posterior. Mateus (escrito aproximadamente no ano 80) e Lucas são baseados em Marcos e em outra fonte desconhecida. É por isso que os três são conhecidos como sinóticos — palavra grega que significa "vistos de uma só vez". Lucas minimizou o papel da família de Jesus na Crucificação, mas Marcos menciona Maria, mãe de Tiago, José e a irmã de Jesus. João, o último Evangelho, escrito provavelmente no fim do século, apresenta um Jesus mais divino do que os outros, mas tem outras fontes, e dá mais detalhes sobre as primeiras visitas de Jesus a Jerusalém.

** Os Atos dos Apóstolos contam essa história, mas Mateus tem outra versão: o arrependido Judas atirou suas pratas para o Templo e, com elas, o sumo sacerdote (que não poderia colocá-las no tesouro do Templo porque era dinheiro de sangue) comprou o Campo do Oleiro [vala comum] "para enterrar estrangeiros". Depois Judas se enforcou. O Aceldama — Campo de Sangue — continuou sendo um local de sepultamento na Idade Média.

sas construídas por mãos humanas". Provando que o sumo sacerdote tinha autoridade para condenar à morte, Estêvão foi julgado pelo Sinédrio e apedrejado fora dos muros, provavelmente ao norte de onde hoje fica o portão de Damasco. Foi o primeiro "mártir" cristão — adaptação da palavra grega para "testemunha". Mas Tiago e os nazarenos continuaram judeus praticantes, leais a Jesus, e também ensinando e rezando no Templo pelos trinta anos seguintes. Tiago era admirado por muitos como homem santo judeu. O judaísmo de Jesus era claramente não mais idiossincrático do que o de muitos outros pregadores que vieram antes e depois dele.

Os inimigos de Jesus não prosperaram. Logo depois da crucificação, Pilatos foi arruinado por um pseudoprofeta samaritano que pregava a agitadas multidões, dizendo que tinha encontrado a urna de Moisés no monte Gerizim. Pilatos mandou a cavalaria, que abateu muitos dos seus seguidores. O prefeito já tinha levado Jerusalém à beira da revolta aberta; agora os samaritanos também denunciavam sua brutalidade.

O governador da Síria teve de restaurar a ordem em Jerusalém. Demitiu Caifás e Pilatos, que foi mandado de volta para Roma. A medida foi tão popular que os hierosolimitas deram eufóricas boas-vindas ao governador romano. Pilatos desapareceu da história. Enquanto isso, Tibério cansava-se de Herodes Antipas.[4] Mas esse não foi o fim dessa dinastia: os herodianos estavam prestes a desfrutar de uma extraordinária restauração graças ao mais aventureiro dos príncipes judeus, que faria amizade com o demente imperador de Roma e reconquistaria Jerusalém.

12. O último dos Herodes (40-66)

HERODES AGRIPA: O AMIGO DE CALÍGULA

O jovem Herodes Agripa foi criado em Roma, dentro da família imperial, e tornou-se o melhor amigo de Druso, filho do imperador Tibério. Esse indivíduo extrovertido, charmoso e esbanjador — o neto de Herodes, o Grande, e Mariana, filho de seu filho executado Aristóbulo — contraiu enormes dívidas para acompanhar o filho do imperador e os amigos de farra.

Quando Druso morreu jovem em 23 da Era Cristã, o desconsolado imperador não conseguia mais sequer olhar para os amigos do filho, e Herodes Agripa, agora falido, retirou-se para a Galileia, governada por Antipas, que era casado com sua irmã Herodias. Antipas deu-lhe um aborrecido emprego em Tiberíades, mas monotonia não era o estilo de Agripa, e ele fugiu para a Idumeia, terra natal da família, e ali chegou a pensar em suicídio. A esse pródigo patife, porém, alguma coisa sempre aparecia.

Mais ou menos na época da crucificação de Jesus, Filipe, o tetrarca das terras setentrionais da família, morreu. Antipas pediu ao imperador para ampliar seu principado. Tibério sempre gostara de Herodes Agripa, e por isso ele correu à residência do imperador em Capri para defender sua reivindicação e enfraquecer a do tio. Encontrou Tibério residindo melancolicamente na Vila Júpiter, onde, de acordo com o historiador Suetônio, satisfazia seus fatigados apetites com meninos conhecidos como seus "peixinhos", treinados para lhe chuparem as partes íntimas enquanto nadava na piscina.

Tibério recebeu bem Agripa — até tomar conhecimento da sequência de dívidas não pagas que ele contraíra pelo Mediterrâneo. Mas Agripa, jogador nato, convenceu Antônia, amiga da mãe, a emprestar-lhe dinheiro e interceder junto ao imperador. Severa e casta, Antônia, filha de Marco Antônio, era respeitada por Tibério, que a via como modelo ideal do aristocrata romano. Ouviu-lhe os conselhos e perdoou o crápula judeu. Agripa usou o dinheiro não para quitar as dívidas, mas para dar um generoso presente a outro principezinho falido, Calígula, que, com o menino Gemelo, filho de Druso, falecido amigo de Agripa, era o co-herdeiro de Tibério. O imperador pediu ao herodiano que cuidasse de Gemelo.

Em vez disso, o oportunista Agripa tornou-se o melhor amigo de Caio Calígula, que, desde quando desfilou perante as legiões como mascote num miniuniforme militar (incluindo botas do exército, *caligae* — de onde lhe veio o apelido "Botinhas"), era amado por ser filho do popular general Germânico. Com 25 anos, calvície incipiente e jeito desengonçado, Calígula era mimado, dissoluto e muito provavelmente insano, mas continuava querido do povo e impaciente para herdar o império. Calígula e Herodes Agripa devem ter partilhado uma vida de extravagante devassidão, a 1 milhão de quilômetros de distância da piedade dos irmãos de Agripa em Jerusalém. Enquanto passeavam por Capri, os dois devanearam sobre a morte de Tibério, mas o condutor do carro ouviu tudo. Quando Agripa mandou prendê-lo por roubo, o condutor o delatou ao imperador. Agripa foi jogado na prisão e acorrentado, mas, protegido pelo amigo Calígula, obteve permissão para banhar-se, receber amigos e saborear seus pratos preferidos.

Quando Tibério finalmente morreu, em março de 37, Calígula, tendo assassinado o jovem Gemelo, sucedeu-o como imperador. De imediato mandou soltar o amigo; presenteou-o com correntes de ouro para comemorar a época que ele passara de fato acorrentado e promoveu-o a rei, dando-lhe a tetrarquia setentrional de Filipe. Uma bela virada da sorte. Simultaneamente, Herodias, a irmã de Agripa, e Antipas, a odiada "raposa" de Jesus, viajaram a Roma para anular a decisão e obter seu próprio reino. Mas Agripa forjou provas contra eles, alegando que planejavam uma rebelião. Calígula depôs Antipas, o assassino de João Batista — que depois morreu em Lyon —, e deu todas as suas terras para Herodes Agripa.

O novo rei raramente visitava seu reino, preferindo ficar perto de Calígula, cujas excentricidades homicidas logo o transformaram de favorito de Roma em seu opressor. Sem os créditos militares dos antecessores, Calígula tentou aumentar o prestígio ordenando que sua própria imagem fosse adorada em todo o império — e no Santo dos Santos do Templo. Jerusalém o desafiou: os judeus prepararam-se para se rebelar, com delegações dizendo ao governador da Síria que "ele terá de sacrificar toda a nação judia" antes que tolerassem semelhante sacrilégio. Lutas étnicas rebentaram em Alexandria entre gregos e judeus. Quando as duas partes enviaram delegações a Calígula, os gregos alegaram que os judeus eram o único povo que não adorava a estátua de Calígula.

Felizmente, o rei Agripa ainda estava em Roma, cada vez mais íntimo do cada vez mais errático Calígula. Quando o imperador lançou uma expedição à Gália, o rei judeu estava no seu entourage. Mas, em vez de lutar, Calígula declarou vitória sobre o mar e colecionou conchas para o seu Triunfo.

Calígula ordenou a Petrônio, governador da Síria, que cumprisse suas ordens e esmagasse Jerusalém. Delegações judaicas, encabeçadas pelos príncipes herodianos, suplicaram a Petrônio que mudasse de ideia. Petrônio hesitou, sabendo que seguir adiante seria a guerra, e recusar-se seria a morte. Mas o rei Herodes Agripa, o pródigo oportunista, de repente se revelou o surpreendente defensor dos judeus, escrevendo corajosamente a Calígula uma das cartas mais assombrosas já redigidas em favor de Jerusalém:

> Eu, como sabeis, sou por nascimento judeu e minha cidade natal é Jerusalém, onde está situado o santuário sagrado do Deus Altíssimo. Esse Templo, meu senhor Caio, jamais, desde o início, admitiu qualquer figura feita por mãos humanas, porque é o santuário do verdadeiro Deus. Vosso avô [Marco] Agripa visitou o Templo e rendeu-lhe homenagem, e Augusto fez o mesmo. [Agradece a Calígula favores concedidos, mas] troco todos [esses benefícios] por uma única coisa — que as instituições ancestrais não sejam perturbadas. Ou fico sendo traidor da minha gente, ou deixo de ser vosso amigo como sempre fui; não há alternativa.*

* "Coube a mim", escreveu Agripa, como macabeu e herodiano, "ter reis por avós e ancestrais, a maioria com o título de sumo sacerdote, que consideravam a monarquia inferior ao sacerdócio. Ocupar o cargo de sumo sacerdote é superior em excelência a ocupar o de rei, assim como Deus é superior aos homens. Pois a função de um é adorar a Deus, e a do outro, encarregar-se de homens. Estando minha sorte lançada nesta nação, nesta cidade e neste Templo, eu vos suplico por todos eles."

Ainda que a bravata sobre "morte ou liberdade" seja exagerada, era arriscado escrever uma carta como essa a Calígula — mas a intervenção do rei aparentemente salvou Jerusalém.

Num banquete, o imperador agradeceu ao rei Agripa pela ajuda que lhe dera antes de sua ascensão ao trono, oferecendo-se para atender a qualquer pedido seu. O rei lhe pediu que não pusesse sua imagem no Templo. Calígula concordou.

HERODES AGRIPA E O IMPERADOR CLÁUDIO: ASSASSINATO, GLÓRIA E VERMES

Depois de uma estranha doença no fim de 37, o imperador ficou cada vez mais desequilibrado. Nos anos seguintes, as fontes afirmam que ele cometeu incesto com suas três irmãs, prostituiu-as com outros homens e designou seu cavalo como cônsul. É difícil avaliar a verdade desses escândalos, apesar de suas ações certamente terem alienado e aterrorizado boa parte da elite romana. Ele casou-se com a irmã, e então, quando ela engravidou, rasgou-lhe o ventre para tirar o bebê. Ao beijar uma mulher, refletiu em voz alta: "E este belo pescoço será cortado a hora que eu quiser"; e disse aos cônsules: "Basta um aceno meu para que vossas gargantas sejam cortadas no ato". Sua frase predileta era "se Roma tivesse apenas um pescoço", mas, insensatamente, gostava também de provocar seus guardas pretorianos machistas com palavras insolentes como "Príapo". Não era possível continuar.

Ao meio-dia de 24 de janeiro de 41, Calígula, acompanhado de Herodes Agripa, saía do teatro por uma passagem coberta quando um dos tribunos pretorianos desembainhou a espada e gritou: "Toma!". O golpe de espada atingiu o ombro de Calígula, quase partindo-o em dois, mas ele continuou gritando: "Ainda estou vivo". Os conspiradores gritaram: "Atacar de novo"; e acabaram com ele. Seus guarda-costas germânicos saíram pelas ruas saqueando; os guardas pretorianos pilharam o palácio imperial no monte Palatino e mataram a mulher de Calígula, esmagando o cérebro do seu bebê. O Senado aproveitou para tentar restaurar a República, pondo fim ao despotismo dos imperadores.

Herodes Agripa tomou conta do corpo de Calígula e, para ganhar tempo, declarou que o imperador ainda estava vivo, mas ferido, enquanto comandava um pelotão dos pretorianos até o palácio. Viram uma cortina mexer-se e atrás dela descobriram Cláudio, o manco e gago tio de Calígula e filho de Antônia, amiga da família de Agripa. Juntos, aclamaram-no imperador, levando-o para o seu grupo num escudo. Cláudio, republicano, tentou recusar a honra, mas o rei judeu o aconselhou a aceitar a coroa e convenceu o Senado a oferecê-la. Nenhum judeu praticante, antes ou depois, mesmo nos tempos modernos, foi tão poderoso. O novo imperador Cláudio, que se mostrou um governante firme e sensato, recompensou o amigo dando-lhe de presente Jerusalém e todo o reino de Herodes, o Grande, além de lhe garantir o status de cônsul. Até o irmão de Agripa recebeu um reino.

Herodes Agripa partira de Jerusalém como um imprestável e sem dinheiro; voltou como rei da Judeia. Ofereceu um sacrifício no Templo e, respeitosamente, leu o Deuteronômio para o povo reunido. Os judeus comoveram-se quando ele chorou por causa de suas próprias origens mistas e dedicou ao Templo as correntes de ouro de Calígula, símbolo de sua boa sorte. A "cidade santa", que ele via como "a cidade-mãe" não apenas da Judeia, mas dos judeus da Europa e da Ásia, foi conquistada por esse novo Herodes, cujas moedas o denominavam de "Grande Rei Agripa, Amigo de César". Fora de Jerusalém, ele vivia como um rei greco-romano; quando estava na cidade, porém, vivia como um judeu e fazia sacrifícios diários no Templo. Embelezou e fortificou a Jerusalém em expansão, acrescentando uma Terceira Muralha para incluir o novo subúrbio de Bezetha — cuja seção norte foi escavada.

Mas mesmo Agripa lutava para administrar as tensões de Jerusalém: designou três sucessivos sumos sacerdotes em dois anos e agiu contra os judeus cristãos. Isso pode ter coincidido com as medidas enérgicas de Cláudio contra os judeus cristãos em Roma — eles foram expulsos por desordem "por instigação de Chrestus" (Cristo). "Por aquele mesmo tempo", dizem os Atos dos Apóstolos, "o rei Herodes mandou prender alguns membros da igreja para maltratá-los" e decapitou Tiago (não o irmão de Jesus, mas o discípulo de mesmo nome). Também prendeu Pedro, o qual ele tencionava executar depois da Páscoa. De alguma forma, Pedro sobreviveu: os cristãos viram nisso um milagre, mas outras fontes sugerem que o rei simplesmente o soltou, talvez como um presente para a multidão.

Designar imperadores subiu à cabeça de Agripa, pois ele convocou uma reunião de cúpula dos reis locais em Tiberíades sem pedir permissão aos romanos. Os romanos ficaram apavorados e mandaram os reis dispersarem. Cláudio suspendeu a construção de quaisquer novas fortificações em Jerusalém. Mais tarde, quando Agripa governava como um divino rei grego, em mantos incrustados de ouro no fórum de Cesareia, um dia adoeceu do estômago: "Foi comido pelos vermes", dizem os Atos dos Apóstolos. Os judeus sentaram em estopas rezando por sua recuperação, mas foi em vão. Agripa tinha o carisma e a sensibilidade para conciliar judeus moderados, judeus fanáticos e romanos; ali morreu o único homem que poderia ter salvado Jerusalém.[1]

HERODES AGRIPA II: AMIGO DE NERO

A morte do rei desencadeou tumultos. Embora seu filho e xará Agripa II tivesse apenas dezessete anos, Cláudio quis dar-lhe o reino, mas foi aconselhado a não fazê-lo porque o rapaz era jovem demais para governar sua inflamável herança. O imperador, então, restaurou o governo direto dos procuradores romanos e deu ao irmão do falecido Agripa, o rei Herodes de Cálcis, o direito de designar sumos sacerdotes e administrar o Templo. Pelos 25 anos seguintes, Jerusalém foi governada por uma ambígua parceria entre procuradores romanos e reis herodianos, que não conseguiram apaziguar a turbulência causada por uma série de charlatães proféticos, conflitos étnicos entre gregos, judeus e samaritanos e pela distância cada vez maior entre os nobres ricos e pró-romanos e os judeus mais pobres e religiosos.

Os judeus cristãos, os nazarenos, tendo à frente Tiago, irmão de Jesus, e os chamados *presbyteroi*, ou anciãos, sobreviviam em Jerusalém, onde os discípulos originais adoravam a Deus no Templo como judeus. Mas nem de longe Jesus foi o último dos pregadores a desafiar a ordem romana. Josefo relaciona a erupção de um pseudoprofeta atrás de outro, na maioria das vezes executados pelos romanos.

Os procuradores não ajudavam a melhorar as coisas. Sua reação à eflorescência de profetas, como a de Pilatos, consistia em massacrar os seguidores, ao mesmo tempo que arrochavam a província para obter lucros. Certo ano, durante a Páscoa em Jerusalém, um soldado romano mostrou o traseiro nu aos judeus, provocando distúrbios. O procurador despachou mais soldados, que iniciaram uma correria, durante a qual milhares morreram sufocados nas ruas estreitas. Poucos anos depois, quando começou uma briga entre judeus e samaritanos, os romanos crucificaram muitos judeus. Os dois lados fizeram apelos a

Roma. Os samaritanos teriam levado a melhor, mas o jovem Herodes Agripa, que estudava em Roma, convenceu a poderosa mulher de Cláudio, Agripina: o imperador, além de apoiar os judeus, ordenou que o tribuno romano em falta fosse humilhado em Jerusalém e em seguida executado. Da mesma forma que seu pai em relação a Calígula, Agripa II era estimado não apenas por Cláudio, mas também pelo herdeiro de Cláudio, Nero. Quando o tio Herodes de Cálcis morreu, Agripa foi proclamado rei do feudo libanês, com poderes especiais sobre o Templo de Jerusalém.

Em Roma, o agora senil Cláudio foi envenenado por Agripina,* supostamente com uma pratada de cogumelos. O novo imperador adolescente Nero concedeu a Agripa II mais territórios na Galileia, na Síria e no Líbano. Em agradecimento, Agripa trocou o nome de Cesareia de Filipe, sua capital, para Neronias, e passou a anunciar suas boas relações com Nero em moedas com os dizeres "Filo-César". No entanto, os procuradores de Nero tendiam a ser corruptos e desajeitados. Um dos piores foi Antônio Félix, venal liberto grego que, escreve o historiador Tácito, "praticava todo tipo de crueldade e cobiça, exercendo poder de rei com instintos de escravo". Sendo ele irmão do secretário de Cláudio e (por algum tempo) de Nero, os judeus já não podiam fazer apelos a Roma. As escandalosas irmãs do rei Agripa personificavam a corrupção da elite. Drusila, que "excedia todas as mulheres em beleza", era casada com o rei árabe Azizus de Emesa, mas Félix "alimentou por ela uma paixão. Ela, que era infeliz e queria escapar da malícia da irmã Berenice", fugiu com Félix. Berenice, que fora rainha de Cálcis (casada com o tio), largou o último marido, o rei da Cilícia, para viver com o irmão: boatos romanos sugerem incesto. Félix explorava a Judeia para arrancar dinheiro, enquanto "bandidos de uma nova espécie", conhecidos como sicários (por causa de suas curtas adagas romanas), começaram a assassinar judeus importantes em festivais no meio de Jerusalém — seu primeiro êxito foi matar um ex-sumo sacerdote. Diante da matança étnica e do aparecimento sucessivo de "pseudoprofetas", Félix lutava para manter a paz, ao mesmo tempo que ficava rico.

* Cláudio não teve sorte em seus quatro casamentos, especialmente os dois últimos: matou uma mulher e foi morto pela outra. Executou sua adolescente e infiel mulher Messalina por traição e casou-se com a sobrinha, Júlia Agripina, a irmã de Calígula, que passou a promover Nero, seu filho de um casamento anterior, como herdeiro. Cláudio fez de Nero seu co-herdeiro, com o filho Britânico, a quem dera esse nome para comemorar a conquista da Britânia. Quando subiu ao trono, Nero assassinou Britânico.

No meio dessa turbulência apocalíptica, a pequena seita de Jesus dividia-se entre líderes judeus em Jerusalém e seguidores gentios no mais amplo mundo romano. Agora o mais dinâmico e radical de todos os seguidores de Jesus, que mais do que qualquer outro forjaria uma nova religião mundial, voltava para planejar o futuro do cristianismo.

PAULO DE TARSO: O CRIADOR DO CRISTIANISMO

Jerusalém recuperava-se do último espasmo de violência apocalíptica. Um judeu egípcio tinha acabado de conduzir uma multidão até o monte das Oliveiras, anunciando, com ecos de Jesus, que ia derrubar as muralhas e tomar posse de Jerusalém. O pseudoprofeta tentou invadir a cidade, mas os hierosolimitas se juntaram aos romanos para repelir seus seguidores. As legiões de Félix mataram a maioria deles.[2] Seguiu-se uma caçada humana ao próprio "feiticeiro", no momento em que Paulo chegava à cidade que conhecia tão bem.

O pai de Paulo era um fariseu que prosperara o suficiente para se tornar cidadão romano. Mandou o filho — nascido mais ou menos na mesma época em que nasceu Jesus, mas na Cilícia (hoje Turquia) — estudar no Templo em Jerusalém. Quando Jesus foi crucificado, Saulo, como então era chamado, apoiou as "ameaças e mortes": ele segurou os mantos daqueles que apedrejaram Estêvão "e consentiu na morte dele". Fabricante de tendas, esse fariseu romano que falava grego serviu como agente do sumo sacerdote até que, por volta do ano 37 da Era Cristã, na estrada de Damasco, teve a sua experiência do "apocalipse". "Subitamente o cercou um resplendor de luz do céu", e ele ouviu uma voz "que lhe dizia: Saulo, Saulo, por que me persegues?". O Cristo ressuscitado encarregou-o de ser o 13º apóstolo para pregar a boa-nova aos gentios.

Tiago e os cristãos em Jerusalém, compreensivelmente, suspeitaram desse recém-convertido, mas Paulo sentia-se compelido a pregar a mensagem com toda a sua obsessiva energia: "Ai de mim se não anunciar o Evangelho". Por fim, "Tiago, o irmão do Senhor", aceitou o novo colega. Pelos quinze anos seguintes, esse irreprimível agitador viajou pelo Oriente, pregando de forma dogmática sua própria versão do Evangelho de Jesus, que rejeitava ferozmente a exclusividade dos judeus. "O apóstolo dos gentios" acreditava que, "por nossa vida", Deus fez de Jesus "aquele que não conheceu o pecado, para que nele nos tornássemos a justiça de Deus". Paulo concentrou-se na Ressurreição, para ele uma ponte entre a humanidade e Deus. A Jerusalém de Paulo era um Reino Celestial, não o Templo real; seu "Israel" era qualquer seguidor de Jesus, não a nação judaica. Em certos aspectos, era estranhamente moderno, pois, ao contrário do duro espírito que caracterizava o mundo antigo, ele acreditava em amor, igualdade e inclusão: gregos e judeus, mulheres e homens, todos eram um só, todos poderiam alcançar a salvação pela fé em Cristo. Suas cartas dominam o Novo Testamento, formando um quarto dos seus livros. Tinha uma visão ilimitada, pois queria converter todos os povos.

Jesus tinha conquistado alguns seguidores não judeus, mas Paulo foi particularmente bem-sucedido entre os gentios e os chamados tementes a Deus, aqueles não judeus que tinham adotado aspectos do judaísmo sem fazer a circuncisão. Os sírios convertidos por Paulo em Antioquia foram os primeiros a ficar conhecidos como "cristãos". Por volta do ano 50, Paulo voltou a Jerusalém para convencer Tiago e Pedro a permitirem não judeus na seita. Tiago aceitou fazer uma concessão, mas nos anos seguintes descobriu que Paulo estava jogando judeus contra a Lei Mosaica.

Puritano solteiro e solitário, Paulo sofreu naufrágios, assaltos, surras e apedrejamentos em suas viagens, mas nada o desviou de sua missão: reconstruir os rústicos judeus da Galileia à imagem de Jesus Cristo, o salvador de toda a humanidade, cujo retorno era iminente na Segunda Vinda — o Reino de Deus. Por vezes ainda se comportava como um judeu, e deve ter voltado a Jerusalém em pelo menos cinco ocasiões; outras vezes, porém, apresentava o judaísmo como o novo inimigo. Nos primeiros textos cristãos, sua Primeira Carta aos Tessalonicenses (gentios gregos convertidos ao cristianismo), Paulo esbravejava contra os judeus por matarem Jesus e a seus próprios profetas. Achava a circuncisão, a aliança judaica com Deus, um dever para os judeus, mas irrelevante para os gentios: "Cuidado com esses cães! Cuidado com esses mutilados! Porque a circuncisão somos nós, que servimos a Deus em espírito, e gloriamo-nos em Cristo Jesus", vociferava ele contra os gentios cristãos que pensavam se deviam ou não ser circuncidados.

Àquela altura, Tiago e os anciãos em Jerusalém reprovavam Paulo. Tinham conhecido o Jesus real, mas Paulo insistia: "Fui crucificado com Cristo. Eu vivo, mas já não sou eu; é Cristo que vive em mim". Afirmava: "Trago em meu corpo as marcas de Jesus". Tiago, esse respeitado homem santo, acusava-o de rejeitar o judaísmo. Nem mesmo Paulo poderia ignorar o próprio irmão de Jesus. No ano 58, ele veio para fazer as pazes com a dinastia de Jesus.

A MORTE DE TIAGO, O JUSTO: A DINASTIA DE JESUS

Paulo acompanhou Tiago ao Templo para se purificar e rezar como um judeu, mas foi reconhecido por alguns judeus que o tinham visto pregar em suas viagens. O centurião romano, encarregado de manter a ordem no Templo, precisou intervir para salvá-lo de linchamento. Quando Paulo voltou a pregar, os romanos tomaram-no pelo foragido "feiticeiro" egípcio, e ele foi acorrentado e levado ao castelo de Antônia para ser açoitado. "É permitido açoitar um romano?", perguntou Paulo. O centurião descobriu, para sua perplexidade, que aquele visionário desesperado era cidadão romano, com o direito de apelar a Nero por julgamento. Os romanos permitiram que o sumo sacerdote e o Sinédrio interrogassem Paulo diante de uma multidão irada. Suas respostas foram tão insultuosas que mais uma vez ele quase foi linchado. O centurião acalmou o povo mandando-o embora para a Cesareia.[3]

As proezas de Paulo talvez tenham maculado os judeus cristãos. Em 62, o sumo sacerdote Ananus — filho de Anás, o que tinha julgado Jesus — prendeu Tiago, julgou-o perante o Sinédrio e mandou atirá-lo do muro do Templo, provavelmente do Pináculo onde seu irmão tinha sido tentado pelo diabo. Depois Tiago foi apedrejado e recebeu o *coup de grâce* com uma clava.* Josefo, que vivia em Jerusalém, denunciou Ananus como "selvagem", explicando que a maioria dos judeus estava estarrecida: o irmão de Jesus tinha sido universalmente respeitado. O rei Agripa II demitiu Ananus de imediato. Mas os cristãos continuaram uma dinastia: Jesus e Tiago foram sucedidos pelo primo ou meio-irmão Simão.

Enquanto isso, Paulo chegava como prisioneiro na Cesareia: Félix, o procurador, recebeu-o ao lado da esposa herodiana, a ex-rainha Drusila,** e propôs li-

* A cabeça de Tiago foi sepultada junto com a cabeça de outro jacobita — a de são Tiago, morto por Agripa I — na igreja que se tornou a catedral do Bairro Armênio. Por isso seu nome pode aparecer no plural: catedral dos santos Tiagos. Cabeças santas tendiam a proliferar nos relicários da Europa: outra cabeça (mais o corpo acéfalo) do apóstolo são Tiago foi descoberta na Espanha do século X, e tornou-se ponto central do culto de Santiago de Compostela, até hoje um vibrante santuário.

** Félix e Drusila tiveram um filho que vivia em Pompeia. Quando a cidade foi destruída pelo vulcão em 79, o filho e a mãe Drusila morreram nas cinzas.

bertá-lo em troca de suborno. Paulo recusou. Félix tinha outras preocupações. Combates eclodiam entre judeus e sírios. Ele massacrou uma grande quantidade de judeus e foi chamado de volta a Roma, deixando Paulo na cadeia. Herodes Agripa II e a irmã Berenice, ex-rainha de Cálcis e Cilícia (e supostamente sua amante incestuosa), visitou a Cesareia para cumprimentar o novo procurador, que encaminhou o caso cristão ao rei, assim como Pilatos mandara Jesus a Antipas no passado.

Paulo pregou o Evangelho cristão ao casal real, que se reclinava em "grande pompa", adaptando astutamente sua mensagem para o rei moderado: "Sei que conheces perfeitamente todos os costumes dos judeus. Rei Agripa, crês nos profetas? Bem sei que crês".

"Por pouco não me persuades a fazer-me cristão", respondeu o rei. "Esse homem poderia ser solto, se não tivesse apelado para César." Mas Paulo *tinha* apelado para Nero — e a Nero ele teria de ir.[4]

JOSEFO: A CONTAGEM REGRESSIVA PARA A REVOLUÇÃO

Paulo não era o único judeu que aguardava o julgamento de Nero. Félix tinha despachado também alguns infelizes sacerdotes do Templo para serem julgados pelo imperador. Um amigo deles, um jovem de 26 anos chamado José ben Matias, decidiu navegar até Roma e salvar os colegas. Mais conhecido como Josefo, ele estava destinado a ser muitas coisas — rebelde, comandante, protegido herodiano, cortesão imperial —, mas, acima de tudo, o supremo historiador de Jerusalém.

Josefo era filho de sacerdote, descendente dos macabeus e proprietário de terras. Foi criado em Jerusalém, onde era admirado pela cultura e pela vivacidade de espírito. Quando adolescente, tinha experimentado três importantes seitas judaicas, juntando-se até mesmo a alguns ascetas no deserto, antes de voltar para Jerusalém.

Ao chegar em Roma, Josefo entrou em contato com um ator judeu, que contava com a simpatia do pernicioso — mas teatral — imperador. Nero tinha matado a mulher e apaixonara-se por Pompeia, beldade de cabelos ruivos, tez pálida e que era casada. Quando se tornou imperatriz, Pompeia deu a Nero a confiança de matar a própria e maligna mãe, Agripina. Mas Pompeia também se tornou uma das semijudias "tementes a Deus". Por intermédio desse amigo ator, Josefo chegou à imperatriz, que ajudou a soltar seus amigos. Josefo saíra-se bem. Entretanto, ao voltar para casa com os companheiros, encontrou Jerusalém impregnada "de altas esperanças de uma revolta contra os romanos". Mas o levante não era inevitável: as relações de Josefo com Pompeia mostram que as linhas de comunicação entre Roma e Jerusalém continuavam abertas. A cidade enchia-se todos os anos de vastas quantidades de peregrinos judeus, com poucos sinais de problema, apesar da presença de apenas uma coorte auxiliar romana (de seiscentos a 1200 homens) na Antônia. A rica cidade do Templo subsistia "em estado de paz e prosperidade", administrada por um sumo sacerdote judeu designado por um rei judeu. Só agora o Templo tinha sido finalmente concluído, o que provocou o desemprego de 18 mil construtores. Por isso o rei Agripa criou mais obras, encomendando novas ruas.*

A qualquer momento, um imperador mais aplicado ou um procurador mais justo poderia ter restaurado a ordem entre as facções judaicas. Enquanto o império era governado por eficientes libertos gregos de Nero, suas posturas de ator e atleta — e até mesmo seus expurgos sangrentos — eram toleráveis. Mas quando a economia começou a falhar, a inépcia de Nero chegou à Judeia, onde não havia "forma de vilania" que seus procuradores "deixassem de praticar". Em Jerusalém, o último encarregado comandava um esquema de cobrança de proteção, aceitando suborno dos nobres cujos truculentos séquitos competiam com os sicários para aterrorizar a cidade. Não admira que outro profeta, ironicamente chamado Jesus, tivesse dito no Templo em altos brados: "Ai de Jerusalém!". Tido como insano, ele foi açoitado, mas não morto. Josefo, no entanto, dá notícia de pouco sentimento antirromano.

Em 64, Roma pegou fogo. Nero provavelmente supervisionou o combate aos incêndios e abriu seus jardins para os que perderam suas casas. Mas adeptos de teorias conspiratórias afirmam que foi Nero quem pôs fogo na cidade, para que assim pudesse construir um palácio maior, e que ele não se empenhou em debelar o incêndio, porque no momento tocava sua lira. Nero culpou os membros da seita semijudaica que se espalhava rapidamente — os cristãos —, muitos dos quais, por ordem sua, foram queimados vivos, despedaçados por animais

* A rua que ainda existe bem ao lado do Muro das Lamentações foi obra sua — assim como outro pavimento que pode ser visto no monte Sião.

selvagens ou crucificados. Entre as vítimas estavam dois homens presos em Jerusalém anos antes: Pedro, que, segundo consta, foi crucificado de cabeça para baixo, e Paulo, decapitado. O pogrom de Nero contra os cristãos lhe valeu um lugar no livro cristão do Apocalipse, o último do cânone do que se tornaria o Novo Testamento: as "bestas" de Satã são imperadores romanos, e 666, o número da besta, provavelmente é um código para Nero.*

Nero inventou "requintadas torturas" para os cristãos. Em casa, ele chutou a grávida imperatriz Pompeia no estômago, matando-a acidentalmente. Enquanto o imperador assassinava inimigos reais ou imaginários e promovia a carreira de ator, seu último procurador na Judeia, Géssio Floro, "exibia ostentosamente seus insultos à nação". A catástrofe começou na Cesareia: gregos-sírios sacrificaram um frango em frente à sinagoga; os judeus protestaram. Floro foi subornado para apoiar os gentios e marchou até Jerusalém, exigindo um imposto de dezessete talentos do Templo. Quando apareceu na Pretoria na primavera de 66, jovens judeus juntaram tostões e jogaram nele. Tropas gregas e sírias de Floro atacaram as multidões. Ele exigiu que as autoridades do Templo lhe entregassem os baderneiros, mas elas se recusaram a fazê-lo. Seus legionários, loucos de fúria, "entravam em todas as casas e matavam os moradores". Floro flagelou e crucificou seus prisioneiros, incluindo nobres judeus que eram cidadãos romanos. Essa foi a gota d'água: os aristocratas do Templo não contavam mais com proteção romana. A brutalidade dos auxiliares locais de Floro inflamou a resistência judaica. Enquanto sua cavalaria estrondeava pelas ruas com "uma dose de loucura", até a irmã do rei Agripa, a rainha Berenice, foi atacada. Os guardas da rainha levaram-na para dentro do palácio macabeu, mas ela tomou a decisão de salvar Jerusalém.[5]

* Se a forma grega de "Nero César" for transliterada em consoantes hebraicas, e se as consoantes forem substituídas por seu equivalente numérico, a soma das cifras resultantes é 666. O Apocalipse foi escrito provavelmente durante as perseguições do imperador Domiciano entre os anos 81 e 96. Em 2009, arqueólogos papais descobriram um túmulo escondido debaixo da Igreja de São Paulo Extramuros, em Roma, sempre reputada como o lugar do sepultamento de Paulo. A datação por carbono situou os ossos entre os séculos I e III — podem ser os restos mortais de Paulo.

13. Guerras judaicas: a morte de Jerusalém (66-70)

BERENICE, A RAINHA DESCALÇA: REVOLUÇÃO

Berenice andou descalça até a Pretoria — a mesma trajetória que Jesus teria feito ao voltar de Herodes Antipas para Pilatos trinta anos antes. A bela Berenice — filha e irmã de reis e duas vezes rainha — estava em peregrinação em Jerusalém para agradecer a Deus por ter se recuperado de uma doença, jejuando durante trinta dias e raspando a cabeça (surpreendente para uma herodiana romanizada). Atirou-se aos pés de Floro e suplicou-lhe que parasse, mas ele queria vingança e butim. Enquanto seus reforços aproximavam-se de Jerusalém, os judeus estavam divididos entre os que queriam a reconciliação com os romanos e os extremistas que se preparavam para a guerra, talvez na esperança de conquistar uma limitada independência sob suserania romana.

Os sacerdotes no Templo exibiram as vasilhas sagradas, borrifando o pó do luto no cabelo, numa tentativa de conter os jovens rebeldes. Os judeus marcharam pacificamente para saudar as coortes romanas, mas por instrução de Floro a cavalaria lançou-se sobre eles. As multidões correram para os portões, porém muitos morreram sufocados na debandada. Floro seguiu então para o monte do Templo, na expectativa de capturar a dominante fortaleza Antônia. Em resposta, os judeus bombardearam os romanos com lanças atiradas dos telhados, ocuparam Antônia e derrubaram as pontes que levavam para o Templo, transformando-o em um forte próprio.

Quando Floro saiu, Herodes Agripa chegou de Alexandria. O rei convocou uma assembleia de hierosolimitas na Cidade Alta, debaixo de seu palácio. Berenice escutava de um lugar seguro no telhado Agripa suplicando aos judeus para adiar a rebelião: "Não pensem em opor-se a todo o império dos romanos. A guerra, uma vez começada, não é fácil de terminar. O poder dos romanos é invencível em todas as partes do mundo habitável. Tenham piedade, se não de vossas mulheres e crianças, pelo menos desta metrópole — poupem o Templo!". Agripa e a irmã choraram abertamente. Os hierosolimitas disseram aos gritos que só queriam lutar contra Floro. Agripa disse-lhes que pagassem o tributo. O povo concordou e ele os conduziu ao Templo para providenciar ações pacíficas. No monte do Templo, porém, o rei Agripa insistiu com os judeus para que obedecessem a Floro até que chegasse um novo procurador, ultrajando mais uma vez a multidão.

Os sacerdotes, incluindo Josefo, reuniram-se no Templo e discutiram se deviam suspender o sacrifício diário ao imperador romano, que significava lealdade a Roma. Esse ato decisivo de rebelião foi aprovado — "o alicerce da guerra com os romanos", escreveu Josefo, que pessoalmente aderiu à revolta. Enquanto os rebeldes capturavam o Templo e os nobres moderados tomavam posse da Cidade Alta, as facções judaicas bombardeavam-se umas às outras com fundas e lanças.

Agripa e Berenice deixaram Jerusalém, mandando 3 mil soldados de cavalaria para apoiar os moderados; mas foram os extremistas que triunfaram. Os zelotes, grupo popular baseado em torno do Templo, e os sicários, bandoleiros armados de adagas, invadiram a Cidade Alta e expulsaram as tropas do rei Agripa. Incendiaram os palácios do sumo sacerdote e dos macabeus, além dos arquivos de registro de dívidas. Por um breve instante, um chefe militar "bárbaro e cruel" governou Jerusalém, até que os sacerdotes o assassinaram e os sicários fugiram para a fortaleza de Massada perto do Mar Morto, deixando de tomar parte até a queda de Jerusalém.

Os sacerdotes voltaram a exercer controle nominal, mas a partir de então as facções de Jerusalém e seus chefes militares, quase sempre oportunistas da província e aventureiros locais, além de fanáticos religiosos, mergulharam numa selvagem e caótica guerra civil judaica. Nem Josefo, nossa única fonte, esclarece quem formava essas facções e em que acreditavam; mas traça o fio de fanatismo religioso antirromano até as rebeliões galileias posteriores à morte de Herodes, o Grande: "Eles têm paixão pela liberdade, o que é quase inalcançável, pois estão convencidos de que Deus é seu único líder". Eles "semearam a semente da qual surgiu a vida". Nos anos seguintes, diz ele, judeus lutaram contra judeus, "num massacre perpétuo".

A guarnição romana de seiscentos homens, que ainda controlava a Cidadela de Herodes, o Grande, concordou em entregar as armas em troca de garantias para sair da cidade, mas os sírios e gregos que tinham massacrado tantos judeus inocentes foram "barbaramente trucidados". O rei Agripa desistiu da tentativa de mediar o conflito e ficou do lado de Roma. Em novembro de 66, o governador romano da Síria, apoiado por Agripa e reis aliados, marchou de Antioquia e abriu caminho à força até Jerusalém. Mas retirou-se abruptamente — talvez subornado —, e sua retirada sob feroz ataque dos judeus custou a vida de mais de 5 mil soldados romanos e também a águia de uma legião.

A sorte estava lançada. O orgulho romano precisava ser vingado. Os rebeldes escolheram o ex-sumo sacerdote Ananus como líder de Israel independente. Ele reforçou as muralhas, enquanto ecoava pela cidade o barulho de martelos e de ferreiros forjando armas e armaduras. Também designou generais — entre eles Josefo, o futuro historiador, que agora deixava a cidade como comandante da Galileia, onde esteve lutando com um chefe militar, João de Gischala. Josefo lutou mais violentamente do que qualquer outro deles no combate aos romanos.

As novas moedas judaicas comemoravam "A Liberdade de Sião" e "Jerusalém a Santa" — mas parecia que não eram muitos os que desejavam essa libertação: a cidade parecia se comportar como "um lugar condenado à destruição". Nero estava na Grécia para apresentar suas canções e competir em corridas de carros de combate nos Jogos Olímpicos (venceu, apesar de ter caído de sua biga) quando soube que Israel se rebelara.

A PROFECIA DE JOSEFO: O MULETEIRO COMO IMPERADOR

Nero tinha medo de generais vitoriosos, e por isso escolheu como comandante da Guerra Judaica um resoluto veterano do seu próprio entourage. Tito Flávio Vespasiano tinha quase sessenta anos e costumava irritar o imperador por cair no sono durante suas apresentações teatrais. Mas tinha feito nome na conquista da Britânia, e seu apelido — o Muleteiro — revelava sua confiabilidade sem charme e a fortuna que fizera vendendo mulas para o exército.

Vespasiano mandou o filho Tito a Alexandria para buscar reforços e reuniu um exército de 60 mil homens, quatro legiões e mais fundibulários sírios, arqueiros árabes e a cavalaria do rei Herodes Agripa. Então marchou pela costa para Ptolemais (Acre). No começo de 67, começou a reconquistar metodicamente a Galileia, enfrentando a resistência fanática de Josefo e seus galileus. Por fim, Vespasiano cercou Josefo em sua fortaleza de Jotapata. Em 29 de julho daquele ano, Tito penetrou sorrateiramente pelos muros rachados e tomou posse da cidade. Os judeus lutaram até a morte, muitos cometendo suicídio.

Josefo e mais alguns sobreviventes esconderam-se numa caverna. Quando os romanos armaram uma cilada, eles decidiram se matar e tiraram a sorte para determinar quem mataria quem. "Pela providência de Deus" (ou por trapaça), Josefo ficou por último e saiu vivo da caverna. Vespasiano resolveu enviá-lo como troféu para Nero, o que significava que seria morto de forma atroz. Josefo pediu para falar com o general. Quando se viu diante de Vespasiano e Tito, disse: "Vespasiano! Chego a ti como portador de grandes notícias. Manda-me para Nero? Por quê? És tu, Vespasiano, que és e serás César e imperador, tu e teu filho". O austero Vespasiano sentiu-se lisonjeado, mantendo Josefo na prisão mas mandando-lhe presentes. Tito, quase da mesma idade de Josefo, ficou seu amigo.

Enquanto Vespasiano e Tito avançavam em direção à Judeia, o rival de Josefo, João de Gischala, fugiu para Jerusalém — "cidade sem governador" empenhada num frenesi de trucidamento autodestrutivo.

JERUSALÉM, O BORDEL: OS TIRANOS JOÃO E SIMÃO

Os portões de Jerusalém continuaram abertos para peregrinos judeus, de modo que fanáticos religiosos, assassinos endurecidos no campo de batalha e milhares de refugiados encheram a cidade, onde os rebeldes gastavam suas energias em brigas de bandos, na busca orgiástica de prazeres e em cruéis perseguições a traidores.

Jovens e ousados bandidos desafiavam o governo dos sacerdotes. Tomaram o Templo, destronando o próprio sumo sacerdote e tirando a sorte para pôr em seu lugar um "simples camponês". Ananus reuniu hierosolimitas e atacou o Templo, mas hesitou em invadir os pátios internos e o Santo dos Santos. João de Gischala e seus combatentes galileus viram nisso uma oportunidade de conquistar toda a cidade. João convocou os idumeus, a "mais bárbara e sanguinária das nações" do sul de Jerusalém. Os idumeus entraram na cidade, invadiram o Templo, que "transbordou de sangue", e avançaram violentamente pelas ruas, matando 12 mil pessoas. Assassinaram Ananus e seus sacerdotes, despiram-nos e pisotearam os corpos nus, antes de atirá-los pelos muros para serem comidos pelos cães. "A morte de Ananus", diz Josefo, "foi o começo da destruição da cidade." Finalmente, carregados de butim e saciados de sangue, os idumeus deixaram uma Jerusalém dominada por um novo líder, João de Gischala.

Embora os romanos não estivessem longe, João deu rédea solta aos galileus e zelotes para que aproveitassem ao máximo seus prêmios. A Casa Santa tornou-se casa de prostituição; mas alguns seguidores de João logo perderam a fé no tirano e desertaram para se juntar ao poder em ascensão fora da cidade, de um jovem chefe militar chamado Simão ben Giora, "não tão astuto como João, mas superior em força e coragem". Simão "era um terror maior para o povo do que os próprios romanos". Os hierosolimitas, na esperança de se livrarem de um tirano, convidaram outro, que rapidamente ocupou a maior parte da cidade. Mas João ainda controlava o Templo. Então os zelotes rebelaram-se contra ele, capturando o Templo Interno, de modo que, nas palavras de Tácito, "havia três generais, três exércitos" disputando a cidade — apesar de os romanos estarem chegando. Quando a vizinha Jericó caiu nas mãos de Vespasiano, as três facções judaicas pararam de lutar entre si e se uniram para fortificar Jerusalém, cavando trincheiras e reforçando a Terceira Muralha de Herodes Agripa no norte. Vespasiano preparou-se para sitiar Jerusalém. Mas então, de repente, parou.

Roma tinha perdido seu comandante. Em 9 de junho de 68, Nero, acossado por rebeliões, cometeu suicídio depois de declarar: "Que grande artista o mundo vai perder!". Em rápida sucessão, Roma aclamou e destruiu três imperadores, enquanto três falsos Neros apareceram e desapareceram nas províncias — como se um Nero real não tivesse sido suficiente. Por fim, as legiões da Judeia e do Egito saudaram Vespasiano como seu imperador. O Muleteiro lembrou-se da profecia de Josefo e o libertou, concedendo-lhe cidadania e nomeando-o seu conselheiro, quase mascote, enquanto conquistava primeiro a Judeia e depois o mundo. Berenice empenhou suas joias para financiar o esforço de Vespasiano com vistas ao trono de Roma: o Muleteiro era-lhe grato por isso. O novo imperador marchou por Alexandria até Roma, e seu filho Tito, comandando 60 mil soldados, avançou sobre a Cidade Santa, sabendo que o destino de sua dinastia estava intimamente ligado ao de Jerusalém.[1]

II. PAGANISMO

Como está sentada solitária aquela cidade antes tão populosa! Tornou-se como viúva, a que era grande entre as nações! A que era princesa entre as províncias tornou-se tributária! Chora amargamente de noite, e as suas lágrimas lhe correm pelas faces; não tem quem a console entre todos os seus amantes.

Lamentações, 1,1-2

Mesmo quando Jerusalém ainda estava de pé e os judeus em paz conosco, a prática de seus ritos sagrados estava em desacordo com a glória de nosso império e os costumes de nossos ancestrais.

Cícero, *Pro L. Flacco*

É melhor viver na terra de Israel, numa cidade inteiramente não judaica, do que viver fora da terra numa cidade inteiramente judaica. Quem está sepultado ali é como se tivesse nascido em Jerusalém, e quem está sepultado em Jerusalém é como se tivesse nascido no trono da glória.

Judá haNasi, *Talmude*

Dez medidas de beleza desceram sobre o mundo; nove foram dadas a Jerusalém, e uma ao resto do mundo.

Midrash Tanhuma, *Kedoshim*, 10

Pela liberdade de Jerusalém.

Simão bar Kochba, moedas

Assim Jerusalém foi destruída no próprio dia de Saturno, o dia que ainda hoje os judeus mais reverenciam.

Dio Cássio, *História romana*

14. Aelia Capitolina (70-312)

O TRIUNFO DE TITO: JERUSALÉM EM ROMA

Poucas semanas depois, estando a cidade destruída e tendo Tito completado sua rodada de espetáculos sangrentos, ele mais uma vez passou por dentro de Jerusalém, comparando as ruínas melancólicas com a glória desaparecida. Depois embarcou para Roma, levando os líderes judeus capturados, sua amante real Berenice, seu renegado favorito Josefo e os tesouros do Templo — para comemorar a conquista de Jerusalém. Vespasiano e Tito, coroados de louros e vestidos de púrpura, saíram do Templo de Ísis, foram saudados pelo Senado e tomaram seus lugares no Fórum para assistir a um dos mais extravagantes triunfos da história de Roma.

O desfile de estátuas divinas e carros alegóricos dourados, de três ou até quatro andares de altura, abarrotados de tesouros, ofereceu aos espectadores "prazer e surpresa", observou Josefo com ironia, "pois estava ali para ser vista uma feliz nação devastada". A queda de Jerusalém foi representada por *tableaux vivants* — legionários no ataque, judeus massacrados, o Templo em chamas —, e no topo de cada carro alegórico ficava o comandante romano de cada cidade tomada. Em seguida, veio o que para Josefo foi o golpe mais cruel, os esplendores do Santo dos Santos: a mesa dourada, o candelabro e a Lei dos judeus. O prisioneiro mais importante, Simão ben Giora, desfilou com uma corda no pescoço.

Quando a procissão parou no Templo de Júpiter, Simão e os chefes militares rebeldes foram executados; as multidões aplaudiram; sacrifícios foram dedicados aos deuses. Ali morreu Jerusalém, refletiu Josefo: "Nem a antiguidade, nem a grande riqueza, nem o povo espalhado por todo o mundo habitável, nem mesmo a grande glória dos ritos religiosos foram suficientes para impedir sua ruína".

O Triunfo foi comemorado com a construção do arco de Tito, que ainda existe em Roma.* Espólios judaicos financiaram o Coliseu e o Templo da Paz, onde Vespasiano exibiu os troféus de Jerusalém — exceto os pergaminhos da Lei e os véus púrpuros do Santo dos Santos, mantidos no palácio imperial. O Triunfo e a remodelação do centro de Roma celebravam não apenas uma nova dinastia, mas a reinauguração do império e a vitória contra o judaísmo. O imposto pago por todos os judeus ao Templo foi substituído pelo Fiscus Judaicus, pago ao Estado romano para financiar a reconstrução do Templo de Júpiter, humilhação ferozmente imposta.** Mesmo assim, a maioria dos judeus, sobrevivendo na Judeia e na Galileia, bem como nas populosas comunidades do Mediterrâneo e da Babilônia, vivia como tinha vivido até então: aceitando o domínio romano ou parto.

A Guerra Judaica não estava completamente encerrada. A fortaleza de Massada resistiu por três anos, sob Eleazar, o Galileu, enquanto os romanos erguiam uma rampa para invadi-la. Em abril de 73, o líder dirigiu-se aos homens e suas famílias para falar das realidades deste mundo turvo: "Onde está a cidade que se acreditava ter o próprio Deus como seu morador?". Jerusalém tinha desaparecido, e eles agora corriam o risco da escravidão:

> Tempos atrás, meus generosos amigos, resolvemos que jamais seríamos servos dos romanos, nem de qualquer outro que não seja o próprio Deus. Fomos os primeiros

* Já Vespasiano é mais lembrado na Itália por criar banheiros públicos, ainda conhecidos como *vespasianos*.

** As moedas de Vespasiano ostentavam "Judeae capta" com a figura feminina da Judeia sentada e presa ao pé de uma palmeira, enquanto Roma apoiava-se na espada acima dela. O destino dos tesouros de Jerusalém é misterioso. Em 455, Genserico, rei dos vândalos, saqueou Roma e levou os tesouros do Templo para Cartago, onde mais tarde foram capturados por Belisário, general do imperador Justiniano, que por sua vez os levou para Constantinopla. Justiniano mandou o candelabro de volta para Jerusalém, mas ele deve ter sido pilhado pelos persas em 614; o certo é que desapareceu. O arco de Tito, concluído por seu irmão Domiciano, mostra os braços do candelabro alongados e virados para cima, para parecer um tridente: pode ter sido alterado ou pode ser erro do artista. Ironicamente, o candelabro romanizado (exceto os símbolos pagãos) tornou-se base da moderna menorá judaica, o candelabro usado no Chanuká e como insígnia de Israel.

que se revoltaram contra eles; somos os últimos que lutam contra eles, e não posso considerar menos que um favor de Deus o fato de estar em nosso poder morrermos bravamente, em estado de liberdade, de maneira gloriosa, junto com nossos caríssimos amigos. Que nossas mulheres morram antes de serem abusadas, e nossos filhos antes de provarem o gosto da escravidão.

Com isso, os "maridos abraçaram ternamente as mulheres, tomaram os filhos nos braços, despedindo-se com longos beijos e lágrimas nos olhos". Cada um matou sua mulher e seus filhos; dez homens foram escolhidos por sorteio para matar o restante, até que todos os 960 estavam mortos.

Para a maioria dos romanos, o suicídio em Massada confirmou que os judeus eram fanáticos dementes. Tácito, apesar de escrever trinta anos depois, manifestou a opinião convencional de que os judeus eram intolerantes "sinistros e nauseabundos", com extravagantes superstições como o monoteísmo e a circuncisão, que desprezavam os deuses romanos, "rejeitavam o patriotismo" e "se colocaram na defensiva por sua própria iniquidade". Mas Josefo colheu os detalhes de Massada com um punhado de sobreviventes que haviam se escondido durante o suicídio, e ele não omitia sua admiração pela coragem judaica.

BERENICE: A CLEÓPATRA JUDIA

Josefo vivia na velha casa de Vespasiano em Roma. Tito lhe deu alguns rolos de pergaminho do Templo, uma pensão e terras na Judeia, e encomendou seu primeiro livro, *A guerra judaica*. O imperador e Tito não foram as únicas fontes de Josefo. "Quando você vier me ver", escreveu seu "caro amigo" rei Herodes Agripa, "eu lhe darei informações sobre muitas coisas." Mas Josefo percebeu que sua "posição privilegiada provocava inveja e trazia perigo": ele precisava da proteção imperial que recebeu até o reinado de Domiciano, que solicitamente executou alguns inimigos seus. Porém, mesmo enquanto desfrutava dos favores flavianos em seus últimos anos — morreu por volta do ano 100 —, Josefo esperava que o Templo fosse reconstruído, e seu orgulho pela contribuição judaica à civilização cresceu: "Nós apresentamos ao resto do mundo um grande número de belas ideias. Que há de mais belo do que a piedade inviolável? Que justiça mais alta do que a obediência às Leis?".

Berenice, a princesa herodiana, ficou em Roma com Tito, mas ofendia os romanos com seus vistosos diamantes, seus ares reais e as histórias do incesto com o irmão. "Ela vivia no palácio, coabitando com Tito. Esperava casar-se com ele e já se comportava, em todos os sentidos, como se fosse sua mulher." Dizia-se que Tito mandara matar o general Caecina por flertar com ela. Tito amava-a, mas os romanos a comparavam à *femme fatale* de Antônio, Cleópatra — ou pior, pois os judeus agora eram desprezados e vencidos. Tito teve de mandá-la embora. Quando ele sucedeu ao pai em 79, Berenice voltou para Roma, agora com mais de cinquenta anos, mas o clamor foi tão grande que ele mais uma vez se separou de sua Cleópatra judia, consciente de que os flavianos não estavam muito seguros no trono. Talvez ela tenha voltado a juntar-se ao irmão, quase o último dos herodianos.*

O reinado de Tito foi curto. Ele morreu dois anos depois, não antes de dizer estas palavras: "Só cometi um erro". A destruição de Jerusalém? Os judeus acreditavam que sua morte prematura tinha sido castigo de Deus.[1] Durante quarenta anos, uma tensa exaustão reinou sobre Jerusalém, antes que a Judeia explodisse novamente num desastroso e final espasmo de raiva.

A MORTE DA DINASTIA DE JESUS: A CRUCIFICAÇÃO ESQUECIDA

Jerusalém era o quartel-general da Décima Legião, cujo acampamento foi construído no atual Bairro Armênio, em volta das três torres da Cidadela de Herodes — a base da última delas, a Hippicus, ainda existe. As telhas e os tijolos da Legião, sempre adornados com seu emblema antijudaico — o javali —, foram encontrados em toda a cidade. Jerusalém não estava de todo deserta, mas tinha sido ocupada por veteranos sírios e gregos, que tradicionalmente odiavam os judeus. Essa árida paisagem lunar de gigantescos montes de pedra devia ser assustadora. Mas judeus deviam esperar que o Templo fosse reconstruído, como já tinha sido uma vez.

* Herodes Agripa II foi recompensado com um reino ampliado no Líbano. Talvez não tenha tentado governar as ruínas da Judeia, mas pode ter brincado com a ideia de fazer carreira política em Roma. Quando visitou a cidade em 75 para a inauguração do Templo da Paz (com a exposição de algumas vasilhas do Templo), foi nomeado pretor. Depois de reinar sob dez imperadores, morreu aproximadamente no ano 100. Seus parentes se tornaram reis da Armênia e da Cilícia e, por fim, até mesmo cônsules romanos.

Vespasiano permitiu que o rabino Yohanan ben Zakkai, que escapara de Jerusalém num ataúde, ensinasse a Lei em Yavneh (Jamnia), no Mediterrâneo, e os judeus não foram formalmente banidos de Jerusalém. Na realidade, muitos dos judeus mais ricos devem ter se juntado aos romanos, como o fizeram Josefo e Agripa. Apesar disso, não tinham permissão para subir ao monte do Templo. Peregrinos pranteavam amargamente o desaparecimento do Templo, orando perto do túmulo de Zacarias* no vale do Cédron. Alguns esperavam que o Apocalipse restaurasse o reino de Deus, mas para Ben Zakkai a cidade desaparecida assumiu um misticismo imaterial. Quando visitou as ruínas, seu discípulo chorou: "Ai de nós!". "Não se lamente", respondeu o rabino (de acordo com o Talmude, compilado séculos depois). "Temos outra penitência. São os atos de benignidade." Ninguém se deu conta na época, mas foi o começo do judaísmo moderno — sem o Templo.

Os judeus cristãos, tendo à frente Simão, filho de Cleofas, meio-irmão ou primo de Jesus, voltaram para Jerusalém, onde começaram a honrar a Sala Superior, hoje no monte Sião. Debaixo dos atuais edifícios fica uma sinagoga, construída provavelmente com destroços herodianos do Templo. Mas o crescente número de gentios cristãos no Mediterrâneo já não reverenciava a Jerusalém real. A derrota dos judeus separou-os para sempre da religião-mãe, comprovando a veracidade das profecias de Jesus e a sucessão de uma nova revelação. Jerusalém era apenas o lugar ermo de uma fé falida. O Livro do Apocalipse substituiu o Templo por Cristo, o Cordeiro. No Fim dos Tempos, Jerusalém, dourada, enfeitada de joias, desceria dos céus.

Essas seitas precisavam tomar cuidado: os romanos estavam em alerta contra quaisquer sinais de reino messiânico. O sucessor de Tito, seu irmão Domiciano, manteve o imposto antijudaico e perseguiu os cristãos como forma de obter apoio para seu regime hesitante. Depois do seu assassinato, o pacífico e idoso imperador Nerva aliviou a repressão e o imposto judaico. Mas foi uma falsa alvorada. Nerva não teve filhos e escolheu seu distinto general como herdeiro: Trajano — alto, atlético, sério — foi o imperador ideal, talvez o melhor desde Augusto. No entanto, via-se como conquistador de novas terras e restaurador de antigos

* É um sepulcro de família não concluído. A família provavelmente morreu no cerco, por isso era um lugar apropriado para os judeus se reunirem e chorarem pelo Templo. Os peregrinos gravavam as inscrições em hebraico, ainda hoje visíveis.

valores — má notícia para os cristãos e pior ainda para os judeus. Em 106, ordenou a crucificação de Simão, o supervisor dos cristãos em Jerusalém, porque, como Jesus, se dizia descendente do rei Davi. Ali acabou a dinastia de Jesus.

Trajano, orgulhoso do pai que tinha feito seu nome lutando contra os judeus sob as ordens de Tito, restaurou o Fiscus Judaicus, mas era outro adorador do herói Alexandre: invadiu a Pártia, expandindo o poder romano até o Iraque, lar dos judeus babilônios. Durante a luta, eles certamente apelaram a seus irmãos romanos. Enquanto Trajano avançava em direção ao Iraque, os judeus de África, Egito e Chipre, encabeçados por "reis" rebeldes, massacraram milhares de romanos e gregos — vingança, afinal, possivelmente coordenada pelos judeus da Pártia.

Conforme avançava para o Iraque, Trajano temia a traição dos judeus na retaguarda e o ataque dos judeus babilônios. "Estava decidido, se possível, a destruir completamente a nação." Ordenou que judeus fossem mortos do Iraque ao Egito, onde, escreveu o historiador Apiano, "Trajano destruía totalmente a raça judia". Os judeus agora eram vistos como hostis ao Império Romano: "Consideram profano tudo que para nós é sagrado", escreveu Tácito, "enquanto permitem tudo que abominamos".

O problema judaico em Roma foi testemunhado pelo novo governador da Síria, Élio Adriano, casado com a sobrinha de Trajano. Quando Trajano morreu inesperadamente sem deixar herdeiro, a imperatriz anunciou que ele tinha adotado um filho no leito de morte: o novo imperador era Adriano, que imaginou uma solução para o problema judaico de uma vez por todas. Foi um notável imperador, um dos construtores de Jerusalém e um dos monstros supremos da história judaica.[2]

ADRIANO: A SOLUÇÃO DE JERUSALÉM

Em 130, o imperador visitou Jerusalém, acompanhado de seu jovem amante Antínoo, e decidiu abolir a cidade, inclusive no nome. Mandou construir uma nova cidade no lugar da velha — que se chamaria Aelia Capitolina, em homenagem à própria família e a Júpiter Capitolino (o deus mais associado ao Império) — e proibiu a circuncisão, o sinal da aliança de Deus com os judeus, sob pena de morte. Os judeus, percebendo que o Templo jamais seria reconstruído, sentiram dolorosamente esses golpes, enquanto o indiferente imperador viajava para o Egito.

Adriano, agora com 54 anos, nascido na Espanha, numa família que enriquecera com a produção de azeite de oliva, parecia destinado a governar o império. Abençoado com uma excelente memória fotográfica, era capaz de ditar, ouvir e consultar ao mesmo tempo; projetava sua própria arquitetura e compunha poesia e música. Vivia em permanente movimento, viajando sem descanso pelas províncias a fim de reorganizar e consolidar o império. Foi criticado por retirar-se de territórios arduamente conquistados por Trajano na Dácia e no Iraque. O que visualizava era um império estável, unificado pela cultura grega — nele um gosto tão marcante que seu apelido era "Greguinho" (sua barba e seu cabelo de estilo grego eram tratados com ferros de ondular por escravos especialmente treinados). Foi em 123, numa viagem à Ásia Menor, que conheceu o amor de sua vida, o menino grego Antínoo, que se tornou quase seu cônjuge.* Mas esse imperador perfeito tinha uma mania de controle que o tornava imprevisível. Certa vez, num acesso de raiva, furou o olho de um escravo com uma caneta; e começou e encerrou seu reinado com sangrentos expurgos.

Para Jerusalém, nos destroços de uma cidade judaica, ele planejava uma clássica cidade romana, construída em torno de deuses romanos, gregos e egípcios. Uma esplêndida entrada com três portões — o portão Neápolis (hoje Damasco), construído com pedras herodianas, dava para um espaço circular, decorado com uma coluna, de onde as duas ruas principais, os cardos (eixos), conduziam a dois fóruns, um deles perto da demolida fortaleza Antônia e o outro ao sul do atual Santo Sepulcro. Ali Adriano construiu seu Templo de Júpiter, com uma estátua de Afrodite na frente, na própria pedra onde Jesus fora crucificado, possivelmente uma decisão destinada a negar o santuário aos judeus cristãos. Pior, Adriano planejou um santuário no monte do Templo, marcado por uma grandiosa estátua equestre dele mesmo.** Adriano estava erradicando deli-

* Isso desagradava aos romanos. O amor grego era convencional e não visto como afeminado: César, Antônio, Tito e Trajano eram o que se chamaria de bissexuais. No entanto, numa inversão da moralidade de hoje, os romanos consideravam aceitável ter relações sexuais com meninos mas não com adultos. Mesmo quando Antínoo se tornou homem-feito, Adriano ignorava a mulher e tratava o amante como parceiro.

** Edifícios de Adriano sobrevivem em lugares estranhos: a loja de doces Zalatimo, na rua Hanzeit, 9, incorpora os restos da porta do Templo de Júpiter e a entrada do fórum principal. A loja foi inaugurada em 1860 por Muhammad Zalatimo, sargento otomano; ainda é administrada pelo patriarca da família dessa dinastia palestina de bolos, Samir Zalatimo. Os muros de Adriano alcançam outro negócio de família palestino — a loja de sucos de fruta Abu Assab — e chegam à igreja russa

beradamente o caráter judaico de Jerusalém. De fato, ele tinha estudado o legado de outro homem de espetáculo fileleno, Antíoco Epifânio, e queria reviver seu plano de construir um templo olímpico em Atenas.

Em 24 de outubro, o festival em que os egípcios celebravam a morte do deus Osíris, o amante de Adriano, Antínoo, afogou-se misteriosamente no Nilo. Suicídio? Acidente? Sacrificado por Adriano ou pelos egípcios? Adriano, normalmente inescrutável, ficou devastado, endeusando o menino como Osíris, fundando uma cidade a que deu o nome de Antinópolis e um culto de Antínoo, e espalhando estátuas de seu rosto gracioso e de seu físico magnífico por todo o Mediterrâneo.

De volta para casa no Egito, Adriano passou por Jerusalém, onde provavelmente trabalhou na Aelia Capitolina. Furiosos com a repressão, com a paganização de Jerusalém e com as estátuas nuas obrigatórias do menino Antínoo, os judeus estocaram armas e prepararam complexos subterrâneos nos morros da Judeia.

Quando Adriano seguia em segurança seu caminho, um misterioso líder conhecido como Príncipe de Israel lançou a mais terrível das guerras judaicas.[3]

SIMÃO BAR KOCHBA: O FILHO DA ESTRELA

"De início os romanos não prestaram atenção aos judeus", mas dessa vez os judeus estavam bem preparados sob as ordens de um comandante capaz, Simão bar Kochba, que se declarava Príncipe de Israel e Filho da Estrela, o mesmo símbolo místico de realeza que marcou o nascimento de Jesus, profetizado em Números: "Uma estrela procederá de Jacó e um cetro subirá de Israel, que esmagará Moabe". Muitos o saudaram como o novo Davi. "É o rei Messias", insistia o respeitado rabino Akiba (no Talmude do século IV), mas nem todos concordavam.

Alexandre Nevsky. O arco do fórum secundário de Adriano sobrevive na Via Dolorosa, que muitos cristãos erroneamente acreditam ser onde Pilatos apresentou Jesus à multidão com as palavras "Ecce homo" (Eis o homem). Na realidade, o arco só passou a existir cem anos depois. A base do portão de Damasco foi escavada, revelando sua glória adriana. A Ha-Gai ou El Wad, rua principal de hoje, segue a rota do cardo de Adriano, que foi escavado na praça do Muro das Lamentações. Mas os mais estranhos desses restos pagãos estão na igreja do Santo Sepulcro. O historiador Dio Cássio e a fonte cristã posterior Crônica Pascoal sugerem que um Templo de Júpiter foi construído no monte do Templo. É possível, porém nenhum vestígio foi encontrado.

"Vai nascer grama em teu queixo, Akiba", respondeu outro rabino, "antes que o Filho de Davi apareça." O verdadeiro nome de Kochba era Bar Kosiba; céticos diziam, num jogo de palavras, que era Bar Koziba, o Filho da Mentira.

Simão rapidamente derrotou o governador romano e suas duas legiões. Suas ordens, descobertas numa caverna da Judeia, revelam uma rude competência: "Vou cuidar dos romanos" — e cuidou. Eliminou uma legião inteira. "Aparava projéteis com os joelhos, atirava-os de volta e matava alguns inimigos." O príncipe não admitia dissidência: "De Simão bar Kosiba para Yehonatan e Masabala. Mandem-me sem demora todos os homens de Tekoa e outros lugares que estão com os senhores. Se não mandarem, serão punidos". Fanático religioso, ele supostamente "deu ordens para que os cristãos fossem punidos com severidade se não negassem que Jesus era o Messias", de acordo com Justino, um contemporâneo cristão. "Matou os cristãos quando se recusaram a ajudá-lo contra os romanos", acrescentou outro cristão, Eusébio, que escreveu muito depois. "O homem era assassino e bandido, mas confiava em seu nome, como se lidasse com escravos, e dizia ser o que dava a luz." Consta que testava a dedicação de seus combatentes pedindo a cada um deles que decepasse um dedo.

O Filho da Estrela governava o Estado de Israel a partir do forte de Herodium, logo ao sul de Jerusalém; suas moedas anunciavam: "Ano Um: A Redenção de Israel". Mas ele reinaugurou o Templo e restaurou o sacrifício? Suas moedas ostentavam os dizeres "Pela Liberdade de Jerusalém" e eram enfeitadas com o Templo, mas nenhuma delas foi encontrada em Jerusalém. Apiano escreveu que Adriano, como Tito, destruiu Jerusalém, sugerindo que havia alguma coisa para demolir, e os rebeldes, varrendo tudo pela frente, certamente teriam cercado a Décima Legião na Cidadela e orado no monte do Templo se tivessem tido a oportunidade, mas não se sabe se o fizeram.

Adriano voltou às pressas para a Judeia, convocou seu melhor comandante — Júlio Severo, que estava na Britânia — e reuniu sete ou até mesmo doze legiões, que "partiram contra os judeus, tratando sua loucura sem piedade", de acordo com Dio Cássio, um dos poucos historiadores dessa guerra obscura. "Ele destruiu milhares de homens, mulheres e crianças, e, pela lei da guerra, escravizou a terra." Ao chegar, Severo adotou táticas judaicas, "separando pequenos grupos, privando-os de alimentos e isolando-os" para poder "esmagá-los e exterminá-los". Enquanto os romanos fechavam o cerco, Bar Kochba precisou fazer duras ameaças para manter a disciplina: "Vou colocar correntes em seus pés, como fiz com Ben Aphlul!".

Os judeus retiraram-se para as cavernas da Judeia, razão pela qual as cartas de Simão e objetos pessoais foram lá encontrados. Esses refugiados e guerreiros carregavam as chaves de suas casas abandonadas e seus pequenos luxos — pratos de vidro, espelhos de estojos de couro, porta-joias de madeira, pá de incenso — como uma forma de consolo, já que estavam condenados a nunca mais voltar. E ali morreram, pois seus objetos jazem ao lado dos ossos. Suas cartas fragmentárias registram sucintos sinais da catástrofe: "Até o fim [...] não têm esperança [...] meus irmãos no sul [...] esses foram perdidos pela espada".

Os romanos avançaram sobre a última fortaleza de Bar Kochba, Betar, que ficava 9,5 quilômetros ao sul de Jerusalém. Simão morreu na resistência final de Betar, com uma cobra no pescoço, segundo a lenda judaica. "Tragam-me seu corpo!", disse Adriano, que ficou impressionado quando viu a cabeça do defunto e a cobra. "Se Deus não o tivesse matado, quem o venceria?" Adriano provavelmente já tinha voltado para Roma, mas, de qualquer forma, cometeu uma vingança quase genocida.

"Pouquíssimos sobreviveram", escreveu Dio Cássio. "Cinquenta postos avançados e 985 aldeias foram arrasados; 585 mil foram mortos nos campos de batalha" e muitos outros "de inanição, doenças e fogo"; 75 assentamentos judaicos simplesmente desapareceram. Os judeus escravizados eram tantos que, no mercado de escravos de Hebron, valiam menos do que um cavalo. Judeus continuaram a viver no campo, porém a Judeia jamais se recuperou das devastações de Adriano. Ele não apenas fez valer a proibição contra a circuncisão, mas proibiu também que os judeus sequer se aproximassem de Aelia, sob pena de morte. Jerusalém tinha desaparecido. Adriano varreu a Judeia do mapa, renomeando-a deliberadamente de Palestina, por causa dos antigos inimigos dos judeus, os filisteus.

Adriano recebeu aclamação de *imperator*, mas dessa vez não houve triunfo: o imperador estava maculado e cansado por suas perdas na Judeia. Quando se apresentou ao Senado, foi incapaz de oferecer declarações de conforto como de hábito: "Estou bem, assim como o exército". Sofrendo de arteriosclerose (assinalada pelos lobos partidos das orelhas representados nas estátuas), inchado de hidropisia, Adriano matou qualquer possível sucessor, até mesmo o cunhado de noventa anos, que o amaldiçoou: "Que ele deseje a morte mas não consiga morrer". A maldição se cumpriu: sem morrer naturalmente, Adriano tentou se matar. Autocrata algum jamais escreveu sobre a morte com tanta graça e nostalgia como Adriano:

Almazinha, pequena andarilha, pequena feiticeira,
Hóspede e companheira do corpo,
Para que lugares partirás agora?
Para lugares escuros, frios e tristes —
E não farás tuas piadas costumeiras.

Quando por fim morreu — "odiado por todos" —, o Senado se recusou a deificá-lo. A literatura judaica jamais menciona Adriano sem acrescentar: "Que seus ossos apodreçam no inferno!".

Seu sucessor, Antonino Pio, aliviou a perseguição aos judeus, permitindo novamente a circuncisão, mas a estátua de Antonino juntou-se à de Adriano no monte do Templo* para ressaltar que o Templo jamais seria reconstruído. Os cristãos, agora totalmente separados dos judeus, não puderam deixar de jactar-se. "A Casa do Santuário", escreveu o cristão Justino para Antonino, "tornou-se uma maldição, e a glória que nossos pais abençoaram é queimada com fogo." Infelizmente para os judeus, as políticas vigentes no império pelo resto do século desencorajavam qualquer mudança na política de Adriano.

Aelia Capitolina era uma colônia romana menor, de 10 mil habitantes, sem muralhas, com apenas dois quintos do tamanho original, estendendo-se de onde hoje é o portão de Damasco até o portão da Corrente, com dois fóruns, o Templo de Júpiter no lugar do Gólgota, dois banhos termais, um teatro, um ninfeu (estátuas de ninfas em volta de piscinas) e um anfiteatro; tudo decorado com colunatas e tetrapilos, incluindo uma grande estátua do javali nem um pouco *kosher* da Décima Legião. Gradualmente, a Décima Legião foi tirada de Jerusalém, enquanto os judeus, que já não constituíam ameaça, passavam a ser vistos

* De cabeça para baixo e logo acima da enfeitada seção do portão Duplo no muro meridional do monte do Templo há uma inscrição que diz: "Ao imperador César Tito Aélio Adriano Antonino Augusto Pio" — quase certamente a base da estátua equestre de Antonino Pio que também ficava no monte do Templo. Deve ter sido saqueada e reutilizada pelos califas omíadas que construíram o portão.

mais como um estorvo. Quando passou a caminho do Egito, "em geral enojado com os malcheirosos e desordeiros judeus", o imperador Marco Aurélio comparou-os, gracejando, a outras tribos rebeldes: "Ó, quados, ó, samaritanos, finalmente encontrei povo mais insubordinado do que vós!". Jerusalém não tinha indústrias naturais, exceto a da santidade — e a ausência da Décima Legião deve tê-la tornado ainda mais provinciana.

Quando a pacífica sucessão em Roma acabou em guerra civil em 193, os judeus, que agora viviam basicamente na Galileia e na costa mediterrânea, começaram a se mexer, lutando contra seus inimigos locais, os samaritanos, ou talvez se levantando em apoio ao conquistador do trono, Septímio Severo. Isso levou a um abrandamento da política antijudaica: o novo imperador e o filho Caracala visitaram Aelia no ano 201 e aparentemente se encontraram com o líder judeu, Judá haNasi, conhecido como "o Príncipe". Quando Caracala subiu ao trono, recompensou Judá com propriedades em Golã e Lydda (perto de Jerusalém) e com o poder hereditário de julgar disputas religiosas e estabelecer o calendário, reconhecendo-o como o líder comunitário — o patriarca dos judeus.

O rico Judá, que parece ter combinado erudição rabínica com luxo aristocrático, tinha sua corte na Galileia, com uma guarda pessoal de godos, enquanto compilava a Mishná, as tradições orais do judaísmo pós-Templo. Graças às conexões imperiais de Judá e ao passar do tempo, os judeus tiveram licença, depois de subornar a guarnição, para orar do lado oposto ao Templo em ruínas, no monte das Oliveiras ou no vale do Cédron. Ali, acreditavam eles, residia o *shekinah* — o espírito santo. Diz-se que Judá obteve permissão para que uma pequena "comunidade santa" de judeus vivesse em Jerusalém, orando na única sinagoga no atual monte Sião. Apesar disso, os imperadores severianos nunca reconsideraram a política de Adriano.

Mas a nostalgia judaica de Jerusalém nunca fraquejou. Onde quer que vivessem nos séculos seguintes, os judeus oravam três vezes por dia: "Que a tua vontade seja a rápida reconstrução do Templo em nossos dias". Na Mishná, compilaram todos os detalhes do ritual do Templo, pronto para a restauração. "Uma mulher pode usar todos os seus enfeites", instruía a Toseftá, outra compilação de tradições orais, "mas deve deixar uma pequena coisa de lado em lembrança de Jerusalém." O jantar *Seder* da Páscoa terminava com as palavras: "Ano que vem em Jerusalém". Caso se aproximassem alguma vez de Jerusalém, conceberam o ritual de colocar as roupas à vista da cidade arruinada. Até mesmo os judeus que viviam longe queriam ser sepultados perto do Templo, para serem os primeiros a ressuscitar no Dia do Juízo. Assim começou o cemitério judaico no monte das Oliveiras.

Havia toda chance de que o Templo fosse reconstruído — a rigor, já tinha sido antes, e por pouco não o foi outra vez. Enquanto os judeus continuavam formalmente banidos de Jerusalém, agora os cristãos é que eram vistos como um perigo claro e atual para Roma.[4]

A partir de 235, o império sofreu uma crise de trinta anos, que o atingiu por dentro e por fora. No Oriente, um novo e vigoroso império, que substituiu a Pártia, desafiava Roma. Durante a crise, os imperadores romanos acusaram os cristãos de serem ateus que se negavam a fazer sacrifícios para seus deuses, e então os perseguiram com selvageria, muito embora o cristianismo fosse menos uma religião única do que um amontoado de diferentes tradições.* Mas os cristãos estavam de acordo em relação aos princípios básicos: redenção e vida depois da morte para os que fossem salvos por Jesus Cristo, confirmando as antigas profecias judaicas que eles haviam confiscado e adaptado como suas. Seu fundador tinha sido morto como rebelde pelos romanos, mas os cristãos reapresentaram-se como portadores de uma fé hostil aos judeus, não aos romanos. Por conseguinte, Roma tornou-se sua cidade santa; a maioria dos cristãos da Palestina vivia em Cesareia, no litoral; Jerusalém tornou-se "a cidade celestial", enquanto o lugar real, Aelia, era apenas uma cidade obscura, onde Jesus havia morrido. Mas cristãos locais mantiveram viva a tradição do local da Crucificação e da Res-

* Os gnósticos eram um desses fios: acreditavam que a faísca divina tinha sido produzida apenas para uma elite com conhecimentos especiais. Em 1945, a descoberta por camponeses egípcios de trinta códices escondidos numa jarra e datados do século II ou III revelou muito mais — e inspirou muitos filmes e romances ruins. No Apocalipse de Pedro e no Apocalipse de Tiago, um substituto é crucificado no lugar de Jesus. No Evangelho de Filipe há referências fragmentárias ao beijo de Jesus em Maria Madalena, encorajando a ideia de que talvez fossem casados. O Evangelho de Judas, que emergiu em 2006, parece apresentar Judas como assistente de Jesus na Crucificação, e não como traidor. Os textos provavelmente foram escondidos no século IV, quando os imperadores cristãos começaram a reprimir heresias, mas a palavra "gnóstico", baseada no termo grego para "conhecimento", foi cunhada no século XVIII. Os judeus cristãos sobreviveram em pequenos números como ebionitas — *pobres* —, rejeitando o Nascimento Virgem e venerando Jesus como profeta judeu no século IV. Quanto aos cristãos da corrente dominante, apesar de relativamente pouco numerosos, seu senso de comunidade e de missão os fazia desdenhar cada vez mais os gentios, a quem chamavam de aldeães — *pagani*, ou seja, pagãos.

surreição, agora sepultado sob o Templo de Júpiter de Adriano. Eles chegavam a entrar ali esgueirando-se para orar e gravar rabiscos.*

Em 260, no momento de maior fraqueza de Roma, os persas capturaram o imperador (que foi obrigado a beber ouro derretido, antes de ser eviscerado e recheado com palha) enquanto todo o Oriente, incluindo a cidade não murada de Aelia, foi perdido para um império palmireno de curta vida comandado por uma jovem mulher, Zenóbia. Mas em doze anos Roma recuperou os territórios. No fim do século, o imperador Diocleciano restaurou o poder romano e reviveu o culto dos velhos deuses. No entanto parece que os cristãos minaram esse ressurgimento. Em 299, Diocleciano oferecia sacrifícios aos deuses num desfile na Síria quando soldados cristãos fizeram o sinal da cruz, e diante disso os adivinhos pagãos declararam que a adivinhação tinha fracassado. Quando seu palácio pegou fogo, Diocleciano acusou os cristãos e deflagrou uma perseguição violenta, martirizando-os, queimando seus livros e destruindo suas igrejas.

Quando Diocleciano abdicou em 305 e o império foi dividido, Galério, o novo imperador do Oriente, intensificou o trucidamento de cristãos, matando-os a machadada, assando-os e mutilando-os. Mas o imperador do Ocidente era Constâncio Cloro, vigoroso soldado ilírio, que assumiu o cargo em York. Já doente, morreu logo em seguida, porém em julho de 306 as legiões britânicas aclamaram imperador seu jovem filho, Constantino. Seriam necessários quinze anos para conquistar primeiro o Ocidente e depois o Oriente, mas Constantino, como o rei Davi, mudaria a história do mundo e o destino de Jerusalém com uma única decisão.[5]

* Ao escavarem a antiga capela armênia de Santa Helena, arqueólogos armênios descobriram um espaço (agora capela Varda) que continha os grafitos mais intrigantes: o desenho de um barco e uma frase em latim — "*Domine ivimus*" (Senhor nós viemos), referência ao Salmo 122, que começa "*In domum domini ibimus*" (Vamos à casa do Senhor). Isso data do século II, demonstrando que os cristãos rezavam em segredo debaixo do Templo de Júpiter na pagã Aelia.

III. CRISTIANISMO

Jerusalém é a cidade do grande Rei.

Jesus, Mateus, 5,35

Ó Jerusalém, Jerusalém, matas os profetas e os que te são enviados.

Jesus, Mateus, 23,37

Derrubai este Templo e em três dias o levantarei.

Jesus, João, 2,19

Assim como a Judeia é exaltada acima de todas as outras províncias, esta cidade é exaltada acima de toda a Judeia.

São Jerônimo, Epístolas

Jerusalém agora é lugar de visita de gente de todas as partes do mundo, e há tamanha multidão de peregrinos de ambos os sexos que todas as tentações estão aqui juntas.

São Jerônimo, Epístolas

15. O apogeu de Bizâncio (312-518)

CONSTANTINO, O GRANDE: CRISTO, DEUS DA VITÓRIA

Em 312, Constantino invadiu a Itália e atacou seu rival Magêncio nos arredores de Roma. Na noite anterior à batalha, Constantino viu "no céu o sinal de uma cruz luminosa" sobreposto ao Sol com os dizeres: "Sob este signo vencerás!". Mandou adornar os escudos dos soldados com o símbolo de Chi-Rho, as primeiras duas letras de "Cristo" em grego. No dia seguinte, na Batalha da Ponte Mílvia, conquistou o Ocidente. Nessa época de augúrios e visões, Constantino acreditava que devia seu poder ao "Deus Supremo" cristão.

Constantino era um soldado rude, um visionário santo, um autocrata assassino e um protagonista político que talhou seu caminho para o poder, mas, uma vez no pináculo da supremacia humana, visualizou um império unificado sob uma só religião, sob um só imperador. Ele era um amontoado de contradições — tinha pescoço de touro, nariz aquilino e uma paranoia que costumava explodir na súbita matança de amigos e parentes. Usava cabelos até os ombros, ostentava braceletes espalhafatosos e mantos cravejados de joias; adorava a pompa do poder, os debates de filósofos e bispos e projetos de beleza arquitetônica e ousadia religiosa. Não se sabe por que razão adotou o cristianismo naquele momento, apesar de, como tantos homens brutalmente confiantes, adorar a mãe, Helena, que cedo se convertera. Se sua conversão pessoal foi tão dramática quanto a de Paulo na estrada de Damasco, a adoção política do cristianismo foi gradual. Mais importante, Cristo lhe dera a vitória no campo de batalha, e essa era a linguagem que Constantino entendia: Cristo, o Cordeiro, tornou-se o deus da vitória. Não que Constantino, de forma alguma, tivesse qualquer coisa de cordeiro: ele logo se apresentou como o Igual dos Apóstolos. Nada havia de excepcional no fato de ele se apresentar como um comandante militar que contava com proteção divina. Imperadores romanos, como reis gregos, sempre se identificavam com patronos divinos. O pai do próprio Constantino venerava o Sol Inconquistado, um passo para o monoteísmo. Mas a escolha de Cristo não era inevitável — dependeu, inteiramente, do capricho pessoal de Constantino. Em 312, o maniqueísmo e o mitraísmo não eram menos populares do que o cristianismo. Constantino poderia muito bem ter escolhido um desses cultos — e a Europa hoje poderia ser mistraísta ou maniqueísta.*

Em 313, Constantino e Licínio, o imperador do Oriente, garantiram tolerância e privilégios aos cristãos em seu Édito de Milão. Mas foi apenas em 324 que Constantino, então com 51 anos, derrotou Licínio para unificar o Império. Tentou impor a castidade cristã em seus domínios e proibiu sacrifícios pagãos, prostituição, orgias religiosas e espetáculos de gladiadores, substituindo-os por corridas de bigas. Naquele ano mudou a capital para o Oriente, fundando sua Segunda Roma no lugar de uma cidade grega chamada Bizâncio, no Bósforo, passagem entre a Europa e a Ásia. A cidade logo ficou conhecida como Constantinopla, com seu patriarca próprio que, junto com o bispo de Roma e os patriarcas de Alexandria e Antioquia, passou a fazer parte dos poderes que governavam o cristianismo. A nova fé convinha ao novo estilo monárquico de Constantino. O cristianismo, desde os primeiros dias de Tiago, Encarregado de Jerusalém, tinha desenvolvido uma hierarquia de anciãos (*prebyteroi*) e supervisores ou bispos (*episkopoi*) encarregados de dioceses regionais. Constantino percebeu que o cris-

* De início, Constantino identificou o Sol Inconquistado com o Deus cristão, colocando cruzes em algumas de suas moedas e o Sol em outras, e retendo o status de Pontifex Maximus (sumo sacerdote) dos cultos pagãos. Em 321, Constantino declarou o domingo — dia do Sol — a versão cristã do sabá. O mitraísmo era uma religião de mistérios persas com seguidores entre os soldados romanos. Quanto ao maniqueísmo, o profeta parto Mani pregava que a existência era uma luta perpétua entre a luz e as trevas, decidida e esclarecida em última instância por Jesus Cristo. Apenas a palavra sobrevive para descrever uma visão de mundo que considera a vida um torneio entre o bem e o mal.

tianismo, com sua hierarquia, replicava a organização do Império Romano: haveria um só imperador, um só Estado, uma só fé.

Mas nem bem tinha ele vinculado sua supremacia à religião imperial, o cristianismo foi dividido: os Evangelhos eram vagos sobre a natureza de Jesus e suas relações com Deus. Jesus era um homem com características divinas ou Deus no corpo de um homem? Agora que a Igreja estava estabelecida, a cristologia tornou-se questão suprema, mais importante do que a própria vida, pois a definição correta de Cristo decidiria se o homem pode alcançar a salvação e entrar no céu. Em nossa era secular, os debates sobre desarmamento nuclear ou sobre aquecimento global são os equivalentes mais próximos em sua paixão e intensidade. O cristianismo tornou-se religião das massas numa época de fé fanática, e essas questões eram debatidas nas ruas, assim como nos palácios do Império. Quando o sacerdote alexandrino Ário, que pregava para imensas multidões usando canções populares, afirmou que Jesus estava subordinado a Deus e portanto era mais humano do que divino, muitos que viam Cristo como mais Deus do que homem ficaram ofendidos. E quando o governador local tentou conter Ário, seus seguidores se revoltaram em Alexandria.

Em 325, Constantino, furioso e aturdido com esse tumulto doutrinal, convocou os bispos para o Concílio de Niceia e tentou impor uma solução: Jesus era divino e humano, "da mesma substância" do Pai. Foi em Niceia (hoje Isnik, na Turquia) que Macário, o bispo de Aelia Capitolina (outrora chamada Jerusalém), levou o destino de sua pequena e abandonada cidade à atenção do imperador. Constantino conhecia Aelia, tendo-a provavelmente visitado quando tinha oito anos e fazia parte do entourage de Diocleciano. Agora, desejoso de comemorar seu êxito em Niceia e projetar a glória sagrada do seu império, decidiu restaurar a cidade e criar o que Eusébio (bispo de Cesareia e biógrafo do imperador) chamou de "A Nova Jerusalém, construída defronte à outrora tão famosa". Constantino encomendou uma igreja que fosse compatível com Jerusalém como o berço da Boa-Nova. Mas a obra foi acelerada pelos sanguinários problemas domésticos do imperador.

CONSTANTINO, O GRANDE: AS MATANÇAS DE FAMÍLIA

Logo depois da vitória de Constantino, sua mulher Fausta denunciou o filho mais velho do marido (de um casamento anterior), Crispo César, por uma ofensa sexual. Será que ela usou a nova castidade cristã de Constantino para dizer que Crispo tentara seduzi-la ou que era estuprador? Terá sido um caso real que desandou? Crispo não seria o primeiro homem jovem a ter um caso com a madrasta, nem o último a querer ter, mas talvez o imperador já andasse enciumado com os êxitos militares do filho. Certamente Fausta tinha todas as razões para não gostar desse obstáculo à ascensão da própria prole.

Seja qual for a verdade, Constantino, indignado com a imoralidade de Crispo, ordenou sua execução. Os conselheiros cristãos do imperador ficaram desgostosos e a mulher mais importante de sua vida, a mãe, interveio. Helena tinha sido uma empregada bitínia e possivelmente nunca se casou com o pai de seu rebento, mas foi das primeiras a se converter ao cristianismo, e agora era a Augusta — imperatriz — por seu próprio mérito.

Helena convenceu Constantino de que ele fora manipulado. Talvez tenha revelado que Fausta havia realmente tentado seduzir Crispo, e não o contrário. Compensando um crime imperdoável com outro, Constantino ordenou também a execução da mulher, Fausta, por adultério: ela ou foi morta em água fervente, ou sufocada numa sauna superaquecida, solução particularmente não cristã para um dilema altamente cristão. Mas Jerusalém se beneficiaria desse duplo assassinato,* quase não mencionado pelos constrangidos encomiastas cristãos.

Logo depois, Helena, ganhando carta branca para embelezar a cidade de Cristo, partiu para Jerusalém.** Sua glória seria o castigo de Constantino.[1]

HELENA: A PRIMEIRA ARQUEÓLOGA

Helena, imperatriz septuagenária, cujas moedas mostram sua face afilada, o penteado trançado e a tiara, chegou a Aelia "com toda a energia da juventude" — e fundos generosos — para se tornar a mais monumental construtora e arqueóloga miraculosamente bem-sucedida de Jerusalém.

* Ao matar o filho, Constantino ingressou no repugnante grupo dos filicidas reais, como Herodes, o Grande, Ivã, o Terrível, Pedro, o Grande, Suleiman, o Magnífico. Herodes, o imperador Cláudio e Henrique VIII também executaram as próprias mulheres.

** Helena não foi a primeira dama da família de Constantino a estar na cidade. Eutropia, a mãe cristã de Fausta, já estava em Jerusalém, talvez para supervisionar os planos do imperador, quando a filha foi morta. Ela compartilhou o declínio da filha e foi quase alijada da história.

Constantino sabia que o lugar da Crucificação e do sepultamento de Jesus ficava debaixo do Templo de Adriano com a estátua de uma "diaba impura chamada Afrodite, santuário escuro de ídolos sem vida", como diz Eusébio. Ele tinha mandado o bispo Macário purificar o local, demolir o templo pagão, escavar a tumba original lá dentro e construir uma basílica que seria a "mais admirável do mundo", com "as mais belas estruturas, colunas e mármores, a mais preciosa e útil, adornada com ouro".

Helena estava determinada a encontrar a sepultura real. O templo pagão precisava ser destruído; as pedras do calçamento, tiradas; a terra, removida; o logradouro santo, localizado. A investigação da imperatriz deve ter provocado uma busca agitada e lucrativa na pequena Aelia. Um judeu, talvez um dos judeus cristãos remanescentes, produziu documentos que levaram à descoberta da caverna, que foi declarada a sepultura de Jesus. Helena também procurou o sítio da Crucificação e até mesmo a própria Cruz.

Nenhum arqueólogo jamais chegou perto de alcançar semelhante sucesso. Ela descobriu três cruzes de madeira, uma placa também de madeira que dizia "Jesus de Nazaré, Rei dos Judeus" e os próprios pregos. Mas qual das três cruzes era a verdadeira? Consta que a imperatriz e o bispo levaram os pedaços de madeira ao leito de morte de uma mulher moribunda. Quando a terceira foi posta diante dela, a inválida "de repente abriu os olhos, recobrou forças e pulou boa da cama". Helena "mandou um pedaço para o filho Constantino, junto com os cravos", que o imperador colocou no freio do seu cavalo. A partir de então, todo o mundo cristão passou a cobiçar as santas relíquias que geralmente se originam em Jerusalém, e essa Árvore da Vida gerou uma floresta de lascas da Cruz Verdadeira, que começou a substituir o Chi-Rho como símbolo do cristianismo.

A descoberta da Cruz por Helena foi provavelmente uma invenção posterior, mas ela sem dúvida mudou a cidade para sempre. Construiu as igrejas da Ascensão e de Eleona no monte das Oliveiras. Sua terceira igreja, a do Santo Sepulcro, que levou dez anos para terminar, não era um edifício, mas um conjunto de quatro partes, com a fachada virada para o leste, em que se entrava pela principal rua romana, o cardo. (A igreja hoje está virada para o sul.) O visitante galgava degraus para um átrio que conduzia, pelas três entradas, à Basílica ou Martírio, imensa "igreja de assombrosa beleza", com cinco naves laterais e filas de colunas, que por sua vez levavam, pela abside, ao Santo Jardim, um pátio com colunatas onde, no canto sudeste, ficava a colina do Gólgota, cercada por uma capela aberta. A rotunda de cúpula de ouro (Anastasis) abria para o céu, de modo que a luz brilhava no túmulo de Jesus. Seu esplendor dominava o espaço sagrado de Jerusalém, zombando do monte do Templo, onde Helena eliminou qualquer santuário pagão e "mandou colocar lixo em seu lugar" para mostrar a falência do Deus judaico.*

Apenas alguns anos mais tarde, em 333, um dos primeiros novos peregrinos, um visitante anônimo de Bordeaux, viu Aelia já transformada numa movimentada cidade-templo cristã. A "assombrosa" igreja não estava concluída, mas subia rapidamente, embora a estátua de Adriano permanecesse no meio das ruínas do monte do Templo.

A imperatriz Helena visitou todos os sítios da vida de Jesus, criando o primeiro mapa do trajeto para os peregrinos que lentamente começaram a chegar a Jerusalém a fim de sentirem sua santidade especial. Helena tinha quase oitenta anos quando voltou para Constantinopla, onde o filho mantinha pedaços da Cruz, despachando outra lasca e a placa para a igreja romana da mãe, apropriadamente chamada de Santa Croce in Gerusalemme.

Eusébio, bispo da Cesareia, tinha ciúme da nova proeminência de Jerusalém, duvidando que a cidade judaica, "que depois do sangrento assassinato do Senhor foi castigada pela maldade de seus habitantes", pudesse ser a cidade de Deus. Afinal, os cristãos prestaram pouca atenção a Jerusalém durante séculos. Mas Eusébio tinha um bom argumento: Constantino precisava enfrentar a herança dos judeus, assim como a criadora da Nova Jerusalém teve de desviar a santidade dos sítios judeus para os novos santuários.

Quando os romanos adoravam muitos deuses, toleravam outros, desde que não ameaçassem o Estado; mas uma religião monoteísta exigia o reconhecimento de uma verdade, um deus. A perseguição dos assassinos judeus de Cristo, cuja

* Não conhecemos a sequência exata desses edifícios e descobertas. Eusébio da Cesareia, que fornece o registro contemporâneo, menciona apenas as ordens da imperatriz e as ações do bispo Macário na construção da igreja do Santo Sepulcro (mas nada sobre o papel de Helena na descoberta da Cruz). Porém ele lhe dá crédito pela igreja da Ascensão no monte das Oliveiras. A história de Helena e a Cruz é contada posteriormente por Sozomen (também ele um cristão local). Algumas das muralhas de Constantino ainda podem ser vistas dentro da igreja russa Alexandre Nevsky: as pedras contêm nichos onde os arquitetos de Constantino prendiam o mármore. Igrejas constantinianas baseavam-se não em templos pagãos, mas na basílica secular, os salões de audiência de imperadores. Os rituais da Igreja e os costumes eclesiásticos baseavam-se na corte imperial para promover, entre os representantes do Rei do Céu, uma hierarquia igual à do imperador.

vileza provava a verdade cristã, tornou-se, portanto, essencial. Constantino ordenou que qualquer judeu que tentasse impedir que seus irmãos se convertessem ao cristianismo fosse imediatamente queimado.* No entanto, uma pequena comunidade judaica vivia por mais de um século em Jerusalém, orando numa sinagoga no monte Sião, e seus membros oravam discretamente no deserto monte do Templo. Agora, a "detestável caterva dos judeus", como Constantino os chamava, foi banida de Jerusalém, exceto uma vez por ano, quando tinham permissão para ir ao monte do Templo, onde os peregrinos de Bordeaux os viam "prantear e rasgar as roupas" na "pedra perfurada" — a pedra angular do Templo, hoje abrangida pelo Domo da Rocha.

Constantino decidiu comemorar em Jerusalém o trigésimo aniversário de sua subida ao trono, mas ainda lutava para controlar a controvérsia provocada pelo problemático sacerdote Ário — mesmo depois que ele deixou este mundo num incidente explosivo.** Quando Constantino ordenou a um sínodo para livrar "a Igreja da blasfêmia" e aliviar "meus cuidados", mais uma vez Ário o desafiou, eclipsando o primeiro festival cristão em Jerusalém, uma conferência de bispos do mundo todo.*** Mas o imperador estava doente demais para ir. Finalmente batizado em seu leito de morte em 337, ele dividiu o Império entre três filhos e dois sobrinhos. As únicas questões sobre as quais concordaram diziam respeito à continuação do império cristão e à promulgação de novas leis antijudaicas: em 339, proibiram o casamento com judeus, a quem chamavam de "selvagem, abominável desgraça".

Os herdeiros de Constantino lutaram vinte anos numa guerra civil finalmente vencida por seu segundo filho, Constâncio. Essa turbulência desestabilizou a Palestina. Em 351, um terremoto em Jerusalém obrigou todos os cristãos

* Até Niceia, a Páscoa cristã ainda coincidia com a Páscoa judaica, pois foi então que Jesus fora crucificado. Mas o ódio de Constantino aos judeus determinou sua decisão de mudar isso para sempre: o imperador decretou que a Páscoa deveria cair no primeiro domingo de lua cheia depois do equinócio de inverno. Esse sistema foi observado universalmente até 1582, quando os calendários oriental e ocidental divergiram.

** Ário estava de passagem por Constantinopla depois de um encontro com Constantino quando sentiu um "relaxamento dos intestinos". Antes que pudesse chegar a um banheiro público, escreveu Sócrates, o Escolástico, as entranhas de Ário explodiram no meio do Fórum, com os intestinos, o fígado e o baço esvaindo-se em hemorragia para fora dele, numa clara demonstração do mal de sua heresia.

*** Mas o arianismo sobreviveu depois da morte de Constantino, apoiado por seu herdeiro Constâncio II, até ser condenado novamente por Teodósio I, que em 381 decretou que Jesus era igual ao Pai na Trindade de Pai, Filho e Espírito Santo, e da mesma substância.

a correrem para a igreja do Santo Sepulcro, "tomados de pavor". Quando os judeus da Galileia se rebelaram, chefiados por um rei messiânico, foram tão cruelmente massacrados pelo primo do imperador, Gallus César, que até os romanos ficaram enojados. Mas os judeus agora encontraram simpatia num lugar inesperado: o imperador decidiu desbancar o cristianismo — e reconstruir o Templo judaico.[2]

JULIANO, O APÓSTATA: JERUSALÉM RESTAURADA

Em 19 de julho de 362, o novo imperador, o sobrinho de Constantino Juliano, que estava em Antioquia, em seu trajeto para invadir a Pérsia, perguntou a uma delegação judaica: "Por que não fazem sacrifícios?".

"Não temos permissão", responderam os judeus. "Leve-nos de volta para a cidade, reconstrua o Templo e o Altar."

"Vou me esforçar com o maior zelo", respondeu Juliano, "para estabelecer o Templo do Deus Altíssimo." A surpreendente resposta do imperador foi recebida com tal entusiasmo pelos judeus que era "como se os dias do nosso reino já tivessem chegado".

Juliano acabou com as perseguições adrianas e constantinianas, devolveu Jerusalém aos judeus, assim como suas propriedades, revogou os impostos antijudaicos e deu ao seu patriarca Hillel o poder de cobrar impostos e o título de prefeito pretoriano. Os judeus devem ter afluído a Jerusalém de todas as partes do mundo romano e persa para comemorar esse milagre. Reocuparam o monte do Templo, provavelmente removendo as estátuas de Adriano e Antonino para erguer uma sinagoga provisória, talvez em volta das pedras que o Peregrino de Bordeaux chamou de a Casa do rei Ezequias.

Juliano era tímido, cerebral e desajeitado. Um cristão lembrava-se de seu "pescoço estranhamente desconjuntado, seus ombros caídos e crispados, seus olhos ferozmente inquietos, seu andar oscilante, seu jeito presunçoso de respirar por aquele nariz saliente, aquela risada nervosa e descontrolada, a cabeça sempre a balançar e a fala hesitante". Mas o barbudo e corpulento imperador era também decidido e obstinado. Restaurou o paganismo, dando preferência ao velho patrono divino da família, o Sol, encorajando os sacrifícios tradicionais em templos pagãos e dispensando professores galileus (como chamava os cristãos) para atenuar seus valores decadentes e antirromanos.

Juliano jamais esperara governar o Império. Tinha apenas cinco anos quando Constâncio assassinou seu pai e a maior parte da família; só dois sobreviveram, Gallus e Juliano. Em 349, Constâncio escolheu Gallus como césar apenas para decapitá-lo, em parte por causa de sua inepta supressão de uma revolta judaica. Mas precisava de um césar no Ocidente, e só lhe restava um candidato. Juliano, então estudante de filosofia em Atenas, foi o escolhido, governando a partir de Paris. Compreensivelmente, ficou nervoso quando o imprevisível imperador o convocou. Inspirado por um sonho sobre Zeus, aceitou a coroa imperial de suas tropas. Quando marchava para o leste, Constâncio morreu e Juliano de repente viu-se governador de todo o Império.

A reconstrução do Templo judaico por Juliano não foi apenas um sinal de sua tolerância, mas uma anulação da reivindicação cristã de ter herdado o verdadeiro Israel, invertendo o cumprimento das profecias de Daniel e Jesus de que o Templo cairia. Além disso, era um sinal de que ele tinha mesmo a intenção de revogar a obra do tio. Também conquistaria o apoio dos judeus durante sua planejada guerra persa. Juliano não via contradição entre o paganismo grego e o monoteísmo judaico, acreditando que os gregos adoravam o "Deus Altíssimo" judaico como Zeus. Yahweh não era exclusivo dos judeus.

Juliano designou Alípio, seu representante na Britânia, para reconstruir o Templo. O Sinédrio estava nervoso: seria bom demais para ser verdade? A fim de tranquilizá-lo, Juliano, de partida à frente persa, escreveu "Para a Comunidade de Judeus", reiterando a promessa. Em Jerusalém, judeus eufóricos "procuravam os artesãos mais hábeis, juntavam material, limpavam o chão e entregavam-se com tal seriedade à tarefa que até as mulheres carregavam montes de terra e traziam colares para custear as despesas". Materiais de construção foram armazenados nos chamados estábulos de Salomão. "Quando acabaram de remover os restos do prédio anterior, limparam as fundações."

Enquanto os judeus assumiam o controle de Jerusalém, Juliano invadiu a Pérsia com 65 mil soldados. Mas em 27 de maio de 363 Jerusalém foi atingida por um terremoto que, de alguma forma, provocou um incêndio nos materiais de construção.

Os cristãos deliciaram-se com esse "maravilhoso fenômeno", apesar de poderem muito bem ter ajudado a aplacar incêndios criminosos. Alípio poderia ter continuado a obra, mas Juliano tinha atravessado o Tigre para o Iraque. Na tensa Jerusalém, Alípio resolveu esperar a volta de Juliano. O imperador, entretanto, já estava em retirada. Em 26 de junho, numa confusa escaramuça perto de Samara, um soldado árabe (possivelmente cristão) furou-o com uma lança. Atingido no fígado, Juliano tentou retirá-la, rasgando os tendões da mão. Escritores cristãos afirmaram que ele morreu dizendo: "*Vicisti, Galilaee!*" — "Vencestes, galileus!". Foi sucedido pelo comandante de sua guarda, que restaurou o cristianismo, anulou todos os atos de Juliano e baniu mais uma vez os judeus de Jerusalém: a partir de então, haveria novamente uma religião, uma verdade. Em 391-2, Teodósio I fez do cristianismo a religião oficial do Império e começou a aplicá-la.*[3]

JERÔNIMO E PAULA: SANTIDADE, SEXO E A CIDADE

Em 384, um rabugento estudioso romano chamado Jerônimo chegou a Jerusalém com um grupo de ricas mulheres cristãs. Mesmo que obsessivamente piedosas, elas estiveram sob uma nuvem de escândalo sexual.

Com quase quarenta anos, o ilírio Jerônimo tinha vivido como eremita no deserto sírio, sempre atormentado por desejos sexuais: "Embora só tivesse escorpiões por companheiros, eu me misturava com as danças das moças; minha mente palpitava de desejos". Depois Jerônimo serviu como secretário de Dâmaso I, bispo de Roma, onde a nobreza adotara o cristianismo. Dâmaso sentiu-se confiante o suficiente para declarar que os bispos de Roma serviam com a bênção divina, em direta sucessão do apóstolo são Pedro, um grande passo no desenvolvimento dos supremos, infalíveis papas de tempos posteriores. Mas a Igreja tinha apoio desses patrícios. Dâmaso e Jerônimo viram-se metidos em escândalos bem mundanos: Dâmaso foi acusado de adultério, apelidado de "a coceira dos ouvidos das mulheres de meia-idade", enquanto Jerônimo, dizia-se, tinha um caso com a rica viúva Paula, uma das muitas mulheres dessa classe que tinham abraçado o cristianismo. Jerônimo e Paula foram absolvidos — mas tiveram que deixar Roma e partiram para Jerusalém, acompanhados de Eustóquia, filha de Paula.

* Nada resta desse brevíssimo florescimento judaico, mas talvez haja uma pequena pista. No alto do Muro das Lamentações foi descoberta uma inscrição hebraica que diz: "E quando vires isto, teu coração se alegrará, e teus ossos florescerão como a grama nova". Ficava alta demais no muro para o Segundo Templo, mas nesse período o chão era muito mais alto. Alguns especialistas acreditam que isso expressava a alegria dos judeus com a restauração de Jerusalém. Mais provavelmente, a inscrição se refere a um cemitério do século X: ossos foram encontrados abaixo do lugar.

A simples presença dessa virgem adolescente parecia inflamar Jerônimo, que sentia o cheiro de sexo por todos os lados e passou boa parte da viagem escrevendo tratados em que alertava para os seus perigos. "A luxúria", escreveu ele, "espicaça os sentidos, e o fogo brando do prazer sensual emite seu agradável fulgor." Em Jerusalém, Jerônimo e suas piedosas milionárias encontraram uma nova cidade, que era um entreposto de santidade, comércio, relações sociais e sexo. A piedade era intensa, e a mais rica dessas damas, Melania (que desfrutava de uma renda anual de 120 mil libras de ouro), fundou seu próprio convento no monte das Oliveiras. Mas Jerônimo ficou horrorizado com as oportunidades sexuais oferecidas pela mistura de tantos homens e mulheres desconhecidos na grande multidão, nesse parque temático de paixão religiosa e de excitação sensorial: "Todas as tentações se reúnem aqui", escreveu ele, e todos os tipos de humanidade — "prostitutas, atores e palhaços". De fato, "não há nenhuma espécie de prática vergonhosa a que eles não se entreguem", observou outro peregrino santo, mas de olhar atento, Gregório de Nissa. "Fraude, adultério, roubo, idolatria, envenenamento, rixas e assassinato são ocorrências de todos os dias."

O patrocínio imperial, a construção em escala monumental e o fluxo constante de peregrinos criaram um novo calendário de festivais e rituais pela cidade, culminando na Páscoa, e uma nova geografia espiritual de Jerusalém, baseada nos lugares da Paixão de Jesus. Nomes foram trocados* e tradições, embaralhadas; mas o que importa em Jerusalém é aquilo que se toma como verdade. Outra pioneira, a freira espanhola Egéria, que visitou a cidade nos anos 380, descreveu a crescente panóplia de relíquias no Santo Sepulcro,** que agora incluíam o anel

* Sião era originariamente o nome da cidadela da Cidade de Davi, ao sul do Templo, mas se tornou sinônimo do monte do Templo. Agora Sião ficou sendo o nome cristão do morro ocidental. Em 333, o Peregrino de Bordeaux já o chamava de Sião. Em 390, o bispo de Jerusalém construiu uma Sião magnífica e colossal — Mãe das Igrejas — no lugar do Cenáculo. O dom de Jerusalém para a reinvenção dinâmica e para o roubo cultural é infinito — mas torna os nomes muito confusos. Vejamos este exemplo: o portão Neápolis, de Adriano, com a imensa coluna em frente, tornou-se portão de Santo Estêvão, depois de os árabes o chamarem durante séculos de portão da Coluna e mais tarde portão de Nablus (Neápolis é a atual Nablus); os judeus o chamavam de portão Shechem; os otomanos, do nome que tem hoje, portão de Damasco (o atual portão de Santo Estêvão fica no setor leste da cidade).

** Os bizantinos levaram a maioria das tradições judaicas do monte do Templo para a igreja do Santo Sepulcro. A pedra avermelhada do monte do Templo era conhecida como "Sangue de Zacarias" (o sacerdote que ali foi assassinado, como está relatado em 2º Crônicas 24,21), mas esse sítio mudou-se para a Igreja, assim como o da Criação, o do sepultamento de Adão, o dos altares de

do rei Salomão e o chifre de azeite que ungira David. Isso tudo se juntava à coroa de espinhos de Jesus e à lança que lhe perfurara o lado.

O teatro e a santidade levavam peregrinos a um delírio especial em Jerusalém: a Verdadeira Cruz tinha de ser guardada com particular cuidado, porque os peregrinos tentavam arrancar pedaços com os dentes quando a beijavam. O rabugento Jerônimo não aguentou essa gritaria teatral — e por isso foi instalar-se em Belém para trabalhar em sua obra-prima, a tradução da Bíblia hebraica para o latim. Mas fazia visitas frequentes e nunca hesitou em manifestar suas opiniões. "É tão fácil encontrar o caminho para o céu na Britânia como em Jerusalém", rosnou ele, referindo-se às vulgares multidões de peregrinos britânicos. Ao assistir às comovidas orações de sua amiga Paula perante a Cruz no Jardim Santo, comentou, com malícia, que era como "se ela visse o Senhor pendurado", e que beijava a tumba "como um homem sedento que esperou muito e finalmente chegou à água". Seu "choro lacrimoso e suas lamentações" eram tão altos que "foram ouvidos por toda a Jerusalém, ou pelo próprio Senhor, a quem ela recorreu".

Mas um drama que ele apreciava ocorria no monte do Templo, preservado em desolação para confirmar as profecias de Jesus. A cada dia 9 do mês de Av, Jerônimo via com alegria os judeus comemorarem a destruição do Templo: "Aquelas pessoas sem fé que mataram o servo de Deus — aquela turba de pobres coitados se reúne e, enquanto a igreja da Ressurreição refulge e a bandeira de Sua Cruz brilha no monte das Oliveiras, aquele povo miserável geme sobre as ruínas do Templo. Um soldado pede dinheiro para deixá-los chorar mais um pouco". Apesar de seu hebraico fluente, Jerônimo odiava os judeus, que criavam os filhos "exatamente como vermes", e saboreava o circo de horrores que confirmava a verdade triunfante de Jesus: "Pode alguém ter dúvidas quando assiste a essa cena sobre o Dia de Tribulação e Sofrimento?". A própria tragédia das dificuldades dos judeus redobrava neles o amor por Jerusalém. Para o rabino Berekhah, aquela cena era um ritual tão sagrado quanto comovedor: "Eles vêm em silêncio e vão em silêncio, vêm chorando e vão chorando, vêm na escuridão da noite e partem na escuridão".

Melquisedeque e Abraão e o da tigela de prata para capturar o diabo, de Salomão. Isso juntou-se à bandeja para a cabeça de João Batista, a esponja que aliviou Jesus na cruz, a coluna onde foi açoitado, a pedra que matou santo Estêvão e, é claro, a Verdadeira Cruz. O Templo tinha sido o "centro do mundo" para os judeus; não admira que esse santuário que contém num só lugar toda a santidade bíblica, a Igreja, seja agora visto como "o umbigo do mundo".

Mas agora as esperanças judaicas seriam mais uma vez alimentadas pela imperatriz que chegou para governar Jerusalém.[4]

BARSOMA E OS MONGES PARAMILITARES

Imperatrizes tendem a ser descritas por historiadores chauvinistas como prostitutas abomináveis e cruéis, ou como santas serenas, mas inusitadamente a imperatriz Eudócia costuma ser elogiada por sua delicada aparência e por sua natureza artística. Em 438, essa bela mulher do imperador Teodósio II chegou a Jerusalém e abrandou as regras contra os judeus. Ao mesmo tempo, um asceta que incendiava sinagogas, Barsoma de Nisíbia, chegou numa de suas peregrinações regulares com um séquito delinquente de monges paramilitares.

Eudócia era protetora dos pagãos e dos judeus porque ela própria tinha sido pagã. Notável filha de um sofista ateniense, versada em retórica e literatura, foi a Constantinopla fazer um apelo ao imperador depois que seus irmãos lhe roubaram a herança. Teodósio II era um rapaz maleável, governado por sua pia e desgraciosa irmã, Pulquéria. Ela apresentou Eudócia ao irmão, que se apaixonou de imediato e casou-se com ela. Pulquéria dominava o governo do irmão, intensificando a perseguição aos judeus, que agora eram excluídos do exército e da vida pública e estavam condenados à condição de cidadãos de segunda classe. Em 425, Teodósio ordenou a execução de Gamaliel VI, o último patriarca judeu, punindo-o pela construção de mais sinagogas, e aboliu para sempre o cargo. Gradualmente, Eudócia tornou-se poderosa, e Teodósio a promoveu a augusta, igual em posição à sua irmã. Uma incrustação em pedra colorida numa igreja de Constantinopla mostra seu estilo régio, os cabelos negros, a elegância esbelta e o nariz delicado.

Em Jerusalém, os judeus, acossados pela intensificação cada vez mais severa de Constantinopla, suplicaram a Eudócia para terem mais acesso à Cidade Santa, e ela aceitou que visitassem abertamente o monte do Templo em seus festivais mais importantes. Era uma notícia maravilhosa, e os judeus declararam que todos deveriam "correr para Jerusalém para a Festa dos Tabernáculos, pois nosso reino será estabelecido".

Mas a alegria dos judeus desagradava a outro visitante de Jerusalém, Barsoma de Nisíbia, monge sírio da nova geração de líderes monásticos militantes.

Durante o século IV, ascetas começaram a reagir contra os valores mundanos da sociedade e o esplendor dos hierarcas clericais, e fundaram mosteiros no deserto para retornar aos valores dos primeiros cristãos. Os eremitas — da palavra grega para "desabitado" — achavam que não bastava conhecer a fórmula certa da natureza de Cristo; era necessário também viver em retidão, e por isso viviam em austera e celibatária simplicidade nos desertos do Egito e da Síria.* Suas façanhas autoflageladoras de ostentosa santidade eram louvadas, suas biografias eram escritas (as primeiras hagiografias), seus eremitérios eram visitados e seus desconfortos tornaram-se motivo de admiração. Os dois sãos Simeões viveram décadas no topo de colunas, a dez metros de altura, e eram conhecidos como estilitas (de *stylos*, que significa "coluna"). Um estilita, Daniel, respondendo a uma pergunta, explicou como defecava: secamente, como uma ovelha. Na verdade, Jerônimo achava que eles estavam mais interessados em imundície do que em santidade. Mas esses monges não eram nada pacíficos. Jerusalém, que agora estava cercada de novos mosteiros e abrigava muitos mosteiros próprios, ficou à mercê desses bandos de fanáticos arruaceiros.

Barsoma, de quem se dizia que era tão santo que jamais se sentava ou deitava, ofendeu-se com a sobrevivência de "idólatras" judeus e samaritanos, e resolveu livrar a Palestina da presença deles. Ele e seus monges mataram judeus e incendiaram sinagogas. O imperador proibiu a violência por razões de ordem pública, mas Barsoma o ignorou. Agora, em Jerusalém, as tropas de choque cenobitas de Barsoma, armadas de facas e clavas debaixo dos hábitos de monge, atacavam judeus de emboscada no monte do Templo, apedrejando e matando muitos deles e jogando os corpos nas cisternas de água e nos pátios. Os judeus revidaram, prenderam dezoito agressores e os entregaram ao governador bizantino, que os acusou de assassinato. "Esses bandidos com seus respeitáveis hábitos de monge" foram levados à presença de Eudócia, a imperatriz peregrina. Eram culpados de assassinato, mas, quando incriminado por eles, Barsoma espalhou rumores de que cristãos nobres seriam queimados vivos. A turba ficou a favor de Barsoma, especialmente quando ele mencionou um oportuno terremoto como sinal de aprovação divina.

* Mulheres monásticas geralmente precisavam se disfarçar de eunucos, o que dava origem a histórias divertidas: certa Marina raspou a cabeça, vestiu uma túnica masculina e ingressou num mosteiro como Marinos, mas foi acusada de fazer um filho e acabou sendo expulsa. Ela educou a criança, e só quando morreu os monges descobriram que não estava preparada para perpetrar o pecado de que havia sido acusada.

Se a imperatriz tinha planos de executar cristãos, berraram os seguidores de Barsoma, então "queimaremos a imperatriz e todos que estão com ela". Barsoma aterrorizou funcionários, obrigando-os a testemunhar que as vítimas judias não tinham ferimentos: morreram de causas naturais. Outro terremoto contribuiu para aumentar o medo generalizado. A cidade estava saindo do controle, e Eudócia não teve escolha. "Quinhentos grupos" de monges paramilitares patrulharam as ruas e Barsoma anunciou que "a Cruz triunfou", grito repetido por toda a cidade "como o estrondo de uma onda", enquanto seus seguidores o ungiam com perfumes caros e os assassinos eram soltos.

Apesar da violência, Eudócia amava Jerusalém, mandando construir mais igrejas, e voltou para Constantinopla carregada de novas relíquias. Mas a cunhada Pulquéria tramava sua destruição.

EUDÓCIA: IMPERATRIZ DE JERUSALÉM

Teodósio mandou para Eudócia uma maçã frígia. Ela deu a fruta para seu protegido, Paulino, mestre de ofícios, que a enviou de presente ao imperador. Teodósio, ofendido, pediu satisfações à mulher, que mentiu e jurou não ter passado adiante o presente, e que tinha comido a maçã. Ao ouvir isso, o imperador mostrou-lhe a maçã. Essa mentirinha sugeriu a Teodósio que sua irmã lhe sussurrara a verdade: que Eudócia tinha um caso com Paulino. A história é mitológica — a maçã simboliza a vida e a castidade —, mas em seus detalhes muito humanos relata apenas o tipo de cadeia de eventos acidentais que podem terminar mal na estufa das cortes de autocracias aflitas. Paulino foi executado em 440, mas o casal imperial negociou uma forma de Eudócia retirar-se para a capital com honra. Três anos depois, ela chegou a Jerusalém para governar a Palestina por sua conta.

Mesmo assim Pulquéria tentou destruí-la, despachando Satúrnio, conde da Guarda Imperial, para executar duas pessoas do seu entourage. Eudócia rapidamente mandou matar Satúrnio. Uma vez superada essa maquinação imperial, deixaram-na cuidar da própria vida: ela construiu palácios para si mesma e para o bispo da cidade, além de um albergue perto do Santo Sepulcro que sobreviveu durante séculos. Ergueu as primeiras muralhas desde Tito, em torno do monte Sião e da Cidade de Davi — os trechos que construiu podem ser vistos hoje em ambos os palácios. As colunas de sua igreja de múltiplos pisos em torno do poço de Siloé ainda existem fincadas nas águas.*

O império era perturbado agora pela reacesa disputa cristológica. Se Jesus e o Pai eram "de uma só substância", como poderia Cristo combinar a natureza divina e a natureza humana? Em 428, Nestório, o novo patriarca de Constantinopla, ressaltou, sem tato algum, o lado humano e a natureza dual de Jesus, afirmando que a Virgem Maria não deveria ser considerada *Theotokos* (Mãe de Deus), mas apenas *Cristokos* (Mãe de Cristo). Seus inimigos, os monofisistas, sustentavam que Cristo tinha uma só natureza, simultaneamente humana e divina. Os diofisistas combatiam seus protagonistas monofisistas nos palácios imperiais e nas vielas de Jerusalém e Constantinopla com toda a violência e todo o ódio de *hooligans* cristológicos. Todo mundo, observou Gregório de Nissa, tinha uma opinião: "Você pede um trocado a um homem e ele lhe dá um pedaço de filosofia sobre o Gerado e o Não Gerado; se pergunta qual é o preço do pão, ele responde 'O Pai é superior e o Filho, inferior'; ou você pergunta se o banho está preparado e a resposta que recebe é que o Filho foi feito a partir do nada".

Quando Teodósio morreu, suas duas imperatrizes enfrentaram-se, uma de cada lado da divisa cristológica. Pulquéria, que assumira o poder em Constantinopla, apoiava os diofisistas. Mas Eudócia, como a maioria dos cristãos orientais, era monofisista, e foi expulsa da Igreja por Pulquéria. Quando Juvenal, o bispo de Jerusalém, apoiou Pulquéria, os hierosolimitas monofisistas mobilizaram suas tropas de choque monásticas, que o baniram da cidade, situação difícil que ele explorou devidamente. Já havia muito que o cristianismo era governado pelos quatro grandes bispados metropolitanos — Roma e os patriarcados orientais. Mas os bispos de Jerusalém sempre tinham feito campanha para serem promovidos a patriarca. Juvenal conseguiu essa promoção como prêmio pela lealdade que quase lhe custou a vida. Finalmente, em 451, no Concílio de Calcedônia,

* Eudócia foi inspirada pelo Salmo 51: "Faze o bem a Sião segundo a tua boa vontade [grego: *eudocia*]: edifica os muros de Jerusalém". Ela foi assistida pelo célebre monge armênio Eufêmio, cujo protegido Sabas fundou mais tarde o estranhamente belo mosteiro de Mar Saba, hoje habitado por vinte monges, nas montanhas judias perto de Jerusalém. A Armênia, no Cáucaso, foi o primeiro reino a converter-se ao cristianismo, em 301 (depois da mítica conversão do rei Abgar, de Edessa), seguida pela vizinha Geórgia (conhecida como Ibéria) em 327. Eudócia contou com a adesão de seu próprio protegido, Pedro, o Georgiano, o filho do rei da Ibéria, que construiu um mosteiro fora dos muros. Foi o começo da presença caucasiana em Jerusalém, que dura até hoje.

Pulquéria impôs um acordo: na União das Duas Naturezas, Jesus era "perfeito em divindade e perfeito em humanidade". Eudócia concordou, reconciliando-se com Pulquéria. Esse acordo tem durado até os dias de hoje nas Igrejas ortodoxa, católica e protestante, mas era falho: os monofisistas e nestorianos, por razões precisamente opostas, rejeitaram-no e separaram-se para sempre da ortodoxia.*

Numa época em que o Império Romano do Oriente era aterrorizado por Átila, o Huno, e precipitava-se para seu fatal colapso, a idosa Eudócia escrevia poesias em grego e construía sua basílica de Santo Estêvão, agora desaparecida, mas um pouco ao norte do portão de Damasco, onde em 460 ela foi sepultada, junto com as relíquias do primeiro mártir.[5]

* O nestorianismo tornou-se popular no Oriente por intermédio da Igreja assíria do Oriente, que converteu alguns membros da família real da Pérsia sassânida e, mais tarde, muitos da família de Gengis Khan. Simultaneamente, cristãos monofisistas orientais, rejeitando Calcedônia, formaram as Igrejas copta egípcia, ortodoxa síria (conhecida também como jacobita, por causa do fundador, Jacó Baradeu) e etíope. Esta última desenvolveu um vínculo especial com o judaísmo — *O livro da glória dos reis* comemora a união do rei Salomão com a rainha de Sabá, como pais do "Leão de Judá", o rei Menelik, que levou a Arca da Aliança para a Etiópia, onde, segundo consta, se encontra agora, em Axum. Esse vínculo posteriormente criou a Casa de Israel (Beta Israel), os falashas, judeus etíopes negros, que existem pelo menos desde o século XIV; em 1984, os israelenses transportaram-nos de avião para Israel.

16. O crepúsculo dos bizantinos: invasão persa (518-630)

JUSTINIANO E A IMPERATRIZ DANÇARINA: JERUSALÉM BIZANTINA

Em 518, com 35 anos, Justiniano tornou-se o verdadeiro governante do império oriental quando o tio Justino foi elevado ao trono. O novato e mais idoso imperador era um camponês trácio analfabeto, e dependia do sobrinho mais esperto, Pedro, que adotou o nome de Justiniano.* Ele não chegou ao poder sozinho: sua amante Teodora era filha do treinador de ursos da equipe Azul de corredores de carros de corrida, criada entre os suados condutores de bigas, as casas de banho duvidosas e as covas de ursos do hipódromo de Constantinopla. Começando como dançarina burlesca pré-púbere, ela era, segundo consta, uma prati-

* Uma das primeiras decisões de Justiniano durante o reinado de seu tio foi destruir o domínio árabe-judaico do Iêmen. No início do século V, os reis do Iêmen (Himiara) haviam se convertido ao judaísmo. Em 523, como resposta às ameaças bizantinas, o rei judeu José — Dhu Nuwas Zurah Yusuf — massacrou cristãos e obrigou principados vizinhos a se converter ao judaísmo. Justiniano ordenou que o rei cristão Kaleb de Axum (Etiópia) invadisse o Iêmen. O rei José foi derrotado em 525 e se suicidou, entrando no mar a cavalo. Entretanto, muitos judeus permaneceram no Iêmen e o judaísmo não desapareceu na Arábia; várias de suas tribos continuaram judias nos tempos de Maomé. Judeus iemenitas começariam a se estabelecer em Jerusalém no século XIX e a emigrar para Israel após 1948. Apenas uma povoação de judeus ainda permanece no Iêmen em 2010.

cante de orgias bem-dotada do ponto de vista ginástico, cuja especialidade era oferecer os três orifícios aos fregueses simultaneamente. Seu número ninfomaníaco nas festas consistia em esparramar-se no palco, enquanto gansos colhiam com o bico grãos de cevada do "cálice dessa flor da paixão". Os detalhes sexuais sem dúvida foram exagerados pelo historiador da corte, que secretamente devia se ressentir do servilismo do seu trabalho diário. Fosse qual fosse a verdade, Justiniano achava sua energia vital irresistível e alterou a lei para poder casar-se com ela. Apesar de suas intrigas terem complicado a vida de Justiniano, Teodora com frequência tinha a vontade que lhe faltava. Quando ele quase perdeu Constantinopla durante os tumultos de Nika e estava pronto para fugir, ela disse que preferia morrer com o manto imperial a viver sem ele, e então despachou seus generais com ordem para massacrar os rebeldes.

Graças a retratos realistas existentes na basílica de São Vital em Ravena, sabemos que Justiniano tinha rosto fino e era pouco simpático, com tez avermelhada, enquanto Teodora, delicada, pálida e glacial, com olhos deslumbrantes e lábios franzidos, nos fita com um olhar arrasador, e cordas de pérolas lhe enfeitam a cabeça e os seios. Era uma suprema dupla política. Seja qual for a sua origem, ambos eram destituídos de humor, impiedosamente sérios em questões de império e religião.

Justiniano, o último imperador do Oriente a falar latim, acreditava que sua missão na vida era restaurar o Império Romano e reunir o mundo cristão: pouco depois de nascer, o último imperador de Roma tinha sido expulso da cidade por um chefe de clã germânico. Ironicamente, isso fortaleceu o prestígio dos bispos de Roma — que em breve passariam a ser conhecidos como papas — e as diferenças entre o Oriente e o Ocidente. Justiniano obteve êxito surpreendente ao promover o seu império cristão universal pela guerra, pela fé e pela arte. Reconquistou a Itália, o norte da África e o sul da Espanha, apesar de ter enfrentado repetidas invasões dos persas, que em algumas ocasiões quase derrotaram o Oriente. O casal imperial promoveu seu império cristão como "a primeira e maior bênção da humanidade", eliminando homossexuais, pagãos, heréticos, samaritanos e judeus. Justiniano rebaixou o judaísmo, que deixou de ser uma religião permitida; proibiu a Páscoa judaica caso esta caísse antes da Páscoa cristã, converteu sinagogas em igrejas, batizou judeus à força e confiscou a história judaica: consta que em 537, quando consagrou a igreja de Hagia Sofia ("Santa Sabedoria"), com sua cúpula espetacular, em Constantinopla, Justiniano refletiu em voz alta: "Salomão, eu te superei". Depois seguiu para Jerusalém, para desbancar o Templo de Salomão.

Em 534, Justiniano e Teodora começaram a construir uma basílica, a igreja Nea (Nova) de Santa Maria Mãe de Deus,* com 120 metros de comprimento e 57 de altura, paredes de 4,8 metros de espessura, de costas para o monte do Templo e projetada para sobrepujar o lugar de Salomão. Quando Belisário, general de Justiniano, conquistou a capital vândala de Cartago, lá encontrou o candelabro, pilhado do Templo por Tito. Depois de desfilar por Constantinopla no Triunfo de Belisário, a peça foi enviada para Jerusalém, provavelmente para enfeitar a igreja Nea de Justiniano.

A Cidade Santa era governada pelos rituais do cristianismo ortodoxo.** Peregrinos entravam pelo portão de Adriano no norte e andavam pelo cardo, rua pavimentada e com colunas, de doze metros de largura, o suficiente para dar passagem a duas carroças, ladeada por lojas cobertas, que se estendia até a igreja Nea. Os mais privilegiados economicamente viviam ao sul e sudoeste do monte do Templo, em mansões de dois andares com pátios. "Felizes aqueles que vivem nesta casa", estava escrito numa delas. As residências, as igrejas e até mesmo as lojas eram enfeitadas de maneira esplêndida com mosaicos: os reis armênios provavelmente encomendaram o mosaico incandescente de garças, pombas e águias (dedicado "À memória e à salvação de todos os armênios, cujos nomes só Deus sabe"). Mais misterioso é o vívido mosaico semicristão de um travesso Orfeu

* Durante anos esse imenso conjunto ficou perdido, mas suas fundações, que se estendem do Bairro Judeu por baixo das muralhas atuais para fora da Cidade Velha, foram descobertas em escavações do arqueólogo Nahman Avigad, em 1973. Justiniano construiu uma série de abóbadas ao longo da encosta para apoiar o peso. Entre elas, foi encontrada a seguinte inscrição: "E esta é a obra executada pela generosidade do nosso graciosíssimo imperador Flávio Justiniano".

** Em 1884, um mosaico de cores vivas foi encontrado no piso de uma igreja bizantina em Madaba (Jordânia) com a inscrição: "A Cidade Santa de Jerusalém", o primeiro mapa de Jerusalém a mostrar a vista bizantina da cidade, com os seis portões principais, as igrejas e o monte do Templo que mal merece ser mostrado. Mas o monte do Templo não estava completamente deserto. Nunca fora escavado por arqueólogos, porém nos anos 1940 engenheiros britânicos, que restauravam lugares santos do Islã, fizeram sondagens superficiais e descobriram vestígios bizantinos. Otimistas esperavam que fossem os alicerces do templo judaico (não construído) do imperador Juliano. Mas podem ser traços do único santuário bizantino nesse sítio — a pequena igreja do Pináculo, que assinalava a tentação de Jesus pelo diabo.

tocando a lira, encontrado na virada do século XX ao norte do portão de Damasco. Ricas mulheres bizantinas usavam longos mantos gregos guarnecidos de ouro, vermelho e verde, sapatos vermelhos, pérolas, colares e brincos. Um anel de ouro desenterrado em Jerusalém era enfeitado com um modelo de ouro da igreja do Santo Sepulcro.

A cidade foi preparada para receber milhares de peregrinos: os nobres ficavam com o patriarca; os pobres acomodavam-se nos dormitórios dos albergues de Justiniano, com camas para 3 mil peregrinos; e os ascetas estabeleciam-se nas cavernas, geralmente antigos túmulos judaicos, nos morros circundantes. Quando os ricos morriam, eram sepultados em sarcófagos cujas laterais eram decoradas com afrescos e equipadas com sinos para proteger os mortos contra demônios. Os cadáveres dos pobres eram jogados nas anônimas valas comuns do Campo de Sangue. As tentações que deixaram Jerônimo indignado estavam sempre à mão: havia corridas de carros de combate no hipódromo, apoiadas pelas turbulentas torcidas dos Azuis e dos Verdes. "A sorte dos Azuis vence!", clama uma inscrição encontrada em Jerusalém. "Viva!"

Teodora morreu de câncer logo depois de terminar Nea, mas Justiniano passou dos oitenta e viveu até 565, tendo governado por quase cinquenta anos. Ele ampliara o império mais do que qualquer outro, à exceção de Augusto e Trajano; pelo fim do século, porém, o império tinha espichado demais e ficou vulnerável. Em 602, um general apoderou-se do trono e tentou segurá-lo lançando a torcida dos Azuis das corridas de carro contra seus inimigos, que eram apoiados pelos Verdes, e ordenando a conversão compulsória dos judeus. Os Azuis e os Verdes, sempre uma perigosa combinação de fãs dos esportes e arruaceiros políticos, lutaram pelo controle de Jerusalém: "Homens ruins e malvados impregnaram a cidade de crimes e assassinatos". Os Verdes venceram, mas tropas bizantinas retomaram a cidade e esmagaram a rebelião.

Essa turbulência era uma tentação irresistível para Khusrau II, o xá da Pérsia. Ainda menino, ele fora reconduzido ao trono com a ajuda do imperador bizantino Maurício, mas quando este foi assassinado, Khusrau aproveitou o pretexto para invadir o Oriente, na esperança de destruir Constantinopla de uma vez por todas. Jerusalém estava prestes a passar por uma época de mudanças imprevisíveis, durante a qual seria governada por quatro diferentes religiões em 25 anos: cristãos, zoroastristas, judeus e muçulmanos.[1]

Os persas, encabeçados pela vanguarda vestida de malha de aço de sua pesada cavalaria, conquistaram o Iraque romano e de lá se precipitaram para a Síria. Os judeus de Antioquia, perseguidos pelos bizantinos havia muito tempo, rebelaram-se. Enquanto o brilhante comandante persa, que ostentava com orgulho o nome de Shahrbaraz — o Javali Real —, marchava para o sul, 20 mil judeus de Antioquia e Tiberíades juntaram-se a ele para cercar Jerusalém. Dentro da cidade, o patriarca Zacarias tentou negociar, mas os arruaceiros das corridas de carro que mandavam nas ruas não aceitaram. De alguma forma, os persas e os judeus penetraram na cidade.

Jerusalém — e praticamente todo o Império Romano do Oriente — pertencia agora ao jovem rei dos reis persa, o *shahanshah* Khusrau II, cujo novo império se estendia do Afeganistão ao Mediterrâneo. Esse xá era neto do maior dos governantes sassânidas, que tinha incendiado Antioquia durante o reinado de Justiniano. Mas ele passara uma meninice humilhante como desamparado peão de xadrez de famílias nobres rivais e tornara-se um adulto paranoico e megalomaníaco, que impunha seu poder com extravagante gigantismo: seu estandarte de pele de tigre tinha quarenta metros de comprimento por seis de largura; ele reinava sentado no Spring do rei, um tapete de 92 metros quadrados, com incrustações de ouro e brocado, que representava um jardim real imaginário; seus *shabestan* — frescos apartamentos subterrâneos onde os xás mantinham suas mulheres — abrigavam 3 mil concubinas; e foi provavelmente ele quem construiu o colossal palácio de sua capital, Ctesifonte (perto da atual Bagdá), com a maior sala de audiências do mundo. Montado em seu cavalo negro, Meia-Noite, usava mantos tecidos de ouro e revestidos de joias, com sua armadura também enfeitada de ouro.

O xá, que tinha muitos judeus e cristãos entre seus súditos poliglotas, era zoroastrista, mas havia se casado com uma adorável cristã nestoriana, Shirin, a qual ele conquistara, segundo a lenda, mandando seu rival realizar a impossível tarefa de esculpir degraus nas montanhas Behustan.

Depois que Jerusalém foi tomada, o general do xá, o Javali Real, partiu para a conquista do Egito; porém, mal ele tinha saído, os hierosolimitas se rebelaram contra os persas e judeus. O Javali Real voltou a galope e cercou Jerusalém durante vinte dias, destruindo as igrejas do monte das Oliveiras e Getsêmani. Os persas e judeus minaram o muro do nordeste, sempre o ponto mais vulnerável, e depois de 21 dias, no começo de maio de 614, invadiram Jerusalém "em grande fúria, como animais selvagens enraivecidos", de acordo com o monge Estrategos, testemunha ocular. "O povo escondeu-se nas igrejas, e ali eles os destruíram com grande ira, rangendo os dentes e matando violentamente todos que encontravam, como cães raivosos."

Em três dias, milhares de cristãos foram massacrados. O patriarca e 37 mil cristãos foram deportados para a Pérsia. Enquanto os sobreviventes estavam no monte das Oliveiras "e olhavam Jerusalém, uma chama como de uma fornalha atingiu as nuvens, e eles se puseram a soluçar e lamentar", jogando cinzas nos cabelos, pois viram a igreja do Santo Sepulcro, a Nea, a Mãe das igrejas no monte Sião e a catedral armênia de São Tiago consumidas pelo fogo. As relíquias cristãs — a Lança, a Esponja e a Verdadeira Cruz — foram enviadas para Khusrau, que as deu de presente à rainha Shirin. Ela as preservou em sua igreja em Ctesifonte.

Então, seiscentos anos depois que Tito destruiu o Templo, o Javali Real deu Jerusalém aos judeus.

NEEMIAS II: O TERROR JUDAICO

Depois de séculos de repressão, os judeus, comandados por uma figura vaga chamada Neemias, estavam loucos para se vingar dos cristãos que semanas antes os haviam perseguido. Os persas capturaram milhares de prisioneiros de menor valor no poço de Mamilla, um grande reservatório onde, de acordo com fontes cristãs, lhes foi proposta a mesma escolha oferecida pouco tempo atrás aos judeus: conversão ou morte. Alguns monges se converteram ao judaísmo; outros foram martirizados.* Os alegres judeus talvez tenham começado a reconsagrar o monte do Templo, pois eles agora "faziam sacrifícios",** e um fervor mes-

* Relatos cristãos afirmam com exagero que de 10 mil a 90 mil cristãos foram assassinados pelos judeus e sepultados por Tomás, o Coveiro. A lenda cristã diz que as vítimas foram enterradas no cemitério da caverna do Leão de Mamilla, que tinha esse nome porque os sobreviventes se esconderam na caverna até serem salvos por um leão. Os judeus sustentam que vítimas judias de um massacre cristão é que foram salvas por um leão.

** Vestígios de um edifício no canto sudoeste do monte do Templo parecem mostrar uma menorá pintada sobre uma cruz, possivelmente um santuário cristão herdado por breve período pelos judeus. Mas isso pode datar do começo do período islâmico.

siânico vibrou através de todo o mundo judaico, inspirando o entusiasmo do Livro de Zorobabel.

O xá persa tinha conquistado o Egito, a Síria, o Iraque e a Ásia Menor, chegando até Constantinopla. Só a cidade de Tiro ainda resistia aos persas, que mandaram o comandante judeu Neemias tomá-la. O exército judeu fracassou nessa missão e fugiu de Tiro, mas os persas seguramente já tinham percebido que os cristãos em maior número eram mais úteis. Em 617, depois de três anos de governo judaico, o Javali Real expulsou os judeus de Jerusalém. Neemias resistiu, mas foi derrotado em Emaús, perto de Jerusalém.

A cidade foi devolvida aos cristãos. Mais uma vez era hora de os judeus sofrerem. Eles deixaram a cidade por um portão oriental, como os cristãos haviam feito antes, marchando para Jericó. Os seguidores de Cristo encontraram a Cidade Santa arrasada: Modestos, o sacerdote encarregado durante a ausência do patriarca, restaurou vigorosamente o destruído Santo Sepulcro, mas a cidade jamais recuperou a magnificência de Constantino e Justiniano.

Desde a época de Tito, por três vezes os judeus tinham conseguido momentos de livre oração entre os montes de pedra do Templo — provavelmente sob o comando de Bar Kochba, e com certeza sob Juliano e Khusrau —, mas eles só voltariam a controlar o Templo depois de 1350 anos. Quanto aos vitoriosos persas, eles agora se viam diante de um jovem e dinâmico imperador bizantino, que parecia merecer o nome de Hércules.[2]

HERÁCLIO: O PRIMEIRO CRUZADO

Louro e alto, Heráclio tinha a aparência do salvador imperial. Filho do governador da África e de ascendência armênia, ele havia tomado o poder em 610, quando grande parte do Oriente ainda estava nas mãos dos persas e parecia difícil que as coisas pudessem piorar — mas pioraram. Quanto Heráclio contra-atacou, foi derrotado pelo Javali Real, que então conquistou a Síria e o Egito antes de atacar Constantinopla. Heráclio suplicou por uma paz humilhante, que lhe deu tempo para reconstruir as forças bizantinas e planejar vingança.

Na segunda-feira de Páscoa de 622, Heráclio partiu de navio com um exército, não (como era esperado) pelo Mar Negro em direção ao Cáucaso, mas pela costa jônica do Mediterrâneo para a baía de Issus, de onde marchou por terra e derrotou o Javali Real. Mesmo enquanto os persas ameaçavam Constantinopla, Heráclio levou a guerra para a terra deles. No ano seguinte, repetiu o truque, marchando pela Armênia e pelo Azerbaijão rumo ao palácio de Khusrau em Ganzak. O xá bateu em retirada. Heráclio passou o inverno na Armênia, e em 625, numa manifestação hercúlea de virtuosismo militar, impediu que três exércitos persas se unissem, antes de derrotá-los um por um.

Nessa guerra de jogadas arriscadas e ambição global, o xá virou a mesa mais uma vez, despachando um general para capturar o Iraque e o Javali Real a fim de fazer a ligação com os avars, tribo nômade de saqueadores, e tomar Constantinopla. O xá, intitulando-se "o Mais Nobre dos Deuses, Rei e Senhor de Toda a Terra", escreveu para Heráclio: "Tu dizes que confias em Deus; por que, então, Ele não livrou das minhas mãos a Cesareia, Jerusalém e Alexandria? Não poderia eu destruir também Constantinopla? Não destruí os gregos?". Heráclio despachou um exército para lutar no Iraque e outro para defender a capital, enquanto ele mesmo contratou 40 mil cavaleiros nômades turcos, os cazares, para formar um terceiro.

Constantinopla foi sitiada pelos persas e avars dos dois lados do Bósforo, mas o xá tinha inveja do Javali Real. A essa altura, a presunçosa arrogância e as criativas crueldades do Senhor de Toda a Terra já alienavam seus próprios nobres. O xá mandou uma carta para o vice do Javali Real ordenando-lhe que matasse o general e assumisse o comando. Heráclio interceptou-a. Convidando o Javali para um encontro, mostrou-lhe a carta; os dois fizeram uma aliança secreta e Constantinopla foi salva.

O Javali Real retirou-se para Alexandria a fim de governar a Síria, a Palestina e o Egito. Heráclio mandou seu exército de navio para o Cáucaso pelo Mar Negro, e com seus cavaleiros cazares invadiu a Pérsia. Sobrepujou as forças persas, desafiou e matou três campeões persas em duelos e depois derrotou seu principal exército, parando nos arredores da capital do xá. A intransigência delirante de Khusrau o destruiu. Foi preso e posto na masmorra, a Casa da Escuridão, onde seu filho favorito foi trucidado diante dele, antes de ele mesmo ser torturado até a morte. Os persas concordaram em restaurar o *statu quo ante bellum*. O Javali Real concordou em casar-se com a sobrinha de Heráclio e revelou o esconderijo da Verdadeira Cruz. Depois de tortuosas intrigas, tomou o trono persa — mas não tardou a ser assassinado.

Em 629, Heráclio partiu de Constantinopla com a mulher (também sobrinha) para devolver a Verdadeira Cruz a Jerusalém. Perdoou os judeus de Tiberíade, onde se hospedou na mansão de um rico judeu, Benjamin, que o acompanhou a Jerusalém. Durante o caminho, converteu-se ao cristianismo. Os judeus receberam a promessa de que não haveria vingança e de que poderiam residir em Jerusalém.

Em 21 de março de 630, Heráclio, agora com 55 anos, cansado e grisalho, cavalgou em direção ao portão Dourado, que mandara construir para essa ocasião especial. Esse belíssimo portão tornou-se, no entendimento das três religiões abraâmicas, o mais potentemente místico para a chegada do Messias no Dia do Juízo.* Ali o imperador apeou para levar a Verdadeira Cruz a Jerusalém. Consta que quando Heráclio tentou entrar com seus mantos bizantinos, o portão se tornou um sólido muro, mas tendo ele se prostrado, o portão abriu para dar passagem à procissão real. Tapetes e ervas aromáticas foram espalhados enquanto Heráclio entregava a Verdadeira Cruz ao Santo Sepulcro, posto em ordem pelo patriarca Modestos. A catástrofe que acometera o império e o retorno do imperador alimentaram uma nova variedade da sempre maleável visão do Apocalipse, na qual um último imperador messiânico esmagava os inimigos do cristianismo e entregava o poder a Jesus, que governaria até o Dia do Juízo.

Os cristãos exigiram vingança contra os judeus, mas Heráclio recusou-se até que os monges tomaram para si o pecado de sua jura quebrada aos judeus como um jejum de expiação. Heráclio então expulsou todos os judeus remanescentes; muitos foram massacrados; mais tarde, ordenou a conversão compulsória de todos.

Longe dali, ao sul, os árabes tinham percebido não só as vitórias de Heráclio, mas também suas fraquezas. "Os romanos foram derrotados", declarou Maomé, o líder que acabara de unificar as tribos árabes, no que se tornaria o texto sagrado de sua nova revelação, o Alcorão. Enquanto Heráclio estava em Jerusalém, Maomé lançou uma incursão na Estrada do Rei para testar as defesas bizantinas. Os árabes encontraram um destacamento bizantino — mas logo voltariam.

* O portão Dourado, na realidade dois portões, está direta e precisamente alinhado com o túmulo na igreja do Santo Sepulcro, para onde Heráclio levou a Cruz. O lugar tem outro simbolismo, como já vimos, porque os bizantinos acreditavam, equivocadamente, que assinalava o portão Bonito pelo qual Jesus entrara no domingo de Ramos, e onde os apóstolos realizaram um milagre depois da morte de Jesus. Apesar disso, alguns estudiosos acreditam que foi construído pelos califas omíadas. Adquiriu logo significado místico para os judeus, que o chamavam de portão da Misericórdia.

Heráclio não deve ter ficado muito assustado: havia séculos que as tribos árabes divididas faziam incursões na Palestina. Os bizantinos e persas as tinham contratado para servir de Estados-tampões entre os impérios, e Heráclio pusera em campo grandes batalhões de cavaleiros árabes em seus exércitos.

No ano seguinte, Maomé mandou outro pequeno destacamento atacar território bizantino. Mas ele estava velho e já perto do fim de sua vida espetacular. Heráclio deixou Jerusalém e rumou de volta para Constantinopla.

Parecia não haver muito o que temer.[3]

IV. ISLÃ

Glorificado Aquele que certa noite levou seu servo do lugar sagrado de oração para o lugar sagrado de oração mais distante.

Alcorão, 17, 1

O apóstolo de Alá, acompanhado de Gabriel, foi transportado para Jerusalém, onde encontrou Abraão, Moisés e os outros profetas.

Ibn Ishaq, *Sirat Rasul Allah*

Um governante só era considerado califa se reinasse sobre a Mesquita Sagrada [Meca] *e a Mesquita de Jerusalém.*

Sibani, *Fadail*

Um dia em Jerusalém é como mil dias; um mês, como mil meses, e um ano, como mil anos. Morrer ali é como morrer na primeira esfera do céu.

Kaab al-Ahbar, *Fadail*

Um pecado cometido [em *Jerusalém*] *é igual a mil pecados, e um ato de bondade, a mil atos de bondade.*

Khalid bin Madan al-Kalai, *Fadail*

Alá seja louvado, disse de Jerusalém. Tu és meu Jardim do Éden, minha terra santa e escolhida.

Kaab al-Ahbar, *Fadail*

Ó, Jerusalém, mandar-te-ei meu servo Abd al-Malik para te reconstruir e adornar.

Kaab al-Ahbar, *Fadail*

17. A conquista árabe (630-60)

MAOMÉ: A JORNADA NOTURNA

O pai de Maomé morreu antes de ele nascer, e a mãe faleceu quando ele tinha apenas seis anos. O menino foi adotado pelo tio, que o levava em viagens comerciais para Bosra, na Síria. Ali recebeu aulas de cristianismo dadas por um monge, estudou as Escrituras judaica e cristã e passou a venerar Jerusalém como um dos mais nobres santuários. Quando estava na casa dos vinte, uma rica viúva chamada Khadija, bem mais velha do que ele, deu-lhe emprego como encarregado de seu comércio de caravanas e depois casou-se com o jovem. Viveram em Meca, lar da Caaba e sua pedra negra, o santuário de um deus pagão. A cidade prosperava com os peregrinos atraídos por esse culto e pelo comércio de caravanas. Maomé pertencia à tribo dos coraixitas, que fornecia os principais mercadores e guardiães do santuário, mas seu clã hachemita não era dos mais poderosos.

Maomé, descrito como um homem bonito, de cabelo e barba ondulados, tinha uma simpatia que a todos conquistava — consta que quando apertava a mão de alguém, não gostava de ser o primeiro a largar — e uma espiritualidade carismática. Era admirado pela integridade e inteligência — como seus guerreiros diriam depois, "era o melhor de nós" — e conhecido como al-Amin, o Confiável.

Como nos casos de Moisés, Davi e Jesus, é-nos impossível agora adivinhar a essência pessoal do seu sucesso; mas, assim como aqueles, chegou numa época que precisava de sua presença. Na Jahiliyya, a Idade da Ignorância, antes de sua revelação, "não havia ninguém mais pobre do que nós", escreveria um dos seus soldados. "Nossa religião consistia em matarmo-nos uns aos outros e saquear. Havia entre nós aqueles capazes de enterrar vivas as filhas para não deixar que comessem da nossa comida. Então Deus nos enviou um homem bem conhecido."

Fora de Meca ficava a caverna do Hira, onde Maomé gostava de meditar. Em 610, de acordo com a tradição, o arcanjo Gabriel o visitou ali com a primeira revelação do Deus único que o escolhera para ser seu mensageiro e profeta. Quando o Profeta recebia as revelações de Deus, consta que sua face enrubescia, ficava calado, o corpo estirava-se mole no chão, o suor escorria-lhe no rosto; ele era tomado por sussurros e visões — e então recitava suas revelações poéticas, divinas. De início, ficou aterrorizado, mas Khadija acreditava em sua vocação e ele começou a pregar.

Nessa rude sociedade militar onde todos os meninos e homens portavam armas, a tradição literária não era escrita, mas consistia numa rica poesia oral, que celebrava os feitos de guerreiros honrados, amantes apaixonados e caçadores destemidos. O Profeta faria uso dessa tradição poética: suas 114 suras (capítulos) foram inicialmente recitadas antes de serem reunidas no Alcorão — "A Recitação", um compêndio de belíssima poesia, sagradas obscuridades, claras instruções e atordoantes contradições.

Maomé era um visionário edificante, que pregava a submissão — Islã — ao Deus único em troca da salvação universal, dos valores de igualdade e justiça e das virtudes da vida pura, com rituais de fácil apreensão e regras para a vida e a morte. Ele recebia com prazer os convertidos. Tinha reverência pela Bíblia e via Davi, Salomão, Moisés e Jesus como profetas, mas sua revelação substituía as anteriores. De grande importância para o destino de Jerusalém foi o fato de o Profeta ressaltar a vinda do Apocalipse — que chamava de Julgamento, Último Dia ou simplesmente a Hora —, e essa urgência inspirou o dinamismo do Islã dos primeiros tempos. "O conhecimento disso só Deus tem", diz o Alcorão, "mas o que te fará saber que a Hora está próxima?" Todas as Escrituras judaico-cristãs diziam que isso só podia ocorrer em Jerusalém.

Certa noite, conforme acreditavam seus seguidores, Maomé teve uma visão enquanto dormia ao lado da Caaba. O arcanjo Gabriel o despertou, e juntos fizeram uma Jornada Noturna montados em Buraq, cavalo alado com rosto humano, para o anônimo "Santuário Mais Distante". Ali Maomé encontrou seus "pais" (Adão e Abraão) e seus "irmãos" Moisés, José e Jesus, antes de subir uma escada para o céu. Diferentemente de Jesus, ele se intitulava apenas o Mensageiro, ou Apóstolo de Deus, e não afirmava ter poderes mágicos. A rigor, a Isra (Jornada Noturna) e a Miraj (Ascensão) foram suas únicas façanhas milagrosas. Jerusalém e o Templo jamais são mencionados, mas os muçulmanos acabaram acreditando que o Santuário Mais Distante era o monte do Templo.

Quando sua mulher e seu tio morreram, Maomé ficou exposto à desaprovação das famílias mais ricas de Meca, que dependiam da pedra da Caaba para seu sustento. Os moradores tentaram matá-lo. Então ele foi procurado por um grupo de Yathrib, oásis de tâmaras ao norte, fundado por tribos judaicas, mas também lar de artesãos e agricultores pagãos. Pediram-lhe que fizesse as pazes entre seus clãs que viviam brigando. Ele e o círculo mais íntimo de crentes partiram na Hijra (Migração) para Yathrib, que se tornou Madinat un-Nabi, a cidade do profeta — Medina. Ali ele misturou seus primeiros devotos, os emigrantes, com os novos seguidores, os ajudantes, e seus aliados judeus, numa nova comunidade, a *umma*. Foi no ano 622, começo do calendário islâmico.

Maomé era um hábil conciliador de homens e cooptador de ideias. Em Medina, com seus clãs judaicos, ele criou a primeira mesquita,* adotando o Templo de Jerusalém como a primeira *qibla*, a direção da prece. Orava ao pôr do sol de sexta-feira — o sabá judaico —, jejuava no Dia do Perdão, bania a carne de porco e praticava a circuncisão. A identidade una do Deus de Maomé rejeitava a Trindade cristã, mas outros rituais — a prostração em tapetes para rezar — deviam muito aos mosteiros cristãos; seus minaretes talvez tenham sido inspirados nas colunas dos estilitas; o festival do Ramadã lembrava a Quaresma. Apesar disso, o Islã tinha identidade própria.

Maomé criou um pequeno Estado com leis próprias, mas enfrentou a resistência de Medina e de seu antigo lar, Meca. Seu novo Estado precisava defender-se e conquistar: jihad — luta — era tanto domínio interno de si mesmo como guerra santa para conquistar. O Alcorão encorajava não apenas a destruição dos infiéis, mas também a tolerância, caso eles se submetessem. Isso era relevante,

* "Mesquita" vem da palavra árabe *masjid*, que originou também a espanhola *mezquita*, a francesa *mosquée*, a inglesa *mosque*.

pois as tribos judaicas resistiram às revelações de Maomé e ao seu controle. Portanto, ele mudou a *qibla* para Meca e rejeitou o modo judaico: Deus destruíra o Templo judaico porque os judeus tinham pecado, e assim "eles não seguirão tua *qibla*, Jerusalém".

Enquanto combatia Meca, ele não podia se dar ao luxo de permitir deslealdades em Medina, e por isso expulsou os judeus e escolheu um clã judaico para servir de exemplo: seus setecentos homens foram decapitados e suas mulheres e crianças, escravizadas. Em 630, Maomé finalmente tomou Meca, espalhando seu monoteísmo através da Arábia por meio da conversão e da força. Os seguidores de Maomé tornaram-se cada vez mais militantes, enquanto se esforçavam para viver em retidão e se preparavam para o Julgamento Final. Depois de conquistarem a Arábia, defrontaram-se com os impérios cheios de pecado que havia adiante. Os primeiros seguidores do Profeta, os emigrantes e os ajudantes, formavam seu entourage — mas ele recebia antigos inimigos e oportunistas de talento com o mesmo entusiasmo. Enquanto isso, a tradição muçulmana relata sua vida pessoal: teve muitas mulheres — Aisha, filha do aliado Abu Bakr, era a favorita — e numerosas concubinas, que incluíam belas judias e cristãs; teve filhos — e, o que é mais importante, uma filha chamada Fátima.[1]

Em 632, Maomé, talvez com 62 anos, morreu e foi sucedido pelo sogro, Abu Bakr, que foi aclamado Amir al-Muminin, Comandante dos Fiéis.* O reino de Maomé cambaleou depois de sua morte, mas Abu Bakr conseguiu pacificar a Arábia. Em seguida ele se voltou para os impérios bizantino e persa, que os muçulmanos consideravam transitórios, pecaminosos e corruptos. O comandante despachou contingentes de guerreiros montados em camelos para fazer incursões no Iraque e na Palestina.

KHALID IBN WALID: ESPADA DO ISLÃ

Em algum ponto nas proximidades de Gaza "houve uma batalha entre os romanos e os nômades de Maomé", escreve Tomás, o Presbítero, cristão que em

* Os sucessores de Maomé usaram o título de Comandante dos Fiéis. Posteriormente, os chefes de Estado passaram a ser conhecidos como *Khalifat Rasul Allah* — Sucessor do Mensageiro de Alá — ou califa. Abu Bakr talvez o tenha usado, mas não há prova de que o título tenha sido empregado novamente nos setenta anos seguintes, até o reino de Abd al-Malik. Então, foi aplicado retrospectivamente: os quatro primeiros governantes ficaram conhecidos como Califas Justos.

640 foi o primeiro historiador independente a mencionar o profeta.* "Os romanos fugiram." O imperador Heráclio, ainda na Síria, preparou-se para esmagar esses exércitos árabes, que por sua vez pediram reforços a Abu Bakr. O árabe chamou seu melhor general, Khalid ibn Walid, que fazia incursões no Iraque. Depois de cavalgar seis dias pelo deserto sem água, Khalid chegou à Palestina na hora certa.

Khalid foi um dos aristocratas de Meca que lutaram contra Maomé, mas quando ele finalmente se converteu, o Profeta aceitou de bom grado esse dinâmico comandante e o chamou de Espada do Islã. Khalid era um desses generais fanfarrões que prestam pouca atenção às ordens de seus superiores políticos. A sequência de eventos é pouco clara, mas ele se juntou a outros chefes militares árabes, assumiu o comando e derrotou um destacamento bizantino a sudoeste de Jerusalém antes de invadir Damasco. Bem ao sul, em Meca, Abu Bakr morreu e foi sucedido por Omar, um dos primeiros convertidos e mais íntimos confidentes de Maomé. O novo Comandante dos Fiéis não confiava em Khalid, que estava acumulando fortuna, e o chamou de volta a Meca: "Khalid", disse ele, "suma daqui com as suas coisas".

Heráclio despachou um exército para deter os árabes. Omar designou um novo comandante, Abu Ubayda, e Khalid voltou aos exércitos como seu subordinado. Depois de meses de escaramuças, os árabes finalmente atraíram os bizantinos para o combate nos impenetráveis desfiladeiros do rio Yarmuk, onde hoje ficam Jordânia, Síria e o Golã israelense. "Esta é uma das batalhas de Deus", disse Khalid a seus homens — e em 20 de agosto de 636 Deus fez surgir uma tempestade de areia capaz de cegar os cristãos, que entraram em pânico e fugiram em debandada pelos penhascos do Yarmuk. Khalid interrompeu sua retirada; no fim da batalha, os cristãos estavam tão cansados que os árabes os encontraram deitados em suas capas, prontos para o massacre. Até o irmão do imperador foi morto, e Heráclio jamais se recuperou dessa derrota, uma das batalhas decisivas da história, em que ele perdeu a Síria e a Palestina. O domínio bizantino, enfraquecido pela guerra persa, parece ter desmoronado como um castelo de cartas, e

* Os primórdios da história do Islã, incluindo a rendição de Jerusalém, são misteriosos e contestados. Os mais destacados historiadores islâmicos escreveram um ou dois séculos depois, e longe de Jerusalém ou Meca: Ibn Ishaq, o primeiro biógrafo de Maomé, escreveu em Bagdá, e morreu em 770; al-Tabari, al-Baladhuri e al-Yaqubi viveram todos na Pérsia ou no Iraque do fim do século IX.

não está claro se a conquista árabe não teria sido, na verdade, uma série triunfante de incursões. Por mais intensa que tenha sido, é espantoso que esses minúsculos contingentes de cameleiros árabes, alguns com apenas mil homens, tenham esmagado as legiões de Roma Oriental. Mas o Comandante dos Fiéis ainda não estava satisfeito: ele despachou outro exército para o norte, a fim de conquistar a Pérsia, que também sucumbiu aos árabes.[2]

Na Palestina, só Jerusalém resistia, sob o comando do patriarca Sofrônio, intelectual grego que a louvava em sua poesia, chamando-a de "Sião, radiante Sião do Universo". Ele mal podia acreditar no desastre que atingira os cristãos. Pregando na igreja do Sepulcro, denunciou os pecados dos cristãos e as atrocidades dos árabes, a quem chamava de *sarakenoi* (palavra grega para sarracenos): "De onde vêm estas guerras contra nós? De onde vêm as múltiplas invasões bárbaras? A escória dos sarracenos infiéis capturou Belém. Os sarracenos se levantaram contra nós, com impulso bestial, por causa dos nossos pecados. É hora de nos corrigirmos".

Tarde demais. Os árabes convergiram sobre a cidade que chamavam de Ilya (Aelia, o nome romano). O primeiro de seus comandantes a cercar Jerusalém foi Amr ibn al-As, que, depois de Khalid, era seu melhor general e outro irreprimível aventureiro exibicionista da nobreza de Meca. Amr, como os demais líderes árabes, conhecia muito bem a área: até possuía terras nas proximidades e visitara Jerusalém na juventude. Mas aquela luta não visava apenas o butim.

"Aproxima-se a Hora", diz o Alcorão. O fanatismo militante dos primeiros crentes muçulmanos era atiçado pela crença no Julgamento Final. O Alcorão não declarava especificamente, mas eles sabiam, pelos profetas judaico-cristãos, que o julgamento teria de ocorrer em Jerusalém. Se a Hora se aproximava, então precisavam de Jerusalém.

Khalid e os outros generais juntaram-se a Amr em volta das muralhas, mas os exércitos árabes talvez fossem pequenos demais para invadir e não parece ter havido muita luta. Sofrônio simplesmente não aceitou render-se sem uma garantia de tolerância dada pelo próprio Comandante dos Fiéis. Amr sugeriu que o problema fosse resolvido fazendo Khalid passar pelo comandante, mas Khalid foi reconhecido, e por isso Omar foi chamado de Meca.

O comandante inspecionou o restante dos exércitos árabes em Jabiya e Golã, e os hierosolimitas provavelmente tiveram um encontro com ele para negociar a rendição. Os cristãos monofisistas, maioria na Palestina, odiavam os bizantinos, e parece que os primeiros crentes muçulmanos ficaram felizes de permitir liberdade de culto a seus camaradas monoteístas.* Seguindo o Alcorão, Omar ofereceu a Jerusalém um Acordo — *dhimma* — de Capitulação, que prometia tolerância religiosa aos cristãos em troca do pagamento do imposto de submissão, ou *jizya*. Fechado o acordo, Omar partiu para Jerusalém, um gigante em mantos esfarrapados e remendados, montado numa mula, acompanhado de apenas um criado.

OMAR, O JUSTO: O TEMPLO RECONQUISTADO

Quando viu Jerusalém do monte Scopus, Omar ordenou a seu muezim que conclamasse à oração. Depois de rezar, vestiu os mantos brancos do peregrino, montou num camelo branco e cavalgou ao encontro de Sofrônio. Os hierarcas bizantinos esperavam o conquistador, cuja simplicidade no vestir contrastava com as túnicas cravejadas de joias daqueles. Omar, o volumoso Comandante dos Fiéis, lutador na juventude, era um asceta implacável e sempre carregava um chicote. Consta que quando Maomé entrava numa sala, mulheres e crianças continuavam a rir e falar, mas calavam-se ao ver Omar. Foi ele quem começou a reunir o Alcorão, e criou o calendário muçulmano e grande parte da lei islâmica. Impunha regras mais severas às mulheres do que o próprio Profeta. Quando seu filho ficou bêbado, Omar mandou açoitá-lo com oitenta chicotadas, que acabaram por matá-lo.

Sofrônio deu de presente a Omar as chaves da Cidade Santa. Quando o patriarca viu Omar e suas hordas esfarrapadas de cameleiros e cavaleiros árabes, murmurou que aquilo era "a abominação desoladora". Vinham, em sua maioria, de tribos de Hejaz ou do Iêmen; viajavam com pouca carga e muita rapidez, envoltos em turbantes e mantos, e alimentavam-se de *ilhiz* (pelo de camelo moído, misturado com sangue e cozido). Diferentemente da bem blin-

* Parece que os primeiros muçulmanos se intitulavam "crentes" — a palavra aparece mil vezes no Alcorão, enquanto "muçulmano" aparece cerca de oitenta — e, como veremos em Jerusalém, seguramente não eram hostis a seus companheiros monoteístas, fossem cristãos ou judeus. O professor Fred M. Donner, autoridade nos primórdios do Islã, vai mais longe: "Não há razão para acreditar", escreve ele, "que os crentes se vissem como uma nova confissão religiosa separada. Alguns dos primeiros crentes eram cristãos ou judeus".

dada cavalaria catafrata persa e bizantina, apenas os comandantes usavam proteção de malha ou capacete. O resto "montava cavalos peludos e entroncados, as espadas muito polidas mas guardadas em bainhas de pano surrado". Portavam arcos e lanças, presas com tendão de camelo, e escudos vermelhos de couro de vaca, que pareciam "grossos pedaços de pão vermelho". Valorizavam suas espadas de lâmina larga, suas *saif*, às quais davam nomes e sobre as quais cantavam poemas.

Orgulhosos da sua rusticidade, usavam "quatro tufos de cabelos", amontoados como "chifres de bode". Quando encontravam ricos tapetes, corriam para cortá-los e fazer capa de lança, deleitando-se com o butim — humano e material — como qualquer conquistador. "De repente notei a presença de uma forma humana escondida debaixo de umas cobertas", escreveu um deles. "Rasguei-as e o que descobri? Uma mulher, como uma gazela, radiante como o sol. Peguei-a com suas roupas, entreguei as roupas como butim, mas fiz um pedido para que a moça ficasse para mim. Levei-a como concubina."* Os exércitos árabes não tinham nenhuma vantagem técnica, mas eram fanaticamente motivados.

Sofrônio, dizem as tradicionais fontes muçulmanas, datadas de época bem posterior, escoltou o comandante sarraceno ao Santo Sepulcro, esperando que o visitante admirasse ou mesmo adotasse a perfeita santidade do cristianismo. Quando o muezim de Omar conclamou os soldados à oração, Sofrônio convidou o comandante para rezar lá, mas consta que ele se recusou, advertindo que isso tornaria o lugar um ponto de adoração islâmica. Omar sabia que Maomé tinha venerado Davi e Salomão. "Leve-me ao santuário de Davi", ordenou a Sofrônio. Ele e os guerreiros entraram no monte do Templo, provavelmente pelo portão dos Profetas, no sul, e encontraram o lugar contaminado por "um monte de excrementos deixados pelos cristãos para insultar os judeus".

Omar pediu para ver o Santo dos Santos. Um judeu convertido, Kaab al-Ahbar, conhecido como Rabino, respondeu que se o comandante preservasse "o muro" (referindo-se talvez às últimas ruínas herodianas, incluindo o Muro das Lamentações), "eu lhe revelarei onde ficam as ruínas do Templo". Kaab mostrou a Omar a pedra angular do Templo, a rocha que os árabes chamavam de Sakhra.

* Não há relato contemporâneo sobre a queda de Jerusalém, mas os historiadores árabes descrevem os exércitos que invadiram simultaneamente a Pérsia, e isto se baseia nessas fontes.

Ajudado pelos soldados, Omar começou a limpar os destroços para criar um espaço de oração. Kaab sugeriu que isso fosse feito ao norte da pedra angular, "para ter duas *qiblas*, uma de Moisés e outra de Maomé". "Tu ainda te inclinas para os judeus", teria dito Omar a Kaab, situando sua primeira casa de oração ao sul da pedra, mais ou menos onde está hoje a mesquita al-Aqsa, para ficar voltada na direção de Meca. Omar seguira o desejo de Maomé de ir além do cristianismo para restaurar e cooptar esse lugar de antiga santidade, fazendo dos muçulmanos os legítimos herdeiros da santidade judaica e passando à frente dos cristãos.

As histórias de Omar em Jerusalém datam de mais de um século depois, quando o Islã tinha formalizado seus rituais de modo bem distinto dos rituais do cristianismo e do judaísmo. Mas a história de Kaab e outros judeus, que mais tarde formaram a tradição literária islâmica dos *Israiliyyat*, grande parte dos quais dizendo respeito à grandeza de Jerusalém, prova que muitos judeus, e provavelmente muitos cristãos, aderiram ao Islã. Jamais saberemos ao certo o que aconteceu naquelas primeiras décadas, mas os descontraídos arranjos em Jerusalém e noutros lugares sugerem que pode ter havido um surpreendente grau de mistura e compartilhamento entre os Povos do Livro.*

De início, os conquistadores muçulmanos gostaram de partilhar santuários com os cristãos. Em Damasco, compartilharam a igreja de São João durante anos, e a mesquita dos Omíadas ainda abriga o túmulo de são João Batista. Há relatos também sobre o compartilhamento de igrejas em Jerusalém. Na realidade, a igreja Cathisma, fora da cidade, estava equipada com um nicho para os muçulmanos orarem. Ao contrário do que afirma a lenda de Omar, parece que, antes de fazerem os acordos sobre o monte do Templo, os primeiros muçulmanos começaram a rezar dentro ou ao lado da igreja do Santo Sepulcro.

* Os judeus e a maioria dos cristãos não teriam tido dificuldade com as primeiras versões da declaração de fé muçulmana — a *shahada* — que dizia "Só Deus é Deus", pois deve ter sido apenas em 685 que eles acrescentaram "Maomé é o Seu apóstolo". Nomes judaicos e muçulmanos para Jerusalém se sobrepõem: Maomé chamava a Palestina de "Terra Santa" na tradição judaico-cristã. Os judeus chamavam o Templo de *Beyt ha-Miqdash* (a Casa Santa), que os muçulmanos adaptaram: chamavam a cidade de *Bayt al-Maqdis*. Os judeus chamavam o monte do Templo de *Har ha-Beyt* (o monte da Casa Santa). Os muçulmanos de início chamavam-no de *Masjid Bayt al-Maqdis*, a mesquita da Casa Santa, e depois também de *Haram al-Sharif*, o Santuário Nobre. Ao todo, os muçulmanos tinham dezessete nomes para Jerusalém; os judeus, setenta; e ambos concordavam que "a multiplicidade de nomes é sinal de grandeza".

Os judeus também receberam bem os árabes depois de séculos de repressão bizantina. Consta que judeus, assim como cristãos, lutaram nos exércitos muçulmanos. É fácil compreender que o interesse de Omar pelo monte do Templo tenha alimentado esperanças judaicas, porque o Comandante dos Fiéis não só convidou os judeus para manter o monte do Templo, mas também lhes permitiu rezar ali junto com os muçulmanos. Um bispo armênio bem informado, Sebeos, que escreveu trinta anos depois, afirma que "os judeus planejavam construir o Templo de Salomão, e, localizando o Santo dos Santos, construíram (o Templo) sem o pedestal" — e acrescenta que o primeiro governador de Jerusalém indicado por Omar era judeu. Omar certamente convidou o líder da comunidade judaica de Tiberíades — o gaon — e setenta famílias judaicas a retornarem para Jerusalém, onde se estabeleceram numa área ao sul do monte do Templo.*

Jerusalém ainda estava empobrecida e atormentada pela peste depois das depredações persas, permanecendo esmagadoramente cristã durante anos. Omar também assentou árabes ali, sobretudo os mais sofisticados coraixitas, que gostavam da Palestina e da Síria, por eles chamadas de Bilad al-Shams. Alguns dos mais íntimos seguidores do Profeta, conhecidos como companheiros, vieram para Jerusalém e foram sepultados nos dois primeiros cemitérios muçulmanos, fora da cidade, perto do portão Dourado, prontos para o Dia do Juízo. Duas famosas famílias de Jerusalém, que desempenham importante papel nesta história até o século XXI, remontam sua linhagem a esses primeiros nobres árabes.** [3]

* O texto tradicional do Acordo ou Pacto de Omar com os cristãos afirma que ele concordou em banir os judeus de Jerusalém. Isso era apenas o que os cristãos gostariam que acontecesse, ou então se trata de falsificação posterior, porque sabemos que Omar acolheu os judeus de volta a Jerusalém, que ele e os primeiros califas permitiram cultos judaicos no monte do Templo e que os judeus não voltaram a sair enquanto o Islã mandava. Os armênios já eram uma grande comunidade cristã em Jerusalém, com seu próprio bispo (mais tarde patriarca). Estabeleceram estreitas relações com os muçulmanos e receberam seu próprio Acordo. Durante um milênio e meio, cristãos e judeus foram *dhimmi*, povos do Acordo, tolerados mas inferiores, às vezes deixados em paz, às vezes cruelmente perseguidos.

** Omar ordenou a aposentadoria de Khalid, vencedor de Yarmuk, depois de ser informado de uma orgia regada a vinho numa casa de banhos, na qual um poeta cantou os feitos heroicos do general. Khalid morreu vítima da peste, embora a atual família Khalidi afirme que descende dele. Um dos primeiros defensores de Maomé foi uma mulher chamada Nusaybah, que perdeu dois filhos e uma perna lutando pelo Profeta. Agora o irmão de Nusaybah, Ubadah ibn al-Samit, chegou com Omar, que, segundo consta, nomeou-o juiz em Jerusalém e guardião do Santo Sepulcro e da Rocha. Seus descendentes, a família Nuseibeh, ainda eram Guardiães do Santo Sepulcro em 2010 (ver o Epílogo).

Em Jerusalém, Omar era acompanhado não apenas de seus generais Khalid e Amr, mas também de um jovem amante dos prazeres, embora competente, que não devia ser muito diferente do comandante com seu chicote. Muawiya ibn Abi Sufyan era filho de Abu Sufyan, aristocrata de Meca que tinha encabeçado a oposição a Maomé. A mãe de Muawiya comeu o fígado de Hamza, tio do Profeta, depois da Batalha de Uhud. Quando Meca se rendeu ao Islã, Maomé designou Muawiya seu secretário e casou-se com sua irmã. Depois da morte de Maomé, Omar nomeou Muawiya governador da Síria. O comandante lhe fez um elogio ambíguo: disse que Muawiya era o "césar dos árabes".

18. Os omíadas: o Templo restaurado (660-750)

MUAWIYA: O CÉSAR ÁRABE

Muawiya administrou Jerusalém durante quarenta anos, primeiro como governador da Síria e depois como monarca de um vasto império árabe, que se expandia para leste e para oeste com espantosa rapidez. Mas no meio de todo esse êxito, uma guerra civil pela sucessão quase destruiu o Islã e criou um cisma que o divide ainda hoje.

Em 644, Omar foi assassinado e sucedido por Otman, primo de Muawiya. Depois de mais de dez anos de governo, Otman era odiado por seu nepotismo. Quando ele também foi assassinado, o primo carnal do profeta, Ali, que além disso era casado com sua filha Fátima, foi escolhido Comandante dos Fiéis. Muawiya exigiu que Ali punisse os assassinos — mas o novo comandante se recusou. Muawiya temia perder seus domínios na Síria e venceu a guerra civil que veio em seguida; Ali foi morto no Iraque, e, com sua morte, terminou o reino do último dos chamados Califas Justos.

Em julho de 661, os nobres do Império Árabe reuniram-se no monte do Templo em Jerusalém para aclamar Muawiya Comandante dos Fiéis e jurar lealdade à tradicional maneira árabe — o *bayah*.* Depois o novo comandante visitou

* Um aperto de mãos que significava um contrato para prestar obediência: a palavra vem de *baa* — vender.

o Santo Sepulcro e o túmulo da Virgem Maria, não como peregrino, mas para mostrar a continuidade das religiões e seu papel imperial de protetor dos lugares sagrados. Sediou seu governo em Damasco, mas adorava Jerusalém, de que fazia propaganda nas moedas como "Iliya Filastin" — Aelia Palestina. Sentiu a tentação de fazer dela sua capital, e é provável que ali tenha residido com frequência, num dos luxuosos palácios que ele talvez tenha mandado construir ao sul do Templo. Muawiya tomou de empréstimo as tradições judaicas sobre o monte do Templo para declarar que Jerusalém era a "terra da safra e da ressurreição no Dia do Juízo". E acrescentava: "A área entre os dois muros desta mesquita é mais cara a Deus do que o resto do mundo".

Autores cristãos louvavam esse reino como justo, pacífico e tolerante; judeus o chamavam de "amante de Israel". Seus exércitos incluíam cristãos; de fato, ele cimentou a aliança com tribos árabes cristãs casando-se com Maysun, a filha do xeque dessas tribos, e permitiu que ela permanecesse cristã. Além disso, governava por intermédio de Mansur ibn Sanjun (nome árabe de Sérgio), burocrata cristão herdado de Heráclio. Muawiya fora criado entre os judeus da Arábia, e consta que, quando recebia visitas de suas delegações, a primeira coisa que lhes perguntava era se sabiam preparar o delicioso prato *haris* de que tanto gostava. Muawiya assentou mais judeus em Jerusalém, permitindo-lhes rezar no sítio do Santo dos Santos; os traços de uma menorá no monte do Templo, oriunda do século VII, podem ser prova disso.

Muawiya foi provavelmente o verdadeiro criador do monte do Templo islâmico atual. Foi ele quem de fato construiu ali a primeira mesquita, nivelando a pedra da velha fortaleza Antônia, ampliando a esplanada e acrescentando um hexágono aberto, o Domo da Corrente: ninguém sabe para que servia, mas, como fica exatamente no meio do monte do Templo, pode ser que fosse para celebrar o centro do mundo. Escreve um contemporâneo que Muawiya "talha o monte Moriá e o torna plano e constrói uma mesquita na rocha sagrada". Ao visitar Jerusalém, um bispo gaulês chamado Arculf viu que "no lugar antigo onde ficava o Templo, os sarracenos agora frequentam uma casa de orações oblonga, construída com tábuas eretas e grandes vigas, sobre alguns restos arruinados, e que, segundo consta, abriga 3 mil pessoas". Mal dava para reconhecê-la como mesquita, mas é possível que ficasse onde hoje está al-Aqsa.*

* A mesquita moderna contém um *mihrab*, nicho de orações voltado para Meca, e um *minbar*, o púlpito. O salão de orações de Muawiya tinha o *mihrab*, mas provavelmente não ainda um *minbar*,

Muawiya personificava *hilm*, a sabedoria e paciência dos xeques árabes: "Não uso minha espada quando basta o chicote, nem meu chicote, quando basta a língua. E ainda que apenas um fio de cabelo me ligue aos outros homens, não permito que se parta. Quando o puxam, eu afrouxo; quando o afrouxam, eu puxo". É quase uma definição da arte de governar, e Muawiya, o criador da monarquia árabe e o primeiro da dinastia dos omíadas, é um paradigma esquecido de como o poder absoluto não tem de corromper absolutamente. Ele ampliou seu reino até o leste da Pérsia, a Ásia Central e o norte da África, e tomou Chipre e Rodes, fazendo dos árabes uma potência marítima com sua nova armada. Lançou ataques anuais a Constantinopla, e certa vez sitiou a cidade por terra e por mar durante três anos.

Mas Muawiya jamais perdeu a capacidade de rir de si mesmo — qualidade rara entre os políticos, raríssima entre os conquistadores. Engordou muito (talvez por isso tenha se tornado o primeiro monarca árabe a reclinar-se num trono, em vez de sentar-se em almofadas) e gostava de provocar outro velho e nobre gordo: "Eu gostaria de ter uma escrava com pernas como as tuas".

"E um traseiro como o teu, Comandante dos Fiéis", retrucou o velho.

"De acordo", disse Muawiya rindo. "Quem começa deve estar pronto para aguentar as consequências." Nunca perdeu o orgulho de sua legendária capacidade sexual, e mesmo nesse particular ele era capaz de tolerar brincadeiras. Certa vez, folgava com uma moça khorasan em seu harém quando lhe apresentaram outra mulher, que ele tomou sem perda de tempo. Quando ela saiu, Muawiya virou-se para a moça khorasan, orgulhoso de seu desempenho leonino, e perguntou-lhe: "Como se diz leão em persa?".

"*Kaftar*", respondeu ela.

"Sou um *kaftar*", disse o comandante, vangloriando-se para seus cortesãos, até que alguém lhe questionou se sabia o que significava *kaftar*.

"Leão?"

"Não, hiena manca!"

"Muito bem", disse Muawiya, com uma risadinha, "aquela moça khorasan sabia se vingar."

---

porque o Islã dos primeiros tempos era igualitário demais para ter um púlpito. Porém, de acordo com o historiador Ibn Khaldun, o reino imperial de Muawiya mudou isso. Seu governador egípcio, o general Amr, inventou o *minbar* em sua mesquita no Egito e Muawiya começou a usá-lo para o sermão da sexta-feira, acrescentando um anteparo com treliças para se proteger de assassinos.

Quando ele morreu, já octogenário, seu herdeiro Yazid, um devasso que vivia sempre acompanhado de um macaco de estimação, foi aclamado comandante no monte do Templo, mas logo teve de enfrentar duas rebeliões na Arábia e no Iraque, o começo da segunda guerra civil do Islã. Seus inimigos zombavam dele: "Yazid das bebidas, Yazid das putas, Yazig dos cachorros, Yazid dos macacos, Yazid das bebedeiras de vinho".

Hussein, neto do Profeta, rebelou-se para vingar a morte do pai Ali, mas foi decapitado em Karbala, no Iraque, e seu martírio deu origem ao grande cisma do Islã, que pôs de um lado a maioria sunita, e do outro, os xiitas, "o partido de Ali".* Mas em 683, ainda jovem, Yazid morreu, e os exércitos sírios convocaram seu velho e astuto parente Marwan para ser comandante. Quando Marwan morreu, em abril de 685, o filho Abd al-Malik foi aclamado comandante em Damasco e Jerusalém. No entanto, seu império era frágil: Meca, Iraque e Pérsia eram controlados por rebeldes. Apesar disso, foi Abd al-Malik quem deu à Jerusalém islâmica a joia de sua coroa.[1]

ABD AL-MALIK: O DOMO DA ROCHA

Abd al-Malik não tolerava tolos. Quando um bajulador lhe fez uma lisonja, ele respondeu: "Não me puxe o saco. Eu me conheço melhor do que você". De acordo com a imagem que aparece em suas raras moedas, ele era severo, magro e tinha nariz adunco. O cabelo ondulado caía-lhe nos ombros, e usava longos mantos de brocado, com uma espada na cintura; mais tarde, porém, seus detratores disseram que tinha olhos enormes, sobrancelhas emendadas, nariz protuberante, lábio leporino e um hálito tão fétido que seu apelido era "mata-moscas". Mas eis aqui outro amante que gostava de meditar sobre o erotismo: "Quem quiser uma escrava para seu prazer deve escolher uma berbere; para produzir um filho, uma persa; para empregada doméstica, uma bizantina". Abd al-Malik foi

* O Irã continua sendo uma teocracia xiita. Os xiitas são maioria no Iraque e grande minoria no Líbano. Hassan bin Ali, irmão de Hussein, continuou afastado, muito embora possa ter sido assassinado também. Seus descendentes diretos incluem as dinastias dos reis alauitas do Marrocos e hachemitas da Jordânia. Os doze imãs xiitas, a dinastia de Fátima, os Aga Khans e a família hierosolimita dos Husseinis têm todos suas linhagens entroncadas em Hussein. Seus descendentes normalmente são conhecidos como a Nobreza, os Ashraf (o singular é Sherif, em geral chamado de *Sayyid*).

criado numa escola rude. Aos dezesseis anos, comandou um exército contra os bizantinos; assistiu ao assassinato de seu primo Otman, o Comandante dos Fiéis; e amadureceu como um monarca sagrado que jamais teve medo de sujar as mãos.

Começou pela reconquista do Iraque e do Irã. Quando capturou um líder rebelde, torturou-o publicamente perante as multidões em Damasco, pondo-lhe uma coleira de prata no pescoço e conduzindo-o pela cidade como um cão antes de "montar-lhe no tórax, trucidá-lo e jogar a cabeça para seus seguidores".

Por ora, Meca continuava fora do seu controle, mas ele tinha Jerusalém, à qual venerava quase tanto quanto Muawiya. Abd al-Malik visualizou a criação de um império islâmico unificado; para tal, iniciou uma segunda guerra civil, tendo Bilad al-Shams (Síria–Palestina) como seu coração: projetou uma estrada de Jerusalém a Damasco.* Muawiya planejara construir sobre a Rocha; a essa altura, Abd al-Malik já havia destinado sete anos de sua renda egípcia para criar o Domo da Rocha.

O plano era da mais elegante simplicidade: uma cúpula de vinte metros de diâmetro apoiada por um tambor e repousando em paredes octogonais. A beleza, o poder e a simplicidade do Domo são igualados por seu mistério: não sabemos exatamente por que Abd al-Malik o construiu — ele jamais disse. Não é bem uma mesquita, mas um santuário. Sua forma octogonal lembra um túmulo de mártir cristão, e de fato sua cúpula reverbera as cúpulas do Santo Sepulcro e de Santa Sofia em Contantinopla, mas as passarelas circulares projetadas para andar em círculos lembram a Caaba em Meca.

A Rocha foi o local do paraíso de Adão, o altar de Abraão, o sítio onde Davi e Salomão planejaram seu Templo posteriormente visitado por Maomé em sua Jornada Noturna. Abd al-Malik reconstruiu o Templo judaico para a verdadeira revelação de Deus, o Islã.

O edifício não tem eixo central, mas é circundado três vezes: primeiro pelos muros externos, depois pela arcada octogonal e finalmente, bem debaixo da cúpula, banhada pela luz do sol, pela arcada em volta da Rocha — declaração de que o lugar era o centro do mundo. A cúpula era o céu, o vínculo com Deus em arquitetura humana. A abóbada dourada, a exuberante decoração e o reluzente mármore

* Em 1902, um dos marcos miliários de Abd al-Malik foi descoberto a leste de Jerusalém, com uma inscrição que definia a visão que o califa tinha do seu poder em relação ao poder de Deus: "Só Deus é Deus. Maomé é o mensageiro de Deus [...] Abd al-Malik, o Comandante dos Fiéis e servo de Deus, ordenou o conserto desta estrada e a construção deste marco miliário. De Ilya [Jerusalém] até aqui são sete milhas [11,2 quilômetros]".

branco declaravam que ali estava o novo Éden, o lugar para o Juízo Final, quando Abd al-Malik e a dinastia omíada entregariam seu reino para Deus na Hora dos Últimos Dias. A riqueza de imagens — joias, árvores, frutas, flores e coroas — faz do Domo um edifício alegre até mesmo para os não muçulmanos, com figuras que combinam a sensualidade do Éden com a majestade de Davi e Salomão.

A mensagem do Domo, portanto, era também imperial: como Abd al-Malik não tinha recuperado Meca dos rebeldes, declarava assim a grandiosidade e a permanência de sua dinastia para o mundo islâmico — e se não tivesse recuperado a Caaba, é possível que fizesse desse santuário a sua nova Meca. A cúpula de ouro projetava sua glória de imperador islâmico. Mas tinha um público mais amplo: assim como a Santa Sofia em Constantinopla superara Salomão, Adb al-Malik superava Justiniano, e também Constantino, o Grande — uma censura à reivindicação cristã de ser o novo Israel. Ironicamente, os mosaicos talvez fossem obra de artesãos bizantinos, emprestados ao comandante por Justiniano II durante um raro período de paz entre os impérios.

Depois que o Domo acabou de ser construído entre 691 e 692, Jerusalém nunca mais foi a mesma. A assombrosa visão de Abd al-Malik capturou o perfil do horizonte de Jerusalém para o Islã com a construção na montanha desprezada pelos bizantinos, que tinham governado a cidade. Fisicamente, o Domo reinou sobre Jerusalém e eclipsou a igreja do Santo Sepulcro — e esse era o objetivo de Abd al-Malik, segundo acreditavam hierosolimitas posteriores, como o escritor al-Muqaddasi. Funcionou: desde então, até o século XXI, os muçulmanos zombam do Santo Sepulcro (a *Kayamah* em árabe), chamando-o de *Kumamah* (monte de esterco). O Domo complementou e superou as reivindicações rivais, porém relacionadas, de judeus e cristãos, e assim Abd al-Malik enfrentou ambos com a novidade superior do Islã. Ele circundou o edifício com 244 metros de inscrições que denunciam a ideia da divindade de Jesus com uma franqueza que sugere a estreita relação entre as duas fés monoteístas: elas compartilham muita coisa, exceto a Santíssima Trindade. As inscrições são fascinantes porque nos oferecem o primeiro vislumbre do texto do Alcorão ao qual Abd al-Malik dava forma final.

Os judeus eram menos relevantes do ponto de vista imperial, mas mais importantes teologicamente. O Domo era mantido por trezentos escravos negros ajudados por vinte judeus e dez cristãos. Os judeus não podiam deixar de ver o Domo com esperança: seria o seu novo Templo? Ainda tinham permissão para rezar ali, e os omíadas criaram uma versão islâmica dos rituais do Templo relativos à purificação, unção e circulação em volta da pedra.*

O Domo tem um poder que vai além de tudo isso: é uma das mais perenes obras-primas da arte arquitetônica; seu esplendor é a constelação para onde se voltam todos os olhos, onde quer que se esteja em Jerusalém. Cintila como um palácio místico surgindo do espaço leve e sereno da esplanada, que imediatamente se torna uma enorme mesquita a céu aberto, santificando toda a vizinhança. O monte do Templo tornou-se de imediato — e continua sendo — um lugar de recreação e descanso. Na realidade, o Domo criou um paraíso terreno que combinava a tranquilidade e a sensualidade deste mundo com a santidade do além, e nisso residia o seu gênio. Mesmo nos primeiros anos, não havia, como escreveu Ibn Asakir, prazer maior do que "comer uma banana à sombra do Domo da Rocha". Compara-se aos Templos de Salomão e Herodes como um dos mais bem-sucedidos edifícios sacroimperiais já feitos, e, no século XXI, tornou-se o símbolo turístico secular por excelência, o santuário do Islã renascente e o totem do nacionalismo palestino — a construção hoje ainda define Jerusalém.

Logo depois que o Domo foi concluído, os exércitos de Abd al-Malik recapturaram Meca e retomaram o jihad para espalhar o reino de Deus contra os bizantinos. Ele ampliou esse império colossal para o oeste através do norte da África e para o leste até o Sind (hoje no Paquistão). Mas dentro desse reino, precisou unificar a Casa do Islã como uma só religião muçulmana com ênfase em Maomé, tal como estava expresso na dupla *shahada* que agora aparecia em muitas inscrições: "Só Alá é Deus e Maomé o apóstolo de Deus". Os ditos do profeta

* "Ó, Povo do Livro, não vás além dos limites de tua religião e não fales nada de Deus exceto a verdade", dizem as inscrições em volta do Domo. "Na realidade, o Messias Jesus filho de Maria foi apenas um mensageiro de Deus, por isso acredita em Deus e em seus mensageiros e não digas 'três' [...]. Ter filho não é para Deus." Parece mais um ataque ao trinitarismo do que ao cristianismo em geral. Quanto aos judeus, o serviço duas vezes por semana ali se referia fortemente ao Templo judaico: "Todas as terças e quintas-feiras eles ordenam açafrão e misturam com almíscar, âmbar-gris e sândalo perfumado com água de rosas. Então os servos (que eram judeus e cristãos) comem e entram no banho para se purificar. Vão ao guarda-roupa e voltam com novas roupas e faixas e cintos vermelhos e azuis. Depois vão à pedra e se ungem". Como escreve o estudioso Andreas Kaplony, era "um culto muçulmano, o serviço no Templo como os muçulmanos achavam que devia ser. Para encurtar a história, isso é o Templo antigo reconstruído, o Alcorão é a nova Torá, e os muçulmanos são o verdadeiro povo de Israel".

— *hadith* — foram coletados e a edição completa do Alcorão por Abd al-Malik tornou-se a fonte invencível de legitimidade e santidade. Os rituais ficaram mais rigidamente definidos; ídolos foram banidos — ele próprio deixou de cunhar moedas com sua imagem. Abd al-Malik agora se intitulava Khalifat Allah [Califá de Alá], vice-regente de Deus, e a partir de então os governantes islâmicos ficaram sendo califas. As versões oficiais da primeira biografia de Maomé e da conquista muçulmana excluíam cristãos e judeus do Islã. A administração foi arabizada. Como Constantino, Josias e são Paulo numa só pessoa, Abd al-Malik acreditava num império universal de um só monarca, um só Deus, e foi ele, mais do que qualquer outro, que supervisionou a evolução da comunidade de Maomé no Islã de hoje.

WALID: APOCALIPSE E LUXO

Jerusalém tinha um santuário no Domo, mas não uma mesquita imperial, e por isso Abd al-Malik e o filho Walid, que o sucedeu, construíram em seguida a Mesquita Distante, al-Aqsa, destinada às orações comuns da sexta-feira, no limite meridional do monte do Templo. Os califas viam o monte do Templo como o carro-chefe de Jerusalém, exatamente como Herodes. Pela primeira vez desde o ano 70 da Era Cristã, eles construíram uma nova Grande Ponte no vale para os peregrinos entrarem no monte do Templo pelo oeste, sobre o arco de Wilson, hoje portão da Corrente. Para entrar pelo sul, criaram os portões de Hulda, comparáveis ao portão Dourado em estilo e beleza.*

Foi um momento vibrante em Jerusalém. No prazo de poucos anos, os califas transformaram o monte do Templo num santuário islâmico e Jerusalém numa cidade imperial omíada, e isso novamente desencadeou uma competição por santuários e histórias que ainda hoje caracteriza o lugar. Os cristãos tinham

* Como sempre em Jerusalém, os construtores tomaram material emprestado de outros lugares, por isso as vigas de madeira de Aqsa foram tiradas de uma região cristã, ainda assinalada em grego com o nome de um patriarca do século VI (agora nos museus Rockefeller e Haram). Os portões Duplo e Triplo ao sul, comparáveis ao portão Dourado a leste, todos agora fechados, são os mais belos de Jerusalém, construídos com as pedras de edifícios herodianos e romanos anteriores. É ali que o muro contém a inscrição de cabeça para baixo do imperador Antonino Pio, proveniente de sua estátua equestre no monte do Templo.

confiscado diversos mitos judaicos, que aos poucos foram colocados em seu principal santuário, o Sepulcro. Mas agora a construção do Domo e de al-Aqsa mais uma vez revigorou os velhos mitos: uma pegada na Rocha, anteriormente mostrada aos peregrinos cristãos como a marca de Jesus, tornou-se a marca de Maomé. Os omíadas cobriram o monte do Templo de novas cúpulas, todas antes ligadas a tradições bíblicas, de Adão a Abraão, passando por Davi e Salomão até Jesus. Seu cenário do Juízo Final ocorria no monte do Templo, quando a Caaba iria para Jerusalém.* E não foi só isso: os muçulmanos passaram a reverenciar qualquer coisa associada à torre de Davi, como *Mihrab* (nicho de orações) — não foram eles os últimos a confundirem a grandiosidade de Herodes com a de Davi. Os omíadas não construíram apenas para Deus, mas também para si.

Esses califas eram amantes do prazer e de muitos cultos: vivia-se o apogeu do Império Árabe — até a Espanha era sua —, e, embora Damasco fosse a capital, eles passavam a maior parte do tempo em Jerusalém. Logo ao sul do monte do Templo, Walid I e o filho construíram um conjunto de palácios, desconhecidos de todos até que foram descobertos no fim dos anos de 1960: tinham dois ou três andares, pátios arejados e frescos, e os califas dispunham de acesso especial em al-Aqsa através de uma ponte no telhado. Tudo que os restos revelam é o tamanho dos palácios, mas a sobrevivência de seus palácios no deserto mostra a opulência da vida que levavam ali.[2]

O mais luxuoso dos palácios do deserto, ou *qasr*, ainda existe em Amra, hoje Jordânia, onde os califas descansavam em alojamentos privados e casas de banho decoradas com pisos de mosaico e pinturas de cenas de caça, mulheres nuas ou seminuas, atletas, cupidos, sátiros e um urso tocando alaúde. Walid I aparece no vívido afresco dos Seis Reis, que mostra monarcas derrotados pelos

* "Toda alma provará o sabor da morte, e só no Dia da Ressurreição sereis recompensados integralmente pelos vossos atos", diz o Alcorão. Os muçulmanos criaram uma geografia do Apocalipse em Jerusalém. As forças do mal perecem no portão Dourado. O *Mahdi* — o Escolhido — morre quando a Arca da Aliança é posta diante dele. Ao verem a Arca, os judeus se convertem ao Islã. A Caaba de Meca vem para Jerusalém com todos aqueles que já fizeram a peregrinação a Meca. O céu desce sobre o monte do Templo com o inferno no vale de Hinom. O povo se reúne fora do portão Dourado na planície — al-Sahira. Israfil, o Arcanjo da Morte (um dos portões do Domo leva o seu nome), toca sua trombeta: os mortos (especialmente os que estão sepultados perto do portão Dourado) ressuscitam e passam pelo portão, o portal para o Fim dos Dias (com seus dois pequenos portões da Misericórdia, dotados de cúpula, ou o da Penitência), para serem julgados no Domo da Corrente, onde estão penduradas as balanças da justiça.

omíadas, como os imperadores de Constantinopla e da China. Essas pinturas decadentes, helênicas, parecem distintamente não islâmicas, mas, como os Herodes, talvez em sua vida pública eles tivessem uma conduta diferente. Walid I pôs fim ao arranjo de compartilhamento com os cristãos em Damasco, criando a gloriosa mesquita omíada naquela cidade, e a língua do governo mudou do grego para o árabe. Mas Jerusalém permanecia esmagadoramente cristã. Muçulmanos e cristãos mesclavam-se livremente: uns e outros comemoravam o festejo da Consagração do Santo Sepulcro em setembro, atraindo "uma grande multidão para Jerusalém", com as ruas repletas de "camelos e cavalos, asnos e bois". Os peregrinos cristãos, agora mais armênios e georgianos do que gregos, mal se davam conta dos sítios muçulmanos, enquanto os judeus raramente mencionam os cristãos. A partir de então, e cada vez mais, os visitantes eram peregrinos de visão estreita, pouco curiosos, interessados apenas na própria religião.

Em 715, o irmão de Walid, Suleiman, foi aclamado no monte do Templo: "Nunca se viu riqueza igual àquela com que foi saudado o novo califa. Sentado sob uma das cúpulas que ornamentam a plataforma, ele concedeu audiência" num mar de tapetes e almofadas, com seu tesouro empilhado ao redor para pagar os soldados. Suleiman, que lançou o último ataque em larga escala a Constantinopla (e quase a conquistou), "concebeu a ideia de viver em Jerusalém e fazer dela sua capital, reunindo ali grande riqueza e uma população considerável". Fundou a cidade de Ramla para servir de centro administrativo, mas morreu antes que pudesse mudar-se para Jerusalém.

Judeus, muitos deles do Irã e do Iraque, estabeleceram-se na Cidade Santa, vivendo juntos ao sul do monte do Templo, retendo o privilégio de rezar ali mesmo (e cuidar de sua manutenção). Mas por volta de 720, depois de quase um século de liberdade de oração, o novo califa Omar II, que era, inusitadamente nessa dinastia decadente, um defensor obstinado e ascético da ortodoxia islâmica, baniu o culto judaico — proibição essa que perduraria ao longo da dominação islâmica. Os judeus passaram a orar em torno dos quatro muros do monte do Templo e numa sinagoga subterrânea chamada ha-Meara — a Caverna —, no portão de Warren, quase debaixo do monte do Templo, perto do Santo dos Santos.

Enquanto os califas omíadas desfrutavam de seus palácios helênicos e de suas dançarinas, o império atingia seus limites pela primeira vez. Forças islâmicas na Espanha já sondavam a França, mas em 732 um nobre franco, Carlos, prefeito do palácio dos reis merovíngios, derrotou uma incursão muçulmana em Tours. Saudado como um macabeu, ele se tornou Carlos Martel — o Martelo.

"As dinastias", escreve o historiador árabe Ibn Khaldun, "têm uma expectativa de vida natural, como os indivíduos", e agora os decadentes e cosmopolitas omíadas tinham chegado ao fim. Numa aldeia a leste do Jordão viviam os descendentes de Abbas, o tio do Profeta, que há muito se opunha secretamente ao governo hedonista dos omíadas, os quais não tinham parentesco algum com Maomé. "Ai da Casa de Omíada", declarou seu líder Abu al-Abbas, "eles preferem o efêmero ao eterno; o crime os obceca; possuem mulheres proibidas." O descontentamento espalhou-se rapidamente. Mesmo as tribos leais do interior da Síria se rebelaram — inclusive Jerusalém. O último califa teve de invadir a cidade e destruir seus muros. Um terremoto sacudiu a Cidade Santa, danificando al-Aqsa e os palácios, como se Deus estivesse zangado com os omíadas. Cristãos e judeus sonharam que o Apocalipse tinha chegado. Mas os muçulmanos também, e a ameaça real aos omíadas veio de longe.

Em 748, em Khorasan, hoje leste do Irã e Afeganistão, um místico carismático chamado Abu Muslim exigiu um Islã mais rigoroso e um governo que fosse liderado por um dos descendentes de Maomé. Os novos muçulmanos das terras fronteiriças juntaram-se a esse exército puritano, que se vestia todo de preto e marchava sob estandartes negros, saudando a chegada do imã, precursor do mádi,* para redimir o Islã. Abu Muslim conduziu seus exércitos triunfantes para o oeste, mas ainda não tinha decidido se apoiava a família de Ali ou a de Abbas — e, além disso, ainda havia muitos príncipes omíadas. Mas foi Abu al-Abbas que derrotou o último governante omíada e resolveu o problema de uma forma que lhe rendeu o apelido.[3]

* Imã é o líder de uma mesquita ou de uma comunidade, mas no xiismo os imãs podem ser líderes espirituais, escolhidos por Deus e abençoados com o dom da infalibilidade. Os Xiitas dos Doze do Irã acreditam nos primeiros doze imãs descendentes de Ali e Fátima, genro e filha de Maomé, e que o Décimo Segundo Imã foi "ocultado" — escondido por Deus — e retornará como mádi (*Madhi*, o Escolhido), redentor messiânico do Dia do Juízo. A República Islâmica do Irã foi fundada pelo aiatolá Khomeini nessa expectativa milenarista: o clero só governará até a volta do imã.

19. Os abássidas: mestres distantes (750-969)

CALIFA SAFFAH: O CARNICEIRO

Abu al-Abbas proclamou-se califa e convidou os omíadas a um banquete para declarar suas intenções pacíficas. No meio do banquete, os garçons puxaram clavas e espadas e trucidaram a família inteira, jogando os corpos no cozido de carneiro. O Carniceiro morreu logo depois, mas o irmão Mansur, o Vitorioso, matou sistematicamente a família Alid e depois liquidou também o superpoderoso Abu Muslim. Seu perfumista, Jamra, contou depois que Mansur guardava consigo as chaves de um depósito secreto, que era para ser aberto só depois de sua morte. Nesse depósito, o filho encontrou uma câmara abobadada cheia de corpos, cada um deles meticulosamente rotulado, da família de Ali, de velhos a bebês, que Mansur matara, todos preservados no ar seco e quente.

Alto e enxuto, com pele morena curtida de sol e cabelos pintados da cor de açafrão, Mansur foi o verdadeiro pai da dinastia Abássida, que governou durante séculos, mas sua base política ficava no leste: ele mudou a capital para sua nova Cidade Circular, Bagdá.

Logo depois de tomar o poder, Mansur visitou Jerusalém. Consertou a danificada al-Aqsa, mas pagou pela obra derretendo as portas de ouro e prata do

Domo da Rocha doadas por Abd al-Malik. Os sucessores de Mansur já não se davam ao trabalho de ir a Jerusalém. À medida que a cidade perdia importância no mundo islâmico,* um imperador ocidental reascendeu a fascinação cristã sobre ela.[1]

O IMPERADOR E O CALIFA: CARLOS MAGNO E HARUN AL-RASHID

No Natal do ano 800, Carlos, o Grande, conhecido como Carlos Magno, o rei dos francos, que governava a maior parte das atuais França, Alemanha e Itália, foi coroado imperador dos romanos pelo papa em Roma. Essa cerimônia assinalava a confiança dos papas e de sua cristandade ocidental de base latina, que se tornaria o catolicismo — e suas diferenças crescentes com os ortodoxos de fala grega de Constantinopla. Carlos Magno era um guerreiro implacável que abria caminho a ferro e fogo para acumular cada vez mais poderes, mas também era fascinado por história, e tão devoto quanto ambicioso: via-se como herdeiro das missões de Constantino e Justiniano para se tornar o sacro imperador romano universal, e como um rei Davi moderno — duas aspirações que conduziam à Cidade Santa. Por isso, no começo daquele dia cristão, consta que uma delegação enviada pelo patriarca de Jerusalém presenteara-o com as chaves do Santo Sepulcro. Roma e Jerusalém no mesmo dia não era pouca coisa.

Não se tratava de uma tentativa de tomar posse; afinal, o patriarca contava com as bênçãos do governante de Jerusalém, o califa Harun al-Rashid, cujo reino, narrado em *As mil e uma noites*, foi o apogeu do império abássida. Carlos Magno e o califa vinham trocando enviados havia três anos: Harun provavelmente gostava de jogar os francos contra seus inimigos em Constantinopla, e os cristãos de Jerusalém precisavam da ajuda de Carlos Magno.

O califa mandou para Carlos Magno um elefante e um relógio d'água astrolábio, sofisticado aparelho que demonstrava a superioridade islâmica — e que causou alarme entre os cristãos primitivos, para os quais era um artefato de feiti-

* A importância de Jerusalém diminuía na medida em que a de Meca crescia: se em certo ponto Jerusalém talvez tivesse se aproximado de Meca e Medina como parte do *haj* — "Só deveis partir para as três mesquitas de Meca, Medina e al-Aqsa", declarava um dos *hadith* de al-Kidri —, agora, sob os abássidas, Jerusalém foi reduzida a *ziyara*, visita piedosa.

çaria diabólica. Os dois imperadores não assinaram tratado formal, mas as propriedades cristãs em Jerusalém foram relacionadas e protegidas, e Carlos Magno pagou o imposto comunitário de todos os cristãos da cidade — 850 dinares. Em troca, Harun lhe permitiu criar um bairro cristão em volta do Santo Sepulcro, com um convento, uma biblioteca e albergues para peregrinos, administrados por 150 monges e dezessete freiras. "Cristãos e pagãos", notou um peregrino, "têm essa paz entre eles." Tal generosidade deu origem à história de que Carlos Magno tinha visitado Jerusalém escondido, o que fazia dele o herdeiro de Heráclio, e se encaixava na lenda mística do Último Imperador, cujo reino anunciaria os Dias Finais. Deu-se amplo crédito a essa história, principalmente na época das Cruzadas; mas Carlos Magno jamais esteve em Jerusalém.[2]

Quando Harun morreu, a guerra civil entre os filhos foi vencida por Maamun. O novo califa era entusiástico estudante de ciência, fundando a famosa academia literário-científica — a Casa da Sabedoria —, mandando fazer um mapa do mundo e ordenando a seus sábios que calculassem a circunferência da Terra.* Em 831, chegando à Síria para organizar uma campanha contra Constantinopla, Maamun provavelmente esteve em Jerusalém, onde construiu novos portões no monte do Templo; no entanto, apagou o nome de Abd al-Malik do Domo para ressaltar a superioridade dos abássidas, e mandou inscrever o seu. E não só apagou o nome, mas também se apropriou indevidamente do ouro do Domo, que ostentou uma cor cinza-chumbo por mais de mil anos. O Domo voltou a ter seu ouro nos anos 1960, mas Abd al-Malik jamais recuperou o seu nome, enquanto o de Maanun permanece ali até hoje.[3]

Esse número de ilusionismo não alterou o esvaziamento do poder abássida. Apenas dois anos depois, um líder rebelde camponês foi bem recebido em Jerusalém pelas três religiões, até que, em 841, saqueou a cidade, levando a maioria dos moradores a fugir. O Sepulcro só foi salvo graças ao suborno pago pelo pa-

* Os abássidas, particularmente Maamun, costumavam solicitar cópias de clássicos gregos dos bizantinos, assegurando para a posteridade Platão, Aristóteles, Hipócrates, Galeno, Euclides e Ptolomeu de Alexandria. Os árabes desenvolveram um vocabulário científico inteiramente novo, que entrou para as línguas modernas: álcool, alambique, alquimia, álgebra, almanaque são apenas algumas dessas palavras. O famoso *Index* de al-Nadim mostra que eles produziram 6 mil novos livros. O papel substituía os rolos de pergaminho: numa das batalhas decisivas da história, os abássidas tinham frustrado uma invasão dos imperadores chineses Tang, assegurando que o Oriente Médio permanecesse islâmico e não chinês, e também capturando os segredos dos fabricantes de papel chineses.

triarca. Mas os califas árabes tinham perdido o controle. Em 877, Ahmed ibn Tulun, filho de um escravo turco que se tornara governante do Egito sob a égide nominal do califa, retomou Jerusalém.[4]

KAFUR, O EUNUCO PERFUMADO

Ibn Tulun foi um dos turcos que gradualmente substituíram os árabes no poder político do Império Islâmico. O sucessor de Maamun, Mustasim, começara a recrutar meninos escravos — conhecidos como *ghulam*, pajens — entre os arqueiros montados turcos da Ásia Central recém-convertidos ao Islã. Esses guerreiros de aparência asiática tornaram-se, primeiro, a guarda pretoriana; depois, os líderes do califado.

Após o filho e herdeiro de Ibn Tulun ter sido assassinado por seus eunucos,[5] um líder turco, Muhammad ibn Tughj, conhecido pelo título de príncipe centro-asiático — al-Ikhshid —, passou a governar o Egito e Jerusalém. A instabilidade política intensificava a competição religiosa. Em 935, um anexo do Santo Sepulcro foi compulsoriamente convertido em mesquita. Três anos depois, muçulmanos atacaram cristãos que comemoravam o domingo de Ramos, saqueando e danificando a igreja. Os judeus agora estavam divididos entre os rabanitas, encabeçados pelos juízes-estudiosos conhecidos como gaons (que viviam segundo o Talmude, as tradições orais) e os caraítas, nova seita que rejeitava qualquer lei, exceto a Torá (o nome significa "leitores"), e acreditava numa volta para Sião.* Esses governantes turcos eram favoráveis aos caraítas, e, para complicar ainda mais, havia também uma nova comunidade de cazares,** com sinagoga própria

* As comunidades judaicas do mundo eram governadas por dois gaons hereditários da Academia de Jerusalém e da Academia Babilônio/Iraquiana, cuja sede ficava em Bagdá. Os caraítas espalharam-se pelo mundo judaico, construindo grandes comunidades da Crimeia à Lituânia, que sobreviveram até o Holocausto, quando a maioria foi aniquilada. Isso levou a uma das mais estranhas anomalias da repressão nazista: na Crimeia, alguns caraítas eram de origem turca e não semita, e por isso, a rigor, os nazistas ordenaram a proteção dessa seita judaica.

** Os cazares — nômades xamanistas turcos que governavam as estepes do Mar Negro à Ásia Central — formaram o último Estado judaico antes da criação de Israel. Por volta do ano 805, seus reis converteram-se ao judaísmo, adotando nomes como Manassés e Arão. Ao passar pela Cazária, o escritor hierosolimita Muqaddasi observou laconicamente: "Ovelhas, mel e judeus existem [ali] em grandes quantidades". Pelos anos de 960, esse império judaico estava em declínio. Entretanto, esno Bairro Judeu. Quando o Ikhshid morreu em 946, com 64 anos, foi sepultado em Jerusalém, e seu poder passou para um eunuco negro, cujo apelido vinha do gosto por perfumes e maquiagem.

Abul-Misk Kafur, que governaria Egito, Palestina e Síria por mais de vinte anos, era um escravo etíope comprado em criança pelo Ikhshid. Deformado, obeso e malcheiroso, borrifava-se com tanta cânfora branca e tanto almíscar preto que seu dono lhe deu novo nome em homenagem aos perfumes. Sua ascensão começou quando animais exóticos chegaram para o Ikhshid. Todos os outros criados correram para admirá-los, mas o menino africano nunca tirava os olhos do dono, à espera da mais leve ordem. O Ikhshid designou-o tutor dos filhos; depois, comandante dos exércitos que conquistaram a Palestina e a Síria; por fim, regente com o título de Senhor. Uma vez no poder, o eunuco cultivou a piedade islâmica, restaurando os muros do monte do Templo, enquanto patrocinava as artes. Ao norte, porém, os bizantinos tinham sido revigorados por uma série de notáveis imperadores-soldados que faziam incursões para o sul até a Síria, ameaçando tomar Jerusalém, o que provocou tumultos anticristãos. Em 966, o governador de Kafur começou a achacar os cristãos, exigindo pagamentos cada vez mais altos do patriarca João, que fez um apelo a Kafur. Mas quando João foi pego correspondendo-se com Constantinopla, o governador, apoiado pelos judeus (que odiavam bizantinos), atacou o Sepulcro e queimou o patriarca na fogueira.

No Cairo, o perfumado eunuco adoeceu. Depois da morte do último dos Ikhshid, Kafur subiu ao trono pelos próprios méritos. O primeiro rei muçulmano nascido escravo — e que era eunuco — empregou um ministro judeu que se tornaria o cérebro de uma revolução islâmica e de um novo império sobre Jerusalém.[6]

---

critores como Arthur Koestler até o recente Shlomo Sand afirmam que boa parte da judiaria europeia descende, na realidade, desses membros de tribos turcas. Se for verdade, isso enfraqueceria o sionismo. Mas a genética moderna refuta a teoria: as duas últimas pesquisas sugerem que os judeus modernos, sejam sefarditas ou asquenazitas, são 70% descendentes de genes do Oriente Médio de 3 mil anos atrás, e cerca de 30% são de ascendência europeia.

20. Os fatímidas: tolerância e loucura (969-1099)

IBN KILLIS: O VIZIR JUDEU E A CONQUISTA FATÍMIDA

Filho de um mercador judeu de Bagdá, Yaqub ben Yusuf, conhecido como Ibn Killis, tinha tido uma carreira imprevisível, de charlatão falido na Síria a conselheiro financeiro de Kafur no Egito. "Fosse muçulmano", disse Kafur, "seria o homem certo para vizir [ministro-chefe]." Ibn Killis entendeu o recado e converteu-se, mas o eunuco morreu, sendo sepultado em Jerusalém,* e Ibn Killis foi preso. Após pagar suborno, ele foi solto, e viajou secretamente para o reino xiita na moderna Tunísia, governada pela família Fatímida. O sempre flexível Ibn Killis converteu-se ao xiismo e foi conselheiro do califa fatímida Muizz, que na-

* Governantes recentes de Jerusalém também têm sido sepultados lá, acreditando, como os judeus, que o sepultamento na cidade significa que sejam ressuscitados primeiro no Dia do Juízo. Quanto mais perto do monte do Templo, mais rápido ressuscitariam. Os túmulos dos Ikhshid nunca foram encontrados, mas acredita-se que ficavam na divisa setentrional do monte do Templo. Um historiador palestino mostrou ao autor que a história foi inventada tantas vezes em Jerusalém pelas três religiões por razões políticas, apenas para ganhar seu sagrado ímpeto. Quando se começou a falar que os israelenses iam construir logo ao norte do monte do Templo, o historiador sugeriu que simplesmente se pusesse uma placa identificando o sítio como o local dos túmulos Ikhshid, que se tornou o santuário aceito. O novo prédio foi suspenso.

quela época estava pronto para tomar o Egito.[1] Em junho de 969, Jawhar al-Siqilli, general de Muizz, conquistou o Egito e avançou na direção norte para tomar Jerusalém.[2]

PALTIEL E OS FATÍMIDAS: PRÍNCIPES-DOUTORES JUDEUS E OS IMÃS VIVOS

Os fatímidas messiânicos, os novos donos de Jerusalém, eram diferentes de qualquer outra dinastia islâmica, pois não apenas se diziam califas, mas também reis sagrados, os Imãs Vivos, quase suspensos entre o homem e o céu. Quem visitava suas cortes era levado, através de pátios de um luxo de encher os olhos de lágrimas, até o trono com cortinas de ouro, diante do qual se prostrava, enquanto as cortinas eram puxadas para revelar o Imã Vivo trajando mantos dourados. Sua seita era sigilosa; suas crenças eram místicas, redentoristas e esotéricas, e sua ascensão ao poder, misteriosa, clandestina e repleta de aventuras. Em 899, um rico mercador da Síria, Ubayd Allah, declarou-se o Imã Vivo, descendente direto de Ali e Fátima, a filha do profeta, por intermédio do imã Ismael, linhagem conhecida como xiita ismaelita. Seus agentes secretos, os *dawa*, espalharam-se pelo leste, conquistando o Iêmen e convertendo membros das tribos berberes na Tunísia; mas os abássidas tentaram matá-lo, e por isso ele desapareceu. Anos depois, Ubayd Allah ou alguém que dizia ser ele reapareceu na Tunísia como al-Mahdi, o Escolhido, fundando seu próprio califado, que começou a conquistar um novo império com uma missão sagrada: derrubar os falsos abássidas de Bagdá e redimir o mundo. Em 973, o califa Muizz, agora governante de faixas do norte da África, da Sicília, do Egito, da Palestina e da Síria, mudou-se para sua nova capital, al-Qahira al-Muizziyya — a Conquista de Muizz, hoje conhecida como Cairo.

O sucessor Aziz nomeou seu conselheiro Ibn Killis como grande vizir, ministro-chefe do império, que ele governou até morrer, quase vinte anos depois. Além de sua imensa riqueza — tinha 8 mil escravas —, era um estudioso: discutia religião com clérigos judeus e cristãos. Sua carreira personifica a tolerância dos sectários fatímidas para com judeus e cristãos, e isso foi imediatamente sentido em Jerusalém.

Os judeus em Jerusalém estavam divididos, pobres e desesperados, enquanto seus irmãos egípcios prosperavam sob os fatímidas. Começaram fornecendo doutores para os califas do Cairo: esses eram mais do que apenas médicos da corte. Costumavam ser mercadores-estudiosos que se tornavam influentes cortesãos e geralmente eram nomeados chefes dos judeus do império fatímida, cargo conhecido como *nagid*, príncipe. Um judeu de origens misteriosas chamado Paltiel foi talvez o primeiro desses médicos-cortesãos-príncipes. Protegido de Jawhar, conquistador fatímida de Jerusalém, ele imediatamente interveio para ajudar os judeus na Cidade Santa.

Depois de anos de abandono abássida e do inconsistente patrocínio de governantes turcos, Jerusalém estava diminuída e instável. As guerras constantes entre os califas do Cairo e de Bagdá desencorajavam peregrinos; incursões beduínas às vezes ocupavam a cidade por breves períodos; e em 974, o dinâmico imperador bizantino João Tzimisces capturou Damasco e entrou a galope na Galileia, proclamando sua "intenção de libertar o Santo Sepulcro de Cristo nosso Deus da servidão dos muçulmanos". O imperador estava perto; Jerusalém esperou, mas ele jamais apareceu.

Os fatímidas encorajaram as peregrinações de seus companheiros ismaelitas e xiitas à mesquita de Jerusalém, mas as guerras contra Bagdá isolaram a cidade para os peregrinos sunitas, o que intensificava de alguma forma sua santidade; escritores islâmicos agora compilavam mais antologias populares de "méritos" de Jerusalém — os *fadail* — e lhes davam novos nomes: ainda era Iliya e Bayt al-Maqdis, a Casa Santa, mas também se tornou al-Balat, o Palácio. Peregrinos cristãos, porém, tornavam-se mais ricos e mais numerosos do que os dominantes muçulmanos — francos partiam de navio da Europa e ricas caravanas chegavam do Egito na Páscoa.

Os judeus também buscavam seus salvadores no Cairo, onde Paltiel convenceu o califa a pagar um subsídio para os empobrecidos gaons e para a Academia de Jerusalém. Ele garantiu aos judeus o direito de comprar uma sinagoga no monte das Oliveiras, de se reunir perto do pilar de Absalão e também de rezar no portão Dourado, no muro oriental do monte do Templo. Durante os festivais, os judeus tinham permissão para dar sete voltas em redor do velho Templo, mas sua principal sinagoga continuou sendo "o altar interno do santuário no muro ocidental": a Caverna. Os judeus mal haviam sido tolerados sob os abássidas, mas agora, pobres como estavam, tinham mais liberdades do que tiveram em dois

O imperador e filósofo Juliano rechaçou o cristianismo, restaurou o paganismo e deu o monte do Templo de volta aos judeus, antes de ser morto combatendo os persas.

Em cima, à dir.) O imperador bizantino Justiniano I e sua esposa Teodora (*à dir.*), que fora atriz de espetáculos promíscuos, promoveram a si mesmos como monarcas cristãos universais e construíram a colossal igreja Néa em Jerusalém.

O mapa de Madaba mostra a magnificência da Jerusalém bizantina e ignora o monte do Templo, que foi mantido como pilha de entulho simbólica do judaísmo. Depois que o Oriente caiu para os persas, o imperador Heráclio entrou na cidade em 630 através da Porta Dourada (*abaixo*), que judeus, muçulmanos e cristãos acreditam ser o cenário para o Apocalipse.

Conquista árabe: Esta ilustração do poema de Nizami, *Khamza*, mostra a Viagem Noturna (Isra) de Maomé a Jerusalém, montando Buraq, seu corcel com rosto humano, seguido de sua Ascensão (Miraj) para conversar com Jesus, Moisés e Abraão.

O califa Abd al-Malik (visto aqui em uma das últimas moedas islâmicas a mostrar traços humanos) foi o verdadeiro formulador do Islã e um visionário estadista — e no entanto dizia-se que seu hálito era tão vil que podia matar moscas. Em 691 ele construiu o primeiro santuário muçulmano que ainda sobrevive, o Domo da Rocha, inscrito com as primeiras citações do Alcorão.

O Domo de Abd al-Malik afirmava supremacia do Islã e de seu impér umaíade, desafiava o cristianismo, sup rava em brilho a igreja do Santo Sepulc e enfatizava os muçulmanos como suce sores dos judeus pela construção sobre Rocha, a pedra fundamental do Temp Judeu (à *esq.*).

O rei de Jerusalém Balduíno I foi um guerreiro incansável e político conhecedor do mundo, mas também um bígamo acusado de sucumbir aos apetites da carne.

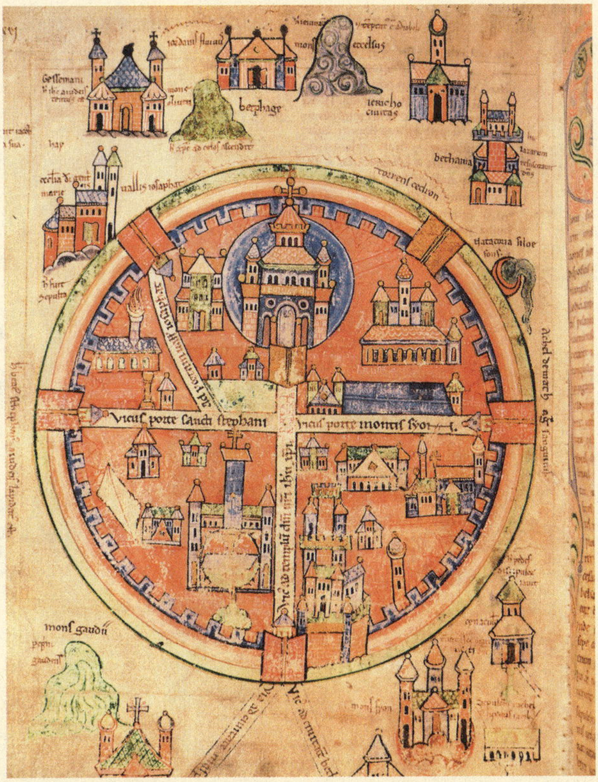

Para os cristãos da era das Cruzadas, Jerusalém era o centro do mundo — como mostram muitos dos mapas do século XII, tais como este da *Crônica das Cruzadas*, de Robert, o Monge.

Esplendor cruzado: a cidade alcançou seu apogeu sob a rainha Melisende, vista aqui casando-se com Fulco de Anjou. Ele a acusou de ter um caso com Hugo de Jafa. Este magnífico saltério (*abaixo, à esq.*) pode ter sido sua oferenda de paz marital.

(*Acima*) A maldição de Jerusalém: o menino Balduín IV mostra a seu tutor Guilherme de Tiro como nã sente dor ao jogar com amigos, o primeiro sinal d lepra. O rei leproso simbolizou o declínio do reino

(*Acima, à esq.*) Implacável quando era necessário, paciente e tolerante quando podia ser, Saladino criou um império abarcando Síria e Egito, aniquilou o exército de Jerusalém e tomou a cidade.

(*Acima, à dir.*) Frederico II, conhecido como Stupor Mund — a Maravilha do Mundo para uns, o Anticristo para outros —, é visto aqui entrando na Cidade Santa: ele negociou um acordo de paz que dividia Jerusalém entre cristãos e muçulmanos.

(*Abaixo, à esq.*) Saladino e sua família reislamizaram Jerusalém, muitas vezes usando espólios cruzados. Os muçulmanos consideravam o Domo da Ascensão, construído em 1200 no monte do Templo, como local do Miraj de Maomé; no entanto, a vida do Domo começou com um batistério de cruzados templários. Mas foram os mamelucos que realmente criaram o atual Bairro Muçulmano. O sultão Nasir Muhammad construiu o mercado dos Vendedores de Algodão em estilo distintamente mameluco (*abaixo, centro*); o sultão Qaitbay autorizou esta fonte no monte do Templo (*abaixo, à dir.*).

Suleiman, o Magnífico: um sultão para os árabes, um césar para os cristãos. Nunca visitou Jerusalém, mas, vendo a si mesmo como o segundo Salomão, reconstruiu a maioria dos muros e portões que vemos hoje em dia.

Carismático, esquizofrênico, Sabetai Tzvi foi rejeitado em Jerusalém mas o autoproclamado Messias Judeu estimulou as esperanças judaicas — até o sultão otomano forçar sua conversão ao Islã.

séculos. Infelizmente, os rabanitas e caraítas, especialmente favorecidos pelos fatímidas, colegas de sectarismo, realizavam cultos separados no monte das Oliveiras, o que provocava brigas; em pouco tempo, esses sábios esfarrapados estavam em guerra uns com os outros nas arruinadas e empoeiradas sinagogas e nas santas cavernas subterrâneas de Jerusalém. E suas liberdades serviam apenas para exacerbar a frustração muçulmana.

Quando Paltiel morreu em 1011, seu filho levou o corpo para ser sepultado em Jerusalém, mas o rico cortejo foi atacado por facínoras muçulmanos. Mesmo depois de Paltiel, os judeus do Cairo despachavam caravanas com dinheiro para financiar a Academia e uma seita mística chamada os Tristes de Sião, que oravam pela restauração de Israel — ou seja, sionistas religiosos. Mas a ajuda nunca era suficiente: "A cidade está viúva, órfã, deserta e empobrecida, com seus poucos sábios", escreveu um judeu hierosolimita numa carta para arrecadar fundos. "A vida aqui é extremamente dura; o alimento é escasso. Ajudem-nos, salvem-nos, redimam-nos."[3] Agora os judeus eram "uma lamentável assembleia, sempre perseguida".

Mas os muçulmanos sunitas ficavam cada vez mais escandalizados com os excessos e as liberdades dos infiéis. "Em toda parte, os cristãos e judeus levam vantagem", resmungava Muqaddasi, o escritor de viagens cujo nome significa "Nascido em Jerusalém".

MUQADDASI: O HIEROSOLIMITA

"Durante o ano todo, suas ruas nunca estão vazias de estrangeiros." Por volta de 985, no auge da dominação fatímida, Muhammad ibn Ahmed Shams al-Din al-Muqaddasi voltou para casa na cidade que ele chamava de al-Quds, a Santa.* Já com mais de quarenta anos, ele viajou por duas décadas, "buscando o conhecimento" por intermédio de percursos que faziam parte do treinamento de todos os sábios islâmicos, combinando piedade com a observação científica praticada na Casa da Sabedoria. Em sua obra-prima *As melhores divisões para o conhecimento das regiões*, ele revela sua irreprimível curiosidade e senso de aventura:

* Al-Quds apareceu pela primeira vez em moedas de Maamun em 832. Depois disso, os hierosolimitas ficaram conhecidos como o povo de Quds — *qudsi*, ou, na gíria, *utsi*.

> Não há nada que ocorra aos viajantes que eu não tenha compartilhado, exceto mendigar e cometer pecados graves. Às vezes fui piedoso, às vezes comi alimento impuro. Quase morri afogado; minhas caravanas foram assaltadas na estrada. Falei com reis e ministros, acompanhei os licenciosos, fui acusado de ser espião e trancafiado na cadeia; tomei mingau com místicos, caldo com monges, e comi pudim com marinheiros. Vi guerra em navios de guerra contra os romanos [bizantinos] e ouvi o badalar de sinos de igreja à noite. Usei os mantos de honra dos reis, e muitas vezes fui pobre. Tive escravos e carreguei cestos na cabeça. Que honras e glórias recebi. Mas minha morte foi tramada mais de uma vez.

Onde quer que estivesse, nada atenuava o orgulho que tinha de Jerusalém:

> Um dia, sentei-me no conselho do juiz em Basra [Iraque]. O Egito [Cairo] foi mencionado. Perguntaram-me: "Qual é a cidade mais nobre?". Eu disse: "A nossa". Eles perguntaram: "Qual a mais doce?". "A nossa." Eles perguntaram: "Qual a melhor?". "A nossa." Eles perguntaram: "Qual a mais generosa?". "A nossa." O conselho ficou surpreso. Eles disseram: "És um homem convencido. Afirmaste o que não podemos aceitar vindo de ti. És como o dono de um camelo durante o *haj*".

Mas era honesto a respeito dos defeitos de Jerusalém: admitia que "os humildes são molestados, e os ricos, invejados. Não se encontram em parte alguma banhos mais imundos do que os da Cidade Santa, nem se cobram taxas mais altas por seu uso". Mas Jerusalém produzia as melhores uvas-passas, bananas e pinhões: era a cidade dos muitos muezins que conclamam os fiéis à oração — e não havia prostíbulos. "Não há lugar em Jerusalém onde não se consiga água ou escute o chamado para a oração."

Muqaddasi descreveu os lugares santos no monte do Templo dedicados a Maria, Jacó e ao santo místico Khidr.* Al-Aqsa era "até mais bonita" do que a

* Khidr é o mais fascinante dos santos islâmicos, muito associado a Jerusalém, onde se diz ter celebrado o Ramadã. Khidr, o Homem Verde, era um místico estrangeiro eternamente jovem, mas com barba branca, citado no Alcorão (18:65) como guia de Moisés. No sufismo — misticismo islâmico —, Khidr é o guia e iluminador do caminho sagrado. O Homem Verde parece ter inspirado o Cavaleiro Verde no épico arturiano *Sir Gawain e o Cavaleiro Verde*. Mas ele é identificado sobretudo com o judeu Elias e o cristão são Jorge, oficial romano executado por Diocleciano. Seu santuário em Beit Jala, perto de Belém, ainda é reverenciado por judeus, muçulmanos e cristãos.

igreja do Santo Sepulcro, mas o Domo era incomparável. "Ao amanhecer, quando a luz do Sol atinge o Domo e o tambor capta os raios, então esse edifício é uma visão maravilhosa, como não vi igual em todo o Islã, nem nos tempos pagãos." Muqaddasi tinha perfeita consciência de viver em duas Jerusaléns — a real e a celestial —, e ali era o lugar do Apocalipse: "Não é a única que une as vantagens deste mundo com as do próximo? Não é ela que será a *sahira* — a planície — da organização no Dia do Juízo, onde ocorrerão a Congregação e o Encontro? É verdade que Meca e Medina têm a sua superioridade, mas no Dia do Juízo ambas virão a Jerusalém, e a excelência de todas se juntará aqui".

Ainda assim Muqaddasi se queixava da falta de sunitas e da ruidosa confiança de judeus e cristãos: "Os eruditos são poucos, e os cristãos [são] numerosos e rudes nos lugares públicos". Os fatímidas, afinal, eram sectários, e muçulmanos locais até participavam de festivais cristãos. Mas as coisas estavam prestes a tomar uma direção aterradora: quando Muqaddasi morreu, aos cinquenta anos, no ano 1000, subiu ao trono do Imã Vivo uma criança que tentaria destruir a Jerusalém cristã e judaica.[4]

HAKIM: O CALÍGULA ÁRABE

Quando jazia em seu leito de morte, o califa Aziz beijou o filho e o mandou ir embora brincar. Logo depois, o califa morreu, e ninguém conseguia achar o Imã Vivo de onze anos. Depois de uma busca frenética, ele foi descoberto no topo de uma árvore de sicômoro. "Desça, meu menino", implorou um cortesão. "Que Deus proteja você e a todos nós."

Os cortesãos primorosamente vestidos juntaram-se ao pé da árvore. "Desci", recordou mais tarde o novo califa Hakim, e um cortesão "pôs na minha cabeça o turbante enfeitado de joias, beijou o chão na minha frente e disse: 'Viva o Comandante dos Fiéis, com a misericórdia e a bênção de Deus'. Então me levou naquele traje e mostrou-me a todas as pessoas, que beijavam o chão diante de mim e me saudavam com o título de califa".

Filho de mãe cristã cujos irmãos eram ambos patriarcas, Hakim tornou-se um jovem de ombros largos, com olhos azuis salpicados de dourado. De início, aconselhado por ministros, procurou cumprir a missão ismaelita da família, tolerando judeus e cristãos. Adorava poesia e fundou sua própria Casa da Sabedoria no Cairo para o estudo de astronomia e filosofia. Orgulhava-se de seu ascetismo, substituindo o turbante de brilhantes por um cachecol comum, e até trocava piadas com os cairotas pobres nas ruas. Mas quando começou a governar por conta própria, não demoraram a aparecer sinais de que esse autocrata místico era um desequilibrado. Mandou matar todos os cães do Egito, depois todos os gatos. Proibiu que se comessem uvas, agrião e peixe sem escamas. Dormia durante o dia e trabalhava à noite, ordenando a todos os cairotas que adotassem o mesmo estranho hábito.

Em 1004, começou a prender e executar cristãos, fechando igrejas em Jerusalém e convertendo-as em mesquitas. Proibiu a Páscoa e o consumo de vinho, medida destinada a atingir cristãos e judeus. Ordenou aos judeus que usassem um colar de vaca feito de madeira para que lembrassem o Bezerro de Ouro, e sinos para avisar os muçulmanos de sua aproximação. Cristãos tinham de usar cruzes de ferro. Judeus foram obrigados a optar entre a conversão ou abandonar o país. Sinagogas foram destruídas no Egito e em Jerusalém. Mas foi a crescente popularidade do ritual cristão que chamou a atenção de Hakim para Jerusalém. Na Páscoa, peregrinos cristãos do Ocidente e do Oriente chegavam a Jerusalém para comemorar o milagre da Páscoa da própria cidade: a Descida do Fogo Sagrado.[5]

No Sábado de Aleluia, dia seguinte à Sexta-Feira Santa, milhares de cristãos passavam a noite na igreja do Santo Sepulcro, onde o túmulo de Jesus era selado, e todas as lâmpadas apagadas até que, no meio de cenas de intensa emoção, o patriarca entrava no local no escuro. Depois de longo intervalo de estremecida expectativa, uma faísca parecia descer do alto, a chama tremulava, produzia-se um clarão, e o patriarca saía com uma lâmpada misteriosamente acesa. Essa chama sagrada era distribuída de vela em vela, por toda a multidão, entre gritos de alegria e atos de inesperada descontração. Os cristãos viam esse ritual relativamente novo, mencionado pela primeira vez por um peregrino em 870, como a confirmação divina da Ressurreição de Jesus. Para os muçulmanos, era um espetáculo de propaganda barata de feira, realizado por meio de truques, untando-se o fio que segurava a lâmpada com óleo resinoso. "Essas abominações", escreveu um muçulmano de Jerusalém, "nos faz tremer de horror."[6]

Quando Hakim ouviu falar nisso, e observou a riqueza das caravanas cristãs que partiam para Jerusalém, mandou tocar fogo no Bairro Judeu do Cairo — e ordenou a destruição total da igreja do Santo Sepulcro. Em setembro de 1009, seus paus-mandados destruíram a igreja "pedra por pedra", "arrasando-a totalmente, salvo aquelas partes impossíveis de derrubar", e puseram-se a demolir também as sinagogas. Judeus e cristãos fingiram converter-se ao Islã.

As extravagâncias do califa convenceram alguns ismaelitas de que "Hakim tinha dentro de si o Deus personificado". No frenesi de suas próprias revelações, Hakim não desencorajou essa nova religião, e começou a perseguir muçulmanos; proibiu o ramadã e aterrorizou xiitas e sunitas. Tornou-se tão odioso para os muçulmanos que teve de buscar o apoio dos cristãos e judeus do Cairo, permitindo-lhes construir sinagogas* e igrejas.

A essa altura, o califa psicopata andava em transe pelas ruas do Cairo, quase sempre sob pesado efeito de medicamentos receitados pelos médicos. Hakim expurgou a corte, ordenando a morte de seus próprios tutores, juízes, poetas, cozinheiros e primos, e decepando as mãos de escravas, muitas vezes ele mesmo como açougueiro.

HAKIM: O DESAPARECIMENTO

Por fim, no meio de uma noite de fevereiro de 1021, o califa demente, ainda com apenas 36 anos, saiu do Cairo para as montanhas e desapareceu tão misteriosamente que seus devotos ficaram convencidos de que "Hakim não nasceu de mulher e não morreu". Como seu asno e alguns trapos ensanguentados foram encontrados, é provável que tenha sido assassinado pela irmã, que preparou o

* Nem todas as sinagogas foram destruídas. A sinagoga em Fustat, no Velho Cairo, abrigava uma das principais fontes históricas da Idade Média: a Guenizá do Cairo. Naquela época, os três Povos do Livro veneravam o papel no qual estava escrita a linguagem divina, porque as palavras tinham vida espiritual, como as pessoas. Os judeus guardavam documentos recebidos nas sinagogas numa *guenizá* — ou depósito — durante sete anos, ao fim dos quais eram enterrados num cemitério ou armazenados num sótão especial. Durante novecentos anos, a Guenizá do Cairo nunca esteve vazia, preservando 100 mil documentos que mostravam a vida judaica no Egito, suas ligações com Jerusalém e com o mundo mediterrâneo em todos os aspectos, e ali ficaram selados e esquecidos até 1864, quando um estudioso hierosolimita entrou no depósito. Nos anos de 1890, documentos da Guenizá começaram a aparecer, comprados por estudiosos ingleses, americanos e russos; mas foi só em 1896 que duas excêntricas senhoras escocesas mostraram alguns desses documentos ao professor Solomon Schlechter, que reconheceu os primeiros textos hebraicos do Eclesiástico de Ben Sirá. Schlechter juntou o valioso tesouro, que permitiu a S. D. Goitein produzir sua obra *Sociedade mediterrânea*, em seis volumes.

filho pequeno, Zahir, como sucessor. Os adeptos de Hakim foram trucidados pelas tropas fatímidas, mas alguns escaparam e fundaram uma seita que ainda hoje sobrevive, os drusos do Líbano.[7]

As feridas deixadas pela insanidade de Hakim jamais cicatrizaram por completo em Jerusalém: a igreja de Constantino nunca foi totalmente reconstruída em sua forma original. Não bastasse o vendaval de loucuras do califa morto, um terremoto arrasou a cidade em 1033, despedaçando as muralhas bizantinas e os palácios omíadas; a velha Aqsa omíada desabou em ruínas; a Caverna judaica foi danificada.

O califa Zahir, que tinha veneração por Jerusalém, restaurou a tolerância dos ancestrais, prometendo proteção a ambas as seitas judaicas, e no monte do Templo reconstruiu al-Aqsa, com a inscrição em seu arco triunfal delicadamente decorado, vinculando-o à sua Jerusalém e à Jornada Noturna do Profeta, apesar de sua mesquita ser bem menor do que a original. Reergueu também as muralhas, mas em volta de uma cidade menor, aproximadamente como a vemos hoje, deixando de fora o monte Sião e os arruinados palácios omíadas.

Zahir e seu sucessor aceitaram a ajuda bizantina para financiar a reconstrução da igreja de Constantino. O imperador Constantino IX Monômaco criou um novo Santo Sepulcro, terminado em 1048, com a entrada agora voltada para o sul: "Um edifício muito espaçoso, capaz de abrigar 8 mil pessoas, habilmente construído com mármore colorido, enfeitado de brocado bizantino de ouro com imagens", escreveu Nasir-i-Khusrau, peregrino persa. Mas era bem menor do que a basílica bizantina. Os judeus nunca conseguiram reconstruir todas as sinagogas destruídas, muito embora o grão-vizir judeu do Cairo, Tustari,* apoiasse a comunidade hierosolimita.

Era como se as perseguições de Hakim tivessem inspirado uma nova paixão por Jerusalém — agora um próspero centro de peregrinação com 20 mil habitan-

* Foi a época dos ministros judeus de monarcas islâmicos. No Egito, o herdeiro de uma família de comerciantes de caraítas persas, Abu Saad al-Tustari, tornou-se fornecedor de artigos de luxo para Zahir, a quem depois vendeu uma escrava negra. Com a morte do califa em 1036, ela se tornou Walida, mãe do califa Mustansir, tendo Tustari como eminência parda. Ele acumulou uma fortuna colossal, e certa vez deu de presente a al-Walida um navio e uma tenda de prata no valor de 130 mil dirrãs. Nunca se converteu ao islamismo. O poeta Rida ibn Thawb escreveu: "Povo do Egito, tenho um bom conselho para vos dar / Tornai-vos judeus, pois o próprio Céu se tornou judaico". Em 1048, Tustari foi assassinado por tropas turcas, sendo muito pranteado pelos goans de Jerusalém. Enquanto isso, o vizir da muçulmana Granada, na Espanha, era outro benfeitor em Jerusalém: Samuel ibn Nagrela, "o Príncipe", polimático médico, poeta, estudioso do Talmude e general, talvez o único judeu praticante a comandar exércitos islâmicos no campo de batalha. Seu filho sucedeu-o, mas foi morto em 1066 num massacre de judeus em Granada.

tes. "Dos países dos gregos e outras terras", notou Nasir, "cristãos e judeus vêm para Jerusalém em grandes números." Todos os anos, 20 mil muçulmanos reuniam-se no monte do Templo, em vez de fazer o *haj* a Meca. Peregrinos judeus chegavam da França e da Itália.

Foram as mudanças na cristandade que ajudaram a tornar Jerusalém tão atraente para os francos, a oeste, e os gregos, a leste. O cristianismo dos latinos, sob os papas católicos de Roma, e os ortodoxos gregos, sob os imperadores e patriarcas de Constantinopla, eram agora dramaticamente diferentes. Não era apenas o fato de rezarem em idiomas distintos e de se desentenderem por abstrusas formulações teológicas. A ortodoxia, com seus ícones e sua complexa teatralidade, era mais mística e apaixonada; o catolicismo, com seu conceito de pecado original, acreditava numa separação maior entre o homem e Deus. Em 16 de julho de 1054, durante uma missa em Santa Sofia, o núncio papal excomungou o patriarca bizantino, que furiosamente excomungou o papa. Esse grande cisma, que ainda divide o cristianismo, estimulou a competição entre o Oriente e o Ocidente por Jerusalém.

O imperador bizantino Constantino X Ducas patrocinou o primeiro Bairro Cristão de verdade em volta da igreja. De fato, havia tantos peregrinos e artesãos bizantinos em Jerusalém que Nasir ouviu místicos murmúrios de que o imperador de Constantinopla estava em Jerusalém incógnito. Mas havia também tantos peregrinos ocidentais — os muçulmanos chamavam a todos de "francos", por causa da gente de Carlos Magno, embora, na realidade, viessem de toda a Europa — que os mercadores amalfitanos construíram albergues e mosteiros para abrigá-los. Era crença geral que a peregrinação redimia os pecados das guerras baroniais, e já em 1001, Fulque, o Negro, conde de Anjou e fundador da dinastia Angevin, que mais tarde governou a Inglaterra, fez uma peregrinação depois de queimar sua mulher viva com o vestido de casamento, por ter descoberto que ela lhe fora infiel com um guardador de porcos. Fez três visitas. Mais para o fim do século, o sádico conde Sweyn Godwinson, irmão do rei Haroldo da Inglaterra, partiu a pé para Jerusalém depois de estuprar a virginal abadessa Edwiga, enquanto Roberto, duque de Normandia, pai de Guilherme, o Conquistador, abandonou o ducado para rezar no Sepulcro. Todos os três pereceram na estrada: a morte nunca estava muito longe da peregrinação.

Os fatímidas, acossados por intrigas de corte, mal davam conta de cuidar da Palestina, muito menos de Jerusalém, e os bandidos atacavam peregrinos. A morte era tão comum que os armênios criaram um título — *mahdesi* — para os peregrinos que a tinham visto no caminho, seu equivalente do muçulmano *haj*.

Em 1064, uma rica caravana de 7 mil peregrinos alemães e holandeses, chefiada por Arnold, bispo de Bamberg, aproximou-se da cidade, mas foi atacada por beduínos ainda fora das muralhas. Alguns peregrinos engoliram ouro para esconder dos bandidos, que os estriparam para recuperá-lo; 5 mil peregrinos foram mortos.[8] Muito embora a Cidade Santa já fosse muçulmana havia quatro séculos, essas atrocidades de repente pareciam colocar a igreja do Santo Sepulcro em perigo.

Em 1071, o novo líder do leste, Alp Arslan — Leão Heroico —, derrotou e capturou o imperador bizantino em Manzikert.* Alp Arslan era o comandante dos seljúcidas, cavaleiros turcomanos que tinham dominado o califado de Bagdá e adquirido o novo título de sultão — que quer dizer "o poder". A essa altura, tendo conquistado um império que ia de Kashgar à moderna Turquia, o Leão Heroico despachou seu general Atsiz ibn Awak al-Khwarazmi para o sul, rumo à aterrorizada Jerusalém.

ATSIZ: O SAQUE BRUTAL

Os gaons e muitos judeus que tinham sido bem tratados sob os fatímidas fugiram de Jerusalém para o reduto de Tiro. Atsiz acampou perto das novas muralhas, mas, como piedoso muçulmano sunita, afirmou que não faria mal a Jerusalém. "É o santuário de Deus", insistia. "Não vou lutar contra ela." Em vez disso, em junho de 1073, fez Jerusalém passar fome até se render. Depois seguiu em direção ao sul, para o Egito, onde foi derrotado. Isso encorajou os hierosolimitas a se rebelar. Eles cercaram os turcomanos (e o harém de Atsiz) na Cidadela.

* Quando o imperador cativo foi levado à presença dos vitoriosos, Alp Arslan, cujos bigodes eram tão longos que ele os pendurava nos ombros, perguntou: "O que farias se eu fosse trazido à tua presença como prisioneiro?". "Talvez eu te matasse, ou te exibisse nas ruas de Constantinopla", respondeu Romano IV Diógenes. "Meu castigo é muito mais pesado", respondeu Alp Arslan. "Eu te perdoo e te deixo livre." Mas o Leão não durou muito tempo. Ao ver aproximar-se um assassino, ele acenou para que os guarda-costas não interferissem, a fim de mostrar sua habilidade de arqueiro abatendo o atacante. Mas um dos seus pés escorregou, e ele foi esfaqueado. Quase morto, deu um conselho ao filho Malik Shah: "Lembra-te bem da lição aprendida e não deixes tua vaidade sobrepujar o teu bom senso". Seu túmulo em Merv diz, com ironia ozymandiana: "Ó, aqueles que viram a grandiosidade celeste de Alp Arslan, contemplai! Ele agora jaz debaixo do solo negro".

Atsiz voltou a Jerusalém, e quando estava pronto para atacar, suas concubinas esgueiraram-se da Cidadela e abriram-lhe o portão. Sua horda centro-asiática matou 3 mil muçulmanos, inclusive os que haviam se refugiado nas mesquitas. Só os que buscaram guarida no monte do Templo foram poupados. "Eles roubaram, assassinaram, violentaram e saquearam os armazéns; era um povo estranho e cruel, equipado com trajes de muitas cores, coberto de elmos negros e vermelhos, com arcos, flechas e aljavas cheias", informou um poeta judeu que encontrou homens de Atsiz no Egito. Atsiz e seus cavaleiros arrasaram Jerusalém. "Incendiaram o milho amontoado, derrubaram as árvores, pisotearam os vinhedos e saquearam os túmulos, jogando os ossos fora. Não pareciam homens; pareciam animais, e também rameiras e adúlteras; e inflamaram-se com machos [e] deceparam orelhas e narizes, e roubaram roupas, deixando-os nus."

O império do Leão Heroico desintegrou-se de imediato, com a família e os generais tomando posse de seus próprios feudos. Atsiz foi assassinado e Jerusalém caiu nas mãos de outro chefe militar turco, Ortuq bin Aksab. Ao chegar, ele disparou uma seta na cúpula do Sepulcro para deixar claro quem mandava. Mas demonstrou-se surpreendentemente tolerante, chegando a nomear governador um cristão jacobita e convidando estudiosos sunitas a voltarem para Jerusalém.*

Suqman e Il-Ghazi, filhos de Ortuq, herdaram Jerusalém. Em 1093, "alguém se rebelou contra o governador", escreveu Ibn al-Arabi, erudito espanhol, "e entrincheirou-se na torre de Davi. O governador tentou atacá-lo usando arqueiros". Enquanto soldados turcomanos travavam batalhas campais pelas ruas, "ninguém mais ligou. Nenhum mercado fechou, nenhum asceta deixou seu lugar na mesquita al-Aqsa; nenhum debate foi suspenso".** Mas as monstruosidades

* Uma disputa sobre a sucessão fatímida deu origem a uma violenta seita separatista dos xiitas ismaelitas, encabeçada por Hassan al-Sabbah. Ele e seus nizaris fugiram para a Pérsia, onde tomaram posse da fortaleza montanhosa de Alamut, e depois conquistaram fortalezas no Líbano. Ele compensou seu pequeno número de homens lançando uma campanha espetacular de terrorismo contra os inimigos sunitas. Seu bando de matadores, que aterrorizou o Oriente Médio por mais de um século, vivia supostamente sob o efeito do haxixe, e ficou conhecido como Hashishim, ou Assassinos. Mas os muçulmanos os chamavam de Batini, "aqueles que buscavam o conhecimento esotérico secreto".

** Em 1095, o filósofo sunita Abu Hamid al-Ghazali buscou refúgio em Jerusalém contra a ação dos assassinos. "Tranquei-me no recinto do Domo da Rocha", disse ele, numa minúscula câmara em cima do portão Dourado, para escrever *A revivificação da ciência da religião*. Isso revigorou o Islã sunita separando a lógica da filosofia — a metafísica grega — da extática revelação da verdade relide Hakim, a derrota do imperador bizantino, a queda de Jerusalém nas mãos dos turcomanos e a matança de peregrinos abalaram a cristandade: a peregrinação estava em perigo.[9]

Em 1098, o vizir egípcio ficou surpreso ao saber que um poderoso exército de cristãos europeus avançava em direção à Terra Santa. Ele supôs que fossem apenas mercenários bizantinos, e então ofereceu-lhes uma fatia do império seljúcida: os cristãos podiam ficar com a Síria; ele recuperaria a Palestina. Quando descobriu que seu objetivo era Jerusalém, o vizir cercou a cidade "durante quarenta dias com quarenta catapultas" até que os dois filhos de Ortuq fugiram para o Iraque. Designando um dos seus generais como *iftikhar al-dawla*, ou governador de Jerusalém, com uma guarnição de árabes e sudaneses, o vizir voltou para o Cairo. As negociações com os francos continuaram até o verão de 1099 — os enviados cristãos comemoraram a Páscoa no Sepulcro.

O momento da invasão franca foi propício: os árabes tinham perdido o império para os seljúcidas. A glória do califado abássida já era uma lembrança distante. O mundo islâmico se fragmentara em pequenos baronatos em guerra, governados por principezinhos dominados por generais turcos — emires — e regentes conhecidos como atabegs. Quando os exércitos cristãos marchavam para o sul, um principezinho seljúcida atacou Jerusalém, mas foi repelido. Enquanto isso, a grande cidade de Antioquia caiu em poder dos francos, que marcharam pela costa. Em 3 de junho de 1099, os francos tomaram Ramla e começaram a cercar Jerusalém. Milhares de muçulmanos e judeus se refugiaram dentro das muralhas da Cidade Santa. Na manhã de terça-feira, 7 de junho, os cavaleiros franceses chegaram ao túmulo de Nabi (o profeta) Samuel, 6,5 quilômetros ao norte de Jerusalém. Tendo viajado desde a Europa Ocidental, eles agora contemplavam do Montjoie — o monte da Alegria — a Cidade do Rei dos Reis. Ao anoitecer, acamparam ao redor de Jerusalém.

---

giosa, enquanto dava a cada uma o seu devido valor. No fim das contas, essa demolição da causa e efeito da ciência (em seu *Incoerência dos filósofos*), em favor da revelação divina, pôs fim à idade do saber árabe em Bagdá e ajudou a enfraquecer a ciência e a filosofia árabes.

V. CRUZADA

Entrai no caminho do Santo Sepulcro; arrancai aquela terra da raça malvada para que fique em nosso poder.

Papa Urbano II, discurso em Clermont

Jerusalém para nós é objeto de culto, do qual não poderíamos abrir mão, ainda que só restasse um de nós.

Ricardo Coração de Leão, carta para Saladino

Jerusalém é nossa, tanto quanto vossa — na realidade, é até mais sagrada para nós.

Saladino, carta para Ricardo Coração de Leão

Temos alguma herança que não sejam os santuários de Deus?
Então como esquecer Seu monte Santo?
Temos nós, seja no Oriente ou no Ocidente,
Um lugar de esperança no qual possamos confiar
Exceto a terra repleta de portões
Para a qual se abrem os portões do Céu?

Judá Halevi

Quando escolhi meu tema e disse
Quando para Sião fui do meu exílio espanhol
Minha alma subiu das profundezas para o céu
Regozijando-se naquele dia, para ver a colina de Deus
O dia com o qual sonhei desde que comecei a existir.

Judá al-Harizi

21. A matança (1099)

DUQUE GODOFREDO: O CERCO

Era o auge do verão de 1099 nos áridos morros da Judeia; a Cidade Santa estava bem defendida por tropas egípcias apoiadas por uma milícia de judeus e muçulmanos hierosolimitas. Eles tinham bom estoque de provisões e as cisternas estavam cheias de água, enquanto lá fora, nos campos ressequidos, os poços tinham sido envenenados. Os cristãos de Jerusalém foram expulsos. Para os cidadãos, 30 mil no máximo, era um conforto saber que o vizir egípcio marchava em direção norte para resgatá-los. Além disso, estavam bem armados: dispunham até de uma arma secreta que lançava chamas, o fogo grego.* Atrás das formidáveis muralhas de Jerusalém, eles devem ter menosprezado seus atacantes.

O exército franco era demasiado pequeno — apenas 1200 cavaleiros e 12 mil soldados — para cercar as muralhas. Em batalha aberta, os cavaleiros árabes

* A cifra tradicional da população de Jerusalém é de 70 mil, mas trata-se de um exagero implausível. No século XI, Constantinopla tinha 600 mil habitantes; Bagdá e Cairo, as grandes cidades do Islã, de 400 mil a 500 mil; Roma, Veneza e Florença, de 30 mil a 40 mil; Paris e Londres, 20 mil. Quanto ao fogo grego, "a chama de Deus", um preparado à base de petróleo disparado através de sifões certa vez tinha salvado Constantinopla. Agora quem o tinha eram os muçulmanos, e não os cristãos.

e turcos, com suas armaduras leves, não tinham condição de aguentar as cargas aterradoras dos cavaleiros francos, que formavam um punho de aço tonitruante, montados em seus pesados corcéis de guerra. Cada cavaleiro usava capacete, couraça e armadura revestida de escamas e gambeson (roupa de baixo acolchoada), além de portar lança, espada de lâmina larga, clava e escudo.

No entanto, seus cavalos ocidentais já tinham perecido ou servido de alimento ao exército faminto. Nos empolados desfiladeiros em volta de Jerusalém, cargas de cavalaria eram impossíveis de serem levadas, cavalos tornavam-se inúteis e armaduras eram quentes demais: a exausta tropa dos francos teve de combater a pé, enquanto seus líderes não paravam de discutir. Não havia um comandante supremo. O mais destacado entre eles, e também o mais rico, era Raimundo, conde de Toulouse. Líder corajoso, mas incapaz de inspirar entusiasmo, ele instalou inicialmente seu acampamento no oeste, situado em frente à Cidadela, antes de estabelecer-se mais ao sul dias depois para cercar o portão de Sião.

O ponto fraco de Jerusalém estava sempre no norte: o jovem e competente conde Roberto de Flandres, filho de um veterano peregrino de Jerusalém, acampou em frente ao atual portão de Damasco; o duque Roberto da Normandia (filho de Guilherme, o Conquistador), bravo mas ineficaz, e apelidado de *Curthose* (canelas curtas) ou simplesmente Pernas Gordas, cobria o portão de Herodes. Mas a força motriz era Godofredo de Bouillon, o robusto e louro duque da Baixa Lorena, de 39 anos, "imagem ideal do cavaleiro do norte", admirado por sua piedade e castidade. Assumiu posições em torno do atual portão de Jaffa. Enquanto isso, o normando Tancredo de Hauteville, de 25 anos, ansioso para conquistar um principado, partiu a galope para capturar Belém. Ao voltar, juntou-se às forças de Godofredo no canto noroeste da cidade.

Os francos tinham perdido legiões de homens e viajado milhares de quilômetros pela Europa e Ásia para chegar à Cidade Santa. Todos sabiam que aquilo seria o apogeu ou a apoteose de Primeira Cruzada.

PAPA URBANO II: DEUS O QUER

A Cruzada tinha sido ideia de um homem. Em 27 de novembro de 1095, numa reunião em Clermont, o papa Urbano II dirigira-se a nobres e a pessoas comuns para exigir a conquista de Jerusalém e a libertação da igreja do Santo Sepulcro.

Urbano entendia que sua missão na vida era a restauração do poder e da reputação da Igreja católica. Inventou uma nova teoria de guerra santa para revigorar a cristandade e o papado, justificando a liquidação purificadora dos infiéis em troca da remissão dos pecados. Era uma indulgência sem precedentes, que criava uma versão cristã do jihad muçulmano, embora perfeitamente compatível com a reverência popular por Jerusalém. Numa era de fervor religioso, época de símbolos sacros, Jerusalém era a cidade de Cristo, vista ao mesmo tempo como santuário supremo e reino celestial, e ainda assim familiar a todos os cristãos, evocada em sermões, em relatos de peregrinação, em peças, pinturas e relíquias sobre a Paixão. Mas Urbano também explorou a crescente ansiedade sobre a segurança do Santo Sepulcro, citando o massacre de peregrinos e as atrocidades turcomanas.

O momento era propício, pois milhares de pessoas, de todas as condições sociais, responderam ao chamado de Urbano: "A violência exercia grande poder sobre as nações; a fraude, a traição e o embuste superavam tudo", observou o historiador hierosolimita Guilherme de Tiro. "Todas as virtudes desapareceram; todo tipo de fornicação era praticado abertamente: luxúria, bebedeira e jogos de azar." A Cruzada oferecia aventura pessoal, a remoção de milhares de cavaleiros e aventureiros criadores de caso e a oportunidade de fugir de casa. Mas a ideia moderna — propagada em filmes de Hollywood e no contragolpe do desastre da guerra do Iraque em 2003 — de que participar das Cruzadas era apenas uma oportunidade de enriquecer com dividendos sádicos está errada. Um punhado de príncipes criou novos feudos e alguns cruzados fizeram carreira, porém os custos eram altos e muitas vidas e fortunas se perderam nessa empreitada quixotesca e arriscada, mas piedosa. Havia então um espírito de difícil compreensão para a mente moderna: os cristãos tinham oportunidade de conseguir o perdão de todos os pecados. Em resumo, a maioria esmagadora desses guerreiros-peregrinos era de crentes que buscavam a salvação nas muralhas de Jerusalém.

As multidões de Clermont atenderam ao papa: "*Deus le volt!* Deus o quer!". Raimundo de Toulouse foi um dos primeiros a defender a Cruz. Ao todo, 80 mil pessoas, algumas em contingentes disciplinados, sob o comando de príncipes, outras em bandos violentos, sob o comando de aventureiros, e outros ainda em pias multidões de camponeses, sob o comando de santos eremitas, saíram em guerra para defender a Cruz. Ao atravessar a Europa em direção a Constantinopla, a primeira leva massacrou ou forçou a conversão de milhares de judeus em vingança da morte de Cristo.

O imperador bizantino Alexio, horrorizado com os rufiões latinos, deu-lhes as boas-vindas — e apressou-se a despachá-los para Jerusalém. Ao chegarem à Anatólia, hordas de camponeses europeus foram mortas pelos turcos, mas os organizados, dedicados e experientes cavaleiros dos principais exércitos derrotaram e afugentaram os seljúcidas. A empreitada foi um triunfo da fé sobre a experiência e a razão: desde o início, e com crescente intensidade à medida que se aproximava da Terra Santa, a campanha militar foi guiada e encorajada por visões divinas, visitas angelicais e pela descoberta de sinais sagrados, tão importantes quanto as táticas militares. Para sua sorte, porém, os europeus atacavam uma região fatalmente dividida entre califas, sultões e emires, turcos e árabes, que punham suas próprias diferenças acima de qualquer conceito islâmico de solidariedade.

A queda de Antioquia foi o primeiro êxito real dos cruzados, mas depois eles foram sitiados dentro da cidade. Diante do impasse e da possibilidade de morrer de fome, a Cruzada quase terminou ali. No auge da crise em Antioquia, Pedro Bartolomeu, um dos homens do conde Raimundo, sonhou que a Lança Sagrada jazia debaixo de uma igreja: eles cavaram e a encontraram. A descoberta levantou o moral. Bartolomeu foi acusado de fraude e passou por uma prova de fogo, que segundo o costume consistia em caminhar sobre ferros em brasa numa extensão de 2,7 metros. Sobreviveu jurando que não tinha sofrido nenhum efeito adverso, mas doze dias depois estava morto.

Os cruzados sobreviveram a Antioquia, e, enquanto marchavam para o sul, os emires turcos e fatímidas de Trípoli, Cesareia e Acre fizeram acordos com eles. Os fatímidas abandonaram Jaffa, e os cruzados cortaram pelo interior rumo a Jerusalém. Quando os contingentes se estabeleceram em volta das muralhas, um eremita no monte das Oliveiras, inspirado por uma visão, disse aos chefes militares cruzados para atacarem de imediato. Em 13 de junho, eles tentaram galgar os muros, mas foram facilmente repelidos, sofrendo numerosas baixas. Os príncipes perceberam que o êxito exigia melhor planejamento, mais escadas, catapultas e equipamento para romper as defesas, mas não havia madeira em quantidade suficiente. Tiveram sorte. No dia 17, marinheiros genoveses aportaram em Jaffa e arrastaram a madeira de seus navios desmanchados para Jerusalém a fim de construírem máquinas de cerco equipadas com catapultas.

Os príncipes já brigavam pelos espólios. Os dois mais hábeis tinham tomado posse de seus principados: Boemundo de Taranto ficou com Antioquia, e o dinâmico irmão de Godofredo, Balduíno, apossara-se de Edessa, longe dali, no Eufrates. Agora o voraz Tancredo exigia Belém para si, mas a Igreja reivindicou o sítio da Natividade. O calor era implacável, o siroco soprava, a água tornava-se escassa, os homens não eram numerosos, o moral estava baixo e os egípcios se aproximavam. Não havia tempo a perder.

Uma mensagem divina salvou o dia. Em 6 de julho, um sacerdote visionário anunciou que tinha sido visitado (e não pela primeira vez) por Ademar de Le Puy, bispo reverenciado que morrera em Antioquia, mas cujo espírito agora insistia para que os francos fizessem uma procissão em torno das muralhas, como Josué em Jericó. O exército jejuou por três dias, e em 8 de julho, comandado por sacerdotes que levavam relíquias santas, marchou descalço em volta dos muros de Jerusalém, "com trombetas, estandartes e armas", enquanto os hierosolimitas zombavam do alto das ameias, lançando insultos contra os crucifixos. Completado o circuito à moda de Josué, eles se reuniram no monte das Oliveiras para ouvir os capelães e testemunhar a reconciliação dos líderes. Escadas, máquinas de romper defesas, catapultas, projéteis, flechas, faxinas — tudo tinha de estar pronto, e todo mundo trabalhava dia e noite. Mulheres e idosos participaram do esforço costurando peles de animais para as máquinas de guerra. A escolha era clara: a morte ou a vitória nas muralhas da Cidade Santa.

TANCREDO: CARNIFICINA NO MONTE DO TEMPLO

Na noite de 13 de julho, os cruzados estavam prontos. Em suas orações, os sacerdotes lhes inculcaram um fermento de feroz e beata determinação. As catapultas lançaram balas de canhão e projéteis contra as muralhas, onde os defensores tinham pendurado tantos sacos de algodão e feno para atenuar o impacto que era como se tivessem estendido gigantescos varais. Os cristãos chegaram a catapultar um homem vivo, descoberto como espião entre eles.

Os cruzados trabalharam a noite toda para encher as valas com faxinas. Três máquinas de sítio foram levadas para a frente, peça a peça, e depois montadas como gigantescas mobílias para armar — uma para Raimundo no monte Sião, as outras duas no norte. Raimundo foi o primeiro a posicionar sua máquina de sítio contra as muralhas, mas o governador egípcio, comandando o setor meridional, opôs firme resistência. Quase no último momento, Godofredo de Bouillon identificou o ponto mais fraco das defesas (a leste do atual portão de Herodes, em frente ao Museu Rockefeller). O duque da Normandia e o conde de Flandres, junto com Tancredo de Hauteville, rapidamente movimentaram suas forças para o canto nordeste. O próprio Godofredo subiu em sua torre de assalto quando a empurravam para a frente no lugar ideal: ele emergiu lá no topo, segurando uma besta, enquanto os exércitos trocavam salvas de flechas e dardos e as catapultas lançavam uma chuva de projéteis contra as muralhas.

Conforme o sol nascia, os príncipes usavam espelhos de sinalização no monte das Oliveiras para coordenar os movimentos. Simultaneamente, Raimundo atacou pelo sul e os normandos pelo norte. Ao amanhecer da sexta-feira, dia 15, eles renovaram os ataques. Godofredo cavalgava a bamba torre de madeira, atirando dardos por cima das muralhas, enquanto os defensores lançavam seu fogo grego — insuficiente, porém, para deter os francos.

Ao meio-dia, a máquina de Godofredo finalmente encostou nos muros. Os francos jogaram tábuas para atravessar e dois irmãos entraram na cidade, com Godofredo atrás. Juravam ter visto o falecido bispo Ademar lutando entre eles: "Muitos atestaram que ele foi o primeiro a galgar a muralha!". O bispo morto ordenou-lhes que abrissem o portão da Coluna (portão de Damasco). Tancredo e seus normandos irromperam pelas ruas estreitas. Ao sul, no monte Sião, o conde de Toulouse ouvia as aclamações. "Por que perdem tempo?", repreendeu Raimundo. "Veja, agora mesmo os francos estão lá dentro da cidade!" Os homens de Raimundo entraram em Jerusalém e foram atrás do governador e da guarnição na Cidadela. O governador concordou em entregar-se a Raimundo, desde que a vida de sua guarnição fosse poupada. Cidadãos e soldados fugiram para o monte do Templo, perseguidos por Tancredo e seus homens. Na confusão, os hierosolimitas trancaram os portões do monte do Templo e revidaram, mas os guerreiros de Tancredo abriram caminho até a esplanada sagrada, atulhada de uma multidão em desespero.

A luta continuou durante horas; enlouquecidos, os francos matavam qualquer um que encontrassem nas ruas e vielas. Decepavam não apenas cabeças, mas também mãos e pés, exultando diante de jorros do sangue purificador dos infiéis. Muito embora não fosse novidade praticar massacre em cidades invadidas, o orgulho beato com que os perpetradores o registravam provavelmente o era. "Havia cenas maravilhosas de serem vistas", escreveu com entusiasmo uma testemunha, Raimundo de Aguilers, o capelão do conde de Toulouse: "Nossos homens decepavam as cabeças dos inimigos, outros os atingiam com flechas, e eles caíam das torres; outros os torturavam mais demoradamente, jogando-os nas chamas. Viam-se pelas ruas pilhas de cabeças, mãos e pés. Era preciso passar por cima dos corpos de homens e cavalos".

Bebês eram tomados das mães, suas cabeças esmagadas contra as paredes. Enquanto a barbaridade aumentava, "sarracenos, árabes e etíopes" — ou seja, os soldados negros sudaneses do exército fatímida — refugiavam-se nos telhados do Domo da Rocha e da al-Aqsa. Mas na luta para chegar ao Domo, os cavaleiros abriam caminho a golpes na esplanada abarrotada de gente, matando e cortando carne humana em pedaços até que, "no Templo [de Salomão, como os cruzados se referiam a al-Aqsa], cavalgaram com sangue até os freios de seus animais. De fato, foi um julgamento justo e esplêndido de Deus que esse lugar se enchesse do sangue dos infiéis".

Cerca de 10 mil pessoas, incluindo muitos clérigos muçulmanos e ascetas sufis, foram mortas no monte do Templo, incluindo as 3 mil que se refugiaram na al-Aqsa. "Nossos gladiadores", escreveu o cronista Fulquério de Chartres, começaram a derrubar os muçulmanos no telhado da al-Aqsa com seus arcos. "Que mais devo contar? Nenhum foi deixado vivo, nem as mulheres nem as crianças foram poupadas." Mas Tancredo enviou seu estandarte para as trezentas pessoas que restaram no telhado da al-Aqsa, significando proteção. Mandou parar a matança, levou alguns prisioneiros valiosos e foi conduzido aos tesouros do monte do Templo, onde roubou as imensas lanternas douradas dos santuários. Os judeus esconderam-se nas sinagogas, mas os cruzados as incendiaram. Os frequentadores foram queimados vivos, quase como uma oferenda apoteótica incinerada em nome de Cristo. Godofredo de Bouillon desembainhou a espada e, com um pequeno séquito, cercou a cidade e rezou, antes de seguir para o Santo Sepulcro.

Na manhã seguinte, para fúria de Tancredo, os homens de Raimundo subiram energicamente ao telhado da al-Aqsa, surpreenderam os muçulmanos ali amontoados e decapitaram homens e mulheres em outro espasmo de matança. Alguns muçulmanos preferiram saltar para a morte. Uma respeitada erudita de Shiraz, na Pérsia, em companhia de uma multidão de mulheres, buscou refúgio no Domo da Corrente — e também foram massacradas. Havia um deleite macabro no desmembramento das vítimas, executado quase como um sacramento. "Viam-se fragmentos de carne humana por toda parte, corpos acéfalos e membros mutilados espalhados em todas as direções." Havia algo de mais terrível ainda nos próprios cruzados, sujos de sangue e de olhos arregalados, "escorrendo sangue da cabeça aos pés, visão sinistra que aterrorizava quem os encontrasse". Eles vasculhavam ruas e bazares, arrastando mais vítimas para serem "trucidadas como ovelhas".

A cada cruzado havia sido prometida a posse de qualquer casa marcada com "seu escudo e suas armas": "em consequência disso, os peregrinos esquadrinharam a cidade com mais cuidado e mataram audaciosamente os cidadãos", eliminando "esposas, filhos, famílias inteiras", e muitas pessoas atiravam-se das altas janelas de cabeça para baixo.*

No dia 17, os peregrinos (como esses assassinos se intitulavam) finalmente se saciaram da matança e "restauraram as forças com o resto e os alimentos de que muito precisavam". Os príncipes e sacerdotes dirigiram-se ao Santo Sepulcro, onde cantaram em honra de Cristo, batendo palmas alegremente e banhando-se no altar com lágrimas de júbilo, antes de desfilarem pelas ruas rumo ao Templo do Senhor (o Domo da Rocha) e ao Templo de Salomão. As ruas estavam repletas de pedaços de corpos, que se decompunham no calor do verão. Os príncipes forçaram os sobreviventes judeus e muçulmanos a recolher os restos e queimá-los em piras, e depois os trucidaram, presumivelmente para juntá-los a seus irmãos nas fogueiras. Os cruzados mortos foram sepultados no cemitério do Leão em Mamilla, ou na terra sagrada do lado de fora do portão Dourado (que já era um cemitério muçulmano), prontos para ressuscitar no Último Dia.

Além de tantos tesouros, como "gemas, vestimentas, ouro e prata", Jerusalém tinha tantos prisioneiros valiosos que os francos realizaram leilões de escravos durante dois dias. Alguns muçulmanos mais respeitados foram poupados para a cobrança de resgates: exigiram-se mil dinares pelo erudito shafii xeque Abd al-

* A lei da guerra dizia que não se esperava que houvesse esquartejamento depois de intensos cercos, mas as testemunhas francas foram ainda mais longe na divulgação do massacre, afirmando que ninguém escapou. Todavia, algumas de suas descrições foram inspiradas diretamente no Livro do Apocalipse. Não se especificaram números. Mais tarde, historiadores muçulmanos estimaram que 70 mil — até mesmo 100 mil — foram mortos, mas as pesquisas mais recentes sugerem que o massacre foi menor, talvez em torno de 10 mil, número consideravelmente inferior ao dos futuros massacres muçulmanos de Edessa e Acre. O mais bem situado contemporâneo, Ibn al-Arabi, que tinha vivido pouco tempo antes em Jerusalém e esteve no Egito em 1099, citou 3 mil mortos em al-Aqsa. E não é verdade que todos os judeus foram mortos. É certo que alguns judeus e muçulmanos escaparam. De maneira inusitada, parece que os cronistas dos cruzados, por motivos de propaganda e de religião, exageraram imensamente a escala de seus próprios crimes. Era assim a guerra santa.

-Salam al-Ansari, mas como ninguém pagou, ele foi morto. Sobreviventes judeus e trezentos livros hebraicos (incluindo o Códice de Aleppo, uma das primeiras bíblias hebraicas que ainda sobrevivem parcialmente) foram entregues a judeus egípcios em troca de pagamento. A cobrança de resgate para libertar prisioneiros seria uma das indústrias mais lucrativas do Reino de Jerusalém. Mas nem todas as vísceras humanas puderam ser coletadas, e Jerusalém fedeu literalmente por muito tempo — até mesmo seis meses depois, quando Fulquério de Chartes voltou ao local: "Ó, que fedor junto aos muros, dentro e fora, dos corpos podres dos sarracenos, que jaziam onde quer que tivessem sido abatidos". Jerusalém ainda não era um lugar seguro: o exército egípcio se aproximava. Os cruzados precisavam urgentemente de um comandante-chefe — o primeiro rei de Jerusalém.

GODOFREDO: DEFENSOR DO SANTO SEPULCRO

Os mais altos nobres e clérigos fizeram uma investigação sobre os padrões de conduta dos candidatos à coroa. Concluíram que deviam oferecer o trono ao príncipe mais veterano, o impopular Raimundo, e o fizeram com relutância. Raimundo recusou gentilmente a coroa, afirmando que não poderia ser rei na cidade de Jesus. Eles então a ofereceram ao candidato que de fato preferiam, o casto e respeitável duque Godofredo, que aceitou um título recém-criado: Defensor do Santo Sepulcro.

O indignado Raimundo, percebendo que tinha sido enganado, recusou-se a entregar a torre de Davi até os bispos intercederem. Apesar de seus exércitos triunfantes, não foi fácil para esses guerreiros-peregrinos impor a moralidade numa cidade governada pelo próprio Jesus. Elegeram patriarca o capelão normando, Arnulf, mas ele logo precisou defender-se da acusação de adúltero e pai da criança de uma mulher árabe.

Arnulf instalou sinos nas igrejas (tocá-los sempre fora proibido pelos muçulmanos). Jerusalém seria uma cidade latina, católica. Em seguida ele deu uma demonstração da amarga profundidade do cisma: encarregou os sacerdotes latinos de cuidarem do Santo Sepulcro, banindo o antigo patriarca e o clero gregos. Com isso, deu início ao indecoroso conflito entre seitas cristãs que ainda hoje escandaliza e diverte visitantes. Mas Arnulf não encontrou o pedaço principal da Verdadeira Cruz, e os sacerdotes ortodoxos não quiseram revelar seu esconderijo. O patriarca os torturou — era um cristão torturando cristãos para obter a Árvore da Vida do Cordeiro de Deus. Eles finalmente cederam.

Em 12 de agosto, deixando Jerusalém quase indefesa, o defensor Godofredo conduziu todo o exército de cruzados para Ascalon, onde derrotou os egípcios. Quando Ascalon quis render-se a Raimundo, Godofredo disse que só concordaria se a cidade lhe fosse cedida: assim, perderam Ascalon — a primeira das feridas que os briguentos líderes infligiram a si mesmos. Mas Jerusalém agora estava segura — se bem que deserta.

O duque da Normandia, o conde de Flandres e muitos outros cruzados voltaram para casa, deixando Godofredo com uma cidade pútrida e arrasada, habitada apenas por trezentos cavaleiros e 2 mil soldados de infantaria, e um número de cidadãos insuficiente para povoar um bairro. Raimundo de Toulouse recuperou-se do agastamento e pôs-se a depredar a costa libanesa, finalmente fundando sua própria dinastia como conde de Trípoli. Havia quatro Estados cruzados: o principado de Antioquia, os condados de Edessa e Trípoli e o reino de Jerusalém. Essa idiossincrática colcha de feudos inter-relacionados ficou conhecida como Outremer, "Além-Mar".

Mas a reação do mundo islâmico — dividido entre os enfraquecidos califas da Bagdá sunita e do Cairo xiita — foi surpreendemente silenciosa. Apenas uns poucos pregadores conclamaram ao jihad para libertar Jerusalém, e quase não houve reação entre os todo-poderosos emires turcos, que continuavam mais preocupados com suas rixas pessoais.

Em 21 de dezembro, Balduíno, irmão de Godofredo, que era conde de Edessa, e o louro príncipe Boemundo de Antioquia chegaram para passar o Natal em Jerusalém. Mas Godofredo lutava para se defender da Igreja. O representante papal, um presunçoso pisano chamado Daimbert, foi nomeado patriarca (para substituir o pecador Arnulf). Decidido a estabelecer uma teocracia a ser governada por ele mesmo, Daimbert obrigou Godofredo a ceder a cidade e Jaffa para a Igreja. Em junho de 1100, Godofredo caiu doente em Jaffa, provavelmente de febre tifoide. Levado para Jerusalém, morreu em 18 de julho e foi sepultado cinco dias depois — como aconteceria com todos os seus sucessores — aos pés do Calvário, na igreja do Santo Sepulcro.[1]

Daimbert assumiu o controle da cidade, mas os cavaleiros de Godofredo se recusaram a entregar a Cidadela, mandando chamar o irmão do falecido defensor, Balduíno. O conde de Edessa, porém, lutava para defender o norte da Síria, e só recebeu o recado no fim de agosto. Em 2 de outubro, Balduíno partiu com duzentos cavaleiros e setecentos soldados, e teve de lutar até Jerusalém, enfrentando repetidas emboscadas islâmicas. Em 9 de novembro, com menos da metade da força original, ele finalmente entrou na Cidade Santa.

22. A ascensão do Outremer (1100-31)

BALDUÍNO, O GRANDE: O PRIMEIRO REI

Dois dias depois, Balduíno foi aclamado rei, e Daimbert, obrigado a reconhecer sua subida ao trono. Quase de imediato, Balduíno partiu para saquear o Egito. Ao voltar, foi coroado "Rei dos Latinos em Jerusalém" na igreja da Natividade em Belém pelo patriarca Daimbert.

Não tão santo como o irmão, o primeiro rei de Jerusalém era, porém, muito mais hábil. Balduíno tinha nariz aquilino, pele clara, barba e cabelos escuros, lábio superior protuberante e queixo levemente recuado. Estudara para as ordens sacras quando menino e nunca perdeu o ar contemplativo dos padres, sempre usando um manto clerical nos ombros. Casou por necessidade política, arriscando-se a cometer bigamia em nome da conveniência; não deixou filhos e provavelmente não consumou nenhum dos casamentos. Entretanto, "lutava em vão contra os impudicos pecados da carne, mas comportava-se de modo tão circunspecto na satisfação desses vícios" que não ofendia ninguém. Alguns afirmam que era homossexual, mas a natureza de seus pecadilhos continua misteriosa.

A guerra implacável era seu dever urgente e sua verdadeira paixão. O capelão chamava-o de "a arma do povo, o terror dos inimigos". Esse astuto guerreiro de energia quase sobre-humana dedicou-se a preservar e expandir o reino, combatendo repetidas vezes os egípcios nos arredores de Ramallah. Uma vez foi derrotado, mas fugiu para o litoral em seu cavalo, Gazala, e, pegando carona com um pirata de passagem, seguiu de navio até Jaffa, onde desembarcou; reuniu seus cavaleiros e venceu os egípcios mais uma vez. Suas forças eram tão reduzidas — talvez não mais de mil cavaleiros e 5 mil soldados de infantaria — que ele recrutava auxiliares locais (alguns possivelmente muçulmanos), que ficaram conhecidos como turcopoles. Diplomata flexível, manipulava as rivalidades entre os chefes militares muçulmanos, aliando-se a frotas genovesas, venezianas e inglesas para conquistar a costa palestina da Cesareia até Acre e Beirute.

Em Jerusalém, Balduíno conseguiu depor o todo-poderoso patriarca Daimbert, derrotando o principal desafio à sua autoridade. Os cruzados tinham destruído o povo de Jerusalém, mas misericordiosamente confiscaram os lugares sagrados de al-Quds em vez de destruí-los — talvez por acreditarem que se tratava dos lugares bíblicos originais. Balduíno fortaleceu a Cidadela, conhecida pelos cristãos como torre de Davi, que se tornou palácio, tesouro, prisão e guarnição: os arcos dos cruzados ainda são visíveis. Quando incursões egípcias ameaçaram a cidade em 1110 e novamente em 1113, as trombetas soaram na torre de Davi para convocar os cidadãos a pegar em armas. Em 1104, Balduíno havia transformado a mesquita al-Aqsa no palácio real.

Muitos cruzados acreditavam que o Domo e al-Aqsa realmente tinham sido construídos pelo rei Salomão, ou pelo menos por Constantino, o Grande, embora alguns soubessem perfeitamente que eram edifícios islâmicos. Uma cruz foi colocada no topo do Domo da Rocha, agora conhecida como Templum Domini, o Templo do Senhor. Como todos os conquistadores de Jerusalém, os francos usaram os espólios de outros construtores para criar seus próprios monumentos: Balduíno tirou o telhado de chumbo de seu palácio Aqsa para reformar o Santo Sepulcro.

Em 1110, Sigurd, o adolescente rei da Noruega, que abrira caminho no Mediterrâneo massacrando infiéis, desembarcou em Acre com uma frota de sessenta navios. Balduíno escoltou Sigurd — o primeiro rei visitante — por estradas cobertas de tapetes e folhas de palmeira até o ponto que os escandinavos chamavam de Jorsalaborg. Balduíno ofereceu a Sigurd uma lasca da Verdadeira Cruz, desde que ele o ajudasse a invadir Sidon com sua frota. Sidon caiu — e os noruegueses passaram o inverno em Jerusalém.

Balduíno repeliu invasões dos atabegs de Damasco e Mossul: era uma vida de guerras e trapaças infindáveis, para a qual esse rei estava muito bem preparado. No começo das Cruzadas, ele casara-se com Arda, filha de um potentado armênio, aliança que lhe permitiu tomar posse de Edessa, transformando-a em condado seu. Mas Arda era mais do que Jerusalém precisava. Balduíno confinou-a ao mosteiro de Santa Ana, ao norte do monte do Templo, com o argumento nada cavalheiresco de que ela seduzira (ou fora raptada por) piratas árabes a caminho de Antioquia. Ao deixar o mosteiro, Arda partiu para Constantinopla, onde seus hábitos sugerem que a verdade estava mais na primeira do que na segunda hipótese.

Então Balduíno negociou um lucrativo casamento com a rica Adelaide, viúva do conde normando da Sicília.* Aceitou a condição imposta pela noiva de que, se o casamento não gerasse filhos (o que era provável, uma vez que Balduíno não tinha filhos e ela já não era jovem), seu filho Roger II da Sicília seria rei de Jerusalém. Piratas atacaram sua pequena frota, mas ela finalmente chegou a Acre, ostentando toda a riqueza da Sicília normanda em magnífico estilo Cleópatra, com dois trirremes, cada qual com quinhentos guerreiros, e sete navios abarrotados de joias e ouro. Seu próprio trirreme tinha mastros, proas e popas banhados de ouro, tudo protegido por arqueiros sarracenos. Outremer nunca tinha visto nada tão magnífico como sua cavalgada. Pelas ruas, enfeitadas com bandeiras e acarpetadas, Balduíno escoltava sua madura Cleópatra numa Jerusalém em festa. Entretanto, a soberba da mulher revelou-se inconveniente, seu charme, insuficiente, e sua riqueza, demasiado exaurível. Ela detestava a provinciana Jerusalém, sentindo falta dos luxos de Palermo. Quando Balduíno caiu gravemente doente, sua bigamia começou a incomodá-lo e ele mandou a rainha de volta para a Sicília. Ao renunciar a Adelaide, ele quebrou também a promessa de que

* Adelaide foi a terceira mulher de Roger de Hauteville, um dos notáveis irmãos normandos, chefiados por Robert Guiscard, que tinham conquistado seu próprio império na Itália meridional e depois na Sicília. Ali, Roger, a esse tempo conde da Sicília, criou um reino cosmopolita, que ia até o norte da África. Enquanto os cruzados massacravam muçulmanos, Roger praticava a tolerância, comandando um exército sarraceno, a partir de palácios arabescos e com ministros árabes contratados. A rigor, seu ministro-chefe era chamado de Emir dos Emires (ou Amiratus), que geralmente comandava sua formidável frota: vem daí a palavra "admiral" [almirante]. (Não é de admirar que Roger fosse ambíguo com relação à Cruzada — embora Boemundo, príncipe de Antioquia, e o jovem Trancredo, príncipe da Galileia, fossem Hautevilles.) Quando morreu, sua viúva italiana Adelaide tornou-se regente, educando o filho Roger II, que se tornou o bem-sucedido rei da Sicília normanda em seu apogeu, supervisionando o florescimento de uma fusão árabe-normando-grega de cultura, ciência, poderio naval e comércio mediterrâneo.

seu filho Roger II o sucederia. Isso "lhe infundiu para sempre um violento ódio a Jerusalém e seu povo".

Enquanto isso, o rei encontrou uma solução para o vazio de Jerusalém. Em 1115, fez incursões do outro lado do Jordão, construindo castelos mas também entrando em contato com os empobrecidos cristãos sírios e armênios — os quais ele convidou para se estabelecerem em Jerusalém —, ancestrais dos cristãos palestinos de hoje.

Os cruzados de Jerusalém viram-se diante de um dilema estratégico: deviam expandir-se para o norte até a Síria e o Iraque ou para o sul até o desgastado califado do Egito? Para preservar o reino, Balduíno e seus sucessores sabiam que seria necessário conquistar um desses territórios. Seu pesadelo estratégico era a união da Síria e do Egito. Assim, em 1118 Balduíno incursionou pelo Egito, mas, detendo-se para pescar no Nilo, tornou a adoecer. Levado de volta numa liteira, morreu na cidade fronteiriça de El Arish, cujas lagunas levam seu nome. Eis um talentoso aventureiro que se tornara rei levantino, agora surpreendentemente pranteado por "francos, sírios e até por sarracenos".

No domingo de Ramos, os hierosolimitas desfilavam solenemente suas palmas no vale do Cédron quando tiveram a boa surpresa de ver chegar do norte o conde de Edessa. Só então perceberam, vindo do sul, o cadafalso de seu rei morto, contornando obstáculos nos morros da Judeia e guardado pelo exército de luto.[1]

BALDUÍNO II, O PEQUENO

Após ter colocado o corpo de Balduíno na Igreja, os barões passaram a examinar os candidatos ao trono. Mas uma facção simplesmente elegeu o conde de Edessa e apoderou-se de Jerusalém. O reino foi afortunado em sua escolha. Primo do rei morto, Balduíno II era conhecido como o Pequeno — em contraste com o antecessor, que era alto e magro —, e havia governado Edessa ao longo de dezoito anos de guerras constantes, sobrevivendo até mesmo a quatro anos de prisão, depois que foi capturado pelos turcos. De barba longa pela altura do peito, louro e com mechas prateadas, era bem casado com uma herdeira armênia, Morfia, com quem tinha quatro filhas, e era tão devoto que seus joelhos eram calejados de tanto rezar. Balduíno era, mais ainda que seu antecessor, um rei ao mesmo tempo levantino e franco: sentia-se em casa no Oriente Médio, ao presidir a corte trajando mantos e sentando-se em almofadões com as pernas cruzadas. Os muçulmanos consideravam-no "rico de experiências", com "bom senso e o dom da realeza" — alto elogio para um infiel.

Em Jerusalém, Balduíno, o Pequeno, emprestou o Templo de Salomão para uma nova ordem militar, os cavaleiros "tementes a Deus", que "professavam o desejo de viver perpetuamente em pobreza, castidade e obediência", e seriam designados pelo nome da sua nova sede. De início, os templários eram nove guardiães da rota de peregrinos de Jaffa, mas cresceram e se tornaram uma exímia ordem militar-religiosa de trezentos cavaleiros, que usavam a cruz vermelha, concedida pelo papa, e comandavam centenas de sargentos e milhares de soldados de infantaria. Os templários converteram o islâmico Haram al-Sharif num conjunto cristão de santuários, arsenais e acomodações:* al-Aqsa já estava dividida em salas e apartamentos, mas eles lhe acrescentaram o amplo Salão dos Templários (do qual ainda existem vestígios) em torno da muralha meridional. Perto da Rocha, o Domo da Corrente tornou-se capela de São Jaime. A mesquita subterrânea do Berço de Jesus tornou-se a cristã Santa Maria. Os salões subterrâneos de Herodes, por eles chamados de estábulos de Salomão, abrigavam os 2 mil cavalos e 1500 camelos de carga da Ordem, com acesso por um novo e único portão na muralha meridional, tudo protegido ao sul por uma barbacã fortificada. Ao norte do Domo, eles construíram um claustro, sua própria casa de banhos e uma oficina de artesanato. Em cima de al-Aqsa, diz o monge alemão Teodorico, que lá esteve em 1172, criou-se "uma abundância de jardins, pátios, antecâmaras, vestíbulos e cisternas de água pluvial".

Um pouco antes, em 1113, o papa Pascoal II cedeu a área logo ao sul do Santo Sepulcro para outra nova ordem, os hospitalários, que mais tarde se tornaram um exército sacro ainda mais rico do que os templários. No começo eles usavam túnicas negras com cruzes brancas; depois o papa lhes concedeu um sobretudo vermelho com uma cruz branca. Eles construíram seu próprio bairro, incluindo um albergue com mil camas e um imenso hospital, onde quatro médicos inspecionavam os doentes duas vezes por dia, examinando-lhes a urina e o

* A circular Igreja do Templo em Londres, consagrada em 1185 por Heráclio, o patriarca de Jerusalém, e tornada famosa pelo romance *O código Da Vinci*, de Dan Brown, certamente foi inspirada no Templo do Senhor, o Domo da Rocha, que se acredita ter sido construído por Salomão. Mas há especialistas que afirmam que ela se baseia na igreja de duas cúpulas do Santo Sepulcro.

sangue. Cada nova mãe recebia um beliche. Mas havia limites para o conforto, e por isso cada paciente recebia uma capa de pele de cabra e botas para ir à latrina. Jerusalém ressoava com o vozerio de muitos idiomas, como francês, alemão e italiano — Balduíno concedeu privilégios comerciais aos venezianos —, embora ainda fosse uma reserva cristã: ele permitiu a entrada de comerciantes muçulmanos, mas não podiam passar a noite na capital de Cristo.

Logo depois, Il-Ghazi, que governara Jerusalém e agora era dono de Aleppo, atacou Antioquia e matou seu príncipe. O rei Balduíno seguiu às pressas para o norte, levando a Verdadeira Cruz* com seu exército, e derrotou o invasor. Em 1123, porém, o rei foi capturado por Balak, sobrinho de Il-Ghazi.

Enquanto Balduíno continuava prisioneiro da família Ortuq e os exércitos cruzados sitiavam Tiro, os egípcios avançaram a partir de Ascalon na esperança de capturar uma Jerusalém destituída de rei e de defensores.[2]

* Em tempos de crise, a Árvore da Vida, que ficava guardada na igreja pelos *scriniarius* — ou guardadores de relíquias —, num baú enfeitado de joias, era levada à presença do rei por quatro carregadores.

23. A era de ouro do Outremer (1131-42)

MELISENDE E FULQUE: UM CASAMENTO REAL

Os hierosolimitas, comandados pelo condestável Eustáquio Grenier, despediram-se duas vezes dos egípcios. Para a alegria de todos, o resgate de Balduíno foi pago: em 2 de abril de 1125, toda a cidade saiu às ruas para dar as boas-vindas ao rei que voltava para casa. A prisão fizera Balduíno concentrar-se na sucessão. Sua herdeira era a filha Melisende, que ele casara com o capaz e experiente Fulque, conde de Anjou, descendente do depravado peregrino Fulque, o Negro, filho do graciosamente apelidado Fulque, o Repulsivo, e ele próprio já cruzado veterano.

Em 1131, Balduíno II adoeceu em Jerusalém e, recolhendo-se para morrer no palácio do patriarca como um humilde suplicante, abdicou em favor de Fulque, Melisende e o filho bebê, o futuro Balduíno III. Jerusalém desenvolvera seu próprio ritual de coroação. Reunidos no Templo de Salomão, usando dalmáticas bordadas, estolas e as joias da coroa, Fulque e Melisende montaram em cavalos magnificamente ajaezados. Encabeçados pelo camareiro que brandia a espada do rei e seguidos pelo senescal com o cetro e o condestável com o estandarte real, eles cavalgaram pela cidade em festa — os primeiros monarcas hierosolimitas coroados na rotunda do Santo Sepulcro, que já estava sendo reconstruída.

O patriarca conduziu o juramento real e pediu à congregação para confirmar três vezes que aqueles eram os herdeiros legais: *Oill!* Sim!, gritou a multidão.* As duas coroas foram levadas para o altar. O casal real foi ungido com óleo vertido de um chifre antes que Fulque recebesse o anel da lealdade, o orbe do domínio [*globus cruciger*] e o cetro para a punição de pecadores, e antes também de ser cingido com a espada da guerra e da justiça. Os dois então foram coroados e beijados pelo patriarca. Fora do Sepulcro, o mestre de cerimônias ajudou o rei Fulque a montar no cavalo e ambos cavalgaram de volta para o monte do Templo. Durante o banquete no Templum Domini, o rei ofereceu-se para devolver a coroa e recuperá-la em seguida, tradição baseada na circuncisão de Jesus, quando, segundo consta, Maria o levou ao Templo, ofereceu-o a Deus e comprou-o de volta por dois pombos. Finalmente os moradores trouxeram a comida e o vinho, servidos aos monarcas pelo senescal e pelo camareiro, enquanto o mestre de cerimônias segurava o estandarte sobre eles. Depois de muita cantoria, música e dança, o condestável escoltou o rei e a rainha para sua suíte.

Melisende era a rainha reinante, mas de início Fulque esperava governar em seu próprio nome. Ele era um soldado atarracado de quarenta anos, ruivo — "como o rei Davi", nas palavras de Guilherme de Tiro — e com memória fraca — o que, para um rei, era considerado defeito. Acostumado a governar seu próprio território, teve dificuldade para administrar, e mais ainda para seduzir, sua imperiosa rainha. Melisende, magra, de pele escura e inteligente, não tardou a passar mais tempo na companhia do belo primo e colega de infância, conde Hugo de Jaffa, o mais rico magnata de Jerusalém. Fulque acusou-os de ter um caso.

RAINHA MELISENDE: O ESCÂNDALO

O namoro de Melisende começou como boato, mas rapidamente se transformou em crise política. Como rainha, era improvável que fosse punida; mas, pela lei dos francos, se um casal fosse considerado culpado de adultério, a mulher

* Os cruzados originais, em sua esmagadora maioria, falavam o dialeto francês setentrional *langue d'oie*, totalmente diferente da provençal *langue d'oc*. Mas foi a *langue d'oc* que se tornou o principal dialeto de Outremer.

sofreria rinotomia (incisão do nariz) e o homem, castração. Uma forma de provar inocência era o combate homem a homem: um cavaleiro desafiou o conde Hugo para demonstrar sua inocência num duelo. Mas Hugo fugiu para território egípcio, onde permaneceu até que a Igreja negociasse um acordo, pelo qual ele ficaria três anos no exílio.

De volta a Jerusalém, certo dia Hugo estava sentado jogando dados numa taverna na rua Furriers quando um cavaleiro bretão o esfaqueou. De alguma maneira ele sobreviveu, mas Jerusalém ficou "abalada de indignação; juntou-se uma grande multidão" e correu o boato de que Fulque mandara matar o rival. Agora o rei é que precisava provar sua inocência: o bretão foi julgado e condenado a ser desmembrado e ter a língua decepada. Mas Fulque ordenou que a língua permanecesse intacta para mostrar que o agressor não estava sendo silenciado. Mesmo totalmente desmembrado, quando só lhe restavam a cabeça e o torso (e a língua), o bretão reiterou a inocência de Fulque.

Não é de surpreender que a evidente sordidez da política de Outremer se tornasse notória na Europa. Governar Jerusalém representava um desafio: os reis eram realmente os primeiros entre seus pares, competindo com principezinhos cruzados, magnatas ambiciosos, aventureiros brigões, ignorantes recém-chegados da Europa, independentes ordens militar-religiosas de cavaleiros e intrigantes homens de igreja, antes de sequer terem condição de enfrentar seus inimigos islâmicos.

O casamento real tornou-se extremamente glacial; todavia, se tinha perdido o amor, Melisende recuperou o poder. Para descongelar a rainha, Fulque lhe deu um presente especial: o suntuoso saltério que leva seu nome.* Mas enquanto o reino desfrutava sua idade de ouro, o Islã se mobilizava.

ZANGI, O SANGUINÁRIO: O PRÍNCIPE FALCÃO

Em 1137, Zangi, atabeg de Mossul e Aleppo (atuais Iraque e Síria), atacou primeiro a cidade cruzada de Antioquia e depois a muçulmana Damasco: a queda

* O saltério de Melisende, com suas capas de marfim, incrustado de turquesa, rubi e esmeralda, foi fabricado por artistas sírios e armênios no *scriptorium* do Santo Sepulcro. Seus estilos bizantino, islâmico e ocidental mostram que as artes dos cruzados e do Oriente se fundiram durante o reinado dessa rainha metade armênia, metade franca.

de qualquer dessas cidades seria um golpe para Jerusalém. Durante quase quatro décadas, a perda de Jerusalém tinha surpreendentemente causado pouca impressão no dividido e confuso mundo islâmico. Mas Zangi começou a fazer uso da crescente fúria, religiosa e política, intitulando-se "Combatente do jihad, domador de ateus, destruidor de hereges". Como tem sido tão frequente na história da Cidade Santa, o fervor religioso foi inspirado pela necessidade política.

O califa recompensou seu atabeg turco com o título de "Rei dos Emires", por ele ter restaurado o orgulho islâmico. Para os árabes, ele se dizia o Pilar da Fé; para os companheiros turcos, o Príncipe Falcão. Poetas, ornamentos vitais de qualquer governante naquela sociedade amante da poesia, afluíam à corte para cantar as suas glórias, mas o cruel Zangi era um governante rude. Esfolava e escalpelava inimigos importantes, enforcava os mais irrelevantes e crucificava qualquer soldado que pisoteasse campos de plantação. Castrava seus jovens amantes para lhes preservar a beleza. Ao exilar seus generais, castrava-lhes os filhos só para que não esquecessem quem é que mandava. Insano por causa da bebida, divorciou-se de uma de suas mulheres e ordenou que fosse currada pelos cavalariços nos estábulos — enquanto assistia à cena. Se um soldado desertava, disse um dos seus oficiais, Usamah bin Munqidh, Zangi ordenava que os dois soldados mais próximos o cortassem ao meio. Suas crueldades estão registradas por fontes muçulmanas. Quanto aos cruzados, eles o apelidaram (num trocadilho digno de manchete de jornal sensacionalista) de Zangi, o Sanguinário.

Fulque apressou-se em confrontá-lo, mas Zangi derrotou os hierosolimitas, capturando o rei numa das fortalezas das cercanias. Guilherme, o patriarca de Jerusalém, liderou o exército em seu socorro, brandindo a Cruz Verdadeira. Zangi, percebendo que o auxílio estava a caminho, ofereceu a liberdade de Fulque em troca da fortaleza. Após essa fuga por um triz, Fulque e Melisende se reconciliaram, mas Zangi, agora com pouco mais de cinquenta anos, manteve a pressão, ameaçando não apenas as cidades cruzadas de Antioquia e Edessa, mas retomando o ataque a Damasco, que ficou tão alarmada que seu soberano, Unur, aliou-se à infiel Jerusalém.[1]

Em 1140, Unur, o atabeg de Damasco, partiu para Jerusalém na companhia de seu conselheiro secular, um aristocrata sírio e o mais refinado escritor muçulmano do século.

Usamah bin Munqidh era um desses indivíduos ubíquos que conhecem todo mundo que importa, numa certa época ou em certo lugar da história, e que sempre estão no centro dos acontecimentos. Durante sua longa carreira, esse cortesão, guerreiro e escritor *à la* Zelig conseguiu servir a todos os grandes líderes islâmicos do século — de Zangi e dos califas fatímidas a Saladino — e conhecer pelo menos dois reis de Jerusalém.

Membro da dinastia que governava a fortaleza síria de Shaizar, Usamah perdeu a disputa sucessória, e sua família foi varrida por um terremoto. Depois desses golpes, ele se tornou um cavaleiro — *faris* — pronto para servir a qualquer governante que lhe oferecesse melhores oportunidades, e agora, aos 45 anos, servia a Unur de Damasco. Usamah vivia para a luta, a caça e a literatura. Sua busca pelo poder, riqueza e glória, sempre sujeita a acidentes, era ao mesmo tempo sanguinária e farsesca: a frase "mais um desastre" aparece com frequência em suas memórias, que têm por título *Grandes eventos e calamidades*. Mas era também um cronista natural: percebe-se que, mesmo quando seus esquemas davam errado, esse estético quixote árabe sabia que as histórias renderiam material para seus escritos espirituosos, argutos e melancólicos. Usamah era um mestre *adib* — o refinado beletrista árabe por excelência — que escrevia livros e poemas sobre as delícias das mulheres, as maneiras masculinas (*O âmago do refinamento*), o erotismo e a guerra. Em suas mãos, uma história de bengalas era realmente um ensaio sobre envelhecimento.

Atabeg Unur chegou a Jerusalém com seu exuberante cortesão, Usamah: "Eu viajava com frequência para visitar o rei dos francos durante a trégua", escreveu Usamah, cujas relações com Fulque eram surpreendentemente afáveis.* Rei e cavaleiro chacoteavam sobre a natureza da irmandade de cavaleiros. "Disseram-me que você é um grande cavaleiro", disse Fulque, "mas não acreditei." "Meu Senhor, sou cavaleiro da minha raça e do meu povo", respondeu Usamah. Nada sabemos sobre a aparência de Usamah, mas parece que os francos eram impressionados com seu físico.

* Fulque não foi o primeiro rei de Jerusalém que Usamah conheceu. Em 1124, Balduíno II tinha sido prisioneiro em Shaizar, o castelo da família de Usamah. Ele era tratado com tal hospitalidade que os cruzados passaram a respeitar Usamah e a família. As ruínas do castelo de Shaizar ainda podem ser vistas na Síria.

Durante suas viagens a Jerusalém, Usamah gostava de estudar a inferioridade dos cruzados, que considerava "meros animais, que não tinham outra virtude além da coragem e da luta" — muito embora suas obras revelem que muitas tradições muçulmanas eram igualmente selvagens e primitivas. Como qualquer bom repórter, ele registrava os opostos — as coisas boas e ruins de ambos os lados. Já velho, lançava um olhar retroativo para a corte de Saladino; é possível que refletisse sobre ter testemunhado o auge da glória do reino dos cruzados em Jerusalém.

JERUSALÉM DE MELISENDE: VIDA NA ALTA SOCIEDADE E NO SUBMUNDO

A Jerusalém de Melisende era vista por muitos cristãos como o verdadeiro centro do mundo, bem diferente da deserta e fétida cidade franca de quarenta anos antes. Na verdade, nos mapas daquela época, Jerusalém aparece como um círculo com as duas ruas principais servindo como braços da cruz, cujo centro está na igreja do Santo Sepulcro, ressaltando a condição de umbigo do mundo da Cidade Santa.

O rei e a rainha tinham sua corte na torre de Davi e nos palácios vizinhos, enquanto o palácio do patriarca era o centro dos negócios da Igreja. A vida dos barões comuns na Jerusalém de Outremer era provavelmente melhor do que a dos reis da Europa, onde até potentados usavam roupas de lã não lavadas e viviam em torres expostas a ventos, toscamente mobiliadas. Se poucos barões cruzados podiam viver com a pompa de um João de Ibelin, mais para o fim do século, seu palácio em Beirute dá ideia do estilo: pisos de mosaico, paredes de mármore, tetos pintados, fontes e jardins. Até mesmo casas geminadas burguesas ostentavam ricos tapetes, adornos de parede de damasco, delicadas faianças, mesas entalhadas e ornadas e pratos de porcelana.

Jerusalém combinava a rudeza de cidade de fronteira com as luxuosas futilidades de uma capital real. Mesmo as mulheres menos honradas, como a amante do patriarca, exibiam suas joias e sedas, para desgosto e reprovação das mais respeitáveis. Com seus 30 mil habitantes e enxurradas de peregrinos, Jerusalém era a Cidade Santa, o cadinho cristão e o quartel-general militar — dominada pela guerra e por Deus. Os francos, homens e mulheres, agora se banhavam regularmente — havia banhos públicos na rua dos Peleteiros; a rede de esgotos romana ainda funcionava, e é provável que a maioria das casas tivesse banheiro. Mesmo o mais islamofóbico dos cruzados tinha de se adaptar ao Oriente. Na guerra, os cavaleiros usavam mantos de linho e *keffiyeh* árabe por cima da armadura para que o aço não esquentasse demais ao sol. Em casa, os cavaleiros se vestiam como os moradores locais, com albornoz de seda e até turbante. As senhoras hierosolimitas vestiam longos mantos por baixo de uma túnica mais curta, ou longos casacos bordados de fio de ouro; seus rostos eram bastante pintados, e elas geralmente usavam véus em lugares públicos. Ambos os sexos trajavam lã no inverno, embora esse luxo fosse especificamente proibido aos templários, que personificavam a capital da guerra santa cristã. Os Cavaleiros da Ordem davam o tom: os templários de mantos de cruz vermelha, com cinto e capuz; os hospitalários de mantos negros com cruz branca no peito. Todos os dias, trezentos templários saíam a cavalo dos estábulos de Salomão, retinindo pelas ruas, para treinarem nos arredores da cidade. No vale de Cédron, a infantaria praticava arco e flecha.

Amontoavam-se na cidade não apenas soldados e peregrinos franceses, noruegueses, alemães e italianos, mas também cristãos do leste — sírios e gregos de barba curta, armênios e georgianos de barba longa e chapéu alto, que se hospedavam em dormitórios dos albergues ou das muitas pequenas tavernas. A vida de rua concentrava-se no Cardo Romano, que ia do portão de Santo Estêvão (hoje portão de Damasco), passando pelo Sepulcro e pelo Bairro do Patriarca à direita e entrando pelas três ruas cobertas e paralelas onde se comprava e vendia de tudo, e às quais se juntavam as travessas estreitas, com seu cheiro de especiarias e comida no fogo. Os peregrinos compravam marmitas e bebidas geladas e cremosas (*sherbet*) na rua da Comida Ruim, Malcuisinat; trocavam dinheiro na rua dos Cambistas Sírios perto do Sepulcro; compravam bijuterias nos Ourives Latinos, e peles na rua dos Peleteiros.

Mesmo antes das Cruzadas dizia-se que "não há viajantes mais maléficos para Jerusalém do que os peregrinos". Outremer era uma versão medieval do faroeste: assassinos, aventureiros e prostitutas chegavam na esperança de enriquecer, mas os decorosos cronistas quase nada nos contam sobre a vida noturna de Jerusalém. Entretanto, os soldados locais mestiços, os turcopoles, latinos pobres e orientalizados de segunda geração conhecidos como *poulains*, mercadores venezianos e genoveses e cavaleiros recém-chegados buscavam as tavernas e os prazeres de qualquer cidade militar. Cada taverna tinha uma ruidosa corrente na entrada para impedir que cavaleiros turbulentos chegassem ao balcão. Soldados eram vistos apostando e jogando dados nas portas das lojas. Prostitutas europeias eram despachadas para atender os soldados de Outremer. O secretário do sultão Saladino descreveria com satisfação um desses carregamentos do ponto de vista muçulmano:

> Adoráveis francas, de carne impura e pecadora, que apareciam orgulhosamente em público, rasgadas e remendadas, machucadas e recompostas, fazendo amor e se vendendo por ouro, calipígias e graciosas, como adolescentes bêbadas, elas ofereciam como dádiva sagrada o que tinham entre as coxas, cada qual arrastando a cauda do manto, encantada com seu esplendor, balançando como uma planta jovem e sonhando em perder seu manto.

A maioria acabava nos portos de Acre e Tiro, com suas ruas cheias de marujos italianos, enquanto Jerusalém era patrulhada por funcionários que impunham padrões de conduta cristãos, embora toda a humanidade estivesse representada ali.

Quando os peregrinos adoeciam, os hospitalários cuidavam deles no hospital, que comportava até 2 mil pacientes. Surpreendentemente, também cuidavam de muçulmanos e judeus, e tinham até uma cozinha *kosher/halal* para que pudessem comer carne. Mas a morte nunca saía de seus pensamentos: Jerusalém era uma necrópole onde peregrinos velhos e doentes gostavam de morrer para ali ficarem sepultados até o Dia da Ressurreição. Para os pobres, havia ossários gratuitos no cemitério de Mamilla e no Aceldama, no vale do Inferno. Durante uma epidemia, ainda naquele século, cinquenta peregrinos morriam diariamente e carroças recolhiam os corpos à noite depois das vésperas.*

A vida girava fisicamente em torno dos dois templos — o Santo Sepulcro e o Templo do Senhor — e cronologicamente em torno de um calendário de rituais. Nessa época "tão dramática, em que todas as técnicas eram usadas para

* Uma igreja ortodoxa e uma latina foram construídas em cima de seus respectivos ossários em Aceldama, onde corpos eram jogados através de buracos no teto: acreditava-se que os corpos se decompunham em 24 horas sem exalar cheiro algum. O ossário latino, usado pela última vez para sepultamento em 1829, está cheio de terra, mas o grego ortodoxo ainda pode ser visto. Espiando por uma pequena abertura, veem-se os ossos brancos. Nenhuma das duas igrejas existe mais, foram destruídas provavelmente por Saladino.

elevar os sentimentos públicos por meio do espetáculo", escreve o historiador Jonathan Riley-Smith, os santuários de Jerusalém pareciam cenários teatrais e com frequência eram reformados e aperfeiçoados para intensificar o efeito. A captura de Jerusalém era comemorada a cada 15 de julho, quando o patriarca conduzia quase toda a cidade do Sepulcro para o monte do Templo, onde rezava na frente do Templo de Salomão e depois levava a sua procissão pelo portão Dourado — através do qual o primeiro cruzado, o imperador Heráclio, tinha carregado a Verdadeira Cruz no ano 630 — até o ponto da muralha setentrional, coroado com uma enorme cruz, por onde Godofredo invadira a cidade. A Páscoa era a cena mais comovente. Antes de o sol nascer no domingo de Ramos, o patriarca e o clero, segurando a Verdadeira Cruz, saíam de Betânia rumo à cidade, enquanto outra procissão carregando palmas vinha do monte do Templo para se encontrar com o patriarca no vale de Josafá. Juntos, eles abriam o portão Dourado* e seguiam pela esplanada sagrada antes de orar no Templo do Senhor.

No Sábado Santo, hierosolimitas reuniam-se na igreja para o Fogo Sagrado. Um peregrino russo viu "a multidão entrar apressada, empurrando, acotovelando-se", chorando, gemendo e gritando. "Será que meus pecados impedirão a descida do Fogo Sagrado?" O rei vinha andando do monte do Templo, mas, quando chegava, a multidão era tão compacta, transbordando pelo pátio, que seus soldados tinham de abrir caminho. Uma vez dentro, o rei, vertendo "torrentes de lágrimas", ocupava seu lugar numa tribuna diante do Sepulcro, cercado por cortesãos aos prantos, à espera do Fogo Sagrado. Enquanto o sacerdote cantava as vésperas, intensificava-se o êxtase na igreja que escurecia, até que de repente "a Luz Santa iluminava o Sepulcro, espantosamente brilhante e esplêndido". O patriarca saía brandindo o fogo, e com ele acendia a lâmpada real. O fogo espalhava-se pela multidão, de lâmpada em lâmpada — e era levado pela cidade, como a tocha olímpica, através da Grande Ponte para o Templo do Senhor.

* O sagrado portão Dourado só era aberto duas vezes por ano. O cemitério do lado de fora, provavelmente ligado ao convento templário, era um lugar especial de repouso eterno. Constava que ali tinham sido enterrados os assassinos de Tomás Becket. Alguns importantes cavaleiros francos foram sepultados dentro do monte do Templo. Em 1969, o americano James Fleming, estudioso da Bíblia, fotografava o portão quando a terra cedeu e ele caiu num buraco de 2,4 metros de profundidade. De repente, Fleming viu-se em cima de um monte de ossos humanos. O buraco revelou o que parecia ser um puro arco herodiano de cantaria. Os ossos talvez pertençam a cruzados (ali foi sepultado Frederico de Regensburg, em 1148, e ali o arqueólogo Conrad Schick encontrou ossos em 1891). Antes e depois das Cruzadas, os muçulmanos usavam o lugar como cemitério especial. Seja como for, Fleming não conseguiu esclarecer a questão porque as autoridades muçulmanas rapidamente cimentaram o buraco.

Melisende embelezou Jerusalém como santuário do Templo e capital política, tendo criado muito do que se vê atualmente. Os cruzados tinham desenvolvido seu próprio estilo, uma síntese de romanesco, bizantino e levantino com arcos ovalados, sólidos capitéis, todos entalhados com motivos delicados, quase sempre florais. A rainha construiu a monumental igreja de Santa Ana, ao norte do monte do Templo, no lugar do tanque de Betesda — ali está, ainda hoje, como o mais simples e cabal exemplo da arquitetura dos cruzados. Já usado como repositório de esposas reais descartadas, e mais tarde como casa da princesa Yvette, irmã de Melisende, seu convento tornou-se o mais ricamente equipado de Jerusalém. Algumas lojas nos mercados ainda trazem a marca ANA, como forma de mostrar para onde iam os lucros; outras lojas, talvez de propriedade de templários, trazem a marca T, de Templo.

Uma pequena capela, São Giles, foi construída na Grande Ponte, para dentro do monte do Templo. Fora dos muros, Melisende acrescentou à igreja de Nossa Senhora de Josafá o túmulo da Virgem Maria, onde seria sepultada (sua sepultura ainda existe), e construiu o mosteiro de Betânia, nomeando a princesa Yvette sua abadessa. No Templo do Senhor, ela acrescentou uma enfeitada grade de metal para proteger a Rocha (agora principalmente no Museu Haram, embora uma pequena seção, ainda em seu lugar natural, talvez tenha abrigado um pedaço do prepúcio* de Jesus, e mais tarde incluído fios da barba de Maomé).

Em sua visita de Estado para ver Fulque e Melisende, Usamah bin Munqidh e seu senhor, o atabeg de Damasco, tiveram permissão para rezar no monte do Templo, onde desfrutaram da insularidade e do cosmopolitismo de seus anfitriões francos.

USAMAH BIN MUNQIDH E JUDÁ HALEVI: MUÇULMANOS, JUDEUS E FRANCOS

Usamah tinha feito amizade com alguns templários que conhecera na guerra e na paz. Eles o escoltaram, junto com o atabeg Unur, até a esplanada sagrada, o quartel-general completamente cristianizado dos templários.

* O Prepúcio Sagrado era apenas uma coleção de relíquias medievais. Carlos Magno deu uma parte de presente ao papa Leão antes de sua coroação no ano 800, mas logo apareceram de oito a dezoito dessas relíquias no mundo cristão. Balduíno I mandou uma para Antuérpia no ano 1100, mas Melisende tinha outra parte. A maioria das relíquias foi perdida ou destruída durante a Reforma.

Alguns cruzados agora falavam árabe e construíam casas com pátios e fontes, como potentados muçulmanos; alguns até consumiam comida árabe. Usamah conheceu francos que não comiam carne de porco e "ofereceram uma refeição ótima, extremamente limpa e deliciosa". A maioria dos francos desaprovava a assimilação excessiva de hábitos nativos: "Deus transformou o Ocidente no Oriente", escreveu Fulquério. "Quem era romano ou franco nesta terra foi transformado em galileu ou palestino." Da mesma forma, havia limites para a amizade de Usamah com os templários e sua receptividade. Um templário, prestes a voltar para casa, sugeriu alegremente que Usamah mandasse o filho estudar na Europa, a fim de que "ao voltar seja um homem verdadeiramente racional". Usamah mal pôde conter seu desdém.

Enquanto oravam no Domo da Rocha, um dos francos aproximou-se do atabeg para perguntar: "O senhor gostaria de ver Deus quando jovem?".

"Claro", disse Unur; e o franco os levou, ele e Usamah, até um ícone de Maria e o menino Jesus.

"Este aí é Deus quando jovem", disse o franco. Usamah ouviu aquilo com divertido desprezo.

Depois, Usamah foi rezar no Templo de Salomão — que antes fora al-Aqsa —, onde foi bem recebido pelos amigos templários, muito embora recitasse abertamente "*Allahu Akhbar* — Deus é grande". Mas nesse momento ocorreu um incômodo incidente, quando "um franco correu até mim, agarrou-me e virou meu rosto para o leste: 'Reze assim!'". Os templários "correram, pegaram-no e o levaram para longe. 'Este homem é um estrangeiro', explicaram os templários, desculpando-se, 'e acaba de chegar das terras dos francos'". Usamah percebeu que "qualquer recém-chegado" é "de caráter mais rude do que os que já se aclimataram e convivem com muçulmanos". Os recém-chegados continuavam a ser "uma raça maldita, incapazes de se acostumar com alguém que não seja da sua própria raça".

Mas não eram apenas líderes muçulmanos os visitantes da Jerusalém de Melisende. Camponeses muçulmanos iam diariamente à cidade vender frutas e saíam ao anoitecer. Pelos anos 1140, as regras que baniam outras crenças da cidade de Cristo tinham sido relaxadas — por isso o escritor-viajante Ali al-Harawi disse: "Vivi tempo suficiente em Jerusalém na época dos francos para saber como era feito o truque do Fogo Sagrado". Já havia uns poucos judeus em Jerusalém, mas a peregrinação ainda era arriscada.

Consta que exatamente nessa época, em 1141, Judá Halevi, poeta, filósofo e médico espanhol, chegou da Espanha. Em suas canções de amor e em sua poesia religiosa, ele desejava ardentemente "Sião, perfeita em beleza", e sofria porque "Edom [Islã] e Ishmael [cristianismo] se amotinam na Cidade Santa". O judeu no exílio era "a pomba em terra estranha". Durante toda a vida, Halevi, que escrevia poesia em hebraico mas falava árabe, acreditou na volta dos judeus para Sião:

Ó cidade do mundo, a mais castamente bela,
Nos confins do Ocidente suspiro por ti.
Ah, se eu pudesse, voaria para ti com asas de águia,
E com minhas lágrimas regaria tua terra.

Halevi, cujos poemas ainda fazem parte da liturgia da sinagoga, escreveu sobre Jerusalém de forma comovente, como poucos: "Quando sonho com o retorno do teu cativeiro, sou a harpa de tuas canções". Não se sabe ao certo se Halevi de fato chegou a Jerusalém, mas diz a lenda que, quando passava pelos portões, ele foi derrubado por um cavaleiro, provavelmente um franco, e morreu, destino talvez previsto em suas palavras: "Eu cairia de rosto sobre tua terra, deliciado com tuas pedras, e seria terno com teu pó".

Essa morte não teria surpreendido Usamah, que estudava a violência das leis francas. A caminho de Jerusalém, ele vira dois francos resolverem uma disputa legal na paulada — um rompendo o crânio do outro. "Foi apenas uma amostra de sua jurisprudência e de seus procedimentos legais." Quando um homem foi acusado de assassinar um peregrino, seu julgamento consistiu em amarrá-lo e jogá-lo num poço. Se afundasse, era inocente, mas como flutuou, consideraram-no culpado e, nas palavras de Usamah, "aplicaram-lhe *kohl* nos olhos" — ou seja, cegaram-no.

Quanto aos costumes sexuais, Usamah relatou, jocosamente, que um franco encontrou outro na cama com a mulher e o deixou ir embora com uma simples advertência; e um outro ainda que mandou o barbeiro raspar os pelos pubianos da sua esposa.

Sobre tratamentos de saúde, Usamah contou que enquanto um médico oriental tratava um abscesso na perna de um franco com cataplasma, um médico franco chegou com um machado e decepou o membro, fazendo a célebre pergunta: "Ele preferia viver com uma perna só ou morrer com as duas?". Morreu com uma só. Quando o médico oriental prescreveu uma dieta especial para uma mulher que sofria de "secura de humores", o mesmo médico franco, diagnosticando "um demônio dentro da cabeça dela", entalhou uma cruz em seu crânio, matando-a. Os melhores médicos eram os cristãos e judeus que falavam árabe: até os reis de Jerusalém preferiam os médicos orientais. Mas Usamash jamais era simplista — e cita dois casos em que a medicina franca milagrosamente funcionou.

Os muçulmanos consideravam os cruzados uns saqueadores grosseiros. Mas vai longe demais o clichê de que os cruzados eram bárbaros e os muçulmanos, estetas. Afinal, Usamah tinha trabalhado para o sádico Zangi, e, lido na íntegra, seu relato apresenta um quadro de violência islâmica não menos chocante para sensibilidades modernas: a coleta de cabeças cristãs, a crucificação e a bissecção de seus próprios soldados e hereges, os severos castigos da charia islâmica — e a história de seu pai, que, num momento de fúria, cortou o braço do pajem. Dos dois lados imperavam a violência e leis igualmente brutais. O cavaleiro franco e o *faris* islâmico tinham muitos traços em comum: ambos eram chefiados por aventureiros como os Balduínos e os Zangi, que fundaram dinastias guerreiras. Os dois sistemas dependiam da concessão de feudos ou de fontes de renda para os guerreiros mais destacados. Os árabes usavam a poesia para se exibir, para entreter e para fazer propaganda. Quando servia o atabeg damasceno, Usamah negociou com os egípcios em verso, enquanto os cavaleiros cruzados recitavam os poemas de amor galante. O cavaleiro e o *faris* viviam de acordo com códigos de conduta nobre muito parecidos, e compartilhavam obsessões — religião, guerra, cavalos — e modalidades de esporte.

Poucos soldados ou romancistas capturaram o estado de exaltação e de júbilo associados à guerra como Usamah. Lê-lo é participar das escaramuças da Guerra Santa no reino de Jerusalém. Ele se regozijava com histórias de campo de batalha sobre cavaleiros arrojados e desprendidos, fugas milagrosas e mortes terríveis, e com a exultação das violentas cargas de cavalaria, do reluzir do aço, dos cavalos suados e do sangue jorrando. Mas era também um filósofo do Destino e da misericórdia divina: "Mesmo a coisa menor e mais insignificante pode levar à destruição". Acima de tudo, ambos os lados acreditavam que, nas palavras de Usamah, "a vitória na guerra vem somente de Deus". A religião era tudo. O mais alto elogio de Usamah a um amigo era: "Um genuíno erudito, um cavaleiro de verdade e um muçulmano sinceramente devoto".

A tranquilidade da Jerusalém de Melisende foi abruptamente rompida por um acidente causado pelo esporte que nobres muçulmanos e francos compartilhavam.

24. Impasse (1142-74)

ZANGI: ARROGÂNCIA E CASTIGO

Quando não estava lutando ou lendo, Usamah caçava veados, leões, lobos e hienas com guepardos, falcões e cachorros — e nisso não era em nada diferente de Zangi ou do rei Fulque, que caçavam sempre que possível. Usamah e o atabeg de Damasco, em sua visita a Fulque, admiraram um milhafre, e o rei lhes deu a ave de presente.

Em 7 de novembro de 1142, logo depois da visita de Usamah a Jerusalém, o rei Fulque cavalgava perto de Acre quando localizou uma lebre e, esporeando o cavalo, perseguiu-a. A cilha da sela cedeu de repente e ele foi derrubado. A sela voou por cima de sua cabeça, fraturando-lhe o crânio. Ele morreu três dias depois. Os hierosolimitas saíram às ruas para escoltar o cortejo fúnebre de Fulque e enterrá-lo no Sepulcro. No Natal, Melisende coroou seu filho de doze anos como Balduíno III, mas era ela quem de fato governava. Numa época dominada pelos homens, ela foi uma "mulher de grande visão" que, como escreve Guilherme de Tiro, "elevou-se tão acima da condição normal das mulheres que ousava tomar medidas importantes, e governou o reino com a mesma habilidade de seus ancestrais".*

* Melisende foi a terceira rainha a governar Jerusalém por conta própria — depois de Atália, filha de Jezebel, e Alexandra, viúva de Alexandre Janeu na época dos macabeus. Foi coroada três vezes:

Naquele instante agridoce, veio o desastre. Em 1144, Zangi, o Sanguinário, capturou Edessa, massacrando homens francos, escravizando mulheres francas (mas protegendo cristãos armênios) e destruindo assim o primeiro Estado dos cruzados e o berço da dinastia de Jerusalém. O mundo islâmico ficou eufórico. Os francos não eram invencíveis e com certeza Jerusalém viria em seguida. "Se Edessa é o alto-mar", escreveu Ibn al-Qaysarani, "Jerusalém é a costa." O califa abássida conferiu a Zangi os títulos de Ornamento do Islã, Auxiliar do Comandante dos Fiéis, Rei Divinamente Ajudado. Mas a perversidade bêbada de Zangi cobrou-lhe um preço alto em seu próprio *boudoir*.

Durante um cerco no Iraque, um eunuco humilhado, talvez um dos rapazes castrados para servirem aos prazeres de Zangi, entrou sorrateiramente em sua tenda, apesar de fortemente guardada, e esfaqueou o potentado bêbado na cama, deixando-o quase morto. Um cortesão encontrou-o sangrando, suplicando que lhe poupasse a vida: "Achou que eu quisesse matá-lo. Com o indicador, fez um gesto de apelo. Espantado, perguntei: 'Meu senhor, quem fez isso?'". E ali morreu o Príncipe Falcão.

Os empregados saquearam-lhe os bens em volta do corpo ainda quente, e os dois filhos dividiram as terras: o mais jovem, Nur al-Din, de 28 anos, arrancou o anel de sinete do dedo do pai e tomou conta dos territórios sírios. Talentoso, mas menos feroz do que o pai, Nur al-Din intensificou o jihad contra os francos. Chocada com a queda de Edessa, Melisende fez um apelo ao papa Eugênio II, que convocou a Segunda Cruzada.[1]

LEONOR DA AQUITÂNIA E O REI LUÍS: ESCÂNDALO E DERROTA

Luís VII, o jovem e santo rei da França, acompanhado pela mulher Leonor, duquesa da Aquitânia, e Conrado III, rei da Alemanha, veterano peregrino, responderam ao chamado do papa. Mas os exércitos alemão e francês foram destro-

---

uma com o pai, em 1129, mais tarde com Fulque, em 1131, e novamente com o filho, em 1143. Apesar da condição inferior das mulheres em ambos os lados, Usamah bin Munqidh dá notícia de mulheres islâmicas e cruzadas que em momentos de perigo puseram suas armaduras e enfrentaram os inimigos no campo de batalha. Melisende jamais esqueceu suas origens armênias. Depois da queda de Edessa, ela assentou os refugiados armênios em Jerusalém, e em 1141 os armênios começaram a reconstruir a catedral de São Tiago perto do palácio real.

çados pelos turcos quando atravessavam a Anatólia. Luís VII só conseguiu chegar a Antioquia depois de uma desastrosa marcha que deve ter sido aterradora para a rainha Leonor, que perdeu a maior parte da bagagem — e qualquer respeito que tivesse pelo marido beato e inepto.

O príncipe Raimundo de Antioquia insistiu com Luís que o ajudasse a capturar Aleppo, mas Luís estava decidido a fazer primeiro sua peregrinação até Jerusalém. O experiente Raimundo era tio de Leonor e "o mais belo dos príncipes". Depois de uma viagem miserável, Leonor "desrespeitou seus votos de casamento e foi infiel ao marido", de acordo com Guilherme de Tiro. O marido estava bobamente enrabichado por ela, mas considerava o sexo, mesmo no casamento, uma fraqueza. Não admira que Leonor o visse "mais monge do que homem". Mas ela, mulher de fina inteligência, cabelos negros, olhos escuros e corpo bem talhado, era a herdeira mais rica da Europa, criada na sensual corte aquitânica. Cronistas eclesiásticos afirmavam que o sangue do pecado corria em suas veias, já que o avô era Guilherme, o Trovador, promíscuo guerreiro-poeta, e a avó pelo outro lado era amante do avô, e tinha o apelido de La Dangereuse. Isso acontecera porque o Trovador, para facilitar o acesso a La Dangereuse, casara a filha dela com seu filho.

Se Leonor e Raimundo cometeram ou não adultério, o fato é que seu comportamento era suficientemente provocador para humilhar o marido e causar um escândalo internacional. O rei da França resolveu seu problema conjugal sequestrando Leonor e indo juntar-se ao rei alemão que tinha chegado a Jerusalém. Quando Luís e Leonor se aproximaram da cidade, "todo o clero e todo o povo saíram para recebê-los" e escoltá-los até o Sepulcro, "com acompanhamento de hinos e cânticos". O casal francês alojou-se com Conrado no Templo de Salomão, mas Leonor deve ter sido estreitamente vigiada pelos cortesãos franceses. Ficou meses ali sem poder sair.

Em 24 de junho de 1148, Melisende e o filho Balduíno III convocaram um concílio em Acre que aprovou a mira da Cruzada: Damasco. A cidade tinha sido recentemente aliada de Jerusalém, mas ainda era um alvo sensato, porque sua queda nas mãos de Nur al-Din era só uma questão de tempo. Em 23 de julho, os reis de Jerusalém, França e Alemanha abriram caminho lutando até os pomares do lado ocidental de Damasco, mas dois dias depois misteriosamente transferiram acampamento para o leste. Dentro de quatro dias, a Cruzada se desintegrou e os três reis bateram em ignominiosa retirada.

Unur, atabeg de Damasco, pode ter subornado os barões hierosolimitas, convencendo-os de que os cruzados ocidentais queriam o troféu para si mesmos. Essa venalidade dúplice era plausível, mas era mais provável que os cruzados tivessem simplesmente descoberto que Nur al-Din, filho de Zangi, avançava com um exército em seu socorro. Jerusalém esmorecia sob a tensão desse desastre. Conrado partiu de navio para casa; Luís, banhando-se em ascética penitência, ficou para celebrar a Páscoa na Cidade Santa. Para Leonor, a partida nunca teria sido rápida o bastante: o casamento foi anulado ao retornarem.*[2]

Quando eles partiram, a rainha Melisende comemorou seu maior triunfo e sofreu sua maior humilhação. Em 15 de julho de 1149, ela e o filho reconsagraram sua nova igreja do Santo Sepulcro, na época — assim como hoje — a obra-prima e o deslumbrante cenário sagrado da Jerusalém das Cruzadas. Os arquitetos, tendo diante de si um atulhado labirinto de capelas e santuários no conjunto construído em 1048 e restaurado em 1119, venceram o desafio com espantosa audácia. Cobriram o conjunto com uma alta rotunda e unificaram todos os sítios num magnífico edifício romanesco, ampliando até o velho Jardim Santo, a leste. Abriram o muro oriental da Rotunda para acrescentar capelas e um imenso deambulatório. No lugar da basílica de Constantino, puseram um grande claustro. Mantiveram a entrada de 1048 do lado sul, criando uma fachada romanesca com dois portais (um deles agora vedado com tijolos) encimados com lintéis esculpidos (agora no Museu Rockefeller). Os inigualáveis entalhes da escadaria que leva à capela do morro do Calvário são talvez o que há de mais belo em toda a arte dos cruzados. Uma surpreendente característica da fachada são as duas elaboradas balaustradas, no topo e no meio, que de algum modo foram descobertas e resgatadas pelos cruzados — antes elas ficavam no templo pagão de Adriano, que foi destruído por Constantino, o Grande.

O filho de Melisende ressentia-se da predominância materna e exigiu plenos poderes. Com vinte anos e muito elogiado pela inteligência e pelo físico coberto de pelos louros, Balduíno III era o que se considerava o tipo perfeito do rei franco — com alguns vícios. Era conhecido também por gostar de jogar e de seduzir mulheres casadas. Mas uma crise no norte tinha mostrado que Jerusalém

* Logo que se viu livre, Leonor casou-se com Henrique, duque da Normandia e conde de Anjou, neto do rei Fulque de Jerusalém, que em breve subiria ao trono inglês como Henrique II. Seus filhos incluíam o rei João e o futuro cruzado, o rei Ricardo Coração de Leão.

precisava de um ativo rei-guerreiro na sela: Nur al-Din, filho de Zangi, derrotara os antioquenses e matara Raimundo, tio de Leonor.

Balduíno correu para o norte a tempo de salvar Antioquia, mas quando ele voltou, a mãe Melisende, então com 47 anos, resistiu à sua exigência de ser coroado na Páscoa. O rei decidiu lutar.

MÃE CONTRA FILHO: MELISENDE CONTRA BALDUÍNO III

Melisende ofereceu a Balduíno os ricos portos de Tiro e Acre, mas não abriu mão de Jerusalém. O "fogo que ainda ardia reacendeu-se" quando ele juntou suas próprias forças para tomar posse do reino. Perseguida pelo filho, Melisende correu de Nablus para Jerusalém. Lá, abriu as portas para o rei. Melisende refugiou-se na torre de Davi, onde Balduíno a cercou. Ele "preparou suas máquinas para atacar", disparando dardos e pedras de catapulta contra ela por dias seguidos. Finalmente a rainha renunciou ao poder — e a Jerusalém.

Balduíno mal tomara posse do que era seu por direito de nascença quando Antioquia voltou a ser atacada por Nur al-Din. Enquanto o rei se encontrava mais uma vez no norte, a família Ortuq, que governara Jerusalém de 1086 a 1098, marchou do feudo do Iraque para tomar a Cidade Santa, concentrando-se no monte das Oliveiras, mas os hierosolimitas saíram de sua posição defensiva e a massacraram na estrada de Jericó. O moral subiu, e Balduíno conduziu seu exército e a Verdadeira Cruz para Ascalon, que caiu depois de um prolongado cerco. No norte, porém, Damasco finalmente sucumbiu a Nur al-Din, que se tornou senhor da Síria e do Iraque oriental.

Nur al-Din, "homem alto e de pele escura com barba comprida, bigode raspado, bela testa e aparência agradável realçada por olhos derretidos", podia ser tão cruel quanto Zangi; mas era mais moderado, mais sutil. Até os cruzados o chamavam de "valente e sábio". Era amado por seus cortesãos, que agora incluíam o cata-vento político Usamah bin Munqidh. Nur al-Din gostava tanto de polo que jogava durante a noite à luz de velas. Mas foi ele que canalizou a fúria islâmica pela conquista franca, transformando-a numa insurgência sunita e inspirando confiança militar. Um novo fluxo de obras *fadail* exaltando Jerusalém promoveu o jihad de Nur al-Din para "purificar Jerusalém da poluição da Cruz" — ironicamente, pois os cruzados já tinham chamado os muçulmanos de "poluidores do Santo Sepulcro". Ele encomendou um *minbar* (ou púlpito) elaboradamente entalhado para colocar na al-Aqsa quando conquistasse a cidade.

Balduíno e Nur al-Din chegaram a um impasse. Acordaram uma trégua temporária enquanto o rei pedia ajuda bizantina; Balduíno casou-se com Teodora, sobrinha do imperador Manuel. Na cerimônia de casamento e coroação na Igreja, "a vestimenta nupcial da noiva, com ouro e gemas, roupas e pérolas", levou para Jerusalém o exótico esplendor de Constantinopla. O casamento ainda não tinha gerado filhos quando Balduíno caiu doente em Antioquia, morrendo, finalmente, semanas depois, em 10 de fevereiro de 1162.

O cortejo fúnebre viajou de Beirute a Jerusalém em meio a cenas inéditas de "profunda e comovente tristeza". Os reis de Jerusalém, como as outras veteranas famílias de cruzados, haviam se tornado nobres levantinos, e agora, observou Guilherme de Tiro, "desceu das montanhas uma multidão de infiéis que seguiu o cortejo com lamentos". Até Nur al-Din disse que os "francos perderam um príncipe como o mundo não tinha visto igual".[3]

AMAURI E AGNES: "NÃO É RAINHA PARA UMA CIDADE SANTA COMO JERUSALÉM"

A má reputação de uma mulher quase tira dos trilhos a sucessão em Jerusalém. Amauri, irmão de Balduíno e conde de Jaffa e Ascalon, era o herdeiro, mas o patriarca recusou-se a coroá-lo enquanto não anulasse o casamento com Agnes, alegando que o grau de parentesco entre eles era estreito demais — muito embora já tivessem tido um filho. O verdadeiro problema era que "ela não é rainha para uma cidade santa como Jerusalém", segundo um zeloso cronista. Agnes tinha reputação de promíscua, mas é impossível saber se essa fama era merecida, pois todos os historiadores tinham preconceito contra ela. Apesar disso, ela era claramente um cobiçado troféu: consta que, em momentos diferentes, o senescal, o patriarca e quatro homens casados foram seus amantes.

Como era de esperar, Amauri divorciou-se e foi coroado aos 27 anos. Já estranho em suas maneiras — gaguejava e tinha uma gargalhada gorgolejante —, logo ficou "excessivamente gordo, com peitos como os de uma mulher, pendurados até a cintura". Os hierosolimitas zombavam de sua figura nas ruas, mas ele os ignorava "como se não ouvisse o que diziam". Apesar dos peitos, era um intelectual e um guerreiro, e se viu diante do maior desafio estratégico desde a fundação do reino. A Síria havia sido tomada por Nur al-Din, mas a conquista de Ascalon por Balduíno III abrira a porta para o Egito. Amauri precisaria de toda a sua energia e de todo o contingente dos seus exércitos para disputar com Nur al-Din esse troféu supremo.

Foi por essa razão, entre outras, que ele acolheu em Jerusalém o mais notório patife da época, Andrônico Comneno, príncipe bizantino "servido por uma vasta comitiva de cavaleiros" que representavam importantes reforços. De início, seus cavaleiros foram "uma fonte de muito conforto" em Jerusalém. Primo do imperador Manuel, Andrônico tinha seduzido a sobrinha do imperador, sendo quase morto pelos furiosos irmãos da moça e passando doze anos na cadeia antes de ser perdoado e designado governador da Cilícia. Em seguida, foi demitido por incompetência e deslealdade, e fugiu para Antioquia, onde seduziu Filipa, filha do príncipe governante, e teve de fugir mais uma vez — para Jerusalém. "Mas como uma cobra no seio, ou um rato no guarda-roupa", disse Guilherme de Tiro, cortesão de Amauri, "ele comprovou a verdade do ditado que diz: 'Tenho medo dos gregos mesmo quando trazem presentes'."

Amauri deu-lhe Beirute como suserania, mas Andrônico, com quase sessenta anos, abandonou a princesa Filipa e seduziu a graciosa viúva de Balduíno III, Teodora, a rainha matrona de Jerusalém, de apenas 23 anos. Jerusalém ficou indignada: Andrônico teve de escapar novamente. Raptando Teodora, bandeou-se com ela para Nur al-Din em Damasco.* Ninguém lamentou ver essa "cobra" ir embora, menos ainda o clérigo favorito de Amauri, Guilherme de Tiro, nascido em Jerusalém. Depois de estudar em Paris, Orleans e Bolonha, Guilherme voltara para se tornar o conselheiro de confiança de Amauri. Durante vinte anos, como arcebispo de Tiro e depois chanceler, Guilherme foi testemunha íntima da insuportável tragédia real que agora coincidia com a mais grave crise de Jerusalém.[4]

* Pelo menos parece que ele amou Teodora por mais tempo do que os outros. Quando ela foi capturada pelo imperador, Andrônico se entregou e foi perdoado. Então, o imperador morreu, e o canalha ridículo tomou o poder em 1182 para se tornar um dos mais desprezíveis imperadores da história de Constantinopla. Durante seu reinado de terror, matou a maior parte da família imperial, incluindo as mulheres. Com 65 anos, mas ainda bonito e com ar de moço, casou-se com uma princesa de treze anos. Quando foi derrubado, a multidão torturou-o até matá-lo da maneira mais horrível, um braço decepado, um olho expelido, os cabelos e os dentes arrancados, o rosto queimado com água quente para desfigurar sua famosa beleza. O destino de Teodora é desconhecido.

O rei Amauri encarregou Guilherme de escrever as histórias dos cruzados e dos reinos islâmicos — um projeto e tanto. Guilherme não tinha dificuldade para escrever a história de Outremer, mas, embora soubesse um pouco de árabe, como haveria de escrever sobre o Islã?

Àquela altura, o Egito fatímida caía aos pedaços. Havia ricas colheitas para o oportunista impetuoso — por isso, naturalmente, Usamah bin Munqidh estava no Cairo. Ali, as intrigas políticas eram letais, mas lucrativas. Usamah fez fortuna e construiu uma biblioteca; inevitavelmente, porém, as coisas deram errado, e ele teve de fugir para salvar sua vida. Despachou por navio a família, o ouro e a amada biblioteca. Quando o navio naufragou na costa do Acre, seu tesouro se perdeu e a biblioteca foi confiscada pelo rei de Jerusalém. "A notícia de que meus filhos e nossas mulheres estão a salvo tornou mais fácil assimilar o fato de toda a riqueza perdida. Exceto os livros: 4 mil volumes. Um pesar que durou o resto da minha vida." A perda de Usamah foi lucro para Guilherme, que herdou seus livros e deles fez bom uso para redigir a história do Islã.

Enquanto isso, Amauri mergulhou na batalha pelo Egito, lançando nada menos de cinco invasões. Havia altos interesses em jogo. Na segunda invasão, Amauri parece ter conquistado o Egito. Tivesse ele conseguido assegurar as riquezas e os recursos daquele país, o reino cristão de Jerusalém provavelmente teria durado, e a história da região seria bem diferente. Mas o vizir deposto correu para Nur al-Din, que mandou seu general curdo, o vigoroso — apesar de rotundo — Shirkuh, para conquistar o Egito. Amauri derrotou Shirkuh e tomou Alexandria; porém, em vez de consolidar-se ali, aceitou tributo e voltou para Jerusalém.

Graças ao butim egípcio, a capital de Amauri progrediu. O elegante salão gótico do Cenáculo no monte Sião foi construído nessa época, e o rei ergueu um novo palácio real, cujo pórtico tinha telhado triangular, uma pequena torre com cúpula e outra grande e circular, ao sul da torre de Davi.* Mas o Egito não se acovardou.

* Esse palácio aparece no mapa bastante realista de Jerusalém preparado em Cambrai mais ou menos naquela época. Teodorico viu o palácio em 1169. Ele foi dado aos cruzados alemães em 1229, mas desapareceu, provavelmente destruído em incursões de turcos khwarismianos em 1244. Arqueólogos encontraram pedaços de seus alicerces em 1971 e 1988, debaixo do Jardim Armênio e do quartel turco.

Mergulhado nesse dispendioso conflito, Amauri tentou conseguir a ajuda do imperador Manuel em Constantinopla, casando-se com sua sobrinha-neta Maria e despachando o historiador Guilherme para negociar a cooperação militar — mas o momento da guerra nunca coincidiu com o momento da ajuda. No Egito, Amauri e seus aliados egípcios estavam prestes a tomar o Cairo quando Shirkuh, o comandante de Nur al-Din, retornou. O rei bateu em retirada com a promessa de novos pagamentos.

Quando adoeceu em Gaza, Amauri pediu a seus aliados egípcios que lhe mandassem seu melhor médico — o rei era admirador da medicina oriental. Os egípcios ofereceram o serviço a um dos médicos judeus do califa, que, por acaso, tinha acabado de voltar de Jerusalém.[5]

MOISÉS MAIMÔNIDES: O GUIA DOS PERPLEXOS

Maimônides recusou-se a tratar o rei cruzado — provavelmente uma manobra esperta, pois acabara de chegar ao Egito fatímida, onde a aliança com Jerusalém teve vida breve. O médico era um refugiado da perseguição islâmica na Espanha, onde a idade de ouro da civilização judaico-muçulmana já tinha ficado bem para trás. O país agora estava dividido entre agressivos reinos cristãos no norte e o sul muçulmano, que fora conquistado pelos almôades, fanática tribo berbere. Eles tinham oferecido aos judeus a escolha entre a conversão ou a morte. O jovem Maimônides fingiu converter-se, mas em 1165 ele escapou e partiu em peregrinação para Jerusalém. Em 14 de outubro, durante o Tishrei, o mês do ano-novo judaico e o Dia do Perdão, época predileta para peregrinações a Jerusalém, Maimônides estava no monte das Oliveiras com o irmão e o pai. Ali, pôs os olhos pela primeira vez na montanha do Templo judaico e rasgou ritualisticamente suas roupas — depois ele especificaria quantos rasgões (e quantas costuras posteriores) devem ser feitos pelo peregrino judeu e quando isso deve ser realizado.

Entrando na cidade pelo portão Josafá, no lado leste, ele encontrou uma Jerusalém cristã da qual judeus ainda estavam oficialmente banidos — apesar de quatro tintureiros judeus residirem perto da torre de Davi, sob proteção real.*

* O viajante judeu Benjamin de Tudela esteve em Jerusalém logo depois de Maimônides. Durante sua estada, operários que reformavam o Cenáculo no monte Sião descobriram uma misteriosa

Maimônides condoeu-se do Templo: "Em ruínas, sua santidade perdura". Então "entrei no grande e sagrado templo, e orei". Dito assim, parece que teve permissão para orar na Rocha no Templo* do Senhor (exatamente onde estiveram muçulmanos como Usamah bin Munqidh), embora mais tarde ele tenha proibido qualquer visita ao monte do Templo, regra a que alguns judeus ortodoxos ainda hoje obedecem.

Depois ele se estabeleceu no Egito, onde, conhecido pelos árabes como Musa ibn Maymun, ficou famoso como erudito polímata, produzindo obras sobre assuntos diversos, que iam da medicina à lei judaica, entre elas a obra-prima *O guia dos perplexos*, que mescla filosofia, religião e ciência; também serviu como médico da realeza. Mas o Egito tornara-se um caos, com Amauri e Nur al-Din lutando para dominar o acuado califado fatímida. Amauri era incansável — mas sem sorte.

Em 1169, o senhor da Síria, Nur al-Din, completou o cerco a Jerusalém quando seu emir Shirkuh venceu a Batalha do Egito. Shirkuh foi ajudado por seu jovem sobrinho: Saladino. Quando o obeso Shirkuh morreu, em 1171, Saladino tomou posse do Egito, designando Maimônides como Rais al-Yahud, ou chefe dos judeus — e seu médico pessoal. Em Jerusalém, a difícil situação do herdeiro real levou a medicina para o centro do palco.[6]

---

caverna que foi saudada como o túmulo do rei Davi. Os cruzados acrescentaram um cenotáfio que, na contagiante atmosfera religiosa da Cidade Santa, tornou o sítio cristão sagrado também para judeus e muçulmanos. Benjamin afirma que seguiu viagem até o Iraque. Seja como for, registrou o drama que se desenrolava em Bagdá, onde um jovem judeu chamado Davi el-Rey (o Rei), ou Alroy, se declarava o Messias, prometendo bater asas e voar com os judeus locais "para conquistar Jerusalém". Os judeus de Bagdá esperaram nos telhados, mas não conseguiram decolar, enquanto os vizinhos se divertiam. Mais tarde, Alroy foi morto. Ao visitar Jerusalém no século XIX, Benjamin Disraeli começou a escrever seu romance *Alroy*.

* Depois de quatro séculos como sinagoga sob o Islã, os cruzados fecharam a "Caverna" nos túneis perto do muro ocidental, transformando-a em cisterna. Portanto é improvável que Maimônides tenha orado ali.

25. O rei leproso (1174-87)

GUILHERME DE TIRO: TUTOR REAL

O rei Amauri designou Guilherme de Tiro como tutor de seu filho, Balduíno. Guilherme adorava o príncipe:

> O menino, então com nove anos, foi entregue aos meus cuidados para ser instruído em estudos liberais. Dediquei-me a meu pupilo real. Ele era de formosa aparência e continuava a fazer progresso nas letras, e cada vez mais prometia desenvolver uma disposição adorável. Era um excelente cavaleiro. Tinha mente aguda e boa memória.

"Como o pai", acrescentou Guilherme, "tinha grande interesse por história e estava sempre disposto a seguir bons conselhos" — os de Guilherme, é claro. O menino gostava de brincar, e foi assim que o tutor descobriu seu problema.

> Ele estava brincando com os amigos quando começaram, como os meninos brincalhões costumam fazer, a beliscar os braços e as mãos uns dos outros com as unhas. Mas Balduíno aguentava com a maior paciência, como se não sentisse nada. Depois de isso ter acontecido várias vezes, vieram informar-me. Chamei-o e descobri

que o braço e a mão direitos eram praticamente adormecidos. Fiquei preocupado. O pai do menino [o rei] foi avisado, médicos foram consultados. Com o passar do tempo, reconhecemos os primeiros sintomas. É impossível conter as lágrimas.[1]

A DOENÇA DE BALDUÍNO IV

O encantador aluno de Guilherme era leproso* — e herdeiro de um reino em dificuldade. Em 15 de maio de 1174, Nur al-Din, o líder da Síria e do Egito, arquiteto do novo jihad, morreu. Até Guilherme o admirava como "um príncipe justo e um homem religioso".

O rei Amauri correu para o norte a fim de explorar o falecimento de Nur al-Din, mas contraiu disenteria. Enquanto médicos árabes e francos discutiam que remédios ministrar, ele morreu em Jerusalém em 11 de julho. Tinha apenas 38 anos. O "adorável" novo rei Balduíno IV brilhava nos estudos com Guilherme, mas tinha de aguentar uma série de tratamentos — sangrias, fricções de óleo em "unguento sarraceno" e enemas. Sua saúde era supervisionada por um médico árabe, Abu Sulayman Dawud, cujo irmão ensinou Balduíno a cavalgar com apenas uma mão conforme a doença avançava.

É difícil encontrar exemplo mais nobre de coragem e elegância sob pressão do que o desse jovem rei infeliz, estreitamente observado pelo dedicado tutor: "Dia a dia, sua condição piorava, as extremidades do rosto foram especialmente atacadas, a tal ponto que seus leais seguidores eram tomados de compaixão quando o olhavam". Ele tinha sido criado longe da mãe, mas a vulgar Agnes voltou para apoiar o filho, e estava sempre ao seu lado em campanha. De maneira insensata, pôs o filho nas mãos de um arrogante ministro, que servia como senescal. Quando o ministro foi assassinado em Acre, a política hierosolimita assumiu o ar ameaçador de uma família mafiosa em declínio.

O conde Raimundo III de Trípoli, primo do rei, reclamou a regência e restaurou a estabilidade, nomeando o tutor real Guilherme como chanceler. Toda-

* A lepra era comum. Na verdade, Jerusalém tinha sua própria Ordem de São Lázaro para cuidar de cavaleiros leprosos. A doença é difícil de ser contraída: o menino deve ter tido contato contínuo por meses, talvez com uma ama-seca que apresentasse leves sintomas. A doença é causada por bactéria transmitida por pequenas gotas, pelo suor e pelo tato. A adolescência de Balduíno deflagrou a lepra lepromatosa. No filme *Kingdom of Heaven* [*Cruzada*] ele aparece usando uma máscara de ferro para esconder o rosto totalmente deformado e sem nariz, mas, na realidade, Balduíno jamais quis esconder-se como rei, mesmo quando a doença o consumiu.

via, o pesadelo estratégico que sempre perseguira Jerusalém materializou-se: Saladino, líder do Cairo, capturou Damasco, unindo de forma gradual, mas firme, Síria, Egito, Iêmen e a maior parte do Iraque num poderoso sultanato em torno de Jerusalém. Raimundo de Trípoli, um daqueles dinastas levantinos e urbanos que falavam árabe, ganhou tempo ao aceitar uma trégua com Saladino. Mas Saladino também ganhou tempo.

Balduíno mostrava coragem fazendo incursões na Síria e no Líbano; porém, em meio a seus frequentes problemas de saúde, os magnatas brigavam em torno do leito de enfermo. O senhor dos templários tornava-se cada vez mais insubordinado, enquanto os hospitalários travavam uma guerra privada contra o patriarca, chegando a disparar setas dentro do Sepulcro. Enquanto isso, um recém-chegado, o veterano cavaleiro Reinaldo de Châtillon, senhor de Kerak e Outrejourdain, do outro lado do Jordão, representava ao mesmo tempo vantagem e desvantagem, irradiando agressiva confiança e temerária fanfarronice.

Saladino começou a sondar o reino, atacando Ascalon e cavalgando rumo a Jerusalém, cujos cidadãos entraram em pânico e fugiram para a torre de Davi. Ascalon estava prestes a capitular quando, no fim de novembro de 1177, o rei leproso, Reinaldo e algumas centenas de cavaleiros atacaram os 26 mil soldados de Saladino em Montgisard, a noroeste de Jerusalém. Inspirado pela presença da Cruz Verdadeira e por visões de são Jorge no campo de batalha, Balduíno conquistou uma famosa vitória.

ELEGÂNCIA SOB PRESSÃO: VITÓRIA DO REI LEPROSO

O rei leproso voltou em triunfo, enquanto tudo que Saladino fez foi escapar num camelo. Mas o sultão ainda era o senhor do Egito e da Síria, e logo reuniu novos exércitos.

Em 1179, durante uma incursão na Síria de Saladino, Balduíno foi atacado numa emboscada, seu cavalo saiu em disparada e ele só escapou graças à coragem do velho condestável do reino, que deu a vida para salvar o menino. Recuperando-se com a determinação que lhe era característica, ele conduziu mais uma vez suas forças contra os saqueadores de Saladino. Perto do rio Litani, caiu do cavalo e ficou horrivelmente exposto: a paralisia generalizada o impediu de montar de novo. Um cavaleiro teve de tirá-lo do campo de batalha nas costas. O jovem rei jamais pôde casar-se — pensava-se que a lepra era transmitida sexualmente —, e agora mal conseguia chefiar seus exércitos. Ele manifestou sua angústia pessoal — e a necessidade de um novo e forte rei da Europa — a Luís VII da França: "Ser privado do uso dos próprios membros não ajuda muito a desincumbir-se dos negócios do governo. Se eu pelo menos pudesse ser curado da doença de Naamã, mas não encontrei nenhum Eliseu que me curasse. Não faz sentido uma mão tão fraca deter o poder quando a agressão árabe pesa sobre a Cidade Santa". Quanto mais doente o rei, mais acirrada a luta pelo poder. O declínio de Balduíno só era igualado pela podridão política e moral. Quando o conde Raimundo de Trípoli e o príncipe Boemundo de Antioquia rumaram para a cidade com um esquadrão de cavalaria, o rei suspeitou furiosamente de um golpe de Estado, e mais uma vez ganhou tempo firmando uma trégua com Saladino.

Quando o patriarca morreu, a rainha-mãe Agnes passou por cima de Guilherme, arcebispo de Tiro, e nomeou Heráclio de Cesareia, que, segundo consta, era seu amante. Apaixonado por ricas sedas, faiscando de joias e exalando perfumes caros, esse gigolô eclesiástico mantinha a mulher de um vendedor de tecidos de Nablus, Paschia de Riveri, como amante. Ela mudou-se para Jerusalém e até deu à luz uma filha dele: os hierosolimitas a chamavam de Madame la Patriachesse.

GUIDO: O HERDEIRO IMPERFEITO

Em razão disso, Agnes arranjou um casamento entre a irmã-herdeira do rei, Sibila, e Guido de Lusignan, o atraente irmão de 27 anos do seu falecido amante, o condestável do reino. A princesa Sibila, viúva jovem que tinha um filho do primeiro matrimônio, foi a única pessoa a ficar satisfeita com o casamento. Para a maioria dos barões, o novo marido não tinha experiência, nem era nobre o suficiente para enfrentar a crise existencial de Jerusalém. Guido, agora conde de Jaffa e Ascalon, era um bem-nascido barão poitevin, mas não há dúvida de que lhe faltava autoridade. Dividiu o reino exatamente no momento em que mais precisava estar unido.

Reinaldo de Kerak rompeu a trégua atacando as caravanas de peregrinos a caminho de Meca. Não havia dever mais sagrado para um governante muçulmano do que a proteção do *haj*. Saladino teve um tremendo acesso de fúria. Mas

Reinaldo logo equipou uma frota e fez incursões pelo Mar Vermelho, desembarcando na costa perto de Meca e Medina. Levar a guerra ao inimigo era uma jogada impressionante, mas também perigosa. Reinaldo foi vencido em terra e mar, e Saladino ordenou que os marinheiros francos capturados tivessem a garganta cortada em público na entrada de Meca. Depois reuniu outro exército de seu império cada vez mais vasto. Quanto a Reinaldo, Saladino jurou, em suas próprias palavras, "derramar o sangue do tirano de Kerak".

Balduíno, suas "extremidades enfermas e feridas, incapaz de usar as mãos e os pés", caiu doente atacado de febre: nomeou Guido como regente, mantendo Jerusalém como seu feudo real.* Guido não podia deixar de exultar com sua ascensão, até que em setembro de 1183 Saladino invadiu a Galileia. Guido reuniu 1300 cavaleiros e 15 mil soldados de infantaria perto da fonte de Seforia, mas teve medo — ou foi incapaz — de atacar Saladino, que finalmente marchou para tomar a fortaleza de Kerak do outro lado do Jordão. Balduíno mandou acender a almenara na torre de Davi para avisar a Kerak, por sinais, que a ajuda estava a caminho. Valentemente, dolorosamente, o rei leproso — transportado numa liteira, cego, grotesco e em estado de decomposição — conduziu seu exército para socorrer Kerak.

Ao voltar, o rei demitiu Guido, designou Raimundo como regente e fez coroar seu sobrinho de oito anos, filho de Sibila, como Balduíno V. Depois da coroação, o menino foi levado do Sepulcro ao Templo nos ombros do magnata mais alto, Balião de Ibelin. Em 16 de maio de 1185, Balduíno IV morreu com 23 anos. Mas o novo rei-menino Balduíno V reinou apenas um ano, sepultado num enfeitadíssimo sarcófago que mostrava Cristo ladeado por anjos e decorado com acanto.[2]

* Foi então que Guilherme de Tiro, "farto dos tristes desastres, detestando totalmente o presente, resolveu abandonar a pena e relegar ao silêncio do túmulo a crônica de eventos que só podem servir para provocar lamentos e lágrimas. Falta-nos a coragem de continuar. É hora, portanto, de calar". Sua crônica de Outremer sobrevive; sua história islâmica se perdeu. Ele discutiu com o patriarca Heráclio, que o excomungou. Guilherme apelou a Roma, mas morreu quando estava de saída para a Itália. É possível que tenha sido envenenado. Em 1184, Heráclio, carregando as chaves de Jerusalém, passeou pela Inglaterra e pela França em busca de um herdeiro para o rei leproso, ou pelo menos atrás de mais fundos e cavaleiros. Tentou despertar o interesse de Henrique II, da Inglaterra. O filho mais novo de Henrique, João, quis aceitar o trono de Jerusalém, mas o pai não permitiu. É difícil imaginar que João — que ficaria conhecido como Espada Mole e como um dos reis mais ineptos da Inglaterra — fosse capaz de salvar Jerusalém.

Jerusalém precisava de um comandante-chefe adulto. Em Nablus, Raimundo de Trípoli e os barões se juntaram para impedir a volta de Guido, mas em Jerusalém o trono pertencia a Sibila, agora rainha reinante — e ela era casada com o desprezado Guido. Sibila convenceu o patriarca Heráclio a coroá-la, prometendo divorciar-se de Guido e nomear outro rei. Durante a cerimônia de coroação, porém, chamou Guido para ser coroado com ela. Tinha sido mais esperta do que todos os outros, mas o novo rei e a nova rainha foram incapazes de conter Reinaldo de Kerak e o senhor dos templários, ambos loucos para guerrear contra Saladino. Apesar da trégua, Reinaldo atacou de emboscada uma caravana do *haj* que partira de Damasco, capturando a irmã do próprio Saladino, zombando de Maomé e torturando os prisioneiros. Saladino exigiu indenização do rei Guido, mas Reinaldo recusou-se a pagar.

Em maio, o filho de Saladino saqueou a Galileia. Os templários e os hospitalários o atacaram afoitamente, porém foram massacrados nas fontes de Cresson, escapando apenas o senhor dos templários e três cavaleiros. O desastre os levou a se unirem temporariamente.

O REI GUIDO: MORDENDO A ISCA

Em 27 de junho de 1187, Saladino, à frente de um exército de 30 mil homens, marchou sobre Tiberíades, esperando atrair os francos para fora e desferir "um tremendo golpe contra o jihad".

O rei Guido reuniu 12 mil cavaleiros e 15 mil soldados de infantaria em Seforia na Galileia; no entanto, durante um conselho na tenda vermelha dos reis de Jerusalém, ele penou para decidir entre as impalatáveis alternativas que tinha diante de si. Raimundo de Trípoli aconselhava moderação, muito embora sua mulher estivesse sitiada em Tiberíades. Reinaldo e o senhor dos templários reagiram acusando Raimundo de traidor e insistindo em irem à luta. Finalmente Guido mordeu a isca. Comandou o exército através dos escaldantes montes da Galileia durante um dia inteiro, até que, assediado pelas tropas de Saladino, acabrunhado pelo calor e paralisado pela sede, acampou no vulcânico platô dos Cornos de Hattin. Depois saíram para procurar água — mas o poço estava seco. "Ah, Senhor Deus", disse Raimundo, "a guerra acabou; estamos mortos; o reino chegou ao fim."

Ao acordar na manhã de sábado, 4 de julho, os cruzados ouviram o som das preces que vinha do acampamento muçulmano mais abaixo. Já estavam sedentos no calor do verão. Os muçulmanos atearam fogo nos matagais. Logo tudo estava em chamas ao redor deles.[3]

26. Saladino (1187-9)

SALADINO: A BATALHA

Saladino não dormiu; passou a noite organizando forças e suprimentos e posicionando suas duas alas. Tinha cercado os francos. O sultão do Egito e da Síria estava determinado a não perder a oportunidade. Seu exército multinacional, com contingentes de curdos, árabes, turcos, armênios e sudaneses, era um espetáculo assustador, saboreado com alegria pelo nervoso secretário de Saladino, Imad al-Din:

> Um inflamado oceano de cavalos relinchantes, de espadas e couraças, de lanças com ponta de ferro como estrelas, de espadas e cimitarras, de lâminas iemenitas, de estandartes amarelos, estandartes vermelhos como anêmonas e cotas de malha reluzentes como poças de água, de espadas polidas brancas como cursos de água, de arcos com pulas azuis como pássaros, de capacetes cintilantes sobre delgados cavalos inquietos.

Ao amanhecer, Saladino, comandando o centro a cavalo, acompanhado do jovem filho Afdal e protegido como sempre pela guarda pessoal de devotos mamelucos [escravos-soldados] turcos, lançou seu ataque despejando uma chuva de setas sobre os francos e dirigindo as cargas de seus cavaleiros e arqueiros montados para impedir que os francos, com suas pesadas armaduras, se aproximassem. Para Guido, tudo dependia de manter o escudo da infantaria em volta de seus cavaleiros montados; para Saladino, tudo dependia de separá-los.

Enquanto o bispo de Acre erguia a Verdadeira Cruz diante do rei, o exército de Guido repelia as primeiras cargas, mas logo os sedentos soldados francos fugiram para um terreno mais elevado, deixando os cavaleiros expostos. Os homens de Guido lançaram-se à carga. Enquanto Raimundo de Trípoli e Balião de Ibelin galopavam rumo às forças do sultão, Saladino simplesmente ordenou a seu sobrinho Taki al-Din, comandante da ala direita, que abrisse as fileiras: os cruzados passaram por elas galopando. Mas as fileiras muçulmanas se fecharam novamente, apertando a trama. Seus arqueiros, na maioria armênios, destruíram os cavalos francos, um por um, com "nuvens de setas como gafanhotos", atordoando os cavaleiros, e "seus leões se tornaram ouriços". Naquele "dia escaldante", desmontados e expostos, bocas inchadas de sede, atormentados pelo mato infernal, inseguros de seus líderes, os soldados de Guido pereceram, fugiram ou se entregaram, e as formações de batalha se desintegraram.

Ele se retirou para um dos Cornos da África e ali armou sua tenda vermelha. Os cavaleiros o cercaram para um derradeiro esforço de resistência. "Quando o rei franco se retirou para o alto do morro", lembrava Afdal, filho de Saladino, "seus cavaleiros lançaram uma valente carga e empurraram os muçulmanos de volta para onde estava meu pai." Por um momento, pareceu que a coragem dos francos ameaçava o próprio Saladino. Afdal viu o espanto do pai: "Ele mudou de cor e puxou a barba, depois avançou apressado, gritando: 'Deem uma lição ao diabo'"; ouvindo isso, os muçulmanos voltaram à carga, bloqueando os cruzados, "que se retiraram morro acima. Quando vi os francos em fuga, gritei de alegria: 'Nós os botamos para correr!'". Mas "torturados pela sede", eles "atacaram de novo e impeliram nossos soldados de volta para onde estava meu pai". Saladino reanimou suas tropas, que interromperam a carga de Guido. "Nós os botamos para correr", gritou novamente Afdal.

"Cale-se", disse Saladino, apontando para a tenda vermelha. "Não os venceremos enquanto aquela tenda estiver ali!" Naquele momento, Afdal viu a tenda virada. O bispo de Acre foi morto, a Cruz Verdadeira foi capturada. Em volta da tenda real, Guido e seus cavaleiros estavam tão cansados que jaziam no chão, indefesos, em suas armaduras. "Então meu pai desmontou", disse Afdal, "e curvou-se até o chão, dando graças a Deus, com lágrimas de alegria."

Saladino conversou no vestíbulo de sua tenda resplandecente, que ainda estava sendo armada quando os emires lhe entregaram os prisioneiros. Uma vez armada a tenda, ele recebeu o rei de Jerusalém e Reinaldo de Kerak. Guido estava tão desidratado que Saladino lhe ofereceu *sherbet* gelado com as neves do monte Hermon. O rei saciou a sede e, ao passar a bebida para Reinaldo, Saladino comentou: "É o senhor que lhe dá a bebida. Eu não lhe dou bebida". A Reinaldo não foi oferecida a proteção da hospitalidade árabe.

Saladino saiu a cavalo para cumprimentar os soldados e inspecionar o campo de batalha, com os "membros dos tombados, desnudos no campo, espalhados aos pedaços, dilacerados e desconjuntados, desmembrados, olhos arrancados, estômagos eviscerados, corpos cortados ao meio", toda a carnificina das batalhas medievais. Ao voltar, o sultão chamou novamente Guido e Reinaldo. O rei foi deixado no vestíbulo; Reinaldo, levado para dentro. "Deus me concedeu a vitória sobre os senhores", disse Saladino. "Quantas vezes os senhores quebraram seus juramentos?"

"É assim que os príncipes sempre se comportaram", respondeu Reinaldo em tom de desafio.

Saladino ofereceu-lhe o Islã. Reinaldo recusou com desdém, e, diante disso, o sultão levantou-se de um salto, puxou a cimitarra e decepou-lhe o braço na altura do ombro. Os guardas acabaram de matá-lo. O acéfalo Reinaldo foi arrastado pelos pés, passando por Guido, e atirado à porta da tenda.

O rei de Jerusalém foi levado para dentro. "Não é costume de reis matar reis", disse Saladino, "mas esse homem passou dos limites, e por isso sofreu o que sofreu."

De manhã, Saladino comprou todos os duzentos cavaleiros templários e hospitalários de seus homens, pagando cinquenta dinares por cabeça. Aos guerreiros cristãos foi oferecida a oportunidade de conversão ao Islã, mas poucos aceitaram. Saladino convocou voluntários entre os místicos sufis e eruditos islâmicos, e ordenou-lhes que matassem todos os cavaleiros. A maioria suplicou pelo privilégio, mas alguns nomearam substitutos, com medo de serem ridicularizados por estragarem o serviço. Enquanto Saladino observava de seu dossel, aquele trucidamento confuso e amadorístico destruía o que restava do poderio de Jerusalém. Os corpos foram deixados onde caíram. Um ano depois, o campo de batalha continuava "coberto por seus ossos".

Saladino mandou o rei de Jerusalém para Damasco junto com a Verdadeira Cruz, que ia impotentemente pendurada de cabeça para baixo numa lança, além de um número tão grande de prisioneiros que um dos criados do sultão viu "uma pessoa sozinha, com uma corda na mão, puxando trinta prisioneiros". Escravos francos custavam apenas três dinares, e um deles foi trocado por um sapato.[1]

O sultão seguiu adiante para conquistar o restante de Outremer, capturando as cidades costeiras de Sidon, Jaffa, Acre e Ascalon, mas não conseguiu tomar Tiro, pois o corajoso Conrado, marquês de Montferrat (cujo irmão tinha tido um breve casamento com Sibila), chegou a tempo de socorrer esse porto-fortaleza de vital importância. O vice-rei de Saladino no Egito, seu irmão Safadino, aconselhou-o a prosseguir à rédea solta para Jerusalém, a fim de que não caísse doente antes de tomar a Cidade Santa: "Se você morrer de cólica hoje à noite, Jerusalém ficará nas mãos dos francos".

O CERCO DE SALADINO: MASSACRE OU RENDIÇÃO

No domingo, 20 de setembro de 1187, Saladino cercou Jerusalém, acampando primeiro a oeste, em frente à torre de Davi, e deslocando-se depois para nordeste, onde Godofredo tinha rompido a muralha.

A cidade estava atulhada de refugiados, mas só restavam dois cavaleiros para lutar sob o comando do patriarca e das duas rainhas, Sibila e Maria, esta viúva do rei Amauri, agora casada com o magnata Balião de Ibelin. Heráclio teve dificuldade para encontrar cinquenta homens que guardassem as muralhas. Por sorte, e com salvo-conduto de Saladino, Balião de Ibelin chegou para socorrer os filhos e a mulher. Balião tinha prometido a Saladino que não lutaria, mas os hierosolimitas lhe suplicaram que assumisse o comando. Ele não pôde recusar e, escrevendo de cavaleiro para cavaleiro, pediu desculpas a Saladino, que lhe perdoou a má-fé. O sultão arranjou até escolta para Maria e os filhos. Dando-lhes mantos incrustados de joias e servindo-lhes banquetes, o sultão sentou as crianças no joelho e pôs-se a chorar, sabendo que viam Jerusalém pela última vez. "As coisas do mundo nos são apenas emprestadas", dizia, em tom reflexivo.

Balião* conferiu o título de cavaleiro a todos os rapazes nobres de mais de dezesseis anos e também a trinta homens burgueses, armando todos eles e lan-

* Uma versão fictícia de Balião (representado por Orlando Bloom) é o herói do filme *Kingdom of Heaven* [*Cruzada*], no qual ele tem um caso com a rainha Sibila (Eva Green).

çando incursões. Quando Saladino começou a atacar, as mulheres foram rezar no Sepulcro, raspando a cabeça em sinal de penitência, enquanto monges e freiras caminhavam descalços ao pé dos muros. Em 29 de setembro, os sapadores de Saladino estavam abrindo túneis sob o muro. Os francos se prepararam para morrer como santos mártires, mas Heráclio os desencorajou, dizendo que, caso o fizessem, as mulheres seriam levadas como escravas de harém. Os cristãos sírios, que se ressentiam dos latinos, concordaram em abrir os portões para Saladino. No dia 30, quando as forças muçulmanas atacaram a cidade, Balião visitou Saladino para negociar. A bandeira do sultão chegou a ser hasteada nos muros, mas suas tropas foram repelidas.

"Vamos tratá-los exatamente como os senhores trataram a população de Jerusalém [em 1099], matando, escravizando e cometendo outros atos de selvageria", disse Saladino a Balião.

"Sultão", respondeu Balião, "somos muitos na cidade. Se acharmos que a morte é inevitável, mataremos nossos filhos e nossas mulheres, e derrubaremos o Santuário da Rocha e a mesquita al-Aqsa."

Diante disso, Saladino aceitou negociar. Graciosamente, libertou a rainha Sibila e até mesmo a viúva de Reinaldo, mas os hierosolimitas restantes tiveram de pagar resgate ou foram vendidos como escravos.[2]

SALADINO: O HOMEM

Saladino nunca foi exatamente o cavalheiro liberal — de maneiras superiores aos grosseiros francos — pintado por escritores ocidentais do século XIX. Contudo, julgado pelos padrões dos construtores de impérios da Idade Média, merece a atraente reputação que tem. Quando deu conselhos a um dos filhos sobre como construir um império, disse o seguinte: "Só consegui o que tenho persuadindo as pessoas. Não guarde rancores, pois a morte não poupa ninguém. Seja cuidadoso em suas relações com as pessoas". Saladino não era uma figura imponente e não tinha vaidade. Quando seus mantos de seda foram salpicados de lama por um cortesão que passava a cavalo por uma poça d'água em Jerusalém, Saladino limitou-se a dar uma gargalhada. Nunca esqueceu que os golpes de sorte que lhe deram tanto êxito poderiam facilmente ser revertidos. Apesar de sua sangrenta ascensão, não gostava de violência, e assim aconselhava o filho predileto, Zahir: "Não derrame sangue, não se deleite nisso, nem se habitue a isso, pois o sangue jamais repousa". Quando saqueadores muçulmanos tiraram o bebê de uma mulher franca, ela cruzou as fronteiras para fazer um apelo a Saladino, que, comovido, mandou buscar o bebê imediatamente e devolvê-lo à mãe. Noutra ocasião, quando um dos filhos pediu permissão para matar prisioneiros francos, ele o repreendeu e não permitiu tal ato, a fim de que o filho não adquirisse o gosto de matar.

Yusuf ibn Ayyub, filho de um mercenário curdo, nasceu em 1138 em Tikrit (hoje Iraque — Saddam Hussein também nasceu ali). O pai e o tio, Shirkuh, serviram a Zangi e a seu filho Nur al-Din. O menino foi criado em Damasco, levando uma vida regada a vinho, jogatina e mulheres. Praticava polo noturno à luz de velas com Nur al-Din, que o nomeou chefe de polícia de Damasco. Estudava o Alcorão, mas também o pedigree de cavalos. Na briga pelo Egito, Nur al-Din despachou Shirkuh, que levou o sobrinho Yusuf, então com 26 anos.

Juntos, comandando apenas 2 mil cavaleiros estrangeiros e superando terríveis desvantagens, o tio e o sobrinho curdos conseguiram tomar Jerusalém e o Egito dos exércitos dos fatímidas. Em janeiro de 1169, Yusuf, que adotou o nome honorífico de Saladino,* assassinou o vizir, a quem seu tio sucedeu. Mas Shirkuh morreu de ataque cardíaco. Aos 31 anos, Saladino tornou-se o último vizir fatímida. Em 1071, quando o último califa morreu, Saladino desmantelou o califado xiita no Egito (que a partir de então permaneceu sunita) e massacrou a superpoderosa guarda sudanesa no Cairo, enquanto acrescentava Meca, Medina, Tunísia e Iêmen a seu reino em expansão.

* Saladino era a forma abreviada usada pelos cruzados para Salah al-Dunya al-Din (a Bondade do Mundo e da Fé). O irmão de Saladino, conhecido pelos cruzados como Safadino, nasceu Abu Bakr ibn Ayyub, adotando o honorífico Safah al-Din (Espada da Religião) e, posteriormente, o nome real al-Adil (o Justo), pelo qual é conhecido na maioria dos relatos históricos. Dois cortesãos de Saladino escreveram biografias: Imad al-Din, seu secretário, é autor de *The Lightning of Syria* [O relâmpago da Síria] e *Ciceronian Eloquence on the Conquest of the Holy City* [Eloquência ciceroniana na conquista da Cidade Santa], cuja característica é a prosa enfeitada. Em 1188, Baha al-Din ibn Shaddad, erudito islâmico do Iraque, visitou Jerusalém e foi nomeado por Saladino primeiramente como cádi (juiz) do exército e depois como supervisor de Jerusalém. Quando Saladino morreu, ele passou a servir como chefe cádi a dois de seus filhos. Sua biografia, *Sultanly Anecdotes and Josephly Virtues* [Historietas sultanescas e virtudes josefinas] (referência a seu primeiro nome, Yusuf, José), é o retrato acabado de um chefe militar sob pressão.

Quando Nur al-Din morreu em 1174, Saladino seguiu para o norte e tomou Damasco, ampliando gradualmente seu império até abarcar a maior parte do Iraque e da Síria, bem como o Egito; contudo, a conexão entre os dois territórios formava o que hoje é a Jordânia, que era controlada em parte pelos cruzados. A guerra contra Jerusalém não era apenas boa teologia, mas também boa política imperial. Saladino preferia Damasco, vendo o Egito como a galinha dos ovos de ouro. "O Egito era uma prostituta", brincava ele, "que tentava me afastar de minha esposa fiel [Damasco]."

Saladino não era ditador.* Seu império era uma colcha de retalhos de emires gananciosos, principezinhos rebeldes e irmãos, filhos e netos ambiciosos, para os quais distribuía feudos em troca de lealdade, impostos e guerreiros. Estava sempre necessitando de dinheiro e de soldados. Era seu carisma que mantinha tudo em pé. Derrotado com frequência pelos cruzados, não foi um general excepcional, mas, "esquivando-se de todas as suas mulheres e de todos os prazeres", era tenaz. Passou a maior parte da vida lutando contra outros muçulmanos, mas agora sua missão pessoal, a Guerra Santa para recuperar Jerusalém, tornara-se paixão dominante. "Desisti dos prazeres terrenos", disse ele. "Já tive a minha cota."

Certa vez, enquanto andava à beira-mar durante a guerra, disse ele ao ministro Ibn Shaddad: "Minha ideia é, quando Deus me permitir conquistar o resto da costa, dividir minhas terras, fazer meu testamento e partir velejando por este mar para persegui-los até que não haja mais ninguém na face da terra que negue Deus — ou para morrer tentando". No entanto, ele impunha o Islã mais estritamente do que os fatímidas. Ao saber que um jovem herege islâmico pregava em suas terras, mandou crucificá-lo e deixar pendurado durante dias.

O que mais o fazia feliz era sentar-se à noite com seu entourage de generais e intelectuais, recebendo mensageiros enquanto conversava. Admirava os eruditos e os poetas, e sua corte não estava completa sem Usamah bin Munqidh, agora com noventa anos, que recordava: "Ele me procurou pela terra toda. Graças à sua boa vontade, fui arrebatado das presas do azar. Trata-me como se eu fosse da família". Saladino era coxo e estava quase sempre doente, aos cuidados de 21 médicos — oito muçulmanos, oito judeus (incluindo Maimônides) e cinco cris-

* Em Jerusalém, um velho teve a temeridade de processar o próprio sultão por uma disputa de propriedade. Saladino desceu do trono para ser julgado em pé de igualdade, e ganhou o processo, mas depois encheu de presentes o requerente.

tãos. Quando o sultão se levantava para orar, ou pedia as velas, seus cortesãos entendiam que a noite acabara. Se ele não merecia críticas, os parentes hedonistas e ambiciosos mais do que compensavam sua contenção.

DANÇARINAS E AFRODISÍACOS: A CORTE DE SALADINO

Os jovens príncipes, de acordo com o satirista al-Wahrani, organizavam orgias nas quais os anfitriões corriam nus, de quatro, uivando como cães, e sugavam vinho do umbigo das cantoras, enquanto as teias de aranha tomavam conta das mesquitas. Em Damasco, os árabes resmungavam sobre o governo de Saladino. O escritor Ibn Unain zombava dos funcionários egípcios do sultão, particularmente os negros sudaneses: "Se eu fosse negro, com uma cabeça como a de um elefante, volumosos antebraços e um pênis enorme, então você cuidaria das minhas necessidades". Saladino o exilou por sua impertinência.

O sobrinho de Saladino, Taki al-Din, era seu general mais talentoso, mas também o mais ambicioso e depravado dos príncipes. Seus passatempos eram tão notórios que se dizia que suas palavras eram "mais doces do que uma surra com chinelo de prostituta". O satirista Wahrani sugeriu ironicamente: "Se renunciasse ao governo, você poderia dar as costas à penitência e pegar as prostitutas de Mossul, os proxenetas de Aleppo e as cantoras do Iraque".

Taki se entregava de tal modo aos seus impulsos priápicos que começou a perder peso, energia e capacidade de ereção. Consultou seu médico judeu Maimônides, que aconselhava sua própria comunidade a evitar excessos de "comida, bebida e cópula", mas tratava de outra forma seus pacientes principescos. O médico real escreveu para o sobrinho de Saladino uma obra especial, intitulada *Do relacionamento sexual,* prescrevendo moderação, pouco álcool, mulheres não muito velhas nem muito jovens, um coquetel de ancusa e vinho e, finalmente, um "maravilhoso segredo", espécie de viagra medieval: massagear o pênis real por duas horas antes da relação sexual com uma mistura de óleos e formigas cor de açafrão. Maimônides garantia que a ereção durava mais tempo depois do ato.

Saladino adorava Taki, promovendo-o a vice-rei do Egito, mas exasperou-se quando o sobrinho tentou criar seu próprio feudo. Por causa disso, transferiu-o para governar faixas de terra no Iraque. Agora esse exuberante sobrinho e a maior parte da família de Saladino chegavam para desfrutar a libertação de Jerusalém.[3]

Saladino viu os cristãos latinos deixarem Jerusalém para sempre; os hierosolimitas tiveram de pagar um resgate de dez dinares por homem, cinco por mulher, um por criança. Ninguém saía sem apresentar recibo de pagamento, muito embora os funcionários de Saladino tenham enriquecido enquanto recebiam subornos e os cristãos desciam pelas muralhas escondidos dentro de cestos ou escapavam sob disfarces. Saladino não se interessava por dinheiro e, embora tenha recebido 220 mil dinares, boa parte da verba extraviou-se.

Milhares de hierosolimitas não tinham condição de pagar o resgate. Foram trabalhar como escravos e no harém. Balião pagou 30 mil dinares para libertar 7 mil hierosolimitas pobres, enquanto o irmão do sultão, Safadino, intercedeu por mil infelizes e os libertou. Saladino deu quinhentos dinares para Balião e outros quinhentos para o patriarca Heráclio. Os muçulmanos ficaram chocados ao verem Heráclio pagar seus dez dinares e deixar a cidade levando carroças de ouro e tapetes. "Quantas mulheres bem protegidas foram profanadas; meninas púberes, casadas; virgens, desonradas; mulheres orgulhosas, defloradas; lábios rubros de mulheres adoráveis, beijados; indomáveis, domadas", recordava-se Imad al-Din, secretário de Saladino, com inquietante satisfação. "Quantos nobres as tomaram como concubinas; quantas grandes damas foram vendidas a preço vil."

Sob o olhar do sultão, as duas colunas de cristãos olharam para trás uma última vez e choraram a perda de Jerusalém, meditando: "Ela, que era chamada a senhora das outras cidades, tornou-se escrava e empregada doméstica".

Na sexta-feira, 2 de outubro, Saladino entrou em Jerusalém e ordenou que o monte do Templo, conhecido pelos muçulmanos como Haram al-Sharif, fosse purificado dos infiéis. A Cruz sobre o Domo da Rocha foi derrubada entre gritos de "*Allahu Akhbar*", arrastada pelas ruas e despedaçada; as pinturas de Jesus foram rasgadas; os claustros ao norte do Domo, demolidos; os cubículos e apartamentos dentro da Aqsa, removidos. A irmã de Saladino chegou de Damasco com uma caravana de camelos carregada de água de rosas. O sultão e o sobrinho Taki esfregaram pessoalmente os pátios do Haram com água de rosas, acompanhados de um grupo de limpeza formado por princesas e emires. Saladino levou de Aleppo o *minbar* de madeira entalhada que pertencera a Nur al-Din e o colocou na mesquita al-Aqsa, onde permaneceu durante sete séculos.

O sultão não só destruiu e reconstruiu, mas também adaptou e enfeitou, reaproveitando os lindos espólios dos cruzados com seus padrões foliformes, seus capitéis e seus acantos; com isso, sua própria arquitetura é construída com os símbolos dos inimigos, o que torna difícil distinguir os edifícios dos cruzados dos de Saladino.

Todos os membros de respeito do ulemá, do clero e eruditos muçulmanos, do Cairo a Bagdá, queriam pregar nas orações de sexta-feira, mas Saladino escolheu o cádi de Aleppo, dando-lhe um manto negro para usar; seu sermão na al--Aqsa louvava os *fadail* — os méritos — da Jerusalém islâmica. Saladino tornara--se "a luz que brilha em toda alvorada que traga a escuridão para os fiéis" ao "libertar o santuário irmão de Meca". Ele então entrou no Domo para rezar no que chamava de "a joia do anel de sinete do Islã". O amor de Saladino por Jerusalém era "grande como as montanhas". Sua missão era criar uma Jerusalém islâmica, e chegou a pensar em destruir o monte de Esterco — o Santo Sepulcro. Alguns dos nobres recomendavam a demolição, mas ele pensou bem e concluiu que o lugar continuaria santo, independentemente da presença de uma igreja. Citando Omar, o Justo, fechou a igreja por apenas três dias e depois deu-a aos gregos ortodoxos, apesar de ter bloqueado com tijolos uma entrada para mais facilmente controlar o movimento (e os lucros) dos peregrinos. No geral, tolerou a maior parte das igrejas, mas quis reduzir o caráter não islâmico do Bairro Cristão. Os sinos das igrejas voltaram a ser proibidos. Em seu lugar, por centenas de anos, até o século XIX, o muezim teve o monopólio do som, e os cristãos anunciavam as orações com matracas e címbalos. Saladino destruiu igrejas fora das muralhas e confiscou muitos importantes edifícios cristãos para a dotação de sua própria Salahiyya — que ainda hoje existe.*

* Saladino às vezes sediava a corte no Hospital, outras vezes no palácio do patriarca, onde havia uma cabana de madeira no telhado na qual gostava de sentar-se tarde da noite com seu entourage. O irmão Safadino morava no conjunto do Cenáculo, no monte Sião. Saladino decidiu dar o palácio do patriarca a seu próprio convento sufi, ou *khanqah*, de Salahiyya. Hoje continua sendo o *khanqah* de Salahiyya (como diz a inscrição), e o quarto de dormir, com seus finos capitéis dos cruzados onde Saladino e os patriarcas dormiam, é atualmente o quarto de dormir do xeque al-Alami, membro de uma das famílias mais importantes de Jerusalém. Os patriarcas tinham entradas especiais a partir do seu palácio para a igreja do Santo Sepulcro, e Saladino as bloqueou, embora ainda possam ser vistas atrás das caixas registradoras das lojas. Ele também tomou Santa Maria Latina para seu Hospital de Salahiyya e confiscou Santa Ana para sua madraçal — escola religiosa — de Salahiyya. Agora é uma igreja novamente, ainda dedicada a Saladino como "Revitalizador do Império do Comandante dos Fiéis".

Saladino levou para a cidade muitos eruditos e místicos muçulmanos; mas os muçulmanos não conseguiriam, sozinhos, repovoar Jerusalém, e por isso ele convidou muitos armênios — que formaram uma comunidade especial ainda hoje existente (eles identificam-se a si próprios como kaghakatsi) —, além de um grande número de judeus ("a raça inteira de Efraim") de Ascalon, Iêmen e Marrocos.[4]

Saladino estava cansado, mas teve que deixar Jerusalém a contragosto para acabar com as últimas fortalezas dos cruzados. Tomou a grande base marítima de Acre, embora não tivesse liquidado por completo os oponentes: cavalheirescamente, libertou o rei Guido e não conseguiu conquistar Tiro. Com isso, os cristãos ficaram com um porto marítimo vital, a partir do qual planejariam um contra-ataque. Talvez ele tenha subestimado a reação do mundo cristão, mas a notícia da queda de Jerusalém tinha chocado a Europa — de reis a papas, cavaleiros e camponeses — e mobilizado uma nova e poderosa Cruzada, a Terceira.

Os erros de Saladino lhe custaram caro. Em agosto de 1189, o rei Guido apareceu diante de Acre com uma pequena força e sitiou a cidade. Saladino não levou muito a sério a brava proeza de Guido, mas mandou um contingente para esmagar seu pequeno exército. Guido, porém, enfrentou os homens de Saladino até o empate, e deu ânimo ao contra-ataque dos cruzados. Saladino cercou Guido, mas Guido sitiou Acre. Quando a frota egípcia de Saladino foi derrotada, navios cheios de cruzados alemães, franceses e italianos chegaram para se juntar a Guido. Na Europa, os reis da Inglaterra e da França e o imperador alemão pegaram a Cruz; frotas foram organizadas; exércitos reuniram-se para participar da batalha pela posse de Acre. Foi o começo de uma luta opressivamente sangrenta, que durou dois anos, e à qual logo aderiram os maiores reis da Europa, todos decididos a recuperar Jerusalém.

Primeiro vieram os alemães. Quando soube que o imperador Frederico Barba-Roxa já marchava para a Terra Santa com um exército alemão, Saladino finalmente reuniu suas forças e convocou um jihad. Mas então vieram as boas notícias.

Em junho de 1190, Barba-Roxa afogou-se num rio ciliciano; o filho, duque Frederico da Suábia, cozinhou o corpo e o preservou em vinagre, sepultando a carne em Antioquia. Mas em seguida marchou para Acre com seu exército e os ossos do pai, que planejava sepultar em Jerusalém. A morte de

Barba-Roxa alimentou a lenda escatológica de que o Imperador dos Últimos Dias estava dormindo para um dia ressuscitar. O duque da Suábia morreu de escorbuto nos arredores de Acre e a cruzada alemã se desfez. No entanto, depois de meses de desesperados combates, com milhares de pessoas dizimados pela peste (incluindo Heráclio, o patriarca, e Sibila, rainha de Jerusalém),* Saladino recebeu a má notícia de que o eminente guerreiro do mundo cristão estava a caminho.

* A nova rainha de Jerusalém era a meia-irmã de Sibila, Isabela, filha do rei Amauri e da rainha Maria. Isabela divorciou-se do marido para casar-se com Conrado de Montferrat. Assim, por casamento, ele se tornou o rei titular de Jerusalém.

27. A Terceira Cruzada: Saladino e Ricardo (1189-93)

CORAÇÃO DE LEÃO: CAVALHEIRISMO E MATANÇA

Em 4 de julho de 1190, Ricardo Coração de Leão, rei da Inglaterra, e Filipe II Augusto, rei da França, partiram na Terceira Cruzada para libertar Jerusalém. Com 32 anos de idade, Ricardo acabara de herdar o império angevino do pai, Henrique II — Inglaterra e metade da França. Dono de grande vitalidade, ruivo e atlético, era tão atrevido e extrovertido quanto Saladino era paciente e sutil. Homem de seu tempo, foi um escritor e trovador malicioso, e também um piedoso cristão que, esmagado pela própria iniquidade, atirou-se nu perante o clero e flagelou-se com chicotadas.

O filho favorito de Leonor da Aquitânia demonstrava pouco interesse por mulheres, mas a alegação feita no século XIX de que Ricardo era homossexual foi desacreditada. A guerra era seu verdadeiro amor, e ele espremeu os ingleses sem misericórdia para financiar sua Cruzada, dizendo jocosamente: "Eu venderia Londres se achasse comprador". Enquanto a Inglaterra vibrava com o renascimento dos cruzados,* os judeus foram visados na seleção que culminou com o

* O *pub* mais antigo da Inglaterra, Ye Olde Trip to Jerusalem, em Nottingham, data da época da Cruzada de Ricardo.

suicídio em massa de York, a Massada inglesa. Àquela altura, Ricardo tinha partido. Zarpou de navio para Jerusalém e, onde quer que desembarcasse, se apresentava como a personificação do guerreiro real. Trajava sempre escarlate, a cor da guerra, e brandia uma espada que dizia ser Excalibur. Na Sicília, resgatou a irmã, a viúva rainha Joana, que estava nas mãos do novo rei, e saqueou Messina. Quando chegou a Chipre, governado por um príncipe bizantino, simplesmente conquistou a ilha e seguiu para Acre com 25 galés.

Em 8 de junho de 1191, Ricardo desembarcou e juntou-se ao rei da França no cerco, onde acessos de luta alternavam-se com interlúdios de confraternização entre os acampamentos. Saladino e seus cortesãos observaram sua chegada e ficaram impressionados com a "grande pompa" desse "poderoso guerreiro" e com sua "paixão pela guerra".

O campo de batalha havia se tornado um acampamento infestado pela peste, com tendas reais, cabanas imundas, cozinhas, mercados, casas de banho e bordéis. O fato de que as prostitutas encantavam os muçulmanos fica evidente no relato de Imad, o secretário de Saladino, que visitou o acampamento de Ricardo e esgotou seu repertório de metáforas pornográficas ao olhar com cobiça aquelas "cantoras e coquetes, tingidas e pintadas, de olhos azuis com coxas carnudas", que "exerciam um negócio movimentado, fazendo suas tornozeleiras de prata tocar os brincos de ouro, convidando espadas a penetrar em bainhas, dardos a se lançar contra escudos, dando aos pássaros um lugar para bicar, pegando um lagarto depois do outro em seus buracos, [e] guiando penas para tinteiros".

Se até Imad reconhecia que "alguns mamelucos idiotas escapuliam" para provar o gosto das coquetes francas, é porque muitos devem ter agido assim. A energia de Ricardo mudou a natureza da guerra. Saladino já estava doente, e logo os dois reis europeus também adoeceram; mas mesmo em seu leito de enfermo, Ricardo brandia uma besta, disparando setas contra o acampamento inimigo enquanto frotas e mais frotas traziam a nata da nobreza europeia.

Saladino, como "uma mãe despojada, montada a cavalo insistindo para que as pessoas cumprissem seus deveres com o jihad", estava em desvantagem numérica e de capacidade de luta. Depois da partida precoce do invejoso Filipe Augusto, Ricardo assumiu o comando — "eu mando e ninguém manda em mim" —, mas suas forças também sofriam. Ele deu início às negociações, e Saladino enviou como emissário o seu mais experiente homem — mas também o mais altivo —, o irmão Safadino, embora, pragmáticos, os líderes ainda estivessem sondando uns aos outros para descobrir o que realmente estava em jogo. Havia um equilíbrio de forças, cada lado com 20 mil soldados, ambos lutando para impor sua vontade aos nobres insubordinados e criadores de caso e aos exércitos poliglotas.

Enquanto isso, Acre não podia mais resistir, e seu governador começou a negociar a rendição. "Mais afetado do que uma moça perturbada e apaixonada", Saladino não teve outra opção senão concordar com a capitulação de Acre, prometendo devolver a Cruz Verdadeira e libertar 1500 prisioneiros. Porém sua prioridade era defender Jerusalém. Ele demorou a decidir sobre os termos da capitulação para encorajar divisões entre os cruzados, economizar dinheiro e retardar a campanha dos inimigos. Mas Coração de Leão falava sério e considerava aquilo um blefe do inimigo.

Em 20 de agosto, arrebanhou 3 mil prisioneiros muçulmanos amarrados, levou-os até a planície, à vista do exército de Saladino, e trucidou a todos — homens, mulheres e crianças. Era o fim da lenda da conduta cavalheiresca. Saladino, horrorizado, despachou sua cavalaria, mas era tarde demais. Depois disso, passou a decapitar todos os prisioneiros francos que lhe caíam nas mãos.

Cinco dias depois, Ricardo marchou pela costa em direção a Jaffa, o porto de Jerusalém. Seus soldados cantavam "*Sanctum Sepulchrum adjuva!*" — "Ajudai-nos, Santo Sepulcro!". Em 7 de setembro, Coração de Leão deparou com Saladino e seu exército bloqueando o caminho em Arsuf. A tática de Ricardo consistiu em usar maciça infantaria para cansar as cargas de cavalos, cavaleiros e arqueiros montados de Saladino, até a hora de desencadear o poder trovejante de seus homens de vanguarda. Ricardo ficou atrás até que um hospitalário avançou a galope; em seguida, comandou toda a carga, que desabou sobre os muçulmanos. Saladino, desesperado, recorreu à sua guarda real de mamelucos — conhecida como Círculo. Diante da possibilidade de "derrota completa", o sultão bateu em retirada no último instante, seu exército "preservado para a proteção de Jerusalém". Em dado momento, foi protegido por apenas dezessete homens. Depois disso, ficou tão desacoroçoado que nem quis comer.

Saladino foi para Jerusalém celebrar o Ramadã e preparar suas defesas. Ricardo sabia que enquanto o exército e o império inimigo estivessem intactos, os cruzados não teriam condição de segurar Jerusalém, ainda que a capturassem — o que tornava a situação sensata para negociar. "Os muçulmanos e os francos estão condenados a morrer", escreveu Ricardo a Saladino. "A terra está arruinada nas mãos dos dois lados. Tudo que nos resta é falar sobre Jerusalém, a Verdadeira

Cruz e essas terras. Jerusalém é o centro de nossa devoção, e a ela jamais renunciaremos." Saladino explicou o que al-Quds significava para os muçulmanos: "Jerusalém é nossa tanto quanto vossa. Na verdade, é maior para nós do que para vós, pois é para onde Nosso Profeta veio na Jornada Noturna, e o ponto de encontro dos anjos".

Ricardo estava disposto a aprender. Flexível e imaginativo, propôs um acordo: sua irmã Joana se casaria com Safadino. Os cristãos ficariam com a costa e o acesso a Jerusalém; os muçulmanos ficariam com o interior, com Jerusalém como capital do rei Safadino e da rainha Joana sob a soberania de Saladino. Saladino concordou com isso para fazer Ricardo falar, mas Joana ficou indignada: "Como poderia permitir que um muçulmano a conhecesse carnalmente?". Ricardo afirmou que era brincadeira, e disse a Safadino: "Casarei você com minha sobrinha". Saladino ficou perplexo: "Nossa melhor saída é continuar nosso jihad — ou morrer".

Em 31 de outubro, Ricardo partiu lentamente para Jerusalém, enquanto continuava a negociar com o refinado Saladino. Os dois encontraram-se em tendas magníficas, trocaram presentes e compareceram a banquetes um do outro. "Precisamos ter um ponto de apoio em Jerusalém", insistia Ricardo. Quando cavaleiros franceses o criticaram pelas negociações, ele decapitou alguns prisioneiros turcos e, macabramente, colocou suas cabeças em volta do acampamento.

Nesse momento tenso, Saladino recebeu uma má notícia: o dissoluto sobrinho Taki al-Din, que tentava construir seu próprio império privado, estava morto. Saladino escondeu a carta, mandou todos saírem da tenda e "chorou amargamente, sufocado de lágrimas", antes de lavar o rosto com água de rosas e retornar ao comando: não era hora de demonstrar fraqueza. Depois, foi inspecionar Jerusalém e sua nova guarnição egípcia.

Em 23 de dezembro, Ricardo avançou para Le Toron des Chevaliers (Latrum), onde ele, a mulher e a irmã comemoraram o Natal com esplendor. Em 6 de janeiro de 1192, no meio de chuva, frio e lama, Ricardo chegou a Bayt Nuba, a vinte quilômetros da cidade. Os barões franceses e ingleses queriam Jerusalém a qualquer custo, mas Ricardo tentou convencê-los de que não tinha homens em número suficiente para manter um cerco. Saladino aguardava em Jerusalém, na esperança de que a chuva e a neve desencorajassem os cruzados. Em 13 de janeiro, Ricardo bateu em retirada.*

* Em abril de 1192, Ricardo finalmente percebeu que Guido, rei de Jerusalém só por ter se casado com a falecida mulher, era um fracasso. E reconheceu Conrado de Montferrat, marido da rainha

Era um impasse. Saladino usou cinquenta pedreiros e 2 mil prisioneiros francos para refortificar Jerusalém, demolindo os pisos superiores de Santa Maria de Josafá, ao pé do monte das Oliveiras, e o Cenáculo, no monte Sião, para conseguir pedras. Saladino, Safadino e seus filhos trabalharam nos muros.

Enquanto isso, Ricardo capturou e fortificou Ascalon, a passagem para o Egito, oferecendo a Saladino uma partição de Jerusalém, com os muçulmanos em posse de Haram e da torre de Davi. Mas essas conversações, quase comparáveis em complexidade às de israelenses e palestinos no século XXI, foram inúteis: os dois ainda tinham esperança de tomar conta de Jerusalém completamente. Em 20 de março, Safadino e o filho Kamil visitaram Ricardo com uma oferta de acesso ao Sepulcro e a devolução da Verdadeira Cruz: num clássico *beau geste* de cavalheirismo, Coração de Leão sagrou o jovem Kamil, cingindo-o com o cinto de cavaleiro.

Mas esse teatro de conduta cavalheiresca era impopular entre os insurretos cavaleiros franceses, que exigiam a invasão imediata de Jerusalém. Em 10 de junho, Ricardo conduziu-os de volta a Bayt Nuba, onde montaram acampamento no calor ressecante e passaram três semanas discutindo qual seria o próximo passo. Para aliviar a tensão, Ricardo fez um passeio de reconhecimento a cavalo, chegando num certo momento a Montjoie, onde apeou para dizer suas preces, mas ocultando com o escudo a glória de Jerusalém, enquanto supostamente dizia estas palavras: "Senhor Deus, peço-Te que não me deixes ver a Cidade Santa sem que eu possa livrá-la dos Teus inimigos!".

Coração de Leão pôs espiões no exército do sultão, e eles o informaram de que um dos príncipes de Saladino comandava uma caravana de reforços provenientes do Egito. Ricardo, em trajes beduínos, comandou quinhentos cavaleiros e mil soldados de cavalaria ligeira para atacar de emboscada os egípcios. Dispersou as tropas e capturou a caravana, apossando-se de 3 mil camelos e amplas cargas de suprimentos — o suficiente talvez para marchar sobre Jerusalém ou sobre o Egito. "Foi penoso para o coração de Saladino", disse o ministro Ibn Shaddad, "mas procurei acalmá-lo." Dentro de uma Jerusalém atormentada, Sa-

---

Isabela, como rei de Jerusalém. Dias depois, porém, Conrado foi morto pelos Assassinos (Hashishim). Henrique, conde de Champagne, sobrinho de Ricardo da Inglaterra e Filipe da França, casou-se com a rainha Isabela de Jerusalém, de apenas 21 anos, grávida do filho de Conrado e já no terceiro marido. Ele se tornou Henrique de Jerusalém. Para compensar Guido, Ricardo lhe vendeu Chipre, que a família governou durante três séculos.

ladino estava à beira do pânico, numa tensão intolerável. Envenenou os poços da cidade e posicionou seus escassos contingentes sob o comando dos filhos. Seus exércitos eram inadequados, e ele ansiosamente mandou chamar Safadino no Iraque.

Em 2 de julho, ele reuniu um conselho de guerra, mas seus emires eram tão pouco confiáveis quanto os barões de Ricardo. "A melhor coisa que podemos fazer", disse Ibn Shaddad, abrindo o encontro, "é ir para o Domo da Rocha e nos prepararmos para morrer." Então houve um silêncio, os emires sentados tão quietos que era "como se houvesse pássaros pousados sobre suas cabeças". O conselho debateu se o líder deveria fazer um último esforço de defesa dentro da cidade ou evitar ficar preso num cerco. O sultão sabia que, sem sua presença, seus escudeiros logo se renderiam. Finalmente Saladino disse: "Os senhores são o exército do Islã. Se derem as costas, eles vão dobrar estas terras como um rolo de pergaminho. É de responsabilidade dos senhores — é por isso que foram pagos pelo tesouro durante todos esses anos". Os emires concordaram em lutar, mas no dia seguinte voltaram para dizer que temiam um cerco como o de Acre. Não seria melhor lutar fora das muralhas e, na pior das hipóteses, perder temporariamente Jerusalém? Os generais insistiam para que Saladino, ou um de seus filhos, ficasse em Jerusalém; caso contrário, seus turcos lutariam contra seus curdos.

Saladino ficou — e seus espiões o mantiveram bem informado sobre os problemas de Ricardo. Com a aproximação do 15 de julho, aniversário da captura de Jerusalém em 1099, os cruzados descobriram mais um fragmento da Verdadeira Cruz, oportuno milagre que animou os soldados. Mas os franceses, sob o comando do duque da Borgonha, e os anglo-angevinos, sob Ricardo, estavam a ponto de puxar as adagas, insultando-se reciprocamente com dísticos idiotas e cantigas imundas. Ricardo, o trovador, compôs uma também.

Saladino quase adoeceu de tensão: na noite de quinta-feira, 3 de julho, Ibn Shaddad estava tão preocupado que prescreveu o conforto da oração: "Estamos no lugar mais abençoado em que poderíamos estar neste dia". Durante as orações de sexta-feira, o sultão deveria fazer dois rituais *rakas*, curvar-se da cintura para baixo e prostrar-se completamente duas vezes. Saladino executou esses rituais e chorou sem tentar esconder as lágrimas. Ao anoitecer, seus espiões informaram que os francos estavam prontos para ir embora. Em 4 de julho, Ricardo comandou a retirada.

Saladino ficou entusiasmado e saiu a cavalo para se encontrar com o filho favorito, Zahir, beijando-o entre os olhos e escoltando-o até Jerusalém, onde o príncipe hospedou-se com o pai no palácio do senhor dos hospitalários. Mas os dois lados estavam exaustos: Ricardo recebia notícias de que na Inglaterra o irmão João estava à beira da rebelião declarada. Se quisesse salvar suas terras, precisava voltar para casa logo.

Encorajado pelos problemas de Ricardo, Saladino lançou em 28 de julho um ataque surpresa contra Jaffa, que ele rapidamente capturou depois de um bombardeio com suas catapultas. Enquanto Ibn Shaddad negociava a rendição, Zahir dormiu durante a sentinela. Ricardo Coração de Leão apareceu de súbito, no mar, a bordo de uma galé com bandeira escarlate. Tinha chegado no momento exato: alguns francos ainda resistiam. Disparando uma balestra, ele vadeou até a praia — "de cabelo ruivo, túnica vermelha, estandarte vermelho". Sem perder tempo sequer para tirar as botas e vestir a armadura, brandindo uma alabarda dinamarquesa, acompanhado apenas de dezessete cavaleiros e algumas centenas de soldados de infantaria, Ricardo conseguiu retomar a cidade, numa estupenda demonstração de como pegar o inimigo desprevenido.

Depois ele provocou o ministro de Saladino: "Este sultão seu é um grande homem, [mas] como explicar que tenha saído só porque cheguei? Eu estava usando apenas minhas botas de marinheiro, nem peitoral tinha!". Consta que Saladino e Safadino mandaram cavalos árabes de presente para Coração de Leão, mas esses atos cavalheirescos geralmente não passavam de tática para ganhar tempo, pois logo contra-atacaram. Ricardo repeliu-os e desafiou os sarracenos para um combate homem a homem. Passou várias vezes galopando, de lança em riste, diante de suas fileiras — mas ninguém aceitou o desafio.

Saladino ordenou outro ataque, porém seus emires se recusaram a obedecer. Isso o deixou tão furioso que ele chegou a pensar em crucificar seus rebeldes generais, ao estilo de Zangi. Já mais calmo, porém, os convidou para comer suculentos abricós que acabavam de chegar de Damasco.

O rei e o sultão tinham lutado até o empate. "Os senhores estão arruinados e nós também", confidenciou Ricardo a Saladino. Enquanto negociavam, os dois chefes militares desmaiaram, desesperadamente enfermos: tanto seus expedientes como sua determinação estavam completamente esgotados.

28. A dinastia de Saladino (1193-1250)

A MORTE DO SULTÃO

Em 2 de setembro de 1192, sultão e rei firmaram o Tratado de Jaffa, a primeira partição da Palestina: o reino cristão ganhou novo impulso com Acre como capital, enquanto Saladino ficou com Jerusalém, assegurando aos cristãos pleno acesso ao Sepulcro.

Na volta para Jerusalém, Saladino encontrou-se com o irmão Safadino, que beijou o chão para agradecer a Deus, e os dois oraram juntos no Domo da Rocha. Embora Ricardo se recusasse a visitar a Jerusalém islâmica, seus cavaleiros correram para lá em peregrinação e foram recebidos por Saladino. O sultão mostrou-lhes a Verdadeira Cruz, mas depois o maior pedaço dessa relíquia das relíquias se perdeu — e desapareceu para sempre.* Encontrando-se em Jerusalém, Hubert Walter, conselheiro do rei, discutiu sobre Ricardo com Saladino, que era de opinião que o Coração de Leão não tinha sabedoria nem moderação. Graças a Walter, Saladino permitiu a volta de sacerdotes latinos ao Sepulcro. Quando o

* Em 1187, Saladino mandou um pequeno pedaço da Cruz como presente para o imperador Isaac Ângelo num navio veneziano. O navio foi capturado por um pirata pisano chamado Fortis, que matou todos os tripulantes e levou a relíquia para Bonifácio na Córsega, de onde ela foi tirada por piratas genoveses. Pedaços da Cruz ainda existem nos relicários da Europa.

imperador bizantino Isaac Ângelo exigiu o mesmo para os ortodoxos, Saladino decidiu que uns e outros deveriam partilhar o Sepulcro sob sua supervisão, e designou o xeque Ghanim al-Khazraji como Guardião da Igreja, função ainda hoje exercida por seus descendentes, a família Nusseibeh.

Os dois protagonistas jamais se reencontraram. Em 9 de outubro, Ricardo embarcou para a Europa.* Saladino indicou Ibn Shaddad — cujas memórias têm sido, desde então, uma vívida fonte — para supervisionar seus projetos em Jerusalém. Logo Saladino partiu para Damasco.[1]

Ali, as alegrias da vida em família o despertaram — teve dezessete filhos —, mas àquela altura ele já contava 54 anos e estava cansado. O filho Zahir não teve ânimo para deixar o pai, talvez pressentindo que não voltaria a vê-lo: numa cena comovente, dizia adeus, e em seguida dava meia-volta na montaria para beijar Saladino mais uma vez. No palácio, Ibn Shaddad encontrou o sultão brincando com um dos filhos de colo num pórtico entre os jardins, enquanto barões francos e emires turcos aguardavam audiência.

Em poucos dias, depois de dar as boas-vindas a uma caravana de hadjis de Meca, Saladino foi acometido de febre, provavelmente tifoide. Os médicos sangraram-no, mas seu estado piorou. Quando pediu água morna, a água veio fria. "Por Deus!", exclamou. "Será que ninguém consegue trazer a água na temperatura certa?" Ao amanhecer de 3 de março de 1193, morreu ouvindo versículos do Alcorão. "Eu e outros daríamos a vida por ele", disse Ibn Shaddad, que acrescentou, pensativo:

> Então aqueles anos e seus personagens se foram
> Como se não tivessem passado de sonhos.

MUAZZAM ISA: O OUTRO JESUS

Os filhos de Saladino passaram os seis anos seguintes lutando entre si, em variadas combinações, em disputas mediadas pelo astuto tio Safadino. Os três

* Na volta para casa, Ricardo foi capturado e entregue ao imperador alemão Henrique VI, que o manteve preso por mais de um ano, até a Inglaterra pagar vultoso resgate. Ele retornou para combater o rei francês, levando consigo alguns soldados sarracenos e o segredo do Fogo Grego. Em 1199, enquanto sitiava um pequeno castelo francês, foi morto pelo dardo de um arqueiro. "Ele foi", escreve Steven Runciman, "um mau filho, mau marido e mau rei, mas um galante e esplêndido soldado."

filhos mais velhos, Afdal, Zahir e Aziz, ficaram com Damasco, Aleppo e Egito, enquanto Safadino ficou com Outrejourdain e Edessa.

Afdal, então com 22 anos, herdou Jerusalém, que ele amava. Ali construiu a mesquita de Omar ao lado da igreja e assentou norte-africanos num bairro magrebino, onde construiu a madraçal Afdaliyya, a poucos metros do Muro das Lamentações.

Bêbado e inepto, Afdal teve dificuldade para inspirar lealdade, e Jerusalém tornou-se joguete nas mãos dos irmãos em conflito. Quando Aziz finalmente venceu a disputa e emergiu como sultão, foi morto durante uma caçada. Os irmãos sobreviventes, Afdal e Zahir, juntaram-se contra o tio, mas Safadino derrotou os dois e tomou conta do império, governando como sultão durante vinte anos. Frio, elegante e circunspecto, Safadino não era Saladino: nenhum dos seus contemporâneos o descreve em termos afetuosos, mas todos os respeitavam. Foi "brilhantemente bem-sucedido, talvez o mais competente de sua linhagem". Em Jerusalém, Safadino mandou construir o portão Duplo — o portão da Corrente e o portão da Presença Divina, provavelmente no lugar do portão Bonito dos cruzados — com a utilização de belos materiais francos do claustro templário e consistindo de varanda com cúpula geminada e capitéis entalhados com figuras de animais e leões (isso ainda forma a principal entrada ocidental do monte do Templo). Mas mesmo antes de tornar-se sultão, em 1198, o segundo filho, Muazzam Isa (Isa é Jesus em árabe), abriu mão da Síria.

Em 1204, Muazzam fez de Jerusalém sua capital, e do palácio de Amauri, sua casa. O mais popular membro da família desde o tio Saladino, Muazzam era despreocupado e tolerante. Quando visitava eruditos para estudar filosofia e ciências, simplesmente ia a pé até a casa deles, como qualquer aluno. "Vi-o em Jerusalém", contou o historiador Ibn Wasil. "Homens, mulheres e meninos o empurravam e ninguém os afastava. Apesar de sua ousadia e do seu senso de honra, tinha pouco gosto por ostentação. Cavalgava sem o acompanhamento dos estandartes reais, apenas com uma pequena escolta. Usava na cabeça uma boina amarela e andava por mercados e ruas sem que ninguém abrisse caminho."

Muazzam foi um dos mais prolíficos construtores de Jerusalém, restaurando as muralhas, erigindo sete volumosas torres e convertendo as estruturas dos cruzados no monte do Templo em santuários muçulmanos.* Em 1209, fixou em

* Os alicerces de seis de suas torres podem ser vistos ainda hoje. No monte do Templo, ele construiu a Escola de Gramática, com sua cúpula, e os gloriosos arcos e a entrada encimada por cúpula

Jerusalém trezentas famílias judias da França e da Inglaterra. O poeta judeu espanhol Judá al-Harizi, quando fez sua peregrinação, elogiou a dinastia de Muazzam e Saladino apesar da consternação que lhe inspirava o Templo: "Íamos todos os dias chorar por Sião, lamentávamos seus palácios destruídos, subíamos o monte das Oliveiras para nos prostrarmos diante do Eterno. Que tormento era ver nossos santos pátios convertidos em templo alheio". De repente, em 1218, as realizações de Muazzam passaram a correr risco quando João de Brienne, rei titular de Jerusalém,* comandou a Quinta Cruzada para atacar o Egito. Os cruzados cercaram o porto de Damieta. Safadino, já com 74 anos, chefiava seus exércitos, mas morreu ao ouvir a notícia de que a torre da Corrente de Damieta tinha caído. Muazzam deixou Jerusalém às pressas para ajudar o irmão mais velho Kamil, o novo sultão do Egito. Mas os irmãos entraram em pânico e, por duas vezes, ofereceram Jerusalém aos cruzados caso estes deixassem o Egito. Na primavera de 1219, com o império da família em perigo, Muazzam tomou a dolorosa decisão de destruir todas as suas fortificações em Jerusalém, afirmando que "se tomarem a cidade, os francos vão matar todo mundo e dominar a Síria".

Jerusalém estava indefesa e semideserta — seus moradores fugiram aos magotes. "Mulheres, meninas e velhos reuniram-se no Haram, rasgaram cabelos e roupas e debandaram em todas as direções", como se fosse "o Dia do Juízo". Mas os cruzados recusaram estupidamente as ofertas dos irmãos sobre Jerusalém — e a Cruzada desintegrou-se.

Quando os cruzados foram embora, Kamil e Muazzam, que tinham cooperado tão bem entre si durante a maior crise, embarcaram numa brutal guerra de irmãos pela supremacia. Jerusalém só se recuperaria completamente no século XIX.

---

da al-Aqsa. Talvez tenha reutilizado materiais francos para construir o octogonal Domo de Salomão, também conhecido como Kursi Isa — o Trono de Jesus (o Jesus pode ser o próprio Isa) —, e o Domo da Ascensão; este último traz uma inscrição datada de 1200-1. Mas é mais provável que ambos sejam originariamente edifícios dos cruzados: a fonte batismal do Domo da Ascensão, com seus capitéis francos, encimados por uma elegante falsa lanterna franca, pode ter tido origem no Templum Domini. Foi Muazzam que emparedou o portão Dourado.

* A rainha Isabela de Jerusalém não teve sorte nos casamentos: seu terceiro marido, Henrique de Champagne, governou Acre como rei de Jerusalém e teve mais duas filhas com ela — mas, quando passava em revista os cruzados alemães em 1197, foi distraído por seu anão e caiu de costas por uma janela. Depois ela casou com Amauri de Lusignan, rei de Chipre, que morreu empanturrado com tainha branca em 1205. Com a morte da rainha, a filha Maria — agora rainha de Jerusalém — casou com o cavaleiro João de Brienne, com quem teve uma filha, Iolanda.

Lendária antes e depois por suas muralhas, ficaria três séculos sem elas. Mas a cidade estava prestes a mudar de mãos outra vez, no mais improvável dos acordos de paz.[2]

IMPERADOR FREDERICO II: MARAVILHA DO MUNDO, BESTA DO APOCALIPSE

Em 9 de novembro de 1225, na catedral de Brundísio, Frederico II, imperador do Sacro Império Romano e rei da Sicília, casou-se com Iolanda, a rainha de Jerusalém então com quinze anos. Terminada a cerimônia de casamento, Frederico assumiu o título de rei de Jerusalém, já pronto para partir em sua Cruzada. Os inimigos diziam que ele seduzia as damas de companhia da mulher, enquanto folgava com seu harém de odaliscas sarracenas. Isso horrorizou o sogro João de Brienne e ofendeu o papa. Mas Frederico já era o monarca mais poderoso da Europa — ficaria conhecido como Stupor Mundi, a Maravilha do Mundo — e fazia tudo do seu jeito.

Frederico de Hohenstaufen, de olhos verdes e cabelo ruivo alaranjado, meio alemão, meio normando, fora criado na Sicília e nada havia na Europa de parecido com sua corte em Palermo, que combinava as culturas normanda, árabe e grega numa ímpar mistura cristão-muçulmana. Foi essa criação que tornou Frederico tão incomum, e ele gostava de ostentar suas excentricidades. Seu entourage geralmente incluía um harém sultanesco, um zoológico, cinquenta falcoeiros (escreveu um livro intitulado *Da arte de caçar com aves*), guarda-costas árabes, eruditos judeus e muçulmanos e quase sempre um mágico e hierofante escocês. Era certamente mais levantino em sua cultura do que qualquer outro rei da cristandade, mas isso não o impediu de eliminar implacavelmente rebeldes árabes na Sicília — usou a própria espora para abrir a barriga do líder capturado. Deportou os árabes da Sicília, embora tenha construído para eles uma nova cidade árabe em Lucera, com mesquitas e um palácio que se tornou sua residência favorita. De maneira similar, aplicou leis contra os praticantes do judaísmo, ao mesmo tempo que dava apoio a sábios judeus, acolhia colonos judeus e fazia questão de que fossem bem tratados.

Mas o que consumia Frederico era o poder, e não os objetos exóticos, e ele dedicou a vida para proteger sua vasta herança, que se estendia do Báltico ao Mediterrâneo, contra papas invejosos que o excomungaram duas vezes, denunciando-o como Anticristo e denegrindo-o com as mais absurdas calúnias. Diziam que ele era ateu ou muçulmano em segredo, e que considerava Moisés, Jesus e Maomé como fraudes. Pintavam-no como um Frankenstein medieval, que selara um moribundo num barril para ver se a alma podia escapar; que desventrara um homem para estudar a digestão; e que confinava crianças em celas solitárias para ver como desenvolviam a linguagem.

Frederico levava muito a sério os direitos de sua família e a si mesmo. Na verdade, era um cristão convencional certo de que, como imperador, deveria ser um monarca santo e universal, de modelo bizantino, e que, como descendente de gerações de cruzados e herdeiro de Carlos Magno, tinha obrigação de libertar Jerusalém. Ele já havia tomado a Cruz duas vezes, mas vivia adiando sua partida.

Agora que era rei de Jerusalém, planejou seriamente uma expedição — mas, é claro, seguindo seu próprio estilo. Colocou a grávida rainha de Jerusalém em seu harém de Palermo, prometendo ao papa que partiria numa Cruzada — mas Iolanda, com dezesseis anos, morreu depois de dar à luz um filho. Como Frederico era rei de Jerusalém em virtude do casamento, o filho assumiu o título. Mas ele não ia permitir que esse detalhe interferisse em sua nova atitude para com as Cruzadas.

O imperador esperava conquistar Jerusalém explorando as rivalidades da Casa de Saladino. De fato, o sultão Kamil ofereceu-lhe o lugar em troca de ajuda contra Muazzam, que mantinha a cidade. Frederico finalmente partiu em 1227, mas logo caiu doente e voltou — e por isso foi excomungado pelo papa Gregório IX, enorme inconveniência para um cruzado. Despachou na frente seus cavaleiros teutônicos e sua infantaria, e, quando os alcançou em Acre, em setembro de 1228, Muazzam estava morto e Kamil tinha ocupado a Palestina — e retirado a oferta.

Agora, porém, Kamil tinha que lutar contra os filhos de Muazzam e também contra Frederico e seu exército. Não era capaz de enfrentar as duas ameaças. O imperador e o sultão estavam fracos demais para brigar por Jerusalém, e, sendo assim, iniciaram negociações secretas.

Kamil era tão pouco convencional quanto Frederico. Quando menino, o filho de Safadino fora sagrado cavaleiro pelo próprio Coração de Leão. Enquanto negociavam a partilha de Jerusalém, imperador e sultão debatiam também filosofia aristotélica e geometria árabe. "Não tenho nenhuma ambição real de ficar com Jerusalém", disse Frederico a um emissário de Kamil. "Tudo que quero é salvaguardar minha reputação perante os cristãos." Os muçulmanos questionavam se o cristianismo não seria "um jogo para ele". O sultão mandou "dançarinas" para o imperador, enquanto este entretinha seus hóspedes com dançarinas cristãs. O patriarca Gerold denunciou as cantoras e malabaristas de Frederico como "pessoas não apenas de má reputação, mas indignas de serem mencionadas por cristãos", o que, é claro, ele fez em seguida. Entre sessões de negociação, Frederico caçava com seus falcões e seduzia novas amantes, bancando o trovador para escrever a uma delas: "Ai de mim, não achava que separar-me de minha dama fosse tão difícil, quando me recordo de sua doce companhia. Feliz canção, vá voando para a flor da Síria, para aquela que mantém preso meu coração. Peça à mais amável das damas que se lembre deste servo, que padecerá de amor por ela, até fazer tudo o que ela quiser que faça".

Quando as negociações titubearam, Frederico marchou com suas tropas pela costa para Jaffa, seguindo os passos de Ricardo e ameaçando Jerusalém. O truque funcionou, e em 11 de fevereiro de 1229 ele conseguiu o insonhável: em troca de dez anos de paz, Kamil cedeu Jerusalém e Belém com um corredor para o mar. Em Jerusalém, os muçulmanos ficaram com o monte do Templo e a liberdade de entrar e adorar a Deus sob seu cádi. O acordo ignorou os judeus (cuja maior parte tinha fugido da cidade), mas esse tratado de soberania compartilhada continua a ser o acordo de paz mais ousado da história de Jerusalém.

Ainda assim, os dois mundos ficaram horrorizados. Em Damasco, o filho de Muazzam, Nasir Daud, decretou luto oficial. A multidão soluçava diante da notícia. Kamil insistia em dizer que "concedemos apenas algumas igrejas e casas em ruínas. As zonas sagradas e a venerada Rocha continuam nossas". Mas o acordo funcionou para ele — que conseguiu reunir o império de Saladino sob sua coroa. Quanto a Frederico, o patriarca Gerold proibiu o excomungado de visitar Jerusalém, e os templários o denunciaram por não ter conquistado o monte do Templo.

No sábado, 17 de março, Frederico, escoltado por seus guarda-costas e pajens árabes, suas tropas alemãs e italianas, os cavaleiros teutônicos e dois bispos ingleses, foi recebido no portão de Jaffa pelo representante do sultão, Shams al-Din, o cádi de Nablus, que lhe entregou as chaves de Jerusalém.

As ruas estavam desertas; muitos muçulmanos tinham ido embora; os ortodoxos sírios viam com tristeza o ressurgimento latino — e o tempo de que dispunha Frederico era escasso: o bispo de Cesareia estava a caminho para fazer cumprir a proibição do patriarca e colocar a cidade sob interdição.[3]

Depois de passar a noite no palácio do senhor dos hospitalários, Frederico mandou celebrar uma missa especial no Santo Sepulcro, vazio de sacerdotes mas inteiramente tomado por seus soldados alemães. Repousou a coroa imperial no altar do Calvário e, em seguida, colocou-a em sua própria cabeça, numa cerimônia de coroação destinada a projetar-se a si mesmo como o monarca universal e supremo da cristandade. Conforme explicou a Henrique III da Inglaterra: "Sendo imperador católico, usamos a coroa que Deus Todo-Poderoso nos ofereceu do trono de Sua Majestade quando, por Sua graça especial, nos elevou às alturas entre os príncipes do mundo na casa de Seu servo Davi". Frederico não era de subestimar a própria importância: sua estranha e magnífica mise-en-scène foi a coroação de um rei sacro, um místico imperador dos Últimos Dias, na igreja que era para ele o templo do rei Davi.

Depois disso, o imperador fez um passeio pelo monte do Templo, admirando o Domo e a al-Aqsa, louvando seu belo *mihrab*, subindo no *minbar* de Nur al-Din. Quando viu um sacerdote com um Novo Testamento tentando entrar na al-Aqsa, derrubou-o com um soco, berrando: "Seu porco! Pelo amor de Deus, se um de vocês vier aqui de novo sem permissão, eu lhe arranco os olhos!".

Os guardiães muçulmanos não sabiam o que pensar daquele homem ruivo independente: "Se fosse um escravo, não valeria duzentos dirhams", disse um deles, sem diplomacia. Aquela noite, Frederico notou o silêncio dos muezins: "Ó, cádi", perguntou ele ao representante do sultão, "por que os muezins não conclamaram à oração na noite passada?".

"Recomendei aos muezins que não o fizessem, em respeito ao rei", respondeu o cádi.

"Cometeu um erro", disse Frederico. "Meu principal objetivo ao pernoitar em Jerusalém era ouvir os muezins e seus gritos de louvor a Deus durante a noite." Se para seus inimigos isso era islamofilia, Frederico provavelmente estava mais interessado em certificar-se de que o acordo sem igual que firmara estava funcionando. Quando os muezins conclamaram às orações do meio-dia, "todos os seus valetes e pajens, bem como seu tutor", prostraram-se para rezar.

Aquela manhã, o bispo de Cesareia chegou com sua interdição. O imperador deixou a guarnição na torre de Davi e tomou o caminho de volta para Acre, onde deparou com a ingrata hostilidade de barões e templários. Agora sob ataque papal na Itália, o imperador planejava partir em segredo, mas, ao amanhecer de 1º de maio, a turbamulta de Acre, municiando-se na rua dos Açougueiros, bombardeou-o com vísceras de animais. No navio para Brundísio, Frederico tinha saudade de sua "flor da Síria": "Desde que me ausentei, nunca senti tanta angústia como a bordo do navio. E agora sei que vou morrer se não voltar logo para ela".[4]

Frederico não tinha ficado muito tempo e jamais voltou para Jerusalém, mas continuou sendo oficialmente o senhor da cidade durante dez anos. Ele deu a torre de Davi e o palácio real aos cavaleiros teutônicos. Ordenou a seu senhor, Hermann de Salza e bispo Pedro de Winchester, que reparassem a torre (parte dessa obra ainda sobrevive) e fortificassem o portão de Santo Estêvão (hoje portão de Damasco). Os francos reclamaram "suas igrejas, e suas antigas possessões lhes foram devolvidas". Os judeus novamente foram banidos. Sem muralhas, Jerusalém era insegura: semanas depois, os imãs de Hebron e Nablus levaram 15 mil camponeses para dentro da cidade, enquanto os cristãos se acovardavam na torre. Acre enviou um exército para expulsar os invasores muçulmanos, e Jerusalém permaneceu cristã.*

Em 1238, o sultão Kamil morreu, mergulhando a dinastia Saladino em mais guerras intestinas, exacerbadas por uma nova Cruzada sob o comando do conde Teobaldo de Champagne. Quando os cruzados foram derrotados, o filho de Muazzam, Nasir Daud, partiu a galope para Jerusalém e sitiou a torre de Davi por 21 dias, até sua rendição em 7 de dezembro de 1239. Em seguida, destruiu as novas fortificações, e os príncipes beligerantes da família Saladino fizeram um juramento de paz no monte do Templo. Mas a disputa de família e a chegada de uma Cruzada inglesa sob o comando do irmão de Henrique III, Ri-

* Frederico e Kamil mantiveram a amizade: o sultão mandou de presente para o imperador um planetário enfeitado de joias — que era ao mesmo tempo relógio e mapa móvel dos céus — e um elefante; Frederico deu para Kamil um urso polar. Frederico passou o resto da vida em constante guerra com os papas para defender sua dupla herança na Alemanha e na Itália. Foram os papas que o estigmatizaram com o apelido de Besta do Apocalipse. O mais velho de seus filhos, Henrique, rei dos romanos, o traiu: Frederico manteve-o preso pelo resto da vida, designando como herdeiro Conrado, rei de Jerusalém, seu filho com Iolanda. Conrado morreu jovem, e a coroa de Jerusalém foi herdada por seu filho ainda bebê, Conradino, que foi decapitado com dezesseis anos. Mas a reputação de Frederico cresceu: com o passar do tempo, os liberais elogiaram sua tolerância moderna, ao passo que Hitler e os nazistas o admiravam como super-homem nietzschiano.

cardo, conde da Cornualha, forçou novamente a rendição de Jerusalém aos francos. Dessa vez os templários expulsaram os muçulmanos e retomaram o monte do Templo: o Domo e al-Aqsa voltaram a ser igrejas. "Vi monges encarregados da Rocha Sagrada", disse Ibn Wasil. "Vi nela garrafas de vinho para a missa."[5] Os templários começaram a fortificar a Cidade Santa — mas não com a rapidez necessária: para combater seus rivais de família, o novo sultão Salih Ayyub contratara uma horda de aventureiros tártaros, cavaleiros nômades da Ásia Central desalojados pelo novo império mongol. Mas ele pôde controlá-los. Para horror dos cristãos de Acre, 10 mil tártaros corasmianos rumaram para Jerusalém.

BARKA KHAN E OS TÁRTAROS: CATÁSTROFE

Em 11 de julho de 1244, os cavaleiros tártaros chefiados por Barka Khan cavalgaram em tropel Jerusalém adentro, lutando e despedaçando o que encontravam pelas ruas, invadindo o convento armênio e matando monges e freiras. Destruíram igrejas e casas, saqueando o Santo Sepulcro e ateando-lhe fogo. Caindo sobre os sacerdotes que celebravam missa, os tártaros decapitaram-nos e estriparam-nos no altar. Os corpos dos reis de Jerusalém foram desenterrados e queimados, apesar de seus elaborados sarcófagos terem sido poupados de alguma forma; a pedra da porta do túmulo de Jesus foi despedaçada. Os francos, sitiados na torre, fizeram um apelo a Nasir Daud, que convenceu Barka a permitir que a guarnição saísse incólume.

Partiram para Jaffa 6 mil cristãos, mas, ao verem bandeiras francas nas ameias e acreditando que o socorro tinha chegado, muitos deles voltaram. Os tártaros massacraram 2 mil cristãos, e apenas trezentos alcançaram Jaffa. Depois de destruírem completamente Jerusalém, os tártaros foram embora.* Incendiada e destroçada, a cidade só voltaria a ser cristã em 1917.[6]

* Esses tártaros finalmente foram derrotados pelos descendentes de Saladino em 1246. Bêbado durante a batalha, Barka Khan foi decapitado, e sua cabeça, exibida em Aleppo. Mas a filha casou-se com o líder mameluco Baibars, futuro sultão; seus filhos tornaram-se poderosos emires que entre 1260 e 1285 construíram um belo túmulo, *turba*, que ainda existe na rua da Corrente. Ali sepultaram o pai: "Este é o túmulo do servo necessitado da misericórdia divina Barka Khan". Posteriormente, os filhos foram sepultados com ele. Mas quando arqueólogos inspecionaram o túmulo, não havia lá dentro Barka nenhum. Talvez o corpo jamais tenha chegado a Aleppo. Em 1846-7, a rica família Khalidi comprou esse edifício — na verdade, a rua inteira. O túmulo de Barka é agora a

Em 1248, o rei Luís IX comandou a última Cruzada efetiva, e mais uma vez os cruzados esperavam ganhar Jerusalém conquistando o Egito. Em novembro de 1249, os cruzados avançaram para o Cairo, onde o sultão Salih Ayyub estava à beira da morte. Sua viúva, a sultana Shajar al-Durr, assumiu o controle, convocando o enteado Turanshah que estava na Síria. Os cruzados exageraram, indo além do que lhes era possível, e foram derrotados pelos mamelucos, o extraordinário regimento composto de escravos militares. Luís foi capturado. Mas o novo sultão Turanshah menosprezou seus próprios soldados: em 2 de maio de 1250, ele oferecia um banquete para comemorar a vitória, com a presença de muitos cruzados prisioneiros, quando mamelucos — chefiados por um gigante louro chamado Baibars, então com 27 anos — invadiram o local com espadas desembainhadas.

Baibars deu uma cutilada no sultão, que fugiu sangrando para o Nilo enquanto os mamelucos lhe atiravam setas. Ele ficou ferido no rio, suplicando para que o deixassem vivo, até que um mameluco entrou na água, cortou sua cabeça e abriu-lhe o peito com um golpe. O coração foi arrancado e mostrado ao rei Luís da França num banquete; sem dúvida ele perdeu o apetite.

Ali acabava a dinastia de Saladino no Egito, uma derrocada que condenou Jerusalém — meio deserta, meio arruinada — a dez anos caóticos, jogada entre diferentes chefes militares e principezinhos que brigavam pelo poder,* enquanto uma sombra apavorante se estendia sobre o Oriente Médio. Em 1258, os mongóis, as hordas xamanistas do Extremo Oriente que já tinham conquistado o

---

sala de leitura da biblioteca Khalidiyyah, fundada em 1900. Ainda é a residência da sra. Haifa al-Khalidi e oferece uma bela vista do Muro das Lamentações. Como pitoresco lembrete da duração de Jerusalém ao longo da história, a casa ampliada contém ainda uma caixa de correio britânica vermelha da época do Mandato.

* Às vezes Jerusalém era governada a partir da Síria, às vezes a partir do Cairo, onde Shajar al-Durr se tornou sultana por esforço próprio. Foi uma conquista feminina única no Islã e fonte de muitas lendas. Como jovem concubina, ela tinha despertado a atenção do sultão usando um vestido feito totalmente de pérolas, de onde lhe veio o nome Shajar al-Durr, Árvore de Pérolas. Agora precisava de apoio masculino, e casou-se com um oficial mameluco, Aibeg, que se tornou sultão. Mas o casal logo se desentendeu e ela mandou esfaqueá-lo durante o banho. Depois de um reinado de oitenta dias, os mamelucos a depuseram. Antes de tentar fugir, ela moeu os famosos diamantes para que nenhuma outra mulher os usasse. Quando foi apanhada, as concubinas de Aibeg (talvez furiosas por não herdarem as joias) mataram-na a tamancadas — o equivalente mameluco da morte com sapatos de salto *stiletto*.

maior império que o mundo conhecera, saquearam Bagdá, massacrando 80 mil pessoas e matando o califa. Depois tomaram Damasco e seguiram a galope até Gaza, assaltando Jerusalém no caminho. O Islã precisaria de um feroz campeão para derrotá-los. O homem que enfrentou o desafio foi Baibars.[7]

VI. MAMELUCOS

Antes do fim do mundo, todas as profecias devem ser cumpridas — e a Cidade Santa tem de ser devolvida à igreja cristã.

Cristóvão Colombo, carta ao rei Fernando e à rainha Isabel da Espanha

E ela [a Mulher de Bath] tinha ido três vezes a Jerusalém.

Geoffrey Chaucer, *Os contos de Canterbury*

Em Jerusalém não há um único lugar que se possa chamar de sagrado.

Ibn Taymiyya, *Em apoio de piedosas visitas a Jerusalém*

A prática [do Fogo Sagrado] ainda continua. Debaixo dos olhos dos muçulmanos muitas coisas odiosas acontecem.

Mujir al-Din, *História de Jerusalém e Hebron*

Os gregos [são] nossos piores e mais atrozes inimigos; os georgianos são os piores heréticos, como os gregos, e iguais em malícia; os armênios são muito bonitos, ricos e generosos, [e] inimigos mortais dos gregos e georgianos.

Francesco Suriano, *Tratado sobre a Terra Santa*

Contemplamos a famosa cidade de nossa delícia e rasgamos nossas roupas. Jerusalém está na maior parte desolada, arruinada e sem muralhas. Quanto aos judeus, os mais pobres continuaram [morando] em montes de lixo, pois diz a lei que o judeu não pode reconstruir sua casa arruinada.

Rabino Obadias de Bertinoro, *Cartas*

29. De escravo a sultão (1250-1339)

BAIBARS: A PANTERA

Baibars era um turco louro e de olhos azuis da Ásia Central que foi vendido quando menino para um príncipe sírio. Mas, apesar do físico avantajado e do tronco desenvolvido, tinha um defeito inquietante: uma catarata branca na íris de um olho, o que fez seu dono vendê-lo para o sultão no Cairo. Salih Ayyub, sobrinho-neto de Saladino, comprava escravos turcos "aos lotes, como cortiçóis", para formar seus regimentos mamelucos. Não confiava na própria família, mas achava "um escravo mais leal do que trezentos filhos". Baibars, como todos aqueles meninos escravos pagãos, foi convertido ao Islã e adestrado como soldado-escravo — um mameluco. Sobressaía-se com a balestra de aço, ganhando o apelido de Arbalestier, e ingressou no regimento Bahriyya, os soldados de elite que derrotaram os cruzados e ficaram conhecidos como Leões Turcos e Templários Islâmicos.

Ao ganhar a confiança de seu senhor, Baibars foi alforriado e avançou na carreira. Os mamelucos eram leais a seus senhores e mais ainda aos próprios companheiros — mas, no fim das contas, esses guerreiros-órfãos não deviam nada a ninguém, exceto a si próprios e a Alá. Depois de sua participação no assassinato do sultão, Baibars saiu perdendo na disputa de poder e fugiu para a Síria, onde pôs sua balestra a serviço de quem pagasse melhor nas guerras civis que grassavam entre os principezinhos locais. A certa altura, capturou e saqueou Jerusalém. Mas o poder estava no Egito, e Baibars finalmente foi convocado de volta pelo último general a tomar a coroa, Qutuz.

Quando os mongóis incursionaram pela Síria com força, Baibars comandou a vanguarda que avançou rapidamente para o norte a fim de contê-los. Em 3 de setembro de 1260, ele derrotou o exército mongol na fonte de Golias (Ain Jalut), perto de Nazaré. Os mongóis retornariam e até chegariam a Jerusalém novamente, mas haviam sido detidos pela primeira vez. A maior parte da Síria caiu sob o domínio do Cairo, e Baibars foi saudado como o Pai da Vitória e o Leão do Egito. Contava com uma recompensa — o governo de Aleppo — que o sultão Qutuz lhe recusou. Um dia, enquanto o sultão caçava, Baibars o apunhalou pelas costas (literalmente). A junta de emires mamelucos conferiu-lhe a coroa como o homem que tinha matado o monarca.

Logo que assumiu o poder, Baibars dedicou-se a destruir o que restava do reino dos cruzados na costa da Palestina. Em 1263, quando ia para a guerra, chegou em Jerusalém. Os mamelucos reverenciavam a cidade, e Baibars iniciou a missão mameluca de embelezar e santificar novamente o monte do Templo e a área circunvizinha, hoje o Bairro Muçulmano. Mandou renovar o Domo e al-Aqsa, e, para competir com a Páscoa cristã, promoveu um novo festival, que possivelmente teve início sob Saladino, construindo uma cúpula sobre o túmulo do profeta Moisés perto de Jericó. Pelos oito séculos seguintes, os hierosolimitas celebraram Nabi Musa com uma procissão que partia do Domo da Rocha para o santuário de Baibars, ponto em que se concentravam para fazer orações, piqueniques e festas.

A noroeste dos muros, o sultão construiu um alojamento para sua ordem favorita de sufis. Como muitos mamelucos, ele era partidário do misticismo popular dos sufis, que acreditavam que paixão, cânticos, cultos santos, danças e automortificação levavam os muçulmanos para mais perto de Deus do que a rígida oração tradicional. O conselheiro mais íntimo de Baibars era um xeque sufi, com quem recitava e dançava o *zikr*. Baibars confiava implicitamente no xeque, e nada fazia sem sua aprovação, além de permitir que organizasse o saque de igrejas e sinagogas e o linchamento de judeus e cristãos.* Foi o começo de uma

* O guru sufi de Baibars, xeque Khadir, tornou-se tão poderoso que seduzia as mulheres, os filhos e as filhas dos generais mamelucos num reinado de terror, que só teve fim quando apresentaram a

nova época: Baibars e seus sucessores mamelucos, que governariam Jerusalém pelos próximos trezentos anos, eram severos e intolerantes ditadores. Os velhos tempos de cavalheirismo islâmico, personificado por Saladino, pertenciam ao passado. Os mamelucos eram uma casta de senhores turcos que obrigavam os judeus a usarem turbante amarelo, enquanto os cristãos deviam trajar azul. Para ambos, mas especialmente para os judeus, seus dias protegidos de *dhimmi* tinham ficado para trás. Os mamelucos, que falavam turco, desprezavam também os árabes, e só eles próprios tinham permissão para usar peles ou armaduras ou andar a cavalo nas cidades. Em sua espalhafatosa corte, os sultões concediam aos cortesãos títulos pitorescos, como Portador do Taco de Polo Real e Emir-a-Ser-Homenageado-com-Serenatas — o jogo político ali geralmente era tão letal quanto lucrativo.

O símbolo de Baibars era uma pantera inquieta que ele usava para assinalar suas vitórias — oitenta representações de pantera foram encontradas em inscrições entre o Egito e a Turquia e também em Jerusalém, e elas ainda rondam o portão dos Leões. Nenhum símbolo poderia ser mais apropriado para esse terrível predador com o olho branco, que agora se lançava numa farra de conquistas.

Ao inspecionar Jerusalém, Baibars atacou Acre, que resistiu ao assalto; mas ele voltaria com frequência. Enquanto isso, invadiu as outras cidades dos cruzados, uma por uma, matando com insano e sádico entusiasmo. Recebia embaixadores francos cercado de cabeças de cristãos; crucificava, bissectava e escapelava seus inimigos e incrustava cabeças nos muros de cidades vencidas. Gostava de correr riscos, como cavalgar incógnito por cidades inimigas ou negociar com os rivais usando disfarces. Mesmo quando estava no Cairo, tinha o hábito de inspecionar seus postos no meio da noite, tão inquieto e paranoico que padecia de insônia e dores no estômago.

Acre foi a única cidade a desafiá-lo,* mas ele marchou para o norte e conquistou Antioquia, de onde escreveu uma carta assustadora ao príncipe da cidade

---

Baibars provas tão irrefutáveis que ele não teve escolha senão mandar prender Khadir por sodomia e adultério. Khadir só escapou de morrer porque previu que a morte de Baibars viria imediatamente depois da sua.

* Em 1268, o que restava do reino estava tão ameaçado que o papa convocou uma nova Cruzada. Em maio de 1271, o herdeiro do trono inglês, Eduardo Longshanks, chegou em Acre e ajudou a cidade a se defender de Baibars. Porém quando Acre negociou uma trégua com o sultão, Eduardo se opôs, e parece que Baibars mandou matá-lo. Ele foi esfaqueado com uma adaga envenenada, mas

"para lhe contar o que acabamos de fazer. Os mortos foram amontoados, o senhor precisava ter visto seus inimigos muçulmanos pisotearem o lugar onde os senhores celebram a missa, cortando a garganta de monges no altar, enquanto o fogo se espalhava por seus palácios. Se o senhor estivesse lá para ver, desejaria jamais ter vivido!". Entrou em Anatólia e coroou-se sultão de Rum. Mas os mongóis tinham retornado, e Baibars voltou às pressas para defender a Síria.

Em 1º de junho de 1277, foi vítima de sua própria inventividade macabra, quando preparava um *qumiz* — leite de égua fermentado, que turcos e mongóis apreciavam — envenenado para um hóspede e então, distraidamente, tomou a bebida.[1] Os sucessores terminaram sua obra.

Em 18 de maio de 1291, os mamelucos invadiram a capital franca Acre e trucidaram a maioria dos defensores, escravizando o resto (meninas foram vendidas por apenas um dracma). O título de rei de Jerusalém juntou-se ao de rei de Chipre, mas sobreviveu apenas como ornamento pitoresco — e é assim até hoje. Ali terminava o reino de Jerusalém.* Até mesmo a verdadeira Jerusalém mal sobreviveu — menos uma cidade, e mais uma aldeia em processo de envelhecimento, sem muralhas e meio deserta, que cavaleiros mongóis saqueavam à vontade.

Em 1267, um peregrino, o velho rabino espanhol conhecido como Rambam, pranteou o eclipse da cidade:

> Eu comparo você, minha mãe, à mulher cujo filho morreu no colo, e dolorosamente há leite em seus seios e ela amamenta os filhotes de cachorro. E apesar de tudo isso, seus amantes a abandonaram e seus inimigos a devastaram, mas ao longe eles se lembram e glorificam a Cidade Santa.[2]

---

sobreviveu e tentou inutilmente organizar uma nova aliança: os cruzados ajudariam os mongóis a lutarem contra Baibars em troca de Jerusalém. Quando voltou para a Inglaterra como Eduardo I, costumava apresentar-se como o Martelo dos escoceses, ilustrando sua Câmara Pintada em Westminster com cenas dos macabeus. Mas, apesar disso, obrigou os judeus ingleses a usarem estrelas amarelas e finalmente os expulsou da Inglaterra. Eles só voltaram três séculos depois. Quando morreu, Eduardo foi pranteado como "a flor de cavalheirismo de Jerusalém".

* Muitas casas reais da Europa, incluindo os Bourbon, os Habsburgo e os Saboia, reivindicaram o título. Em 1277, Carlos de Anjou comprou-o de Maria de Antioquia, umas das reivindicantes, e a partir de então reis de Nápoles ou da Sicília o reivindicaram, e ele foi transmitido, por intermédio dos Saboia, para os reis italianos. O rei da Espanha ainda o usa. Só um monarca inglês usou o título. Quando Maria I, filha de Henrique VIII, casou-se com Filipe II da Espanha em Winchester em 1554, foi declarada, entre outros títulos dos Habsburgo, rainha de Jerusalém. O título foi usado pelos imperadores Habsburgo até 1918.

O rabino Moisés ben Nachman, conhecido pelo acrônimo hebraico Rambam, ou apenas Nachmânides, espantou-se de ver que haviam sobrado apenas 2 mil habitantes em Jerusalém, só trezentos cristãos e dois judeus — e estes eram irmãos, ambos tintureiros como os judeus no tempo dos cruzados. Quanto mais triste Jerusalém parecia aos judeus, mais sagrada e mais poética se tornava: "O mais sagrado", pensava Rambam, "é sempre mais arruinado".

Rambam foi um dos intelectuais mais inspirados de seu tempo, médico, filósofo, místico e estudioso da Torá. Em 1263, tinha defendido os judeus de Barcelona com tanta habilidade contra acusações dominicanas de blasfêmia que o rei Jaime de Aragão comentou: "Nunca vi ninguém defender tão bem uma causa errada"; e deu a Rambam trezentas moedas de ouro. Mas os dominicanos tentaram executá-lo. Como resultado de um acordo, o septuagenário foi condenado ao desterro — e iniciou sua peregrinação.

Ele achava que os judeus não deviam apenas lamentar Jerusalém, mas voltar para lá, estabelecer-se e reconstruí-la antes da chegada do Messias — o que poderíamos chamar de sionismo religioso. Só Jerusalém poderia aplacar a sua nostalgia de casa:

> Deixei minha família, dei as costas à minha casa, a meus filhos e filhas. Deixei minha alma com as doces e queridas crianças que um dia embalei nos joelhos. Mas a perda de tudo o mais é compensada pela felicidade de passar um dia em teus pátios, ó Jerusalém. Chorei amargamente, mas encontrei alegria nas lágrimas.

Rambam confiscou "uma casa em ruínas, construída com colunas de mármore e uma bela cúpula.* Fizemos dela uma casa de orações, porque a cidade

* Seu destino nos conta a história dos judeus em Jerusalém. A primeira sinagoga ficava provavelmente no monte Sião, mas logo foi transferida para o Bairro Judeu. No tempo dos mamelucos, uma mesquita e um minarete al-Yehud (judeu) foram construídos perto dela e ampliados em 1397. Quando a sinagoga desabou em 1474, muçulmanos demoliram-na e não permitiram sua reconstrução. Mas o penúltimo sultão mameluco, Qaitbay, deixou que o fizessem. Em 1587, ela foi fechada novamente pelos otomanos. Uma sinagoga foi aberta no prédio vizinho até que a casa de Rambam e a sinagoga ao lado fossem unificadas e reabertas em 1835. Mas no começo do século XX, a casa de Rambam foi tomada pelos muçulmanos e usada como armazém, até voltar a ser sinagoga. Deliberadamente destruída pela Legião Árabe em 1948, foi reaberta em 1967.

está uma bagunça, e qualquer um pode se apropriar das ruínas". Recuperou também rolos contendo a Torá que tinham sido escondidos dos mongóis, mas pouco depois da sua morte os saqueadores voltaram.[3]

Dessa vez, porém, havia uma diferença: alguns deles eram cristãos. Em outubro de 1299, o rei cristão da Armênia, Hetum II, partiu a cavalo para Jerusalém à frente de 10 mil mongóis. A cidade estremeceu diante de outra bárbara pilhagem e os poucos cristãos "esconderam-se em cavernas morrendo de medo". O il-Khan mongol havia se convertido recentemente ao Islã, mas os mongóis tinham pouco interesse por Jerusalém, tendo em vista que a deixaram para Hetum, que resgatou os cristãos, realizou "festividades no Santo Sepulcro" e mandou reparar a igreja armênia de São Tiago e o túmulo da Virgem — e então, estranhamente, depois de apenas duas semanas, voltou para ver seu senhor mongol em Damasco. Mas o duelo de um século entre os mamelucos e os mongóis tinha acabado, e mais uma vez o magnetismo exercido pela santidade de Jerusalém atraiu o mundo. No Cairo, subiu ao trono um novo sultão que venerava Jerusalém — entre outras coisas, intitulava-se "Sultão al-Quds". Nasir Muhammad adotou o apelido de O Águia; o povo chamava-o de O Primoroso — e, como escreve um dos principais historiadores da época, "foi talvez o maior sultão mameluco", mas também "o mais repugnante".

NASIR MUHAMMAD: O PRIMOROSO ÁGUIA

Desde os oito anos, Nasir Muhammad tinha sido humilhantemente jogado de um lado para outro, como uma boneca real, entre os chefes militares da junta mameluca. Duas vezes subira ao trono e duas vezes fora derrubado. Era o filho caçula de um escravo que havia sido criado para ser um grande sultão. Seu irmão mais velho, o conquistador de Acre, foi assassinado; por isso, quando tomou o trono pela terceira vez, aos 26 anos, Nasir estava decidido a mantê-lo. A águia sultanesca combinava com seu estilo — esplendor estético, paranoia aquilina e a precipitação da morte súbita. Seus companheiros eram promovidos e enriqueciam — mas em seguida eram estrangulados, bissectados e envenenados sem aviso. Ele parecia preferir cavalos a seres humanos: supõe-se que o sultão manco era capaz de citar a linhagem de seus 7800 cavalos de corrida, e costumava pagar mais por um cavalo do que pelo mais belo menino escravo. Porém, tudo que O

Primoroso fez — o casamento com uma descendente de Gengis Khan, seus 25 filhos, suas 1200 concubinas — foi com a mesma magnificência meticulosa que ele levou para Jerusalém.

Em 1317, ele chegou pessoalmente em peregrinação, e sua primeira providência foi demonstrar aos generais que era seu sagrado dever embelezar o monte do Templo e as ruas vizinhas. Auxiliado por seu melhor amigo, Tankiz, vice-rei da Síria, o sultão voltou a fortificar a torre de Davi, acrescentando à guarnição uma mesquita para as orações de sexta-feira; ele também construiu colunatas monumentais e madraçais no monte do Templo, reconstruindo os telhados do Domo e de al-Aqsa e erigindo o minarete do portão da Corrente, bem como o portão e o mercado dos Vendedores de Algodão — que ainda hoje existem.

Nasir preferia o caminho sufi para chegar a Deus e construiu cinco conventos para suas ordens de místicos. Nos novos e reluzentes alojamentos, eles restauraram um pouco da magia santa de Jerusalém, com suas danças, cantos, transes e por vezes até suas automutilações, tudo com o objetivo de conseguir a emoção necessária para se elevar a Deus.

Os homens do sultão entenderam o recado: ele e seus sucessores exilavam emires desvalidos em Jerusalém, onde se esperava que eles gastassem sua riqueza ilícita em suntuosos conjuntos que continham palácios, madraçais e túmulos. Quanto mais perto do monte do Templo, mais depressa ressuscitariam no Dia do Juízo. Eles erguiam enormes subestruturas em arcos e depois construíam em cima. Esses edifícios* eram engenhosamente espremidos nos tetos de outros já existentes, em volta dos portões do Nobre Santuário.**

* Foi então que a maior parte da muralha de Herodes do lado oeste do Templo desapareceu atrás dos novos edifícios mamelucos. Mas ela reaparece uma vez, ao longo de uma viela escondida num pátio do Bairro Muçulmano: é um dos lugares secretos de Jerusalém. Assim como os judeus veneravam o famoso Muro das Lamentações ao sul, reduzido número de judeus rezava e ainda reza nesse que é o Pequeno Muro.

** Os mamelucos adotaram nas construções um estilo distinto que pode ser visto em todo o Bairro Muçulmano: corbelhas em forma de estalactite chamadas *muqarna* e a alternância de pedras escuras e claras conhecida como *ablaq*. Talvez o mais belo exemplo de estilo mameluco seja o palácio-madraçal Tankiziyya, de Tankiz, construído sobre o portão da Corrente: no total são 27 madraçais, todas marcadas com os brasões dos emires mamelucos — Tankiz como Copeiro assinala seus edifícios com uma taça. O típico emir mameluco em Jerusalém fundava uma instituição de caridade, um *waqf*, em parte para manter sua madraçal, em parte para assegurar moradia e emprego para seus descendentes, caso viesse a perder sua influência e seus bens nas frequentes brigas políti-

Nasir encontrou Jerusalém — ou pelo menos o Bairro Muçulmano — entregue à poeira e às teias de aranha, e devolveu-a coberta de mármore, a tal ponto que, quando Ibn Battutah ali esteve, descobriu uma cidade "grande e imponente". Os peregrinos muçulmanos inundavam al-Quds, explorando tudo, desde o inferno da Geena ao paraíso do Domo, e lendo os livros de *fadail* que lhes diziam que "um pecado cometido em Jerusalém equivale a mil pecados, e uma boa obra equivale a mil boas obras". Quem ali vivia "era como um guerreiro do jihad", e morrer ali "é como morrer no céu". De tal maneira floresceu o misticismo de Jerusalém que os muçulmanos começaram a andar em círculos em torno da Rocha, a beijá-la e ungi-la, como não o faziam desde o século VII. O erudito fundamentalista Ibn Taymiyya investia contra Nasir e as superstições sufis, advertindo que Jerusalém correspondia apenas a uma visita piedosa — uma *ziyara* — e não tinha o mesmo valor do *haj* a Meca. O sultão prendeu o dissidente puritano seis vezes, mas não adiantou, e Ibn Taymiyya serviu de inspiração para o áspero wahabismo da Arábia Saudita e para os jihadistas atuais.

O sultão Primoroso já não confiava nos mamelucos turcos, que se tornaram a elite, e começou a comprar meninos escravos georgianos ou circassianos no Cáucaso para a sua guarda pessoal, que passou a influenciar suas decisões em Jerusalém: o sultão concedeu a igreja do Santo Sepulcro aos georgianos. Mas os latinos também não a tinham esquecido: em 1333, O Primoroso permitiu que o rei Roberto de Nápoles (e de Jerusalém) reparasse partes da igreja e tomasse posse do Cenáculo no monte Sião, onde ele abriu um mosteiro franciscano.

O tigre doente é mais perigoso. Quando o sultão adoeceu, tinha tornado seu amigo Tankiz "tão poderoso que ficou com medo dele". Em 1340, Tankiz foi preso e envenenado. Nasir morreu um ano depois e foi sucedido pelos numerosos filhos. Mas os novos escravos caucasianos acabaram derrubando a dinastia, fundando uma nova linhagem de sultões, que favoreceram os georgianos em Jerusalém. Já os católicos latinos — herdeiros dos odiados cruzados — estavam ali sofrendo sob o tacão dos opressivos mamelucos, cujos paroxismos de violência aterrorizavam cristãos e judeus. Quando o rei cipriota atacou Alexandria em

---

cas. O túmulo ou *turba* ficava em geral no piso inferior, num quarto com janelas de gelosias verdes, para que os passantes ouvissem as preces recitadas — e pudessem ser vistos também. Esses edifícios foram, muito posteriormente, destinados a famílias árabes de Jerusalém, que os transformavam em instituições, de modo que muitos ainda abrigam famílias.

1365, a igreja foi fechada, e os franciscanos foram arrastados para Damasco, a fim de serem executados publicamente. A Ordem dos franciscanos teve permissão para retornar, mas os mamelucos construíram minaretes que ofuscavam a igreja e a sinagoga de Rambam para ressaltar a supremacia do Islã.

Em 1399, o temível conquistador centro-asiático Tamerlão capturou Bagdá e invadiu a Síria, justamente quando o menino sultão mameluco e seu tutor partiram em peregrinação a Jerusalém.[4]

30. O declínio dos mamelucos (1399-1517)

TAMERLÃO E O TUTOR: CIDADE PEREGRINA

O tutor real era o mais renomado erudito do mundo islâmico. Agora com aproximadamente setenta anos, Ibn Khaldun tinha servido ao monarca do Marrocos e, em seguida (após um período na prisão), aos monarcas de Granada e Tunísia; finalmente (depois de outra temporada na prisão), serviu ao sultão mameluco. Entre esses períodos no poder e no cárcere, escreveu sua obra-prima, *Muqaddimah*, uma história do mundo que ainda hoje lança faíscas. O sultão, portanto, designou-o como tutor de seu filho, Faraj, que subiu ao trono ainda menino.

Enquanto o irascível historiador mostrava Jerusalém ao sultão de dez anos, Timur, o Coxo — conhecido como Tamerlão —, cercou a mameluca Damasco. Tamerlão ascendera ao poder em 1370 como chefe militar na Ásia Central. Em 35 anos de guerras incessantes, esse gênio rude de ascendência turca havia conquistado a maior parte do Oriente Próximo, o qual ele governava sentado na sela, apresentando-se como herdeiro de Gengis Khan. Em Delhi, matou 100 mil; em Isfahan, 70 mil, construindo 28 torres com 1500 cabeças cada uma, e nunca tinha sido derrotado.

Mas Tamerlão não era apenas guerreiro. Seu gosto sofisticado manifestava-se nos palácios e jardins que construiu em Samarcanda; era também fino jogador de xadrez e entusiasta de história que adorava debater com filósofos. Não é de surpreender, portanto, que tivesse a maior vontade de conhecer Ibn Khaldun.

Os mamelucos, porém, estavam em pânico: se Damasco caísse, cairia também a Palestina e talvez o Cairo. O velho pedagogo e o menino sultão voltaram às pressas para o Cairo, mas os mamelucos resolveram enviá-los para negociar com Tamerlão — e salvar o império. Ao mesmo tempo, os hierosolimitas debatiam o que fazer: como salvar a Cidade Santa desse invencível predador, conhecido como Flagelo de Deus?

Em janeiro de 1401, Tamerlão, acampado em torno de Damasco, foi informado de que o sultão Faraj e Ibn Khaldun estavam à sua disposição. Não tinha interesse algum no menino, mas era fascinado por Ibn Khaldun, a quem mandou chamar imediatamente. Como político, Ibn Khaldun representava o sultão, mas como historiador naturalmente tinha desejo de conhecer o homem supremo daquela época — mesmo sem ter certeza de que sairia vivo. Os dois contavam mais ou menos a mesma idade: o grisalho conquistador recebeu o venerável historiador em sua tenda palaciana.

Ibn Khaldun ficou extasiado com "o maior e mais poderoso de todos os reis", que lhe pareceu "altamente inteligente e perspicaz, viciado no debate e na argumentação sobre o que sabe e também sobre o que não sabe". Ibn Khaldun convenceu Tamerlão a libertar alguns prisioneiros mamelucos, mas o Flagelo de Deus não quis negociar: Damasco foi invadida e saqueada, no que Ibn Khaldun chamou de "uma façanha absolutamente vil e abominável". A estrada para Jerusalém estava aberta. Os ulemás decidiram entregar a cidade a Tamerlão e despacharam uma delegação com as chaves do Domo da Rocha. No entanto, quando os hierosolimitas chegaram a Damasco, o conquistador tinha seguido para o norte, a fim de destruir um poder emergente na Anatólia, o dos turcos otomanos. Então, em fevereiro de 1405, quando marchava para conquistar a China, Tamerlão morreu, e Jerusalém continuou mameluca. Ibn Khaldun, que fixara residência no Cairo depois do encontro com Tamerlão, morreu na cama um ano depois. O sultão Faraj, seu pupilo, jamais esqueceu aquele animado passeio cultural: ia com frequência a Jerusalém, onde estabelecia sua corte no monte do Templo, debaixo do parassol real, em meio dos estandartes amarelos do sultanato, distribuindo ouro aos pobres.

Havia apenas 6 mil hierosolimitas, com duzentas famílias judaicas e cem famílias cristãs, numa pequena cidade de imensas paixões. Jerusalém era perigosa e instável: em 1405, hierosolimitas se rebelaram contra impostos exorbitantes e expulsaram o governador mameluco da cidade. Os arquivos do Haram nos dão ideia de como eram as dinastias de juízes religiosos e xeques sufis de Jerusalém, assim como dos emires mamelucos exilados e dos mercadores ricos num mundo em que se estudava o Alcorão, colecionava livros, comprava e vendia azeite e sabonete de oliva e se praticava a balestra e a espada. Mas agora que os cruzados tinham deixado de ser uma ameaça, peregrinos cristãos eram sugados como a principal fonte de renda. Mesmo assim, a cidade mal os tolerava: com frequência eram presos sob acusações forjadas até pagarem multas arbitrárias. "Ou os senhores pagam", explicou um intérprete aos presos cristãos sob seus cuidados, "ou apanham até morrer."[1]

Difícil dizer quem era mais perigoso — os venais mamelucos, os malconceituados peregrinos, os cristãos que brigavam entre si ou os gananciosos hierosolimitas. Havia peregrinos tão nefandos que os moradores locais e os viajantes recebiam este aviso: "Proteja-se de qualquer um que viaje para Jerusalém". Já os muçulmanos gostavam de dizer: "Não há ninguém mais corrupto do que os moradores das cidades santas".

Enquanto isso, de vez em quando sultões mamelucos iam à cidade para reprimir cristãos e judeus, já vítimas de periódicos linchamentos por parte das multidões hierosolimitas.

A corrupção e a bagunça começavam na corte do Cairo: o império ainda era governado por sultões caucasianos, de modo que, embora os católicos franciscanos contassem com o apoio dos europeus, a Jerusalém cristã era dominada por armênios e georgianos, que se odiavam uns aos outros — e, é claro, pelos católicos. Os armênios, que ampliavam agressivamente seu bairro em volta de Santiagos, convenceram os mamelucos, mediante suborno, a tomarem o Calvário dos georgianos, que pagaram mais e o receberam de volta. Mas não por muito tempo. No decurso de trinta anos, o Calvário mudou de mãos cinco vezes.

As propinas e os lucros eram enormes, pois a peregrinação havia se tornado muito popular na Europa. Os europeus não achavam que as Cruzadas tinham acabado — afinal, a Reconquista católica da Espanha islâmica foi uma Cruzada —, mas, embora não houvesse expedições para libertar Jerusalém, todos os cristãos achavam que conheciam a Cidade Santa, mesmo sem ter estado lá. Ela aparecia em sermões, pinturas e tapeçarias. Muitas cidades tinham sua capela Jerusalém, fundada por irmandades de Jerusalém compostas de ex-peregrinos ou de pessoas que não podiam fazer a viagem. O palácio de Westminster tinha sua Câmara Jerusalém, e indo de Paris, a oeste, até a Prússia e a Livônia, a leste, muitos lugares se orgulhavam dessas Jerusaléns locais. A única Jerusalém da Inglaterra, minúscula aldeia em Lincolnshire, data desse entusiasmo redivivo. Mas milhares de pessoas viajavam todos os anos,* e era notório que muitas delas nada tinham de santas: a descarada Mulher de Bath, de Chaucer, estivera em Jerusalém três vezes.

Os peregrinos tinham de pagar taxas e pedágios para entrar em Jerusalém e na igreja, em cujo interior os mamelucos também controlavam o Sepulcro. Eles lacravam a igreja todas as noites, e assim, desde que pagassem, os romeiros podiam ficar trancados lá dentro por dias e noites, caso o desejassem. Os peregrinos descobriram que a igreja parecia uma mistura de bazar e barbearia, com barracas, lojas, camas e uma grande quantidade de cabelos humanos: muitos acreditavam que seriam curados de qualquer doença, desde que se raspassem e pusessem os pelos no Sepulcro. Muitos deles gastavam tempo gravando suas iniciais nas igrejas que visitavam, enquanto espertos muçulmanos abasteciam a indústria de relíquias — peregrinos afirmavam que bebês muçulmanos natimortos eram embalsamados e vendidos para europeus ricos, como vítimas do Massacre dos Inocentes.

Alguns estavam convencidos de que filhos concebidos dentro da igreja eram especialmente abençoados — e, é claro, havia o álcool, de modo que as horas noturnas se transformavam com frequência numa orgia de bebedeiras, à luz de velas, na qual a cantoria de hinos bem-intencionados cedia a vez a brigas feias. O Sepulcro, disse um peregrino enojado, era "um perfeito bordel". Outro, Arnold von Harff, travesso cavaleiro alemão, dedicava seu tempo a aprender frases em árabe e hebraico, que davam pistas sobre suas preocupações:

> Quanto você me paga?
> Eu lhe pago um florim.
> Você é judeu?

* Em 1393, Henrique Bolingbroke foi a Jerusalém como peregrino e, quando subiu ao trono como Henrique IV, disseram-lhe que voltaria à Cidade Santa para morrer. Ele conseguiu cumprir a profecia no seu leito de morte: fez-se transportar para a Câmara Jerusalém, em Westminster. Seu filho, Henrique V, tinha a mesma devoção do pai: em seu leito de morte, o vitorioso de Agincourt desejou ter feito a peregrinação para reconstruir as muralhas de Jerusalém.

Mulher, deixa-me dormir com você esta noite.

Minha boa senhora, já estou em sua cama.

Os franciscanos orientavam e acolhiam visitantes católicos: seu itinerário, refazendo os passos de Cristo, começava onde supunham ter sido o Pretório de Pilatos, no local da mansão do governador mameluco. Aquele lugar ficou sendo a primeira estação do Caminho do Senhor, mais tarde Via Dolorosa. Os peregrinos ficavam atordoados ao descobrir que os sítios cristãos tinham sido islamizados, tal como a igreja de Santa Ana — lugar de nascimento da mãe da Virgem Maria —, que fora ocupada pela madraçal de Saladino. O frade alemão Felix Fabri entrou sorrateiramente naquele santuário, enquanto Harff arriscava a vida penetrando, disfarçado, no monte do Templo — e os dois narraram suas aventuras. Seus divertidos relatos de viagem demonstravam um novo tom de inquisitiva despreocupação, bem como de reverência.

Mas cristãos e judeus nunca estavam em total segurança contra os caprichos da repressão mameluca — e em Jerusalém a santidade era tão infecciosa que, quando as duas religiões mais antigas começaram a brigar pela posse do túmulo de Davi no monte Sião, os sultões o reivindicaram para os muçulmanos.

Havia agora uma comunidade judaica fixa de aproximadamente mil pessoas na área que se tornaria o Bairro Judeu. Eles oravam na sinagoga de Rambam, bem como nos arredores dos portões do monte do Templo (particularmente em seu centro de estudos perto do Muro das Lamentações) e no monte das Oliveiras, onde começaram a sepultar seus mortos, prontos para o Dia do Juízo. Com o tempo aprenderam a venerar o santuário cristão do túmulo de Davi (que nada tinha a ver com o verdadeiro Davi, mas datava do tempo das Cruzadas), que faz parte do Cenáculo, controlado pelos franciscanos. Os cristãos tentaram restringir seu acesso, mas os judeus queixaram-se ao Cairo — com infelizes consequências para ambos os lados. O sultão do momento, Barsbay, indignado por descobrir que os cristãos tinham um sítio como aquele, foi a Jerusalém, destruiu a capela franciscana e construiu uma mesquita dentro do túmulo de Davi. Poucos anos depois, um dos seus sucessores, o sultão Jaqmaq, tomou conta de todo o monte Sião para o Islã. E não foi só isso: desenterraram-se antigas restrições e inventaram-se novas. O tamanho dos turbantes cristãos e judaicos foi limitado; nos banhos, homens tinham que usar argolas de metal no pescoço, como gado; mulheres cristãs e judias foram proibidas de frequentar os banhos; Jaqmaq proibiu que médicos judeus tratassem muçulmanos.* Depois do colapso da sinagoga de Rambam numa tempestade, o cádi proibiu sua reconstrução, afirmando que pertencia à mesquita vizinha. Quando propinas judaicas derrubaram a decisão, os ulemás locais a destruíram.

Em 10 de julho de 1452, os hierosolimitas lançaram um pogrom anticristão, desenterrando os ossos de monges e arrancando uma nova balaustrada no Sepulcro, que foi levada em triunfo para al-Aqsa. Os cristãos eram, por vezes, insanamente provocadores. Em 1391, quatro monges franciscanos gritaram na al-Aqsa que "Maomé era um devasso, um assassino e um glutão" que acreditava "em prostituir-se!". O cádi lhes deu a oportunidade de retratação. Mas eles se recusaram, e então foram torturados e quase morreram de tanto apanhar. Depois foi preparada uma fogueira no pátio da igreja onde, "quase bêbada de raiva", a multidão os cortou em pedaços, "a ponto de não restar vestígio de forma humana", e os assou no espeto.[2]

Mas a redenção estava a caminho, e, quando um sultão mais tolerante subiu ao poder, foi um prato da cozinha francesa que mudou o destino da Jerusalém cristã.

O SULTÃO E AS OMELETES CRISTÃS

Qaitbay, um menino escravo circassiano que se tornou general mameluco, passara anos exilado em Jerusalém. Como foi proibido de entrar numa casa muçulmana, fez amizade com os franciscanos, que o apresentaram a um prato francês: parece que ele ainda tinha saudade de suas omeletes de hortaliças quando subiu ao trono mameluco em 1486, pois recebeu os frades no Cairo e lhes permitiu que construíssem na igreja — e lhes devolveu o monte Sião. Eles queriam vingar-se dos judeus, a quem Qaitbay proibiu de se aproximar da igreja ou do convento no monte Sião: judeus eram rotineiramente linchados e muitas vezes mortos até por passarem distraídos pela igreja, situação que permaneceu até 1917. Mas o sultão também permitiu que os judeus reconstruíssem sua sinagoga de Rambam. E não descuidou do monte do Templo: quando fez uma visita em

* Mas o sultão Jaqmaq, que aterrorizava os latinos, protegia os armênios: uma inscrição na qual lhes promete favores ainda pode ser lida do lado de dentro do mosteiro armênio, logo depois do portão.

1475, mandou construir sua madraçal de Ashrafiyya, tão bonita que passou a ser chamada de "a terceira joia de Jerusalém", enquanto sua fonte, uma cúpula em forma de sino, resplandecente com seus *ablaqs* em vermelho e creme, permanece ali como a mais bela de toda a cidade.

Apesar de todo o interesse de Qaitbay, os mamelucos perdiam o controle. Quando o cádi da cidade, Mujir al-Din, assistiu ao desfile diário do pôr do sol na torre de Davi, achou-o "completamente negligenciado e desorganizado". Em 1480, beduínos atacaram Jerusalém, quase capturando o governador, que fugiu a galope pelo monte do Templo e pelo portão de Jaffa. "Jerusalém está muito desolada", observou o rabino Obadias de Bertinoro, logo após o ataque beduíno. De longe, "vi uma cidade arruinada", concordou um de seus discípulos, com chacais e leões trotando pelos morros. Apesar disso, Jerusalém ainda era empolgante. Quando o seguidor de Obadias a examinou do monte das Oliveiras, "meu espírito transbordou, meu coração ficou enlutado e eu me sentei e chorei e rasguei minhas roupas". Mujir al-Din, que amava sua cidade, achou-a "repleta de brilho e beleza — uma das famosas maravilhas".*

Em 1453, os otomanos finalmente conquistaram Constantinopla, herdando o esplendor e a ideologia do Império Romano universal. Geração após geração, os otomanos foram atormentados por guerras de sucessão e pelo desafio de uma Pérsia renascida. Em 1481, Qaitbay acolheu o fugitivo príncipe otomano, o sultão Jem. Na esperança de que um reino otomano dissidente dividisse a dinastia, Qaitbay ofereceu a Jem o reino de Jerusalém. A artimanha levou a dez anos de guerra inútil. Enquanto isso, os dois impérios eram ameaçados por potências emergentes — os mamelucos, pelos avanços portugueses no oceano Índico; os otomanos, pelo novo xá da Pérsia, Ismail, que uniu o país impondo o Xiismo dos Doze, ali ainda reverenciado. Isso juntou otomanos e mamelucos num abraço breve e pragmático: seria o beijo da morte.[3]

* Nos últimos anos da Jerusalém mameluca, no mesmo momento em que esses viajantes judeus pranteavam no monte das Oliveiras, Mujir al-Din compilava seu amoroso e meticuloso estudo sobre Jerusalém e Hebron. Deve ter sido um homem respeitado: foi sepultado no elegante monumento, coberto com uma cúpula, que hoje fica logo acima do túmulo da Virgem.

VII. OTOMANOS

Esta nobre Jerusalém tem sido objeto de desejo dos reis de todas as nações, especialmente os cristãos que, desde que Jesus nasceu na cidade, promoveram todas as suas guerras sobre Jerusalém [...]. Jerusalém era o lugar de oração das tribos do djim [...]. Contém as urnas sagradas de 124 mil profetas.

Evliya Celebi, *Livro de viagens*

Suleiman viu o Profeta em seu sonho: "Ó Suleiman, deves embelezar o Domo da Rocha e reconstruir Jerusalém".

Evliya Celebi, *Livro de viagens*

O grande prêmio disputado por diversas seitas é o Santo Sepulcro, um privilégio contendido com tanta fúria e animosidade que às vezes elas chegam a desferir golpes e ferimentos à porta do Sepulcro, misturando seu próprio sangue com seus "sacrifícios".

Henry Maundrell, *Journey*

Assim nos separamos com tristeza neste turbulento mundo
Para encontrarmo-nos com alegria na doce Jerusalém.

William Shakespeare, *Henrique VI, Terceira parte*

Em vez de percorrer lugares sagrados, podemos assim nos deter em nossos pensamentos, examinar nosso coração e visitar a verdadeira terra prometida.

Martinho Lutero, *Conversas à mesa*

Haveremos de descobrir que o Deus de Israel está entre nós [...] pois devemos considerar que seremos como uma Cidade sobre um monte, os olhos de todos os povos sobre nós.

John Winthrop, *A Modell of Christian Charity*

31. A magnificência de Suleiman (1517-50)

O SEGUNDO SALOMÃO E SUA ROXELANA

Em 24 de agosto de 1516, o sultão otomano Selim, o Cruel, derrotou o exército mameluco não muito longe de Aleppo, numa batalha que decidiu o destino de Jerusalém: a maior parte do Oriente Médio permaneceria otomana pelos quatro séculos seguintes. Em 20 de março de 1517, Selim chegou para tomar posse da cidade. O ulemá lhe entregou as chaves de al-Aqsa e do Domo, diante do qual ele se prostrou e exclamou: "Eu sou o possuidor da primeira *qibla*". Selim confirmou a tradicional tolerância de cristãos e judeus e orou no monte do Templo. Em seguida, cavalgou para subjugar o Egito. Ele derrotara a Pérsia, conquistara os mamelucos e clarificou quaisquer dilemas de sucessão matando seus irmãos, sobrinhos e provavelmente alguns de seus próprios filhos. Assim, quando morreu em setembro de 1520, apenas um filho sobreviveu a ele.[1]

Suleiman tinha "apenas 25 anos, alto e esguio mas rijo, com uma face magra e ossuda", e descobriu-se senhor de um império que se estendia dos Bálcãs até as fronteiras com a Pérsia, do Egito ao Mar Negro. "Em Bagdá, eu sou o xá; nos domínios bizantinos, o césar; e no Egito, o sultão", declarou ele, acrescentando a esses títulos o de califa. Não é de admirar que os cortesãos otomanos se dirigissem a seus monarcas como o padixá — imperador —, que era, um deles escreveu, "o mais honrado e respeitado soberano em todo o mundo". Dizia-se que Suleiman sonhava que fora visitado pelo Profeta, e este lhe dizia que, "para repelir os infiéis", ele precisava "embelezar o Santuário (o monte do Templo) e reconstruir Jerusalém", mas na verdade não precisava ser incitado. Era cônscio demais de si mesmo como imperador islâmico e, conforme sua esposa eslava Roxelana repetidamente o saudava, "o Salomão de sua era".

Roxelana participava dos projetos de Suleiman — e isso incluía Jerusalém. Era provavelmente filha de um padre raptada na Polônia e vendida ao harém do sultão, onde chamou a atenção de Suleiman, gerando-lhe cinco filhos e uma filha. "Jovem, mas não bela, embora graciosa e pequenina", um retrato contemporâneo sugere que tinha olhos grandes, lábios rosados e face redonda. Suas cartas para Suleiman em campanha captam algo de seu espírito brincalhão porém indômito: "Meu Sultão, não há limite para a ardente angústia da separação. Agora poupa esta infeliz e não lhe negues tuas nobres cartas. Quando tuas cartas são lidas, teu servo e filho Mir Mehmed e tua escrava e filha Mihrimah choram e lamentam a falta que sentem de ti. O pranto deles me enlouquece". Suleiman a rebatizou de Hurrem al-Sultan, a Alegria do Sultão, e a descreveu em poemas que lhe são atribuídos como "meu amor, meu luar, minha primavera, minha mulher de lindos cabelos, meu amor de oblíquo cenho, meu amor de olhos cheios de travessuras" e oficialmente como "a quintessência das rainhas, a luz do olho do resplandecente califado". Ela se tornou uma política matreira, bem-sucedida em suas intrigas para assegurar que o filho de Suleiman com outra mulher não o sucedesse no trono: o filho foi estrangulado na presença do sultão.

Suleiman herdou Jerusalém e Meca, e acreditava que seu prestígio islâmico exigia que embelezasse os santuários do Islã. Tudo que o envolvia era em grande escala: suas ambições ilimitadas, seu reinado com quase meio século de duração, seus vastos horizontes — lutou guerras quase continentais que iam desde a Europa e o norte da África até o Iraque e o oceano Índico, dos portões de Viena até Bagdá. Suas realizações em Jerusalém obtiveram tanto êxito que a Cidade Velha hoje pertence mais a ele do que a qualquer outro: os muros têm aparência antiga e, para muita gente, definem a cidade tanto quanto o Domo, o Muro ou a igreja do Santo Sepulcro — mas esses muros e a maioria dos portões foram criação desse contemporâneo de Henrique VIII, tanto para tornar a cidade segura como para incrementar seu próprio prestígio. O sultão adicionou uma mesquita, uma entrada e uma torre à Cidadela; construiu um aqueduto para trazer água à cidade e nove fontes das quais se podia beber (inclusive três no monte do Templo); e, finalmente, substituiu os mosaicos gastos do Domo da Rocha por azulejos esmaltados decorados com flores-de-lis e lótus em turquesa, cobalto, branco e amarelo, como são hoje.*

Roxelana gostava de dotar fundações de caridade próximas aos projetos de seu marido, e requisitou um palácio mameluco para estabelecer sua al-Imara al-Amira al-Khasaki al-Sultan, uma fundação conhecida como Edifício Florescente, que incluía uma mesquita, uma panificadora, um albergue de 55 quartos e uma cozinha de sopa para os pobres. Assim, eles tornaram seus o monte do Templo e Jerusalém.

Em 1553, Suleiman, autointitulado "Segundo Salomão e Rei do Mundo", decidiu inspecionar Jerusalém, mas suas extensas guerras sobrevieram, e, como Constantino antes dele, o homem que transformou a cidade jamais chegou a ver sua realização. O empreendimento do sultão era em escala imperial, mas ele claramente o supervisionou de longe. Enquanto os muros eram erguidos, sob administração do vice-rei da Síria, o arquiteto imperial Sinan provavelmente inspecionou os trabalhos a caminho de casa no seu retorno de Meca: milhares de operários trabalhando, novas pedras sendo extraídas, pedras velhas furtadas de igrejas em ruínas e de palácios herodianos, e os taludes e portões fundindo-se cuidadosamente com os muros em volta do monte do Templo da época dos Herodes e dos omíadas. A recolocação dos azulejos do Domo requereu 450 mil unidades, de modo que os homens de Suleiman criaram uma fábrica de azulejos perto de al-Aqsa para fazê-los, e alguns de seus empreiteiros construíram mansões na cidade e lá ficaram. O arquiteto local fundou uma dinastia de arquitetos hereditários que reinou pelos dois séculos seguintes. A cidade deve ter ressoado com os sons pouco familiares de pedreiros martelando e o tinido do dinheiro. A

* Difundiu-se a lenda de que Suleiman considerava aplainar Jerusalém, até que ele sonhou que seria comido por leões caso o fizesse, e então construiu o portão dos Leões. Isso baseia-se num mal-entendido: ele construiu o portão dos Leões, mas seus leões são na verdade as panteras do sultão Baibars de trezentos anos antes, tomadas por empréstimo de sua *khanqah* sufi que um dia se localizou a noroeste da cidade. Suleiman usou o espólio de Jerusalém: sua fonte do portão da Corrente é encimada por uma roseta dos cruzados e a cuba é um sarcófago cruzado. Os novos muros não envolveram o monte Sião. Conta-se que Suleiman ficou tão furioso ao olhar numa xícara mágica e ver que o túmulo de Davi estava fora da cidade que executou os arquitetos. Guias de turismo apontam seus túmulos perto do portão de Jaffa — mas isso também é um mito: os túmulos pertencem a dois eruditos de Safed.

população quase triplicou para 16 mil, e o número de judeus duplicou para 2 mil, impulsionados pela constante chegada de refugiados do oeste. Um vasto e angustiado movimento de judeus estava em andamento, e algumas dessas novas chegadas contribuíram diretamente para o empreendimento de Suleiman.[2]

32. Místicos e messias (1550-1705)

O DUQUE JUDEU DO SULTÃO: PROTESTANTES, FRANCISCANOS E O MURO

Suleiman determinou que os impostos do Egito fossem usados para pagar sua Jerusalém remodelada, e o homem encarregado dessa receita foi Abraão de Castro, o chefe da Casa da Moeda e coletor de impostos que provara sua lealdade avisando o sultão quando o vice-rei local planejava uma rebelião. Como o nome sugere, Castro era um judeu refugiado de Portugal, e seu papel não chegou sequer perto daquele desempenhado pelo riquíssimo judeu português que se tornou conselheiro de Suleiman e por fim protetor da Palestina e de Jerusalém.

A migração judaica marcou o último capítulo das guerras religiosas. Em janeiro de 1492, o rei Fernando de Aragão e da Sicília, junto com sua esposa Isabel de Castela, conquistara Granada, o último principado islâmico do continente europeu. Irradiando confiança após esse triunfo, os Reis Católicos — título que lhes foi concedido pelo papa — celebraram sua Cruzada triunfante com duas decisões que teriam consequências para a história mundial. A primeira foi quando convocaram um sonhador marinheiro de cabelos brancos chamado Cristóvão Colombo. Filho de um estalajadeiro genovês, esse magnético e obsessivo andarilho vinha solicitando durante anos o apoio real para uma viagem através do Atlântico para chegar à Índia e à China. Se um de seus sonhos era essa passagem para as Índias pelo Ocidente, o outro era a libertação de Jerusalém das mãos do Oriente: desde o início ele juntou ambas as coisas. "Eu declarei para Suas Altezas que tudo que fosse ganho como resultado dessa viagem seria gasto na conquista de Jerusalém, e Suas Altezas riram e disseram que a ideia lhes agradava."*

Os monarcas apoiaram a empreitada em 17 de abril de 1492, nomeando Colombo como almirante do Mar Oceano. Em 12 de outubro, dois meses depois de zarpar, Colombo descobriu as ilhas das Índias Ocidentais e, durante sua terceira viagem, a costa da América do Sul. Ele provavelmente nunca se deu conta de que havia descoberto o Novo Mundo (que, em 1507, veio a ser batizado em honra ao marinheiro florentino que assim percebeu, Américo Vespúcio). Anos mais tarde, quando suas descobertas ricas em ouro vieram a se tornar o Império espanhol, Colombo sonhou quixotescamente com os Últimos Dias, e escreveu aos Reis Católicos em seu *Livro de profecias* que Jerusalém e o monte Sião seriam reconstruídos por espanhóis. O ouro de Ofir — ou das Índias — douraria o Templo restaurado, a corte do "último imperador do mundo". Mas de inúmeras maneiras — e inimagináveis ao almirante Colombo, que morreu em 1506, rico mas inquieto como sempre — a América** e Jerusalém estariam de fato interligadas.

Em 29 de abril, doze dias depois de aprovar a viagem de Colombo, Isabel e Fernando voltaram-se para o problema judaico. Muitos judeus haviam sido forçados a se converter ao catolicismo, mas esses conversos não eram dignos de confiança: os católicos temiam que "seduções e truques demoníacos" de judeus secretos pudessem macular a corrente sanguínea pura da cristandade. A Inquisição, com apoio dos Reis Católicos, já tinha condenado 13 mil pessoas e queimado outras 2 mil por desvios judaicos secretos. Agora o inquisidor Tomás de Torquemada os aconselhava a oferecer aos judeus a escolha de conversão ou

* Fernando, que mais tarde reivindicou o título de rei de Jerusalém, pode ter sorrido porque essas ideias coincidiam com sua própria visão cruzado-messiânica: ele mesmo planejava conquistar a Cidade Santa empreendendo uma Cruzada através do norte da África. Suas expedições pelo Magrebe, lideradas por um violento cardeal montado numa mala agitando uma cruz de prata, conseguiram tomar Orã e depois Trípoli (na Líbia de hoje) em 1510. O neto de Fernando e Isabel, o imperador Carlos v, sucessor da Espanha, de grande parte do Novo Mundo e das terras de Borgonha e dos Habsburgo, herdou essa ambição pela Cruzada, e seu discurso sobre uma campanha para libertar a cidade foi uma das razões para Suleiman, o Magnífico, reconstruir suas muralhas.

** O autor emprega aqui, obviamente para dar sentido à afirmação, o hábito norte-americano de chamar de América os Estados Unidos. (N. T.)

expulsão. Isabel era uma rainha cruzada, devota, grave, dotada de vontade férrea; Fernando, um manipulador cínico, ardiloso e mulherengo numa missão cristã; era o rei ideal de Maquiavel. Juntos, o casal, cujo matrimônio deu origem ao reino de Espanha, constituía o par de governantes mais bem-sucedido de sua época. Mas sob esse aspecto, eles erraram o cálculo. Fernando esperava que os judeus se convertessem sinceramente. Em vez disso, para sua surpresa, muitos — algo entre 75 mil e 150 mil — foram expulsos. Ele os baniu também de Nápoles, e, nos cinquenta anos seguintes, grande parte da Europa Ocidental seguiu o exemplo. Durante sete séculos, a Espanha foi o lar de uma cultura árabe-judaica florescente e o centro da diáspora judaica.

Agora, no mais duro trauma judaico entre a queda do Templo e a Solução Final, esses judeus sefarditas (*Sefarad* é o nome hebraico para Espanha) fugiram para o leste, para os mais tolerantes Holanda, Polônia-Lituânia e Império Otomano, onde foram bem recebidos por Suleiman, tanto para impulsionar sua economia como para expor como o cristianismo renegara sua herança judaica. A diáspora mudou-se para o leste. A partir desse momento até o início do século XX, as ruas de Istambul, Salônica e Jerusalém ressoariam com os tons líricos de sua nova língua judaico-espanhola, o ladino.

Em 1553, o médico judeu de Suleiman o apresentou a José Nasi, cuja família tinha sido forçada a uma conversão falsa ao cristianismo antes de fugir para Istambul, via Holanda e Itália. Ali, ele ganhou a confiança do sultão e se tornou o agente confidencial de seu filho e herdeiro. José, conhecido pelos diplomatas europeus como o Grande Judeu, administrava um complexo império de negócios, e servia como enviado do sultão e homem internacional para assuntos secretos, árbitro de guerra e finanças, mediador entre Oriente e Ocidente. José acreditava no retorno dos judeus à Terra Prometida, e Suleiman lhe concedeu a senhoria sobre Tiberíades na Galileia, onde ele assentou judeus italianos, reconstruiu a cidade e plantou amoreiras para alimentar uma indústria de seda, tendo sido o primeiro judeu a instalar seus pares na Terra Santa. Ele construiria sua Jerusalém na Galileia porque esse ultrassensível conhecedor do poder sabia que a verdadeira Jerusalém era reserva de Suleiman.

Não obstante, José patrocinou estudiosos judeus em Jerusalém, onde Suleiman promovia a superioridade do Islã e diminuía o status das duas outras religiões com um cuidado meticuloso que ainda hoje guia a cidade. Suleiman estava combatendo contra o imperador Carlos V, de modo que sua atitude em relação aos cristãos era um tanto temperada pelas cínicas exigências da diplomacia europeia. Os judeus, por outro lado, tinham pouca importância.

Eles ainda oravam em volta dos muros do monte do Templo e nas encostas do monte das Oliveiras, bem como em sua principal sinagoga, a Rambam; mas o sultão era favorável à ordem em tudo o que acontecia. Desencorajando qualquer coisa que pudesse reduzir o monopólio islâmico no monte do Templo, reservou como local de orações para os judeus uma rua de três metros ao longo do muro de sustentação do Templo do rei Herodes. Isso fazia algum sentido, porque era adjacente à sua antiga sinagoga da Caverna e perto do Bairro Judeu, onde eles tinham começado a se estabelecer no século XIV e que continua sendo o Bairro Judeu até hoje. Mas o local era ofuscado pelo bairro islâmico magrebino: o culto judaico ali era cuidadosamente regulado, e, mais tarde, os judeus passaram a necessitar de uma permissão especial para rezar por lá. Os judeus logo chamaram o lugar de ha-Kotel, o Muro; os não judeus o denominaram de Muro Ocidental ou Muro das Lamentações, e daí em diante suas pedras douradas, de cantaria, tornaram-se o símbolo de Jerusalém e o foco da santidade.

Suleiman reduziu a importância dos cristãos expulsando os franciscanos do túmulo de Davi, onde sua inscrição declara: "O imperador Suleiman ordenou que este lugar fosse purgado de infiéis e o construiu como mesquita". Sagrado para as três religiões, esse local bizantino-cruzado, uma antiga sinagoga judaica e o Cenáculo cristão, agora tornava-se o santuário islâmico de Nabi Daoud, o profeta Davi, para o qual Suleiman indicou uma família de xeques sufis chamados Dajani como guardiães hereditários, posição esta que mantiveram até 1948.

A política do mundo exterior sempre se refletiria de volta na vida religiosa de Jerusalém: Suleiman logo teve motivos para favorecer os franciscanos. Na batalha pela Europa Central, descobriu que precisava de aliados cristãos — os franceses — para combater os Habsburgo, e os franciscanos eram apoiados pelos reis da França. Em 1535, o sultão concedeu à França privilégios comerciais e reconheceu os franciscanos como responsáveis pela guarda dos santuários cristãos. Essa foi a primeira das assim chamadas capitulações — concessões às potências europeias — que mais tarde viriam a minar o Império Otomano.

Os franciscanos estabeleceram sua sede em São Salvador, perto da igreja que se tornaria em última análise uma colossal cidade dentro da cidade católica. Porém, sua ascensão perturbou os seguidores da Igreja ortodoxa. O ódio entre católicos e ortodoxos já era virulento, mas ambas as correntes reivindicavam a custódia suprema dos Lugares Sagrados: o *praedominium*. A igreja do Santo Sepulcro era agora compartilhada entre oito seitas numa contenda darwiniana na qual apenas a mais forte poderia sobreviver. Algumas estavam em alta, outras em baixa: os armênios mantinham-se poderosos porque eram bem representados em Istambul; os sérvios e maronitas estavam em declínio — mas os georgianos, que haviam perdido seus patronos mamelucos, entraram em eclipse total.*

O conflito épico entre os imperadores do Islã e a cristandade, bem como o catolicismo agressivo dos espanhóis e a expulsão dos judeus, inspirou um sentimento inquietante de que alguma coisa não estava certa no firmamento: as pessoas questionavam sua fé, buscavam novos caminhos místicos para chegar mais perto de Deus e esperavam os Últimos Dias. Em 1517, Martinho Lutero, um professor de teologia em Wittenberg, protestou contra a venda de "indulgências" da Igreja para limitar o tempo das pessoas no purgatório e insistiu que Deus existia apenas na Bíblia, e não por intermédio dos rituais de padres ou papas. Seu corajoso protesto cutucou o difundido ressentimento em relação à Igreja, que muitos acreditavam ter perdido contato com os ensinamentos de Jesus. Esses protestantes queriam uma fé mais crua, sem mediação, e assim, livres da Igreja, eles poderiam encontrar seu próprio caminho. O protestantismo era tão flexível que logo prosperou uma variedade de novas seitas — luteranos, Igreja da Reforma, presbiterianos, calvinistas, anabatistas —, enquanto para Henrique VIII o protestantismo inglês foi um meio de afirmar sua independência política. Mas uma coisa os unia a todos: a reverência pela Bíblia, que restaurava Jerusalém como o próprio centro da sua fé.**

* Eles tiveram que vender seu mosteiro de São Salvador para os franciscanos, e isso foi só o começo. Em 1685, os georgianos empobrecidos perderam sua sede — o Mosteiro da Cruz, que se dizia ter sido origem da cruz de Jesus — para os ortodoxos. Após a queda da Jerusalém cruzada em 1187, a rainha Tamara da Geórgia enviara um funcionário, Shota Rustaveli, autor do épico nacional *O cavaleiro na pele de pantera*, para embelezar o Mosteiro: ele provavelmente está enterrado ali e seu retrato aparece nos afrescos. Mas em 2004, o retrato de Rustavelli, de barba branca, num manto solene e chapéu alto, foi vandalizado exatamente quando o presidente da Geórgia, Mikheil Saakashvili, chegava em visita oficial para inspecioná-lo. Suspeito de que teriam sido os ortodoxos russos, mas nada foi provado. Os sérvios passaram seu último mosteiro para seus irmãos gregos no século XVII. Os maronitas ainda mantêm um convento perto do portão de Jaffa, embora georgianos, maronitas e sérvios tenham perdido há muito sua participação na Igreja.

** Tanto judeus quanto cristãos estavam contaminados por expectativas apocalípticas. Em 1523, um jovem judeu de minúscula estatura, Davi Reuveni, causou comoção em Jerusalém ao se declarar

Quando, após 45 anos no trono, Suleiman morreu em campanha com seu exército, os ministros o escoraram em sua carruagem como um boneco de cera e o mostraram aos soldados, até que a sucessão estivesse segura para Selim, um de seus filhos com Roxelana. Selim II, conhecido como o Bêbado, devia muito às intrigas do amigo José Nasi, o Grande Judeu. Este, agora vivendo em esplendor no palácio Belvedere, rico de seus monopólios de cera de abelha polonesa e vinho moldavo, foi promovido a duque de Naxos. E quase se tornou rei de Chipre. Tal era seu empenho em defender os judeus perseguidos ou penuriosos na Europa e em Jerusalém que, pouco antes de sua morte, correram boatos de que esse ducal creso judeu devia ser o Messias. Mas pouca coisa resultou de seus planos. Sob Selim e seus sucessores, o Império Otomano ainda estava se expandindo, e, graças a vastos recursos e uma soberba burocracia, manteve-se impressionantemente poderoso por mais um século — mas seus imperadores logo viriam a se debater para controlar províncias distantes regidas por governadores ultrapoderosos, e a tranquilidade de Jerusalém era periodicamente abalada por acessos de violência.

Em 1590, uma rebelião árabe local irrompeu em Jerusalém e tomou a cidade, matando o governador. Os rebeldes foram derrotados e expulsos. Jerusalém caiu sob o domínio de dois irmãos dos Bálcãs, Ridwan e Bairam Paxá — meninos escravos cristãos convertidos ao islamismo e treinados na corte de Suleiman —, juntamente com seu homem de confiança, o circassiano Farrukh. Suas famílias dominaram e abusaram da Palestina por quase um século. Quando o filho de Farrukh, Muhammad, se viu trancado fora de Jerusalém em 1625, investiu contra as muralhas com trezentos mercenários e então, fechando os portões, desandou a torturar igualmente judeus, cristãos e árabes para extorquir dinheiro.

Tais ultrajes serviram apenas para incentivar a mais radical das seitas cristãs — os armênios — a bajular e subornar os sultões e provocar rixas nas igrejas de Jerusalém, tudo como parte de sua campanha para vencer os católicos e ganhar

---

príncipe árabe conduzindo as Dez Tribos de volta a Sião, mas o cádi islâmico poupou-o como lunático e ele então tomou um navio para Roma, onde o papa o recebeu. Porém, em última análise, a cristandade se revelou menos tolerante que o Islã, e ele morreu no começo da década de 1530 numa masmorra espanhola. Em 1534, a seita protestante radical dos anabatistas tomou a cidade alemã de Münster e declarou-a como sendo a Nova Jerusalém. Seu líder, João de Leiden, um aprendiz de alfaiate ilegítimo, proclamou-se rei de Jerusalém, herdeiro do rei Davi. Dezoito meses depois, essa nova Sião foi recapturada, e os líderes anabatistas, executados.

o *praedominium*. Os armênios eram otomanos tanto quanto cristãos, cortesãos adeptos da Sublime Porta. Enquanto outras seitas eram apoiadas pelas potências europeias, os armênios eram protegidos dos próprios sultões (e foi por isso que subsistiram na Igreja até o século XXI). Nos primeiros vinte anos do século, os sultões emitiram 33 decretos para defender os católicos ameados, e em apenas sete anos o *praedominium* mudou de mãos seis vezes. No entanto, os cristãos haviam se tornado a fonte de negócios mais lucrativa na Palestina: todo dia, o guardião da igreja, o chefe da família Nusseibeh, sentava-se num trono no pátio com seus escudeiros cobrando pelo acesso — e a receita de milhares de peregrinos era enorme. Na Páscoa, que os muçulmanos chamavam de Festividade do Ovo Vermelho, o governador de Jerusalém montava seu trono e, acompanhado do cádi, do guardião e de uma guarnição inteira fortemente armada, cobrava de cada um dos 20 mil "infiéis destinados ao inferno" dez peças de ouro, que eram divididas entre os otomanos e o ulemá.

Enquanto isso, algo estava em andamento entre os judeus. "Jerusalém", escreveu um peregrino judeu, "tinha uma população maior do que em qualquer outra época desde o primeiro exílio", e à medida que "a fama da cidade se espalhava, ficou-se sabendo que nós vivíamos em paz. Eruditos afluíam aos portões como rebanhos". Uma caravana de judeus egípcios chegava em cada Páscoa judaica. A maioria dos judeus era sefarditas que falavam ladino e que se sentiam suficientemente seguros para construir "as quatro sinagogas", as quais se tornaram o centro da vida no Bairro Judeu. Alguns dos peregrinos, porém, eram da Europa Oriental, da comunidade da Polônia-Lituânia, conhecidos como asquenazitas (de Asquenaz, um descendente de Noé no Gênesis que se dizia ser o progenitor dos povos do norte). A turbulência do mundo externo estimulava seu misticismo: um rabino chamado Isaac Luria lecionava a cabala, o estudo dos códigos secretos da Torá que os aproximaria da divindade. Luria nasceu em Jerusalém, mas estabeleceu sua base na cidade mágica e montanhosa de Safed, na Galileia. O trauma das perseguições espanholas forçara muitos judeus a falsas conversões ao cristianismo e a viver vidas clandestinas — na verdade, o texto sagrado da cabala, o Livro do Zohar, foi escrito em Castela no século XIII. Os cabalistas buscavam Majestade, Temor e Tremor — "a experiência extática, o tremendo jorro ascendente da alma para seu plano mais elevado, a união com Deus". Às sextas-feiras, os cabalistas, trajando vestes brancas, saudavam nas cercanias da cidade a "noiva de Deus", a Shekinah, e então escoltavam a presença divina de volta a seus lares. Mas inevitavelmente os cabalistas especulavam que o trauma judaico, junto com seus códigos secretos e encantações, continha a chave para a redenção: seguramente o Messias viria em breve para Jerusalém.

A despeito de ocasionais tumultos anticristãos, emboscadas de beduínos e a extorsão dos governantes otomanos, a cidade era deixada em paz para seus rituais próprios. Todavia, as rixas dos ortodoxos, armênios e católicos nesse pano de fundo otomano só serviram para confirmar os preconceitos de uma nova espécie de visitante, em parte peregrino, em parte aventureiro-mercador: os protestantes haviam chegado. Tendiam a ser comerciantes ingleses, ardendo de hostilidade contra os católicos, e frequentemente ligados às novas colônias na América.[1]

Quando o capitão naval e mercador inglês Henry Timberlake chegou, os governantes otomanos jamais tinham ouvido falar de protestantismo ou de sua rainha Elizabeth. Ele foi jogado numa prisão próxima ao Santo Sepulcro e libertado apenas com pagamento de uma multa. O exuberante relato de suas aventuras, *A True and Strange Discourse* [Um tratado verdadeiro e estranho], tornou-se um sucesso de vendas na Londres do rei Jaime. Outro desses ingleses audazes, John Sanderson, criador da Companhia do Levante, pagou sua cota aos turcos para entrar na igreja, mas foi atacado por monges franciscanos, cujo padre "me acusou de ser judeu". Os turcos então o prenderam, tentaram convertê-lo ao Islã e o conduziram à presença do cádi, que então o examinou e o libertou como cristão.

Atos de fanatismo, tanto cristãos como muçulmanos, desencadeavam uma violência que revela os reais limites da tão alardeada tolerância otomana: a pedido do ulemá, o governador otomano fechou à força a adorada sinagoga de Rambam; os judeus foram proibidos de rezar ali e a sinagoga foi transformada num armazém. Quando os franciscanos discretamente estenderam sua propriedade no monte Sião, correram boatos de que estavam confabulando com Malta para permitir a entrada de exércitos cristãos: foram atacados pelo cádi e por uma turba, sendo salvos apenas com a intervenção da guarnição otomana. Uma freira portuguesa que batizava crianças muçulmanas e denunciava o Islã foi queimada numa fogueira no pátio da igreja.*[2]

* Essas fogueiras humanas no pátio da igreja não eram raras. Em 1557, um monge siciliano, irmão Juniper, invadiu duas vezes al-Aqsa antes de ser morto pelo próprio cádi — e depois incinerado defronte à igreja. Um franciscano espanhol denunciou o Islã dentro de al-Aqsa e foi decapitado no monte do Templo diante de outra fogueira. Todavia, como demonstrou o caso de Reuveni, a mor-

O generalíssimo albanês de barba ruiva Ibrahim Paxá conquistou a Síria em 1831 e quase tomou Istambul em nome de seu pai, Mehmet Ali. Ele esmagou brutalmente uma Jerusalém rebelde e abriu a cidade aos europeus.

Mehmet Ali recebeu o pintor escocês David Roberts no seu caminho para Jerusalém: suas pinturas de cenas orientais, tais como o interior da igreja do Santo Sepulcro, influenciaram a visão europeia da Palestina.

O plutocrata e filantropo judeu
Moses Montefiore (à *esq.*) visit
Jerusalém sete vezes e foi um d
primeiros a construir fora da Cida
Velha. Em 1860, começou seu m
nho e chalés (*abaixo, à dir.*). E
como os vitorianos considerava
que um "hebreu nobre" devia s
mas também teve os seus escân
los secretos: gerou um filho co
sua empregada adolescente já
casa dos oitenta anos.

(*Abaixo*) Grande parte da Cidade Velha era surpreendentemente vazia nesse período. Esta foto tirada em 1861 pelo fotógrafo pioneiro Yessayi, um patriarca armênio, mostra uma paisagem deserta atrás da igreja do Santo Sepulcro.

A partir da década de 1830, judeus sefaraditas de Jerusalém, que falavam árabe, receberam a companhia de imigrantes do império russo e de mais sefaraditas do mundo árabe. Visitantes europeus ficavam impressionados pela esqualidez e exotismo dos judeus iemenitas (*à esq.*) e asquenazitas (*à dir.*).

Jerusalém também era dominada por camponeses ortodoxos russos (*abaixo, à esq.*, diante da igreja na Páscoa), que rezavam e farreavam com igual fervor, enquanto o portão de Jaffa e a rua King David (*abaixo, à dir.*) tornaram-se o eixo da Jerusalém europeia.

Theodor Herzl (*à esq.*, com a família), jornalista vienense assimilado e brilhante publicista, foi o organizador do sionismo político. Em 1898, procurou o Kaiser Guilherme II (*à dir.*) que ordenou a Herzl que se encontrasse com ele em Jerusalém. Vendo-se com um cruzado germânico, o Kaiser vestiu um uniforme branco especialmente desenhado, com um manto de corpo inteiro preso ao seu capacete.

O Kaiser visita a Tumba dos Reis. Na corrida arqueológica entre as Grandes Potências, o francês Félicien de Saulcy alegara que esta era a tumba do rei Davi. É na verdade a tumba da rainha de Adiabene, do século I.

(*Acima*) Os colonistas americanos chegaram como uma seita cristã milenariana, mas em pouco tempo tornaram-se amados filantropos: aqui, Bertha Spafford (sentada no centro), filha dos fundadores, posa com amigos beduínos.

O prefeito de Jerusalém Selim al-Husseini: o próprio modelo de um aristocrata jerusalemita.

(*Abaixo*) O velhaco e desocupado aristocrata Montagu Parker, mais tarde Conde de Morley, cujo projeto de três anos de descobrir a Arca da Aliança terminou no único tumulto na história de Jerusalém a unir judeus e muçulmanos. Ele escapou por pouco com vida.

(*Acima*) Por quase meio século, o esteta, socialite, tocador de *oud* e "acertador de situações" Wasif Jawhariyyeh conheceu todo mundo, viu tudo e registrou tudo em seu inigualável e vívido diário.

Jemal Paxá (*ao lado*), o ditador de Jerusalém durante a Primeira Guerra Mundial, era um nacionalista turco com gosto por charutos, champanhe, belas cortesãs judias e execuções brutais (*abaixo*).

Nascido num *shtetl* russo, Chaim Weizmann (à *esq.*) sentia-se em casa com reis e lordes. Seu charme apaixonado ajudou a converter os mandachuvas imperiais britânicos, Lloyd George (*centro, à esq.*), Churchill (*centro, à dir.*) e Balfour ao sionismo, enquanto Lawrence da Arábia (*à dir.*) promoveu a causa árabe.

Rendição, 1917: Hussein al-Husseini, prefeito de Jerusalém (*centro*, com a bengala) tentou seis vezes render-se aos britânicos com um lençol amarrado numa vassoura.

Mandato: conquistador de Jerusalém, o general Sir Edmund Allenby, conhecido como Bloody Bull [Touro Sangrento] (*à dir.*), e o governador militar Ronald Storrs comemoram o Quatro de Julho com Anna Spafford (*à esq.*) na Colônia Americana, em 1818.

Lawrence da Arábia e Amir Abdullah seguem Winston Churchill através dos jardins do Augusta Victoria em 1921: o secretário colonial britânico criou o novo reino da Transjordânia para o hashemita Abdullah.

As glórias da Jerusalém imperial: príncipe Arthur, duque de Connaught, filho da rainha Victoria, distribuiu prêmios no Bairro do Quartel, embora tenha se queixado quando viu otomanos e alemães usando medalhas.

O alto comissário da Palestina Herbert Samuel (sentado, *no centro*) e o governador de Jerusalém Storrs (em pé, *quarto a partir da dir.*) recebem hierarcas religiosos da cidade após um serviço para celebrar a libertação britânica em 1924.

Na Páscoa de 1610, chegou um jovem inglês que representava não só o novo protestantismo, mas também o Novo Mundo.

GEORGE SANDYS: O PRIMEIRO ANGLO-AMERICANO

George Sandys, filho do arcebispo de York e erudito que traduziu Virgílio para o inglês, ficou horrorizado diante da decadência de Jerusalém — "grande parte da qual está decrépita, [com seus] velhos edifícios todos arruinados, e os novos, desprezíveis". Sandys sentiu uma mistura de repulsa e divertimento pelos judeus sefarditas que falavam ladino no Muro das Lamentações: "Seus gestos fantásticos excedem toda barbaridade com ridículos acenos com a cabeça", e julgou "impossível não dar risada". O protestante temente a Deus sentiu aversão ainda maior em relação à mascataria vulgar dos ortodoxos e dos católicos. A cidade "já foi um dia sacra e gloriosa, eleita por Deus para seu trono", mas agora não passava de um "teatro de mistérios e milagres".

Naquela Páscoa, Sandys ficou igualmente escandalizado com cristãos e muçulmanos: viu o paxá de Jerusalém em seu trono diante da igreja do Santo Sepulcro. Sandys observou milhares de peregrinos, cada um carregando almofada e tapete, chegarem aos bandos para passar a noite na igreja. Na Sexta-Feira Santa, seguiu a procissão do padre dos franciscanos, que levava num lençol um modelo de cera de Jesus em tamanho natural ao longo da Via Dolorosa antes de afixá-lo numa cruz. Enquanto milhares de pessoas enchiam a igreja e acampavam em seu pátio, ele assistiu à cerimônia do Fogo Sagrado, "os clamores selvagens", o bater dos címbalos, as "mulheres assobiando" — conduta "mais adequada para as solenidades de Baco". Quando o Fogo emergiu, os peregrinos correram em volta "como loucos lançando as chamas entre suas roupas e em seus peitos, persuadindo os estranhos de que aquilo não os queimaria".

No entanto, esse compositor de hinos era um ardente protestante que reverenciava Jerusalém tanto quanto católicos e ortodoxos. Retornando aos fundamentos da própria Bíblia, ele rezou apaixonadamente na tumba de Cristo e nos túmulos dos reis cruzados. Ao regressar, dedicou seu livro *A Relation of a Journey begun AD*

---

te nem sempre era o fim da história, e a cristandade na Europa não era mais civilizada: quase quatrocentos hereges foram queimados na Inglaterra durante o século XVI.

1610 (relato de uma viagem iniciada em 1610 da Era Cristã] ao jovem Carlos, príncipe de Gales, cujo pai Jaime I havia recentemente comissionado 54 eruditos para criar uma Bíblia inglesa que fosse inteiramente acessível a todos. Em 1611, os eruditos entregaram sua versão autorizada, que, fundindo as primeiras traduções de William Tyndale e outros, trouxe as divinas Escrituras à vida numa obra-prima de tradução e de inglês poético. Essa Bíblia tornou-se o coração espiritual e literário do anglicanismo, o protestantismo singular da Inglaterra. A Bíblia veio a ser o que um escritor chamou de "épico nacional britânico", uma história que colocava os judeus e Jerusalém no próprio coração da vida britânica — e, mais tarde, norte-americana.

Sandys era um elo entre a cidade real e a Jerusalém do Novo Mundo. Em 1621, ele partiu para a América como tesoureiro da Virginia Company. Durante seus dez anos em Jamestown, ele liderou a investida contra os nativos americanos algonquinos, durante a qual massacrou um número considerável deles: os protestantes não eram menos capazes de matar infiéis adversários do que qualquer outra fé do século XVII. Sandys não foi o único peregrino-aventureiro a estar ali: Henry Timberlake estava na Virgínia na mesma época. A peregrinação de ambos para a nova Terra Prometida da América era, ao menos em parte, inspirada pela visão protestante de uma Jerusalém celeste.

Os habitantes da Virgínia de Sandys e Timberlake eram anglicanos conservadores do tipo favorecido por Jaime I e seu filho Carlos. No entanto, os reis não poderiam simplesmente abafar as expectativas de um novo protestantismo, radical e fervoroso: os puritanos abraçaram a verdade fundamental da Bíblia, mas com esperanças messiânicas imediatas. A Guerra dos Trinta Anos entre católicos e protestantes apenas intensificou o sentimento de que o Dia do Juízo estava próximo. Eram tempos estranhos que estimulavam uma excitação mística e selvagem em todas as três religiões. As colheitas fracassavam. A impiedosa ceifeira, na forma de epidemias, fome e guerras religiosas, vagava pela Europa, matando milhões.

Milhares de puritanos escaparam da Igreja de Carlos I para fundar novas colônias na América. Enquanto navegavam pelo Atlântico em busca de liberdade religiosa, liam sobre Jerusalém e os israelitas em suas Bíblias e viam-se como o Povo Eleito abençoado por Deus para construir uma nova Sião nas terras ermas de Canaã. "Vinde, declaremos em Sião a palavra de Deus", orava William Bradford ao desembarcar do *Mayflower*. O primeiro governador da colônia da baía de Massachusetts, John Winthrop, acreditava que "o Deus de Israel está entre nós", e parafraseava Jeremias e Mateus para saudar seu assentamento como "uma cidade na colina" — uma nova Jerusalém na América. Em breve haveria dezoito rios Jordão, doze Canaãs, 35 Betels e 66 Jerusaléns ou Saléns.

O medo da catástrofe e a antecipação da redenção cresciam juntos: guerras civis deixavam cicatrizes na França e na Inglaterra, enquanto na Europa Oriental, simultaneamente, os judeus da Polônia e da Ucrânia eram massacrados às dezenas de milhares pelos cossacos do chefe saqueador Khmelnytsky. Em 1649, Carlos I foi decapitado e Oliver Cromwell surgiu como Lorde Protetor, um soldado milenário convencido de que seus puritanos, assim como seus irmãos na Nova Inglaterra, eram o Povo Eleito.

"Vós sois de fato chamados por Deus como Judá o foi, para reger com Ele e por Ele", dizia. "Vós estais no limiar das Promessas e Profecias." Cromwell era um hebraísta que acreditava que Cristo não podia voltar novamente a menos que os judeus retornassem para Sião e então se convertessem ao cristianismo. Efetivamente, os puritanos foram os primeiros cristãos sionistas. Joanna e Ebenezer Cartwright chegaram a sugerir que a Marinha Real deveria "transportar os filhos e filhas de Israel em seus navios para a Terra Prometida por seus ancestrais como herança permanente".

Muitos judeus estudavam seriamente a cabala, sonhando que o Messias transformaria sua tragédia ucraniana em redenção. Um rabino holandês, Menasseh ben Israel, enviou uma petição ao Lorde Protetor, ressaltando que a Bíblia afirmava que os judeus precisavam ser espalhados por *todos* os cantos do mundo *antes* que seu Retorno a Sião desencadeasse a Segunda Vinda — mas ainda estavam banidos da Inglaterra. Portanto, Cromwell convocou uma Conferência de Whitehall especial que determinava ser errado excluir "este povo mesquinho e desprezível da luz e deixá-lo entre falsos mestres, papistas e idólatras". Cromwell permitiu o regresso dos judeus. Depois de sua morte, a monarquia foi restaurada e esse messianismo puritano perdeu força, mas sua mensagem sobreviveu nas Colônias Americanas e entre os inconformistas ingleses, pronta para florescer novamente no despertar evangélico duzentos anos mais tarde. Logo após a Restauração, uma excitação eufórica convulsionou o mundo judaico: o Messias estava em Jerusalém — estava mesmo?[3]

O MESSIAS: SABBATAI ZEVI

Ele era Mordecai, o filho desequilibrado de um comerciante de aves de Esmirna que estudava a cabala. Em 1648 declarou-se o Messias pronunciando o

Tetragrama. Este é o inefável nome de Deus baseado nas letras hebraicas correspondentes a YHWH, só proferido uma vez por ano no Dia do Perdão pelo sumo sacerdote dentro do próprio Templo. Em seguida trocou seu nome para Sabbatai Zevi e proclamou que o Dia do Juízo viria em 1666. Foi expulso de Esmirna; porém, enquanto trabalhava como mercador pelo Mediterrâneo, foi ganhando gradualmente a devoção de uma rede de partidários abastados. Em 1660, mudou-se primeiro para o Cairo e então viajou para Jerusalém, onde jejuava, entoava cânticos, distribuía doces para as crianças e realizava atos estranhos e perturbadores.

Sabbatai irradiava um magnetismo temerário mas demente — era claramente um maníaco-depressivo que oscilava entre acessos de uma contagiante crença em si mesmo, desesperada melancolia e exaltação eufórica que o levavam a efetuar excentricidades demoníacas, às vezes desavergonhadamente eróticas. Em qualquer outra época, ele teria sido condenado como louco obsceno e pecaminoso, mas naqueles dias catastróficos muitos judeus já estavam em estado de antecipação cabalista. Sua loucura era seguramente a verdadeira marca do sagrado.

Os judeus hierosolimitas estavam empobrecidos pelos impostos cobrados por parte dos otomanos, de modo que pediram a Sabbatai que levantasse fundos de seus patronos cairotas — o que ele fez. Teve êxito em sua missão, mas nem todo mundo estava convencido quando ele se preparou para declarar-se o Messias em Jerusalém. Após muita discussão, os rabinos o consideraram proscrito. Furioso, ele se mudou para Gaza, local que escolheu como sua cidade sagrada em vez de Jerusalém, e depois lançou seu ministério messiânico em Aleppo.

Se sua revelação começara como um fogo brando, sua fama agora explodia e se espalhava como um incêndio incontrolável. Judeus em toda a diáspora, de Istambul a Amsterdam, celebravam a vinda do Messias. Na Ucrânia, uma bela moça chamada Sarah ficara órfã nos massacres cossacos, mas foi resgatada por cristãos e levada para Livorno. Ali trabalhava como prostituta, o que não abalava sua convicção de que estava destinada a se casar com o Messias. Quando Sabbatai ouviu falar dela, casou-se com Sarah (buscando imitar o profeta Oseias, que se casou com uma prostituta), e os dois viajaram juntos pelo Mediterrâneo enquanto os judeus da Europa se dividiam entre céticos e adeptos fanáticos, que empacotavam seus pertences para a grande viagem a fim de saudar o Messias em Jerusalém; além de se autoflagelar, jejuar e rolar nus na neve e na lama. No final de 1666, o casal messiânico entrou em Istambul, onde foi saudado pelos judeus. Assumindo uma autoridade imperial-universal, o "Rei dos Judeus" nomeou seus irmãos como reis de Roma e da Turquia. Mas a ambição de Sabbatai de usar a coroa do sultão em sua cabeça provocara sua prisão. O sultão fez ao Rei dos Judeus uma oferta que ele não pôde recusar: ou realizava o milagre de sobreviver a uma saraivada de flechas ou convertia-se ao Islã. Ele optou pela conversão.

Para a maioria, essa apostasia* marcou a morte do sonho antes mesmo de Sabbatai morrer em seu exílio montenegrino — e os judeus de Jerusalém alegraram-se ao ver pelas costas esse charlatão intrometido.[4] A era de Cromwell e Sabbatai Zevi foi também a era de ouro do misticismo islâmico em Jerusalém, onde os sultões otomanos eram patronos de todas as principais ordens de sufis, a quem os turcos chamavam dervixes. Vimos como cristãos e judeus encaravam a cidade. Agora, um cortesão otomano absolutamente não convencional, um erudito dervixe, anedotista e bon-vivant chamado Evliya descreve de forma amorosa as idiossincrasias da cidade sob o ponto de vista islâmico, com o paladar frequentemente hilário que o torna talvez o maior dos autores de narrativas de viagens do islamismo.

EVLIYA: O PEPYS E O FALSTAFF OTOMANO

Mesmo assim, Evliya deve ter sido mesmo uma figura muito singular: esse rico viajante, escritor, cantor, erudito e guerreiro era filho do ourives do sultão. Nascido em Istambul, criado na corte e educado pelo ulemá imperial, foi aconselhado por Maomé num sonho a viajar pelo mundo. Tornou-se, em suas próprias palavras, "O Viajante do Mundo e Companheiro Bonachão da Humanidade", e viajou não apenas por toda a extensão do vasto domínio otomano mas também pela cristandade, registrando obsessivamente em crônicas as suas aventuras em estarrecedores dez volumes. Da mesma forma que Samuel Pepys escrevia seus diários em Londres, Evliya — fosse em Istambul, no Cairo ou em Jerusalém — compilava seu *Livro de viagens*, "o mais longo e completo relato de viagem na literatura islâmica, talvez na literatura mundial". Nenhum escritor islâmico escreveu de forma tão poética sobre Jerusalém, e nem com tanta graça sobre a vida.

* Alguns de seus seguidores encararam isso como o paradoxo sagrado derradeiro — e sua seita sabatista judaico-islâmica, os *dönme* (vira-casacas, embora se autodenominassem *ma'amin*, os crentes), particularmente os que viviam em Salônica, viriam a desempenhar um papel nas revoluções dos Jovens Turcos entre 1908 e a Primeira Guerra Mundial. Eles ainda existem na Turquia.

Evliya viveu literalmente de sua espirituosidade, pois ganhou os favores de Mehmet IV com suas irresistíveis piadas, versos rimados, canções maliciosas e lutas, e pôde viajar juntando-se às delegações de figurões otomanos que o recrutavam pelo seu conhecimento religioso e pela sua exuberante capacidade de entretenimento. Seus livros são em parte almanaques de fatos compilados, em parte antologias de histórias surpreendentes: Evliya Celebi (um título que significa simplesmente "cavalheiro") tanto combateu os Habsburgo como encontrou-se com o sacro imperador romano em Viena, impressionando-o com seu conhecimento pessoal do Santo Sepulcro de Jerusalém. Em batalha, ele registrou de maneira autodepreciativa sua própria fuga falstaffiana — "fugir é também um ato de coragem" — e provavelmente a cena escatológica mais "estranha e cômica" na história militar.*

Ele nunca se casou, e recusava-se a aceitar qualquer emprego no serviço imperial que interferisse em seu espírito livre de viajante. Com frequência ganhava escravas e era tão espirituoso em relação ao sexo quanto a todas as outras coisas: chamava o ato sexual de "doce calamidade" e "agradável jogo de luta", registrando alegremente seu problema de impotência, que afinal foi curado com um sumo de cobra egípcia. Ousadamente dizia, ainda, que o sexo era o "maior jihad". Para o leitor moderno, a coisa mais impressionante a seu respeito é o fato de ele ter sido um muçulmano devoto que constantemente fazia piadas sobre o Islã — algo que, nos dias de hoje, seria impensável.

Embora esse erudito fosse capaz de recitar o Alcorão inteiro em oito horas e atuar como muezim, surpreendentemente não usava barba, e era irreverente, de mente aberta e inimigo de qualquer fanatismo, fosse islâmico, judeu ou cristão. Como "dervixe ambulante", ficou fascinado pela "antiga *qibla*" de Jerusalém, que "é atualmente a Caaba dos pobres (ou dos dervixes)" — a capital, a

* Durante uma das batalhas contra os Habsburgo na Transilvânia, ele se esgueirou para longe da área de combate a fim de esvaziar os intestinos, mas foi emboscado por um soldado austríaco, "de modo que chapinhei na minha própria sujeira". Enquanto se digladiavam, eles rolaram "em absoluta confusão" nos excrementos do nosso herói até "eu praticamente me tornar o mártir da merda". Evliya por fim matou o infiel e conseguiu erguer as calças, "mas eu estava tão ensopado de sangue e de merda que tive de rir, vendo que eu havia me tornado o merdoso *ghazi* (guerreiro islâmico)". Depois, deu a cabeça do austríaco de presente para seu paxá, que disse: "Meu Evliya, você está cheirando estranhamente a merda!". Os oficiais "caíram numa estrondosa gargalhada" e o paxá lhe deu cinquenta peças de ouro e um penacho de turbante feito de prata.

própria Meca do sufismo. Ele contou setenta conventos de dervixes, com o maior deles perto do portão de Damasco, variando em origem da Índia à Crimeia, e descreveu como um contingente de cada ordem executava canções e danças extáticas do *zikr* durante toda a noite, até a aurora.

Evliya escreveu que a cidade, que se vangloriava de ter 240 nichos de oração e quarenta madraçais, era "objeto de desejo dos reis de todas as nações", mas o que mais o deslumbrou foi a fascinante beleza e santidade do Domo: "Este humilde homem viajou ao longo de 38 anos por dezessete impérios e viu incontáveis edificações, mas nunca vi uma que se assemelhasse ao paraíso. Quando uma pessoa entra ali, fica embevecida e abobalhada, de queixo caído". Em al-Aqsa, onde o pregador subia ao púlpito toda sexta-feira brandindo a espada do califa Omar e onde os rituais eram realizados por uma equipe de oitocentos homens, Evliya observou como os mosaicos refletiam os raios do sol de modo que "a mesquita torna-se luz sobre luz e os olhos dos congregados brilham com reverência enquanto oram".

No Domo, "todos os peregrinos caminham circundando a Rocha fora das grades", enquanto o monte do Templo tinha se tornado um "local de passeios embelezado com rosas, jacintos e murta, repleto do chilro inebriante dos rouxinóis". Ele então abraçou alegremente a maioria de suas lendas — que o rei Davi começara a construir al-Aqsa enquanto Salomão, "sendo sultão de todas as criaturas, ordenou aos demônios que completassem a construção". Entretanto, quando lhe mostraram as cordas que Salomão supostamente tecera 3 mil anos antes para prender os demônios, Evliya não se conteve e exclamou para o ulemá: "Está querendo me dizer que as cordas não apodreceram?".

Naturalmente visitou a igreja na Páscoa, e sua reação foi semelhante à dos protestantes ingleses. Desvendou o segredo do Fogo Sagrado, alegando que um jarro de zinco oculto cheio de nafta era manuseado por um monge escondido, que o fazia gotejar descendo uma corrente para realizar o milagre anual. A festividade em si era simplesmente um "pandemônio", e a igreja "carece de espiritualidade, parecendo mais uma atração turística". Mas ele conversou ali com um protestante, e este jogou a culpa nos gregos ortodoxos, "um povo estúpido e crédulo".

Evliya retornou várias vezes antes de se aposentar para terminar seus livros no Cairo, mas jamais viu algo que se comparasse ao Domo da Rocha — "realmente uma réplica de um pavilhão no paraíso". Nem todo mundo concordava: os muçulmanos conservadores ficavam horrorizados com as danças, milagres e cultos santos dos sufis, os quais Evliya tanto apreciava. "Algumas das mulheres desvelam a face, exibindo sua beleza, seus ornamentos e perfumes. Por Deus, elas estavam sentadas de rosto praticamente colado com os homens!", observou Qashashi, denunciando os "clamores e danças excitantes", o tocar dos tamborins e os mercadores vendendo doces. "Estes são os dias do banquete de matrimônio de Satã."

Os otomanos estavam agora em pleno declínio, e os sultões oscilavam de um lado a outro entre as exigências das potências europeias, cada uma apoiando sua própria seita cristã. Quando os católicos austríacos e franceses ganharam o *praedominium*, os russos — um novo e impertinente poder na Europa e em Jerusalém — pressionaram e subornaram os otomanos até o recuperarem para os ortodoxos. Os franciscanos logo o tomaram de volta, mas em três ocasiões uma verdadeira luta irrompeu na igreja.* A batalha diária do Sepulcro era conduzida mais pelas vassouras do que pelas clavas, mais limpando que apunhalando: quem fosse o responsável pela limpeza de uma parte da igreja podia reivindicá-la. Centímetro por centímetro, os sacristãos, vassouras na mão, tentavam avançar seus territórios, observados pelos vigilantes varredores sacros rivais. Em 1699, os otomanos, derrotados no campo de batalha, assinaram o Tratado de Karlowitz, que permitia às Grandes Potências proteger seus irmãos em Jerusalém — uma concessão desastrosa.[5]

Enquanto isso, os governantes em Istambul haviam reprimido tanto a Palestina que os camponeses se rebelaram. Em 1702, o novo governador de Jerusalém esmagou a rebelião e decorou as muralhas com as cabeças de suas vítimas. Mas quando destruiu uma aldeia de propriedade do líder religioso — o mufti — de Jerusalém, o cádi da cidade o denunciou nas orações de sexta-feira em al-Aqsa e abriu os portões para os rebeldes.

* Henry Maundrell, capelão da Companhia Inglesa do Levante, que visitou Jerusalém em 1697, observou a "fúria" dos monges ao brigarem sanguinariamente dentro da igreja. Também descreveu a histeria do Fogo Sagrado como ainda mais demente do que um século antes, quando Sandys fez sua visita: os peregrinos "começaram a agir de maneira tão indecente a ponto de expor sua nudez, tropeçando sobre o Sepulcro da mesma forma que se tropeça no palco", incendiando suas barbas — era "um verdadeiro hospício". Quanto aos padres, Maundrell simplesmente os chamou de "vendedores de milagres".

33. As famílias (1705-99)

OS HUSSEINI: A REVOLTA DOS NAQIB AL-ASHRAF E O MASSACRE DE CACHORROS

Camponeses armados saqueavam as ruas. Apoiado pela tropa, o cádi — juiz principal — invadiu a prisão e assumiu o comando de Jerusalém. Em um de seus momentos mais estranhos, a cidade viu-se independente: o cádi, em troca de subornos, nomeou Muhammad ibn Mustafa al-Husseini como cabeça da cidade.

Husseini era o chefe do proeminente clã de Jerusalém que ascendera no rastro dos Farrukh um século antes, mas era também o Nabi al-Ashraf, o líder das famílias descendentes do Profeta, por intermédio de seu neto Hussein: somente os Ashraf podiam usar o turbante verde e ser tratados de Sayyid.

Os otomanos despacharam tropas para suprimir a revolta acampada fora das muralhas. Husseini mostrou que estava pronto para um cerco, e as tropas recuaram até Gaza. Dentro de Jerusalém, a rebelião substituíra uma tirania por outra. Os judeus foram proibidos de vestir branco no sabá, bem como cobrir a cabeça com peças muçulmanas ou ter pregos nos sapatos; os cristãos sofreram restrições similares em suas vestimentas; e ambos deviam abrir caminho para os muçulmanos nas ruas. Multas ultrajantes eram cobradas com violência. Uma seita messiânica de quinhentos judeus poloneses de Grodno, liderada por Judá, o

Pio, tinha acabado de chegar. Mas seu rabino morrera, e eles falavam apenas polonês ou iídiche, o que os deixava particularmente desamparados. Em pouco tempo ficaram debilitados.

Quando um cachorro vira-latas foi achado vagando pelo monte do Templo, o cádi ordenou a matança de todos os cães em Jerusalém. Como humilhação especial, todo judeu e cristão precisava mandar cães mortos para um ponto de coleta do lado de fora do portão de Sião. Bandos de crianças matavam cães e depois davam suas carcaças para o infiel mais próximo.

Quando um forte exército otomano se aproximou, a guarnição e os místicos sufis se voltaram contra a rebelião e tomaram a torre de Davi. Husseini se fortificou em sua mansão, e os grupos atiraram setas entre si durante três dias. Na batalha que se seguiu, as ruas ao norte da Cidade Velha ficaram atulhadas de cadáveres — e Husseini perdeu mais apoio. Do lado de fora, os otomanos bombardearam o monte do Templo. No meio da noite de 28 de novembro de 1705, Husseini percebeu que seu jogo chegava ao fim, e então fugiu, perseguido pelos otomanos. O reinado da extorsão continuou sob o novo governo. Muitos judeus, mais uma vez roubados, simplesmente foram embora, e os asquenazitas poloneses estavam quebrados; por fim, em 1720, enfrentando prisões, falência e banimento, sua sinagoga no Bairro Judeu foi incendiada.* Os sefarditas — a pequena e velha comunidade judaica que estava em casa no mundo árabe e otomano — sobreviveram.

Husseini foi capturado e decapitado. Após muita rivalidade dinástica, os Husseini foram mais tarde sucedidos como naqib por Abd al-Latif al-Ghudayya, cuja família mudou o nome em algum momento naquele século e se apossou do prestigioso nome Husseini. Os Ghudayya vieram a ser os novos Husseini, a mais poderosa das famílias regentes de Jerusalém — até o século XXI.[1]

OS HUSSEINI: ASCENSÃO DAS FAMÍLIAS

Qualquer pessoa importante que fosse a Jerusalém durante o século XVIII gostaria de ficar ao lado do chefe desse clã, que mantinha a casa aberta igualmente para camponeses, eruditos e funcionários otomanos; dizia-se que ele tinha

* Esta tornou-se conhecida como a sinagoga da Ruína — Hurva —, e permaneceu como ruína por mais de um século. Foi reconstruída no século XIX — mas destruída pelos jordanianos em 1967.

oito convidados para jantar a cada noite. "Todo mundo o visita, de perto e de longe", escreveu um desses convidados para o "palácio" de Abd al-Latif al-Ghudayya, que dominava Jerusalém. "Estranhos encontram refúgio nesta casa, ali residindo como bem lhes apraz." Os visitantes de Abd al-Latif deixavam Jerusalém escoltados por um esquadrão de cavaleiros seus.

O ressurgimento dos Husseini marcou a ascensão das grandes famílias de Jerusalém. A princípio, toda posição de honra era hereditária. A maioria das famílias descendia de xeques sufis que haviam sido favorecidos por um ou outro conquistador. Grande parte trocava de nome e inventava genealogias grandiosas, fechando-se alternadamente em seus feudos e casando-se entre si — de forma não muito diferente de seus equivalentes ocidentais. Cada uma defendia-se ferozmente e lutava para expandir sua própria e lucrativa base de poder.* Mas a riqueza teria sido vulgar sem algum tipo de erudição — pedigree impotente sem bens e posição impossível sem patronos otomanos. Às vezes as famílias resolviam situações por meios bélicos: dois Nusseibeh sofreram uma emboscada e foram mortos por um pelotão Husseini nas proximidades de Abu Ghosh; mas, como era típico, as famílias fizeram as pazes casando o irmão das vítimas — o Nusseibeh sobrevivente — com a irmã do mufti de Jerusalém.

Todavia, nem mesmo as famílias podiam assegurar prosperidade numa Jerusalém marcada pelas cicatrizes de combates intermitentes entre a poderosa guarnição otomana, notória pela sua devassidão, e os invasores beduínos, os hierosolimitas rebeldes e os governadores venais. A população encolheu para 8 mil habitantes, presa do governador de Damasco, que descia sobre a cidade uma vez por ano com um pequeno exército para coletar impostos.**

* Esses clãs eram conhecidos em inglês como os Notáveis; para os turcos, como os Effendiya; para os árabes, como os Aya. Os Nusseibeh eram os guardiães da igreja; os Dajani eram responsáveis pelo túmulo de Davi; os Khalidi cuidavam dos tribunais da charia; os Husseini geralmente dominavam como naqib al-Ashraf, mufti e xeque do Haram, bem como condutores da festividade de Nabi Musa. Os Abu Ghosh, senhores da guerra das montanhas ao redor de Jerusalém, guardiães da rota de peregrinação vinda de Jaffa, eram aliados dos Husseini. Só uma pesquisa recente do professor Adel Manna revelou a verdadeira história de como os Ghudayya assumiram a identidade dos Husseini. Os Nusseibeh mudaram seu nome anterior, que era Ghanim; os Khalidi tinham sido Deiri; os Jarallah (que competiam pela posição de mufti com os Husseini) anteriormente eram Hasqafi. "É desorientador e estarrecedor ter de suportar uma troca de nome, mesmo que tenha ocorrido sete séculos atrás", admite um desses figurões, Hazem Nusseibeh, ex-ministro do Exterior da Jordânia, em suas memórias *Os hierosolimitas*.

** O poderoso váli (governador) da vilaiete (província) de Damasco geralmente regia Jerusalém e

Os judeus, sem qualquer apoio europeu, sofriam amargamente. "Os árabes", escreveu Gedaliah, um asquenazita da Polônia, "com frequência os humilham em público. Se um judeu é golpeado, este se encolhe e vai embora. Se um turco zangado é capaz de bater num judeu de forma vergonhosa e assustadora com os sapatos, ninguém viria em auxílio do judeu." Eles viviam na miséria, impedidos de reparar suas casas. Duzentas famílias judias fugiram: com "as perseguições e extorsões aumentando a cada dia", escreveu um peregrino judeu em 1766, "tive de fugir da cidade à noite. Todo dia alguém era jogado na prisão".

Os cristãos odiavam-se uns aos outros muito mais do que aos infiéis — de fato, o padre Elzear Horn, um franciscano, simplesmente chamava os gregos de "O Vômito". Cada uma das seitas saboreava todo desconforto sórdido e humilhação mesquinha sofrida pelas suas rivais na igreja. O controle otomano e a competição cristã significavam que trezentos residentes permanentes eram trancados toda noite no interior da igreja — "mais como prisioneiros" do que como padres, na opinião de Evliya, vivendo num estado de sítio constante. A comida era passada através de um buraco na porta ou alçada para as janelas por meio de um sistema de polias. Esses monges — a maioria deles ortodoxos, católicos ou armênios — acampavam em condições de aperto, tensão e umidade, sofrendo de "dores de cabeça, febres, tumores, diarreia, disenteria". As latrinas do Sepulcro ofereciam uma especial fonte de amargura e fedor: cada seita tinha seus próprios arranjos de lavatórios, mas os franciscanos, alegava o padre Horn, "sofrem muito com o cheiro". Os gregos não tinham lavatório nenhum. Entretanto, as seitas menores — coptas, etíopes e siríacos —, acometidas pela penúria, só podiam dispor de comida se executassem tarefas servis, tais como esvaziar os baldes de detritos dos gregos. Não é de admirar que o escritor francês Constantin Volney tinha ouvido dizer que os hierosolimitas "adquiriram e mereceram a reputação de o povo mais perverso da Síria".

---

com frequência era o emir do *hajj*, comandante da caravana anual para Meca, que ele subsidiava com sua *dawra*, uma expedição armada. Em outras épocas, Jerusalém foi controlada pelo váli de Sidon, que governava em Acre. Jerusalém era um distrito pequeno, um sanjaque, sob o governo de um bei ou mutasalim. No entanto, o status de Jerusalém se modificou repetidamente ao longo dos séculos seguintes, às vezes tornando-se um distrito independente. Os governadores otomanos administravam com auxílio do cádi, um juiz municipal nomeado em Istambul, e do mufti (o líder nomeado pelo grão-mufti do império, o xeque do Islã em Istambul, que redigia juízos de *fatwa* em questões religiosas), que era escolhido entre as famílias de Jerusalém. Os paxás de Damasco e Sidon eram rivais que de vez em quando travavam guerras pequenas e rápidas pelo controle da Palestina.

Quando a França voltou a ganhar o *praedominium* para os franciscanos, os ortodoxos gregos revidaram. Na noite anterior ao domingo de Ramos de 1757, os ortodoxos gregos emboscaram os franciscanos na Rotunda do Sepulcro "com porretes, clavas, ganchos, punhais e espadas" que haviam sido escondidos atrás dos pilares e debaixo de seus hábitos, quebrando lâmpadas e rasgando tapeçarias. Os franciscanos fugiram para a igreja de São Salvador, onde foram sitiados. Essas táticas mafiosas funcionaram: o sultão voltou para o lado dos gregos, dando-lhes a posição dominante na igreja que eles detêm até hoje.[2] Agora o poder otomano ruía na Palestina. Começando na Galileia na década de 1730, um xeque beduíno, Zahir al-Umar al-Zaydani, formou um feudo setentrional que governava a partir de Acre — a única vez, com exceção de rebeliões de curta duração, em que um árabe palestino nativo governou uma parte extensa da Palestina.

ASCENSÃO E QUEDA DO "REI DA PALESTINA"

Em 1770, Ali Bei, um general egípcio que era glorificado com o apelido de Arrebatador de Nuvens (o qual ele ganhou derrotando beduínos, considerados pelos otomanos tão difíceis de agarrar quanto nuvens), aliou-se ao xeque Zahir. Juntos, conquistaram a maior parte da Palestina, chegando a tomar Damasco, mas o paxá do sultão resistiu em Jerusalém. A imperatriz da Rússia, Catarina, a Grande, estava em guerra com os otomanos, e então enviou uma frota para o Mediterrâneo, onde derrotou a armada do sultão. O Arrebatador de Nuvens precisava da ajuda russa, e a Rússia estava interessada em apenas uma recompensa: Jerusalém. Os navios russos bombardearam Jaffa e depois navegaram rumo ao norte para atacar Beirute. Zahir ocupou Jaffa — mas conseguiriam ele e o Arrebatador de Nuvens entregar Jerusalém?

O xeque Zahir enviou suas tropas para investir contra a cidade, mas não foram capazes sequer de roçar as muralhas. Os otomanos, derrotados em todas as frentes, propuseram um cessar-fogo com os russos. No tratado de paz, em 1774, Catarina e seu parceiro, o príncipe Potemkin, forçaram os otomanos a reconhecer a proteção russa sobre os ortodoxos — e, em última análise, a crescente obsessão russa com Jerusalém acabaria levando a uma guerra europeia.* Os

* Potemkin concebeu o "Projeto Grego" para Catarina — a conquista russa de Constantinopla (chamada pelos russos de Tsargrad) a ser regida pelo neto de Catarina, especialmente chamado de

otomanos podiam agora retomar suas províncias perdidas: o Arrebatador de Nuvens foi assassinado, e o xeque, contando 86 anos, precisou fugir de Acre. Enquanto escapava a cavalo, notou que sua concubina favorita não estava junto — "isso não é hora de deixar alguém para trás", disse ele — e galopou de volta. Enquanto a puxava para cima do cavalo, a moça derrubou seu velho amante no chão e assassinos o apunhalaram e o decapitaram. A cabeça em conserva do "primeiro rei da Palestina" foi enviada a Istambul.[3] A anarquia agora atraía a atenção de um herói da França revolucionária.

NAPOLEÃO BONAPARTE: "UM ALCORÃO QUE EU MESMO COMPUS"

Em 19 de maio de 1798, Napoleão Bonaparte, com 28 anos, magro e pálido, cabelo comprido e liso, partiu com 335 navios, 35 mil soldados e uma academia de 167 cientistas para conquistar o Egito. "Fundaria uma religião", refletia ele com arrogância megalomaníaca. "Eu me vi marchando a caminho da Ásia, montado num elefante, turbante na cabeça, numa das mãos um novo Alcorão que eu mesmo teria composto."

Sua aventura foi inspirada por uma ciência revolucionária, uma política fria e um romantismo cruzado. Todo mundo em Paris tinha lido o relato de viagem do *philosophe* Constantin Volney, sucesso de vendas que descrevia as "acabadas ruínas de Jerusalém" e a decadência do levante otomano, agora maduro para ser conquistado pela razão civilizadora do Iluminismo. A Revolução Francesa tentara destruir a Igreja e substituir o cristianismo pela razão, pela liberdade e até mesmo por um novo culto do Ser Supremo. No entanto, o catolicismo havia resistido, e Napoleão almejava curar as feridas da Revolução fundindo monarquia, fé e ciência — daí os muitos cientistas a bordo. Todavia, tratava-se também do Império: a França estava em guerra com a Inglaterra. A expedição era fruto da

---

Constantino. A partilha da Polônia feita por ela trouxe pela primeira vez milhões de judeus para dentro do Império Russo, a maioria dos quais confinada em absoluta miséria a uma Área de Assentamento. Mas Potemkin, um dos maiores líderes filossemitas na história da Rússia, era um sionista cristão que via a libertação de Jerusalém como parte de seu projeto grego. Em 1787, criou o Regimento Israelovsky de cavalaria judia para tomar Jerusalém. Uma testemunha, o príncipe de Ligne, zombou desses cavaleiros de cachos nos cabelos chamando-os de "macacos montados a cavalo". Potemkin morreu antes que pudesse colocar seus planos em ação.

imaginação do vesgo e coxo ex-bispo e ministro do Exterior, Charles-Maurice de Talleyrand, que esperava assim obter o controle do Mediterrâneo e eliminar a Índia britânica. Se Bonaparte fosse bem-sucedido, tudo estaria muito bem; mas se fracassasse, Talleyrand destruiria um rival. Como costumava acontecer com frequência no Oriente Médio, os europeus esperavam que os orientais fossem gratos pela sua bem-intencionada conquista.

Napoleão desembarcou com êxito no Egito, que ainda era governado por uma casta híbrida de funcionários mamelucos e otomanos. Ele rapidamente os derrotou na Batalha das Pirâmides, mas o almirante inglês Horatio Nelson obliterou a frota francesa na baía de Aboukir. Bonaparte tinha vencido o Egito, porém Nelson armara uma cilada ao prender sua frota no Oriente, e isso encorajou os otomanos a desafiá-lo na Síria. Se o francês quisesse sobreviver no Egito, teria de marchar para o norte e consolidar a Síria.

Em fevereiro de 1799, ele invadiu a Palestina com 13 mil homens e oitocentos camelos. Em 2 de março, avançou até Jaffa, sua cavalaria sob as ordens do general Damas, que empreendia um ataque a apenas cinco quilômetros de Jerusalém. O general Bonaparte fantasiava sobre a conquista da Cidade Santa, reportando ao Diretório revolucionário em Paris: "Quando lerdes esta carta, é possível que eu esteja sobre as ruínas do Templo de Salomão".

VIII. IMPÉRIO

Como eu gostaria de visitar Jerusalém algum dia.

Abraham Lincoln, em conversa com sua esposa

O teatro do evento mais memorável e estupendo que já aconteceu nos anais do mundo.

James Barclay, *City of the Great King*

Em nenhum lugar o arco do céu é mais puro, intenso e sem nuvens do que acima das altivas colinas de Sião. Todavia, se o viajante puder se esquecer de que está pisando sobre o túmulo do povo do qual brotou sua religião, com certeza não há cidade que ele desejará deixar mais rapidamente.

W. H. Bertlett, *Walks*

Sim, eu sou judeu, e quando os ancestrais do Honorável Cavalheiro viviam como selvagens numa desconhecida ilha, os meus eram sacerdotes no Templo de Salomão.

Benjamin Disraeli, discurso na Câmara dos Comuns

Vê o que aqui se faz em nome da religião!

Harriet Martineau, *Eastern Life*

34. Napoleão na Terra Santa (1799-1806)

O BARBA AZUL DE ACRE

Não havia nada entre Napoleão e a conquista de Jerusalém — exceto Ahmet Jazzar Paxá, o senhor da guerra da Palestina otomana. Ele adotou o nome Jazzar (Açougueiro) quando jovem e construiu sua carreira sobre o princípio de que o medo motivava os homens mais do que qualquer outra coisa. *

O Açougueiro aterrorizava seus territórios mutilando qualquer um que fosse suspeito da mais leve deslealdade. Um inglês que o visitou na sua capital em Acre notou que ele "estava cercado de pessoas mutiladas e desfiguradas. A todas as pessoas que executavam serviços ou estavam paradas junto às portas" faltava-lhes um membro, nariz, orelha ou olho. Seu ministro judeu, Haim Farhi, "tinha sido privado tanto de uma orelha como de um olho", só por garantia. "O núme-

* Jazzar foi um menino escravo cristão da Bósnia que, fugindo após matar uma pessoa, vendeu-se no mercado de escravos em Istambul. Ali foi comprado por um governante egípcio, que o converteu ao Islã e o usou como carrasco-chefe e sicário. Iniciou sua ascensão como governador do Cairo, mas fez seu nome defendendo Beirute contra a armada de Catarina, a Grande. Beirute rendeu-se honrosamente aos russos após um longo cerco, e o sultão recompensou o Açougueiro promovendo-o a governador de Sidon, e às vezes também de Damasco. Visitou Jerusalém, extraoficialmente sob sua esfera de influência, onde os Husseini lhe juraram fidelidade.

ro de rostos sem nariz e orelhas chama a atenção de qualquer um que tenha visitado essa parte da Síria." O Açougueiro os chamava de "homens marcados". Às vezes fazia com que suas vítimas tivessem os pés calçados com ferraduras de cavalos. Havia emparedado vivos alguns cristãos locais *pour encorager les autres* e certa vez reuniu cinquenta funcionários corruptos, ordenou que se despissem e mandou suas tropas retalharem-nos em pedaços. Quando suspeitou de traição no seu harém, matou sete de suas esposas, tornando-se notório como "o tirano de Acre, o Herodes de seu tempo, o terror de todas as nações vizinhas, a história concretizada do Barba Azul".

O Açougueiro impressionava os europeus com sua longa barba branca, seus trajes simples, a adaga incrustada de joias no cinto e seu delicado hábito de recortar flores de papel que gostava de dar como presente. Irradiava um encanto macabro, dizendo aos visitantes com um sorriso levemente irônico: "Acredito que você tenha descoberto que meu nome é respeitado, até mesmo amado, a despeito da minha severidade". À noite, ele se trancava no harém onde cintilavam dezoito eslavas louras. Esse velho agora enfrentava Napoleão na flor da idade. Os franceses sitiaram Jaffa, que era o porto de Jerusalém, a apenas trinta quilômetros de distância. Jerusalém estava em pânico: as famílias armaram os hierosolimitas; a turba saqueou os mosteiros cristãos; os monges tiveram de ser aprisionados para sua própria segurança. Fora das muralhas, o general Damas pediu permissão a Bonaparte para atacar a Cidade Santa.[1]

NAPOLEÃO: "QUARTEL-GENERAL, JERUSALÉM"

Napoleão replicou que precisava primeiramente conquistar Acre e depois "vir em pessoa e plantar a árvore da Liberdade no local exato onde Cristo sofreu, e o primeiro soldado francês que tombasse no ataque seria enterrado no Santo Sepulcro". Mas Bonaparte e suas tropas claramente consideravam a expedição contra os muçulmanos um desvio das regras de conduta civilizada. Quando atacou Jaffa, seus "soldados retalharam em pedaços homens e mulheres — uma visão terrível", escreveu um dos cientistas franceses, chocado pelo "som dos tiros, gritos das mulheres e dos pais, pilhas de corpos, uma filha sendo violentada sobre o cadáver da mãe, o cheiro de sangue, os grunhidos dos feridos, os berros dos vitoriosos brigando pelo butim". Por fim, os próprios franceses sossegaram, "saciados de sangue e ouro, em cima de um amontoado de mortos".

Antes de marchar adiante rumo a Acre, Bonaparte ordenou a matança a sangue-frio de pelo menos 2440 combatentes do Açougueiro — mas provavelmente foi um número mais próximo de 4 mil —, matando-os em levas de seiscentos por dia. Em 18 de março de 1799, iniciou o sítio a Acre, ainda sob o comando do Açougueiro, a quem Napoleão desdenhosamente chamava de "um velho que eu não conheço". Todavia, Barba Azul e seus 4 mil afegãos, albaneses e mouros resistiram com vigor.

Em 16 de abril, Napoleão derrotou a cavalaria do Açougueiro e um exército otomano na Batalha do monte Tabor. Em seguida, encontrando-se em Ramla, a cerca de quarenta quilômetros de Jerusalém, emitiu uma "Proclamação dos Judeus" pró-sionista, com um falso local de emissão: "Quartel-general, Jerusalém, 20 de abril de 1799".

> Bonaparte, comandante em chefe dos exércitos da República Francesa na África e na Ásia, aos herdeiros de direito da Palestina — a nação ímpar dos judeus, que foram privados da terra de vossos pais por milhares de anos de desejo de conquista e tirania. Levantai-vos então com alegria, ó exilados, e assumi para vós o patrimônio de Israel. O jovem exército tornou Jerusalém o meu quartel-general e será transferido em alguns dias para Damasco, para que possais permanecer ali [em Jerusalém] como governante.

A gazeta oficial francesa, *Le Moniteur*, alegava que Napoleão "já havia armado um grande número [de judeus] para restabelecer a antiga Jerusalém", mas ele não podia tomar Sião antes de Acre ser sua,[2] e o Açougueiro ganhara o reforço de dois navios de alto bordo da Marinha Real sob o comando de um comodoro inglês dissidente.

SIR SIDNEY SMITH — "O MAIS BRILHANTE DOS CAVALEIROS"

Sidney Smith, filho de uma herdeira fugitiva e um aventureiro, tinha "boa aparência com seus tremendos bigodes e olhos negros penetrantes". Entrara para a marinha aos treze anos; combateu os rebeldes norte-americanos e depois, ao ser comissionado para a marinha sueca, lutou contra os russos de Catarina, a Grande. O rei da Suécia o sagrou cavaleiro, e seus rivais ingleses zombavam dele chamando-o de "cavaleiro sueco". Depois da Revolução Francesa, Smith atacou a França, mas foi capturado e preso no temido Templo. Escapou de maneira arrojada, escarnecendo de Napoleão, a quem particularmente desprezava, numa série de cartas públicas. Smith não convencia a todos: como escreveu um observador, ele era "um entusiasta, inquietamente ativo, extravagantemente vaidoso, sem nenhum propósito fixo, salvo o de persuadir a humanidade de que Sidney Smith era o mais brilhante dos cavaleiros". Mas se era disparatado na vida normal, mostrava-se heroico numa crise.

Smith e o Açougueiro estabeleceram uma sintonia. Quando o inglês admirou a reluzente espada damascena que o Açougueiro mantinha a seu lado o tempo todo, Jazzar se gabou: "A que eu carrego nunca falha. Ela já arrancou dezenas de cabeças". Smith quis uma prova, e então o Açougueiro mandou vir um boi, que foi decapitado com um único golpe. Smith misturou seus 88 marinheiros com a tropa multinacional do Açougueiro. Bonaparte desferiu três ataques sobre Acre, mas os agora aliados conseguiram rechaçá-los. Com a chegada de reforços otomanos e o sítio já se arrastando por três meses, os generais franceses foram ficando irrequietos.

Em 21 de maio de 1799, com 1200 soldados mortos e outros 2300 enfermos ou feridos, Napoleão conduziu a retirada rumo ao Egito. No entanto, havia oitocentos soldados franceses hospitalizados em Jaffa. Como atrasariam a retirada, Napoleão ordenou que os feridos fossem mortos pelos seus próprios médicos. Quando estes se recusaram, um médico turco administrou doses letais de láudano aos pacientes. Não é surpresa, portanto, a reflexão do general francês Jean-Baptiste Kléber: "Na Terra Santa cometemos enormes pecados e grandes asneiras". Sob o comando do governador da cidade, 2 mil hierosolimitas montados perseguiram e acossaram os franceses em retirada. Quando os combatentes camponeses de Nablus irromperam em Jaffa, Smith conseguiu impedir um massacre de cristãos, convocando os hierosolimitas a restaurar a ordem.

No Egito, defrontado com a realidade de uma campanha desastrosa que só podia ser salva por uma descarada distorção da verdade, Napoleão abandonou seus homens e zarpou para casa. O general Kléber, deixado como comandante no Egito, esbravejou contra Bonaparte: "Aquele sem-vergonha nos abandonou com sua bunda cheia de merda". Na França, porém, Napoleão foi saudado como o conquistador que regressava; em breve ele tomaria o poder do Diretório como primeiro cônsul,* e uma canção romântica sobre a expedição — "Partant pour La Syrie" — tornou-se o hino bonapartista.

Os cristãos de Jerusalém, particularmente os católicos, corriam risco de represálias muçulmanas. Afeito a gestos grandiosos, Smith decidiu que apenas uma demonstração de sangue-frio inglês poderia salvar seus irmãos. Com permissão do Açougueiro e do sultão, marchou com seus marinheiros em farda de gala, tocando tambores desde Jaffa até Jerusalém. Avançando pelas ruas, hasteou a bandeira britânica sobre o mosteiro de São Salvador, cujo superior franciscano declarou que "todo cristão em Jerusalém estava sob a maior obrigação para com a nação inglesa e, em especial, para com Smith, por cujos meios haviam sido preservados da impiedosa mão de Bonaparte". Na verdade, eram os muçulmanos que eles temiam. Smith e sua tripulação oraram no Sepulcro — foram as primeiras tropas francas a entrar em Jerusalém desde 1244.[3]

O sultão Selim III cobriu o Açougueiro de honrarias, sendo ele nomeado paxá de sua nativa Bósnia, bem como do Egito e de Damasco. Após uma breve guerra com o paxá de Gaza, ele voltou a dominar Jerusalém e a Palestina. Mas não tinha se abrandado, pois cortou o nariz de seu primeiro-ministro, piorando uma face que já carecia de um olho e uma orelha. Com a sua morte em 1804, a Palestina afundou no caos.

Todavia, Napoleão e Smith haviam deixado o Levante na moda. Entre os aventureiros que agora começavam a explorar o Oriente e relatar seus feitos em livros que eram sucesso de vendas e que seduziam o Ocidente, o mais influente foi um visconde francês que, em 1806, encontrou Jerusalém assolada por fogo, revolta e rapinagem, no ponto mais baixo de degradação desde os mongóis.[4]

* Napoleão atribuiu sua derrota a Smith, "o homem que me fez perder meu destino", mas deixou um legado em Jerusalém. Ao tomar Jaffa, seus soldados enfermos (aqueles que ele posteriormente matou) foram tratados por monges armênios, aos quais agradeceu presenteando-os com sua tenda. Os armênios a transformaram em casulas, que agora são usadas na catedral de São Tiago no Bairro Armênio de Jerusalém.

35. Os novos românticos: Chateaubriand e Disraeli (1806-30)

O VISCONDE DA ORDEM DO SANTO SEPULCRO

"Jerusalém me inspira uma profunda reverência", declarou François-René, visconde de Chateaubriand, ainda que esta "cidade deicida" fosse "um monte de lixo" com os "confusos monumentos de um cemitério no meio de um deserto". Esse católico de cabelos revoltos, adepto da realeza, abraçava uma visão romântica de uma Jerusalém gótica ruída aguardando ser salva pelo "gênio do cristianismo". Para ele, quanto mais miserável fosse Jerusalém, mais santificada e poética ela se tornava — e a cidade estava agora em desespero.

Paxás rebeldes e hordas de camponeses palestinos repetidamente se revoltavam e tomavam uma Jerusalém abandonada que precisava ser recuperada pelos governadores de Damasco, os quais marchavam anualmente sobre ela com um exército e tratavam a cidade como território inimigo conquistado. O visconde chegou para encontrar o governador de Damasco acampado nas imediações do portão de Jaffa, enquanto seus 3 mil soldados ameaçavam os habitantes. Quando Chateaubriand se estabeleceu no mosteiro de São Salvador, ele estava ocupado por esses rufiões que extorquiam dinheiro dos frades. O francês pavoneou-se pelas ruas armado com várias pistolas, mas no mosteiro um deles o pegou de surpresa e tentou matá-lo; ele só sobreviveu por ter quase estrangulado o turco.

Nas ruas, "não encontramos criatura nenhuma! Quanta miséria, quanta desolação. As lojas estão fechadas, as pessoas se escondem em porões ou se retiram para as montanhas". Quando o paxá se foi, a guarnição da torre de Davi compunha-se de apenas uma dúzia de homens, e a cidade ficou ainda mais lúgubre: "O único ruído é o galope de um corcel do deserto — um janízaro que traz a cabeça de um beduíno ou retorna pilhando os infelizes camponeses".

Agora o francês podia se regalar nos esquálidos mistérios sacros dos santuários. No entanto, esse entusiástico glutão, que deu seu nome à receita para filé, deleitou-se nos banquetes compartilhados com seus famosamente roliços anfitriões franciscanos, banqueteando-se com "sopa de lentilhas, vitela com cebola e pepino, cabrito assado com arroz, pombos, perdizes, veado, vinho excelente". Armado com várias pistolas, ele refez passo a passo o caminho de Jesus, enquanto zombava dos monumentos otomanos ("não são dignos de nota") e dos judeus, que estavam "cobertos de trapos, encerrados na poeira de Sião, com vermes que os devoravam". Chateaubriand ficou perplexo ao "constatar esses senhores da Judeia vivendo como escravos e como estranhos em seu próprio país".

Ele rezou de joelhos no Sepulcro por meia hora, seus olhos "fixos na pedra" da tumba de Jesus, tonto com o incenso, com o soar dos címbalos etíopes e os cânticos dos gregos, antes de se ajoelhar diante das tumbas de Godofredo e Balduíno, esses paladinos franceses que haviam derrotado o Islã, "uma religião hostil à civilização que sistematicamente favorecia a ignorância, o despotismo e a escravidão".

Os franciscanos concederam a Chateaubriand a Ordem do Santo Sepulcro numa cerimônia solene. Enquanto cercavam o visconde ajoelhado, prendendo as esporas de Godofredo a seus saltos e sagrando-o cavaleiro com a espada do rei cruzado, ele experimentou um júbilo quase extático:

> Se se considerar que eu estive em Jerusalém, na igreja do Calvário, a uma dúzia de passos da tumba de Jesus Cristo, e trinta passos da de Godofredo de Bouillon, que fui equipado com as esporas do Libertador do Santo Sepulcro; e que toquei aquela espada, longa e larga, que um braço tão nobre e valoroso um dia segurou, não poderia deixar de me comover.[1]

Em 12 de outubro de 1808, um sacristão armênio adormeceu junto ao fogão na galeria armênia do segundo andar da igreja do Santo Sepulcro. O fogão se incendiou e queimou-o até a morte, e em seguida o fogo se espalhou. A tumba de Jesus foi destruída. No caos que se seguiu, os cristãos convidaram Hassan al--Husseini, o mufti, a acampar no pátio da igreja para impedir saques. Os gregos acusaram os armênios de incêndio criminoso. A Inglaterra e a Áustria lutavam para conter o aparentemente invencível imperador Napoleão, a fim de que os gregos, apoiados pela Rússia, pudessem consolidar seu controle sobre a igreja. Eles construíram a edícula rococó que hoje cerca a tumba. Comemoraram arrasando os sarcófagos lindamente decorados dos reis cruzados: Chateaubriand, agora de volta à França, foi o último forasteiro a vê-los.* Uma turba muçulmana atacou os pedreiros que restauravam a igreja; a tropa se amotinou, e o genro e sucessor do Açougueiro, Suleiman Paxá — conhecido como o Justo (embora qualquer um teria sido clemente após seu predecessor) —, capturou a cidade: 46 rebeldes foram executados, as cabeças vindo a decorar os portões da cidade.[2]

À medida que decaía a Jerusalém real, a Jerusalém imaginária alimentava sonhos ocidentais, estimulados pela pequena e vexatória guerra de Napoleão no Oriente Médio, pelo declínio dos otomanos e pelo livro que Chateaubriand escreveu ao voltar para casa. Seu *Itinerário de Paris a Jerusalém* definiu o tom da atitude europeia em relação ao Oriente, com seus turcos cruéis mas ineptos, judeus lamuriosos e árabes primitivos mas ferozes, que tendiam a se congregar em pitorescas poses bíblicas. O livro vendeu tão bem que deu início a um gênero novo, e até mesmo seu criado pessoal, Julien, escreveu suas memórias da viagem.** Em

* As esporas e a espada de Godofredo, juntamente com uma pedra de sua mansão francesa, encontram-se hoje penduradas na sacristia latina do Santo Sepulcro. Quanto às tumbas dos cruzados, apenas fragmentos do sarcófago do rei-menino Balduíno v sobreviveram a esse ato de sectário vandalismo.

** William Blake, poeta, pintor, gravador e radical, abre seu poema "Milton" com "E aqueles pés na Antiguidade [...]"; finaliza com "Até que tenhamos construído Jerusalém/ Na terra verdejante e aprazível da Inglaterra". O poema, publicado por volta de 1808, exalta o breve apogeu de uma Jerusalém celestial na Inglaterra pré-industrial, inspirado pela mítica visita do jovem Jesus acompanhando José de Arimateia para inspecionar as ruínas córnicas de estanho deste último. O poema permaneceu pouco conhecido até 1916, quando o premiado poeta Robert Bridges pediu ao compositor Hubert Parry que o musicalizasse para determinado evento cívico. Edward Elgar posteriormente orquestrou o poema. O rei George v disse que o preferia ao "Deus salve o rei", tornando o poema musicado um hino alternativo, com apelo universal para patriotas, plangentes, devotos religiosos, andarilhos, aficionados por esportes, idealistas socialistas e gerações de estudantes bêbados com cabelos em desalinho. Blake nunca o chamou de "Jerusalém" porque ele também escreveu um épico intitulado "Jerusalém: A emanação do Gigante Albion".

Londres, as narrativas de Sir Sidney Smith vangloriando-se de suas explorações levantinas atiçaram a imaginação de sua amante real — e inspiraram a mais absurda das viagens reais.

CAROLINA DE BRUNSWICK E HESTER STANHOPE: RAINHA DA INGLATERRA E DO DESERTO

A princesa Carolina, esposa afastada do príncipe regente inglês (mais tarde rei George IV), era íntima do impetuoso Smith, e regularmente convidava sua prima — lady Hester Stanhope, sobrinha do primeiro-ministro William Pitt, o Jovem — para dar cobertura ao ardente caso entre ambos.

Lady Hester detestava a rude, iludida e devassa princesa Carolina, que se exibia para Smith "dançando ao seu redor, expondo-se como uma moça de cabaré", chegando até mesmo a prender suas ligas abaixo do joelho: "Uma mulher impudente, uma verdadeira meretriz! Tão baixa! Tão vulgar!". O casamento de Carolina com o príncipe regente fora um desastre, e a assim chamada "Investigação delicada" em sua vida amorosa revelou mais tarde pelo menos cinco amantes, incluindo Smith, lorde Hood, o pintor Thomas Lawrence e vários criados. Mas as histórias de Smith sobre Acre e Jerusalém deixaram sua marca: ambas as mulheres, em separado, resolveram viajar para o Oriente.

Lady Hester teve o seu próprio destino hierosolimita. Richard Brothers, um ex-marinheiro e calvinista radical, havia se declarado descendente do rei Davi, e anunciava que ele seria o "regente do mundo" até a Segunda Vinda de Cristo. Seu livro *Plan for Jerusalem* [Plano para Jerusalém] revelava que Deus havia "me preordenado a ser o rei e restaurador dos judeus". Afirmava também que o povo britânico descendia das Tribos Perdidas: ele os conduziria de volta a Jerusalém. Projetou jardins e palácios para o monte do Templo, bem como uniformes e bandeiras para seus novos israelitas, mas acabou sendo preso como lunático. Essa visão anglo-israelita era uma visão excêntrica. Dentro de trinta anos, porém, a crença num regresso sagrado dos judeus para acelerar a Segunda Vinda de Cristo era quase a política governamental britânica.

Brothers esperava que uma dama celestial o assistisse em sua empreitada, e então escolheu lady Hester Stanhope para ser sua "rainha dos judeus". Quando ela o visitou na prisão de Newgate, ele prenunciou que ela "algum dia iria a Jerusalém e conduziria de volta o Povo Eleito!". Stanhope de fato visitou Jerusalém em 1812, vestida elegantemente em trajes otomanos, mas as predições de Brothers não se concretizaram. Ela permaneceu no Oriente — sua fama ajudou a promover o interesse europeu. E, o mais satisfatório de tudo, ela antecedeu em três anos a desprezível Carolina na ida a Jerusalém.

Em 9 de agosto de 1814, a princesa, agora com 46 anos, partiu para uma escandalosa viagem pelo Mediterrâneo. Inspirada por Smith, Stanhope e as peregrinações de vários ancestrais cruzados, Carolina declarou que "Jerusalém é a minha grande ambição".

Em Acre, a princesa foi recebida pelo primeiro-ministro de Suleiman, o Justo, "um judeu que carece de um olho, uma orelha e um nariz" — pois o paxá herdara não somente o feudo do Açougueiro como também seu conselheiro judeu, Haim Farhi. Dez anos após a morte do Açougueiro, os membros da corte de Carolina ficaram espantados com quanta "gente sem nariz é vista nas ruas". Mas a princesa saboreou "a pompa bárbara dos mouros orientais". Chegou com um entourage de 26 pessoas, inclusive uma criança abandonada, Willie Austin, que ela adotara (embora fosse possivelmente filho dela própria), e seu mais recente amante, um soldado italiano chamado Bartolomeo Pergami, dezesseis anos mais novo. Agora barão e seu camareiro, era "um homem de 1,80 metro com uma magnífica cabeça de cabelos negros, semblante pálido e bigodes que chegavam daqui até Londres!", conforme a extasiada descrição de uma dama. Na época em que Carolina partiu para Jerusalém, seu séquito de duzentas pessoas "tinha a aparência de um exército".

Como Jesus, Carolina entrou em Jerusalém montada no lombo de um burro, mas era gorda o suficiente para precisar de uma criada escorando-a de ambos os lados. Os franciscanos a escoltaram sobre o jumento até seus alojamentos em São Salvador. "Seria impossível pintar a cena", recordou um de seus cortesãos. "Homens, mulheres e crianças, judeus e árabes, armênios, gregos, católicos e infiéis, todos nos recebendo: '*Ben venute!*', eles exclamavam." Iluminados por tochas ardentes, "muitos dedos se estendiam na direção da peregrina real" com gritos de "É ela!". Não era de admirar: Carolina frequentemente usava "uma peruca (com cachos laterais que às vezes chegavam à altura da ponta de seu chapéu), sobrancelhas artificiais (uma vez que a natureza lhe negara autênticas) e dentes falsos", com um vestido escarlate, com amplo decote na frente e atrás e demasiado curto, mal ocultando a "imensa protuberância de seu ventre". Um cortesão teve de admitir que sua entrada foi ao mesmo tempo "solene e certamente risível".

Orgulhosa por ser a primeira princesa cristã a fazer tal visita em seis séculos, Carolina desejava sinceramente deixar "um sentimento respeitável de sua elevada posição", de modo que estabeleceu uma Ordem de Santa Carolina com seu próprio estandarte — uma cruz vermelha com um galão lilás e prateado. Seu amante Pergami foi o primeiro (e último) "grão-mestre" da Ordem. Em seu regresso, ela encomendou uma pintura de sua peregrinação: *A entrada da rainha Carolina em Jerusalém*.

A futura rainha da Inglaterra concedeu generosas doações aos franciscanos, e em 17 de julho de 1815 (quatro semanas depois da derrota final de Napoleão em Waterloo) "deixou Jerusalém em meio aos agradecimentos e lamentos de todas as categorias e graus" — o que dificilmente seria uma surpresa, tendo em vista o estado do lugar.

Quando Damasco triplicou as taxas em 1819, a cidade se revoltou de novo. Dessa vez, Abdullah Paxá,* o homem forte da Palestina, neto do Açougueiro, atacou Jerusalém, e assim que ela foi capturada, o governador da cidade estrangulou pessoalmente 28 rebeldes — o restante foi decapitado no dia seguinte, e todos os corpos foram alinhados diante do portão de Jaffa. Em 1824, as selvagens depredações do paxá otomano conhecido como Mustafa, O Criminoso, provocaram uma revolta de camponeses. Jerusalém adquiriu independência por alguns meses até Abdullah bombardeá-la do monte das Oliveiras. No final da década de 1820, Jerusalém estava "caída, desolada e abjeta", escreveu uma corajosa viajante inglesa, Judith Montefiore, em visita ao seu abastado marido, Moses. "Nem uma única relíquia", disse ela, restava da "cidade que era o júbilo de toda a terra".

Os Montefiore foram os primeiros de uma nova geração de judeus europeus poderosos e orgulhosos, determinados a ajudar seus menos privilegiados irmãos em Jerusalém. Foram recebidos com festa pelo governador da cidade, mas ficaram hospedados com um ex-comerciante de escravos marroquino dentro das muralhas, e iniciaram seu trabalho filantrópico restaurando a tumba de

* Em 1818, por ocasião da morte de Suleiman Paxá, Abdullah assumira o poder em Acre, executando o próprio ricaço Haim Farhi, com seu único olho, uma só orelha e sem nariz, que fora quem efetivamente havia dirigido grande parte da Palestina por trinta anos. Abdullah governou até 1831. A família Farhi ainda vive em Israel.

Raquel perto de Belém, o terceiro local sagrado do judaísmo, depois do Templo e das tumbas dos Patriarcas em Hebron — mas, da mesma forma que os outros dois, também sagrado para o Islã. Os Montefiore não tinham filhos, e dizia-se que a tumba de Raquel ajudava as mulheres a conceber. Os judeus de Jerusalém os receberam "quase como se fosse a vinda do Messias", mas rogaram que não dessem muito dinheiro a seus irmãos, porque os turcos simplesmente os estropiariam com impostos mais altos depois que o casal se fosse.

Moses Montefiore chegou como cavalheiro inglês nascido na Itália, financista internacional bem-sucedido graças a seus próprios méritos e cunhado de Nathaniel Rothschild, mas não era particularmente religioso. A viagem a Jerusalém mudou sua vida. Ele foi embora como judeu renascido, tendo passado toda sua última noite ali em orações. Para ele, Jerusalém era simplesmente "a cidade dos nossos antepassados, o grande e tão almejado objeto de nossos desejos e de nossa jornada". Acreditava que era dever de todo judeu fazer a peregrinação: "Humildemente rogo ao Deus dos meus antepassados para que possa me tornar doravante um homem melhor e mais justo, bem como um judeu melhor".* Ele voltaria muitas vezes à Cidade Santa, e dessa ocasião em diante esforçou-se para combinar a vida de importante homem inglês com a de um judeu ortodoxo.[3]

Mal Montefiore se foi, outro figurão afetado cavalgou cidade adentro: ambos eram judeus ingleses sefarditas de descendência italiana. Não se conheciam mutuamente — mas um dia os dois promoveriam o avanço da Grã-Bretanha no Oriente Médio.

DISRAELI: O SACRO E O ROMÂNTICO

"Devia ter me visto nos trajes de um pirata grego. Uma camisa vermelho-sangue com botões prateados imensos como moedas, um lenço enorme, cintu-

* Durante sua viagem de volta para casa, uma assustadora tempestade assolou o navio de Montefiore. Os marinheiros temeram que a embarcação pudesse naufragar. Ele levava, como amuleto que guardara consigo desde a Páscoa do ano anterior, um pedaço de matzá sem fermento, conhecido como *afikoman*, que, no auge da tempestade, ele jogou para as ondas. Milagrosamente, o mar sossegou de imediato. Montefiore acreditou se tratar de uma bênção divina sobre a peregrinação a Jerusalém. Atualmente a família Montefiore lê o relato desse acontecimento em toda celebração de Páscoa judaica.

rão cheio de pistolas e adagas, um barrete vermelho, pantufas vermelhas, casaco e calças azuis de listras largas. Terrivelmente assustador!" Era assim que o especulador fracassado e aspirante a político Benjamin Disraeli, romancista de 26 anos que, embora jovem, estava na moda (*The Young Duke* [O jovem duque] havia sido publicado), vestia-se em sua viagem pelo Oriente. Tais excursões eram a nova versão da Grande Viagem do século XVIII, combinando postura romântica, visitas a pontos clássicos de turismo, tragadas de narguilés, ávidas idas a bordéis e estadas em Istambul e Jerusalém.

Disraeli fora criado como judeu, mas aos doze anos foi batizado. Conforme mais tarde contou à rainha Vitória, ele se via "como a página em branco entre o Velho e o Novo Testamentos". E parecia mesmo ser assim. Esguio e pálido com cabelo preto cacheado, Disraeli cavalgava pelas montanhas da Judeia, "bem montado e bem armado". Ao ver os muros, disse:

> Fiquei assombrado. Vi diante de mim uma cidade aparentemente deslumbrante. Na frente, a magnificente mesquita construída no local do Templo, com seus belíssimos jardins e fantásticos portões — uma variedade de cúpulas e torres que se erguem. Nada pode ser concebido de forma mais selvagem e terrível e árida do que o cenário em volta. Nunca vi nada mais essencialmente impressionante.

Jantando no telhado do monastério armênio, onde estava hospedado, Disraeli ficou arrebatado pela história judaica ao contemplar a "capital perdida de Jeová", sentindo-se intrigado pela história do Islã: ele não poderia resistir à tentativa de visitar o monte do Templo. Um médico escocês e mais tarde uma mulher inglesa penetraram na esplanada — mas apenas sob estrito disfarce. Disraeli foi menos prudente: "Fui descoberto e cercado por uma multidão de fanáticos de turbante e quase não escapo". Ele encarava os judeus e os árabes como um só povo — os árabes seguramente eram "judeus montados a cavalo" —, e então perguntou aos cristãos: "Onde está vosso cristianismo se não acreditais no judaísmo deles?".

Enquanto estava em Jerusalém, começou a escrever seu romance seguinte, *Alroy*, sobre o infeliz "Messias" do século XII, cuja rebelião ele chamou de "magnífico incidente nos anais desse povo sagrado e romântico do qual derivam meu sangue e meu nome".

Sua visita a Jerusalém o ajudou a refinar sua mística híbrida toda especial como aristocrata tóri e figurão exótico judeu,* convencendo-o de que a Grã-Bretanha tinha um papel no Oriente Médio — e permitindo-lhe sonhar com um retorno a Sião. Em seu romance, o assessor de David Alroy declara: "Perguntais o que eu desejo. Minha resposta é uma existência nacional. Perguntais o que eu desejo. Minha resposta é Jerusalém". Em 1851, Disraeli, o político em ascensão, refletiu que "restabelecer os judeus em sua terra, que podia ser comprada dos otomanos, era tão justo quanto viável".

Disraeli declarava que a aventura de Alroy era "sua ambição ideal", mas na verdade era ambicioso demais para arriscar sua carreira por qualquer coisa judaica: ele queria ser primeiro-ministro do maior império da terra. Mais de trinta anos depois, quando havia chegado ao "topo do pau-de-sebo", Disraeli de fato guiou o poder britânico rumo à região, ganhando Chipre e comprando o canal de Suez.[4]

Não muito depois de Disraeli retornar e embarcar na sua carreira política, um chefe militar albanês que era regente do Egito conquistou Jerusalém.

* Seu personagem ideal, que aparece em seu melhor romance, *Coningsby*, era Sidonia, um milionário sefardita que tem amizade com imperadores, reis e ministros em todos os gabinetes da Europa. Sidonia era um amálgama de Lionel de Rothschild e Moses Montefiore, ambos bem conhecidos de Disraeli.

36. A conquista albanesa (1830-40)

IBRAHIM, O VERMELHO

Em dezembro de 1831, o exército egípcio marchou pela cidade enquanto hierosolimitas "felizes e encantados celebravam com luzes, danças e música em cada rua. Durante cinco dias, muçulmanos, gregos, franciscanos, armênios e até mesmo judeus estiveram felizes". Mas os muçulmanos já estavam preocupados com a visão de soldados egípcios em "calças justas, carregando terríveis armas de fogo, instrumentos musicais e movendo-se conforme o modelo europeu".

O novo senhor de Jerusalém era o soldado albanês Mehmet Ali, que criou uma dinastia que ainda governava o Egito quando o Estado de Israel foi fundado mais de um século depois. Agora esquecido, ele dominou a diplomacia do Oriente Próximo por quinze anos e quase conquistou todo o Império Otomano. Filho de um comerciante de tabaco, Mehmet nasceu onde hoje é a Grécia, no mesmo ano que Napoleão, e seus contemporâneos o viam como um Bonaparte oriental: "Igualmente distintos pelo seu gênio militar, esses dois líderes têm personalidades marcadas por ambição insaciável e atividade incessante". O albanês de barbas brancas, agora na casa dos sessenta anos, sempre trajando apenas um turbante branco, pantufas amarelas e um manto verde-azulado, e fumando um narguilé de dois metros de altura, de ouro e prata cravejado de diamantes, tinha uma "face tártara com maçãs do rosto salientes", e um "estranho fogo selvagem" em seus "olhos cinza-escuros [que] brilhavam intensamente de inteligência e genialidade". Seu poder baseava-se numa cimitarra curva que sempre ficava ao seu lado. Ele chegara ao Egito a tempo de comandar suas tropas albanesas em nome dos otomanos contra Napoleão. Quando os franceses partiram, Mehmet tirou vantagem do vácuo de poder que se seguiu e dominou o Egito. Então convocou seu hábil filho (ou, segundo alguns, seu sobrinho) Ibrahim, que atraiu a elite mameluco-otomana para uma cerimônia militar e os trucidou. Em seguida, os albaneses saquearam e violentaram por todo o Cairo, mas o sultão nomeou Mehmet como váli do Egito. Ele precisava de apenas quatro horas de sono por dia e alegava ter aprendido a ler aos 45 anos de idade. Toda noite, sua concubina favorita lia para ele Montesquieu ou Maquiavel, e esse brutal modernizador começou a criar um exército europeu com 90 mil homens e uma frota naval.

A princípio, o sultão otomano Mahmud II ficou contente de explorar esse poder nascente. Envergonhado pelo fato de a seita puritana wahabita — liderada pela família saudita — ter tomado Meca, o sultão pediu ajuda a Mehmet Ali. Os albaneses retomaram devidamente Meca e despacharam o braço direito de Abdullah al-Saud para Istambul.* Quando, em 1824, os gregos se rebelaram contra o sultão, Mehmet Ali enviou suas forças, que reprimiram selvagemente os insurgentes. Isso alarmou tanto as potências europeias que, em 1827, os britânicos, franceses e russos destruíram em conjunto a frota de Mehmet Ali na Batalha de Navarino e patrocinaram a independência grega. Mas isso não deteve os albaneses por muito tempo: incentivados por um dos primeiros visitantes de Jerusalém, o visconde de Chateaubriand, eles ambicionaram seu próprio império.

No final de 1831, Mehmet Ali conquistou o que hoje é Israel, a Síria e a maior parte da Turquia, derrotando todas as forças que o sultão lançava sobre ele. Em pouco tempo seus exércitos estavam em posição de tomar Istambul. Finalmente o sultão reconheceu Mehmet Ali como governante do Egito, da Arábia

* Os wahabita eram seguidores de um pregador fundamentalista salafista do século XVIII, Muhammad ibn Abdul Wahab, que em 1744 aliou-se à família saudita. Apesar do contratempo nas mãos de Mehmet Ali, os sauditas logo restabeleceram um pequeno Estado. Durante a Primeira Guerra Mundial e na década de 1920, seu chefe Abdul-Aziz ibn Saud, financiado por subsídios britânicos e apoiado pelo seu fanático exército wahabita, reconquistou Meca e a Arábia. Em 1932, proclamou-se rei da Arábia Saudita, onde o islamismo wahabita ainda impera. Ibn Saud gerou pelo menos setenta filhos, e seu filho Abdullah tornou-se rei em 2005.

e de Creta, com Ibrahim como governador da Grande Síria. Esse império pertencia então aos albaneses: "Agora conquistei este país com a espada", declarou Mehmet Ali, "e pela espada o preservarei". Sua espada era seu generalíssimo, Ibrahim, que comandara seus primeiros exércitos e organizara os primeiros massacres, ainda adolescente. Foi Ibrahim quem havia derrotado os sauditas, devastado a Grécia, conquistado Jerusalém e Damasco e marchado de forma vitoriosa praticamente até os portões de Istambul.

Agora, na primavera de 1834, Ibrahim, conhecido como o Vermelho — e não só pela cor de sua barba —, estabeleceu seu quartel-general no complexo palaciano do túmulo de Davi. Chocando os muçulmanos ao se sentar num trono europeu em vez de almofadas, e por beber vinho abertamente, ele se lançou a reformar Jerusalém. Afrouxou a repressão sobre cristãos e judeus, prometendo-lhes igualdade perante a lei, e deu fim às taxas que deviam ser pagas por todos os peregrinos para a igreja: eles podiam agora vestir roupas muçulmanas, montar a cavalo na rua e, pela primeira vez em séculos, não precisavam mais pagar a taxa *jizaya*. No entanto, como albaneses que falavam turco, desprezavam os árabes acima de tudo: o pai de Ibrahim os chamava de "feras selvagens". Em 25 de abril, Ibrahim encontrou-se com os líderes de Jerusalém e Nablus no monte do Templo para ordenar a conscrição de duzentos hierosolimitas. "Quero esta ordem executada sem demora, começando aqui em Jerusalém", disse Ibrahim. Mas Jerusalém foi desafiadora: "É melhor morrer do que dar nossos filhos como eternos escravos", retorquiram os hierosolimitas.

Em 3 de maio, o albanês conduziu a Páscoa ortodoxa: 17 mil peregrinos cristãos encheram uma cidade fervilhante à beira da revolta absoluta. Na noite da Sexta-Feira Santa, as multidões, prontas para o Fogo Sagrado, lotaram a igreja do Santo Sepulcro, conforme observou Robert Curzon, um viajante inglês que deixou um vívido relato sobre o que aconteceu. "O comportamento dos peregrinos era turbulento ao extremo. A certa altura, fizeram uma corrida em torno do Sepulcro e alguns, em estado de quase nudez, dançavam com gestos frenéticos, gritando e berrando como que possuídos."

Na manhã seguinte, Ibrahim entrou na igreja para presenciar o Fogo Sagrado, mas a multidão era tão densa que os guardas tiveram de abrir caminho "com as pontas de seus mosquetes e chicotes", enquanto três monges tocavam "rabecas insanas" e mulheres começavam a ulular "com um grito estridente muito peculiar".

IBRAHIM: FOGO SAGRADO, MORTE SAGRADA

Ibrahim estava sentado. Caía a noite. O patriarca grego, em "suntuosa procissão", adentrou a edícula. A multidão aguardava a divina centelha. Curzon viu a faísca, e depois viu a chama do Milagre que foi passada ao peregrino "que pagara a quantia mais alta por essa honra"; porém, "uma batalha furiosa" irrompeu por causa do Fogo: peregrinos caíram ao chão em desmaios de êxtase; uma fumaça cegante encheu a igreja; três peregrinos despencaram para a morte das galerias superiores; uma velha senhora armênia morreu em seu assento. Ibrahim tentou deixar a igreja, mas não conseguia se mover. Seus guardas, esforçando-se para abrir caminho à força através da turba, provocaram uma debandada. Quando Curzon "chegou até o lugar onde a Virgem estivera durante a Crucificação", as pedras pareciam macias sob seus pés.

> Havia na verdade uma grande pilha de corpos sobre os quais eu pisava. Todos mortos. Muitos deles bastante pretos de sufocação e outros sangrentos e cobertos de miolos e entranhas, pisoteados e feitos em pedaços pela multidão. Soldados com suas baionetas matavam infelizes desmaiados, as paredes salpicadas de sangue e miolos de homens que haviam sido abatidos feito gado.

A frenética debandada transformou-se numa luta "selvagem e desesperada" por sobrevivência — Curzon via gente morrendo por todos os lados. Por um triz, Ibrahim conseguiu escapar com vida, tendo desfalecido algumas vezes até seus guardas desembainharem as espadas e abrirem caminho em meio à carne humana.

Corpos "jaziam em pilhas até mesmo sobre a Pedra da Unção". Ibrahim se postou no pátio "dando ordens para a remoção daqueles que pareciam estar vivos". Quatrocentos peregrinos morreram. Quando Curzon escapou, muitos dos corpos estavam na verdade "em pé [mas] absolutamente mortos".

IBRAHIM: A REVOLTA DOS CAMPONESES

Quando a notícia do desastre se espalhou por toda a cristandade em choque, as famílias de Jerusalém, Nablus e Hebron, deram início à rebelião. Em 8 de maio, 10 mil felás armados atacaram, mas foram repelidos pelas tropas de

Ibrahim. Em 19 de maio, numa cena que fazia recordar a tomada da cidade pelo rei Davi, os aldeões de Silwan, abaixo da Cidade de Davi, mostraram aos rebeldes um túnel secreto através do qual eles se arrastaram e abriram o portão do Esterco, instalado na muralha sul. Os camponeses pilharam os bazares, e as tropas os atacaram, apenas para aderir ao saque. O bimbashi — comandante da tropa — prendeu os líderes das famílias hierosolimitas, os Husseini e os Khalidi. Mas 20 mil camponeses esbravejavam agora pelas ruas e sitiaram a torre. Dois jovens missionários americanos, William Thomson e sua esposa grávida Eliza, esconderam-se em seus cubículos: ele a deixou para ir buscar ajuda em Jaffa, enquanto ela se trancava no quarto, em meio ao "rugido de canhão, paredes caindo, gritos dos vizinhos, terror dos criados e expectativa de massacre". Ela deu à luz um menino, mas quando seu marido conseguiu chegar de volta a Jerusalém, estava morrendo. Ele foi logo embora "deste país em destroços".*

Ibrahim, que retrocedera até Jaffa, agora combatia para abrir caminho através das montanhas, perdendo quinhentos homens. Em 27 de maio, acampado no monte Sião, ele atacou, matando trezentos rebeldes. Mas sofreu uma emboscada perto das piscinas de Salomão e ficou sitiado no túmulo de Davi. A rebelião se reacendeu sob a liderança dos Husseini e dos Abu Ghosh. Ibrahim chamou seu pai para ajudar.

O próprio Mehmet Ali e 15 mil reforços desembarcaram no porto de Jaffa: "Um velho de bela aparência", arqueando-se regiamente sobre "um esplêndido cavalo, digno e em perfeita harmonia com o caráter de um grande homem". Os albaneses esmagaram os rebeldes e retomaram Jerusalém; os Husseini foram exilados no Egito. Os rebeldes se ergueram mais uma vez, mas Ibrahim, o Vermelho, os massacrou nos arredores de Nablus, saqueou Hebron, espoliou o campo, decapitou seus cativos — e iniciou um reinado de terror em Jerusalém. Retornando à cidade, nomeou o chefe Abu Ghosh como governador — mas na verdade o encarregou de chefiar a caçada —, e decapitava qualquer um que fosse encontrado com uma arma. Os muros foram adornados com cabeças cortadas; prisioneiros apodreceram na nova prisão de Kishleh, perto do portão de Jaffa, usada desde então por otomanos, britânicos e israelenses.

* William Thomson mais tarde escreveu um dos clássicos evangélicos que estimularam a obsessão norte-americana por Jerusalém. *The Land and the Book* [A terra e o livro], reimpresso em trinta edições, apresentava a Palestina como um Éden místico, onde a Bíblia estava viva.

Os albaneses eram entusiásticos modernizadores que necessitavam de apoio europeu se quisessem conquistar o Império Otomano. Ibrahim autorizou as minorias a reparar seus edifícios arruinados: os franciscanos restauraram o mosteiro de São Salvador; os judeus sefarditas começaram a reconstruir a sinagoga Ben Zakkai, uma das quatro sinagogas do Bairro Judeu; os asquenazitas retornaram à sinagoga da Hurva, destruída em 1720. Embora o Bairro Judeu estivesse atualmente na miséria, alguns judeus russos, perseguidos em sua terra, começaram a se estabelecer ali.

Em 1839, Ibrahim fez sua aposta por Istambul, esmagando os exércitos otomanos. A França do rei Luís Filipe apoiou os albaneses, mas a Grã-Bretanha receava a influência francesa e russa se os otomanos caíssem. O sultão e seu inimigo Ibrahim pediam apoio do Ocidente. O sultão adolescente Abdulmecid emitiu um nobre edito prometendo igualdade para as minorias, enquanto Ibrahim convidou os europeus a estabelecer consulados em Jerusalém — e, pela primeira vez desde as Cruzadas, permitiu o soar dos sinos das igrejas.

Ainda no mesmo ano, o primeiro vice-cônsul britânico, William Turner Young, chegou a Jerusalém não só para representar o novo poder de Londres, mas também para converter os judeus e acelerar a Segunda Vinda.

37. Os evangelistas (1840-55)

PALMERSTON E SHAFTESBURY: O IMPERIALISTA E O EVANGELISTA

A política de diplomacia relativa a Jerusalém foi obra de lorde Palmerston, secretário do Exterior, mas a missão divina foi conquista de seu genro por afinidade, o conde de Shaftesbury.* Palmerston, então com 55 anos, não era um pedante ou evangelista vitoriano, mas um garanhão da Regência conhecido como lorde Cupido, por suas escapadas sexuais (as quais ele jovialmente registrava em seu diário); como lorde Pam, por sua disposição e vigor; e como lorde Pumicestone, por sua diplomacia agressiva. De fato, Shaftesbury brincava dizendo que Palmerston era "incapaz de distinguir entre Moisés e Sir Sidney Smith". Seu interesse nos judeus era pragmático: os franceses aumentavam o poder ao amparar os católicos; os russos defendiam os ortodoxos; mas havia poucos protestantes em Jerusalém. Palmerston queria diminuir a influência francesa e russa, e via que o poder britânico podia ser ampliado protegendo os judeus. A outra missão — a conversão dos judeus — era resultado do ardor evangélico do seu genro.

* Anthony Ashley-Cooper, descendente do primeiro conde, o arguto ministro que servira todo mundo de Cromwell a Guilherme III, ainda detinha por cortesia o título de lorde Ashley, e sentava-se na Câmara dos Comuns, sucedendo como o sétimo conde em 1851. Mas, para simplificar, o chamaremos de Shaftesbury ao longo do texto.

Shaftesbury, 39 anos, de suíças e cabelos encaracolados, personificava a nova Grã-Bretanha vitoriana. Aristocrata de coração puro, dedicado a melhorar a vida dos trabalhadores, crianças e lunáticos, era também um fundamentalista que acreditava que a Bíblia "é a palavra de Deus escrita da primeira até a última sílaba". Tinha certeza de que um cristianismo dinâmico promoveria uma renascença moral global e uma melhora da humanidade em si. Na Grã-Bretanha, havia muito que o milenarismo tinha sido sobrepujado pelo racionalismo iluminista, mas sobrevivera entre os não conformistas. Agora voltava a fazer parte da corrente principal: a Revolução Francesa, com sua guilhotina, e a Revolução Industrial, com suas turbas de operários, haviam moldado uma nova classe média britânica que recebia com entusiasmo as convicções de piedade, de respeitabilidade e da Bíblia, o antídoto para o furioso materialismo da prosperidade vitoriana.

A Sociedade Londrina para a Promoção do Cristianismo entre os Judeus, conhecida como Jews Society — Sociedade dos Judeus —, fundada em 1808, agora florescia, graças em parte a Shaftesbury. "Todas as pessoas jovens estão enlouquecendo pela religião", resmungava outro idoso estroina da Regência, lorde Melbourne, primeiro-ministro na ascensão da rainha Vitória em 1837. Convencido de que a salvação eterna era alcançável mediante a experiência pessoal de Jesus e suas boas-novas (*evangelion* em grego), esses evangélicos esperavam a Segunda Vinda. Shaftesbury acreditava, como os puritanos de dois séculos antes, que o retorno e a conversão dos judeus criariam uma Jerusalém anglicana e o Reino dos Céus. Ele preparou um memorando para Palmerston: "Há um país sem nação, e Deus, em sua sabedoria e misericórdia, nos dirige para uma nação sem país".*

"Será parte de seus deveres", Palmerston instruiu Young, vice-cônsul de Jerusalém, "conceder proteção aos judeus de maneira geral." Ao mesmo tempo, disse ao seu embaixador na Sublime Porta que ele deveria "recomendar fortemente [ao sultão] a estender cada incentivo justo para os judeus da Europa retornarem à Palestina". Em setembro de 1839, Young fundou a filial hierosolimita da Jews Society de Londres. Shaftesbury ficou exultante, anotando em seu diário: "A antiga cidade do povo de Deus está prestes a reassumir um lugar entre as nações. Sempre hei de me lembrar que Deus pôs na minha cabeça conceber o plano para

* Shaftesbury tomou emprestada a notória frase "uma terra sem povo" de um ministro escocês, Alexander Keith, mais tarde atribuída (provavelmente por engano) a Israel Zangwill, um sionista que não acreditava em colonizar a Palestina, justamente porque ela já era habitada por árabes.

Sua honra, deu-me influência para prevalecer sobre Palmerston e me forneceu o homem para essa situação, que pode refazer Jerusalém em sua glória". O sinete de Shaftesbury continha a inscrição "Orai por Jerusalém", enquanto (como vimos) outro zeloso vitoriano fixado em Jerusalém — Sir Moses Montefiore — acrescentava a cidade ao seu novo brasão, inscrevendo-o como um talismã em sua carruagem, no seu sinete e até mesmo em sua cama. Agora, em junho de 1839, Montefiore e sua esposa Judith retornavam a Jerusalém, armados de pistolas para proteger o dinheiro que haviam conseguido levantar em Londres.

Jerusalém estava assolada pela peste, de modo que Montefiore acampou fora da cidade, no monte das Oliveiras, onde estabeleceu sua corte, recebendo mais de trezentos visitantes. Quando a peste declinou, o vitoriano entrou na cidade num corcel branco, que lhe foi emprestado pelo governador, e empenhou-se em ouvir petições e distribuir esmolas aos judeus miseráveis. Ele e a esposa foram bem recebidos pelas três religiões, mas enquanto visitavam o santuário em Hebron, no sul, foram atacados por um bando muçulmano. Só escaparam com vida graças à intervenção de tropas otomanas. Montefiore não desanimou. Ao partir, esse judeu renascido e imperialista dedicado manifestava um fervor messiânico similar, ainda que obviamente diferente, ao de Shaftesbury: "Ó Jerusalém", escreveu, "que a cidade seja reconstruída em breve nos nossos dias. Amém".

Shaftesbury e Montefiore acreditavam ambos na providência divina do Império Britânico e no retorno dos judeus a Sião. A retidão do zelo evangélico e a paixão renascida dos sonhos judeus com Jerusalém encaixavam-se perfeitamente para se tornarem uma das obsessões vitorianas. E aconteceu de o pintor David Roberts regressar da Palestina em 1840, bem a tempo de mostrar ao público suas imagens românticas e bastante populares de uma Jerusalém Oriental flamejantemente madura para a civilização britânica e a restauração judaica. Os judeus necessitavam com urgência da proteção britânica porque as promessas concorrentes de tolerância emitidas pelo sultão e pelos albaneses provocaram um choque mortal.

JAMES FINN: O CÔNSUL EVANGÉLICO

Em março de 1840, sete judeus em Damasco foram acusados de matar um monge cristão e seu servo muçulmano para usar o sangue num sacrifício humano durante a Páscoa judaica. Esse cenário fictício era o notório "libelo de sangue" que apareceu pela primeira vez em Oxford na época da Segunda Cruzada, no século XII. Ao todo, 63 crianças judias foram presas e torturadas para forçar suas mães a revelar o "esconderijo do sangue".

Mesmo tendo acabado de voltar a Londres, Sir Moses Montefiore, com apoio dos Rothschild, liderou a campanha para resgatar os judeus damascenos dessa perseguição medieval. Juntando forças com o advogado francês Adolphe Cremieux, Montefiore correu para Alexandria, onde exortou Mehmet Ali a libertar os prisioneiros. Porém, apenas algumas semanas depois, houve outro caso de "libelo de sangue" em Rodes. Montefiore pegou um barco de Alexandria a Istambul, onde foi recebido pelo sultão, a quem persuadiu a baixar um decreto que negava categoricamente a verdade do "libelo de sangue". Foi o grande momento de Montefiore — mas seu sucesso deveu-se tanto à sua nacionalidade quanto à sua diplomacia geralmente pesada. Era um ótimo momento para ser inglês no Oriente Médio.

O sultão e os albaneses solicitavam freneticamente os favores britânicos, uma vez que a própria existência do Império Otomano se encontrava em frágil equilíbrio. Jerusalém permanecia sob o controle de Ibrahim, o Vermelho, que governava grande parte do Oriente Médio. Enquanto a França apoiava os albaneses, a Grã-Bretanha tentava satisfazer seu apetite ao mesmo tempo que preservava os otomanos. Ofereceram a Palestina e o Egito caso Ibrahim se retirasse da Síria. Era uma boa oferta, mas Mehmet e Ibrahim não puderam resistir ao prêmio maior: Istambul. Ibrahim desafiou a Grã-Bretanha, e então Palmerston compôs uma coalizão anglo-austríaco-otomana e enviou suas canhoneiras sob o comando do comodoro Charles Napier, os canhões reluzindo. Ibrahim desmoronou ante o poder britânico.

Ibrahim, o Vermelho, abrira Jerusalém para os europeus e a modificara para sempre, mas agora, em troca de um governo hereditário no Egito, abandonou a Síria e a Cidade Santa.* Os franceses, humilhados pelo triunfo de Palmerston, conceberam uma "Cidade Cristã Livre em Jerusalém", a primeira proposta para uma Sião internacionalizada. Porém, em 20 de outubro de 1840, as tropas do

* Os albaneses nunca mais tiveram Jerusalém sob seu domínio, mas governaram o Egito durante um século — primeiro como quedivas (nominalmente vice-reis otomanos, mas na verdade independentes), depois como sultões do Egito e finalmente como reis. Quando Mehmet Ali ficou senil, Ibrahim tornou-se seu regente, mas ele próprio morreu em 1848, pouco antes de seu pai. O último da dinastia albanesa foi o rei Faruk, deposto em 1952.

sultão marcharam de volta e entraram em Jerusalém. Dentro dos muros, um terço da cidade não passava de terreno baldio, coberto de matagais de cactos espinhosos; havia 13 mil habitantes, sendo 5 mil deles judeus, que tiveram seu número impulsionado pelos imigrantes russos e pelos refugiados de um terremoto que atingira Safed, na Galileia.[1]

Mesmo quando Palmerston perdeu o Ministério do Exterior para lorde Aberdeen, que determinou ao vice-cônsul que desistisse dos projetos de evangelização dos judeus, Young continuou a praticá-los indiscriminadamente. De volta ao poder, Palmerston ordenou o cônsul de Jerusalém a "receber, sob proteção britânica, todos os judeus russos que lhe forem solicitados".

Enquanto isso, Shaftesbury convencera o novo primeiro-ministro, Robert Peel, a apoiar a criação do primeiro bispado e da primeira igreja anglicanos em Jerusalém. Em 1841, a Prússia (cujo rei havia proposto uma Jerusalém internacional cristã) e a Grã-Bretanha nomearam em conjunto o primeiro bispo protestante, Michael Solomon Alexander, um judeu convertido. A Alemanha protestante vivenciava também um despertar evangélico. Missionários britânicos tornavam-se cada vez mais agressivos em sua missão judaica. Criaram um complexo anglicano com uma igreja — dirigida pela Jews Society — e um consulado britânico perto do portão de Jaffa, defronte à Cidadela: uma ilha de arquitetura gótica vitoriana e evangelismo missionário. No entanto, a Igreja de Cristo era — e continua sendo — única no mundo protestante: não havia cruz, apenas uma menorá (um candelabro de sete braços); tudo era escrito em hebraico, até mesmo a Oração do Senhor. Era uma igreja protestante destinada a judeus. Na abertura, três judeus foram batizados diante do cônsul Young. A condição judaica em Jerusalém era lamentável: os judeus viviam "como moscas que tinham feito sua morada numa caveira", escreveu o romancista americano Herman Melville. A crescente comunidade judaica vivia numa pobreza dramática e sem qualquer cuidado de saúde, embora tivesse acesso aos médicos fornecidos gratuitamente pela Jews Society de Londres. Isso atraiu alguns conversos.

"Em Sião, posso regozijar-me por uma capital; em Jerusalém, por uma igreja; em hebraico, por um rei!", ponderou Shaftesbury. De sombria ruína governada por um roto paxá num harém de mau gosto, Jerusalém se transformou, da noite para o dia, em uma cidade com superabundância de dignitários cobertos de ouro e joias. Não havia ali um patriarca latino desde o século XIII, e já fazia muito tempo que o patriarca ortodoxo residia em Istambul. Agora, porém, franceses e russos patrocinaram sua volta a Jerusalém. Mas eram os sete cônsules europeus, funcionários de menor importância inchados de orgulho, que mal podiam conter sua elevada grandiosidade. Escoltados por guarda-costas enormes — os kavasses, que trajavam cintilantes uniformes escarlates, portando sabres e pesados bastões dourados que usavam para golpear as pedras e abrir caminho pelas ruas —, os cônsules desfilavam solenemente pela cidade, aproveitando-se de qualquer pretexto para impor sua vontade aos governantes otomanos sitiados. Soldados otomanos tinham de ficar em posição de sentido até mesmo diante dos filhos do cônsul. As pretensões dos cônsules da Áustria e da Sardenha eram mais altivas porque seus monarcas alegavam ser reis de Jerusalém. Mas nenhum era mais arrogante ou mesquinho dos que os britânicos e os franceses.

Em 1845, Young foi substituído por James Finn, que, por vinte anos, foi quase tão poderoso quanto os governadores otomanos. No entanto, esse hipócrita importuno ofendia a todos, desde lordes ingleses e paxás otomanos a qualquer outro diplomata estrangeiro. Independentemente das ordens de Londres, ele ofereceu proteção britânica aos judeus russos, mas jamais cessou sua missão de convertê-los. Quando os otomanos permitiram compras de terras por estrangeiros, Finn adquiriu e desenvolveu sua fazenda em Talbieh, e depois outra no vinhedo de Abraão, fundado por uma certa Miss Cook de Cheltenham, sendo auxiliado por uma equipe de dedicadas senhoras evangélicas inglesas, como meio de ampliar o proselitismo dos judeus ensinando-lhes as alegrias do trabalho honesto.

Finn enxergava a si mesmo como um cruzamento de pró-cônsul imperial, missionário santificado e magnata de posses, comprando sem escrúpulos terras e casas com quantias suspeitas e elevadas de dinheiro. Ele e a esposa, outra evangélica fanática, aprenderam fluentemente o hebraico e o ladino, falado por grande parte da população judia. De um lado, protegiam de maneira agressiva os judeus, que eram brutalmente oprimidos em Jerusalém. Ao mesmo tempo, porém, sua missão invasiva encontrava violenta resistência por parte dos mesmos judeus. Quando converteu um menino chamado Mendel Digness, provocou uma enorme confusão, pois "os judeus subiram nos terraços e causaram grandes distúrbios". Finn chamava os rabinos de "fanáticos", mas o prestigiado Montefiore, encontrando-se na Inglaterra e ouvindo que os judeus estavam sendo molestados, enviou um médico e um farmacêutico para Jerusalém a fim de repelir as investidas da Jews Society, que por sua vez fundou um hospital nos limites do Bairro Judeu.

Em 1847, um menino árabe cristão atacou um jovem judeu, que revidou jogando uma pedra que arranhou seu pé. Os ortodoxos gregos, tradicionalmente a comunidade mais antissemita e logo respaldada pelo mufti e pelo cádi muçulmanos, acusaram os judeus de buscar sangue cristão para assar as bolachas da Páscoa: o libelo de sangue chegara a Jerusalém, mas a proscrição do sultão, concedida a Montefiore após o incidente de Damasco, provou ser decisivo.[2]

Nesse meio-tempo, os cônsules receberam a companhia daquele que foi talvez o mais extraordinário diplomata na história norte-americana. "Duvido que algum governo tenha recebido ou nomeado um embaixador tão esquisito", observou William Thackeray, autor inglês de *Vanity Fair*, que estava em visita a Jerusalém.

WARDER CRESSON, CÔNSUL DOS ESTADOS UNIDOS: O SANTO ESTRANGEIRO AMERICANO

Em 4 de outubro de 1844, Warder Cresson chegou a Jerusalém como cônsul-geral dos Estados Unidos na Síria e em Jerusalém — sua qualificação para o posto era a sua certeza de que a Segunda Vinda aconteceria em 1847. Cresson levou a altivez consular de seus colegas europeus a um novo nível: galopava em volta de Jerusalém numa "nuvem de poeira" cercado por "um pequeno exército americano" que parecia uma "tropa de cavaleiros e paladinos" saídos de um romance de Walter Scott — "um pequeno destacamento de cavaleiros armados e reluzentes liderado por um árabe seguido de dois janízaros com clavas de prata cintilando ao sol".

Na sua entrevista com o paxá, Cresson explicou que viera para a chegada do Apocalipse e o retorno dos judeus. Proprietário de terras na Filadélfia e filho de quacres ricos, Cresson passara vinte anos girando de um culto apocalíptico a outro. Depois de redigir seu manifesto — *Jerusalém, o centro do júbilo do mundo inteiro* — e abandonar a esposa e seis filhos, Cresson persuadiu o secretário de Estado John Calhoun a nomeá-lo cônsul: "Abandonei tudo que me era próximo e caro na terra em busca da verdade". O presidente dos Estados Unidos, John Tyler, logo foi informado pelos seus diplomatas de que seu primeiro cônsul em Jerusalém era um "maníaco religioso e louco". Mas Cresson já estava lá. E não estava sozinho em suas visões apocalípticas: ele era um americano de seu tempo.

A Constituição dos Estados Unidos era secular, tendo o cuidado de não mencionar Cristo e separando Estado e religião. No Grande Selo, porém, os Pais Fundadores, Thomas Jefferson e Benjamin Franklin, haviam descrito os Filhos de Israel conduzidos por nuvem e fogo rumo à Terra Prometida. Cresson personificava o quão essa nuvem e esse fogo atraíam muitos americanos a Jerusalém. De fato, a separação entre Igreja e Estado liberou a fé americana e gerou um florescimento de novas seitas e profecias do milênio.

Os primeiros americanos, herdando o fervor hebraísta dos puritanos ingleses, haviam desfrutado de um Grande Despertar de júbilo religioso. Agora, na primeira metade do século XIX, um Segundo Despertar era produzido pela energia evangélica da fronteira. Em 1776, cerca de 10% dos americanos frequentavam a igreja; em 1815, um quarto deles; por volta de 1914, metade. Seu protestantismo apaixonado era americano no caráter — enérgico, exuberante e espalhafatoso. No seu coração estava a crença de que uma pessoa podia se salvar e acelerar a Segunda Vinda por meio de ações corretas e alegria sincera. Os Estados Unidos eram, em si, uma missão disfarçada de nação, abençoada por Deus, não diferente da forma como Shaftesbury e os evangélicos ingleses viam o Império Britânico.

Em pequenas igrejas de madeira em minúsculas cidadezinhas mineradoras, em chácaras sobre pradarias intermináveis e em novas e cintilantes cidades industriais, os pregadores na Nova Terra Prometida da América citavam as revelações bíblicas literais do Velho Testamento. "Em nenhum país as Escrituras são mais bem compreendidas", escreveu o dr. Edward Robinson, um acadêmico evangélico que se tornou fundador da arqueologia bíblica em Jerusalém. Os primeiros missionários americanos acreditavam que os americanos nativos eram as Tribos Perdidas de Israel, e que todo cristão tinha obrigação de realizar atos de retidão e auxiliar o Retorno e a Restauração dos judeus: "Eu realmente desejo que os judeus estejam de novo na Judeia como nação independente", escreveu o segundo presidente americano, John Adams. Em 1819, dois jovens missionários em Boston prepararam-se para pôr isso em ação: "Todos os olhos estão fixos em Jerusalém, de fato o centro do mundo", pregava Levi Parsons em Boston. Sua congregação verteu lágrimas quando Pliny Fisk anunciou: "Acorrentado pelo espírito dirijo-me a Jerusalém". Eles chegaram a ir, e mesmo suas mortes precoces no Oriente não desencorajaram outros, porque, como insistia William Thomson, um missionário americano cuja esposa morreu durante a revolta de 1834, "Jerusalém é propriedade comum de todo o mundo cristão".

O cônsul Cresson aproveitou a onda de florescimento de profecias: ele foi shaker, millerita, mórmon e campbellita antes de um rabino local na Pensilvânia o persuadir de que "a salvação era dos judeus", cujo retorno traria a Segunda Vinda.* Uma das primeiras a chegar a Jerusalém foi Harriet Livermore. Filha e neta de congressistas da Nova Inglaterra, ela partiu em 1837, após anos pregando para as tribos Sioux e Cheyenne, tentando convencê-las de que elas eram as Tribos Perdidas de Israel e que deviam acompanhá-la de volta a Sião. Harriet alugou quartos no monte Sião a fim de preparar sua seita — os Estrangeiros Peregrinos — para o Apocalipse, que ela esperava em 1847; mas este não veio, e ela acabou seus dias mendigando nas ruas de Jerusalém. Ao mesmo tempo, Joseph Smith, profeta da nova revelação dos Santos dos Últimos Dias — os mórmons —, enviou seu apóstolo a Jerusalém: ele construiu um altar nas Oliveiras para preparar "a restauração de Israel tendo Jerusalém como capital".

Na época em que Cresson se tornou cônsul dos Estados Unidos, um número crescente de evangelistas americanos visitava Jerusalém em preparação para os Últimos Dias. O governo americano acabou dispensando Cresson, mas ele, de forma desafiadora, continuou a emitir vistos de proteção para os judeus durante vários anos, e assim, mudando seu nome para Michael Boaz Israel, converteu-se ao judaísmo. Para sua esposa, abandonada havia muito, foi uma revelação forte demais. Ela abriu um processo para declarar Cresson insano, citando seus hábitos de sacudir pistolas e arengar nas ruas, além de incompetência financeira, ecletismo de culto, planos para reconstruir o Templo judeu e desvios sexuais. Ele tomou um navio de volta, largando Jerusalém e rumando para o Inquérito de Insanidade na Filadélfia — uma causa célebre, pois a sra. Cresson estava contestando o direito constitucional dos cidadãos americanos de acreditar naquilo que bem entendessem, e isso era a essência da liberdade jeffersoniana.

No julgamento, Cresson foi considerado insano, mas apelou e obteve um novo julgamento. A sra. Cresson teria de "negar o seu Salvador ou o seu mari-

* William Miller foi um dos mais populares desses novos profetas americanos. Ex-oficial do Exército, oriundo de Massachusetts, calculou que Cristo viria novamente a Jerusalém em 1843: 100 mil americanos tornaram-se milleritas. Ele converteu em anos a afirmativa em Daniel, 8, 14, de que "o santuário seria purificado" em "2300 dias", alegando que o dia profético era de fato um ano. Daí, começando em 457 a.C., ano que Miller acreditava ser a data em que o rei persa Artaxerxes I ordenou restaurar o Templo, chegou a 1843. Quando nada aconteceu nessa data, ele sugeriu 1844. As igrejas sucessoras dos milleritas, os adventistas do Sétimo Dia e as testemunhas de Jeová, ainda perfazem 14 milhões de membros em todo o mundo.

do", enquanto ele teria de negar "ou o Deus Uno e Único ou a minha esposa". A mulher perdeu o segundo caso, confirmando a liberdade de culto americana, e Cresson retornou a Jerusalém. Criou perto da cidade uma fazenda-modelo judaica, estudou a Torá, divorciou-se da esposa americana e se casou com uma judia, tudo enquanto concluía seu livro *The Key of David* [A chave de Davi]. Recebeu as honras dos judeus locais como "o Santo Estrangeiro Americano". Quando morreu, foi enterrado no cemitério judeu no monte das Oliveiras.

Jerusalém estava agora tão tomada por americanos apocalípticos que o *American Journal of Insanity* comparou essa histeria à Corrida do Ouro na Califórnia. Quando Herman Melville visitou Jerusalém, ficou fascinado, embora repugnado, pelo "contágio" do milenarismo cristão americano — "essa absurda judeumania", como ele a chamou, "semimelancólica, semifarsesca". "Como devo agir quando algum cidadão maluco ou aflito dos Estados Unidos chegar ao país?", indagou o cônsul americano em Beirute ao seu secretário de Estado. "Ultimamente há vários que vão a Jerusalém com ideias estranhas na cabeça, achando que o Nosso Salvador virá este ano." Mas Melville captou que tais esperanças majestosas capazes de abalar o mundo eram impossíveis de satisfazer: "Nenhum país dissipará mais rápido as expectativas românticas do que a Palestina, particularmente Jerusalém. Para alguns, a decepção é de partir o coração".[3]

Jerusalém era essencial para a visão evangélica americana e inglesa da Segunda Vinda, mas até mesmo sua urgência ficava reduzida pela paixão obsessiva dos russos por Jerusalém. A essa altura, no final da década de 1840, as agressivas ambições do imperador russo estavam prestes a colocar Jerusalém "no centro da história passada e futura do mundo" — segundo as palavras de um visitante inglês, William Thackeray — e detonar uma guerra europeia.

O GENDARME DA EUROPA E O TIROTEIO NO SEPULCRO: O DEUS RUSSO EM JERUSALÉM

Na Sexta-Feira Santa, 10 de abril de 1846, o governador otomano e seus soldados estavam em alerta na igreja. De forma incomum, as Páscoas ortodoxa e católica caíram no mesmo dia naquele ano. Os monges não estavam apenas polindo seus incensários: passavam clandestinamente pistolas e adagas, escondendo-as atrás dos pilares da igreja e debaixo de suas vestes. Quem realizaria seu serviço primeiro? Os gregos ganharam a corrida para colocar sua toalha sobre o altar do Calvário. Os católicos chegaram logo atrás — mas tarde demais. Eles desafiaram os gregos: tinham eles a autorização do sultão? Os gregos desafiaram os católicos: onde estava o firmã do sultão que lhes dava o direito de rezar primeiro? Houve um impasse. Os dedos devem ter se mexido nos gatilhos sob os hábitos. De repente, os dois lados estavam brigando com qualquer arma que conseguissem improvisar com a parafernália eclesiástica à disposição: empunhavam crucifixos, candelabros e lamparinas, até que o metal frio surgisse e tivesse início o tiroteio. Soldados otomanos invadiram a igreja para interromper a luta, mas já havia quarenta mortos em torno do Santo Sepulcro.

A matança ecoou mundo afora, sobretudo em São Petersburgo e Paris: a confiança agressiva dos agitadores cenobitas refletia não só as religiões, mas também os impérios que existiam por trás delas. Novas ferrovias e barcos a vapor haviam facilitado a viagem até Jerusalém a partir de todos os pontos da Europa, mas particularmente através do mar de Odessa a Jaffa: a vasta maioria dos 20 mil peregrinos era agora composta de russos. Um monge francês notou que, num ano típico, em cada 4 mil peregrinos cristãos, apenas quatro eram católicos, sendo todo o restante formado por russos. Essa adoração russa fluía da ortodoxia devota a ser encontrada a partir da própria base da sociedade, indo desde os camponeses mais broncos, nas menores e mais remotas aldeias da Sibéria, até o topo, o próprio imperador-czar Nicolau I. A missão ortodoxa da Santa Rússia era compartilhada por todos.

Quando Constantinopla caiu em 1453, os magnificentes príncipes da Moscóvia viram-se como herdeiros dos últimos imperadores bizantinos, Moscou como a Terceira Roma. Os príncipes adotaram a águia bizantina de duas cabeças e um novo título: césar, ou czar. Em sua guerra contra os cãs islâmicos da Crimeia e depois contra os sultões otomanos, os czares promoveram o Império Russo como uma cruzada ortodoxa sagrada. Na Rússia, a ortodoxia havia desenvolvido seu caráter próprio, propagado através de sua vastidão tanto pelos czares quanto por eremitas camponeses, todos eles com especial reverência a Jerusalém. Dizia-se que as distintivas cúpulas em forma de cebola das igrejas russas eram uma tentativa de copiar as que apareciam nas pinturas da Cidade Santa. A Rússia chegara a construir sua própria mini-Jerusalém,* mas todo russo acreditava que uma

* Em 1656, o patriarca Nikon construiu o mosteiro de Nova Jerusalém em Istra, perto de Moscou, para promover a missão universal da ortodoxia e da autocracia russas. Sua peça central era uma

peregrinação a Jerusalém era parte essencial da preparação para a morte e a salvação. Como expressou o poeta Aleksandr Púchkin — a personificação da alma da Rússia — em 1836, pouco antes da sua morte num duelo: "Não é Jerusalém o berço de todos nós?".

Nicolau I absorvera essa tradição — ele era de fato o neto de Catarina, a Grande, e herdeiro de Pedro, o Grande, tendo ambos se promovido como protetores dos ortodoxos e dos Lugares Sagrados. Os próprios camponeses russos ligavam os dois: quando o irmão mais velho de Nicolau, Alexandre I, morreu inesperadamente em 1825, acreditaram que ele tinha ido para Jerusalém como um eremita comum — uma versão moderna da lenda do Último Imperador.

A essa altura, Nicolau — rigorosamente conservador, profundamente antissemita e desavergonhadamente limitado em assuntos de arte (ele havia se autonomeado censor pessoal de Púchkin) — considerava-se responsável apenas pelo que chamava de "O Deus Russo" na causa de "Nossa Rússia a Nós confiada por Deus". Esse homem autoritário, que se orgulhava de dormir num catre militar, governava a Rússia como um severo instrutor. Quando jovem, o robusto Nicolau de olhos azuis deslumbrara a sociedade britânica, onde uma dama o descreveu como "diabolicamente formoso, o homem mais formoso da Europa!". Na década de 1840, seu cabelo tinha caído e uma pança se sobressaía dos culotes militares apertados e de cintura alta que ainda insistia em usar. Depois de trinta anos de um casamento feliz com uma esposa doente — apimentado com frequentes casos extraconjugais —, adotou uma jovem dama de companhia como sua amante regular. Apesar do vasto poderio russo, ele temia a impotência — pessoal e política.

Durante anos, Nicolau havia exercido cautelosamente seu charme pessoal para persuadir a Grã-Bretanha a concordar com a partilha do Império Otomano — a quem ele chamava de "o homem doente da Europa" —, esperando libertar as províncias ortodoxas dos Bálcãs e vigiar Jerusalém. Agora os britânicos já não estavam mais impressionados, e 25 anos de autocracia o haviam tornado insensível e impaciente: "Muito esperto eu não o considero", escreveu a perspicaz rainha Vitória, "e sua mente não é civilizada".

---

réplica do verdadeiro Sepulcro de Jerusalém — o que é valioso, uma vez que o original foi destruído no incêndio de 1808. Em 1818, antes de ascender ao trono, Nicolau I visitou a Nova Jerusalém e ficou profundamente comovido, ordenando sua restauração. Os nazistas causaram-lhe estragos, mas ela está sendo restaurada atualmente.

Em Jerusalém, as ruas reluziam com as dragonas e galões dourados dos uniformes russos, vestidos por príncipes e generais, ao mesmo tempo que pululavam de peles de carneiros e túnicas de milhares de peregrinos camponeses, todos incentivados por Nicolau, que também enviou uma missão eclesiástica para competir com os outros europeus. O cônsul britânico advertiu Londres de que "os russos podiam numa noite durante a Páscoa armar 10 mil peregrinos dentro dos muros de Jerusalém" e tomar a cidade. Entrementes, os franceses estabeleceram sua própria missão para proteger os católicos. "Jerusalém é agora um ponto de interesse central para a França e a Rússia", reportou o cônsul Finn em 1844.

GÓGOL: A SÍNDROME DE JERUSALÉM

Nem todos os peregrinos russos eram soldados ou camponeses, e nem todos encontravam a salvação que buscavam. Em 23 de fevereiro de 1848, entrou em Jerusalém um peregrino russo que era típico em seu elevado fervor religioso e, ao mesmo tempo, absolutamente atípico em sua atormentada genialidade. O romancista Nikolai Gógol, famoso pela peça *O inspetor geral* e pelo romance *Almas mortas*, chegou montado num jumento em busca de conforto espiritual e inspiração divina. Ele visualizava *Almas mortas* como uma trilogia, mas pelejava para escrever a segunda e a terceira partes. Deus seguramente estava bloqueando sua capacidade de escrever para punir seus pecados. Como russo, somente um lugar oferecia redenção: "Até estar em Jerusalém", escreveu, "serei incapaz de dizer alguma coisa reconfortante a qualquer pessoa".

A visita foi desastrosa: ele passou uma única noite rezando ao lado do Sepulcro e, todavia, o achou sujo e vulgar. "Antes de ter tempo de tomar consciência de mim mesmo, já tinha acabado." O espalhafato dos locais sagrados e a aridez das montanhas o subjugaram: "Nunca fiquei tão pouco satisfeito com o estado do meu coração como em Jerusalém e ao que daí se seguiu". Ao retornar, recusou-se a falar da experiência, mas acabou caindo sob a influência de um padre místico que o convenceu de que suas obras eram pecaminosas. Gógol destruiu compulsivamente seus manuscritos e depois jejuou até a morte — ou pelo menos até entrar em coma, pois quando o caixão foi aberto no século XX, encontraram seu corpo com a face virada para baixo.

A loucura causada pela cidade fora denominada "febre de Jerusalém"; em 1930 foi reconhecida como síndrome de Jerusalém, "uma descompensação psicótica relacionada com excitação religiosa induzida pela proximidade dos lugares santos". Em 2000, o *British Journal of Psychiatry* diagnosticou esse dissabor demencial da seguinte maneira: "Síndrome de Jerusalém, subtipo dois: aqueles que chegam com ideias mágicas dos poderes curativos de Jerusalém — tais como o escritor Gógol".[4]

Num certo sentido, Nicolau sofria de uma versão própria da síndrome de Jerusalém. Havia loucura em sua família: "À medida que os anos têm passado", escreveu o embaixador francês em Petersburgo, "são agora as qualidade de Paulo [seu pai, o imperador] que ocupam o primeiro plano". O louco Paulo tinha sido assassinado (assim como seu avô, Pedro III). Se Nicolau estava longe de ser insano, algo daquela confiança excessiva e obstinadamente impulsiva de seu pai começava a se exibir nele. Em 1848, planejava fazer a peregrinação a Jerusalém, mas foi forçado a cancelar quando irromperam revoluções por toda a Europa. Ele esmagou triunfalmente a revolta húngara contra seu vizinho — o imperador Habsburgo — e desfrutou o prestígio de ser o "Gendarme da Europa". Porém, como escreveu o embaixador francês, Nicolau foi "prejudicado pela adulação, pelo sucesso e pelos preconceitos religiosos da nação moscovita".

Em 31 de outubro de 1847, a estrela de prata no piso de mármore da igreja da Natividade, na Gruta de Belém, foi cortada e roubada. A estrela fora doada pela França no século XVIII; agora tinha sido obviamente furtada pelos gregos. Os monges brigavam em Belém; em Istambul, os franceses reivindicavam o direito de substituir a estrela de Belém e consertar o telhado da igreja em Jerusalém; os russos, por sua vez, requeriam para si o direito sobre a estrela; cada um citava tratados do século XVIII. A disputa fervilhou até se tornar um duelo de dois imperadores.

Em dezembro de 1851, o presidente francês Luís Bonaparte — o inescrutavelmente brando mas politicamente ágil sobrinho do grande Napoleão — derrubou a Segunda República com um golpe de Estado e preparou-se para coroar a si mesmo como Napoleão III. Esse aventureiro mulherengo, cujos bigodes cuidadosamente encerados não conseguiam desviar a atenção de uma cabeça descomunal e um tronco pequeno, foi, de certa forma, o primeiro político moderno, e sabia que seu novo império, descabido e frágil, exigia prestígio católico e vitória no estrangeiro. Nicolau, por outro lado, via a crise como a chance de coroar seu reinado salvando os Lugares Santos para "o Deus Russo". Para esses dois imperadores muito diferentes, Jerusalém era a chave da glória no céu e na terra.

JAMES FINN E A GUERRA DA CRIMEIA: EVANGELISTAS ASSASSINADOS E BEDUÍNOS SAQUEADORES

O sultão, espremido entre franceses e russos, tentou definir a disputa com seu decreto de 8 de fevereiro de 1852, confirmando a supremacia ortodoxa na Igreja, com algumas concessões aos católicos. Mas os franceses não estavam menos comprometidos que os russos. Justificaram suas reivindicações voltando ao tempo da invasão do grande Napoleão, da aliança com Suleiman, o Magnífico, e indo até a época dos reis cruzados franceses de Jerusalém e de Carlos Magno. Quando Napoleão III ameaçou os otomanos, não foi por coincidência que enviou uma canhoneira chamada *Charlemagne*. Em novembro, o sultão se curvou e concedeu a supremacia aos católicos. Nicolau ficou furioso. Exigiu a restauração dos direitos dos ortodoxos em Jerusalém e uma "aliança" que reduziria o Império Otomano a um protetorado russo.

Quando as exigências agressivas de Nicolau foram rejeitadas, ele invadiu os territórios otomanos no Danúbio — atual Romênia — e avançou rumo a Istambul. Nicolau se convencera de que havia cativado os britânicos para um acordo, negando que queria engolir Istambul, muito menos Jerusalém; mas ele fatalmente fez um mal julgamento em relação a Londres e Paris. Confrontadas com a ameaça russa e o colapso otomano, a Grã-Bretanha e a França ameaçaram guerra. Teimoso, Nicolau pagou para ver, pois, conforme explicou, "estava apostando na guerra para um propósito unicamente cristão, sob a bandeira da Santa Cruz". Em 28 de março de 1853, os franceses e os britânicos declaram guerra à Rússia. Ainda que a maioria dos combates tenha acontecido longe da Crimeia, essa guerra colocou Jerusalém no centro do palco do mundo, lugar em que permanece até hoje.*

Quando a tropa de Jerusalém marchou para combater os russos, James Finn os observou apresentando armas na parada de Maidan, diante do portão de Jaffa, onde o "sol sírio ardia junto com o aço em movimento, pois marchavam com baionetas assentadas". Finn não conseguiu esquecer que "o cerne de tudo isso

* A Guerra da Crimeia viu outra tentativa de armar os judeus. Em setembro de 1855, o poeta polonês Adam Mickiewicz viajou para Istambul com o objetivo de organizar as forças polonesas conhecidas como cossacos otomanos para combater os russos. Tais forças incluíam os hussardos de Israel, recrutados entre judeus russos, poloneses e palestinos. Mickiewicz morreu três meses depois, e os hussardos jamais foram testados no vale da morte.

jazia conosco nos Lugares Santos", e que Nicolau "visava ainda a uma posse efetiva dos Santuários [de Jerusalém]".

Em vez dos costumeiros devotos russos, uma nova linhagem de visitantes ocidentais frequentemente céticos — 10 mil por ano, em 1856 — afluía até a cidade para ver os Lugares Santos que tinham provocado a guerra europeia. Todavia, uma visita a Jerusalém ainda era uma aventura. Não havia carruagens, apenas liteiras cobertas. A cidade praticamente não possuía hotéis ou bancos: os visitantes ficavam em mosteiros, sendo o armênio o mais confortável deles, com seus pátios elegantes e arejados. No entanto, em 1843, um judeu russo chamado Menachem Mendel fundou o primeiro hotel, o Kaminitz, logo seguido pelo English Hotel; em 1848, uma família sefardita, os Valero, abriu o primeiro banco europeu numa sobreloja na rua de Davi. Ainda se tratava de uma cidade provinciana otomana, geralmente governada por um esfarrapado paxá que residia num decrépito serralho — residência, harém e prisão — ao norte do monte do Templo.* Os ocidentais ficavam "atônitos com a indigente mediocridade da mansão", escreveu Finn, e repugnados com as sarnentas concubinas e "funcionários maltrapilhos". Quando os visitantes tomavam café com o paxá, podiam ouvir o estrépito das correntes dos prisioneiros e os gemidos dos torturados vindos das masmorras que ficavam embaixo. Durante a guerra, o paxá tentou assegurar tranquilidade em Jerusalém — mas os monges greco-ortodoxos atacaram o recém-nomeado patriarca católico e invadiram com camelos sua residência, tudo para deleite dos grandes escritores que iam ver aqueles santuários pelos quais morriam tantos soldados nas árduas batalhas e nos pútridos hospitais da Crimeia. Eles não se impressionavam.

MELVILLE, FLAUBERT E THACKERAY

Herman Melville, então com 37 anos, fez seu nome com três romances baseados em suas próprias e empolgantes aventuras de pesca de baleias no Pacífico,

* A base dos governadores otomanos era al-Jawailiyya, construída por um dos emires mamelucos de Nasir Mohammad, no local da fortaleza Antônia de Herodes e primeira estação da Via Dolorosa. Sob o domínio cruzado, os templários haviam construído ali uma capela, e parte do seu átrio com domo permaneceu até a década de 1920. Atualmente, ali está uma escola moderna.

mas *Moby Dick*, publicado em 1851, tinha vendido apenas 3 mil exemplares. Melancólico e atormentado, não muito diferente de Gógol, ele chegou a Jerusalém em 1856 para restaurar sua saúde — e investigar a natureza de Deus. "Meu objetivo — saturar minha mente com a atmosfera de Jerusalém, oferecendo a mim mesmo como sujeito passivo para suas esquisitas impressões." Ele foi estimulado pelo "entulho" que era Jerusalém, seduzido pela "não fermentada nudez da desolação". Como vimos anteriormente, era fascinado pela "fanática energia e espírito" e pela "judeumania" de muitos americanos "loucos", que inspiraram seu épico *Clarel* — de 18 mil versos, o mais longo poema americano, que ele escreveu ao voltar para casa enquanto mourejava na alfândega dos Estados Unidos.

Melville não foi o único romancista a buscar no Oriente restauração e consolo para decepções literárias: Gustave Flaubert, acompanhado de seu abastado amigo Maxime du Camp e financiado pelo governo francês para reportar sobre comércio e agricultura, estava numa viagem cultural e sexual para se recuperar da recepção de seu primeiro romance. Viu Jerusalém como um "jazigo cercado de muros, as velhas religiões apodrecendo ao sol". Quanto à igreja, "um cachorro teria ficado mais comovido do que eu. Os armênios xingam os gregos, que detestam os latinos, que execram os coptas". Melville concordava que a igreja era uma "semiarruinada pilha de grutas apodrecendo e cheirando a morte", mas reconheceu que as guerras tinham começado no que ele chamou de "atulhada sala de redação e trocas teológicas de Jerusalém".*

A luta cenobita era apenas um aspecto do violento teatro da cidade. As tensões entre os novos visitantes — de um lado, evangélicos anglo-americanos, judeus russos e camponeses ortodoxos; de outro, o mundo mais velho dos otomanos, famílias árabes, judeus sefarditas, beduínos e felás — levaram a uma série de assassinatos. Uma das senhoras evangélicas de James Finn, Mathilda Creasy, foi encontrada com a cabeça esmagada, e um judeu foi achado esfaqueado no fundo de um poço. O envenenamento de um rico rabino, David Herschell, provocou um estrondoso caso jurídico, mas os suspeitos — seus próprios netos — foram absolvidos por falta de provas.

* Esses escritores seguiam a moda dos relatos de viagens ao Oriente. Entre 1800 e 1875, cerca de 5 mil livros foram publicados em inglês a respeito de Jerusalém. Muitas dessas obras são notavelmente similares, sejam elas repetições ofegantes de histórias bíblicas narradas por evangélicos (às vezes reforçadas por arqueologia), sejam relatos zombando da incompetência otomana, das lamentações judaicas, da simplicidade árabe ou da vulgaridade ortodoxa. O espirituoso *Eothen* de Alexander Kinglake, que mais tarde relatou a Guerra da Crimeia, é provavelmente o melhor.

O cônsul britânico James Finn era o funcionário mais poderoso em Jerusalém numa época em que os otomanos tinham muitas dívidas com a Inglaterra, e por isso ele tomou para si o direito de intervir sempre que julgasse apropriado. Considerando-se o Sherlock Holmes da Cidade Santa, metia-se a investigar cada um desses crimes; no entanto, apesar de seus poderes de dedução (e o auxílio de seis necromantes africanos), jamais algum assassino foi encontrado.

Finn foi o corajoso defensor e irritante proselitista para os judeus que ainda necessitavam de sua proteção. Mas sua condição estava piorando. A maioria deles vivia nas "ruínas fedorentas do Bairro Judeu, venerável em imundície", escreveu Thackeray, e suas "lamúrias e lamentações da glória perdida de sua cidade" assombravam Jerusalém nas noites de sexta-feira. "Nada iguala a miséria e o sofrimento dos judeus em Jerusalém, habitando o bairro mais imundo, objeto constante da opressão e intolerância muçulmanas, insultados pelos gregos, perseguidos pelos latinos", escreveu Karl Marx no *New York Daily Tribune* em abril de 1854. Conforme relatou Finn, um judeu que passava andando pelo portão que conduzia à igreja do Santo Sepulcro foi "espancado por uma turba de peregrinos", porque a passagem de judeus por aquele lugar ainda era ilegal. Outro foi esfaqueado por um soldado otomano, e um funeral judaico foi atacado por árabes. Em cada um desses casos, Finn pressionou o governador otomano e o obrigou a intervir e fazer valer a justiça britânica.

O próprio paxá estava mais interessado em controlar os árabes palestinos, cujas rebeliões e guerras entre clãs — em parte uma reação às reformas centralizadoras do Império Otomano — eram muitas vezes combatidas com o galope dos camelos, o silvo das lanças e o assobio das balas em torno das muralhas de Jerusalém. Essas cenas emocionantes se desenrolavam na visão europeia da Palestina como um teatro bíblico em combinação com um cenário do Velho Oeste, e eles se reuniam nas muralhas para apreciar as escaramuças que, para eles, se assemelhavam a eventos esportivos absurdos — com o adicional tempero de alguma fatalidade ocasional.

DAVID DORR, UM ESCRAVO AMERICANO EM VIAGEM

Em sua fazenda evangélica usada para converter judeus em Talbieh, os Finn frequentemente se viam em meio a um fogo cruzado. Enquanto voavam as balas, a sra. Finn muitas vezes ficava espantada ao identificar mulheres entre os guerreiros. Ela dava o melhor de si para negociar a paz entre os xeques. Mas os beduínos eram apenas parte do problema: os xeques de Hebron e Abu Ghosh punham em campo exércitos particulares de quinhentos combatentes e travavam guerras em larga escala contra os otomanos. Quando um desses xeques foi capturado e levado com correntes para Jerusalém, o arrojado guerreiro conseguiu escapar e galopou para voltar ao combate, tal qual um Robin Hood árabe. Por fim, Hafiz Paxá, o idoso governador de Jerusalém, precisou liderar uma expedição de 550 soldados e duas peças metálicas de artilharia para suprimir o chefe militar de Hebron.

Todavia, a despeito de tal melodrama, no entardecer dos dias de verão, hierosolimitas de todos os credos — árabes muçulmanos e cristãos junto com judeus sefarditas — faziam piqueniques na estrada de Damasco. O explorador americano, tenente William Lynch, observou uma "cena pitoresca — centenas de judeus desfrutando de ar fresco, sentados do lado de fora dos muros sob enormes oliveiras, as mulheres todas de batas brancas, os homens de chapéus pretos de aba larga". James Finn e os outros cônsules, precedidos por soldados otomanos e kavasses com bastões ornados de prata, passeavam com suas esposas: "Quando o sol se pôs, todo mundo correu para dentro dos muros, que ainda eram trancados toda noite".

"Ah, a tristeza de Jerusalém", suspirava Finn, que teve de admitir que a cidade parecia "monasticamente enfadonha para uma pessoa imbuída dos hábitos alegres de outros lugares. Visitantes franceses têm sido conhecidos pelo jorro exclamatório que sempre acompanha o dar de ombros no que diz respeito ao contraste entre Jerusalém e Paris." Esse não era certamente o tipo de jorro que o priápico Flaubert esperava, e assim ele exprimiu sua frustração no portão de Jaffa: "Deixei escapar um peido ao cruzar a entrada", mesmo "ficando aborrecido com o voltairismo do meu ânus". O gourmand sexual Flaubert comemorou sua escapada de Jerusalém com uma orgia acompanhado de cinco moças em Beirute: "Fodi três mulheres e gozei quatro vezes — três vezes antes do almoço e uma depois da sobremesa. O jovem Du Camp gozou apenas uma vez, seu membro ainda inflamado com os resquícios de um cancro que lhe fora passado por uma meretriz romena".

Um singular visitante americano, David Dorr, jovem escravo negro da Louisiana que se autodenominava um "quadrarão", concordou com Flaubert: em viagem com seu senhor, chegou "com coração submisso", cheio de reverência por Jerusalém, mas logo mudou de opinião: "Quando ouvi os absurdos dessa gente ignorante, fiquei mais inclinado a ridicularizar esses corpos e locais sagrados do que lhes prestar respeito. Após dezessete dias em Jerusalém, vou embora desejando nunca mais voltar".*

Apesar de toda a irreverência, os escritores não podiam deixar de sentir um intimidado respeito pela cidade. Flaubert a considerou "diabolicamente grandiosa". Thackeray sentiu que "não há um único lugar para o qual se olhe onde não tenha sido cometido algum feito violento, algum massacre, algum visitante assassinado, algum ídolo cultuado com ritos sanguinários". Melville quase chegou a admirar o "esplendor empesteado" do local. Parado no portão de Ouro, contemplando os cemitérios muçulmano e judaico, Melville viu uma "cidade sitiada por exércitos de mortos" e perguntou a si mesmo: "Será esta desolação o resultado do abraço fatal da deidade?".[5]

À medida que as forças russas foram sendo repetidamente derrotadas na Crimeia, Nicolau sucumbiu ante a aflição e morreu em 18 de fevereiro de 1855. Em setembro, a base naval russa de Sebastopol caiu diante dos britânicos e franceses. A Rússia fora completamente humilhada. Depois de uma atordoante incompetência militar por todos os lados numa campanha que custou 750 mil vidas, o novo imperador da Rússia, Alexandre II, buscou a paz, abrindo mão de suas ambições imperiais sobre Jerusalém, mas ganhando ao menos a restauração dos direitos dominantes dos ortodoxos no Sepulcro, situação que continua em vigor até hoje.

* O jovem senhor de Dorr, o fazendeiro Cornelius Fellowes, resolveu partir para uma volta ao mundo de três anos, a começar de Paris para Jerusalém. Fellowes ofereceu um trato a seu jovem escravo, letrado e inteligente: se Dorr o servisse na viagem, seria libertado ao retornar. Em seu efervescente relato, Dorr registrou tudo, desde as deslumbrantes damas de Paris até as "escassas torres e carbonizadas muralhas" de Jerusalém. Na volta, seu senhor recusou-se a alforriá-lo; Dorr então fugiu para o Norte e, em 1858, publicou *A Colored Man Round the World by a Quadroon*. Foi a Guerra Civil Americana, iniciada logo depois, que finalmente lhe deu a liberdade. O vencedor dessa guerra, o presidente Abraham Lincoln, não era formalmente religioso, mas ansiava por visitar Jerusalém, talvez porque quando jovem tenha vivido numa das cidades homônimas americanas, em New Salem, Illinois; ele sabia a Bíblia de cor e provavelmente tinha ouvido as histórias de seu secretário de Estado, William H. Seward, que visitara Jerusalém em sua volta ao mundo. A caminho do Ford's Theatre com sua esposa, em 14 de abril de 1865, propôs uma "peregrinação especial a Jerusalém". No teatro, momentos antes de ser baleado, sussurrou: "Como eu gostaria de visitar Jerusalém". Depois, Mary Todd Lincoln decidiu que ele "estava em meio à Jerusalém Celestial".

Em 14 de abril de 1856, os canhões da Cidadela saudaram a assinatura de paz. Doze dias depois, porém, James Finn, comparecendo ao Fogo Sagrado, observou "peregrinos gregos, munidos de paus, pedras e clavas, escondidos previamente atrás das colunas e saltando das galerias" para atacar os armênios. "Seguiu-se um conflito assustador", comentou ele, em que "mísseis eram arremessados para cima em direção às galerias, derrubando fileiras de lamparinas, com vidro e óleo caindo sobre as cabeças". Quando o paxá foi correndo de seu trono para a galeria, "levou golpes na cabeça" e precisou ser carregado para fora antes de seus soldados atacarem com baionetas assentadas. Minutos mais tarde, o patriarca ortodoxo apareceu com o Fogo Sagrado para gritar de exultação, o bater nos peitos e o tremeluzir das chamas.

A guarnição celebrou a vitória do sultão com uma parada no Maidan, o que não deixa de ser irônico, porque logo depois Alexandre II comprou o solo do desfile — que já havia sido local de acampamentos assírios e romanos — para construir o Complexo Russo. Daí por diante a Rússia buscaria o domínio cultural em Jerusalém.

A vitória foi agridoce para os otomanos, e seu frágil domínio islâmico acabou sendo salvo por soldados cristãos. Para mostrar sua gratidão e manter o Ocidente à distância, o sultão Abdulmecid, em medidas conhecidas como Tanzimat — reforma —, foi forçado a centralizar sua administração, decretar absoluta igualdade para todas as minorias, independentemente de religião, e permitir aos europeus todos os tipos de liberdades até então inconcebíveis. Ele deu de presente a Napoleão III a igreja cruzada de Santa Ana, que se tornara a madraçal de Saladino. Em março de 1855, o duque de Brabante, o futuro rei Leopoldo II da Bélgica, explorador do Congo, foi o primeiro europeu com permissão para visitar o monte do Templo: os guardas — sudaneses de Darfur, portando cassetetes — tiveram de ser trancados em seus aposentos por medo de que atacassem o infiel. Em junho, o arquiduque Maximiliano, herdeiro do Império Habsburgo — e infeliz futuro imperador do México —, chegou com os oficiais de seu navio almirante. Os europeus começaram a erguer pesados edifícios cristãos em estilo imperial numa Jerusalém que explodia de construções. Estadistas otomanos ficaram inquietos e logo haveria ali um violento revide muçulmano, mas, depois da Guerra da Crimeia, o Ocidente investira demais para deixar Jerusalém em paz.

Nos últimos meses da Guerra da Crimeia, Sir Moses Montefiore havia comprado os trens e trilhos da ferrovia de Balaclava, construída especialmente para tropas britânicas na Crimeia, visando à criação de uma linha entre Jaffa e Jerusalém. Agora, dotado de todo o prestígio e poder de um plutocrata britânico após a vitória da Crimeia, ele retornou à cidade como o precursor de seu futuro.[6]

38. A Cidade Nova (1855-60)

MOSES MONTEFIORE: "ESTE CRESO"

Em 18 de julho de 1855, Montefiore rasgou ritualmente suas roupas quando viu o Templo perdido e então montou seu acampamento diante do portão de Jaffa, onde foi rodeado por milhares de hierosolimitas que ovacionavam e disparavam tiros para o ar. James Finn — cujos projetos para converter judeus haviam sido repetidamente frustrados por ele — tentou boicotar sua recepção, mas o governador Kiamil Paxá, homem de mentalidade liberal, enviou uma guarda de honra para apresentar armas. Quando Montefiore se tornou o primeiro judeu a visitar o monte do Templo, o paxá fez com que ele fosse escoltado por uma centena de solados, e foi conduzido numa liteira a fim de não quebrar a lei que impedia judeus de caminhar na montanha sagrada para que não pisassem no Santo dos Santos. Sua missão de vida — ajudar os judeus de Jerusalém — nunca foi fácil: muitos deles viviam de caridade, e ficaram tão furiosos quando Montefiore tentou privá-los de suas fontes de regalias que acabaram provocando tumultos em seu acampamento. "Realmente, se isto continuar, não teremos a menor segurança nas nossas tendas!", escreveu sua sobrinha Jemima Sebag, que participava da comitiva. Nem todos os seus planos funcionaram: ele nunca conseguiu construir a ferrovia da Crimeia a partir de Jaffa, mas foi essa viagem que mudou o destino de Jerusalém. Durante o caminho, Montefiore persuadiu o sultão, fazendo com que este lhe permitisse reconstruir a sinagoga da Hurva, destruída em 1720, e, mais importante ainda, adquirir terras em Jerusalém para assentar judeus. Ele pagou pela restauração da Hurva e começou a procurar um lugar para comprar.

Melville descreveu Sir Moses Montefiore como "este Creso — um homem enorme de 75 anos de idade carregado a partir de Jaffa numa liteira puxada por mulas". Ele tinha mais de 1,95 metro e não chegara ainda aos 75 anos, mas era velho para fazer tal viagem. Já havia arriscado sua vida em três visitas a Jerusalém, e seus médicos o advertiram para não ir novamente — "seu coração era frágil e havia veneno em seu sangue" —, mas ele e Judith foram mesmo assim, acompanhados por uma comitiva de partidários, criados e até mesmo seu açougueiro *kosher*.

Para os judeus de Jerusalém e ao longo de toda a diáspora, Montefiore já era uma lenda, combinando o prestígio proconsular de um rico baronete vitoriano no auge do Império Britânico com a dignidade de um judeu que sempre acorria em auxílio de seus irmãos e nunca comprometera o judaísmo. Era sua posição especial na Grã-Bretanha que lhe dava tal poder: ele escarranchava a velha e a nova sociedades, sentindo-se igualmente à vontade com rabinos e financistas. Numa Londres dominada pela séria moralidade e pelo hebraísmo evangélico, ele representava aquilo que os vitorianos julgavam ser o judeu ideal: "Esse grande velho hebreu", escreveu lorde Shaftesbury, "é melhor do que muitos cristãos".

Moses Montefiore nasceu em Livorno, Itália, mas fez sua fortuna como um dos "corretores judeus" na Bolsa de Valores de Londres, uma ascensão para a qual contribuiu seu feliz casamento com Judith Cohen, cunhada do banqueiro Nathaniel Rothschild. Sua riqueza e ascensão social eram apenas um meio de ajudar os outros. Quando foi sagrado cavaleiro pela rainha Vitória em 1837, ela o descreveu em seu diário como "um judeu, um homem excelente", enquanto ele, em registro pessoal, rogava para que tal honra "possa se revelar o prenúncio de bom futuro para os judeus em geral. Além disso, tive o prazer [de ver] meu estandarte com [a palavra] 'Jerusalém' tremulando orgulhosamente no saguão". Como já era um homem rico, foi reduzindo gradativamente seus negócios, e, muitas vezes em campanha com seu cunhado ou seu sobrinho Lionel de Rothschild, dedicou-se a obter direitos políticos para os judeus britânicos.* Mas ele se

* Judeus praticantes não podiam ocupar assento na Câmara dos Comuns até 1858. É curioso notar que Shaftesbury se pronunciou muitas vezes contra isso — como sionista cristão, seu interesse

fazia mais necessário no estrangeiro, onde era recebido como embaixador britânico por imperadores e sultões, exibindo incansável coragem e engenhosidade, ainda que muitas vezes em seu próprio risco. Como vimos, foi sua missão em Damasco, junto a Mehmet Ali e o sultão, que o tornou famoso.

Montefiore viu-se admirado até mesmo pelos mais eminentes antissemitas: quando Nicolau I, em sua cruzada pela ortodoxia e autocracia, começou a reprimir os milhões de judeus russos, Montefiore viajou até São Petersburgo para insistir que eles eram leais, bravos e honrados. "Se ao menos eles se parecessem com o senhor", replicou Nicolau com sinistra cortesia.* No entanto, ele era bastante capaz de se manter à altura de qualquer um: quando correu a Roma para intervir numa intriga antissemita, um cardeal lhe perguntou quanto do ouro dos Rothschild pagara pela proscrição do "libelo de sangue" por parte do sultão. "Não tanto quanto eu dei ao seu lacaio para pendurar meu casaco no vestíbulo", foi a resposta de Montefiore.

Sua parceira em todas as empreitadas era a vivaz Judith, com seus cabelos cacheados e que sempre o chamava de "Monty". Todavia, eles não estavam destinados a fundar uma dinastia: apesar de suas preces na tumba de Raquel, nunca tiveram filhos. Ainda assim, com exceção de seu judaísmo e das letras hebraicas de Jerusalém em seu brasão, Montefiore tinha as virtudes e os defeitos de um típico nobre vitoriano. Vivia esplendorosamente numa mansão em Park Lane e num rebuscado palacete de estilo neogótico em Ramsgate, onde construiu sua

---

realmente estava no retorno e na conversão dos judeus como preparação para a Segunda Vinda. Muito depois, porém, ele graciosamente propôs ao primeiro-ministro William Gladstone que "seria um dia glorioso para a Câmara dos Lordes quando esse grande velho hebreu [Montefiore] fosse inscrito nas listas dos legisladores hereditários da Inglaterra". Mas era cedo demais. O primeiro assento de nobreza foi concedido ao filho de Lionel de Rothschild, Nathaniel, em 1885, após a morte de Montefiore.

* A caminho de São Petersburgo, Montefiore foi recebido em Vilna, uma cidade semijudia e repleta de tantos eruditos talmúdicos que era conhecida como "Jerusalém da Lituânia" por milhares de judeus entusiasmados. Porém, Nicolau I não moderou sua política, e quando a vida judaica piorou, Montefiore retornou mais tarde para encontrar-se com Alexandre II. Dizia-se que cada choupana judia na Rússia tinha um retrato, quase um ícone judaico, de seu defensor. "No desjejum (em Motol, uma aldeia perto de Pinsk), meu avô costumava me contar histórias dos feitos de figuras poderosas", escreveu Chaim Weizmann, um futuro líder sionista. "Fiquei particularmente impressionado com a visita de Sir Moses Montefiore à Rússia, uma visita que aconteceu apenas uma geração antes de eu nascer, mas a história já tinha se tornado uma lenda. De fato, o próprio Montefiore, ainda em vida, já era uma lenda."

própria sinagoga e um imponente mausoléu baseado exatamente na tumba de Raquel. Seu tom era demasiado pomposo e sua integridade, raras vezes imbuída de humor. Havia certa vaidade em seu estilo autocrático, e, por trás da fachada, ele tinha amantes e filhos ilegítimos. De fato, seu biógrafo moderno revela que, mesmo octogenário, ele gerou um filho com uma criada adolescente, o que é mais um sinal de sua impressionante energia.

Agora sua busca por um lugar para comprar em Jerusalém era auxiliada pelas famílias da cidade, com quem ele sempre teve amizade: até mesmo o cádi o chamava de "orgulho do povo de Moisés". Ahmed Duzhdar Aga, a quem conhecera havia vinte anos, vendeu-lhe um sítio do lado de fora dos muros, entre os portões de Sião e Jaffa, por um preço de mil soberanos ingleses. Montefiore imediatamente mudou suas tendas para a nova terra, onde projetou um hospital e um moinho ao estilo de Kent, de modo que os judeus pudessem fazer seu próprio pão. Antes de partir, pediu ao paxá um favor especial: o fedor do Bairro Judeu, citado em todo relato de viagem ocidental, era causado por um matadouro muçulmano, e só a sua presença já era um sinal da condição inferior dos judeus. Montefiore pediu que isso fosse mudado e o paxá concordou.

Em junho de 1857, Montefiore voltou pela quinta vez à cidade com os materiais para o seu moinho; em 1859, a construção teve início. Em vez de um hospital, ele construiu os asilos para as famílias judias pobres que ficaram conhecidos como Chalés Montefiore, indefectivelmente vitorianos, como uma casa nos subúrbios ingleses, de tijolos vermelhos e ameias, imitando o estilo medieval. Em hebraico, eram chamados de Mishkenot Shaanim — as Residências do Deleite. Logo de início, porém, os asilos foram apresados por bandidos, e seus moradores sentiam-se tão pouco satisfeitos que costumavam se esgueirar de volta até a cidade para dormir. Inicialmente o moinho produziu pão barato, mas logo quebrou devido à falta de vento da Judeia e manutenção de Kent.

Evangelistas cristãos e rabinos judeus sonhavam igualmente com o retorno judaico — e essa foi a contribuição de Montefiore. A riqueza colossal dos novos plutocratas judeus, sobretudo os Rothschild, estimulou a ideia de que, conforme Disraeli declarou nessa mesma época, os "capitalistas hebreus" comprariam a Palestina. Os Rothschild, árbitros das finanças e da política internacionais no auge de seu poder, tão influentes em Paris e Viena quanto em Londres, não estavam convencidos, mas sentiam-se felizes em poder ajudar e contribuir financeiramente com Montefiore, cujo "sonho constante" era que Jerusalém estivesse "destinada a se tornar o trono do império judeu".* Em 1859, por sugestão do embaixador otomano em Londres, Montefiore discutiu a ideia de comprar a Palestina, mas estava cético em relação a isso, sabendo que a ascendente elite anglo-judaica se ocupava em adquirir propriedades rurais para viver o sonho inglês e não tinha interesse num projeto como o seu. Em última análise, Montefiore acreditava que sua amada "restauração nacional dos israelitas" estava além da política e seria melhor deixá-la para a "Agência Divina" — mas a abertura de seu pequeno Bairro Montefiore, em 1869, foi o começo da nova cidade judia fora dos muros. Isso estava longe de ser a última visita de Montefiore, mas, depois da Guerra da Crimeia, Jerusalém mais uma vez se tornou objeto de desejo internacional: os Romanov, Hohenzollern, Habsburgo e príncipes britânicos competiam entre si para combinar a nova ciência da arqueologia com o velho jogo dos impérios.[1]

* Montefiore foi o mais famoso, mas não o mais rico dos filantropos de Jerusalém. Ele frequentemente era o canal para o dinheiro dos Rothschild, e seus asilos foram financiados por Judah Touro, um magnata americano de Nova Orléans que, em 1825, havia apoiado um lar judeu em Grand Island, no rio Niágara, no norte do estado de Nova York. O projeto fracassou, e em seu testamento ele deixou 60 mil dólares para Montefiore gastar em Jerusalém. Em 1854, os Rothschild construíram um hospital judeu extremamente necessário. Durante sua visita de 1856, Montefiore criou uma escola judaica de moças — para a desaprovação dos judeus ortodoxos —, e esta foi mais tarde assumida por seu sobrinho Lionel de Rothschild, que a rebatizou com o nome de sua falecida filha Evelina. Mas o maior projeto foi a sinagoga Tiferet Israel, perto da Hurva, no Bairro Judeu. Financiada por judeus do mundo todo, mas sobretudo pelas famílias Reuben e Sassoon de Bagdá, a sinagoga, dotada de uma esplêndida cúpula e sendo a maior edificação no Bairro Judeu, tornou-se o centro dos judeus na Palestina até ser destruída em 1948. Entretanto, os armênios tinham seu próprio Rothschild: a família Gulbenkian, que enriquecera com o petróleo, ia regularmente em peregrinação a Jerusalém, e criou no mosteiro armênio a Biblioteca Gulbenkian.

39. A nova religião (1860-70)

IMPERADORES E ARQUEÓLOGOS: INOCENTES NO ESTRANGEIRO

Em abril de 1859, o irmão do imperador Alexandre II, o grão-duque Constantino Nikolaevich, foi o primeiro dos Romanov a visitar Jerusalém — "finalmente minha entrada triunfal", registrou ele em seu lacônico diário: "multidões e lágrimas". Quando foi até o Santo Sepulcro, viu mais "lágrimas e emoções"; quando deixou a cidade, "não conseguíamos parar de chorar". O imperador e o grão-duque tinham planejado uma ofensiva cultural russa. "Devemos estabelecer a nossa presença no Oriente não politicamente, mas por meio da Igreja", declarava um relatório do Ministério do Exterior. "Jerusalém é o centro do mundo, e nossa missão deve estar lá." O grão-duque fundou uma Sociedade Palestina e a Companhia Russa de Navegação a Vapor para trazer peregrinos de Odessa. Ele inspecionava os dezoito acres do Complexo Russo onde os Romanov começaram a construir uma pequena aldeia moscovita.* Em pouco tempo, havia tantos peregrinos russos que foi necessário montar tendas para abrigá-los.

* O Complexo Russo continha o consulado, um hospital, a igreja da Santa Trindade com suas múltiplas cúpulas e quatro torres de sinos, a residência do arquimandrita, apartamentos para aristocratas em visita e albergues capazes de abrigar mais de 3 mil peregrinos. Seus edifícios pareciam gigan-

Os britânicos estavam tão comprometidos quanto os russos. Em 1º de abril de 1862, Alberto Eduardo, o roliço príncipe de Gales de vinte anos (o futuro Eduardo VII), entrou cavalgando em Jerusalém, escoltado por uma centena de cavaleiros otomanos.

O príncipe, que ficou num grandioso acampamento fora dos muros, estava excitadíssimo em mandar fazer uma tatuagem cruzada no braço, e sua visita causou uma impressão indelével tanto em Jerusalém quanto na sua terra natal. Sua estada não apenas acelerou o chamado de volta de James Finn — acusado de impropriedades financeiras após vinte anos de dominadora presença —, mas intensificou o sentimento de que Jerusalém era de alguma forma um pedacinho da Inglaterra. O príncipe foi guiado nos sítios históricos pelo deão de Westminster, Arthur Stanley, cujo livro imensamente influente de história bíblica e especulação arqueológica convenceu uma geração de leitores britânicos de que Jerusalém era "para nós, desde a nossa infância, uma terra mais cara até mesmo do que a Inglaterra". Em meados do século XIX, a arqueologia logo passou a ser não só uma ciência histórica para estudar o passado, mas também uma forma de controlar o futuro. Não é de admirar que tenha se tornado imediatamente política — mais que um fetiche cultural, moda social ou passatempo da realeza, foi uma construção do império por outros meios e uma extensão da espionagem militar. Tornou-se a religião secular de Jerusalém e, ao mesmo tempo, nas mãos de cristãos imperialistas como o deão Stanley, uma ciência a serviço de Deus: se ela confirmasse a veracidade da Bíblia e da Paixão, os cristãos poderiam reivindicar a própria Terra Santa.

Os russos e britânicos não estavam sozinhos. Os cônsules das grandes potências, muitos deles ministros religiosos, também se imaginavam como arqueólogos, embora tenham sido os cristãos norte-americanos que realmente criaram a arqueologia moderna.* Os franceses e alemães não ficavam muito atrás, bus-

---

tescas mas elegantes fortalezas modernas, e durante o Mandato britânico serviram como fortificações militares.

* Edward Robinson, um missionário e professor de literatura bíblica em Nova York, ansiava por revelar a geografia da Bíblia. Usou o conhecimento de outras fontes, tais como Josefo, para fazer algumas descobertas espantosas. Em 1852, ele notou, no nível do solo, o topo daquilo que adivinhou ser um dos arcos monumentais que cruzam o vale em direção ao Templo — conhecido desde então como arco de Robinson. Outro americano, o dr. James Barclay, um missionário que buscava converter judeus e engenheiro consultor dos otomanos para preservação dos edifícios

cando descobertas arqueológicas espetaculares com implacável espírito nacional. Seus imperadores e primeiros-ministros apoiavam entusiasticamente suas escavações. Da mesma forma que a corrida espacial no século XX com seus heroicos astronautas, a arqueologia logo se tornou uma projeção do poder nacional com arqueólogos célebres que se assemelhavam a conquistadores históricos fanfarrões e caçadores de tesouros científicos. Um arqueólogo alemão chamou isso de "cruzada pacífica".

A visita do príncipe de Gales incentivou a expedição do oficial de casaca vermelha e arqueólogo britânico, capitão Charles Wilson, que, nos túneis próximos ao Muro Ocidental, sob o portão da rua da Corrente, descobriu o monumental arco herodiano da grande ponte que cruzava o vale do Tiropeon até o Templo. Ele ainda é conhecido como arco de Wilson, e esse foi só o começo.

Em maio de 1865, um grupo de aristocratas — desde o secretário do Exterior, conde Russell, até o duque de Argyll — criou o Fundo de Exploração da Palestina com contribuições da rainha Vitória e de Montefiore. Shaftesbury serviria mais tarde como presidente do Fundo. A visita à Palestina por parte do primeiro herdeiro do trono britânico desde Eduardo I "abriu toda a Síria para a pesquisa cristã", explicava o prospecto da Sociedade. Em sua primeira sessão, o arcebispo de York, William Thompson, declarou que a Bíblia lhe dera "as leis pelas quais eu tento viver" e "o melhor conhecimento que possuo". E foi além: "Este país da Palestina pertence a você e a mim. Ele foi dado ao Pai de Israel. É a terra de onde chega a notícia de nossa redenção. É a terra que encaramos com um patriotismo verdadeiro como o da nossa querida velha Inglaterra".

Em fevereiro de 1867, o tenente dos Engenheiros Reais, Charles Warren, então com 27 anos, começou o levantamento topográfico da Palestina para a Sociedade. No entanto, os hierosolimitas eram hostis a quaisquer escavações em volta do monte do Templo, e por isso ele arrendou locais nas proximidades e cravou profundamente 27 mastros na rocha. Warren descobriu os primeiros artefatos arqueológicos autênticos de Jerusalém, como a cerâmica de Ezequias com a marca "De Propriedade do Rei", 43 cisternas sob o monte do Templo e a Estaca de Warren na colina Ofel, que ele acreditou ser o conduto do rei Davi

---

mamelucos, identificou o lintel que encimava um dos portões de Herodes — hoje o portão de Barclay. Os dois americanos podem ter começado como missionários cristãos, mas como arqueólogos provaram que o Haram al-Sharif muçulmano era o Templo de Herodes.

para dentro da cidade. Sua Passagem Warren nos túneis ao longo do Muro Ocidental era uma das principais entradas de Herodes para o Templo — e mais tarde a Gruta Judaica. Esse arrojado arqueólogo personificava o glamour da nova ciência. Em uma de suas explorações subterrâneas, Warren descobriu o antigo reservatório de Siloé e navegou por ele numa jangada feita de portas. Elegantes damas vitorianas eram baixadas em cestos presos aos mastros, desfalecendo diante das visões bíblicas enquanto afrouxavam seus espartilhos.

Warren se solidarizava com os judeus, irritados com os grosseiros turistas europeus que zombavam de sua "mais solene reunião" no Muro, como se esta fosse uma "farsa". Ao contrário, o "país deve ser governado para eles", de maneira que, em última instância, "o principado judeu possa se manter por si só como um reino separado e garantido pelas Grandes Potências".* Os franceses eram igualmente agressivos em suas aspirações arqueológicas — embora seu principal arqueólogo, Félicien de Saulcy, fosse um trapalhão que havia declarado que a tumba dos Reis, ao norte das muralhas, era da época do rei Davi. Na verdade, tratava-se da tumba da rainha de Adiabene, datando de mil anos depois.

Em 1860, muçulmanos massacraram cristãos na Síria e no Líbano, furiosos com as leis do sultão favoráveis a cristãos e judeus, e isso serviu apenas para atrair mais investidas ocidentais. Napoleão III enviou tropas para salvar os cristãos maronitas do Líbano, renovando as reivindicações francesas para a área que tinha sobrevivido desde a época de Carlos Magno, das Cruzadas e do rei Francisco no século XVI. Em 1869, o Egito, respaldado pelo capital francês, abriu o canal de Suez numa cerimônia à qual compareceram a imperatriz francesa Eugênia, o príncipe da coroa prussiana Frederico e o imperador austríaco Francisco José. Para não ficar atrás de britânicos e russos, o prussiano Frederico (pai do futuro Kaiser Guilherme II) navegou até Jaffa e cavalgou rumo a Jerusalém, onde promoveu com vigor a presença da Prússia na corrida para tomar igrejas e prêmios arqueológicos: comprou o sítio da cruzada Santa Maria dos Latinos, perto da igreja, e apoiou o agressivo arqueólogo Titus Tobler, que declarou: "Jerusalém precisa ser nossa". Quando Frederico cavalgava de volta para Jaffa, quase atropelou Francisco

* Depois de Jerusalém, Warren ficou famoso como o inepto comissário da Polícia Metropolitana que fracassou em capturar Jack, o Estripador, e como malogrado comandante militar durante a Guerra dos Bôeres. Seus sucessores, os tenentes Charles Conder e Herbert Kitchener (este último subsequentemente o conquistador do Sudão), fizeram um levantamento do país tão bem-sucedido que o general Allenby usou seus mapas para conquistar a Palestina em 1917.

José, imperador da Áustria e rei titular de Jerusalém, que acabara de ser derrotado pela Prússia na Batalha de Sadowa. Ambos se cumprimentaram friamente.

Francisco José entrou em Jerusalém a galope, escoltado por mil guardas otomanos, incluindo beduínos com lanças, drusos com rifles e homens sobre camelos, além de uma enorme cama de prata que ganhara de presente do sultão. "Desmontamos", o imperador registrou, "e eu me ajoelhei na estrada e beijei a terra" enquanto o canhão da torre de Davi disparava uma saudação. Ficou impressionado pelo fato de "tudo parecer exatamente como se imagina desde as histórias da infância e da Bíblia".[1] Mas os austríacos, como todos os europeus, compravam edifícios para promover uma nova cidade cristã: o imperador inspecionou os imensos movimentos de terra para construir um sanatório austríaco na Via Dolorosa.

"Jamais concederei quaisquer melhorias de estrada a esses cristãos malucos", escreveu o grão-vizir otomano Fuad Paxá, "pois logo eles transformariam Jerusalém num manicômio cristão." Mas os otomanos construíram, sim, uma nova estrada de Jaffa, e especialmente para Francisco José. O ímpeto do "manicômio cristão" era impossível de deter.

MARK TWAIN E A "ALDEIA DOS PEDINTES"

O capitão Charles Warren, jovem arqueólogo, estava passando pelo portão de Jaffa quando ficou perplexo ao presenciar uma decapitação. A execução foi horrivelmente estragada por um desajeitado carrasco: "Você está me machucando", gritava a vítima enquanto o executor desferia dezesseis golpes em seu pescoço, até que este simplesmente subiu nas costas do infeliz e serrou sua espinha dorsal como se estivesse sacrificando um carneiro. Jerusalém tinha pelo menos duas faces e um distúrbio de múltipla personalidade: os reluzentes edifícios imperiais, construídos pelos europeus de capacetes pontiagudos e casacas vermelhas que cristianizavam rapidamente o Bairro Muçulmano, existiam lado a lado com a velha cidade otomana onde guardas negros sudaneses protegiam o Haram e guardavam prisioneiros condenados cujas cabeças ainda rolavam em execuções públicas. Os portões ainda eram fechados a cada pôr do sol; beduínos entregavam seus dardos e espadas quando entravam. Um terço da cidade era de terrenos baldios, e uma fotografia (tirada pelo patriarca armênio) mostrava a igreja cercada por terra vazia no meio da cidade. Esses dois mundos entravam em choque com frequência: quando, em 1865, o primeiro telégrafo foi inaugurado entre Jerusalém e Istambul, o cavaleiro árabe que carregou o poste telegráfico foi preso e enforcado no próprio poste.

Em março de 1866, Montefiore — agora um viúvo de 81 anos — chegou para sua sexta visita na cidade e não pôde acreditar nas mudanças. Achando que os judeus no Muro Ocidental estavam expostos não só à chuva mas a saraivadas ocasionais vindas do monte do Templo acima, ele obteve permissão para montar ali um toldo — e tentou sem êxito comprar o Muro, uma das muitas investidas por parte dos judeus de possuir seu local sagrado. Ao deixar Jerusalém, sentia-se "mais profundamente impressionado que nunca". Não foi sua última viagem: quando retornou em 1875, aos 91 anos, "encontrei uma Jerusalém praticamente nova, jorrando edifícios, alguns tão bonitos como qualquer um da Europa". Ao partir pela última vez, não pôde deixar de refletir que "seguramente estamos nos aproximando do momento de presenciar a realização das consagradas promessas de Deus para Sião".*

Guias da cidade preveniam contra "esquálidos judeus poloneses" e um "miasma de sujeira", mas para alguns foram os peregrinos protestantes que mancharam o lugar.[2] "Leprosos, aleijados, cegos e idiotas nos acossam em cada canto", obervou Samuel Clemens, o jornalista do Missouri que escrevia como Mark Twain. Percorrendo o Mediterrâneo a bordo do *Quaker City*, Twain, celebrado como o "Humorista Feroz", estava num cruzeiro de peregrinação chamado Excursão do Grande Prazer da Terra Santa, que ele rebatizou de Grande Expedição Funeral da Terra Santa. Tratava a peregrinação como uma farsa, debochando da sinceridade dos peregrinos americanos, a quem chamava de "inocentes no estrangeiro". "É um alívio dar uma fugida para uma caminhada de cem metros",

* Montefiore morreu em 1885, com mais de cem anos de idade. Ele e Judith foram sepultados com terra de Jerusalém em sua própria tumba de Raquel em Ramsgate. O moinho de Montefiore ainda existe e o Bairro Montefiore, conhecido com Yemin Moshe, é um dos mais elegantes da cidade e um dos cinco com nome em sua homenagem. Seu título de baronete foi herdado por seu sobrinho Sir Abraham, que não teve filhos (sua esposa enlouqueceu na noite de núpcias), mas Moses deixou suas propriedades para seu sobrinho nascido no Marrocos Joseph Sebag, que se tornou Sebag-Montefiore. A mansão em Ramsgate foi totalmente destruída num incêndio na década de 1930. Figura quase esquecida (exceto em Israel), sua tumba ficou descuidada por longo tempo, ameaçada pela expansão urbana e grafites. No século XXI, porém, sua tumba tornou-se um santuário: milhares de judeus ultraortodoxos fazem peregrinação para lá no aniversário de sua morte.

escreveu, sem encontrar nenhum outro "sítio". Achou muita graça ao descobrir que a coluna da igreja que era o centro do mundo era feita do pó do qual Adão foi conjurado: "Nenhum homem foi capaz de provar que a poeira NÃO veio daqui". Acima de tudo, detestava o "ouropel, as quinquilharias e a ornamentação de mau gosto" da igreja; quanto à cidade, escreveu: "A renomada Jerusalém, o mais pomposo nome da história, tornou-se uma aldeia de pedintes — lúgubre, funesta e sem vida. Eu não gostaria de viver aqui".* Mas até mesmo o Humorista Feroz comprou discretamente uma Bíblia de Jerusalém para sua mãe, e às vezes refletia: "Estou sentado onde um deus esteve".

Os turistas — fossem religiosos ou seculares, cristãos ou judeus, Chateaubriand, Montefiore ou Twain — eram bons para ver onde deuses tinham estado, mas eram quase cegos quando se tratava de ver o povo real que ali vivia. Ao longo de sua história, Jerusalém existiu na imaginação de devotos que viviam longe, na América ou na Europa. Agora que esses visitantes estavam chegando em navios, aos milhares, eles esperavam encontrar as imagens pitorescas e autênticas, exóticas e perigosas que tinham imaginado com a ajuda de suas Bíblias, seus estereótipos vitorianos de raça e, uma vez que estavam ali, com o auxílio de seus tradutores e guias. Viam apenas a diversidade de costumes nas ruas e rejeitavam as imagens que não lhes agradavam, tratando-as como sujeira oriental, e que Baedeker chamou de "superstição e fanatismo selvagem". Em vez disso, construiriam a Cidade Santa grandiosa e "autêntica" que esperavam encontrar. Foram esses pontos de vista que vieram a dirigir o interesse imperial em Jerusalém. Quanto ao resto — o mundo antigo vibrante e semivelado dos árabes e judeus sefarditas —, eles mal conseguiam enxergar. Mas estava bem ali.[3]

* Ironicamente, Twain ficou hospedado no Mediterranean Hotel no Bairro Muçulmano, o mesmo edifício que o líder israelense do Likud, general Ariel Sharon, comprou no final dos anos 1980, em sua tentativa de judaizar o Bairro Muçulmano. Hoje é o seminário judeu. O livro de Twain, *The Innocents Abroad*, foi um clássico instantâneo para os céticos: quando o ex-presidente Ulysses Grant visitou Jerusalém, utilizou o livro como guia.

40. Cidade árabe, cidade imperial (1870-80)

YUSUF KHALIDI: MÚSICA, DANÇA, VIDA COTIDIANA

A Jerusalém real era como uma Torre de Babel numa roupagem extravagante com uma hierarquia de religiões e idiomas. Os oficiais otomanos trajavam jaquetas bordadas combinadas com uniformes europeus; judeus otomanos, armênios, árabes cristãos e muçulmanos vestiam sobrecasacas ou trajes brancos com um tipo de cobertura para a cabeça que simbolizava o novo e reformado Império Otomano: o tarbuche, ou fez; os ulemás muçulmanos usavam turbantes e mantos que eram quase idênticos aos usados por muitos judeus sefarditas e árabes ortodoxos; o crescente número de miseráveis judeus hassídicos* da Polô-

* Os hassídicos — "pios" em hebraico — são uma presença crescente em Jerusalém. Os herdeiros do misticismo do século XVII ainda trajam o inconfundível capote preto daquela época. Na década de 1740, um pregador fervoroso na Ucrânia chamado Israel ben Eliezer, adotando o nome Baal Shem Tov (Senhor do Bom Nome), criou um movimento de massa que contestava os estudos talmúdicos, defendendo movimentos de transe nas orações, com cantos, danças e práticas místicas para aproximar-se de Deus. Seu principal oponente foi o gaon de Vilna, que rejeitava tudo isso como superstição popular e enfatizava a necessidade dos estudos talmúdicos tradicionais. Seu conflito assemelha-se ao que existe entre os sufis místicos e os severos conservadores islâmicos como, digamos, os wahabis sauditas.

nia vestia casacos de gabardina e chapéus de feltro; os kavasses — guarda-costas dos europeus — eram em geral armênios que ainda usavam jaquetas escarlates, pantalonas brancas e grandes pistolas embrulhadas. Escravos negros descalços serviam *sherbet* aos seus senhores, que eram das velhas famílias árabes e sefarditas, cujos homens frequentemente usavam amostras de todos os costumes descritos acima — turbante ou fez, mas longas túnicas amarradas com uma faixa larga, amplas calças turcas e um paletó preto ocidental por cima. Os árabes falavam turco e árabe; os armênios falavam armênio, turco e árabe; os sefarditas, ladino, turco e árabe; os hassídicos, iídiche, o dialeto da Europa Central oriundo do alemão e do hebraico, que produziu sua própria e grande literatura.

Se isso parecia caótico para quem via de fora, o sultão-califa reinava sobre um império sunita: os muçulmanos estavam no topo; os turcos governavam; em seguida vinham os árabes. Os judeus poloneses, muito escarnecidos por sua miséria, "lamentações" e ritmos de transe de suas preces, encontravam-se na posição mais baixa; mas no meio, numa cultura popular semissubmersa, havia muita mistura, apesar das rigorosas regras de cada religião.

No final do jejum do Ramadã, todas as religiões celebravam com um banquete e uma quermesse fora dos muros, com carrosséis e corridas de cavalos, enquanto ambulantes exibiam furtivos espetáculos obscenos e vendiam doces árabes, cabelo de moça e deleite turco. Durante a festa judaica do Purim, árabes cristãos e muçulmanos vestiam roupas judaicas tradicionais, e todas as três religiões participavam do piquenique judaico organizado na tumba de Simão, o Justo, ao norte do portão de Damasco. Judeus presenteavam seus vizinhos árabes com matzá e os convidavam para a ceia do Seder de Pessach, enquanto os árabes retribuíam o favor dando-lhes pão recém-assado quando a festa terminava. Era frequente *mohels* judeus circuncidarem meninos muçulmanos. Judeus davam festas para recepcionar os vizinhos muçulmanos que voltavam do *haj*. As relações mais próximas eram entre árabes e judeus sefarditas. Na verdade, os árabes chamavam os sefarditas de "*Yahud, awlad Arab*" — "judeus filhos de árabes", seus próprios judeus, e algumas mulheres muçulmanas chegavam a aprender ladino. Durante as secas, o ulemá pedia aos rabinos sefarditas que orassem por chuva. Os Valero, sefarditas que falavam árabe, principais banqueiros da cidade, eram sócios comerciais de muitas das famílias. Ironicamente, os cristãos ortodoxos árabes eram os mais hostis aos judeus, a quem insultavam em canções tradicionais de Páscoa e linchavam quando se aproximavam da igreja.

Embora Baedeker avisasse aos turistas que "não há lugares públicos de divertimento em Jerusalém", esta era uma cidade de música e dança. Os habitantes locais encontravam-se em cafés e adegas para fumar narguilés, jogar gamão, assistir a lutas e dança do ventre. Em casamentos e festividades, havia uma dança circular (*dabkah*), enquanto cantores entoavam cantigas de amor, tais como "Meu amor, tua beleza me machuca". Cantigas de amor árabes se alternavam com as canções andaluzes em ladino dos sefarditas. Dervixes dançavam desvairadamente seu *zikr* ao som dos tambores e címbalos do *mazhar*. Em casas particulares, a música era tocada por judeus e árabes que se misturavam no alaúde (*oud*), rabeca (*rabbaba*), clarinetas duplas (*zummara* e *arghul*) e timbale (*inaqqara*). Esses instrumentos ecoavam através das seis casas de banho *hammam* que eram centrais para a vida hierosolimita. Os homens (que as utilizavam entre duas horas da manhã e meio-dia) desfrutavam de massagens e tinham os bigodes aparados; as mulheres tingiam o cabelo com hena e tomavam café. As noivas de Jerusalém eram conduzidas ao *hammam* por amigas que cantavam e percutiam instrumentos, e ali todos seus pelos corporais eram festivamente removidos com o uso de *zarnikh*, um concentrado semelhante ao breu. A noite matrimonial propriamente dita começava nos banhos; em seguida, o noivo e seu grupo buscavam a noiva em sua casa e, se fosse um casamento das famílias, caminhavam sob um dossel sustentado por criados, iluminado por tochas e seguido por um tocador de tambor e uma banda de flautas, e assim iam até o monte do Templo.

As famílias foram o ápice da sociedade de Jerusalém. O primeiro líder municipal foi um Dajani, e em 1867, Yusuf al-Diya al-Khalidi, então com 25 anos, tornou-se o primeiro prefeito de Jerusalém. Daí em diante, o posto sempre foi ocupado pelas famílias — haveria seis Husseini, quatro Alami, dois Khalidi, três Dajani. Khalidi, cuja mãe era uma Husseini, fugira quando garoto para frequentar uma escola protestante em Malta. Mais tarde, trabalhou para o grão-vizir liberal em Istambul. Ele se via primeiramente como um "Utsi" — um hierosolimita (chamava Jerusalém de sua "pátria") —, depois como árabe (e também como shami, habitante de Shams al-Bilad, a Grande Síria), e em terceiro lugar como otomano. Era um intelectual, um dos astros da *nahda*, a renascença literária árabe que viu a abertura de clubes culturais, jornais e editoras.* Todavia, o primeiro

* Desde os anos 1760, os Khalidi vinham formando uma biblioteca — que reunia 5 mil livros islâmicos, alguns datados do século X, e 1200 manuscritos. Em 1899, Raghib Khalidi juntou sua cole-

prefeito descobriu que seu posto era tanto municipal quanto de combate: o governador o despachou juntamente com quarenta cavaleiros para suprimir conflitos em Kerak, tendo sido ele talvez o único prefeito da história moderna a liderar uma expedição de cavalaria.

Cada uma das famílias tinha seus próprios estandartes e seu papel especial nas festas da cidade. No Fogo Sagrado, as treze famílias árabes cristãs mais proeminentes desfilavam suas bandeiras, mas a festividade de Nabi Musa era a mais popular. Milhares de fiéis chegavam a cavalo e a pé de toda a Palestina para serem saudados pelo mufti — geralmente um Husseini — e pelo governador otomano. Havia tempestuosas danças e cantorias ao som de tambores e címbalos, enquanto dervixes sufis rodopiavam — "alguns sobre brasa viva, outros forçando cravos através das bochechas", e aconteciam disputas entre habitantes de Jerusalém e Nablus. Judeus e cristãos às vezes eram surrados por valentões árabes superexcitados. Quando as multidões se reuniam no monte do Templo, eram saudadas por uma salva de tiros de canhão, e então os Husseini, montados em cavalos e brandindo seus próprios estandartes verdes, lideravam a cavalgada rumo ao santuário de Baibars, perto de Jericó. Os Dajani faziam tremular suas bandeiras púrpuras no túmulo de Davi. As famílias, porém, cada uma com seu próprio domínio dinástico — os Huseini tinham o monte do Templo, os Khalidi possuíam as cortes legais e todas competiam entre si pela prefeitura —, ainda batalhavam pela supremacia e faziam o arriscado jogo da política de Istambul.

Os eslavos ortodoxos dos Bálcãs, apoiados pela Rússia, queriam independência; o Império Otomano lutava para sobreviver. A ascensão de um sultão novo e mais severo, Abdul-Hamid II, foi marcada por massacres de cristãos búlgaros. Sob pressão russa, Abdul-Hamid aceitou uma Constituição e a eleição de um Parlamento em Jerusalém, com os Huseini apoiando a velha autocracia e os Khalidi sendo os novos liberais. O prefeito Khalidi foi eleito para representar Jerusalém e partiu para Istambul. No entanto, a Constituição foi apenas uma simulação. Abdul-Hamid revogou-a e começou a promover um novo nacionalismo otomano combinado com uma lealdade pan-islâmica ao califado. Esse inteligente mas neurótico sultão, diminuto e com uma voz que mais parecia um balido, além de uma tendência a ataques de desmaios, aplicou sua lei com a polícia se-

ção com a de Yusuf e seus primos, abrindo no ano seguinte a biblioteca Khalidiyyah em torno da tumba mameluca de Barka Khan, na rua Silsila, onde permanece até hoje.

creta da *Khafiya*, que assassinou seu ex-grão-vizir e uma de suas escravas, entre outros. Ao mesmo tempo que desfrutava dos privilégios tradicionais — seu harém continha novecentas odaliscas —, ele vivia apavorado, procurando por assassinos debaixo da cama toda noite; era também um carpinteiro habilidoso, leitor de Sherlock Holmes e empresário de seu próprio teatro.

Seu arrocho foi imediatamente sentido em Jerusalém: Yusuf Khalidi foi expulso de Istambul, deposto como prefeito e substituído por Umar al-Husseini. Quando os Khalidi estavam por baixo, os Husseini estavam por cima. Enquanto isso, a Rússia se preparava para finalmente destruir os otomanos. O primeiro-ministro britânico, Benjamin Disraeli, interveio para salvá-los.

TATUAGENS DE JERUSALÉM: PRÍNCIPES BRITÂNICOS E GRÃO-DUQUES RUSSOS

Disraeli tinha acabado de comprar o canal de Suez, tomando emprestados 4 milhões de libras de Lionel de Rothschild. "Qual é a nossa garantia?", indagou Rothschild. "O governo britânico", replicou o secretário de Disraeli. "Vocês terão o dinheiro", disse o banqueiro.

Agora, no Congresso de Berlim de 1878, Disraeli conduziu os gabinetes da Europa para frear a Rússia e impor um acordo, pelo qual a Grã-Bretanha poderia ocupar Chipre. Sua atuação foi admirada pelo chanceler alemão, o príncipe Bismarck, que, apontando para Disraeli, comentou: "O velho judeu — ele é o homem". Os otomanos tiveram de abrir mão de grande parte de seu território europeu cristão, sendo forçados a confirmar os direitos dos judeus e de outras minorias. Em 1882, os britânicos assumiram o controle do Egito, que permanecia nominalmente sob a dinastia albanesa. Dois representantes da posição avançada da Grã-Bretanha no Oriente Médio visitaram Jerusalém em sua viagem pelo mundo: os jovens herdeiros do trono britânico — o príncipe Alberto Victor, conhecido como príncipe Eddy, futuro duque de Clarence, então com dezoito anos, e seu irmão George, de dezesseis, futuro rei George V.*

* Conduzidos por toda Jerusalém pelos capitães Charles Wilson e Conder, arqueólogos do Fundo de Exploração da Palestina, os príncipes participaram de uma ceia de Páscoa sefardita e ficaram "muito impressionados pela completa domesticidade" dessa "feliz reunião familiar". Empolgaram-

Eles montaram acampamento no monte das Oliveiras, "o mesmo em que papai acampou", escreveu o príncipe Jorge, que o considerou um "lugar capital". O acampamento ostentava onze luxuosas tendas, sendo sustentado por 95 animais de carga e servido por sessenta criados — todos comandados pelo magnata dos agentes de viagens, Thomas Cook, um ministro batista de Melbourne, Derbyshire, que em 1841 começara um negócio de viagens transportando ativistas adeptos da moderação alcoólica (*temperance campaigners*) de Leicester para Loughborough. Cook e seus filhos — um deles acompanhava os príncipes — haviam se tornado os pioneiros do novo turismo, contratando pequenos exércitos de criados, guardas e dragomanos (tradutores-reparadores) para proteção contra qualquer ataque de beduínos ou do clã de Abu Ghosh, que ainda dominava a estrada de Jaffa e precisava ser subornado ou cooptado. Esses empresários de viagem montavam acampamentos de suntuosas tendas de seda, decoradas com exóticos arabescos vermelhos e turquesa, com salas de jantar e de visitas, e até mesmo água quente e fria. O efeito desejado era proporcionar uma fantasia oriental para o viajante inglês abastado — como algo saído de *As mil e uma noites*.

Os escritórios de Thomas Cook ficavam no portão de Jaffa, que era o ponto central da nova Jerusalém amiga dos turistas, simbolizada pela inauguração do Grand New Hotel, pouco acima do tanque de Betsabeia — onde supostamente a esposa de Urias foi vista pelo rei Davi enquanto se banhava* — e do hotel de Joachim Fast, logo do lado de fora do portão. Em 1892, a ferrovia finalmente chegou a Jerusalém, abrindo de vez a cidade para o turismo.

A fotografia desenvolveu-se lado a lado com o turismo. Embora inesperado, foi apropriado que o sumo sacerdote da explosão fotográfica de Jerusalém fosse Yessayi Garabedian, o patriarca armênio, "provavelmente o mais charmoso potentado do mundo", que estudou arte em Manchester. Seus dois protegidos abandonaram o sacerdócio armênio e fundaram estúdios fotográficos na estrada de Jaffa, oferecendo aos turistas a chance de comprar fotos de árabes em "poses bí-

---

-se ainda mais com as tatuagens: "Eu fui tatuado", escreveu o príncipe Jorge, "pelo mesmo homem que tatuou papai [o príncipe de Gales]".

* A placa diante do escritório de Cook dizia: "Thomas Cook e filho possuem a maior equipe de dragomanos e arreeiros, os melhores coches, carruagens, acampamento, selaria etc. na Palestina!". O edifício do Grand New Hotel revelava resquícios romanos: parte do Segundo Muro, ladrilhos inscritos com as insígnias da Décima Legião e uma coluna erigida por um legado de Augusto, usada por décadas como base para uma luminária de rua.

blicas" ou eles próprios posarem em trajes bíblicos. Num momento típico, um grupo de camponeses russos barbudos e vestidos de peles de carneiro se reunia estarrecido para observar "uma dama inglesa de olhos azuis e cabelos claros" trajando "um vestido escarlate bordado" com uma tiara de bronze na cabeça e "corpete apertado" delineando um "busto finamente desenvolvido", fazendo poses em frente à torre de Davi. Os russos ficavam entre horrorizados e deslumbrados.

A crescente Cidade Nova era tão eclética arquitetonicamente que hoje Jerusalém tem casas e subúrbios inteiros que parecem pertencer a qualquer outro lugar que não o Oriente Médio. Os novos edifícios cristãos adicionados no final do século XIX incluíam 27 conventos franceses, dez italianos e oito russos.* Depois que a Grã-Bretanha e a Prússia encerraram seu episcopado anglo-prussiano compartilhado, os anglicanos construíram sua própria e robusta catedral inglesa de são Jorge, diocese de um bispo anglicano. Mas em 1892 os otomanos ainda estavam construindo: Abdul Hamid adicionara novas fontes e criara o portão Novo para permitir acesso diretamente ao Bairro Cristão; em 1901, comemorando seu 25º jubileu, acrescentou uma torre de sino ao portão de Jaffa que parecia pertencer a uma estação ferroviária suburbana inglesa.

Enquanto isso, judeus e árabes, gregos e alemães colonizavam a Cidade Nova do lado de fora dos muros. Em 1869, sete famílias judias fundaram Nahalat Shiva — o Bairro dos Sete — fora do portão de Jaffa; em 1874, judeus ultraortodoxos se estabeleceram em Mea Shearim, agora um bairro hassídico. Por volta de 1880, os 17 mil judeus formaram uma maioria, e nove subúrbios judeus recém-criados passaram a existir enquanto as famílias árabes construíam seus bairros Husseini e Nashashibi em Sheikh Jarrah, a área ao norte do portão de Damasco.** As mansões árabes ostentavam tetos decorados em estilos híbridos turco-europeus. Um dos Husseini construiu a Casa do Oriente com seu salão de

* O arquiteto e arqueólogo alemão Conrad Schick foi o mais prolífico arquiteto da época, mas seus prédios desafiam qualquer categorização — sua casa (a Casa de Tabor) e a capela contêm vestígios de estilos germânico, árabe e greco-romano.

** Os Husseini e as outras famílias, tais como os novos Nashashibi, ficaram muito mais ricos, abraçando a explosão comercial; um dos Husseini forneceu os dormentes de madeira para a nova ferrovia. Em 1858, a Lei de Terras otomana privatizou muitos dos antigos *waqfs*, o que subitamente transformou as famílias em ricas proprietárias de terras e comerciantes de grãos. Quem saiu perdendo foram os felás, camponeses árabes, agora à mercê de latifundiários feudais absenteístas. Daí o fato de Rauf Paxá, o último governador hamidiano, chamar as famílias de "parasitas".

entrada pintado de flores e padrões geométricos, enquanto outro, Rabah Effendi Husseini, criou uma mansão exibindo a Sala do Paxá com uma alta cúpula pintada de azul-celeste, emoldurada por folhas de acanto douradas. A Casa do Oriente virou um hotel, e depois passou a ser a sede da Autoridade Palestina de Jerusalém nos anos 1990, enquanto a mansão de Rabah Husseini tornou-se o lar da mais eminente família americana de Jerusalém.

OS SUPERADORES AMERICANOS: MANTENDO AQUECIDO O LEITE DE JESUS

Em 21 de novembro de 1873, Anna Spafford e quatro de suas filhas cruzavam o Atlântico no *Ville du Havre* quando este foi atingido por outro navio. Ao afundar, todas as quatro crianças se afogaram, mas Anna sobreviveu. Quando ficou sabendo, depois do resgate, que elas estavam mortas, Anna quis se jogar na água atrás delas. Mas, em vez disso, mandou para seu marido Horatio, um próspero advogado de Chicago, o desolador telegrama: "SALVA SOZINHA. O QUE FAREI?". O que os Spafford fizeram foi abrir mão de sua vida convencional e ir para Jerusalém. Primeiro tiveram de confrontar mais tragédia: o filho morreu de escarlatina, deixando-os com apenas uma criança, Bertha. Anna Spafford acreditava ter sido "poupada para um propósito", mas o casal foi também afrontado pela Igreja presbiteriana, que encarou seu destino como punição divina. Formando sua própria seita messiânica, que a imprensa dos Estados Unidos chamou de Superadores (*Overcomers*), acreditavam que boas obras em Jerusalém e o restabelecimento dos judeus em Israel — seguido de sua conversão — apressariam a iminente Segunda Vinda.

Em 1881, os superadores — treze adultos e três crianças, que se tornaram o núcleo da Colônia Americana — estabeleceram-se numa grande casa dentro do portão de Damasco até que, em 1896, reuniu-se a eles um grupo de agricultores da Igreja evangélica sueca, e assim passaram a necessitar de uma sede maior. Alugaram então a mansão de Rabah Husseini em Sheikh Jarrah, na estrada de Nablus. Horatio morreu em 1888, mas a seita prosperou enquanto pregava a Segunda Vinda, convertendo judeus e desenvolvendo sua colônia numa colmeia evangélica filantrópica de hospitais, orfanatos, cozinhas para os pobres, uma loja, seu próprio estúdio fotográfico e uma escola. Seu sucesso atraiu a hostilidade do já antigo cônsul-geral americano, Selah Merrill, um clérigo congregacionalista antissemita de Massachusetts, professor em Andover e arqueólogo inepto. Durante vinte anos Merrill tentou destruir os colonistas, acusando-os de charlatanismo, antiamericanismo, lascívia e rapto de crianças, e ameaçou mandar seus guardas chicoteá-los.

A imprensa dos Estados Unidos alegava que os colonistas faziam chá diariamente no monte das Oliveiras em prontidão para a Segunda Vinda: "Eles mantêm aquecido o leite o tempo todo", publicou o *Detroit News*, "para o caso de o Senhor e Amo chegar, e jumentos são mantidos selados em caso de Jesus aparecer". Também desempenharam um papel especial na arqueologia da cidade: em 1882, protegeram um herói britânico imperial que simbolizava o abraço do império em torno da Bíblia e da espada.

Depois de ajudar a suprimir a Guerra dos Boxers na China e governar o Sudão, o general Charles "Chinês" Gordon estabeleceu-se no vilarejo de João Batista, Ein Kerem. Mas ele foi para Jerusalém a fim de estudar a Bíblia e desfrutar a vista do telhado da casa original da Colônia. Ali convenceu-se de que o morro em forma de caveira à sua frente era o verdadeiro Gólgota, uma ideia divulgada com tanta energia que sua assim chamada Tumba do Jardim tornou-se uma alternativa protestante ao Santo Sepulcro.* Enquanto isso, os superadores foram generosos com os muitos peregrinos mentalmente frágeis a quem Bertha Spafford chamava de os "Simples no Jardim de Alá". "Jerusalém", escreveu ela em suas memórias, "atrai todo tipo de fanático religioso e desequilibrados em diferentes graus de perturbação." Havia compatriotas americanos que se viam como "Elias, João Batista ou qualquer outro dos profetas [e] havia diversos messias vagando pela cidade". Um dos Elias tentou matar Horatio Spafford com uma pedra; um texano chamado Titus pensava ser um conquistador do mundo, mas precisou ser reprimido depois de assediar as moças. E havia uma rica condessa holandesa projetando uma mansão para abrigar as 144 mil almas resgatadas no "Apocalipse", capítulo 7, versículo 4. Todavia, nem todos os americanos em Jeru-

* Seu ano em Jerusalém foi abreviado pela rebelião do mádi no Sudão. Reconvocado para governar o Sudão, Gordon foi sitiado e depois morto em Cartum — e, segundo consta, segurando sua Bíblia. A Tumba do Jardim não foi a única realização arqueológica da Colônia: como já vimos bem antes [no início deste livro, numa nota de rodapé do capítulo 4], foi Jacob Eliahu — filho de um judeu convertido pela London Jews Society que acabou desertando para a Colônia — quem encontrou a inscrição deixada pelos trabalhadores do túnel de Siloé.

salém eram cristãos hebraístas. O cônsul-geral Merrill odiava os judeus tanto quando odiava os superadores, chamando-os de arrogantes e obcecados pelo dinheiro, uma "raça de fracos da qual não se podem fazer nem soldados, nem colonos, nem cidadãos".

Gradualmente, os atos entusiásticos, fervorosos e caridosos da Colônia Americana criaram amigos entre todas as seitas e religiões, fazendo dela o primeiro porto de escala para qualquer escritor, peregrino e potentado bem relacionado. Selma Lagerlöf, uma escritora sueca que se hospedou com os Spafford, tornou a colônia famosa com seu romance *Jerusalém*, ganhando o Prêmio Nobel de Literatura. Em 1902, o barão Plato von Ustinov (avô do ator Peter Ustinov), que dirigia um hotel em Jaffa, perguntou se seus hóspedes podiam ficar na Colônia, o que seria o começo de sua transformação num hotel.*[1] Mas ainda que a cidade tivesse sido modificada por ocidentais, no final do século ela estava dominada pela Rússia, império de camponeses ortodoxos e judeus perseguidos, ambos atraídos irresistivelmente para Jerusalém — e ambos viajando a partir de Odessa nos mesmos navios.

* Em 1904, Bertha Spafford, filha dos fundadores da Colônia, casou-se com Frederick Vester, um companheiro colonista, e seus herdeiros ainda são os proprietários do hotel.

41. Russos (1880-98)

GRÃO-DUQUE SERGUEI E GRÃ-DUQUESA ELLA

Camponeses russos, entre eles muitas mulheres, com frequência percorriam a pé todo o caminho de suas aldeias ao sul de Odessa para a viagem até Sião. Trajavam "sobretudos extremamente acolchoados e casacos forrados com peles de carneiro", as mulheres adicionando "camadas de quatro ou cinco anáguas e xales cinzentos na cabeça". Levando consigo suas mortalhas, sentiam "que depois de terem estado em Jerusalém, as preocupações sérias de sua vida estavam todas terminadas. Pois o camponês vai a Jerusalém para *morrer* de certa forma na Rússia — da mesma maneira que toda a inquietação do protestante gira em torno da *vida*", escreveu Stephen Graham, jornalista inglês que viajou com eles sob o disfarce de um perfeito russo, barba hirsuta e indumentária camponesa.

Esses russos viajavam nos "depósitos de carga escuros e imundos" dos navios subsidiados: "Numa tempestade, quando os mastros se partiram, o depósito onde os camponeses rolavam uns sobre os outros como cadáveres, ou se agarravam uns aos outros feito loucos, era pior que qualquer fossa imaginável, o fedor pior que qualquer incêndio!". Em Jerusalém, eles eram recebidos "por um gigantesco guia montenegrino no pomposo uniforme da Sociedade Palestina Russa — sobrecapa escarlate e creme e culotes de montaria — e conduzidos através das ruas de Jerusalém" atulhadas de "pedintes árabes, quase nus e indescritivelmente feios, uivando por vinténs", até o Complexo Russo. Ali moravam em alojamentos enormes e lotados por três centavos ao dia, e nos refeitórios eles se alimentavam de *kasha*, sopa de repolho e canecas de cerveja de *kvas*. Havia tantos russos que "os meninos árabes corriam ao lado berrando em russo: 'Moscovitas são bons!'".

Por toda a viagem espalhavam-se boatos: "Há um passageiro misterioso a bordo!". Ao chegarem, gritando "Glória a Ti, Senhor!", diziam: "Há um peregrino misterioso em Jerusalém", e alegavam ter visto Jesus no portão Dourado ou no muro de Herodes. "Eles passam uma noite no Sepulcro de Cristo", explicava Graham, "e ao receberem o Fogo Sagrado, extinguem-no com as capas que usarão em seus caixões." Todavia, ficavam cada vez mais chocados pela "Jerusalém terrena, uma terra de prazeres para turistas ricos", e particularmente pela "vasta estranha arruinada suja verminosa" igreja, "o ventre da morte". Eles se asseguravam, refletindo: "Encontramos verdadeiramente Jesus quando deixamos de olhar para Jerusalém e permitimos o Evangelho penetrar dentro de nós". No entanto, sua Santa Rússia estava mudando. A libertação dos servos por Alexandre II em 1861 desencadeou expectativas de reforma que ele não pôde satisfazer: terroristas anarquistas e socialistas o caçavam em seu próprio império. Durante um ataque, o imperador em pessoa sacou a pistola e atirou em seus eventuais assassinos. Mas em 1881 ele finalmente foi assassinado em São Petersburgo, tendo as pernas arrancadas por radicais que atiravam bombas.

Logo se alastraram rumores de que os judeus estavam implicados no caso (havia uma mulher judia no círculo terrorista, mas nenhum dos assassinos era judeu), e isso desencadeou sangrentos ataques contra judeus por toda a Rússia, estimulados e às vezes organizados pelo Estado. Essas agressões trouxeram ao Ocidente um nome novo: pogrom, da palavra russa *gromit* — destruir. O novo imperador, Alexandre III, um gigante de barba com opiniões vacilantes e conservadoras, encarava os judeus como um "câncer social" e os culpava pela sua própria perseguição por parte dos russos ortodoxos honestos. Suas Leis de Maio de 1882 tornaram efetivamente o antissemitismo* uma política de Estado, instituída à força pela repressão da polícia secreta.

* A palavra foi cunhada em 1879 pelo jornalista alemão Wilhelm Marr, em seu livro *A vitória do judaísmo sobre o germanismo*, a tempo de descrever a nova classe de ódio racial que estava substituindo a antiga versão religiosa.

O imperador acreditava que a Santa Rússia seria salva pela autocracia e pela ortodoxia, que seriam encorajadas por meio do culto da peregrinação a Jerusalém. Nomeou portanto seu irmão, o grão-duque Serguei Alexandrovich, para a presidência da Sociedade Ortodoxa Imperial da Palestina a fim de "fortalecer a ortodoxia na Terra Santa".

Em 28 de setembro de 1888, Serguei e sua esposa de 23 anos, Elisabete — apelidada de Ella, linda neta da rainha Vitória —, consagraram sua igreja de Maria Madalena, com calcáreo branco e sete domos dourados em forma de cebola, no monte das Oliveiras. Ambos estavam comovidos com Jerusalém. "Não pode imaginar que profunda impressão é provocada quando se adentra o Santo Sepulcro", relatou Ella à rainha Vitória. "É um júbilo tão intenso estar ali, e meus pensamentos constantemente se voltavam para você." Nascida princesa protestante de Hesse-Darmstadt, Ella abraçara com fervor sua conversão à ortodoxia. "Quão feliz ficou de ver todos aqueles lugares santos que aprendemos a amar desde a tenra infância." Serguei e o imperador haviam supervisionado cuidadosamente o projeto da igreja, com Ella encarregada das pinturas de Madalena. Deslumbrada pela beleza do caráter russo da igreja e pela esplêndida localização diante do portão Dourado, a grã-duquesa declarou que queria ser enterrada ali — para poder se levantar primeiro no Juízo Final. "É como um sonho ver todos esses lugares onde nosso Senhor sofreu por nós", Ella disse a Vitória, "é um conforto tão intenso rezar aqui." Ella necessitava de conforto.

Serguei, 31 anos, era um militar autoritário e tirano doméstico atormentado por rumores de uma vida secreta homossexual que se chocava com sua severa crença na autocracia e na ortodoxia. "Sem características que o redimissem, obstinado, arrogante e desagradável, ele alardeava suas peculiaridades", afirmou um de seus primos. Seu casamento com Ella o colocou no centro da realeza europeia: sua irmã Alexandra estava prestes a se casar com o futuro czar Nicolau II.

Antes de partirem, os interesses de Serguei — império, Deus e arqueologia — fundiram-se em sua nova igreja, a Santo Alexandre Nevsky, bem ao lado da igreja do Sepulcro. Quando compraram esse local privilegiado, Serguei e seus construtores haviam descoberto paredes que datavam do templo de Adriano e da basílica de Constantino; ao construir a igreja, ele incorporou esses achados arqueológicos no edifício. No Complexo Russo, levantou a Casa de Serguei, um luxuoso albergue para aristocratas russos, com torres e torrões neogóticos.* As vidas de Serguei e Ella seriam trágicas; no entanto, além dessas construções e dos milhares de peregrinos russos que atraíram, sua contribuição definitiva foi um dos proponentes do antissemitismo oficial que guiou os judeus da Rússia rumo ao santuário de Sião.

GRÃO-DUQUE SERGUEI: JUDEUS RUSSOS E POGROMS

Em 1891, Alexandre III nomeou Serguei como governador-geral de Moscou. Ali ele expulsou imediatamente 20 mil judeus da cidade, cercando seu bairro com policiais e cossacos no meio da primeira noite da Páscoa judaica. "Não posso crer que não sejamos julgados por isso no futuro", mas Serguei "acredita que isso é para a nossa segurança. Eu não vejo nada nisso além de vergonha",** escreveu Ella.

Os 6 milhões de judeus russos sempre tinham honrado Jerusalém, orando para o lado leste de suas casas. Mas agora os pogroms os empurravam ou para a revolução — muitos abraçaram o socialismo — ou para a fuga. Assim, foi acionado um vasto êxodo, a primeira *Aliyah*, palavra que significa uma viagem para um lugar mais elevado: as Montanhas Sagradas de Jerusalém. Entre 1888 e 1914, 2 milhões de judeus deixaram a Rússia, mas 85% deles dirigiram-se não para a Terra Prometida, e sim para a Terra Dourada da América. Não obstante, milhares foram para Jerusalém. Em torno de 1890, a imigração de judeus russos começou a mudar a cidade: havia agora 25 mil judeus e 40 mil hierosolimitas. Em 1882 o sultão baniu a imigração judaica, e em 1889 ele decretou que os judeus não tinham permissão de ficar na Palestina por mais de três meses, medidas estas que mal foram implantadas. As famílias árabes, lideradas por Yusuf Khalidi, peticionaram a Istambul contra a imigração judaica, mas os judeus continuavam chegando.

* A Casa de Serguei continuou sendo tecnicamente propriedade de seu espólio até o presidente russo Vladimir Putin admirá-la em sua visita a Israel em 2005, dizendo-se tão comovido que chegou a chorar. Israel devolveu o albergue à Rússia em 2008.

** Alexandre III morreu em 1894 e foi sucedido por seu inexperiente, inepto e desafortunado filho Nicolau II, que compartilhava a rígida crença do pai na autocracia. Ele gostava e confiava no "tio Serguei". Como governador-geral, Serguei foi responsável pelas festividades da coroação em Moscou, durante as quais milhares de camponeses que festejavam morreram numa debandada. Serguei aconselhou o sobrinho a prosseguir com as celebrações e fugiu à responsabilidade.

Desde que os autores da Bíblia criaram sua narrativa de Jerusalém, e desde que essa biografia da cidade se tornou a história universal, sua sorte sempre foi decidida num lugar distante — Babilônia, Susa, Roma, Meca, Istambul, Londres e São Petersburgo. Em 1896, um jornalista austríaco publicou o livro que definiria a Jerusalém do século XX: *O Estado judeu.*[1]

IX. SIONISMO

Ó Jerusalém: aquele homem que tem estado presente todo este tempo, o adorável sonhador de Nazaré, nada tem feito a não ser aumentar o ódio.

Theodor Herzl, *Diário*

A face irada de Yahweh está pairando sobre rochas quentes que têm visto mais assassinatos santos, estupros e saques do que qualquer outro lugar desta terra.

Arthur Koestler

Se uma terra pode ter alma, Jerusalém é a alma da terra de Israel.

David Ben-Gurion, entrevista à imprensa

Não há duas cidades que tenham contado mais para a humanidade do que Atenas e Jerusalém.

Winston Churchill, *A Segunda Guerra Mundial*, vol. VI: *Triunfo e tragédia*

Não é fácil ser hierosolimita. Uma trilha espinhosa corre ao lado das alegrias. Os grandes são pequenos dentro da Cidade Velha. Papas, patriarcas, reis, todos retiram suas coroas. É a cidade do Rei dos Reis; e reis e senhores terrenos não são os amos da cidade. Nenhum ser humano pode possuir Jerusalém.

John Tleel, "I am Jerusalem", *Jerusalem Quarterly*

E sobrecarregados gentios
sobre a terra
Obrigados a arcar
com o ódio de Israel
Porque não é
trazido de novo
Em triunfo a Jerusalém.

Rudyard Kipling, "The Burden of Jerusalem"

42. O Kaiser (1898-1905)

HERZL

Theodor Herzl, crítico literário em Viena, era tido como "extraordinariamente bonito", os olhos "amendoados com cílios pesados, negros, melancólicos", o perfil de "um imperador assírio". Infeliz no casamento, pai de três filhos, era um judeu perfeitamente assimilado, que usava colarinho alto e sobrecasaca; "ele não era do povo", e tinha pouca relação com os rotos judeus dos *shtetls* de cachos nos cabelos. Advogado de formação, não falava hebraico nem iídiche, fazia árvores de Natal em casa e não se dera ao trabalho de circuncidar o filho. Mas os pogroms russos de 1881 chocaram-no profundamente. Quando, em 1895, Viena elegeu o agitador antissemita Karl Lueger como prefeito, Herzl escreveu: "O estado de espírito entre os judeus é de desespero". Nesse mesmo ano, ele esteve em Paris cobrindo o Caso Dreyfus, no qual um judeu oficial do exército, inocente, foi enquadrado como espião alemão. Herzl pôde ver turbas parisienses uivando *Mort aux Juifs* no país que havia emancipado os judeus. Isso serviu para reforçar sua convicção de que a assimilação não só tinha fracassado como também estava provocando mais antissemitismo. Chegou a prenunciar que um dia o antissemitismo seria legalizado na Alemanha.

Herzl concluiu que os judeus jamais estariam a salvo sem sua própria pátria. A princípio, esse sujeito metade pragmático, metade utópico sonhava com uma república aristocrática germânica, uma Veneza judia regida por um senado, com um Rothschild como doge principesco e ele próprio como chanceler. Era uma visão secular: os altos sacerdotes "irão trajar vestes impressionantes"; o exército de Herzl ostentaria couraças com peitorais de prata; seus modernos cidadãos judeus jogariam críquete numa Jerusalém moderna. Os Rothschild, inicialmente céticos com relação a qualquer Estado judeu, rejeitaram as tentativas de aproximação de Herzl, mas essas primeiras notas logo amadureceram para se transformar em algo mais prático. "A Palestina é o nosso histórico e sempre memorável lar", proclamava ele em *O Estado judeu*, em fevereiro de 1896. "Os macabeus se levantarão outra vez. Por fim, haveremos de viver como homens livres no nosso próprio solo e morrer pacificamente em nossos próprios lares."

Não havia nada de novo quanto ao sionismo — até mesmo a palavra já fora cunhada em 1890 —, mas Herzl deu organização e expressão política a um sentimento muito antigo. Os judeus encaravam sua própria existência pautados na relação com Jerusalém desde o rei Davi e, em particular, desde o Exílio Babilônico. Os judeus oravam em direção a Jerusalém, desejavam-se mutuamente "o ano seguinte em Jerusalém", a cada ano em Pessach, e comemoravam o Templo destruído quebrando um copo nas cerimônias de casamento e mantendo sem decoração um canto da casa. Iam para lá em peregrinação, queriam ser ali enterrados e, sempre que possível, rezavam em volta dos muros do Templo. Mesmo quando sofriam perseguições atrozes, continuavam vivendo em Jerusalém, e se ausentavam apenas quando eram banidos sob pena de morrer.

O novo nacionalismo europeu provocou inevitavelmente uma hostilidade racial para com esse povo cosmopolita e supranacional — mas, a um só tempo, esse mesmo nacionalismo, junto com a liberdade conquistada pela Revolução Francesa, tinha a tendência de inspirar também os judeus. O príncipe Potemkin, o imperador Napoleão e o presidente dos Estados Unidos John Adams, todos eles acreditavam no retorno dos judeus a Jerusalém, da mesma forma que os nacionalistas poloneses e italianos e, é claro, os sionistas cristãos da América e da Grã-Bretanha. Ainda assim, os pioneiros sionistas foram rabinos ortodoxos que viam o Retorno à luz da expectativa messiânica. Em 1836, um rabino asquenazita da Prússia, Zvi Hirsch Kalischer, abordou os Rothschild e os Montefiore para fundar uma nação judaica. Mais tarde, Kalischer escreveu o livro *Buscando Sião*.

(*À esq.*) O xerife de Meca, rei do Hejaz, Hussein (*à dir.*), encontra-se com um dos primeiros líderes nacionalistas palestinos Musa al-Husseini (*à esq.*) em Jerusalém.

(*À dir.*) O xerife nunca perdoou seus ambiciosos filhos, Faizal (*à esq.*), primeiro rei da Síria, e Abdullah (*à dir.*), mais tarde rei da Jordânia (visto aqui em Jerusalém em 1931), por tomarem seus próprios reinos.

David Ben-Gurion, trabalhando em novas habitações judaicas em 1924 (*à esq.*), surgiu como o líder sionista implacável, da mesma forma que o Mufti Amin al-Husseini (*à dir.*) surgiu como líder nacionalista árabe: aqui, a cavalo, ele comanda o anual Nabi Mussa, principal festividade islâmica de Jerusalém, em 1937.

O ritual pascal do Fo
Sagrado (visto do domo
Igreja do Santo Sepulc
era lotado, apaixonado
muitas vezes fatal.

As orações no Muro das Lamentações em 1944 em memória dos mortos no Holocausto mostram a minúscula e restrita área permitida ao culto judaico.

Asmahan: cantora árabe, princesa drusa, estrela de cinema egípcia, espiã e sedutora no Hotel King David em tempos de guerra. Teria sido assassinada? Era a Marilyn Monroe do mundo árabe.

O Mufti Amin al-Husseini encontra-se com Hitler, que admirou seu cabelo claro e olhos azuis.

O primo de Amin al-Husseini, Abd al-Kadir Husseini, era um guerreiro aristocrático e um herói árabe de 1947-8, cuja morte foi um golpe nas esperanças palestinas. Seu funeral no monte do Templo (*abaixo*) foi uma ocasião tensa e caótica: alguns seguidores foram mortos por tiros dados ao ar.

Jerusalem Bomb Outrage by Fanatical Zionists

KING DAVID HOTEL, where British military H.Q. and government offices in Jerusalem were located, was the scene of a bomb outrage by Jewish terrorists on July 22, 1946. Rescue work continued until August 2, when all the debris was cleared, the final death-roll—British, Arab and Jewish—being 91. Sir John Shaw (left), Chief Secretary to the Palestine Government, and Lieut.-Gen. Sir Evelyn Barker (right), G.O.C. Palestine, escaped uninjured. This incident coincided with Anglo-American conversations in London on Palestine's future. On July 31 it was announced that the British Government was willing to accept the experts' recommendations that Palestine should be divided into an Arab province, a Jewish province, a district of Jerusalem and a desert area to the south, implementation of this plan depending on United States co-operation.

1946-8: com árabes e judeus massacrando civis de ambos os lados, o Irgun de Menachem Begin deixou uma bomba no quartel-general britânico no Hotel King David. O general britânico Evelyn "Bubbles" Barker (*à esq.*, no canto inferior direito no jornal) já era avesso aos judeus, estimulado pela sua charmosa e exuberante amante, a hostess palestina Katy Antonius (*abaixo*).

A batalha por Jerusalém em 1948; soldados árabes escoltando prisioneiros judeus durante a luta pelo Bairro Judeu (*acima, à esq.*); uma moça judia fugindo dos combates (*acima, à dir.*); legionários árabes atrás de barricadas de sacos de areia (*abaixo*).

O vitorioso árabe de 1948, rei Abdullah da Jordânia acena para a multidão em Jerusalém, mas pagou com a vida.

O assassino jaz morto na Mesquita de al-Aqsa.

O neto de Abdullah, rei Hussein da Jordânia, prepara-se para a guerra em 1967; relutante e desastrosamente colocou suas forças sob comando egípcio.

Paraquedistas e tanques israelenses rumam em direção ao portão dos Leões.

Após o "libelo de sangue" de Damasco, Yehuda Hai Alchelai, um rabino sefardita de Sarajevo, sugeriu que os judeus do mundo islâmico deveriam eleger líderes e comprar terras na Palestina. Em 1862, Moses Hess, um camarada de Karl Marx, prenunciou que o nacionalismo levaria a um antissemitismo racial. Seu livro *Roma e Jerusalém: a última questão nacional* propunha uma sociedade judaica socialista na Palestina. Todavia, os pogroms russos foram o fator decisivo.

"Devemos nos restabelecer como nação viva", afirmou Leo Pinsker, médico de Odessa, em seu livro *Autoemancipação*, escrevendo na mesma época que Theodor Herzl. Ele inspirou um novo movimento de judeus russos — "Os amantes de Sião" (*Hovevei Zion*) — a desenvolver assentamentos agrícolas na Palestina. Ainda que muitos deles fossem seculares, "nosso judaísmo e nosso sionismo eram intercambiáveis", explicou um jovem crente, Chaim Weizmann. Em 1878, os judeus da Palestina tinham fundado o Petah Tikvah (portão da Esperança) no litoral; agora, porém, até mesmo os Rothschild, na pessoa do barão francês Edmond, começaram a financiar vilarejos agrícolas tais como Rishon LeZion (Primeiros de Sião) para imigrantes russos — ao todo, o barão doaria a régia soma de 6,6 milhões de libras esterlinas. Como Montefiore, ele tentou comprar o Muro em Jerusalém. Em 1887, o mufti Mustafa al-Husseini aceitou um acordo que acabou caindo por terra. Quando Rothschild tentou novamente em 1897, o xeque Husseini al-Haram bloqueou a iniciativa.

Em 1883, muito antes do livro de Herzl, 25 mil judeus começaram a chegar à Palestina na primeira leva de imigração, a *Aliyah*. A maioria (mas não todos) vinha da Rússia. Jerusalém também atraiu persas nos anos 1870 e iemenitas na década de 1880. Eles tendiam a viver juntos em suas comunidades: judeus de Bucara — inclusive a família de joalheiros Moussaieff, que lapidava diamantes para Gengis Khan — estabeleceram seu próprio Bairro Bucara, cuidadosamente planejado e disposto em grelha, com grandiosas mansões — em geral neogóticas e neorrenascentistas ou às vezes mouriscas — projetadas para se assemelharem àquelas das cidades da Ásia Central.*

Em agosto de 1897, Herzl presidiu o primeiro Congresso Sionista na Basileia e depois vangloriou-se em seu diário: "*L'État c'est moi*. Na Basileia fundei

* Os assim chamados "judeus poloneses" de Jerusalém eram principalmente hassídicos do Império Russo, mas algumas de suas seitas se opunham ao sionismo, acreditando ser um sacrilégio que meros homens decidissem o momento divino do Retorno e do Dia do Juízo.

o Estado judeu. Se eu dissesse isso hoje em voz alta, seria recebido com riso universal. Talvez em cinco anos, e certamente em cinquenta, todo mundo saberá". E, de fato, assim foi — ele errou por apenas cinco anos. Herzl tornou-se uma nova espécie de político e publicitário, viajando pelas novas estradas de ferro da Europa para aliciar reis, ministros e barões da imprensa. Sua incansável energia agravava e desafiava um coração fraco, capaz de matá-lo a qualquer momento.

Herzl acreditava em um sionismo não construído de baixo para cima por colonizadores, mas concedido por imperadores e financiado por plutocratas. Os Rothschild e os Montefiore desenharam inicialmente o sionismo, mas os primeiros Congressos Sionistas foram idealizados por Sir Francis Montefiore, sobrinho de Moses, "um cavalheiro inglês bastante frívolo" que "usava luvas brancas no calor do verão suíço porque tinha que apertar muitas mãos". No entanto, Herzl precisava de um potentado para intervir junto ao sultão. Ele decidiu que seu Estado judeu deveria ter o alemão como idioma — de modo que se voltou para o próprio modelo de monarca moderno, o Kaiser alemão.

Guilherme II estava planejando uma viagem pelo Oriente para encontrar-se com o sultão, e depois seguiria até Jerusalém para a dedicação de uma nova igreja construída perto do Sepulcro, sobre as terras concedidas a seu pai, o Kaiser Frederico. Mas havia algo mais no plano do Kaiser: ele se orgulhava de sua diplomacia com o sultão e via-se como um peregrino protestante aos Lugares Santos. Acima de tudo, tinha a esperança de oferecer proteção germânica aos otomanos, promover a nova Alemanha e neutralizar a influência britânica.

"Irei até o Kaiser alemão [para dizer]: 'Deixa nosso povo ir'", decidiu Herzl; e então resolveu fundamentar seu Estado "nesta grande, forte, moral, esplendidamente governada, rigidamente organizada Alemanha. Por meio do sionismo, será mais uma vez possível aos judeus amar esta Alemanha".

GUILHERME: OS PARASITAS DO MEU IMPÉRIO

O Kaiser foi um inverossímil defensor dos judeus. Quando ouviu que eles estavam se estabelecendo na Argentina, disse: "Oh, se conseguíssemos mandar os nossos para lá também". Ao ficar sabendo do sionismo de Herzl, escreveu: "Sou muito a favor de os Mauschels* irem para a Palestina. Quanto mais cedo eles fo-

* Termo depreciativo empregado em alemão com referência aos judeus. É uma corruptela do nome Moshe — Moisés, em hebraico. (N. T.)

rem, melhor!". Embora se reunisse regularmente com industriais judeus na Alemanha, tornando-se amigo do armador judeu Albert Ballin, no íntimo ele era um antissemita que pregava contra a peçonhenta hidra do capitalismo judaico. Os judeus eram "os parasitas do meu império" que estavam "retorcendo e corrompendo" a Alemanha, acreditava. Anos mais tarde, como monarca deposto, Guilherme proporia o extermínio em massa dos judeus com o uso de gás. Ainda assim, Herzl sentia que "os antissemitas estão se tornando os nossos amigos mais confiáveis".

Herzl precisou penetrar na corte do Kaiser. Primeiro, arranjou de encontrar-se com o influente tio do monarca, o grão-duque Frederico de Baden, que estava interessado num esquema para descobrir a Arca da Aliança. Baden escreveu para seu sobrinho, que por sua vez pediu a Filipe, príncipe de Eulenburgo, que relatasse o plano sionista. Eulenburgo, melhor amigo do Kaiser, embaixador em Viena e articulador político, ficou "fascinado" pela ideia de Herzl: o sionismo era uma maneira de ampliar o poderio germânico. O Kaiser concordou que "a energia, criatividade e eficiência da tribo de Sem seriam desviadas para metas mais dignas do que sugar os cristãos". Guilherme, como a maior parte da classe governante da época, acreditava que os judeus possuíam um poder místico sobre os mecanismos de funcionamento do mundo:

> Nosso querido Deus sabe ainda melhor do que nós que os judeus mataram Nosso Salvador e os puniu de forma adequada. Não se deve esquecer que, considerando o imenso e extremamente perigoso poder que o capital judaico internacional representa, seria uma vantagem imensa para a Alemanha se os hebreus olhassem para ela com gratidão.

Aí estava a boa notícia para Herzl: "Em toda parte, a hidra do mais medonho antissemitismo está erguendo sua pavorosa cabeça, e os judeus aterrorizados estão à procura de um protetor. Pois bem, haverei de interceder junto ao sultão". Herzl ficou em êxtase: "Que maravilha, que maravilha".

Em 11 de outubro de 1898, o Kaiser e sua esposa embarcaram no trem imperial com um séquito que incluía seu ministro do Exterior, vinte cortesãos, dois médicos e oitenta criadas, servos e guardas pessoais. Ansioso para impressionar o mundo, Guilherme havia desenhado pessoalmente um uniforme especial de cor branca acinzentada com um manto branco de corpo inteiro, ao estilo das Cruzadas. Em 13 de outubro, Herzl, com quatro colegas sionistas, partiu para

Viena no Expresso Oriente, levando um guarda-roupa que incluía casaca e gravata brancas, bem como um capacete de ponta e um traje safári.

Em Istambul, Guilherme finalmente recebeu o sionista, a quem julgou como sendo "um idealista com mentalidade aristocrática, sagaz, muito inteligente e com olhos expressivos". O Kaiser disse que apoiava a causa de Herzl porque "há usurários em atividade. Se essa gente fosse se estabelecer nas colônias, seria mais útil". Herzl protestou contra tal calúnia. Guilherme indagou o que deveria pedir ao sultão. "Um acesso privilegiado sob proteção alemã", replicou Herzl. O Kaiser o convidou para um encontro em Jerusalém.

Herzl ficou impressionado. O Hohenzollern personificava o poder imperial com "seus grandes olhos azuis cor do mar, sua face fina, séria, franca, genial e ainda assim arrojada"; porém, a realidade era diferente. Guilherme com certeza era inteligente, enérgico e bem informado, mas era também tão irrequieto e inconsistente que mesmo Eulenburgo receava que fosse mentalmente insano. Depois de despedir o príncipe Bismarck como chanceler, assumiu o controle da política alemã, mas era instável demais para mantê-la. Sua diplomacia pessoal era desastrosa; seus bilhetes escritos para os ministros eram tão afrontosos que precisaram ser trancados num cofre; seus discursos alarmantemente articulados, nos quais encorajava suas tropas a atirar em trabalhadores alemães ou massacrar inimigos como hunos, eram constrangedores.* Já em 1898, Guilherme era um bufão e ao mesmo tempo um fomentador de guerras.

Não obstante, ele propôs o plano sionista a Abdul-Hamid. O sultão o rejeitou firmemente, dizendo à sua filha: "Os judeus podem poupar seus milhões. Quando meu império for dividido, talvez consigam a Palestina de graça. Mas somente o nosso cadáver pode ser dividido". Enquanto isso, Guilherme, fascinado com a força do Islã, perdia interesse em Herzl.[1]

* O comportamento imprevisível de Guilherme frequentemente alarmava seu próprio entourage. Sua vida sexual precoce com gostos excêntricos, que incluíam o uso de luvas e fetiches sadomasoquistas, precisava ser ocultada. Certo cortesão, um general prussiano de meia-idade, morreu de ataque cardíaco enquanto dançava para o Kaiser vestindo nada além de um tutu de balé e um boá de penas; outro o entretinha fantasiado como um poodle carente "em calças justíssimas e, sob um rabo de poodle de verdade, uma acentuada abertura retal. Já posso ver Sua Majestade rindo conosco". Por fim, seu amigo Eulenburgo foi destruído num escândalo sexual quando sua secreta vida homossexual acabou sendo exposta. No entanto, Guilherme era também pedantemente vitoriano quando se tratava da moralidade dos outros: ele jamais voltou a falar com Eulenburgo.

Às três horas da tarde de 29 de outubro de 1898, o Kaiser cavalgou por uma brecha especialmente aberta na muralha próxima ao portão de Jaffa e adentrou Jerusalém montado num cavalo branco.

O KAISER E HERZL: O ÚLTIMO CRUZADO E O PRIMEIRO SIONISTA

O Kaiser trajava seu uniforme branco com o longo manto com capuz e filetes dourados que reluziam ao sol e pendiam de um elmo encimado por uma lustrosa águia dourada; vinha escoltado por uma cavalaria composta de gigantes hussardos prussianos, com capacetes de aço agitando bandeiras no estilo das Cruzadas, e lanceiros do sultão, com seus cinturões vermelhos, pantalonas azuis, turbantes verdes e armados com lanças. A imperatriz, num modelado vestido de seda com faixa e chapéu de palha, seguia atrás numa carruagem com suas duas damas de companhia.

Herlz assistiu à performance do Kaiser a partir de um hotel repleto de oficiais alemães. Guilherme compreendera que Jerusalém era o palco ideal para anunciar o seu recém-formado império, mas nem todo mundo se impressionou: a imperatriz russa, viúva, considerou seu espetáculo "revoltante, perfeitamente ridículo, repugnante!". O Kaiser foi o primeiro chefe de Estado a nomear um fotógrafo oficial para um visita estatal. O uniforme cruzado e o bando de fotógrafos revelavam o que Eulenburgo chamava de "duas naturezas totalmente diferentes do Kaiser — a cavalheiresca, reminiscente dos melhores dias da Idade Média, e a moderna".

As multidões, noticiou o *New York Times*, estavam "vestidas com roupas festivas, os homens da cidade em turbantes brancos, vistosas túnicas listradas, as esposas dos oficiais do exército turco em deslumbrantes *milayes* de seda, os camponeses mais abastados em diáfanos cafetãs de vermelho flamejante", enquanto os beduínos em belos corcéis "calçavam grandes e toscas botas vermelhas, um cinturão de couro sobre uma túnica com um arsenal de pequenas armas" e uma *kaffiyeh*. Os xeques carregavam lanças com um penacho de penas de avestruz em volta da lâmina.

No arco triunfal judaico, o rabino-chefe sefardita — um nonagenário barbudo num cafetã branco e turbante azul — e seu contraparte asquenazita presentearam Guilherme com um exemplar da Torá, e o Kaiser foi recebido pelo prefeito,

Yasin al-Khalidi, num manto púrpura e turbante cingido de ouro. Guilherme desmontou diante da torre de Davi, e a partir dali ele e a esposa caminharam até a cidade, as multidões abrindo caminho por medo de assassinos anarquistas (a imperatriz Elisabete da Áustria havia sido recentemente assassinada). Quando os patriarcas, no esplendor de suas realezas incrustadas de joias, mostraram-lhe o Sepulcro, o coração do Kaiser batia "cada vez mais rápido e com mais fervor", à medida que trilhava os passos de Jesus.

Enquanto Herzl aguardava sua convocação e explorava a cidade, o Kaiser consagrava a igreja do Redentor com sua torre romanesca, uma estrutura que ele projetara pessoalmente "com particular cuidado e amor". Ao visitar o monte do Templo, o Kaiser, também um arqueólogo entusiasmado, pediu ao mufti que autorizasse escavações, mas este se opôs educadamente.

Em 2 de novembro, Herzl por fim foi convocado para sua audiência imperial — os cinco sionistas estavam tão nervosos que um deles sugeriu tomar brometo. Trajados apropriadamente de casaca, gravata e cartola brancas, chegaram ao acampamento do Kaiser, a norte do portão de Damasco. Era um luxuoso vilarejo de Thomas Cook, com 230 tendas, que haviam sido transportadas em 120 carroças puxadas por 1300 cavalos, servidas por cem cocheiros, seiscentos condutores, doze cozinheiros e sessenta garçons, todos guardados por um regimento otomano. Era, segundo o maestro da excursão, John Mason Cook, "a maior comitiva presente em Jerusalém desde as Cruzadas. Varremos do país os cavalos e carroças e quase toda a comida". A revista *Punch* zombou de Guilherme, chamando-o de "Cruzado de Cook".

Herzl encontrou o Kaiser posando "em uniforme colonial cinza, capacete velado, luvas marrons e segurando — curiosamente — um chicote de montaria". O sionista se aproximou, "parou e fez uma reverência. Guilherme estendeu a mão muito afavelmente" e, em seguida, fez-lhe uma preleção, declarando: "A terra necessita de água e sombra. Há lugar para todos. A ideia por trás do seu movimento é uma ideia saudável". Quando Herzl explicou que colocar um abastecimento de água era viável porém dispendioso, o Kaiser replicou: "Bem, vocês têm dinheiro de sobra, mais dinheiro que todos nós". Herzl propôs uma Jerusalém moderna, mas então o Kaiser encerrou o encontro dizendo "nem sim, nem não".

Ironicamente, tanto o Kaiser como Herzl detestaram Jerusalém: "Uma funesta e árida pilha de pedras", escreveu Guilherme, "estragada por grandes subúrbios bastante modernos formados por colônias judaicas. Há 60 mil dessas pessoas ali, sebentas e esquálidas, abjetas e bajuladoras, não fazendo nada mas tentando extorquir os vizinhos por qualquer vintém — Shylocks às dúzias".* Porém, ao escrever para seu primo, o imperador russo Nicolau II, ele disse que desprezava ainda mais a "adoração fetichista" dos cristãos — "ao deixar a Cidade Santa, senti-me profundamente envergonhado ante os muçulmanos". Herzl quase concordava: "Quando me lembrar de ti em dias vindouros, Ó Jerusalém, não será com deleite. Os embolorados sedimentos de 2 mil anos de inumanidade, intolerância e baixeza repousam em teus malcheirosos becos". O Muro Ocidental, pensou ele, era permeado por uma "medonha, miserável e desenfreada mendicância".

Herzl sonhava que "se Jerusalém algum dia for nossa, eu a livrarei de tudo que não seja sagrado, eliminando os imundos ninhos de ratos", preservando a Cidade Velha como um patrimônio semelhante a Lourdes ou Meca. "Construiria em torno dos Lugares Santos uma cidade totalmente nova, arejada, confortável, com um sistema de esgotos apropriado." Mais tarde, Herzl decidiu que Jerusalém deveria ser partilhada: "Vamos extraterritorializá-la, de modo que pertença a ninguém e a todo mundo, seus lugares santos sendo posse conjunta de todos os crentes".

Quando o Kaiser partiu descendo a estrada para Damasco, onde se declarou protetor do Islã e dotou Saladino de uma nova tumba, Herzl viu o futuro em três corpulentos carregadores judeus vestindo cafetãs: "Se pudermos trazer 300 mil judeus como eles, toda Israel será nossa".

Todavia, Jerusalém já era em grande parte o centro judaico na Palestina: de seus 45 300 habitantes, 28 mil agora eram judeus, um aumento que já estava preocupando a liderança árabe. "Quem pode contestar os direitos dos judeus à Palestina?", disse o velho Yusuf Khalidi ao seu amigo Zadok Kahn, rabino-chefe da França, em 1899. "Deus sabe: historicamente, é de fato o país de vocês", mas "a força bruta da realidade" era que "a Palestina é agora parte integrante do Império Otomano e, o que é mais sério, habitada por outros que não israelitas". Ao mesmo tempo que a carta antecipa a ideia de uma nação palestina — Khalidi era hierosolimita, árabe, otomano e, em última instância, cidadão do mundo — e a necessidade de negar a reivindicação judaica a Sião, ele previa que o retorno ju-

* O gigantismo teutônico do Kaiser transformou a silhueta do horizonte da Jerusalém moderna. Seu sanatório Augusta Victoria, uma fortaleza germânica medieval com uma hedionda torre, tão alta que era visível desde o rio Jordão, dominou o monte das Oliveiras, e sua católica igreja da Dormição, no monte Sião, seguindo o modelo da catedral de Worms e o interior da capela de Carlos Magno em Aachen, possuía "torres maciças mais adequadas ao vale do Reno".

daico, por mais ancestral e legítimo que fosse, iria entrar em choque com a ancestral e legítima presença dos árabes.

Em abril de 1903, o pogrom de Kishinev, respaldado pelo ministro do Interior do czar, Viacheslav von Plehve, fez eclodir uma onda de matança e terror antissemita por toda a Rússia.* Em pânico, Herzl viajou a São Petersburgo para negociar com o próprio Plehve, o antissemita extremo. Porém, não tendo conseguido chegar a lugar algum, nem com o Kaiser nem com o sultão, ele começou a procurar por um território provisório fora da Terra Santa.

Herzl precisava de um novo apoio: ele propôs uma pátria judaica em Chipre ou em torno de El Arish, no Sinai, parte do Egito britânico, ambas localizações próximas à Palestina. Em 1903, Natty, o primeiro lorde Rothschild, que finalmente se aproximara do sionismo, apresentou Herzl a Joseph Chamberlain, o secretário colonial britânico, que descartou Chipre mas concordou em considerar El Arish. Herzl chamou um advogado para esboçar um contrato para o assentamento judeu. O advogado era David Lloyd George, político liberal de quarenta anos cujas decisões mais tarde mudariam a sorte de Jerusalém mais do que quaisquer outras desde Saladino. A petição foi rejeitada, para grande desapontamento de Herzl. Chamberlain e o primeiro-ministro Arthur Balfour sugeriram outro território — ofereceram Uganda ou uma parte do Quênia para servir como pátria judaica. Herzl, que não dispunha de muitas alternativas, aceitou provisoriamente.[2]

Apesar de suas fracassadas tentativas de conquistar a simpatia de imperadores e sultões, o sionismo de Herzl inspirara os judeus perseguidos da Rússia, particularmente um garoto de uma abastada família de um advogado de Płonsk. O menino de onze anos David Grün achava que Herzl era o Messias que levaria os judeus de volta a Israel.

* Foi por volta dessa época que um dos principais chefes da polícia secreta do czar, o diretor da Okhrana em Paris, Piotr Rachkovsky, ordenou que fosse forjado um livro alegando ser um registro secreto do Congresso de Herzl na Basileia, em 1897: *Os protocolos dos sábios de Sião* foi adaptado (e, em grande parte, diretamente copiado) de uma sátira francesa de 1864 contra o imperador Napoleão III e de um romance alemão antissemita de 1868, da autoria de Hermann Goedsche. *Os protocolos* seria um plano disparatado, embora diabólico, para os judeus se infiltrarem em governos, igrejas e nos meios de comunicação para incitar guerras e revolução, de modo a criar um império mundial regido por um autocrata davídico. Publicado em 1903, destinava-se a provocar o antissemitismo dentro da Rússia, onde o governo czarista era ameaçado por revolucionários judeus.

43. O tocador de *oud* de Jerusalém (1905-14)

DAVID GRÜN TORNA-SE DAVID BEN-GURION

O pai de David Grün já era um líder local dos Amantes de Sião, precursor do movimento sionista, e um aguçado hebraísta, de modo que o garoto aprendeu hebraico desde tenra idade. Mas David, como muitos outros sionistas, ficou chocado quando leu que Herzl havia aceitado a oferta de Uganda. No Sexto Congresso Sionista, Herzl tentou vender seu assim chamado ugandismo, mas tudo que conseguiu foi cindir o movimento. Seu rival, o dramaturgo inglês Israel Zangwill, que cunhou o termo *melting pot* [cadinho] para descrever a assimilação de imigrantes na América, levantou acampamento para fundar sua Organização Territorialista Judaica e buscar uma gama de quixotescas Siãos não palestinas. O plutocrata austríaco barão Maurice de Hirsch financiava colônias judaicas na Argentina, e o financista nova-iorquino Jacob Schiff promoveu o Plano Galveston, uma Estrela Solitária de Sião para judeus russos no Texas.* Houve um apoio maior a El Arish porque ficava perto da Palestina, e o sionismo não era nada sem Sião. No entanto, nenhum desses esquemas floresceu,** e Herzl, exausto de suas

* Referência à estrela solitária presente na bandeira do estado do Texas. (N.T.)

** Havia pelo menos 34 planos diferentes em locais tão diversos quanto Alasca, Angola, Líbia, Ira-

peripatéticas viagens, morreu logo depois, com apenas 44 anos. Ele obtivera êxito em estabelecer o sionismo como uma das soluções para a atribulação judaica, particularmente na Rússia.

O jovem David Grün pranteou seu herói Herzl, apesar de que "concluímos que o meio mais eficaz de combater o ugandismo era estabelecer-se na terra de Israel". Em 1905, o imperador Nicolau II enfrentou uma revolução que quase lhe custou o trono. Muitos dos revolucionários eram judeus — sendo Leon Trótski o mais proeminente —, mas na realidade eles eram internacionalistas que desprezavam tanto raça como religião. Não obstante, Nicolau sentiu que o forjado tratado antissemita, *Os protocolos dos sábios de Sião*, estava se tornando realidade: "Quão profético!", escreveu ele. "Este ano de 1905 tem sido verdadeiramente dominado pelos Sábios de Sião." Forçado a aceitar uma Constituição, tentou restaurar sua avariada autocracia encorajando massacres antissemitas por parte de revanchistas nacionalistas apelidados de Centúrias Negras.

Os pogroms estimularam David Grün — que era membro do partido socialista Poalei Zion (Trabalhadores de Sião) — a embarcar num dos navios de peregrinos que partia de Odessa e viajar para a Terra Santa. O menino de Płońsk era típico da segunda *Aliyah*, uma onda de pioneiros seculares, muitos deles socialistas, que viam Jerusalém como um ninho de superstição medieval. Em 1909, esses colonos fundaram Tel Aviv nas dunas de areia próximas ao antigo porto de Jaffa; em 1911, criaram no norte uma nova fazenda coletiva — o primeiro kibutz.

Após sua chegada, Grün levou muitos meses para visitar Jerusalém; em vez disso, trabalhou nos campos da Galileia, até que, em meados de 1910, o rapaz de 24 anos mudou-se para Jerusalém para escrever num jornal sionista. Pequenino e magérrimo, cabelo crespo e sempre vestindo uma bata *rubashka* russa para enfatizar suas credenciais socialistas, adotou o pseudônimo "Ben-Gurion", emprestado de um dos lugares-tenentes de Simão bar Kochba. A velha camisa e o novo nome revelavam os dois lados do emergente líder sionista.

---

que e América do Sul. O plano para o Alasca durante a Segunda Guerra Mundial foi satirizado por Michael Chabon em seu thriller *Associação Judaica de Polícia* [Companhia das Letras, 2009]. Políticos desde Churchill e Franklin D. Roosevelt até Hitler e Stálin perseguiam outros planos: antes de atacar a União Soviética em 1941, Hitler planejava deportar os judeus para uma colônia de morte em Madagascar. Durante as décadas de 1930 e 1940, Churchill propôs um lar judeu na Líbia, ao passo que em 1945, seu secretário das colônias, lorde Moyne, sugeriu a Prússia Oriental para os judeus. Como veremos, Stálin chegou de fato a estabelecer um lar judeu, e durante os anos 1940 considerou uma Crimeia judaica.

Ben-Gurion acreditava, como a maioria de seus colegas sionistas da época, que um Estado judeu socialista seria criado sem violência e sem dominar ou deslocar os árabes palestinos; ao contrário, tal Estado existiria lado a lado com eles. Estava seguro de que as classes operárias judaica e árabe cooperariam entre si. Afinal, as vilaietes otomanas de Sidon e Damasco e a sanjaque de Jerusalém — como a Palestina era então conhecida — constituíam represas de miséria, esparsamente habitadas pelos 600 mil árabes. Havia muito espaço a ser desenvolvido. Os sionistas tinham esperança de que os árabes compartilhariam os benefícios econômicos da imigração judaica. Mas havia pouca mistura entre os dois povos, e não ocorreu aos sionistas que a maioria desses árabes não desejava os benefícios de seu assentamento.

Em Jerusalém, Ben-Gurion alugou um porão sem janelas, mas passava o tempo nos cafés árabes na Cidade Velha, escutando os gramofones que tocavam as mais recentes canções árabes.[1] Ao mesmo tempo, um garoto árabe cristão, hierosolimita nativo, já conhecedor da beleza e do prazer, ouvia as mesmas canções nos mesmos cafés e aprendia a tocá-las no seu alaúde.

O TOCADOR DE OUD: WASIF JAWHARIYYEH

Wasif Jawhariyyeh começou a aprender o alaúde — ou *oud* — ainda menino, e logo passou a ser o melhor tocador de *oud* numa cidade que vivia para a música: isso lhe dava acesso a todo mundo, gente da alta e da baixa sociedade. Nascido em 1897, filho de um respeitado conselheiro municipal greco-ortodoxo, próximo das famílias de Jerusalém, ele era um artista felino demais para se tornar uma figura ilustre local. Foi aprendiz de barbeiro, mas logo desafiou os pais e virou músico. Presenciando tudo e conhecendo a todos, desde os figurões hierosolimitas e paxás otomanos até cantoras egípcias, músicos fumadores de haxixe e judias promíscuas, útil para a elite mas não exatamente parte dela, Wasif Jawhariyyeh começou a escrever um diário aos sete anos de idade — uma das obras-primas da literatura de Jerusalém.*

* Ironicamente, enquanto os ocidentais reliam os relatos superficiais dos visitantes europeus, esse superlativo cronista da cidade, cobrindo quarenta anos até a criação de Israel e além, ainda é publicado apenas em árabe.

Quando iniciou o diário, seu pai ainda ia para o trabalho cavalgando um jumento branco, mas Wasif viu o primeiro transporte sem cavalos, um automóvel Ford dirigido por um dos colonistas americanos na estrada de Jaffa. Tendo se acostumado a uma vida sem eletricidade, logo ele passaria a gostar de assistir ao novo cinematógrafo no Complexo Russo ("a taxa de ingresso era um *bishlik* otomano pago na porta").

Wasif se regalava na mistura cultural. Cristão educado na escola pública inglesa de St. George, estudou o Alcorão e se divertia em piqueniques no monte do Templo. Encarando os judeus sefarditas como "*Yahud, awlad Arab*" (judeus, filhos de árabes), fantasiava-se para o Purim judaico e participava do Piquenique Judaico anual na tumba de Simão, o Justo, onde entoava cantigas andaluzes acompanhado de *oud* e pandeiro. Numa apresentação típica, tocou uma versão judaica de uma conhecida canção árabe para acompanhar o coro asquenazita na casa de um alfaiate judeu no Bairro Montefiore.

Em 1908, Jerusalém comemorou a Revolução dos Jovens Turcos que derrubou o tirânico Abdul-Hamid e sua polícia secreta. Os Jovens Turcos — o Comitê de União e Progresso — restauraram a Constituição de 1876 e convocaram eleições parlamentares. Em meio à empolgação, Albert Antebi, um homem de negócios local conhecido pelos seus admiradores como Paxá Judeu, e pelos seus inimigos como Pequeno Herodes, lançou centenas de pãezinhos gratuitos para a multidão delirante no portão de Jaffa. Crianças encenavam o golpe dos Jovens Turcos em peças de rua.

Os árabes acreditavam que finalmente seriam libertados do despotismo otomano. Os primeiros nacionalistas árabes estavam indecisos: não sabiam se queriam um reino centrado na Arábia ou na Síria Maior, mas o escritor libanês Najib Azouri já havia noticiado como as aspirações de judeus e árabes vinham se desenvolvendo simultaneamente — e tendiam a colidir. Jerusalém elegeu como membros do Parlamento os figurões Uthman al-Husseini e o sobrinho de Yusuf Khalidi, Ruhi, que era escritor, político e homem do mundo. Em Istambul, Ruhi Khalidi tornou-se vice-presidente do Parlamento, usando sua posição para fazer campanha contra o sionismo e a aquisição de terras por judeus.

As famílias, cada vez mais ricas, seguiam prosperando. Os garotos eram educados com Wasif na escola inglesa St. George, enquanto as meninas estudavam na escola de moças de Husseini. Agora as mulheres trajavam tanto a moda árabe quanto a ocidental. A escola britânica levou o futebol a Jerusalém: todo sábado à tarde havia jogo numa várzea perto de Bab al-Sahra — os rapazes Husseini eram jogadores especialmente talentosos, e alguns jogavam com o fez na cabeça. Antes da Grande Guerra, Wasif ainda era um colegial, mas já levava uma vida boêmia. Tocava seu *oud* e servia como intermediário de confiança e organizador de festas, talvez até mesmo um sutil cafetão para as famílias, que agora viviam fora das muralhas em novas mansões em Sheikh Jarrah. Os medalhões costumavam alugar um *odah* ou *garçonnière* — um pequeno apartamento para jogar cartas e manter suas concubinas —, e normalmente deixavam as chaves reservas nas mãos de Wasif. Seu patrão, o filho do prefeito Hussein Effendi al-Husseini, mantinha a mais viva das concubinas, Persephone, uma costureira greco-albanesa, em seu *odah* na estrada de Jaffa, onde essa sedutora de espírito empreendedor negociava gado e vendia sua própria marca de óleo de timo medicinal. Persephone adorava cantar e era acompanhada pelo jovem Wasif no *oud*. Quando o próprio Husseini tornou-se prefeito em 1909, casou-se com Persephone.

As amantes dos figurões eram tradicionalmente judias, armênias ou gregas, mas agora os milhares de peregrinos russos passavam a ser a fonte mais rica para os hedonistas de Jerusalém. Wasif registrou que, em companhia do futuro prefeito Ragheb al-Nashashibi e Ismail al-Husseini, arranjava festas secretas "para as senhoras russas". E simplesmente aconteceu de, nessa época, um inusitado peregrino russo queixar-se da estarrecedora decadência e prostituição na cidade de seus compatriotas.[2] Chegando em março de 1911, esse monge sibarita era o conselheiro espiritual e confortador do imperador e da imperatriz da Rússia, cujo filho hemofílico, Alexei, só ele era capaz de curar.

RASPUTIN: AS FREIRAS RUSSAS QUE SE CUIDEM

"Não posso descrever as jubilosas impressões; a tinta é inútil quando nossa alma canta alegremente 'Que Deus se erga dos mortos'", escreveu Grigory Rasputin, um camponês siberiano de 44 anos que se tornou um homem santo itinerante. Ele foi a Jerusalém pela primeira vez em 1903 como peregrino desconhecido, e ainda se lembrava do sofrimento da viagem por mar desde Odessa, em que "até setecentas pessoas de cada vez" eram "enfiadas no porão do navio, feito gado". Mas Rasputin tinha ascendido ao mundo desde então. Agora, Nicolau II, que chamava Rasputin de "nosso amigo", patrocinara sua viagem para tirá-lo de

São Petersburgo e desviar as crescentes críticas a esse pecador santo, que participava de festas com prostitutas, exibia-se e urinava em restaurantes. Dessa vez, Rasputin se hospedou com estilo na suntuosa residência do patriarca ortodoxo de Jerusalém, mas considerava-se um defensor do peregrino comum, expressando "o inexplicável júbilo" da Páscoa: "É tudo como sempre foi: você vê gente vestida do mesmo jeito que em tempos [bíblicos], usando os mesmos casacos e roupa estranha do Velho Testamento. Isso me faz derreter em lágrimas". E então havia sexo e bebida, assuntos nos quais Rasputin era grande entendedor.

Em 1911, mais de 10 mil russos, em sua maioria camponeses indisciplinados, foram para a Páscoa em Jerusalém, ficando hospedados nos sempre ampliados alojamentos do Complexo Russo, orando na Maria Madalena do grão-duque Serguei e na nova Alexandre Nevsky, próxima à igreja.* Esses visitantes causavam um descrédito cada vez maior para sua nação: já em seus primeiros dias, o cônsul descrevera o bispo Cyril Naumov como um "bufão alcoólatra que se cerca de comediantes e mulheres árabes". Quanto aos peregrinos, "muitos deles vivem em Jerusalém de uma maneira que não corresponde nem à santidade do lugar nem à meta de sua peregrinação, caindo presas de diversas tentações".

À medida que cresciam em número, os peregrinos, que se envolviam em brigas e bebedeiras, tornaram-se mais difíceis de ser controlados, e Rasputin revelou o quanto odiava os católicos e armênios, para não mencionar os muçulmanos. Em 1893, o guarda-costas russo de um rico peregrino baleou e matou um sacristão latino e três outras pessoas quando um católico lhe pediu que abrisse caminho na igreja. "A bebida está em toda parte, e eles bebem porque é barata, feita na maior parte das vezes por freiras atenienses", explicou Rasputin. Pior era a promiscuidade: como vimos, as peregrinas russas eram facilmente procuradas pelos figurões de Jerusalém para suas festas, e algumas se tornavam concubinas. Rasputin sabia do que estava falando quando advertiu:

* O próprio Serguei, patrono da presença russa, já estava morto havia um tempo. Em 1905, ele finalmente renunciou ao seu posto de governador-geral de Moscou, mas explodiu em pedaços num atentado terrorista dentro do Kremlin. Sua esposa Ella correu para fora e, engatinhando pelo chão, juntou as partes de seu marido, embora apenas o tronco sem braços e um fragmento do crânio e da mandíbula fossem identificáveis. Ela visitou o assassino na prisão antes da execução. Depois, sucedeu a Serguei como presidente da Sociedade Palestina, que agora era supervisionada pessoalmente por Nicolau II. Mas Ella desentendeu-se com sua irmã, a imperatriz Alexandra, acerca do crescente poder de Rasputin. E, de forma trágica, retornaria a Jerusalém (ver nota de rodapé na p. 564).

> As freiras não devem viajar para lá! A maioria delas ganha a vida longe da Cidade Santa. Para não dar maiores explicações, qualquer um que lá tenha estado compreende quantos erros são cometidos por jovens irmãos e irmãs! É muito difícil para as moças: elas são forçadas a ficar mais tempo, a tentação é grande, o inimigo [católicos? muçulmanos?] é tremendamente invejoso. Muitas delas se tornam concubinas e mulheres dos mercados. Acontece de elas dizerem "nós temos o nosso próprio paizinho benfeitor" e acrescentam você à lista!*

O tráfico do prazer corria nos dois sentidos. Stephen Graham, o jornalista inglês que acompanhava os peregrinos camponeses mais ou menos na mesma época em que Rasputin esteve por lá, descreveu como "mulheres árabes conseguiam entrar nos albergues na Semana Santa, apesar dos regulamentos, e vendiam garrafas de gim e conhaque aos camponeses. Jerusalém começou a transbordar de peregrinos e turistas, e também de charlatães, artistas de rua e mascates, policiais montenegrinos, gendarmes turcos montados, peregrinos em jumentos, peregrinos em carroças", ingleses e americanos, mas na verdade "a Cidade Santa está nas mãos de russos, armênios, búlgaros e árabes cristãos".

Os mascates russos corrompiam os visitantes. Philip, "um camponês alto, gordo, de ombros largos, com uma face enorme coberta de barba preta imunda, um espesso bigode que caía de forma sensual sobre grossos e moles lábios vermelhos", era um exemplo típico — "alcoviteiro para os monges, aliciador para livreiros eclesiásticos, contrabandista de bens, comerciante imoral de artigos religiosos" fabricados numa assim chamada Fábrica Judaica. Sacerdotes caídos terminavam seus dias em Jerusalém em "embriaguez, histeria religiosa e lavagem de cadáveres" — pois muitos russos morriam (felizes) ali. Entrementes, apenas para adicionar tempero a essa incendiária mistura, propagandistas marxistas pregavam a revolução e o ateísmo aos camponeses russos.

* No seu retorno à Rússia, Rasputin reassumiu o papel de intimidade com a família imperial. Publicou seu livro *Meus pensamentos e reflexões: breve descrição de uma jornada aos Lugares Santos*, em meio à Grande Guerra em 1915, quando Nicolau II comandava o exército russo, deixando Alexandra, assessorada por Rasputin, como regente efetiva do front doméstico — com consequências desastrosas. Ele era analfabeto; o livro dá a impressão de ter sido ditado, e dizia-se que a própria imperatriz o tinha corrigido. O livro foi planejado para promover sua imagem como peregrino respeitável quando ele estava no auge de seu poder e impopularidade, mas aí já era tarde demais: Rasputin foi assassinado logo depois.

No domingo de Ramos, durante a visita de Graham, enquanto soldados turcos surravam os peregrinos, as multidões se derramavam para fora da igreja, "árabes ortodoxos soltavam ganidos e guinchos, gritando em frenesi religioso" até serem subitamente atacados por "um bando de turcos de bonés vermelhos e muçulmanos de turbantes, fazendo grande algazarra e abrindo caminho com cacetadas, para finalmente lançar-se contra o portador do ramo de oliveira e tomar posse dele, quebrando o ramo em pedaços para em seguida fugir. Uma moça americana clicou sua Kodak. Os árabes cristãos juraram vingança". Depois os russos foram esperar a Segunda Vinda do "grande conquistador" junto ao portão Dourado. Mas o clímax, como sempre, foi o Fogo Sagrado: quando a chama surgiu, "orientais exaltados pingavam feixes de vela acesas no peito, berrando de júbilo e êxtase. Cantavam como se estivessem sob o efeito de alguma droga extraordinária", com "um grito orientador: *Kyrie eleison!* Cristo ressuscitou!". Mas "havia uma debandada regular", que precisava ser suprimida com chicotes e coronhas de rifles.

Naquela noite, Graham registrou como seus companheiros — "excitados, febris e agitados como tantas crianças" — encheram suas sacolas com terra de Jerusalém, água do Jordão, palmeiras, mortalhas, estereoscópios — "e nos beijamos uns aos outros tudo de novo!".

> Quanto abraço e beijo houve nessa noite; o estalar de lábios calorosos e o roçar de barbas e costeletas. Ali começou um dia de tumultuosa festividade. A quantidade de vinho, conhaque e araque [licor com sabor de anis] consumida assustaria a maior parte dos ingleses. E os bêbados dançando seriam bastante estranhos para Jesus!

Naquele ano, a Páscoa coincidiu com o Pessach judaico e o Nabi Musa dos muçulmanos. Enquanto Rasputin policiava a moral da irmandade feminina ortodoxa que Wasif estava ocupado em corromper, um aristocrata inglês provocava tumultos e ganhava as manchetes mundo afora.[3]

O HONORÁVEL CAPITÃO MONTY PARKER E A ARCA DA ALIANÇA

Monty Parker, um nobre de 29 anos com uma plumagem de luxuriantes bigodes e barba em ponta à Eduardo VII, gostos caros e renda mínima, era um velhaco oportunista mas crédulo, sempre em busca de algum meio fácil de fazer fortuna — ou, pelo menos, de achar alguma outra pessoa para pagar por seus luxos. Em 1908, esse antigo aluno do Eton College, filho de um ministro do gabinete do último governo de Gladstone, irmão mais novo do conde de Morley, ex-oficial da Guarda dos Granadeiros e veterano da Guerra dos Bôeres, encontrou um hierofante finlandês que o convenceu de que juntos poderiam descobrir em Jerusalém o mais valioso tesouro da história do mundo.

O finlandês era o dr. Valter Juvelius, um professor, poeta e espiritualista que gostava de se fantasiar em trajes bíblicos e decifrar códigos da Bíblia. Depois de trabalhar por anos no Livro de Ezequiel, incentivado por sessões espíritas com um médium sueco, Juvelius acreditava que havia descoberto o que chamou de "A Cifra de Ezequiel". Esta revelava que em 586 a.C., quando Nabucodonosor estava prestes a destruir Jerusalém, os judeus haviam ocultado o que ele denominou "o Arquivo do Templo"— a Arca da Aliança — num túnel ao sul do monte do Templo. Mas ele necessitava de um homem de ação que pudesse ajudá-lo a levantar os fundos necessários para encontrar a Arca. Quem melhor do que um aristocrata inglês, obscuro mas enérgico, com as melhores conexões na Londres eduardiana?

Juvelius mostrou seu prospecto secreto a Parker, que, empolgado, leu esta revelação:

> Acredito agora ter provado de forma empírica a dedução extremamente engenhosa de que a entrada para o Arquivo do Templo é a Aceldama, e que o Arquivo do Templo permanece intocado em seu esconderijo. Deve ser uma questão simples tirar o Arquivo do Templo de seu esconderijo de 2500 anos. A existência da Cifra prova que o Arquivo do Templo continua intacto.

Parker foi convencido por essa tese maluca de argumentação cíclica — ainda que ela fosse só um pouco mais racional do que a trama de *O código Da Vinci*. Numa época em que até o Kaiser participava de sessões mediúnicas e quando muitos acreditavam numa conspiração judaica, Juvelius não teve tempo de achar conversos. Conforme lhe escreveu um de seus adeptos, "os judeus são uma raça que gosta um tanto de segredos" — então naturalmente esconderam muito bem a Arca.

Parker fez traduzir o documento de Juvelius do finlandês e o encadernou numa brochura acetinada. Então contou aos companheiros — um vergonhoso grupo de aristocratas endividados e militares ridículos* — acerca de sua impressionante oportunidade de fazer fortuna: seguramente esse esconderijo devia valer uns 200 milhões de dólares. Parker era um vendedor loquaz, que logo atraiu mais investidores do que conseguia manipular. Aristocratas britânicos, russos e suecos apostaram dinheiro nele, bem como americanos ricos, tais como Consuelo Vanderbilt, a duquesa de Marlborough. O consórcio de Parker precisava de livre acesso ao monte do Templo e à Cidade de Davi, o que poderia ser arranjado, conforme ele estava convencido, "por força de generoso *baksheesh* — propinas!". Na primavera de 1909, Parker, Juvelius e seu guarda-costas e faz-tudo, capitão Hoffenstahl, visitaram os sítios em Jerusalém, embarcando depois para Istambul. Ali, tendo oferecido 50% do tesouro e dinheiro vivo por fora, Monty conseguiu corromper grande parte do novo regime do Jovem Turco — do grão-vizir para baixo —, assinando um contrato entre Djavid Bei, o ministro das Finanças, e o "Honorável M. Parker do Turf Club, Londres".

A Sublime Porta aconselhou Parker a contratar um armênio chamado sr. Macasadar como organizador, e mandou dois comissários para supervisionar a escavação. Em agosto de 1909, o capitão Hoffenstahl colheu a "Cifra" de Juvelius, partindo em seguida para encontrar-se com Parker e seus amigos em Jerusalém, onde estabeleceram seu quartel-general na fortaleza Augusta Victoria, de propriedade do Kaiser, no monte das Oliveiras, e ficaram hospedados no Fast Hotel (o melhor da cidade). Monty e seus amigos comportavam-se como uma animada turma de colegiais, dando "alegres jantares" e organizando torneios de tiro usando laranjas como alvos. "Certa manhã, ouvimos ruídos incomuns", recordou Bertha Spafford, a colonista americana, "e vimos os dignos arqueólogos brincando como meninos tocadores de burricos, correndo ao lado dos animais e imitando os gritos, geralmente feitos pelos garotos árabes instalados no sítio dos ingleses." A turma de Parker subornou muitos dos potentados de Jerusalém — inclusive o governador Azemy Paxá —, contratou um enorme séquito de operários, guias, criadas e guarda-costas, e começou a escavar na colina Ofel. Esse

* Os amigos de Parker eram o capitão Clarence Wilson, o major Foley, que participara na Investida Jameson no Transvaal, o honorável Cyril Ward, terceiro filho do conde de Dudley, o capitão Robin Duff, primo do duque de Fife, e o capitão Hyde Villiers, primo do conde de Jersey, juntamente com os escandinavos conde Herman Wrangel e um certo Van Bourg, um místico que irritou o grupo quando sugeriu que o tesouro poderia estar na verdade no monte Ararat, e de maneira nenhuma em Jerusalém.

sítio era e continua sendo o fulcro arqueológico na busca pela Jerusalém antiga; ali Charles Warren escavara em 1867. Mais tarde, os arqueólogos americanos Frederick Bliss e Archibald Dickie descobriram mais túneis que, em conjunto, sugeriam ser este o local da Jerusalém do rei Davi. Parker era guiado espiritualmente à distância por Juvelius e por outro membro da expedição, o irlandês "leitor de pensamentos, Lee". Mesmo quando não achava nada, Parker não perdia sua fé em Juvelius.

Os judeus de Jerusalém, apoiados pelo barão Edmond de Rothschild (que estava financiando, ele próprio, uma escavação em busca da Arca da Aliança), reclamavam que Parker estava violando um solo judaico sagrado. Os muçulmanos também estavam ansiosos, mas os otomanos mantinham sua desconfiança. Para aplacar suas suspeitas, Parker contratou o erudito arqueólogo Père Vincent, da Escola Bíblica, para supervisionar a escavação — e ele de fato encontrou mais evidências de que aquele era o local de um assentamento bastante antigo. Porém Vincent estava alheio ao verdadeiro propósito da escavação.

No final de 1909, as chuvas impediram o trabalho de Parker, mas em 1910 ele retornou a Jaffa no iate de Clarence Wilson, o *Water Lily*, e prosseguiu suas escavações. Os trabalhadores árabes entraram diversas vezes em greve. Quando os tribunais ameaçaram dar respaldo aos árabes, Monty e seus sócios decidiram que apenas uma deslumbrante exibição da pomposa parada militar britânica seria capaz de incutir amplo temor e respeito nos nativos: resolveram confrontar o prefeito (o patrono de Wasif, o tocador de *oud*) "em uniforme completo". O capitão Duff, usando capacete, armadura e as manoplas brancas dos guarda-vidas, e Monty Parker, com uma túnica escarlate e um *bearskin*, eram, recorda-se o major Foley, "as estrelas do evento. Nós criamos uma sensação!".

Quando os grevistas foram demitidos, essa parada farsesca desfilou triunfante pela Cidade Velha, liderada, nas palavras de Foley, por "uma tropa de lanceiros turcos, seguida pelo prefeito e pelo comandante, alguns homens santos, e então Duff, Parker, eu, Wilson e Macasadar com gendarmes turcos na retaguarda". De súbito, a mula de Duff disparou pelo bazar, e o capitão foi se segurando até finalmente ser jogado dentro de uma loja, coberto de amendoins, para grande hilaridade de seus amigos. "Um velho judeu", disse Foley, "pensou que era o fim do mundo e começou a se lamuriar em iídiche."

Essa exibição — ou mais provavelmente um "*baksheesh* generoso" — funcionou naquele momento. Parker enviou meticulosos relatórios secretos para o consórcio — disfarçadamente denominado FJMPW, com referência a seus membros —, bem como a contabilidade das propinas, que na sua primeira visita custaram 1900 libras esterlinas. Ele gastou 3400 libras no primeiro ano, e quando teve que retornar em 1910, suas contas revelaram: "Pagamentos a funcionários de Jerusalém: 5667 libras". O prefeito, Hussein Husseini, recebia cem libras por mês. Esses pródigos subornos devem ter sido uma bênção para os figurões de Jerusalém, mas Parker percebeu que o governo do Jovem Turco estava em transição e que Jerusalém era um lugar sensível: "É preciso usar da máxima cautela, pois o menor erro pode envolver sérias dificuldades!", relatou. No entanto, nem mesmo ele sabia de fato que estava brincando com um vulcão. Quando recomeçou a escavar na primavera de 1911, Parker pagou ainda mais, mas agora estava desesperado: ele decidiu escavar no monte do Templo, subornando o xeque Khalil al-Ansari — hereditariamente responsável pela Custódia do Haram — e seu irmão.

Parker e sua turma, disfarçados em caricatos trajes árabes, arrastaram-se até o monte do Templo e, no próprio recinto do Domo, arrebentaram o piso para cavar até os túneis secretos abaixo. Todavia, na noite de 17 de abril, um vigia noturno muçulmano, sem conseguir dormir em sua casa lotada, resolveu acampar no Haram, onde surpreendeu os ingleses e correu pelas ruas, berrando que cristãos disfarçados estavam escavando o Domo da Rocha.

O mufti fez retornar a procissão inteira de Nabi Musa e denunciou essa perversa conspiração otomana e britânica. Uma turba, reforçada pelos peregrinos de Nabi Musa, correu para defender o Nobre Santuário. O capitão Parker e seus amigos galoparam por suas vidas até Jaffa. A multidão, que pela primeira e única vez reunia muçulmanos e judeus, ambos igualmente ultrajados, tentou linchar o xeque Khalil e Macasadar, cujas vidas só foram salvas quando uma guarnição otomana interveio e os prendeu. Assim como todos os guardas policiais de Parker, eles foram aprisionados em Beirute. Em Jaffa, Monty Parker conseguiu por um triz subir a bordo do *Water Lily*. Porém a polícia em Jaffa foi alertada de que ele poderia estar levando consigo a própria Arca da Aliança. Revistaram Parker e toda sua bagagem, mas não encontraram Arca nenhuma. Ele sabia que precisava escapar. Assim, enganando os gendarmes otomanos ao bancar o cavalheiro inglês, acendeu as luzes do *Water Lily* e anunciou que "faria uma recepção a bordo para os funcionários de Jaffa". E então levantou velas quando eles estavam prestes a embarcar.

Em Jerusalém, quando se espalharam rumores de que Parker havia roubado a coroa de Salomão, a Arca da Aliança e a espada de Maomé, as turbas ameaçaram matar o governador e trucidar qualquer britânico. O governador estava escondido e temia por sua vida. Na manhã de 19 de abril, o *Times* de Londres noticiou que "houve uma tremenda algazarra por toda a cidade. Lojas fechadas, camponeses disparando às pressas do lugar e boatos se espalhando". Os cristãos ficaram aterrorizados com a notícia de que "peregrinos maometanos do Nabi Musa" estavam a caminho de "assassinar todos os cristãos". Simultaneamente, os muçulmanos ficaram petrificados com o fato de que "8 mil peregrinos russos estavam armados para massacrar os maometanos". Todos os lados acreditavam que o "acervo real salomônico" havia sido "transferido para o iate do capitão Parker".

Os europeus ficaram em suas casas e trancaram os portões. "A ira do povo de Jerusalém era tão grande", recorda Bertha Spafford, "que foram colocadas patrulhas em cada rua." Então, no último dia de Nabi Musa, com 10 mil hierosolimitas no monte do Templo, a turba "debandou". "Seguiu-se um pânico apavorante, mulheres e peregrinos camponeses transbordando dos muros e correndo em direção aos portões da cidade, gritando 'Massacre!'. Cada família se armou e construiu barricadas em sua casa. O 'fiasco Parker'", continuava Spafford, "chegou mais perto de provocar tumultos anticristãos, e até mesmo um massacre, do que qualquer outra coisa que tenha acontecido durante a nossa longa residência em Jerusalém." O *New York Times* noticiou ao mundo: "Sumido com o tesouro que foi de Salomão. Cidadão inglês desaparece em iate após escavar sob a mesquita de Omar: DIZ-SE TER ENCONTRADO A COROA REAL. Governo turco envia altos funcionários para Jerusalém para investigar".

Monty Parker, que nunca captou a gravidade de tudo isso, voltou a Jaffa de barco naquele outono, mas foi aconselhado a não descer em terra "senão haveria mais encrenca". Ele disse ao consórcio que "continuaria até Beirute" para visitar os prisioneiros. Seu plano era então seguir adiante: "Até Jerusalém para aquietar a imprensa e fazer contato com os Notáveis para que vissem um pouquinho de razão. Uma vez estando tudo calmo, fazer o governador escrever ao grão-vizir dizendo que é seguro retornarmos". Jerusalém nunca chegou a "ver um pouquinho de razão", mas Parker continuou tentando até 1914.*

* A história completa de Parker é narrada aqui pela primeira vez, baseada não somente em suas cartas e relatos, mas também nas profecias de Juvelius. Mesmo em 1921, os agentes de Parker em Jerusalém ainda o processavam por remunerações não pagas. Escorregadio, ele se escondeu temeroso em quartéis e evitou as trincheiras na Grande Guerra; nunca se casou, mas manteve múltiplas amantes; herdou o título de conde de Morley e a majestosa casa em 1951. Disse orgulhosamente à

Houve queixas diplomáticas entre Londres e Istambul; o governador de Jerusalém foi deposto; os cúmplices de Parker foram julgados mas inocentados (porque nada havia sido roubado); o dinheiro se esvaiu; o tesouro foi considerado quimérico; e o "fiasco Parker" fez descer a cortina de cinquenta anos de arqueologia e imperialismo europeus.[4]

---

sua família que pretendia gastar cada centavo de sua herança. Mesmo na velhice, Parker continuou sendo, nas palavras de um membro da família, "uma vaidosa, venal e inconfiável ovelha negra, que não deixou nada, um fanfarrão que apenas serviu para desonrar o nome". Viveu até 1962, mas jamais mencionou Jerusalém, e não havia documentos sobre isso — até que em 1975 os advogados de Parker encontraram um arquivo e o devolveram ao sexto conde de Morley. Por muitos anos, os papéis ficaram esquecidos, mas o conde e seu irmão mais novo, Nigel Parker, gentilmente os colocaram à disposição deste autor. Juvelius, que veio a se tornar bibliotecário em Vyborg, escreveu um romance baseado nessa história e morreu de câncer em 1922. Esse episódio deixou poucos vestígios em Jerusalém, mas nos túneis de Ofel, agora sítio de escavação das gigantescas torres cananeias sob comando de Ronny Reich, uma pequena caverna conduz a uma caçamba abandonada que um dia pertenceu a Monty Parker.

44. Guerra Mundial (1914-6)

KEMAL PAXÁ: O TIRANO DE JERUSALÉM

A aventura de Parker expusera as realidades da administração dos Jovens Turcos sobre Jerusalém: não eram menos venais e ineptos do que seus antecessores, mas tinham elevado as expectativas árabes de autonomia, se não mais. Um periódico nacionalista, *Filastin*, foi fundado em Jaffa para expressar essa nova consciência, mas logo ficou claro que os Jovens Turcos mantinham uma organização implacável e dissimulada, apresentando-se apenas com uma fachada democrática. Eram nacionalistas turcos determinados a suprimir não somente as esperanças árabes, mas até mesmo o ensino da língua árabe. Os nacionalistas árabes começaram a fundar clubes secretos para maquinar a independência, e inclusive os Husseini e outras sumidades aderiram a eles. Nesse meio-tempo, os líderes sionistas estimulavam os imigrantes a criar "cidades judias, particularmente em Jerusalém, a cabeça da nação"; tinham agora comprado a terra para a futura Universidade Hebraica no monte Scopus. Isso alarmou as famílias — ainda que os Husseini e outros proprietários de terras, tais como os Sursock do Líbano, estivessem todos vendendo discretamente terras aos sionistas.

Ruhi Khalidi, intelectual francófono e agora vice-presidente do Parlamento em Istambul, era um liberal otomano, não um nacionalista árabe. No entanto, estudou cuidadosamente o sionismo, chegando a escrever sobre o assunto, e concluiu que se tratava de uma ameaça. No Parlamento, tentou banir quaisquer compras de terras por judeus na Palestina. O rebento mais rico das famílias, Ragheb al-Nashashibi, um playboy elegante, também concorreu ao Parlamento, prometendo que dedicaria "todas as minhas energias a remover o perigo que nos espera com o sionismo". O editor do *Filastin* advertia: "A continuar este estado de coisas, os sionistas obterão controle do nosso país".*

Em 23 de janeiro de 1913, um oficial Jovem Turco de 31 anos, Ismail Enver, veterano da revolução de 1908, que fizera seu nome combatendo os italianos na Líbia, irrompeu pela Sublime Porta adentro, baleou o ministro da Guerra e tomou o poder. Ele e dois camaradas, Mehmet Talaat e Ahmed Kemal, formaram o triunvirato dos Três Paxás. Enver obteve uma pequena vitória na Segunda Guerra dos Bálcãs, que o convenceu de que era o Napoleão turco, destinado a restaurar o império. Em 1914, surgiu como homem forte otomano e ministro da Guerra — chegando a casar-se com a sobrinha do sultão. Os Três Paxás acreditavam que somente a turquização do império podia impedir a decomposição final. Seu programa antecipou o fascismo e o Holocausto em termos de barbaridade, racismo e provocações bélicas.

Em 28 de junho de 1914, terroristas sérvios assassinaram o herdeiro austríaco, arquiduque Francisco Ferdinando, e então as Grandes Potências, mesmo titubeando, fizeram eclodir a Primeira Guerra Mundial. Enver Paxá estava ávido por lutar, forçando uma aliança com a Alemanha para prover o necessário respaldo militar e financeiro. O Kaiser Guilherme, lembrando-se de sua viagem para o Oriente, apoiou a aliança otomana. Enver se autonomeou vice-generalíssimo sob o sultão fantoche, e entrou na guerra bombardeando portos russos a partir de seus recém-fornecidos navios de guerra germânicos.

Em 11 de novembro, o sultão Mehmet v Rashid declarou guerra à Grã-Bretanha, França e Rússia — e em Jerusalém foi proclamado um jihad na mesquita de al-Aqsa. No início houve algum entusiasmo pela guerra. Quando chegou o comandante das tropas otomanas na Palestina, o general bávaro barão Friedrich Kress von Kressenstein, os judeus de Jerusalém deram boas-vindas às suas unidades com um arco triunfal. Os alemães assumiram a proteção dos ju-

* Ruhi Khalidi morreu de febre tifoide naquele ano, e muitos estavam convencidos de que ele tinha sido envenenado pelos Jovens Turcos.

deus contra os britânicos. Enquanto isso, Jerusalém aguardava a chegada de seu novo senhor.[1]

Em 18 de novembro, Wasif Jawhariyyeh, o tocador de *oud*, ainda com apenas dezessete anos, assistiu a Ahmet Kemal, ministro da Marinha e um dos Três Paxás, adentrar Jerusalém como ditador efetivo da Síria Maior e comandante supremo do Quarto Exército Otomano. Kemal estabeleceu seu quartel-general no Augusta Victoria, no monte das Oliveiras. Em 20 de dezembro, um xeque idoso chegou ao portão de Damasco numa pomposa carruagem trazendo de Meca o estandarte verde do Profeta. Sua entrada na cidade causou "indescritível comoção" quando "uma ordeira e pitoresca formação de soldados seguiu a bandeira através da Cidade Velha", enquanto aspergiam água de rosas. Toda a população de Jerusalém seguiu o cortejo "cantando *Allahu Akhbar* na mais bela parada já vista", escreveu Wasif Jawhariyyeh. Do lado de fora do Domo, Kemal declarou o jihad. "O júbilo se apoderou da população inteira", concordou Kress von Kressenstein — até que o ancião xeque de Meca morreu subitamente pouco antes do Natal, um augúrio constrangedor para o jihad otomano.

Kemal, 45 anos, atarracado e barbudo, sempre protegido por um esquadrão de guardas montados sobre camelos, combinava uma crueldade brutal e paranoica com charme, inteligência e bufonaria grotesca. Bon-vivant com "uma fraqueza por pompa e circunstância" — e por belas judias —, tinha noção da sua grandeza e também do seu despautério. Ao mesmo tempo que aterrorizava Jerusalém, ele gostava de jogar pôquer, correr a cavalo pelas colinas da Judeia, beber champanhe e fumar charutos com seu amigo, o conde Antonio de Ballobar, cônsul espanhol. Ballobar, elegante aristocrata quase chegando aos trinta, descreveu o paxá como um "*sale type*", mas "*bon garçon*" — um tipo sujo mas bom rapaz. Bertha Spafford julgava Kemal "um homem estranho, a ser temido", mas também "um homem de dupla personalidade", capaz de encanto e gentileza. Certa vez, sem que ninguém visse, deu uma medalha cravejada de diamantes a uma garotinha. Um de seus oficiais alemães, Franz von Papen, julgava-o "um déspota oriental extremamente inteligente".

Kemal governou seu feudo de forma quase independente: "Esse homem de ilimitada influência" saboreava seu poder, indagando jovialmente: "O que são leis? Eu as faço e desfaço!". Os Três Paxás tinham justificada desconfiança da lealdade árabe. Desfrutando uma renascença cultural e um florescimento das aspirações nacionalistas, os árabes odiavam o novo chauvinismo turco. Ainda assim, formavam 40% da população otomana, e muitos dos regimentos otomanos eram inteiramente árabes. A missão de Kemal era conservar as províncias árabes e suprimir qualquer agitação árabe — ou, no caso, sionista —, utilizando primeiro seu charme ameaçador e depois a pura e simples ameaça.

Logo após chegar à Cidade Santa, convocou uma delegação de árabes suspeitos de crenças nacionalistas. Ele os ignorou de forma estudada à medida que iam ficando mais e mais pálidos. Afinal perguntou: "Vocês estão cientes da gravidade de seus crimes?". E interrompeu a resposta: "SILÊNCIO! Vocês conhecem a punição? Execução! Execução!". Esperou enquanto eles tremiam, e então acrescentou calmamente: "Mas vou me contentar em exilar vocês e suas famílias para Anatólia". Quando os aterrorizados árabes saíram marchando, Kemal voltou-se rindo para seu ajudante de campo: "O que se pode fazer? É assim que fazemos as coisas por aqui". Quando precisou de estradas novas, disse ao engenheiro: "Se a estrada não estiver pronta a tempo, vou mandar executá-lo *no ponto onde as últimas pedras tiverem sido assentadas!*". E suspirava orgulhosamente: "Em todo lugar há gente gemendo por minha causa".

Quando Kemal reuniu suas forças — comandadas principalmente por oficiais alemães — para a ofensiva contra o Egito britânico, descobriu que a Síria estava fervilhando de intrigas, e que Jerusalém era "um ninho de espiões". A política do paxá era simples: "Para a Palestina, deportação; para a Síria, aterrorização; para o Hejaz, o exército". Em Jerusalém, sua abordagem foi enfileirar "patriarcas, príncipes e xeques, e enforcar notáveis e delegados". Enquanto sua polícia secreta perseguia traidores, ele deportava qualquer pessoa suspeita de agitação nacionalista. Apoderou-se de sítios cristãos, tais como a igreja de Santa Ana, e começou a expulsar os hierarcas cristãos, enquanto se preparava para atacar o Egito.

A caminho do front, o paxá desfilou seus 20 mil homens através de Jerusalém. "Vamos nos encontrar do outro lado do canal [de Suez] ou no céu!", vangloriou-se; mas o conde de Ballobar notou um soldado otomano empurrando suas rações de água para dentro de um carrinho de criança, o que certamente não era a marca de uma temível máquina de guerra. Kemal, por outro lado, viajava com "magníficas tendas, porta-chapéus, cômodas". Em 1º de fevereiro de 1915, comovido ao ouvir seus homens cantando "A bandeira vermelha tremula sobre o Cairo", Kemal atacou o canal de Suez com 12 mil homens; eles foram facilmente repelidos. O paxá alegou que o ataque tinha sido apenas um reconhecimento de forças, mas fracassou novamente no verão. Derrota militar, bloqueio ocidental e a crescente repressão de Kemal provocaram um sofrimento desesperado e um feroz hedonismo em Jerusalém. Não demorou muito para que começassem as matanças.[2]

TERROR E MORTE: KEMAL, O CARNICEIRO

Menos de um mês após a chegada de Kemal, Wasif Jawhariyyeh viu o corpo de um árabe num manto branco pendurado numa árvore defronte ao portão de Jaffa. Em 30 de março de 1915, o paxá executou dois soldados árabes no portão de Damasco tomados como "espiões britânicos", e depois executou o mufti de Gaza e seu filho, cujo enforcamento no portão de Jaffa foi assistido por uma multidão em respeitoso silêncio. Para garantir mais espectadores, os enforcamentos eram realizados nos portões de Damasco e Jaffa após as orações da sexta-feira. Em pouco tempo, esses locais pareciam estar sempre enfeitados de cadáveres balouçantes, deixados ali deliberadamente durante dias por ordem de Kemal. Em certa ocasião, Wasif ficou horrorizado pela sádica incompetência:

> O processo de enforcamento não foi estudado de forma científica ou médica o suficiente, de modo que a vítima permanecia viva, sofrendo um bocado, e nós assistíamos àquilo sem poder dizer ou fazer nada. Um oficial mandava um soldado subir e se dependurar na vítima, mas esse peso extra fazia os olhos da vítima saltarem para fora da face. Tal era a crueldade de Kemal Paxá. Meu coração chora pela lembrança dessa visão.

Em agosto de 1915, após descobrir evidências de conspirações nacionalistas árabes, Kemal escreveu: "Eu decidi tomar medidas implacáveis contra os traidores". Enforcou quinze árabes proeminentes perto de Beirute (inclusive um Nashashibi de Jerusalém), e depois, em maio de 1916, outros 21 em Damasco e Beirute, ganhando a alcunha de Carniceiro. Fez piada com o espanhol Ballobar, dizendo que poderia enforcá-lo igualmente.

Kemal também suspeitava de traição dos sionistas. Todavia, Ben-Gurion, com um fez na cabeça, recrutava soldados judeus para os otomanos. Kemal não desistira totalmente de seu fascínio: em dezembro de 1915 ele patrocinou dois encontros únicos entre os Husseini e os líderes sionistas, inclusive Ben-Gurion, visando conseguir apoio para um lar conjunto sob os otomanos. Mais tarde, porém, Kemal deportou quinhentos judeus estrangeiros, prendeu líderes sionistas e baniu seus símbolos. As deportações provocaram um alarido nos jornais alemães e austríacos, ao que Kemal convocou os sionistas para advertir contra qualquer sabotagem: "Vocês podem escolher. Estou preparado para deportá-los como foi feito com os armênios. Quem puser um dedo numa única laranja, eu executo. Mas se quiserem a segunda opção, toda a imprensa de Viena e Berlim precisa se calar!". Posteriormente, declarou: "Não confio na lealdade de vocês. Se não houvesse desígnios conspiratórios, não teriam vindo viver aqui nesta terra desolada entre árabes que os odeiam. Nós consideramos os sionistas merecedores da forca, mas estou cansado de enforcamentos. [Em vez disso] vamos dispersá-los por todo o Estado turco".*

Ben-Gurion foi deportado, mudando suas esperanças para o lado dos Aliados. Os árabes acabaram recrutados para o exército; judeus e cristãos foram mandados à força para batalhões de trabalho na construção de estradas, muitos deles perecendo de fome e insolação. Depois vieram enfermidades, insetos e carestia. "Os gafanhotos eram espessos como nuvens", lembrava-se Wasif, zombando das tentativas de Kemal para eliminar a praga: ele ordenou "a cada pessoa com mais de doze anos trazer três quilos de ovos de gafanhotos", o que provocou apenas um absurdo comércio deste item.

Wasif viu "a fome se espalhar por todo o país", junto com "o tifo e a malária; e muita gente morreu". Em 1918, devido a epidemias, fome e deportações, a população judaica de Jerusalém havia caído em 20 mil habitantes. Todavia, a voz de Wasif, seu *oud* e sua habilidade de arregimentar convidadas bonitas para festas selvagens nunca foram tão valorizados.

GUERRA E SEXO NA CIDADE: WASIF JAWHARIYYEH

Kemal, seus oficiais e os figurões das famílias desfrutavam de uma vida de prazer febril enquanto Jerusalém simplesmente lutava para sobreviver às calami-

* Kemal abominava o nacionalismo judaico ou qualquer coisa que ameaçasse a dominação turca, mas, ao mesmo tempo, procurava cortejar o apoio judeu: a Henry Morganthau, embaixador dos Estados Unidos em Istambul, ofereceu a oportunidade de comprar o Muro Ocidental, repetindo a oferta aos judeus de Jerusalém.

dades da guerra. A miséria era tal que jovens prostitutas, muitas delas viúvas de guerra cobrando apenas duas piastras por programa, percorriam a Cidade Velha. Em maio de 1915, alguns professores foram demitidos ao serem descobertos entretendo-se com prostitutas durante o horário escolar. As mulheres chegavam a vender seus bebês. "Mulheres e homens velhos" — especialmente os judeus hassídicos pobres de Mea Shearim — "viviam intumescidos de fome. Em suas faces e por todo o corpo, chagas, doença, sujeira, inchaço."

Cada noite de Wasif era uma aventura: "Eu só ia para casa para trocar de roupa, dormindo cada noite num lugar diferente, meu corpo totalmente exausto de beber e farrear. Pela manhã, piqueniques com as famílias notáveis de Jerusalém, depois uma orgia com rufiões e bandidos nos becos da Cidade Velha". Certa noite, Wasif Jawhariyyeh viu-se num comboio de quatro limusines contendo o governador, sua amante judia de Salônica, vários beis otomanos e figurões das famílias, incluindo o prefeito Hussein Husseini, sendo levado para Artas, perto de Belém, para um "piquenique internacional" no mosteiro latino: "Foi um dia delicioso para todos durante o difícil período em que a fome e a guerra faziam as pessoas sofrer. Ninguém fez cerimônia, todos tomaram vinho e as damas estavam tão lindas naquela noite; não havia hora de comer e todas cantaram como um coro em uníssono".

A amante judia do governador "adorava tanto música árabe" que Wasif concordou em ensiná-la o *oud*. Ele parece ter participado de uma vertiginosa sequência de orgias com seus patronos, com a presença das "mais belas mulheres judias" e às vezes moças russas presas em Jerusalém por causa da guerra. Uma vez, o contramestre do Quarto Exército, Raushen Paxá, ficou "tão bêbado que as lindas mulheres judias o fizeram perder a consciência".

Wasif não precisava trabalhar porque os medalhões, primeiro Hussein Husseini e depois Ragheb Nashashibi, lhe arranjaram sinecuras na administração municipal. Husseini era chefe da instituição de caridade Crescente Vermelho. Com muita frequência, a caridade era o desavergonhado pretexto para extravagâncias e ascensão social. As "mulheres atraentes" de Jerusalém eram solicitadas a se vestir em elegantes e justíssimos uniformes militares otomanos decorados com Crescentes Vermelhos, o que lhes delineava a silhueta e se provava irresistível para o supremo Kemal: sua amante era Leah Tennenbaum, a quem Wasif considerava "uma das mulheres mais belas da Palestina". Sima al-Magribiyyah, outra judia, tornou-se amante do comandante da guarnição; uma inglesa, srta. Cobb, servia ao governador.

Às vezes, o próprio tocador de *oud* desfrutava de guloseimas da boa mesa. Quando ele e sua banda foram convidados para tocar em uma festa numa casa judaica, encontrou "um imenso saguão e um grupo de oficiais [otomanos] perambulando em torno das damas", que incluíam uma certa srta. Rachel. De repente os turcos bêbados começaram a brigar, atirando com suas pistolas, primeiro nas luzes da casa e depois uns nos outros. As semimundanas e os músicos correram para se proteger. O amado alaúde de Wasif foi quebrado, mas a linda srta. Rachel o puxou para dentro de uma despensa que dava para uma saída oculta para outra casa — "ela salvou minha vida", e, talvez com o mesmo júbilo, "passei a noite com ela".

Em 27 de abril de 1915, aniversário da sucessão do sultão Mehmet, Kemal convidou os comandantes otomanos e alemães e as figuras hierosolimitas importantes para ocupar a reservada Notre Dame junto ao portão Novo: cinquenta "prostitutas" acompanhavam os oficiais otomanos enquanto os grandes das famílias levavam suas esposas.

Mesmo com Jerusalém sendo deteriorada, os jantares do conde de Ballobar para Kemal continuaram sendo banquetes: o menu para uma ceia em 6 de julho de 1916 incluía sopa turca, peixe, filé, tortas de carne e peru recheado, seguidos de sorvete, abacaxi e frutas. Enquanto comiam, Kemal falava sobre moças, poder e sua nova Jerusalém. Ele se via como um planejador da cidade, e queria derrubar os muros e abrir uma avenida através da Cidade Velha, indo do portão de Jaffa até o monte do Templo. Gabava-se de ter se casado com a glamorosa Leah Tennenbaum: "Sabe que eu me casei com uma judia austríaca?".* Kemal frequentemente aparecia na casa de Ballobar sem avisar — e, à medida que as coisas iam ficando mais desesperadas, o espanhol usou sua influência para refrear o despotismo do Carniceiro. Em seus banquetes, Kemal provocava jovialmente Ballobar e o cônsul grego, dizendo "que os enforcaria no Santo Sepulcro" se a Espanha ou a Grécia entrasse na guerra.

Enquanto Kemal cuidava de sua evanescente Jerusalém, seu colega, o vice-generalíssimo Enver, perdia 80 mil homens em sua inepta ofensiva contra a Rús-

* Leah Tennenbaum casou-se mais tarde com um advogado cristão, Abcarius Bei, que lhe construiu uma mansão, Villa Leah, em Talbieh; ela era trinta anos mais nova que ele. Ela o abandonou, mas ele alugou a Villa Leah para o imperador etíope exilado, Haile Selassie. Depois a casa pertenceu a Moshe Dayan.

sia. Ele e Talaat lançaram a culpa do desastre nos armênios cristãos, que foram sistematicamente deportados e mortos. Um milhão de pessoas pereceu num crime bárbaro que mais tarde viria a encorajar Hitler a dar início ao Holocausto: "Agora ninguém se lembra mais dos armênios", refletia ele. Kemal alegou que desaprovava esse massacre. Certamente ele autorizou que refugiados se estabelecessem em Jerusalém, e o número de armênios duplicou durante a guerra.

Houve negociações secretas com os britânicos: Kemal disse a Ballobar que Londres queria que ele assassinasse seu colega Talaat Paxá. Em algum momento, Kemal abordou secretamente os Aliados, oferecendo-se para marchar sobre Istambul, derrubar Enver, salvar os armênios e tornar-se ele próprio sultão hereditário: como os Aliados não o levaram a sério, ele continuou na luta. Enforcou doze árabes em Jerusalém, os corpos exibidos em torno das muralhas, enquanto Enver viajava pelo Oriente para enfatizar suas credenciais islâmicas, intimidar dissidentes árabes e manter-se de olho no colega. Wasif assistiu ao homem forte otomano entrar em Jerusalém com Kemal. Depois de visitar o Domo, o túmulo de Davi e a igreja — e inaugurar a rua Kemal Paxá —, Enver foi entretido no Fast Hotel pelo prefeito Hussein Husseini, acompanhado de Jawhariyyeh, que, como de hábito, organizou a festa.

Os dois paxás partiram para Meca a fim de eliminar qualquer rebelião árabe em potencial. Mas o *haj* de Enver não pôde salvar a Arábia para os otomanos.[3]

45. Revolta Árabe, Declaração Balfour (1916-7)

LAWRENCE E O XERIFE DE MECA

Pouco antes de a Grande Guerra começar, um jovem príncipe de Meca, Abdullah ibn Hussein, em seu caminho de volta de Istambul, visitou o marechal de campo lorde Kitchener, agente britânico em exercício no Cairo, para pedir ajuda militar para seu pai.

O pai de Abdullah era Hussein, xerife dos xerifes e emir de Meca, o maior potentado da Arábia, um hachemita em descendência direta do Profeta. Os emires de Meca eram tradicionalmente da família, mas o sultão otomano Abdul-Hamid o mantivera num luxuoso limbo em Istambul por mais de quinze anos enquanto nomeava outros membros da família. Então, em 1908, os Jovens Turcos, deparando com a falta de outros candidatos, o despacharam para Meca (onde seu número de telefone foi Meca 1). Confrontado com o agressivo nacionalismo turco de Enver Paxá e a rivalidade dos sauditas e outros chefes árabes, Hussein desejava preparar-se ou para a guerra na Arábia ou para a revolta contra Istambul.

Abdullah mostrou orgulhosamente a Kitchener um ferimento obtido em combate contra um xeque árabe do sul, e o outro exibiu suas cicatrizes. "Vossa Senhoria", disse o atarracado árabe ao enorme Kitchener, "é um alvo que não se pode errar, mas, baixo como sou, um beduíno me atingiu." Apesar do charme de Abdullah, Kitchener recusou-se a armar os correligionários do xerife.

Alguns meses depois, o início da Grande Guerra mudou tudo. Kitchener regressou a Londres para servir como secretário de Estado para a Guerra — e lançar o cartaz de recrutamento com olhos de aço que dizia "Seu país precisa de você" —, mas continuou sendo o proeminente especialista britânico em assuntos do Oriente. Quando o sultão-califa otomano declarou jihad contra os Aliados, lembrou-se de Hussein e propôs indicá-lo como o califa próprio da Grã-Bretanha para iniciar uma revolta árabe. Ordenou ao Cairo que entrasse em contato com o xerife.

No começo não houve resposta. Então, subitamente, em agosto de 1915, o xerife Hussein ofereceu-se para liderar uma revolta árabe — em troca de certas promessas. Os britânicos — confrontados com o fracasso da expedição Galípoli, concebida para romper o impasse da Frente Ocidental ao obrigar os otomanos a se retirar da guerra, e com o desastroso cerco de um exército em Kut, no Iraque — temiam que Kemal Paxá conquistasse o Egito, a menos que fosse contido por uma agitação árabe. Londres, portanto, ordenou a Sir Henry McMahon, alto comissário no Egito, que concordasse com o que quer que fosse necessário para manter os árabes ao lado, sem prometer nada que se chocasse com as pretensões francesas e, obviamente, britânicas.

O xerife Hussein, agora com mais de sessenta anos, foi descrito por um observador — ninguém menos que Lawrence da Arábia — como "presunçoso em certo grau, ganancioso e estúpido", e "lamentavelmente inapto" para dirigir um Estado. Mas ainda assim era "um velho querido", e a essa altura a Grã-Bretanha necessitava desesperadamente de seu auxílio. Guiado pelo seu sagaz segundo filho Abdullah, Hussein exigia agora um império hachemita* de toda a Arábia, Síria, Palestina e Iraque, um gambito escandalosamente exorbitante e um império numa escala que não havia existido desde os abássidas. Em troca, ele lideraria uma revolta contra os otomanos não somente na sua Arábia nativa, mas também na Síria, mediante a rede de sociedades nacionalistas árabes secretas, tais como a al-Fatah e al-Ahd. Nada disso era verdade: ele comandava apenas alguns milhares de guerreiros e nem sequer governava todo o Hejaz. Grande parte da Arábia era

* Eles adotaram o nome da dinastia de Hashem, bisavô do Profeta. Eram descendentes de Maomé por sua filha Fátima e seu neto Hassan, daí o título de xerife. Autodenominavam-se hachemitas, ao passo que os britânicos os chamavam de xerifianos.

controlada por chefes rivais, tais como os sauditas, e sua posição era precária. As sociedades secretas eram minúsculas, contando apenas com umas poucas centenas de membros ativos, e em breve seriam dizimadas por Kemal.

McMahon não sabia ao certo quanto devia conceder a essas "pretensões tragicômicas", mas, enquanto agonizava, Hussein ofereceu simultaneamente aos Três Paxás a oportunidade de fazer um lance maior que o dos britânicos, pedindo a posse hereditária do Hejaz e um fim para o terror de Kemal. O xerife enviou seu terceiro filho, Faisal, para negociar com Kemal, mas o tirano o obrigou a presenciar o enforcamento de nacionalistas árabes.

O xerife teve muito mais sucesso com os britânicos. Os peritos em Oriente de Londres, com base no Cairo, conheciam intimamente os contornos da Palestina por meio da arqueologia de espionagem do último século, e o próprio Kitchener havia fotografado Jerusalém e mapeado o país, às vezes totalmente disfarçado de árabe. Porém, muitos deles conheciam melhor os clubes do Cairo do que os zocos de Damasco; eram paternalistas em relação aos árabes e preconceituosos com os judeus, a quem viam como responsáveis por toda conspiração inimiga. Enquanto Londres adotava uma política de negociação com o xerife, o vice-rei britânico na Índia praticava sua própria política, bastante diferente, apoiando o inimigo do xerife, os sauditas. Os especialistas britânicos, muitas vezes amadorísticos, viam-se como se estivessem vivendo a versão real de *Greenmantle*, romance de John Buchan, à deriva nas sutis e traiçoeiras correntezas da política árabe no vasto mar otomano.

Felizmente, McMahon tinha um funcionário que realmente conhecia a Síria. T. E. Lawrence, então com 28 anos, descrito pela sua colega arabista Gertrude Bell como "extremamente inteligente", era um deslocado excêntrico que clamava do coração ambíguo do *establishment* britânico e que jamais conciliou efetivamente suas atormentadas lealdades a seus dois senhores repletos de falhas — o Império Britânico e os árabes. Era filho ilegítimo: seu pai era Thomas Chapman, herdeiro de um baronato, que abandonara a esposa para criar uma nova família com sua amante Sarah Lawrence, de quem adotou o sobrenome.

"Quando menino, T. E. sempre achou que faria grandes coisas, tanto em termos de ação quanto de reflexão, e estava determinado a alcançar a ambos." Ele treinou para melhorar seus poderes de resistência física enquanto redigia sua tese sobre fortalezas cruzadas, em Oxford. Em seguida, aperfeiçoou seu árabe viajando pela Síria e trabalhou como arqueólogo em sítios hititas no Iraque, onde o jovem assistente árabe Dahoum tornou-se seu companheiro e talvez sua paixão orientadora para o resto da vida. Sua sexualidade, como tantas outras coisas a seu respeito, permanece misteriosa, mas ele zombava de "nossos cômicos processos reprodutivos", e seu amigo Ronald Stors disse: "Ele não era misógino, embora fosse capaz de manter a compostura se lhe informassem subitamente que jamais veria uma mulher de novo". No Iraque, planejou um livro de "aventuras" em Jerusalém e outras seis cidades árabes, que teria o título de *Os sete pilares da sabedoria*, em referência a um versículo dos Provérbios. Jamais publicou esse livro, mas acabou usando o título para outra publicação.

"Um homem relativamente baixo, de compleição forte e aspecto arenoso, uma típica face inglesa bronzeada pelo deserto, extraordinários olhos azuis". Conforme foi descrito mais tarde por um americano, Lawrence media pouco mais de 1,60 metro — Gertrude Bell o chamava de Duende. "Meu cérebro", escreveu ele, "é rápido e silencioso como um gato selvagem." Supersensível a cada nuance humana, escritor soberbo e agudo observador, abruptamente rude com aqueles que o desagradavam, sofria de "uma ânsia de ser famoso", admitia ele, "um horror de ser conhecido por gostar de ser conhecido". Fez tudo isso por "curiosidade egoísta". Esse admirador da cavalaria e da justiça era também um intrigante viperino e automitificador com aquilo que o jornalista Lowell Thomas chamou de "gênio para se pôr sob a ribalta". A vaidade competia com o masoquismo: "Gosto das coisas sob meus pés e levei meus prazeres e aventuras para baixo. Parecia certa degradação".

Agora no Cairo, McMahon voltou-se para esse jovem oficial subalterno que se tornou "um espírito movente nas negociações como o xerife". Quando Lawrence escrevia seus relatórios, sempre se descobria "pensando em Saladino e Abu Ubayda", mas compartilhava o ponto de vista de muitos arabistas britânicos de que os árabes do deserto eram puros e nobres — ao contrário daqueles da Palestina. Ao mesmo tempo que definia Damasco, Aleppo, Homs e Hama como o coração árabe da Síria, não reconhecia Jerusalém como realmente árabe — era uma "cidade esquálida", cuja população, escreveu ele, "carecia de caráter, como criados de hotel, vivendo às custas de uma multidão de visitantes passageiros. Questões sobre os árabes e sua nacionalidade estão tão distantes deles quanto o bimetalismo está da vida no Texas". Lugares como Jerusalém ou Beirute eram "desbotados — tão representativos da Síria quanto o Soho dos condados rurais".

Em 24 de outubro de 1915, McMahon respondeu a Hussein. Envolta em deliberada imprecisão, a resposta destinava-se a ser lida de forma diferente pelas duas partes. McMahon concordava com o império de Hussein, a leste das cidades sírias especificadas por Lawrence, mas excluía a nebulosa área a oeste. A Palestina não era mencionada, e tampouco Jerusalém. O xerife provavelmente não aceitaria a exclusão de Jerusalém, mas os britânicos tinham seus próprios interesses ali, de modo que não mencionar a cidade contornaria o problema. Além disso, McMahon insistia em que todos os interesses franceses fossem excluídos — a França também tinha reivindicações antigas sobre Jerusalém. Na verdade, o alto comissário planejava colocar Jerusalém nominalmente sob a dinastia albanesa do Egito, de maneira que a Cidade Santa seria muçulmana sob controle britânico.

A Grã-Bretanha necessitava imediatamente da Revolta Árabe, e por isso fez as promessas necessárias da forma menos clara possível. Todavia, McMahon não foi ambíguo o suficiente, pois elevou as expectativas árabes pouco antes de a Grã-Bretanha e a França darem início à real negociação para dividir o Império Otomano.

O negociador britânico, Sir Mark Sykes, membro do Parlamento e baronete de Yorkshire, era um amador criativo e irrepreensível que tinha viajado pelo Oriente, tornando-se assim um arrebatado entendedor — embora Lawrence o chamasse de "saco de preconceitos, intuições e meias-ciências". Seu verdadeiro talento consistia num ambicioso fervor tão atraente que seus superiores alegremente lhe permitiam dar palpite em qualquer política oriental que lhe aprouvesse. Sykes e seu análogo francês, François Georges-Picot, que servira como cônsul em Beirute, concordaram que a França ficaria com a Síria e o Líbano, enquanto a Grã-Bretanha teria o Iraque e parte da Palestina. Haveria uma confederação árabe sob supervisão britânica e francesa — e Jerusalém seria internacionalizada sob França, Grã-Bretanha e Rússia.* Tudo isso fazia sentido para os três impérios que vinham se debatendo para controlar Jerusalém pelos últimos setenta anos — e permitia um Estado árabe de forma gene-

* A princípio, Sykes havia considerado dar Jerusalém para a Rússia, cujos peregrinos tinham dominado a cidade até a guerra. À Rússia já fora prometida Istambul, a que Sykes-Picot adicionaram faixas da Anatólia Oriental, da Armênia e do Curdistão.

ralizada. Mas em pouco tempo a proposta ficou obsoleta, porque secretamente a Grã-Bretanha almejava Jerusalém e a Palestina para si.

Em 5 de junho de 1916, o xerife Hussein, desconhecendo o segredo de Sykes e Picot, mas cônscio de que os otomanos estavam prestes a derrubá-lo, ergueu seu estandarte vermelho em Meca e desfechou sua Revolta Árabe. Declarou-se "rei de todos os árabes", um título que assustou os britânicos, que o persuadiram a descer de grau para "rei do Hejaz". Esse era só começo: poucas famílias na história usariam tantas coroas em tantos reinos em tão pouco tempo. O rei Hussein indicou cada um de seus filhos para comandar seus pequenos exércitos, mas os resultados militares foram decepcionantes e as revoltas na Síria nunca se concretizaram. Os britânicos tiveram dificuldade de descobrir se os xerifianos poderiam ser eficazes algum dia. Assim, em outubro, Ronald Storrs, que mais tarde governaria Jerusalém, e seu subordinado, Lawrence, chegaram à Arábia.

LAWRENCE DA ARÁBIA: OS XERIFIANOS — ABDULLAH E FAISAL

Lawrence deu uma boa olhada nos quatro filhos do rei buscando encontrar o regente árabe ideal, mas logo percebeu que o segundo e o terceiro, Abdullah e Faisal, eram os únicos que importavam. Repudiou Abdullah como "esperto demais", e este o repudiou como "uma criatura estranha"; mas no momento em que Lawrence pôs os olhos no príncipe Faisal, quase desfaleceu: "Alto, gracioso, vigoroso, quase régio. Com 31 anos, muito rápido e inquieto. Tem pele clara como um puro circassiano, cabelos escuros, olhos negros vívidos. Parece um europeu e muito semelhante ao monumento de Ricardo I em Fontevraud. Um ídolo popular". Lawrence deixou escapar que era um "absoluto estrago!", mas Faisal era também "um espírito bravo, fraco, ignorante — eu o servi por compaixão".

A Revolta Árabe estava fracassando até mesmo no feudo xerifiano do Hejaz, e Lawrence viu que os poucos milhares de cameleiros de Faisal podiam ser derrotados por "uma companhia de turcos". Todavia, se atacassem postos isolados e sabotassem as ferrovias, poderiam fazer cair o exército otomano inteiro. Quando foi enviado a Faisal, Lawrence pôs isso em prática e criou o protótipo da insurgência moderna. Mas foi Faisal quem promoveu o Lawrence lendário, "ele me vestiu com esplêndidos trajes de seda branca bordada a ouro". Conforme escreveu em seu livro sobre a insurgência árabe (de leitura obrigatória para oficiais americanos do século XXI servindo no Iraque e no Afeganistão): "Se você vestir coisas árabes, vista o melhor, vista-se como um xerife". Lawrence não tinha treinamento militar e possuía o espírito de um poeta ascético, mas compreendeu que "o começo e o fim do segredo de lidar com os árabes é o ininterrupto estudo deles. Conheça suas famílias, clãs e tribos, amigos e inimigos, escutando e inquirindo indiretamente". Aprendeu a montar camelos e a viver como um beduíno, mas nunca esqueceu que o subsídio de vastas somas de ouro britânico era o que mantinha integrado seu exército — "este é o mais opulento tempo que as tribos já conheceram"—, e mesmo cinquenta anos depois lembravam-se dele como "o homem com o ouro".

A matança e o pó da guerra o horrorizavam e excitavam ao mesmo tempo. "Espero que isto soe como o prazer que é", escreveu febrilmente após um ataque bem-sucedido. "É o desempenho mais amadorístico, tipo Buffalo Bill, e os únicos que o executaram bem foram os beduínos." Quando um de seus homens assassinou outro, Lawrence teve de executar o assassino com suas próprias mãos, a fim de evitar um banho de sangue. Após um massacre de turcos, ele esperava que "este pesadelo" terminasse "quando eu acordar e voltar a viver. Esta matança incessante de turcos é horrível".

Lawrence conhecia o segredo do retalhamento do Oriente Médio elaborado por Sykes e Picot, que o envergonhava: "Estamos chamando-os para lutar por nós com base numa mentira, e eu não posso suportar isso". Houve momentos em que arriscou sua vida num acesso de desespero, "esperando ser morto no caminho". Descrevia a si mesmo como "fortemente pró-britânico e pró-árabe", embora desprezasse a conquista imperial, preferindo uma Arábia independente como domínio — mas sob proteção britânica. "Eu presumia que sobreviveria e seria capaz de derrotar não meramente os turcos no campo de batalha, mas o meu próprio país e seus aliados na sala de negociações."

Lawrence confiou o segredo de Sykes e Picot a Faisal, junto com seu plano para remediá-lo. Se quisessem evitar uma Síria francesa, eles próprios teriam de libertá-la, e precisariam começar com uma ação militar espetacular, que daria aos árabes o direito de merecer a Síria: Lawrence conduziu as forças de Faisal numa investida circular de quase quinhentos quilômetros através do devastador deserto jordaniano para tomar o porto de Ácaba.[1]

FALKENHAYN ASSUME O COMANDO: JERUSALÉM GERMÂNICA

Depois que a terceira ofensiva de Kemal contra o Egito fracassou, os britânicos contra-atacaram através do Sinai. Na primavera de 1917, foram duas vezes severamente derrotados em Gaza por 16 mil alemães apoiados por artilharia austro-húngara. Kemal percebeu que atacariam de novo. A Palestina agora fervilhava de intrigas antiotomanas. A polícia secreta do paxá descobriu uma rede de espionagem judaica pró-britânica, NILI, cujos membros foram torturados — as unhas arrancadas, os crânios espremidos até se romper — e depois enforcados. Em Jerusalém, a polícia de Kemal caçava outro espião judeu — Alter Levine, um poeta, empresário e organizador nascido na Rússia —, que, segundo alegavam, havia montado uma cadeia de bordéis e ninhos de espionagem. Levine apareceu em Jerusalém na casa do amigo e respeitado professor Khalil Sakakini, que concordou em protegê-lo. As redes de espionagem sionistas insultavam o Carniceiro, que em abril convocou os cônsules estrangeiros para um ameaçador solilóquio na fortaleza Augusta Victoria: ameaçou deportar a população inteira de Jerusalém — e após as distópicas "deportações" de armênios, isso significaria a morte de milhares.

"Nós nos veremos compelidos a lutar por Jerusalém", Kemal disse a Enver. Convidaram o marechal de campo Erich von Falkenhayn, ex-chefe de Gabinete da Alemanha que comandara a ofensiva de Verdun, para ir a Jerusalém e aconselhar sobre como derrotar os britânicos. Mas Enver passou por cima da cabeça de Kemal e colocou o alemão no comando supremo. "A Verdun de Falkenhayn foi desastrosa para a Alemanha", Kemal advertiu Enver, "e sua ofensiva palestina será desastrosa para nós."

Em junho de 1917, um cabisbaixo Kemal encontrou-se com Falkenhayn na estação de Jerusalém e posaram embaraçosamente juntos nas escadarias do Domo da Rocha. Falkenhayn estabeleceu seu quartel-general na Augusta Victoria. Os cafés da cidade encheram-se de soldados alemães do Asienkorps e seus oficiais tomaram posse do Fast Hotel. "Estávamos na Terra Santa", escreveu um típico jovem soldado germânico na cidade, Rudolf Höss.* "Os velhos nomes fa-

* Höss, o futuro comandante da SS em Auschwitz, onde milhões de judeus foram mortos em câmaras de gás e cremados durante o Holocausto, estava considerando uma carreira no sacerdócio católico. Jerusalém "desempenhou um papel decisivo na minha subsequente renúncia da fé. Como católico devoto, fiquei enojado com a maneira cínica pela qual o comércio de relíquias alegada-

miliares da história religiosa e as histórias dos santos estavam ao nosso redor. E quão diferentes dos meus sonhos de juventude!" As tropas austríacas marchavam pela cidade; soldados austríacos judeus rezavam no Muro Ocidental. Kemal Paxá deixou a cidade e governou suas províncias a partir de Damasco. O Kaiser finalmente controlava Jerusalém — mas já era tarde demais.

Em 28 de junho, Sir Edmund Allenby chegou ao Cairo como novo comandante britânico. Uma semana depois, Lawrence e os xerifianos tomaram Ácaba. Precisou de apenas quatro dias — montando camelos, tomando trens e navios — para chegar ao Cairo e reportar seu triunfo a Allenby, que, apesar de ser um cavaleiro grosseiramente convencional, ficou impressionado de imediato por esse magro inglês vestindo trajes beduínos. Allenby ordenou a Lawrence que seu Corpo Xerifiano de Camelos servisse como braço direito alternativo de seu exército.

Em Jerusalém, aviões britânicos bombardearam o monte das Oliveiras. O ajudante de ordens de Falkenhayn, coronel Franz von Papen, organizou as defesas e planejou o contra-ataque. Os alemães subestimaram Allenby e foram tomados de surpresa quando, em 31 de outubro de 1917, ele desfechou sua ofensiva para capturar Jerusalém.[2]

LLOYD GEORGE, BALFOUR E WEIZMANN

Enquanto Allenby atacava em massa com seus 75 mil homens de infantaria, 17 mil de cavalaria e um punhado de tanques novos, Arthur Balfour, secretário do Exterior britânico, negociava uma nova política com um cientista nascido na Rússia chamado dr. Chaim Weizmann. Trata-se de uma história notável: um imigrante russo, vagando em torno de Whitehall e entrando nos escritórios dos mais poderosos estadistas do mundo para conversas românticas sobre Israel antigo e a Bíblia, conseguiu ganhar o apoio do Império Britânico para uma política

mente sagradas era realizado pelos representantes das muitas igrejas ali estabelecidas". Ferido no joelho, e tendo recebido a Cruz de Ferro, Höss, que "evitava todas as demonstrações de afeto", foi seduzido em Jerusalém por uma de suas enfermeiras alemãs: "Caí sob o encanto mágico do amor". Ele foi enforcado em abril de 1947. Por coincidência, um "turbulento" jovem alemão, auxiliando a Colônia Americana em sua Estação de Remoção de Feridos perto de Notre Dame, era o filho do vice-cônsul alemão: Rudolf Hess era o futuro vice-Führer da Alemanha nazista, que voou para a Escócia numa insana missão de paz em 1941 e passou o resto da vida como prisioneiro.

que transformaria Jerusalém tão radicalmente quanto qualquer decisão de Constantino ou Saladino e definiria o Oriente Médio até esta data.

Eles haviam se encontrado pela primeira vez dez anos antes, mas tratava-se de uma relação improvável. Balfour era apelidado de Niminy Piminy e Pretty Fanny por causa de suas bochechas rosadas e membros graciosos, mas também de Bloody Balfour por sua aspereza quando secretário-chefe para a Irlanda. Era o produto do cruzamento entre a riqueza mercantil escocesa e a aristocracia inglesa — sua mãe era irmã do primeiro-ministro vitoriano Robert Cecil, marquês de Salisbury. Ele havia acompanhado seu tio e Disraeli ao Congresso de Berlim em 1878, e quando sucedeu a Salisbury em 1902, os espirituosos cunharam a expressão "Bob é seu tio!". Filósofo, poetastro e entusiástico jogador de tênis, era um romântico afetado que jamais se casou e um improvisador frívolo cuja expressão predileta era "Nada importa muito e muito pouco importa alguma coisa". David Lloyd George refletia fulminantemente dizendo que a história se lembraria de Balfour "como o perfume de um lenço de bolso", quando, na verdade, ele é mais lembrado pela sua relação com Weizmann e pela Declaração que traz o seu nome.

Os dois não poderiam ter vindo de mundos mais desiguais. Weizmann era filho de um mercador de madeira de um minúsculo vilarejo judeu perto de Pinsk, que abraçou o sionismo ainda garoto e fugiu da Rússia para estudar ciência na Alemanha e na Suíça. Aos trinta anos, mudou-se para Manchester para lecionar química na universidade.

Weizmann era ao mesmo tempo "boêmio e aristocrata, patriarcal e sardônico, com a espirituosidade cáustica e autoirônica de um intelectual russo". Era "um dos aristocratas por natureza que ficava à vontade com reis e primeiros-ministros", conseguindo ganhar o respeito de homens tão diversos como Churchill, Lawrence e o presidente Truman. Sua esposa Vera, filha de um dos raros oficiais judeus do exército czarista, encarava a maioria dos judeus russos como plebeus, preferindo a companhia da nobreza inglesa e fazendo questão de se assegurar que seu "Chaimchik" se vestisse como um cavalheiro eduardiano. Weizmann, esse apaixonado sionista que odiava a Rússia do czar e desprezava os judeus antissionistas, parecia um "Lênin bem nutrido", e às vezes era confundido com ele. "Orador brilhante", seu inglês perfeito era sempre temperado com um sotaque russo, e seu "charme quase feminino [era] combinado com um ataque mortalmente felino, ardente entusiasmo e visão profética".

O egresso do Eton College e o graduado em Pinsk encontraram-se pela primeira vez em 1906. A conversa foi curta mas inesquecível. "Lembro de Balfour sentado na sua pose habitual, pernas esticadas, expressão imperturbável." Foi Balfour quem, como primeiro-ministro em 1903, havia oferecido Uganda aos sionistas, mas agora estava fora do poder. Weizmann receava que seu lânguido interesse não passasse de "uma máscara", e então explicou que se Moisés tivesse ouvido falar no ugandismo "certamente teria quebrado as tábuas outra vez". Balfour pareceu estupefato.

"Sr. Balfour, supondo que eu lhe oferecesse Paris em vez de Londres, o senhor aceitaria?"

"Mas, dr. Weizmann, nós temos Londres", disse Balfour.

"Verdade, mas nós tínhamos Jerusalém", replicou Weizmann, "quando Londres não passava de um pântano."

"Há muitos judeus que pensam como o senhor?"

"Eu manifesto a opinião de milhões de judeus."

Balfour ficou impressionado, mas acrescentou: "Curioso. Os judeus que eu conheço são bem diferentes".

"Sr. Balfour", respondeu Weizmann, que sabia que a maioria dos anglo-judeus importantes escarnecia do sionismo, "o senhor conhece o tipo errado de judeus."

Essa conversa não levou a nada, mas Weizmann tinha travado contato com seu primeiro estadista imperial. Balfour perdeu a eleição geral e passou anos fora do poder. Enquanto isso, Weizmann fazia campanha para a construção de uma universidade hebraica em Jerusalém, que visitou pela primeira vez logo depois de conhecer Balfour. As dinâmicas fazendas sionistas na Palestina o entusiasmaram, mas Weizmann ficou horrorizado com Jerusalém, "uma cidade que vive da caridade, um gueto miserável", onde "não tínhamos um único edifício decente — todo mundo tem um ponto de apoio em Jerusalém, exceto os judeus. Isso me deprimiu e deixei a cidade antes do anoitecer". De volta a Manchester, Weizmann fez seu nome como químico e ficou amigo de C. P. Scott, editor e proprietário do *Manchester Guardian*, um pró-sionista que parecia ele mesmo um profeta bíblico. "Agora, dr. Weizmann", disse Scott em 1914, "diga-me o que quer que eu faça pelo senhor."

No começo da Grande Guerra, Weizmann foi convocado para o Almirantado pelo primeiro lorde, "o vivaz, fascinante, encantador e enérgico" Winston

Churchill, que disse: "Bem, dr. Weizmann, necessitamos de 30 mil toneladas de acetona". Weizmann tinha descoberto uma nova fórmula para fabricar o solvente, utilizado na confecção de um tipo de explosivos, as cordites. "O senhor pode fazer?", perguntou Churchill. Weizmann podia, e fez.

Alguns meses depois, em dezembro de 1914, C. P. Scott levou Weizmann para um café da manhã com Lloyd George, que era então chanceler do fisco, e seu colega Herbert Samuel. Weizmann notou como os ministros discutiam a guerra com um humor irreverente que ocultava sua seriedade mortal, mas "eu era terrivelmente tímido e sofria de supressão de excitamento". Weizmann ficou perplexo em descobrir que os políticos eram simpáticos ao sionismo. Lloyd George admitiu: "Quando dr. Weizmann falava da Palestina, trazia nomes de lugares mais familiares para mim do que os da Frente Ocidental", e ofereceu-se para apresentá-lo a Balfour — sem saber que já haviam se conhecido. Weizmann foi cauteloso com Samuel — um banqueiro anglo-judeu aparentado dos Rothschild e dos Montefiore, e o primeiro judeu praticante a servir num gabinete britânico —, até que ele revelou estar preparando um memorando sobre o Retorno judaico.

Em janeiro de 1915, Samuel entregou seu memorando ao primeiro-ministro Herbert Asquith: "Já há alguma agitação entre os 12 milhões de dispersos", escreveu Samuel. "[Há] uma difundida simpatia pela ideia de restaurar o povo judeu à sua terra." Asquith zombou da ideia de que os judeus "podiam retornar aos montes" e fez chacota de "que atraente comunidade" seria. Quanto a Samuel, seu memorando "parece uma nova edição de *Tancred*.* Não me sinto atraído pela proposta, mas ela é uma curiosa ilustração da máxima favorita de Dizzy de que 'raça é tudo' para encontrar esta explosão quase lírica oriunda do cérebro bem-ordenado e metódico de H. S.". Asquith ficou ainda mais surpreso ao descobrir que "curiosamente, o único outro partidário desta proposta é Lloyd George, e ele não dá a mínima para os judeus, mas pensa que é uma vergonha deixar os Lugares Santos ficarem na posse da 'agnóstica e ateísta' França". Asquith estava certo quanto ao fato de Lloyd George querer Jerusalém para a Grã-Bretanha, mas errado quanto à sua atitude em relação aos judeus.

Lloyd George, um homem de olhos azuis, filho de um mestre-escola batista galês e mulherengo incansável, cuja cabeleira libertina de longos fios brancos o

* Em um dos romances mais populares de Disraeli, *Tancred*, o filho de um duque viaja para Jerusalém onde um judeu diz, profeticamente: "Ingleses tomarão esta cidade; e a conservarão".

deixava mais parecido com um artista do que com um homem de Estado, importava-se muito com os judeus, e tinha representado os sionistas como advogado dez anos antes. "Aprendi na escola mais sobre a história dos judeus do que sobre a minha própria terra", disse esse orador de linguagem eloquente e *showman* intuitivo, que começara como reformista radical, pacifista anti-imperial e perseguidor de duques. Uma vez iniciada a Grande Guerra, transformou-se num vigoroso ministro da Guerra e romântico imperialista, influenciado pelos clássicos gregos e pela Bíblia.

Lloyd George reapresentou Weizmann a Balfour. "Weizmann não precisa de apresentação", rabiscou Balfour. "Ainda me lembro da nossa conversa em 1906." Cumprimentou o sionista com um "Bem, o senhor não mudou muito", e então ponderou, olhos quase turvos: "Sabe, quando os canhões pararem de atirar, talvez o senhor tenha a sua Jerusalém. É uma grande causa pela qual está trabalhando. Precisa vir mais uma vez, e mais outra". Começaram a se encontrar regularmente, passeando à noite por Whitehall e discutindo como um lar judeu serviria, pelos caprichos do destino, aos interesses da justiça histórica e do poder britânico.

Ciência e sionismo se sobrepunham ainda mais porque Balfour era agora o primeiro lorde do Almirantado, e Lloyd George, o ministro das Munições — as duas pastas mais interessadas no trabalho de Weizmann com explosivos. Ele se viu "capturado num labirinto de relações pessoais" com os mandachuvas do mais expansivo império do mundo, incentivando-o a refletir sobre o seu humilde passado: "Começando do nada, eu, Chaim Weizmann, um *yid* de Motelle e apenas um quase catedrático numa universidade provinciana!". Para os próprios mandachuvas, ele era aquilo que achavam que um judeu devia ser: "Exatamente como um profeta do Velho Testamento", comentou mais tarde Churchill, ainda que vestindo fraque e cartola. Em suas memórias, Lloyd George alegou frivolamente que sua gratidão ao trabalho de Weizmann levou ao seu apoio aos judeus, mas na verdade houve um Gabinete forte que lhe dera respaldo muito antes.

Mais uma vez, a Bíblia — o livro de Jerusalém — influenciava a cidade após ter sido escrita há mais de dois milênios. "A Grã-Bretanha era uma nação bíblica", escreveu Weizmann. "Aqueles estadistas britânicos da velha escola eram autenticamente religiosos. Entendiam como realidade o conceito de Retorno. Apelavam para sua tradição e sua fé." Juntamente com os Estados Unidos, "a Inglaterra que lia a Bíblia e pensava a Bíblia", comentou um dos auxiliares de Lloyd George, "era o único país onde o desejo de os judeus retornarem ao seu lar ancestral" era encarado "como uma aspiração natural a não ser negada".

Havia algo mais à espreita nessa atitude em relação aos judeus: os líderes britânicos eram genuinamente simpáticos à condição dos judeus russos, e a repressão czarista havia se intensificado durante a guerra. As classes superiores europeias tinham ficado estarrecidas com a fabulosa riqueza, o exótico poder e os suntuosos palácios de plutocratas judeus como os Rothschild. No entanto, isso também as deixava confusas, pois não conseguiam se decidir se os judeus eram uma raça nobre de heróis bíblicos perseguidos — cada um deles sendo um rei Davi e um macabeu — ou uma conspiração sinistra de gnomos de nariz adunco, misticamente brilhantes e com poderes quase sobrenaturais. Numa era de desinibidas teorias de superioridade racial, Balfour estava convicto de que os judeus eram "a raça mais privilegiada que a humanidade tem conhecido desde a Grécia do século V a.C.". Churchill os julgava "a raça mais formidável e privilegiada", mas ao mesmo tempo os chamava de "raça mística e misteriosa escolhida para as manifestações supremas do divino e do diabólico". Em particular, Lloyd George criticava Herbert Samuel por ter "as piores características de sua raça". No entanto, todos os três eram genuinamente filossemitas. Weizmann reconhecia que a linha entre a teoria conspiratória racista e o hebraísmo cristão era muito tênue: "Nós odiamos igualmente o antissemitismo e filossemitismo. Ambos são degradantes".

Em política, porém, o momento é tudo. Em dezembro de 1916, o governo de Asquith caiu; Lloyd George tornou-se primeiro-ministro e indicou Balfour como secretário do Exterior. Lloyd George foi descrito como "o maior líder de guerra desde Chatham". Ele e Balfour fariam tudo que fosse necessário para ganhar a guerra. Nesse momento vital, numa longa e terrível luta contra a Alemanha, sua atitude peculiar em relação aos judeus e a concatenação especial de circunstâncias de 1917 se fundiram para convencê-los de que o sionismo era essencial para ajudar a Grã-Bretanha a conseguir a vitória.

"É UM MENINO, DR. WEIZMANN": A DECLARAÇÃO

Na primavera de 1917, os Estados Unidos entraram na guerra e a Revolução Russa derrubou o imperador Nicolau II. "Está claro que o governo de Sua Majestade estava basicamente preocupado com a forma como a Rússia seria mantida dentro das fileiras dos Aliados", explicou um dos principais funcionários britânicos; quanto aos Estados Unidos, "supunha-se que a opinião americana poderia ser influenciada favoravelmente se o retorno dos judeus à Palestina se tornasse um propósito da política britânica". Balfour, prestes a visitar os Estados Unidos, disse aos seus colegas que "a vasta maioria dos judeus na Rússia e na América parece agora favorável ao sionismo". Se a Grã-Bretanha pudesse fazer uma declaração sionista, "devemos ser capazes de levar a cabo uma propaganda extremamente útil tanto na Rússia como na América".

Se Rússia e Estados Unidos não agiam com a urgência necessária, os britânicos ficaram sabendo que os alemães estavam considerando uma declaração sionista própria: afinal, o sionismo era uma ideia germano-austríaca, e até 1914 os sionistas estavam baseados em Berlim. Quando Kemal Paxá, o tirano de Jerusalém, visitou Berlim em agosto de 1917, reuniu-se com sionistas alemães, e o grão-vizir otomano, Talaat Paxá, concordou relutantemente em promover "um lar nacional judaico". Nesse meio-tempo, nas fronteiras da Palestina, o general Allenby preparava em segredo sua ofensiva.

Estas, e não o charme de Weizmann, foram as verdadeiras razões que levaram a Grã-Bretanha a abraçar o sionismo, e agora o tempo era essencial. "Eu sou sionista", declarou Balfour — e pode ser que esta ideia tenha se tornado a única paixão verdadeira de sua carreira. Lloyd George e Churchill, então ministro das Munições, também se tornaram sionistas, e aquele efervescente mosquito, Sir Mark Sykes, agora no Gabinete, ficou subitamente convencido de que a Grã-Bretanha precisava "da amizade dos judeus do mundo" porque "com a Grande Judiaria contra nós, não há possibilidade de fazer a coisa passar" — sendo "a coisa" a vitória na guerra.

Nem todo mundo no Gabinete concordou, e assim estabeleceu-se o confronto. "O que será do povo deste país?", perguntou lorde Curzon, ex-vice-rei da Índia. Lloyd George alegou que "os judeus podem ser capazes de nos dar mais assistência que os árabes". O secretário de Estado para a Índia, Edwin Montagu, judeu atormentado, herdeiro de bancos e primo de Herbert Samuel, argumentou intensamente que o sionismo estava propenso a gerar mais antissemitismo. Muitos dos magnatas judeus britânicos concordavam: Claude Goldsmith Montefiore, sobrinho-neto de Sir Moses, respaldado por alguns dos Rothschild, liderou uma campanha contra o sionismo, e Weizmann queixou-se de que ele "considerava o nacionalismo abaixo do nível religioso dos judeus, exceto como inglês".

Montagu e Montefiore retardaram a Declaração, mas Weizmann revidou e conquistou as salas de estar e casas de campo dos figurões judeus e aristocratas ingleses da mesma forma que conquistara as salas ministeriais em Whitehall. Obteve o apoio de Dolly de Rothschild, então com vinte anos, que o apresentou aos Astor e aos Cecil. Num jantar, a marquesa de Crewe foi ouvida dizendo ao lorde Robert Cecil: "Todos nós nesta casa somos weizmannistas". O apoio de Walter, lorde Rothschild, rei não coroado dos judeus britânicos, ajudou Weizmann a derrotar seus oponentes judeus. No Gabinete, Lloyd George e Balfour abriam caminho: "Pedi ao lorde Rothschild e ao professor Weizmann para submeterem uma fórmula", relatou Balfour, encarregando Sykes das negociações.

Os franceses e depois os americanos deram sua aprovação, abrindo caminho para a decisão do fim de outubro: no mesmo dia em que o general Allenby capturava Berseba, Sykes saiu e avistou Weizmann nervoso aguardando na antessala do Gabinete. "Dr. Weizmann", gritou Sykes, "é um menino."

Em 9 de novembro, Balfour emitiu sua Declaração, endereçada ao lorde Rothschild, que proclamou: "O governo de Sua Majestade vê com bons olhos o estabelecimento na Palestina de um lar nacional para o povo judeu [...] entendendo-se claramente que nada será feito que possa prejudicar os direitos civis e religiosos das existentes comunidades não judias". Mais tarde, a Grã-Bretanha foi acusada pelos árabes de uma traição cínica, pois que havia prometido a Palestina simultaneamente ao xerife, aos sionistas e aos franceses — perfídia esta que se tornou parte da mitologia da Grande Revolta Árabe. Certamente foi cínica, mas as promessas aos árabes e aos judeus foram ambas resultado de expediente político urgente, de curto prazo e mal avaliado, e *nenhuma das duas* teria sido apresentada em outras circunstâncias. Sykes insistia alegremente que "nós avalizamos o sionismo, a liberação armênia e a independência árabe". No entanto, havia sérias contradições: a Síria foi especificamente prometida aos árabes e também aos franceses. Como vimos, a Palestina e Jerusalém não haviam sido mencionadas nas cartas ao xerife, e tampouco a cidade foi prometida aos judeus. Sykes–Picot especificava uma cidade internacional e os sionistas concordaram: "Queríamos os Lugares Santos internacionalizados", escreveu Weizmann.*

* A missão de Lloyd George era vencer a guerra, e todo o resto estava subordinado a isso. Então, não foi surpresa que ele também tenha considerado uma quarta opção para o Oriente Médio: ele estava negociando indiretamente — e de forma muito secreta — com os Três Paxás sobre uma paz

A Declaração destinava-se a desvincular os judeus russos do bolchevismo, mas na mesma noite em que foi publicada, Lênin tomou o poder em São Petersburgo. Houvesse Lênin avançado alguns dias antes, a Declaração Balfour talvez nunca tivesse sido emitida. Ironicamente, o sionismo, propulsionado pela energia dos judeus russos — de Weizmann em Whitehall a Ben-Gurion em Jerusalém — e pela simpatia cristã por sua reivindicação, ficaria agora cortado para os judeus russos até a queda da União Soviética em 1991.

Na verdade, a Declaração deveria levar o nome de Lloyd George, e não de Balfour. Foi ele quem já havia decidido que a Grã-Bretanha precisava possuir a Palestina — "Oh, temos de agarrá-la!", disse ele —, e esta era a precondição para qualquer lar judeu. Ele não a compartilharia com a França nem mais ninguém, mas Jerusalém era seu prêmio derradeiro. Quando Allenby irrompeu Palestina adentro, Lloyd George exigiu extravagantemente a captura de Jerusalém "como presente de Natal para a nação britânica".[3]

---

otomana em separado que trairia judeus, árabes e franceses, deixando Jerusalém sob o domínio do sultão. "Quase na mesma semana em que nós nos comprometemos a assegurar a Palestina como lar nacional para o povo judeu", escreveu um exasperado Curzon, "devemos contemplar a possibilidade de deixar a bandeira turca tremulando sobre Jerusalém?" As conversações não deram em nada.

46. O presente de Natal (1917-9)

A TENTATIVA DO PREFEITO DE SE RENDER

Allenby tomou Gaza em 7 de novembro de 1917; Jaffa caiu no dia 16. Houve cenas desesperadas em Jerusalém. Kemal, o Carniceiro, governando suas províncias a partir de Damasco, ameaçou um *Götterdämmerung* em Jerusalém. Primeiro ordenou a deportação de todos os padres cristãos, e então os edifícios cristãos, inclusive o mosteiro de São Salvador, foram dinamitados. Os patriarcas foram mandados para Damasco, mas o coronel Von Papen, católico, resgatou o patriarca latino e o manteve em Nazaré. Kemal enforcou dois espiões judeus em Damasco, e depois anunciou a deportação de todos os judeus de Jerusalém: não restariam judeus vivos para receber os britânicos. "Estamos num tempo de obsessão antissemita", anotou o conde de Ballobar em seu diário, antes de correr para se queixar ao marechal de campo Von Falkenhayn. Os alemães, agora no controle de Jerusalém, estavam desanimados. As ameaças antissemitas de Kemal eram "insanas", acreditava o general Kress, que interveio no mais alto nível para salvar os judeus. Foi o último envolvimento de Kemal em Jerusalém.*

* Kemal retornou a Istambul em 1917, mas com a rendição otomana no ano seguinte, fugiu para Berlim onde escreveu suas memórias. Foi assassinado por armênios em Tbilisi em 1922, como

Em 25 de novembro, Allenby tomou Nabi Samuel, logo nos arredores da Cidade Santa. Os alemães estavam inseguros do que fazer. "Implorei a Falkenhayn para evacuar Jerusalém — a cidade não tinha valor estratégico", recordava Papen, "antes de ela ficar sob ataque direto, pelo que seríamos considerados culpados." Ele imaginou as manchetes: "HUNOS CULPADOS PELA DESTRUIÇÃO DA CIDADE SANTA". "Eu perdi Verdun", exclamou Falkenhayn, "e agora você me pede para evacuar a cidade que é o centro de atenção de todo o mundo. Impossível!" Papen ligou para seu embaixador em Constantinopla, que prometeu conversar com Enver.

Aviões britânicos bombardearam o quartel-general germânico na Augusta Victoria e o chefe da inteligência de Allenby lançou cigarros de ópio para as tropas otomanas, na esperança de que ficassem drogadas demais para defender Jerusalém. Refugiados extravasavam para fora da cidade. Removendo o retrato do Kaiser na capela da Augusta Victoria, Falkenhayn finalmente deixou ele próprio a cidade e mudou seu quartel-general para Nablus. Aviões britânicos e alemães travaram rápidos combates aéreos sobre Jerusalém. Obuses bombardearam posições inimigas; os otomanos contra-atacaram três vezes em Nabi Samuel; combates furiosos duraram quatro dias. "A guerra estava no auge", escreveu o professor Sakakini, "bombas caindo por toda parte, pandemônio total, soldados correndo de um lado a outro, e o medo tomando conta de tudo."* Em 4 de dezembro, aviões britânicos bombardearam o quartel-general otomano no Complexo Russo. No Fast Hotel, oficiais alemães tomaram seu último *schnapps* e riram até o momento final, enquanto os generais otomanos debatiam se deveriam se render ou não; os Husseini reuniram-se secretamente numa de suas mansões. Os turcos começaram a desertar. Carroças carregadas de soldados feridos e corpos mutilados troavam pelas ruas.

---

vingança pelo genocídio armênio, ainda que tivesse alegado: "Eu estava convicto de que as deportações de todos os armênios acabariam provocando grande aflição". Pode muito bem ser verdade, pois ele disse que foi "capaz de trazer aproximadamente 150 mil para Beirute e Aleppo". Talaat também foi assassinado; Enver foi morto em batalha, liderando uma revolta turca contra os bolcheviques na Ásia Central.

* Em 3 de dezembro, a polícia secreta otomana vasculhou a casa de Sakakini em busca do aventureiro e espião judeu Alter Levine. A gentileza de esconder Levine foi praticamente o último exemplo da velha tolerância otomana entre judeus e árabes. Ambos foram detidos e despachados para Damasco: tiveram de percorrer a pé todo o caminho.

Na noite de 7 de dezembro, as primeiras tropas britânicas avistaram Jerusalém. Um nevoeiro denso pairava sobre a cidade; a chuva escurecia os morros. Na manhã seguinte, o governador Izzat Bei arrebentou seu telégrafo com um martelo, estendeu sua carta de rendição ao prefeito, "tomou emprestada" uma carroça com dois cavalos da Colônia Americana, que ele jurou devolver,* e fugiu galopando rumo a Jericó. Durante toda a noite, milhares de tropas otomanas se arrastaram através da cidade para fora da história. Às três horas da manhã do dia 9, as forças germânicas se retiraram da cidade num dia que o conde de Ballobar chamaria de "um dia de impressionante beleza". O último turco passou pelo portão de Santo Estêvão às sete horas da manhã. Por coincidência, era o primeiro dia da festa judaica de Chanuká, o festival das luzes que celebra a libertação de Jerusalém pelos macabeus. Saqueadores assaltaram as lojas na estrada de Jaffa. Às 8h45, soldados britânicos se aproximaram do portão de Sião.

Hussein Husseini, prefeito de Jerusalém, o hedonista patrono de Wasif, o tocador de *oud*, correu para contar as boas-novas à Colônia Americana, onde os santos colonistas cantaram "Aleluia". O prefeito procurou uma bandeira branca — ainda que na sua própria sociedade isso indicasse a casa de moça virgem casadoura. Uma mulher lhe ofereceu sua blusa branca, mas isso lhe pareceu inapropriado; então Hussein finalmente pegou emprestado um lençol da Colônia Americana, amarrando-o a uma vassoura e, reunindo uma delegação com vários Husseini, montou em seu cavalo e dirigiu-se ao portão de Jaffa para se render, brandindo o tempo todo sua farsesca bandeira.

Jerusalém teve uma dificuldade surpreendente de se render. Primeiro o prefeito, com seu lençol tremulante, encontrou dois ajudantes de cozinha londrinos à cata de ovos num galinheiro perto da aldeia árabe de Lifta, a noroeste da cidade. O prefeito ofereceu sua rendição a eles, mas os londrinos recusaram; o lençol na vassoura parecia um truque levantino e o major estava à espera dos ovos; eles correram de volta para suas linhas.

O prefeito encontrou o filho adolescente de um amigo de uma respeitada família judia, Menache Elyashar. "Testemunhe este evento histórico, você jamais

* Dois anos depois, os colonistas ainda tentavam conseguir a carroça de volta ou ter seu custo reembolsado, escrevendo ao governador militar Storrs: "Em 8 de dezembro de 1917, o antigo governador tomou emprestada nossa carroça, completa com óleo, cobertura de lona e banco de molas, chicote, baliza e dois cavalos".

o esquecerá", disse ao rapaz. Como numa cena de *O mágico de Oz*, Elyashar juntou-se ao grupo, que agora incluía muçulmanos, judeus e cristãos. Então dois sargentos de outro regimento londrino gritaram "Alto!" e surgiram de trás de uma parede com armas apontadas; o prefeito acenou com seu lençol. Os sargentos James Sedgwick e Fred Hurcombe recusaram a rendição: "Ei, nenhum de vocês fala inglês?", exclamaram. O prefeito falava fluentemente, mas preferiu guardá-lo para alguém mais importante. Os sargentos, porém, concordaram em se deixar fotografar por um sueco da Colônia Americana junto com o prefeito e sua alegre comitiva, e aceitaram alguns cigarros.

Os hierosolimitas encontraram a seguir dois oficiais de artilharia, que também recusaram a honra, mas ofereceram-se para informar o quartel-general. O prefeito deparou então com o tenente-coronel Bayley, que passou a oferta para o brigadeiro-general C. F. Watson, comandante da 180ª Brigada. Este convocou o major-general John Shea, comandante-geral da 160ª Divisão, que foi galopando em seu cavalo. "Eles vieram!", gritou o grupo do prefeito, aguardando nas escadarias diante da torre de Davi.* Bertha Spafford, a colonista americana, beijou o estribo do general. Shea aceitou a rendição em nome do general Allenby, que ouviu a notícia em sua tenda perto de Jaffa, onde estava conversando com Lawrence da Arábia. Mas ainda restava uma rendição ao prefeito Husseini.[1]

ALLENBY, O TOURO: O MOMENTO SUPREMO

Os canhões ainda ressoavam quando o general Sir Edmund Allenby desceu cavalgando pela estrada de Jaffa até o portão de Jaffa. Dentro do alforje, ele mantinha um livro intitulado *Historical Geography of the Holy Land*, de George Adam Smith, um presente de Lloyd George. Em Londres, o primeiro-ministro ficou eufórico: "A captura de Jerusalém causou profunda impressão em todo o mundo civilizado", ele anunciou numa bravata alguns dias depois. "A cidade mais famosa do mundo, após séculos de conflito e contenda vã, caiu nas mãos no exército britânico, para nunca mais ser restituída àqueles que tiveram tanto êxito em

* O garoto árabe segurando o histórico lençol fincou a vassoura no chão, mas ela foi furtada pelo fotógrafo sueco. Os britânicos ameaçaram prendê-lo, e ele acabou entregando-a a Allenby, que a deu ao Museu de Guerra Imperial, onde permanece até hoje.

mantê-la longe das combativas hostes da cristandade. O nome da cada colina vibra com memórias sagradas."

O Ministério do Exterior telegrafou a Allenby para evitar qualquer grandiosidade ou pretensão ao estilo do Kaiser quando ele adentrasse a cidade: SUGERE-SE VEEMENTEMENTE DESMONTAR! O general entrou pelo portão caminhando, acompanhado de legados americanos, franceses e italianos e observado por todos os patriarcas, muftis e cônsules, para ser saudado pelo prefeito de Jerusalém, que pela sétima vez rendia a cidade, enquanto "muitos choravam de alegria" e "estranhos se cumprimentavam e se congratulavam uns aos outros".

Allenby estava acompanhado de Lawrence da Arábia, que tinha acabado de sobreviver ao maior trauma de sua vida. No final de novembro, num reconhecimento solitário atrás das linhas inimigas, ele fora capturado em Deraa, na Síria, pelo sádico governador otomano Hajim Bei, que, com seus lacaios, sujeitara o "absurdamente juvenil" inglês a um estupro homossexual. Lawrence conseguiu escapar e, ao que parece, recuperar-se, mas o dano psicológico foi profundo e, após a guerra, ele descreveu que se sentia "mutilado, imperfeito, apenas metade de mim mesmo. Provavelmente foi a quebra do espírito por aquela dor frenética e dilacerante que me degradou ao nível de um animal e que tem me acompanhado desde então, um fascínio e terror e desejo mórbido". Ao chegar a Ácaba após a fuga, Allenby o convocou tão logo Jerusalém caiu.

Lawrence, evitando sua indumentária beduína, tomou emprestado um uniforme de capitão para aquele dia. "Para mim", escreveu em *Os sete pilares da sabedoria*, "minha indicação para a cerimônia no portão de Jaffa foi o momento supremo da guerra, aquele que, por razões históricas, teve o maior apelo que qualquer outra coisa na terra". Ele ainda via Jerusalém como "uma cidade esquálida" de "criados de hotel", mas agora curvava-se ao "espírito dominador do lugar". Naturalmente, o tocador de *oud*, Wasif, com seu diário, também assistia da multidão.

Allenby tinha o apelido de Bloody Bull [Touro Sangrento] pela sua força, dignidade e estatura — "o último dos paladinos" —, e até mesmo Kemal Paxá admirava seu "espírito alerta, discreto e cerebral". Naturalista amador, sabia "tudo que era preciso sobre aves e feras", e havia "lido tudo e citado ao pé da letra num jantar um dos sonetos menos conhecidos de Rupert Brooke". Tinha um embaraçoso senso de humor — seu cavalo e seu escorpião de estimação tinham ambos o nome de Hindenburg, em "honra" ao comandante militar supremo alemão —; até mesmo o fastidioso Lawrence idolatrava o "gigantesco, vermelho e alegre" general, que era "tão grande moralmente que a compreensão da nossa pequenez lhe chegava lentamente. Que ídolo era aquele homem".

Allenby subiu as escadas da plataforma para ler sua proclamação sobre "Jerusalém, a Bendita", que foi então repetida em francês, árabe, hebraico, grego, russo e italiano — tendo o cuidado de não mencionar a palavra que todo mundo tinha em mente: Cruzada. Mas quando o prefeito Husseini finalmente entregou as chaves da cidade, conta-se que Allenby teria dito: "As Cruzadas agora terminaram". O prefeito e o mufti, ambos Husseini, desviaram o olhar, irados. No entanto, para os milenaristas da Colônia Americana, foi diferente: "Achamos que estávamos testemunhando o triunfo da última Cruzada", disse Bertha Spafford. "Uma nação cristã havia conquistado a Palestina!" Ninguém podia adivinhar os pensamentos de Lawrence enquanto escutava Allenby: "Foi estranho estar na torre com o chefe, escutando sua proclamação, e pensar que alguns dias antes eu tinha estado diante de Hajim [seu estuprador]".

Allenby então saiu marchando pelo portão de Jaffa e tornou a montar seu cavalo Hindenburg.* "Jerusalém nos ovacionou intensamente. Foi impressionante", escreveu Lawrence. Mas os otomanos estavam contra-atacando, observou ele, com "acompanhamento de fogo de metralhadoras com aviões circulando sobre nós continuamente. Jerusalém não havia sido tomada por tanto tempo nem caído tão mansamente antes". A despeito de si mesmo, sentia-se "envergonhado com o triunfo".

Depois, recordou Lawrence, houve um almoço no centro militar do general Shea, estragado no momento em que o enviado francês Picot fez a exigência de Jerusalém ser compartilhada com a França. "E amanhã, meu caro general", disse ele a Allenby com sua "voz melodiosa", "darei os passos necessários para estabelecer um governo civil nesta cidade."

> Seguiu-se um silêncio. Salada, maionese de galinha e sanduíches de *foie gras* ficaram presos em nossas bocas molhadas sem mastigar enquanto nos virávamos para

* Um dos oficiais de Allenby era o capitão William Sebag-Montefiore, detentor da Cruz Militar, 34 anos, sobrinho-neto de Sir Moses Montefiore, que costumava contar como, perto de Jerusalém, foi abordado por uma linda mulher árabe que o levou a uma caverna onde encontrou e prendeu um grupo de oficiais otomanos.

Allenby embasbacados. Seu rosto ficou vermelho, ele engoliu, o queixo veio para a frente (do jeito que adorávamos ver) enquanto dizia ameaçadoramente: "A única autoridade é aquela do comandante em chefe — EU MESMO!".

Lawrence voou de volta para se juntar a Faisal e o Corpo Xerifiano de Camelos. Os franceses e italianos tiveram permissão de participar das tarefas de guarda no Sepulcro, mas a igreja foi, como sempre, trancada e destrancada pelos hereditários Nusseibeh.* Allenby colocou tropas muçulmanas indianas como guarda do monte do Templo.

Após uma audiência com o rei George V em Londres, Weizmann, em seu terno branco, chegou à Cidade Santa com sua Comissão Sionista, assistida por Vladimir Jabotinsky, um bombástico nacionalista e sofisticado intelectual de Odessa, onde organizara uma milícia judaica para resistir aos pogroms. O avanço de Allenby foi interrompido logo ao norte de Jerusalém. De forma alguma os otomanos estavam terminados na Palestina, e ele levou quase um ano para reagrupar as forças e voltar a desfechar sua ofensiva. Portanto, Jerusalém era uma cidade na linha de frente, lotada de tropas coloniais e britânicas preparando-se para a grande investida. Jabotinsky e o major James de Rothschild ajudaram a recrutar uma Legião Judaica para servir com eles, enquanto os xerifianos, sob o comando de Lawrence e do príncipe Faisal, aguardavam sutilmente a oportunidade de capturar Damasco — e estragar as ambições francesas.

Jerusalém estava gelada e deprimente; sua população encolhera em 30 mil desde 1914, estando agora em torno de 55 mil habitantes; muita gente ainda morria de fome e de malária e era atormentada por doenças venéreas (a cidade era rondada por quinhentas prostitutas judias adolescentes); havia 3 mil órfãos judeus. Weizmann, da mesma forma que Lawrence, ficou atônito com a miséria: "Tudo que é possível fazer para profanar e conspurcar o sagrado foi feito. É impossível imaginar tanta falsidade e blasfêmia". Mas, como Montefiore e Rothschild antes dele, Weizmann tentou agora, e por duas vezes, comprar o Muro Ocidental do mufti por 70 mil libras esterlinas. O dinheiro pagaria a reconstrução

* Quando os Nusseibeh levaram Allenby para mostrar-lhe a igreja, reclamaram que ele pediu as chaves. "Agora as Cruzadas terminaram", disse ele. "Eu lhes devolvo as chaves, mas elas não são nem de Omar nem de Saladino, e sim de Allenby." Hazem Nusseibeh, ministro do Exterior da Jordânia nos anos 1960, conta essa história em suas memórias, publicadas em 2007.

dos prédios do Bairro Magrebino. Os magrebinos ficaram interessados, mas os Husseini impediram qualquer negócio.

O vice-chefe de polícia de Jerusalém, delegado assistente responsável e recém-nomeado por Allenby, era um sobrinho-neto de Montefiore que teria sido designado chefe se não fosse judeu. "Há uma grande incidência de doenças venéreas na área de Jerusalém", reportou o major Geoffrey Sebag-Montefiore, que dispôs guardas em torno dos Lugares Santos. Ele realizou batidas em prostíbulos, que geralmente estavam cheios de soldados australianos, e teve de perder muito tempo investigando casos em que soldados eram acusados de dormir com as moças locais. "Os bordéis ainda dão considerável trabalho", informou a Allenby em junho de 1918. Ele os transferiu para uma área delimitada, a Wazzah, o que tornou mais fácil o policiamento. Em outubro, escreveu que havia "problemas para manter os australianos fora dos bordéis. Um esquadrão agora provê um piquete [patrulha] para a Wazzah". Os relatórios do major Sebag-Montefiore geralmente diziam: "Doença venérea em excesso. Exceto isso, nada a reportar".

Entre os cafés no portão de Jaffa, árabes e judeus debatiam o futuro da Palestina: havia uma vasta gama de opiniões de ambos os lados. Do lado judeu, ela se estendia desde os ultraortodoxos, que desprezavam o sacrílego sionismo, passando por aqueles que vislumbravam colônias judaicas totalmente integradas num Oriente Médio regido pelos árabes, até os nacionalistas extremos, que queriam um Estado hebreu armado governando uma minoria árabe submissa. A opinião árabe variava de nacionalistas e fundamentalistas islâmicos, que queriam a expulsão dos imigrantes judeus, até liberais democráticos, que recebiam de bom grado o auxílio judaico na construção de um Estado árabe. Intelectuais árabes discutiam se a Palestina era parte da Síria ou do Egito. Durante a guerra, um jovem hierosolimita chamado Ihsan Turjman escreveu que "o quediva egípcio deveria ser simultaneamente rei da Palestina e do Hejaz"; todavia, Khalil Sakakini observou que "a ideia de juntar a Palestina à Síria está se espalhando poderosamente". Ragheb Nashashibi fundou a Sociedade Literária, exigindo união com a Síria; os Husseini criaram o Clube Árabe. Ambos eram hostis à Declaração de Balfour.

Em 20 de dezembro de 1917, Sir Ronald Storrs chegou como governador militar de Jerusalém — ou, nas suas palavras, "o equivalente a Pôncio Pilatos".[2]

No saguão do Fast Hotel, Storrs deu de encontro com seu predecessor, o general Barton, ainda de roupão: "Os únicos lugares toleráveis em Jerusalém são a cama e o banho", declarou Barton. Storrs, que privilegiava ternos brancos e abotoaduras extravagantes, achou "Jerusalém em rações de fome", comentando que "os judeus, como sempre, tomaram posse dos trocados". Estava entusiasmado com sua "grande aventura" na cidade, que "permanecia única entre todas as do mundo". Porém, como muitos protestantes, ele gostava da teatralidade da igreja* e encarava o monte do Templo como uma "gloriosa união da Piazza San Marco e da Great Court de Trinity [College, Cambridge]". Storrs sentia que estava predestinado a governar Jerusalém: "Ser capaz de, com uma palavra escrita ou mesmo falada, determinar o certo e o errado, proibir a profanação, promover capacidade e boa vontade, [isso] é empunhar o poder do déspota beneficente de Aristóteles".

Storrs não era o burocrata médio da Agência Colonial. Esse pavão imperial era filho de um vigário e classicista de Cambridge, com uma "visão surpreendentemente cosmopolita — para um inglês". Seu amigo Lawrence, que desprezava a maioria dos funcionários, o descreveu como "o mais brilhante inglês no Oriente Próximo, e sutilmente eficiente, apesar de sua dispersão de energia em amor à música e às letras, escultura, pintura ou qualquer outra coisa bonita na criação mundial". Lembrava-se de ter ouvido Storrs discutir os méritos de Wagner e Debussy em árabe, alemão e francês, mas seu "cérebro intolerante raramente se vergava à dominação". No Egito, suas farpas felinas e intrigas viperinas lhe valeram o apelido de Storrs Oriental, em referência à loja mais desonesta do Cairo. Esse governador militar incomum se dispôs a restaurar a arruinada Jerusalém mediante uma variegada equipe que incluía:

> Um tesoureiro de um banco em Rangum; um ator-gerente; dois assistentes para Thomas Cook; um comerciante de quadros; um instrutor militar; um palhaço; um avaliador de terras; um contramestre de Níger; um destilador de Glasgow; um

* Storrs fez uma empolgante descoberta na igreja. Para grande fúria dos padres gregos, descobriu o túmulo do último cruzado na porta meridional — era um signatário da Magna Carta e tutor de Henrique III chamado Philip d'Aubeny, que participou de três Cruzadas e morreu em Jerusalém em 1236 durante o reinado de Frederico II. Storrs fez o túmulo ser guardado por soldados ingleses.

organista; um corretor de algodão de Alexandria; um arquiteto; um funcionário júnior dos correios de Londres; um motorista de táxi do Egito; dois mestres-escolas e um missionário.

Em apenas poucos meses, Storrs fundou a Sociedade Pró-Jerusalém, financiada pelo negociante de armas armênio Sir Basil Zaharoff e pelos milionários americanos, sra. Andrew Carnegie e J. P. Morgan Jr. Seus objetivos eram impedir que Jerusalém se tornasse uma "Baltimore de segunda".

Ninguém se deliciava mais do que Storrs com os títulos, costumes e cores da cidade. Inicialmente ficou amigo não só dos Husseini,* mas também de Weizmann e até mesmo de Jabotinsky. Storrs pensava que "não havia oficial mais galante, nem mais charmoso e cultivador" do que Jabotinsky. Weizmann concordava que Jabotinsky era "absolutamente não judeu em suas maneiras e comportamento, bastante feio, imensamente atraente, falava bem, teatralmente cavalheiresco, com certo ar de cavaleiro".

No entanto, Storrs considerava a tática sionista "um pesadelo, refletindo o provérbio turco: 'A criança que não chora, não mama'". Os sionistas logo desconfiaram que ele não era simpático à causa. Muitos bretões desprezavam Jabotinsky e os judeus russos que circulavam por Jerusalém com cinturões paramilitares cáqui, e consideravam a Declaração Balfour inviável. Um general britânico solidário entregou a Weizmann um livro — o primeiro encontro do líder sionista com *Os protocolos dos sábios de Sião*.** "O senhor o encontrará no bornal de uma boa quantidade de oficiais britânicos aqui, e eles acreditam no livro", advertiu o general. Ainda não exposto como falsificação, *Os protocolos* era extremamente

* Os Husseini estavam prosperando; eram agora proprietários de mais de 12 500 acres na Palestina. O prefeito Husseini era igualmente popular entre árabes e judeus. Storrs gostava do mufti Kamil al-Husseini, que, até então, era de fato o único líder da escola Hanafi de lei islâmica (favorecida pelos otomanos); há quatro dessas escolas. Storrs o promoveu a grão-mufti não só de todas as quatro escolas em Jerusalém, mas de toda a Palestina. O mufti requereu que seu irmão mais novo, Amin al-Husseini, se juntasse ao príncipe Faisal em Damasco quando a cidade caiu; Storrs concordou.

** Quando *Os protocolos* foi publicado em inglês, tornou-se influente na Grã-Bretanha e nos Estados Unidos (apoiado por Henry Ford), até que em agosto de 1921 o *Times* de Londres o expôs como falsificação. O livro tinha sido publicado na Alemanha em 1919, e Hitler acreditava que ele continha a verdade acerca dos judeus, explicando em *Mein Kampf* que a alegação de falsidade "é a prova mais segura de que são genuínos". Quando foi publicado em árabe em 1925, o patriarca latino de Jerusalém recomendou o livro aos membros de sua congregação.

plausível, com a Grã-Bretanha apoiando o sionismo e a Rússia bolchevique aparentemente dominada por comissários judeus.

Storrs era "muito mais sutil", observou Weizmann. "Era amigo de todo mundo." Mas o governador reclamou de estar "sofrendo um pogrom", e esses turbulentos "sionistas de samovar" nada tinham em comum com Disraeli. Quando o governador contou ao primeiro-ministro acerca das queixas árabes e judaicas, Lloyd George vociferou: "Bem, se algum dos lados parar de se queixar, você será demitido".

Apesar do alarme árabe em relação à Declaração Balfour, Jerusalém permaneceu tranquila durante dois anos. Storrs supervisionou a restauração das muralhas e do Domo, a instalação de iluminação nas ruas, a criação de Clube de Xadrez de Jerusalém e a derrubada com dinamite da torre de vigia do portão de Jaffa. Ele saboreou seu poder especialmente em rebatizar Jerusalém: "Quando os judeus quiseram renomear o Fast Hotel [de] 'Rei Salomão' e os árabes [de] 'Sultão Suleiman' [Suleiman, o Magnífico], cada um dos quais excluindo a outra metade de Jerusalém, a ordem foi chamá-lo de 'O Allenby'". Storrs chegou a montar um coro de freiras que ele próprio dirigia, e tentou servir de mediador das rixas cristãs na Igreja, aderindo à divisão do sultão de 1852. Isso satisfez os ortodoxos mas desagradou aos católicos. Quando Storrs visitou o Vaticano, o papa o acusou de poluir Jerusalém introduzindo cinemas ímpios e quinhentas prostitutas. O britânico jamais conseguiu resolver as mesquinhas contendas entre grupos.*

O status real da Palestina, para não dizer Jerusalém, estava longe de ser decidido. Picot forçou mais uma vez a reivindicação gálica sobre a cidade. Os britânicos não tinham ideia, insistia ele, de quanto os franceses haviam se regozijado com a captura de Jerusalém. "Pense então no que deve ter sido para nós que a tomamos!", retorquiu Storrs. Picot tentou em seguida assegurar a proteção francesa aos católicos, comandando de um trono especial um *Te Deum* na igreja; mas o esquema veio abaixo quando os franciscanos se recusaram a cooperar.

* Os gregos discutiam com os armênios sobre uma divisão da tumba da Virgem. Os armênios rivalizavam com os jacobitas siríacos acerca do cemitério no monte Sião e a posse da capela de São Nicodemo na igreja, onde os ortodoxos e católicos brigavam em torno do uso da escadaria setentrional do Calvário e a propriedade de uma faixa de solo no arco oriental entre as capelas ortodoxa e latina ali. Os armênios disputavam com os ortodoxos pela propriedade de uma escadaria a leste da entrada principal — e pelo direito de varrê-la. Os coptas debatiam com os etíopes por causa do precário teto do mosteiro destes últimos.

Quando o prefeito morreu inesperadamente de pneumonia (talvez contraída durante as inúmeras rendições debaixo de chuva), Storrs nomeou seu irmão, Musa Kazem al-Husseini. Mas o impressionante novo prefeito, que servira como governador nas províncias otomanas de Anatólia a Jaffa, foi pouco a pouco assumindo a liderança da campanha contra os sionistas. Os hierosolimitas árabes depositaram suas esperanças num reino da Síria Maior governado pelo príncipe Faisal, amigo de Lawrence. No Primeiro Congresso de Associações Muçulmano-Cristãs, realizado em Jerusalém, os delegados votaram por aderir à Síria de Faisal. Os sionistas, ainda insistindo irrealisticamente na aceitação de seu estabelecimento na terra pela maioria dos árabes, tentaram apaziguar os temores locais. Os britânicos incentivaram gestos amigáveis de ambos os lados. Weizmann encontrou-se com o grão-mufti e o reassegurou de que os judeus não ameaçariam os interesses árabes, presenteando-o com um Alcorão antigo.

Em junho de 1918, Weizmann atravessou o deserto para encontrar-se com Faisal, na presença de Lawrence, em seu acampamento perto de Ácaba. Foi o início daquilo que Weizmann exageradamente chamou de "uma duradoura amizade". Explicou que os judeus desenvolveriam o país sob proteção britânica. Em particular, Faisal via uma grande diferença entre o que Lawrence chamava de "judeus da Palestina e colonos da Palestina: para Faisal o ponto importante é que os primeiros falam árabe, e os últimos, iídiche germânico". Faisal e Lawrence esperavam que xerifianos e sionistas pudessem cooperar para construir um reino da Síria. Lawrence explicou: "Eu encaro os judeus como portadores naturais do fermento ocidental tão necessário para os países no Oriente Próximo". Weizmann recorda-se de que "a relação de Lawrence com o sionismo era muito positiva", pois acreditava que "os árabes tinham muito a ganhar com uma pátria judaica".

Na cúpula do oásis, Faisal "aceitou a possibilidade de futuras reivindicações judaicas ao território da Palestina". Mais tarde, quando os três homens se reuniram novamente em Londres, Faisal concordou que a Palestina podia absorver "de 4 a 5 milhões de judeus sem comprometer os direitos da população camponesa árabe. Por nenhum momento pensou que houvesse escassez de terra na Palestina", e aprovou uma presença majoritária judaica na Palestina dentro do reino da Síria — contanto que ele ficasse com a coroa. A Síria era o prêmio, e Faisal ficou feliz em negociar para assegurá-lo.

A diplomacia de Weizmann inicialmente deu frutos. Ele brincou dizendo que "um Estado judeu sem uma universidade é como Mônaco sem cassino".

Assim, em 24 de julho de 1918, Allenby o conduziu em seu Rolls-Royce até o monte Scopus. Ali foi lançada a pedra fundamental da Universidade Hebraica pelo mufti, pelo bispo anglicano, dois rabinos-chefes e o próprio Weizmann. Mas observadores notaram que o mufti parecia desgostoso. Ao longe, a artilharia otomana ressoava enquanto os convidados cantavam "Deus Salve o Rei" e o hino sionista *Hatikvah* [A Esperança]. "Abaixo de nós, jazia Jerusalém", disse Weizmann, "brilhando como uma joia."

Os otomanos ainda combatiam poderosamente na Palestina, enquanto na Frente Ocidental não havia sinal de vitória. Ao longo desses meses, Storrs às vezes era informado pelo seu criado que havia "um beduíno" esperando por ele. Aí encontrava Lawrence, lendo seus livros. O beduíno inglês então desaparecia tão misteriosamente quanto surgira. Naquele mês de maio em Jerusalém, Storrs apresentou Lawrence ao jornalista americano Lowell Thomas, que pensou que "ele poderia ser um dos apóstolos mais jovens retornando à vida". Thomas mais tarde ajudaria a criar a lenda de Lawrence da Arábia.

Somente em setembro de 1918 é que Allenby retomou a ofensiva, derrotando os otomanos na Batalha de Megido. Milhares de prisioneiros alemães e otomanos foram obrigados a marchar pelas ruas de Jerusalém. Storrs comemorou "tocando no meu Steinway um *medley* de 'Vittoria', da *Tosca*, das Marchas de Handel de Jeftah e Scipio, a 'Marcha Nupcial' de Parry da Pássaros de Aristófanes". Em 2 de outubro, Allenby permitiu que Faisal — rei designado da Síria — e o coronel Lawrence libertassem Damasco com seus xerifianos. Mas, como Lawrence suspeitava, a verdadeira tomada de decisões havia começado bem longe. Lloyd George estava determinado a manter Jerusalém. Lorde Curzon mais tarde se queixou: "O primeiro-ministro fala de Jerusalém com quase o mesmo entusiasmo que fala de suas colinas nativas".

Quando a Alemanha finalmente se curvou, as pressões já tinham começado. No dia em que foi assinado o armistício, 11 de novembro, Weizmann, que já tinha uma audiência marcada antes desse portentoso momento, encontrou Lloyd George chorando na Downing Street, 10, lendo os Salmos. Lawrence angariava funcionários em Londres para ajudar na causa árabe. Faisal estava em Paris para apresentar seu caso aos franceses. Mas quando os britânicos e franceses entraram em choque em Paris acerca da divisão do Oriente, Lloyd George protestou, afirmando que havia sido a Grã-Bretanha que conquistara Jerusalém: "Os outros governos tinham apenas colocado alguns policiais crioulos para cuidar de que não roubássemos o Santo Sepulcro".

47. Os vitoriosos e os despojos (1919-20)

WOODROW WILSON EM VERSALHES

Reunindo-se em Londres algumas semanas depois, Lloyd George e o primeiro-ministro francês Georges Clemenceau fizeram uma feira de trocas do Oriente Médio. Em retribuição à Síria, Clemenceau foi obsequioso:

Clemenceau: "Diga-me o que você quer".
Lloyd George: "Quero Mossul".
Clemenceau: "Você terá. Algo mais?".
Lloyd George: "Sim, também quero Jerusalém!".
Clemenceau: "Você terá".

Em janeiro de 1919, Woodrow Wilson, o primeiro presidente dos Estados Unidos a deixar a América durante o exercício do cargo, chegou a Versalhes para firmar a paz com Lloyd George e Clemenceau. Os protagonistas do Oriente Médio foram até lá para tentar influenciar os vencedores: Faisal, acompanhado de Lawrence, empenhava-se para impedir o controle da França sobre a Síria; Weizmann tinha esperança de manter a Grã-Bretanha na Palestina e obter reconhecimento internacional para a Declaração Balfour. A simples presença de Lawrence como assessor de Faisal, trajando uniforme britânico combinado com uma cobertura de cabeça árabe, foi um insulto para os franceses. Tentaram fazer com que fosse banido da conferência.

Wilson, um idealista professor da Virgínia que se tornou político democrata e agora árbitro internacional, proclamou que "todo acordo territorial resultante desta guerra deve ser feito nos interesses e em benefício das populações envolvidas". Ele se recusou a aprovar um retalhamento imperial do Oriente Médio. Os três potentados logo vieram a alimentar ressentimentos mútuos. Wilson considerava Lloyd George "escorregadio". Clemenceau, com seus 78 anos, espremido entre o pretenso justiceiro Wilson e o ávido por terras Lloyd George, reclamou: "Eu me encontro entre Jesus Cristo e Napoleão Bonaparte". O galês brincalhão e o almofadinha americano se deram melhor: Lloyd George admirava o idealismo deste último — contanto que a Grã-Bretanha obtivesse o que queria. Numa sala em Paris revestida de madeira e abarrotada de livros, esses senhores do Olimpo moldariam o mundo — uma perspectiva que divertia o cínico Balfour enquanto observava, arrogante, "três homens todo-poderosos e ignorantes retalhando continentes".

As ambições de Clemenceau eram tão desavergonhadas quanto as de Lloyd George. Quando Clemenceau concordou em se encontrar com Lawrence, justificou sua reivindicação pela Síria explicando que os franceses haviam governado a Palestina nas Cruzadas: "Sim", respondeu Lawrence, "mas as Cruzadas fracassaram". Além disso, os cruzados jamais tomaram Damasco, alvo primordial de Clemenceau e coração das aspirações nacionais árabes. Os franceses ainda tinham esperança de compartilhar Jerusalém nos termos de Sykes-Picot, mas agora os britânicos rejeitavam totalmente esse tratado.

O presidente dos Estados Unidos, filho de um ministro presbiteriano, havia endossado a Declaração Balfour: "E pensar que eu, filho do ancião", disse Wilson, "teria a possibilidade de restaurar a Terra Santa para seu povo". Ele era influenciado tanto pelo hebraísmo protestante como pelo seu conselheiro, Louis Brandeis, um judeu do Kentucky que havia sido nomeado por Wilson para a Suprema Corte. Brandeis, conhecido como "advogado do povo", era um modelo incorruptível da erudição e do serviço público americanos, mas em 1914 apenas 15 mil dos 3 milhões de judeus americanos eram membros da Federação Sionista Americana. Em 1917, centenas de milhares de judeus norte-americanos tinham se envolvido na causa; cristãos evangélicos faziam pressão em favor do sionismo;

o ex-presidente Teddy Roosevelt, que visitara a Cidade Santa com os pais quando menino, apoiava um "Estado sionista em torno de Jerusalém".

No entanto, Wilson se deparou com uma dolorosa contradição entre o sionismo e a autodeterminação dos árabes. A certa altura, os britânicos sugeriram um mandato americano — palavra nova para descrever algo entre um protetorado e uma província. Wilson chegou a considerar a possibilidade. Mas, diante da avidez anglo-francesa pela Palestina e Síria, enviou uma comissão americana para investigar as aspirações árabes. A Comissão King-Crane, liderada por um fabricante de válvulas de Chicago, presidente do Oberlin College, relatou que a maioria dos árabes palestinos e sírios desejava viver no reino de Faisal da Grande Síria — sob proteção americana. Mas essas descobertas provaram ser irrelevantes quando Wilson fracassou em conter seus aliados imperialistas. Ainda foram necessários dois anos para a nova Liga das Nações confirmar que os britânicos tinham ficado com a Palestina e os franceses com a Síria — o que Lawrence chamou de "barganha do mandato".

Em 8 de março de 1920, Faisal foi proclamado rei da Síria (incluindo Líbano e Palestina), nomeando o hierosolimita Said al-Husseini como seu ministro do Exterior, enquanto o irmão do mufti, Amin, tinha servido por um breve período na corte real. A empolgação gerada pela criação desse novo reino encorajou os árabes palestinos a se contrapor à ameaça sionista. Weizmann advertiu que poderia haver problemas. Jabotinsky e o ex-revolucionário russo Pinhas Rutenberg* criaram uma força de autodefesa judaica com seiscentos homens. Mas Storrs ignorou as sirenes de alarme.

STORRS: OS TUMULTOS DE NABI MUSA — PRIMEIROS TIROS

Na manhã do domingo de 20 de abril de 1920, numa cidade tensa, com peregrinos judeus e cristãos, 60 mil árabes se juntaram para a festividade de Nabi

* Storrs chamava Rutenberg — um revolucionário socialista russo que foi nomeado por Kerensky em 1917 como vice-governador de Petrogrado — de "o mais extraordinário deles todos". Ele comandara o Palácio de Inverno antes de ser varrido pelos Guardas Vermelhos de Trótski. Rutenberg era "atarracado, sempre vestia preto, cabeça forte como granito, fala baixa e ameaçadora, brilhante e fascinante", mas também "versátil e violento". Em 1922, Churchill apoiou Rutenberg, que era engenheiro, em sua requisição de fundar as obras hidrelétricas que geraram grande parte da energia na Palestina.

Musa, conduzida pelos Husseini. O cronista Wasif Jawhariyyeh os observou cantando músicas de protesto contra a Declaração Balfour. O irmão mais novo do mufti, Haj Amin al-Husseini, incitou a multidão, segurando um retrato de Faisal: "Este é o vosso rei!". A multidão inundava a Cidade Velha e berrava: "A Palestina é nossa terra, os judeus são nossos cães!". Um velho judeu foi surrado com paus.

De repente, "o furor virou loucura", recordou Khalil Sakakini. Muitos empunhavam adagas e bastões, gritando: "A religião de Maomé foi fundada pela espada!". A cidade, observou Jawhariyyeh, "virou um campo de batalha". A turba entoava "Morte aos judeus!". Sakakini e Wasif detestavam violência, e estavam começando a abominar não só os sionistas mas também os britânicos.

Storrs saiu de manhã do serviço religioso na Igreja anglicana para encontrar uma Jerusalém fora de controle. Correu para seu quartel-general no Asilo Austríaco, sentindo como se alguém "tivesse enfiado uma espada no meu coração!". Ele contava com apenas 188 policiais em Jerusalém. Tendo o tumulto se intensificado no decorrer do dia seguinte, os judeus ficaram com medo de serem eliminados. Weizmann irrompeu no escritório de Storrs para exigir auxílio; Jabotinsky e Rutenberg agarraram suas pistolas e reuniram duzentos homens no quartel da polícia no Complexo Russo. Quando Storrs baniu as armas, Jabotinsky começou a patrulhar a Cidade Velha, trocando tiros com atiradores árabes — esse foi o dia em que os tiroteios realmente começaram. Na Cidade Velha, algumas ruas do Bairro Judeu estavam sitiadas, e invasores árabes violentaram algumas moças judias. Nesse meio-tempo, os britânicos tentavam policiar a cerimônia do Fogo Sagrado, mas quando um siríaco moveu uma cadeira copta, "o inferno desandou", e as portas da igreja pegaram fogo com a rixa. Quando um oficial britânico deixava a igreja do Santo Sepulcro, uma garotinha árabe caiu de uma janela próxima, atingida por uma bala perdida.

Um dos recrutas de Jabotinsky, Nehemia Rubitzov, junto com um colega, cobriu suas pistolas com bandagens médicas brancas, entrando na Cidade Velha numa ambulância para organizar a defesa. Rubitzov, nascido na Ucrânia, fora recrutado por Ben-Gurion para a Legião Judaica, mudando seu nome para Rabin. Agora, acalmando os judeus aterrorizados, ele encontrou e resgatou "Rosa, a Vermelha" Cohen, uma indômita ex-bolchevique que acabara de chegar da Rússia: eles se apaixonaram e se casaram. "Eu nasci em Jerusalém", dizia seu filho, Yitzhak Rabin [ou Isaac Rabin], que, muitos anos depois, como chefe do Estado-Maior israelense, capturaria Jerusalém.[1]

Quando os tumultos amainaram, havia cinco judeus e quatro árabes mortos, 216 judeus e 23 árabes feridos. Como consequência, 39 judeus e 161 árabes foram julgados pela sua participação naqueles que vieram a ser conhecidos como os tumultos de Nabi Musa. Storrs ordenou batidas nas casas de Weizmann e Jabotinsky, e este foi considerado culpado por posse de armas e condenado a quinze anos de prisão. O jovem Amin Husseini — "principal fomentador" dos tumultos, nas palavras de Storrs — foi condenado a dez anos, mas fugiu de Jerusalém. Storrs demitiu o prefeito Musa Kazem Husseini, embora os britânicos tenham ingenuamente culpado os bolcheviques judeus da Rússia pela violência.

O liberal Weizmann e o socialista Ben-Gurion continuaram na esperança de um lar nacional que evoluísse gradualmente e um convívio possível com os árabes. Ben-Gurion recusava-se a reconhecer o nacionalismo árabe; queria que trabalhadores árabes e judeus compartilhassem "uma vida de harmonia e amizade", mas às vezes exclamava: "Não há solução! Nós queremos que o país seja nosso. Os árabes querem que seja deles". Os sionistas agora começavam a reorganizar seu velho Hashomer — o Guarda — numa milícia mais eficiente, a Haganah — a Defesa.

Cada ato de violência alimentava extremistas de ambos os lados. Jabotinsky realmente reconhecia que o nacionalismo árabe era tão real quanto o sionismo. Argumentava de maneira implacável que o Estado judeu, que para ele deveria abranger ambas as margens do Jordão, sofreria violenta oposição e só poderia ser defendido com uma "muralha de ferro". Em meados dos anos 1920, Jabotinsky se separou para formar a União dos Sionistas Revisionistas com um movimento juvenil, o Betar, que usava uniformes e fazia paradas no estilo militar. Ele queria criar uma nova espécie de judeu ativista, não mais dependente da pressão suave de Weizmann. Jabotinsky era irredutível quanto a construir sua nação judaica com "absoluta igualdade" entre os dois povos, e sem deslocamento dos árabes. Quando Benito Mussolini chegou ao poder em 1922, Jabotinsky zombou do culto ao Duce — "líder, a mais absurda das palavras inglesas. Búfalos seguem um líder. Homens civilizados não têm 'líderes'". Todavia, Weizmann chamava Jabotinsky de "fascista", e Ben-Gurion o apelidou de *Il Duce*.

O rei Faisal, esperança dos nacionalistas árabes, estava condenado, por determinação francesa, de possuir a Síria. Os franceses expulsaram o rei à força e arrasaram seu exército de gentalha, completando o colapso dos planos de Lawrence. O fim da Grande Síria e os tumultos ajudaram a formar uma identidade nacional palestina.*

Em 24 de abril de 1920, na Conferência de San Remo, Lloyd George aceitou o Mandato para administrar a Palestina, com base na Declaração Balfour, e nomeou Sir Herbert Samuel como primeiro alto comissário. Ele chegou à estação de Jerusalém em 30 de junho, resplandecente em seu uniforme branco, capacete com penacho e espada, ao troar de uma salva de dezessete tiros de canhão. Samuel pode ter sido judeu e sionista, mas não era nenhum sonhador: Lloyd George o achava "seco e frio". Um jornalista pensou que ele era "livre de paixões como uma ostra", e um de seus oficiais comentou que ele era "rígido — parecia incapaz de esquecer sua função oficial". Quando o governador militar lhe entregou o controle da Palestina, Samuel conseguiu soltar uma das suas raríssimas piadas registradas, assinando um recibo que dizia: "Recebida do major-general Sir Louis J. Bols K. C. B., Uma Palestina, completa". Então acrescentou "E e O [Erros e Omissões] excluídos", mas haveria muito, e de ambos.

De início, o tato sereno de Samuel acalmou a Palestina após o choque de Nabi Musa. Estabelecendo a sede do governo na Augusta Victoria no monte das Oliveiras, Samuel libertou Jabotinsky, perdoou Amin Husseini, limitou temporariamente a imigração judaica e tranquilizou os árabes. Os interesses britânicos já não eram os mesmos que os de 1917. Curzon, agora secretário do Exterior, opunha-se a um apoio pleno ao sionismo e diluiu as promessas de Balfour. Haveria um lar judaico, mas nada de Estado, nem naquela ocasião nem depois. Weizmann sentiu-se traído, mas os árabes consideravam isso ainda mais desastroso. Em 1921, 18 500 judeus chegaram à Palestina. Durante os oito anos seguintes, Samuel permitiu a entrada de mais 70 mil.[2]

Na primavera de 1921, o superior de Samuel, Winston Churchill, secretário de Estado para assuntos coloniais, chegou a Jerusalém acompanhado de seu assessor Lawrence da Arábia.

* A palavra "palestino" veio a se referir à nação árabe palestina, mas durante a primeira metade do século XX os judeus ali residentes eram conhecidos como palestinos ou judeus palestinos, e os árabes, como árabes palestinos. Nas memórias de Weizmann (publicadas em 1949), quando ele escreve "palestino", refere-se aos judeus. Um jornal sionista tinha o nome *Palestine*, e um árabe, *Filistin*.

CHURCHILL CRIA O ORIENTE MÉDIO MODERNO: A SOLUÇÃO XERIFIANA DE LAWRENCE

"Eu gostava muito de Winston Churchill", dizia mais tarde Lawrence, "e tenho enorme respeito por ele." Churchill já havia desfrutado uma carreira de aventuras e fanfarronices, de presunçosa autopromoção e irrepreensível sucesso. Agora, com quase cinquenta anos, o secretário colonial era confrontado com o punitivo custo em sangue e riqueza de proteger um novo império: o Iraque já estava nas garras de uma sangrenta insurgência contra a dominação britânica. Churchill convocou portanto uma conferência no Cairo para atribuir algum poder aos governantes árabes sob influência britânica. Lawrence propôs a Faisal um novo reino do Iraque.

Em 12 de março de 1920, Churchill convocou seus especialistas em assuntos árabes para uma reunião no Semiramis Hotel, durante a qual um par de filhotes de leão somali brincava aos seus pés. Churchill apreciava o luxo, sem o menor desejo de provar "sobremesas ingratas", mas Lawrence detestava isso. "Ficamos num hotel feito de mármore e bronze", escreveu. "Muito caro e luxuoso — lugar horrível. Faz de mim um bolchevique. Todo mundo do Oriente Médio está aqui. Depois de amanhã vamos para Jerusalém. Somos uma família feliz: concordamos em tudo o que é importante" — em outras palavras, Churchill aceitara a "solução xerifiana": Lawrence finalmente viu alguma honra restaurada na esteira das promessas britânicas quebradas feitas ao xerife e seus filhos.

O velho xerife, rei Hussein do Hejaz, não era páreo para os guerreiros wahabi liderados pelo chefe saudita Ibn Saud.* Quando seu filho Abdullah tentou repelir os sauditas com 1350 combatentes, foram derrotados: Abdullah teve de fugir com a roupa de baixo pelos fundos de sua tenda, sobrevivendo "por milagre". Eles haviam planejado que Faisal governaria a Síria-Palestina e que Abdullah seria rei do Iraque. Agora que Faisal estava chegando ao Iraque, nada restava para Abdullah.

* O idoso Hussein tornou-se o Rei Lear da Arábia, obcecado com a ingratidão filial e a perfídia britânica. Lawrence, em sua última missão, foi enviado para persuadir o amargo rei a aceitar a hegemonia anglo-francesa ou perder a ajuda financeira britânica. O rei chorou, enfureceu-se e recusou. Pouco depois, Hussein foi derrotado por Ibn Saud e abdicou em favor de seu filho mais velho, que se tornou o rei Ali. Mas os sauditas conquistaram Meca, Ali foi expulso e Ibn Saud declarou-se rei do Hejaz e, em seguida, da Arábia Saudita. Os dois reinos ainda são governados por suas famílias — a Arábia Saudita e a Jordânia hachemita.

Enquanto a conferência de Churchill tinha lugar no Cairo, Abdullah liderou trinta oficiais e duzentos beduínos até a atual Jordânia (tecnicamente parte do Mandato britânico) para abocanhar seu magro feudo — ainda que lorde Curzon achasse que "ele era galo demais para um monturo tão mirrado". A notícia dessa investida apresentou a Churchill um *fait accompli*. Lawrence aconselhou Churchill a apoiar Abdullah. Churchill despachou Lawrence para convidar o príncipe para encontrar-se com ele em Jerusalém.

À meia-noite de 23 de março, Churchill e sua esposa Clementine partiram de trem para Jerusalém, sendo recebidos em Gaza por entusiásticas multidões que gritavam "Vivas ao ministro" e "Abaixo os judeus! Cortem suas gargantas!". Sem entender nada, Churchill retribuía acenando com distraída cordialidade.

Em Jerusalém, o ministro ficou com Samuel na fortaleza Augusta Victoria, onde se reuniu quatro vezes com "o moderado e amigável" Abdullah, esperançoso ocupador da Transjordânia, escoltado por Lawrence. Abdullah, que tinha esperanças de um império hachemita, pensava que a melhor maneira de judeus e árabes viverem juntos seria em um reino sob seu governo, sendo a Síria adicionada mais tarde. Churchill lhe ofereceu a Transjordânia com a condição de que reconhecesse a Síria francesa e a Palestina britânica. Abdullah concordou relutante, ao que Churchill respondeu criando um novo país: "Amir Abdullah está na Transjordânia", recordava ele, "onde eu o botei em um domingo à tarde, em Jerusalém". A missão de Lawrence, que finalmente conseguira pastorear Faisal e Abdullah a dois tronos, estava completa.*

Os árabes palestinos fizeram uma petição a Churchill alegando, na tradição dos forjados *Os protocolos dos sábios de Sião*, que "o judeu é judeu no mundo todo", que "os judeus têm estado entre os mais ativos advogados da destruição em muitos países" e que os sionistas queriam "controlar o mundo". Churchill rece-

* O americano de 25 anos Lowell Thomas, do Colorado, fez fortuna lançando *A última Cruzada*, um espetáculo itinerante que narrava as lendárias aventuras de "Lawrence da Arábia". Um milhão de pessoas assistiu ao espetáculo em Londres, e mais ainda nos Estados Unidos. Lawrence o desprezou e adorou, assistindo-o cinco vezes. "Vi seu espetáculo e graças a Deus as luzes estavam apagadas", escreveu. "Ele inventou uma fantasia tola, um ídolo de matinês de roupa extravagante." Lawrence terminou suas memórias usando o velho título *Os sete pilares da sabedoria*, obra melosamente barroca, embora poética, que era uma mistura de história, confissão e mitologia — "Prefiro mentiras à verdade, particularmente no que diz respeito a mim", brincava ele. Ainda assim, mesmo com todas as suas falhas, é uma obra-prima. Posteriormente, Lawrence mudou de nome, entrou para a força aérea e se recolheu à obscuridade, morrendo num desastre de motocicleta em 1935.

beu os hierosolimitas sob auspícios do ex-prefeito, Musa Kazim al-Husseini, mas insistiu que "é manifestamente correto que os judeus devam ter um lar nacional, um grande acontecimento no destino da humanidade".

O pai de Churchill* o imbuíra de admiração pelos judeus, e ele via o sionismo simplesmente como resultado de dois milênios de sofrimento. Durante o "perigo vermelho", depois que Lênin criou a União Soviética, ele acreditava que o judeu sionista era "o antídoto" para a "tola macaquice do bolchevismo", um "movimento judaico" liderado por um diabólico chamado "Judeu Internacional".

Churchill adorou Jerusalém, onde "jaz o pó dos califas, cruzados e macabeus!", declarou ele na abertura do cemitério militar britânico no monte Scopus. Sentia especial atração pelo monte do Templo, que visitava sempre que possível, lamentando cada momento longe dele. Antes de retornar à Inglaterra, durante uma reunião de seu séquito no monte das Oliveiras, soube que o mufti de Jerusalém havia morrido inesperadamente. Storrs já havia tirado o prefeito Husseini do cargo, de modo que pareceu precipitado tirar também o posto de mufti. Além disso, os britânicos eram atraídos pela ascendência das famílias de Jerusalém, que lembravam sua própria pequena nobreza. Samuel e Storrs, portanto, fizeram um arranjo para que o prefeito e o mufti fossem escolhidos de cada uma das duas famílias proeminentes: seus feudos os transformariam nos Montéquios e Capuletos de Jerusalém.[3]

* Lorde Randolph Churchill tornou-se amigo dos Rothschild e outros quando isso ainda era malvisto entre aristocratas. Ao chegar a uma festa, um aristocrata o cumprimentou. "O quê, lorde Randolph, não trouxe seus amigos judeus?!"; a que Randolph retrucou: "Não, não creio que eles fossem apreciar a companhia".

48. O Mandato britânico (1920-36)

O MUFTI VERSUS O PREFEITO: AMIN HUSSEINI VERSUS RAGHEB NASHASHIBI

O homem que escolheram como prefeito era a própria personificação do bon-vivant árabe: Ragheb Nashashibi fumava cigarros numa piteira, portava uma bengala e foi o primeiro hierosolimita a possuir uma limusine americana, um Packard verde, sempre guiado por seu chofer armênio. O afável Nashashibi, herdeiro de pomares de laranjas e mansões da mais recente porém mais rica das famílias,* fluente em francês e inglês, havia representado Jerusalém no Parlamento otomano, e contratara Wasif para organizar suas festas e dar aulas de *oud* para ele e sua amante. Agora que era prefeito, dava duas festas por ano, uma para os amigos e outra para o alto comissariado. Como veterano ativista contra o sionismo, levava a sério seu papel de senhor hierosolimita e líder palestino.

* Os Nashashibi alegavam descender de um potentado mameluco do século XIII, Nasir al-Din al-Naqashibi, que servira como superintendente dos Dois Harams (Jerusalém e Hebron). Na verdade descendiam de mercadores do século XVIII que fabricavam arcos e flechas para os otomanos. O pai de Ragheb tinha feito uma imensa fortuna e casou-se com uma Husseini.

O homem escolhido como grão-mufti era o rico primo de Nashashibi, Haj Amin Husseini. Storrs apresentou o jovem agitador dos tumultos de Nabi Musa ao alto comissário, que ficou impressionado. Husseini era "delicado, inteligente, bem-educado, bem vestido, com um sorriso brilhante, cabelo claro, olhos azuis, barba ruiva e um oblíquo senso de humor", recorda-se o sobrinho do prefeito Nassereddin Nashashibi. "Todavia, ele contava suas piadas com olhos frios." Husseini perguntou a Samuel: "O que o senhor prefere — um oponente declarado ou um amigo furtivo?". Samuel replicou: "Um oponente declarado". Weizmann comentou secamente que, "apesar do provérbio, gatunos que viram guardas nem sempre dão certo". Husseini acabou se revelando, nas palavras do historiador libanês Gilbert Achcar, "um megalomaníaco que se apresentava como líder de todo o mundo islâmico".

Inconvenientemente, Husseini não ganhou a primeira eleição para mufti, que foi vencida por um Jarallah. Ele ficou em mero quarto lugar, e então os britânicos, que se orgulhavam de seu "totalitarismo temperado com benevolência", simplesmente desconsideraram a eleição e o nomearam, ainda que contasse apenas 26 anos e jamais tivesse terminado seus estudos religiosos no Cairo. Samuel duplicou então seu poder político e financeiro patrocinando sua eleição como presidente de um novo Conselho Supremo Islâmico.

Husseini pertencia à tradição islâmica, e Nashashibi, à otomana. Ambos se opunham ao sionismo, mas Nashashibi acreditava que, em face do poder britânico, os árabes deviam negociar; Husseini, numa trajetória sinuosa e caprichosa, acabou como nacionalista intransigente que se opunha a qualquer compromisso. De início, Husseini fez o papel de aliado britânico passivo, mas em última análise acabaria indo muito além da posição antibritânica de muitos árabes para tornar-se um antissemita racial e abraçar a Solução Final de Hitler para o problema judaico. A façanha mais significativa de Samuel foi promover o mais enérgico inimigo do sionismo e da Grã-Bretanha. Ainda assim, poder-se-ia argumentar que ninguém se mostrou uma calamidade tão divisora para seu próprio povo e um fator tão importante para a luta sionista.[1]

O MUFTI: A BATALHA DO MURO

A primeira geração de procônsules britânicos congratulava-se por ter conseguido domar Jerusalém. Em junho de 1925, Samuel regressou a Londres, declarando, com olímpica ilusão, que "o espírito da ilegalidade cessou". Um ano depois, Storrs deixou uma cidade mais pacífica e mais embelezada, e foi promovido aos governos de Chipre e da então Rodésia do Norte — embora tenha suspirado: "Não há promoção depois de Jerusalém". O novo alto comissário foi o visconde Plumer, um marechal de campo com bigode de leão-marinho apelidado de Old Plum [Velha Ameixa] ou Daddy Plummer [Papai Plummer]. Graças a cortes no seu orçamento, Old Plum teve de manter a ordem na cidade com menos soldados que Samuel, mas irradiava uma calma tranquilizadora ao caminhar alegremente sozinho por Jerusalém. Quando seus oficiais reportavam tensões políticas, ele adotava comportamento de avestruz: "Não há crise política", replicava. "Não criem uma!"

Old Plum aposentou-se devido a más condições de saúde, mas o novo comissário ainda não havia chegado quando a "crise política" materializou-se devidamente. Em 1928, na noite de Kol Nidre, véspera do Yom Kippur, dia da expiação no judaísmo, o *shames* (bedel) judeu no Muro Ocidental — que ostentava o glorioso nome de William Ewart Gladstone Noah — colocou uma pequena tela para dividir fiéis homens e mulheres de acordo com a lei judaica. A tela e as cadeiras para fiéis idosos haviam sido autorizadas em anos anteriores, mas agora o mufti protestou dizendo que os judeus estavam mudando o statu quo.

Os muçulmanos acreditavam que o Muro era o lugar onde Maomé amarrou seu corcel com face humana, o Buraq, durante a Jornada Noturna; no século XIX, porém, os otomanos haviam utilizado o túnel adjacente como estábulo de burros. Legalmente ele pertencia ao *waqf* Abu Maidan desde a época de Afdal, filho de Saladino. Portanto, era "propriedade puramente muçulmana". Mas o medo muçulmano era que o acesso judaico ao Muro levasse a um Terceiro Templo no Haram islâmico, o Har ha-Bait judaico. Todavia, o Muro — o Kotel — era o local mais sagrado do judaísmo, e os judeus palestinos acreditavam que as restrições britânicas, e de fato o exíguo espaço disponível para culto, eram relíquias de séculos de opressão muçulmana que demonstravam por que o sionismo era necessário. Os britânicos chegaram a proibir o toque do *shofar* — o chifre de carneiro — nos Grandes Dias Santos judaicos.

No dia seguinte, o sucessor de Storrs, Edward Keith-Roach, que gostava de chamar a si mesmo de Paxá de Jerusalém, ordenou à sua polícia que desse uma batida no Muro durante o serviço de Yom Kippur, o dia mais santo do ano judaico. Os policiais surraram judeus que rezavam e puxaram as cadeiras debaixo dos fiéis idosos. Não foi o melhor dos momentos britânicos. O mufti rejubilou-se, mas avisou que os judeus planejavam "tomar posse da mesquita de al-Aqsa gradualmente". Assim, lançou uma campanha contra os fiéis judeus, que foram bombardeados com pedras, surrados e perturbados com música em alto volume. Os jovens do Betar de Jabotinsky fizeram demonstrações pelo acesso ao Muro.

Ambos os lados estavam mudando a situação otomana, que não mais refletia a realidade. A imigração judaica e a aquisição de terras haviam elevado compreensivelmente as ansiedades árabes. Desde a Declaração, cerca de 90 mil judeus tinham chegado à Palestina. Só em 1925, os judeus compraram 44 mil acres de terra das famílias de Jerusalém. Uma pequena minoria de nacionalistas religiosos judeus sonhava com um Terceiro Templo, mas a esmagadora maioria simplesmente desejava rezar em seu próprio local sagrado. O novo alto comissário, Sir John Chancellor, de quem se dizia ser parecido com "um ator shakespeariano de bela aparência", pediu ao mufti que vendesse o Muro para que os judeus pudessem fazer ali um pátio. O mufti recusou. Para os judeus, o Kotel era o símbolo de sua liberdade de rezar e existir em sua própria pátria; para os árabes, o Buraq tornou-se o símbolo da resistência e da nacionalidade.

Maus presságios e claustrofobia pairavam sobre a cidade. "É a altiva e desolada beleza de uma fortaleza encravada nas montanhas no deserto, de tragédia sem catarse", observou Arthur Koestler, um jovem sionista húngaro que vivia em Jerusalém e escrevia para o jornal de Jabotinsky. A "beleza trágica" e a "atmosfera inumana" lhe davam "tristeza de Jerusalém". Koestler ansiava por escapar para a estranha Tel Aviv. Em Jerusalém ele sentia "a face irada de Yahweh, refletindo sobre as rochas quentes".

No verão de 1929, o mufti ordenou a abertura de uma porta que fez do Muro judaico uma passagem para burricos e transeuntes, enquanto os muezins chamavam para as orações e os cânticos sufis eram amplificados sobre as orações judaicas. Judeus eram atacados nas vielas próximas. Por toda a Palestina, milhares deles fizeram manifestações com o lema "O Muro é nosso". Chancellor estava ausente do país quando, em 15 de agosto, uma passeata sionista com trezentos manifestantes, liderada pelo historiador Joseph Klausner (tio de Amós Oz, o escritor israelense) e incluindo membros do Betar, marchou em silêncio rumo ao Muro — guardado pela polícia britânica —, ergueu uma bandeira sionista e entoou canções. No dia seguinte, após as orações da sexta-feira, 2 mil árabes desceram de al-Aqsa e atacaram fiéis judeus, perseguindo-os desde o Muro e surrando aqueles que conseguiam pegar. No dia 17, um menino judeu chutou uma bola num jardim árabe e, indo apanhá-la, foi assassinado. Em seu funeral, jovens judeus tentaram atacar o Bairro Muçulmano.

Nas orações de sexta-feira, 23 de agosto, encorajados pelo mufti, milhares de fiéis saíram em massa de al-Aqsa para atacar judeus. O mufti e seus rivais Nashashibi tentaram alternadamente incitar e conter as multidões: alguns corajosos líderes árabes enfrentaram a turba — sem sucesso. Atacaram o Bairro Judeu, o Montefiore e os subúrbios, onde 31 judeus foram mortos. Num lar hierosolimita, cinco membros da mesma família foram assassinados; em Hebron, 59 judeus foram massacrados. A Haganah, milícia sionista fundada em 1920, revidou. Havia apenas 292 policais britânicos em toda a Palestina, de modo que tropas foram enviadas por avião do Cairo. Ao todo, 131 judeus foram mortos por árabes, enquanto os 116 árabes que morreram foram baleados principalmente por tropas britânicas.

Os tumultos, que os árabes chamaram de Thawrat al-Buraq — o Levante de Buraq —, confundiram os britânicos. "Não sei de ninguém que pudesse ser um bom alto comissário para a Palestina exceto Deus", disse Chancellor a seu filho. A política Balfour estava se desemaranhando. Em outubro de 1930, o Livro Branco do secretário colonial lorde Passfield (antes Sidney Webb, socialista fabiano) propunha restringir a imigração judaica e recuar da criação de um lar nacional judaico. Os sionistas ficaram desesperados. O Levante de Buraq inflamou o extremismo de ambos os lados. A violência e o Livro Branco de Passfield desacreditaram o estilo anglófilo de Weizmann: os sionistas não podiam mais depender dos britânicos e muitos se voltaram para o nacionalismo mais radical de Jabotinsky. No 17º Congresso Sionista, Jabotinsky atacou Weizmann, que tentava convencer o primeiro-ministro Ramsay Macdonald a derrubar o Livro Branco. Macdonald escreveu-lhe uma carta, lida no Parlamento, reconfirmando a Declaração Balfour e reabrindo a imigração judaica. Os árabes a chamaram de "Carta Negra", mas já era tarde demais para salvar Weizmann, que foi então deposto como presidente sionista. Muito magoado, retornou temporariamente à ciência. A Haganah ainda se concentrava em proteger os assentamentos rurais, mas começou a se armar. Frustrados com essas restrições, os militantes nacionalistas se separaram e fundaram o Irgun Tzvaí Leumí, Organização Militar Nacional, inspirada por Jabotinsky, embora tenha se mantido muito pequena. Jabotinsky foi expulso da Palestina em virtude de seus discursos provocativos, mas tornou-se cada vez mais popular entre os jovens judeus na Palestina e na Europa Oriental. No entanto, não foi ele quem substituiu Weizmann, e sim David Ben-Gurion, que emergiu como homem forte da comunidade judaica, da mesma forma que o mufti se tornou o homem forte dos árabes.

Em dezembro de 1931, o mufti apareceu no palco mundial ao presidir como inconteste líder nacional e pan-islâmico sua Conferência Islâmica Mundial no monte do Templo: foi seu melhor momento, e isso lhe subiu à cabeça. Manteve-se radicalmente oposto a qualquer colônia sionista na Palestina, embora seus rivais, o prefeito Nashashibi, os Dajani e os Khalidi argumentavam que a conciliação seria melhor para árabes e judeus. O mufti não tolerava nenhuma oposição, acusando seus rivais de serem traidores pró-sionistas e os Nashashibi de terem sangue judeu em segredo. Nashashibi tentou destituí-lo de seu posto no Conselho Supremo Islâmico mas fracassou, e o mufti começou a excluir seus oponentes de todas as organizações que controlava. Os britânicos, fracos e inseguros, tenderam aos radicais em vez dos moderados: em 1934, o novo alto comissário, Sir Arthur Wauchope, retirou seu apoio a Nashashibi e ajudou na eleição de um dos Khalidi como prefeito. A rivalidade entre os Husseini e os Nashashibi tornou-se ainda mais rancorosa.

O mundo estava escurecendo e as apostas aumentavam. O crescimento do fascismo fazia com que os termos de compromisso parecessem frágeis, e a violência, não só aceitável, mas atraente. Em 30 de janeiro de 1933, Hitler foi indicado chanceler da Alemanha.* Em 31 de maio, apenas dois meses depois, o mufti visitou secretamente o cônsul alemão em Jerusalém, Heinrich Wolff, para declarar que "os muçulmanos dentro da Palestina recebem de braços abertos o novo regime, na esperança de uma disseminação da liderança fascista antidemocrática"; acrescentou que "os muçulmanos esperavam um boicote aos judeus na Alemanha".

Os judeus da Europa ficaram assustados com Hitler. A imigração, que havia diminuído, voltou a crescer, e de uma maneira que alterou de vez o equilíbrio demográfico. Em 1933, 37 mil judeus chegaram à Palestina, e 45 mil em 1934.

* Ele foi ajudado por Von Papen, o oficial que em 1917 tanto quis salvar a reputação germânica em Jerusalém. Papen, que já servira como chanceler, aconselhou o presidente Hindenburg a indicar Hitler, convencido de que ele e sua camarilha aristocrática pudessem controlar os nazistas: "Dentro de dois meses, teremos empurrado Hitler para um beco sem saída, e a tal ponto que ele vai guinchar". Papen tornou-se vice-chanceler de Hitler, mas logo renunciou, vindo a ser o embaixador alemão em Istambul. Foi julgado em Nuremberg, cumpriu alguns anos de prisão e morreu em 1969.

Em 1936 havia 100 mil judeus em Jerusalém, comparados com os 60 mil árabes muçulmanos e cristãos.[2] À medida que a agressão nazista e o antissemitismo ameaçavam a Europa e a tensão na Palestina se intensificava,* Sir Arthur Wauchope passou a governar uma nova Jerusalém, capital da breve era de ouro do Mandato britânico.

A CAPITAL DE WAUCHOPE: CAÇADAS, CAFÉS, FESTAS E TERNOS BRANCOS

Wauchope, um rico solteirão, adorava entreter as pessoas. Ladeado de dois kavasses vestidos de escarlate brandindo bastões dourados, o general de penacho recebia convidados na nova Casa do Governo, um palácio estilo mouro-baronial no monte do Mau Conselho, ao sul da cidade, com uma torre octogonal, tudo em meio a fontes e bosques de acácias e pinheiros. A mansão era um microcosmos inglês com seu salão de baile com piso de parquete, lustres de cristal e uma galeria para a banda da polícia, salões de jantar, salas de bilhar, banheiros separados para ingleses e locais — e o único cemitério de cachorros de Jerusalém criado para uma nação que adora cães. Os convidados vestiam farda ou cartola e casaca. "Dinheiro e champanhe", recordava-se um deles, "corriam como água."

A residência de Wauchope era a peça central de uma Jerusalém modernista criada pelos britânicos a toda velocidade. O velho conde de Balfour tinha ido pessoalmente para a inauguração da Universidade Hebraica no monte Scopus, perto do novo Hospital Hadassah. Uma YMCA em forma de torre fálica foi cons-

* Enquanto os britânicos consideravam limitar a imigração judaica a Sião, Ióssif Stálin construía sua própria Jerusalém soviética. "O czar não deu terra aos judeus, mas nós daremos", anunciou. Suas opiniões eram contraditórias. Num famoso artigo de 1913 sobre nacionalidade, Stálin declarou que os judeus não eram uma nação, mas um povo "místico, intangível e de outro mundo". Uma vez no poder, ele baniu o antissemitismo, que chamou de "canibalismo", e em 1928 aprovou a criação de um lar judeu secular tendo o iídiche e o russo como línguas oficiais. Inaugurada em maio de 1934, a Sião de Stálin, a Região Autônoma Judaica, era uma terra deserta, no Birobidjão, na fronteira com a China. Após a Segunda Guerra Mundial e o Holocausto, seu ministro do Exterior, Viatcheslav Molotov e outros apoiaram a criação de um segundo lar judaico na mais atraente Crimeia — uma Califórnia stalinista —, que, em última análise, fomentou o antissemitismo vicioso de Stálin. No entanto, em 1948, o Birobidjão continha 35 mil judeus. Atualmente sobrevive com poucos milhares de judeus e suas placas ainda são em iídiche.

truída pelo arquiteto do Empire State Building. Os Rockfeller ergueram um museu gótico-mourisco ao norte das muralhas. A King George v Avenue, com suas "esplêndidas lojas, cafés com lustres altos e ricos estabelecimentos", lembrava um jovem hierosolimita chamado Amós Oz, mais tarde o famoso escritor israelense, a "maravilhosa cidade de Londres que eu conhecia de filmes, com judeus e árabes em busca de cultura, misturados com ingleses cultos, onde sonhadoras damas de pescoço fino flutuavam em vestidos de noite". Esses foram os Anos Dourados em Jerusalém, onde petulantes combinavam carro esporte com evangelismo milenarista. "Beldades de harém guiam Fords por Jerusalém", declarou o *Boston Herald*, em entrevista de Bertha Spafford — que, dizia a reportagem, estava "introduzindo carros americanos e embalagens a vácuo aos turcos, dizendo que Deus, e não Balfour, vai mandar os judeus de volta à Palestina".

Jerusalém ainda carecia dos luxos de uma grande cidade, mas em 1930 ganhou seu primeiro hotel de classe internacional: o majestoso Hotel King David, financiado por abastados judeus egípcios e pelo financista anglo-judeu Frank Goldsmith (pai de Sir James), que imediatamente se tornou o ponto chique da cidade, conhecido por seu "estilo bíblico" com decoração assíria, hitita e muçulmana, e seus "altos garçons sudaneses de pantalonas brancas e tarbuche vermelho". Um turista americano teria supostamente acreditado que se tratava do Templo de Salomão renovado. Ragheb Nashashibi cortava seu cabelo ali todo dia. O hotel ajudou a tornar Jerusalém um resort de luxo para os árabes ricos do Líbano e do Egito, cuja decadente família real se hospedava ali com frequência. Abdullah, emir da Transjordânia, ficava regularmente no hotel — o King David sabia tratar de seus camelos e cavalos. Em outubro de 1934, Churchill chegou para ficar com sua esposa e seu amigo lorde Moyne, ele mesmo uma vítima do conflito palestino anos mais tarde. Para não ficar atrás, o mufti construiu seu próprio hotel, o Palace, usando empreiteiros judeus, no sítio do antigo cemitério de Mamilla.

Quando uma judia americana, ex-enfermeira, abriu o primeiro salão de beleza, os camponeses paravam e olhavam, esperando que os manequins na vitrine falassem. A melhor livraria da cidade era dirigida por Boulos Said — pai do intelectual Edward — e seu irmão, e ficava perto do portão de Jaffa, enquanto o mais fino empório de alta-costura era de propriedade de Kurt May e sua esposa, judeus alemães típicos fugidos de Hitler. Ao criar a loja — o nome "May" em destaque acima da porta de entrada, em hebraico, inglês e árabe —, ele importou todos os acessórios da Alemanha, e em pouco tempo passou a atrair as esposas ricas de empresários judeus e procônsules britânicos — e também de Abdullah da Jordânia. Certa vez, o imperador Haile Selassie e seu entourage tomaram conta de toda a loja. Os May eram mais alemães refinados do que sionistas — Kurt chegara a ganhar a Cruz de Ferro na Grande Guerra —, e eram absolutamente não religiosos. Eles moravam em cima da loja: quando sua filha Miriam nasceu, foi amamentada por uma ama de leite árabe, mas quando cresceu seus pais a desestimularam a brincar com os judeus poloneses vizinhos, que não eram "suficientemente refinados". No entanto, Jerusalém ainda era pequena: às vezes, durante a primavera, o pai de Miriam a levava para passear nos arredores da cidade para colher cíclames nas floridas colinas da Judeia. As noites de sexta-feira eram o ponto alto de sua semana social: enquanto os ultraortodoxos rezavam, os May iam dançar no Hotel King David.

Os britânicos comportavam-se como se a Palestina fosse realmente uma província imperial: o brigadeiro Angus McNeil fundou o Ramle Vale Jackal Hounds Hunt — o Clube de Caça do Vale do Ramle —, que caçava raposas e chacais com uma matilha de perdigueiros. No Clube dos Oficiais, convidados sionistas notavam que todas as conversas giravam em torno de caça a patos selvagens, quando não em torno de jogos de polo ou corridas. Um jovem oficial voava para a cidade em seu próprio avião particular.

Os garotos colegiais britânicos, criados nas complexidades de sua própria aristocracia, deliciavam-se nas hierarquias de Jerusalém, especialmente na etiqueta social exigida para jantares na Casa do Governo, onde Sir Harry Luke, vice de John Chancellor, lembra-se de como o mestre de cerimônias anunciava altos comissários, rabinos-chefes, juízes importantes, prefeitos e patriarcas: "Sua Excelência, Sua Beatitude, Suas Eminências, Senhor Lorde Bispo, Sua Paternidade, Ilustríssimo, Reverendíssimo, Honorável, Damas e Cavalheiros".

Essa nova e próspera Jerusalém, com seus 132 661 habitantes em 1931, provou que a administração britânica e a imigração sionista de fato ajudaram a criar uma economia florescente — e também uma crescente imigração árabe para a Palestina, que nessa época foi maior que a judaica, tendo a população árabe crescido ali 10%, o dobro do crescimento que ocorreu na Síria ou no Líbano.* Em dez anos, Jerusalém atraiu 21 mil novos árabes e 20 mil novos judeus — e esse foi

* A Comissão Woodhead de 1938 constatou que, entre 1919 e 1938, a população árabe da Palestina cresceu em 419 mil, e a judia, em 343 mil.

o deslumbrante auge das famílias. Os britânicos se identificavam com as dinastias árabes, os Nusseibeh e Nashashibi, que ainda possuíam 25% da terra e "se encaixavam na ordem social importada pelos britânicos sob medida", escreveu Sari Nusseibeh, mais tarde filósofo palestino. "Os homens pertenciam à mesma sociedade cavalheiresca e, em particular, os oficiais ingleses tendiam a preferi-los aos novos-ricos judeus russos."

As famílias jamais viveram em luxo maior: o pai de Hazem Nusseibeh possuía duas "residências que eram verdadeiros palacetes, com vinte a trinta quartos cada". Os pais haviam sido educados em Constantinopla, os filhos frequentariam a escola pública St. George em Sheikh Jarrah, e depois Oxford. Hazem Nusseibeh, tio de Sari, recorda-se que "era divertido observar a aristocracia efêndi da Jerusalém árabe, trajada durante o verão em ternos de seda bem passados, sapatos lustrosos e gravatas de seda". O irmão de Hazem, Anwar Nusseibeh, cruzava Jerusalém num reluzente Buick, o primeiro da cidade.

Grande parte da classe média árabe, muçulmana e ortodoxa, trabalhava para o Mandato. Moravam em mansões de pedra rosadas no mundo otomano de Sheikh Jarrah, Talbieh, Bakaa e Katamon, subúrbios daquilo que Amós Oz chamou de "uma cidade velada, densa de cruzes, torreões, mesquitas e mistérios", e repleta de "monges e freiras, cádis e muezins, notáveis, mulheres de véu e padres encapuzados". Quando Oz visitou uma família árabe abastada, admirou os "homens de bigode, as mulheres de joias" e "meninas charmosas, de quadris estreitos, unhas vermelhas, penteados elegantes e saias da moda".

"Festas suntuosas, almoços, jantares e recepções" eram dados "o ano todo" pelo historiador George Antonius, um estético "patriota sírio com a lucidez de um fidalgo de Cambridge", e sua "charmosa, linda" e irrepreensível esposa, Katy, filha de um libanês proprietário de jornais egípcios.* Sua *villa* em Sheikh Jarrah, de propriedade do mufti e abastecida com 12 mil livros, era a sede social dos figurões árabes, elites britânicas e visitantes célebres, bem como saguão político

* Antonius, filho de um rico comerciante de algodão libanês cristão, nascido em Alexandria e educado no Victoria College e em Cambridge, amigo de E. M. Forster, foi diretor-assistente de educação para o Mandato. Estava registrando a Revolta Árabe e a traição britânica para seu livro *The Arab Awakening* [O despertar árabe], um dos textos seminais do nacionalismo árabe. Antonius assessorava tanto o mufti como os altos comissários britânicos. Sua filha Soraya escreveu mais tarde aquele que é provavelmente o melhor romance sobre esse período, baseado no meio social de seus pais, *Where the Jinn Consult* [Onde os Jinn deliberam].

para nacionalistas árabes. "Belas mulheres, comida deliciosa, conversas inteligentes: todo mundo que fosse alguém estava ali, nas melhores festas de Jerusalém", lembra-se Nassereddin Nashashibi; "e eles sempre tinham a mais deliciosa e requintada atmosfera". Dizia-se que mantinham um casamento aberto, e os flertes de Katy eram notórios, com uma predileção por ingleses fardados: "Ela era inadequada, curiosa por tudo", lembra-se um velho hierosolimita; "incitava fofocas; vivia arranjando encontros entre as pessoas". Antonius mais tarde contou à sua filha acerca de uma festa dançante, com banda, dada por uma socialite local em que, ao propor um jogo de troca de casais, ele chocou e deixou arrepiados os outros convidados. A ideia era convidar dez casais, mas cada pessoa traria alguém do sexo oposto que não fosse seu cônjuge — e aí veriam o que aconteceria.

O esfriamento do entusiasmo britânico pelo sionismo foi gradativamente alienando os judeus. Talvez o alto comissário Sir John Chancellor tenha sido um retrato típico ao se queixar que os judeus eram "um povo ingrato". Cada bairro judeu pertencia a um país diferente: Rehávia, lar dos professores seculares alemães e oficiais britânicos, era o subúrbio mais desejável, civilizado, calmo e europeu; o Bairro Bucara pertencia à Ásia Central; o hassídico Mea Shearim era maltrapilho, pobre e evocativo da Polônia do século XVII; Zichron Zion era inebriante com seus "cheiros de cozinha pobre asquenazita, de *borscht* [sopa de beterraba], alho, cebola e *sauerkraut* [chucrute]", recorda Amós Oz; Talpiot era "uma réplica hierosolimita de um subúrbio ajardinado berlinense", ao passo que sua própria casa ficava em Kerem Avraham, construído em torno da velha casa do cônsul britânico James Finn, e era tão russa que "parecia pertencer a Tchékhov".

Weizmann chamara Jerusalém de "Babel moderna", mas todos esses diferentes mundos continuaram se misturando, apesar dos espasmos de violência e nuvens agourentas. A Jerusalém cosmopolita, escreveu Hazem Nusseibeh, era "uma das cidades mais excitantes do mundo para se viver". Cafés viviam abrindo, apreciados por uma nova classe de intelectuais, grã-finos e desocupados, financiados por pomares de laranjas pertencentes a suas famílias, artigos de jornais e salários do funcionalismo público. Os cafés apresentavam dança do ventre — tanto a respeitável como a versão mais apimentada —, cantoras de cabaré e de baladas tradicionais, bandas de jazz e cantores populares egípcios. Durante os primeiros anos do Mandato, mal entrando pelo portão de Jaffa, nas proximidades do Hotel Imperial, o extravagante intelectual Khalil Sakakini fazia ponto no Vagabond Café, onde, em meio a golfadas de narguilé e doses de áraque, a aguardente libanesa, esse autodenominado "Príncipe da Indolência" discutia política e expunha sua filosofia hedonista, o Manifesto dos Vagabundos — "Indolência é o lema do nosso partido. A jornada de trabalho é composta de duas horas" —, para em seguida mergulhar "em comida, bebida e prazeres". No entanto, sua indolência ficou limitada quando ele se tornou inspetor de educação da Palestina.

Wasif Jawhariyyeh, o tocador de *oud* com sinecura municipal, abraçara o ócio havia muito: seu irmão abriu o Café Jawhariyyeh na estrada de Jaffa, junto ao Complexo Russo, onde havia um cabaré e uma banda se apresentava. Um frequentador habitual do Postal Café, que ficava nas proximidades, lembrava-se da "clientela cosmopolita; um oficial czarista de barba branca, um jovem funcionário público; um pintor imigrante, uma senhora elegante que não parava de falar das suas propriedades na Ucrânia, e muitos homens e mulheres jovens imigrantes".

Muitos dos britânicos apreciavam essa "verdadeira combinação de culturas", e não menos Sir Harry Luke, que reinava num típico lar hierosolimita: "A babá era do sul da Inglaterra; o mordomo, um russo branco;* o criado, um cipriota turco; Ahmed, o cozinheiro, era um malandro berbere negro; o auxiliar de cozinha era um armênio que nos surpreendeu revelando-se menina; a arrumadeira é russa". Mas nem todo mundo ficava tão encantado: "Eu desgosto inten-

* Jerusalém ainda estava cheia de russos brancos, mas uma grã-duquesa retornou postumamente à sua terra natal. Em 1918, a viúva do grão-duque Serguei, Ella, que se tornara freira, foi detida pelos bolcheviques. Seu crânio foi esmagado e ela foi jogada num poço de mina em Alapaevsk, apenas algumas horas depois que os bolcheviques assassinaram também sua irmã, a imperatriz Alexandra, o imperador Nicolau II e todos os seus filhos. Quando os russos brancos tomaram Alapaevsk, descobriram os cadáveres: o de Ella mal entrara em decomposição. Seu corpo, junto com o de sua dedicada colega de hábito, irmã Bárbara, viajara via Pequim, Bombaim e Porto Said até Jerusalém, onde foi recebido em janeiro de 1921 por Sir Harry Luke, que precisou mudar sua rota através da cidade para evitar protestos pró-bolcheviques por parte de imigrantes judeus. "Dois caixões sem enfeites foram erguidos do trem. A pequena comitiva percorreu as curvas de seu caminho tristemente, sem estorvo, até o monte das Oliveiras", escreveu Louis, marquês de Milford Haven, que, com sua esposa Victoria, ajudou a carregar os caixões. "Camponesas russas, peregrinos sem recursos, gemendo e soluçando, chegavam quase a brigar para alcançar parte do caixão." Os Milford Haven foram os avós do príncipe Filipe, duque de Edimburgo. Elisabeth, a Nova Mártir, foi canonizada e repousa em um sarcófago de mármore branco com tampo de vidro na igreja de Maria Madalena, construída por ela e seu marido. Como ele desejava, seus restos mortais, cobertos por um sudário com delicadas pantufas brancas sobressaindo, jazem em frente ao portão Dourado, prontos para se erguerem novamente no Juízo Final. Algumas de suas sagradas relíquias foram devolvidas ao convento de Marta e Maria em Moscou.

samente de *todos* eles", dizia o general Walter "Squib" Congreve. "Gente bruta. Todo o grupo não vale um único inglês."

BEN-GURION E O MUFTI: O SOFÁ QUE ENCOLHE

O mufti estava no auge do seu prestígio, mas debatia-se para controlar a ampla gama de opiniões árabes. Havia liberais ocidentalizantes como George Antonius; havia marxistas; havia nacionalistas seculares e havia fundamentalistas islâmicos. Muitos árabes detestavam o mufti, mas a maioria vinha se convencendo de que apenas a luta armada poderia frear o sionismo. Em novembro de 1933, o ex-prefeito Musa Kazem Husseini, que de forma alguma era admirador de seu primo — o mufti —, liderou manifestações em Jerusalém que detonaram tumultos nos quais morreram trinta árabes. Quando Musa Kazem morreu no ano seguinte, os árabes perderam um ancião estadista respeitado por todos: "As pessoas choraram um bocado por Musa Kazem", escreveu Ahmed Shuqayri, mais tarde um líder palestino, "enquanto Haj Amim (o mufti) fez muita gente chorar". Mais de 250 mil judeus chegaram à Palestina durante a segunda década do Mandato, duas vezes mais que na primeira. Os árabes — fossem os mais sofisticados da elite hierosolimita, educados em Oxford, ou radicais islâmicos da Irmandade Muçulmana — sentiam agora que os britânicos jamais conteriam a imigração, e tampouco impediriam a cada vez mais sofisticada organização do Yishuv, como era conhecida a comunidade judaica. Para eles, o tempo estava se esgotando. Em 1935, no auge da imigração, chegaram 66 mil judeus. Nessa época mórbida, quando a guerra era muitas vezes vista como um ritual nacional de purificação, até mesmo o intelectual Sakakini e o esteta Jawhariyyeh acreditavam que somente a violência poderia salvar a Palestina. A resposta, escreveu Hazem Nusseibeh, era "a rebelião armada".

Isso foi confrontado pelo idoso Weizmann, outra vez presidente sionista, embora o poder estivesse com David Ben-Gurion, recentemente eleito presidente executivo da Agência Judaica, a maior autoridade para o Yishuv. Ambos eram autocráticos e de estilo intelectual, dedicados ao sionismo e à democracia ocidental. Mas eram opostos. Ben-Guiron era um rude homem de ação da classe trabalhadora, equipado para liderar na guerra e na paz. Carecia de conversa informal (exceto sobre história e filosofia) e não tinha senso de humor — a única piada que o diminuto Ben-Gurion contava era sobre a altura de Napoleão. Era mais ou menos assim: "Ninguém era maior que Napoleão, só mais alto". Casado e com dois filhos, Ben-Gurion era um marido insatisfeito, e gozava um discreto caso amoroso em Londres com uma inglesa alta de olhos azuis. Mas era um solitário meditabundo e meticuloso estrategista, sempre obcecado com a causa; colecionava livros e passava qualquer tempo livre em sebos. O Velho, como já era conhecido, aprendeu espanhol para ler Cervantes e grego para estudar Platão; quando planejava ações de estadista, lia filosofia grega; quando fazia guerra, lia Clausewitz.

Weizmann era o *grand seigneur* do sionismo, trajando ternos elegantes de Savile Row, mais à vontade nos salões de Mayfair do que nas escaldantes fazendas da Galileia, e agora estava bem de vida com ações nominais do magazine Marks & Spencer, doadas por seus amigos, a família Sieff. "Agora você é rei de Israel", disse-lhe Ben-Gurion, mas logo se voltaria contra "o regime de fetichismo pessoal de Weizmann". Quanto a Weizmann, ele sabia que, ao contrário de Ben-Gurion, não era talhado para ser um senhor da guerra, e tinha uma mistura de respeito e desdém pela militância do homem mais novo. Em suas memórias de seiscentas páginas, ele menciona o nome de Ben-Gurion apenas duas vezes. Weizmann era confundido com Lênin na sua aparência, mas era Ben-Gurion quem imitava o implacável pragmatismo bolchevique.

Ele começou como socialista, ascendeu no movimento operário e ainda não tinha perdido sua crença de que a nova Palestina deveria ser criada por meio da cooperação das classes trabalhadoras judia e árabe. Ben-Gurion podia ter sonhado com um Estado judeu, mas isso parecia totalmente remoto e improvável. Considerando que "o movimento nacional árabe nasceu quase ao mesmo tempo que o sionismo político", ele acreditava que uma confederação seria o melhor que os judeus podiam esperar naquela época. Ben-Gurion e o mufti sondaram um ao outro com planos para um Estado compartilhado: em retrospecto, um acordo ainda era possível. Em agosto de 1934, Ben-Gurion começou a encontrar-se com Musa al-Alami,* um advogado que trabalhava para os britânicos, e com

* Musa al-Alami era membro de uma das famílias importantes de Jerusalém. A casa dos Alami continua sendo a mais extraordinária da cidade: no século XVII, a família comprou uma casa vizinha à igreja, que efetivamente compartilha e possui parte de seu telhado; a vista dali é impressionante. A edificação, com vestígios bizantinos, cruzados e mamelucos, ainda pertence a Mohammad al-Alami. Um primo ainda serve como xeque da vizinha *khanqah* Salahiyya de Saladino.

George Antonius, o escritor — ambos assessores moderados do mufti. Ben-Gurion propunha ou um governo judeu-árabe partilhado ou uma entidade judaica dentro de uma federação árabe que incluiria a Transjordânia e o Iraque. Seguramente, argumentava Ben-Gurion, a Palestina era como um sofá: havia espaço para todos. O mufti ficou impressionado, mas manteve-se evasivo. Mais tarde, Alami refletiu que o mufti e Ben-Gurion compartilhavam do mesmo nacionalismo rigoroso, mas o líder judeu era bem mais habilidoso e flexível. Lamentou que os árabes jamais tivessem produzido seu próprio Ben-Gurion. Enquanto isso, o mufti e seus colegas aristocratas iam perdendo o controle do movimento.

Em novembro de 1935, um pregador sírio chamado xeque Izzat al-Din al-Qassam, que trabalhava como funcionário de segundo escalão na corte de charia do mufti em Haifa, e constantemente o incentivava a rejeitar qualquer acordo político, rebelou-se contra os britânicos. Ele era muito mais radical que o mufti, um fundamentalista puritano que acreditava na santidade do martírio, um precursor da al-Qaeda e dos jihadistas de hoje. Conduziu então treze *mujahidin* de sua célula Mão Negra para as montanhas, onde, em 20 de novembro, foi cercado por quatrocentos policiais britânicos e assassinado. O martírio de Qassam* jogou o mufti para mais perto da revolta. Em abril de 1936, o sucessor de Qassam lançou uma operação nos arredores de Nablus que matou dois judeus — mas libertou um alemão que alegou ser nazista "em nome de Hitler". Isso acendeu uma faísca. O Irgun — nacionalistas judeus —, matou dois árabes em represália. Tendo começado os tiroteios, Sir Arthur Wauchope era totalmente desqualificado para responder. Um jovem oficial notou que ele não sabia o que fazer.[3]

* O Hamas, a organização palestina islâmica em Gaza, inspirou-se em Qassam, daí ter denominado seu braço armado Brigada Qassam. E seus mísseis também se chamam Qassam.

49. A Revolta Árabe (1936-45)

O TERROR DO MUFTI

Uma noite fria em Jerusalém no começo de 1936, "tiros de rifle dispersos no claro céu noturno", e Hazem Nusseibeh percebeu que "a rebelião armada tinha começado". A revolta teve uma escalada lenta. Em abril daquele ano, os árabes mataram dezesseis judeus em Jaffa. Os partidos palestinos formaram um Alto Comitê Árabe sob o comando do mufti e convocaram uma greve geral que foi aos poucos fugindo de todo e qualquer controle. O mufti declarou que se tratava de uma luta sagrada e chamou suas forças de Exército da Guerra Santa à medida que voluntários começaram a chegar da Síria, Iraque e Transjordânia para combater britânicos e judeus.

Em 14 de maio, dois judeus foram baleados no Bairro Judeu, e o mufti insistiu: "Os judeus estão tentando nos expulsar do nosso país, assassinando nossos filhos e queimando nossas casas". Dois dias depois, atiradores árabes mataram três judeus no Cinema Edison.

O Yishuv começou a entrar em pânico, mas Ben-Gurion abraçou a política da autocontenção. Nesse meio-tempo, ministros britânicos questionavam toda a base do Mandato e comissionaram o conde Peel, ex-ministro do Gabinete, para apresentar um relatório. O mufti encerrou a greve em outubro de 1936, embora se recusasse a reconhecer Peel. Mas Weizmann encantou os comissários. Por insistência do emir Abdullah, o mufti testemunhou que os palestinos exigiam independência, a anulação da Declaração Balfour e, ameaçadoramente, a remoção dos judeus.

Em julho de 1937, Peel propôs uma solução de dois Estados, com a partilha da Palestina numa área árabe (70% do país) anexada à Transjordânia do emir Abdullah e uma área judaica (20%). Além disso, sugeriu a transferência da população de 300 mil árabes da área judaica. Jerusalém permaneceria uma entidade especial sob controle britânico. Os sionistas aceitaram — haviam compreendido que jamais receberiam Jerusalém numa partilha. Weizmann não ficou desapontado com o pequeno tamanho do território judaico, ponderando que "o [reino] do rei Davi era menor".

Peel queixou-se de que, ao contrário dos sionistas, "nem uma única vez desde 1919 qualquer líder árabe mencionou que a cooperação com os judeus poderia ser possível". Apenas Abdullah da Transjordânia apoiou entusiasticamente o plano de Peel, e, em retrospecto, isso teria impedido Israel de ter sua forma atual. Naquele momento, porém, todos os palestinos estavam inflamados com a ideia de um conde inglês sugerir a criação de um Estado judeu: tanto o mufti quanto seu rival Nashashibi rejeitaram a ideia.

A revolta explodiu novamente, mas dessa vez o mufti abraçou e organizou a violência; ele estava aparentemente mais interessado em assassinar seus rivais palestinos do que matar britânicos ou judeus. "Parece", escreve o mais recente historiador dos Husseini, "que ele foi pessoalmente responsável por estabelecer um terror intestino como meio de controle." Diante de sua refeição favorita, a sopa de lentilhas, o mufti, acompanhado de seus guarda-costas sudaneses descendentes dos tradicionais vigias do Haram, comportava-se como um chefão da máfia ao ordenar assassinatos que, em dois anos de fratricídio, eliminaram muitos de seus compatriotas mais decentes e moderados. Nove dias após Peel, o mufti chamou o cônsul-geral da Alemanha para declarar sua simpatia pelo nazismo e seu desejo de cooperar. No dia seguinte, os britânicos tentaram prendê-lo, mas ele buscou refúgio em al-Aqsa.

Os britânicos não se atreveram a invadir o Santuário. Em vez disso, sitiaram Husseini no monte do Templo, denunciando-o como organizador da revolta. Mas nem todos os bandos árabes estavam sob seu controle: os seguidores jihadistas de Qassam também matavam com entusiasmo qualquer árabe suspeito de cooperar com as autoridades. Nada menos que uma brutal guerra civil estourou entre os próprios árabes. Foi nesse momento que se disse que o mufti fez muitas famílias chorarem.

Depois de apoiar inicialmente a revolta, Ragheb Nashashibi se opôs ao mufti, tanto por causa das ações de terror como por sua estratégia. A mansão de Nashashibi foi varrida de cima a baixo por fogo de metralhadora; um primo mais novo foi morto enquanto assistia a um jogo de futebol. Quando seu sobrinho Fakhri Bei Nashashibi acusou o mufti de egoísmo destrutivo, sua sentença de morte foi publicada nos jornais: mais tarde ele foi assassinado em Bagdá. Nashashibi armou seus correligionários, conhecidos como "as unidades Nashashibi" ou "bandos de paz", e eles combateram os homens do mufti. Os panos que cobriam a cabeça dos árabes tornaram-se o símbolo da revolta: os homens de Husseini usavam o *keffiyeh* xadrez; os de Nashashibi, o fez da transigência. O mufti montou tribunais rebeldes para julgar traidores e emitiu selos da rebelião.

Em Jerusalém, a revolta era comandada por Abd al-Kadir Husseini, comandante de trinta anos, do Exército da Guerra Santa. Era filho do falecido Musa Kazem Husseini (usava o nome de guerra Abu Musa) e recebera a melhor educação no colégio anglicano Bishop Gobat, no monte Sião. Ele usou sua graduação na Universidade do Cairo para denunciar a perfídia britânica e a conspiração sionista. Após ser expulso do Egito, organizou o Partido Árabe Palestino do mufti, editando seus jornais e fundando, sob o disfarce de escoteiros, sua própria milícia Mão Verde, que se tornou o braço armado do partido.

Em casa ele era um figurão elegante de bigodinho e terno inglês, mas sentia-se à vontade quando estava em ação, no campo, combatendo, conduzindo tiroteios. Com frequência "humilhava as forças coloniais em torno de Jerusalém", comentava Wasif Jawhariyyeh, o tocador de *oud*. Foi ferido em 1936 numa batalha contra tanques britânicos perto de Hebron, mas depois que seus ferimentos foram tratados na Alemanha, voltou para continuar a luta a partir de sua base na aldeia de João Batista, Ein Kerem. Na cidade, organizou o assassinato do chefe de polícia britânico. Tendo sido novamente ferido num violento bombardeio da RAF, Husseini passou a ser considerado pelos seus admiradores como um cavaleiro árabe que abrira mão do luxo para combater ao lado dos camponeses árabes contra os invasores infiéis — mas seus inimigos palestinos o encaravam como um dos piores senhores de guerra do mufti, cujos carrascos aterrorizavam os vilarejos que não apoiassem os Husseini.

Em 26 de setembro de 1937, o comissário distrital britânico na Galileia, Lewis Andrews, foi assassinado. No dia 12 do mês seguinte, o mufti escapou de Jerusalém disfarçado de mulher — uma saída indigna que enfraqueceu seu poder na Palestina. Em exílio no Líbano, dirigiu operações numa guerra que ainda ganhava vulto. De forma impiedosa e pessoal, ele forçava obediência a si mesmo e a suas políticas rígidas e intransigentes.

Os britânicos se debatiam para manter a Palestina: Nablus, Hebron, porções da Galileia estavam frequentemente fora de controle — e chegaram a perder a Cidade Velha por breves períodos. Recrutaram auxiliares judeus da Haganah para participar de sua assim chamada Polícia de Assentamento Judaico, mas estes últimos mal conseguiam defender seus povoados distantes e isolados. Os sionistas nacionalistas ficaram desgostosos com a política de autocontenção de Ben-Gurion. O Irgun Tzvaí Leumí, a Organização Militar Nacional, ainda contando com apenas aproximadamente 1500 homens no começo da revolta, respondia aos ataques com atrocidades contra civis árabes, jogando granadas nos cafés de Jerusalém. No Domingo Negro de novembro de 1937, lançaram atentados coordenados com bombas, para grande horror de Weizmann e Ben-Gurion. Porém, recrutas afluíam para o Irgun. Assim como os moderados árabes estavam sendo aniquilados pelos brutamontes do mufti, a revolta destruía a credibilidade de judeus conciliadores, tais como Judah Magnes, o presidente americano da Universidade Hebraica, que queria um Estado binacional com um congresso de câmara dupla de judeus e árabes, e não uma entidade judaica. A autocontenção de Ben-Gurion logo se exauriu, e agora os britânicos tiraram as luvas para esmagar os árabes por todos os meios: puniam aldeias coletivamente e em uma ocasião destruíram um bairro inteiro de Jaffa. Em junho de 1937, introduziram a pena de morte para qualquer pessoa que portasse armas. Em outubro, Sir Charles Tegart, que havia policiado rigorosamente Calcutá por trinta anos, chegou a Jerusalém. Construiu cinquenta "fortes Tegart", erigiu cercas de segurança em torno das fronteiras e assumiu a inteligência e a contrainsurgência, criando Centros de Investigação Árabe. Tegart dirigiu uma escola em Jerusalém ocidental para instruir seus interrogadores a como torturar suspeitos — inclusive a técnica da "lata d'água", na qual se derramavam bules de água no nariz dos prisioneiros, método agora conhecido como "afogamento" — até o governador da cidade Keith-Roach exigir que a escola fosse transferida. Um oficial da RAF, Arthur Harris — mais tarde famoso como "Bombardeador de Dresden" —, supervisionava ataques contra as aldeias rebeldes. No entanto, como a crise com Hitler ganhava corpo na Europa, os britânicos não puderam levar tropas suficientes para destruir a Revolta Árabe, necessitando assim de mais ajuda judaica.

Um jovem perito da contrainsurgência, muito bem relacionado, chamado Orde Wingate, foi designado para Jerusalém, onde foi convidado a ficar pelo alto comissário Wauchope. Wingate observou que Wauchope "aceitava conselho de todo mundo e perdera totalmente a compreensão das coisas". Sua recomendação foi treinar combatentes judeus e levar a insurgência aos insurgentes. Ele se tornaria a versão sionista de Lawrence — Weizman o chamou de "Lawrence da Judeia". Por acaso, esses dois arabistas ingleses pouco convencionais eram primos.[1]

ORDE WINGATE E MOSHE DAYAN: A QUEDA DA CIDADE VELHA

Filho de um abastado coronel colonial com a missão evangélica de converter os judeus, criado nos termos da Bíblia e do império, Wingate falava fluentemente o árabe e, como Lawrence, fez jus às suas esporas comandando tropas irregulares — uma unidade do Corpo Árabe Oriental, no Sudão. "Havia nele", escreveu Weizmann, "uma fusão do estudante e do homem de ação que me lembrava Lawrence." Mas ao chegar a Jerusalém ele sofreu uma conversão quase damascena, impressionado com a energia dos sionistas e repugnado pelas táticas de intimidação do mufti e pelo antissemitismo dos oficiais britânicos: "Todo mundo é contra os judeus", declarou, "então sou a favor deles!".

Wingate inspecionou as sitiadas tropas britânicas e fazendas judaicas. Nas profundezas da noite, elas recebiam a visita de uma "figura extraordinária" usando um chapéu tipo Borsalino ou capacete colonial à Wolseley, um terno surrado ao estilo Palm Beach com uma gravata da Artilharia Real, que parecia "um tipo de desocupado que se via rondando cafés duvidosos em Tel Aviv". Sempre armado até os dentes, o capitão Wingate, então com 33 anos, com "seus muito penetrantes olhos azuis, traços aquilinos e um aspecto ascético e distante, com ar erudito", chegava num sedã Studebaker "cheio de armas, mapas, rifles Lee Enfield, granadas Mills — e uma Bíblia". Wingate decidiu que "os judeus darão soldados melhores que os nossos". Em março de 1938, o comandante britânico Sir Archibald Wavell, impressionado com essa "notável personalidade", ordenou a Wingate que treinasse forças especiais judaicas e implantasse os assim chamados Esquadrões Noturnos Especiais contra os rebeldes. Wavell não sabia com o que estava lidando: "Na época eu não tinha consciência da ligação com T. E. Lawrence".

Estabelecendo quartel-general no Fast Hotel, perto do portão de Jaffa, Wingate aprendeu hebraico fluente e em pouco tempo passou a ser conhecido pelos sionistas como "o Amigo" — mas era considerado inimigo pelos árabes e um temerário maluco por muitos de seus colegas oficiais britânicos. Mudando-se da Casa do Governo, estabeleceu-se em Talpiot com sua esposa Lorna, que era "muito jovem e linda como uma boneca de porcelana. As pessoas não tiravam os olhos dela", recorda-se Ruth Dayan. Seu marido Moshe Dayan, então com 22 anos, filho de imigrantes russos e nascido no primeiro kibutz, havia entrado (secretamente) para a Haganah enquanto servia (abertamente) na Polícia de Assentamento Judaico, quando "certa noite um homem da Haganah de Haifa apareceu acompanhado de um estranho visitante. Wingate era um homem esguio, levava um revólver pesado do lado e carregava uma pequena Bíblia. Antes de entrar numa ação, ele lia a passagem da Bíblia relacionada com o local onde estaria operando". Esse herdeiro militar dos evangélicos bibliólatras conduzia seus Esquadrões Noturnos contra atiradores árabes que eram "forçados a reconhecer que não podiam mais achar qualquer caminho seguro para eles: corriam o risco de serem pegos numa emboscada em qualquer lugar". Durante a revolta, e mais tarde durante a Segunda Guerra Mundial, os britânicos treinaram 25 mil auxiliares judeus, inclusive outras unidades de comando lideradas por Yitzhak Sadeh, veterano do Exército Vermelho russo que veio a ser chefe do Estado-Maior da Haganah. "Vocês são os filhos dos macabeus", dizia-lhes Wingate, "são os primeiros soldados de um exército judaico!" Sua expertise e espírito formaram mais tarde a base das Forças de Defesa de Israel.

Em setembro de 1938, o Acordo de Munique do primeiro-ministro Neville Chamberlain, que aplacou a agressão de Adolf Hitler e lhe permitiu desmembrar a Tchecoslováquia, liberou as tropas britânicas: 25 mil reforços chegaram à Palestina. Em Jerusalém, contudo, os rebeldes sacaram de um ousado *coup de main*: em 17 de outubro eles tomaram toda a Cidade Velha, fechando os portões com barricadas, expulsando tropas britânicas e até mesmo emitindo selos postais marcados al-Quds. Wasif Jawhariyyeh, que morava perto do portão de Jaffa, viu orgulhosamente uma bandeira árabe tremulando na torre de Davi. Um rabino cercado no Muro Ocidental ficou aterrorizado ao ver atiradores árabes. Mas em

19 de outubro os britânicos arrombaram os portões e retomaram a cidade, matando dezenove atiradores enquanto Wasif assistia de sua casa. "Não posso descrever a noite da batalha entre o exército britânico e os rebeldes. Víamos as explosões e ouvíamos o incrível barulho das balas e das bombas."

Embora fosse um herói para os judeus, as operações de Wingate eram cada vez mais encaradas como contraproducentes pelos oficiais britânicos, que ouviram dizer que ele recebia convidados estando completamente despido, e que estava tendo um caso com uma cantora de ópera judia. Até Dayan teve de admitir: "A julgar pelos padrões comuns, ele não era visto como normal. [Após as operações] ficava sentado num canto lendo a Bíblia, totalmente nu, e mastigando cebolas cruas". O comandante de divisão de Wingate, major-general Bernard Montgomery, não apreciava sua temeridade militar e espírito guerrilheiro sionista. Wingate, disse mais tarde Montgomery a Dayan, "era mentalmente instável". Foi-lhe ordenado retornar ao quartel-general britânico em Jerusalém. Agora que os britânicos tinham suas forças, não precisavam mais dos comandos judaicos.

"Não me importa se vocês são judeus ou gentios", Montgomery disse a representantes de ambos os lados. "Meu dever é manter a lei e a ordem. E eu pretendo fazer isso." Montgomery declarou que a Revolta Árabe estava "total e definitivamente esmagada". Quinhentos judeus e 150 bretões haviam sido mortos, mas o custo mais terrível recaiu sobre a população palestina, ainda em recuperação: um décimo de todos os homens entre vinte e sessenta anos foram mortos, feridos ou exilados. Ao todo, 146 foram condenados à morte, 50 mil acabaram presos e 5 mil lares foram destruídos. Cerca de 4 mil foram mortos, muitos por compatriotas árabes. E foi bem a tempo, porque provavelmente as forças britânicas logo seriam necessárias na Europa. "Sob muitos aspectos, vou lamentar deixar a Palestina", disse Montgomery, "pois gostei da guerra por aqui."*

Neville Chamberlain, cujo pai propusera um lar judeu em Uganda, resolveu reverter a Declaração Balfour. Se havia uma guerra, os judeus não tinham escolha a não ser apoiar a Grã-Bretanha contra os nazistas. Mas os árabes tinham uma escolha real. "Se temos de ofender um dos lados", disse Chamberlain, "que ofen-

* Wingate tinha feito seu nome na Palestina. Era admirado por Churchill, que mais tarde apoiou sua carreira. Em 1941, a Gideon Force ajudou a libertar a Etiópia dos italianos, e então, como major-general, ele criou e comandou os Chindits, as maiores forças especiais dos Aliados na guerra, para combater atrás das linhas japonesas em Burma. Morreu num desastre aéreo em 1944.

damos os judeus e não os árabes." Assim, Chamberlain convidou os dois lados, além dos Estados árabes, para uma conferência em Londres. Os árabes nomearam o mufti como delegado-chefe, mas como os britânicos não tolerariam sua presença, seu primo Jamal al-Husseini liderou a delegação árabe; Nashashibi liderou os moderados. Os Husseini hospedaram-se no Dorchester, e os Nashashibi, no Carlton. Weizmann e Ben-Gurion representaram os sionistas. Em 7 de fevereiro de 1939, Chamberlain teve de abrir duas vezes a conferência no palácio St. James, porque árabes e sionistas recusavam-se a negociar diretamente.

Chamberlain tinha a esperança de persuadir os sionistas a concordar com uma cessação do fluxo imigratório, mas foi em vão. Em 15 de março, o vazio de sua tentativa de apaziguar Hitler ficou claro quando o Führer invadiu os fundos da Tchecoslováquia. Dois dias depois, Malcolm MacDonald, o secretário colonial, publicou um Livro Branco que propunha limitar as compras de terra por parte de judeus e restringir a imigração a 15 mil pessoas anuais durante cinco anos, após o que os árabes teriam direito a veto, com a independência palestina dentro de dez anos e nenhum Estado judeu. Essa foi a melhor oferta que os palestinos receberiam dos britânicos ou de qualquer outra parte durante todo o século XX, mas o mufti, exibindo espetacular incompetência política e intransigência megalomaníaca, rejeitou-a de seu exílio no Líbano.

Ben-Gurion preparou sua milícia da Haganah para a guerra contra os britânicos. Judeus iniciaram tumultos em Jerusalém. Em 2 de junho, o Irgun soltou uma bomba no mercado diante do portão de Jaffa, matando nove árabes. No dia 8, última noite de sua estada em Jerusalém durante uma viagem pelo Oriente, um jovem visitante americano, John F. Kennedy, filho do embaixador dos Estados Unidos em Londres, ouviu catorze explosões detonadas pelo Irgun, interrompendo a eletricidade em toda a Cidade Santa. Muitos agora compartilhavam da opinião de Montgomery de que "judeus matam árabes e árabes matam judeus, e isso vai continuar pelos próximos cinquenta anos, com toda a probabilidade".[2]

O MUFTI E HITLER: GUERRA MUNDIAL EM JERUSALÉM

Como Adolf Hitler parecia arrastar todos que estavam à sua frente, o mufti de Jerusalém viu uma oportunidade de desferir um golpe contra seus inimigos comuns, os britânicos e os judeus. A França tinha caído, a Wehrmacht avançava rumo a Moscou e Hitler havia começado a matança de 6 milhões de judeus em sua Solução Final.* O mufti mudara-se para o Iraque a fim de dirigir as intrigas antibritânicas; mas, após novas derrotas, teve de fugir para o Irã, e aí, perseguido por agentes britânicos, embarcou numa aventurosa viagem que finalmente o levou para a Itália. Em 27 de outubro de 1941, Benito Mussolini o recebeu no Palazzo Venezia, em Roma, apoiando a criação de um Estado palestino; se os judeus quisessem seu próprio país, disse o Duce, "deviam estabelecer Tel Aviv nos Estados Unidos. Temos aqui na Itália 45 mil judeus e não haverá lugar para eles na Europa". O mufti — "muito satisfeito com o encontro" — voou para Berlim.

Às 16h30 do dia 28 de novembro, o mufti foi recebido por um Adolf Hitler tenso: os soviéticos haviam freado os alemães nos arredores de Moscou. O intérprete do mufti sugeriu ao Führer que, conforme a tradição árabe, deveria ser servido café. Hitler retrucou nervoso que não tomava café. O mufti indagou se havia algum problema. O intérprete tranquilizou o mufti, mas explicou ao Führer que o convidado ainda esperava café. Hitler replicou que nem mesmo o alto-comando tinha permissão de tomar café na sua presença: então saiu da sala, retornando com um guarda da SS trazendo limonada.

Husseini pediu a Hitler que apoiasse a "independência e unidade da Palestina, Síria e Iraque" e a criação de uma Legião Árabe para lutar junto com a Wehrmacht. O mufti, falando com o aparente senhor do mundo, não pedia apenas pela Palestina, mas por um império árabe sob seu próprio comando.

Hitler ficou feliz por ele e o mufti compartilharem os mesmos inimigos: "A Alemanha estava envolvida numa luta de vida ou morte com duas cidadelas do poder judaico — a Grã-Bretanha e a União Soviética" —, e naturalmente não

* Na Grécia, uma princesa com um vínculo especial com Jerusalém foi um desses bravos gentios que protegeram judeus. Andreia da Grécia, nascida princesa Alice de Battenberg, bisneta da rainha Vitória, arriscou a vida escondendo os três membros da família Cohen enquanto 60 mil judeus gregos eram assassinados. Em 1947, seu filho, o príncipe Filipe, tenente da Marinha Real, casou-se com a princesa Elizabeth, que quatro anos depois ascendeu ao trono. A princesa Andreia virou freira e fundou uma nova ordem, da mesma maneira que sua tia, a grã-duquesa Ella. Ela vivia em Londres mas resolveu ser sepultada em Jerusalém. Quando sua filha reclamou que era uma viagem muito longa para visitantes, a princesa retorquiu: "Bobagem, há um serviço de ônibus excelente desde Istambul!". Ela morreu em 1969, mas somente em 1988 foi enterrada na igreja de Maria Madalena, perto de sua tia Ella. Em 1994, o príncipe Filipe, duque de Edimburgo, compareceu a uma cerimônia no Yad Vashem, o memorial do Holocausto em Jerusalém, que homenageou sua mãe como uma das "Justas entre as nações".

haveria Estado judeu na Palestina. Na verdade, o Führer insinuou sua Solução Final para o problema judeu: "A Alemanha estava decidida, passo a passo, a pedir a cada nação europeia, uma depois da outra, que resolvesse seu problema judeu". Assim que "os exércitos alemães chegassem à saída meridional da Caucásia", disse Hitler, "o objetivo germânico seria então a destruição do elemento judeu residente na esfera árabe".

No entanto, até a Rússia e a Grã-Bretanha serem derrotadas, a ambiciosa proposta do mufti por todo o Oriente Médio teria de esperar. Hitler disse que ele "precisava pensar e falar fria e deliberadamente como homem racional", tomando o cuidado de não ofender seu aliado francês de Vichy. "Estávamos preocupados com o senhor", Hitler disse a Husseini. "Conheço a sua história de vida. Acompanhei com interesse a sua longa e perigosa jornada. Estou feliz que agora esteja conosco." Depois, Hitler admirou os olhos azuis e o cabelo ruivo de Husseini, decidindo que ele definitivamente tinha sangue ariano.

No entanto, o mufti partilhava com Hitler não só uma hostilidade estratégica em relação à Grã-Bretanha, mas um antissemitismo na sua forma mais letal — e mesmo em memórias escritas anos depois, ele se lembrava de que o Reichführer-ss Heinrich Himmler, de quem gostava muito, confidenciou-lhe no verão de 1943 que os nazistas "já haviam exterminado mais de 3 milhões de judeus". O mufti se jactava assustadoramente de ter apoiado os nazistas porque "estava convencido e ainda estou de que se a Alemanha tivesse vencido a guerra, não teria sobrado um único traço de sionismo na Palestina".*

Ele percorrera um longo caminho desde a sua Jerusalém multinacional fazendo com que, sem qualquer surpresa, os judeus ficassem abatidos com sua

* Ele entrou no criminoso delírio nazista sobre "os judeus", escreve o professor Gilbert Achcar em seu livro *Arabs and the Holocaust* [Árabes e o Holocausto], "que germinou no maior de todos os crimes contra a humanidade". Achcar acrescenta: "É inegável que o mufti desposou a doutrina antissemita nazista que era facilmente compatível com um antijudaísmo fanático moldado na forma pan-islâmica". Num discurso em Berlim em 1943, por ocasião do aniversário da Declaração Balfour, disse que "eles vivem como parasitas entre os povos, sugam seu sangue, pervertem sua moral [...]. A Alemanha decidiu claramente encontrar uma solução definitiva para o perigo judeu que eliminará o flagelo que os judeus representam no mundo". Em suas memórias escritas no exílio no Líbano, ele se deleitava com o fato de que "as perdas judaicas no decorrer da Segunda Guerra Mundial representavam mais de 30% do número total de sua gente, ao passo que as perdas alemãs foram muito menos significativas", e, citando *Os protocolos* e o mito da "facada nas costas" da Primeira Guerra Mundial, justificou o Holocausto, uma vez que não havia outro meio de reformar cientificamente os judeus.

presença em Berlim. As opiniões do mufti são indefensáveis — mas é errado usá-las para alegar que os nacionalistas árabes eram antissemitas hitleristas. Wasif Jawhariyyeh — que, como veremos, era muito simpático à condição judaica — era um caso típico, escrevendo em seus diários que os árabes hierosolimitas, abominando os britânicos por "sua injustiça, desonestidade e Declaração Balfour, esperavam que a Alemanha ganhasse a guerra. Costumavam sentar-se, escutando as notícias, à espera das manchetes de uma vitória alemã, e lamentando as notícias boas para a Inglaterra".

"Por estranho que possa parecer", recordava Hazem Nusseibeh, "a Jerusalém da época da guerra gozou de paz e prosperidade sem precedentes." Os britânicos reprimiram as milícias judaicas: Moshe Dayan e seus camaradas da Haganah foram detidos e presos na fortaleza de Acre. Mas em maio de 1941, com a Palestina britânica potencialmente pinçada entre as forças do Eixo no norte da África e a Síria francesa de Vichy, os britânicos criaram o Palmach, um pequeno comando judaico, com combatentes de Wingate e Sadeh, prontos para combater os nazistas.

Libertado da prisão, Dayan foi mandado em missões para preparar a invasão britânica do Líbano e da Síria de Vichy. Durante um tiroteio no sul do Líbano, Dayan estava verificando as posições francesas pelo binóculo "quando uma bala atingiu o instrumento estilhaçando uma lente e o metal em volta, que penetrou na órbita do meu olho". Ele detestava o tapa-olho que agora era obrigado a usar, sentindo-se como "um aleijado. Se ao menos eu conseguisse me livrar do meu tapa-olho preto. A atenção que ele atraía era intolerável para mim. Eu preferia me trancar em casa a enfrentar a reação das pessoas aonde quer que eu fosse". Dayan e sua jovem esposa mudaram-se para Jerusalém para que ele pudesse receber tratamento. Ele "adorava perambular pela Cidade Velha, especialmente caminhar pelo estreito caminho no topo das muralhas que a cercavam. A Cidade Nova era um tanto estranha para mim. Mas a Cidade Velha era um encanto". A Haganah, com ajuda britânica, estava se preparando para a clandestinidade caso os alemães tomassem a Palestina.

Jerusalém era o refúgio predileto de reis exilados — George II da Grécia, Pedro da Iugoslávia e o imperador etíope Haile Selassie, todos ficaram hospedados no King David. Selassie caminhava descalço pelas ruas e depositou sua coroa ao pé do altar no Sepulcro. Suas preces foram efetivamente atendidas: ele foi reconduzido ao seu trono.*

* Nos anos 1930, o imperador, conhecido como Ras Tafar antes de sua ascensão ao trono, inspirou os rastafáris, seita fundada na Jamaica e tornada famosa pelo cantor Bob Marley, que o saudava

Dia e noite, os corredores e bares do King David ficavam atulhados de príncipes, aristocratas, escroques, nobres, desocupados, magnatas, cafetões, gigolôs, cortesãs, astros de cinema egípcios, libaneses, sírios, sérvios, gregos e etíopes, além de espiões árabes, sionistas, dos Aliados e do Eixo, bem como oficiais e diplomatas em uniformes franceses, britânicos, australianos e norte-americanos. Era tanta gente que os visitantes precisavam abrir caminho pelos corredores até mesmo para chegar ao bar e tomar o desejado dry martini. Em 1942, uma nova hóspede deu entrada, uma das mais renomadas estrelas árabes de sua época, e que personificava a decadência de Jerusalém como entreposto levantino. Cantava sob o nome de Asmahan; a todo lugar que ia, essa mulher perigosa mas irresistível — que dizia ser, entre outras coisas, uma princesa drusa, estrela de cinema egípcia, cantora popular árabe, *grande horizontale* e espiã para todos os lados — conseguia criar sua própria espécie de suntuosos estragos e mistérios.

De fato, rebento de uma família principesca — porém empobrecida — que fugira em 1918 para o Egito, Amal al-Altrash, nascida drusa na Síria, foi descoberta como cantora aos catorze anos e fez sua primeira gravação aos dezesseis, adquirindo fama instantânea no rádio e depois no cinema, sempre reconhecível por sua pinta no queixo. Em 1933 casou-se com seu primo, o emir de monte Drusos na Síria (ela se casou e se divorciou dele duas vezes). Insistia em viver como mulher ocidental, liberada, até mesmo em seu palácio nas montanhas, embora passasse bastante tempo no King David. Em maio de 1941, a princesa — ou emira — foi recrutada pela inteligência britânica para retornar a Damasco de Vichy a fim de seduzir e subornar líderes sírios para que apoiassem as potências Aliadas. Quando os Aliados retomaram a Síria e o Líbano, Asmahan recebeu os agradecimentos pessoais do general Charles de Gaulle. Com seu canto, invencível elegância e libido absolutamente sem inibições (com gostos bissexuais), ela logo seduziu os generais britânicos e da França Livre em Beirute, jogando-os um contra o outro e sendo paga por ambos os lados como agente de influência. O enviado de Churchill, general Louis Spears, ficou tão ferido que disse: "Ela foi e sempre será uma das mulheres mais lindas que já vi. Seus olhos eram imensos, verdes como o mar que se atravessa para o paraíso. Ela se atirava sobre oficiais britânicos com a rapidez e a precisão de uma metralhadora. Naturalmente preci-

---

como Leão de Judá e Segundo Advento de Jesus Cristo. Etiópia e África eram a nova Sião. Haile Selassie foi assassinado pelo marxista Dergue, em 1974.

sava de dinheiro". Dizia-se que quem quer que fosse seu amante, era impossível estar sozinho em seu *boudoir*: corria-se o risco de encontrar um general debaixo da cama, outro na cama e Spears pendurado no lustre.

Furiosa com a traição dos Aliados da promessa de conceder imediata independência aos árabes, a princesa roubou segredos militares de um amante britânico e tentou oferecê-los aos alemães; quando foi barrada na fronteira turca, mordeu o oficial, que a prendeu. Quando a França Livre revogou seu salário, ela se mudou para Jerusalém. Com apenas 24 anos, tornou-se a "Dama dos Saguões" no King David, passando a noite toda acordada tomando seu coquetel favorito de champanhe com uísque, seduzindo figurões palestinos, mais oficiais britânicos (e suas esposas) e o príncipe Ali Khan. Um amigo francês recorda: "Era inteira mulher. *Elle était diabolique avec les hommes*". Como seu sobrenome era Altrash, os ingleses a chamavam de princesa Trash [princesa Lixo], chocando assim seus compatriotas drusos que deram tiros na tela quando seu primeiro filme foi exibido no cinema — ela estava anos à frente de seu tempo. E podia ser seu próprio pior inimigo: tentou pôr para fora da melhor suíte a rainha-mãe egípcia Nazli, enquanto começava um caso com o camareiro real. Uma competição com uma dançarina egípcia culminou na mutilação ritual mútua dos vestidos de ambas. Encarava o sionismo como uma oportunidade da moda: "Agradeço a Deus por esses peleteiros vienenses — pelo menos você pode conseguir um casaco de pele decente em Jerusalém". Depois de mais de um ano na cidade e de se casar em 1944 com o terceiro marido, um playboy egípcio, Asmahan foi para o Egito para estrelar o filme *Love and Vengeance* [Amor e vingança]. Porém, antes de o filme terminar, ela afogou-se no Nilo num misterioso acidente de carro — arranjado, segundo se diz, pelo MI6, pela Gestapo, pelo rei Faruk (que ela recusou) ou por sua rival, a proeminente cantora egípcia Umm Kulthum. Se seu irmão Farid era o Sinatra do mundo árabe, ela era sua Monroe. O cantar angelical de Asmahan, particularmente seu sucesso "Noites mágicas em Viena", ainda é muito querido.

As ruas abundavam de soldados americanos e australianos. O principal desafio para o "Paxá de Jerusalém", governador Edward Keith-Roach, era controlar os australianos, que eram servidos por um bordel sob direção de uma certa madame Zeinab no velho Hensman Hotel, no centro da Cidade Nova. Mas as inspeções médicas fracassaram completamente em limitar a velocidade de propagação de doenças venéreas, de modo que Keith-Roach mandou "Zenaib e sua variegada equipe para fora do meu distrito".

Em 1942, os alemães penetraram fundo no Cáucaso, enquanto o Afrika Korps do general Erwin Rommel avançava no Egito. A simples existência do Yishuv na Palestina era um risco. Pelo Mediterrâneo, na Grécia, o SS Einsatzkommando Afrika, sob o SS-Obersturmbannführer Walter Rauff, fora encarregado de exterminar os judeus da África e da Palestina. "As faces dos judeus mostravam o pesar, a tristeza e o medo, especialmente quando os alemães chegaram a Tobruk", registrou Wasif Jawhariyyeh. Um andarilho árabe anunciando a venda de areia pelas ruas — *ramel* em árabe soa como Rommel — fez com que os judeus temessem a aproximação dos alemães. "Eles começaram a chorar e fizeram esforços para fugir", recorda Wasif. Como seu médico era judeu, Wasif ofereceu-se para escondê-lo junto com sua família, caso os nazistas chegassem. Mas o médico tomara suas próprias precauções: mostrou ao paciente duas seringas cheias de veneno para si e para a esposa.

Em outubro de 1942, o general Montgomery esmagou os alemães em El Alamein, um milagre que Weizmann comparou à misteriosa retirada de Senaqueribe de Jerusalém. Mas em novembro chegaram a Jerusalém as primeiras notícias terríveis do Holocausto: "Carnificina em massa de judeus poloneses!", reportava o *Palestine Post*. A Jerusalém judia pranteou por três dias, culminando num serviço religioso no Muro.

A repressão britânica à imigração judaica, anunciada no Livro Branco de 1939, não podia ter vindo em pior hora: enquanto os judeus da Europa estavam sendo dizimados pelo nazismo, tropas britânicas faziam voltar navios com cargas de refugiados desesperados. A Revolta Árabe, a Solução Final de Hitler e o Livro Branco convenceram muitos sionistas de que a violência era o único caminho de forçar a Grã-Bretanha a garantir o lar judeu prometido.

A Agência Judaica controlava a maior milícia, a Haganah, com suas forças especiais de 2 mil componentes, o Palmach, e seus 25 mil milicianos treinados pelos britânicos. Ben-Gurion era agora um líder sionista sem rivais, "um homem baixo e atarracado com uma surpreendente cabeleira prateada" em volta de um cocuruto calvo, nas palavras de Amós Oz, "grossas e peludas sobrancelhas, um nariz largo e rude, o queixo proeminente e desafiador de um velho marinheiro" e a força de vontade férrea de um "camponês visionário". Mas era o mais beligerante Irgun, sob um novo e implacável líder, que agora movia guerra contra os britânicos.

50. A guerra suja (1945-7)

MENACHEM BEGIN: O SABÁ NEGRO

"Luto, logo existo", dizia Menachem Begin, adaptando Descartes. Nascido em Brest-Litovsk, esse filho do *shtetl* tinha entrado para o movimento Betar de Jabotinsky na Polônia, mas acabou se chocando com seu herói, jogando fora suas sutilezas, para forjar sua própria ideologia mais severa de sionismo militar — uma "guerra de libertação contra aqueles que retêm a terra de nossos pais", combinando uma política maximalista com religião emocional. Depois que os nazistas e soviéticos retalharam a Polônia no começo da Segunda Guerra Mundial, Begin foi preso pela NKVD de Stálin e condenado ao *gulag* como espião britânico. "O que foi feito desse agente?", brincava ele. "Em pouco tempo tinha sobre sua cabeça a maior recompensa já oferecida pela polícia britânica."

Libertado após o pacto de Stálin com o líder polonês, general Sikorski, em 1941, Begin entrou para o exército da Polônia, o que o levou via Pérsia para a Palestina. Formado no continente escuro do moedor de carne stalinista e do matadouro hitlerista — no qual pereceram seus pais e seu irmão —, ele provinha de uma escola mais rígida que Weizmann ou Ben-Gurion: "Não é Massada", dizia, "mas é Modin [onde os macabeus começaram sua rebelião] que simboliza a revolta hebraica". Jabotinsky morrera de ataque cardíaco em 1940, e agora, em 1944,

Begin era nomeado comandante do Irgun com seus seiscentos combatentes. Os sionistas mais velhos viam Begin como um "plebeu ou provinciano". Com seus óculos sem aro, "mãos macias e inquietas, cabelo fino e lábios molhados",* Begin parecia mais um mestre-escola polonês provinciano do que um mentor revolucionário. Todavia, tinha "a paciência de um caçador numa emboscada".

Embora o Irgun tivesse aderido à guerra dos Aliados contra os nazistas, alguns extremistas, liderados por Abraham Stern, haviam se separado. Stern foi morto pelos britânicos em 1942. Mas sua facção, o Lehi — Combatentes pela Liberdade de Israel, apelidado de Gangue de Stern —, agora lançava sua própria revolta contra os britânicos. À medida que a vitória dos Aliados ia se tornando mais provável, Begin começou a testar a determinação britânica em Jerusalém: o toque do *shofar* (o chifre de carneiro) no Dia do Perdão estava proibido no Muro desde 1929. Mas Jabotinsky desafiava a regra todo ano. Em outubro de 1943, Begin ordenou o toque, e a polícia imediatamente atacou os judeus que oravam. Mas, em 1944, os britânicos desistiram. Begin tomou isso como sinal de fraqueza.

Esse empreendedor da violência declarou guerra à Grã-Bretanha, e em setembro de 1944 o Irgun atacou postos policiais britânicos em Jerusalém, para em seguida assassinar o oficial encarregado do Departamento de Investigações Criminais enquanto ele andava pela cidade. Begin, apelidado de o Velho (o mesmo apelido de Ben-Gurion), embora tivesse apenas cerca de trinta anos, caiu na clandestinidade, mudando constantemente de endereço e adotando o disfarce de um barbudo estudioso do Talmude. Os britânicos estabeleceram um prêmio de 10 mil libras por sua cabeça, vivo ou morto.

A Agência Judaica condenava o terrorismo, mas quando os Aliados lançaram a invasão do Dia D sobre a Europa ocupada pela Alemanha,** o Lehi tentou por duas vezes assassinar o alto comissário Harold MacMichael nas ruas de Jerusalém. No Cairo, naquele mês de novembro, mataram Walter Guinness, lorde Moyne,

* A descrição é de Arthur Koestler, o escritor que tinha ido a Jerusalém em 1928 como sionista revisionista mas que logo foi embora. Em 1948, Koestler retornou para cobrir a Guerra da Independência, entrevistando Begin e Ben-Gurion.

** Naquele verão, Churchill escreveu a Stálin sugerindo uma conferência aliada em Jerusalém — "Há hotéis de primeira classe, sedes de governo etc. O marechal Stálin poderia vir num trem especial com toda espécie de proteção de Moscou a Jerusalém" —, e o primeiro-ministro britânico prestativamente anexou a rota: "Moscou, Tbilisi, Ancara, Beirute, Haifa, Jerusalém". Em vez disso, reuniram-se (com o presidente Roosevelt) em Yalta.

ministro residente no Egito e amigo de Churchill, que sem o menor tato havia sugerido a Ben-Gurion que os Aliados estabelecessem um Estado judeu na Prússia Oriental, em vez de Sião. Churchill chamou os sionistas extremistas de "os mais torpes gângsteres". Ben-Gurion condenou os assassinatos e, durante 1944-5, ajudou os britânicos a caçar as milícias judaicas "dissidentes" — trezentos insurgentes foram presos. Os sionistas chamaram isso de "*la saison*", a estação de caça.

Em 8 de maio de 1945, Dia da Vitória na Europa, o novo alto comissário, marechal de campo visconde Gort, recebeu a saudação defronte ao Hotel King David e baixou uma anistia para prisioneiros políticos judeus e árabes enquanto Jerusalém comemorava. No entanto, a realidade da política sectária voltou a recrudescer no dia seguinte: tanto judeus quanto árabes fizeram manifestações — e ambos já estavam efetivamente boicotando a administração municipal.

Na Grã-Bretanha, Churchill foi derrotado nas eleições gerais. O novo primeiro-ministro, Clement Attlee, havia adotado o hino de William Blake como canção de sua campanha no Partido Trabalhista, prometendo a seu povo uma "Nova Jerusalém" — embora tivesse se mostrado incapaz de governar a velha.

Os britânicos se fortaleceram para a luta que estava por vir. Deveria a cidade com 100 mil judeus, 34 mil muçulmanos e 30 mil cristãos ser um Estado de Jerusalém regido pela Grã-Bretanha, conforme sugerido por MacMichael; ou repartida, com os lugares sacros administrados pelos britânicos, como propunha Gort? De um jeito ou de outro, os britânicos estavam determinados a impedir a imigração judaica na Palestina — ainda que muitos dos imigrantes fossem sobreviventes dos campos de extermínio de Hitler. Agora confinados em miseráveis campos de Pessoas Deslocadas por toda a Europa, navios carregados de refugiados judeus em desespero eram perseguidos e obrigados pelas forças britânicas a voltar. O *Exodus* foi acossado pelas forças, que trataram violentamente seus refugiados, muitos deles sobreviventes dos campos (três foram mortos), e então, com uma insensibilidade inacreditável, foram mandados de volta para campos na Alemanha. Até mesmo a moderada Agência Judaica achou essa atitude moralmente repugnante.

Ben-Gurion, Begin e o Lehi concordaram, portanto, em formar um Comando Unido de Resistência para contrabandear imigrantes judeus da Europa e coordenar a luta contra os britânicos, atacando trens, campos de aviação, bases militares e postos de polícia em todo o país. Mas as duas facções menores apenas fingiram se sujeitar à mais moderada Haganah. O Complexo Russo e seus magníficos albergues agora convertidos em forte policial eram o alvo favorito do Irgun. Em 27 de dezembro, eles destruíram a sede do Departamento de Investigações Criminais da polícia, antigo albergue dos peregrinos de Nicolau. Begin viajou de ônibus de Tel Aviv a Jerusalém para observar sua obra. Em janeiro de 1946, o Irgun atacou a prisão no interior do Complexo Russo, que um dia fora o albergue Marianskaya para peregrinas.*

Os britânicos, atordoados com esses ataques, acabaram atraindo os Estados Unidos para seus dilemas. A comunidade judaica americana era cada vez mais pró-sionista, mas o presidente Franklin D. Roosevelt nunca tinha apoiado publicamente um Estado judeu. Em Yalta, Roosevelt e Stálin haviam discutido o Holocausto. "Eu sou sionista", disse Roosevelt. "Eu também, em princípio", replicou Stálin, que se vangloriava de "ter tentado estabelecer um lar nacional para os judeus no Birobidjão, mas eles ficaram lá por dois ou três anos e aí se espalharam". Os judeus, acrescentou aquele antissemita visceral, eram "intermediários, oportunistas e parasitas" — mas secretamente ele esperava que qualquer Estado judeu fosse um satélite soviético.

Franklin Roosevelt morreu em abril de 1945. Seu sucessor, Harry S. Truman, queria assentar os sobreviventes do Holocausto na Palestina e pediu aos britânicos que os deixassem entrar. Truman, criado como batista, ex-fazendeiro, bancário, camiseiro de Kansas City, foi um senador medíocre do Missouri com uma simpatia pelos judeus e senso de história. Quando o novo presidente visitou as crateras dinamitadas de Berlim em 1945, pensou em "Cartago, Baalbek, Jerusalém, Roma, Atlântida". Agora sua amizade de longa data com seu ex-sócio de camisaria judeu, Eddie Jacobson, e a influência de assessores pró-sionistas, junto com "suas próprias leituras de história antiga e da Bíblia, fizeram dele adepto de um lar judeu", recorda seu consultor Clark Clifford. Truman, porém, enfrentando a resistência de seu próprio Departamento de Estado, irritava-se frequentemente com as pressões sionistas e ficava atento a qualquer sinal de que os oprimidos judeus se tornassem opressores: "Jesus Cristo não conseguiu agradá-los quando estava na terra", vociferava, "então como pode alguém na terra esperar que eu tenha alguma sorte?". Mas concordou em criar uma comissão anglo-americana de inquérito.

* Atualmente é um museu para combatentes da resistência judaica que foram ali aprisionados. O Albergue Nikolai foi o último albergue de peregrinos a ser construído, com lugar para 1200 pessoas, aberto pelo príncipe Nicolau Romanov em 1903.

Os comissários ficavam hospedados no Hotel King David, onde um deles, Richard Crossman, membro trabalhista do Parlamento, achou "a atmosfera terrível, com detetives particulares, agentes sionistas, xeques árabes, correspondentes especiais, todos sentados escutando-se discretamente uns aos outros". À noite, figurões árabes e generais britânicos se reuniam na mansão de Katy Antonius. Ela agora estava só. Seu casamento decadente tinha começado a ruir ao mesmo tempo que a Revolta Árabe. Durante a guerra, Katy se divorciara de seu marido enfermo — que morreu inesperadamente apenas duas semanas depois. Foi enterrado no monte Sião: "Levantai, ó árabes, e despertai", foi escrito em sua lápide. Mas as *soirées* de Katy ainda eram lendárias. Crossman, desfrutando "trajes de noite, comida e bebida síria, e dançando num piso de mármore", relatou que os árabes davam as melhores festas: "É fácil ver por que os britânicos preferem a classe alta árabe aos judeus. Esta intelligentsia árabe tem cultura francesa, é divertida, civilizada, trágica e alegre. Comparados com eles, os judeus parecem tensos, burgueses, centro-europeus".

Attlee tinha esperança de que Truman apoiasse suas políticas contra a imigração judaica, mas a Comissão Anglo-Americana lastimavelmente recomendou que os britânicos admitissem 100 mil refugiados de imediato. Attlee, furioso, rejeitou a interferência americana. A Agência Judaica incrementou a imigração secreta de refugiados do Holocausto, levando 70 mil em três anos, ao mesmo tempo que o Palmach perturbava os britânicos, culminando numa espetacular explosão — a Noite das Pontes.

Os britânicos tinham esmagado os árabes; agora esmagariam os judeus. Em junho de 1946, o visconde Montgomery de Alamein, neste momento marechal de campo e chefe do Estado-Maior imperial, retornou a Jerusalém reclamando que "a regência britânica existia só no nome; os verdadeiros regentes me pareciam ser os judeus, cujo lema não explícito era — 'Não ousem tocar em nós'". Mas Montgomey ousou, mandando reforços.

No sábado, 29 de junho, seu comandante, general Evelyn "Bubbles" Barker, lançou a Operação Ágata, um ataque contra as organizações sionistas. Prendeu 3 mil judeus — mas fracassou em pegar Ben-Gurion, que estava em Paris. Barker fortificou três "zonas de segurança" em Jerusalém, transformando o Complexo Russo numa fortaleza que os judeus apelidaram de Bevingrado, em homenagem ao secretário do Exterior britânico, Ernest Bevin. Para os judeus, a operação passou a ser conhecida como Sabá Negro, e Barker tornou-se imediatamente o odiado símbolo da opressão britânica. O general era frequentador das festas de Katy Antonius, e agora a anfitriã tornara-se sua amante: suas cartas de amor eram apaixonadas, indiscretas e cheias de ódio, contendo segredos militares britânicos e salpicadas de declarações contra os judeus: "Por que devemos ter medo de dizer que os odiamos?". O Lehi tentou assassinar Barker, usando uma bomba disfarçada de bebê num carrinho. Menachem Begin do Irgun, assistido pelo Lehi, planejou uma resposta ao Sabá Negro de Barker para ressoar mundo afora. A Haganah — mas não Ben-Gurion nem a Agência Judaica — aprovou.

O Hotel King David era o templo secular da Jerusalém do Mandato, e uma ala havia sido requisitada pela administração britânica e suas agências de inteligência. Em 22 de julho de 1946, membros do Irgun disfarçados de árabes e funcionários do hotel em trajes núbios acondicionaram no porão latões de leite cheios com 250 quilos de explosivos.[1]

O ARROCHO DE MONTGOMERY: O CASO DO MAJOR FARRAN

O Irgun deu telefonemas anônimos para o hotel, para o *Palestine Post* e para o Consulado francês avisando sobre o ataque iminente, de modo que o King David pudesse ser evacuado. Mas os telefonemas foram ignorados — e chegaram tarde demais. Não está claro se a manipulação errônea desses avisos foi por acidente ou desígnio. Begin ficou esperando nas imediações: "Cada minuto parecia um dia. Doze-e-trinta-e-um, doze-e-trinta-e-dois. A hora H se aproximava. A meia hora já tinha passado quase toda. Doze-e-trinta-e-sete. De repente a cidade inteira pareceu estremecer!". As bombas destruíram toda uma ala do King David, matando 91 pessoas, inclusive bretões, judeus e árabes.* Cinco operadores do MI5 estavam entre os mortos, mas as "Damas Londrinas" do Serviço Secreto sobreviveram, cambaleando dos escombros, cabelos brancos de pó de gesso, "com aparência da ira de Deus". Ben-Gurion denunciou o atentado; ele via Begin como uma ameaça à comunidade judaica, e a Agência Judaica deixou o Comando Unido de Resistência.

* Um dos mortos era Julius Jacobs, primo do autor e funcionário civil britânico que, por acaso, era judeu.

O atentado do King David intensificou o rigor do contra-ataque britânico — mas conseguiu acelerar a retirada de Londres do Mandato. Em Jerusalém, a mistura de judeus e árabes cessou. "A sensação era", sentiu Amós Oz, "como se um músculo invisível subitamente se flexionasse. Todo mundo profetizava a guerra. Uma cortina começara a dividir Jerusalém." Os judeus ficaram aterrorizados com rumores de um massacre iminente. Civis britânicos foram evacuados de Jerusalém.

Em outubro, o Irgun explodiu a Embaixada britânica em Roma. Em novembro, Montgomery voou de volta para Jerusalém. "Vi Monty numa das festas de Katy Antonius", recorda Nassereddin Nashashibi. O marechal de campo planejou uma severa resposta ao ultraje do Irgun. Um novo chefe de polícia, coronel Nicol Gray, recrutou homens duros, ex-policiais e antigos membros das forças especiais, para se juntar aos novos Esquadrões Especiais de contrainsurgência. O major Roy Farran, condecorado com a Ordem de Distinção em Serviço e com a Cruz Militar, era um recrutado típico, um comando irlandês da SAS cujo registro revelava um histórico de violência desmedida.

Ao chegar a Jerusalém, Farran foi levado ao Complexo Russo para um resumo da situação seguido de jantar no Hotel King David. Farran e os Esquadrões Especiais começaram a andar de carro por Jerusalém, em busca de suspeitos para interrogar, quando não para matar no ato. Esses Esquadrões não tinham experiência em operações sob disfarce, nem conhecimento dos hábitos e da língua local, de modo que, sem surpresa nenhuma, Farran tinha sido quase cômico em seu insucesso, até que, passando por Rehávia em 6 de maio de 1947, sua equipe viu um escolar desarmado, Alexander Rubowitz, colando cartazes do Lehi. Farran sequestrou o garoto, mas, na confusão, deixou cair o gorro, com seu nome escrito errado — "Faran". Ele tinha esperanças de que o adolescente apavorado entregasse algum peixe maior do Lehi. Levou Rubowitz para os arredores de Jerusalém, descendo pela estrada de Jericó até as montanhas, amarrou o rapaz a uma árvore e o torturou por uma hora; então foi longe demais e esmagou seu crânio contra uma rocha. O corpo foi esfaqueado e despido, e provavelmente comido por chacais.

Enquanto a Jerusalém judia procurava freneticamente o garoto ausente, o major Farran confessou-se ao seu oficial superior na missa da polícia em Katamon, e aí desapareceu subitamente, fugindo de Jerusalém. Primeiro tentaram encobrir o caso, mas depois houve um clamor por todo o mundo. O Lehi começou a matar soldados britânicos ao acaso, até que Farran retornou a Jerusalém e se entregou no quartel Allenby. Em 1º de outubro de 1947, foi julgado numa corte marcial num tribunal fortificado em Talbieh, mas acabou absolvido por falta de evidência admissível. O corpo de Rubowitz nunca foi encontrado. Farran foi levado embora por dois oficiais num carro blindado e conduzido à noite rumo a Gaza. O Lehi estava determinado a matá-lo. Em 1948, um pacote destinado a "R. Farran" — mas aberto por seu irmão, que tinha a mesma inicial — explodiu: o irmão morreu.*

O caso confirmou tudo que o Yishuv odiava nos britânicos. Quando as autoridades condenaram um homem do Irgun à morte por delitos terroristas, Begin colocou bombas no Clube dos Oficiais Britânicos em Goldsmith House, Jerusalém, matando catorze deles, e organizou uma fuga da prisão de Acre. Quando seus homens eram castigados, ele castigava soldados britânicos, e quando seus homens foram enforcados na prisão de Acre por terrorismo, ele enforcou dois soldados britânicos capturados ao acaso por "atividades anti-hebraicas".

Churchill, agora líder da oposição, denunciou a conduta de Attlee nessa "guerra esquálida e sem sentido contra os judeus para dar a Palestina aos árabes e Deus sabe mais quem". Mesmo durante a guerra, Churchill havia considerado um endurecimento contra "antissemitas e outros em posições altas" entre seus administradores na Palestina. Agora uma combinação de ultraje pela violência do Irgun e do Lehi, com antissemitismo e arabismo tradicionais, tinha virado os britânicos firmemente contra os judeus. Os desertores britânicos e às vezes as tropas ativas ajudavam as forças árabes.

O novo alto comissário, general Sir Alan Cunningham, descrevia confidencialmente o sionismo como "nacionalismo acompanhado pela psicologia do judeu, que é algo bastante anormal e que não responde ao tratamento racional". O general Barker proibiu os soldados britânicos de ir a qualquer restaurante judaico, explicando que "puniria os judeus da maneira que a raça mais detesta: atingindo seus bolsos". Barker sofreu reprimenda do primeiro-ministro, mas o ódio agora era visceral. Nas cartas de amor de Barker a Katy Antonius, ele dizia que

* Farran continuou sendo um herói de guerra para as forças de segurança britânicas. Em 1949, ele fracassou em conseguir um assento como conservador no Parlamento escocês, e então mudou-se para o Canadá. Ali dedicou-se à agricultura, foi eleito para o legislativo de Alberta, tornando-se ministro de Telefones, procurador-geral e professor de ciência política. Morreu em 2006 aos 86 anos. Uma rua em Talpiot Oriental recentemente recebeu o nome de Rubowitz.

esperava que os árabes matassem mais "malditos judeus [...] gente desprezível [...] Katy, eu te amo tanto".

Em 14 de fevereiro de 1947, Attlee, desgastado pelo derramamento de sangue, concordou no Gabinete em deixar a Palestina. Em 2 de abril, pediu à recém-criada Organização das Nações Unidas (ONU) para formar um Comitê Especial sobre a Palestina (UNSCOP) para decidir seu futuro. Quatro meses depois, a UNSCOP propôs a partilha da Palestina em dois Estados, tendo Jerusalém uma curadoria especial sob um governador da ONU. Ben-Gurion aceitou o plano, apesar de suas fronteiras inviáveis. Sentia que Jerusalém era "o coração do povo judeu", mas perdê-la era "o preço a ser pago pelo Estado". O Alto Comitê Árabe, apoiado por Iraque, Arábia Saudita e Síria, rejeitou a partilha, exigindo "uma Palestina independente unificada". Em 29 de novembro, a ONU votou a proposta. Após a meia-noite, num silêncio de rasgar os nervos, os hierosolimitas reuniram-se em volta de seus rádios para escutar o resultado.[2]

ABD AL-KADIR HUSSEINI: O FRONT DE JERUSALÉM

Liderados pelos Estados Unidos e pela União Soviética, 33 países votaram em favor da Resolução 181; treze votaram contra; dez, incluindo a Grã-Bretanha, se abstiveram. "Passados dois ou três segundos de pasmo, de bocas entreabertas como se sentissem sede, de olhos bem abertos", recorda Amós Oz, "de repente a nossa remota ruazinha também urrou e rugiu [...], não foi um grito de alegria [...], talvez como um berro de terror, de choque, um berro de assombro, de catástrofe, um grito de mover pedras, de congelar o sangue [...]." Em seguida, "gritos de felicidade" e "todos cantavam". Judeus chegaram a beijar "policiais ingleses perplexos".

Os árabes não aceitaram que a ONU tivesse autoridade para retalhar o país. Havia 1,2 milhão de palestinos que ainda possuíam 94% da terra; havia 600 mil judeus. Ambos os lados se prepararam para a luta, enquanto extremistas árabes e judeus competiam num torneio desumano de selvageria mútua. Jerusalém estava "em guerra consigo mesma".

Turbas árabes afluíam para o centro da cidade, linchando judeus, soltando tiros nos seus subúrbios, saqueando as lojas e ganindo "Acabem com os judeus!". Anwar Nusseibeh, herdeiro de mansões e pomares de laranjas, um advogado educado em Cambridge, assistia com tristeza a esse declínio rumo à "poeira, barulho e caos", enquanto "professores, doutores e comerciantes de ambos os lados trocavam tiros com pessoas que, em outras circunstâncias, teriam sido hóspedes em suas casas".

Em 2 de dezembro, três judeus foram baleados na Cidade Velha; no dia 3, atiradores árabes atacaram o Bairro Montefiore, e uma semana depois o Bairro Judeu, onde 1500 moradores esperavam nervosos, sendo superados em número por 22 mil árabes dentro das muralhas. Judeus e árabes mudaram-se das áreas mistas. Em 13 de dezembro, o Irgun lançou bombas na estação rodoviária defronte ao portão de Damasco, matando cinco árabes e ferindo muitos outros. O tio de Anwar Nusseibeh por pouco conseguiu sobreviver ao ataque, vendo "um membro humano arrancado grudado no muro da cidade". Em duas semanas, 74 judeus, 71 árabes e nove bretões foram mortos.

Quando Ben-Gurion viajou de Tel Aviv para reunir-se com o alto comissário em 7 de dezembro, seu comboio foi emboscado na estrada. A Haganah convocou os reservistas entre dezessete e 25 anos. Os árabes se preparavam para a guerra. Irregulares se apresentaram como voluntários para combater nas várias milícias: iraquianos, libaneses, sírios, bósnios — alguns eram veteranos nacionalistas de lutas anteriores; outros eram fundamentalistas do jihad. A maior milícia, o Exército Árabe de Libertação, jactava-se de ter cerca de 5 mil combatentes. No papel, as forças árabes, respaldadas pelos exércitos regulares de sete Estados árabes, eram esmagadoras. O general Barker, que a essa altura deixara a Palestina, prenunciou entusiasmado a Katy Antonius, "como soldado", que "os judeus serão erradicados". Na verdade, a Liga Árabe, organização de Estados árabes recém-independentes formada em 1945, dividia-se entre as ambições territoriais e as rivalidades dinásticas de seus membros. Abdullah, recentemente coroado rei hachemita da Jordânia, ainda queria a Palestina dentro de seu reino; Damasco cobiçava uma Grande Síria; o rei Faruk do Egito via a si mesmo como o líder por direito do mundo árabe e odiava os hachemitas tanto da Jordânia como do Iraque, que por sua vez abominavam o rei Ibn Saud, que os expulsara da Arábia. Todos os árabes desconfiavam do mufti, que, regressando ao Egito, estava determinado a se colocar como chefe do Estado palestino.

Em meio a tanta corrupção, traição e incompetência, Jerusalém forneceu os heróis de guerra árabes. Anwar Nusseibeh, enojado pelo "sórdido círculo de intrigas e desastres", fundou o Comitê do Portão de Herodes com outros dinastas, os Khalidi e os Dajani, para comprar armas. Seu primo Abd al-Kadir Husseini, que combatera os britânicos no Iraque em 1941, mantendo-se depois na sombra durante a guerra no Cairo, assumiu o comando do quartel-general árabe chamado de Front de Jerusalém.

Husseini emergiu como a personificação do herói árabe, sempre vestindo seu *keffiyeh*, túnica cáqui e cartucheiras entrecruzadas: o rebento revolucionário da aristocracia de Jerusalém, filho e neto de alcaides, descendente do Profeta, graduado em química, poeta amador, editor de jornal e guerreiro de comprovada coragem. "Quando criança", diz seu primo Said al-Husseini, "lembro-me de vê-lo chegar num cômodo seguro em uma de nossas casas, e ainda posso lembrar seu carisma e graça, e aquele ar de empolgação heroica urgente que o acompanhava por toda parte. Era admirado por todos, gente importante e gente comum." Um adolescente estudante de Gaza chamado Yasser Arafat, que tinha orgulho do parentesco de sua mãe com os Husseini, serviu na equipe de Abd al-Kadir.

Atiradores sionistas no Bairro Judeu investiam em direção ao monte do Templo; árabes revidavam atirando em civis judeus a partir de Katamon. Em 5 de janeiro, a Haganah atacou Katamon e destruiu o Hotel Semiramis, matando onze árabes cristãos inocentes. Essa afronta acelerou a fuga árabe da cidade. Ben-Gurion destituiu o oficial da Haganah responsável. Dois dias depois, o Irgun explodiu bombas num posto avançado árabe no portão de Jaffa, que estava negando provisões ao Bairro Judeu. Em 10 de fevereiro, 150 milicianos de Husseini atacaram o Bairro Montefiore; a Haganah revidou, mas ficou sob fogo de atiradores de elite britânicos nas proximidades do Hotel King David, sendo morto ali um jovem combatente judeu. Ainda restavam quatro meses de administração britânica, mas Jerusalém já estava totalmente imersa numa guerra em grande escala, ainda que assimétrica. Nas seis semanas anteriores, 1060 árabes, 769 judeus e 123 bretões haviam sido mortos. Cada atrocidade precisava ser vingada em dobro.

Os sionistas eram vulneráveis em Jerusalém: a estrada de Tel Aviv passava por cerca de 45 quilômetros de território árabe, e Abd al-Kadir Husseini, que comandava a forte brigada de mil homens do Exército da Guerra Santa do mufti de Jerusalém, atacava constantemente. "O plano árabe", recorda Yitzhak Rabin, oficial do Palmach nascido na Cidade Santa, "era sufocar os 90 mil judeus de Jerusalém levando-os à submissão" — e isso logo começou a dar certo.

Em 1º de fevereiro, os milicianos de Husseini, auxiliados por dois desertores britânicos, explodiram os escritórios do *Palestine Post*; no dia 10, ele atacou Montefiore mais uma vez, mas foi repelido pela Haganah após uma batalha de seis horas de trocas de tiros. Os britânicos montaram um posto de comando sob o portão de Jaffa para defender Montefiore. Em 13 de fevereiro, os britânicos prenderam quatro combatentes da Haganah e, em seguida, largaram-nos desarmados para uma turba árabe, que os assassinou. No dia 22, Husseini mandou os desertores britânicos explodir a rua Ben Yehuda, uma atrocidade que matou 52 civis judeus. O Irgun baleou dez soldados britânicos.

Tentar defender as áreas árabes em Jerusalém, lembrava Nusseibeh, "era como uma mangueira de água que se conserta num lugar enquanto aparecem furos em dois outros pontos". A Haganah explodiu o velho castelo Nusseibeh. O ex-prefeito árabe Hussein Khalidi queixava-se: "Todo mundo está indo embora. Eu não vou conseguir aguentar por muito tempo mais. Jerusalém está perdida. Não resta ninguém em Katamon. Sheikh Jarrah se esvaziou. Todo mundo que tem cheques ou algum dinheiro já está no Egito, no Líbano, em Damasco". Em pouco tempo havia refugiados transbordando dos subúrbios árabes. Katy Antonius partiu para o Egito; sua mansão foi explodida pela Haganah, mas só depois de terem achado suas cartas de amor do general Barker. Não obstante, Husseini tivera êxito em cortar a Jerusalém judaica ocidental da costa.

Ironicamente, os judeus, assim como os árabes, sentiam estar perdendo Jerusalém. No começo de 1948, o Bairro Judeu na Cidade Velha estava sitiado e a defesa era dificultada pelo número de ultraortodoxos não combatentes. "Bem, e quanto a Jerusalém?", Ben-Gurion perguntou a seus generais em 28 de março no quartel-general em Tel Aviv. "Essa é a batalha decisiva. A queda de Jerusalém poderia representar um golpe mortal para o Yishuv." Os generais podiam dispor de apenas quinhentos homens. Os judeus tinham estado na defensiva desde a votação da ONU, mas agora Ben-Gurion ordenara a Operação Nachshon para abrir a estrada para Jerusalém, o início de uma ofensiva ampla, o Plano D, destinado a assegurar as áreas judaicas estabelecidas pela ONU e também a Jerusalém ocidental. "O plano", escreve o historiador Benny Morris, "exigia explicitamente a destruição das aldeias árabes resistentes e a expulsão de seus habitantes", mas "em nenhuma parte o documento fala de uma política ou desejo de expulsar 'os habitantes árabes' da Palestina". Em alguns lugares, os palestinos permaneceram em suas casas; em outras localidades, foram expulsos.

A aldeia de Kastel controlava a estrada da costa para Jerusalém. Na noite de 2 de abril, a Haganah tomou o forte, mas Husseini enviou seus milicianos em massa (inclusive irregulares iraquianos) para reconquistá-lo. Entretanto, ele e Anwar Nusseibeh perceberam que precisavam de reforços. Os dois correram até Damasco para exigir artilharia, mas apenas se exasperaram com a incompetência e as intrigas dos generais da Liga Árabe. "Kastel caiu", disse o comandante em chefe iraquiano. "É sua obrigação recuperá-la, Abd al-Kadir."

"Dê-nos as armas que requisitei e nós a retomaremos", respondeu Husseini furiosamente.

"O que é isso, Abd al-Kadir? Nenhum canhão?", disse o general, que nada ofereceu.

Husseini estourou: "Seus traidores! A história há de registrar que vocês perderam a Palestina. Vou tomar Kastel ou morrer lutando com meus *mujahidin*!". Nessa noite ele escreveu um poema para seu filho de sete anos, Faisal, que, décadas depois, tornar-se-ia "ministro" palestino de Yasser Arafat para Jerusalém:

Esta terra de bravo é a terra de nossos ancestrais
Os judeus não têm direito a esta terra.
Como posso dormir enquanto o inimigo nos domina?
Algo arde em meu coração. Minha pátria acena.

Na manhã seguinte, o comandante chegou a Jerusalém e convocou seus combatentes.

SALVA DE TIROS NO HARAM: ABD AL-KADIR HUSSEINI

Em 7 de abril, Abd al-Kadir liderou trezentos combatentes e três desertores britânicos na subida para Kastel. Às onze horas da noite, atacaram a aldeia, mas foram repelidos. Na aurora do dia seguinte, Husseini avançou para substituir um oficial ferido; no entanto, ao se aproximar em meio à neblina, inseguro de quem dominava a aldeia de fato, um sentinela da Haganah, pensando tratar-se de reforços judeus, gritou em gíria árabe: "Aqui em cima, rapazes!".

"Olá, rapazes", retorquiu Husseini em inglês. Os judeus frequentemente usavam árabe — mas nunca inglês. O sentinela percebeu o perigo e soltou uma rajada que atingiu Husseini. Seus camaradas fugiram, deixando-o no chão, gemendo "Água, água". Apesar dos cuidados de um paramédico judeu, ele morreu. O relógio de ouro e a pistola com coronha de marfim revelavam que ele era o líder — mas quem era ele?

No rádio, os defensores da Haganah, exaustos, escutaram as ansiosas conversas em árabe que falavam em recuperar o corpo do comandante morto. Seu irmão Khaled assumiu o comando. À medida que o rumor se espalhava, milicianos árabes afluíam para a área em ônibus, jumentos e caminhões, e assim retomaram a aldeia, as tropas do Palmach morrendo em posição. Os árabes mataram seus cinquenta prisioneiros judeus e mutilaram os corpos. Haviam recuperado a chave para Jerusalém — junto com o corpo de Husseini.

"Que dia triste! Seu martírio deprimiu a todos", registrou Wasif Jawhariyyeh. "Um guerreiro de patriotismo e nobreza árabe!" Na sexta-feira, 9 de abril, "ninguém ficou em casa. Todo mundo saiu em procissão. Eu estive no funeral", anotou Wasif. Uma multidão de 30 mil pessoas pranteando — combatentes árabes agitando seus rifles, legionários árabes da Jordânia, camponeses, as famílias de Jerusalém — compareceu enquanto o tombado Husseini era sepultado no monte do Templo junto ao seu pai e próximo ao rei Hussein no panteão árabe de Jerusalém. Houve uma salva de onze tiros de canhão; homens atiravam para o ar e uma testemunha declarou que morreram mais pranteadores do que haviam morrido na tomada de Kastel. "Parecia que uma importante batalha estava em andamento. Soavam os sinos das igrejas, vozes clamavam por vingança; todo mundo temia um ataque sionista", recordou Anwar Nusseibeh. Mas os combatentes árabes estavam tão ansiosos para comparecer ao enterro que deixaram Kastel desguarnecida. Então o Palmach destruiu o forte.

Enquanto Husseini era enterrado, 120 combatentes do Irgun e do Lehi atacaram em conjunto uma aldeia árabe a oeste de Jerusalém chamada Deir Yassin, onde cometeram a mais vergonhosa atrocidade judaica da guerra. Tinham ordens específicas de não maltratar mulheres, crianças ou prisioneiros. Ao entrarem na aldeia, ficaram sob fogo. Quatro combatentes judeus foram mortos e várias dezenas deles acabaram feridos. Uma vez dentro de Deir Yassin, jogaram granadas nas casas e chacinaram homens, mulheres e crianças. O número de vítimas ainda é discutido, mas entre cem e 254 foram trucidados, inclusive famílias inteiras. Os sobreviventes foram então conduzidos em caminhões por Jerusalém até que a Haganah os soltasse. Irgun e Lehi sem dúvida estavam cientes de que um massacre espetacular aterrorizaria muitos civis árabes, estimulando a fuga destes. O comandante do Irgun, Begin, insistia em negar que a atrocidade ocorrera, mas ao mesmo tempo gabava-se de sua utilidade: "A lenda [de Deir Yassin] valeu meia dúzia de batalhões para as forças de Israel. O pânico tomou conta dos árabes". Ben-Gurion desculpou-se ao rei Abdullah, que rejeitou as desculpas.

A vingança árabe veio rapidamente. Em 14 de abril, um comboio de ambulâncias e caminhões de comida partiu para o Hospital Hadassah no monte Scopus. Bertha Spafford presenciou a cena em que "150 insurgentes, com armas que variavam de bacamartes e velhas pederneiras até modernos rifles Sten e Bren, ficaram de tocaia atrás de um trecho de cactos nos terrenos da Colônia Americana. Suas faces estavam distorcidas pelo ódio e sede de vingança", escreveu ela. "Saí para confrontá-los. Eu lhes disse: 'Abrir fogo do abrigo contra a Colônia Americana é o mesmo que abrir fogo contra uma mesquita'"; mas eles ignoraram sua história de sessenta anos de filantropia e ameaçaram matá-la caso ela não se retirasse. Assim, 77 judeus — basicamente médicos e enfermeiras — foram mortos e outros vinte acabaram feridos antes que os britânicos interviessem. "Não fosse a interferência do Exército", declarou o Alto Comitê Árabe, "nem um único judeu teria permanecido com vida." Os atiradores mutilaram os mortos e fotografaram-se uns aos outros com os corpos dispostos em poses macabras. As fotografias foram reproduzidas em massa e vendidas como cartões-postais em Jerusalém.

Deir Yassin foi um dos principais episódios da guerra, e veio a ser a peça central da horripilante campanha de mídia árabe que amplificou as atrocidades judaicas. Seu objetivo era fortalecer a resistência, mas, em vez disso, estimulou uma psicose de maus presságios num país já em guerra. Em março, antes de Deir Yassin, 75 mil árabes haviam deixado suas casas. Dois meses depois, 390 mil já tinham ido embora. Wasif Jawhariyyeh, vivendo com sua esposa e filhos em Jerusalém ocidental, perto do Hotel King David, era provavelmente um caso típico — e ele relatou seus pensamentos e ações num diário que é um registro sem igual daqueles tempos, e pouco lido.

"Eu estava péssimo", escreveu ele após esses acontecimentos de meados de abril, "deprimido, física e mentalmente", tanto que abandonou seu emprego na administração do Mandato e ficou em casa, "tentando decidir o que fazer". Finalmente, o cronista registra as "razões que me fizeram decidir deixar minha casa". Primeiro, "a posição perigosa da residência", onde vivia sob fogo dos árabes no portão de Jaffa, dos judeus em Montefiore e da zona de segurança britânica Bevingrado: "Havia tiroteios incessantes dia e noite, de modo que era difícil mesmo chegar até a casa. Os combates entre árabes e judeus, a explosão de prédios, continuavam dia e noite ao nosso redor". Os britânicos abriam fogo contra Montefiore, mandando pelos ares o cimo do moinho de Sir Moses; mas de nada adiantava. Wasif escreve que os franco-atiradores judeus em Montefiore "baleavam qualquer um que andasse pelas ruas e foi um milagre termos sobrevivido". Ele considerou salvar sua coleção de cerâmica, seus diários e seu querido *oud*. Sua saúde também estava se deteriorando: "Meu corpo ficou tão fraco que eu não consegui mais suportar a pressão, e o médico me disse para ir embora". A família discutia: "O que vai acontecer quando o Mandato terminar? Estaremos sob os árabes ou sob os judeus?". O vizinho de Wasif, o cônsul-geral da França, prometeu proteger a casa e a coleção. "Mesmo que nunca voltemos", Wasif sentiu que precisava fazer as malas "para nos salvar, a nós e às nossas crianças". "Achávamos que não ficaríamos fora de casa mais do que duas semanas porque sabíamos que em breve os sete [sic] exércitos árabes entrariam no país e nós somos seu povo!" Ele se foi nos últimos dias do Mandato para nunca mais voltar. A história de Wasif é a dos palestinos. Alguns foram expulsos à força, outros partiram para evitar a guerra, na esperança de voltar mais tarde — e aproximadamente metade permaneceu em segurança nas suas casas para se tornar árabes israelenses, cidadãos não judeus na democracia sionista. Mas, ao todo, entre 600 mil e 750 mil palestinos deixaram a terra — e perderam seus lares. Sua tragédia foi o *Nakhba* — a Catástrofe.

Ben-Gurion convocou para Tel Aviv o chefe do Comitê de Emergência de Jerusalém, Bernard Joseph, para decidir como abastecer a agora faminta Jerusalém. Em 15 de abril os comboios furaram o bloqueio, e a comida gotejou pela cidade. No dia 20, Ben-Gurion insistiu em visitar Jerusalém para celebrar a Páscoa judaica com as tropas: Rabin, comandante da Brigada Harel do Palmach, protestou na tribuna. Assim que o comboio partiu com Ben-Gurion num ônibus blindado, os árabes atacaram. "Cheguei a ordenar que tirassem dois carros blindados britânicos do esconderijo e que fossem postos em ação", disse Rabin. Vinte foram mortos — mas a comida e Ben-Gurion chegaram à Jerusalém judia. Ele descreve a cena com humor sombrio mas observação aguçada: "20% eram gente normal, 20% eram privilegiados (universidade etc.), 60%, esquisitos (provincianos, medievais etc.)" — referindo-se aqui aos hassídicos.

A administração britânica estava agora em seus últimos dias. Em 28 de abril, Rabin capturou o subúrbio árabe de Sheikh Jarrah, reduto das famílias, mas os britânicos o obrigaram a renunciar à posse. Quando os britânicos bateram suas últimas continências, os judeus retinham a parte ocidental da cidade, enquanto os árabes mantinham a Cidade Velha e a parte oriental. Às oito horas da manhã, sexta-feira, dia 14 de maio, Cunningham, o último alto comissário, saiu marchando da Casa do Governo em uniforme completo, passou em revista uma guarda de honra, subiu no seu Daimler blindado e dirigiu-se para a inspeção de suas tropas no Hotel King David.

51. Independência judaica, catástrofe árabe (1948-51)

A PARTIDA BRITÂNICA; BEN-GURION: NÓS CONSEGUIMOS!

O general Cunningham deixou Jerusalém pelas ruas da cidade, desertas, exceto por algumas poucas crianças árabes. Tropas britânicas ocupavam postos de metralhadoras nas esquinas. Quando o Daimler passava, os jovem espectadores "batiam palmas infantilmente e um chegou a bater continência. A saudação foi retribuída". Do aeroporto de Kalandia, o alto comissário voou de Jerusalém para Haifa, de onde, à meia-noite, partiu de navio para a Inglaterra.

Tropas britânicas evacuaram a fortaleza Bevingrado no Complexo Russo: 250 caminhões e tanques roncaram ao longo da King George v Avenue, observados pela multidão judia em silêncio. A corrida para controlar o Complexo Russo começou de imediato. O Irgun tomou o Albergue Nikolai. Tiros ricocheteavam pela cidade. Nusseibeh correu para Amã para implorar ao rei Adullah que salvasse a cidade, "que já foi saqueada pelos cruzados" e estava prestes a ser saqueada novamente. O rei prometeu que o faria.

Às quatro horas da tarde de 14 de maio de 1948, nos arredores próximos de Jerusalém, Rabin e seus soldados do Palmach, exaustos pela luta para manter a estrada aberta, escutavam pelo rádio o anúncio de David Ben-Gurion, presidente da Agência Judaica. Em pé sob um retrato de Herzl, perante uma plateia de 250 pessoas no Museu de Tel Aviv, Ben-Gurion proclamou: "Lerei o texto da folha da Declaração do Estabelecimento do Estado de...". Ele e seus assessores haviam discutido qual deveria ser o nome do Estado. Alguns sugeriram Judeia ou Sião — mas esses nomes eram associados a Jerusalém e os sionistas estavam lutando para manter até mesmo uma parte da cidade. Outros tinham proposto Ivriya ou Herzliya, mas Ben-Gurion defendeu o nome Israel e este foi aceito: "A Terra de Israel", leu em voz alta, "foi o berço do povo judeu". Cantaram o hino nacional, Hatikvah (A Esperança):

> Não está perdida nossa esperança,
> Esperança de dois mil anos;
> Ser um povo livre em nossa terra,
> Terra de Sião e Jerusalém!

Ben-Gurion sorriu para os jornalistas: "Nós conseguimos!", disse; mas evitou regozijo. Ele havia aceitado repetidamente a partilha em dois Estados, mas agora os judeus tinham de resistir a uma invasão dos exércitos regulares árabes com um objetivo abertamente declarado de aniquilação. A própria sobrevivência do Estado de Israel era uma ameaça. Por outro lado, suas opiniões vinham evoluindo desde os anos 1920 e início dos 1930 com as expectativas de uma Palestina compartilhada ou um Estado federativo. Agora, diante da guerra total, tudo estava em disputa.

No Front de Jerusalém, os soldados da Brigada Harel de Rabin estavam esgotados demais para escutar Ben-Gurion no rádio. "Ei, rapazes, desliguem isso aí", pediu um deles. "Estou morto de cansaço, preciso dormir um pouco. Vamos deixar as belas palavras para amanhã!"

"Alguém se levantou e girou o botão, deixando um silêncio de chumbo", lembra Rabin. "Eu fiquei calado, abafando a minha própria mistura de emoções." Em todo caso, a maioria não ouviu a Declaração, porque as forças árabes haviam cortado a eletricidade.

Onze minutos depois, o presidente Truman anunciou *de facto* o reconhecimento de Israel. Encorajado por Eddie Jacobson, Truman reassegurara secretamente a Weizmann seu apoio à partilha. No entanto, quase perdera controle da administração quando seus diplomatas na ONU tentaram suspendê-la. Seu secretário de Estado, George Marshall, chefe do Estado-Maior em tempo de guerra e decano do serviço público americano, opunha-se abertamente ao reconhecimento. Mas Truman apoiou o novo Estado, e Stálin foi o primeiro a reconhecer oficialmente Israel.

Em Nova York, Weizmann, agora quase cego, esperava em seu quarto no Hotel Waldorf Astoria, encantado com a independência mas sentindo-se abandonado e esquecido, até que Ben-Gurion e seus colegas lhe pediram para ser o primeiro presidente. Truman convidou Weizmann para fazer sua primeira visita oficial à Casa Branca. Quando mais tarde o presidente dos Estados Unidos foi elogiado por Eddie Jacobson por ter "ajudado a criar Israel", retorquiu: "O que você está querendo dizer com 'ajudou a criar'? Eu sou Ciro! Eu sou Ciro!". Quando o rabino-chefe de Israel lhe agradeceu, Truman chorou.

O presidente Weizmann viajou para Israel, receando que "os santuários judeus em Jerusalém, que haviam sobrevivido aos ataques dos bárbaros em tempos medievais, estivessem agora sendo transformados em entulho". Anwar Nusseibeh e alguns poucos irregulares, basicamente ex-policiais, fizeram o melhor que puderam para defender a Cidade Velha até a chegada de exércitos bem equipados. Nusseibeh levou um tiro na coxa, e precisou ter a perna amputada. Mas a guerra irregular havia terminado.

A guerra de verdade estava agora começando e a posição de Israel era terrível. Os exércitos dos Estados da Liga Árabe — Egito, Jordânia, Iraque, Síria e Líbano — invadiram Israel com a missão específica de liquidar os judeus. "Esta será uma guerra de extermínio e um massacre portentoso da qual se falará como os massacres mongóis e das Cruzadas", anunciou Azzam Paxá, secretário da Liga. Seus comandantes estavam bastante confiantes. Os judeus haviam sido súditos inferiores de impérios islâmicos — às vezes tolerados, frequentemente perseguidos, mas sempre submissos — por mais de mil anos. "Os árabes se acreditavam como um grandioso povo militar e encaravam os judeus como uma nação de comerciantes", recorda o general Sir John Glubb, comandante inglês da Legião Árabe do rei Abdullah. "Os egípcios, sírios e iraquianos presumiram que não teriam dificuldade de derrotar os judeus." O nacionalismo secular fundia-se com o fervor da guerra santa: era impensável que judeus pudessem derrotar exércitos islâmicos, e já fazia muito tempo que várias das facções jihadistas que lutavam ao lado dos exércitos regulares tinham abraçado um antissemitismo fanático. Metade das forças egípcias era de *mujahidin* da Irmandade Muçulmana, entre eles o jovem Yasser Arafat.

Todavia, a intervenção, com suas esperanças coalhadas de sangue e cinismo político, seria um desastre para os palestinos, e ajudaria a forjar um Israel muito maior e mais forte do que aquele que, de outra maneira, teria surgido. No papel eram 165 mil integrantes das tropas regulares dos exércitos árabes, mas a desorganização era tanta que, durante o mês de maio, puseram em campo 28 mil — aproximadamente o mesmo número que os israelenses. Considerando que a Legião Árabe de Abdullah, com 9 mil homens e treinada pelos britânicos, era a melhor entre eles, o rei foi oficialmente nomeado comandante supremo das Forças da Liga Árabe.

O rei Abdullah postou-se na ponte Allenby e, sacando a pistola, disparou para o ar: "Avante!", gritou.[1]

ABDULLAH, O APRESSADO

O rei, lembrava seu neto Hussein, "era um extrovertido de cabeça quente". Quando vimos Abdullah pela última vez, ele estava em Jerusalém recebendo de Winston Churchill seu reino no deserto. Lawrence o descrevera como "baixo, atarracado, forte como um cavalo, com alegres olhos castanho-escuros, um rosto redondo e liso, lábios cheios mas curtos, nariz reto". Tinha levado uma vida de aventuras, chocando Lawrence com suas incursões depravadas: "Uma vez Abdullah acertou três vezes um pote de café na cabeça de seu bobo da corte de uma distância de vinte metros". Como xerifiano, o 37º na linha do Profeta, ele era capaz de provocar o ulemá: "É errado olhar uma mulher bonita?", perguntou a um mufti. "Um pecado, Majestade." "Mas o Alcorão sagrado diz: 'Se vires uma mulher bonita, desvia os olhos'; mas não se pode desviar o olhar a menos que já se estivesse olhando!" Ele era ao mesmo tempo um beduíno orgulhoso e filho do sultanato otomano; havia comandado exércitos quando adolescente e fora "o cérebro" da Grande Revolta Árabe. Suas ambições não conheciam limites e eram igualmente urgentes, daí seu apelido "o Apressado". No entanto, Abdullah tinha esperado um longo tempo para essa chance de conquistar Jerusalém.

"Ele era soldado e diplomata, mas também um estudioso clássico", recordava Sir Ronald Storrs, que ficou impressionado quando Abdullah "entoou as Sete Odes Suspensas da Poesia Pré-Islâmica". O embaixador britânico em Amã, Sir Alec Kirkbridge, sempre o chamava de "o rei com uma centelha no olho". Como diplomata, Abdullah era espirituoso. Indagado se receberia um diplomata do qual não gostasse, respondeu: "Quando a minha mula der cria".

Agora que sua mula *estava* dando cria, ele era realista em relação aos sionistas, citando o provérbio turco: "Se você encontrar um urso ao cruzar uma ponte podre, chame-o de 'Titia Querida'". Com o correr dos anos, conversava frequentemente com Weizmann e empresários judeus, oferecendo aos judeus uma pátria caso eles o aceitassem como rei da Palestina. Visitou Jerusalém muitas vezes, encontrando-se com seu aliado Ragheb Nashashibi; no entanto, detestava o mufti, acreditando que o sionismo florescia principalmente graças a "esses partidários árabes que não aceitam solução".

O rei negociara secretamente um pacto de não agressão com os sionistas: ele ocuparia as partes da Cisjordânia atribuídas aos árabes em troca de não se opor às fronteiras determinadas pela ONU para o Estado judeu. Os britânicos haviam concordado com sua anexação. "Não quero criar um novo Estado árabe que permita aos árabes montarem nas minhas costas", explicou ele à enviada sionista Golda Myerson (mais tarde Meir). "Quero ser o cavaleiro, não o cavalo." Mas agora o cavalo tinha disparado: a guerra, particularmente o massacre de Deir Yassin, o obrigou a combater os judeus. Além disso, os outros Estados árabes estavam determinados a limitar as ambições de Abdullah, uma vez que se dispunham a salvar a Palestina, e os egípcios e sírios planejavam anexar suas próprias conquistas. O comandante de Abdullah, Glubb Paxá, que dedicara sua vida a prover os hachemitas com um exército decente, relutava agora em arriscá-lo.

Sua Legião Árabe avançou cautelosamente através das colinas da Judeia rumo a Jerusalém, onde o irregular Exército de Libertação Árabe atacou os subúrbios judeus. Ao anoitecer do dia 16 de maio, a Haganah capturou o posto de polícia de Mea Shearim e Sheikh Jarrah ao norte, toda a Cidade Nova ao sul das muralhas e também os antigos fortes britânicos no centro, o Complexo Russo e a YMCA. "Conquistamos quase toda Jerusalém, exceto a Augusta Victoria e a Cidade Velha", exclamou um eufórico Ben-Gurion.

"S.O.S.! Os judeus estão perto das muralhas!" Anwar Nusseibeh correu de volta para o rei implorando sua intervenção. Abdullah jamais se esquecia de seu lugar na história: "Por Deus, eu sou um governante muçulmano, um rei hachemita, e meu pai foi rei de todos os árabes". Então escreveu para seu comandante inglês:

> Meu caro Glubb Paxá, a importância de Jerusalém aos olhos dos árabes e muçulmanos e cristãos árabes é bem conhecida. Qualquer desastre sofrido pelo povo da

cidade nas mãos dos judeus teria consequências de longo alcance para nós. Tudo que temos hoje em nossas mãos precisa ser preservado — a Cidade Velha e a estrada para Jericó. Peço-lhe que execute isso o mais depressa possível, meu caro.

ABDULLAH: A BATALHA DE JERUSALÉM

As "tropas do rei estavam em júbilo, muitos dos veículos decorados com ramos verdes ou maços de flores rosadas de oleandros". A procissão da Legião Árabe rumo a Jerusalém "mais parecia um carnaval do que um exército indo para a guerra", observou Glubb. Em 18 de maio, os primeiros legionários assumiram posições em torno dos muros da Cidade Velha, onde "cerca de 1900 anos atrás os próprios judeus haviam atirado suas lanças contra as legiões de Tito que avançavam", escreveu ele. Mas o rei estava "desvairado de ansiedade, com medo de que os judeus penetrassem na Cidade Velha e no Templo, onde seu pai, o falecido rei Hussein do Hejaz, estava sepultado". As forças de Glubb irromperam através de Sheikh Jarrah, que estava nas mãos dos israelenses, até o portão de Damasco.

Dentro da Cidade Velha, primeiro os irregulares e depois os legionários árabes cercaram o Bairro Judeu, lar de algumas das mais antigas famílias judias na Palestina, muitos deles estudiosos hassídicos idosos. A defesa foi feita por somente 190 combatentes da Haganah e do Irgun. Rabin ficou furioso ao saber que apenas escassas forças podiam ser reservadas para resgatar a Cidade Velha. "Era esta a única força que o povo judeu pode reunir para a libertação de sua capital?", indagou ele, berrando com o comandante de Jerusalém, David Shaltiel.

Rabin tentou sem êxito atacar o portão de Jaffa, mas simultaneamente outras tropas irromperam pelo portão de Sião penetrando na Cidade Velha. Oitenta homens do Palmach juntaram-se aos defensores antes de perder o portão de Sião. Mas agora a Legião Árabe chegava com toda força. A batalha pela Cidade Velha seria desesperada; os combates, comentou Glubb, aconteciam "de casa em casa, por passagens escuras, subindo e descendo estreitas escadas que cortam pátios, e indo para baixo nos porões", através do "apinhado viveiro que era o Bairro Judeu, por cima de entulho e destroços de milênios". Glubb agora ordenava a redução sistemática do local. Seus rabinos apelaram por ajuda. Ben-Gurion estava frenético: "Jerusalém pode cair a qualquer momento! Ataquem a todo custo!".

Em 26 de maio, os legionários tomaram a praça Hurva, dinamitando suas magníficas sinagogas. Dois dias depois, "dois velhos rabinos, costas curvadas pela idade, avançaram por uma ruela estreita segurando uma bandeira branca", observou Glubb. Do outro lado das linhas, a algumas dezenas de metros de distância em seu minúsculo teatro de guerra, Rabin assistiu à mesma "cena atordoante" do monte Sião: "Fiquei horrorizado". Dos 213 defensores, 39 estavam mortos e 134 feridos. "Assim a Cidadela de David caiu nas mãos do inimigo", escreveu Begin. "O pranto desceu sobre nós." Glubb estava eufórico: "Tenho um intenso amor por Jerusalém. A Bíblia vive perante os nossos olhos". Ainda assim, permitiu a destruição do Bairro Judeu: das 27 sinagogas, 22 foram demolidas. Pela primeira vez desde a reconquista muçulmana em 1187, os judeus perdiam acesso ao Muro Ocidental.

Glubb usou a fortaleza de Latrum para fechar a estrada para Jerusalém ocidental. Ben-Gurion ordenou repetidamente a tomada de Latrum, a um custo altíssimo de vidas israelenses, mas os ataques fracassaram. Os hierosolimitas judeus, já vivendo nos porões, começaram a passar fome, até que os israelenses criaram uma nova rota para as provisões, a assim chamada estrada de Burma, ao sul de Latrum.

Em 11 de junho, o mediador da ONU, conde Folke Bernadotte, neto de um rei sueco que havia negociado com Himmler a salvação de judeus nos últimos meses da Segunda Guerra Mundial, teve êxito em mediar uma trégua e propôs uma nova versão da partilha dando toda Jerusalém ao rei Abdullah. Israel rejeitou os planos de Bernadotte. Entrementes, Ben-Gurion derrotou um quase motim quando Menachem Begin, já tendo concordado em fundir suas forças do Irgun com as do Estado, tentou desembarcar seu próprio carregamento de armas: o exército israelense afundou o navio. Em vez de começar uma guerra civil, Begin se retirou da clandestinidade para entrar na política regular.

Quando a trégua de Bernadotte terminou, reiniciou-se a guerra. No dia seguinte, um Spitfire egípcio bombardeou Jerusalém ocidental. Os empolgados legionários atacaram a Cidade Nova pelo portão de Sião e então avançaram na direção de Notre Dame: "Virando a cabeça, eles podiam ver o Domo da Rocha e al-Aqsa", escreveu Glubb. "Eles estavam combatendo no caminho de Deus", enquanto os israelenses tentavam capturar a Cidade Velha.

"Podemos manter Jerusalém?", Abdullah perguntou a Glubb.

"Eles jamais a tomarão, senhor!"

"Se em algum momento achar que os judeus tomarão Jerusalém, avise-me", disse o rei. "Eu lá irei e morrerei nos muros da cidade." O contra-ataque israelense fracassou. Mas o poderio militar de Israel estava crescendo: o novo Estado contava agora com 88 mil homens ao todo, contra os 68 mil árabes. Nos dez dias que precederam uma segunda trégua, os israelenses tomaram Lydda e Ramla.

Tamanha foi a fúria sionista em relação à proposta de Bernadotte que o sueco então sugeriu que Jerusalém deveria ser internacionalizada. Em 17 de setembro, o conde sueco voou para a Cidade Santa. Mas os extremistas do Lehi, liderados por Yitzhak Shamir (futuro primeiro-ministro de Israel), decidiram aniquilar tanto o homem como seus planos. Quando Bernadotte dirigia por Katamon, indo de sua sede na Casa do Governo para encontrar-se com o governador Dov Joseph em Rehávia, sinalizaram para que seu jipe parasse num posto de fiscalização. Três homens desceram de outro jipe brandindo metralhadoras Sten: dois deles dispararam rajadas contra os pneus e o terceiro metralhou Bernadotte no peito antes de fugirem a toda velocidade. O conde morreu no Hospital Hadassah. Ben-Gurion suprimiu e desmantelou o Lehi, mas os assassinos jamais foram apanhados.

Abdullah havia assegurado a Cidade Velha. Na Cisjordânia, o rei reteve o sul, e os iraquianos, o norte. Ao sul de Jerusalém, a vanguarda egípcia podia ver a Cidade Velha e varria os subúrbios meridionais. Em meados de setembro, a Liga Árabe reconheceu um "governo" palestino sediado em Gaza, que era dominado pelo mufti e pelas famílias de Jerusalém.* Mas quando os combates foram retomados, os israelenses derrotaram e cercaram os egípcios, conquistando o deserto do Neguev. Humilhados, os egípcios mandaram o mufti de volta para o Cairo, com sua carreira política finalmente desacreditada. No fim de novembro de 1948, o tenente-coronel Moshe Dayan, agora comandante militar de Jerusalém, concordou com um cessar-fogo com os jordanianos. Durante a primeira metade de 1949, Israel assinou armistícios com todos os cinco Estados árabes; em fevereiro de 1949, o Knesset, Parlamento israelense, reuniu-se no prédio da Agência Judaica na King George v Avenue em Jerusalém para eleger formalmente Weizmann para o cerimonial cargo de presidente. Weizmann, com 75 anos, viu-se ignorado pelo primeiro-ministro Ben-Gurion e frustrado por ter um papel

* Dois primos Husseini serviam como ministros do Exterior e da Defesa, e Anwar Nusseibeh exercia o cargo de secretário de Gabinete — o mufti era presidente do Conselho Nacional Palestino.

não executivo. "Por que tenho de ser um presidente suíço?", perguntou Weizmann. "Por que não um presidente americano?" Ele, brincando, chamava a si mesmo de "prisioneiro de Rehovot" — referindo-se à cidade onde construíra o Instituto Weizmann de Ciências. Mesmo tendo sua residência oficial em Jerusalém, "conservei meu preconceito contra a cidade e até agora me sinto pouco à vontade nela". Ele morreu em 1952.

O Armistício, assinado em abril de 1949 e supervisionado pela ONU, que estava sediada na Casa do Governo britânica, dividia Jerusalém: Israel ficou com a parte oeste e com uma ilha de território no monte Scopus, enquanto Abdullah manteve a Cidade Velha, Jerusalém oriental e a Cisjordânia. O acordo prometia aos judeus acesso ao Muro, ao cemitério do monte das Oliveiras e às tumbas do vale do Cédron, mas isso nunca foi respeitado. Judeus não tiveram permissão de rezar no Muro pelos dezenove anos seguintes,* e as lápides de seus cemitérios foram vandalizadas.

Os israelenses e Abdullah temiam perder suas metades de Jerusalém. A ONU persistiu em debater a internacionalização da cidade, e então ambos ocuparam Jerusalém ilegalmente, e somente dois países reconheceram a posse de Abdullah sobre a Cidade Velha. O chefe de gabinete de Weizmann, George Weidenfeld, um jovem vienense que recentemente fundara sua própria editora em Londres, lançou uma campanha para convencer o mundo de que Israel deveria manter Jerusalém ocidental. Em 11 de dezembro, Jerusalém foi declarada capital de Israel.

O vitorioso árabe foi Abdullah, o Apressado, que, 32 anos após a Revolta Árabe, finalmente ganhara uma parte de Jerusalém: "Ninguém", disse ele, "vai tirar Jerusalém de mim a não ser que me matem".

* Num exemplo clássico da competição religiosa em Jerusalém e sua habilidade para criar santidade a partir da necessidade, peregrinos judeus, banidos do Muro, oravam no túmulo de Davi no monte Sião e ali criaram o primeiro Museu do Holocausto no país.

52. Dividida (1951-67)

REI DE JERUSALÉM: SANGUE NO MONTE DO TEMPLO

"A cidade passou a ser atravessada por uma faixa fortificada de arame farpado, campos minados, posições de tiro e guaritas de sentinelas", escreveu Amós Oz. "Uma cortina de concreto nos separava agora de Sheikh Jarrah e dos demais bairros árabes de Jerusalém." Com frequência havia fogo de franco-atiradores: em 1954, nove pessoas foram mortas dessa maneira, e outras 54 feridas. Mesmo quando os dois lados cooperavam, era angustiante: em 1950, a ONU mediou a alimentação de um tigre, um leão e dois ursos do Zoológico Bíblico no monte Scopus, controlado por Israel, explicando oficialmente que "foi necessário decidir se (a) dinheiro israelense deveria ser usado para comprar burricos árabes para alimentar o leão israelense ou (b) se um burrico israelense deveria passar pela fronteira do território controlado pela Jordânia para ser comido pelo referido leão". Finalmente os animais foram escoltados para Jerusalém ocidental num comboio da ONU através de território jordaniano.

Do outro lado do arame farpado, os Nusseibeh lamentavam a catástrofe: "Eu sofri um colapso nervoso", admitiu Hazem Nusseibeh. Seu sobrinho Sari sentia falta dos "aristocratas ingleses e árabes, os novos-ricos sem restrições, os comerciantes de classe média, as promíscuas ofertas aos soldados, a rica fusão de culturas, os bispos, os clérigos muçulmanos e os rabinos de barbas negras abarrotando as mesmas ruas".

Em novembro, Abdullah foi bizarramente coroado rei de Jerusalém pelo bispo copta — o primeiro rei a controlar a cidade desde Frederico II. Em 1º de dezembro, ele próprio se declarara rei da Palestina em Jericó, rebatizando seu território de Reino Unido da Jordânia. Os Husseini e os nacionalistas árabes denunciaram Abdullah por seus compromissos e não conseguiriam perdoá-lo por ter sido o único árabe bem-sucedido na Catástrofe Palestina.

O rei voltou-se para as famílias de Jerusalém, que agora gozavam uma estranha renascença. Ofereceu a Ragheb Nashashibi o posto de primeiro-ministro da Jordânia. Ele recusou, mas concordou em tornar-se ministro. O rei também o nomeou governador da Cisjordânia e Guardião dos Dois Harams (Jerusalém e Hebron), além de presenteá-lo com um carro Studebaker e com o título de "Ragheb Paxá". (Os jordanianos ainda concediam títulos otomanos na década de 1950.) Seu sobrinho almofadinha, Nassereddin Nashashibi, tornou-se camareiro real.* Numa satisfatória dispensa do odiado mufti, Abdullah o demitiu oficialmente e nomeou o xeque Husam al-Jarallah, o mesmo homem que havia sido alijado do título em 1921.

Abdullah foi advertido de planos de assassinato, mas sempre retrucava: "Até chegar o meu dia, ninguém pode me fazer mal; quando o dia chegar, ninguém pode me proteger". Quaisquer que fossem os perigos, Abdullah, agora com 69 anos, estava orgulhoso de sua posse de Jerusalém. "Quando eu era menino", recordava seu neto Hussein, "meu avô costumava me contar que Jerusalém era uma das mais belas cidades do mundo." À medida que o tempo passava, ele notou que o rei "passou a amar Jerusalém mais e mais". Abdullah vivia decepcionado com seu filho mais velho Talal, mas adorava seu neto, a quem educou para ser rei. Durante as férias escolares, tomavam café da manhã juntos todo dia. "Eu me tornei o filho que ele sempre quis", escreveu Hussein.

Na sexta-feira, 20 de julho de 1951, Abdullah foi de carro para Jerusalém com Hussein, então um colegial de Harrow de dezesseis anos, a quem ordenou

* Ragheb Nashashibi estava morrendo de câncer. O rei o visitou no Hospital Augusta Victoria. "Neste prédio", disse Abdullah, "na primavera de 1921, tive o meu primeiro encontro com Winston Churchill." Em abril de 1951, Nashashibi morreu e foi enterrado numa pequena tumba perto de sua mansão — que mais tarde foi derrubada para se construir o Ambassador Hotel.

vestir seu uniforme militar com medalhas. Antes de partirem, o rei lhe disse: "Meu filho, um dia você terá de assumir a responsabilidade", acrescentando: "Quando eu tiver que morrer, gostaria que fosse com um tiro na cabeça dado por um joão-ninguém. É o modo mais simples". Eles pararam em Nablus para um encontro dr. Musa al-Husseini, primo do mufti, a quem servira na Berlim nazista: ele se curvou e manifestou lealdade.

Pouco antes do meio-dia, Abdullah chegou a Jerusalém para as orações da sexta-feira com seu neto, Glubb Paxá, o camareiro real Nassereddin Nashashibi e o melífluo Musa Husseini. A multidão estava amuada e desconfiada. Sua guarda pessoal da Legião Árabe era tão numerosa que Hussein brincou: "O que é isto, uma procissão de funeral?". Abdullah visitou a tumba de seu pai, e então caminharam até al-Aqsa. Ali ele disse aos guardas que se afastassem, mas Musa Husseini permaneceu muito perto. Quando Abdullah passou pelo pórtico, o xeque da mesquita beijou a mão real, e simultaneamente surgiu um homem jovem detrás da porta. Erguendo uma pistola, o jovem pressionou o cano contra a orelha do rei e disparou, matando-o na hora. A bala saiu pelo olho, e Abdullah caiu, seu turbante branco desenrolando-se. Todos se jogaram ao chão, "dobrando-se como se dobram mulheres velhas apavoradas", observou Hussein, "mas eu devo ter perdido a cabeça naquele momento e me precipitei em direção ao assassino. Eu vi seus dentes, seus olhos aturdidos. Ele estava com a arma e eu o vi apontando-a para mim, aí vi a fumaça, ouvi a explosão e senti o tiro no peito. É assim que é a morte? A bala atingiu o metal". Abdullah salvara a vida do neto ordenando-lhe que usasse as medalhas.

Os guarda-costas, atirando ao acaso, mataram o assassino. Segurando o rei morto nos braços enquanto o sangue jorrava do nariz, Nashashibi beijou repetidamente sua mão. Os legionários começaram a esbravejar pelas ruas, e Glubb teve de empenhar-se para contê-los. Ajoelhando-se junto ao rei, Hussein desfez seu manto e caminhou com o corpo enquanto era conduzido ao Sanatório Austríaco. Ali o próprio Hussein foi sedado antes de ser levado às pressas de volta para Amã.[1]

HUSSEIN DA JORDÂNIA: ÚLTIMO REI DE JERUSALÉM

Dizia-se que o mufti e o rei Faruk do Egito estavam por trás do assassinato. Musa Husseini foi detido e torturado antes de ser executado com outros três.

Essa morte foi apenas um dos assassinatos e golpes precipitados pela derrota árabe. Em 1952, o rei Faruk, último dos albaneses de Mehmet Ali, foi derrubado por uma junta de oficiais livres, liderada pelo general Muhammad Neguib e pelo coronel Gamal Abdul Nasser.

Abdullah da Jordânia foi sucedido por seu filho, rei Talal, que sofria de violentos ataques de esquizofrenia, os quais o levaram a quase matar sua esposa. Em 12 de agosto de 1952, o jovem Hussein estava passando as férias num hotel em Genebra quando um garçom entrou com um envelope numa bandeja de prata: era endereçado a "Sua Majestade o rei Hussein". Seu pai abdicara. Com apenas dezessete anos, Hussein gostava de carros velozes e motocicletas, aviões e helicópteros — que ele próprio pilotava — e belas mulheres. Casou-se com cinco. Enquanto seu avô jamais perdera o sonho de um grande reino hachemita, arriscando tudo para conquistar Jerusalém, Hussein percebeu que seria uma façanha até mesmo sobreviver como rei da Jordânia.

Oficial treinado em Sandhurst, esse jovial monarca pró-ocidental teve seu regime financiado primeiro pela Grã-Bretanha e depois pelos Estados Unidos; no entanto, ele sobreviveu apenas por aparar as arestas entre as forças em jogo no mundo árabe. Às vezes precisou suportar o sufocante abraço de tiranos radicais hostis, tais como Nasser do Egito e Saddam Hussein do Iraque. Como seu avô, foi capaz de trabalhar com os israelenses; muito mais tarde, passou a gostar especialmente de Rabin.

O octogenário Churchill, que retornara ao posto de primeiro-ministro em 1951, resmungou a um de seus oficiais: "Vocês deveriam ter deixado os judeus com a posse de Jerusalém — foram eles que a tornaram famosa". Mas a cidade permaneceu dividida entre leste e oeste, "uma chocante série de cercas, muros e baias de arame farpado" com "placas em hebraico, inglês e árabe onde se lia PARE! PERIGO! FRONTEIRA ADIANTE!". As noites estalavam com o barulho das metralhadoras, e a única passagem era o portão de Mandelbaum, que ficou tão famoso quanto o Checkpoint Charlie de Berlim. Contudo, não era nem um portão nem a casa dos Mandelbaum. Simcha e Esther Mandelbaum, que tinham partido havia muito tempo, eram fabricantes de meias de seda nascidos na Bielorrússia, e sua casa sólida se tornara um forte da Haganah que foi explodido pela Legião Árabe em 1948. O posto de checagem Mandelbaum ficava sobre suas ruínas.

Através dessas barreiras minadas e farpadas, o adolescente judeu Amós Oz e a criança palestina Sari Nusseibeh, filho de Anwar, moravam perto um do outro. Mais tarde, Oz e Nusseibeh, ambos grandes escritores e oponentes do fanatismo, ficaram amigos. "Para famílias como a nossa, o Islã não era diferente do que eu viria a saber que o judaísmo era para Amós Oz, a algumas dezenas de metros de distância, logo depois da Terra de Ninguém", escreveu Nusseibeh. Os meninos assistiam a mais uma transformação de Jerusalém, resultado de um novo influxo de imigrantes. Os árabes, particularmente o Iraque, tinham se vingado em suas próprias comunidades judaicas: 600 mil judeus agora migravam para Israel. Mas foram os sobreviventes das seitas ultraortodoxas conhecidas como haredim (devotos) que mudaram o aspecto da cidade, trazendo consigo a cultura e as roupas da Europa Central do século XVII e uma fé em preces místicas e jubilosas. "Dificilmente se passava um dia", recorda Sari Nusseibeh, "em que eu não espiasse nas ruas para além da Terra de Ninguém", e ali, em Mea Shearim, "eu via homens de preto. Às vezes as barbudas criaturas olhavam de volta para mim". Quem eram eles, o menino se perguntava.

Os haredim dividiam-se entre os que abraçavam o sionismo e os muitos que, tais como os Toldot Haron de Mea Shearim, eram devotamente antissionistas. Estes acreditavam que apenas Deus podia restaurar o Templo. Essas seitas introspectivas, rígidas e ritualistas dividiam-se entre hassídicos e lituanos, todos falando iídiche. Os hassídicos, por sua vez, segmentavam-se em muitas seitas originárias das sete "cortes" principais, cada uma regida por uma dinastia descendente de um rabi milagroso conhecido como *admor* (acrônimo derivado de "Nosso Senhor Mestre e Rabi"). Seus costumes e as arcanas diferenças entre seitas contribuíram para a complexidade da Jerusalém israelense.*

Os israelenses construíram uma capital moderna em Jerusalém ocidental,** uma difícil fusão de secular e religiosa. "Israel era socialista e secular", recordava George Weidenfeld. "A alta sociedade estava em Tel Aviv, mas Jerusalém girava em torno da velha cidade dos rabinos, dos intelectuais alemães de Rehávia que

* A maior corte, Gerer, que recebe o nome originário de uma aldeia na Polônia e é regida pela família Alter, usa o *shtreimel*, chapéu de pele; os Belzers, da Ucrânia, vestem cafetãs e chapéus de pele; os Breslavers fazem seu culto com danças e cantos místicos e exibicionistas, e são conhecidos como "hippies hassídicos".

** Em 1957, o Yad Vashem, "Um Lugar e um Nome", o memorial para os 6 milhões de judeus mortos no Holocausto, foi criado no monte Herzl. Em 1965 foi aberto o Museu de Israel, seguido pelo novo Knesset, ambos financiados por James de Rothschild, que ajudara a recrutar a Legião Judaica no exército de Allenby.

discutiam arte e política depois do jantar na cozinha, e da elite israelense de altos funcionários civis e generais como Moshe Dayan." Enquanto os haredim viviam suas vidas em separado, os judeus seculares como Weidenfeld jantavam fora no restaurante mais badalado de Jerusalém — o Fink's, com seu gulache e suas salsichas não kosher. Amós Oz sentia-se pouco à vontade nessa cidade caleidoscópica, com sua peculiar mistura de antiguidades e ruínas modernas. "Quem poderá sentir Jerusalém como seu lar, pergunto, ainda que viva aqui cem anos", ele indaga em seu romance *Meu Michel*. "É só virar a cabeça para o outro lado e em meio a esse frenético canteiro de obras você vislumbra descampados rochosos. Oliveiras. Espaços desertos. Vegetação exuberante nos vales. Veredas sinuosas abertas pelo pisar de muitos pés. Ao lado do recém-construído edifício que abriga o gabinete do primeiro-ministro [...]." Oz deixou Jerusalém, mas Sari Nusseibeh ficou.

Em 23 de maio de 1961, Ben-Gurion chamou um de seus jovens assessores, Yitzhak Yaacovy, para sua sala. O primeiro-ministro ergueu os olhos para Yaacovy: "Você sabe quem é Adolf Eichmann?".

"Não", respondeu Yaacovy.

"Ele é o homem que organizou o Holocausto, matou a sua família e deportou você para Auschwitz", replicou Ben-Gurion, que sabia que Yaacovy, filho de pais ortodoxos húngaros, fora enviado para o campo de extermínio pelo ss-Obersturmbannführer Eichmann em 1944. Ali ele sobrevivera à seleção dos que teriam permissão de viver como trabalhadores escravos e os que iriam morrer imediatamente nas câmaras de gás pelas mãos do próprio dr. Josef Mengele, talvez por causa de seu cabelo loiro e de seus olhos azuis. Depois Yaacovy emigrou para Israel, combateu e foi ferido na Guerra da Independência, estabelecendo-se em Jerusalém onde trabalhava no gabinete do primeiro-ministro.

"Hoje", prosseguiu Ben-Gurion, "você vai pegar um carro para o Knesset e vai se sentar como meu convidado e me assistir anunciar que trouxemos Eichmann para enfrentar o julgamento em Jerusalém."

O Mossad, serviço secreto israelense, havia sequestrado Eichmann de seu esconderijo na Argentina um ano antes, e em abril de 1961 teve início seu julgamento num tribunal no centro de Jerusalém. Ele foi enforcado na prisão de Ramla em 1º de junho de 1962.

Do outro lado da fronteira, o rei Hussein chamava a cidade de sua "segunda capital", mas seu regime era precário demais para arriscar a remoção da verdadeira capital de Amã. A Cidade Santa estava efetivamente rebaixada a uma "cidade provinciana com arame farpado no centro". Apesar disso, a Jerusalém hachemita recuperou parte de seu antigo charme. O irmão do rei, príncipe Muhammad, governava a Cisjordânia. Ele tinha acabado de se casar com uma linda palestina de dezesseis anos: Firyal al-Rashid. "Passávamos seis meses do ano em Jerusalém", recordava a princesa Firyal, "na deliciosa e pequena *villa* que pertencera aos Dajani, mas meu marido passava a maior parte do tempo negociando com os cristãos, tentando fazer a paz entre os beligerantes ortodoxos, católicos e armênios."

O rei Hussein nomeou Anwar Nusseibeh como governador e guardião dos santuários. Os Nusseibeh conquistaram mais proeminência do que tiveram por muitos séculos: em algumas ocasiões, Anwar serviu como ministro de Defesa jordaniano, e seu irmão Hazem, como ministro do Exterior. Todas as famílias importantes de Jerusalém tinham perdido seu dinheiro e suas plantações de oliveiras, mas muitas continuaram morando em suas mansões em Sheikh Jarrah. Anwar Nusseibeh morava agora defronte à Colônia Americana, numa *villa* em estilo antigo com "tapetes persas, diplomas acadêmicos em molduras douradas, frascos de cristal para os drinques depois do jantar e dezenas de troféus de tênis". Nusseibeh tinha de praticar um "ecumenismo tolerante", orando toda sexta-feira em al-Aqsa e, em toda Páscoa, levando a família inteira para acompanhar "o alto clero em seus mantos, segurando cruzes douradas para circundar o Santo Sepulcro três vezes", como se recorda seu filho Sari. "Meus irmãos e eu gostávamos desta [celebração da Páscoa], ainda mais porque as garotas cristãs eram as mais bonitas da cidade." Mas o monte do Templo em si permanecia silencioso. "Havia poucos visitantes muçulmanos para o Haram", notou Oleg Grabar, o proeminente estudioso de Jerusalém, que começou a explorar a cidade durante aqueles anos.

Sari Nusseibeh investigava a Cidade Velha, "cheia de lojistas afetados com seus relógios de bolso dourados, mulheres velhas mascateando louças, dervixes girantes" e cafés ressoando "com o som borbulhante de pessoas fumando narguilés". A Jerusalém jordaniana era, observou Eugene Bird, vice-cônsul dos Estados Unidos, um mundinho: "Nunca vi antes uma cidade grande tão pequena. A sociedade aceitável restringia-se a cerca de 150 pessoas". Algumas das famílias abraçaram o turismo: os Husseini abriram a Casa do Oriente como hotel. Bertha Spafford, com seus cabelos brancos, converteu sua Colônia Americana num hotel de luxo: a grande dama com seus broches tornou-se ela própria um dos pontos turísticos da cidade, tendo conhecido todo mundo, desde Kemal Paxá até

Lawrence da Arábia — ela chegou a aparecer duas vezes no programa de TV britânico *Esta É a Sua Vida*. Katy Antonius tinha voltado e montado um orfanato na Cidade Velha e, na sua casa, "um restaurante com salão de primeira" chamado de Katakeet, por causa de uma coluna de fofocas local. Ela parecia "saída de *Cocktail Party*, de T. S. Eliot", escreveu o vice-cônsul americano; "é fofoqueira e cuidadosamente afetada"; estava sempre "na última moda, com um colar de pérolas, cabelo preto cortado bem curto, com uma visível mecha branca". Ela era, achava o filho do vice-cônsul, o escritor Kai Bird, "parte mulher-dragão e parte flerte". Mas não perdera sua ira política, comentando: "Antes do Estado judeu, eu conhecia muitos judeus em Jerusalém. Agora bato na cara de qualquer amigo árabe que tente fazer negócios com um judeu. Nós perdemos o primeiro round; não perdemos a guerra".

As Grandes Potências sempre apoiaram suas próprias seitas, então não foi surpresa que a Guerra Fria fosse travada furtivamente sob as vestes e atrás dos altares de Jerusalém "tão ardentemente quanto nas vielas escuras de Berlim", outra cidade dividida. O vice-cônsul Bird aconselhou a CIA a contribuir com 80 mil dólares para reparar os grandes domos dourados em forma de cebola da igreja de Maria Madalena do grão-duque Serguei. Se a CIA não pagasse, a KGB o faria. A ortodoxia russa estava dividida entre a igreja apoiada pela CIA, sediada em Nova York, e a versão soviética apoiada pela KGB em Moscou. Os jordanianos, fiéis aliados dos Estados Unidos, davam suas igrejas russas à igreja anticomunista, enquanto os israelenses, lembrando que Stálin havia sido o primeiro a reconhecer o novo Estado, cediam suas propriedades russas aos soviéticos, que estabeleceram uma missão em Jerusalém ocidental, liderada por um "padre", na verdade um coronel da KGB que anteriormente fora consultor na Coreia do Norte.

Num pano de fundo ainda dominado pelos "Husseini, Nashashibi, eruditos islâmicos e bispos cristãos, se você conseguisse ignorar a Terra de Ninguém e os campos de refugiados", escreveu Sari Nusseibeh, "era como se nada tivesse acontecido". Todavia, nada mais era o mesmo — e inclusive essa Jerusalém híbrida estava agora sob ameaça. A ascensão de Nasser, presidente do Egito, mudou tudo, colocando em perigo o rei Hussein e pondo em risco até mesmo a sua posse de Jerusalém.

53. Seis Dias (1967)

NASSER E HUSSEIN: CONTAGEM REGRESSIVA PARA A GUERRA

Nascido na obscuridade, Nasser era o belo ideal do estadista árabe — um jovem oficial ferido no cerco israelense de 1948 e determinado a restaurar o orgulho árabe. Ele se tornou o líder árabe mais popular em séculos, embora também governasse como ditador, apoiado pela polícia secreta. Conhecido como El Rais — o Chefe — pelo mundo árabe, Nasser promulgou um pan-arabismo socialista que inspirou seu povo a desafiar a dominação ocidental e a vitória sionista, ao mesmo tempo despertando elevadas esperanças de que suas derrotas podiam ser vingadas.

Nasser apoiou as investidas palestinas contra Israel, que foi respondendo com crescente violência. Sua liderança da mais poderosa nação árabe, o Egito, alarmava Israel. Em 1956, ele desafiou os vestígios dos impérios anglo-franceses nacionalizando o canal de Suez e apoiando os rebeldes argelinos contra a França. Londres e Paris, determinadas a destruí-lo, fizeram uma aliança secreta com Ben-Gurion. O bem-sucedido ataque israelense ao Sinai, planejado pelo chefe do Estado-Maior Dayan, forneceu aos ingleses e franceses um pretexto para invadir o Egito, ostensivamente para separar os dois vizinhos. No entanto, a Grã-Bretanha e a França careciam do poder de sustentar essa última aventura imperial: os

Estados Unidos forçaram sua retirada. Logo em seguida, o rei Hussein dispensou Glubb como comandante de seu exército. O ano de 1956 foi o crepúsculo do Império Britânico no Oriente Médio e o alvorecer da supremacia americana.

Nasser visava aos dois reinos hachemitas, onde seu radicalismo pan-arábico ia se tornando cada vez mais popular nas ruas e nas corporações de oficiais. Em 1958, o primo e colega de escola de Hussein, Faisal II, foi assassinado no Iraque num golpe militar. A família tinha sido constituída de reis dos árabes, do Hejaz, Síria, Palestina, Iraque — e Hussein era agora o último hachemita real. Nasser fundiu oficialmente o Egito com a Síria na República Árabe Unida (RAU), cercando Israel e dominando a Jordânia. Sua RAU, porém, que por duas vezes se desmanchou e por duas vezes foi reconstituída, permaneceu frágil.

"Crescer em Jerusalém era como estar em um conto de fadas invadido por Detroit e exércitos modernos, embora sua qualidade mágica tenha se mantido, e os perigos simplesmente contribuíam para os mistérios", escreveu Sari Nusseibeh. De forma gradual, "Jerusalém recuperou muito da vida que tinha perdido em 1948", voltando a ser a "capital mundial da peregrinação". Em 1964, o rei Hussein recobriu novamente de dourado o chumbo do Domo da Rocha, que durante séculos fora de um cinza-escuro, como preparativo para a peregrinação do papa Paulo VI. O sumo pontífice foi acolhido pelo príncipe Muhammad e pela princesa Firyal, que o acompanharam cidade adentro, onde foi recebido pelo governador Anwar Nusseibeh. Mas o papa precisou cruzar a fronteira no portão de Mandelbaum, como todo mundo. Quando pediu permissão para orar na capela grega do Calvário, o patriarca ortodoxo lhe ordenou que fizesse o pedido por escrito e o rejeitou. "A visita do papa", escreveu Sari Nusseibeh, "acionou uma explosão": os Husseini e os Nusseibeh derrubaram suas elegantes mansões e construíram hotéis hediondos.

Nesse ínterim, o rei Hussein lutava por sua sobrevivência, espremido entre o Egito e a Síria nasseristas, entre os árabes e os israelenses, entre suas próprias ambições dinásticas e a impetuosa amargura dos palestinos, que se sentiam traídos por ele. Enquanto Nasser conspirava para derrubar o rei, Jerusalém e a Cisjordânia causavam repetidos tumultos contra os hachemitas.

Em 1959, Yasser Arafat, um veterano da guerra de 1948,* fundou um movimento de libertação nacional chamado Fatah — Conquista. Em 1964, Nasser

* Arafat alegava ter nascido em Jerusalém. Sua mãe era hierosolimita, mas na verdade ele nasceu no Cairo. Em 1933, aos quatro anos de idade, foi morar com parentes durante quatro anos no Bairro Magrebino, próximo ao Muro.

organizou uma conferência de cúpula no Cairo, criando um Comando Árabe Unido para a guerra contra Israel, que estaria próxima; além disso, fundou a Organização para Libertação da Palestina (OLP), sob a chefia de Ahmed al-Shuqayri. Naquele mês de maio em Jerusalém, o rei Hussein abriu com relutância o Congresso Palestino, que lançou a OLP. Em janeiro seguinte, o Fatah de Arafat realizou uma pequena incursão em Israel a partir da Jordânia. Foi um desastre, e a única baixa foi um guerrilheiro palestino morto pelos jordanianos. Mas a investida do Fatah capturou a imaginação árabe, e marcou o início da campanha de Arafat para colocar a causa palestina no centro do palco global. A ascensão dos radicais do Fatah, com seus *keffiyehs*, uniformes cáqui e coldres com pistolas, eclipsou as altivas famílias, desacreditadas pelo mufti e pelas decisões de 1948. Num sinal dos tempos, o filho de Anwar Nusseibeh, Sari, aderiu ao Fatah.

Os palestinos estavam perdendo a paciência com Hussein. Quando o governador Nusseibeh recusou uma ordem real, o rei o demitiu e nomeou um jordaniano em seu lugar. Em setembro de 1965, seguindo os passos de seu avô, Hussein encontrou-se secretamente com a ministra do Exterior, Golda Meir, que sugeriu que um dia "poderíamos deixar a arma de lado e criar em Jerusalém um monumento que significaria a paz entre nós".[1]

Quando Ben-Gurion se retirou como primeiro-ministro em 1963, seu sucessor foi Levi Eshkol, de 67 anos, nascido perto de Kiev, um fleumático de óculos cuja maior realização tinha sido fundar o serviço de água israelense: ele não era nenhum Ben-Gurion. No começo de 1967, os ataques sírios ao norte de Israel levaram a um combate aéreo no qual a força aérea síria foi dizimada sobre Damasco. A Síria apoiou novas incursões palestinas em Israel.*

A União Soviética avisou Nasser — erradamente, como depois se viu — que Israel planejava atacar a Síria. Ainda não está claro por que Moscou forçou essa informação falsa, nem por que Nasser optou por acreditar quando tinha semanas para verificar sua veracidade e refutá-la. Com toda sua força no Egito, seu próprio carisma e a popularidade do pan-arabismo, Nasser fora humilhado pelos ataques israelenses de represália e exposto pela arriscada diplomacia síria. Ele movimentou suas tropas península adentro para mostrar que não toleraria um ataque à Síria.

* À medida que crescia a tensão, um homem idoso visitou a cidade pela última vez e o mundo mal notou: Haj Amin Husseini, o ex-mufti, orou em al-Aqsa e então regressou ao seu exílio no Líbano, onde morreu em 1974.

Em 15 de maio, um ansioso Eshkol e seu chefe de Estado-Maior, general Rabin, reuniram-se no King David em Jerusalém antes da parada do Dia da Independência: como deveriam reagir às ameaças de Nasser? No dia seguinte, o Egito pediu à ONU para retirar suas forças de paz do Sinai. Nasser provavelmente esperava uma escalada na crise, mas ainda evitando a guerra. Se fosse isso, suas ações foram ou irremediavelmente desastrosas ou imprudentes. Com a liderança árabe e as multidões nas ruas saudando o iminente extermínio do Estado judeu, Eshkol estava com os nervos abalados. Uma agourenta crise de medo existencial tomou conta de Israel, que perdera a iniciativa para Nasser. Sobrevivendo à base de café, fumando setenta cigarros por dia, ciente de que a existência de Israel repousava sobre seus ombros, o general Rabin começou a esmorecer.

RABIN: O COLAPSO ANTES DA BATALHA

Nasser avaliou as possibilidades ao convocar seu Gabinete e questionar meticulosamente seu vice-presidente e chefe militar supremo, o marechal de campo Abdel-Hakim al-Amer, um visionário, bon-vivant consumidor de drogas, que continuava sendo o mais antigo amigo do presidente.

Nasser: "Agora, com a nossa concentração de tropas no Sinai, as chances de guerra são de meio a meio. Se fecharmos o estreito de Tiran, será de cem por cento. As forças armadas estão prontas, Abdel Hakim [Amer]?".

Amer: "Acredito que sim, chefe! Tudo está tinindo".

Em 23 de maio, Nasser fechou o estreito de Tiran, a passagem marítima para o porto israelense de Eilat. A Síria mobilizou-se para a guerra. O rei Hussein passou suas forças em revista. Rabin e os generais aconselharam Eshkol a desfechar um ataque preventivo contra o Egito ou confrontar a humilhação. Mas Eshkol recusava-se a fazê-lo enquanto não tivesse exaurido todas as opções políticas: seu ministro do Exterior, Abba Eban, cumpria uma diligente diplomacia para evitar a guerra — ou ganhar apoio se ela viesse. Todavia, Rabin estava atormentado pela culpa de não ter feito o suficiente para salvar Israel: "Eu tinha a sensação, certa ou errada, de que precisava realizar tudo sozinho. Tinha afundado numa crise profunda. Passei nove dias sem comer quase nada, não dormia, fumava sem parar e estava fisicamente exausto".

Com seu primeiro-ministro à deriva, o chefe do Estado-Maior sob sedativos, seus generais à beira de um motim e a própria nação em pânico, nada havia de falso em relação ao trauma de Israel. Em Washington, o presidente Lyndon B. Johnson recusou-se a apoiar qualquer ataque israelense; em Moscou, o premiê Alexei Kosygin aconselhou rigorosamente Nasser a recuar de uma guerra. No Cairo, o marechal de campo Amer, gabando-se de que "desta vez seremos nós a começar a guerra", preparava-se para atacar o Neguev. No último momento, Nasser ordenou que Amer contivesse o ataque.

Em Amã, o rei Hussein sentia ter pouca escolha a não ser juntar-se a Nasser: se o Egito atacasse, teria de dar apoio ao seu irmão árabe; caso contrário, se o Egito perdesse, ele seria visto como traidor. Em 30 de maio, Hussein, trajando uma farda de marechal de campo e portando uma 357 Magnun, pilotou seu próprio avião até o Cairo, onde se reuniu com Nasser. "Já que a sua visita é segredo", disse Nasser, seu vulto enorme pairando sobre o diminuto rei, "o que aconteceria se nós o prendêssemos?" "A possibilidade nunca me passou pela cabeça", replicou Hussein, que concordou em colocar seu exército de 56 mil homens sob o comando do general egípcio Riyad. "Todos os exércitos árabes agora cercam Israel", declarou o rei. Israel confrontava a guerra em três frentes. Em 28 de maio, Eshkol tinha feito um desconexo pronunciamento por rádio que apenas serviu para intensificar a ansiedade israelense. Em Jerusalém, abrigos antibombas foram cavados, exercícios contra ataques aéreos foram praticados. Os israelenses temiam a aniquilação, outro Holocausto. Eban tinha exaurido a diplomacia, e os generais, os políticos e o público tinham perdido a confiança em Eshkol. Ele foi obrigado a chamar o mais respeitado soldado de Israel.

DAYAN ASSUME O COMANDO

Em 1º de junho, Moshe Dayan prestou juramento como ministro da Defesa de Israel, e Menachem Begin também participou do novo Governo de União Nacional como ministro sem pasta. Dayan, que sempre usava sua marca registrada, o tapa-olho preto, era discípulo de Ben-Gurion e desprezava Eshkol, que em particular o apelidou de Abu Jildi, em referência a um escorregadio bandido árabe de um olho só.

Aluno de Wingate, chefe do Estado-Maior durante a guerra do Suez e agora membro do Parlamento, Dayan era uma contradição — arqueólogo e saqueador de artefatos, um homem vingativo com poder militar e que acreditava na coexistência tolerante, vencedor em combates contra os árabes e amante da cultura árabe. Ele era "supremamente inteligente", recorda seu amigo Shimon Peres, "tinha uma mente brilhante e nunca dizia uma bobagem". O general Ariel Sharon, seu colega, achava que Dayan "acordava com uma centena de ideias. Entre elas, 95 eram perigosas; outras três eram ruins; as duas restantes, porém, eram brilhantes". Ele "desprezava a maioria das pessoas", recordava Sharon, "e não se dava ao trabalho de ocultar isso". Seus críticos o chamavam de "partisano e aventureiro", e Dayan uma vez admitiu para Peres: "Lembre-se de uma coisa: eu não sou confiável".

Dayan irradiava o carisma do novo judeu arrojado "não porque seguia as regras", diz Peres, "mas porque as descartava com habilidade e charme". Um colega de classe o descreveu como "mentiroso, fanfarrão, maquinador e prima-dona, e, apesar disso, objeto de profunda admiração". Era um solitário sem amigos, exibicionista inescrutável e mulherengo priápico, o que Ben-Gurion desculpava, pois Dayan "era moldado com material bíblico", como o rei Davi. Ou: "Você precisa se acostumar", disse o almirante Nelson à sofrida esposa de Dayan, Ruth. "As vidas privadas de grandes homens são frequentemente conduzidas em planos paralelos que nunca se encontram."

Quando Eban reportou que os Estados Unidos não aprovavam uma ação militar, mas tampouco se moveriam para impedi-la, Dayan mostrou sua fria noção de estratégia. Salientou que Israel teria de atacar o Egito imediatamente e ao mesmo tempo evitar qualquer confronto com a Jordânia. Seu comandante em Jerusalém, Uzi Narkiss, o desafiou: E se a Jordânia atacar o monte Scopus? "Neste caso", retrucou Dayan secamente, "morda os lábios e segure as linhas!"

Nasser já acreditava ter conseguido uma vitória sem sangue, mas os egípcios continuavam a planejar seu ataque ao Sinai. Os jordanianos, apoiados por uma brigada iraquiana, empreenderam a Operação Tariq para cercar a Jerusalém ocidental judia. O mundo árabe, agora com 500 mil homens em campo, 5 mil tanques e novecentos aviões, nunca estivera tão unido. "Nossa meta básica é a destruição de Israel", disse Nasser. "Nosso objetivo", explicou o presidente Aref do Iraque, é "apagar Israel da face do mapa." Os israelenses dispunham de 275 mil homens, 1100 tanques e duzentos aviões.

Às 7h10 da manhã do dia 5 de junho, os pilotos israelenses surpreenderam e eliminaram toda a força aérea egípcia. Às 8h15, Dayan ordenou que as Forças de Defesa de Israel entrassem no Sinai. Em Jerusalém, o general Narkiss esperava ansiosamente, temeroso de que os jordanianos tomassem o vulnerável monte Scopus e cercassem os 197 mil judeus em Jerusalém ocidental, mas tinha esperança de que eles fossem fazer apenas uma contribuição simbólica para a guerra egípcia. Logo depois das oito horas da manhã, as sirenes antiaéreas soaram. Os Manuscritos do Mar Morto estavam guardados em segurança. Reservistas foram convocados. Três vezes Israel advertiu o rei Hussein — por intermédio do Departamento de Estado dos Estados Unidos, pela ONU em Jerusalém e pela Secretaria do Exterior britânica — que "Israel não atacará, repetindo, *não* atacará a Jordânia se a Jordânia se mantiver tranquila. Mas se a Jordânia abrir as hostilidades, Israel responderá com toda sua força".

"Sua Majestade, a ofensiva israelense começou no Egito", o auxiliar de campo de Hussein o informou às 8h50. Numa troca de telefonemas entre os quartéis-generais, o rei Hussein ficou sabendo que o marechal de campo Amer havia esmagado as forças israelenses e contra-atacava com êxito. Às 9 horas da manhã, Hussein entrou no seu quartel-general para descobrir que seu general egípcio Riyad havia ordenado ataques contra os alvos israelenses e a tomada da Casa do Governo no sul de Jerusalém. Nasser ligou para confirmar vitórias egípcias e a destruição da força aérea israelense.

Às 9h30, o sóbrio rei disse a seu povo: "A hora da vingança chegou".

DE 5 A 7 DE JUNHO DE 1967: HUSSEIN, DAYAN E RABIN

Às 11h15 da manhã, a artilharia jordaniana lançou uma barragem de 6 mil bombas contra a Jerusalém judia, atingindo o Knesset e a residência do primeiro-ministro, bem como o Hospital Hadassah e a igreja da Dormição no monte Sião. Seguindo ordens de Dayan, os israelenses responderam apenas com armas leves. Às 11h30, Dayan ordenou um ataque contra a força aérea jordaniana. Assistindo do telhado de seu palácio na companhia de seu filho mais velho, o futuro rei Abdullah II, Hussein viu seus aviões destruídos.

Em Jerusalém, Israel ofereceu um cessar-fogo, mas os jordanianos não estavam interessados. Os alto-falantes do muezim no Domo da Rocha gritavam: "Peguem suas armas e tomem de volta seu país roubado pelos judeus". Às 12h45, os jordanianos ocuparam a Casa do Governo — por acaso era a sede da ONU, mas dominava Jerusalém. Dayan ordenou imediatamente que fosse atacada: caiu após quatro horas de combate. Ao norte, morteiros e artilharia israelenses abriam fogo contra os jordanianos.

Dayan venerava Jerusalém, mas entendia que suas complexidades políticas podiam ameaçar a própria existência de Israel. Quando o Gabinete israelense debateu se deveria atacar a Cidade Velha ou simplesmente silenciar as armas jordanianas, Dayan argumentou contra a conquista, ansioso em relação às responsabilidades de governar o monte do Templo, mas foi voto vencido. E adiou qualquer iniciativa de ação até o Sinai ser conquistado.

"Aquela noite foi um inferno", escreveu Hussein. "Estava claro como o dia. O céu e a terra reluziam com a luz dos foguetes e as explosões de bombas chovendo torrencialmente dos aviões israelenses." Às 2h10 da manhã de 6 de junho, os paraquedistas israelenses foram reunidos em três esquadrões e estimulados pelo general Narkiss a "redimir o pecado de 1948", quando ele próprio combatera pela cidade. O primeiro esquadrão atravessou a Terra de Ninguém rumo ao portão de Mandelbaum para tomar a colina da Munição — onde Allenby guardava seu arsenal —, numa batalha feroz em que 71 jordanianos e 35 israelenses foram mortos. Os paraquedistas avançaram agilmente através de Sheikh Jarrah, passando pela Colônia Americana rumo ao Museu Rockfeller, que caiu às 7h27.

O rei ainda conservava o controle do Hospital Augusta Victoria entre o monte Scopus e o monte das Oliveiras, e tentou desesperadamente salvar a Cidade Velha oferecendo um cessar-fogo, mas já era tarde demais. Nasser ligou para dizer a Hussein que deveria alegar que os Estados Unidos e a Grã-Bretanha haviam derrotado os árabes, não só Israel.

Hussein saiu correndo num jipe rumo ao vale do Jordão, onde encontrou suas tropas retrocedendo do norte. Dentro da Cidade Velha, os jordanianos, cujo quartel-general estivera sediado no mosteiro armênio desde 1948, postaram cinquenta homens em cada um dos portões e ficaram à espera. Os israelenses planejavam capturar Augusta Victoria, mas seus tanques Sherman pegaram um caminho errado e acabaram descendo para o vale do Cédron, onde foram ferozmente atacados no portão dos Leões, perdendo cinco homens e quatro tanques perto do jardim de Getsêmani. Os israelenses se abrigaram no pátio rebaixado da tumba da Virgem. A Cidade Velha ainda não estava cercada.

Dayan juntou-se a Narkiss no monte Scopus com vista para a Cidade Velha: "Que visão divina!", disse Dayan, recusando-se a autorizar qualquer ataque. No entanto, ao nascer do dia 7 de junho, o Conselho de Segurança da ONU preparou-se para ordenar um cessar-fogo. Menachem Begin telefonou a Eshkol para estimular um assalto urgente à Cidade Velha. Subitamente, Dayan corria o risco de ficar sem tempo. Na Sala de Guerra, ele ordenou a Rabin a tomada "da mais difícil e almejada meta da guerra".

Primeiro os israelenses bombardearam o cume do Augusta Victoria, usando napalm; os jordanianos fugiram. Então os paraquedistas tomaram o monte das Oliveiras e seguiram adiante descendo rumo ao jardim de Getsêmani. "Ocupamos os pontos altos com vista para a Cidade Velha", disse a seus homens o comandante dos paraquedistas, coronel Motta Gur. "Entraremos nela em alguns instantes. A antiga cidade de Jerusalém, que por gerações sonhamos e almejamos — nós seremos os primeiros a entrar nela. A nação judaica está à espera da nossa vitória. Estejam orgulhosos. Boa sorte!"

Às 9h45 da manhã, os tanques israelenses Sherman abriram fogo contra o portão dos Leões, esmagando o ônibus que bloqueava a entrada e botando as portas abaixo. Sob fogo cruzado jordaniano, os israelenses investiram contra o portão.[2] Os paraquedistas invadiram a Via Dolorosa, e o coronel Gur liderou um grupo até o monte do Templo. "Lá está você num carro lagarta depois de dois dias de combate, com tiros ainda enchendo o ar, e de repente você chega naquele espaço aberto que todo mundo viu antes em fotografias", escreveu o oficial da inteligência Arik Akhmon, "e apesar de eu não ser religioso, duvido que tenha havido um único homem que não se sentisse tomado de emoção. Algo especial tinha acontecido." Houve escaramuças com tropas jordanianas antes de Gur anunciar no rádio: "O monte do Templo está em nossas mãos!".

Enquanto isso, no monte Sião, uma companhia da Brigada de Jerusalém irrompeu por uma entrada no portão de Sião penetrando no Bairro Armênio, precipitando-se pela íngreme ladeira que dá para o Bairro Judeu, enquanto soldados da mesma unidade invadiram pelo portão do Esterco. Todos dirigiam-se para o Muro. Lá atrás, no monte do Templo, Gur e seus paraquedistas não sabiam como chegar até ele, mas um velho árabe mostrou-lhes o portão do Magrebe e todas as três companhias convergiram simultaneamente para o local sagrado. Segurando seu *shofar* e uma Torá, o barbado rabino Shlomo Goren, capelão-mor do Exército de Israel, caminhou rumo ao Muro e começou a recitar a oração dos enlutados, o *kadish*, enquanto soldados rezavam, choravam, aplaudiam, dançavam e alguns cantavam o novo hino da cidade, "Jerusalém de Ouro".

Às 14h30, Dayan, ladeado por Rabin e Narkiss, entrou na cidade, passando por "tanques em chamas" e caminhando através de "ruelas totalmente desertas, um silêncio lúgubre quebrado pelo fogo de franco-atiradores. Lembrei-me da minha infância", disse Rabin, relatando o sentimento de "pura excitação à medida que íamos chegando perto" do Kotel. Enquanto avançavam pelo monte do Templo, Dayan viu uma bandeira israelense no topo do Domo da Rocha e ordenou "que fosse retirada imediatamente". Rabin "perdeu o fôlego" ao observar o "emaranhado de homens endurecidos pela batalha, olhos úmidos de lágrimas", mas "não era hora de pranto — era um momento de redenção, de esperança".

O rabino Goren quis acelerar a era messiânica dinamitando as mesquitas no monte do Templo, mas o general Narkiss replicou: "Pare com isso!".

"Você vai entrar nos livros de história", disse o rabino Goren.

"Já registrei meu nome na história de Jerusalém", respondeu Narkiss.

"Esse foi o ponto alto da minha vida", recordava Rabin. "Durante anos eu alimentara secretamente o sonho de que poderia ter um papel na devolução do Muro Ocidental ao povo judeu. Agora esse sonho se realizava, e de repente me perguntei por que eu, entre todos os homens, tive esse privilégio." Rabin foi agraciado com a honra de dar nome à guerra: sempre modesto e respeitável, rude e lacônico, escolheu o nome mais simples: Guerra dos Seis Dias. Nasser tinha outro nome para ela — al-Naksa, a Reversão.

Dayan escreveu um bilhete num pedaço de papel — dizia: "Que a paz desça sobre toda a casa de Israel" — e o colocou entre as cantarias de Herodes. Então declarou: "Nós reunimos a cidade, a capital de Israel, para nunca mais deixar que se divida". Mas Dayan — sempre o israelense que mais respeitava os árabes e também o mais respeitado por eles, que o chamavam de Abu Musa (filho de Moisés) — continuou: "Para nossos vizinhos árabes, Israel estende a mão da paz e para todos os povos de todas as religiões, garantimos plena liberdade de culto. Não viemos para conquistar os lugares santos dos outros, mas para viver com os outros em harmonia". Quando foi embora arrancou "cíclames silvestres de um delicado tom rosa de um arbusto entre o Muro e o portão do Magrebe" para dar à sua sofredora esposa.

Dayan pensava seriamente sobre Jerusalém, e criou sua própria política. Dez dias depois, retornou a al-Aqsa, onde, sentado de meias com o xeque do

Haram e o ulemá, explicou que agora Jerusalém pertencia a Israel, mas o *waqf* controlaria o monte do Templo. Mesmo que agora, após 2 mil anos, os judeus pudessem finalmente visitar o Har ha-Bait, ele determinou que estariam proibidos de rezar ali. A decisão de estadista tomada por Dayan prevalece até hoje.

O presidente Nasser renunciou temporariamente mas nunca abriu mão do poder, e chegou a perdoar seu amigo, o marechal de campo Amer. Mas este último planejou um golpe de Estado e, após ter sido preso, morreu misteriosamente no cárcere. Nasser insistia que "al-Quds nunca pode ser abandonada", mas jamais recuperou-se da derrota, morrendo de ataque cardíaco três anos depois. O rei Hussein admitiu mais tarde que os dias de 5 a 10 de junho "foram os piores dias da minha vida". Ele perdera metade do seu território — e o galardão de Jerusalém. Privadamente, lamentava por al-Quds: "Não consigo aceitar que Jerusalém foi perdida na minha época".[3]

EPÍLOGO

Todo mundo tem duas cidades: a sua própria e Jerusalém.

Teddy Kollek, entrevista

Mediante uma catástrofe histórica — a destruição de Jerusalém pelo imperador de Roma —, eu nasci numa das cidades da Diáspora. Mas sempre me considerei um filho de Jerusalém.

S. Y. Agnon, discurso de aceitação do Prêmio Nobel, 1966

A Jerusalém em que eu fui criado para amar era o portão terrestre para o mundo divino onde profetas judeus, cristãos e muçulmanos, homens de visão e senso de humanidade, se reuniam — ainda que apenas na imaginação.

Sari Nusseibeh, *Era uma vez um país*

Ó Jerusalém, perfumada de profetas
Caminho mais curto entre o céu e a terra...
Criança linda com dedos queimados e olhos baixos...
Ó Jerusalém, cidade de tristeza,
Uma lágrima se prende a teu olho...
Quem lavará teus muros cobertos de sangue?
Ó Jerusalém, minha amada
Amanhã os limoeiros hão de florescer; as oliveiras se rejubilam; teus olhos dançarão; e as pombas voam de volta para tuas sagradas torres.

Nizar Qabbani, *Jerusalém*

O povo judeu já construía em Jerusalém 3 mil anos atrás e o povo judeu está construindo em Jerusalém hoje. Jerusalém não é um assentamento. É a nossa capital.

Binyamin Netanyahu, discurso, 2010

Mais uma vez o centro das tormentas internacionais. Nem Atenas nem Roma provocaram tantas paixões. Quando um judeu visita Jerusalém pela primeira vez, não é a primeira vez, é uma volta para casa.

Elie Wiesel, carta aberta a Barack Obama, 2010

MANHÃ EM JERUSALÉM: DE LÁ PRA CÁ

A conquista transformou, elevou e complicou Jerusalém num lampejo de revelação que foi ao mesmo tempo messiânico e apocalíptico, estratégico e nacionalista. Essa nova visão alterou Israel, os palestinos e o Oriente Médio. Uma decisão que fora tomada em pânico, uma conquista que nunca foi planejada, uma vitória militar roubada à beira da catástrofe, tudo isso modificou aqueles que acreditavam, aqueles que não acreditavam em nada e aqueles que buscavam acreditar em alguma coisa.

Na época, nada disso estava claro, mas, em retrospecto, a posse de Jerusalém foi mudando pouco a pouco o espírito dominante em Israel, que era tradicionalmente secular, socialista, moderno; e, se o Estado tinha uma religião, esta era tanto a ciência histórica da arqueologia na Judeia quanto o judaísmo ortodoxo.

A captura de Jerusalém deixou exultantes até mesmo os judeus mais seculares. A ânsia por Sião era tão profunda, tão ancestral, tão enraizada na oração, no canto e no mito; a exclusão do Muro tinha sido tão prolongada e tão dolorosa, e a aura de santidade era tão poderosa que até mesmo os judeus menos religiosos ao redor do mundo experimentaram uma sensação de euforia que se aproximava da experiência religiosa e, no mundo moderno, o mais perto possível da qual poderiam chegar.

Para os judeus religiosos — herdeiros daqueles que, por milhares de anos, da Babilônia até Córdoba e Vilna, haviam esperado, como vimos, a entrega messiânica iminente —, este era um sinal, um veredicto, uma redenção e uma realização das profecias bíblicas, o fim do Exílio e o Retorno aos portões e pátios da cidade restaurada do Templo de Davi. Para os muitos israelenses que abraçaram o sionismo militar nacionalista, herdeiros de Jabotinsky, essa vitória militar era política e estratégica — a oportunidade única, dada por Deus, de garantir um Grande Israel com fronteiras seguras. Judeus nacionalistas e religiosos compartilhavam igualmente a convicção de que deveriam abraçar de forma enérgica a excitante missão de reconstruir e manter para sempre a Jerusalém judaica. Durante os anos 1970, esses batalhões de messiânicos e maximalistas foram aos poucos se tornando tão dinâmicos quanto a maioria dos israelenses, que se mantinham seculares e liberais e cujo centro de vida era Tel Aviv, e não a Cidade Santa. Mas o programa nacionalista-redencionista era trabalho divino urgente, e este imperativo divino em breve modificaria o semblante e o fluxo sanguíneo de Jerusalém.

Não foram apenas os judeus os afetados: os muito mais numerosos e poderosos cristãos evangélicos, especialmente dos Estados Unidos, também experimentaram esse instante de êxtase quase apocalíptico. Os evangélicos acreditavam que duas das precondições haviam sido atendidas para o Dia do Juízo: Israel restaurado e Jerusalém judaica. Tudo que restava era a reconstrução do Terceiro Templo e sete anos de atribulações, seguidos da batalha do Armagedon, quando São Miguel apareceria no monte das Oliveiras para combater o Anticristo no monte do Templo. Isso culminaria na conversão ou destruição dos judeus e na Segunda Vinda e mil anos de reinado de Jesus Cristo.

A vitória da pequena democracia judaica contra as legiões de despotismo árabe armadas pela União Soviética convenceram os Estados Unidos de que Israel era um amigo especial na mais perigosa das vizinhanças, seu aliado na luta contra a Rússia comunista, o radicalismo nasserista e o fundamentalismo islâmico. Estados Unidos e Israel compartilhavam mais que isso, pois eram países construídos sobre um ideal de liberdade beirando o divino: um era a nova Sião, a "cidade da colina"; o outro, a velha Sião restaurada. Judeus americanos sempre foram ávidos em dar apoio, mas agora os evangélicos americanos acreditavam que Israel tinha sido abençoado com a Providência. Pesquisas demonstram de forma consistente que mais de 40% dos americanos esperam em algum momento a Segunda Vinda em Jerusalém. Por mais exagerado que isso possa ser, os sionistas cristãos americanos jogaram seu peso sobre a Jerusalém judaica, e Israel ficou grato, ainda que o papel dos judeus no cenário do Dia do Juízo seja trágico.

Israelenses de Jerusalém ocidental, de todo Israel e da amplidão da diáspora aglomeraram-se na Cidade Velha para tocar no Muro e ali rezar. A posse da cidade era tão inebriante que desistir dela tornou-se, a partir daí, algo insuportável e inimaginável — e vastos recursos foram então mobilizados para dificultar ao máximo esse fato. Até mesmo o pragmático Ben-Gurion propôs, em seu retiro, que Israel deveria abrir mão da Cisjordânia e de Gaza em troca de paz — mas jamais de Jerusalém.

Israel unificou oficialmente as duas metades da cidade, expandindo os limites do município para abranger 267 800 cidadãos — 196 800 judeus e 71 mil árabes. Jerusalém ficou maior do que jamais fora em sua história. A fumaça das armas mal tinha se dissipado e os habitantes do Bairro Magrebino — fundado por Afdal, filho de Saladino — foram evacuados para novos lares, sendo as suas casas demolidas para abrir pela primeira vez um espaço defronte ao Muro. Após séculos de culto confinado, espremido, ameaçado, num beco de três metros de comprimento, o espaço aberto e claro da nova praça diante do mais importante santuário judeu era por si só uma libertação; judeus afluíam para rezar ali. O dilapidado Bairro Judeu foi restaurado; suas sinagogas dinamitadas, reconstruídas e reconsagradas; suas praças e pátios vandalizados, repavimentados e redecorados; escolas religiosas ortodoxas — ieshivas — foram criadas ou reparadas, tudo com pedras douradas e reluzentes.

A ciência também foi celebrada: arqueólogos israelenses começaram a escavar a cidade unificada. O longo Muro Ocidental foi dividido entre os rabinos, que controlavam a área de orações ao norte do portão do Magrebe, e os arqueólogos, que puderam cavar ao sul. Em volta do Muro, no Bairro Muçulmano e no Bairro Judeu, bem como na Cidadela de Davi, foram descobertos tesouros tão extraordinários — fortificações cananeias, selos da Judeia, fundações da época de Herodes, paredes macabeias e bizantinas, ruas romanas, palácios omíadas, portões aiúbidas, igrejas cruzadas — que os achados científicos pareceram fundir-se com o entusiasmo político-religioso. As pedras reveladas — desde o muro de Ezequias até as cantarias de Herodes assentadas pelos soldados romanos para pavimentar a estrada de Adriano — tornaram-se objetos de exposição permanente na Cidade Velha restaurada.

Teddy Kollek, o prefeito de Jerusalém ocidental que foi reeleito para administrar a cidade unificada por 28 anos, trabalhou duro para reassegurar os árabes, tornando-se a face do instinto liberal israelense que queria unir a cidade sob administração judaica, respeitando também a Jerusalém árabe.* Como na época do Mandato, a Jerusalém próspera atraiu árabes da Cisjordânia — sua população dobrou em dez anos. Agora a conquista estimulava israelenses de todas as tendências, mas especialmente sionistas nacionalistas e redencionistas, a assegurar a conquista criando "fatos sobre o chão"; a construção de novos subúrbios judeus em volta da Jerusalém oriental árabe começou imediatamente.

De início, a oposição árabe ficou calada; muitos palestinos trabalhavam em Israel ou com israelenses, e posso me lembrar de, quando visitei Jerusalém ainda garoto, ter passado dias com amigos israelenses e palestinos em suas casas em Jerusalém e na Cisjordânia, sem me dar conta de que esse período de mistura e boa vontade em breve se tornaria exceção. No exterior, as coisas eram diferentes. Yasser Arafat e seu Fatah assumiram o controle da OLP em 1969. O Fatah intensificou seus ataques de guerrilha a Israel, enquanto outra facção, a Frente Popular de Libertação da Palestina, de orientação marxista-leninista, era pioneira no novo espetáculo de sequestro de aviões, adotando também a mais tradicional matança de civis.

O monte do Templo, como Dayan bem tinha entendido, trouxe consigo uma tremenda responsabilidade. Em 21 de agosto de 1969, um cristão australiano, David Rohan, que parece ter sofrido da síndrome de Jerusalém,** ateou fogo

* Kollek, nascido na Hungria, criado em Viena e tendo seu nome em homenagem a Theodor Herzl, havia se especializado em missões secretas para a Agência Judaica, servindo como elo do serviço secreto britânico durante a campanha contra o bando do Irgun e do Stern, e depois comprando armas para a Haganah. Serviu então como diretor do escritório particular de Ben-Gurion. Nesse ínterim, a grande dama da Colônia Americana, Bertha Spafford Vester, agora com noventa anos, reconciliou-se com Israel: "Vivi sob os turcos, britânicos e jordanianos, e nos demos bem como todo mundo. Faremos o mesmo com os israelenses". Ela morreu em junho de 1968. O prefeito Kollek tornou-se visitante regular da Colônia.

** O principal trabalho acadêmico sobre a loucura de Jerusalém descreve os pacientes típicos como "indivíduos que se identificam fortemente com personagens do Velho ou do Novo Testamento ou estão convencidos de que são algum desses personagens, caindo vítimas de surtos psicóticos em Jerusalém". Guias de turismo devem estar atentos a: "1. Agitação. 2. Separar-se do grupo. 3. Obsessão com banhos; corte obsessivo de unhas dos pés e das mãos. 4. Preparação, geralmente com auxílio de roupas de cama de hotéis, de vestimentas tipo togas, sempre brancas. 5. Necessidade de gritar, cantar versos bíblicos em voz alta. 6. Procissão a um dos lugares santos de Jerusalém. 7. Proferir sermão em lugar santo". O Centro Mental de Kfar Shaul, em Jerusalém, é especializado na

na mesquita de al-Aqsa para apressar a Segunda Vinda. O incêndio destruiu o minbar de Nur al-Din colocado ali por Saladino e alimentou rumores de uma conspiração judaica para tomar o monte do Templo, o que, por sua vez, desencadeou tumultos árabes.

No "Setembro Negro" de 1970, o rei Hussein derrotou e expulsou Arafat e a OLP, que haviam questionado seu controle sobre a Jordânia. Arafat mudou seu quartel-general para o Líbano, e o Fatah embarcou numa campanha internacional de sequestro e morte de civis a fim de chamar a atenção mundial para a causa palestina — uma carnificina como teatro político. Em 1972, militantes do Fatah, usando o "Setembro Negro" como fachada, mataram onze atletas israelenses nas Olimpíadas de Munique. Em resposta, o Mossad, serviço secreto de Israel, caçou os perpetradores por toda a Europa.

No Dia do Perdão de outubro de 1973, o sucessor de Nasser, presidente Anwar Sadat do Egito, desfechou um ataque surpresa bem-sucedido em conluio com a Síria, contra um Israel exageradamente confiante. Os árabes tiveram sucessos iniciais, desacreditando o ministro da Defesa Moshe Dayan, que quase perdeu a compostura após dois dias de reveses. No entanto, supridos de transportes aéreos americanos, os israelenses contra-atacaram, e a guerra fez o nome do general Ariel Sharon, que liderou o contra-ataque israelense atravessando o canal de Suez. Logo depois, a Liga Árabe persuadiu o rei Hussein a reconhecer a OLP como única representante dos palestinos.

Em 1977, trinta anos após o atentado a bomba do King David, Menachem Begin e seu Likud finalmente desbancaram o Partido Trabalhista, que vinha governando desde 1948, e chegaram ao poder com um programa nacionalista-messiânico e um Grande Israel com Jerusalém como capital. Todavia, foi Begin que, em 19 de novembro, deu as boas-vindas ao presidente Sadat em seu corajoso voo para Jerusalém. Sadat ficou hospedado no Hotel King David, orou em al-Aqsa, visitou o Yad Vashem e ofereceu paz ao Knesset. As esperanças cresceram. Com a ajuda de Moshe Dayan, que havia sido nomeado ministro do Exterior, Begin devolveu o Sinai ao Egito em troca de um tratado de paz. Mas, ao contrário de

---

síndrome: ele se localiza onde ficava Deir Yassin, suas paredes reforçadas contendo as últimas casas da trágica aldeia. Cerca de cem pacientes são ali admitidos anualmente (embora mais durante a excitação messiânica do novo milênio), mas apenas um ou dois sofrem da síndrome em sua forma mais pura, geralmente acreditando serem João Batista ou a Virgem Maria.

Moshe Dayan, que logo renunciou, Begin conhecia pouco do mundo árabe, conservando-se um filho do *shtetl* polonês, um rigoroso nacionalista com uma visão maniqueísta da luta judaica, uma ligação emocional com o judaísmo e uma visão bíblica de Israel. Negociando com Sadat sob a égide do presidente norte-americano Jimmy Carter, Begin insistiu que "Jerusalém continuará sendo a capital unida eterna de Israel e ponto final", e o Knesset votou uma fórmula similar na lei israelense. Guiado pela energia mastodôntica de seu ministro da Agricultura, Ariel Sharon, e determinado a "assegurar Jerusalém como capital permanente do povo judeu", Begin acelerou a construção daquilo que Sharon chamava de "anel externo de desenvolvimento em torno dos bairros árabes" para "desenvolver uma Grande Jerusalém".

Em abril de 1982, um reservista israelense chamado Alan Goodman baleou dois árabes num tumulto no monte do Templo. O mufti advertia constantemente que os judeus queriam reconstruir o Templo no local de al-Aqsa, de modo que os árabes passavam a se perguntar agora se tal plano secreto de fato existia. A ampla maioria dos israelenses e judeus rejeita completamente uma coisa dessas, e a maioria dos ultraortodoxos acredita que os homens não deveriam se intrometer nas obras de Deus. Existem apenas cerca de mil fundamentalistas judeus em grupos, tais como os Fiéis do monte do Templo, que exigem o direito de rezar no monte do Templo, ou o Movimento para Estabelecimento do Templo, que alega estar treinando uma casta de sacerdotes para o Terceiro Templo. Somente as mais ínfimas facções dentro das células mais extremistas de fanáticos conspiram para destruir as mesquitas, e, até agora, a polícia israelense tem frustrado esses planos. Tal ultraje seria catastrófico não só para os muçulmanos, mas também para o próprio Estado de Israel.

Em 1982, Begin respondeu aos ataques da OLP a diplomatas e civis invadindo o Líbano, onde Arafat estabelecera um feudo. Arafat e suas forças foram obrigados a sair de Beirute, mudando-se para Túnis, capital da Tunísia. A guerra, concebida pelo ministro da Defesa, Ariel Sharon, tornou-se um atoleiro que culminou em milícias cristãs chacinando entre trezentos e setecentos civis palestinos nos campos de Sabra e Shatila. Sharon, indiretamente responsável pela atrocidade, foi forçado a renunciar, e a carreira de Begin terminou em depressão, renúncia e isolamento.

As esperanças que haviam crescido em 1977 foram desfeitas pela intransigência de ambos os lados, matança de civis e expansão de assentamentos judaicos em Jerusalém e na Cisjordânia. Em 1981, o assassinato de Sadat por fundamentalistas, punição pelo seu voo a Jerusalém, foi um primeiro sinal de um novo poder surgindo no Islã. Em dezembro de 1987, uma revolta palestina espontânea — a Intifada, a Insurreição — irrompeu em Gaza e espalhou-se para Jerusalém. A polícia israelense combateu manifestantes em renhidas batalhas no monte do Templo. Os jovens nas ruas de Jerusalém, atirando pedras em soldados israelenses fardados, substituíram os sequestradores assassinos da OLP como a imagem dos perseguidos mas desafiadores palestinos.

A energia da Intifada criou um vácuo de poder que foi preenchido por novos líderes e novas ideias: a elite da OLP estava desconectada com o clamor popular palestino; um Islã fundamentalista vinha substituindo o obsoleto pan-arabismo de Nasser. Em 1987, radicais islâmicos fundaram o Movimento de Resistência Islâmica, o Hamas, um ramo da Irmandade Muçulmana egípcia, que se dedicou ao jihad de destruir Israel.

A Intifada também modificou a Jerusalém judaica — "de maneira fundamental", admitiu Kollek — e destruiu o sonho de uma cidade unificada. Israelenses e árabes cessaram de trabalhar juntos; não mais andavam pelos subúrbios uns dos outros. A tensão se espalhou não só entre muçulmanos e judeus, mas também entre os próprios judeus: os ultraortodoxos passaram a fazer provocações contra os judeus seculares, que começaram a se mudar para fora de Jerusalém. O velho mundo da Jerusalém cristã encolhia rapidamente: em 1995 restavam apenas 14 100 cristãos. Ainda assim, os nacionalistas israelenses não abriam mão de seu plano de judaizar Jerusalém. Sharon, numa atitude provocativa, mudou-se para um apartamento no Bairro Muçulmano; em 1991, ultranacionalistas religiosos começaram a se estabelecer na árabe Silwan, perto da Cidadela de Davi original. Kollek, que viu o trabalho de uma vida arruinado por agressivos redencionistas, denunciou Sharon e esses novos moradores por seu "messianismo, que sempre foi extremamente prejudicial para nós ao longo da história".

A Intifada conduziu diretamente às conversações de paz em Oslo. Em 1988, Arafat aceitou a ideia de uma solução de dois Estados e renunciou à luta armada que tinha como finalidade destruir Israel. O rei Hussein desistiu de sua reivindicação sobre Jerusalém e Cisjordânia, onde Arafat planejava construir um Estado palestino tendo al-Quds como capital. Em 1992, Yitzhak Rabin tornou-se primeiro-ministro e esmagou a Intifada; com seu discurso franco, sem rodeios, ele possuía as únicas qualidades capazes de despertar a confiança de israelenses num mediador da paz. Os americanos haviam presidido conversações abortivas em Madri. Entretanto, sem o conhecimento da maioria dos envolvidos, havia outro processo, secreto, que daria frutos.

Esse processo começou com conversas informais entre acadêmicos israelenses e palestinos. Houve reuniões na Colônia Americana — que era vista como território neutro —, em Londres e depois em Oslo. As conversas foram conduzidas inicialmente sem o conhecimento de Rabin pelo ministro do Exterior Shimon Peres e seu vice Yossi Beilin. Foi somente em 1993 que informaram a Rabin, que apoiou as conversações. Em 13 de setembro, Rabin e Peres assinaram o tratado com Arafat na Casa Branca, genialmente supervisionado pelo presidente Bill Clinton. A Cisjordânia e Gaza foram entregues parcialmente a uma Autoridade Palestina, que assumiu a velha mansão Husseini, a Casa do Oriente, como sua sede em Jerusalém, administrada pelo mais respeitado palestino da cidade, Faisal al-Husseini, filho do herói de 1948.* Rabin assinou um tratado de paz com o rei Hussein da Jordânia confirmando seu papel hachemita especial como guardião do Santuário islâmico em Jerusalém, o que continua até hoje. Arqueólogos israelenses e palestinos negociaram sua própria versão acadêmica da paz e, com entusiasmo, começaram a trabalhar juntos pela primeira vez.

A difícil questão de Jerusalém foi posta de lado até um ponto mais adiantado das negociações, e Rabin intensificou a construção de assentamentos na cidade antes de qualquer acordo. Beilin e o vice de Arafat, Mahmoud Abbas, negociaram dividir Jerusalém em áreas árabe e judaica sob uma municipalidade unificada, conferindo à Cidade Velha um "status especial", quase como uma Cidade do Vaticano do Oriente Médio — mas nada foi assinado.

Os Acordos de Oslo talvez tenham deixado indefinidos muitos detalhes, e sofreram violenta oposição de ambos os lados. O prefeito Kollek, com 82 anos, foi derrotado nas eleições pelo candidato mais linha-dura, Ehud Olmert, apoiado

* Faisal Husseini, filho de Abd al-Kadir, surgiu como um dos líderes da Intifada. Husseini havia sido treinado como perito em explosivos do Fatah e passara anos nas prisões israelenses, a principal credencial de honra para qualquer líder palestino; porém, solto da prisão, foi um dos primeiros a se envolver em conversas com os israelenses, chegando a aprender hebraico para expor seu caso mais claramente. Husseini participou das conversações em Madri e depois se tornou ministro palestino de Arafat para Jerusalém. Quando os Acordos de Oslo deram em nada, os israelenses o confinaram à Casa do Oriente antes de fechá-la. Quando ele morreu, em 2001, sendo sepultado no Haram, como o pai, os palestinos perderam o único líder que poderia ter substituído Arafat.

por nacionalistas e ultraortodoxos. Em 4 de novembro de 1995, apenas quatro dias depois de Beilin e Abbas terem chegado a um entendimento informal sobre Jerusalém, Rabin foi assassinado por um fanático judeu. Nascido em Jerusalém, ele retornou para lá para ser enterrado no monte Herzl. O rei Hussein proferiu uma elegia; o presidente norte-americano e dois antecessores compareceram. O presidente do Egito, Mubarak, foi em visita pela primeira vez, e o príncipe de Gales fez a única visita formal a Jerusalém desde a fundação de Israel.

A paz começou a ruir. Os fundamentalistas islâmicos do Hamas lançaram uma campanha de atentados suicidas que provocou morticínios de civis israelenses: um homem-bomba matou 25 pessoas num ônibus de Jerusalém; uma semana depois, outro matou dezoito na mesma linha de ônibus. Os eleitores israelenses castigaram o primeiro-ministro Peres pela violência palestina, elegendo em seu lugar Binyamin Netanyahu, líder do Likud, com o lema: "Peres dividirá Jerusalém". Netanyahu questionava o princípio de terras por paz, opondo-se a qualquer divisão e autorizando mais assentamentos.

Em setembro de 1996, Netanyahu abriu um túnel que ia do Muro, passando ao longo do monte do Templo, até emergir no Bairro Muçulmano.* Quando alguns radicais israelenses tentaram escavar de baixo para cima em direção ao monte do Templo, as autoridades islâmicas do *waqf* rapidamente cimentaram o buraco. Espalharam-se boatos de que os túneis seriam uma tentativa de minar o Santuário islâmico, e 75 pessoas foram mortas e outras 1500 ficaram feridas em tumultos que provaram que vale a pena morrer por arqueologia em Jerusalém. Não foram somente os israelenses que politizaram sua arqueologia: a história era fundamental. A OLP impediu historiadores palestinos de admitir que algum dia tenha havido um Templo judaico em Jerusalém — e essa ordem veio do próprio Arafat: ele era um líder guerrilheiro secular, mas, como no caso dos israelen-

* Arqueólogos tinham começado a explorar túneis debaixo das casas árabes que ficavam na divisa de todo o Muro Ocidental do monte do Templo durante os anos 1950. O professor Oleg Grabar, futuro decano dos acadêmicos de Jerusalém, lembra-se de como eles frequentemente surgiam, como num passe de mágica, no piso das cozinhas de residentes surpresos. Sob o comando de arqueólogos israelenses, o túnel encerrava — e continua a encerrar — os mais impressionantes achados, desde as imensas pedras das fundações do Templo de Herodes, por meio de construções da época dos macabeus, de Roma, de Bizâncio e dos omíadas, até uma nova capela dos cruzados. Mas o túnel continha também o local mais próximo da Pedra Fundamental do Templo, onde os judeus não podiam rezar — e unia Jerusalém ligando o Bairro Judeu e o Bairro Muçulmano.

ses, até a narrativa nacional secular era sustentada pela religiosa. Em 1948, Arafat combatera com a Irmandade Muçulmana — suas forças eram chamadas al-Jihad al-Muqaddas, ou Guerra Santa de Jerusalém —, e ele abraçou o significado islâmico da cidade: chamou o braço armado do Fatah de Brigada dos Mártires de Aqsa. Os assessores de Arafat admitiam que Jerusalém era sua "obsessão pessoal". Ele se identificava com Saladino e Omar, o Grande, negando qualquer ligação judaica com Jerusalém. "Quanto maior a pressão judaica no monte do Templo", diz o historiador palestino dr. Nazmi Jubeh, "maior a negação do Primeiro e Segundo Templos."

Nos dias tensos após os conflitos do Túnel, e em meio a rumores de planos para abrir uma sinagoga nos estábulos de Salomão, os israelenses permitiram ao *waqf* limpar os velhos saguões debaixo de al-Aqsa e então utilizar escavadeiras para abrir uma escadaria e construir uma nova e espaçosa mesquita subterrânea, a Marwan, nos átrios de Herodes. O entulho foi simplesmente jogado fora. Arqueólogos israelenses ficaram horrorizados com a operação das escavadeiras num dos sítios mais delicados da Terra: a arqueologia foi quem saiu perdendo na batalha religiosa e política.*

Os israelenses ainda não tinham perdido totalmente sua fé na paz. Em seu retiro presidencial em Camp David, em julho de 2000, Clinton reuniu o novo primeiro-ministro Ehud Barak e Arafat. Barak ofereceu audaciosamente um trato "definitivo": 91% da Cisjordânia com a capital palestina em Abu Dis e todos os subúrbios árabes em Jerusalém oriental. A Cidade Velha permaneceria sob domínio israelense, mas o Bairro Muçulmano e o Bairro Cristão, bem como o monte do Templo, ficariam sob "custódia soberana" palestina. O solo e os túneis abaixo do Santuário — especialmente a Pedra Fundamental do Templo — permaneceriam israelenses, e pela primeira vez os judeus teriam permissão de orar, em números limitados, em algum lugar do monte do Templo. A Cidade Velha seria patrulhada em conjunto, mas desmilitarizada e aberta a todos. Tendo já

* Essas brigas revelam as complexidades de ambos os lados, às vezes conseguindo juntar israelenses e árabes: quando o rabino Goren tentou recrutar a casa Khalidi, com vista para o Muro, para ser uma ieshiva, a sra. Haifa Khalidi foi defendida nas cortes de Israel por dois historiadores israelenses, Amnon Cohen e Dan Bahat. Ela ainda hoje vive em sua casa acima da famosa biblioteca Khalidiyyah. Quando judeus religiosos tentaram ampliar suas escavações e seu assentamento em Silwan, abaixo da Cidadela de Davi, foram impedidos por ações legais movidas por arqueólogos israelenses.

recebido a oferta de metade dos bairros da Cidade Velha, Arafat exigiu o Bairro Armênio. Israel concordou, oferecendo efetivamente três quartos da Cidade Velha. A despeito da pressão saudita para que Arafat aceitasse, ele sentiu que não podia negociar uma solução definitiva dos direitos de retorno dos palestinos, nem aprovar a soberania israelense sobre o Domo, que pertencia ao Islã.

"O senhor que ir ao meu funeral?", ele perguntou a Clinton. "Eu não abro mão de Jerusalém e dos Lugares Santos." Mas a rejeição foi muito mais fundamental: durante as conversações, Arafat chocou americanos e israelenses quando insistiu que Jerusalém jamais havia sido local do Templo judeu, que existira de fato apenas no monte Gerizim dos samaritanos. A santidade da cidade para os judeus era uma invenção moderna. Em conversas posteriores naquele ano, nas últimas semanas do mandato de Bill Clinton, Israel ofereceu soberania plena sobre o monte do Templo mantendo apenas um elo simbólico com o Santo dos Santos subterrâneo, mas Arafat também rejeitou.

Em 28 de setembro de 2000, Ariel Sharon, líder do Likud, partido da oposição, aumentou os problemas de Barak pavoneando-se a caminho do monte do Templo, protegido por falanges da polícia de Israel, com "uma mensagem de paz" que ameaçava claramente a adorada Aqsa e o Domo. Os tumultos resultantes sofreram uma escalada e se transformaram na Intifada da Aqsa — em parte, outra insurgência com pedras sendo atiradas, e em parte uma planejada campanha de atentados suicidas dirigida pelo Fatah e pelo Hamas contra civis israelenses. Se a Primeira Intifada ajudou os palestinos, esta destruiu a confiança de Israel no processo de paz, levando à eleição de Sharon e, fatalmente, dividindo os próprios palestinos.

Sharon suprimiu a Intifada esmagando a Autoridade Palestina, sitiando e humilhando Arafat. Ele morreu em 2004, e os israelenses se recusaram a permitir que fosse enterrado no monte do Templo. Seu sucessor Abbas perdeu as eleições de 2006 para o Hamas. Após um breve conflito, o Hamas se apoderou de Gaza, enquanto o Fatah de Abbas continuou a governar a Cisjordânia. Sharon construiu um muro de segurança através de Jerusalém, uma deprimente monstruosidade de concreto que, no entanto, conseguiu impedir os atentados suicidas.

As sementes da paz não só caíram em solo pedregoso mas também o envenenaram; a paz desacreditou seus idealizadores. Atualmente, Jerusalém vive num estado de ansiedade esquizofrênica. Judeus e árabes não ousam aventurar-se nas áreas uns dos outros; judeus seculares evitam os ultraortodoxos, que os apedrejam por não repousarem no Sabá ou por vestirem roupas desrespeitosas; judeus messiânicos testam a determinação da polícia e provocam a ansiedade muçulmana tentando rezar no monte do Templo; as seitas cristãs continuam com suas rixas. O semblante dos hierosolimitas é tenso e suas vozes são zangadas; sente-se que todo mundo — mesmo aqueles de todas as três religiões que estão convictos de estarem realizando um plano divino — está inseguro em relação a que o amanhã trará.

AMANHÃ

Aqui, mais do que em qualquer outro lugar da Terra, nós almejamos, esperamos, buscamos que alguma gota do elixir de tolerância, compartilhamento e generosidade aja como antídoto para o arsênico do preconceito, da exclusão e da possessividade. Não é sempre fácil de achar. Hoje, Jerusalém nunca esteve tão grande, tão enfeitada, nem tão avassaladoramente judia por 2 mil anos. Todavia, é também a mais populosa cidade palestina.* Às vezes, seu caráter judaico em si dá uma impressão ligeiramente artificial, contrariando o cerne de Jerusalém, mas trata-se de uma distorção do passado e do presente da cidade.

A história da cidade é uma crônica de colonizadores, colonos e peregrinos que inclui árabes, judeus e muitos outros num lugar que cresceu e diminuiu muitas vezes. Durante mais de um milênio de domínio islâmico, Jerusalém foi repetidamente povoada por colonizadores, eruditos, sufis e peregrinos islâmicos, que eram árabes, turcos, indianos, sudaneses, iranianos, curdos, iraquianos e magrebinos, bem como cristãos armênios, sérvios, georgianos e russos — não tão diferentes dos judeus sefarditas e russos que mais tarde ali se estabeleceram por razões semelhantes. Foi esse caráter que convenceu Lawrence da Arábia de que Jerusalém era mais levantina do que árabe, e isso é absolutamente intrínseco ao caráter da cidade.

Muitas vezes esquecemos que todos os subúrbios de Jerusalém fora dos muros foram assentamentos novos construídos entre 1860 e 1948 por árabes, e também por judeus e europeus. As áreas árabes, tais como Sheikh Jarrah, não são mais velhas que as áreas judias, e nem mais, ou menos, legítimas.

* Em 2009-10, a população da Grande Jerusalém era de 780 mil habitantes: 514 800 judeus (inclusive 163 800 ultraortodoxos) e 265 200 árabes. Na Cidade Velha, havia cerca de 30 mil árabes e 3500 judeus. Há aproximadamente 200 mil israelenses morando nos novos subúrbios em Jerusalém oriental.

Tanto muçulmanos como judeus possuem reivindicações históricas inquestionáveis. Judeus habitaram e reverenciaram esta cidade por 3 mil anos, e têm o mesmo direito que os árabes de viver e se estabelecer numa Jerusalém equitativa. Todavia, há momentos em que mesmo a mais inofensiva restauração judaica é apresentada como ilegítima: em 2010, os israelenses finalmente consagraram a restaurada sinagoga da Hurva no Bairro Judeu, que havia sido demolida pelos jordanianos em 1948; ainda assim, isso provocou críticas da mídia europeia e pequenos tumultos em Jerusalém oriental.

No entanto, é algo bem diferente quando os habitantes árabes ali existentes se veem removidos, coagidos e intimidados, sua propriedade expropriada com base em direitos legais duvidosos com o fim de abrir caminho para novos assentamentos judaicos, apoiados pelo poder pleno do Estado e da municipalidade, e ferozmente promovidos por pessoas com a urgente determinação daqueles que se julgam em missão divina. A construção agressiva de assentamentos, planejados para colonizar as regiões árabes e sabotar qualquer acordo de paz para dividir a cidade, e a sistemática negligência em prover serviços e novas habitações nessas localidades têm dado má reputação até mesmo aos projetos judeus mais inocentes.

Israel se depara com dois caminhos: o Estado hierosolimita, de cunho religioso-nacionalista, versus uma Tel Aviv liberal e ocidentalizada, que é apelidada de "a Bolha". Há perigo de que o projeto nacionalista em Jerusalém e a obsessiva construção de assentamentos na Cisjordânia possam distorcer tanto os próprios interesses de Israel a ponto de trazer mais prejuízos ao país do que eventuais benefícios para a Jerusalém judia.* Entretanto, a maré da opinião pública sobe e

* Na disfuncional democracia israelense, com fracos governos de coalizão, as organizações nacional-religiosas foram se tornando mais e mais poderosas em questões de planejamento e arqueologia em Jerusalém. Em 2003, as construções israelenses começaram no setor vital Leste Um (E1), a leste da Cidade Velha, que efetivamente teria separado Jerusalém oriental da Cisjordânia, minando a criação de um Estado palestino. Liberais israelenses e americanos persuadiram Israel a parar essa construção, mas os planos de criar assentamentos judeus nos bairros árabes de Sheikh Jarrah e Silwan continuam. Este último fica próximo à muito escavada antiga Cidade de Davi, onde uma fundação judaica nacionalista-religiosa, Elad, financia inestimáveis escavações arqueológicas e administra um centro de visitas contando a história da Jerusalém judia. Ela planeja também mudar os residentes palestinos para casas próximas a fim de abrir espaço para mais moradores judeus, bem como um parque Rei Davi chamado Jardins do Rei. Tais situações podem desafiar o profissionalismo arqueológico. Os arqueólogos, escreve o dr. Raphael Greenberg, um historiador que tem feito campanha contra esse projeto, representam "uma abordagem acadêmica secular", e ainda assim

desce, e Israel tem o mesmo direito à segurança e prosperidade que qualquer outro país — embora Jerusalém não seja uma capital qualquer. Alguns dos assentamentos depõem contra a memória de Israel — singularmente impressionante pelos padrões históricos — como guardião de Jerusalém para todos os credos. "Hoje, pela primeira vez na história, judeus, cristãos e muçulmanos podem todos ter livremente seus cultos em seus santuários", escreveu em 2010 o autor Elie Wiesel numa carta aberta ao presidente dos Estados Unidos, Barack Obama. Na democracia israelense, isso é verdade na maior parte das vezes.

Com certeza é a primeira vez que os judeus têm liberdade de culto ali desde o ano 70 da Era Cristã. Sob domínio cristão, os judeus foram proibidos até mesmo de se aproximar da cidade. Durante os séculos islâmicos, cristãos e judeus foram tolerados como *dhimmi*, embora fossem reprimidos com frequência. Os judeus, que careciam da proteção dos Estados europeus da qual gozavam os cristãos, eram geralmente maltratados — mas nunca tão mal como foram tratados na Europa cristã nas piores épocas. Judeus podiam ser mortos só por chegarem perto dos lugares santos islâmicos ou cristãos — embora qualquer um pudesse conduzir um burrico através das passagens junto ao Muro, do qual tecnicamente só podiam se aproximar mediante permissão. Mesmo no século XX, o acesso judeu ao Muro foi restringido com rigor pelos britânicos, e impedido por completo pelos jordanianos. No entanto, graças ao que os israelenses chamaram de "a Situação", a alegação de Wiesel referente à liberdade de culto nem sempre é verdadeira para os não judeus, que enfrentam um mar de intimidações burocráticas enquanto o muro de segurança dificulta que os palestinos da Cisjordânia cheguem a Jerusalém para orar na igreja ou em Aqsa.

Quando não estão em conflito, judeus, muçulmanos e cristãos retornam à antiga tradição hierosolimita de bancar o avestruz — enfiar a cabeça na areia e fingir que os outros não existem. Em setembro de 2008, a sobreposição das Grandes Festas Judaicas com o Ramadã criou um "congestionamento de tráfego monoteísta" nas vielas quando judeus e árabes foram rezar no Muro e no Santuário, mas "seria errado chamar esses contatos de *encontros tensos* porque essencial-

---

seus financiadores esperam "resultados que legitimem seus conceitos da história de Jerusalém". Até agora, esses temores não se materializaram. A integridade dos arqueólogos é elevada, e, como vimos anteriormente, a presente escavação revelou muros cananeus, não judeus. Mesmo assim, esses sítios se tornaram pontos focais para protestos por parte de palestinos e liberais israelenses.

mente não são encontros de nenhuma espécie", relatou Ethan Bronner no *New York Times*. "Não se trocam palavras; [eles] olham um através do outro. Como universos paralelos com nomes diferentes para cada lugar e momento que ambos reivindicam como seus, os grupos passam na noite."

Pelos padrões coléricos de Jerusalém, essa postura de avestruz é sinal de normalidade — sobretudo considerando que a cidade jamais foi tão importante globalmente. Hoje em dia, é a cabine de pilotagem do Oriente Médio, o campo de batalha do secularismo ocidental versus o fundamentalismo islâmico, para não falar da luta entre Israel e Palestina. Nova-iorquinos, londrinos e parisienses sentem que vivem num mundo secular, ateísta, no qual a religião organizada e seus crentes são, na melhor das hipóteses, delicadamente ironizados. Contudo, o número de crentes abraâmicos milenaristas e fundamentalistas — cristãos, judeus e muçulmanos — está crescendo.

Os papéis apocalíptico e político de Jerusalém emaranham-se mais e mais. A exuberante democracia norte-americana é acintosamente diversa e secular, mas é também a maior potência cristã de todos os tempos — e seus evangélicos continuam a olhar os Últimos Dias em Jerusalém, da mesma forma que os governos americanos veem uma Jerusalém apaziguada como a chave para qualquer paz no Oriente Médio, e estrategicamente vital para as relações com seus aliados árabes. Nesse ínterim, a dominação israelense sobre al-Quds intensificou a reverência muçulmana: no anual Dia de Jerusalém no Irã, inaugurado pelo aiatolá Khomeini em 1979, a cidade é apresentada como mais de um santuário islâmico e capital palestina. Na busca de Teerã pela hegemonia regional, respaldada por armas nucleares, e na sua guerra fria com os Estados Unidos, Jerusalém é uma causa que une convenientemente xiitas iranianos com sunitas árabes céticos das ambições da República Islâmica. Seja para o Hezbollah xiita no Líbano ou para o Hamas sunita em Gaza, a cidade agora serve como totem unificador do antissionismo, antiamericanismo e liderança iraniana. "O regime de ocupação em Jerusalém", diz o presidente Mahmoud Ahmadinejad, "deveria desaparecer das páginas da história." E Ahmadinejad é também um milenarista que acredita que o retorno iminente do "ser humano perfeito e justo, al-Mahdi, o Escolhido", o Décimo Segundo Imã "oculto", haverá de libertar Jerusalém, estabelecendo aquilo que o Alcorão chama de "A Hora".

Essa intensidade escatológico-política coloca a Jerusalém do século XXI, a cidade escolhida das três religiões, na encruzilhada de todas essas visões e conflitos. O papel apocalíptico pode estar exagerado, mas, com as mudanças que varrem o mundo árabe, essa combinação singular de poder, fé e moda, tudo sob a luz dos holofotes dos noticiários de TV durante as 24 horas do dia, faz avolumar a pressão sobre as delicadas pedras da Cidade Universal — mais uma vez, de alguma forma, o centro do mundo.

"Jerusalém é um barril de pólvora que pode explodir a qualquer momento", advertiu em 2010 o rei Abdullah II da Jordânia, bisneto de Abdullah, o Apressado. "Todos os caminhos na nossa parte do mundo, todos os conflitos, levam a Jerusalém." Essa é a razão de os presidentes norte-americanos precisarem reunir os dois lados, inclusive nos momentos menos auspiciosos. O campo da paz na democracia israelense está eclipsado, e seus frágeis governos estão influenciados pelos ultrapoderosos partidos religioso-nacionalistas, enquanto os fracionados grupos palestinos, estimulados pela Primavera Árabe, tentam reconciliar seus diferentes programas — o do Fatah, conciliador e secular, e o do Hamas, militante e islamizador — para formar um governo palestino unido. Se a Cisjordânia do Fatah está cada vez mais próspera, a organização palestina mais dinâmica é o fundamentalista Hamas, que governa Gaza e permanece dedicado à aniquilação de Israel. Ele abraça atentados suicidas como arma predileta, e periodicamente lança mísseis contra o sul de Israel, provocando incursões israelenses. Europeus e americanos o encaram como organização terrorista, e até agora os sinais conciliadores de boa vontade para apoiar um acordo baseado nas fronteiras de 1967 têm sido confusos. Em algum ponto, porém, espera-se que eleições escolham um governo palestino democrático, embora não esteja claro se as duas facções podem trabalhar juntas para prover um interlocutor estável com Israel, e se o Hamas pode vir a ser um parceiro confiável num processo de paz com Israel. Em algum momento das negociações, o Hamas terá de renunciar à violência e reconhecer o Estado judeu. Além disso, como sempre na sua história, Jerusalém será afetada pelos destinos turbulentos de Egito, Síria e outras revoluções que começaram a remodelar o Oriente Médio na Primavera Árabe de 2011.

O histórico das negociações desde 1993, bem como a diferença de espírito entre palavras nobres e atos violentos e inconfiáveis, sugere uma falta de disposição de ambos os lados para estabelecer os compromissos necessários ao compartilhamento permanente de Jerusalém. Na melhor das hipóteses, a reconciliação do celestial, do nacional e do emocional na cidade é um quebra-cabeça dentro de um labirinto: durante o século XX, houve mais de quarenta planos para Jerusalém, e todos falharam; hoje há pelo menos treze modelos diferentes apenas para compartilhar o monte do Templo.

Em 2010, o presidente Obama forçou Netanyahu, de volta ao poder em coalizão com Ehud Barak, a congelar temporariamente a construção de assentamentos. Ao custo do momento mais amargo na relação Estados Unidos-Israel, Obama ao menos conseguiu que os dois lados voltassem a conversar, embora com um progresso glacial e de curta duração.

Com frequência, Israel tem sido diplomaticamente rígido, arriscando sua própria segurança e reputação ao construir assentamentos — mas estes são negociáveis. O problema do outro lado parece igualmente fundamental. Sob Rabin, Barak e Olmert, Israel se dispôs a compartilhar Jerusalém, inclusive a Cidade Velha. Apesar de exasperantes negociações durante quase duas décadas desde 1993, os palestinos nunca concordaram formalmente em compartilhar a cidade, embora haja esperança: eles o fizeram de forma secreta e informal em 2007-8. Porém, quando cada um fez sua oferta mais flexível e as posições estavam bastante próximas, foi no momento errado para o outro. E a revelação em documentos vazados de tal oferta palestina provocou furiosas acusações de traição do lado árabe.

Jerusalém talvez continue por décadas em seu Estado atual, mas sempre que — e se — uma paz for assinada, haverá dois Estados, o que é essencial para a sobrevivência de Israel como democracia, e para a justiça e o respeito pelos palestinos. O formato de um Estado palestino e de uma Jerusalém compartilhada é conhecido de ambas as partes. "Jerusalém será a capital de ambos os Estados; os subúrbios árabes serão palestinos; os subúrbios judeus serão israelenses", disse o presidente de Israel, Shimon Peres, arquiteto dos Acordos de Oslo, que conhece o quadro melhor do que ninguém. Os israelenses ficarão com seus doze ou tantos assentamentos em Jerusalém oriental, seguindo os parâmetros determinados por Clinton, mas os palestinos serão compensados com terra israelense em alguma outra parte, além de os assentamentos israelenses serem removidos da Cisjordânia. Até aqui, tudo bem, "mas o desafio", explica Peres, "é a Cidade Velha. Temos de distinguir entre soberania e religião. Cada um controlaria seus próprios santuários, mas não se pode cortar a Cidade Velha em pedaços".

A Cidade Velha seria um Vaticano desmilitarizado, regido por um comitê internacional, policiado por patrulhas conjuntas árabe-israelenses ou por uma guarda internacional, talvez até uma versão hierosolimita da Guarda Suíça do Vaticano. Os árabes poderiam não aceitar os Estados Unidos e os israelenses desconfiariam da ONU e da União Europeia, de modo que a tarefa pudesse ser cumprida talvez pela Otan com a Rússia, que está novamente ansiosa para desempenhar um papel em Jerusalém.* É difícil internacionalizar o monte do Templo em si porque nenhum político israelense seria capaz de abrir mão totalmente da reivindicação da Pedra Fundamental do Templo e viver para contar a história; por outro lado, nenhum potentado islâmico poderia reconhecer total soberania israelense sobre o Nobre Santuário e sobreviver. Ademais, cidades livres ou internacionais, de Danzig a Trieste, geralmente terminaram mal.

O monte do Templo é difícil de dividir. O Haram e o Kotel, o Domo, al-Aqsa e o Muro são parte da mesma estrutura: "Ninguém pode monopolizar a santidade", acrescenta Peres. "Jerusalém é mais uma chama do que uma cidade, e ninguém consegue dividir uma chama." Chama ou não, alguém tem de ter a soberania, daí os vários planos de dar a superfície aos muçulmanos e os túneis e as cisternas sob o solo (e, portanto, a Pedra Fundamental) a Israel. As minuciosas complexidades do mundo limítrofe de cavernas, tubos e cursos d'água subterrâneos são empolgantes, ainda que peculiarmente hierosolimitas: a quem pertence a terra, a quem pertence o solo, a quem pertencem os céus?

Não se pode chegar a nenhum acordo, e tampouco ele será duradouro, sem mais uma coisa: a soberania política pode ser desenhada num mapa, expressa em acordos legais, posta em vigor mediante M-16s, mas será fútil e inexpressiva sem o aspecto histórico, místico e emocional. "Dois terços do conflito árabe-israelense são psicologia", disse Sadat. As reais condições para a paz não são apenas os detalhes de qual cisterna de Herodes será palestina ou israelense, e sim os atos intangíveis e sinceros de confiança e respeito mútuos. Em ambos os lados, alguns elementos negam a história do outro. Se este livro tem alguma missão, espero ardentemente que ele possa encorajar cada lado a reconhecer e respeitar a heran-

* A reverência russa por Jerusalém tem sido modernizada para se adequar ao nacionalismo autoritário fomentado por Vladimir Putin, que, em 2007, supervisionou a reunião do ex-Patriarcado Soviético de Moscou com a Igreja Ortodoxa Russa. Milhares de peregrinos russos entoando canções voltaram a encher as ruas. O Fogo Sagrado foi levado de avião de volta a Moscou, fretado por uma organização chamada Centro pela Glória Nacional e pela Fundação do Apóstolo André, dirigida por um potentado do Kremlim. Uma estátua dourada em tamanho real do "czar Davi" apareceu do lado de fora do túmulo de Davi. Um ex-primeiro-ministro, Stephan Stepashin, é o chefe da Sociedade Palestina restaurada: "Uma bandeira russa no centro de Jerusalém", diz ele, "não tem preço".

ça ancestral do outro: a negação de Arafat da história judaica em Jerusalém foi vista como absurda por seus próprios historiadores (que aceitam alegremente essa história em âmbito privado), mas ninguém se arriscaria a contradizê-lo. Ainda em 2010, somente o filósofo Sari Nusseibeh teve a coragem de admitir que o Haram al-Sharif era o local do Templo judaico. A construção de assentamentos israelenses debilita a confiança árabe e a concretização prática de um Estado palestino. No entanto, disparar mísseis contra Israel é um ato de guerra do Hamas, enquanto a negação palestina da herança judaica ancestral e o caráter judaico do moderno Estado são igualmente desastrosos para se chegar à paz. E isso tudo antes de chegarmos a um desafio ainda maior: que cada um reconheça as narrativas modernas sagradas de tragédia e heroísmo do outro. Isso é pedir muito, uma vez que essas histórias retratam o outro como arquivilão — todavia, isso também é possível.

Tratando-se de Jerusalém, poder-se-ia facilmente imaginar o inimaginável: será que Jerusalém chegará a existir por mais cinco ou quarenta anos? Há sempre a possibilidade de extremistas poderem destruir a qualquer instante o monte do Templo, despedaçar o coração do mundo e convencer fundamentalistas de todas as crenças que o Dia do Juízo está próximo e que a guerra do Cristo e do Anticristo está começando.

Amós Oz, o escritor hierosolimita que agora vive no Neguev, oferece uma solução engraçada: "Deveríamos remover cada palavra dos Lugares Santos e transportá-las para a Escandinávia por cem anos, e não trazê-las de volta até que todo mundo tenha aprendido a conviver em Jerusalém". Infelizmente, isso é um tanto impossível.

Por mil anos, Jerusalém foi exclusivamente judia; por quatrocentos anos, cristã; por 1300 anos, islâmica; e nenhuma das três religiões jamais conquistou Jerusalém sem a espada, a catapulta e o morteiro. Seus relatos nacionalistas contam uma história rígida de progressões inevitáveis até triunfos heroicos e abruptos desastres, mas nesta história tenho tentado mostrar que nada foi inevitável, sempre houve alternativas. Os destinos e identidades dos hierosolimitas quase nunca foram nítidos. A vida na Jerusalém herodiana, cruzada ou britânica sempre foi tão complexa e matizada como a vida de hoje o é para nós.

Houve evoluções tranquilas, bem como revoluções dramáticas. Às vezes foram dinamite, aço e sangue que mudaram Jerusalém; outras vezes foi o decurso mais lento das gerações, de canções transmitidas de uma para outra, histórias contadas, poemas recitados, estátuas esculpidas, e as nebulosas rotinas semiconscientes das famílias ao longo de muitos séculos, dando pequenos passos para descer escadas sinuosas, saltos rápidos sobre soleiras vizinhas e alisando pedras grosseiras até elas brilharem.[1]

Jerusalém, tão adorável sob tantos aspectos, tão cheia de ódio sob outros, sempre pulsando com o sacro e o frágil, com o absurdamente vulgar e o esteticamente especial, parece viver de maneira mais intensa do que qualquer outro lugar; tudo permanece o mesmo e, no entanto, nada continua como era. Ao nascer de cada dia, os três santuários das três religiões ganham vida à sua própria maneira.

ESTA MANHÃ

Às 4h30 da manhã, Shmuel Rabinowitz, rabino do Muro Ocidental e dos Lugares Santos, acorda para começar seu ritual diário de orações, lendo a Torá. Ele caminha pelo Bairro Judeu até o Muro, que nunca fecha, suas camadas colossais de cantaria herodiana reluzindo na escuridão. Judeus rezam ali todos os dias e todas as noites.

O rabino, de quarenta anos e descendente de imigrantes russos que chegaram a Jerusalém há sete gerações, provém de famílias das cortes Gerer e Lubavitcher. É pai de sete filhos. Óculos, barba, olhos azuis, roupas e solidéu pretos, ele avança pelo Bairro Judeu, faça frio ou calor, chuva ou neve, até ver o Muro de Herodes, o Grande, erguer-se à sua frente. Cada vez "seu coração dá um salto" à medida que ele vai se aproximando da "maior sinagoga do mundo. Não existe forma terrena de descrever a ligação pessoal com estas pedras. Isso é espiritual".

No alto, acima das pedras de Herodes, está o Domo da Rocha e a mesquita de al-Aqsa sobre aquilo que os judeus chamam de Montanha da Casa de Deus, mas "há lugar para todos nós", diz o rabino, que rejeita firmemente qualquer usurpação no monte do Templo. "Um dia Deus poderá reconstruir o Templo — mas não cabe aos homens interferir. Isso é apenas um assunto de Deus."

Como rabino, ele é encarregado de manter o Muro limpo: as fendas entre as pedras estão repletas de bilhetes escritos por fiéis. Duas vezes por ano — antes do Pessach e do Rosh Hashana — os bilhetes são recolhidos; são considerados tão sagrados que ele os enterra no monte das Oliveiras.

Ao chegar ao Muro, o sol nascendo, já há cerca de setecentos judeus orando ali, mas ele sempre encontra o mesmo grupo de orações — *minyan* —, que fica sempre no mesmo ponto junto ao Muro: "É importante ter um ritual para poder se concentrar nas preces". Porém, ele não cumprimenta esse *minyan*; talvez apenas um leve meneio, mas nada de falar — "as primeiras palavras serão para Deus" — enquanto coloca seus *tefilin* — filactérios — em torno do braço. Ele recita a prece matutina, o *shacharit*, que termina assim: "Que Deus abençoe a nação com paz". Só então ele saúda seus amigos apropriadamente. O dia no Muro começou.

Pouco antes das quatro horas da manhã, no mesmo momento que o rabino Rabinowitz está se levantando no Bairro Judeu, um seixo roça a janela de Wajeeh al-Nusseibeh em Sheikh Jarrah. Quando ele abre a porta, Aded al-Judeh, de oitenta anos, entrega a Nusseibeh uma pesada chave medieval de trinta centímetros. Nusseibeh, agora com sessenta anos, rebento de uma das grandes famílias de Jerusalém,* já vestido de terno e gravata, parte com vivacidade pelo portão de Damasco rumo à igreja do Santo Sepulcro.

Nusseibeh, que tem sido guardião do Santo Sepulcro por mais de 25 anos, chega precisamente às quatro horas da manhã e bate nas portas enormes da fachada romanesca de Melisende. Dentro da igreja, que ele trancou às oito horas da noite do dia anterior, os sacristãos gregos, latinos e armênios já negociaram que as portas serão abertas naquele dia específico. Os padres das três seitas reinantes passaram a noite em jovial camaradagem e preces rituais. Às duas horas da manhã, os dominantes ortodoxos, que são os primeiros em todas as coisas, dão início à sua missa, com oito padres entoando cânticos em grego, em volta da Tumba, antes de liberarem o local aos armênios, para seu serviço do *badarak*, que começa exatamente quando os portões são abertos; os católicos têm sua vez por volta das seis horas da manhã. Nesse ínterim, todas as seitas entoam suas matinas. Apenas um copta tem permissão de ficar ali à noite, mas reza sozinho em copta egípcio antigo.

* As famílias continuam sendo importantes em Jerusalém. Após a morte de Faisal Husseini, Arafat indicou o filósofo Sari Nusseibeh (primo de Weejah) como representante palestino em Jerusalém, mas o destituiu quando ele rejeitou os atentados suicidas. Fundador da Universidade de al-Quds, Nusseibeh se mantém como personalidade intelectual da cidade, admirado por ambos os lados. Na época em que este livro foi escrito, o representante palestino para Jerusalém era Adnan al-Husseini; outro primo, dr. Rafiq al-Husseini, é conselheiro do presidente Abbas. Quanto aos Khalidi, Rashid Khalidi, professor de Edward Said de Estudos Árabes Modernos na Universidade de Columbia em Nova York, é conselheiro de Barack Obama. [No momento da edição brasileira — início de 2013 —, o representante palestino para Jerusalém é Riyad Mansur.]

Quando os portões se abrem, os etíopes, na cobertura de seu mosteiro e na capela de São Miguel, sua entrada exatamente à direita do pórtico principal, começam a cantar em amárico, com serviços tão longos que eles se apoiam em cajados de pastores amontoados nas igrejas, especificamente para sustentar o peso de seus esgotados fiéis. À noite, a igreja ressoa com um murmúrio eufônico de muitas línguas e cânticos, como uma floresta de pedra na qual muitas espécies de pássaros cantam em seus coros próprios. Isso é Jerusalém, e Nusseibeh nunca sabe o que vai acontecer: "Sei que milhares dependem de mim e me preocupo se a chave não vai abrir ou se algo vai dar errado. Abri o local pela primeira vez quando tinha quinze anos, e achei divertido, mas agora percebo que é um assunto sério". Haja guerra ou haja paz, ele precisa abrir a porta, e conta que muitas vezes seu pai dormiu no saguão da igreja só para ter certeza de que a abriria.

Todavia, Nusseibeh sabe que, várias vezes por ano, é provável a ocorrência de alguma rixa sacerdotal. Mesmo no século XXI, os padres oscilam entre cortesia acidental, nascida de boas maneiras e do tédio de longas noites sepulcrais, e o visceral ressentimento histórico que pode explodir a qualquer momento, geralmente na Páscoa. Os gregos, que controlam a maior parte da igreja e são os mais numerosos, brigam com católicos e armênios e com frequência ganham as batalhas. Os coptas e etíopes, apesar de seu monofisismo partilhado, são especialmente virulentos: após a Guerra dos Seis Dias, os israelenses, numa rara intervenção, deram a capela copta de São Miguel aos etíopes, punindo o Egito de Nasser e apoiando a Etiópia de Haile Selassie. Em negociações de paz, o apoio aos coptas surge em geral nas exigências egípcias. A Suprema Corte de Israel decidiu que São Miguel pertence aos coptas, embora permaneça em posse dos etíopes, uma situação tipicamente hierosolimita. Em julho de 2002, quando tomava sol no meio do dilapidado telhado etíope, um padre copta foi surrado com barras de ferro pelo seu sórdido tratamento dado aos irmãos africanos. Os coptas acorreram em auxílio de seu padre: quatro coptas e sete etíopes (que parecem perder todos os confrontos) foram hospitalizados.

Em setembro de 2004, no Banquete da Santa Cruz, o patriarca grego Ireneos pediu aos franciscanos que fechassem a porta da capela da Aparição. Quando eles se recusaram, o patriarca liderou seus padres e guarda-costas contra os latinos. A polícia israelense interveio, mas foi atacada pelos padres, que, como adversários, são tão duros de enfrentar quanto os apedrejadores palestinos. No

Fogo Sagrado de 2005, houve uma briga corporal quando o superior armênio quase surgiu com a chama no lugar dos gregos.* O pugilístico patriarca Ireneos foi finalmente deposto por vender a colonos israelenses o Hotel Imperial, no portão de Jaffa. Nusseibeh dá de ombros, cansado: "Bem, como irmãos, eles têm suas diferenças, e eu ajudo a resolvê-las. Nós somos neutros, como as Nações Unidas, mantendo a paz neste local sagrado". Nusseibeh e Judeh desempenham papéis complexos em cada festividade cristã. No febril e lotado Fogo Sagrado, Nusseibeh é a testemunha oficial.

Agora o sacristão abre uma pequena escotilha na folha da direita e entrega uma escada. Nusseibeh pega a escada e a apoia contra a porta da esquerda. Ele destrava a fechadura inferior da porta da direita com sua chave gigante antes de subir a escada e destravar a fechadura superior. Depois que ele desce, os padres giram a imensa folha, antes de abrirem eles próprios a porta da esquerda. Dentro, Nusseibeh saúda os padres: "Paz!".

"Paz!", eles replicam com otimismo. Os Nusseibeh e os Judeh têm aberto as portas do Sepulcro pelo menos desde 1192, quando Saladino nomeou os Judeh como "guardiões e porteiros da igreja do Santo Sepulcro" (conforme especificado no cartão de visitas de Wajeeh). Os Nusseibeh, que também foram nomeados como encarregados hereditários da limpeza da Sakhra (a Rocha) no Domo, alegam que Saladino estava simplesmente restabelecendo-os a uma posição que haviam recebido do califa Omar no ano 638. Até a conquista albanesa nos anos 1830, eles eram extremamente ricos, mas agora ganham a vida a duras penas como guias turísticos.

* Numa última visita a Jerusalém em 1992, antes de sua morte, Edward Said chamou a igreja de "lugar deslocado, decadente e sem atrativos, cheio de desleixados turistas de meia-idade zanzando numa área decrépita e mal iluminada onde coptas, gregos, armênios e outras seitas cristãs alimentam seus horrendos jardins eclesiásticos com batalhas às vezes abertas". O mais famoso símbolo dessas batalhas abertas é uma pequena escada pertencente à igreja que, segundo os guias turísticos, nunca pode ser movida sem que as outras seitas a tomem. Na verdade, a escada leva a um terraço onde o superior armênio costumava tomar café com seus amigos e cuidar das flores de seu jardim: a escada está lá para que o terraço possa ser limpo. À direita da fachada ergue-se uma pequena porta cinza que dá para o depósito onde fica toda a coleção de cruzes (em tamanho real) a serem alugadas e conduzidas por peregrinos ao longo da Via Dolorosa. Na Páscoa, essas cruzes recebem tanta demanda que os portadores se revezam para carregá-las, correndo para devolvê-las ao começo do trajeto a fim de que estejam prontas para que o grupo seguinte possa reencenar a jornada de Jesus até a Crucificação.

No entanto, as duas famílias coexistem em vigilante rivalidade. "Os Nusseibeh não têm nada a ver conosco", diz o octogenário Judeh, que detém a chave há 22 anos; "eles são meros e simples porteiros!". Nusseibeh insiste que "os Judeh não têm permissão de tocar a porta nem a fechadura", sugerindo que as rivalidades islâmicas são tão vívidas quanto as existentes entre os cristãos. O filho de Wajeeh, Obadah, um *personal trainer*, é seu herdeiro.

Nusseibeh e Judeh passam parte do dia sentados no saguão, como fizeram seus ancestrais por oito séculos — mas jamais estão lá ao mesmo tempo. "Conheço cada pedra daqui, é como minha casa", devaneia Nusseibeh. Ele reverencia a igreja: "Nós, muçulmanos, acreditamos que Maomé, Jesus e Moisés são profetas, e que Maria é muito santa, de modo que este é um lugar especial para nós também". Se ele deseja rezar, pode dar um pulo na mesquita vizinha, construída para impressionar os cristãos, ou andar por cinco minutos até al-Aqsa.

Precisamente na mesma hora que o rabino do Muro está acordando e que o guardião Nusseibeh ouve o seixo na janela anunciando a entrega da chave do Sepulcro, Adeb al-Ansari, 42 anos, pai de cinco filhos, trajando um casaco de couro preto, está saindo de sua casa mameluca, uma propriedade *waqf* de sua família no Bairro Muçulmano, e começa uma caminhada de cinco minutos rua abaixo, até o Bab al-Ghawanmeh, a nordeste. Passa pelo posto de checagem da polícia israelense, que, em suas fardas azuis, é muitas vezes (e ironicamente) composta de drusos ou árabes da Galileia encarregados de impedir que judeus entrem no Haram al-Sharif.

A sagrada esplanada já está iluminada com luz elétrica, mas seu pai costumava levar duas horas para acender os lampiões. Ansari cumprimenta os guardas de segurança do Haram e começa a abrir os quatro portões principais do Domo da Rocha e os dez portões de al-Aqsa. Isso leva uma hora.

Os Ansari, cuja família remonta aos Ansari que emigraram com Maomé para Medina, alegam ter sido nomeados guardiães do Haram por Omar, mas certamente foram confirmados no posto por Saladino. (A ovelha negra da família foi o xeque do Haram, subornado por Monty Parker.)

A mesquita é aberta uma hora antes da prece matutina. Ansari já não abre os portões a cada amanhecer — ele agora tem uma equipe —, mas antes de suceder no posto de guardião hereditário, cumpria esse dever todas as manhãs, e com orgulho: "Em primeiro lugar, é apenas uma tarefa; depois, uma profissão de família, e uma enorme responsabilidade; mas acima de tudo é um trabalho nobre e sagrado. Porém, não é bem pago. Eu também trabalho na recepção de um hotel no monte das Oliveiras".

Os postos hereditários estão gradualmente desaparecendo do Haram. Os Shihabi, outra das famílias, descendentes de príncipes libaneses, que moram em seu próprio *waqf* familiar perto do Pequeno Muro, costumavam ser guardiães da Barba do Profeta. A barba e a função desapareceram, mas a atração do lugar é magnética: os Shihabi ainda trabalham no Haram.

Da mesma forma que o rabino desce até o Muro, que Nusseibeh bate às portas da igreja, que Ansari abre os portões do Haram, Naji Qazaz está saindo de casa na rua Bab al-Hadid, de propriedade de sua família há 225 anos, para andar os poucos metros ao longo das velhas ruas mamelucas e subir os degraus através do portão de Ferro e seguir até o Haram. Ele prossegue entrando diretamente em al-Aqsa, onde penetra numa pequena sala equipada com microfone e garrafas de água mineral. Até 1960, a família Qazaz usava o minarete, mas agora seus membros usam essa sala para se prepararem ao chamado como se fossem atletas. Durante vinte minutos, Qazaz senta-se e faz alongamentos, um atleta da santidade; então faz exercícios de respiração e toma água no gargalo. Verifica se o microfone está ligado e, quando o relógio na parede mostra que já está na hora, fica de frente para a *qibla* e começa a entoar o *adhan* que reverbera por toda a Cidade Velha.

Os Qazaz têm sido muezins em al-Aqsa por quinhentos anos, desde o reinado do sultão mameluco Qaitbay. Naji, que é muezim há trinta anos, divide seus deveres com seu filho Firaz e dois primos.

Agora falta uma hora para o amanhecer de um dia em Jerusalém. O Domo da Rocha está aberto: os muçulmanos estão orando. O Muro está sempre aberto: os judeus estão orando. A igreja do Santo Sepulcro está aberta: os cristãos estão orando em diversos idiomas. O sol está nascendo sobre Jerusalém, seus raios deixando as pedras herodianas do Muro quase níveas — tal como as descreveu Josefo há 2 mil anos — e captando o glorioso dourado do Domo da Rocha, que cintila em retribuição ao sol. A esplanada divina onde céu e terra se encontram, onde Deus encontra o homem, ainda está num reino além da cartografia humana. Só os raios do sol podem fazer isso; finalmente a luz recai sobre a construção mais singular e misteriosa de Jerusalém. Banhada e reluzente ao sol, ela faz jus ao seu nome. Mas o portão Dourado permanece trancado, até a chegada dos Últimos Dias.[2]

ÁRVORES GENEALÓGICAS

OS MACABEUS: REIS E SUMO SACERDOTES
160-37 a.C.

Governantes em maiúsculas; as datas referem-se aos anos de seus reinados.
[O “m” abreviado refere-se à data de morte.]

- Matatias
  - SIMÃO sumo sacerdote e comandante 142–134
    - JOÃO HIRCANO sumo sacerdote e etnarca 134–104
      - ARISTÓBULO I sumo sacerdote e rei 104–103
      - ALEXANDRE JANEU rei e sumo sacerdote 103–76 = ALEXANDRA SALOMÉ rainha 76–67
        - HIRCANO II sumo sacerdote 76–67, 63–40 etnarca 63–40 m. 30
          - Alexandra = Alexandre
            - Jônatas Aristóbulo sumo sacerdote 37–36 m. 36
            - Mariana = HERODES, O GRANDE rei 40–4
              - OS HERODES
        - ARISTÓBULO II sumo sacerdote e rei 67–63 m. 49
          - Alexandre = Alexandra
          - ANTÍGONOS rei e sumo sacerdote 40–37 m. 37
  - JÔNATAS sumo sacerdote e comandante 160–142
  - JUDAS MACABEU comandante 166–160

OS HERODES
37 a.C. – 100 d.C.

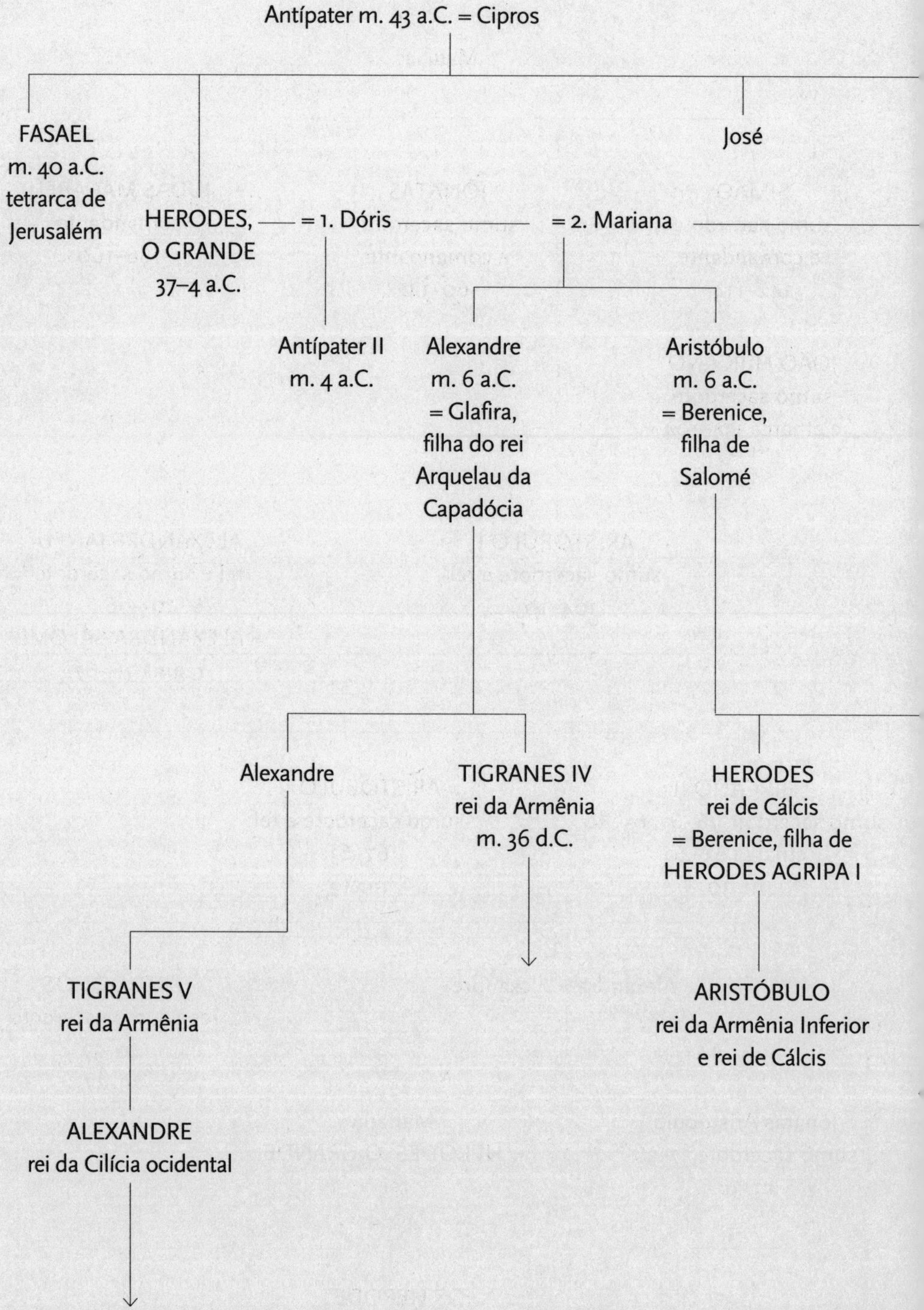

Governantes em maiúsculas; as datas referem-se aos anos de seus reinados. Esta árvore genealógica mostra apenas os governantes herodianos. Os herodianos com frequência casavam-se entre si, tornando a árvore extremamente complexa.

Feroras

Salomé

= 3. Maltace — = 4. Cleópatra — = mais seis esposas

ARQUELAU
etnarca da Judeia
4 a.C.–6 d.C.
= Glafira,
viúva de seu
meio-irmão
Alexandre

HERODES ANTIPAS
tetrarca da
Galileia e Pereia
4 a.C.–40 d.C.
= 1. filha do
rei Aretas IV
da Nabateia
= 2. Herodias

Salomé
(a dançarina)

FILIPE
tetrarca da
Bataneia e
Traconite
4 a.C.–34 d.C.

descendência

Berenice
= Aristóbulo,
filho de
HERODES,
O GRANDE

HERODES AGRIPA I
rei da Judeia 41–44 d.C.
rei da Bataneia 37–44 d.C.
= Cipros

Herodias
= HERODES ANTIPAS
tetrarca da Galileia
e Pereia

HERODES AGRIPA II
rei de Cálcis
e Bataneia
m. 100 d.C.

Berenice
= 1. Marcos, filho de Alexandre,
o Alabarca, de Alexandria
= 2. HERODES, rei de Cálcis
= 3. Polemo, rei da Cilícia
Berenice foi mais tarde amante
do imperador Tito

Drusila
= 1. Azizo, rei de Emesa
= 2. Antônio Félix,
procurador da Judeia

O PROFETA MAOMÉ E OS CALIFAS E DINASTIAS ISLÂMICAS

Al-Abbas · Abdullah = Amina

Abdallah · MUHAMMAD, MAOMÉ, O PROFETA *c.* 570-632 Casou com onze esposas; uma concubina judia e uma copta. · ABU BAKR 1º Justo Califa 632-634

Esposas incluíram: = Khadijah m. 619 = Aisha m. 678 = Habibah m. 665 · Yazid m. 629

Ali · Rugayyah = OTMAN = Umm Kulthum 3º Justo Califa 644-656 · Fátima = ALI 4º Justo Califa 656-661 1º Imã Xiita

Muhammad · Hasan 2º Imã Xiita m. 670 · Hussein 3º Imã Xiita m. 680 · Umm Kulthum (possivelmente) = OMAR 2º Justo Califa 634-644

SAFFAH 749-754 · MANSUR 754-775 · XERIFES de MECA; REIS HACHEMITAS do HEJAZ, SÍRIA, IRAQUE e JORDÂNIA; e XERIFES ALAUÍTAS e REIS do MARROCOS · IMÃS do ISLÃ XIITA; IMÃS ISMAILIS e CALIFAS FATÍMIDAS e os AGA KHANS

CALIFAS ABÁSSIDAS de BAGDÁ · 12 IMÃS

Muhammad al-Mahdi 12º IMÃ O "Imã Oculto"

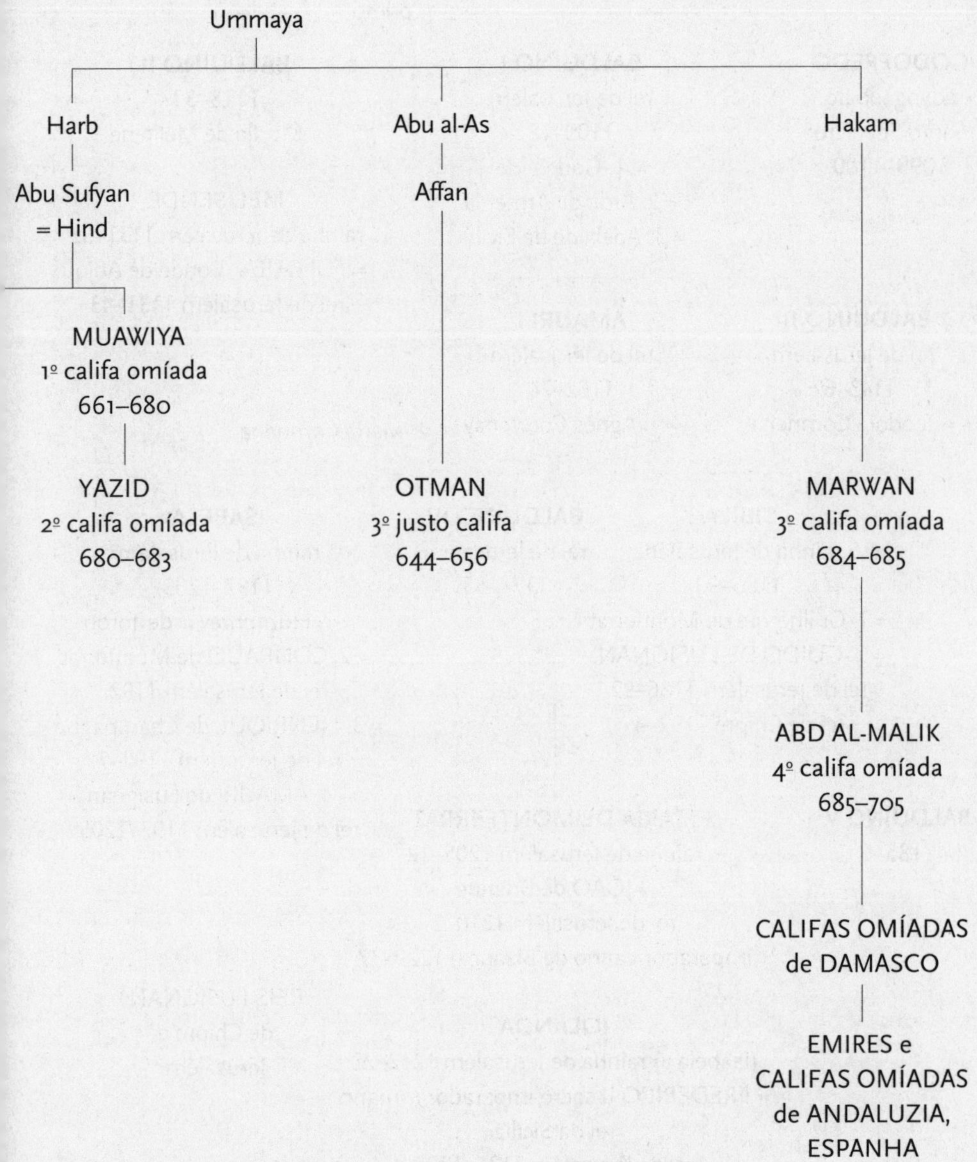

Califas governantes em maiúsculas.
Esta árvore genealógica não está completa, mas destina-se a mostrar as ligações do Profeta com as dinastias do Islã. Os descendentes de Ali e Fátima são conhecidos como xerifes (Ashraf) e sayyids.

REIS CRUZADOS DE JERUSALÉM 1099–1291

Reis e rainhas governantes em maiúsculas e negrito;
reis titulares consortes em maiúsculas comuns.

GODOFREDO
advogado do
Santo Sepulcro
1099–1100

BALDUÍNO I
rei de Jerusalém
1100–18
= 1. Godehilde
= 2. Arda da Armênia
= 3. Adelaide da Sicília

primo

BALDUÍNO II
1118–31
= Morfia de Melitene

MELISENDE
rainha de Jerusalém 1131–53
= FULQUE V, Conde de Anjou
rei de Jerusalém 1131–43

BALDUÍNO III
rei de Jerusalém
1143–62
= Teodora Comnena

AMAURI I
rei de Jerusalém
1162–74
= 1. Agnes Courtenay
= 2. Maria Comnena

SIBILA
rainha de Jerusalém
1186–90
= 1. Guilherme de Montferrat
= 2. GUIDO DE LUSIGNAN,
rei de Jerusalém 1186–92
rei de Chipre 1192–4

BALDUÍNO IV
rei de Jerusalém
1174–85

ISABELA
rainha de Jerusalém
1192–1205
= 1. Humphrey IV de Toron
= 2. CONRADO de Montferrat
rei de Jerusalém 1192
= 3. HENRIQUE de Champagne
rei de Jerusalém 1192–7
= 4. AMAURI de Lusignan
rei de Jerusalém 1197–1205

BALDUÍNO V
1185–6

MARIA DE MONTFERRAT
rainha de Jerusalém 1205–12
= JOÃO de Brienne
rei de Jerusalém 1210–2
imperador Latino de Bizâncio 1229–37

REIS LUSIGNAN
de Chipre e
Jerusalém

IOLANDA
(Isabela II) rainha de Jerusalém 1212–28
= FREDERICO II sacro imperador romano
rei da Sicília
rei de Jerusalém 1125–1228

CONRADO II
rei de Jerusalém 1228–54

CONRADO III
rei de Jerusalém 1254–65

A DINASTIA HACHEMITA (XERIFIANA) 1916–

Governantes em maiúsculas; as datas referem-se aos anos de seus reinados.

- xerife HUSSEIN bin Ali, xerife dos xerifes, emir de Meca, rei do Hejaz, 1916–24
  - ALI, rei do Hejaz, 1924–5
    - Abd al-Illah, regente do Iraque, 1939–58
  - ABDULLAH I, emir da Transjordânia, 1921–46, rei da Jordânia, 1946–51
    - TALAL, rei da Jordânia, 1951–2
      - HUSSEIN, rei da Jordânia, 1953–99
        - doze filhos, inclusive ABDULLAH II, rei da Jordânia, 1999–
      - Muhammad
      - Hassan
    - Naif
  - FAISAL I, rei da Síria, 1920, rei do Iraque, 1921–33
    - GHAZI, rei do Iraque, 1933–9
      - FAISAL II, rei do Iraque, 1939–58
  - Zaid

MAPAS

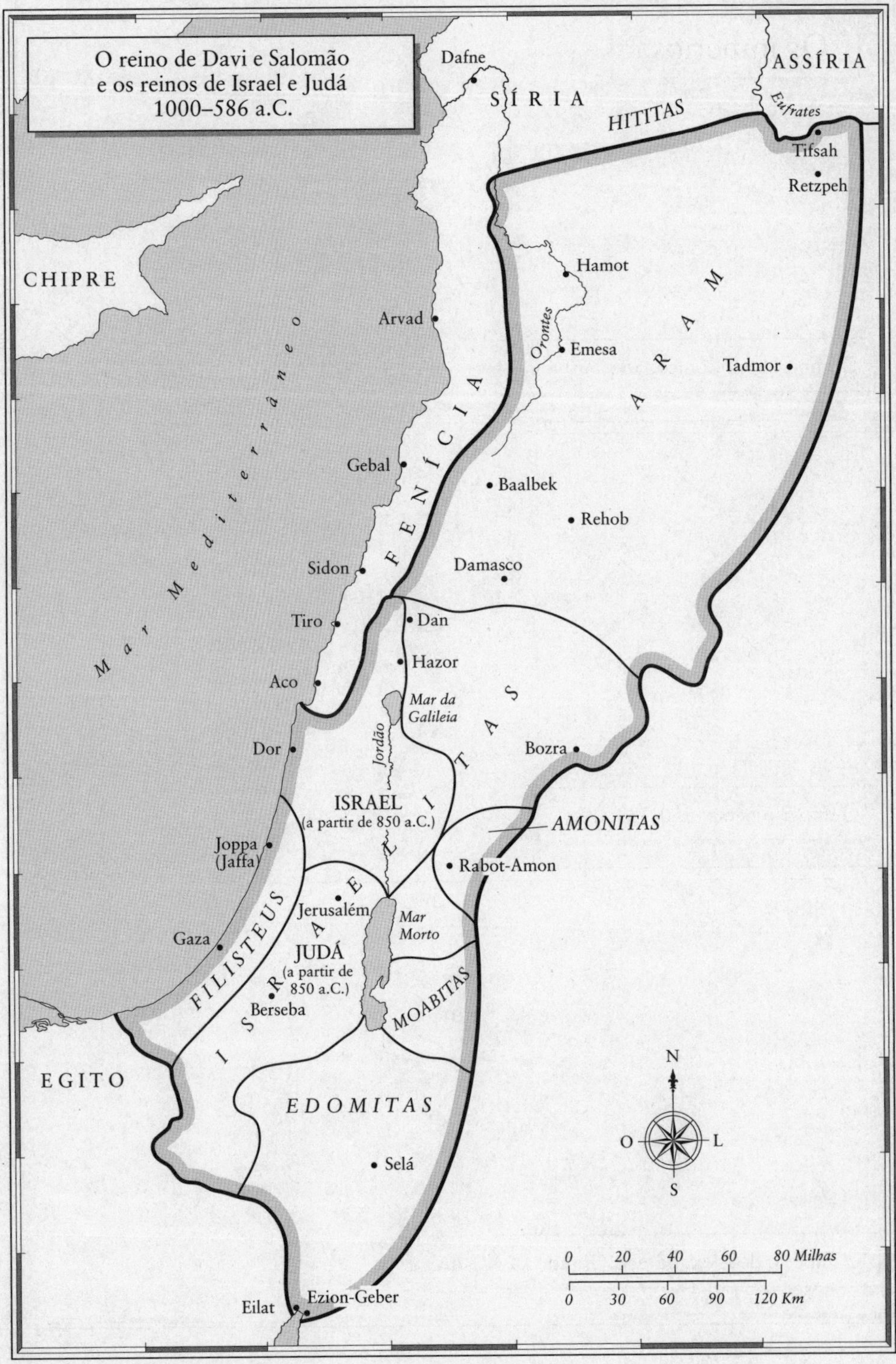
O reino de Davi e Salomão
e os reinos de Israel e Judá
1000–586 a.C.
Dafne
SÍRIA
ASSÍRIA
HITITAS
Eufrates
Tifsah
Retzpeh
CHIPRE
Hamot
Arvad
Orontes
Emesa
Tadmor
ARAM
Mar Mediterrâneo
FENÍCIA
Gebal
Baalbek
Rehob
Sidon
Damasco
Tiro
Dan
Hazor
Aco
Mar da Galileia
ISRAELITAS
Dor
Jordão
Bozra
ISRAEL
(a partir de 850 a.C.)
AMONITAS
Joppa
(Jaffa)
Rabot-Amon
Jerusalém
Mar Morto
Gaza
FILISTEUS
JUDÁ
(a partir de 850 a.C.)
Berseba
MOABITAS
EGITO
EDOMITAS
Selá
N
O
L
S
0 20 40 60 80 Milhas
0 30 60 90 120 Km
Eilat
Ezion-Geber

Os impérios

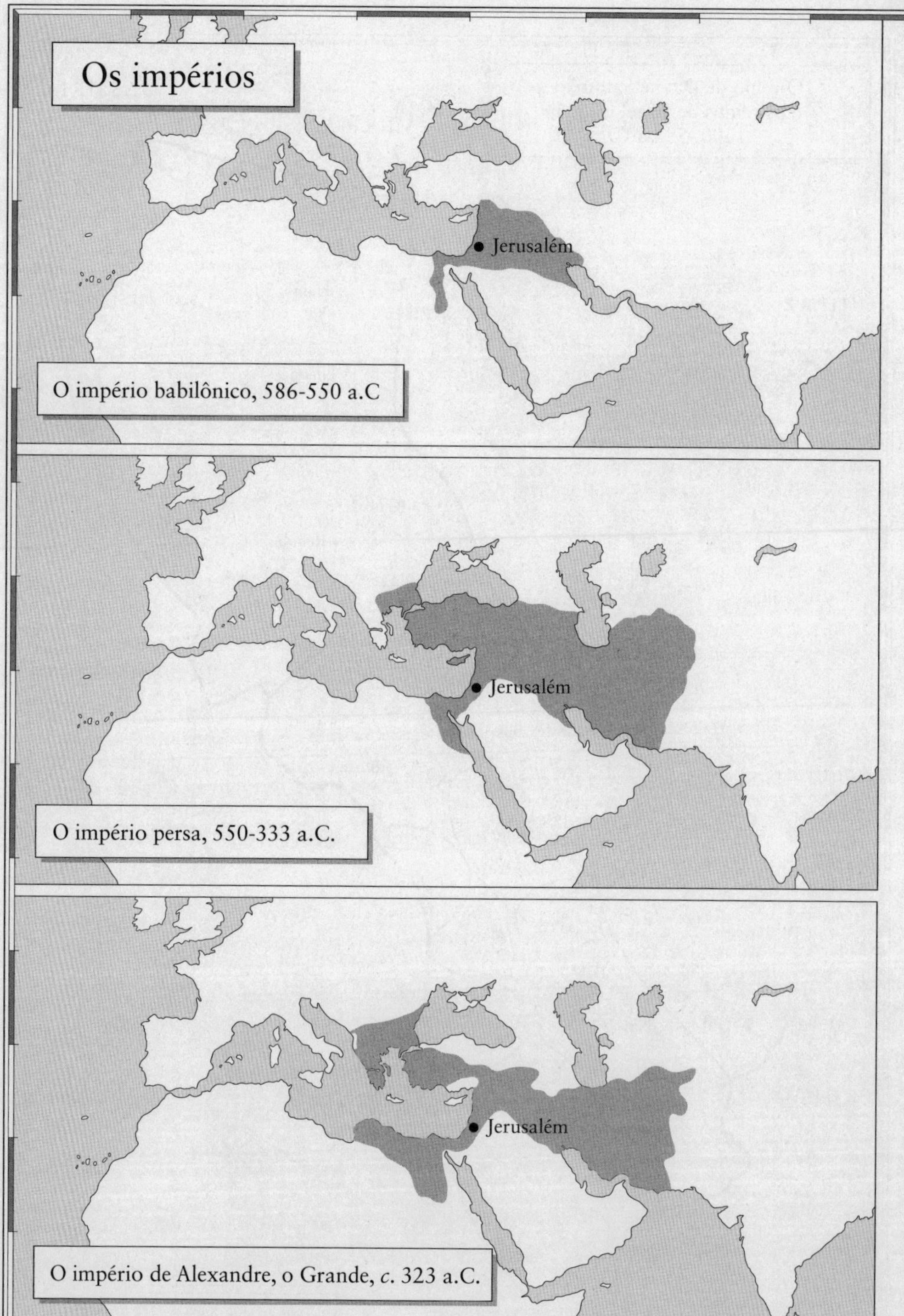

O império babilônico, 586-550 a.C

O império persa, 550-333 a.C.

O império de Alexandre, o Grande, *c*. 323 a.C.

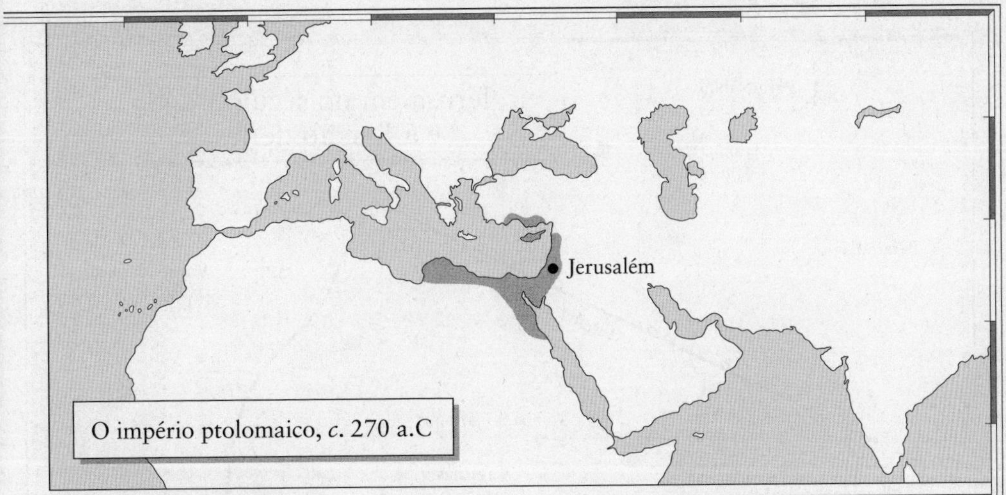

O império ptolomaico, *c*. 270 a.C

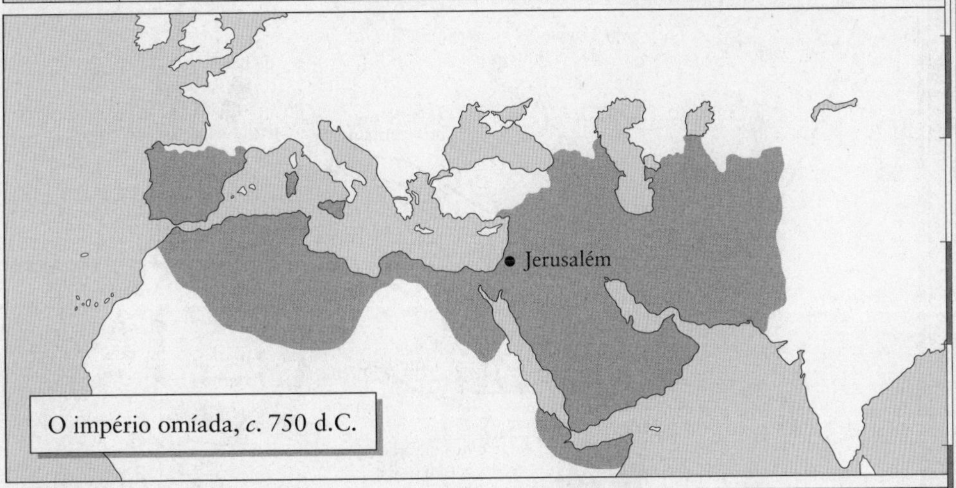

O império omíada, *c*. 750 d.C.

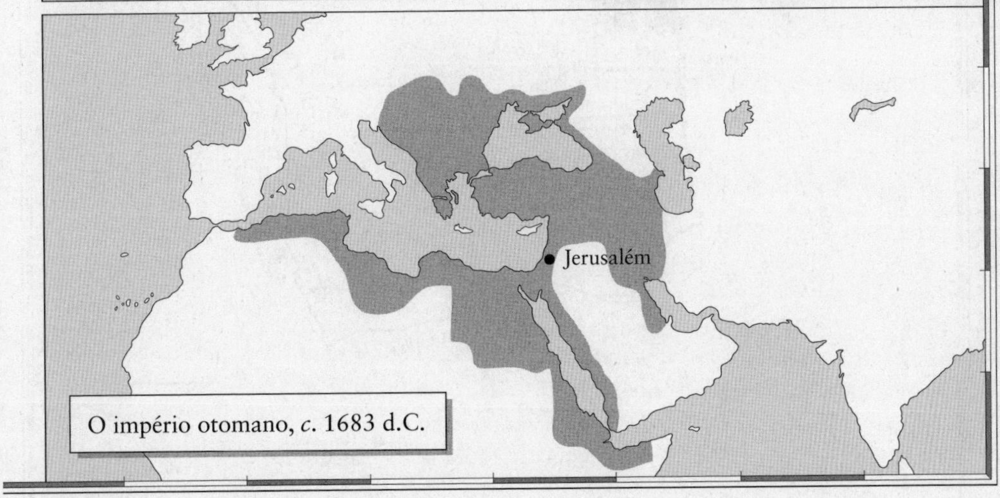

O império otomano, *c*. 1683 d.C.

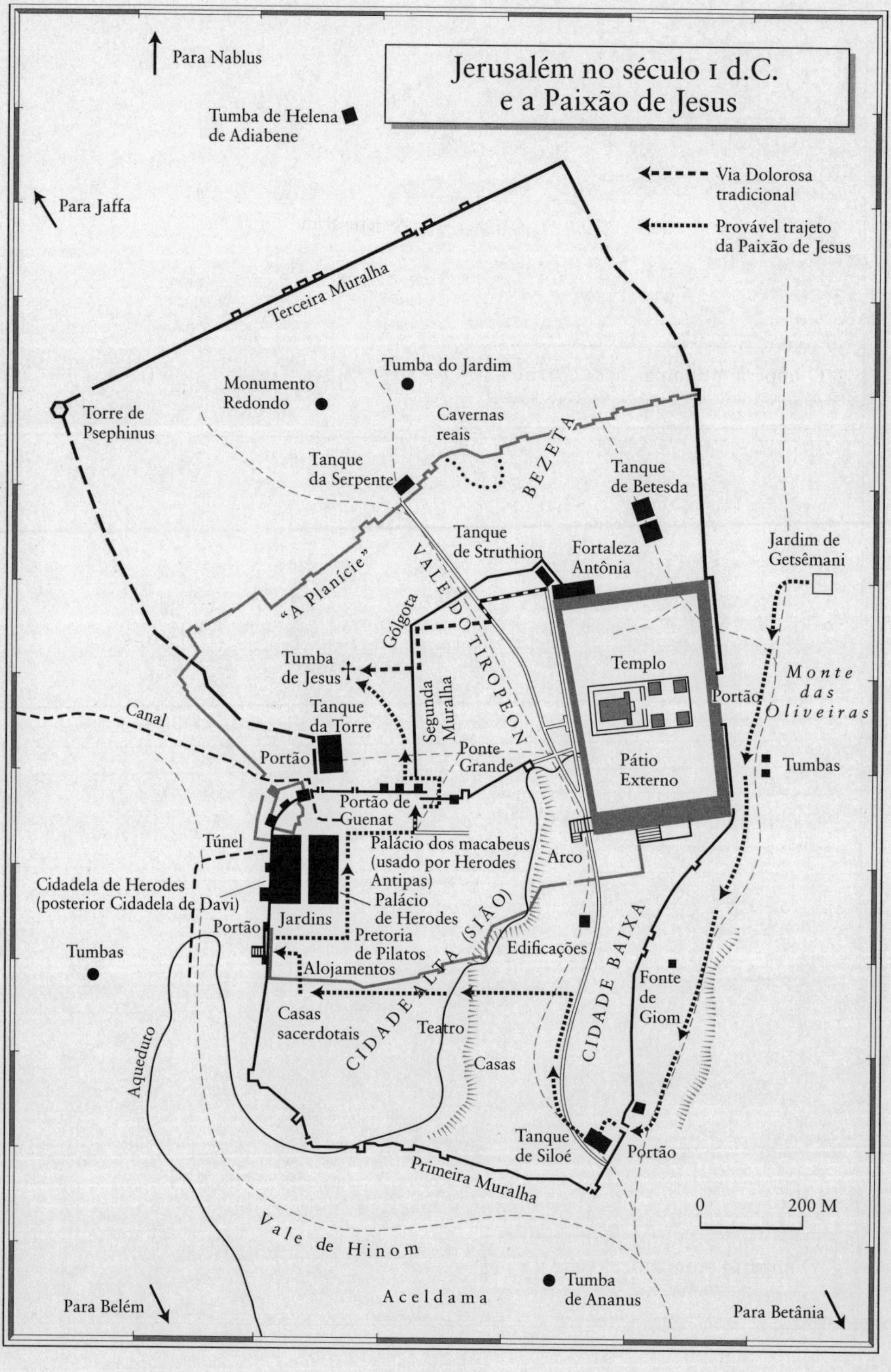

Jerusalém no século I d.C.
e a Paixão de Jesus
Via Dolorosa tradicional
Provável trajeto da Paixão de Jesus
Para Nablus
Para Jaffa
Tumba de Helena de Adiabene
Terceira Muralha
Torre de Psephinus
Monumento Redondo
Tumba do Jardim
Cavernas reais
Tanque da Serpente
BEZETA
Tanque de Betesda
"A Planície"
Tanque de Struthion
Fortaleza Antônia
Jardim de Getsêmani
VALE DO TIROPEON
Gólgota
Tumba de Jesus
Segunda Muralha
Templo
Portão
Monte das Oliveiras
Canal
Tanque da Torre
Portão
Ponte Grande
Pátio Externo
Tumbas
Portão de Guenat
Túnel
Palácio dos macabeus (usado por Herodes Antipas)
Arco
Cidadela de Herodes (posterior Cidadela de Davi)
Palácio de Herodes
Jardins
Portão
Pretoria de Pilatos
CIDADE ALTA (SIÃO)
Edificações
CIDADE BAIXA
Tumbas
Alojamentos
Fonte de Giom
Casas sacerdotais
Teatro
Casas
Aqueduto
Tanque de Siloé
Portão
Primeira Muralha
0
200 M
Vale de Hinom
Tumba de Ananus
Para Belém
Aceldama
Para Betânia

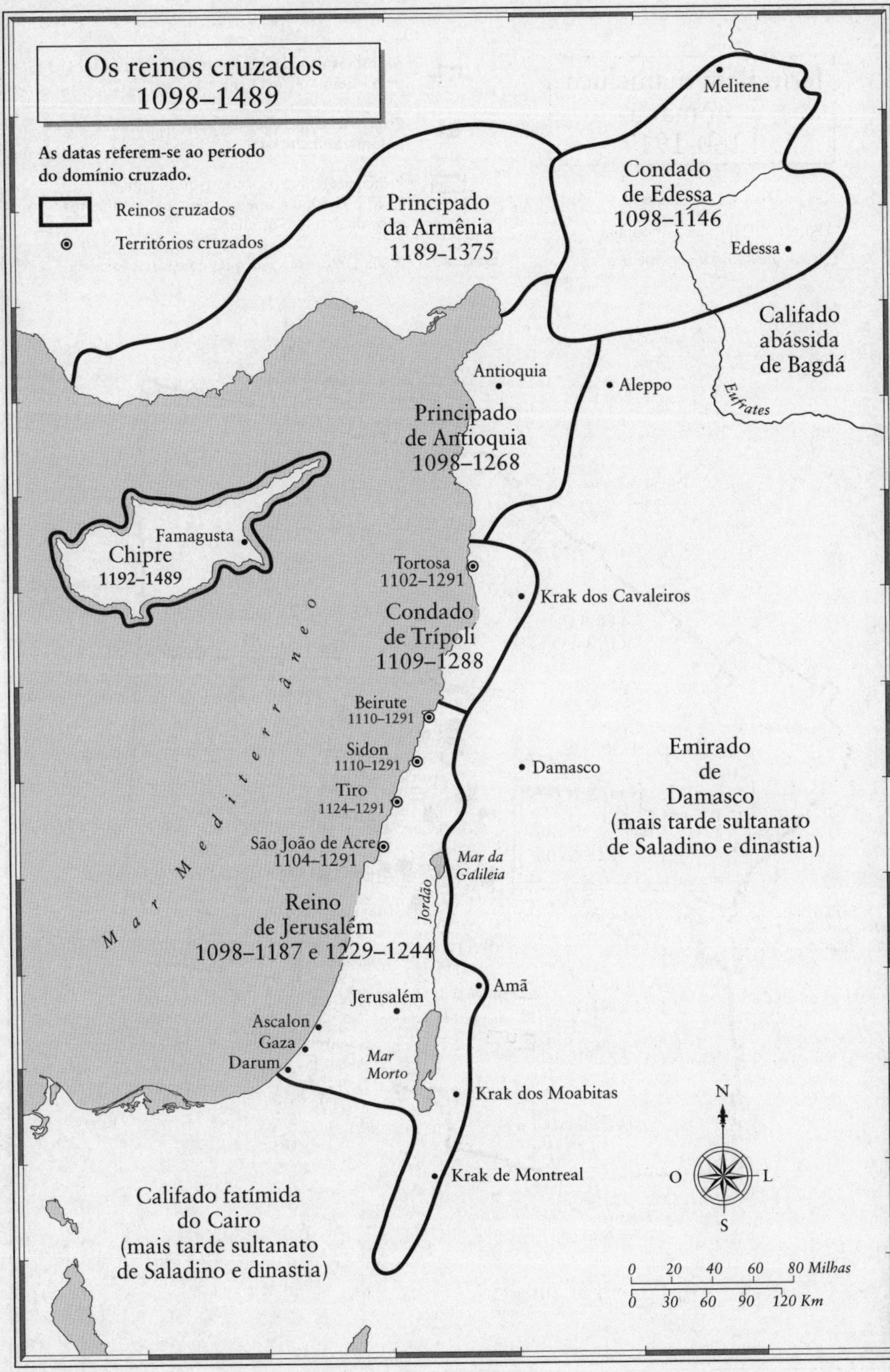

Os reinos cruzados
1098–1489
As datas referem-se ao período do domínio cruzado.
Reinos cruzados
Territórios cruzados
Melitene
Condado de Edessa 1098–1146
Edessa
Principado da Armênia 1189-1375
Califado abássida de Bagdá
Antioquia
Aleppo
Eufrates
Principado de Antioquia 1098–1268
Famagusta
Chipre 1192–1489
Tortosa 1102–1291
Krak dos Cavaleiros
Condado de Trípoli 1109–1288
Beirute 1110–1291
Sidon 1110–1291
Damasco
Emirado de Damasco (mais tarde sultanato de Saladino e dinastia)
Tiro 1124–1291
São João de Acre 1104–1291
Mar da Galileia
Mar Mediterrâneo
Jordão
Reino de Jerusalém 1098–1187 e 1229–1244
Amã
Jerusalém
Ascalon
Gaza
Darum
Mar Morto
Krak dos Moabitas
N
O
L
S
Krak de Montreal
Califado fatímida do Cairo (mais tarde sultanato de Saladino e dinastia)
0 20 40 60 80 Milhas
0 30 60 90 120 Km

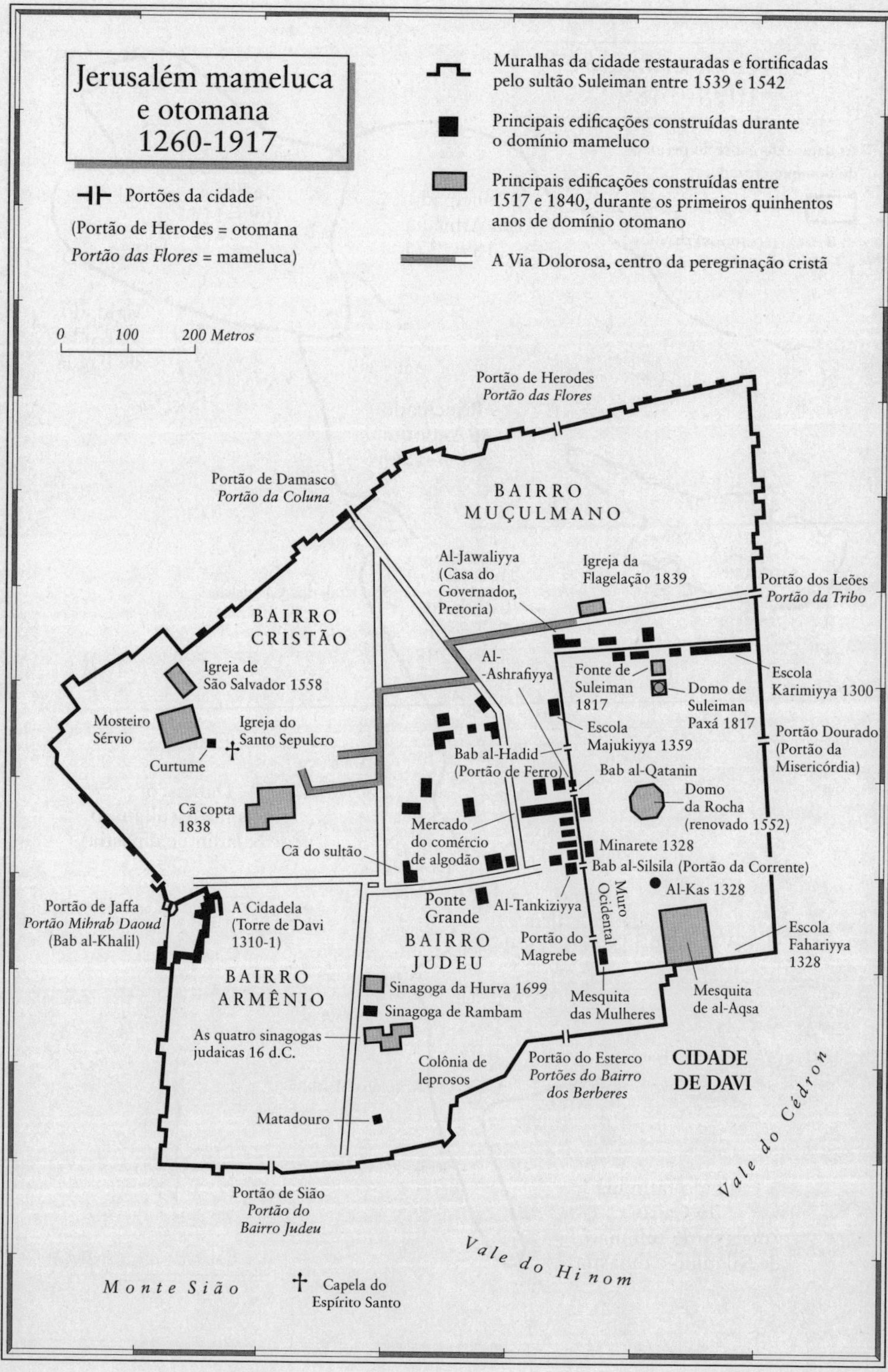

Jerusalém mameluca e otomana 1260-1917
Portões da cidade
(Portão de Herodes = otomana
Portão das Flores = mameluca)
Muralhas da cidade restauradas e fortificadas pelo sultão Suleiman entre 1539 e 1542
Principais edificações construídas durante o domínio mameluco
Principais edificações construídas entre 1517 e 1840, durante os primeiros quinhentos anos de domínio otomano
A Via Dolorosa, centro da peregrinação cristã
0 100 200 Metros
Portão de Herodes
Portão das Flores
Portão de Damasco
Portão da Coluna
BAIRRO MUÇULMANO
BAIRRO CRISTÃO
Al-Jawaliyya (Casa do Governador, Pretoria)
Igreja da Flagelação 1839
Portão dos Leões
Portão da Tribo
Igreja de São Salvador 1558
Al- -Ashrafiyya
Fonte de Suleiman 1817
Domo de Suleiman Paxá 1817
Escola Karimiyya 1300
Mosteiro Sérvio
Igreja do Santo Sepulcro
Escola Majukiyya 1359
Portão Dourado (Portão da Misericórdia)
Curtume
Bab al-Hadid (Portão de Ferro)
Bab al-Qatanin
Domo da Rocha (renovado 1552)
Cã copta 1838
Mercado do comércio de algodão
Minarete 1328
Cã do sultão
Bab al-Silsila (Portão da Corrente)
Al-Kas 1328
Ponte Grande
Al-Tankiziyya
Muro Ocidental
Portão de Jaffa
Portão Mihrab Daoud
(Bab al-Khalil)
A Cidadela (Torre de Davi 1310-1)
BAIRRO JUDEU
Portão do Magrebe
Escola Fahariyya 1328
BAIRRO ARMÊNIO
Sinagoga da Hurva 1699
Sinagoga de Rambam
Mesquita das Mulheres
Mesquita de al-Aqsa
As quatro sinagogas judaicas 16 d.C.
Colônia de leprosos
Portão do Esterco
Portões do Bairro dos Berberes
CIDADE DE DAVI
Vale do Cédron
Matadouro
Portão de Sião
Portão do Bairro Judeu
Vale do Hinom
Monte Sião
Capela do Espírito Santo

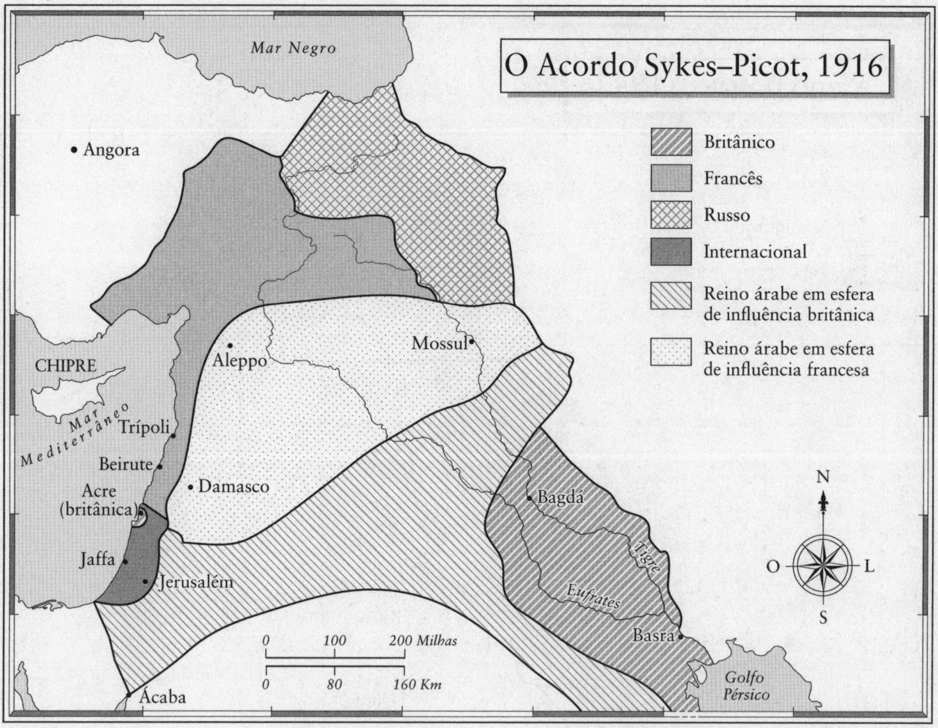
O Acordo Sykes–Picot, 1916
Britânico
Francês
Russo
Internacional
Reino árabe em esfera de influência britânica
Reino árabe em esfera de influência francesa
Mar Negro
Angora
CHIPRE
Mar Mediterrâneo
Trípoli
Beirute
Acre (britânica)
Jaffa
Jerusalém
Damasco
Aleppo
Mossul
Bagdá
Tigre
Eufrates
Basra
Golfo Pérsico
Ácaba
N
O
L
S
0 100 200 Milhas
0 80 160 Km

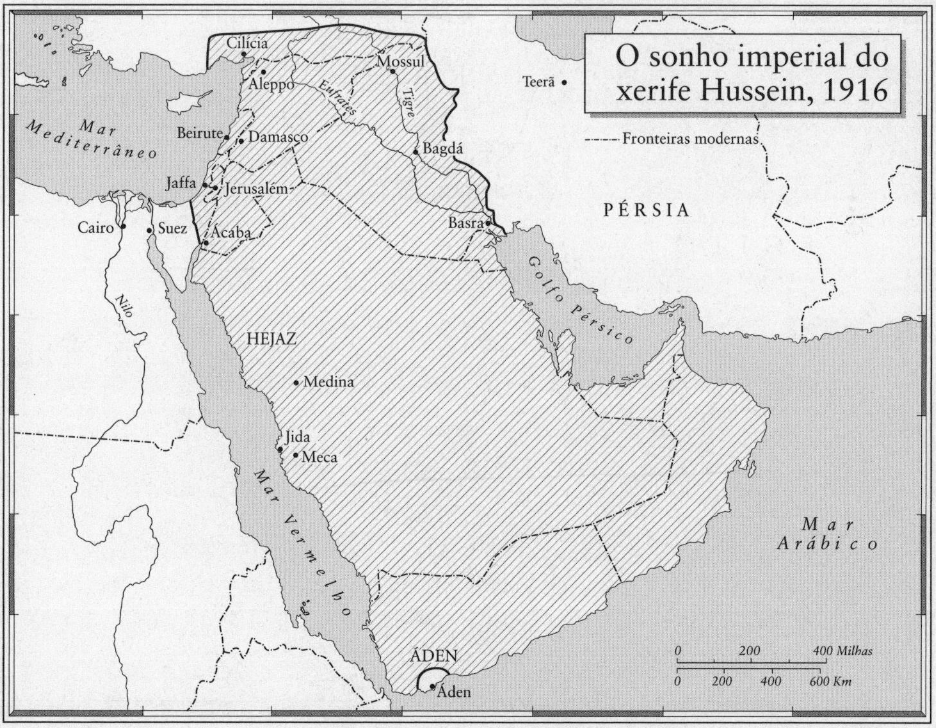
O sonho imperial do xerife Hussein, 1916
Fronteiras modernas
Cilícia
Mossul
Aleppo
Eufrates
Tigre
Teerã
Mar Mediterrâneo
Beirute
Damasco
Bagdá
Jaffa
Jerusalém
Basra
PÉRSIA
Cairo
Suez
Ácaba
Golfo Pérsico
Nilo
HEJAZ
Medina
Jida
Meca
Mar Vermelho
Mar Arábico
ÁDEN
Áden
0 200 400 Milhas
0 200 400 600 Km

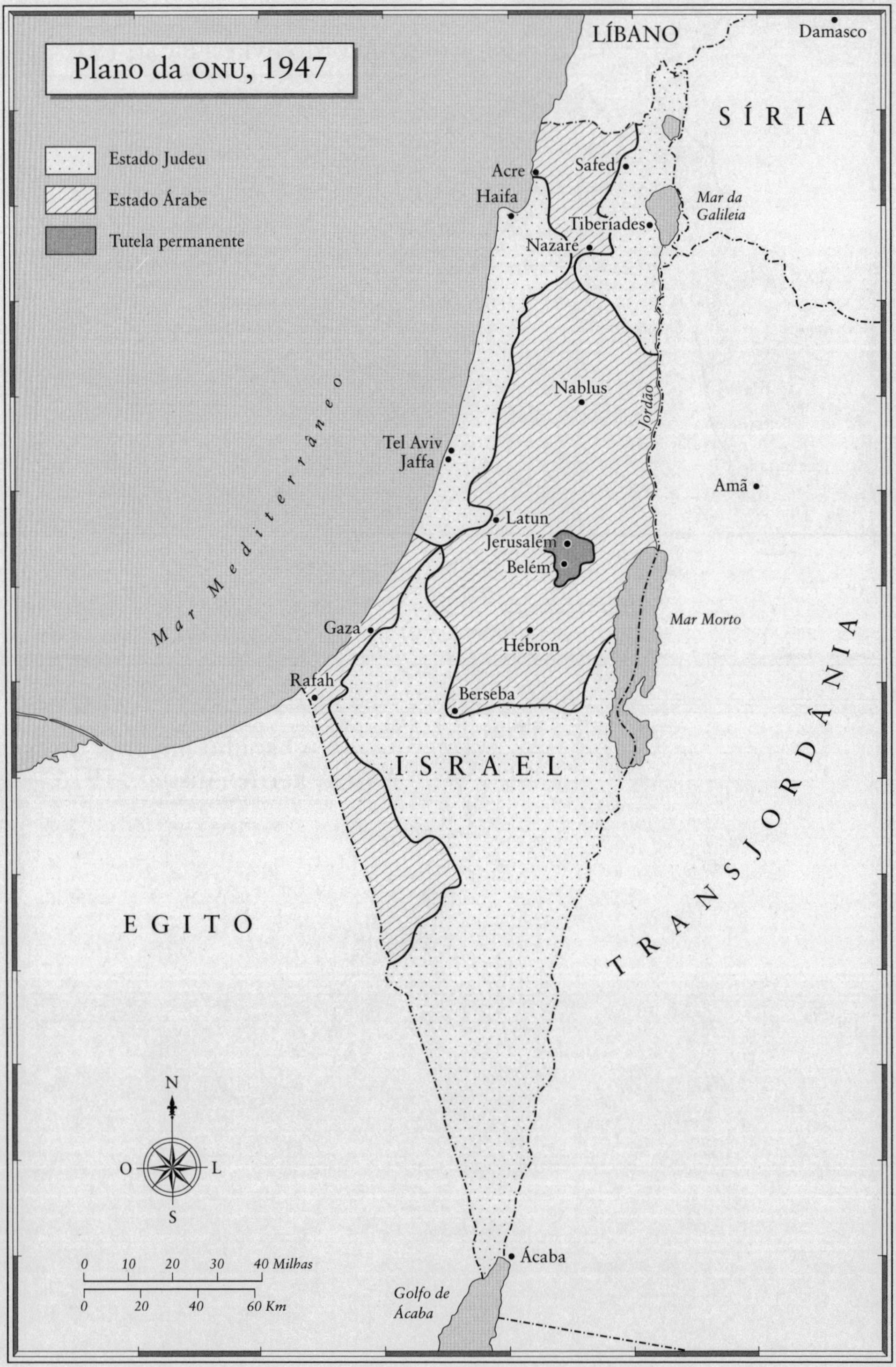

Plano da ONU, 1947
Estado Judeu
Estado Árabe
Tutela permanente
LÍBANO
Damasco
SÍRIA
Acre
Safed
Haifa
Mar da Galileia
Tiberíades
Nazaré
Nablus
Jordão
Mar Mediterrâneo
Tel Aviv
Jaffa
Amã
Latun
Jerusalém
Belém
Mar Morto
Gaza
Hebron
Rafah
Berseba
ISRAEL
TRANSJORDÂNIA
EGITO
N
O
L
S
0
10
20
30
40 Milhas
0
20
40
60 Km
Ácaba
Golfo de Ácaba

Israel desde 1948
Sob controle jordaniano de 1948 a 1967. Ocupado por Israel em 1967, e agora parcialmente controlado pela Autoridade Palestina
Sob controle egípcio de 1948 a 1967. Ocupado por Israel em 1967; agora governado pelo Hamas
LÍBANO
Damasco
SÍRIA
Acre
Haifa
Mar da Galileia
Nazaré
Nablus
Jordão
JORDÂNIA
Tel Aviv
Jaffa
CISJORDÂNIA
Amã
Jerusalém
Belém
Hebron
Mar Morto
Mar Mediterrâneo
Gaza
Rafah
Berseba
ISRAEL
EGITO
N
O
L
S
0 10 20 30 40 Milhas
0 20 40 60 Km
Eilat
Ácaba
Golfo de Ácaba

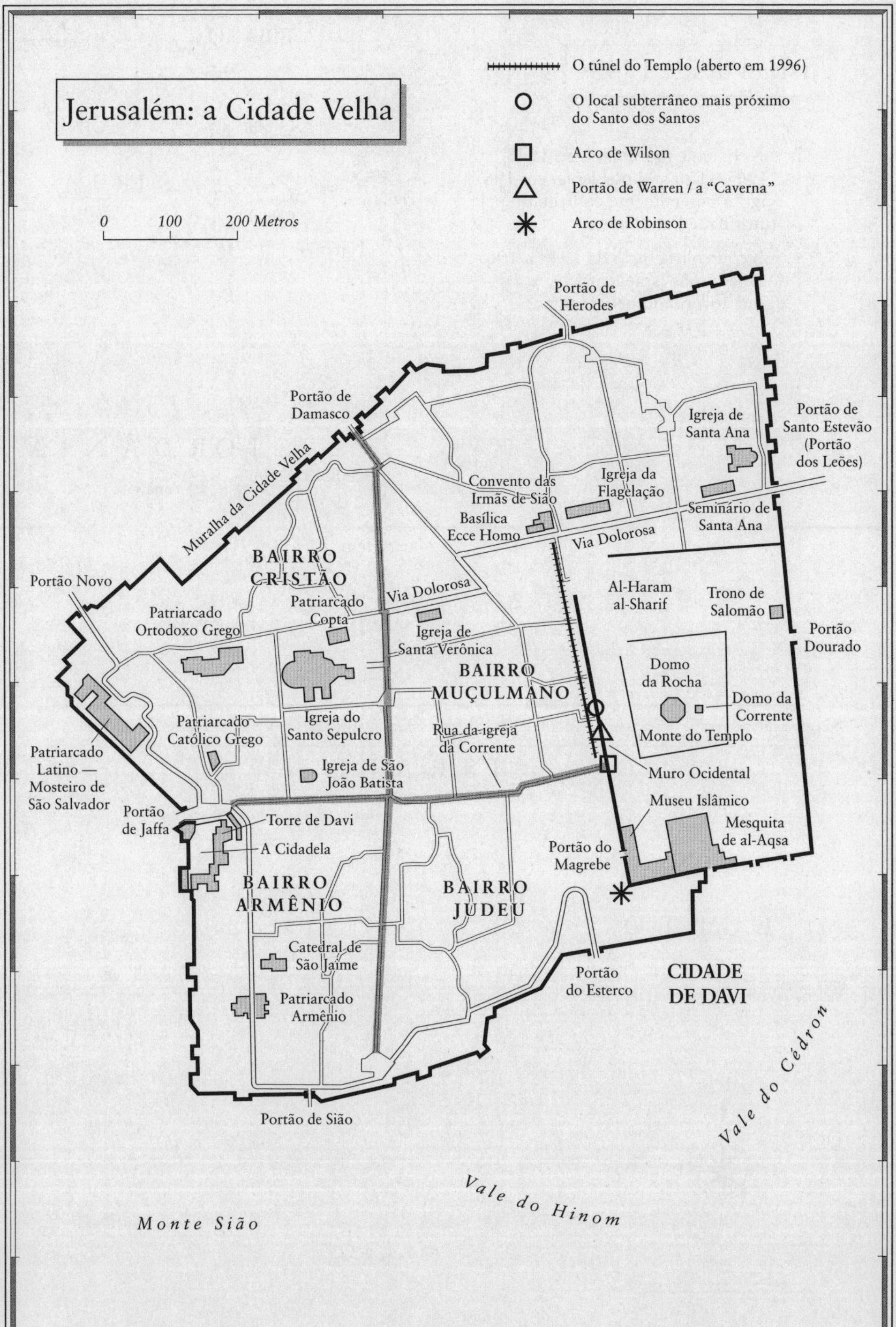
Jerusalém: a Cidade Velha
O túnel do Templo (aberto em 1996)
O local subterrâneo mais próximo do Santo dos Santos
Arco de Wilson
Portão de Warren / a "Caverna"
Arco de Robinson
0 100 200 Metros
Portão de Herodes
Portão de Damasco
Muralha da Cidade Velha
Igreja de Santa Ana
Portão de Santo Estevão (Portão dos Leões)
Convento das Irmãs de Sião
Igreja da Flagelação
Basílica Ecce Homo
Seminário de Santa Ana
Via Dolorosa
Portão Novo
BAIRRO CRISTÃO
Patriarcado Ortodoxo Grego
Patriarcado Copta
Via Dolorosa
Igreja de Santa Verônica
Al-Haram al-Sharif
Trono de Salomão
Portão Dourado
BAIRRO MUÇULMANO
Domo da Rocha
Domo da Corrente
Monte do Templo
Patriarcado Católico Grego
Igreja do Santo Sepulcro
Rua da igreja da Corrente
Patriarcado Latino — Mosteiro de São Salvador
Igreja de São João Batista
Muro Ocidental
Portão de Jaffa
Torre de Davi
A Cidadela
Museu Islâmico
Mesquita de al-Aqsa
Portão do Magrebe
BAIRRO ARMÊNIO
BAIRRO JUDEU
Catedral de São Jaime
Patriarcado Armênio
Portão do Esterco
CIDADE DE DAVI
Portão de Sião
Vale do Cédron
Vale do Hinom
Monte Sião

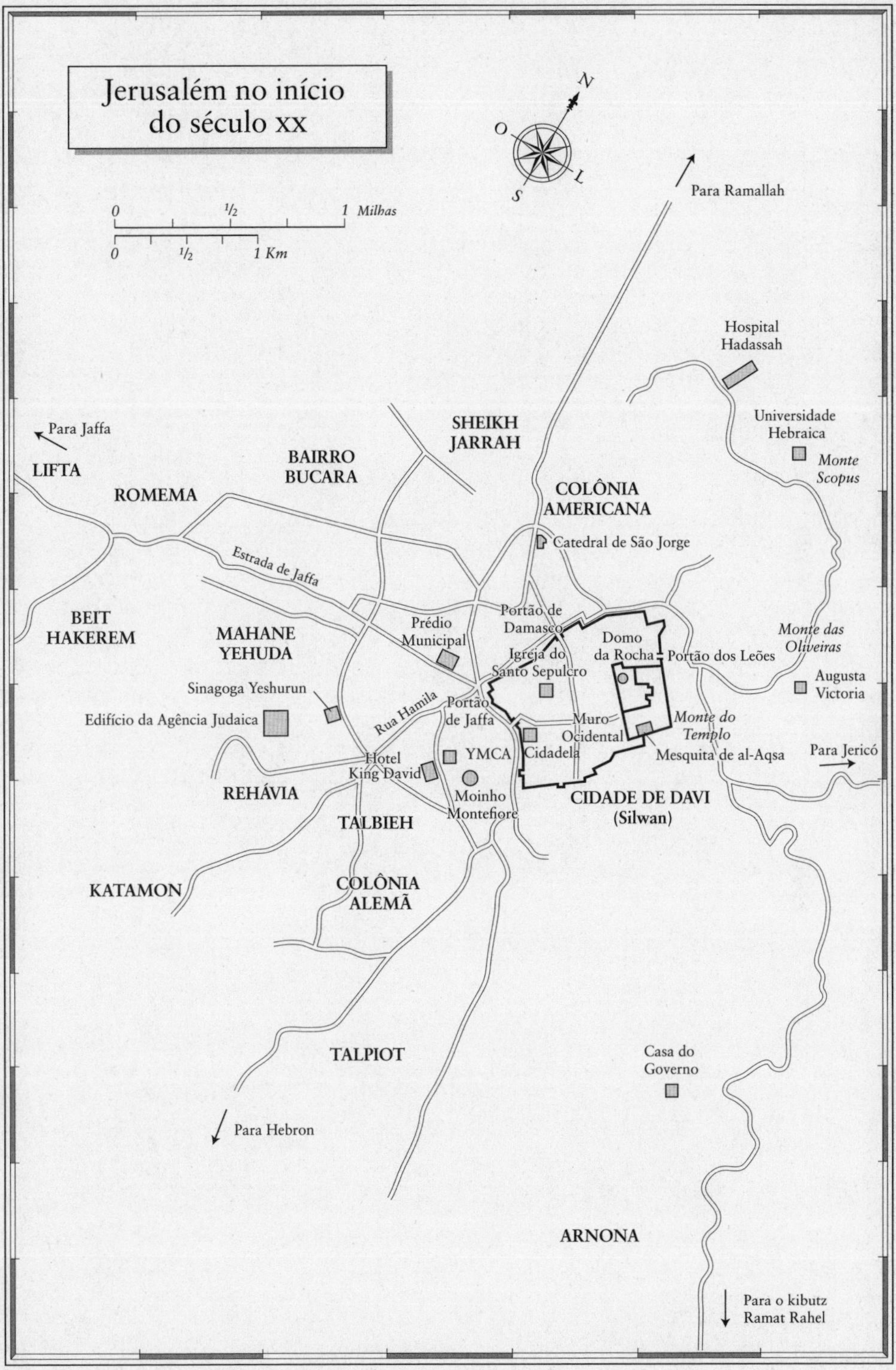

Jerusalém no início do século XX
N
O
L
S
0
1/2
1 Milhas
0
1/2
1 Km
Para Ramallah
Hospital Hadassah
Universidade Hebraica
Monte Scopus
Para Jaffa
LIFTA
ROMEMA
BAIRRO BUCARA
SHEIKH JARRAH
COLÔNIA AMERICANA
Catedral de São Jorge
Estrada de Jaffa
BEIT HAKEREM
MAHANE YEHUDA
Prédio Municipal
Portão de Damasco
Igreja do Santo Sepulcro
Domo da Rocha
Portão dos Leões
Monte das Oliveiras
Augusta Victoria
Sinagoga Yeshurun
Edifício da Agência Judaica
Rua Hamila
Portão de Jaffa
Muro Ocidental
Monte do Templo
Mesquita de al-Aqsa
Para Jericó
Hotel King David
YMCA
Cidadela
Moinho Montefiore
REHÁVIA
TALBIEH
CIDADE DE DAVI (Silwan)
KATAMON
COLÔNIA ALEMÃ
TALPIOT
Casa do Governo
Para Hebron
ARNONA
Para o kibutz Ramat Rahel

Agradecimentos

Fui ajudado neste gigantesco projeto por um vasto elenco de eruditos, excepcionais em seus campos. Sou profundamente grato a eles por seu auxílio, conselho e, onde mencionado, pela sua leitura e correção do meu texto.

No período arqueológico-bíblico, agradeço, acima de tudo, às seguintes pessoas por lerem e corrigirem esta seção: professor Ronny Reich; professor Dan Bahat, anteriormente arqueólogo-chefe de Jerusalém, que também fez comigo passeios detalhados pela cidade; dr. Raphael Greenberg, que, igualmente, acompanhou-me em visitas a sítios de escavações; e Rosemary Eshel. Obrigado pela ajuda e pelos conselhos a Irving Finkel, assistente-responsável pelo Iraque antigo e textos mágico-médicos do Museu Britânico; à dra. Eleanor Robson, especialista em ciência do Oriente Médio antigo do Departamento de História e Filosofia da Ciência, na Universidade de Cambridge, pela sua correção das seções sobre Assíria-Babilônia-Pérsia, e à dra. Nicola Schreiber por suas orientações sobre as implicações da cerâmica para datação dos portais de Megido; ao dr. Gideon Avni, diretor do Departamento de Escavações e Topografia, IAA; dr. Eli Shukron, pelos passeios regulares na escavação na Cidade de Davi; dr. Shimon Gibson; dra. Renee Sivan, da Cidadela. E agradecimentos especiais ao dr. Yusuf al-Natsheh, diretor do Departamento de Arqueologia Islâmica do Haram al-Sharif, pela ajuda ao longo de todo o projeto e por conseguir acesso aos locais fechados no Haram e passeios com Khader al-Shihabi. Em relação ao período herodiano-romano-bizantino, sou imensamente grato ao professor Martin Goodman, da Universidade de Oxford, e ao dr. Adrian Goldsworthy, pelas leituras e correções.

Sobre os primórdios do período islâmico, sobre árabes, turcos e mamelucos, devo enorme gratidão, por sua orientação e detalhada correção, a Hugh Kennedy, professor de Árabe na Escola de Estudos Orientais e Africanos (SOAS). E também ao dr. Nazmi al-Jubeh, ao dr. Yusuf al-Natsheh e a Khader al-Shihabi. Em relação ao cemitério de Mamilla, obrigado a Taufik De'adel.

Sobre as Cruzadas: meu obrigado a Jonathan Riley-Smith, professor de História Eclesiástica na Universidade de Cambridge, e a David Abulafia, professor de História Mediterrânea na Universidade de Cambridge, pela leitura e correção do texto.

Sobre história judaica, desde os fatímidas até os otomanos: agradecimentos ao professor Abulafia, que me deu acesso a seções de manuscritos de seu livro *Great Sea: A Human History of the Mediterranean*; à professora Minna Rozen, Universidade de Haifa, e a Sir Martin Gilbert, que me deixou ler o manuscrito de *In Ishmael's House*.

Sobre o período otomano e as famílias palestinas de Jerusalém: obrigado ao professor Adel Manna, que leu e corrigiu o texto das seções referentes aos séculos XVI, XVII e XVIII.

Sobre os períodos do século XIX, imperialista e sionista inicial: sou grato a Yehoshoa Ben-Arieh; Sir Martin Gilbert; professor Tudor Parfitt; Caroline Finkel; dra. Abigail Green, que me permitiu ler seu manuscrito *Moses Montefiore: Jewish Liberator, Imperial Hero*; e a Bashir Barakat, por sua pesquisa particular sobre as famílias de Jerusalém. Kirsten Ellis me deu generosamente acesso a capítulos inéditos de *Star of the Morning*. À dra. Clare Mouradian, pelos seus conselhos e material cedido. A professora Minna Rozen compartilhou sua pesquisa sobre Disraeli e outros artigos. Sobre a conexão russa, obrigado ao professor Simon Dixon e à Galina Babkova em Moscou; e sobre os armênios, grato a George Hintlian e ao dr. Igor Dorfmann-Lazarev.

Sobre o período sionista, século XX e Epílogo: devo os maiores agradecimentos ao dr. Nadim Shehadi, membro associado do Programa de Oriente Médio, Catham House, e ao professor Colin Shindler (SOAS), ambos tendo lido e corrigido essas seções inteiras. Sou grato a David e Jackie Landau do *Economist* e do *Haaretz* por suas correções. Obrigado ao dr. Jacques Gautier; ao dr. Albert Aghazarian;

a Jamal al-Nusseibeh pelas ideias e contatos; a Huda Imam pelo seu passeio pelo muro de segurança; a Yakov Loupo por sua pesquisa sobre os ultraortodoxos.

Devo muito ao dr. John Casey do Gonville & Caius College, Cambridge, que, de forma nobre e sem compaixão, corrigiu todo o texto, assim como George Hintlian, historiador do período otomano e secretário do Patriarcado Armênio de 1975 a 1995. Agradecimentos especiais a Maral Amin Quttieneh por sua tradução do material do árabe para o inglês.

Agradecimentos pela orientação aos seguintes membros das famílias de Jerusalém, entrevistados ou consultados: Muhammad al-Alami, Nasseredin al-Nashashibi, Jamal al-Nusseibeh, Zaki al-Nusseibeh, Wajeeh al-Nusseibeh, Saida al-Nusseibeh, Mahmoud al-Jarallah, Huda Imam do Instituto de Jerusalém, Haifa al-Khalidi, Khader al-Shihabi, Said al-Husseini, Ibrahim al-Husseini, Omar al-Dajani, Aded al-Judeh, Maral Amin Quttieneh, dr. Rajai M. al-Dajani, Ranu al-Dajani, Adeb al-Ansari, Naji Qazaz, Yasser Shuki Toha, proprietário do Abu Shukri, meu restaurante predileto; professor Rashid Khalidi da Universidade Columbia.

Obrigado ao Shmuel Rabinowitz, rabino do Muro Ocidental e dos Lugares Santos; ao padre Athanasius Macora, dos católicos; padre Samuel Aghoyanm; superior armênio da igreja do Santo Sepulcro; padre Afrayem Elorashamily, dos coptas; bispo Severius, dos siríacos; e padre Malke Morat, dos siríacos.

Sou grato a Shimon Peres, presidente do Estado de Israel, e a lorde Weidenfeld, ambos tendo compartilhado suas memórias e ideias; à princesa Firyal da Jordânia, por suas lembranças da Jerusalém jordaniana; e ao príncipe e à princesa Talal bin Muhammad da Jordânia.

Obrigado a Sua Alteza Real o duque de Edimburgo pelo seu conselho e por verificar o texto sobre sua mãe, a princesa Andrea da Grécia, e sobre sua tia, a grã-duquesa Ella; e a Sua Alteza Real o príncipe de Gales. Sou especialmente grato pelo acesso aos seus arquivos familiares privados ao conde de Morley e ao honorável Nigel Parker e senhora por sua encantadora hospitalidade.

Yitzhak Yaacovy foi o homem que me apresentou Jerusalém: sobrevivente de Auschwitz, combatente na Guerra da Independência de 1948, homem de letras, jovem adido no gabinete de Ben-Gurion, foi por muito tempo diretor-chefe da Companhia de Desenvolvimento de Jerusalém Oriental, sob o prefeito Teddy Kollek.

Os enviados do Estado de Israel e da Autoridade Palestina foram imensamente generosos em termos de tempo, ideias, informação e conversas: obrigado a Ron Prosor, embaixador de Israel em Londres, Rani Gidor, Sharon Hannoy e Ronit Ben Dor na Embaixada de Israel; ao professor Manuel Hassassian, embaixador da Autoridade Palestina em Londres.

William Dalrymple e Charles Glass foram ambos extremamente generosos ao longo de todo este projeto, com ideias, material e listas de leitura. A Fundação Jerusalém foi incrivelmente prestativa: obrigado a Ruth Chesin, Nurit Gordon, Alan Freeman e Uri Dromi, diretor da Mishkenot Shaanim. Ninguém ajudou tanto com contatos acadêmicos e outros quanto John Levy, da Fundação Educacional Amigos de Israel e do Grupo de Estudos Acadêmicos, e Ray Bruce, veterano produtor de televisão.

Obrigado a Peter Sebag-Montefiore e sua filha Louise Aspinall por partilhar os papéis de Geoffrey Sebag-Montefiore; a Kate Sebag-Montefiore pela pesquisa sobre as aventuras de William Sebag-Montefiore.

Obrigado pela ajuda, incentivo e encorajamento a: Amós e Nily Oz; Paul Vester, presidente do Hotel Colônia Americana; Rachel Lev, arquivista dos Arquivos da Colônia Americana; Paolo Fetz, gerente-geral, e Diana Aho, do Hotel Colônia Americana; Munther Fahmi, da Livraria da Colônia Americana; Philip Windsor-Aubrey, David Hare, David Kroyanker, Hannah Kedar, Fred Iseman, Lea Carpenter Brokaw, Danna Harman, Dorothy e David Harman, Caroli Finkel, Lorenza Smith, professor Benjamin Kedar, professor Reuven Amitai, Yaov Farhi, Diala Khlat, Ziyad Colt, Youssef Khlat, Rania Joubran, Rebecca Abram, Sir Rocco e lady Forte, professor Salim Tamari, Odd Karsten Tveit, Kenneth Rose, Dorrit Moussaeff e seu pai Shlomo Moussaeff, Sir Ronald e lady Cohen, David Khalili, Richard Foreman, Ryan Prince, Tom Holland, Tarek Abu Zayyad, professor Israel Finkelstein, professor Avigdor Shinan, professor Yair Zakovitch, Jonathan Foreman, Musa Klebnikoff, Arlene Lascona, Ceri Aston, reverendo Robin Griffith-Jones, o mestre do Templo, Hani Abu Diab, Miriam Ovits, Joana Schliemann, Sarah Helm, professor Simon Goldhill, dra. Dorothy King, dr. Philip Mansel, Sam Kiley, John Micklethwait, editor do *Economist*, Gideon Lichfield, rabi Mark Winer, Maurice Bitton, curador da sinagoga Bevis Marks, rabi Abraham Levy, professor Harry Zeitlin, professor F. M. al-Eloischari, Melanie Fall, rabi David Goldberg, Melanie Gibson, Annabelle Weidenfeld, Adam, Gill, David e Rachel Montefiore, dr. Gabirel Barkey, Marek Tamm, Ethan Bronner do

New York Times, Henry Hemming, William Sieghart. Agradecimentos a Tom Morgan pelo auxílio com a pesquisa.

Obrigado à minha agente Georgina Capel e aos meus agentes de direitos internacionais Abi Gilbert e Romily Must; a meus *publishers* britânicos Alan Samson, Ion Trewin e Susan Lamb, e minha brilhante editora Bea Hemming da Weidenfeld; e a Peter James, mestre do copidesque; aos meus eternos *publishers*: Sonia Mehta, da Knof; no Brasil, a Luiz Schwarcz e Ana Paula Hisayama, da Companhia das Letras; na França, Mireille Paoloni, da Calmann Lévy; na Alemanha, Peter Sillem, da Fischer; em Israel, Ziv Lewis, da Kinneret; na Holanda, Henk ter Borg, da Nieuw Amsterdam; na Noruega, Ida Bernsten e Gerd Johnsen, da Cappelens; na Polônia, Jolanta Woloszanska, da Magnun; em Portugal, Alexandra Louro, da Alêtheia Editores; na Espanha, Carmen Esteban, da Crítica; na Estônia, Krista Kaer, da Varrak; e na Suécia, Per Faustino e Stefan Hilding, da Norstedts.

Meus pais, dr. Stephens e April Sebag-Montefiore, têm sido editores soberbos de todos os meus livros. Acima de tudo, quero agradecer à minha esposa Santa, que tem sido a paciente, encorajadora e amorosa sultana deste longo processo. Santa e meus filhos, Lily e Sasha, indubitavelmente sofreram, como eu, os plenos efeitos da síndrome de Jerusalém. Talvez jamais venham a se recuperar, mas provavelmente sabem mais sobre a Rocha, o Muro e o Sepulcro do que qualquer padre, rabino ou mulá.

Notas

PREFÁCIO (PP. 13-23)

1. Aldous Huxley, citado em A. Elon, *Jerusalem*, p. 62. G. Flaubert, *Les Oeuvres complètes*, p. 1290. Flaubert sobre Jerusalém: Frederick Brown, *Flaubert*, pp. 231-9 e 256-61. Melville sobre Jerusalém: H. Melville, *Journals*, pp. 84-94. Bulos Said citado em Edward W. Said, *Out of Place*, p. 7. Nazmi Jubeh: entrevista com o autor. David Lloyd George em Ronald Storrs, *Orientations*, p. 394 (doravante Storrs). Para a minha introdução, estou em dívida com as soberbas discussões de identidade, coexistência e cultura em cidades levantinas nos seguintes livros: Sylvia Auld e Robert Hillenbrand, *Ottoman Jerusalem: Living City 1517–1917*; Philip Mansel, *Levant: Splendour and Catastrophe on the Mediterranean*; Mark Mazower, *Salonica: City of Ghosts*; Adam LeBor, *City of Oranges: Jews and Arabs in Jaffa*.

PRÓLOGO (PP. 29-40)

1. Josefo, *The New Complete Works*, "The Jewish War" (doravante JW), V, pp. 446-52. Este relato baseia-se em Josefo; as fontes romanas; Martin Goodman, *Rome and Jerusalem: the Clash of Ancient Civilisations* (doravante Goodman), e também na mais recente arqueologia.

2. JW, V, pp. 458-62; IV, p. 324.

3. JW, IV, pp. 559-65.

4. JW, V, pp. 429-44.

5. JW, VI, pp. 201-14. Todas as citações bíblicas do original em inglês foram extraídas de Versão Autorizada: Mt 8,22.

6. JW, VI, pp. 249-315.

7. JW, VI. Tácito, *Histories*, V, p. 13. Este relato de arqueologia baseia-se em: Ronny Reich, "Roman Destruction of Jerusalem in 70 CE: Flavius Josephus' Account and Archaeological Record", em G. Theissen et al. (orgs.), *Jerusalem und die Länder*. Peculiaridade da cidade, intolerância: Tácito, II, pp. 4-5. Judeus e Jerusalém / Sírios / agonia de morte de uma cidade famosa / superstição judaica / 600 mil no interior: Tácito, V, pp. 1-13. Jerusalém ante o cerco: JW, IV, p. 84; V, p. 128. Tito e o cerco: JW, V, p. 136; VI, p. 357. Demolição e queda: JW, VI, p. 358; VII, p. 62. Proeza de Tito: Suetônio, *Twelve Caesars*, V. Prisioneiros e morte: Goodman, pp. 454-5. Josefo salvou crucificados e amigos: Josefo, "Life", p. 419, e JW, VI, p. 418-20. Morto um terço da população: Peter Schäfer, *History of the Jews in the Greco-Roman World* (doravante Schäfer), p. 131. Exército de mulheres / casa queimada: Shanks, p. 102. Fuga de cristãos: Eusébio, *Church History*, III, 5. Fuga de Ben Zakkai: F. E. Peters, *Jerusalem: The Holy City in the Eyes of Chronicles, Visitors, Pilgrims and Prophet from the Days of Abraham to the Beginning of Modern Times* (doravante Peters), pp. 111-20. Ronny Reich, Gideon Avni, Tamar Winter, *Jerusalem Archaelogical Park* (doravante *Archaeological Park*), pp. 15 e 96 (tumba de Zacarias). Oleg Grabar, B. Z. Kedar (orgs.), *Where Heaven and Earth Meet: Jerusalem's Sacred Esplanade* (doravante *Sacred Esplanade*): Patrich, em *Sacred Esplanade*, pp. 37-73.

I. JUDAÍSMO (PP. 41-172)

1. O mundo de Davi

1. Ronny Reich, Eli Shukro e Omri Lernau, "Recent Discoveries in the City of David, Jerusalem: Findings from the Iron Age II in the Rock-Cut Pool near the Spring", *Israel Exploration Journal*, 57 (2007), pp. 153-69. Também conversas com Ronny Reich e Eli Shukron. Sobre população e castelos-santuários sobre fontes: conversas com Rafi Greenberg. Richard Miles, *Ancient Worlds*, pp. 1-7.

2. Tel Armarna: I. Finkelstein e N. A. Silberman, *The Bible Unearthed: Archaelogy's New Vision of Ancient Israel and the Origin of its Sacred Text* (doravante Finkelstein / Silberman), pp. 238-41. Peters, pp. 6-14.

2. A ascensão de Davi

1. Egito, Moisés e Êxodo: Ex 1. "Eu sou aquele que sou": Ex 3,14. A aliança de Abraão: Gn 17,8-10. Melquisedeque, rei de Salém: Gn 14,18. Isaac: Gn 22,2. Ramsés II e Êxodo: Toby Wilkinson, *The Rise and Fall of Ancient Egypt* (doravante *Egypt*), pp. 324-45; Merneptah, pp. 343-5; Israel, Povos do Mar, filisteus, pp. 343-53. Natureza de Deus e dois autores bíblicos: Leste L. Grabbe, *Ancient Israel*, pp. 150-65. Finkelstein / Silberman, p. 110. Robin Lane Fox, *Unauthorized Version*, pp. 49-57, 57-70, 92, 182 e 198-202. Wayne T. Pitard, "Before Israel: Syria–Palestine in the Bronze Age", em M. Coogan (org.), *Oxford History of the Biblical World* (doravante *Oxford History*), pp. 25-9. Edward F. Campbell, "A Land Divided: Judah and Israel from Death of Solomon to the Fall of Samaria", em *Oxford History*, p. 209. Dois conjuntos de Dez Mandamentos: ver Ex 20 e Dt 5. Dois saques de Shechem: Gn 34 e Jz 9. Duas versões de Golias: 1Sm 17 e 2Sm 21,19. T. C. Mitchell, *The Bible in the British Museum* (doravante BM), p. 14; Estela de Merneptah. Victor Avigdor Hurowitz, "Tenth Century to 586 b.C.: House of the Lord (Beyt YHWH)", em *Sacred Esplanade*, pp. 15-35. H. J. Franken, "Jerusalem in the Bronze Age", em K. J. Asali (org.), *Jerusalem in History* (doravante Asali), pp. 11-32.

3. O reino e o Templo

1. Saulo e Davi: 1Sm 8; 2Sm 5. Davi e Golias: 1Sm 17; 2Sm 21,19. Escudeiro e tocador de lira de Saul: 1Sm 16,14-23. Ungido por Samuel: 1Sm 16,1-13. Casa-se com a filha de Saul: 1Sm 18,17-27. Ziclague: 1Sm 27,6. Governo em Hebron: 2Sm 5,5. Lamento: 2Sm 1,19-27. Rei de Judá: 2Sm 2,4. Guardas filisteus e cretenses de Davi: 2Sm 8,18 e 1Cr 18,17. Ronald de Vaux, *Ancient Israel: Its Life and Institutions* (doravante De Vaux), pp. 91-7. Fundas: James K. Hoffmeier, *Archaeology of the Bible* (doravante Hoffmeier), pp. 84-5. Reich, Shukron e Lernau, "Findings from the Iron Age II in the Rock-Cut Pool near the Spring", *Israel Exploration Journal*, 57 (2007), pp. 153-69.

2. 2Sm 6; 2Sm 7,2-13. Conquista Jerusalém: 2Sm 5; 2Sm 24,25; 2Sm 5,6-9; 2Sm 7,2-3; 2Sm 6,13-18. Renomeia Jerusalém: 2Sm 5,7-9 e 1Cr 11,5-7. Constrói muralha: 2Sm 5,9. Hurowitz, *Sacred Esplanade*, pp. 15-35. Palácio de Davi e estrutura de terraços: Dan Bahat, *Illustrated Atlas of Jerusalem* (doravante Bahat), p. 24. Deus e a Arca: De Vaux, pp. 294-300 e 308-10. Hurowitz, *Sacred Esplanade*, pp. 15-35.

3. 2Sm 6,20.

4. Betsabeia: 2Sm 11-12.

5. Absalão e política da corte: 2Sm 13-24.

6. 2Sm 24,6 e 1Cr 21,15. Abraão: Gn 22; 1Rs 5,3. Piso e altar malhado: 2Sm 24,19-24; 1Cr 21,28; 22,5, 1Rs 1. Davi sanguinário: 1Cr 22,8; 28,3.

7. Morte e unção de Salomão: 1Rs 1-2; 1Cr 28-29. Enterro: 1Rs 2,10. Hurowitz, *Sacred Esplanade*, pp. 15-35. João Hircano saqueia a tumba de Davi: Josefo, "Jewish Antiquities" (doravante JA), VII, 15, 3.

8. Tomada do poder: 1Rs 1-2.

9. Salomão, carruagens/cavalo e portão: 1Rs 9-10; 2Rs 11,16. Negócios com cavalos/carruagens: 1Rs 10,28. Ouro: 1Rs 10,14. Megido, Hazor, Gezer: 1Rs 9,15. Arca instalada e Templo inaugurado: 1Rs 8; 2Cr 7. Lanças de Davi no Templo: 2Rs 11,10. Lane Fox, *Unauthorized Version*, pp. 134-40 e 191-5. 2Rs 2-7; 1Rs 10. Cavalos, carruagens, magnificência: 1Rs 10,14-19. Portais: 1Rs 9,15-27. Frota: 1Rs 9,26-8; 10,11-13. Império e administração: 1Rs 4,17-19. Esposas: 1Rs 11,3. 3 mil provérbios e 1005 canções: 1Rs 4,32. Com açoites: 1Rs 12,11. Templo e palácio: 1Rs 6-7; 2Cr 2-4. Ez 40-44. 1Cr 28,11-19. A tumba da Rocha: Shanks, pp. 165-74. Carol Meyers, "Kinship and Kingship: The Early Monarchy", em *Oxford History*, pp. 197-203. Tradições da Rocha: Rivka Gonen, "Was the Site of the Jerusalem Temple Orginally a Phoenician Cemetery?", *Biblical Archaeological Review*, maio-junho de 1985, pp. 44-55. BM, pias, p. 45; estilo fenício, p. 61. Comércio com Hiram e fenícios/artesãos/origem dos fenícios/projetos do Templo e como "corporações" com barbeiros, prostitutas: Richard Miles, *Carthage Must Be Destroyed*, pp. 30-5. Israelitas e fenícios, púrpura, alfabeto: Miles, *Ancient Worlds*, pp. 57-68. Templo como "sítio por excelência para comunicação divino-humana": A. Neuwirth, "Jerusalem in Islam: The Three Honorary Names of the City", em Sylvia Auld e Robert Hillenbrand (orgs.), *Ottoman Jerusalem: The Living City 1517–1917* (doravante OJ), p. 219. Hurowitz, *Sacred Esplanade*, pp. 15-35. Graeme Auld e Margreet Steiner, *Jerusalem 1*, p. 54. Salomão e Faraó, despojos e filha: 1Rs 9,16. Faraó Siamun, investida; casamento da filha: Wilkinson, *Egypt*, p. 404. Tel Qasile, caco de ouro em Lane Fox, *Unauthorized Version*, pp. 235-40. De Vaux, pp. 31-7, 108-14, 223-4 e 274-94. Grabbe, *Ancient Israel*, pp. 113-8. Marfim no palácio de Sargão na Assíria e rei Ahab na Samária: 1Rs 22,39. Paralelos fenícios/sírios: Shanks, pp. 123-34 e 165-74. Hurowitz, *Sacred Esplanade*, pp. 15-35. Sobre arqueologia: conversas do autor com Dan Bahat e Ronny Reich. Nova datação de Megido, Hazor, Gezer: Finkelstein/Silberman, pp. 134-41; edifício Omrida em

Megido versus Salomão: Finkelstein/Silberman, pp. 180-5. Nicola Schreiber, *Cypo-Phoenician Pottery of the Iron Age*, sobre a cronologia do Preto-sobre-Vermelho e suas implicações, pp. 83-213, especialmente seção I, "10th Century and the Problem of Shishak", pp. 85-113. Ayelet Gilboa e Ilan Sharon, "An Archaeological Contribution to the Early Iron Age Chronological Debate: Alternative Chronologies for Phoenician and their Effects on the Levant, Cyprus and Greece", *Bulletin of the American Schools of Oriental Research*, 332, novembro de 2003, pp. 7-80.

4. Os reis de Judá (930-626 a.C.)

1. Ruptura de Israel: 1Rs 11-14, Roboão. Reis de Israel, de Asa a Omri: 1Rs 15-17, massacre de Zimri, urinou junto ao muro, 1Rs 16,11. Sheshonq (Shishak), ataque a Jerusalém: Wilkinson, *Egypt*, pp. 405-9. Osorkon: Hoffmeier, p. 107. Grabbe, *Ancient Israel*, p. 81. Campbell, *Oxford History*, pp. 212-5. Meyers, *Oxford History*, p. 175. De Vaux, p. 230. Lane Fox, *Unauthorized Versioni*, p. 260. Omrid versus estruturas salomônicas: Finkelstein/Silberman, pp. 180-5.

2. Ahab/Josafá: 1Rs 15-18; 2Rs 1-8. Josafá: 1Rs 15-24; 2Cr 17-20. Finkelstein/Silberman, pp. 231-4. Jeú: 2Rs 10,1-35. Estela de Tel Dan: Hoffmeier, p. 87. Ahab versus Assíria/inscrição no molito de Shalmaneser: Campbell, *Oxford History*, pp. 220-3. Obelisco negro de Shalmaneser III: BM, pp. 49-54. Pedra moabita: BM, p. 56.

3. Jeú: 2Rs 9-11; 2Cr 22. BM, p. 49-56. Inscrição de Tel Dan: Campbell, *Oxford History*, p. 212. Atalias: 2Rs 11-12. Campbell, *Oxford History*, pp. 228-31. Reich, Shukron e Lernau, "Findings from the Iron Age II in the Rock-Cut Pool near the Spring", *Israel Exploration Journal*, 57 (2007), pp. 153-69: Hurowitz, *Sacred Esplanade*, pp. 15-35. Uzias/Jotão: 2Rs 13-16. Jerusalém em expansão: 2Cr 26,9. Queda de Israel/Jerusalém transformada: Finkelstein/Silberman, pp. 211-21 e 243-8.

4. Ahaz e Isaías (todas as referências do Livro de Isaías): visão de Jerusalém como nação pecaminosa: Is 1,4; Jerusalém como mulher-meretiz: Is 1,21; e monte da filha de Sião, a colina de Jerusalém: Is 10,32; Jerusalém como guia para as nações: Is 2,1-5; Sião em todo lugar: Is 4,5; Deus no templo: Is 6,1-2; Ahaz: Is,7; Emanuel: Is 8,8; e uma criança nascida: Is 9,6-7; julgamento e justiça/lobo e cordeiro, guia para os gentios: Is 11,4-11; dia julgamento: Is 26,1-2; 14-19. Queda de Israel: 2Rs 15-17. Finkelstein/Silberman, pp. 211-21 e 243-8. Judeus do Irã: K. Farrokh, *Shadows in the Desert: Ancient Persia at War* (doravante Farrokh), pp 25-7. M. Cogan, "Into Exile: From the Assyrian Conquest of Israel to the Fall of Babylon", em *Oxford History*, pp. 242-3. Campbell, *Oxford History*, pp. 236-9. Últimos achados em genética judaica: "Studies Show Jews' Genetic Similarity", *New York Times*, 9, junho de 2010.

5. Ezequias: 2Rs 18-20; 2Cr 29-31. Novas muralhas, casas: Is 22,9-11. Nova Jerusalém: espadas em arados: Is 2,4; justiça: Is 5,8-25; Is 1,12-17. Senaqueribe e Ezequias: Is 36-38. Novos ritos: 2Cr 30. Jr 41,5; Dt 28,49. Túnel e edificação de Ezequias: 2Rs 20,20; 2Cr 32,30. Novos bairros: 2Cr 32,5. Inscrição de Siloé: Bahat, *Atlas*, pp. 26-7. Alças de jarros pertencentes ao rei: BM, p. 62. *Lmlk*: para o rei — Hoffmeier, p. 108. Reich, Shukron e Lernau, "Findings from the Iron Age II in the Rock-Cut Pool near the Spring", *Israel Exploration Journal*, 57 (2007), pp. 153-69. Inscrição do servente real: BM, p. 65 — confirmando Is 22,15-25. Adorno de cabeça da Judeia: BM, p. 72. Grabbe, *Ancient Israel*, pp. 169-70. *Archaeology*, p. 66; a muralha, p. 137, possivelmente Ne 3,8. Finkelstein/Silberman, pp. 234-43 e 251-64. Hurowitz, *Oxford History*, pp. 15-35.

6. Senaqueribe e Assíria: esta seção baseia-se em J. E. Curtis e J. E. Reade (orgs.), *Art and Empire: Treasures from Assyria in the British Museum*, inclusive a vestimenta do soldado da Judeia, p. 71; a indumentária de Senaqueribe em campanha baseia-se nos relevos de vários reis assírios em

campanha; o sítio de Jerusalém baseia-se nos relevos Lachish de Nínive. Assíria: Miles, *Ancient Worlds*, pp. 68-77. Grabbe, *Ancient Israel*, p. 167; textos assírios, p. 185. Domínio egípcio: Wilkinson, *Egypt*, pp. 430-5. Desastre da guerra: Na 3,1-3. Mq 1,10-13. Is 10,28-32; 36-38. Cogan, *Oxford History*, pp. 244-51.

7. Manassés: 2Rs 21. Sacrifício de crianças: Ex 22,29. Sacrifício de crianças por reis de Jerusalém: 2Rs 16,3; 21,6. Ver também: 2Cr 28,3; Lv 18,21; 2Rs 17,31; 2Rs 17,17; Jr 7,31 (ver comentário de Rashi) e Jr 32,35. Sacrifício fenício/cartaginês de crianças e descoberta do *tofet* na Tunísia: Miles, *Carthage Must Be Destroyed*, pp. 68-73. Sobre Manassés: Finkelstein/Silberman, pp. 263-77; Miles, *Ancient Worlds*; Grabbe, *Ancient Israel*, p. 169; Cogan, *Oxford History*, pp. 252-7; Hurowitz, *Sacred Esplanade*, pp. 15-35.

5. A Prostituta da Babilônia (586-539 a.C.)

1. Is 8,1; 9,6-7; 11,4-11; 26,1-2.14,19. Josias: 2Rs 22-23; 2Cr 35,20-25. De Vaux, pp. 336-9. Hurowitz, *Sacred Esplanade*, pp. 15-35.

2. Decadência: 2Rs 24-25; Jr 34,1-7; 37-39; 52. Depravação, fome, crueldade, canibalismo, lamentação menstrual: Is 1,17; crueldade de mulheres: Is 4,3; carne infantil: Is 4,10. Sl 74 e 137. Dn 1,4; 5; Desolação: Dn 11,31. Ostracon de Lachish: BM, pp. 87-8. Pontas de flecha de ferro, Bahat, *Atlas*, p. 28. Lavatório/esgoto: Auld e Steiner, *Jerusalem*, p. 44. Casa das Bulas: *Archaeological Park*, pp. 52-4. Gemariah, filho de Shefan: Jr 36,9-12. Cetro de marfim: Hoffmeier, p. 98. A seção sobre a Babilônia baseia-se em I. L. Finkel e M. J. Seymour, *Babylon: Myth and Reality*; D. J. Wiseman, *Nebuchadnezzar and Babylon*; Finkelstein/Silberman, pp. 296-309; Wilkinson, *Egypt*, pp. 441-4; Tom Holland, *Persian Fire*, pp. 46-7. Lane Fox, *Unauthorized Version*, pp. 69-71. Cogan, *Oxford History*, pp. 262-8. Grabbe, *Ancient Israel*, pp. 170-84. De Vaux, p. 98. Hurowitz, *Sacred Esplanade*, pp. 15-35.

6. Os persas (539-336 a.C.)

1. Ciro e os persas: A. T. Olmstead, *History of the Persian Empire* (doravante Olmstead), pp. 34-66. Farrokh, pp. 37-51. Lane Fox, *Unauthorized Version*, pp. 269-71. M. J. W. Leith, "Israel among the Nations: The Persian Period", em *Oxford History*, pp. 287-9. E. Stern, "Province of Yehud: Vision and Reality", em Lee I. Levine (org.), *Jerusalem Cathedra* (doravante *Cathedra*), I, pp. 9-21. Cogan, *Oxford History*, p. 274. Histórias míticas de Ciro e sua ascensão: Heródoto, *Histories*, pp. 84-96. Holland, *Persian Fire*, pp. 8-22. Sobre o Cilindro de Ciro: BM, p. 92. Ciro e o presidente Truman: Michael B. Oren, *Power, Faith, and Fantasy: America in the Middle East*, p. 501. Retorno: Is 44,21-28; 45,1; 52,1-2. Esd 1,1-11; 3-4. Josefo, "Against Apion", I, 54. Leith, *Oxford History*, pp. 276-302. Primeira menção a judeu: Est 2,5. *Archaelogical Park*, p. 138.

2. Dario, o Grande: Esd 4-6; Ag 1-2; Zc 1,7 até 6,15; Is 9,2-7. Olmstead, pp. 86-93, 107-18 e 135-43; Zorobabel/Dario possivelmente em Jerusalém, pp. 136-44. A descrição de Dario baseia-se com bastante fidelidade à de Olmstead, p. 117. Histórias míticas da ascensão de Dario/a vagina da égua: Heródoto, pp. 229-42. Farrokh, pp. 52-74. Lane Fox, *Unauthorized Version*, pp. 78-85 e 271. Leith, *Oxford History*, pp. 303-5. Holland, *Persian Fire*, pp. 20-62. Joseph Patrich, "538 BCE–70 CE: The Temple (Beyt Hamiqdash) and its Mount", em *Sacred Esplanade*, pp. 37-73. Miles, *Ancient Worlds*, pp. 115-9.

3. Ne 1-4; 6-7; 13. *Archaeological Park*, p. 137. Leith, *Oxford History*, pp. 276-311. Lane Fox, *Unauthorized Version*, pp. 85 e 277-81. JA, XI, pp. 159-82.

7. Os macedônios (336-166 a.C.)

1. Queda de Dario III e ascensão de Alexandre: Olmstead, pp. 486-508. Farrokh, pp. 96-111. JA, XI, pp. 304-46. Schäfer, pp. 5-7. Gunther Holbl, *History of the Ptolomaic Empire* (doravante Holbl), pp. 10-46. Maurice Sartre, *The Middle East under Rome* (doravante Sartre), pp. 5-6 e 20.

2. Ptolomeu Sóter e guerras de sucessores: JA, II. Josefo, "Against Apion", I, pp. 183-92. Ptolomeus, estilo, festival em 274, Wilkinson, *Egypt*, pp. 469-30. Miles, *Ancient Worlds*, pp. 158-70. Adrian Goldsworthy, *Antony and Cleopatra* (doravante Goldsworthy), pp. 37-41. Sobre Aristeas: Goodman, pp. 117-9, citando Aristeas. Para texto completo, ver Aristeas, *Letter of Aristeas*. Schäfer pp. 7-18, inclusive Agatarquides sobre Ptolomeu tomando Jerusalém. *Cathedra*, I, 21. Ptolomeu II / Aristeas: Holbl, p. 191; Patrich, *Sacred Esplanade*, pp. 37-73.

3. Simão, o Justo: Eclo 50,1-14; 4. JA, XII, 2, e XII, pp. 154-236. Tobíadas: C. C. Ji, "A New Look at the Tobiads in Iraq al-amir", *Liber Annuus*, 48 (1998), pp. 417-40. M. Stern, "Social and Political Realignments in Herodian Judinea", em *Cathedra* II, pp. 40-5. Leith, *Oxford History*, pp. 290-1. Schäfer, pp. 17-23. Holbl, pp. 35-71. Edwyn Bevan, *House of Seleucus*, II, pp. 168-9. Patrich, *Sacred Esplanade*, pp. 37-73.

4. Antíoco, o Grande, e os selêucidas: Bevan, *Seleucus*, I, pp. 300-18; II, pp. 32-3 e 51-94. Holbl, pp. 127-43 e 136-8. JA, III, e XII, pp. 129-54. Corte selêucida / trajes / exército: Bevan, *Seleucus*, II, pp. 269-92. Schäfer, pp. 29-39. Nova Jerusalém Grega: 2Mc 3,1; 4,12.

5. Eclo 50. Schäfer, pp. 32-4. Henri Daniel-Rops, *Daily Life in Palestine at the Time of Christ* — teocracia, pp. 53-5; vida urbana, pp. 95-7; punições, pp. 175-8. Sabá: De Vaux — sacrifícios / holocausto, pp. 415-7; Sabá, pp. 3482-3; festividades, pp. 468-500; sumo sacerdote, p. 397. Patrich, *Sacred Esplanade*, pp. 37-73.

6. Antíoco IV Epifânio: 1Mc 1; 1Mc 4. Jasão / Menelau / Antíoco: 2Mc 1; 2Mc 4-6; 2Mc 8,7. JA, XII, pp. 237-65. Antíoco entra no Templo: 2Mc 5,15. Devassidão no Templo: 2Mc 6,2. Caráter: Políbio, *Histories*, 31 e 331; festividade, 31.3. Sobre Antíoco / festividade: Diodoro, *Library of History*, 31.16. Este relato segue fielmente Bevan, *Seleucus*, II, pp. 126-61; caráter, pp. 128-32; Deus se manifesta, p. 154; morte, p. 161. Schäfer, pp. 34-47. Sartre, pp. 26-8. Construção do ginásio: 2Mc 4,12. Éditos religiosos: 1Mc 1,34-57; 2Mc 6,6-11. Abominação: Dn 11,31; 12,11. Schäfer, pp. 32-44. Holbl, p. 190. Shanks, pp. 112-5; rosto nas moedas: tetradracma de prata em Shanks, p. 113. Sartre, pp. 9-14. Mártires e atrocidades: 2Mc 6. Cultura grega: Goodman, p. 110. Crucificação: JA, XII, p. 256.

8. Os macabeus (164-66 a.C.)

1. Judá e a revolta dos macabeus: JA, XII, pp. 265-433. 1Mc 2-4. O Martelo: 2Mc 5,27. Hassídicos: origens dos essênios e pensamento apocalíptico: Livro de Enoque 85-90; 93,1-10; 91,12-17. JA, XII, 7. Lísias: 1Mc 4; 2Mc 11. Chanuká: 1Mc 4,36-39; 2Mc 10,1-8. JA, XII, p. 316. Judá em Jerusalém: 1Mc 4,69. Conquistas: 1Mc 4-6. Direitos dos judeus restaurados por Antíoco V: 1Mc 6,59. Lísias versus Jerusalém: 2Mc 11,22-26. Alcimo: 1Mc 7-9; 2Mc 13,4-8; 14-15. JA, VIII, IX e X. Ameaças de Nicanor derrotam cabeça, língua e mão: 1Mc 7,33-39; 2Mc 14,26; 2Mc 15,36; 2Mc 15,28-37; 1Mc 8,1. Baquides / morte de Judá: 1Mc 8-9. Bevan, *Seleucus*, II, pp. 171-203; Joseph Sievers, *The Hasmoneans and their Supporters: From Mattathias to the Death of John Hyrcanus I* (doravante Sievers), pp. 16-72; Michael Avi-Yonah, *The Jews of Palestine: A Political History from the Bar Kochba War to the Arab Conquest* (doravante Avi-Yonah), pp. 4-5; Sartre, pp. 9-14. Ressurreição e apocalipse: Lane Fox, *Unauthorized Version*, pp. 98-100; Dn 12,2-44; Is 13,17-27; Jr 51,1. Fundação de Acra: *Archaeological Park*, p. 45; Patrich, *Sacred Esplanade*, pp. 37-73.

2. Jônatas: 1Mc 9-16, e JA XIII, pp. 1-217. Filômetro: 1Mc 11,6-7. Onias IV: Holbl, p. 190. JA, XII, pp. 65-71; XIV, p. 131. Holbl, pp. 191-4. Schäfer, pp. 44-58. Bevan, *Seleucus*, II, pp. 203-28. Sievers, pp. 73-103. Simão: JA, XIII, pp. 187-228. Simão como sumo sacerdote, capitão e líder: 1Mc 12-13, 1Mc 13,42-51. Quedas de Acra/púrpura e outro: 1Mc 13,51; 14,41-4. Antíoco VII Sidete: 1Mc 15,1-16. Morte de Simão: JA, XIII, p. 228; 1Mc 16,11; Schäfer, pp. 56-8; Bevan, *Seleucus*, II, pp. 227-43; Sievers, pp. 105-34; Sartre, pp. 9-14. Fundações de Acra: *Archaeological Park*, p. 45; muralha, p. 90. Muralhas dos hasmoneus — Avi-Yonah, pp. 221-4. Peters, *Jerusalem*, p. 591. Ptolomeu VII Euergete II: judeus e elefantes; Josefo, "Against Apion", II, pp. 50-5. Holbl, pp. 194-204.

3. Hircano: JA, XIII, pp. 228-300; Schäfer, pp. 65-74. Muralhas dos hasmoneus: Avi-Yonah, pp. 221-4. Peters, *Jerusalem*, p. 591. Muralhas: *Archaeological Park*, pp. 90 e 138. Bahat, *Atlas*, pp. 37-40. Conversas com Dan Bahat. Residência fortaleza de Hircano: JA, XIV, p. 403; XVIII, p. 91; JW, I, p. 142. Conversões em massa: Goodman, pp. 169-74. Conversões e conquista: Sartre, pp. 14-6. Negociações com os partas: Marina Pucci, "Jewish–Parthian Relations in Josephus", em *Cathedra*, citando o livro de Josippon. Cultura grega: Goodman, p. 110. Contribuições judaicas para a riqueza do Templo: JA, XIV, p. 110. Aristóbulo: JA, XIII, pp. 301-20. Alexandre Janeu: JA, XIII, pp. 320-404. Sartre, pp. 9-14. M. Stern, "Judaea and her Neighbours in the Days of Alexander Jannaeus", em *Cathedra*, I, pp. 22-46. Alexandra Salomé: JA, XIII, pp. 405-30. Hircano II versus Aristóbulo II: JA, XIV, pp. 1-54. Bevan, *Seleucus*, II, pp. 238-49. Sievers, pp. 135-48. Shanks, p. 118. Tratado romano: Sartre, pp. 12-4.

9. Chegam os romanos (66-40 a.C.)

1. Pompeu: JA, XIV, pp. 1-79, incluindo a captura da cidade e a entrada no Santo dos Santos, XIV, pp. 65-77; Scauro/Gabínio/Marco Antônio: JA, XIV, pp. 80-103. Antípater: JA, XIV, pp. 8-17. Pompeu reduz a muralha: JA, XIV, p. 82. Alegações gregas sobre o Templo: ver Ápion e Josefo, "Against Apion". Tácito, *Histories*, V, pp. 8-9. Cícero, *For Flaccus*, citado em Goodman, pp. 389-455. John Leach, *Pompey the Great*, pp. 78-101 e 212-4. Goldsworthy, pp. 73-6. Patrich, *Sacred Esplanade*, pp. 37-73.

2. Crasso: Farrokh, pp. 131-40. JA, XIV, pp. 105-23, especialmente p. 110.

3. César, Antípater, Cleópatra: JA, XIV, pp. 127-294. Esta análise e este relato de Cleópatra e César baseiam-se em Goldsworthy, pp. 87-9, 107, 125-7, 138 e 172-81; Holbl, pp. 232-9; Schäfer, pp. 81-5; Sartre, pp. 44-51; Wilkinson, *Egypt*, pp. 492-501. Cleópatra, Marco Antônio: Plutarco, *Makers of Rome*; origens de Antípater e início da carreira: Niko Kokkinos, *Herodian Dynasty: Origins, Role in Society and Eclipse* (doravante Kokkinos), pp. 195-243.

4. Antônio, Herodes, Pártia: JA, XIV, pp. 297-393. Invasão parta/Antígono: Farrokh, pp. 141-3. Sociedade parta, cavalaria: Farrokh, pp. 131-5. Este relato de Antônio e Cleópatra baseia-se em Holbl, pp. 239-42; Goldsworthy, pp. 87-9, 183 e 342-3; Schäfer, pp. 85-6; Sartre, pp. 50-3; Wilkinson, *Egypt*, pp. 501-6. Ver Plutarco, *Makers of Rome*. Massacre do Sanhedrin (Sinédrio): M. Stern, "Society and Political Realignments in Herodian Jerusalem", em *Cathedra*, II, pp. 40-59.

10. Os Herodes (40 a.C.-10 d.C.)

1. Herodes toma a Judeia, 41-37 a.C.: JA, XIV, pp. 390-491. Farrokh, pp. 142-3; a guerra parta de Antônio, pp. 147-7. Schäfer, pp. 86-7; Sartre, pp. 88-93.

2. Antônio, Cleópatra, Herodes: JA, XIV; XV, p. 160. Holbl, pp. 239-42.

3. JA, XV, pp. 39-200. Herodes, Áccio e Augusto: este relato de Cleópatra, inclusive a nota sobre o destino de seus filhos, baseia-se em Holbl, pp. 242-51; Goldsworthy, pp. 342-8; Áccio, pp. 364-9; morte, pp. 378-85; Wilkinson, *Egypt*, pp. 506-9. Herodes e Cleópatra: JA, XV, pp. 88-103. Herodes

como melhor amigo de Augusto e Agripa: JA, XV, p. 361. Descrição de Augusto, ver Suetônio. Herodes e Augusto: JA, XV, pp. 183-200.

4. Herodes e Mariana, 37-29 a.C.: casamento, JA, XIV, p. 465; relacionamento: JA, XV, pp. 21-86 e pp. 202-66. Kokkinos, pp. 153-63; sobre Salomé, pp. 179-86 e pp. 206-16. Herodes como rei: este relato de Herodes baseia-se em JA; Kokkinos; P. Richardson, *Herod the Great: King of the Jews, Friend of the Romans*. Stewart Perowne, *Herod the Great*; Michael Grant, *Herod the Great*, pp. 114-44. Corte de Herodes: Kokkinos, pp. 143-53 e 351. Citação sobre o cosmopolitismo de Herodes. Esposas e concubinas: JA, XV, pp. 321-2; Kokkinos, pp. 124-43; educação de Herodes, pp. 163-73. Sartre, pp. 89-93. Schäfer, pp. 87-98. Riqueza de Herodes: Grant, *Herod*, p. 165. Jogos e teatros: JA, XV, pp. 267-89. Fortalezas / Sebaste / Cesareia: JA, XV, pp. 292-8 e pp. 323-41. Alívio da fome: JA, XV, pp. 299-317. Cidadela e Templo: JA, XV, pp. 380-424.

5. Jerusalém de Herodes. Templo: JA, XV, pp. 380-424; JW, V, pp. 136-247. Bahat, *Atlas*, pp. 40-51. Sobre pedras / junção — Ronny Reich e Dan Bahat, conversas com o autor. Junção e extensão do monte do Templo: *Archaeological Park*, p. 90. A rua provavelmente pavimentada por Agripa II: *Archaeological Park*, pp. 112-3; sobre Vitrúvio e engenharia, minha explicação baseia-se em *Archaeological Park*, pp. 29-31. Filo sobre os sacrifícios de Augusto no Templo: Goodman, p. 394. Local de trombetas: JW, IV, p. 12. *Cathedra*, I, pp. 46-80. Simão, construtor do Templo: Grant, *Herod*, p. 150. Shanks, pp. 92-100. Patrich, *Sacred Esplanade*, pp. 37-73. A Novilha Vermelha: Nm 19. Novilha: esta moderna pesquisa baseia-se em Lawrence Wright, "Letter from Jerusalem: Forcing the End", *New Yorker*, 20 de julho de 1998.

6. Herodes, Augusto / filhos para Roma / muitas esposas: JA, XV, pp. 342-64; com Agripa / Crimeia / judeus da diáspora etc.: JA, XVI, pp. 12-65. Grant, *Herod*, pp. 144-50. Sacrifícios de Augusto e Agripa: Goodman, p. 394; Filo, *Works*, XXVI, p. 195.

7. Tragédias na família de Herodes / leis de Augusto / execução de príncipes / quatro testamentos / último massacre de inocentes / morte: JA, XVI, pp. 1-404; XVII, pp. 1-205. Kokkinos, pp. 153-74. Grant, *Herod*, p. 211. Diagnóstico da morte: Philip A. Mackowiak, *Post Mortem*, pp. 89-100. Nascimento de Jesus, massacre de Belém, rei de Israel / fuga para o Egito: Mt 1-3. Sacrifício no Templo / imposto / Belém / circuncisão: Lc 1-2; Isaías 7,14. Lane Fox, *Unauthorized Version*, sobre hora do nascimento: p. 202. Irmãos, irmãs: Mc 6,3; Mt 13,55; Jo 2,12; At 1,14. Teoria especulativa de Cléofas: James D. Tabor, *The Jesus Dynasty* (doravante Tabor), pp. 86-92.

8. Guerra de Varo / Arquelau diante de Augusto e reino e declínio: JA, XVII, pp. 206-353; Goodman, pp. 397-401; Sartre, pp. 113-4. Arquelau: Herodes em Lc 1,5. Kokkinos — sobre moedas / usando nome de Herodes, p. 226. Schäfer, pp. 105-12. Zelotes fundados por Judas, o Galileu: JA, XVIII, pp. 1-23. Revelação de Gabriel: Ethan Bronner, "Hebrew Tablet Suggests Tradition of Ressurrected Messiah Predate Jesus", *New York Times*, 6 de agosto 2008.

11. Jesus Cristo (10-40)

1. Jesus, vida e ministério. Pináculo do Templo: Mt 5,5. Aos doze anos de idade no Templo: Lc 2,39-51. Ameaça de Herodes Antipas a Jesus / fariseus / as galinhas / profeta fora de Jerusalém: Lc 13,31-35. (A versão de Mateus do mesmo discurso é estabelecida no Templo durante a última visita de Jesus: Mt 23,27.) Destruição de Jerusalém e exércitos prevista: Lc 22,20-24. Jesus e João ressurrectos — Herodes: Mc 6,14. João decapitado, mas renascido: Lc 9,7-9. Visita à alta montanha e encontro com Moisés e Elias (semelhança com a Viagem Noturna de Maomé): Mc 9,1-5. Visão do Reino dos Céus: Mt 24,3-25.46. Reino dos Céus chegando: Mt 5,17. Abençoados os pobres: Mt 5,3.

Não destruir a lei: Mt 5,17. Exceder fariseus justos: Mt 5,20. Que os mortos enterrem os mortos: Mt 8,22. Espada do Apocalipse e visão do Dia do Juízo: Mt 10,21-32. Rilhar de dentes e fornalha: Mt 13,41-58. Filho do Homem e glória: Mt 20,28. Deve ir a Jerusalém: Mt 16,21. Nações julgadas: Mt 25,31-34. Vida eterna para os justos: Mt 25,41-46. Seguidores da elite, Joana, esposa do servente de Herodes: Lc 8,3. Cidade do grande rei: Mt 5,35. Primeiras visitas aos Templo/primeira versão da purificação do Templo: Jo 2,13-24.

Filho do Homem: Dn 7,13. Visão do Reino dos Céus, Fim dos Dias, Filho do Homem, apronta-te: Mt 24,2; 25,46. Primeiras visitas a Jerusalém e foge de apedrejamento: Jo 7-8; 10,22.

Jesus e João Batista — mesma mensagem, arrependimento/Reino dos Céus: Mt 3,2; 5,17. João Batista, nascimento: Lc 1,5-80. Maria visita os pais de João: Lc 1,39-41. João denuncia Herodes e Herodias: Lc 3,15-20.

Herodes Antipas e decapitação de João Batista: Mc 6,14-32. João batizando Jesus: Lc 3,21; Mt 3,16. Herodes Antipas: JA, XVIII, pp. 109-19 (história de Herodias, filha de Areta e João Batista). JA, XVIII, pp. 116-9. Kokkinos, pp. 232-7, inclusive identidade de Salomé. Tetrarquia de Antipas e Filipe e guerra nabateia: JA, XVIII, pp. 104-42. Salomé: Mc 6,17-19. Mt 14,3-11. Jesus sobre raposa: Lc 13,32. Diarmaid MacCulloch, *A History of Christianity: The First Three Thousand Years* (doravante MacCulloch), pp. 83-91.

2. Jesus em Jerusalém. Entrada do rei de Israel: Jo 12,1-15. Insurreição, Pilatos, Siloé: Lc 13,1-4. Predição de abominação, destruição: Mc 13,14. Galinhas, visão de desolação: Mt 23,37-38. No Templo, visão do Reino dos Céus e Dia do Juízo: Mt 24,3; 25,46. Jesus no Templo/nem uma pedra: Mc 13,1-2; 14,58; e mais tarde Estêvão cita Isaías: At 7,48. Nem uma pedra: Mt 24,1-3. Tradição judaica contra o Templo: Is 66,1. Os dias em Jerusalém: Mc 11-14; Jo 12-19. JA, XVIII, p. 63. Primeiras versões da purificação do Templo: Jo 2,13-24. Descrição do caráter baseia-se em Geza Vermes, *The Changing Faces of Jesus*; Geza Vermes, *Jesus and the World of Judaism*; Geza Vermes, "The Truth about the Historical Jesus", *Standpoint*, setembro de 2008; MacCulloch; Charles Freeman, *A New History of Early Christianity*; A. N. Wilson, *Jesus*; F. E. Peters, *Jesus and Muhammad, Parallel Tracks, Parallel Lives*.

Jerusalém no tempo de Jesus. Muitas nações: At 2,9-11. Daniel-Rops, *Daily Life in Palestine in the Time of Christ*, pp. 80-97. MacCulloch, pp. 91-6. Mansão palacial e *mikvahs*, ver *Archaeological Park*. Bahat, *Atlas*, pp. 40-53 e 54-8. Rainha Adiabene e reino judaico no Iraque: JA, XVIII, pp. 310-77. Rainha Helena: JA, XX, pp. 17-96. Goodman, p. 65. Ossários: Tabor, p. 10. Filho do Homem: Dn 7,13. Sala Superior/Última Ceia/Espírito Santo de Pentecostes: Mc 14,15; At 1,13; 2,2. Patrich, *Sacred Esplanade*, pp. 37-73. Movimentos de Jesus na cidade: ver Shimon Gibson, *The Final Days of Jesus*, especialmente mapa contíguo à p. 115; entrada na cidade, pp. 46-9; Última Ceia, pp. 52-5; Getsêmani, pp. 53-5; pesquisas e escavações de Gibson nos tanques de Betesda e Siloé, mostrando que podem ter sido piscinas de purificação — *mikvah*, pp. 59-80; prisão, pp. 81-2. Cura nas piscinas: Jo 5,1-19; 9,7-11. Caiafás em Jo 11,50. Conversas com Ronny Reich e Eli Shukron sobre escavações no tanque de Siloé do século I.

3. Pilatos: JA, XVIII, p. 55; distúrbios samaritanos, JA, XVIII, p. 85-95. Violência de Pilatos: Filo citando Agripa I em Sartre, pp. 114-5; Goodman, p. 403. Ver também Daniel R. Schwartz, "Josephus, Philo and Pontius Pilate", em *Cathedra*, III, pp. 26-37. (Sobre as ações de Pilatos, Filo diz que eram defesas; Josefo diz que eram padrões militares.) Pilo, *Works*, vol. X, "Embaixada para Gaio", 37, pp. 301-3. Julgamento: Jo 18-19; Mc 14-15. Filhas de Jerusalém: Lc 23,28. Poderes do Sanhedrin/julgamento: Goodman, pp. 327-31, inclusive citação de Josefo e outros exemplos tais como a condenação de Jaime, irmão de Jesus, no ano 62 d.C. Barrabás: Mc 15,7. Insurreição, Pilatos, Siloé: Lc 13,1-4.

Herodes e Pilatos: Lc 23,12. Detenção e julgamento: Gibson, *Final Days of Jesus*, pp. 81-106. MacCulloch, pp. 83-96.

4. Crucificação: este relato da técnica e da morte baseia-se em Joe Zias, "Crucifixion in Antiquity", em www.joezias.com. Crucificação, nudez, sepultamento e nova evidência do sudário descoberta por Shimon Gibson: *Final Days of Jesus*, pp. 107-25 e 141-7; tumba, pp. 152-65. Este relato baseia-se em Jo 19-20; Mc 15; Mt 28. JW, VII, p. 203; V, p. 451. Tabor, pp. 246-50. Ressurreição: citação em Lc 24; Mt 27-28; Mc 16. Caiafás: Mt 27,62; 28,11-15. Judas, prata e Campo do Oleiro: Mt 27,5-8; At 1,16-20. Remoção do corpo: Mt 27,62-64; 28,11-15 — para a história de sacerdotes oferecendo suborno a guardas para alegar que discípulos removeram o corpo. Evangelho de Pedro (provavelmente datado do início do século II) 8,29 e 13,56, no qual uma multidão cerca a tumba, e então dois homens removem o corpo: para análise, ver Freeman, *New History of Early Christianity*, pp. 20-1 e 31-8. Ressurreição para Ascensão: Jo 20-1 (inclusive duvidando de Tomás).

Jaime, o Justo, como líder, primeiros dias da seita: At 1-2; Gl 1,19; 2,9; 12. Pentecostes e línguas: At 2. Cura no Portão Belo: At 3. Estêvão: At 6-7; apedrejamento: At 7,47-60. Saulo na morte de Estêvão / perseguidor / conversão e aceitação pela Igreja: At 7,58-60; 8,1; 9,28.

Várias fontes refletem o cristianismo judaico: Evangelho de Tomás; Clemente de Alexandria; a Ascensão de Jaime e o Segundo Apocalipse de Jaime — tudo citado e discutido por Tabor, pp. 280-91. Pilatos, samaritanos, declínio: JA, XVIII, pp. 85-106. Sartre, pp. 114-5. Schäfer, pp. 104-5. Lane Fox, *Unauthorized Version*, pp. 297-9 e 283-303. Peters, *Jerusalem*, pp. 89-99. *Archaeological Park*, pp. 72, 82 e 111. Judas, Campo de Oleiro: Mt 27,3-8. Tácito, *Histories*, XV, p. 44. MacCulloch, pp. 92-6. Sartre, pp. 336-9. Kevin Butcher, *Roman Syria and the Near East* (doravante Butcher), pp. 375-80.

12. O último dos Herodes (40-66)

1. Herodes Agripa I: JA, XVIII, pp. 143-309; XIX, pp. 1-360. Perseguição de Jaime e Pedro: At 12,20-23. Kokkinos, pp. 271-304. Terceira Muralha: *Archaeological Park*, p. 138. Bahat, *Atlas*, p. 35. Sartre, pp. 78-9 e 98-101. Aprovado pela Mishná: Peters, *Jerusalem*, pp. 96-7. Jaime, filho de Zebedeu, e Pedro: At 11,27; 12,1-19. Herodes Agripa lê o Deuteronômio: Goodman, p. 83. Sobre Filo, ver Filo, *Works*, vol. X, "Embaixada para Calígula". Goodman, pp. 88 e 118. Caráter de Calígula: Suetônio, "Calígula". Cláudio expulsa cristãos judeus / Cresto: Suetônio, "Cláudio".

2. Herodes Agripa II e irmãs, Cláudio, Nero, Popeia, os procuradores: JW, II, pp. 250-70. JA, XX, pp. 97-222. Goodman, pp. 375-82. Kokkinos, pp. 318-30. Stewart Perowne, *The Later Herods*, pp. 160-6. Sartre, pp. 79-80.

3. Paulo: origens, At 9-11; 22-25; Saulo na morte de Estêvão / conversão e aceitação pela Igreja: At 7,58-60; 8,1; 9,28; retorno a Jerusalém: At 11. Citações de Gálatas: 2,20 e 6,11; oferenda de pecado 2Cor 5,21; Jaime, Pedro, João como "pilares": Gl 2,6 e 9; nova Jerusalém de Paulo, novo Israel, Gl 4,26; sobre circuncisão: Fl 3,2-3; visita posterior a Jerusalém, prisão, Félix, Agripa: At 21-8. A análise baseia-se no seguinte: A. N. Wilson, *Paul: The Mind of the Apostle*; MacCulloch, pp. 97-106; Freeman, *New History of Early Christianity*, pp. 47-63; Tabor, pp. 292-306; Goodman sobre vastas ambições de Paulo, pp. 517-27. Jaime, o Justo: ver Evangelho de Tomás e Clemente de Alexandria / Eusébio, citando Hegésipo; a Ascensão de Jaime nos Reconhecimentos Pseudo-Clementinos; o Segundo Apocalipse de Jaime — citado em Tabor, pp. 287-91. Apóstolos no Templo: At 2,46; 5,21; 3,1-2. "Cristão" usado pela primeira vez mais tarde em Antíoco: Sartre, pp. 298 e 336-9; At 11,26.

4. Jaime, o Justo: morte / sucessão de Simão. Jaime como sacerdote. Paulo: vida e conversão: At 7-11; 22-25. Eusébio de Cesareia, *Church History: Life of Constantine the Great*, II, p. 23. Peters, *Jerusa-*

lem, pp. 100-7. Sobre Jaime como sacerdote justo: Hegésipo; sucessão de Simão, Hegésipo, Epifânio, Eusébio, Tabor, pp. 321-32.

5. Josefo, sua vida e visita a Roma: Josefo, "Life", pp. 1-17. Livro da Revelação: MacCulloch, pp. 103-5; Freeman, *New History of Early Christianity*, pp. 107-10: a nota sobre o código do Número da Besta baseia-se em Freeman, p. 108. Perseguições de Nero: ver Tácito, *Histories*. A revolta judaica começa: Josefo, "Life", pp. 17-38. JW, II, pp. 271-305. JA, XX, pp. 97-223 e pp. 252-66. Goodman, pp. 404-18. Perowne, *Later Herods*, pp. 98-108 e 117-8. Sartre, pp. 113-21. Schäfer, pp. 114-23. Nero: morte de Pedro e Paulo, citando Origem, Goodman, p. 531.

13. Guerras judaicas: a morte de Jerusalém (66-70)

1. Guerra, deserção de Josefo e Vespasiano como imperador, incluindo os portentos: Suetônio, "Vespasiano", V; Tácito, *Histories*, I, p. 11; sobre Tito e Berenice: Tácito, II, pp. 1-2; imperador/ apoio de Agripa II/Berenice nos melhores anos e no auge de sua beleza: Tácito, II, pp. 74-82. JW, II, p. 405; III, p. 340. Josefo deserta: JW, III, pp. 340-408. Guerra, Gamal e depois: JW, IV, pp. 1-83. Suetônio, "Tito", VII; dia desperdiçado, p. 8; aspectos, p. 3. Schäfer, pp.125-9. Sartre, pp. 123-7.

II: PAGANISMO (PP. 173-90)

14. Aelia Capitolina (70-312)

1. Triunfo: JW, 7.96-162. Esta análise das atitudes romanas em relação ao judaísmo a partir de 70 d.C. deve muito a Goodman, pp. 452-5. Tácito, 2.4-5; 5.1-13. Massada: JW, 7.163-406 (a citação sobre Jerusalém é de Eleazar em JW). Tito, Agripa II e Berenice após 70 d.C.: Tácito, 2.2. Suetônio, "Tito", 7. Dio Cássio citado em Goodman, p. 459. Carreira política de Agripa II: Goodman, pp. 458-9; diamante de Berenice citando Juvenal em Goodman, p. 378. Josefo após 70 d.C.: Josefo, "Life", pp. 64-76. Últimos herodianos: Kokkinos, pp. 246-50 e 361. Último herodiano sob Marco Aurélio: Avi-Yonah, p. 43.

2. Flaviano, Nerva e Trajano. Domiciano, Jerusalém e Livro da Revelação: MacCulloch, pp. 103-5. Nerva abranda imposto judaico: Goodman, p. 469. Sobre Trajano e revoltas de 115: Goodman, pp. 471-83. Simão, primo de Jesus, perseguição da Casa de Davi, execução em 106: Tabor, pp. 338-42, citando Eusébio e Epifânio como fontes sobre execuções de davidianos por Flaviano e Trajano. Sinagogas em Jerusalém: Eusébio, *Church History*, 4.5. Epifânio citado em Peters, *Jerusalem*, p. 125. Sartre, pp. 126-8. Esperanças escatológicas na Palestina: Oráculos sibilinos 4,5; Apocalipse grego de Baruch, III, e o Apocalipse sírio de Baruch, II. Zakkai: Schäfer, pp. 135-40. Jerusalém: Eusébio citado em Perowne, *Later Herods*, meia cidade destruída e sete sinagogas, p. 191. Judaísmo/Ben Zakkai e judeus podiam viver em Jerusalém, pp. 70-132: Avi-Yonah, pp. 12-54. Trajano: Goodman, pp. 471-81, inclusive citação de Ápio sobre Trajano destruindo judeus no Egito; e de Árrio sobre destruição generalizada de judeus. Revolta judaica: Dio Cássio 68.32.1-2. Eusébio, *Church History*, 4.2.1-5. Schäfer, pp. 141-2. Sartre, pp. 127-8. Butcher, pp. 45-50.

3. Adriano: Dio Cássio 69.12.1-13.3. Caráter ao mesmo tempo mau e admirável: Anthony R. Birley, *Hadrian the Restless Emperor*, pp. 301-7, incluindo *Historia Augusta* "cruel e misericordiosa" etc. e *Epitome de Caesaribus* "diversa, variada, multiforme", Frank McLynn, *Marcus Aurelius*, pp. 26-39. Aelia: Bahat, *Atlas*, pp. 58-67. Thorsten Opper, *Hadiran: Empire and Conflict* — carreira, pp. 34-68; Bar Kochba, pp. 89-97, e Antínoo, pp. 168-91. Goodman, pp. 481-5. *Archaeological Park*, p. 140. Yoram Tsafrir, "70–638 CE: The Templeless Mountain", em *Sacred Esplanade*, pp. 73-99.

4. Simão bar Kochba / Adriano: este relato baseia-se em Dio Cássio 69.12.1-13.3 e 69.14.1-3; Eusébio, *Church History*, 4.6, e Justino. Ver Opper, *Hadrian*, pp. 89-97, inclusive últimos achados da Gruta das Cartas. Birley, *Hadrian the Restless Emperor*: influência de Antíoco Epifânio, pp. 228-9; moedas sobre visita a Judeia, p. 231; fundação de Aelia, pp. 232-4; revolta, Bar Kochba, pp. 268-78; Livro dos Números / Akiva / correspondência / Justino e Eusébio / queda de Betar / plano da nova Jerusalém com estátua de Adriano sobre cavalo no Santo dos Santos com ídolo de Júpiter com base em Eusébio, e estátua de porco com base em Jerônimo, tudo citado em Birley. McLynn, *Marcus Aurelius*, pp. 26-39. Bahat, *Atlas*, pp. 58-67. Goodman, pp. 485-93, inclusive soterramento romano de memórias do conflito, ainda mais desastroso que o triunfalismo do ano 70; continuidade de Adriano para dinastia Severiana, significando o não incentivo a desafiar o *éthos* de Adriano, p. 496. Ver também: Yigal Yadin, *Bar Kochba* — roupas, chaves, p. 66; documentos de Bábata, p. 235. Avi-Yonah, p. 13, provavelmente tomou Jerusalém / 75 assentamentos destruídos / população judaico-palestina — 1,3 milhão. Teria Adriano destruído o Templo?; Shanks, p. 47, citando Chronicon Paschale, Juliano, referências rabínicas ao Terceiro Templo destruídas por Adriano. Resistência nas cavernas: Amos Klauer, "Subterranean Hideaways of Judean Foothills", em *Cathedra*, III, pp. 114-35. Depois de 335: Sartre, pp. 320-5. Após Bar Kochba e Simon bar Yohai: Avi-Yonah, pp. 15-39 e 66. Tsafrir, *Sacred Esplanade*, pp. 73-99.

5. Cidade adriânica / administração romana: Butcher, pp. 135-300, 240-50 e 335-45. Sartre, pp. 155 e 167-9. Mistérios arqueológicos, Décima Legião / romano encontra sul do monte do Templo, cantarias herodianas nas fundações do Templo adriânico: Shanks, pp. 43-53. Estátuas de imperadores ainda no monte do Templo para a visita do Peregrino de Bordeaux no ano de 333: Peregrino de Bordeaux, *Itinerary*, pp. 592-3. Tsafrir, *Sacred Esplanade*, pp. 73-99. Enterro deliberado do Gólgota: Eusébio, *Life of Constantine*, 3.26-8. Sozomen, *Church History*, 2.1, citado em Peters, pp. 137-42. Zalatinos / Igreja de Alexandre / Sanatório, muralhas adriânicas e muralha externa da igreja de Helena: conversas do autor com Gideon Avni e Dan Bahat. Sincretismo de deuses na Aelia: Sartre, pp. 303-21. Atitude em relação a judeus e Aelia Romana: Goodman, p. 498. Marco Aurélio: Butcher, p. 46-8. Governador herodiano da Palestina Júlio Severo: Avi-Yonah, pp. 43-5. Marco Aurélio na Aelia citando Amiano Marcelino: Goodman, p. 498. A Cidade Velha de hoje tem formato adriânico: David Kroyanker, *Jerusalem Architecture* (doravante Kroyanker), p. 14. Judeus: visita de Sétimo Severo, Caracala, Judá haNasi: Goodman, pp. 496-7 e 506-11. Severo: Butcher, pp. 48-51. Judaísmo / Judá haNasi: Sartre, pp. 319-35. Visitas a Jerusalém, Judá haNasi: Avi-Yonah, pp. 50-6 e 140; Tanaim e corte de Nasi / patriarcas até Judá, o Príncipe, pp. 39-40 e 54-75; Jerasalém / o rasgar das roupas, pp. 79-80; Severiano e Judá, o Príncipe, e pequeno grupo de discípulos do rabino Meir da santa comunidade se estabelece em Jerusalém, pp. 77-9. Severo e guerra civil, Caracala: Sartre, pp. 148-9 e 157; Butcher, pp. 48-51. Retorno judaico a Jerusalém: Sartre, pp. 321-2; Goodman, pp. 501-8. Tradições judaicas acerca de Jerusalém na Toseftá, Amidá etc., citado em Goodman, pp. 576-7. Simon Goldhill, *Jerusalem: A city of Longing*, p. 179. Crenças cristãs e perseguições: Goodman, pp. 512-24. Isaiah Gafni, "Reinterment in Land of Israel", em *Cathedra*, I, p. 101. Cristianismo após 135: Freeman, *New History of Early Christianity*, pp. 132-41; ebionitas, p. 133; gnósticos, pp. 142-54. Primeiros cristãos, gnosticismo: MacCulloch, pp. 121-37; relações com o Estado romano, pp. 156-88; alternativa cristã a Roma, p. 165; Severo, crise do século III, mitraísmo, Mani, Diocleciano, pp. 166-76. Joseph Patrich, "The Early Church of the Holy Sepulchre in the Light of Excavations and Restoration", em Y. Tsafrir (org.), *Ancient Churches Revealed*, pp. 101-7. Sinagogas: sete sinagogas; uma permaneceu no monte Sião em 333 d.C.: Peregrino de Bordeaux, *Itinerary*, pp. 592-3. Epifânio cita-

do em Peters, *Jerusalem*, pp. 125-7. Schäfer, p. 168. Cristianismo e perseguições e declínio do poder romano: Butcher, pp. 86-9; revoltas contra os romanos, pp. 65-6. Em 103 anos, 25 trocas de imperador/Zenóbia; Diocleciano visita a Palestina, p. 286: Avi-Yonah, pp. 91-127 e 139-49. Michael Grant, *Constantine the Great*, pp. 126-34. Sartre, p. 339. Sobre o império de Palmira e Zenóbia: P. Southern, *Empress Zenobia: Palmyra's Rebel Queen*.

III. CRISTIANISMO (PP. 191-221)

15. O apogeu de Bizâncio (312-518)

1. Constantino. Ascensão e caráter: Warren T. Treadgold, *A History of Byzantine State and Society* (doravante Treadgold), pp. 30-48. Grant, *Constantine*, pp. 82-4 e 105-15; Deus Sol, pp. 134-5; visão da ponte Mílvia, pp. 140-55; Igreja, pp. 156-86. Judith Herrin, *Byzantium: The Surprising Life of a Medieval Empire* (doravante Herrin), pp. 8-11. Deuses patronos de César Augusto e Aureliano; pequenez da religião cristã; judeus como turba detestável; história judaica como história romana: Goodman, pp. 539-48. Crispo/ofensa sexual de Fausta: Treadgold, p. 44. Avi-Yonah, pp. 159-64. Lane Fox, *Unauthorized Version*, p. 247. MacCulloch, pp. 189-93. Últimos anos: Grant, *Constantine*, p. 213. John Julius Norwich, *Byzantium: The Early Centuries* (doravante Norwich), I, pp. 31-79. Fred M. Donner, *Muhammad and the Believers: At the Origins of Islam*, pp. 10-1. Sobre debates cristológicos e monges tropa de choque: Chris Wickham, *The Inheritance of Rome: A History of Europe from 400 to 1000* (doravante Wickham), pp. 59-67.

2. Helena em Jerusalém. Eusébio, *Life of Constantine*, 3.26-43. Sozomen, *Church History*, 2.1; 2.26. Helena garçonete: Grant, *Constantine*, pp. 16-7; visita, pp. 202-5. Zeev Rubin, "The Church of Holy Sepulchre and Conflict between the Sees of Cesarea and Jerusalem", em *Cathedra*, II, pp. 79-99, sobre visita inicial da sogra de Constantino, Eutrópia, no ano de 324. Fundação de Igreja: Macculloch, pp. 193-6. Monte do Templo, espaço e santidade para judeus/derrota da velha revelação e vitória da nova: Oleg Grabar, *The Shape of the holy: Early Islamic Jerusalem*, p. 28. Goldhill, *City of Longing*, p. 179. Peters, *Jerusalem*, pp. 131-40. Nova Jerusalém: Goodman, pp. 560-77; reverência judaica por Jerusalém, pp. 576-7. Judeus: Avi-Yonah, pp. 159-63; pequena revolta judaica relatada em João Crisóstomo, p. 173. Basílica e cerimoniais da igreja: MacCulloch, p. 199; arianismo, pp. 211-5. Peregrino de Bordeaux, *Itinerary*, pp. 589-94; ver também Peters, *Jerusalem*, pp. 143-4, inclusive novo nome para Sião. Confusão acerca da Sião real: 2Sm 5,7, Mq 3.12. Tsafrir, *Sacred Esplanade*, pp. 73-99.

3. Constâncio: Avi-Yonah, pp. 174-205. Juliano: Treadgold, pp. 59-61. Judeus/Templo: Yohanan Levy, "Julian the Apostate and the Building of the Temple", em *Cathedra*, III, pp. 70-95. Templo: Somonzen, *Church History*, 5.22. Isaías 66,14. *Archaeological Park*, p. 22. Norwich, pp. 339-400. Os judeus removiam estátuas?/inscrição de Isaías: Shanks, pp. 53-5. Revoltas árabes de rainha Maria e guerra sarracena em 375: Butcher, pp. 65-6.

4. Os primeiros peregrinos dos séculos IV e V/invasão dos hunos: Zeev Rubin, "Christianity in Byzantine Palestine — Missionary Activity and Religious Coercion", em *Cathedra*, III, pp. 97-113. Traição, adultério — Gregório de Nissa citado em Peters, *Jerusalem*, p. 153; prostitutas, atores — Paulino de Nola citado na p. 153; Jerônimo de Paula citado na p. 152. Jerônimo: Freeman, pp. 274-84, inclusive citações sobre sexo, virgindade e suínos. Festividades evoluem; morder a cruz: Egeria, *Pilgrimage to the Holy Places*, pp. 50, 57-8 e 67-74; Peregrino de Bordeaux, *Itinerary*, pp. 589-94. Jerônimo sobre bretões: Barbara W. Tuchman, *Bible and Sword* (doravante Tuchman), p. 23. Guias bi-

zantinos para Jerusalém: Breviários e Topografia da Terra Santa, citado em Peters, *Jerusalem*, pp. 154-7. Os judeus em Jerusalém / monte do Templo com estátuas: Peregrino de Bordeaux, *Itinerary*, pp. 589-94. Turba de patifes: Jerônimo citado em Peters, *Jerusalem*, p. 145. Revolta judaica: Treadgold, p. 56. Lane Fox, *Unauthorized Version*, pp. 213-4. Shanks, p. 57. Peters, *Jerusalem*, pp. 143-4. Sião: 2Sm 5,7; Mq 3,12. Tsafrir, *Sacred Esplanade*, pp. 73-99. Monasticismo: Wickham, pp. 59-67.

5. Eudósia, Barsoma, cristianismo na Palestina: Rubin, "Christianity in Byzantine Palestine — Missionary Activity and Religious coercion", em *Cathedra*, III, pp. 97-113. Treadgold, pp. 89-94. Bahat, *Atlas*, pp. 69-79. Remanescentes das muralhas de Eudósia / igreja de Siloé: *Archaeological Park*, pp. 42-4, 137 e 138. Eudósia e Barsoma: Peters, *Jerusalem*, pp. 157-62, inclusive Peregrino Piacenza vendo sua tumba. Cristologia, tropas de choque monásticas: Wickham, pp. 50-67. Relíquias: Stephen Runciman, *A History of the Crusades* (doravante Runciman), I, pp. 40 e 49. Grabar, *Shape of the Holy*, pp. 25 e 37. Cristianização e leis antijudaicas: Teodósio I e II: Avi-Yonah, pp. 213-21 e 240-5; sobre Jerônimo — vermes judeus citados na p. 222; fim do patriarcado, pp. 225-30. Morwich, pp. 139-51. Credo e comportamento impositivo: Donner, *Muhammad*, pp. 10-7. MacCulloch sobre monasticismo, inclusive pilar estilita em estilo pirulito: pp. 200-10; sobre Nestório / monofisismo, pp. 222-8. Fim dos patriarcas hillelitas: G. Krämer, *A History of Palestine* (doravante Krämer), p. 24. Monges armênios e ascetismo: Igor Dorfmann-Lazarev, "Historical Itinerary of the Armenian People in Light of its Biblical Memory", artigo.

16. O crepúsculo dos bizantinos: invasão persa (518-630)

1. Justiniano — clímax bizantino. Justino e Justiniano: Treadgold, pp. 174-217. Donner, *Muhammad*, pp. 5-6; visão apocalíptica do Último Imperador, p. 16; reino judaico iemenita, pp. 31-4; visão de Justiniano, pp. 4-17. Wickham, pp. 92-5. Visão e edificação: Herrin, pp. 50-7. Fofocas: ver Procópio, *Secret Life*. Edificação: Bahat, *Atlas*, pp. 68-79. Edificação e peregrinos: Peters, *Jerusalem*, pp. 162-4: o Peregrino de Piacenza: "Life of Sabas", de Cirilo de Citópolis; Procópio, "On Buildings", citado em Peters. Grabar, *Shape of the Holy*, pp. 38-40, inclusive citação de Cirilo; vida em Jerusalém, pp. 24-38, inclusive conceitos de espaço sagrado / igrejas voltadas para ou de costas para o monte do Templo. Tragédia judaica: Avi-Yonah, pp. 221-4 e 232-7, exceto *c.* 520, novo chefe do Sanhedrin da Babilônia governando judeus por sete gerações até mudança para Jerusalém em 638; legislação antijudaica de Justiniano, pp. 246-8; judeus em Tiberíades em contato com reis judeus no Iêmen, pp. 246-8. Treadgold, p. 177. Butcher, p. 383. Menorá (castiçal) do Templo — triunfo bizantino então sobre Jerusalém em 534: Perowne, *Later Herods*, p. 177. Norwich, p. 212. Estilo bizantino de se vestir: ver mosaico de Ravena e Herrin sobre Teodora e damas de companhia, p. 67. Casas, mosaicos e igrejas: sobre Orfeu semipagão / semicristão: Ashar Ovadius e Sonia Mucznik, "Orpheus from Jerusalem — Pagan or Christian Image", em *Cathedra*, I, pp. 152-66. Igreja de Nea: Grabar, *Shape of the Holy*, pp. 34-8; Mapa de Madaba, p. 27. M. Avi-Yonah, "The Madaba Mosaic Map", *Israel Exploration Society*. Ver também artigo: Martine Meuwese, "Representations of Jerusalem on Medieval Maps and Miniatures", *Eastern Christian Art* 2 (2005), pp. 139-48. H. Donner, *The Mosaic Map of Madaba: An Introductory Guide*. Nea, última coluna no Complexo Russo: Shanks, pp. 86-7. Casas bizantinas ricas a sul e oeste do monte do Templo: *Archaeological Park*, pp. 147 e 32-3; Cardo estendido, pp. 10 e 140; casas de banho perto do portão de Jaffa, p. 125; Nea, p. 81; monges nas tumbas judaicas do Primeiro Templo, p. 29. Sepultamento com sinos: ver Museu Rockfeller. Corridas de carruagens em Jerusalém: Yaron Dan, "Circus Factions in Byzantine Palestine", em *Cathedra*, I, pp. 105-19. Tsafrir, *Sacred Esplanade*, pp. 73-99.

2. Invasão persa. O nome completo do general persa era Razmiozan, conhecido como Farrokhan Shahrbaraz — o Javali Real. Justino II até Focas — declínio: Treadgold, pp. 218-41. Rei, Es-

tado e religião sassânidas: Donner, *Muhammad*, pp. 17-27. Avi-Yonah, pp. 241 e 254-65, inclusive o Midrash de Elijah e 20 mil soldados judeus, citando Eutíquio; Midrash da Salvação / Livro de Zorobabel, histórias de Neemias, pp. 265-8; judeus expulsos, pp. 269-70. Sebeos, *Histoire d'Héraclius*, pp. 63-71. Ver também: A. Courret, *La Prise de Jérusalem par les Perses*; Norwich, pp. 279-91. Tribos árabes: Butcher, pp. 66-72. Corrida de carruagens em Jerusalém: Dan, "Circus Factions in Byzantine Palestine", em *Cathedra*, I, pp. 105-9.

Ascensão dos sassânidas: Farrokh, pp. 178-90; Khusrau II, pp. 247-61. Sassânidas antes da conquista árabe: Hugh Kennedy, *The Great Arab Conquests*, pp. 98-111.

Destruição de Jerusalém: F. Conybeare, "Antiochus Strategos: Account of the Sack of Jerusalem", *English Historical Review* 25 (1910), pp. 502-16. Cidade destruída: Bahat, *Atlas*, pp. 78-9. Ossos de monges no mosteiro de Santo Onofre: *Archaeological Park*, p. 137. Papel dos judeus e cemitério do Leão onde mártires enterraram Mamilla: J. Prawer, *History of the Jews in the Latin Kingdom of Jerusalem*, pp. 57 e 241. Dan, "Circus Factions in Byzantine Palstine", em *Cathedra*, I, pp. 105-19, inscrição em Blues. Mitos de massacre: Grabar, *Shape of the Holy*, pp. 36-43. Traços de edifício judeu no monte do Templo, século VII, mas datado do período persa ou início do período islâmico: Tsafrir, *Sacred Esplanade*, p. 99.

3. Heráclio: isso baseia-se em Walter E. Kaegi, *Heraclius: Emperor of Byzantium*. Treadgold, pp. 287-303; Farrokh, pp. 256-61; Butcher, pp. 76-8; Herrin, pp. 84-6; Norwich, pp. 291-302. Entrando em Jerusalém: Conybeare, "Anthiocus Strategos", pp. 502-16. Romanos derrotados: Alcorão 30.1-5 (trad. p. inglês M. A. S. Abdel Haleem). Portão Dourado — bizantino ou omíada: Baht, *Atlas*, pp. 78-9. Goldhill, *City of Longing*, p. 126. Heráclio e os judeus, Bejamim de Tiberíades: Avi-Yonah, pp. 260-76. Primeiro cruzado: Runciman, I, pp. 10-3. Heráclio em Jerusalém: memória de Abu Sufyan: Kenedy, *Conquests*, p. 74; Palestina em declínio, pp. 31-2. Tsafrir, *Sacred Esplanade*, pp. 73-99. Heráclio e campanhas: Donner, *Muhammad*, pp. 17-27. Último Imperador, pp. 17-8. Wickham, pp. 256-61.

IV. ISLÃ (PP. 223-66)

17. A conquista árabe (630-60)

1. Maomé: a Arábia antes do Profeta: isso baseia-se no seguinte: Alcorão; Ibn Ishaq, *Life of Muhammad*; al-Tabari, *Tarikh: The History of al-Tabari*. Análise e narrativa — para abordagem convencional: W. Montgomery Watt, *Muhammad: Prophet and Statesman*; Karen Armstrong, *Muhammad: A Biography of the Prophet*. Para análises novas: Donner, *Muhammad*; F. E. Peters, *Muhammad and Jesus, Parallel Tracks, Parallel Lives*.

Apocalipse no Alcorão / Últimos Dias / A Hora: a hora está próxima: Alcorão 33,63; 47,18. Hora muito próxima: Alcorão 54,1. Alcorão: Introdução, ix-xxxvi. Isra e Miraj: Alcorão 17,1; 17,60; 53,1-18 e 25. Mudança de *qibla*: Alcorão 2,142-50; Salomão e *djinns* no Templo: Alcorão 34,13. Pecados judaicos e queda do Templo com Nabucodonosor: Alcorão 17,4-7. Jihad / matança / versículo da espada / Povo do Livro / *dhimmi*: Alcorão 16,125; 4,72-4; 9,38-9; 9,5; 9,29; nenhuma compulsão em religião: 2,256; 3,3-4; 5,68; 3,64; 29,46. Donner, *Muhammad*, pp. 27-38; vida e ascensão de Maomé e limites de sua biografia, pp. 39-50; limites de fontes, citações de Tomás, o Presbítero, pp. 50-7; crenças do Islã inicial, teoria de Donner de fiéis versus muçulmanos e número de menções no Alcorão: pp. 57-61; rituais, pp. 61-9; ecumenismo dos primeiros fiéis, especialmente a atitude em relação aos judeus e documento *umma*, pp. 72-4; Profeta e Apocalipse, pp. 78-82; jihad militante, pp. 83-6; abertura ecumênica a judeus e cristãos — citações extraídas de Donner, pp. 87-9; Abu Sufyan e elite de Meca cooptados, pp. 92-7.

Ibn Ishaq, *Muhammad*, pp. 200-10. Jesus encontra Moisés e Elijah: Mc 9,1-5. Maomé, mistério do início do Islã; dúvidas de alguns eruditos sobre toda a história antes do ano 800; questão de conquista; primeiros califas: Wickham, pp. 279-89. Armstrong, *Muhammad*, p. 94; *qibla*, p. 107; relações com judeus: pp. 102, 111 e 161-3.

Maomé na Síria: Kennedy, *Conquests*, p. 77. Início do Islã: Chase F. Robinson, *Abd al-Malik*, p. 13. Herrin, pp. 86-8. Ascensão de Maomé: Kennedy, *Conquests*, pp. 45-7; ninguém mais destituído que nós; entre nós, quem enterraria nossas filhas; Deus nos enviou um homem bem conhecido; o melhor entre nós; tribos árabes antes de Maomé; cartas de soldados muçulmanos versus persas, p. 47. Cartas de soldados muçulmanos sobre a conquista persa: al-Tabari, *Tarikh*, I, pp. 2269-77, 2411-24, 2442-4 e 2457-63. Estas fontes descrevem os invasores árabes da Pérsia logo depois da conquista da Palestina. Sofrônio: Peters, *Jerusalem*, p. 175. Relações com as tribos árabe-judias, primeira *qibla* etc., Israiliyat: Isaac Hassan, "Muslim Literature in Praise of Jerusalem", em *Cathedra*, I, pp. 170-2. Importância do conselho de judeus conversos: Ibn Khaldun, *The Muqaddimah: An Introduction to History* (doravante Ibn Khaldun), p. 260.

2. Abu Bakr para Otman. Os primeiros sucessores do Profeta; fontes: Donner, *Muhammad*, pp. 91-5; Profeta e Apocalipse, pp. 78-82 e 97; conhecimento da Síria, p. 96; jihad, pp. 83-6; abertura ecumênica a judeus e cristãos — citações extraídas de Donner, pp. 87-9; título de califa usado apenas (possivelmente) por Abu Bakr — mas mais usualmente Comandante dos Fiéis — e sucessão, pp. 97-106; a natureza da expansão islâmica; igrejas não destruídas, pp. 106-19; primeira versão da *shahada* (sem "Maomé é seu Profeta"), p. 112; bispo Sebeos e governador judeu, p. 114; ecumênico, pp. 114-5; sobre compartilhar igrejas, pp. 114-5; sobre Igreja catisma com *mihrab* e na própria Jerusalém, p. 115; conquistas de Abu Bakr, pp. 118-33.

Apocalipse/A Hora: Alcorão 33,63; 47,18. Hora muito próxima: Alcorão 54,1. Primeiros exércitos em Yarmuk e al-Qadisiyah; apenas 30 mil homens; poder da propaganda e motivação religiosas: Ibn Khaldun, p. 126. Evolução do título de califa: Ibn Khaldun, p. 180. Omar assume o título de Comandante dos Fiéis: Kennedy, *Conquests*, pp. 54-6 e 72-5. Barnaby Rogerson, *The Heirs of the Prophet Muhammad and the Roots of the Sunni-Shia Schism* (doravante Rogerson), pp. 83, 128-9 e 169.

Omar toma a Palestina; Império Bizantino; fraquezas; peste; miséria: Kennedy, *Conquests*, pp. 142-98; colonização da Palestina e do Iraque, pp. 95-7; Amr al-As, pp. 46-51 e 70-3; Khalid bin Walid, pp. 70-3. Yaqubi, *History*, II, pp. 160-70, e al-Baladhuri, *Conquest of the Countries*, citado em Peters, *Jerusalem*, pp. 176-7. Derrota dos bizantinos: Runciman I, p. 15; Khalid no comando em Damasco e Yarmuk: Kennedy, *Conquests*, pp. 75-89. Início de administração: Rogerson, p. 220.

3. Omar entra em Jerusalém: Alcorão 17,1; mudança da *qibla*: Alcorão 2,142-4. Conceito de Dia do Juízo: Alcorão 3,185; 33,63; 47,18; 54,1

Aliança — Tabari, *Annals*, pp. I, p. 2505, em Peters, *Jerusalem*, p. 18. Muthir al-Ghiram em Guy Le Strange, *Palestine under the Moslems*, pp. 139-44. Eutíquio citado em Peters, *Jerusalem*, pp. 189-90.

Grabar, *Shape of the Holy*, pp. 45-50. Aparência, caráter e histórias de Omar: Ibn khaldun, p. 162; Kennedy, *Conquests*, pp. 125-30; Rogerson, pp. 171-82.

Donner, *Muhammad*: Omar conquista Jerusalém, p. 125; judeus, pp. 114-5; Apocalipse 78-82; militância, pp. 83-6; abertura a monoteístas — citações de Donner, pp. 87-9. Shlomo D. Goiten, "Jerusalem in the Arab Period 638–1099", em *Cathedra*, II, pp. 168-75.

Omar aceita rendição: Kennedy, *Conquests*, pp. 91-5. Abdul Aziz Duri, "Jerusalem in the Early

Islamic Period", em Asali, p. 105; primeiro *hadith* e *fadail*: em Asali, pp. 114-6. Jerusalém, local a mais de oração: Alcorão 17,1 Sobre a importância da Terra Santa, Jerusalém e Aqsa: Mustafa Abu Sway, "The holy Land, Jerusalem and the Aqsa Mosque in Islamic Sources", em *Sacred Esplanade*, pp. 335-43. Wickham, pp. 279-89.

Esperanças judaicas, mudar-se para Jerusalém: J. Mann, *The Jews in Egypt and Palestine under the Fatimid Caliphs* (doravante Mann), I, pp. 44-7. Tradições judaicas — citações de Israiliyat e Kaab: Hassan, "Muslim Literature in Praise of Jerusalem", em *Cathedra*, I, pp. 170-2. Meir Kister, "A Comment on the Antiquity of Traditions Praising Jerusalem", em *Cathedra*, I, pp.185-6.

Os nomes da cidade: Angelika Neuwirth, "Jerusalem in Islam: The Three Honorific Names of the City", em OJ, pp. 77-93. Dezessete nomes muçulmanos/setenta judeus no Midrash/multiplicidade em grandeza, citado em Goitein, "Jerusalem", p. 187. Grabar, *Shape of the Holy*, p. 112. Omar no monte do Templo: Isaac ben Joseph citado em Peters, *Jerusalem*, pp. 191-2; sobre judeus purificando o monte do Templo e banindo: Salman ben Yeruham citado em Peters, *Jerusalem*, pp. 191-4. Sujeira no monte do Templo deliberadamente colocada por Helena — Mujir al-Din, *Histoire de Jérusalemet d'Hébron* (doravante Mujir), pp. 56-7, e sobre judeus purificando o monte do Templo. Primeiras mesquitas: Kennedy, *Conquests*, pp. 121 e 134.

Primeiro cemitério e primeiros sepultamentos de companheiros do Profeta: Kamal Asali, "Cemiteries of Old Jerusalem", em OJ, pp. 279-84. Sofrônio, abominação: em Peters, *Jerusalem*, p. 190. Primeira visão de Jerusalém da colina: Sari Nusseibeh, *Once Upon a Country*, p. 29. Hussein bin Talal, rei Hussein da Jordânia, *My War with Israel*, p. 122. Arculf em Thomas Wright, *Early Travels in Palestine*, 1-5. Judeus nos exércitos de Omar — ver professor Rood em JQ, 32, outono de 2007. Aspirações judaicas: Sebeos citado em Goldhill, *City of Longing*, p. 76. Mann, I, pp. 44-7. Igreja e mesquitas compartilhadas: Ross Burns, *Damascus: A History*, pp. 100-5. Donner. *Muhammad*: ver também primeiras referências.

Primeiros nomes de Jerusalém: ver *Sacred Esplanade*, p. 13. Palestina/Síria, Terra Santa: Alcorão 5,21. Adoração judaica no monte do Templo: Miriam Frenkel, "Temple Mount in Jewish Thought", em *Sacred Esplanade*, pp. 346-8.

Os árabes e exércitos — elite, tática, exércitos, motivação, miséria inclusive pelo de camelo misturado com sangue: Ibn Khaldun, pp. 162-3. Kennedy, *Conquests*, pp. 40-2 e 57-65; estilo dos soldados e pilhagem de mulheres, pp. 111-3. Al-Tabari, *Tarikh*, I, pp. 2269-77, 2411-24, 2442-4 e 2457-63. Essas fontes descrevem os invasores árabes da Pérsia logo depois da conquista da Palestina. Duri em Asali, *Jerusalem*, pp. 105-9.

18. Os omíadas: o Templo restaurado (660-750)

1. Muawiya: este retrato baseia-se em R. Stephen Humphreys, *Muawiya ibn Abi Sufyan: From Arabia to Empire*, pp. 1-10 e 119-34; família, pp. 38-42; ascensão, pp. 43-53. Donner, *Muhammad*: Muawiya admirado por judeus e cristãos, pp. 141-3; Apocalipse 143-4; primeira guerra civil, pp. 145-70; reinado de Muawiya, pp. 171-7; abertura, pp. 87-9. Judeus planejam novo Templo: Sebeos citado em Guy Stroumsa, "Christian Memories and Visions of Jerusalem in Jewish and Islamic Context", em *Sacred Esplanade*, pp. 321-33, especialmente pp. 329-30. Edificação no monte do Templo, persa ou primórdios islâmicos: Tsafrir, "70 - 638 EC: The Templeless Mountain", *Sacred Esplanade*, p. 99. Culto judaico no monte do Templo encerrado pelo califa Omar ibn Abd al-Malik, pp. 717-20: Frenkel, "Temple Mount in Jewish Thought", *Sacred Esplanade*, pp. 346-8. Ibn Khaldun: sobre *bayah*, pp. 166-7; mudança de autoridade teocrática para real, pp. 160-8; administração cristã, p. 192;

Muawiya — desenvolve o *mihrab* após tentativa de assassinato, p. 222; introduz selagem de cartas, p. 219; introduz trono devido à gordura, p. 216. César dos árabes: Rogerson, p. 326. Mesquita: Arculf, Santo Adomnán, *Pilgrimage of Arculfus in the Holy Land*, I, pp. 1-23.

Amante de Israel (Muawiya) desbasta o monte do Templo; mesquita construída — Simon ben Yahati citado em Peters, *Jerusalem*, pp. 199-200; possibilidade de Muawiya fazer de Jerusalém capital do império árabe/adaptando plataforma de Herodes de quadrada para retangular e baixando a fortaleza Antônia, p. 201. Comida árabe-judaica: S. D. Goitein, *A Mediterranean Society*, I, p. 72. Midrash apocalíptico e al-Mutahar ibn Tahir; construção do local de orações no monte do Templo a Muawiya: Goitein, "Jerusalem", p. 76. Grabar, *Shape of the Holy*, p. 50.

Administração por cristãos: Mansur ibn Sargun: Burns, *Damascus*, pp. 100-15. Administrando a Palestina: Rogerson, pp. 189-92, inclusive a citação "Eu aplico não minha espada". Goitein, "Jerusalem", p. 174.

Otman: Rogerson, pp. 233-87. Palácios de Muawiya: Humphreys, *Muawiya*, pp. 10-2; política de linhagem, pp. 26-37.

Muawiya sobre Dia do Juízo/sobre Síria/santificando a terra/terra de reunião e Juízo: Hassan, "Muslim Literature in Praise of Jerusalem", em *Cathedra*, I, p. 170. Sobre Dia do Juízo: Neuwirth, "Jerusalem in Islam: The Three Honorific Names of the City", OJ, pp. 77-93. Guerra contra bizantinos: Herrin, pp. 91-2. Domo da Corrente: Grabar, *Shape of the Holy*, p. 130. Fidelidade a *bayahi* — Tabari citado em Grabar, *Shape of the Holy*, pp. 111-2. Caminhadas por sítios cristãos: Humphreys, *Muawiya*, pp. 128-9. Omíadas e Jerusalém: Asali, *Jerusalem*, pp. 108-10. Patrono e xeque: Chase F. Robinson, *Abd al-Malik*, p. 65. Yazid e sucessão: Humphreys, *Muawiya*, pp. 96-102. Yazid: Ibn Khaldun, p. 164.

2. Abd al-Malik e o Domo. Este retrato do califa e as imagens, bem como o significado do Domo, baseiam-se em Andreas Kaplony, "The Mosque of Jerusalem", em *Sacred Esplanade*, pp. 101-31; Grabar, *Shape of the Holy*; Oleg Grabar, *The Dome of the Rock*; Donner, *Muhammad*; e Chase F. Robinson, *Abd al-Malik*. Tradições islâmicas: al-Tabari, *Tarikh*, I, p. 2405, e Muthir al-Ghiram citado em Peters, *Jerusalem*, pp. 187-9.

Donner, *Muhammad*: guerra civil, pp. 187-9; comunidade de fiéis no Islã organizado, pp. 194-9; Juízo Final e Domo da Rocha, pp. 199-203; fiéis do Islã e califado, ênfase no califa/Alcorão/dupla *shahada*/*hadith*/representante de Deus, pp. 203-12; evolução dos rituais islâmicos, p. 214; evolução das origens islâmicas, história, pp. 216-8. Missão política e metas religiosas: Wickham, pp. 289-95. Aparência de Abd al-Malik: Robinson, *Abd al-Malik*, pp. 52-61; sobre concubinas, p. 20; sobre bajulação, p. 85; ascensão, pp. 25-43; residências omíadas, pp. 47-8. Sobre autoriade real: Ibn Khaldun, pp. 198-9. Le Strange, *Palestine under the Moslems*, pp. 114-20 e 144-51.

Descrição e estética do Domo: Grabar, *Shape of the Holy*, pp. 52-116. Sobre serviços baseados no Templo judaico; citação sobre Templo reconstruído; Alcorão como Torá: Kaplony, *Sacred Esplanade*, pp. 108-12, inclusive ritual omíada de al-Wasiti, *Fadail Bayt al-Muqaddas*, p. 112. Construção do Domo: Robinson, *Abd al-Malik*, pp. 4-9 e 98-100; caráter, pp. 76-94; efemérides em torno de Ilya, pp. 112-3. Sobre o objetivo de eclipsar a igreja do Santo Sepulcro, ver al-Muqaddasi, *A Description of Syria Including Palestine* (doravante Muqaddasi), pp. 22-3.

Califa Omar ibn Abd al-Malik, pp. 717-20: Frenkel, *Sacred Esplanade*, pp. 346-8. Judeus sonham em reconstruir o Templo e obtêm acesso — Salman ben Yeruham citado em Peters, *Jerusalem*, p. 193, e Isaac ben Joseph, em pp. 191-2. Frequentadores judeus do Domo: Mujir, pp. 55-7. Judeus e Templo: Sebeos citado em Stroumsa, *Sacred Esplanade*, pp. 321-33, especialmente pp. 329-30. Traços de construção, século VII, persa ou primórdios islâmicos: Tsafrir, *Sacred Esplanade*, p. 99. Mesquita: Arculf, Santo Adomnán, *Pilgrimage of Arculfus in the Holy Land*, I, pp. 1-23.

Comendo uma banana; Goitein, "Jerusalem", p. 190, citando o *fadail* de Ibn Asakir. Califa Suleiman ibn Abd al-Malik em Jerusalém/*bayah*/plano de torná-la capital imperial/frequentadores judeus do Domo: Mujir, pp. 56-8. O Domo: Duri em Asali, *Jerusalem*, pp. 109-11. Peters, *Jerusalem*, p. 197. Goitein, "Jerusalem", p. 174. Frequentadores judeus, outros edifícios: Goitein, "Jerusalem", pp. 175-80. Influências bizantinas no Domo: Herrin, p. 90. Shanks, pp. 9-31.

Sobre importância da Terra Santa, Jerusalém e Aqsa: Mustafa Abu Sway, *Sacred Esplanade*, pp. 335-43.

3. Jerusalém omíada. Al-Aqsa — Grabar, *Shape of the Holy*, pp. 117-22; papiros de Afrodito, p. 12; califas omíadas em Jerusalém, Suleiman e Omar III; palácios ao sul do monte do Templo, pp. 107-10; Dois Harams e portão Triplo/portão do Profeta e possivelmente portão Dourado, pp. 122-8; quatro domos principais, p. 158; céticos quanto a novos edifícios públicos dos omíadas ao sul do monte do Templo serem necessariamente palácios, pp. 128-30; Haram, pp. 122-8; Domo da Corrente, pp. 130-2; vida urbana, cristãos e judeus na cidade, pp. 132-5. Goitein, "Jerusalem", p. 178. Kroyanker, pp. 9-31. Moshe Gil, *A History of Palestine*, pp. 69-74 e 104. Mann, I, pp. 44-5. Dia do Juízo: Alcorão 3,185. Vigas de madeira bizantinas no Museu Rockfeller. Sobre geografia apocalíptica e local de comunicação divino-humana: Neuwirth, OJ, pp. 77-93. Este relato do Fim dos Dias islâmico baseia-se substancialmente em Kaplony, *Sacred Esplanade*, pp. 108-31, especialmente p. 124.

Declínio dos omíadas e ascensão dos abássidas: Goitein, "Jerusalem", pp. 178-81. Dinastias têm uma duração natural como indivíduos: Ibn Khaldun, p. 136. Sobre associações do Apocalipse e Juízo Divino com tradições judaicas de criação e Apocalipse: Grabar, *Shape of the Holy*, p. 133. Culto judeu no monte do Templo, pp. 717-20: Frenkel, *Sacred Esplanade*, pp. 346-8.

Sobre áreas de habitação judaicas, sobre palácios omíadas: Bahat, *Atlas*, pp. 82-6. Judeus banidos do Haram e rezando nos muros e portões: Isaac ben Joseph citado em Peters, *Jerusalem*, p. 191, e Solomon ben Yeruham em p. 193. Mujir, pp. 56-7. Sobre festividades e peregrinos cristãos e o Sepulcro: Arculf, Santo Adomnán, *Pilgrimage of Arculfus in the Holy Land*, I, pp. 1-23. Williband e Arculf citados em Peters, pp. 202-12. Palácios omíadas: *Archaeological Park*, pp. 26-7, inclusive pedras velhas e lavatório. Walid I e os *qasrs* do deserto, estrelas da canção omíada: *The Ummayyads: The Rise of the Islamic Art*, pp. 110-25. Walid II/Hisham — palácio de Khirbet al-Mafjar perto de Jericó — pinturas no Museu Rockfeller. Declínio dos omíadas e ascensão dos abássidas: Goitein "Jerusalem", pp. 180-1. Denúncia abássida dos omíadas: Humphreys citando Tabari. Revolução abássida: Wickham, pp. 295-7.

19. Os abássidas: mestres distantes (750-969)

1. Al-Mansur. Tomar títulos de sobrenome para separar-se: Ibn Khaldun, p. 181; bandeiras negras abássidas e mudança para verde, p. 215. Goitein, "Jerusalem", pp. 180-1. Kennedy, *Conquests*, pp. 11-50, inclusive os álidas mortos, p. 16; Bagdá, p. 133; vida na corte, p. 139; Casa da Sabedoria/tradução de textos gregos, pp. 252-60. Casa da Sabedoria, 6 mil livros: Wickham, pp. 324-31. Jonathan Lyons, *House of Wisdom*, pp. 62-70 e 89-90. Visitas de al-Mansur e al-Mahdi a Jerusalém: Peters, *Jerusalem*, pp. 215-7. Haram abássida: Kaplony, *Sacred Esplanade*, pp. 101-31. Al-Mansur e mesquinhez de restauração: Mujir, p. 59. Visita do mádi: Muqaddasi, pp. 41-2. Duri em Asali, *Jerusalem*, pp. 112-3. Declínio em Jerusalém/citação de Thaur ibn Yazid: Neuwirth, OJ, pp. 77-93.

2. Haroun al-Rashid e Carlos Magno. Goitein, "Jerusalem", pp. 181-2. Kennedy, *The Court of the Caliphs: The Rise and Fall of Islam's Greatest Dynasty*, pp. 51-84. Peters, *Jerusalem*, pp. 217-23, inclusive

Crônica e Memorando de Benedito sobre as Casas de Deus e monastérios na Cidade Santa, listando pessoal e taxas; e Bernard, *Itinerary*. Hywel Williams, *Emperor of the West: Charlemagne and the Carolingian Empire*, pp. 230-3. Guilherme de Tiro, *Deeds Done Beyond the Sea* (doravante Guilherme de Tiro), I, pp. 64-5. Presente a Carlos Magno: Lyons, *House of Wisdom*, p. 45. Sobre a lenda, ver: Anônimo, *Le Pèlerinage de Charlemagne à Jérusalem et à Constantinople*. Carlos Magno como Davi: Wickham, p. 381.

3. Maamun. Clímax da cultura árabe — matrimônio de al-Maamun e Buran: Ibn Khaldun, p. 139. Maamun: Kennedy, *Court of Caliphs*, pp. 252-60; Casa da Sabedoria, 6 mil livros: Wickham, pp. 324-31; Lyons, *House of Wisdom*, pp. 62-70 e 89-90. Inscrição de Maamun em al-Aqsa: Nasir-i-Khusrau, *Diary of a Journey through Syria and Palestine*. Goitein, "Jerusalem", p. 182. Haram abássida: Kaplony, *Sacred Esplanade*, pp. 101-31. Cultura abássida: Kennedy, *Conquests*, pp. 84-129; Tahíridas e Abd Allah ibn Tahir liberta Jerusalém, pp. 91 e 203; matrimônio suntuoso, p. 168; moças cantoras, p. 173; Maamun na Síria e no Egito, pp. 208-9, e morte, pp. 211-2. Maamun e Casa da Sabedoria, 6 mil livros: Wickham, pp. 324-31. Tradução de textos gregos: Kennedy, *Court of the Caliphs*, pp. 252-60.

4. Destruição do prestígio da dinastia e ascensão de *ghulam* persa-turco: Ibn Khaldun, p. 124; título de sultão e abássidas perdem o poder, pp. 155 e 193; decadência dos abássidas, pp. 165-6. Goitein, "Jerusalem", pp. 182-3. Al-Mutasim, revoltas camponesas na década de 840, *ghulam* turco: Kennedy, *Court of the Caliphs*, pp. 213-7; *dhimmi* forçados a vestir roupas amarelas pelo califa al-Mutawwakil em 850, p. 240. Revolta camponesa em 841: Duri em Asali, *Jerusalem*, p. 113; Goitein, "Jerusalem", p. 182. Debate cazar: ver K. A. Brook, *The Jews of Khazaria*; A. Koestler, *The Thirteenth Tribe*; S. Sand, *The Invention of the Jewish People*; sobre últimos achados em genética judaica: "Studies Shows Jews' Genetic Similarity", *New York Times*, 9 de junho de 2010.

5. Ibn Tulun e tulúnidas: Thierry Bianquis, "Autonomous Egypt from Ibn Tulun to Kafur 868–969", Carl F. Petry (org.), *Cambridge History of Egypt*, vol. I: *Islamic Egypt 640–1517* (doravante CHE, I), pp. 86-108; a rebelião cármata, pp. 106-8; papel especial de Jerusalém, p. 103. Caraítas: Norman Stillman, "The Non-Muslim Communities: The Jewish Community", em CHE, I, p. 200. Ascensão dos caraítas: Mann, I, pp. 60-5.

O emir turco Amjur e o filho Ali governaram a Palestina para os abássidas a partir de 869 e foram elogiados pelo patriarca Teodósio por sua tolerância: Goitein, "Jerusalem", p. 183. Kennedy, *Court of the Caliphs*, pp. 84-111. Cazares: Brook, *The Jews of Khazaria*, pp. 96-8; Mann, I, p. 64. Gideon Avni: conversas com o autor, sinagoga cazar no Bairro Judeu citada em Geniza. Cazares respeitam Academia de Jerusalém: Maan, I, pp. 64-5.

6. Ikshidas e Kafur: Bianquis, CHE, I, p. 109-19. Goitein, "Jerusalem", pp. 183-4. Avanço bizantino sobre Jerusalém: texto de John Tzimiskes em Peters, *Jerusalem*, p. 243.

20. Os fatímidas: tolerância e loucura (969-1099)

1. Ibn Killis: Bianquis, CHE, I, p. 117. Stillman, CHE, I, p. 206. Goitein, "Jerusalem", p. 184.

2. Fatímidas/Jawhar/Killis como vizir, fatímidas: Paul E. Walker, "The Ismaili Dawa and the Fatimid Caliphate", em CHE, I, pp. 120-48. Paula A. Sanders, "The Fatimid State", em CHE, I, pp. 151-4. Bianquis, CHE, I, p. 117. Fatímidas messiânicos: Wickham, pp. 336-8. Potentados judeus: Stillman, CHE, I, pp. 206-7. Goitein, "Jerusalem", p. 184. Sobre Killis, governador judeu da Palestina-Síria, vizires cristãos: Goitein, *Mediterranean Society*, I, pp. 33-4.

3. Paltiel/judeus e cristãos em Jerusalém sob os fatímidas. Sobre Paltiel e locais de oração em Jerusalém: Ahima'as, *The Chronicle of Ahima'as*, pp. 64-6 e 95-7. Moisés Maimônides, *Code of Maimo-*

nides, livro VIII, *Temple Service*, pp. 12, 17 e 28-30. Sobre Paltiel e família: Mann, I, p. 252. Fatímidas pagam subsídio judaico: Peters, *Jerusalem*, p. 276 — provado pelo cancelamento de al-Hakim. Grabar, *Shape of the Holy*: judeus em Jerusalém / funeral de Paltiel atacado no ano 1011: pp. 144-50 e 162-8. Pranteadores de Sião / chamado à *Aliyah* por Daniel al-Kumisi: Peters, *Jerusalem*, pp. 227-9; caraítas, pp. 229-32. Moshe Gil, "Aliyah and Pilgrimage in Early Arab Period", em *Cathedra*, III, pp. 162-73. Academia de Jerusalém: Peters, *Jerusalem*, pp. 232-3; penúria e cartas de súplicas, pp. 233-4; local de adoração; monte das Oliveiras; Geniza diz acima dos monumentos de Absalão, p. 603. Peregrinação — aura de distinção e imitação judaico-cristã dos muçulmanos: Goitein, *Mediterranean Society*, I, p. 55. Stillman, CHE, I, pp. 201-9. Peregrinações cristãs a partir do Egito: Ibn al-Qalanisi, *Continuation of the Chronicle of Damascus* (doravante Qalanisi), pp. 65-7. Duri em Asali, *Jerusalem*, pp. 118-9.

4. Al-Muqaddasi e Jerusalém islâmica sob os fatímidas: as citações são de Muqaddasi — sobre beleza do Domo, Haram e al-Aqsa, pp. 41-68; sobre místicos e queijos, pp. 67-9; judeus e cristãos, pp. 75-7; sobre o Dia do Juízo, banhos sujos, água, pp. 34-7. Dia do Juízo e chegada do mádi: Ibn Khaldun, pp. 257-8. Haram fatímida: Kaplony, *Sacred Esplanade*, pp. 101-31. Duri em Asali, *Jerusalem*, p. 179. Uma banana no Domo: Goitein, "Jerusalem", p. 190, cita Ibn Asakir.

5. Al-Hakim: mãe cristã — Guilherme de Tiro, I, pp. 65-7. Sanders, CHE, I, p. 152. Goitein, "Jerusalem", p. 185. Busca do saber islâmico: Goitein, *Mediterranean Society*, I, p. 51. Runciman, I, pp. 35-6. Mann, I, pp. 33-41. Sobre santuário de al-Khidr, ver William Dalrymple, *From Holy Mountain*, pp. 339-44. Jaber el-Atrache, "Divinity of al-Hakim", *Lebanon through Writers' Eyes*, T. J. Gorton e A. F. Gorton (orgs.), pp. 170-1.

6. Fogo Sagrado: Qalanisi, pp. 65-7. Martin Gilbert, *Rebirth of a City*, p. 160. Tremer de horror: Mujir, pp. 67-8. Fogo Sagrado: descrições em Peters, *Jerusalem*, p. 262, incluindo a primeira menção do ritual em 870 d.C. em Bernard, *Itinerary*, p. 263. Peregrinos cristãos, inclusive Fulk: David C. Douglas, *William the Conqueror*, pp. 35-7. Runciman, I, pp. 43-9.

7. Hakim, Santo Sepulcro e Morte: Gilbert, *Rebirth of a City*, p. 160. Fogo Sagrado: Mujir, pp. 67-8. Fogo Sagrado: descrições em Peters, *Jerusalem*, p. 262, incluindo a primeira menção do ritual em 870 d.C. em Bernard, *Itinerary*, p. 263. Peregrinos cristãos: Runciman, I, pp. 43-9. Haram fatímida: Kaplony, *Sacred Esplanade*, pp. 101-31. Qalanisi, pp. 65-7. Yahya ibn Said citado em Peters, *Jerusalem*, p. 260; perseguições a judeus, perda de subsídio, p. 276. Hiyari em Asali, *Jerusalem*, p. 132. Goitein, "Jerusalem", pp. 185-6. Goitein, *Mediterranean Society*, I, pp. 15, 18, 34 e 71. Sobre Sweyn, duque Roberto da Normandia: Douglas, *William Conqueror*, pp. 35-7; Tuchman, pp. 3-4. "Divinity of Hakim", *Lebanon*, pp. 170-1.

8. Al-Zahir e al-Mustansir, reconstrução do Santo Sepulcro, muralhas, Bairro Cristão: Kaplony, *Sacred Esplanade*, pp. 101-31. Al-Zahir: Guilherme de Tiro, I, pp. 67-71; muralhas, sanatório amalfita, bairro, I, pp. 80-1; área de Muristan reconstruída, II, pp. 240-5. Goitein, "Jerusalem", p. 188. Reconstrução: Peters, *Jerusalem*, p. 267; muralhas de Jerusalém e proteção do Bairro dos Patriarcas Cristãos — Yahya citado em Peters. Hiyari em Asali, *Jerusalem*, pp. 132-3.

Peregrinação cristã, al-Mustansir, vizires judeus: Stillman, CHE, I, pp. 206-7. Peregrinos normandos / reais / aristocratas: Douglas, *William Conqueror*, pp. 37-7. Peregrinação germânica liderada por Arnold, bispo de Bamberg, e banho de sangue nos arredores de Jerusalém no ano de 1064: Peters, *Jerusalem*, p. 253. Banho de sangue: ver Florêncio de Worcester, *Chronicle*. Era dos peregrinos: Runciman, I, pp. 43-9. Christopher Tyerman, *God's War: A New History of the Crusades* (doravante Tyerman), p. 43. Perigos e perseguição de peregrinos cristãos: Guilherme de Tiro, I, pp. 71 e

81. Torturas e entranhas arrancadas, Urbano II citado em Peters, *Jerusalem*, p. 251; judeus, segurança de al-Zahir, p. 277. Peregrinação e viagem judaica: Goitein, *Mediterranean Society*, I, pp. 55-61. Peregrinação muçulmana, Nasir-i-Khusrau: todas as citações são extraídas de Nasir-i-Khusrau, *Diary of a Journey through Syria and Palestine*; sobre Nasir, ver Grabar, *Shape of the Holy*, pp. 137-8 e 145-53. Santidade de Jerusalém: Hasson, *Cathedra*, I, pp. 177-83. Santidade: Ibn Khaldun, p. 269. Consagração de *haj* vindo de Jerusalém: Duri em Asali, p. 118. Grão-vizires de Tustari: Mann, I, pp. 74-6. Solomon ben Yehuda, gaon de Jerusalém nos anos 1025 e 1051 — coisas "tão ruins que iguais a elas não ocorrem desde que os judeus retornaram" / sobre a queda de Tustari; Jerusalém ameaçada por rebeldes árabes nos anos 1024-9; tolerância de al-Zahir para com judeus e caraítas: Mann, I, pp. 134-6. O gaon e nassi Daniel ben Azarya em Jerusalém por onze anos, de 1051 a 1062, sucedido como gaon por Elijah Hakohen — mas fugiu de Jerusalém para Tiro: Mann, I, pp. 178-80; revolta árabe de Hassan de Banu Jarrah, I, pp. 158-71. Tratado com os bizantinos: Runciman, I, pp. 35-7.

9. Selêucidas: Ibn Khaldun, p. 252. Atsiz toma Jerusalém, revolta e assalto; Tutush e Ortuqids: Solomon ben Joseph Ha-Kohen, "The Turkoman Defeat at Cairo", *American Journal of Semitic Languages and Literatures*, janeiro de 1906. Hiyari em Asali, *Jerusalem*, pp. 135-7. Goitein, "Jerusalem", p. 186. Joshua Prawer, *Latin Kingdom of Jerusalem*, pp. 7-9. Táticas militares turcas: Norman Housley, *Fighting for the Cross: Crusading to the Holy Land*, pp. 111-4. Ortuq e seta: Runciman, I, p. 76; selêucidas, I, p. 59. Renascimento muçulmano inclusive visita de al-Ghazali e Ibn al-Arabi: Mustafa A. Hiyari em Asali, *Jerusalem*, pp. 130-7. Perigos e perseguições de peregrinos cristãos: Guilherme de Tiro, I, p. 71. Torturas, Urbano II: Peters, *Jerusalem*, p. 251; judeus fogem para Haifa e então para Tiro, p. 277. Ruínas de sítios de Jerusalém: Halevi, *Selected Poems of Judah Halevy*, org. de H. Brody, pp. 3-7. Maimônides, *Code*, pp. 28-30. Peters, *Jerusalem*, pp. 276-9. Muçulmanos: Ghazali citado em Peters, *Jerusalem*, pp. 279-80 e 409; Mujir, pp. 66 e 140; Nusseibeh, *Country*, pp. 126-7. História popular dos selêucidas: John Freely, *Storm on Horseback: Seljuk Warriors of Turkey*, pp. 45-64.

V. CRUZADA (PP. 267-348)

21. A matança (1099)

1. Cruzada, Godofredo, tomada de Jerusalém. Este relato das Cruzadas baseia-se nos clássicos essenciais: Steven Runciman, *The Crusades*; Jonathan Riley-Smith, *The First Crusade*; Joshua Prawer, *The Latin Kingdom of Jerusalem*; Denys Pringle, *The Chruches of the Crusader Kingdom of Jerusalem: A Corpus* (doravante Pringle). Há também as obras de Benjamin Z. Kedar e os excelentes novos livros — Christopher Tyerman, *God's War*; Jonathan Phillips, *Holy Warriors*; Thomas Asbridge, *The Crusades* —, juntamente com fontes cristãs primárias, como Guilherme de Tiro, Fulquério de Chartres (*Gesta Francorum*) e Raimundo de Aguilers, bem como fontes muçulmanas, como Ibn al-Athir, e mais tarde Ibn Qalasini e Usama bin Munqidh. Sobre utensílios da guerra: Norman Housley, *Fighting for the Cross*; sobre a vida em Jerusalém: Adrian Boas, *Jerusalem in the Time of the Crusades*.

Raimundo e *Gesta* são citados em August C. Krey, *The First Crusade: The Accounts of Eyewitnesses and Participants*, pp. 242-62; al-Athir e al-Qalanisi são citados, a menos que outra fonte seja mencionada, em Francesco Gabrieli, *Arab Historians of the Crusades* (doravante Gabrieli). Assalto: al-Athir, Gabrieli, pp. 10-1. Tyerman, pp. 109-12. Sobre os 3 mil mortos, massacre menor: Benjamin Z. Kedar, "The Jerusalem Massacre of July 1099 in Western Historiography of the Crusades", em *Crusades*, 3 (2004), pp. 15-75. Phillips, *Warriors*, p. 24; Asbridge, *Crusades*, pp. 90-104. Sobre os 3 mil mortos no Haram e mulheres mortas no Domo da Corrente: Ibn al-Arabi citado em Benjamin Z. Kedar e Denys Pringle, "1099–1187: The Lord's Temple (Templum Domini) and Solomon's Palace (Palatium Salomonis)", em *Sacred Esplanade*, pp. 133-49. Prawer, *Latin Kingdom*, pp. 15-33. Sobre a imagem de Jerusalém e da Guerra Santa: Housley, *Fighting for the Cross*, pp. 26 e 35-8; massacre, pp. 217-9. Os príncipes da Cruzada: Tyerman, pp. 116-25; psicopatas cruzados, p. 87. Fragmentação de árabes e cidades-Estados islâmicos — ver Guilherme de Tiro e al-Ahtir citados em Tyerman, p. 343, e Grabar, *Shape of the Holy*, p. 18. Runciman, I, pp. 280-5. Hiyari em Asali, *Jerusalem*, pp. 137-40.

Sobre edificações cruzadas de Jerusalém, agradecimentos ao professor Dan Bahat, que fez com o autor uma turnê das Cruzadas. Sobre a moral de Arnulf: B. Z. Kedar, "Heraclius", em B. Z. Kedar, H. E. Mayer e R. C. Smail (orgs.); *Outremer: Studies in the History of the Crusading Kingdom of Jerusalem*, p. 182. B. Z. Kedar, "A Commentary on the Book of Isaiah Ransomed from the Crusaders", em *Cathedra*, II, p. 320. OJ, p. 281. Assalto e reféns judeus: Prawer, *Jews in the Latin Kingdom*, pp. 19-40. Sobre judeus: Mann, pp. 198-201. Guilherme de Tiro, I, pp. 379-413. A campanha: Tyerman, pp. 124-53; assalto, pp. 155-64; poucos cavaleiros, p. 178. Massacre: al-Athir em Gabrieli, pp. 10-1. Assalto: *Gesta Francorum*, pp. 86-91. Fulquério de Chartres, *A History of the Expedition to Jerusalem*, I, xxiv e xxxiii, e II. Vi até rédeas controladas com sangue — citado em Peters, *Jerusalem*, p. 285. Estatísticas da população da cidade: Tyerman, pp. 2-3. Tática dos turcos: Housley, *Fighting for the Cross*, pp. 111-4; táticas dos francos, pp. 118-28.

22. A ascensão do Outremer (1100-31)

1. Balduíno I. Este retrato baseia-se em Guilherme de Tiro, I, pp. 416-7; Fulquério, *History*; Tyerman, pp. 200-7; Runciman, I, pp. 314-5; II, pp. 104; inclusive esposas de Balduíno e chegada de Adelaide a Jerusalém e visita de Sigurd, pp. 92-3. "Saga de Sigurd" citada em Wright, *Early Travellers*, pp. 50-62.

Construção — uso da Cidadela, despojos de al-Aqsa para Sepulcro: Boas, *Jerusalem*, pp. 73-80. O Haram dos cruzados: Kedar e Pringle, "1099–1187: The Lord's Temple (Templum Domini) e Solomon's Palace (Palatium Salomonis)", em *Sacred Esplanade*, pp. 144-9. Santo Sepulcro: Charles Couasnon, *The Church of the Holy Sepulchre in Jerusalem*, pp. 10-20. Kroyanker, pp. 40-3. N. Kenaan, "Sculptured Lintels of the Crusader Church of the Holy Sepulchre", em *Cathedra*, II, p. 325. Runciman, III, pp. 370-2. Tradições e calendário, peregrinos: Tyerman, p. 341. Fogo Sagrado — Daniel, o Abade, citado em Peters, *Jerusalem*, pp. 263-5; administração da cidade, p. 301. Calendário e rituais: Boas, *Jerusalem*, pp. 30-2; principais postos políticos e cortes, pp. 21-5; coroação, pp. 32-5; portão Dourado, sobre possíveis domos dos cruzados, pp. 63-4, citando Pringle; túmulos de cruzados no monte do Templo, p. 182; João de Wurzburg diz que pessoas "ilustres" estão sepultadas perto do portão Dourado, estilo cruzado e oficina no monte do Templo, pp. 191-8. Prawer, *Latin Kingdom*, pp. 97-102, sobre coroação; Verdadeira Cruz, pp. 32-3; coroa, pp. 94-125. Sobre a Verdadeira Cruz: Imad citado em Grabar, *Shape of the Holy*, p. 136. James Fleming, *Biblical Archaeology Review*, janeiro-fevereiro de 1969, p. 30. Shanks, pp. 84-5. Tenda vermelha do rei: Runciman, II, pp. 458-9; estilo dos cruzados, III, pp. 368-83. Estilo e reutilização de pedras herodianas, cidadela e torres: Kroyanker, IV, pp. 37-43.

2. Balduíno II: Tyerman, pp. 206-8. Dom para reinado: al-Qalanisi, Gabrieli, p. 40. Jerusalém: Bahat, *Atlas*, pp. 90-101. Palácios reais, palácio perto do Sepulcro: Boas, *Jerusalem*, pp. 77-80. Palácio: Arnald von Harf citado em Peters, *Jerusalem*, p. 355.

Sobre as Ordens, baseio-me aqui em Jonathan Riley-Smith, *The Knights of St. John in Jerusalem and Cyprus 1050–1310*; Piers Paul Read, *The Templars*; Michael Haag, *The Templars: History and Myth*;

Boas, *Jerusalem*; e Prawer, *Latin Kingdom*. Regras dos templários: peregrino anônimo citado em Peters, *Jerusalem*, p. 323. Organização militar, cavaleiros, turcopolos: Tyerman, pp. 220 e 228, e ordens, p. 169. Odens: Boas, *Jerusalem*, pp. 26-30; templários no monte do Templo, banhos, pp. 142-60; estábulos citando João de Wurzburg e Teodorico (10 mil cavalos), p. 163; hospitalários, pp. 156-9. Prawer, *Latin Kingdom*, pp. 252-79. Ordens: Runciman, II, pp. 312-4. Cruzados no monte do Templo: Oleg Grabar, *The Dome of the Rock*, p. 163. O Haram cruzado: Kedar e Pringle, *Sacred Esplanade*, pp. 133-49. Sobre o monte do Templo: igreja no local de Antonia, Michael Hamilton Burgoyne, *Mamluk Jerusalem: an Architectural Survey*, pp. 204-5; salão templário no canto sudoeste do monte do Templo, pp. 260-1; cânones augustinianos templários a norte do Domo. Portão único com acesso aos estábulos de Salomão: *Archaeological Park*, p. 31. Sobre assentamento armênio e reconstrução da Catedral de São Jaime após 1141: Dorfamm-Lazarev, "Historical Itinerary of the Armenian People in Light of its Biblical Memory".

23. A era de ouro do Outremer (1131-42)

1. Fulque e Melisende, baseado em Guilherme de Tiro, II, pp. 50-93 e p. 135; caráter de Melisende, II, p. 283. Tyerman, pp. 207-9. Runciman, II, pp. 178, 190 e 233. Coração dos reis de Jerusalém: *Conquest of Jerusalem and the Third Crusade: Old French Continuation of William of Tyre and Sources in Translation* (doravante *Continuation*), p. 15. Calendário e rituais: Boas, *Jerusalem*, pp. 30-2; principais postos políticos, pp. 21-5; coroação, pp. 32-5. Prawer, *Latin Kigdon*, pp. 97-102, sobre coroações.

Zangi e Edessa: al-Athir, Gabrieli, pp. 41-3 e 50-1; caráter e morte, pp. 53-5; Qalinisi, pp. 44-50; Usamah sobre a vida no exército de Zangi/Zangi, rei dos emires, pp. 38 e 169-71. Zangi: Phllips, *Warriors*, pp. 75-6; Ibn Jubayr citado sobre matrimônio, p. 47; coroação, pp. 56-8; penalidades para adultério, pp. 60-1; saltério como presente de Fulque, pp. 69-71; Santo Sepulcro, p. 103. Zangi, caráter: Asbridge, *Crusades*, pp. 225-7.

24. Impasse (1142-74)

1. Usamah ibn Munqidh, *The Book of Contemplation: Islam and the Crusades* (doravante Usamah — erudito, cavaleiro, muçulmano), p. 26; Zangi, rei dos emires, p. 38; brutalidade dos emires, pp. 169-71; caçando com Zangi, pp. 202-3; perda da biblioteca, p. 44; importância do Islã e jihad, pai, pp. 63-4 e 202; médicos orientais, p. 66; a medicina dos francos, pp. 145-6; encontros com Fulque, pp. 76-7; falcão, pp. 205-6; peregrinação a Jerusalém, p. 250; comprando reféns, p. 93; encontro com Balduíno II, p. 94; pai corta braço de servo, p. 129; conversos francos ao Islã, pp. 142-3; natureza do convite de francos à Europa, p. 144; no Templo, pp. 147-8; mulheres e raspagem pública de cabelos, pp. 148-50; leis, pp. 151-2; francos aclimatados ao Oriente, p. 153; pequenas coisas e morte, p. 156; vitória e Deus, p. 160.

Descrição de mercados e ruas: condição da cidade de Jerusalém em 1187, citado em Peters, *Jerusalem*, pp. 298-303. O Haram cruzado: Kedar e Pringle, *Sacred Esplanade*, pp. 133-49. Comércio: Prawer, *Latin Kingdom*, pp. 408-9. Sobre médicos sírios, ver Guilherme de Tiro a respeito da morte de Balduíno III e Amauri. População e adoção de costumes orientais: Fulquério, *History*, II, vi, pp. 69, e xxxvii. Diferentes povos em Jerusalém: peregrino anônimo em Peters, pp. 307-8. Ali al-Harawi, sobre figuras no Domo: Peters, *Jerusalem*, pp. 313-8. Templários cavalgam diariamente para praticar: Benjamin de Tudela, *The Itinerary of Benjamin of Tudela*, pp. 20-3; ver também Wright, *Early Travellers*. Jerusalém em 1165, "povos de todas as línguas", judeus rezam no portão Dourado;

Benjamin de Tudela citado em Wright, pp. 83-6. Jerusalém no ano 1103: Saewulf citado em Wright, *Early Travellers*, pp. 31-9. Sobre festividades, guia da cidade de Jerusalém e al-Harawi: Peters, *Jerusalem*, pp. 302-18.

Sobre assentamento armênio e reconstrução da Categral de São Jaime após 1141: Dorfamnn--Lazarev, "Historical Itinerary of the Armenian People in Light of its Biblical Memory". Sobre edificação, assentamento de Melisende, armênios sob os cruzados: Kevork Hintlian, *History of the Armenians in the Holy Land*, pp. 18-23 e 25-8. Sobre assentamento armênio para refugiados — agradecimentos a George Hamilton. Bairro Armênio se desenvolve: Boas, *Jerusalem*, p. 39. Planos dos cruzados para Bab al-Silsila, igreja de São Gil: visita do autor aos túneis do Templo, guiado por Dan Bahat. Igrejas cruzadas em Bab al-Silsila: Burgoyne, *Mamluk Jerusalem*, p. 443, e sobre o local de Antônia, pp. 204-5. Sobre regime de Melisende Fulque: Tyerman, pp. 206-11. Runciman, II, p. 233. Sobre edificação: Grabar, grelha do Domo da Rocha, p. 167. Sobre igrejas: ver Pringle. Construção — uso da Cidadela, despojos de al-Aqsa para Sepulcro: Boas, *Jerusalem*, pp. 73-80. Kedar e Pringle, *Sacred Esplanade*, pp. 133-49. Santo Sepulcro: Couasnon, *Church of the Holy Sepulchre in Jerusalem*, pp. 19-20. Kroyanker, pp. 40-3. Kenaan, "Sculptured Lintels of the Crusader Church of the Holy Sepulchre", em *Cathedra*, II, p. 325.

Rituais de sepultamento e relicários como teatro: Jonathan Riley-Smith, "The Death and Burial of Latin Christian Pilgrims to Jerusalem and Acre, 1099–1291", *Crusades*, 7 (2008): locais de sepultamento, lugares sagrados como cenários, inclusive citação extraída de Riley-Smith, sobre sepultamento dos assassinos de Beckett. Morte em Jerusalém / Mamilla: Prawer, *Latin Kingdom*, p. 184. Boas, *Jerusalem*, pp. 181-7, inclusive Aceldama e enterro no monte do Templo de Frederico, advogado de Regensburg, morto em 1148; Conrad shick encontrou ossos perto do portão Dourado. Prática de arquearia, Boas, *Jerusalem*, p. 163.

Saltério, artes: Prawer, *Latin Kingdom*, pp. 416-68. Runciman, III, p. 383. Ver também J. Folda, *Crusader Art: The Art of the Crusaders in the Holy Land, 1099–1291*. População e indumentária de ordens militares e hierosolimitas: Boas, pp. 26-30 e 35-40. Taverna com correntes: conversas com Dan Bahat. Vida em Jerusalém, banhos, ruas venezianas e genovesas, *poulains*: Runciman, II, pp. 291-3.

Vida e luxo, turbantes, peles, albornozes, banhos, carne de porco, palácio de Ibelin em Beirute: Tyerman, pp. 235-40. Mapas e vistas de Jerusalém: catorze mapas da Jerusalém dos francos, onze deles redondos, geralmente com convenções cartográficas da cruz dentro de um círculo nas ruas: Boas, *Jerusalem*, p. 39, no palácio real no mapa de Cambrai. Palácio real: Prawer, *Latin Kingdom*, pp. 110-1.

Sexo e mulheres na Cruzada: Housley, *Fighting for the Cross*, pp. 174-7. Meretrizes em Outremer — Imad al-Din citado em Gabrieli, pp. 204-5. Muçulmanos: Ali al-Harawi citado em Peters, *Jerusalem*, p. 381. Judeus — visita de Judá Halevi: Brenner, pp. 88-90. Prawer, *History of the Jews in the Latin Kingdom*, p. 144. *Selected Poems of Judah Halevy*, tradução para o inglês de Nina Salaman; ver também Peters, *Jerusalem*, p. 278.

Runciman, III, pp. 370-2. As tradições e calendário, peregrinos: Tyerman, p. 341. Fogo Sagrado — Daniel, o Abade, citado em Peters, *Jerusalem*, pp. 263-5; administração da cidade. Calendário e rituais: Boas, pp. 21-5 e 30-5. Prawer, *Latin Kingdom*, pp. 97-102; Cruz Verdadeira, pp. 32-3; coroa, pp. 94-125. Sobre a Cruz Verdadeira: Imad citado em Grabar, *Shape of the Holy*, p. 136.

Portão Dourado: Boas, pp. 63-4; túmulos de cruzados, p. 182; monte do Templo, pp. 191-8. J. Fleming, *Biblical Archaeology Review*, janeiro-fevereiro de 1969, p. 30. Shanks, pp. 84-5. Tenda vermelha do rei: Runciman, II, pp. 458-9; estilo cruzado, III, pp. 368-83. Estilo e reutilização de pedras herodianas: Kroyanker, IV, pp. 37-43. Domo da Rocha: Ali al-Harawi citado em Peters, *Jerusalem*, p. 318.

Zangi, caráter, testemunhas no leito de morte: Asbridge, *Crusades*, pp. 225-7. Hamilton A. R. Gibb, "Zengi and the Fall of Edessa", em M. W. Baldwin (org.), *The First Hundred Years*, vol. I, K. M. Setton (editor-chefe), *A History of the Crusades*, pp. 449-63.

2. Segunda Cruzada: Qalinisi citado em Gabrieli, pp. 56-60; al-Tahir, pp. 59-60. Guilherme de Tiro: sobre Leonor e Raimundo, II, pp. 180-1; sobre colapso de Damasco, II, pp. 182-96. Caráter de Zangi, morte: Asbridge, *Crusades*, pp. 225-7. Gibb, "Zengi and the Fall of Edessa", em Baldwin, *First Hundred Years*, pp. 449-63.

O relato mais recente é Jonathan Phillips, *The Second Crusade*, pp. 207-27. Sobre Luís e Leonor: Ralph V. Turner, *Eleanor of Aquitaine*, pp. 70-98. Tyerman, pp. 32-7. Catorze mapas da Jerusalém franca, Boas, *Jerusalem*, p. 39. Palácio real: Prawer, *Latin Kingdom*, pp. 110-1. Sobre a igreja do Santo Sepulcro, o relato e análise baseiam-se de perto em Riley-Smith, "Death and Burial of Latin Christian Pilgrims to Jerusalem and Acre, 1099–1291", *Crusades*, 7 (2008); Pringle; Folda, *Crusader Art*; Couasnon, *Church of the Holy Sepulchre in Jerusalem*, pp. 19-20; Kroyanker, pp. 40-3; Kenaan, *Cathedra*, II, p. 235; Boas, *Jerusalem*, pp. 73-80; Runciman, III, pp. 370-2.

3. Balduíno III: caráter, Guilherme de Tiro, II, pp. 137-9; o relato de seu reinado baseia-se em II, pp. 139-292; ataque dos Ortuqs, Ascalon, II, pp. 337-58. Nur al-Din e renascimento sunita; Qalinisi, pp. 64-8. Tyerman, pp. 268-73. Asbridge, *Crusades*, pp. 229-33. Nur al-Din, polo: Phillips, *Warriors*, p. 110. Hamilton A. R. Gibb, "The Career of Nur al-Din", em Baldwin, *First Hundred Years*, pp. 513-27. Sobre Andrônico: Bernard Hamilton, *The Leper King and his Heirs: Baldwin IV and the Crusader Kingdom of Jerusalem* (doravante *Leper*), pp. 173-4.

4. Amauri e Agnes, arrefecimento na política de Jerusalém: *Leper*, pp. 26-32. Tyerman, pp. 208-10. Amauri reconstrói o palácio real: Boas, *Jerusalem*, p. 82. Sobre estratégia egípcia/negociações com os Assassinos: *Leper*, pp. 63-75. Cinco invasões egípcias: Tyerman, pp. 347-58; médicos sírios, p. 212. Runciman, II, pp. 262-93; morte de reis, II, pp. 398-400. Superpoderosas ordens militares — por exemplo, hospitalários versus patriarca, Guilherme de Tiro, II, pp. 240-5; desobediência dos templários a Amauri. Agnes casada com Reinaldo de Marash; noiva de Hugo de Ibelin; casada com príncipe Amauri, depois com Hugo de Ibelin e em seguida com Reinaldo de Sidon, que se divorciou dela; amantes alegadamente incluíam Amauri de Lusignan e Heráclio, o Patriarca: Runciman, II, pp. 362-407.

5. Guilherme de Tiro: vida e ligação com biblioteca de Usamah: Introdução, Guilherme de Tiro, I, pp. 4-37. Livros de Usamah, p. 44. Balduíno IV, lepra: Guilherme de Tiro, II, pp. 397-8. *Leper*, pp. 26-32.

6. Moisés Maimônides: este relato baseia-se em Joel L. Kraemer, *Maimonides: The Life and World of One of Civilisation's Gratest Minds*; recusa em servir a rei cruzado provavelmente entre 1165 e 1171, p. 161; visita a Jerusalém, pp. 134-41; médico fatímida, pp. 160-1. Médico de Qadi al-Fadil e depois de Saladino, pp. 188-92; al-Qadi al-Fadil, pp. 197-201; médicos de Saladino, pp. 212 e 215; fama e vida na corte — médico de al-Afdal, p. 446; Taki al-Din/vida sexual, pp. 446-8. Prawer, *History of the Jews in the Latin Kingdom*, p. 142. Maimônides orou no Domo da Rocha? Kedar e Pringle acreditam que sim — *Sacred Esplanade*, pp. 133-49. Benjamin de Tudela sobre tintureiros judeus, tumba de Davi e Alroy: ver Wright, *Early Travellers*, pp. 83-6 e 107-9. Michael Brenner, *Short History of the Jews* (doravante Brenner), sobre Alroy, p. 80; Maimônides, pp. 90-2.

25. O rei leproso (1174-87)

1. Livros/Usamah, Guilherme de Tiro, I, pp. 4-37. Usamah, p. 44. Balduíno IV, lepra: Guilherme de Tiro, II, pp. 397-8. *Leper*, pp. 26-32.

2. Balduíno IV. Morte de Nur al-Din — al-Tahir, em Gabrieli, pp. 68-70. Guilherme de Tiro, morte de reis, II, pp. 394-6; sucessão e sintomas, II, pp. 398-9. Juntamente com Guilherme de Tiro, baseia-se em *Leper*, pp. 32-197; sobre lepra, ver artigo do dr. Piers D. Mitchell em *Leper*, pp. 245-58. Heráclio e amante, filho: *Continuation*, pp. 43-5. Tyerman, p. 216. Devassidão de Heráclio injustamente exagerada — para uma visão mais positiva, ver B. Z. Kedar, em Kedar, Mayer e Smail (orgs.), *Outremer*, pp. 177-204. W. L. Warren, *King John*: passeio de Heráclio e príncipe João, pp. 32-3. Enterro de Balduíno V e sarcófago: Boas, *Jerusalem*, p. 180. Tyerman, pp. 210-3 e 358-65. Runciman, II, pp. 440-30. Reinaldo de Châtillon: *Leper*, pp. 104-5. Reinaldo ataca caravana para Meca e toma a irmã de Saladino: *Continuation*, p. 29.

3. Guido e Sibila: estrada para Hattin, coroação e espião no Sepulcro: *Continuation*, pp. 25-9. Reinaldo, tortura da caravana de Meca: *Continuation*, pp. 25-6. Ibn Shaddad, *The Rare and Excellent History of Saladin* (doravante Shaddad), p. 37. Para uma análise mais simpática de Guido: R. C. Smail, "The Predicaments of Guy of Lusignan", em Kedar, Mayer e Smail (orgs.), *Outremer*, pp. 159-65. Runciman, II, pp. 437-50. Coroação: Kedar, *Outremer*, pp. 190-9. M. C. Lyons e D. E. P. Jackson, *Saladin: Politics of Holy War* (doravante *Saladin*), pp. 246-8. Massacre de templários e unidade política: *Continuation*, pp. 32-5. Hattin/matança de Reinaldo: *Continuation*, pp. 37-9 e 45-8. Deslocamento e invasão: Shaddad, pp. 60-3. Sobre o papel de Raimundo, ver M. W. Baldwin, *Raymond III of Tripoli and the Fall of Jerusalem*.

26. Saladino (1187-9)

1. Saladino e Hattin: Shaddad, pp. 37-8. *Continuation*, pp. 36-9 e 45-8. Batalha, Reinaldo: Shaddad, pp. 73-5. Al-Athir: Gabrieli, pp. 119-25; Imadal-Din (exército, campo de batalha, morte de Reinaldo, Cruz Verdadeira, templários assassinos): Gabrieli, p. 125. B. Z. Kedar (org.), *The Horns of Hattin*, pp. 190-207. N. Housley, "Saladin's Triumph over the Crusader States: The Battle of Hattin, 1187", *History Today*, 37 (1987). Promessa de matar Reinaldo: *Saladin*, pp. 246-8; a batalha, pp. 252-65. Runciman, II, pp. 453-60. Tyerman, pp. 350-72. Saladino separa infantaria dos cavaleiros: Housley, *Fighting for the Cross*, pp. 124-6.

2. Saladino toma Jerusalém: Shaddad, pp. 77-8; Shaddad entra para o serviço de Saladino, p. 80; visitas a Jerusalém para festividades, p. 89. *Continuation*, pp. 55-67. Al-Athir citado em Gabrieli, pp. 139-46. Imad al-Din, pp. 146-63 (mulheres). *Saladin*, pp. 271-7; campanha após Jerusalém, pp. 279-94. Runciman, II, pp. 461-8. Queda da cidade: Michael Hamilton Burgoyne, "1187–1260: The Furthest Mosque (al-Masjid al-Aqsa) under Ayyubid Rule", em *Sacred Esplanade*, pp. 151-75.

3. Saladino, caráter, carreira, família, corte: baseia-se nas fontes primárias Ibn Shaddad e Imad al-Din; em Lyons e Jackson, *Saladin*; e em R. Stephen Humphreys, *From Saladin to the Mongols: The Ayyubids of Damascus 1193–1260*. Shaddad: início, p. 18; crenças e caráter, p. 18; modéstia, velho, crises com Taki al-Din, justiça, pp. 23-4; falta de interesse em dinheiro, p. 25; doença, pp. 27 e 29; jihad, pp. 28-9; crucificação de herege islâmico, p. 20; visitas a Jerusalém, p. 28; tristeza em relação a Taki, p. 32; vida na corte, ascetismo, p. 33; satisfação de prazeres mundanos, p. 224; lama nas roupas, p. 34; jovialidade como profeta segurando a mão até soltar, p. 35; bebê franco, p. 36; ascensão ao poder, pp. 41-53; filho favorito, p. 63; conselho especial a Zahir sobre governar, p. 235; crises e conflito com emires e figuras importantes, p. 66; troca de Zahir e Safadino, p. 70.

Juventude em Damasco, *Saladin*, pp. 1-29; sátira da devassidão de Taki, pp. 118-20; desafios de Taki e filhos, pp. 244-6; distribuição de novas conquistas, pp. 279-94; guerra, pp. 364-74. Estilo de governo de Saladino: Humphreys, *Ayyubids*, pp. 15-39. Erros de Saladino: al-Athir citado em Gabrieli, p. 180. Como médico da corte de Saladino e Taki al-Din, vida sexual: Kraemer, *Maimonides*, médico de Qadi al-Fadil e depois de Saladino, pp. 118-92 e 197-201; de Saladino, pp. 212 e 215; médico de al-Afdal, p. 446; Taki al-Din, pp. 446-8.

4. Saladino e a Jerusalém islâmica. Ibn Shaddad encarregado de Jerusalém, madraçal Salahiyya Shafii, nomeia governadores: *Saladin*, pp. 236-7. Imad al-Din: Gabrieli, pp. 164-75, inclusive Taki al-Din e príncipes purificando o Haram, abertura da rocha, manto para pregador, Cidadela de Davi restaurada com mesquitas; convento para sufis na casa do patriarca, madraçal Shafii em Santa Ana; Adil acampado na igreja de Sião. Tática militar turca: Housley, *Fighting for the Cross*, pp. 111-4: exército multinacional de Saladino, p. 228; imagem de Saladino, pp. 229-32. Arquitetura aiúbida no Haram: Burgoyne, "1187–1260: The Furthest Mosque (al-Masjid al-Aqsa) under Ayyubid Rule", *Sacred Esplanade*, pp. 151-75. Construções e mudanças de Saladino e Afdal: Hiyari em Asali, *Jerusalem*, pp. 169-72, e Donald P. Little, "Jerusalem under the Ayyubids and Mamluks", em Asali, *Jerusalem*, pp. 177-83. Madraçal de Saladino, *khanqah*, Muristan / mesquita de Omar de Afdal: Bahat, *Atlas*, pp. 104-7. Qubbat al-Miraj — Domo da Ascensão, ou batistério cruzado ou construído com despojos dos cruzados; Bab al-Silsila com despojos cruzados: Burgoyne, *Mamluk Jerusalem*, pp. 47-8.

Jerusalém armênia: Hintlian, *History of the Armenians in the Holy Land*, pp. 1-5; Muazzam paga por edifício armênio, p. 43.

Retorno judaico, Harizi: Prawer, *History of the Jews in the Latin Kingdom*, pp. 134 e 230. Convite de Saladino e retorno: Yehuda al-Harizi citado em Peters, *Jerusalem*, pp. 363-4. Prawer, *Latin Kingdom*, pp. 233-47.

Sobre os Nusseibeh: ver Mujir al-Din, que viu a assinatura de Saladino sobre compromisso Sepulcro / Khanqah Salahiyya. Hazem Zaki Nusseibeh, *The Jerusalemites: A Living Memory*, pp. 395-9.

28. A dinastia de Saladino (1193-1250)

1. Ricardo e Terceira Cruzada: a menos que explicitado de outro modo, este retrato de Ricardo I baseia-se em John Gillingham, *Richard I*. Crise na segunda marcha a Jerusalém: Shaddad, pp. 20-122; tristeza com a morte de Taki, p. 32; fúria pela recusa dos emires de combater em Jaffa, p. 34. *Continuation*, pp. 92-121. Runciman, III, pp. 47-74.

Acre: Shaddad, pp. 96-8; chegada de Ricardo, pp. 146-50; queda e matança de prisioneiros, pp. 162-5; infante, p. 147; matança de prisioneiros francos, p. 169; negociações com Adil e Ricardo, pp. 173-5; Arsuf, pp. 174-80; inspeção de Jerusalém, p. 181; cartas de Adil e Ricardo, p. 185; casamento, pp. 187-8 e 193; o melhor caminho é o jihad, p. 195; casamento com sobrinha de Ricardo, p. 196; inverno em Jerusalém, p. 197; avanço sobre Jerusalém / ataque a caravana egípcia, pp. 205-7; crise em Jerusalém; o amor pela cidade move montanhas, pp. 210-2; orações em Jerusalém, p. 217; Ricardo, o ruivo de Jaffa, p. 223; Saladino sem prazeres mundanos, p. 224; muralhas de Jerusalém, pp. 231-4; conselho de Saladino ao filho Zahir, p. 235; Shaddad encarregado de Jerusalém, madraçal Salahiyya Shafii, nomeia governadores, pp. 236-7.

Acre: al-Athir citado em Gabrieli, pp. 182-92 e 198-200; Imad al-Din, pp. 200-7, inclusive mulheres; Ricardo, pp. 213-24; negociações até Tratado de Jaffa, pp. 235-6. Ver também *Itinerarium Regis Ricardi*, citado em Thomas Archer, *Crusade of Richard I*. Phillips, *Warriors*, pp. 138-65. *Saladin*, pp. 295-306 e 318-30; Saladino e Ricardo, pp. 333-6; Arsuf, pp. 336-7; negociações, pp. 343-8; avanço sobre Jerusalém, pp. 350-4; Jaffa, pp. 356-60; tratado, pp. 360-1; para Jerusalém em 13 setembro e ansiedade de Fadil em relação à cidade, pp. 362-3. Longo sítio de Acre: Housley, *Fighting for the Cross*, p. 133; gênio de Ricardo com Arsuf, pp. 124-6 e 143; tática militar turca, pp. 111-4; Saladino e Ricardo, pp. 229-32; sexo e mulheres na Cruzada, pp. 174-7. Frank McLynn, *Lionheart and Lackland*, pp. 169-218.

2. Morte de Saladino: aqui baseia-se, a menos que explicitado de outra maneira, em Shaddad e Humphreys, *Ayyubids*. Dinastia aiúbida até Safadino: morte, Shaddad, pp. 238-45. Ascensão de Safadino: Humphreys, *Ayyubids*, pp. 87-123; investimento de Muazzam com Damasco em 1198, p. 108; Muazzam muda-se para Jerusalém em 1204, p. 145; caráter e governo de Safadino, brilhante e bem-sucedido, o mais capaz de sua linhagem, pp. 145-6; Muazzam em Jerusalém, p. 11; inscrições, título de sultão, legislador independente, pp. 150-4; Muazzam independente após morte de Safadino, pp. 155-92; caráter de Muazzam, pp. 185-6 e 188-90. Guerra dos filhos de Saladino: Runciman, III, pp. 79-83; Jerusalém sob Afdal, Safadino e Muazzam, arquitetura, Burgoyne, "1187–1260: The Furthest Mosque (al-Masjud al-Aqsa) under Ayyubid Rule", *Sacred Esplanade*, pp. 151-75. Inscrições de Adil na cidadela e em fontes no Haram e torre aiúbida de Muazzam, madraçais, Haram, muralhas, cã em jardins armênios: Bahat, *Atlas*, pp. 104-7. Adil e Muazzam em al-Aqsa: Kroyanker, p. 44. Qubbat al-Miraj — Domo da Ascensão; Bal al-Silsila, pp. 1187-99: Burgoyne, *Mamluk Jerusalem*, pp. 47-8; a era de ouro dos aiúbidas sob Muazzam/escadaria sudeste de acesso ao Domo restaurada em 1211/construiu Nasiriyya Zawiya no portão Dourado em 1214/portal central de al-Aqsa em 1217/muralhas restauradas/construiu Qubbat al-Nalwiyya em 1207 no canto sudoeste do Haram como escola do Alcorão/madraçal Hanafi: pp. 48-9. M. Hawari, "The Citadel (Qal'a) in the Ottoman Period: An Overview", em *Archaeological Park*, pp. 9 e 81. Sobre o caráter de Muazzam: Mujir, pp. 85-7 e 140. Muazzam — sete torres mais mesquita na Cidadela: Little em Asali, *Jerusalem*; a Jerusalém de Muazzam, pp. 177-80; pânico aiúbida, pp. 183-4.

João de Brienne e a Quinta Cruzada: Tyerman, pp. 636-40. Runciman, III, pp. 151-60; al-Athir citado em Gabrieli, pp. 255-6. Pânico em Jerusalém: Little em Asali, *Jerusalem*, p. 183. Judeus vão embora: Prawer, *Latin Kingdom*, pp. 86-90.

3. Frederico II: caráter — baseado em David Abulafia, *Frederick II: A Medieval Emperor*, especialmente o conceito de monarquia, p. 137; lança de Cristo, p. 127; judeus, pp. 143-4; esmagando muçulmanos, pp. 145-7; judeus e muçulmanos, pp. 147-53; Lucera, p. 147; casamento, pp. 150-4; cruzada, pp. 171-82; canções, cultura, p. 274; Michael Scot, mágico, p. 261. Sobre Kamil e Muazzam: Humphreys, *Ayyubids*, pp. 193-207. Runciman, III, pp. 175-84. Tyerman, pp. 726-48 e 757.

4. Frederico em Jerusalém: Ibn Wasil citado em Gabrieli, pp. 269-73, e al-Jauzi, pp. 273-6. Abulafia, *Frederick II*, pp. 182-94; presentes para Kamil, p. 267; canções de "flor da Síria", p. 277. Little em Asali, *Jerusalem*, pp. 184-5. Construção em Jerusalém: discussão do autor com Dan Bahat. Tyerman, pp. 752-5. Runciman, III, pp. 188-91. Phillips, *Warriors*, p. 255.

5. Jerusalém latina, p. 1229-44. Francos refortificam Jerusalém: Nasir Daud toma a cidade; depois confrontado com Thibault de Navarra/Champagne restaurada aos francos junto com parte da Galileia; Nasir Daud retoma; então, na primavera de 1244, Jerusalém retorna novamente aos francos, autorizados a controlar o Haram: Humphreys, *Ayyubids*, pp. 260-5. Nova construção franca, invasão de nablusitas, sítio de Nasir Daud: Boas, *Jerusalem*, pp. 20 e 76. Tyerman, pp. 753-5 e 765. Runciman, III, p. 193 e 210-1. Judeus: Prawer, *Latin Kingdom*, p. 90. Goitein, judeus palestinos, p. 300. B. Z. Kedar, "The Jews in Jerusalem", em B. Z. Kedar (org.), *Jerusalem in the Middle Ages: Selected Papers*, pp. 122-37. Hiyari em Asali, *Jerusalem*, pp. 170-1. Templários no Domo da Rocha: Little

em Asali, *Jerusalem*, p. 185. J. Drory, "Jerusalem under Mamluk Rule", em *Cathedra*, I, p. 192. Vinho no Domo: Ibn Wasil citado em C. Hillenbrand, *Crusaders*, p. 317.

6. Tártaros khwarizminianos/Barka Khan: visita do autor à Biblioteca Khalidi, *turba* de Barka Khan na rua Silsila, grato a Haifa Khalidi. Burgoyne, *Mamluk Jerusalem*, pp. 109-216 e 380. Humphrey, *Ayyubids*, pp. 274-6. Tyerman, p. 771. Runciman, III, p. 223-9. Sobre a tumba: conversa com o dr. Nasmi Joubeh.

7. Queda dos aiúbidas/assassinato de Turanshah e ascensão de Baibars: retrato de caráter baseado em Robert Irwin, *The Middle East in the Middle Ages: The Early Mamluk Sultanate 1250–1382* (doravante Irwin). Ibn Wasil citado em Gabrieli, pp. 295-300; Baibars em guerra, Ibn Az-Zahir citado em Gabrieli, pp. 307-12. Tyerman, pp. 797-8. Runciman, III, p. 261-71. Ascensão de Baibars, feroz, nervoso, insone, inspeções, caráter, a ascensão dos mamelucos: Irwin, pp. 1-23; carreira, pp. 37-42. Humphreys, *Ayyubids*, pp. 302-3; Baibars na Síria-Palestina, pp. 326-35; Nasir toma Jerusalém novamente. Baibars desce para Jerusalém e a saqueia, p. 257.

Nachmânides: Prawer, *History of the Jews in the Latin Kingdom*, pp. 160-1 e 252-3. Rei Hetum II: Hintlian, *History of the Armenians in the Holy Land*, pp. 4-5. Mamelucos como templários do Islã: Ibn Wasil citado em Gabrieli, p. 294. Baibars, Aibeg e Shajar, fossos, obstruções: Phillips, *Warriors*, pp. 258-69. Biblioteca Khalidi: entrevista do autor com Haifa Khalidi; Jocelyn M. Ajani, "A Hidden Treasure", em *Saudi Aramco World Magazine*.

VI. MAMELUCOS (PP. 349-68)

29. De escravo a sultão (1250-1339)

1. Baibars no poder: Irwin, pp. 37-42 e 45-58. Tyerman, pp. 727-31 e 806-17. Runciman, III, pp. 315-27. Mamilla — Zawiya al-Qalandariyya e Turba al-Kabakayya (tumba do exilado governador de Safed, al-Kabaki): Asali em OJ, pp. 281-2. Sobre ascensão mameluca: este relato dos mamelucos baseia-se em Linda S. Northrup, "The Bahri Mamluk Sultanate", em CHE, I, pp. 242-89, especialmente sobre a natureza das relações mamelucas, p. 251; citação extraída de Ibn Khaldun (lamento/Casa da Guerra), p. 242; poder militar de Baibars, p. 259; sufismo favorito mameluco versus Taymiyya, p. 267; pressão sobre cristãos e judeus, pp. 271-2; vitória de Baibars sobre mongóis, cruzados, selêucidas, pp. 273-6. Cultura mameluca, montar a cavalo, regras: Stillman, "The Non-Muslim Communities: The Jewish Community", CHE, I, p. 209, e Jonathan P. Berkey, "Culture and Society during the Middle Ages", CHE, I, p. 391. Emblemas mamelucos, leões de Baibars: Irene A. Bierman, CHE, I, p. 371-2. Baibars na guerra: Ibn Az-Zahir citado em Gabrieli, pp. 307-12; carta sarcástica sobre a campanha de Chipre, p. 321. Burns, *Damascus*, pp. 198-200. Morte de Baibars: Runciman, III, p. 348. Jerusalém/Baibars: Burgoyne, *Mamluk Jerusalem*, pp. 58-9, 66 e 77. Donald P. Little, "1260-1516: The Noble Sanctuary under Mamluk Rule – History", em *Sacred Esplanade*, pp. 177-87. Michael Hamilton Burgoyne, "The Noble Sanctuary under Mamluk Rule – Architecture", em *Sacred Esplanade*, pp. 189-209. Baibars constrói Khan al-Zahir: Mujir, p. 239. O violento e pervertido conselheiro sufi de Baibar, xeque Khadir: Irwin, p. 54. Asali, OJ, pp. 281-2. *Cathedra*, I, p. 198. Cruzada de Eduardo I: Tyerman, pp. 810-2; Runciman, III, pp. 242-3. M. Prestwich, *Edward I*, pp. 66 e 119.

2. Qalawun, Ashraf Khalil, Nasir Muahammad: o retrato de Qalawun baseia-se em Linda Northrup, *From Slave to Sultan: The Career of al-Mansur Qalawun and the Consolidation of Mamluk Rule in Egypt and Syria*, e em Irwin. Irwin, pp. 63-76. Títulos de Jerusalém: Northrup, *From Slave to*

Sultan, p. 175. Reparos no telhado de al-Aqsa: Burgoyne, *Mamluk Jerusalem*, pp. 77 e 129. Khalil e Acre: Irwin, pp. 76-82. Queda de Acre: Runciman, III, pp. 387-99, 403-5 e 429.

3. Rambam e outros visitantes judeus: Prawer, *History of the Jews in the Latin Kingdom*, pp. 155-61 e 241. Peters, *Jerusalem*, pp. 363 e 531. Minarete: Burgoyne, *Mamluk Jerusalem*, p. 513.

4. Armênios e mongóis em 1300: Hintlian, *History of the Armenians in the Holy Land*, pp. 4-5. Reuven Amitai, "Mongol Raids into Palestine", JRAS, pp. 236-55. Niccolà da Poggibonsi citado em Peters, *Jerusalem*, p. 410.

30. O declínio dos mamelucos (1399-1517)

1. Jerusalém mameluca: baseia-se em Burgoyne, *Mamluk Jerusalem*; Irwin sobre política mameluca; Kroyanker. Nasir visita em 1317 e construção: Burgoyne, *Mamluk Jerusalem*, pp. 77-85; sufis, pp. 419-21; Nasir e Tankiz, pp. 278-97 e 223-33; Cidadela, p. 85; estilo mameluco, p. 89; o cego Ala al-Din, p. 117; tradição de tumbas mamelucas a partir de Nur al-Din, pp. 167-8. Estilo mameluco: Kroyanker, pp. 47-8. Sobre edificação: Drory, *Cathedra*, I, pp. 198-209. Cidadela reconstruída: Hawari, OJ, pp. 493-518.

Nasir Muhammad: este retrato baseia-se em Irwin, pp. 105-21, inclusive citação de Irwin, o maior e mais sórdido. Sobre Nasir e matança dos emires: Ibn Battutah, *Travels*, pp. 18-20; sobre Jerusalém, pp. 26-8. Nasir: Burns, *Damascus*, pp. 201-16. Administração: Little em Asali, *Jerusalem*, pp. 187-9; sobre literatura muçulmana do *fadail*, pp. 193-5; sufis, pp. 191-2. Sobre *waqfs* de Nasir, construção: Mujir, p. 102; sobre desfiles em Jerusalém, pp. 181-2. Irwin: execuções mamelucas, p. 86; sobre o jurista religioso Ibn Taymiyya, pp. 96-7; políticas anticristãs e antijudaicas, pp. 97-9; mongóis, pp. 99-104. Religião mameluca, sunita e sufismo: Northrup, CHE, I, pp. 265-9; política, ascensão de Nasir e autocracia, pp. 251-3. Sobre proximidade do Haram: inscrição de Tankiz, "puro vizinho": Burgoyne, *Mamluk Jerusalem*, p. 65. Sobre *waqfs*: Ibn Khaldun citado em Peters, *Jerusalem*, p. 381. Poema de Al-Hujr sobre inferno e paraíso: citado por Mujir, p. 184. Ataques beduínos: Burgoyne, *Mamluk Jerusalem*, p. 59; sobre sufis, p. 63. Nova santidade de Jerusalém: *Book of Arousing Souls*, de al-Fazari, citado em Peters, *Jerusalem*, p. 374; Ibn Taymiyya, pp. 375-8. Rei Roberto e franciscanos: Clare Mouradian, "Les Chrétiens: Un enjeu pour les Puissances", em C. Nicault (org.), *Jérusalem, 1850–1948: Des Ottomans aux Anglais, entre coexistence spirituelle et déchirure politique*, pp. 177-204. Franciscanos e rei Roberto de Apulia / Calábria: Felix Fabri, *The Book of Wanderings*, II, pp. 279-82. Ludolph von Suchem, em Peters, *Jerusalem*, p. 422. Little, *Sacred Esplanade*, pp. 177-87. Burgoyne, *Sacred Esplanade*, pp. 189-209. Irwin: brutalidade, p. 86; Ibn Taymiyya, pp. 96-7; políticas antiminorias, pp. 97-9; invasão mongol, pp. 99-104.

2. Ibn Khaldun e Tamerlão: Ibn Khaldun, pp. 5, 39 e 269. Walter J. Fischel, *Ibn Khaldun and Tamerlane*, pp. 14-7 e 45–8. Ulemá de Jerusalém oferece chaves: Burgoyne, *Mamluk Jerusalem*, p. 59. Jerusaléns locais: Anu Mand, "Saints' corners in Medieval Livonia", em Alan V. Murray, *Clash of Cultures on the Medieval Baltic Frontier*, pp. 191-223.

3. Jerusalém não muçulmana sob últimos mamelucos: Little, *Sacred Esplanade*, pp. 189-209. Stillman, CHE, I, p. 209. Novos minaretes em Salahiyya Khanqah em 1417: Burgoyne, *Mamluk Jerusalem*, p. 517; sobre judeus, p. 64 — sobre tranquilidade — Isaac ben Chelo, 1374; sobre ofícios, Elijah de Ferrara. Novos minaretes sobre santuários cristãos e judeus: Mujir, pp. 69, 163 e 170; ataque aos cristãos em 1452, pp. 254-6. A. David, "Historical Significance of Elders Mentioned in Letters of Rabbi Obadiah of Bertinaro", e Augusti Arce, "Restrictions upon Freedom of Movement of Jews in Jerusalem", em *Cathedra*, II, pp. 323-4. Orações no portão Dourado: Isaac ben Jo-

seph citado em Peters, *Jerusalem*, p. 192; população e orações, Meshulam da Volterra, p. 408; Obadias, preces junto aos portões, p. 408; ruína gradual, chacais, ataques durante seca, discípulo de Obadias, setenta famílias, casa de estudo judaica perto do Muro Ocidental?, defronte ao Templo no monte das Oliveiras, pp. 392, 407-9 e 473; Meshulam e Obadias, peregrinos judeus, pp. 407-9; Isaac ben Joseph em 1334 sobre judeus franceses, estudos da lei, cabala, pp. 474-5. Preces judaicas na tumba de Zacarias, cemitério, e visita aos portões, Huldah, portão Dourado: *Archaeological Park*, pp. 36, 98 e 107.

Cristãos: armênios e Jaqmaq: Hintlian, *History of the Armenians in the Holy Land*, p. 5. Sobre visita ao Haram sob disfarce, interesse em outros e aprendizagem de frases: Arnold von Harff citado em Peters, *Jerusalem*, pp. 406-7. Casa do governador e concubinas: Fabri, *Book of Wanderings*, I, p. 451; Barsbay e oferta judaica pela tumba de Davi, I, pp. 303-4; regras para peregrinos, I, pp. 248-54; entrada no Sepulcro, cabelo, baias, sarracenos, corpos, rabiscos, negociantes, exaustão, tensão, perguntas, I, pp. 299, 341, 363, 411-5 e 566-7, e II, pp. 83-7. História dos franciscanos: Elzear Horn, *Ichnographiae Monumentorum Terrae Sanctae*, pp. 81-3. Pagar ou ser surrado até a morte: Niccolà da Poggibonsi (1346) citado em Peters, *Jerusalem*, p. 434; caminho da Cruz, p. 437; sobre monte Sião, rei Rupert etc.: Elzear Horn, citado na p. 369; queima de quatro monges em 1391, p. 459; entrada proibida a cavalo, Bertrandon de la Brocquière nos anos 1430, p. 470. Henrique IV: Tuchman, p. 45. Henrique V: Christopher Allmand, *Henry V*, p. 174.

Qaitbay. Desfiles: Mujir, p. 182; beleza, p. 183, citações de Ibn Hujr; visita de Qaitbay, pp. 142-4 e 288. Ashrafiyya e *sabil*: Burgoyne, *Mamluk Jerusalem*, pp. 78-80 e 589-608; residência real, Tankiziyya, p. 228. Kroyanker, p. 47. Qaitbay e omelete: Peters, *Jerusalem*, p. 406. Porta de Aqsa: Goldhill, *City of Longing*, p. 126. Drory, *Cathedra*, I, pp. 1196-7. Casa do governador e concubinas: Fabri, *Book of Wanderings*, I, p. 451; também Qaitbay permite renovação do Sepulcro, I, pp. 600-2; cidade, Obadias sobre judeus de Jerusalém em 1487: Peters, *Jerusalem*, pp. 475-7. Al-Ghawry: Carl F. Petry, "Late Mamluk Military Insitutions and Innovation", em CHE, I, pp. 479-89. Ascensão dos otomanos: Caroline Finkel, *Osman's Dream: The Story of the Ottoman Empire 1300–1923* (doravante Finkel), pp. 83-4.

VII. OTOMANOS (PP. 369-99)

31. A magnificência de Suleiman (1517-50)

1. Selim, o Cruel. Queda do Sultão mameluco Ghawry: Petry, CHE, I, pp. 479-89. Ascensão dos otomanos — tomada da cidade, desejo de todos os possuidores, guerras, possessão do sultão Padixá: Evliya Celebi, *Evliya Tshelebi's Travels in Palestine* (doravante Evliya), pp. 55-9 e 85; Evliya Celebi, *An Ottoman Traveller*, p. 317. Ascensão de Selim, caráter, morte: Finkel, pp. 83-4.

2. Suleiman, muralhas, portões, fontes, cidadela: este relato baseia-se em Sylvia Auld e Robert Hillenbrand (orgs.), *Ottoman Jerusalem: The Living City, 1517–1917* (OJ: vol. I, a menos que explicitado de outro modo). Amnon Cohen, "1517–1917 Haram al-Sherif: The Temple Mount under Ottoman Rule", em *Sacred Esplanade*, pp. 211-6. Bahat, *Atlas*, pp. 118-22. Cidadela e Haram, sonho de Suleiman, Sinan encarregado de trabalhos, beleza dos trabalhos de Suleiman: Evliya, pp. 63-75; Evliya Celebi, *An Ottoman Traveller*, pp. 323-7, inclusive sonhos de Suleiman e Sinan. *Waqf* de Roxelana: Dror Zevi, *An Ottoman Century: The District of Jerusalem in the 1600s*, p. 27. Piscina do sultão, *Archaeological Park*, p. 128. Hawari, OJ, pp. 493-518. Fontes: OJ, II, p. 15. Visita planejada de Suleiman em 1553: OJ, II, pp. 709-10. Fontes: Khadr Salameh, "Aspects of the *Sijills* of the Shari'a Court in Jerusa-

lem", em OJ, pp. 103-43. Fontes de Suleiman, população, Haram: OJ, pp. 4-8. Despojos no portão de Jaffa: Boas, *Jerusalem*, p. 52. Suleiman e Roxelana, *éthos* político: Finkel, pp. 115-8, 129-30, 133, 144-5 e 148-50. Salomão de sua época, política, projeção imperial: David Myres, "An Overview of the Islamic Architecture of Ottoman Jerusalem", OJ, pp. 325-54. Abraham Castro, portões, planejador Sinan, *Archeological Park*, p. 8. Muralhas, segundo Salomão: Yusuf Natsheh, "The Architecture of Ottoman Jerusalem", em OJ, pp. 583-655. Renovação urbana, número de azulejos, e Domo/al-Aqsa: Beatrice St. Laurent, "Dome of the Rock: Restorations and Significance, 1540–1918", em OJ, pp. 415-21. Projeto do sultão Khassaki: OJ, pp. 747-73. David Myres, "Al-Imara al-Amira: The Khassaki Sultan 1552", em OJ, pp. 539-82. Estilo otomano: Hillenbrand, OJ, pp. 15-23. Dinastia hereditária de arquitetos, al-Nammar: Mahmud Atallah, "The Architects in Jerusalem in the 10th-11th/16th-17th Centuries", em OJ, pp. 159-90.

Jerusalém judia: Selim, Suleiman reina, vê Muro das Lamentações como lugar de culto — em 1488, o rabino Obadias não menciona o Muro Ocidental como local de oração, mas o rabino asquenazita de Israel diz que rezou ali em 1520, e em 1572 o rabino Isaac Luria ali rezava: Miriam Frenkel, "The Temple Mount in Jewish Thought", em *Sacred Esplanade*, p. 351. Rabino Moisés de Basola, em Peters, *Jerusalem*, pp. 483-7; Casa de Pilatos, uma sinagoga, David Reubeni da Arábia, pp. 490-2; população, p. 484. Asali, *Jerusalem*, p. 204. Yusuf Said al-Natsheh, "Uninventing the Bab al-Khalil Tombs: Between the Magic of Legend and Historical Fact", JQ, 22-23, outono/verão de 2005.

Franciscanos: Bonifácio de Ragusa, São Salvador, Caminho da Cruz evolui: Horn, *Ichnographiae monumentorum Terrae Sanctae*, pp. 160-6. Reparos otomanos no Haram: St. Laurent, OJ, pp. 415-21. Economia: Amnon Cohen, *Economic Life in Ottoman Jerusalem*, pp. 1-124.

32. Místicos e messias (1550-1705)

1. Duque de Naxos: Cecil Roth, *The House of Nasi: The Duke of Naxos*, pp. 17-28 e 75-111; duque de Mitilene, p. 205. Brenner, pp. 142-3. Finkel, p. 161. Ataque beduíno: Cohen, *Economic Life in Ottoman Jerusalem*, pp. 120 e 166. Cônsules franceses e constantes trocas de *praedominium*: Bernard Wasserstein, *Divided Jerusalem: The Struggle for the Holy City* (doravante Wasserstein), pp. 15-23. Cabalistas tais como Shalom Sharabi em Jerusalém: Martin Gilbert, *Jerusalem: Rebirth of a City*, p. 125; primeiros hierosolimitas tais como família Meyugar. Família Kuski da Geórgia chegou no século XVIII: conversa com Gideon Avni. Yehuda haHassid e imigrantes asquenazitas: sinagoga da Hurva, Goldhill, *City of Longing*, p. 167. Cônsul francês de Sidon, brigas entre seitas cristãs, desdém pelos ortodoxos simula corpo de Cristo com temperos e pós, cadáver fictício, tatuagens em peregrinos, Fogo Sagrado, balbúrdia e barbas queimadas: Henry Maundrell, *A Journey from Aleppo to Jerusalem in 1697*, pp. 80-100 e 125-30. Atitudes muçulmanas em relação à Páscoa (Banquete do Ovo Vermelho); e igreja: Evliya, *Ottoman Traveller*, pp. 330-7 e 352. Caminho da Cruz evolui: Peters, *Jerusalem*, p. 437. Fernando e Isabel; Colombo; viagens e sonhos de Jerusalém; Édito de expulsão dos judeus: Hugh Thomas, *Rivers of Gold: The Rise of the Spanish Empire*, pp. 53-78, especialmente pp. 77-8; abril de 1492: pp. 85-95; viagem, p. 105; Jerusalém, pp. 223, 233 e 283-4; Fernando e Jerusalém, p. 578. David Abulafia, *The Great Sea: A Human History of the Mediterranean*, sobre Fernando e expulsão, pp. 405-410. Sobre Inquisição, ver B. Netanyahu, *The Origins of the Inquisition in Fifteenth-Century Spain*.

2. Ridwan e Farrukh, século XVII: Zeevi, *Ottoman Century*, pp. 20-5; Ridwan, p. 35; os Farrukh, pp. 43-56; decadência, pp. 57-61. Edificação de Ridwan no Haram, OJ, pp. 831-57. Abdul-Karim Rafeq, *Province of Damascus 1723–83*, p. 57. Chefe druso ameaça a Palestina: Finkel, p. 179. Cristãos suicidas: Peters, *Jerusalem*, p. 461. Caminho do Senhor/Estações da Cruz: Horn, *Ichnographiae*

Monumentorum Terrae Sanctae, pp. 160-86. Sepulcro, Henry Timberlake em Peters, *Jerusalem*, pp. 508-9; Sanderson, pp. 488-90 e 510-5. Comércio: George Hintlian, "Commercial Life of Jerusalem", em OJ, pp. 229-34; Cohen, *Sacred Esplanade*, pp. 211-6. *Praedominium* francês: Wasserstein, pp. 15-23.

3. Cristãos, início do século XVII: George Sandys, *A Relation of a Journey begun AD 1610*, pp. 147-9 e 154-73. Sandy e visões americanas de judeus e Jerusalém: Hilton Obenzinger, *American Palestine: Melville, Twain and the Holy Land Mania*, pp. 14-23. Timberlake na cadeia: Peters, *Jerusalem*, Peters, pp. 511-2; John Sanderson acusado de ser judeu, pp. 512-4. Puritanos americanos, Cromwell, Fim dos Dias e conversão: MacCulloch, pp. 717-25. Oren, *Power*, Sandys, Bradford e *Mayflower*, citação, primeiros Despertares, pp. 80-3. Misticismo: Evliya, *Ottoman Traveller*, pp. 330-7. Cohen, *Sacred Esplanade*, pp. 211-26. Visitante armênio Jeremiah Keomurdjian relata desfile de Páscoa liderado por Paxá de Jerusalém com tambores e trombetas: Kevork Hintlian, "Travellers and Pilgrims in the Holy Land: The Armenian Patriarchate of Jerusalem in the 17th and 18th Centuries", em Anthony O'Mahony (org.), *The Christian Heritage in the Holy Land*, pp. 149-59. Cromwell, Manasseh bin Israel: Brenner, pp. 124-7. Bíblia como épico nacional — Thomas Huxley citado em Tuchman, p. 81; sobre Sanderson e Timberlake, sobre Cromwell e retorno dos judeus, pp. 121-45. Zeevi, *Ottoman Century*, pp. 20-5; Ridwan, pp. 35-41; Farrukh, pp. 43-56; decadência, pp. 57-61. Rafeq, *Province of Damascus*, p. 57. *Praedominium*: Wasserstein, pp. 15-23.

4. Sabbatai: este relato baseia-se em Gershon G. Sholem, *Major Trends in Jewish Mysticism*; em G. G. Sholem, *Sabbatai Zevi: The Mystical Messiah*; em David Abulafia, *The Great Sea: A Human History of the Mediterranean*; em Brenner. Scholem, *Mysticism*, pp. 3-8; *Zohar*, pp. 156-9, 205 e 243; influência do êxodo espanhol e Isaac Luria, pp. 244-6; Sabbatai, pp. 287-324. Mazower, *Salonica*, pp. 66-78. Cabalistas tais como Shalom Sharabi em Jerusalém: Gilbert, *Rebirth*, p. 125. Yehuda haHassid, sinagoga da Hurva: Goldhill, *City of Longing*, p. 167; Sabbatai: Finkel, p. 280.

5. Evliya: retrato baseia-se em Robert Dankoff, *An Ottoman Mentality: The World of Evliya Çelebi*; Evliya Celebi, *An Ottoman Traveller*, pp. 330-7, inclusive Páscoa na igreja; Jerusalém como a Caaba dos pobres e dervixes, p. 332; e sobre Tshelebi, *Travels in Palestine*. Dankoff, *Çelebi*, pp. 9-10; citação sobre o mais longo e completo livro de viagens, p. 9; tumba do tio em Jerusalém, p. 22; educação, p. 31; cortesão e página de Murad IV, pp. 33-46; circuncisão feminina, p. 61; dervixe, p. 117; sexo, pp. 118-9; execuções injustas, p. 139; como Falstaff e mártir de merda, pp. 142-5 e 151; conferindo mitos das cordas de Salomão e Fogo Sagrado, pp. 197-8. Evliya, *Travels in Palestine*, pp. 55-94. Sufismo: Mazower, *Salonica*, pp. 79-82. Sufismo e costumes islâmicos ao entrar e andar por santuários: Ilan Pappe, *Rise and Fall of a Palestinian Dynasty: the Husaynis 1700–1948* (doravante Pappe), pp. 26-7. Desleixo no Haram: Qashashi, *Jewels on the Excellence of Mosques*, citado em Peters, *Jerusalem*, pp. 496-8. Zeevi, *Ottoman Century*, cita crítica de Abu al-Fath al-Dajani sobre conduta relativa ao Haram, pp. 25-8. Desleixo no Haram: Claudia Ott, "The Songs and Musical Instruments of Ottoman Jerusalem", em OJ, p. 305. Maus-tratos a peregrinos cristãos, Timberlake na cadeia: Peters, *Jerusalem*, pp. 511-2. Brigas, Fogo Sagrado: Maundrell, *Journey*, pp. 80-100 e 125-30. Perigos para peregrinos judeus: Abraham Kalisker citado em Peters, *Jerusalem*, p. 525; imigração de judeus asquenazitas em 1700, Gedaliah citado nas pp. 516-34; uso do Muro das Lamentações, Moses Yerushalmi e Gedaliah, p. 528. Minna Rozen, "Relations between Egyptian Jewry and the Jewish Community in Jerusalem in 17th Century", em A. Cohen e G. Baer (orgs.), *Egypt and Palestine*, pp. 251-65. Cohen, *Sacred Esplanade*, pp. 216-26. Gilbert, *Rebirth*, p. 125. Hurva: Goldhill, *City of Longing*, p. 167. Briga ocidental pelo *praedominium*: Wasserstein, pp. 15-23. Zeevi, *Ottoman Century*, pp. 20-5, 35-41 e 43-56; decadência, pp. 57-61. Seitas cristãs, rivalidade das Potências e *praedominium*: Mouradian, "Les Chrétiens", em Nicault, *Jérusalem*, pp. 177-204.

33. As famílias (1705-99)

1. Revolta de Naqib al-Ashraf: Minna Rozen, "The Naqib al-Ashraf Rebellion in Jerusalem and its Repercussions on the City's Dhimmis", *Journal of Asian and African Studies*, 18/2, novembro de 1984, pp. 249-70. Adel Manna, "Scholars and Notables: Tracing the Effendiya's Hold on Power in 18th-Century Jerusalem", JQ, 32, outono de 2007. Butris Abu-Manneh, "The Husaynis: Rise of a Notable Family in 18th-Century Palestine", em David Kushner (org.), *Palestine in Late Ottoman Period: Political, Social and Economic Transformation*, pp. 93-100; e Pappe, pp. 23-30. Declínio dos asquenazitas: Gedaliah citado em Peters, *Jerusalem*, pp. 530-4. Mudança otomana de atitude em relação a judeus: Finkel, p. 279. Zeevi, *Ottoman Century*, p. 75. M. Hawari, OJ, pp. 498-9. Revestimento do Domo: Gilbert, *Rebirth*, p. 125. Goldhill, *City of Longing*, p. 167. Peregrinos judeus Abraham Kalisker citado em Peters, *Jerusalem*, p. 515; judeus asquenazitas, pp. 526-34; Muro, Moses Yerushalmi, Gedaliah, p. 528. Wasswestein, pp. 15-23.

2. As famílias/início do século XVIII: Adel Manna, "Scholars and Notables Tracing the Effendiya's Hold on Power in 18th-Century Jerusalem", JQ, 32, outono de 2007. Sobre troca de nome: Pappe, pp. 25-38. Ilan Pappe, "The Rise and Fall of the Husaynis", parte I, JQ, 10, outono de 2000. Butris Abu-Manneh, "The Husaynis: Rise of a Notable Family in 18th-Century Palestine", em David Kushner (org.), *Palestine in the Late Ottoman Period: Political, Social and Economic Transformation*, pp. 93-100. Agradecimentos a Adel Manna e também a Mohammad al-Alami e Bashir Barakat por compartilhar sua pesquisa sobre as origens das famílias. Zeevi, *Ottoman Century*, pp. 63-73. A. K. Rafeq, "Political History of Ottoman Jerusalem", OJ, pp. 25-8. Famílias, trocas de nome, passado religioso, os Alami, Dajani, Khalidi, Shihabi, al-Nammar: Mohammad al-Alami, "The Waqfs of the Traditional Families of Jerusalem during the Ottoman Period", em OJ, pp. 145-57. Dinastia hereditária de arquitetos al-Nammar: Atallah, OJ, pp. 159-90. Lawrence Conrad, "The Khalidi Library", em OJ, pp. 191-209. Sari Nusseibeh, *Country*, pp. 1-20; assassinato de dois Nusseibeh coletores de impostos pelos Husseini e aliança de matrimônio, p. 52. Família Nashashibi, origens mamelucas: Burgoyne, *Mamluk Jerusalem*, p. 60. Famílias constroem monumentos no Haram: Khalwat al-Dajani, Sabil al-Husseini, Sabil al-Khalidi — OJ, II, pp. 963, 966 e 968. Os Alami e casa: entrevista do autor com Mohammad al-Alami. Sobre trocas de nomes de família e origens, Hazem Zaki Nusseibeh, *Jerusalemites*, pp. 398-9.

Cristãos e judeus: seitas no Sepulcro, comida, doenças, lavatórios esquálidos, vômito grego: Horn, *Ichnographiae Monumentorum Terrae Sanctae*, pp. 60-78. Sinos, cordas, filas, trezentas pessoas no Sepulcro: Henry Timberlake citado em Peters, *Jerusalem*, pp. 508-9. Brigas. Fogo Sagrado: Maundrell, *Journey*, pp. 80-100 e 125-30. Igreja igual à prisão: Evliya Celebi, *Ottoman Traveller*, p. 332. Rixas da Semana Santa em 1757: Peters, *Jerusalem*, p. 540. Reparos otomanos no Haram: St. Laurent, OJ, pp. 415-21. Ascensão de Notáveis aios: Amnon Cohen, *Palestine in the 18th Century*, pp. 1-10; instabilidade da guarnição otomana, brigas e devassidão, pp. 271-80. Jerusalém prometida por Bulutkapan Ali para a Rússia: Finkel, pp. 407-9; tratado de 1774 com a Rússia, pp. 378-9. Pessoas extremamente más: Constantin Volney, *Voyage en Egypte et en Syrie*, p. 332.

3. Zahir al-Umar: Rafeq, OJ, pp. 28-9. D. Crecelius, "Egypt's Reawakening Interest in Palestine", em Kushner, *Palestine in Late Ottoman Period*, pp. 247-60; Cohen, pp. 12-19 e 92, inclusive plano para tomar Jerusalém, p. 47; tropas de Zahir no norte da África, p. 285; expedição de Vali, a *dawra*, pp. 147-250. Pappe, pp. 35-8. Eugene Rogan, *The Arabs: A History* (doravante Rogan), pp. 48-53. Zahir como "primeiro rei da Palestina": Karl Sabbagh, *Palestine: A Personal History*, pp. 26-46. Bulutkapan Ali: Finkel, pp. 407-9; Rússia, pp. 378-9.

34. Napoleão na Terra Santa (1799-1806)

1. Napoleão Bonaparte e Jazzar Paxá. Ascensão e torturas e mutilações: Constantin Volney, *Voyage en Egypte et en Syrie*, p. 235. Edward Daniel Clarke, *Travels in Various Countries of Europe, Asia and Africa*, II, 1, pp. 359-88; II, 2, pp. 3-5. *Voyage and Travels of HM Caroline Queen of Great Britain*, pp. 589-91. Cohen, *Palestine in the 18th Century*, pp. 20-9, 68-70 e 285. Pappe, pp. 38-46. Finkel, pp. 399-412. Krämer, pp. 61-3. Nathan Schur, *Napoleon in the Holy Land* (doravante Schur), pp. 17-32. Paul Strathern, *Napoleon in Egypt* (doravante Strathern), pp. 185 e 335-7.

2. Napoleão na Palestina: este relato baseia-se em Schur e Strathern. Massacre de Jaffa, Schur, p. 67; Acre, pp. 140-6; recuo, p. 163; governador de Jerusalém em Jaffa, pp. 163-7. Strathern, origens da expedição, pp. 6-17; cerco de Acre, pp. 336-46; Templo de Salomão, p. 317; massacre de Jaffa, p. 326. Oferta judaica: Schur, pp. 117-21. Strathern, pp. 352-6. Tenda de Napoleão: Hintlian, JQ, 2, 1998. Pappe sobre famílias de Jerusalém, pp. 46-51.

3. Sidney Smith — este relato de sua vida baseia-se em: Tom Pocock, *A Thirst for Glory: The Life of Admiral Sir Sidney Smith*, em Acre, Jaffa, Jerusalem, pp. 100-20. Também: John Barrow, *The Life and Correspondence of Admiral Sir William Sidney Smith*, p. 207. Strathern, pp. 337-40; recuo de Napoleão, pp. 371-81; matança dos enfermos, p. 378; Kléber, p. 409. Franciscanos bem-vindos a Jerusalém: Peter Shankland, *Beware of Heroes: Admiral Sir S. Smith*, pp. 91-5. Vaidade de Smith, falando de si mesmo: Coronel Bunbury citado em Flora Fraser, *The Unruly Queen: The life of Queen Caroline*, p. 136. Marcha entrando em Jerusalém: Clarke, *Travels in Various Countries*, II, 1, p. 520. James Finn, *Stirring Time* (doravante Finn), p. 157. Edward Howard, *The Memoirs of Sir Sidney Smith*, p. 146. Velho Jazzar: Schur, p. 171. Incêndio de 1808 no Sepulcro: Peters, *Jerusalem*, p. 542. População de 8 mil habitantes em 1806: OJ, pp. 4-5. Jerusalém e Gaza, mesma população, cerca de 8 mil pessoas em 1800: Krämer, pp. 41-4. Jazzar versus Gaza: Pappe, pp. 47-51.

4. Primeiros visitantes e aventureiros: N. A. Silberman, *Digging for Jerusalem* (doravante Silberman), pp. 19-20. Y. Ben-Arieh, *Jerusalem in the 19th Century*, pp. 31-67. Peters, *Jerusalem*, pp. 582-62. A. Elon, *Jerusalem: A City of Mirrors*, p. 217. Clarke, *Travels in Various Countries*, II, 1, pp. 393-593, e II, 2 e 3.

35. Os novos românticos: Chateaubriand e Disraeli (1806-30)

1. F. R. de Chateubriand, *Travels in Greece, Palestine, Egypt and Barabary during the Years 1806 and 1807*, I, pp. 368-86, e II, pp. 15-179. Criado de Chateaubriand: Julien, *Itinéraire de Paris à Jérusalem par Julien, domestique de M. de Chateaubriand*, pp. 88-9. Sobre últimos peregrinos, primeiros imperialistas culturais inclusive Chateaubriand: Ernst Axel Knauf, "Ottoman Jerusalem in Western Eyes", em OJ, pp. 73-6. Pappe, pp. 49-53.

2. Incêndio de 1808, conquista de Suleiman Paxá: Hawari, OJ, pp. 499-500. Rafeq, OJ, p. 29. Pappe, pp. 49-50. Suleiman e Sultão Mehmet II restauram telhas do Domo: Salameh, OJ, pp. 103-43. Suleiman Paxá constrói Iwn al-Mahmud II, pavilhão, restaura Maqam al-Nabi, Nabi Daoud em 1817, ver Hillenbrand, OJ, p. 14. Peters, *Jerusalem*, p. 582. Cohen, *Sacred Esplanade*, pp. 216-26.

3. Caroline e Hester: agradecimentos a Kirsten Ellis por compartilhar generosamente pesquisa inédita sobre Hester e Caroline. Primeira visita de Montefiore: Moses e Judith Montefiore, *Diaries of Sir Moses and Lady Montefiore* (doravante Montefiore), pp. 36-42. Abigail Green, *Moses Montefiore:*

Jewish Liberator, Imperial Hero (doravante Green), pp. 74-83. Alphonse de Lamartine, *Travels in the East Including Journey to the Holy Land*, pp. 78-88. Pappe, pp. 60-5.

4. Disraeli: Jane Ridley, *Young Disralei*, pp. 79-97. Sobre suas várias qualificações, fantasias de assentamentos judeus em conversas com Edward Stanley e sua possível autoria de memorando pré-sionista em 1878, "Die jüdische Frage in der orientalischen Frage": Minna Rozen, "Pedigree Remembered, Reconstructed, Invented: Benjamin Disraeli between East and West", em M. Kramer (org.), *The Jewish Discovery of Islam*, pp. 49-75. Ideias pré-sionistas de Disraeli em 1857 acerca de os Rothschild comprarem a Palestina para os judeus: Niall Ferguson, *World's Banker: A History of the House of Rothschild* (doravante Ferguson), pp. 418-22 e 1131. Pappe, pp. 66-76. Vida judaica: Tudor Parfitt, *Jews of Palestine 1800–1882*, cap. 2. Tuchman, pp. 220-3.

37. Os evangelistas (1840-55)

1. Mehmet Ali / Ibrahim Paxá: Finkel, pp. 422-46. Rogan, pp. 66-83. Sobre o regime de Mehmet Ali: Khaled Fahmy em CHE, II, pp. 139-73. Pappe, pp. 66-76. Philip Mansel, *Levant: Splendour and Catastrophe on the Mediterranean*, pp. 63-90. William Brown Hodgson, *An Edited Biographical Sketch of Mohammed Ali, Pasha of Egypt, Syria and Arabia*. Rafek, OJ, pp. 31-2. Judith M. Rood, "The Time the Peasants Entered Jerusalem: The Revolt against Ibrahim Pasha in the Islamic Court Sources", JQ, 27, verão de 2006. Judith M. Rood, "Intercommunal Relations in Jerusalem during Egyptian Rule 1934–41", JQ, 32, outono de 2007, e JQ, 34, primavera de 2009. Judeus e sinagogas — Y. Ben-Arieh, *Jerusalem in the 19th Century*, pp. 25-30; Ibrahim e revolta dos felás, pp. 67-70. Fogo Sagrado: R. Curzon, *Visits to the Monasteries of the Levant*, pp. 192-204. Restauração da Hurva e de quatro sinagogas sefarditas: Goldhill, *City of Longing*, p. 169. Montefiore, encontros com Muhammad Ali / visita de 1839: Montefiore, pp. 177-87; Green, cap. 6. Thomsons em Jerusalém, bebê e livro: Oren, *Power*, pp. 121-5. Mouradian, "Les Chrétiens", em Nicault, *Jérusalem*, pp. 177-204.

2. Sobre Shaftesbury, Palmerston, James Finn e retorno dos judeus, sionismo cristão: David Brown, *Palmerston: A Biography*; sobre crise de Mehmet Ali, pp. 211-37; sobre religião e Shaftesbury, pp. 416-21; Norman Bentwich e John M. Shaftesbury, "Forerunners of Zionism in the Christian Era", em *Remember the Days: Essays on Anglo-Jewish History Presented to Cecil Roth*, pp. 207-40. Green, pp. 88-9. Tuchman, pp. 175-207. Shaftesbury / interesse britânico: Wasserstein, pp. 26-9; sobre os cônsules e bispado anglo-prussiano, pp. 29 e 34-7. Ascensão do poder britânico: Gilbert, *Rebirth*, pp. 14-27 e 42-5. M. Vereté, "Why was a British Consulate Established in Jerusalem?", *English Historical Review*, 75 (1970), pp. 342-5. M. Vereté, "The Restoration of the Jews in English Protestant Thought, 1790-1840", *Middle Eastern Studies*, 8 (1972), pp. 4-50.

Ruth Kark, *American Consuls in the Holy Land* (doravante Kark), sobre missionários dos Estados Unidos, pp. 26-9; sobre natureza dos consulados em Jerusalém, pp. 55 e 110-1; sobre cônsules, pp. 128-90; sobre Livermore e milenaristas americanos, citação de cônsul americano em Beirute, pp. 212-27 e 307-10. Sobre Tenene Lynch: Silberman, pp. 51-62. James Finn como evangelista, e esposa, filha de evangelista, caráter, corajoso, sem tato, escândalo Diness: James e Elisabeth Finn, *View from Jerusalem, 1849–58: The Consular Diary of James and Elisabeth Anne Finn* (doravante diários de Finn), pp. 28-35 e 51; libelo de sangue, pp. 107-15. Rivalidades consulares e pretensões: Finn, II, pp. 141 e 221. Hebraísmo / evangelismo de Shaftesbury, Finn e Gawler: Green, pp. 214-9 e 232-3. Retorno dos patriarcas: Mouradian, "Les Chrétien", em Nicault, *Jérusalem*, pp. 177-204.

3. Cresson e milenarismo americano: Warder Cresson, *The Key of David*, sobre conversão anglicana de judeus, pp. 327-30; trocando a Filadélfia por Jerusalém, p. 2; acusações de insanidade e de-

fesa, pp. 211-44. Levi Parsons, *Memoir of Rev. Levi Parsons*, pp. 357-79. Sobre o Segundo Despertar, primeiros peregrinos Fisk e Parsons, John Adams, Robinson, Livermore, Joseph Smith Blackstone, Memorial: Oren, *Power*, pp. 80-92 e 142-3. Obenzinger, *American Palestine*, sobre primeiros americanos e Cresson, pp. 4-5 e 188-97. MacCulloch, pp. 903-7. Harriet Livermore — agradecimentos a Kirsten Ellis pelo acesso a seus capítulos inéditos. Missionários americanos, Silberman, pp. 31-6. Sionismo americano cristão: W. E. Blackstone, Memorial, em Obenzinger, *American Palestine*, pp. 269-70. Herzl e sionismo: Gilbert, *Rebirth*, pp. 217-22. Zangwill, assentamento Galveston, África, Argentina, Angola e territorialismo: M. Obenzinger, JQ, 17, fevereiro de 2003. Judeus em Jerusalém: em 1895, 28 mil; em 1905, 35 mil; em 1914, 45 mil; Krämer, pp. 102-3 e 138. Kark, pp. 19-37. W. Thackeray, *Notes on a Journey from Cornhill to Grand Cairo* (doravante Thackeray), pp. 681-99.

H. Melville, *Journals*, pp. 84-94; sobre Clarel, pp. 65-81. Knauf, OJ, pp. 74-5. Desafio à bandeira consular dos Estados Unidos: diários de Finn, pp. 260-77. Evangelismo de Finn: Green, pp. 219 e 232-3. Mouradian, "Les Chrétiens", em Nicault, *Jérusalem*, pp. 177-204.

4. Nicolau I: W. Bruce Lincoln, *Nicholas I*: charmoso, p. 49; Vitória, p. 223; Deus russo, pp. 243-6; Nossa Rússia, p. 251; Paulo e cavaleiro, citação de marquês de Castelbajac (embaixador francês), p. 291; Jerusalém e a Questão Oriental; monge francês; lenda de Alexandre I e amor russo por Jerusalém, pp. 330-4. Orlando Figes, *Crimea: The Last Crusade* (doravante Figes), pp. 1-17; sobre Nicolau, pp. 36-7. Púchkin sobre Jerusalém, carta para P. Chaadayev, 19 de outubro de 1836: Julian Henry Lowenfeld, *My Talisman: The Poetry and Life of Alexander Pushkin* (Nova York, 2010), p. 95. H. Martineau, *Eastern Life*, 3, pp. 162-5. FO 78/446, Finn para Aberdeen; e FO 78/205, Finn para Palmerston. Gógol: V. Voropanov, "Gogol v Ierusalime", *Pravoslavny Palomnik* (2006), I, pp. 99-105; II, pp. 44-6; III, pp. 35-59. P. A. Kulish, *Zapiski iz N. V. Gogolia sostavlennye iz vospominaniy ego druzey i znakomykh i iz ego sobstvennykh pisem*, II, pp. 164-89. N. V. Gogol, *Polnoe sobranie sochineniy: Pisma, 1848–52*, vol. XIV. I. P. Zolutusky, *Gogol*, pp. 394-401. Elon, *Jerusalem*, pp. 138-9. Síndrome de Jerusalém: Yair Bar-El et al., *British Journal of Psychiatry*, 176 (2000), pp. 86-90.

5. Começo da Guerra da Crimeia: W. B. Lincoln, *Nicholas I*, pp. 330-40. Figes, pp. 100-8; instabilidade de Nicolau, pp. 155-7; Nicolau e seu "propósito unicamente cristão", p. 157. Escritores: Finkel, pp. 457-60. Elon, *Jerusalem*, pp. 70-1. Gilbert, *Rebirth*, pp. 67-9 e 83-6. Finn, II, pp. 132-92. FO 195/445, Finn para Clarendon, 28 de abril de 1854. Ben-Arieh, pp. 66-8. Derek Hopwood, *The Russian Presence in Syria and Palestine*, pp. 1-49. Diários de Lynch citados em Gilbert, *Rebirth*, p. 51. Karl Marx, *New York Daily Tribune*, 15 de abril de 1854. Colin Schindler, *A History of Modern Israel*, p. 23. Americanos, Lynch: Oren, *Power*, pp. 137-40. James Finn, guerras contra senhores da guerra árabes/beduínos de Hebron, Abu Ghosh, combates e expedições militares do paxá: Finn, pp. 230-50. Assassinatos, Fogo Sagrado: diários de Finn, pp. 104 e 133-57. Sobre a natureza de Jerusalém: Finn, xxvii, 4, pp. 40-2; sobre prisão do governador etc., pp. 159-74; brigas do Fogo Sagrado, II, pp. 458-9; guardas sudaneses no Haram, II, p. 237.

Cisão nos judeus entre hassídicos e perushim: Green, pp. 116-7. Viagem de 1839, pp. 119-32; Nicolau I e Montefiore, pp. 181; aquisição de terras em 1859-60 para os Chalés Montefiore, pp. 235-57; moinho, pp. 324-38; resposta espirituosa em 1859 ao cardeal Antonelli: "Não tanto quanto dei a seu lacaio", p. 277. Sobre lenda de Montefiore na Rússia, Chaim Weizmann, *Trial and Error* (doravante Weizmann), p. 16. David F. Dorr, *A Colored Man Round the World by a Quadroon*, pp. 183 e 186-7. G. Glaubert, *Notes de voyage*, vol. XIX de *Les Ouvres completes*, p. 19. Frederick Brown, *Flaubert: A Life*, pp. 231-9, 247 e 256-61; também Elon, *Jerusalem*, pp. 37 e 139-41. Antony Satin, *Winter on the Nile*, pp. 17-8. Flaubert sobre missão oficial de Du Camp: Ruth Victor-Hummel, "Culture and Image: Christians and the Beginning of Local Photography in 19th Century Ottoman Palestine", em Anthony O'Mahony (org.), *Christian Heritage in the Holy Land*, pp. 181-91.

Americanos: Oren, *Power*, pp. 236-47. Melville, *Journals*, pp. 84-94; sobre Clarel, pp. 65-81. Obenzinger, *American Palestinein*, pp. 65-82, inclusive judeumania; Grant/Lincoln, p. 161; sobre Blyden e Dorr, pp. 227-47. Knauf, OJ, pp. 74-5. Alexander Kinglake, *Eothen*, pp. 144-58 e 161-2. Lynch, piquenique judeu fora dos muros: Gilbert, *Rebirth*, p. 51. Sobre Gógol, ver nota 12 acima.

6. Fim da Guerra da Crimeia, anos 1850: Finkel, pp. 457-60. Elon, *Jerusalem*, pp. 70-1. Gilbert, *Rebirth*, pp. 67-9 e 83-6. Finn, I, pp. 2-4 e 78; II, p. 452. Ben-Arieh, pp. 66-8. Hopwood, *Russian Presence*, pp. 1-49. Mouradian, "Les Chrétiens", em Nicault, *Jérusalem*, pp. 177-204. Gilbert, *Rebirth*, p. 51. Figes, pp. 415-6; Montefiore, Ferrovia Balaclava, p. 418; rixa, pp. 464-5.

38. A Cidade Nova (1855-60)

1. Montefiore: todas as citações, a menos que explicitadas de outro modo, extraídas dos *Diários*. Green, pp. 35-53, 59, 176-94 e 227; quinta visita (1857), pp. 63-9; moinho e asilos de Montefiore (1860), pp. 109-16; morte de Judith, p. 140; sexta visita (1866), pp. 171-86; vistas de Jerusalém, p. 338; toldos para Muro das Lamentações e remoção do matadouro, pp. 332-3; visões pré-sionistas, império judeu, p. 320; negociações com otomanos, p. 324. Os Rothschild: missões de Montefiore financiadas; comentário de Disraeli; relutância em envolver-se na região do Jordão; Ferguson, pp. 418-22 e 1131. Melville sobre Montefiore, "este Creso — um homem enorme de 75 anos": Melville, *Journals*, pp. 91-4. Sinagoga da Hurva: Gilbert, *Rebirth*, pp. 98-100. Ben-Arieh, pp. 42-4. Visitas e tensões: diários de Finn, pp. 197 e 244; assentamentos judaicos de Montefiore e Col Gawlon: Green, pp. 50-9.

Flaubert, *Notes de Voyage*, p. 19. Brown, *Flaubert*, pp. 231-9, 247 e 256-61; também Elon, *Jerusalem*, pp. 37 e 139-41. Flaubert sobre missão official de Du Camp: W. B. Lincoln, *Nicholas I*, morte e guerra, pp. 340-50. Victor-Hummel, "Culture and Image", pp. 181-91.

39. A nova religião (1860-70)

1. Arqueólogos e imperadores, imperialismo espiritual: Wasserstein, pp. 50-65. Robinson: Silberman, pp. 37-47 e 63-72; Wilson, pp. 79-85; Warren, pp. 88-99; arqueologia britânica na Palestina, pp. 79, 86 e 113-27; beatitude no monte Sião, pp. 147-60; arqueologia germânica, pp. 165-70. Francesa: Ben-Arieh, p. 169; frenesi para identificar locais bíblicos, pp. 183-5. Saulcy: Goldhill, *City of Longing*, pp. 128-35; principado judaico, reino separado garantido pelas Grandes Potências, pp. 128-32. Missionários e arqueólogos americanos, Robinson: Oren, *Power*, pp. 135-7; U. S. Grant e visitantes americanos, pp. 236-8. Lane Fox, *Unauthorized Version*, pp. 216-9. Kark sobre Robinson, pp. 29-30. Obenzinger, *American Palestine*, sobre Titus Tobler, p. 253. Ben-Arieh, pp. 183-5. Ruth Hummel, "Imperial Pilgrim: Franz Josef's Journey to the Holy Land in 1869", em M. Wrba (org.), *Austrian Presence in the Holy Land*, pp. 158-77. Russos: Simon Dixon, "A Stunted International: Russian Orthodoxy in the Holy Land in the 19th Century", manuscrito. Peregrinações dos Romanov: N. N. Lisovoy e P. V. Stegniy, *Rossia v Svyatoy Zemle: dokumenty i materialy*, I, pp. 125-7; visita do grão-duque Constantino em 1859, pp. 128-35. Hopwood, *Russian Presence*, grão-duque Constantino, p. 51. Peregrinos russos: Bertha Spafford Vester, *Our Jerusalem* (doravante Vester), pp. 86-7. Imperialismo espiritual: Wasserstein, pp. 50-65.

Arqueologia britânica, americana e germânica: Silberman, pp. 113-27, 147-53-70, respectivamente; Pedra Moabita, pp. 100-12; Moses Shapira, pp. 131-40. Americanos: Obenzinger, *American Palestine*, p. 161. Cônsules e Selah Merrill: Kark, pp. 128-30 e 323-5. Realeza britânica: Gilbert, *Re-*

birth, pp. 109-14 e 177-80. Rider Haggard, *A Winter Pilgrimage*, p. 267. Edward Lear em Elon, *Jerusalem*, p. 142; Rodolfo, príncipe coroado em 1881, pp. 144-5. Kitchener/Gordon: Gilbert, *Rebirth*, p. 187. Pollock, *Kitchener: Saviour of the Realm*, pp. 29-37. Kitchener fotografa Muristan, em Boas, *Jerusalem*, p. 160. Gordon em Goldhill, *City of Longing*, p. 21; Elon, *Jerusalem*, p. 147; Grabar, p. 16.

2. 1860-9: Hummel, "Imperial Pilgrims", pp. 158-77. Russos: Dixon, "A Stunted International". Lisovoy e Stegniy, *Rossia Svyatoy Zemle*, I, pp. 125-45. Hopwood, *Russian Presence*, p. 51. Vester, pp. 86-7. Wassestein, pp. 50-65.

3. Edward W. Blyden, *From West Africa to Palestine*, pp. 9-12, sobre mentalidade de Jerusalém; chegada, p. 165; Santo Sepulcro, p. 166; Bíblia na mão, p. 170; muçulmanos negros, p. 180; Muro, pp. 280-3; Segunda Vinda, p. 199. Obenzinger, *American Palestine*, pp. 161-2; Blyden e Dorr, pp. 227-46. Mark Twain, Mediterranean Hotel e Ariel Sharon: ver *Haaretz*, 15 de julho de 2008. Citações de Mark Twain, *The Innocents Abroad, or the New Pilgrims' Progress*. Green: Judith Montefiore, p. 140; visita de 1866, pp. 171-86; vistas, p. 338; toldos para Muro das Lamentações e remoção do matadouro, pp. 332-3. U. S. Grant, Twain, Lincoln: Oren, *Power*, pp. 189, 236-8 e 239-47. Sobre arqueologia, visões pitorescas, viagem nova: Mazower, *Salonica*, pp. 205-21.

40. Cidade árabe, cidade imperial (1870-80)

1. Yusuf Khalidi e Jerusalém otomana: Alexander Scholch, "An Ottoman Bismarck from Jerusalem: Ysuf Diya al-Khalidi", JQ, 24, verão de 2005. K. Kasmieh, "The Leading Intellectuals of Late Ottoman Jerusalem", em OJ, pp. 37-42. Execução: Warren citado em Goldhill, *City of Longing*, p. 146. Conrad, "Khalidi Library", OJ, pp. 191-209. Mansões árabes, Ben-Arieh, pp. 74-6. Martin Drow, "The Hammams of Ottoman Jerusalem", OJ, pp. 518-24. Mansões árabes: Sharif M. Sharif, "Ceiling Decoration in Jerusalem during the Late Ottoman Period: 1856–1917", em OJ, pp. 473-8. Casas, escravos, mulheres: Susan Roaf, "Life in 19th-Century Jerusalem", em OJ, pp. 389-414. Roupas: Nancy Micklewright, "Costume in Ottoman Jerusalem", em OJ, pp. 294-300. Ott, "Songs and Musical Instruments of Ottoman Jerusalem", em OJ, pp. 301-20. Wasif Jawhariyyeh, *Al Quds al Othmaniyah Fi Al Muthakrat al Jawhariyyeh*, sobre o Purim judaico partilhado com outras seitas: I, p. 68; piquenique judaico na tumba de Simão, o Justo, e o cantar de canções cristãs, muçulmanas e judaicas espanholas: I, p. 74; músicos, dançarinas do ventre, judeus e muçulmanos: I, p. 148. Salim Tamari, "Jerusalem's Ottoman Modernity: The Times and Lives of Wasif Jawhariyyeh", e "Ottoman Jerusalem in the Jawhariyyeh Memoirs", JQ, 9, verão de 2000. Vera Tamari, "Two Ottoman Ceremonial Banners in Jerusalem", em OJ, p. 317. Joseph B. Glass e Ruth Kark, "Sarah la Preta: A Slave in Jerusalem", JQ, 34, primavera de 2009. Festividades partilhadas dos judeus sefarditas, circuncisão, *matzah*, boas-vindas após o *haj*, sefarditas rezam por chuva a pedido de líderes muçulmanos, relações dos Valero com os Nashashibi e os Nusseibeh: Ruth Kark e Joseph B. Glass, "The Valero Family: Sepharadi-Arab Relations in Ottoman and Mandatory Jerusalem", em OJ, 21, agosto de 2004. Antissemitismo greco-ortodoxo/canções de Páscoa — relatado por visitantes britânicos em 1896: Janet Soskice, *Sisters of the Sinai*, p. 237. Sobre árabes chamando judeus de "judeus filhos de árabes", ver Wasif Jawhariyyeh, diário, nota 4, seção "Sionismo". Matrimônios: Pappe, pp. 53 e 97-8.

Casa palaciana dos Nusseibeh: Sari Nusseibeh, *Country*, pp. 48-9. Os Khalidi, Biblioteca Khalidi: Nazmi al-Jubeh, "The Khalidiyah Library", JQ, 3, inverno de 1999. Conrad, "Khalidi Library", OJ, pp. 191-5. Entrevista do autor com Haifa Khalidi. Ajami, "Hidden Treasure", em *Saudi Aramco World Magazine*. Kasmieh, "Leading Intellectuals of Late Ottoman Jerusalem", OJ, pp. 37-42. Os Husseini: Ilan Pappe, "The Rise and Fall of the Husaynis", parte I, JQ, 10, outono de 2000; "The

Husayni Family Faces New Challenges: Tanzimat, Young Turks, the Europeans and Zionism, 1840–1922", parte II, JQ, 11-12, inverno de 2001. Nova riqueza das famílias: Pappe, pp. 87-91.

Nahda: Rogan, pp. 138-9. Nacionalismo: Krämer, pp. 120-8, todas as nações se desenvolvem à luz da história, articulação moderna de comunidades imaginadas etc., mas oposição ainda não baseada em identidade árabe-palestina. Nabi Musa: Wasserstein, p. 103. Privatização de *waqfs*: Gabriel Baer, "Jerusalem Notables and the Waqf", em Kushner, *Palestine in the Late Ottoman Period*, pp. 109-21. Yankee Doodle: Vester, p. 181; Nabi Musa/sufis, pp. 114-7; lamparinas a querosene, p. 69; feira do Ramadã, *peepshows*, corridas de cavalos, p. 118. Disputas de clãs em torno de Jerusalém: Rafeq, OJ, pp. 32-6.

Fotografia: Victor-Hummel, "Culture and Image", pp. 181-91.

Abdul Hamid: Finkel, pp. 488-512. Herzl sobre Abdul Hamid: Tuchman, p. 292. Jonathan Schneer, *The Balfour Declaration: The Origins of the Arab-Israeli Conflict* (doravante Schneer), sobre Abdul Hamid, pp. 17-8. Cohen, *Sacred Esplanade*, pp. 216-26. Edificação eclética na era imperial: Kroyanker, pp. 101-41. Sobre números de mosteiros e monges estrangeiros: Mouradian, "Les Chrétiens", em Nicault, *Jérusalem*, pp. 77-204. 17 mil judeus: Brenner, p. 267.

Colônia Americana: este relato baseia-se em Vester. Família: Vester, pp. 1-64; a casa Husseini, pp. 93 e 187; Gordon, pp. 102-4; Jacó e Ezequias, túnel de Siloé, pp. 95-8; simplórios e lunáticos, pp. 126-41; condessa holandesa, p. 89. *Detroit News*, 23 de março de 1902. Ver: J. F. Geniesse, *American Priestess*. Sobre superadores versus Selah Merrill, antissemitismo: Oren, *Power*, pp. 281-3. Kark, pp. 128-30 e 323-5. Os Husseini e escolas: Pappe, pp. 104-7.

Schick e suas edificações, novos estilos do final do século XIX, incluindo áreas francesa, britânica, russa, grega e bucara: Kroyanker, pp. 101-41. Abdul Hamid: Finkel, pp. 488-512. Expedições arqueológicas nacionais e rivalidades: Silberman, pp. 100-12, 113-27 e 147-70. Kark sobre cônsules/ Selah Merrill, pp. 128-30 e 323-5.

41. Russos (1880-98)

1. Gilbert, *Rebirth*, pp. 14 e 177-80; Kitchener/Gordon, p. 187. Haggard, *Winter Pilgrimage*, p. 267. Edward Lear em Elon, *Jerusalem*, p. 142; Rodolfo, pp. 144-5. Pollock, *Kitchener*, pp. 29-37. Fotografias de Kitchener, Boas, *Jerusalem*, p. 160. Gordon em Goldhill, *City of Longing*, p. 21; Elon, *Jerusalem*, p. 147; Grabar, *Shape of the Holy*, p. 16. Russos: Dixon, "A stunted international". Russos e ocidentais: Stephen Graham, *With the Russian Pilgrims to Jerusalem* (doravante Graham) — roupas, viagem por mar, obsessão com a morte, pp. 3-10; guia montenegrino, p. 35; vida no Complexo Russo, pp. 40-2; visitas dos Romanov e acusações no Complexo Russo, pp. 44-6; turistas ingleses ridículos, p. 55; Santo Sepulcro, pp. 62-4; corrupção em Jerusalém, a Fábrica Judaica, padres corruptos degenerados, pp. 69-76; o espetáculo da Páscoa e do Fogo Sagrado, pp. 101-10; mulheres árabes vendendo bebida no Complexo Russo, p. 118; Fogo Sagrado, pp. 126-8; encontros nas ruas, pp. 130-2. Lisovoy e Stegniy, *Rossiya v Sviatoy Zemle*, I, pp. 125-7; diário do arquimandrita Antonin em 1881 e visitas do grão-duque Serguei em 1888: I, pp. 147-60. A Sociedade Palestina e o Complexo Russo: Hopwood, *Russian Presence*, pp. 70-115. Christopher Warwick, *Ella: Princess, Saint and Martyr*: caráter de Serguei e primeira visita, pp. 85-101; visita com Ella, pp. 143-53; pogrom de judeus em Moscou, pp. 162-6. Políticas czaristas e pogroms: Brenner, pp. 238-43. Vester, pp. 86-7. *Aliyah* judia: Ben-Arieh, p. 78. Modernização e reformas otomanas, reações árabes: Krämer, pp. 120-8. Nusseibeh, *Country*, pp. 48-9. Al-Jubeh, "Khalidiyah Library", Kassmieh, "Leading Intellectuals of Late Ottoman Jerusalem", OJ, pp. 37-42. Medidas antissionistas: Pappe, pp. 115-7.

42. O Kaiser (1898-1905)

1. Herzl, sionismo nos anos 1880: Shindler, *History*, pp. 10-7. Perfil assírio: Jabotinsky citado em Colin Shindler, *The Triumph of Military Zionism*, pp. 54-61, inclusive árvore de Natal. Desmond Stewart, *Herzl*, pp. 171-222 e 261-73. Sionismo, Herzl, nova moda de antissemitismo racial: Brenner, pp. 256-67. Relações com os Rothschild, Ferguson, pp. 800-4. Tuchman, pp. 281-309. Maioria judia por volta de 1860: Paolo Cuneo, "The Urban Structure and Physical Organisation of Ottoman Jerusalem in Context of Ottoman Urbanism", em OJ, p. 218. Hassídicos e outros grupos chegam: Gilbert, *Rebirth*, pp. 118-23 e 165-73; cultura hebraica, pp. 185-9 e 207-15. Imigração judaica e números de população: Ben-Arieh, pp. 31-40 e 78, sobre dados da primeira *Aliyah*. Primeira *Aliyah*, Hess, pogroms e reação de Tolstói/Turguêniev: Shmuel Ettinger e Israel Bartal, "First Aliyah, Ideological Roots and Practical Accomplishments", em *Cathedra*, II, pp. 197-200. *Aliyah* iemenita: Nitza Druyon, "Immigration and Integration of Yemenite Jews in 1st *Aliyah*", em *Cathedra*, III, pp. 193-5. Imigração de bucaras: entrevista do autor com Shlomo Moussaieff. Karl Baedeker (1876), 186 judeus espanhóis versus esquálidos irmãos poloneses. Kalischer, Alkalai e precursores protossionistas: Green, pp. 322-4. Sionismo evangelista: W. E. Blackstone, em Obenzinger, *American Palestine*, pp. 269-70. Herzl e sionismo: Gilbert, *Rebirth*, pp. 217-22. Zangwill, assentamento Galveston, África, Argentina, Angola e territorialismo: Obenzinger, JQ, 2003. Judeus em Jerusalém: em 1895, 28 mil; em 1905, 35 mil; em 1914, 45 mil; em Krämer, pp. 102-11 e 138; pogroms e crescimento da população judia, pp. 197-9. Martin Gilbert, *Churchill and the Jews*, territorialismo churchilliano em Tripolitânia e Cirenaica, p. 249. Kark, pp. 19-37. Bairros judeus: Gilbert, *Rebirth*, pp. 140-5. Tom Segev, *One Palestine Complete: Jews and Arabs under the British Mandate*, pp. 221-3. Subúrbios judeus: Ben-Arieh, pp. 48-58. Herzl sobre monte do Templo extraterritorial: Wasserstein, p. 320. Weizmann, *Trial and Error*: sobre estilo de Herzl, caráter, não do povo, pp. 41 e 63; Sir Francis Montefiore, os Rothschild, sionismo herzliano, pp. 62-5. Desagrado dos primeiros sionistas por Jerusalém: Sufian Abu Zaida, "'A Miserable Provincial Town': The Zionist Approach to Jerusalem 1897–1937", JQ, 32, outono de 2007. Proposta de Rothschild para compra do Muro: Pappe, pp. 116-7.

2. Kaiser e Herzl em Jerusalém: *New York Times*, 29 de outubro de 1898. Cohen, *Sacred Esplanade*, pp. 216-26. Agente de viagens Cook: *New York Times*, 20 de agosto de 1932. Thomas Cook: Gilbert, *Rebirth*, pp. 154-60. Luxo nas tendas de Thomas Cook e Rolla Floyd: Vester, pp. 160-1. Luxo em tendas de turistas: Ruth e Thomas Hummel, *Patterns of the Sacred: English Protestant and Russian Orhodox Pilgrims of the Nineteenth Century*, fotografia. Kaiser, judeus e Herzl: John Rohl, *Wilhelm II: The Kaiser's Personal Monarchy 1888–1900*, pp. 944-54; sobre igreja do Redentor, p. 899; eu somente sei alguma coisa: vocês todos não sabem nada, p. 843; sobre judeus, p. 784. Kaiser e antissemitismo: John Rohl, *The Kaiser and his Court*, pp. 190-212; sobre brincadeiras sexuais na corte/poodle, p. 16. Arquitetura germânica: Kroyanker, p. 24. Visita ao monte do Templo: OJ, pp. 270-1. Vester, pp. 194-8. Silberman, pp. 162-3. Sean McMeekin, *The Berlin–Baghdad Express* [*O expresso Berlim-Bagdá*. São Paulo: Globo, 2011], sobre o Kaiser em Jerusalém e cartas ao czar, pp. 14-6.

Stewart, *Herzl*, pp. 261-73. Goldhill, *City of Longing*, p. 140. Gilbert, *Rebirth*, pp. 273-7. Modernidade, Kaiser e fotografia: Victor Hummel, "Culture and Image", pp. 181-91. Fotos: OJ, p. 267. Ben-Arieh, p. 76. Sobre política árabe e Ruhi Khalidi: Marcus, *Jerusalem, 1913: Origins of Arab–Israeli Conflict*, pp. 39-44 e 99. Krämer, pp. 111-5. Herzl e Uganda: apresentação de lorde Rothschild, Ferguson, pp. 802-4. Herzl, Uganda, Lloyd George como advogado em duas solicitações para lar nacional no Sinai em 1903 e 1906: David Fromkin, *A Peace to End All Peace* (doravante Fromkin), pp. 271-5. Territorialismo churchilliano: Gilbert, *Churchill and the Jews*, p. 249. Zangwill, assentamento Galveston, África, Argentina, Angola e territorialismo: Obenzinger, JQ, 2003, p. 17. Pappe, pp. 108-11. Ilan Pappe, "Rise and Fall of the Husaynis", parte I, JQ, 10, outono de 2000; "Husayni Family Faces New Challenges", parte II, JQ, 11-12, inverno de 2001. Wasserstein, p. 320.

Amy Dockser Marcus, *Jerusalem 1913: Origins of the Arab-Israeli Conflict*, pp. 30-60. Yusuf al--Khalidi ao rabino-chefe da França, Zadok Khan, em Nusseibeh, *Country*, p. 23. Kasmeh, "Leading Intellectuals of Late Ottoman Jerusalem", OJ, pp. 37-42.

43. O tocador de *oud* de Jerusalém (1905-14)

1. O retrato de Ben-Gurion ao longo do livro baseia-se na biografia de Michael Bar-Zohar, *Ben--Gurion*; David Ben-Gurion, *Recollections*; Weizmann; Shindler, *History* e *Military Zionism*; conversas com Shimon Peres e Yitzhak Yaacovy. Ben-Gurion, *Recollections*, pp. 34-43 e 59-61. Bar-Zohar, *Ben--Gurion*, pp. 1-12 e 26-8. Krämer, pp. 111-5. Filosofia política, artigos em 1914 e 1920; Shindler, *History*, pp. 21-35, 42-4 e 99-101. Weizmann: ugandismo de Herzl e planos de El Arish, pp. 119-22; encontro com Plehve e pogroms de Kishinev, pp. 109-18, *Protocols of Elders of Zion* [*Os protocolos dos sábios de Sião*]: David Aaronovitch, *Voodoo Histories*, pp. 22-48. Desagrado dos primeiros sionistas por Jerusalém: Abu Zaida, "'A Miserable Provincial Town'", JQ, 32, outono de 2007.

2. Revolução dos Jovens Turcos e nacionalismo árabe: esta seção baseia-se em Wasif Jawhariyyeh, *Al Quds Al Othmaniyah Fo Al Muthakrat Al Jawhariyyeh*, vol. I: *1904–1917*; vol. II: *1918–1948*, traduzido para o inglês para este livro por Maral Amin Quttieneh (doravante Wasif). Entre as entradas utilizadas do diário estão I, pp. 160, 167, 168-9, 190, 204, 211, 217, 219 e 231. Também baseado em: Tamari, "Jerusalem's Ottoman Modernity", JQ, 9, verão de 2000. Sobre cafés, atmosfera, mulheres na cidade: Salim Tamari, "The Last Feudal Lord in Palestine", JQ, 16, novembro de 2002. Salim Tamari, "The Vagabond Café and Jerusalem's Prince of Idleness", JQ, 19, outubro de 2003. Antebi: Marcus, *Jerusalem 1913*, pp. 50-73. Baedeker sobre cidade sem entretenimento: Gilbert, *Rebirth*, pp. 154-60. Baedeker (1912), xxii, pp. 19 e 57. Sobre nacionalismo árabe e revolução dos Jovens Turcos/citação de Khalil Sakakini: Norman Rose, *A Senseless Squalid War: Voices from Palestine*, p. 8. Renascença árabe, nacionalismo desapontado, Jovens Turcos: Rogan, pp. 147-9. Shindler, *History*, pp. 23-8. Jovens Turcos, tomada do poder pelo Comitê da União e Progresso (CUP), nacionalismo turco, ascensão de Enver: Efraim Karsh e Inari Karsh, *Empires of the Sand: Struggle for the Mastery in the Middle East 1789–1923* (doravante Karsh), pp. 95-117. Ver também: P. S. Khoury, *Urban Notables and Arab Nationalism: The Politics of Damascus 1860–1920*. Sobre o CUP: Mazower, *Salonica*, pp. 272-90. Futebol/escola: Pappe, pp. 124-6; primórdios do nacionalismo, pp. 127-9; antissionismo, pp. 39-46.

3. Peregrinação russa/Rasputin: G. E. Rasputin, *Moi mysli i razmyshleniya. Kratkoe opisanie puteshestviya po svyatym mestam i vyzvannye im razmyshleniya po religioznym voprosam*, pp. 60-74. Vestimentas, viagem, mortalhas: Graham, pp. 3-10; *kvas*, p. 35; acomodação, pp. 44-6; ocidentais, p. 55; Sepulcro, pp. 62-4; corrupção em Jerusalém, pp. 69-76; Páscoa, pp. 101-10; bebida no Complexo Russo, p. 118; Fogo Sagrado, pp. 126-8; abraços na rua, pp. 130-2. Tiroteio russo no Sepulcro: Martin Gilbert, *Jerusalem in the Twentieth Century* (doravante Gilbert, JTC), p. 20. Eduard Radzinsky, *Rasputin*, pp. 180-3. Hummel, *Patterns of the Sacred*, pp. 39-61.

4. Este relato baseia-se no arquivo da família Parker: agradecimentos especiais ao atual conde de Morley e ao seu irmão, o honorável Nigel Parker, pelo auxílio e documentos. *The Times* (Londres), 4 de maio de 1911. *New York Times*, 5 e 7 de maio de 1911. Major Foley, *Daily Express*, 3 e 10

de outubro de 1926. Philip Coppens, "Found: One Ark of the Covenant?", *Nexus Magazine*, 13/6, outubro-novembro de 2006. Silberman, pp. 180-8. Sobre rixas e badernas: Vester, pp. 224-30. Pappe, p. 142.

44. Guerra Mundial (1914-6)

1. 1910–4. Rogan, pp. 147-9. 1908 até ascensão de Enver: Karsh, pp. 95-117. Majower: pp. 280-90. Empolgação em 1908: Marcus, *Jerualem 1913*, pp. 66-8 e 186. Jovens Turcos e Três Paxás: Finkel, pp. 526-32. Relógio de Abdul-Hamid: Krämer, p. 75. Visita do príncipe Eitel Fritz em 1910, briga no Sepulcro; Gilbert, JTC, pp. 20-4; colonização e política sionista, pp. 25-40. Jerusalém como Babel por Weizmann, pp. 3-4. Wasserstein, pp. 70-81. Augusta Victoria: Storrs, p. 296. Golpe de Enver: Karsh, pp. 94-101. Pappe, pp. 139-50.

2. Kemal Paxá / Primeira Guerra Mundial. Chegada do paxá, e "belíssima" parada do xeque de Meca, Sayeed Alawi Waffakieh, com bandeira verde: Wasif, I, p. 167; Kress von Kressenstein sobre parada do xeque e expedição de Suez: McMeekin, *The Berlin–Baghdad Express*, pp. 166-79. Kemal, al-Salahiyyah, visita de Enver: Wasif, I, p. 232. OJ, pp. 57-62. Pappe, pp. 150-9. A maioria das citações de Kemal é tirada ou dos diários de seu secretário particular Falih Rifki, citado em Geoffrey Lewis, "An Ottoman Officer in Palestine 1914–18", em Kushner, *Palestine in the Late Ottoman Period*, pp. 403-14, ou de Kemal Paxá, *Memoirs of a Turkish Statesman 1913–19*. Franz von Pappen, *Memoirs*, p. 70. Terror, planejamento urbano em Damasco: Burns, *Damascus*, pp. 263-5. Rudolf Höss, *Commandant of Auschwitz*, pp. 38-41. Rudolf Hess: Vester, pp. 209 e 263. Sobre alta política/militar: Karsh, pp. 105-17; ataques de Suez, p. 141; repressão a sionistas, círculo de espionagem NILI, pp. 160-70. Krämer, pp. 143-7. Finkel, pp. 533-40. Sobre declaração de guerra e fidelidade a al-Aqsa, conde Ballobar e Kemal: Segev, *Palestine*, pp. 15-20. Enforcamento do mufti em Gaza: Storrs, p. 371; judeus dão boas-vindas a Kressenstein, p. 288; sobre Ballobar, p. 303. Chegada de armênios: Hintlian, *History of the Armenians in the Holy Land*, pp. 65-6. Gilbert, JTC, pp. 41-5. Caráter de Kemal: Vester, pp. 259-67; destruição do plano de Jerusalém, p. 81; Rudolf Hess em Jerusalém, pp. 208-9 e 263. Fromkin: terror de Kemal, pp. 209-11. Campanha militar: Roger Ford, *Eden to Armageddon: World War I in the Middle East*, pp. 311-61. Kemal leva Faisal a enforcamentos; Kemal, Enver, extremamente implacáveis: T. E. Lawrence, *Seven Pillars of Wisdom* [*Os sete pilares da sabedoria*] (doravante Lawrence), pp. 46 e 51. O início da guerra: George Hintlian, "The First World War in Palestine and Msgr. Franz Fellinger", em Marion Wrba, *Austrian Presence in the Holy Land in the 19th and Early 20th Century*, pp. 179-93. Wasserstein, pp. 70-81. Repressões de Kemal: Karsh, pp. 161-70.

3. Morte e sexo sob Kemal. Esta seção baseia-se nos diaristas Wasij, Ihsan Turjman, Khalil Sakakini. Pensamento político, vida em Jerusalém, nacionalismo, Kemal e devassidão turca, prostitutas em escolas, em festas turcas, na rua, Tennenbaum: Salim Tamari, "The Short Life of Private Ihsan: Jerusalem 1915", JQ, 30, primavera de 2007. Vester, pp. 264-7 e 270-1. Wasif, I, pp. 160, 167, 168-9, 190, 204, 211, 217, 219 e 231. Tamari, "Jerusalem's Ottoman Modernity", JQ, 9, verão de 2000. Adel Manna, "Between Jerusalem and Damascus: The End of Ottoman Rule as Seen by a Palestinian Modernist", JQ, 22-23, outono/inverno de 2005. Repressões de Kemal: Karsh, pp. 161-70. Sobre nacionalismo e terror sírio: ver Khoury, *Urban Notables and Arab Nationalism*. Pappe, pp. 150-9.

Oferta do Muro das Lamentações aos judeus: Henry Morgenthau, *United States Diplomacy on the Bosphorus: The Diaries of Ambassador Morgenthau 1913–1916*, p. 400: agradecimentos a George Hintlian por ter chamado a minha atenção para esse tópico. Kemal e judeus/Albert Antebi exilado em outubro de 1916; pergunta a Kemal: "O que fizeste com a minha Jerusalém?": Marcus, *Jerusa-*

lem 1913, pp. 138-44 e 156-9. Judeus, deportações, cansados de enforcamentos, Aaronsohn/NILI: Karsh, pp. 166-70. Oferta de paz de Kemal: Raymod Kevorkian, *Les Génocide des Arméniens*, cap. 7. Prostituição: Vester, p. 264. Leah Tennenbaum e Villa Leah: Segev, *Palestine*, p. 7. Sobre Kemal, Leah Tennenbaum, banquetes e ditos espirituosos sobre os Três Paxás, ver conde de Ballobar, *Diario de Jerusalén* — 26 de maio de 1915 e 9 de julho de 1916. Sobre análise de Ballobar, ver R. Mazza, "Antonio de Cierva y Lewita: Spanish Consul in Jerusalem 1914–1920", e "Dining Out in Times of War", em JQ, 40, inverno de 2009, e JQ, 41, primavera de 2010. Sobre o *"bon garçon"* Kemal por Ballobar: Storrs, pp. 303-4. Ver também R. Mazza, *Jerusalem from the Ottomans to the British*.

45. Revolta Árabe, Declaração Balfour (1916-7)

1. Retrato de Lawrence baseia-se em Jeremy Wilson, *Lawrence of Arabia: The Authorized Biography of T. E. Lawrence*, a menos que explicitado de outro modo. Lawrence, ação e reflexão: Wilson, *Lawrence*, p. 19; sobre xerife Hussein, p. 656; inapto para governar, p. 432; pontos de vista pró-britânicos e pró-árabes de Lawrence, p. 445; exigência "tragicômica" do xerife, p. 196; Hogarth sobre Lawrence como espírito movente de McMahon e revolta, p. 213; primórdio de plano para Jerusalém, livro *Seven Pillars* [*Os sete pilares*], p. 74; Jerusalém e Beirute, criados de hotel com pequenos defeitos, pp. 184-5; sobre as cartas e negociações de McMahon, e plano para incluir Jerusalém no Egito, pp. 212-8; Gertrude Bell sobre a inteligência de Lawrence, p. 232; Lawrence sobre as personalidades de Abdullah e Faisal, pp. 305-9 e 385-7; seu conceito de guerrilha e insurgência, p. 314; matar/Buffalo Bill, p. 446; sobre comédia sexual, p. 44; 25 artigos sobre como liderar uma insurgência árabe, pp. 960-5; roupas, pp. 333-5; Sykes, pp. 230-3; não suporta mentiras, pp. 410-2; Sykes–Picot, Lawrence informa Faisal, pp. 361-5; plano de Ácaba, pp. 370-81; executa assassino, p. 383; descrição americana de Lawrence em Versalhes, pp. 604-5. Falta de escrúpulos de Lawrence, "gênio para ocupar a ribalta": Margaret MacMillan, *Peacemakers: The Paris Peace Conference and its Attempt to End War*, pp. 399-401. George Antonius, *The Arab Awakening: The Story of the Arab National Movement*, pp. 8-12 e 245-50. Rogan, pp. 150-7. Karsh sobre Lawrence e Revolta Árabe: homem com o ouro, p. 191. Anet Wallach, *Desert Queen: The Extraordinary Life of Gertrude Bell*: imp., p. 299. Dinastia hachemita/xerifiana: Avi Shlaim, *Lion of Jordan: The Life of King Hussein in War and Peace*, pp. 1-10. Schneer, pp. 24-6. Lawrence: Storrs, pp. 202 e 467. Silberman, pp. 190-2. Descendência e família xerifiana: Lawrence, p. 48; Abdullah esperto demais, pp. 64-7 e 219-20; roupas árabes de Faisal, p. 129; caráter de Lawrence, "cérebro rápido e silencioso com um gato selvagem", pp. 580-1; curiosidade egoísta, p. 583; piedade de Faisal, p. 582. Revolta Árabe: Karsh, pp. 199-221; Sykes–Picot, pp. 222-46. Fromkin, pp. 218-28; Kitchener e opiniões de Wingate e Storrs, pp. 88-105 e 142; Sykes, pp. 146-9; McMahon, pp. 173-87; Sykes–Picot, pp. 188-99. O melhor relato detalhado de McMahon continua sendo Elie Kedourie, *In the Anglo-Arab Labyrinth: The McMahon-Husayn Correspondence and its Interpretations*. Schneer dá um excelente relato, pp. 32-48 e 64-74.

2. Revolta Árabe/avanço britânico/Falkenhayn: Papen, pp. 7-84. Kemal mostra o Domo a Falkenhayn: OJ, p. 276. Antonius, *Arab Awakening*, pp. 8-12 e 245-50. Rogan, pp. 150-7. Shlaim, *Lion of Jordan*, pp. 1-10. Lawrence: Storrs, pp. 202 e 467; Silberman, pp. 190-2. Sobre xerifianos: Lawrence, pp. 48, 64-7, 129, 219-20 e 582; sobre si mesmo, pp. 580-3. Tomada de Ácaba e relatório a Allenby: Wilson, *Lawrence*, pp. 400-20; estupro em Deraa, pp. 462-4. Revolta Árabe: Karsh, pp. 171-221; Sykes–Picot, pp. 22-43. Meyer e Brysac, *Kingmakers*, pp. 107-13. Fromkin, pp. 88-105 e 142; Sykes, pp. 146-9 e 218-28; McMahon, pp. 173-87; Sykes–Picot, pp. 188-99; terror de Kemal, pp. 209-11; Kemal propõe poder a si mesmo, pp. 214-5. Oferta de paz de Kemal: McMeekin, *The Berlin-Baghdad*

Express, pp. 294-5. Schneer, pp. 87-103; sobre círculo NILI, pp. 171-2. Visita de Enver: Wasif, I, pp. 232-3. Enver/Jerusalém em tempo de guerra: Vester, pp. 246-71. Sobre círculos de espionagem, Sakakini, Levine, terror de Kemal, bordéis, NILI: Manna, "Between Jerusalem and Damascus", JQ, 22-23, outono/inverno de 2005 (citando policial turco de segurança Aziz Bei). Sakakini e Levine: Segev, *Palestine*, pp. 13-5. Aaronsohn: Fromkin, p. 309. Marcus, *Jerusalem 1913*, pp. 149-51.

3. Balfour, Lloyd George, Weizmann: Documentos, motivos e processo de rascunhar a Declaração: Doreen Ingrams (org.), *Palestine Papers, 1917–1922: Seeds of Conflict*, pp. 7-18, citando a partir do memorando de William Ormsby-Gore acerca das origens da Declaração, pp. 7-8; sobre esperanças de ganhar apoio russo e americano; memorando de Balfour ao Gabinete, p. 9; minutas do Gabinete de 31 de outubro citando Balfour, p. 16. John Grigg, *Lloyd George: War Leader*, pp. 339-57, especialmente pp. 347-9 sobre Weizmann; Lloyd George a Weizmann, citação; Samuel, frio e seco; Asquith a Venetia Stanley sobre Lloyd George manter Jerusalém longe da França ateísta; sobre sionismo a serviço do Império Britânico, p. 349. R. J. Q. Adams, *Balfour: The Last Grandee*, pp. 330-5. MacMillan, *Peacemakers*: sobre caráter de Lloyd George, pp. 43-51; sobre frivolidade de Balfour, lenço de seda, gênio judaico, sionismo, única coisa de valor que fez, pp. 424-6. Krämer, pp. 148-54 e 167. Segev, *Palestine*, pp. 33-50. Balfour sobre propaganda na Rússia e nos Estados Unidos: Rogan, pp.153-6. Weizmann: Universidade Hebraica, p. 100; primeiro encontro com Balfour, pp. 143-5; Jerusalém em 1906, compra do terreno da universidade, por que Jerusalém, pp. 190-8; "Eu [...] um *yid*", p. 207; oponentes do sionismo, Claude Montefiore, Leopold de Rothschild, Edwin Montagu, pp. 200-30 e 252; velhos estadistas religiosos, p. 226; labirinto de relacionamentos pessoais, p. 228; Alemanha negocia com sionistas, pp. 234-5; rascunho da Declaração, pp. 252-62; Weizmann confundido com Lênin, p. 358. Weizmann como Lênin bem nutrido: MacMillan, *Peacemakers*, p. 423. Sykes sobre judeus/negros, Schneer, pp. 44-6; Lloyd George sobre a raça de Samuel, p. 126; sobre judeus britânicos, sionistas versus assimilacionistas, os Rothschild, os Montefiore, pp. 124-61. Sykes sobre poder dos judeus, pp. 166-8; poder para Sião, armênios, árabes (Sykes), sobre possível paz com otomanos, pp. 349-59, citação de Curzon, p. 350.

Sionistas alemães, negociações com otomanos germânicos (Kemal), promessa de Talaat ao embaixador alemão, e alarme britânico do sionismo como ideia alemã (Sir Ronald Graham): McMeekin, *Berlin-Baghdad Express*, pp. 340-51.

Herbert Samuel, *Memoirs*, p. 140. Meyer e Brysac, *Kingmakers*, pp. 112-26. Max Egremont, *Balfour*, pp. 293-6. Karsh, pp. 247-58. Fromkin, pp. 276-301, inclusive Leo Amory sobre a Bíblia, Brandeis e Wilson. Avi Shlaim, *Israel and Palestine*, pp. 3-24. Lloyd George agarrando a Palestina: Rose, *Senseless Squalid War*, pp. 16-7. Karsh, pp. 247-58. Gilbert, *Churchill and the Jews*: Churchill, Weizmann e a acetone, pp. 23-30; profeta bíblico, p. 95. George Weidenfeld, *Remembering My Good Friends*, pp. 201-20, sobre Weizmann, caráter e estilo. Lorde Rothschild apoia o sionismo: Ferguson, pp. 977-81. Primeiras visões sionistas: Abu Zaida, "'A Miserable Provincial Town'", JQ, 32, outono de 2007.

46. O presente de Natal (1917-9)

1. Queda da cidade/rendição. Ordens de Lloyd George a Allenby, Jerusalém no Natal: Grigg, *Lloyd George: War Leader*, pp. 339-43. Alemães não se comovem com retirada, Storrs, pp. 303-5; alcaide bem-criado, p. 292. Alter Levine e Sakakini: Marcus, *Jerusalem 1913*, pp. 149-51. Levine e Sakakini, ciação de Sakakini sobre artilharia: Segev, *Palestine*, p. 30. Moshe Goodman, "Immortalizing a Historic Moment: The Surrender of Jerusalem", em *Cathedra*, III, pp. 280-2. Vester, pp. 273-80. Reunião dos Husseini; virgens casadoiras; blusa e lençóis: Pappe, pp. 162-6. Diário do bispo Mesrob

Neshanian citado em Hintlian, "First World War in Palestine and Msgr. Franz Fellinger", em Wrba, *Austrian Presence*, pp. 179-93. Rumores, discussão com Sakakini, alemães versus turcos sobre rendição: Tamari, "Last Feudal Lord in Palestine", JQ, 16, novembro de 2002. Manna, "Between Jerusalem and Damascus", JQ, 22-23, outono/inverno de 2005. Diário: K. Sakakini, 20 de janeiro de 1920. Nacionalismo árabe sírio: Nasser Eddin Nashashibi, *Jerusalem's Other Voice: Ragheb Nashashibi and Moderation in Palestinian Politics 1920–1948* (doravante Nashashibi), pp. 130-1 e 134-5; Ben-Gurion e Alami num sofá pequeno, p. 69. Faisal e Weizmann: Krämer, pp. 158-62. Carruagem roubada da Colônia Americana: Frederick Vester para Storrs, 14 de março de 1919, arquivo do American Colony Hotel. Frenesi antissemita de turcos em Jerusalém: Ballobar, *Diario*, 30 de novembro de 1917.

2. Allenby: Grigg, *Lloyd George: War Leader*, pp. 342-5. Wasif, II, p. 280. Storrs, pp. 305-7. Lawrence, p. 330; sobre Jerusalém, pp. 341 e 553; estupro de Lawrence em Deraa, entrada na cidade, pensamentos de estupro enquanto Allenby fala; efeitos do trauma do estupro mais tarde, p. 668. Absurdamente infantil: Wilson, *Lawrence*, pp. 459-66: Gilbert, JTC, pp. 45-61. Segev, *Palestine*, pp. 23-4 e 50-5. Livro de Allenby: Meyer e Brysac, *Kingmakers*, p. 109. Allenby e Storrs em Jerusalém: Fromkin, pp. 308-29. Conselho do Escritório de Guerra: Elon, *Jerusalem*, p. 167. Vester, pp. 278-80. Allenby e comentários sobre cruzados a Husseini e aos Nusseibeh: Nusseibeh, *Jerusalemites*, pp. 426-7. Agradeço a minha prima Kate Sebag-Montefiore por pesquisar o papel de William Sebag-Montefiore na Palestina. Agradeço a Peter Sebag-Montefiore e sua filha Louise Aspinall pelo arquivo privado do major Sebag-Montefiore: relatos citados de 24 de abril de 1918 (sexo com mulheres locais); doença venérea presente, 11 de junho de 1918; doença venérea excessiva, 16 de junho de 1918; guarda de lugares santos, 23 de junho de 1918; Corpo Montado do Deserto em bordéis, 29 de junho de 1918; bordéis problemáticos e doença venérea excessiva, 14 de julho de 1918; bordéis mudados de lugar, 37 detidas, 18 de agosto de 1918; mulheres desnorteadas, 1º de setembro de 1918; doença venérea em bordéis, nada mais a reportar, 8 de setembro de 1918; australianos em bordéis, 13 de outubro de 1918 e 18 de novembro de 1918. Pappe, pp. 165-75: magrebinos interessados em vender o Muro, p. 234.

47. Os vitoriosos e os despojos (1919-20)

1. Storrs, extremamente brilhante: Lawrence, pp. 56-7. Lawrence visita e conhece Lowell Thomas: Wilson, *Lawrence*, p. 489; atitude de Faisal e Lawrence em relação ao sionismo; esperança de conselheiros judeus sionistas e financiadores para a Síria de Faisal; Lawrence sobre sionismo e carta a Sykes; encontros de Faisal com Weizmann perto de Ácaba e em Londres: pp. 442-4, 513-4 e 576-7; sobre encontro em 12 de dezembro de 1918 em Londres. Faisal e Weizmann, Faisal diz que que há lugar na Palestina para 4 ou 5 milhões de judeus, p. 593. Shindler, *Military Zionism*, pp. 61-7. Artigo de Ben-Gurion "Towards the Future" [Rumo ao Futuro] sobre compartilhar a Palestina e sobre Jabotinsky, e artigo "Iron Wall" [Muralha de Ferro] em 1923: Shindler, *History*, pp. 26-30; Jabotinsky, fascistas, Duce como búfalo, p. 131. Weizmann: Jabotinsky, p. 86; sobre Allenby, Storrs, *Os protocolos dos sábios de Sião*, pp. 265-81 e 273; sobre encontros com Faisal e Lawrence, pp. 293-6; fundação da Universidade Hebraica, p. 296; escaramuças de Nabi Musa, pp. 317-21. *Os protocolos dos sábios de Sião*: Aaronovitch, *Voodo Histories*, pp. 22-48. Atitude inicial sionista: Abu Zaida, "'A Miserable Provincial Town'", JQ, 32, outono de 2007. Pappe, pp. 166-87; o cargo de grão-mufti: Husseini declara envolvimento com rei Faisal; carreira de Musa Kazem, pp. 111-2; Amin em Damasco, pp. 170-1; Nabi Musa, pp. 189-203.

2. Herbert Samuel, chegada: Storrs, pp. 352-8 e 412-4. Caráter rígido: Segev, *Palestine*, p. 155. Ostra: Schneer, pp. 122-6. Frio, seco: Lloyd George citado em Grigg, *Lloyd George: War Leader*, p. 348. Rijo como madeira: Edward Keith-Roach, *Pasha of Jerusalem*, p. 73. Chaim Bermant, *The Cousinhood: The Anglo-Jewish Gentry*, pp. 329-54. Política: Krämer, pp. 213-24. Segev, *Palestine*, pp. 91-9. Gilbert, JTC, p. 88. Samuel, *Memoirs*, pp. 154-75. Luke e Keith-Roach, *Handbook of Palestine*, pp. 86--101. Jabotinsky, revisionismo: Shindler, *Military Zionism*, pp. 50, 61-5 e 85-92; Samuel e o enxágue do balfourismo, pp. 1-32. Filosofia política da evolução, cooperação socialista e movimento em direção a pragmatismo implacável, homem forte do sionismo, artigos em 1914 e 1920: Shindler, *History*, pp. 21-35. Abu Zaida, "'A Miserable Provincial Town'", JQ, 32, outono de 2007.

3. Churchill: Martin Gilbert, *Churchill: A Life*, pp. 428-38; também Gilbert, JTC, p. 92. Gilbert, *Churchill and the Jews*, ensaio de infância de Winston Churchill, p. 1; como parlamentar de Manchester e primeiros encontros com Weizmann, pp. 7-15; sionismo e Primeira Guerra Mundial, pp. 24-33; sobre artigo acerca do Judeu Internacional, pp. 37-44, citando discurso de Sunderland e *Illustrated Sunday Herald*, 8, fevereiro de 1920; viagem como secretário colonial ao Cairo e Jerusalém, pp. 45--64; concessão de Rutenberg, pp. 78-95; criou a Transjordânia "num domingo à tarde", p. 109. Reinos de Faisal e Abdullah: Shlaim, pp. 11-20. Lawrence como assessor, Hussein crasso: Wilson, *Lawrence*, p. 540; solução xerifiana, conferência no Cairo e reunião em Jerusalém com Abdullah, Lawrence sobre Churchill, pp. 643-63 e 674. Karsh, pp. 309-25, especialmente pp. 314-6 e 318. Rogan, pp. 178--85. Fromkin, pp. 424-6, 435-48 e 504-29. Khoury, *Urban Notables and Arab Nationalism*, pp. 80-90. Cairo: Wallach, *Desert Queen*, pp. 293-301. Segev, *Palestine*, pp. 143-5. Krämer, pp. 161-3. Sauditas versus xerifianos: Rogan, pp. 179-84. Sobre Lawrence e Última Cruzada: Fromkin, pp. 498-9. Faisal, Lawrence e sionismo: Weizmann, pp. 293-6. Thomas e Lawrence: Oren, *Power*, pp. 399-402.

48. O Mandato britânico (1920-36)

1. Husseini versus Nashashibi. Retratos escritos com referência ao mádi Abdul Hadi (org.), *Palestinian Personalities: A Biographical Dictionary*. Mufti, caráter, carreira: Pappe, pp. 169-73; escolha de prefeito e mufti, pp. 201 e 212-45. Gilbert Achcar, *The Arabs and the Holocaust: The Arab-Israeli War Narratives* (doravante Achcar), sobre políticas e caráter do mufti, pp. 123-30; sobre megalomania, p. 127; sobre variedade de opiniões árabes, liberais, nacionalistas marxistas, islamicistas, pp. 41-123; citação, p. 52. Sobre partidos políticos, sobre mufti loiro, piadas sem graça: entrevista do autor com Nasser Eddin Nashashibi, pp. 14-9; eleição do mufti, pp. 38 e 126-8; mufti líder, p. 79; diferenças entre o mufti e Nashashibi, p. 75; Nashashibi trazido por Sir Arthur Wauchope, p. 32. Wasserstein, pp. 324-7. Krämer, pp. 200-7 e 217-22. Sobre Notáveis e rivalidades: Benny Morris, *1948: A History of the Firts Arab-Israeli War*, pp. 13-4. Mufti, enganador, britânicos intimidados: Weizmann, p. 342. Totalitarismo esclarecido: Keith-Roach citado em Segev, *Palestine*, pp. 4-9. Mufti, causa justa, métodos insensatos e imorais: John Glubb Pasha, *A Soldier with Arabs*, p. 41. Únicas qualificações, pretensão de família: Edward Keith-Roach, *Pasha of Jerusalem*, p. 94. Sari Nusseibeh, *Once Upon a Country*: desastroso, p. 36. Projeção de santidade e importância do Haram para a nação: Krämer, p. 237, e redenção da terra, pp. 251-3; partidos políticos de família, pp. 239-40. Tamari, "Jerusalem's Ottoman Modernity", JQ, 9, verão de 2000. Tamari, "Vagabond Café and Jerusalem's Prince of Idleness", JQ, 19, outubro de 2003. Sobre Haile Selassie e reis: John Tleel, "I am Jerusalem: Life in the Old City from the Mandate Period to the Present", JQ, 4, primavera de 1999. Amós Oz, *A Tale of Love and Darkness* [*De amor e trevas*. Trad. de Milton Lando. São Paulo: Companhia das Letras, 2005] (doravante Oz), pp. 23, 38-42, 62, 118-9, 307, 324, 325 e 329. Planos de partilha:

Wasserstein, pp. 108-12. Shlaim, *Israel and Palestine*, pp. 25-36. "Harem Beauties Drive Fords thro Jerusalem", *Boston Sunday Herald*, 9 de julho de 1922. Britânicos não gostam de judeus: John Chancellor citado em Rose, *Senseless Qualid War*, p. 31; fácil de ver por que árabes são preferidos aos judeus, Richard Crossman, p. 32. Alta vida britânica e troca de casais de George Antonius: Segev, *Palestine*, pp. 342-5; Ben-Gurion, evolução das opiniões e propostas a Musa Alami e George Antonius, pp. 275-7. Stálin/Birobidjão: Simon Sebag Montefiore, *Stalin: Court of the Red Tsar* [*Stálin: A corte do czar vermelho*. Trad. de Pedro Maia Soares. São Paulo: Companhia das Letras, 2006] e *Young Stalin* [*O jovem Stálin*. Trad. de Pedro Maia Soares. São Paulo: Companhia das Letras, 2008]; Arkady Vaksberg, *Stalin against the Jews*, p. 5.

2. O Levante de Buraq e depois: Wasif, II, p. 484. Pappe, pp. 233-45. Achcar, pp. 128-33. Nusseibeh, *Jerusalemites*, pp. 39-43. Ilan Pappe, "Haj Amin and Buraq Revolt", JQ, 18, junho de 2003. Shindler, *Military Zionism*, pp. 94-104. Keith-Roach, *Pasha*, pp. 119-22. Nusseibeh, p. 31. Rogan, pp. 198-201. Krämer, pp. 225-37. Segev, *Palestine*, pp. 296-333. Gilbert, JTC, pp. 119-28. A. J. Sherman, *Mandate Days: British Lives in Palestine*, pp. 73-93. Mufti visita cônsul nazista: Jeffrey Herf, *Nazi Propaganda for the Arab World*, pp. 16-7 e 29. Citações de Koestler: Michael Scammell, *Koestler: The Indispensable Intellectual*, pp. 55-65. Ben-Gurion, evolução, socialismo, pragmatismo: Shindler, *History*, pp. 21-35.

Livro Branco, Carta Negra, Passfield: Weizmann, pp. 409-16; deposto como presidente, pp. 417-22. Queda de Weizmann, ascensão de Ben-Gurion, Jabotinsky como *Il Duce*: Bar-Zohar, *Ben-Gurion*, pp. 59-67.

3. Vida no Mandato britânico. Arquitetura: Kroyanker, pp. 143-65. *Boston Sunday Herald*, 9 de julho de 1922. Antissemitismo britânico: John Chancellor citado em Rose, *Senseless Squalid War*, p. 31. Richard Crossman, p. 32. Alta vida britânica, festa de Antonius: Segev, *Palestine*, pp. 342-50; entrevista do autor com Nasser Eddin Nashashibi. Kai Bird, *Crossing Mandelbaum Gate* (doravante Bird), inclusive citação "ela era safada", casamento aberto, pp. 16-9 e 22-42. Coronel P. H. Massy, *Eastern Mediterranean Lands: Twenty Years of Life, Sport and Travel*, pp. 69-70. Caçadas etc.: Keith-Roach, *Pasha*, p. 89; cidade moderna, salão de beleza, p. 95; Plumer e Chancellor, atores de boa aparência, pp. 99-100. Rixa entre latinos e gregos com guarda-chuva: Harru Luke, *Cities and Men: An Autobiography*, p. 207; equipe, p. 213; vida, pp. 241-5; mestre de cerimônias, p. 218. King David Hotel: Gilbert, JTC, pp. 101-19 e 130. Avião particular: John Bierman e Colin Smith, *Fire in the Night: Wingate of Burma, Ethiopia and Zion*, p. 79. Plumer e Chancellor: Segev, *Palestine*, p. 289. Vida nos cafés: Tamari, "Vagabond Café and Jerusalem's Prince of Idleness", JQ, 19 de outubro de 2003. Bairros: Oz, *Tale*, pp. 23 e 38-42. A família May: Miriam Gross, "Jerusalem Childhood", *Standpoint*, setembro de 2010. Enterro da grã-duquesa Ella: Warwick, *Ella*, pp. 302-12; Luke, *Cities and Men*, p. 214.

As famílias e os britânicos: Storrs, pp. 423-5. Nusseibeh, *Country*, pp. 28-36 e 62. Krämer, pp. 257-66. Congreve: Segev, *Palestine*, p. 9; Wauchope e nova Casa do Governo, caça a patos, pp. 342-8. Nusseibeh, *Jerusalmites*: cidade empolgante, p. 52; Katy Antonius, p. 133; casas, livrarias, famílias, ternos brancos, pp. 409-25; nenhuma escolha a não ser rebelião, pp. 44-7. Números de imigração: Segev, *Palestine*, p. 37. Churchill e Moyne visitam King David Hotel: Gilbert, *Churchill and the Jews*, p. 102; Comissão Woodhead e aumento na população de árabes e judeus, p. 152; parceria e personalidades de Ben-Gurion e Weizmann, pp. 76-9; negociações com Musa Alami, pp. 82-7; sobre vida amorosa, pp. 118-9. Sobre livros e leituras de Ben-Gurion: conversa do autor com Shimon Peres. Sobre piada de Napoleão de Ben-Gurion: conversa com Itzik Yaacovy. Caráter de Weizmann e atitude em relação a Ben-Gurion: Weidenfeld, *Remembering my Good Friends*, pp. 201-20. Achcar, variedade de opiniões árabes, nacionalistas, liberais, marxistas, islamicistas, pp. 41-123. Mufti e proposta sionista de Estados compartilhados e dois corpos legislativos: Pappe, pp. 226-8.

49. A Revolta Árabe (1936-45)

1. Revolta Árabe: Krämer, pp. 259-65. Rogan, pp. 204-7. Morris, *1948*, pp. 18-20. Achcar, pp. 133--40; sobre amplitude de opiniões árabes, pp. 41-133. Tarboush e bandos: Nashashibi, pp. 97-103 e 46-57. Wasif, II, pp. 539-49. Métodos implacáveis: Segev, *Palestine*, pp. 350-2, 361-74, 382-8, 402 e 414-49. Nusseibeh, *Jerusalemites*, pp. 42-9; primeiros tiros. Revolta, Wingate, como Lawrence: Weizmann, pp. 489-91 e 588. Destruição do acordo e Judah Magnes: Oren, *Power*, pp. 436-8. Walid Khalidi, *From Haven to Conquest*, pp. 20-2 e 33-5. Abd al-Kadir Husseini, retrato escrito com referência a Hadi, *Palestinian Personalities*. Pappe, citado, p. 278; sobre violência do mufti, pp. 246-82; Abd al-Kadir, pp. 225, 260-2, 269 e 292-6.

2. Wingate e Dayan, Revolta Árabe: Wasif, II, pp. 539-49. Métodos implacáveis: Segev, *Palestine*, pp. 400-2 e 414-43. Bierman e Smith, *Fire in the Night*, pp. 29-30 e 55-130. Moshe Dayan, *Story of my Life* (doravante Dayan), pp. 41-7; execuções de Montgomery: Rose, *Senseless Squalid War*, p. 45. Walid Khalidi, *From Haven to Conquest*, pp. 20-2 e 33-5. Dayan: Ariel Sharon, *Warrior*, pp. 76, 127 e 222.

Revolta, repressão: Segev, *Palestine*, pp. 420-43; Wingate, negociações, pp. 489-91 e 588. Wasserstein, pp. 115-6. Emergência de Ben-Gurion como homem forte do sionismo: Shindler, *History*, pp. 21-35; repressão, pp. 35-6; Sadeh e Wingate, pp. 36-8. Conferência do palácio St. James/Livro Branco/guerra: Bar-Zohar, *Ben-Gurion*, pp. 93-105. Moderados solapados: Oren, *Power*, pp. 436-8. Jerusalém perdida para os árabes, 17 de outubro de 1938: Pappe, p. 287; Abd al-Kadir Husseini, pp. 292-6.

50. A guerra suja (1945-7)

1. Mufti em Berlim, Segunda Guerra Mundial: Herf, *Nazi Propaganda for the Arab World*, com Hitler, pp. 73-9 e 185-9; com Himmler, pp. 199-203. Opiniões sobre Holocausto e judeus: Morris, *1948*, pp. 21-2. Achcar: visões extremistas do mufti; visões do mufti não representativas das visões árabes. Pappe, pp. 305-17. Asmahan, decadência: Mansel, *Levant*, pp. 306-7; Philip Mansel, *Asmahan, Siren of the Nile* (manuscrito inédito). Tempo de guerra: Nusseibeh, *Jerusalemites*, pp. 49-51. Rogan, pp. 246-50. Dayan, pp. 48-74. Krämer, pp. 307-10. Pappe, pp. 305-17. Segunda Guerra Mundial, temores judaicos; Wasif, II, pp. 558-60; Abd el-Kadir Husseini, II, pp. 601-2. Musa Budeiri, "A Chronicle of a Defear Foretold: The Battle for Jerusalem in the Memoirs of Anwar Nusseibeh", JQ, 3, inverno/primavera de 2001. Begin paroquial não poético: Rose, *Senseless Squalid War*, pp. 63-5. Citações de Koestler sobre Begin/Ben-Gurion: Scammell, *Koestler*, p. 331. Choque sionista militar de Begin com Jabotinsky: Shindler, *Military Zionism*, pp. 205-12 e 219-23. Caráter e ideologia de Begin, inclusive citação sobre caçador tirada de ex-embaixador israelense na Grã-Bretanha e citação parafraseada sobre ideologia maximalista, judaísmo emocional: Shindler, *History*, pp. 147-50. Pappe, pp. 323-7. Menachem Begin, *The Revolt* (doravante Begin), p. 25; *shofar* no Muro, pp. 88-91; Descartes, pp. 46-7; ataques em Jerusalém, pp. 49-62; operações e Comando Unificado, pp. 191-7; King David Hotel, pp. 212-20. Christopher Andrew, *Defence of the Realm: The Authorized History of MI5*, pp. 352-66, inclusive bomba no King David Hotel, p. 353. População de 93 mil: Wasserstein, p. 121; plano MacMichael, p. 116; plano Fitzgerald/Gort, pp. 120-3; Truman/ Comissão Anglo-Americana, pp. 122; população de 100 mil, p. 128. Festas de Katy Antonius: entrevista do autor com N.

Nashashibi. Stálin e Franklin Delano Roosevelt em Yalta: S. M. Plokhy, *Yalta: The Price of Peace*, p. 343. Vaksberg, *Stalin Against the Jews*, p. 139. Franklin Roosevelt, Stálin e Truman sobre sionismo: Morris, *1948*, pp. 24-5. Churchill e Stálin para Jerusalém: Gilbert, *Winston S. Churchill*, VII, pp. 1046-7, 1050 e 1064 — agradecimentos a Sir Martin Gilbert por chamar minha atenção a esse tópico. Truman e fundação de Israel: citações extraídas de David McCullough, *Truman*, pp. 415 e 595-620. Truman, caráter: Oren, *Power*, pp. 475-7. Lorde Moyne, oferta da Prússia Oriental: Bar-Zohar, *Ben-Gurion*, p. 106. Katy Antonius, divórcio, morte de George, relacionamento com Barker: Segev, *Palestine*, pp. 480 e 499; também obituário de Katy Antonius, *The Times*, 8 de dezembro de 1984; entrevista do autor com N. Nashashibi; Bird, pp. 16-9 e 37-43.

2. 1947/Farran: Rogan, pp. 251-62. Krämer, pp. 310-2. Pappe, pp. 32-41. Gilbert, JTC, pp. 186-271. Gilbert, *Churchill and the Jews*, discurso de "guerra esquálida e sem sentido", pp. 261-7. A história de Farran baseia-se em David Cesarani, *Major Farran's Hat: Murder, Scandal and Britain's War against Jewish Terrorism 1945–8*: colapso de Montgomery e terrorismo crescente, pp. 10-58; caráter de Farran, pp. 63-81; estilo de policiamento e sequestros, pp. 90-8; julgamento, pp. 173-4. Obituário no *The Times*, 6 de junho de 2006. Preço pago por Ben-Gurion pelo estadismo: Wasserstein, p. 125. Montgomey com Katy Antonius: entrevista do autor com N. Nashashibi. Truman, "erudito bíblico": Clark Clifford citado em Rose, *Senseless Squalid War*, p. 73. Atitude americano-soviética em relação à Palestina: Morris, *1948*, pp. 24-5. McCullough, *Truman*, pp. 415 e 595-620. Truman, ponha um submisso por cima: Gilbert, *Churchill and the Jews*, p. 266. Comentários antijudaicos por parte de oficiais britânicos: Efraim Karsh, *Palestine Betrayed*, citando Cunningham, p. 75. Katy Antonius e Barker: Segev, *Palestine*, pp. 480 e 499; também obituário de Katy Antonius, *The Times*, 8 de dezembro de 1984; entrevista do autor com N. Nashashibi; Bird, pp. 16-8 e 37-43. Churchill sobre antissemitismo entre oficiais britânicos: Gilbert, *Churchill and the Jews*, p. 190; os gângsteres mais vis do Irgun, p. 270. Forças de segurança britânicas: Andrew, *Defence of the Realm*, pp. 352-66; Keith Jeffrey, *MI6*, pp. 689-97.

51. Independência judaica, catástrofe árabe (1948-51)

1. 1947 a maio de 1948, Deir Yassin e Abd al-Kadir Husseini: Rogan, pp. 251-62. Wasserstein, pp. 133-424; citação de Nigel Clive sobre crianças aplaudindo, p. 150. Caráter de Abd al-Kadir Husseini: Hadi, *Palestinian Personalities*.

Ben-Gurion: Oz, *Tale*, p. 424. Dayan, pp. 48-74. Yitzhak Rabin, *The Rabin Memoirs* (doravante Rabin): infância, pp. 1-10; batalha por Jerusalém, pp. 16-27. Krämer, pp. 310-2. Gilbert, JTC, pp. 186-271. Nusseibeh, *Country*, pp. 38-56, inclusive apelo a Abdullah; Abd al-Kadir Husseini heroico, pp. 52-4; combates após voto da ONU; pai baleado, p. 56. Combates em Montefiore entre judeus, árabes e britânicos: durante a batalha de Montefiore, 10 de fevereiro de 1948: Avraham-Michael Kirshenbaum foi morto por atirador britânico na Batalha de Montefiore. Husseini: Wasif, II, pp. 601-2. Budeiri, "Chronicle of a Defeat Foretold", JQ, 3, inverno/primavera de 2001. Abdullah: Shlaim, *Lion of Jordan*, pp. 20-49. Sobre governo palestino em Gaza: Shlaim, *Israel and Palestine*, pp. 37-53. Oz, *Tale*, pp. 318-21; diário de Ben-Gurion citado na p. 333; voto da ONU, p. 343. Sobre papel do mufti: Achcar, pp. 153-6.

Este relato da guerra baseia-se em Morris, *1948*, inclusive Plano D, p. 121; também em Shindler, *History*; Pappe, pp. 336-41; Rogan; relato pessoal da *Nakhba* por Wasif. Wasif, II, pp. 603-5. Guerra, Abd al-Kadir Husseini e colapso: Nusseibeh, *Jerusalemites*, pp. 59-77. Declaração de Independência e escolha de nomes para o Estado: Shindler, *History*, pp. 38-42; opiniões de Ben-Gurion, pp. 43-4 e

99-100; guerra e números de soldados, p. 46. Exército de Libertação Árabe, 5 mil soldados no máximo: Morris, *1948*, p. 90; Jerusalém sob Abd al-Kadir Husseini, p. 91; guerra civil, pp. 93-132, inclusive Plano D, p. 122; poema de Husseini e Kastel, mutilação de corpos em Kastel, pp. 121-5; Deir Yassin, pp. 126-8; ataque de 13 de abril a ambulâncias do Hospital Hadassah, pp. 128-9; batalha por Jerusalém, pp. 129-32. Bertha Spaffor Vester e intervenção em emboscada árabe ao comboio do Hadassah: Bird, p. 11. Abd al-Kadir Husseini, Deir Yassin e vingança, cartões-postais de cadáveres, Plano D: Rogan, pp. 255-61. Guerra, pp. 262-9, e a Catástrofe, *Nakhba*, origem da palavra: Achcar, pp. 268-9. Mansão de Katy Antonius e cartas encontradas: Segev, pp. 480 e 499. Bird, pp. 16 e 37-43. Batalha de Jerusalém: Bar-Zohar, *Ben-Gurion*, pp. 164-70. Abd al-Kadir Husseini e irmão Khaled: Pappe, pp. 334-5. Missão anti-Israel de Bertha Spafford Vester aos Estados Unidos e citações sobre Truman: Odd Karsten Tveit, *Anna's House: The American Colony in Jerusalem* (Nicósia, Chipre, 2011), pp. 389-94.

52. Dividida (1951-67)

1. A menos que explicitado de outro modo, este relato da guerra baseia-se em Morris, *1948*; Rogan, pp. 262-9; Pappe, pp. 323-41; e Shindler, *History*, pp. 45-9. Guerra regular em 1948-9, Abdullah: Abdullah bin Hussein, rei da Jordânia, *Memoirs*, pp. 142-203. Shlaim, *Lion of Jordan*, pp. 20--49. Storrs, p. 135. Luke, *Cities and Men*, pp. 243 e 248. Abdullah: Lawrence, pp. 67-9 e 219-21. Sobre caráter de Abdullah: Hussein bin Talal, rei Hussein da Jordânia, *Uneasy Lies the Head*, pp. 1-18. Rabin, pp. 16-27. John Glubb, *A Soldier with the Arabs*, sobre Abdullah, pp. 50-5 e 271-5; a batalha, pp. 105-31; sobre Jerusalém, pp. 43-4 e 213. Abdullah, "Eu quero ser quem cavalga": Karsh, *Palestine Betrayed*, p. 96. Enterro de Hussein I em Burgoyne, *Mamluk Jerusalem*, p. 358. O relato de Abdullah e negociações baseia-se em Avi Shlaim, *The Collusion across the Jordan*, e em Benny Morris, *The Road to Jerusalem: Glubb Pasha, Palestine and the Jews*, Krämer, pp. 315-9. Destruição no Bairro Judeu: Elon, *Jerusalem*, p. 81.

Assassinato: entrevista do autor com a testemunha N. Nashashibi. Hussein, *Uneasy Lies the Head*, pp. 1-9. Glubb, *Soldier with the* Arabs, pp. 275-9; Shlaim, *Lion of Jordan*, pp. 398-417. Pape sobre assassinato, e Musa al-Husseini, pp. 313 e 343-5. Nusseibeh, *Country*, pp. 62-75. Nashashibi, pp. 20-1 e 215-20. Budeiri, "Chronicle of a Defeat Foretold", JQ, 3, inverno/primavera de 2001. Jerusalém dividida: Nusseibeh, *Country*, pp. 59-64; cidade jordaniana, pp. 64-94. Oz, *Tale*, pp. 369-70. Queda de Jerusalém: Begin, p. 160. Rei de Jerusalém: Wasserstein, p. 165; ninguém toma Jerusalém, p. 169; Nabi Musa, p. 188; leões e zoológico, p. 182. Nusseibeh, *Jerusalemites*, pp. 59-77. Weizmann, presidente suíço, Weidenfeld, campanha de Jerusalém: Weidenfeld, *Remebering My Godd Friends*, pp. 201-20. Entrevistas do autor com lorde Weidenfeld. Que os judeus tenham Jerusalém: Churchill citado por John Shuckburgh em Gilbert, *Churchill and the Jews*, p. 292. Wizmann e desagrado por Jerusalém como presidente: Weizmann, p. 169. Batalha de Jerusalém: Bar-Zohar, *Ben-Gurion*, pp. 164-70. Truman, "Eu sou Ciro": Oren, *Power*, p. 501.

53. Seis Dias (1967)

1. Rei Hussein (1951-67). Sucessão e início do reinado: Shlaim, *Lion of Jordan*, p. 49; OLP, pp. 218-27; guerra, pp. 235-51. Nigel Ashton, *King Hussein of Jordan: A Political Life* (doravante Ashton), pp. 13-26; guerra, pp. 113-20. Hussein, *Uneasy Lies the Head*, p. 110. Última visita do mufti, março de 1967; Pappe, p. 346; Arafat, herdeiro do mufti, p. 337. Renovações do Domo etc.: Cresswell em OJ, pp. 415-21. Entrevista do autor com a princesa Firyal da Jordânia. Goldhill, *City of Longing*, p. 38.

Nusseibeh, *Country*, pp. 62-8; carreira do pai, pp. 72-5; ascensão de Arafat, Fatah, pp. 62-94. Budeiri, "Chronicle of a Defeat Foretold", JQ, 3, inverno/primavera de 2001. Oz, *Tale*, p. 70. Portão de Mandelbaum — nem portão nem Mandelbaum, atiradores. Cidade dividida/população: Wasserstein, pp. 40, 180-2, 191-2 e 200. Vida em Jerusalém dividida, portão de Mandelbaum, retorno de Katy Antonius, cidade pequena, Bertha Spafford Vester: Bird, pp. 10-1; Katy Antonius, dragão e flerte, café, pp. 16-20; citação de Kai Bird sobre "série rangente de cercas *ad hoc*", p. 19; os Mandelbaum, pp. 20-4; emigrado russo versus igrejas soviéticas e pagamentos da CIA, p. 32. Inclusive citação de Kai Bird sobre Guerra Fria em Jerusalém (tão ardente quanto nos becos de Berlim); hotel Casa do Oriente, p. 33.

Nasser discute Jerusalém: entrevista do autor com N. Nashashibi. Judeus ortodoxos: Yakov Loupo e Nitzan Chen, "The Ultra-Orthodox", em O. Ahimeir e Y. Bar-Simon-Tov (orgs.), *Forty Years in Jerusalem*, pp. 65-95. Também: Yakov Loupo e Nitzan Chen, "The Jerusalem Area Ultra-Orthodox Population", manuscrito. Elon, *Jerusalem*, pp. 189-94. Ben-Gurion e Eichmann: entrevista com Yitzhak Yaacovy. Haram tranquilo, poucos visitantes muçulmanos nos anos 1950: Oleg Grabar, *Sacred Esplanade*, p. 388. Hussein, OLP, plano do Reino Unido: Nusseibeh, *Jerusalemites*, pp. 133-53.

2. Guerra dos Seis Dias: baseia-se em Michael B. Oren, *Six Days of War: June 1967 and the Making of the Modern Middle East*; Tom Segev, *1967: Israel, the War and the Year that Transformed the Middle East*; Shlaim, *Lion of Jordan*; Jeremy Bowen, *Six Days: How the 1967 War Shaped the Middle East*; e Rogan, pp. 333-43, inclusive conversa Nasser-Amer; e esperança de Nasser de declarar vitória sem guerra, nacionalismo palestino pós-guerra/Arafat, pp. 343-53. Nasser, não Abdullah: Nashashibi, p. 228; Shlaim, *Lion of Jordan*, pp. 235-51. Ashton, pp. 113-20. Dayan, pp. 287-381. Gilbert, JTC, pp. 271-97. Personalidade de Dayan: Shindler, *History*, p. 101. Sobre Dayan: conversa do autor com Shimon Peres. Michael Bar-Zohar, *Shimon Peres: A Biography*, pp. 87-90. Bar-Zohar, *Ben-Gurion* sobre vida sexual de Dayan, pp. 118-9. Caráter de Dayan: Ariel Sharon, *Warrior*, pp. 76, 127 e 222.

3. Muro libertado: Dayan, pp. 13-7. Sobre Dayan: conversa do autor com Shimon Peres. Ashton, pp. 118-20; Shlaim, *Lion of Jordan*, pp. 248-51 e 258. Hussein chora por causa da cidade: Noor, rainha da Jordânia, *Leap of Faith*, pp. 75-7.

EPÍLOGO (PP. 625-53)

1. 1967 até o presente: população, Wasserstein, pp. 212 e 328-38; planos de paz, p. 345; fuga branca de judeus seculares; queda na proporção de judeus: de 74% em 1967 a 69% em 2000. Quarenta planos de paz para Jerusalém: Shlaim, *Israel e Palestina*, p. 229, e também pp. 25-36; sobre Jerusalém, pp. 253-60. População no ano 2000, incluindo 140 mil judeus ortodoxos: Loupo e Chen, "Ultra-Orthodox", em Ahimeir e Bar-Simon-Tov, *Forty Years in Jerusalem*, pp. 65-95. População em 2008: números baseados no Jerusalem Institute of Israel Studies. Após 1967 e Resolução 339, Rogan, p. 242. "Jerusalem's Settlements", *The Economist*, 3 de julho de 2010, "Jerusalem Mayor Handing City to Settlers", *Haaretz*, 22 de fevereiro de 2010, e "Jerusalem Master Plan", *Haaretz*, 28 de junho de 2010. Síndrome de Jerusalém: Yair Bar-El et al., *British Journal of Psychiatry*, 176 (2000), pp. 86-90. Opiniões de Bertha Spafford Vester sobre domínio israelense/sua morte: Odd Karsten Tveit, *Anna's House: The American Colony in Jerusalem*, p. 398.

2. Este relato cursivo sobre a evolução política desde 1967 baseia-se, a menos que explicitado de outro modo, em: Krämer; Rogan; Shindler; *History*. Arafat e Fatah: Rogan, pp. 343-53; Hussein

reconhece a OLP na Cisjordânia, p. 378; Primeira Intifada, Hamas e papéis de Nusseibeh e Faisal Husseini, pp. 429-37 e 465-7; assentamentos de Netanyahu, p. 476; Segunda Intifada, pp. 478-9. Anos da OLP: Achcar, pp. 211-31. Pappe: Arafat, pp. 337 e 351 (conexão Husseini); Faisal al-Husseini, pp. 348-9. Sobre ideologia de assentamento em Jerusalém e Cisjordânia: Ariel Sharon, *Warrior*, pp. 354-72: "Como assegurar Jerusalém como capital permanente do povo judeu [...] criar um anel externo de desenvolvimento em volta dos bairros árabes", p. 359; "fluxo de pioneirismo nacionalista", p. 364. Sobre Menachem Begin e redencionismo/judaísmo maximalista: Shindler, *History*, pp. 147-50. Sobre conversas de paz: Shlomo Ben-Ami, *Scars of War, Wounds of Peace*, sobre Sadat e Begin, pp. 146-71; as conversações de Oslo e Arafat sobre Jerusalém, pp. 247-84. Na minha conclusão, fui grandemente auxiliado pelas seguintes obras extraordinárias em história, nacionalismo e cidades: Sylvia Auld e Robert Hillenbrand, *Ottoman Jerusalem: Living City 1517–1917*; Philip Mansel, *Levant: Splendour and Catastrophe on the Mediterranean*; Mark Mazower, *Salonica: City of Ghosts*; Adam LeBor, *City of Oranges: Jews and Arabs in Jaffa*. Retrato palestino escrito com referência a: Hadi, *Palestinian Personalities*. Ligações russas modernas com Jerusalém: "Where Pity Meets Power", *The Economist*, 10 de dezembro de 2009. Arqueologia: ver Raphael Greenberg, "Extreme Exposure: Archaeology in Jerusalem 1967–2007", *Conservation and Management of Archaeological Sites* (2009), vol. XI, 3-4, pp. 262-81.

Fundamentalismo islâmico, cristão e judaico: sobre especulação milenarista americana acerca do Armagedon; Sarah Palin, visão pentecostal da Segunda Vinda; profecia do Último Dilúvio; Estados Unidos como nova Jerusalém: Sarah Curtis, "Sarah Palin's Jerusalem e Pentecostal Faith", *Colloquy Text Theory Critique*, 17 (2009), pp. 70-82. Nm 19; modernas expectativas apocalípticas. Lawrence Wright, "Letter from Jerusalem: Forcing the End", *New Yorker*, 20 de julho de 1998. Mesquita de Marwan versus túnel do Templo, Instituto do Templo paralelo a Movimento Islâmico do Norte, plano para enterrar Arafat no Haram: Benjamin Z. Kedar e Oleg Grabar, "Epilogue", em *Sacred Esplanade*, pp. 378-88. Islamicismo, Escritura do Hamas, *Os protocolos*: Achcar, pp. 233-40. *Protocols of Elders of Zion*: Aaronovitch, *Voodo Histories*, pp. 22-48, inclusive Escritura do Hamas. Sobre negação palestina da herança judaica: Ben-Ami, pp. 247-84; "PA study claims Kotel was never part of Temple Mount", *Jerusalem Post*, 23 de novembro de 2010.

Sobre desafios em relação à divisão de Jerusalém em um ou dois Estados: Michael Dumper, "Two State Plus: Jerusalem and the Binational Debate", JQ, 39, outono de 2009. Sari Nusseibeh, "Haram al-Sharif", em *Sacred Esplanade*, pp. 367-73. Sepulcro: Nusseibeh, *Country*, p. 72. Religiões ignoram-se mutuamente: Ethan Bronner, "Jews and Muslims Share Holy Season in Jerusalem", *New York Times*, 28 de setembro de 2008. Citações extraídas de conversas do autor com Shimon Peres, Amós Oz, rabino Shmuel Rabinowitz, Wajeeh al-Nusseibeh, Aded al-Judeh, Adeb al-Ansari e Naji Qazaz.

Bibliografia

A literatura sobre Jerusalém é vasta e esta bibliografia não exaure o assunto, apenas relaciona as principais fontes usadas no livro.

No original em inglês foi utilizada ao longo do livro a *Authorized Version of the Bible* [Versão Autorizada da Bíblia] e a *New Translation of Koran* [Nova Tradução do Alcorão] por M. A. S. Abdel Haleem (Oxford, 2004).

PUBLICAÇÕES

Al-Fajr al-Adabi
American Journal of Semitic Languages and Literatures
Associated Christian Press
Biblical Archaeologists
Biblical Archaeology Review
British Journal of Psychiatry
Bulletin of the American Schools of Oriental Research
Conservation and Management of Archaeological Sites
Crusades
Eastern Christian Art
The Economist
English Historical Review

Graeco-Arabia
History Today
Israel Exploration Journal
Jerusalem Quarterly (Instituto de Estudos de Jerusalém, Universidade de al-Quds) (*JQ*)
Jewish Chronicle, Londres
Jewish Quarterly
Journal of Asian and African Studies
Journal of the Royal Asiatic Society (*JRAS*)
Liber Annuus (Studium Biblicum Franciscanum, Jerusalém)
Middle Eastern Studies
New York Times
The New Yorker
Palestine Exploration Fund Annual
Palestine Exploration Quarterly
Pravoslavny Palomnik
Revue des Etudes Juives
Saudi Aramco World
Standpoint
Tadias Magazine
The Times, Londres

ARTIGOS

ABU ZAIDA, Sufian. "'A Miserable Provincial Town': The Zionist Approach to Jerusalem 1897-1937". *Jerusalem Quarterly* n. 32, outono 2007.

AMITAI, Reuven. "Mongol Raids into Palestine (AD 1260 and 1300)". *Journal of Royal Asiatic Society of Great Britain and Ireland*, n. 2, 1987. pp. 236-55.

ANON. "Where Peity Meets Power (Russia in Jerusalem)". *Economist*, 19 dez. 2009.

AYELE, Negussay. "Deir Sultan, Ethiopia and the Black World". *Tadias Magazine*, ago. 2008.

BAR-EL, Yair et al. "Jerusalem Syndrome". *British Journal of Psychiatry*, n. 176, 2000.

BRONNER, Ethan. "Jews and Muslims share Holy Season in Jerusalem". *New York Times*, 28 set. 2008.

BUDEIRI, Mussa. "A Chronicle of a Defeat Foretold: The Battle for Jerusalem in the Memoirs of Anwar Nusseibeh". *Jerusalem Quarterly* n. 3, inverno 1999.

CONYBEARE, Frederick C. "Antiochus Strategos: Account of the Sack of Jerusalem". *English Historical Review*, n. 25, 1910. pp. 502-16.

CURTIS, Sarah. "Sarah Palin's Jerusalem and Pentecostal Faith: A Hysteric Symptom of American Utopianism". *Colloquy Text Theory Critique* n. 17, 2009.

DER MATOSSIAN, Bedross. "The Young Turk Revolution: Its Impact on Religious Politics of Jerusalem (1908 – 1912)". *Jerusalem Quarterly*, n. 40, inverno 2009/2010.

DIXON, Simon. "A Stunted International: Russian Orthodoxy in the Holy Land in the 19th Century". Artigo inédito, jan. 2009.

DORFMANN-LAZAREV, Igor. "Historical Itinerary of the American People in Light of its Biblical Memory". Artigo inédito, 2009.

DUMPER, Michael. "Two State Plus: Jerusalem and the Binational Debate". *Jerusalem Quarterly*, n. 39, outono 2009.

GILBOA, Ayelet; SHARON, Ilan. "An Archeological Contribution to the Early Iron Age Chronological Debate: Alternative Chronologies for Phoenicia and Their Effects on the Levant, Cyprus and Greece". *Bulletin of the American Schools of Oriental Research*, n. 332, nov. 2003.

GLASS, Joseph B.; KARK, Ruth. "Sarah la Preta: A Slave in Jerusalem". *Jerusalem Quarterly*, n. 34, primavera 2009.

GONEN, Rivka. "Was the Site of the Jerusalem Temple Originally a Cemetery?". *Biblical Archeology Review*, maio/jun. 1985.

GREENBERG, Raphael. "Extreme Exposure: Archeology in Jerusalem, 1967-2007". *Conservation and Management of Archeological Sites*, v. II, n. 3/4, 2009.

GROSS, Miriam. "A Jerusalem childhood". *Standpoint*, set. 2010.

HINTLIAN, George. "Armenians of Jerusalem". *Jerusalem Quarterly*, n. 2, primavera 1998.

HOUSLEY, Norman. "Saladin's Triumph over the Crusader States: The Battle of Hattin, 1187". *History Today*, v. 37, n. 7, jul. 1987.

JI, C. C. "A New Look at the Tobiads in Iraq al-Amir". *Liber Annus*, 48, 1998. pp.417-40.

AL-JUBEH, Nazmi. "The Khalidiyah Library". *Jerusalem Quarterly*, n. 3, inverno 1999.

KARK, Ruth; GLASS, Joseph B. "The Valero Family: Sepharadi — Arab Reilations in Ottoman and Mandatory Jerusalem". *Jerusalem Quarterly*, n. 21, ago. 2004.

KEDAR, Benjamin Z. "The Jerusalem Massacre of 1099 in the Western Historiography of the Crusades". *Crusades* 3, 2004. pp.15-75.

LOUPO, Yakov; CHEN, Nitzan. "The Jerusalem Area Ultra-Orthodox Population". Artigo inédito, [s.d.].

LUFTI, Huda. "Al-Quds Al-Mamelukiyya: A History of Mamluk Jerusalem Based on the Haram Documents". *Jerusalem Quarterly*, n. 2, outono 1998.

MANNA, Adel. "Yusuf Diyaddin al-Khalidi". *Al-Fajr al-Adabi*, n. 35/36, 1983.

______. "Scholars and Notables Tracing the Effendiyya's Hold on Power in 18th Century Jerusalem". *Jerusalem Quarterly*, n. 32, outono 2007.

______. "Between Jerusalem and Damascus: The End of Ottoman Rule as Seen by a Palestinian Modernist". *Jerusalem Quarterly*, n. 22/23, outono/inverno 2005.

MAZZA, Roberto. "Antonio de la Cierva y Lewita: Spanish Consul in Jerusalem 1914-20". *Jerusalem Quarterly*, n. 40, inverno 2009/2010.

______. "Dining Out in Times of War". *Jerusalem Quarterly*, n. 41, primavera 2010.

MEUWESE, Martine. "Representations of Jerusalem on Medieval Maps and Miniatures". *Eastern Christian Art*, n. 2, 2005. pp. 139-48.

MOURADIAN, Clare. "Les Chrétiens: Un enjeu pour les Puissances". In: *Jérusalem, 1850-1948: Des Ottomans aux Anglais, entre coexistence spirituelle et déchirure politique*. Org. de Catherine Nicault. Paris: Autrement, 1999. pp. 177-204.

AL-NATSHEH, Yusuf Said. "Uninventing the Bab al-Khalil Tombs: Between the Magic of Legend and Historical Fact". *Jerusalem Quarterly*, n. 22/23, outono/inverno 2005.

PAPPE, Ilan. "The Rise and Fall of the Husaynis". Parte 1. *Jerusalem Quarterly*, n. 10, outono 2000.

______. "The Husayni Family Faces New Challenges: Tanzimat, Young Turks, The Europeans and Zionismo, 1840-1922". Parte 2. *Jerusalem Quarterly*, n. 11/12, inverno 2001.

______. "Haj amin and the Buraq Revolt", *Jerusalem Quarterly*, n.18, junho 2003.

PETERS, F. E., "Who built the Dome of the Rock?". *Graeco-Arabia*, n. 2, 1983.

REICH, Ronny. "The Roman Destruction of Jerusalem in 70 CE: Flavius Josephus' Account and Archeological Record". In: GERD THEISSEN et al. (orgs.). *Jerusalemund die Länder. Ikonographie, topographie, theologie*. Göttingen: Vandenhoeck & Ruprecht, 2009.

_____. SHUKRON, Eli; LERNAU, Omri. "Recent Discoveries in the City of David, Jerusalem: Findings from the Iron Age II Rock-Cut Pool Near the Spring". *Israel Exploration Journal*, v. 57, n. 2, 2007.

RILEY-SMITH, Jonathan. "The Death and Burial of Latin Christian Pilgrims to Jerusalem and Acre, 1099-1291". *Crusades*, v. 7, 2008.

ROBSON, Laura C. "Archeology and Mission: The British Presence in 19th Jerusalem". *Jerusalem Quarterly*, n. 40, inverno 2009.

ROOD, Judith M. "The Time the Peasants Entered Jerusalem: The Revolt against Ibrahim Pasha in the Islamic Court Sources". *Jerusalem Quarterly*, n. 27, verão 2006.

______. "Intercommunal Reilations in Jerusalem during Egyptian Rule". Parte 1. *Jerusalem Quarterly*, n. 32, outono 2007; Parte 2. *Jerusalem Quarterly*, n. 34, primavera 2009.

ROZEN, Minna. "The Naqib al-Ashraf Rebellion in Jerusalem and its Repercussions on the City's Dhimmis". *Journal of Asian and African Studies*, v. 18, n. 2, nov. 1984. pp. 249-70.

______; WITZTUM, Eliezer. "The Dark Mirror of the Soul: Dreams of a Jewish Physician in Jerusalem at the End of the 17th Century". *Revue des Etudes Juives*, v. 151, 1992. pp. 5-42.

SCHOLCH, Alexander. "An Ottoman Bismarck from Jerusalem: Yusuf Diya al-Khalidi". *Jerusalem Quarterly*, n. 24, verão 2005.

TAMARI, Salim. "Ottoman Jerusalem in the Jawhariyyeh Memoirs". *Jerusalem Quarterly*, n. 9, verão 2000.

______. "Jerusalem's Ottoman Modernity: The Times and Lives of Wasif Jawhariyyeh". *Jerusalem Quarterly*, n. 9, verão 2000.

______. "The Feudal Lord in Palestine". *Jerusalem Quarterly*, n. 16, inverno 2002.

______. "The Vagabond Café and Jerusalem's Prince of Idleness". *Jerusalem Quarterly*, n. 19, outubro 2003.

______. "The Short Life of Private Ihsan: Jerusalem 1915". *Jerusalem Quarterly*, n. 30, primavera 2007.

______. "With God's Camel in Siberia: The Russian Exile of an Ottoman Officer From Jerusalem". *Jerusalem Quarterly*, n. 35, outono 2008.

TLEEL, John. "I am Jerusalem: Life in the Old City from the Mandate Period to the Present". *Jerusalem Quarterly*, n. 4, primavera 1999.

VERETÉ, Mayir. "Why was a British Consulate Established in Jerusalem?". *English Historical Review*, v. 85, n. 335, 1970.

_____. "The Restauration of the Jews in English Protestant Thought, 1790-1840". *Middle Eastern Studies*, v. 8, n. 1, 1972.

VOROPANOV, V. A., "Gogol v Ierusalime". *Pravoslavnyy Palomnik*, 2006.

WRIGHT, Lawrence. "Letter from Jerusalem". *The New Yorker*, 20 jul. 1998.

ZIAS, Joe. "Crucifixion in Antiquity". <www.joezias.com>.

ZWEIG, Zachi. "New Substantial Discoveries in Past Waqf Excavations on Temple Mount: New Information from Various Temple Mount Digs". In: New Studies on Jerusalem. Conferência no Centro Ingeborg Rennert para Estudos de Jerusalém na Universidade de Bar-Ilan, nov. 2008.

FONTES PRIMÁRIAS

ACHEN, Albert de. *Historia Iherosolimitana*. Org. e trad. para o inglês de S. B. Edgington. Oxford, Oxford University Press, 2007.

AHIMA'AS. *The Chronicle of Ahima'as*. Org. e trad. para o inglês de M. Salzman. Nova York, 1924.

ANON. *Le Pèlerinage de Charlemagne à Jérusalem et à Constantinople*. Trad. para o inglês de G. S. Burgess e A. E. Cobbs. Nova York, 1988.

ANTONIUS, Soroya. *Where the Jinn consult*. Londres: Hamilton, 1987.

ARCULF, Saint Adamnan. *The Pilgrimage of Arculfus in the Holy Land*. Org. e trad. para o inglês de James Rose Macpherson. Londres, 1895.

ARISTEAS. *Letter of Aristeas*. Org. e trad. para o inglês de H. S. J. Thackeray. Londres, 2009.

AL-ATHIR. *The Chronicle of Ibn Al-Athir for the Crusading Period from al-Kamil Fi'l-Ta'rikh: Years 589-629/1193-1231: The Ayyubids after Saladin and the Mongol Menace*. Parte 3. Aldershot: Ashgate, 2008.

BAEDECKER, Karl. *Palestine and Syria*. Leipzig/Londres, 1876/1912.

AL-BALADHURI. *The Origins of the Islamic State*. Trad. Para o inglês de P. Hitti e F. Murgotten, Nova York, 1916-24.

BALLOBAR, Conde de. *Diario de Jerusalén*. Madri: Nerea, 1996.

______. *Jerusalem in World War One: The Palestine diary of an European Diplomat*. Edwards Manzano Moreno e Roberto Mazza (orgs.). Londres: I. B. Tauris, 2011.

BARCLAY. James Turner. *City of the Great King*. Filadélfia, 1858.

BEGIN, Menachem. *The Revolt*. Jerusalém: Steimatzky, 1977.

BEN-GURION, David. *Recollections*. Londres: Macdonald & Co.,1970.

BENJAMIN DE TUDELA. *The Itinerary of Benjamin of Tudela*. Org. e trad. para o inglês de M. N. Adler. Londres, 1907.

BIRD, Kai. *Crossing Mandelbaum Gate: coming of Age between the Arabs and Israelis, 1956-78*. Londres: Scribner, 2010.

BLYDEN, Edward Wilmot. *From West Africa to Palestine*. Freetown, 1873.

BORDEAUX, Pilgrim. *Itinerary from Bordeaux to Jerusalem*. Trad. para o inglês de Aubrey Stewart. Londres, 1987.

BROTHERS, Richard. *Plan of the Holy City the New Jerusalem*. Londres, 1800.

CASSIUS, Dio. *Roman History LXIX*. Nova York, 1925/ 1989.

CELEBI, Evliya. ver EVLIYA.

CHATEAUBRIAND, F. R. de. *Journal de Jérusalem: Notes inédites*. Paris, 1950.

______. *Travels in Greece, Palestine, Egypt and Barbary during the Years 1806 and 1807*. Londres, 1812.

CLARKE, Edward Daniel. *Travels in Various Countries of Europe, Asia and Africa*. Londres, 1810.

CRESSON, Warder. *Jerusalem: Centre and Joy of the Universe*. Filadélfia, 1844.

______. *The Key of David*. Filadélfia, 1852.

CURZON, R. *Visits to the Monasteries of the Levant*. Londres, 1849.

DANIEL, THE ABBOT. *Pilgrimage of the Russian Abbot Daniel in the Holy Land*. Nova York, 1917.

DAYAN, Moshe. *Story of My Life*. Londres, Weidenfeld and Nicolson, 1976.

DIODORUS. *Library of History*. Nova York, 1989.

DJEMAL PASHA. *Memoirs of a Turkish Statesman 1913-1919*. Londres, 1922.

DORR, David F. *A Colored Man Round the World by a Quadroon*. Cleveland, 1858.

EDBURY, Peter W. (org.). *Conquest of Jerusalem and the Third Crusade: Old French Continuation of William of Tyre and Soucers in Translation*. Aldershot, 1998.

EGERIA, Sylvia. *Pilgrimage of Saint Sylvia of Aquitaine to the Holy Places*. Trad. para o inglês de J. Bernard. Londres, 1891.

EUSÉBIO DE CESAREIA. *Church History* [and] *Life of Constantine the Great*. Trad. para o inglês de A. C. McGiffert et al. Nova York, 1890.

EVLIYA, Celebi. *An Ottoman Traveller: Selections from the Books of Travels of Evliya Celebi*. Org. e trad. para o inglês de Robert Dankoff e Sooying Kim. Londres, 2010.

FABRI, Felix. *The Book of Wanderings of Brother Felix Fabri*. Org. e trad. para o inglês de Aubrey Stewart. Londres, 1887-97.

FINN, E. A. *Reminiscences of Mrs. Finn*. Londres, 1929.

FINN, James. *Stirring Times*. Londres, 1878.

______; FINN, Elisabeth. *View from Jerusalem, 1849-58: The Consular Diary of James and Elisabeth Anne Finn*. Org. de Arnold Blumberg. Madison, 1891.

FLAUBERT, Gustave. *Notes de voyage*. In: *Les Oeuvres completes de Gustave Flaubert*. Paris: Louis Conard, 1910.

FLORENCE OF WORCESTER. *Chronicle*. Org. de T. Forester. Londres, 1854.

FOSDICK, H. E. *A Pilgrimage to Palestine*. Londres, 1930.

FULCHER DE CHARTRES. *A History of the Expedition to Jerusalem*. Trad. para o inglês de Francis Rita Ryan. Knoxville: Harold S. Fink, 1969.

GABRIELI, Francesco. *Arab Historians of the Crusades*. Londres: University of California Press, 1969.

Gesta Francorum et Aliorum Hierosolimitanorum. Org. e trad. para o inglês de R. Hill. Londres, 1962.

GLUBB, John. *A Soldier with the Arabs*. Londres: Hodder and Stoughton, 1957.

GÓGOL, Nikolai. *Polnoe sobranic sochinenii*. v. 14: *Pisma, 1842-52*. Moscou, 1952.

GRAHAM, Stephen. *With the Russian Pilgrims to Jerusalem*. Londres, 1913.

HADI, Mahdi Abdul (org.). *Documents on Jerusalem*. Jerusalém, 1996.

HAGGARD, Rider. *A Winter Pilgrimage*. Londres, 1900.

HALEVI, Judah. *Selected Poems*. Org. de Heinrich Brody e trad. para o inglês de Nina Salaman. Filadélfia: Jewish Publication Society of America, 1924.

HARFF, Arnold von. *Pilgrimage of Arnold von Harff*. Trad. do alemão, intr. e notas de Malcolm Letts. Londres: Hakluyt Society, 1946.

AL-HARAWI, Abu al-Hasan. *Guide des Lieux de Pèlerinage*. Trad. para o inglês de J. Sourdel-Thomine. Damasco, 1957.

AL-HARIZI, Judah. *The Tahkemoni: the 28th Gate*. Trad. para o inglês de V. Reichert. Jerusalém, 1973.

HERODOTUS. *Histories*. Trad. para o inglês de Aubrey de Selincourt, intr. de John M. Marincola. Londres: Penguin, 1972.

HERZL, Theodor. *The Complete Diaries of Theodor Herzl*. Londres; Nova York, 1960.

HESS, Moses. *Rome and Jerusalem*. Nova York, 1943.

HILL, R. (org.). *The Deeds of the Franks and Other Pilgrims to Jerusalem*. Londres, 1962.

HODGSON, William Brown. *An Edited Biographical Sketch of Moahammed Ali, Pasha of Egypt, Syria, and Arabia*. Washington, 1835.

HOESS, Rudolf. *Commandant of Auschwitz*. Londres, 1959.

HORN, Elzear. *Ichnographiae Monumentorum Terrae Sanctae 1724-44*. Org. e trad. para o inglês de E. Hoade. Jerusalém, 1962.

HUSSEIN, Abdullah bin [Rei da Jordânia]. *Memoirs*. Londres, 1950.

HUSSEIN BIN TALAL [Rei Hussein da Jordânia]. *Uneasy lies the Head*. Londres, 1962.

______. *My War with Israel*. Londres, 1969.

IBN BATTUTAH. *Travels of Ibn Battutah*. Org. de Tim Mackintosh-Smith. Londres, 2002.

IBN ISHAQ. *The Life of Muhammad*. Org. de A. Guillaume. Oxford: Oxford University Press, 1955.

IBN KHALDUN. *The Muqaddimah: An Introduction to History*. Princeton: University Press, 1967.

IBN SHADDAD (Baha al-Din Ibn Shaddad). *The Rare and Excellent History of Saladin*. Trad. para o inglês de D. S. Richards. Aldershot: Ashgate, 2002.

IBN AL-QALINISI. *Continuation of the Chronicle of Damascus: The Damascus Chronicle of the Crusades*. Org. e trad. para o inglês de H. A. R. Gibb. Londres, 1932.

INGRAMS, Doreen (org.). *Palestine Papers 1917-1922: Seeds of Conflict*. Londres, 2009.

JAWHARIYYEH, Wasif. *Al Quds Al Othmaniyah Fi Al Muthakrat Al Jawhariyyeh* (*The Jawhariyyeh Memoirs: Ottoman Jerusalem, 1904-1917*). Org. de Salim Tamari e Issam Nassar. Jerusalém, 2001. v. 1.

______. *Al Quds Al Intedabiyeh Fi Al Muthakrat Al Jawhariyyeh* (*The Jawhariyyeh Memoirs: British Mandate Jerusalem, 1918-1948*). Org. de Salim Tamari e Issam Nassar. Jerusalém, 2001. v. 2.

JEMAL PASHA, ver DJEMAL.

JOINVILLE, Jean de; VILLEHARDOUIN, Geoffroi de. *Chronicles of the Crusades*. Org. e trad. para o inglês de Caroline Smith. Londres: Penguin, 2008.

JOSEPH, Dov. *Faithful City: Siege of Jerusalem, 1948*. Nova York: Simon and Schuster, 1960.

JOSEFO. *The New Complete Works of Josephus*. Org. de Paul L. Maier. Trad. para o inglês de William Whiston. Grand Rapids (Michigan): Kregel, 1999.

JULIEN. *Itinéraire de Paris à Jérusalem par Julien, domestique de M. de Chateaubriand*. Paris: Honoré Champion, 1904.

KEITH-ROACH, Edward. *Pasha of Jerusalem: Memoirs of a District Commissioner Under the British Mandate*. Londres: Palgrave Macmillan, 1994.

KINGLAKE, Alexander William. *Eothen*. Londres, 1844.

HA-KOHEN, Solomon ben Joseph. "The turkoman Defeat at Cairo". *American Journal of Semitic Languages and Literatures*, jan. 1906.

KOLLEK, Teddy. *For Jerusalem: A Life*. NovaYork: Random House, 1978.

KREY, August C. *The First Crusade: The Accounts of Eyewitnesses and Participants*. Princeton; Londres, 1921.

KULISH, P. A. *Zapiski iz zhizni N. V. Gogolya, sostavlennye iz vospominaniy ego druzey I znakomykh i iz ego sobstvennykh pisem*. São Petersburgo, 1856.

LAGERLÖF, Selma. *Jerusalem*. Dearborn (Michigan): [eBooksLib], 2009.

LAMARTINE, Alphonse de. *Travels in the East Including Journey to the Holy Land*. Edinburgo, 1839.

LAWRENCE, T. E. *Seven Pillars of Wisdom*. Londres, 1926.

LE STRANGE, Guy. *Palestine under the Moslems: A Description of Syria and the HolyLand from A. D. 650 to 1500*. Londres, 1890.

LISOVOY, N. N. *Russkoe dukhovnoe i politicheskoe prisutstvie v Svyatoy Zemle i naBlizhnem Vostoke v XIX – nachale XXV*. Moscou, 2006.

LUKE, Harry. *Cities and Men: An Autobiography*. Londres, 1953-6.

LYNCH, William. *Narrative of the US Expedition to the River Jordan and the Dead Sea*. Filadélfia, 1853.

MAIMONIDES, Moses. *Code of Maimonides*. Livro 8: *Temple Service*. Trad. para o inglês de M. Lewittes. New Haven, 1957.

MARTINEAU, Harriet. *Eastern Life: Present and Past*. Londres, 1848.

MASSY, Colonel P. H. H. *Eastern Mediterranean Lands: Twenty Years of Life, Sport and Travel*. Londres, 1928.

MAUNDRELL, Henry. *A Journey from Aleppo to Jerusalem in 1697*. Beirute, 1963.

MELVILLE, Herman. *Journal of a Visit to Europe and the Levant*. Princeton / Nova York, 1955.

______. *Journals*. Org. de Howard C. Horsford e L. Horth. Chicago, 1989.

______. *Clarel: A Poem and Pilgrimage to the Holy Land*. Chicago, 1991.

MONTEFIORE, Moses e Judith. *Diaries of Sir Moses and Lady Montefiore*. Londres, 1983.

MORGENTHAU, Henry. *United States Diplomacy on the Bosphorus: The Diaries of Ambassador Morgenthau*. Org. de Ara Sarafian. Princeton, 2004.

MUJIR AL-DIN, *Histoire de Jérusalem et d'Hébron: Fragments de la Chronique de Mujiral-Din*. Org. e trad. para o francês de Henry Sauvaire. Paris, 1876.

MUNQIDH, Usama ibn. *The Book of Contemplation: Islam and the Crusades*. Org. e trad. para o inglês de Paul M. Cobb. Londres, 2008.

AL-MUQADDASI. *A Description of Syria Including Palestine*. Org. e trad. para o inglês de Guy Le Strange. Londres, 1896.

NASHASHIBI, Nasser Eddin. *Jerusalem's Other Voice: Ragheb Nashashibi and Moderation in Palstinian Politics 1920-1948*. Exeter, 1990.

NASIR-I-KHUSRAU. *Diary of a Journey through Syria and Palestine*. Org. e trad. para o inglês de Guy Le Strange. Londres, 1893.

NICCOLO OF POGGIBONSI. *A Voyage Beyond the Sea 1346-50*. Trad. para o inglês de T. Bellorini e E. Hoade. Jerusalém, 1945.

NOOR [Rainha da Jordânia]. *Leap of Faith*. Londres, 2003.

NUSSEIBEH, Hazem Zaki. *The Jerusalemites: A Living Memory*. Nicósia; Londres, 2009.

NUSSEIBEH, Sari; DAVID, Anthony. *Once Upon a Country: A Palestinian Life*. Londres, 2007.

OZ, Amós. *Meu Michael*. Trad. Milton Lando. São Paulo: Companhia das Letras, 2002.

______. *De amor e trevas*. São Paulo: Companhia das Letras, 2005.

PAPPEN, Franz von. *Memoirs*. Londres, 1952.

PARSONS, Levi. *Dereliction and Restoration of the Jews: A Sermon, Sabbath Oct 31 1819*. Boston, 1819.

PETERS, F. E. (org.). *Jerusalem: The Holy City in the Eyes of Chroniclers, Visitors, Pilgrims and Prophets from the Days of Abraham to the Beginning of Modern Times*. Princeton: Princeton University Press, 1985.

______. *The First Crusade: Chronicle of Fulcher of Chartres and Other Source Materials*. Filadéfia, 1998.

PHILO. *Works*. Trad. para o inglês de F. H. Colson. Cambridge, 1962.

PLINY THE ELDER. *Historia Naturalis*. Trad. para o inglês de H. T. Riley. Londres, 1857.

PLUTARCO. *Makers of Rome*. Londres: Penguin, 1965.

POLÍBIO. *The Histories*. Oxford: Oxford University Press, 2010.

PORCÓPIO. *Of the Buildings of Justinian*. Org. e trad. para o inglês de Aubrey Stewart. Notas de C. W. Wilson e Hayter Lewis. Londres: Palestine Pilgrims' Text Society, 1896.

______. *The Secret History*. Trad. para o inglês e notas de Peter Sarris. Londres: Penguin, 2007.

RABIN, Yitzhak. *The Rabin Memoirs*. Londres, 1979.

RASPUTIN, G. *Moi mysli i razmyshleniya: kratkoe opisanie puteshestviya po svyatym mestam i vyzvannye im razmyshleniya po religioznym voprosam* (*My Thoughts and Reflections: Brief Description of a Journey to the Holy Places and Reflections on Religious Matters Caused by This Journey*). Petrogrado, 1915.

RAYMOND OF AGUILERS. *Le "Liber" de Raymond d'Aguilers*. Org. e trad. para o inglês de J. H. Hill e L. L. Hill. Paris, 1969.

ROBINSON, Edward. *Biblical Researches in Palestine, Mount Sinai and Arabia Petraea*. Boston, 1841.

ROSE, John H. Melkon. *Armenians of Jerusalem: Memories of Life in Palestine*. Londres; Nova York, 1993.

SAEWULF, *Pilgrimage to Jerusalem and the Holy Land*. Org. e trad. para o inglês de Bispo de Clifton. Londres, 1896.

SAID, Edward. *Out of Place*. Londres, 1999.

SAMUEL, Herbert. *Memoirs*. Londres, 1945.

SANDERSON, John. *The Travels of John Sanderson in the Levant*. Org. de W. Forster. Londres, 1931.

SANDYS, George. *A Reilation of a Journey begun AD 1610*. Londres, 1615.

SAULCY, Félicien de. *Les Derniers Jours de Jérusalem*. Paris, 1866.

SEBEOS. *Histoire d'Heraclius*. Trad. para o francês de Frederic Macler. Paris, 1904.

SHARON, Ariel. *Warrior: An Autobiography*. Nova York: Simon & Schuster, 1989.

SPAFFORD, Bertha, ver VESTER.

STANLEY, Arthur. *Sinai and Palestine in Connection with their History*. Londres, 1856.

STORRS, Ronald. *Orientations*. Londres, 1939.

SUCHEM, Ludolph von. *Description of the Holy Land and the Way Thither*. Org. e trad. para o inglês de Aubrey Stewart. Londres, 1895.

SUETONIUS. *The Twelve Caesars*. Londres, 1957.

AL-TABARI. *Tarikh: The History of al-Tabari*. Org. de Y. Yarshater. Albany: 1985-98.

TACITUS. *The Annals of Imperial Rome*. Londres, 1956.

______. *The Histories*. Londres, 1964.

THACKERAY, William. *Notes on a Journey from Cornhill to Grand Cairo*. Londres, 1888.

THEODORICH. *Description of the Holy Places*. Org. e trad. para o inglês de Aubrey Stewart. Londres, 1896.

THOMSON, William M. *The Land and the Book*. Nova York, 1859.

TIMBERLAKE, Henry. *A True and Strange Discourse of the Travels of Two English Pilgrims*. Londres, 1808.

TWAIN, Mark. *The Innocents Abroad, or the New Pilgrim's Progress*. Nova York, 1911.

VESTER, Bertha Spafford. *Our Jerusalem: An American Family in the Holy City, 1881-1949*. Jerusalém, 1988.

VINCENT, H.; ABEL, F. M. *Jérusalem: Recherches de topographie, d'archéologie et d'histoire*. Paris, 1912-26.

VOLNEY, C. -F. *Travels through Syria and Egypt*. Londres, 1787.

WARREN, C. *Underground Jerusalem*. Londres, 1876.

______.; CONDER. C. R. *Survey of Western Palestine*. Jerusalém, 1884.

WEIDENFELD, George. *Remembering my Good Friends*. Londres, 1995.

WEIZMANN, Chaim. *Trial and Error*. Londres, 1949.

WILKINSON, J. *Jerusalem Pilgrims before the Crusades*. Jerusalém, 1977.

______. *Egeria's Travels to the Holy Land*. Warminster, 1918.

WILLIAM OF TYRE. *A History of Deeds Done Beyond the Sea*. Trad. para o inglês de E. A. Babcock e A. C. Krey. Nova York, 1943.

WILSON, C. *Ordnance Survey of Jerusalem*. Londres, 1865.

______; STEWART, Aubrey (orgs.). *Palestine Pilgrims Text Society*. Nova York, 1971.

WRIGHT, Thomas. *Early Travels in Palestine*. Mineola, 2003.

WÜRZBURG, John of. *Description of the Holy Land*. Org. de trad. para o inglês de Aubrey Stewart. Londres, 1896.

YIZHAR, S. *Khirbet Khizeh*. Jerusalém, 1949.

ZAKHAROVA, L. G. *Perepiska Imperatora Aleksandra IIs Velikim Kniazem Konstantinom Nikolaevichem; Dnevnik Velikogo Kniazia Konstantina Nikolaevicha*. Moscou, 1994.

FONTES SECUNDÁRIAS

AARONOVITCH, David. *Voodoo Histories*. Londres, 2009.

ABEL, F. M. *Histoire de la Palestine*. Paris, 1952.

ABULAFIA, David. *Frederick II: A Medieval Emperor*. Londres, 2002.

______. *The Great Sea: A Human History of the Mediterranean*. Londres, 2011.

ABU-MANNEH, Butros. "The Husaynis: Rise of a Notable Family in 18th Century Palestine". In: David Kushner (org.). *Palestine in the Late Ottoman Period: Political, Social and Economic Transformation*. Leiden; Boston, 1983.

ABU SWAY, Mustafa. "Holy Land, Jerusalem and the Aqsa Mosque in Islamic Sources". In: *Where Haven and Earth Meet: Jerusalem's Sacred Esplanade*. Org. de Oleg Grabar e Benjamin Z. Kedar. Jerusalém; Austin, 2009.

ACHACAR, Gilbert. *The Arabs and the Holocaust: The Arab-israeli War of Narratives*. Londres, 2010.

ADAMS, R. J. Q. *Balfour, The Last Grandee*. Londres, 2007.

AHIMEIR, O.; BAR-SIMON-TOV, Y. (orgs.). *Forty Years in Jerusalem*. Jerusalém, 2008.

AHLSTROM, Gosta W. *History of Ancient Palestine*. Minneapolis, 1993.

AL-ALAMI, Muhammad Ali. "The Waqfs of the Traditional Families of Jerusalem during The Ottoman Period". In: *Ottoman Jerusalem: The Living City, 1517 – 1917*. Org. de Sylvia Auld e Robert Hillenbrand. Londres, 2000.

AL-KHALILI, Jim. *The House of Wisdom*. Londres, 2010.

ALLMAND, Christopher. *Henry V*. New Haven; Londres, 1998.

ANDREW, Christopher. *Defence of the Realm: The Authorized History of MI5*. Londres, 2009.

ANSARY, Tanim. *Destiny Disrupted: A History of the World through Islamic Eyes*. Londres, 2009.

ANTONIUS, George. *The Arab Awakening: The Story of the Arab National Movement*. Londres, 1938.

ARCHER, Thomas. *Crusade of Richard I*. Londres, 1988.

ARMSTRONG, Karen. *The First Christian: St Paul's Impact on Christianity*. Londres, 1983.

______. *Muhammad: A Biography of the Prophet*. Londres, 2001.

______. *A History of Jerusalem: One City, Three Faiths*. Londres, 1996. [*Jerusalém, Uma cidade, três religiões*. Trad. de Hildegard Feist. São Paulo: Companhia das Letras, 2000.]

ASALI, K. J. (Org.). *Jerusalem in History*. Nova York, 1990.

______. "The Cemeteries of Ottoman Jerusalem"; "The Libraries of Ottoman Jerusalem". In: *Ottoman Jerusalem: The Living City, 1517-1917*. Org. de Sylvia Auld e Robert Hillenbrand. Londres, 2000.

ASBRIDGE, Thomas. *The First Crusade: A New History*. Londres, 2005.

ASBRIDGE, Thomas. *The Crusades: The War for the Holy Land*. Londres, 2010.

ASCALONE, Enrico. *Mesopotamia*. Berkeley, 2007.

ASHTON, Nigel. *King Hussein of Jordan: A Political Life*. Londres, 2008.

ATALLAH, Mahmud. "The Architects in Jerusalem in the 10th-11th / 16th-17th Centuries". In: *Ottoman Jerusalem: The Living City,1517-1917*. Org. de Sylvia Auld e Robert Hillenbrand. Londres, 2000.

AULD, Graeme; STEINER, Margreet. *Jerusalem 1: From Bronze Age to Macabees*. Cambridge, 1996.

AULD, Sylvia; HILLENBRAND, Robert (orgs.). *Ottoman Jerusalem: The Living City, 1517-1917*. Londres, 2000.

______. (orgs.). *Ayyubid Jerusalem: The Holy City in Context, 1187-1250*. Londres, 2009.

AVIGAD, N. *Discovering Jerusalem*. Nashville, 1983.

AVI-YONAH, Michael. *The Jews of Palestine: A Political History from Bar Kochba War to the Arab conquest*. Oxford, 1976.

AZARYA, V. *Armenian Quarter of Jerusalem*. Berkeley; Los Angeles; Londres, 1984.

BAHAT, Dan; RUBINSTEIN, Chaim T. *Illustrated Atlas of Jerusalem*. Nova York, 1990.

______. "Western Wall Tunnels". In: *Ancient Jerusalem Revealed*. Org. de Hillel Geva. Jerusalém, 2000.

______. *The Western Wall Tunnels: Touching the Stones of our Heritage*. Jerusalém, 2007.

BALDWIN, M. W. *Raymond III of Tripoli and the Fall of Jerusalem*. Princeton, 1936.

______. (org.). *A History of the Crusades*. Madison: 1969. v 1: *The First Hundred Years*. Ed. de K. M. Setton. Madison, 1969.

BARR, James. *Setting the Desert on Fire: T. E. Lawrence and Britain's Secret War in Arabia 1916-1918*. Londres, 2006.

BARROW, J. *The Life and Correspondence of Admiral Sir William Sidney Smith*. Londres, 1848.

BAR-ZOHAR, Michael. *Ben-Gurion: A Biography*. Nova York: Delacorte Press, 1977.

______. *Shimon Peres*. Nova York: Random House, 2007.

BEN-AMI, Shlomo. *Scars of War, Wounds of Peace: The Arab-Israel Tragedy*. Londres, 2005.

BEN-ARIEH, Y. *Jerusalem in the 19th Century: The Old City*. Nova York, 1984.

______. *Jerusalem in the 19th Century: Emergence of the New City*. Jerusalém, 1986.

______. *The Rediscovery of the Holy Land in the 19th Century*. Jerusalém, 2007.

BEN-DOV, Meir. *The Western Wall*. Jerusalém, 1983.

BENTWITCH, Norman; SHAFTESLEY, John M. "Forerunners of Zionism in the Victorian Era". In: *Remember the Days: Essays on Anglo-Jewish History Presented to Cecil Roth*. Org. de John M. Shaftesley. Londres, 1966.

BENVENISTI, Meron. *Jerusalem: The Torn City*. Jerusalém, 1975.

______. *Sacred Landscape: The Buried History of the Holy Land since 1948*. Berkeley, 2000.

BERLIN, Andrea; OVERMAN, J. A. *The First Jewish Revolt: Archeology, History, and Ideology*. Londres, 2002.

BERMANT, Chaim. *The Cousinhood: The Anglo-Jewish Gentry*. Londres, 1971.

BEVAN, Edwyn. *The House of Seleucus*. Londres, 1902.

______. *Jerusalem under the High Priests*. Londres, 1904.

BIANQUIS, Thierry. "Autonomous Egypt from Ibn Tulun to Kafur 868-969". In: *The Cambridge History of Egypt*. Org. de Carl F. Petry. Cambridge: 1998. v. 1: *Islamic Egypt 640-1517*.

BICKERMANN, E. J. *Jews in the Greek Age*. Cambridge; Londres, 1988.

BIERMAN, John; SMITH, Colin. *Fire in the Night: Wingate of Burma, Ethiopia and Zion*. Londres, 1999.

BIRLEY, Anthony R. *Hadrian: the Restless Emperor*. Londres, 1997.

BLAKE, R. *Disraeli*. Londres, 1967.

BLAKE, *Disraeli on the Grand Tour*. Londres, 1982.

BLISS, F. J.; DICKIE, A. *Excavations at Jerusalem*. Londres, 1898.

BOAS, Adrian. *Crusader Archeology: The Material Culture of the Latin East*. Londres; Nova York, 1999.

BOSWORTH, C. E. *The Islamic Dynasties*. Edinburgo, 1967.

BOWEN, Jeremy. *Six Days: How the 1967 War Shaped the Middle East*. Londres, 2004.

BREENNER, Michael. *A Short History of the Jews*. Princeton, 2010.

BROOK, Kevin Alan. *The Jews of Khazaria*. Lanham, 1999.

BROWN, David. *Palmerston: A Biography*. Yale, 2010.

BROWN, Frederick. *Flaubert: A Life*. Londres, 2007.

BURGOYNE, Michael Hamilton; RICHARDS, D. S. *Mamluk Jerusalem: an Architectural Survey*. Londres, 1897.

______. "1187-1260: The Further Mosque (al-Masjid al-Aqsa) Under Ayyubid Rule". In: *Where Haven and Earth Meet: Jerusalem's Sacred Esplanade*. Org. de Oleg Grabar e Benjamin Z. Kedar. Jerusalém; Austin, 2009.

______. "The Noble Sanctuary under Mamluk Rule". In: *Where Haven and Earth Meet: Jerusalem's Sacred Esplanade*. Org. de Oleg Grabar e Benjamin Z. Kedar. Jerusalém; Austin, 2009.

BURNS, Ross. *Damascus: A History*. Londres, 2005.

BUTCHER, Kevin. *Roman Syria and the Near East*. Londres, 2003.

CAMPBELL JR., Edward F. "A Land Divided: Judah and Israel from the Death of Solomon to the Fall of Samaria". In: *The Oxford History of the Biblical World*. Org. de Michael Coogan. Oxford, 1998.

CARSWELL, John. "Decoration of the Dome of the Rock". In: *Ottoman Jerusalem: The Living City, 1517-1917*. Org. de Sylvia Auld e Robert Hillenbrand. Londres, 2000.

CESARANI, David. *Major Farrans's Hat: Murder, Scandal, and Britain's War against Jewish Terrorism 1945- 1948*. Londres, 2009.

CHAMBERLAIN, Michael. "The Crusader Era and the Ayyubid Dynasty". In: *The Cambridge History of Egypt*. Org. de Carl F. Petry. v. 1: *Islamic Egypt 640-1517*. Cambridge, 1998.

CLINE, Eric H. *Jerusalem Besieged: From Ancient Canaan to Modern Israel*. Ann Harbor, 2004.

COGAN, Mordecai. "Into Exile: From the Assyrian Conquest of Israel to the Fall of Babylon". In: *The Oxford History of the Biblical World*. Org. de Michael Coogan. Oxford, 1998.

COHEN, Amnon; BAER, Gabriel (orgs.). *Egypt and Palestine: A Millennium of Association (868-1948)*. Jerusalém, 1984.

______. *Palestine in the 18th Century*. Jerusalém, 1973.

______. *Jewish Life under Islam: Jerusalem in the 16th Century*. Cambridge; Londres, 1984.

______. *Economic Life in Ottoman Jerusalem*. Cambridge, 2002.

______. "1517-1917 Haram al-Sherif: The Temple Mount under Ottoman Rule". In: *Where Haven and Earth Meet: Jerusalem's Sacred Esplanade*. Org. de Oleg Grabar e Benjamin Z. Kedar. Jerusalém; Austin, 2009.

COHN, Norman. *The Pursuit of the Millennium: Revolutionary Millenarians and Mystical Anarchists of the Middle Ages*. Londres, 1993.

CONRAD, Lawrence. "The Khalidi Library". In: *Ottoman Jerusalem: The Living City, 1517-1917*. Org. de Sylvia Auld e Robert Hillenbrand. Londres, 2000.

COOGAN, Michael. "In the Beginning: The Earliest History". In: *The Oxford History of the Biblical World*. Oxford, 1998.

COUASNON, Charles. *The Church of the Holy Sepulchre in Jerusalem*. Londres, 1974.

COUGHLIN, Con. *A Golden Basin Full of Scorpions: The Quest for Modern Jerusalem*. Londres, 1997.

COURRET, A. *La Prise de Jérusalem par les Perses*. Orleans, 1876.

CURTIS, J. E.; Reade, J. E. (orgs.). *Art and Empire: Treasures from Assyria in the British Museum*. Londres, 1995.

CUST, L. G. A. *The Status Quo in the Holy Place*. Jerusalém, 1929.

DALRYMPLE, William. *From the Holy Mountain: A Journey in the Shadow of Byzantium*. Londres, 1998.

DALY, M. W. (org.). *The Cambridge History of Egypt*. Cambridge, 1998. v. 2: *Modern Egypt from 1517 to the End of the 20th Century*.

DAN, Yaron. "Circus Factions in Byzantine Palestine". In: *Jerusalem Cathedra: Studies in the History, Geography and Ethnology of the Land of Israel*. Org. de Lee I. Levine. Jerusalém, 1981. v. 1.

DANIEL-ROPS. Henri. *Daily Life in Palestine at the Time of Christ*. Londres, 1962.

DANKOFF, Robert. *An Ottoman Mentality: The World of Evliya Celebi*. Leiden; Boston, 2006.

DE VAUX, Ronald. *Ancient Israel: Its Life and Institutions*. Nova York; Londres, 1961.

DONNER, Fred M. *The Early Islamic Conquests*. Princeton, 1981.

______. *The Muhammad and the Believers: At the Origins of Islam*. Cambridge, 2010.

DONNER, Herbert. *The Mosaic Map of Madaba: An Introductory Guide*. Kampen, 1992.

DOUGLAS, David C. *William the Conqueror*. New Haven; Londres, 1964.

DOW, Martin. "The Hammams of Ottoman Jerusalem". In: *Ottoman Jerusalem: The Living City, 1517-1917*. Org. de Sylvia Auld e Robert Hillenbrand. Londres, 2000.

DRORY, J. "Jerusalem during the Mamluk Period". In: *Jerusalem Cathedra: Studies in the History, Geography and Ethnology of the Land of Israel*. Org. de Lee I. Levine. Jerusalém, 1981. v. 1.

DURI, Abdul Aziz. "Jerusalem in the Early Islamic Period". In: *Jerusalem In History*. Org. de K. J. Asali. Nova York, 1990.

EGREMONT, Max. *Balfour*. Londres, 1980.

ELIOR, Rachel. "From Priestly and Early Christian Mount Zion to Rabbinic Temple Mount". In: *Where Haven and Earth Meet: Jerusalem's Sacred Esplanade*. Org. de Oleg Grabar e Benjamin Z. Kedar (eds.). Jerusalém; Austin, 2009.

ELLENBLUM, Ronnie. *Crusader Castles and Modern Histories*. Cambridge, 2007.

ELLIS, Kirsten. *Star of the Morning: The Extraordinary Life of Lady Hester Stanhope*. Londres, 2008.

ELON, Amos. *Herzl*. Nova York, 1975.

______. *Jerusalem: A City of Mirrors*. Londres, 1991.

FARROKH, Kaveh. *Shadows in the Desert: Ancient Persia at War*. Londres, 2007.

FERGUSON, Niall. *The World's Banker: The History of the House of Rothschild*. Londres, 1998.

FIGES, Orlando. *Crimea: the Last Crusade*. Londres, 2010.

FINKEL, Caroline. *Osman's Dream: The Story of the Ottoman Empire 1330-1923*. Londres, 2005.

FINKEL, I. L.; SEYMOUR, M. J. *Babylon: Myth and Reality*. Londres, 2008.

FINKELSTEIN, Israel; SILBERMAN, Neil Asher. *The Bible Unearthed: Archeology's New Vision of Ancient Israel and the Origin of its Sacred Text*. Nova York, 2002.

FINUCANE, R. *Soldiers of the Faith*. Londres, 1983.

FISCHEL, Walter J. *Ibn Khaldun and Tamerlane*. Berkeley, 1952.

FOLDA, Jaroslav. *Crusader Art: The Art of the Crusaders in the Holy Land 1099-1291*. Farnham, 2008.

______. *Crusader Art in the Holy Land: From the Third Crusade to the Fall of Acre*. Cambridge, 2005.

FORD, Roger. *Eden to Armageddon: World War I in the Middle East*. Londres, 2009.

FRANKEN, H. J. "Jerusalem in the Bronze Age". In: *Jerusalem in History*. Org. de K. J. Asali. Nova York, 1990.

FREELY, John. *Storm on Horseback: Seljuk Warriors of Turkey*. Londres, 2008.

FREEMAN, Charles. *A New History of Early Christianity*. New Haven, 2009.

______. *Holy Bones, Holy Dust*. New Haven, 2011.

FRENKEL, Miriam. "The Temple Mount in Jewish Thought". In: *Where Haven and Earth Meet: Jerusalem's Sacred Esplanade*. Org. Oleg Grabar e Benjamin Z. Kedar. Jerusalém; Austin, 2009.

FRIEDMAN, Thomas L. *From Beirut to Jerusalem*. Nova York, 1989.

FROMKIN, David. *A Peace to End All Peace: The Fall of the Ottoman Empire and the Creation of the Modern Middle East*. Nova York, 1989.

GARCIN, J. C. "The Regime of the Circassian Mamluks". In: *The Cambridge History of Egypt*. Org. de Carl F. Petry. v. 1: *Islamic Egypt 640-1517*. Cambridge, 1998.

GELVIN, James. *Divided Loyalties: Nationalism and Mass Politics in Syria at the Close of Empire*. Berkeley, 1998.

GENIESSE, Jane Fletcher. *American Priestess: The Extraordinary Story of Anna Spafford and the American Colony in Jerusalem*. Nova York, 2008.

GEVA, H. (org.). *Ancient Jerusalem Revealed*. Jerusalém, 2000.

GIBB, Hamilton A. R. "The Career of Nur-ad-Din". In: *A History of the Crusades*. Org. ______. Madison, 1989. v. 1: *The First Hundred Years*.

______. "Zengi and the Fall of Edessa". In: *A History of the Crusades*. Org. ______. Madison, 1989. v. 1: *The First Hundred Years*.

GIBSON, Shimon. *The Final Days of Jesus*. Nova York, 2009.

GIL, Moshe. "Aliyah and Pilgrimage in Early Arab Period". In: *Jerusalem Cathedra: Studies in the History, Geography and Ethnology of the Land of Israel*. Org. de Lee I. Levine. Jerusalém, 1983. v. 3.

______. *A History of* Palestine. Cambridge, 1992.

______. *Jerusalem: Illustrated History Atlas*. Londres, 1977.

______. *Jerusalem: Rebirth of a City*. Londres, 1985.

______. *Churchill: A Life*. Londres, 1991.

______. *Jerusalem in the Twentieth Century*. Londres, 1996.

______. *Israel: A History*. Londres, 1998.

______. *Churchill and the Jews*. Londres, 2007.

______. *In Ishmael's House: A History of the Jews in Muslim Lands*. Londres; New Haven, 2010.

GILLINGHAM, John. *Richard I*. Londres, 1999.

GLASS, Charles. *Tribes with Flags: A Journey Curtailed*. Londres, 1990.

______. *The Tribes Triumphant: Return Journey to the Middle East*. Londres, 2010.

GOITEIN, S. D. *A Mediterranean Society*. Berkeley, 1967-88. 5 v.

______. "Jerusalem in the Arab Period 683-1099". In: *Jerusalem Cathedra: Studies in the History, Geography and Ethnology of the Land of Israel*. Org. de Lee I. Levine. Jerusalém, 1982. v. 2.

GOLDHILL, Simon. *The Temple of Jerusalem*. Londres, 2005.

______. *Jerusalem: A City of Longing*. Londres; Cambridge, 2008.

GOLDSWORTHY, Adrian. *Antony and Cleopatra*. Londres, 2010.

GOODMAN, Martin. *Rome and Jerusalem: The Clash of Ancient Civilisations*. Londres, 2007.

GORTON, T. J. (orgs.). *Lebanon Through Writers' Eyes*. Londres, 2009.

GRABAR, Oleg. *The Shape of the Holy: Early Islamic Jerusalem*. Princeton, 1996.

______. *The Dome of the Rock*. Cambridge, 2006.
______. *Jerusalem*. Aldershot, 2005.
______; KEDAR, Benjamin Z. (orgs.). *Where Haven and Earth Meet: Jerusalem's Sacred Esplanade*. Jerusalém; Austin, 2009.
GRABBE, Lester L. *Ancient Israel*. Nova York, 2007.
______. *Good Kings and Bad Kings: The Kingdom of Judah in the Seventh Century BCE*. Londres, 2007.
GRANT, Michael. *Herod the Great*. Nova York, 1971.
______. *Cleopatra*. Londres, 1972.
______. *History of Ancient Israel*. Londres, 1984.
______. *Emperor Constantine*. Londres, 1993.
GREEN, Abigail. *Moses Montefiore: Jewish Liberator, Imperial Hero*. Londres, 2010.
GREENBERG, Raphael; KEINAN, Adi. *Present of Israeli-Palestinian Conflict: Israeli Archeology in the West Bank and Eastern Jerusalem since 1967*. Tel Aviv, 2007.
GRIGG, J. *Lloyd George: War Leader*. Londres, 2002.
HAAG, Michael. *The Templars: History and Myth*. Londres, 2008.
HACKETT, Jo Ann. "There Was No King in Israel: The Era of the Judges". In: *The Oxford History of the Biblical World*. Org. de Michael Coogan. Oxford, 1998.
HADI, Mahdi Abdul. *Dialogue on Jerusalem*. Encontros Passia 1990-8. Jerusalém, 1998.
______. *100 Years of Palestinian History: A 20th Century Chronology*. Jerusalém, 2005.
______. *Palestinian Personalities: A Biographical Dictionary*. Jerusalém, 2005.
HALPERN, Ben. *A Clash of Heroes: Brandeis, Weizmann and American Zionism*. Nova York, 1987.
HAMILTON, Bernard. *The Leper King and Heirs: Baldwin IV and the Crusader Kingdom of Jerusalem*. Cambridge 2000.
HARE, David. *Via Dolorosa*. Londres, 1998.
HARRINGTON, D. *The Macabee Revolt: Anatomy of a Biblical Revolution*. Wilmington, 1988.
HASSAN BIN TALAL. Crown Prince of Jordan. *A Study on Jerusalem*. Londres, 1979.
HASSN, Isaac. "Muslim Literature in Praise of Jerusalem". In: *Jerusalem Cathedra: Studies in the History, Geography and Ethnology of the Land of Israel*. Org. de Lee I. Levine. Jerusalém, 1981. v. 1.
HAWARI, M. "The Citadel (Qal'a) in the Ottoman Period: An Overview". In: *Ottoman Jerusalem: The Living City, 1517-1917*. Org. de Sylvia Auld e Robert Hillenbrand. Londres, 2000.
HAWTING, G. R. *The First Dynasty of Islam: The Umayyad Caliphate, AD 661-750*. Londres, 2000.
HEATON, E. W. *Everyday Life in Old Testament Times*. Londres, 1956.
HERF, Jeffrey. *Nazi Propaganda for the Arab World*. New Haven, 2009.
HERRIN, Judith. *Byzantium: The Surprising Life in a Medieval Empire*. Londres, 2007.
HILLENBRAND, Carole. *The Crusades: Islamic Perspectives*. Nova York, 2000.
HINTLIAN, George. "The First World War in Palestine and Msgr. Fanz Fellinger". In: *Austrian Presence in the Holy Land in the 19th and Early 20th Century*. Org. de Marian Wrba. Tel Aviv, 1996.
______. "Commercial Life of Ottoman Jerusalem". In: *Ottoman Jerusalem: The Living city, 1517-1917*. Londres, 2000.
HINTLIAN, Kevork. *History of the Armenians in the Holy Land*. Jerusalém, 1989.
______. "Travellers and Pilgrims in the Holy Land: The Armenian Patriarchate of Jerusalem in 17th and 18th Century". In: *The Christian Heritage in the Holy Land*. Org. de Anthony O'Mahony. Londres, 1995.
HIRST, David. *The Gun and the Olive Branch*. Londres, 2003.
HIYARI, M. A. "Crusader Jerusalem". In: *Jerusalem in History*. Org. de K. J. Asali. Nova York, 1990.

HOFFMEIER, J. K. *The Archeology of the Bible*. Londres, 2008.

HOLBL, Gunther. *A History of the Ptolemaic Empire*. Londres, 2001.

HOLLAND, Tom. *Persian Fire: The Fist World Empire, Battle for the West*. Londres, 2005.

______. *Millennium: The End of the World and the Forging of Christianity*. Londres, 2008.

HOPWOOD, Derek. *The Russian Presence in Syria and Palestine 1843-1914: Churchand Politics in the Near East*. Oxford, 1969.

HOURANI, Albert. *The Emergence of the Modern Middle East*. Berkeley; Los Angeles, 1981.

______. *History of the Arab Peoples*. Londres, 2005.

HOUSLEY, Norman. *Fighting for the Cross: Crusading to the Holy Land*. Londres; New Haven, 2008.

HOWARD, Edward. *The Memoirs of Sir Sidney Smith*. Londres, 2008.

HUDSON, M. C. "Transformation of Jerusalem". In: *Jerusalem in History*. Org. de K. J. Asali. Nova York, 1990.

HUMMEL, Ruth e Thomas. *Patterns of the Sacred: English Protestant and Russian Orthodox Pilgrims of the Nineteenth Century*. Jerusalém, 1995.

HUMMEL, Ruth Victor-. "Culture and Image: Christians and the Beginning of Local Photography in 19th Century Ottoman Palestine". In: *The Christian Heritage in the Holy Land*. Org. de Anthony O'Mahony. Londres, 1995.

_____. "Imperial Pilgrim: Franz Josef's Journey to the Holy Land in 1869". In: *Austrian Presence in the Holy Land in the 19th and Early 20th Century*. Org. de Marian Wrba. Tel Aviv, 1996.

______. "Reality, Imagination and Belief: Jerusalem in Photography". In: *Ottoman Jerusalem: The Living City, 1517-1917*. Org. de Sylvia Auld e Robert Hillenbrand. Londres, 2000.

HUMPHREYS, R. Stephen. *From Saladin to the Mongols: The Ayyubids of Damascus 1193-1260*. Albany, 1977.

HUNEIDI, Sahar; KHALIDI, Walid. *A Broken Trust: Herbert Samuel, Zionism and the Palestinians*. Londres, 1999.

HUROWITZ, V. A. "Tenth Century to 586 BC: House of the Lord". In: *Where Haven and Earth Meet: Jerusalem's Sacred Esplanade*. Org. de Oleg Grabar e Benjamin Z. Kedar. Jerusalém; Austin, 2009.

IRWIN, Lawrence. *Golden Warrior: The Life and Legend of Lawrence of Arabia*. Nova York, 1933.

JEFFERY, Keith. *MI6: History of the Secret Intelligence Service 1909-1949*. Londres, 2010.

JOHNSON, Paul. *History of the Jews*. Londres, 1987.

JOUDAH, A. H. *Revolt in Palestine in the Eighteenth Century: The Era of Shaykh Zahir al-Umar*. Princeton, 1987.

AL-JUBEH, Nazmi. "Basic Changes but not Dramatic: Al-Haram al-Sherif in the Aftermath of 1967". In: *Where Haven and Earth Meet: Jerusalem's Sacred Esplanade*. Org. de Oleg Grabar e Benjamin Z. Kedar. Jerusalém; Austin 2009.

KAEGI, Walter. *Heraclius: Emperor of Byzantium*. Cambridge, 2003.

KAPLONY, Andreas. "The Mosque of Jerusalem". In: *Where Haven and Earth Meet: Jerusalem's Sacred Esplanade*. Org. de Oleg Grabar e Benjamin Z. Kedar. Jerusalém; Austin: 2009.

KARK, Ruth. *American Consuls in the Holy Land 1832-1914*. Jerusalém, 1994.

KARSH, Efraim. *Palestine Betrayed*. New Haven, 2010.

______; KARSH, Inari. *Empires of the Sand: The Struggle for Mastery in the Middle East 1789-1923*. Cambridge, 2001.

KASMIEH, Khairiaa. "The Leading Intellectuals of Late Ottoman Jerusalem". In: *Ottoman Jerusalem: The Living City, 1517-1917*. Org. de Sylvia Auld e Robert Hillenbrand. Londres, 2000.

KEDAR, Benjamin Z. (org.). *Jerusalem in the Middle Ages: Selected Papers*. Jerusalém, 1979.

______. "A Commentary on the Book of Isaiah Ransomed from the Crusaders". In: *Jerusalem Cathedra: Studies in the History, Geography and Ethnology of the Land of Israel*. Org. de Lee I. Levine. Jerusalém, 1981. v. 1.

______. *The Horns of Hattin*. Londres, 1992.

______. *Outremer: Studies in the History of the Crusading Kingdom of Jerusalem, Presented to Joshua Prawer*. Org. de H. E. Mayer e R. C. Smail. Jerusalém, 1982.

______; PRINGLE, Denys. "1099-1187: The Lord's Temple (Templum Domini) and Solomon's Palace (Palatium Salomonis)". In: *Where Haven and Earth Meet: Jerusalem's Sacred Esplanade*. Org. de Oleg Grabar e Benjamin Z. Kedar. Jerusalém; Austin, 2009.

KEDOURIE, Elie. *In the Anglo-Arab Labyrinth: The McMahon-Husayn Correspondence and its Interpretations*. Cambridge, 1976.

KENNEDY, Hugh. *Armies if the Caliphs*. Londres, 2001.

______. *The Court of the Caliphs: The Rise and Fall of Islam's Greatest Dynasty*. Londres, 2004.

______. *The Great Arab Conquest: How the Spread of Islam Changed the World We Live in*. Londres, 2007.

KENYON, K. M. *Digging up Jerusalem*. Londres, 1974.

KHALIDI, Rashid. *British Policy towards Syria and Palestine 1906-14*. Londres, 1980.

______. *Palestinian Identity: The Construction of Modern National Consciousness*. Nova York, 1998.

______. "Intellectual Life in Late Ottoman Jerusalem". In: *Ottoman Jerusalem: The Living City, 1517-1917*. Org. de Sylvia Auld e Robert Hillenbrand. Londres, 2000.

______. *The Iron Cage: The Story of the Palestinian Struggle for Statehood*. Londres, 2009.

KHALID, Walid. *From Haven to Conquest: readings in Zionism and the Palestinian Problem until 1948*. Beirute, 1987.

KHOURY, Philip S. *Urban Notables and Arab Nationalism: The Politics of Damascus 1860-1920*. Cambridge, 2003.

KISTER, Meir. "A Comment on the Antiquity of Traditions Praising Jerusalem". In: *Jerusalem Cathedra: Studies in the History, Geography and Ethnology of the Land of Israel*. Org. de Lee I. Levine. Jerusalém, 1981. v. 1.

KOKKINOS, Nikos. *The Herodian Dynasty: Origins, Role in Society and Eclipse*. Sheffield, 1998.

KOLLEK, Teddy; PEARLMAN, Moshe. *Jerusalem, Sacred City of Mankind: A History of Forty Centuries*. Jerusalém, 1968.

KRAEMER, Joel L. *Maimonides: The Life and World of One of Civilisation's Gratest Minds*. Nova York, 2008.

KRÄMER, Gudrun. *A History of Palestine: From the Ottoman Conquest to the Founding of the State of Israel*. Princeton, 2008.

KROYANKER, David. *Jerusalem Architecture*. Nova York, 1994.

KUSHNER, David (org.). *Palestine in the Late Ottoman Period: Political, Social and Economic Transformation*. Leiden; Boston, 1983.

LA GUARDIA, Anton. *Holy Land, Unholy War*. Londres, 2001.

LANE FOX, Robin. *Alexander the Great*. Londres, 1973.

______. *The Unauthorized Version: Truth and Fiction in the Bible*. Londres, 1991.

LEACH, John. *Pompey the Great*. Londres, 1978.

LEBOR, Adam. *City of Orphanages: Arabs and Jews in Jaffa*. Londres, 2006.

LEITH, Mary Joan Winn. "Israel among the Nations: The Persian Period". In: *The Oxford History of the Biblical World*. Org. de Michael Coogan. Oxford, 1998.

LEVINE, Lee I. (org.). *Jerusalem Cathedra: Studies in the History, Geography and Ethnology of the Land of Israel*. Jerusalém, 1981-3. v. 1.

LEVY, Y. "Julian the Apostate and the Building of the Temple". In: *Jerusalem Cathedra: Studies in the History, Geography and Ethnology of the Land of Israel*. Org. de Lee I. Levine. Jerusalém, 1983. v. 3.

LEWIS, Bernard. *The Arabs in History*. Nova York, 1966.

______. *The Middle East*. Londres, 1995.

LEWIS, David Levering. *God's Crucible: Islam and the Making of Europe 570-1215*. Nova York, 2010.

LEWIS, Donald M. *The Origins of Christian Zionism: Lord Shaftesbury and Evangelical Support for a Jewish Homeland*. Cambridge, 2009.

LEWIS, Geoffrey. *Balfour and Weizmann: The Zionist, the Zealot and the Declaration which Changed the World*. Londres, 2009.

LINCOLN, W. Bruce. *Nicholas I*. Londres, 1978.

LITTLE, Donald P. "Jerusalem under Ayyubids and Mamluks". In: *Jerusalem in History*. Org. de K. J. Asali. Nova York, 1990.

______. "1260-1516: The Noble Sanctuary under Mamluk Rule". In: *Where Haven and Earth Meet: Jerusalem's Sacred Esplanade*. Org. Oleg Grabar e Benjamin Z. Kedar. Jerusalém; Austin, 2009.

LOUPO, Yakiv; CHEN, Nitzan. "The Ultra-Orthodox". In: *Forty Years in Jerusalem*. Org. O. Ahimeir e Y. Bar-Simon-Tov. Jerusalém, 2008.

LUBETSKI, Meir (org.). *New Seals and Inscriptions, Hebrew, Idumean and Cuneiform*. Sheffield, 2007.

LUKE, Harry Charles; KEITH-ROACH, Edward. *The Handbook of Palestine*. Londres, 1922.

LYONS, Jonathan. *House of Wisdom*. Londres, 2009.

LYONS, M. C.; JACKSON, D. E. P. *Saladin: Politics of Holy War*. Cambridge, 1982.

MAALOUF, Amin. *Crusades through Arab Eyes*. Londres, 1973.

MCCULLOUGH, David. *Truman*. Nova York, 1992.

MCCULLOCH, Diarmaid. *A History of Christianity: The First Three Thousand Years*. Londres, 2010.

MACKOWIAK, P. A. *Post Mortem: Solving History's Great Medical Mysteries*. Nova York, 2007.

MCLYNN, Frank. *Lionheart and Lackland*. Londres, 2008.

______. *Marcus Aurelius: Warrior, Philosopher, Emperor*. Londres, 2009.

MCMEEKIN, Sean. *The Berlin-Baghdad Express: The Ottoman Empire and German's Bid for World Power, 1898-1918*. Londres, 2010.

MACMILLAN, Margaret. *Peacemakers: The Paris Peace Conference of 1919 and its Attempts to End War*. Londres, 2001.

Mamluk Art: Splendour and Magic of the Sultans. Museu Sem Fronteiras, Cairo, 2001.

MANN, J. *The Jews in Egypt and Palestine under the Fatimid Caliphs*. Nova York, 1970. 2 v.

MANNA, Adel. *Liwa' al Quds fi Awasit al Ahd al othmani al idarah wa al mujtama mundhu awasit al qarn althamin ashar hatta hamlet Moahammad Ali Basha sanat 1831* (*The District of Jerusalem in the Mid--Ottoman Period: Administration and Society, from the Mid-Eighteenth Century to the Campaign of Mohammad Ali Pasha in 1831*). Jerusalém, 2008.

MANSEL, Philip, *Levant: Splendour and Catastrophe on the Mediterranean*. Londres, 2010.

______. *Asmahan: Siren of the Nile*. Artigo não publicado.

MAOZ, M. (org.). *Studies on Palestine during the Ottoman Period*. Jerusalém, 1975.

MARCUS, Amy Dockser. *Jerusalem 1913: Origins of the Arab-Israeli Conflict*. Nova York, 2007.

MATTAR, Philip. *The Mufti of Jerusalem: Al-Hajj Amin al-Hussayni and the Palestinian National Movement*. Nova York, 1988.

MAZAR, Benjamin. *The Mountain of the Lord*. Nova York, 1975.

______. "Jerusalem in Biblical Times". In: *Jerusalem Cathedra: Studies in the History, Geography and Ethnology of the Land of Israel*. Jerusalém, 1982. v. 2.

MAZOWER, Mark. *Salonica, City of Ghosts: Christians, Muslims and Jews*. Londres, 2005.

MAZZA, Roberto. *Jerusalem from the Ottomans to the British*. Londres, 2009.

MENDENHALL, G. E. "Jerusalem from 1000-63 BC". In: *Jerusalem in History*. Org. de K. J. Asali. Nova York, 1990.

MERKLEY, P. C. *The Politics of Christian Zionis 1891-1948*. Londres, 1998.

MEYER, Karl E.; BRYSAC, S. B. *Kingmakers: The Invention of the Modern Middle East*. Nova York, 2008.

MEYERS, Carol. "Kinship and Kingship: The Early Monarchy". In:*The Oxford History of the Biblical World*. Org. Michael Coogan. Oxford, 1998.

MILES, Richard. *Carthage Must Be Destroyed*. Londres, 2009.

______. *Ancient Worlds: The Search for the Origins of Western Civilization*. Londres, 2010.

MITCHELL, T. C. *The Bible in the British Museum*. Londres, 1998.

MORRIS, Benny. *The Road to Jerusalem: Glubb Pashah, Palestine and the Jews*. Londres, 2002.

______. *1948: A History of the First Arab-Israeli War*. Londres, 2008.

MURPHY-O'CONNOR, J. *The Holy Land: An Archeological Guide*. Oxford, 1986.

MURRAY, Aln V. *Clash of Cultures on the Medieval Baltic Frontier*. Farnham, 2009.

MYRES, David. "An Overview of the Islamic Architecture of Ottoman Jerusalem"; "Restorations on Masjid Mahd Isa (the Cradle of Jesus) during the Ottoman Period"; "al-Imara al-Amira, The Charitable Foundation of Khassaki Sultan"; e "A Grammar of Ottoman Ornament in Jerusalem". Org. Sylvia Auld e Robert Hillenbrand. In: *Ottoman Jerusalem: The Living City, 1517-1917*. Londres, 2000.

NASHASHIBI, Nasser Eddin. *Jerusalem's Other Voice: Ragheb Nashashibi and Moderation in Palestinian Politics 1920-1948*. Exeter, 1990.

AL-NATSHEH, Yusuf Said. "The Architecture of Ottoman Jerusalem". In: *Ottoman Jerusalem: The Living City, 1517-1917*. Org. de Sylvia Auld e Robert Hillenbrand. Londres, 2000.

NETANYAHU, Benzion. *The Origins of the Inquisition in Fifteenth-Century Spain*. Nova York, 1995.

NEUWIRTH, Angelika. "Jerusalem in Islam: The Three Honorific Names of the City". In: *Ottoman Jerusalem: The Living City, 1517-1917*. Org. Sylvia Auld e Robert Hillenbrand. Londres, 2000.

NEWBY, Martine S. *The Shlomo Moussaieff Collection: Byzantine Mould-Blown GlassFrom the Holy Land*. Londres, 2008.

NICAULT, Catherine (org.). *Jérusalem, 1850-1948: Des Ottomans aux Anglais, entre coexistence spirituelle et déchirure polotique*. Paris, 1999.

NORTHRUP, Linda S. *From Slave to Sultan: The Career of Al-Mansur Qalawun and the Consolidation of Mamluk Rule in Egypt and Syria (687-689 A.H. / 1279-1290 A. D.)*. Wiesbaden, 1998.

______. "The Bahri Mamluk Sultanate". In: *The Cambridge History of Egypt*. Org. de Carl F. Petry. Cambridge, 1998. v. 1: *Islamic Egypt 640-1517*.

NORWICH, John Julius. *The Normans in the South*. Londres, 1967. 2 v.

______. *Byzantium: The Early Centuries*. Londres, 1988.

NUSSEIBEH, Sari. "The Haram al-Sharif". In: *Where Haven and Earth Meet: Jerusalem's Sacred Esplanade*. Org. Oleg Grabar e Benjamin Z. Kedar. Jerusalém; Austin, 2009.

OBENZINGER, Hilton. *American Palestine: Melville, Twain and the Holy Land Mania*. Princeton, 1999.

OLMSTEAD, A. T. *History of the Persian Empire*. Chicago, 1948.

O'MAHONEY, Anthony. *Christian Heritage in the Holy Land*. Londres, 1995.

OPPER, Thorsten. *Hadrian: Empire and Conflict*. Londres, 2008.

OREN, Michael B. *Six Days of War: June 1967 and the Making of the Modern Middle East*. Nova York, 2002.

______. *Power, Faith, and Fantasy: America in the Middle East 1176 to the Present*. Nova York, 2007.

OTT, Claudia. "Songs and Musical Instruments". In: *Ottoman Jerusalem: The Living City, 1517-1917*. Org. Sylvia Auld e Robert Hillenbrand. Londres, 2000.

PAPPE, Ilan. *The Rise and Fall of a Palestinian Dynasty: The Husaynis, 1700-1948*. Londres, 2010.

______. *The Making of the Arab-Israeli Conflict 1947-51*. Londres, 1994.

______. *A History of Modern Palestine: One Land, Two Peoples*. Londres, 2006.

______. *Ethnic Cleansing of Palestine*. Londres, 2007.

PARTIFF, Tudor. *The Jews of Palestine 1800-82*. Londres, 1987.

PATRICH, J. "538 BCE-70 CE: The Temple (Beyt ha-Miqdash) and its Mount". In: *Where Haven and Earth Meet: Jerusalem's Sacred Esplanade*. Org. Oleg Grabar e Benjamin Z. Kedar. Jerusalém; Austin: 2009.

PEROWNE, Stewart. *Herod the Great*. Londres, 1956.

______. *The Later Herods*. Londres, 1958.

PETERS, F. E. *Jesus and Muhammad: Parallel Tracks, Parallel Lives*. Oxford, 2010. Ver "Fontes primárias".

PETERS, F. E. *The Distant Shrine: Islamic Centuries in Jerusalem*. Nova York, 1993.

PETRY, Carl F. (org.). *The Cambridge History of Egypt*. Cambridge, 1998. v. 1: *Islamic Egypt 640-1517*.

PHLLIPS, Jonathan. *The Second Crusade: Extending the Frontiers of Christendom*. Londres, 2007.

______. *Holy Warriors: A Modern History of the Crusades*. Londres, 2009.

PITARD, Wayne T. "Before Israel: Syria-Palestine in the Bronze Age". In: *The Oxford History of the Biblical World*. Org. de Michael Coogan. Oxford, 1998.

PLOKHY, S. M. *Yalta: The Price of Peace*. Nova York, 2010.

POCOCK, Tom. *A Thirst for Glory: The Life of Admiral Sir Sidney Smith*. Londres, 1996.

POLLOCK, John. *Kitchener: Saviour of the Realm*. Londres, 2001.

PRAWER, Joshua. *The Latin Kingdom of Jerusalem*. Londres, 1972.

______. *The History of the Jews in the Latin Kingdom of Jerusalem*. Oxford,1988.

PRESTWICH, Michael, *Edward I*. New Haven; Londres, 1988.

PRINGLE, Denys. *The Churches of the Crusader Kingdom of Jerusalem: A Corpus*. Cambridge, 1993-9.

RABINOWITZ, E. *Justice Louis D. Brandeis: The Zionist Chapter of his Life*. Nova York, 1968.

RAFEQ, Abdul-Karim. *The Province of Damascus 1723-83*. Beirute, 1966.

______. "Political History of Ottoman Jerusalem". In: *Ottoman Jerusalem: The Living City, 1517-1917*. Org. de Sylvia Auld e Robert Hillenbrand. Londres, 2000.

______. "Ulema of Ottoman Jerusalem". In: *Ottoman Jerusalem: The Living City, 1517-1917*. Org. de Sylvia Auld e Robert Hillenbrand. Londres, 2000.

RAIDER, M. A. *The Emergence of American Zionism*. Nova York, 1998.

READ, Piers Paul. *The Templars*. Londres, 1999.

REDFORD, Donald P. *Egypt, Cannan and Israel in Ancient Times*. Princeton, 1992.

REDMOUNT, Carol A. "Bitter Lives: Israel in and out of Egypt". In: *The Oxford History of the Biblical World*. Org. Michael Coogan. Oxford, 1998.

REICH, Ronny; AVNI, Gideon; WINTER, Tamar. *The Jerusalem Archeological Park*. Jerusalém, 1999.

REITER, Y.; SELIGMAN, J. "Al-Haram al-Sherif/ Temple Mount (Har ha-Bayit) and the Western Wall". In: *Where Haven and Earth Meet: Jerusalem's Sacred Esplanade*. Org. Oleg Grabar e Benjamin Z. Kedar. Jerusalém; Austin, 2009.

RICHARDSON, Peter. *Herod the Great: King of the Jews, Friend of the Romans*. Nova York, 1999.

RIDLEY, Jane. *Young Disraeli*. Londres, 1995.

RILEY-SMITH, Jonathan. *The Knights of St John in Jerusalem and Cyprus 1050-1310*. Londres, 1967.

______. *The Feudal Nobility and the Kingdom of Jerusalem 1174-1277*. Londres, 1973.

______. *The First Crusade and the Idea of Crusading*. Londres, 1987.

______. *The Crusades: A Short History*. Londres, 2005.

ROAF, Susan. "Life in 19th Century Jerusalem". In: *Ottoman Jerusalem: The Living City, 1517-1917*. Org. de Sylvia Auld e Robert Hillenbrand. Londres, 2000.

ROBINSON, Chase F. *Abd al-Malik*. Oxford, 2007.

ROGAN, Eugene. *The Arabs: A History*. Londres, 2009.

ROGERSON, Barnaby. *The Heirs of the Prophet Muahammad and the Roots of the Sunni-Shia Schism*. Londres, 2006.

ROHL, John C. G. *The Kaiser and his Court*. Cambridge, 1987.

______. *Wilhelm II: The Kaiser's Personal monarchy 1888-1900*. Cambridge, 2004.

ROOD, Judith. *Sacred Law in the Holy City: The Khedival Challenge to the Ottomans as Seen from Jerusalem, 1829-1841*. Leiden; Boston, 2004.

ROSE, Norman. *Chaim Weizmann: A Biography*. Londres, 1986.

______. *A Senseless Squalid War: Voices from Palestine 1945-1948*. Londres, 2009.

ROTH, Cecil. *The House of Nasi: The Duke of Naxos*. Filadélfia, 1948.

ROUX, G. *Ancient Iraq*. Londres, 1864.

ROYLE, Trevor. *Glubb Pasha*, Londres, 1992.

ROZEN, Minna. "The Relational Between Egyptian Jewry and the Jewish Community of Jerusalem in the 17th Century". In: *Egypt and Palestine: A Millennium of Association (868 – 1948)*. Org. de A. Chen e G. Baer. Jerusalém, 1984.

______. *Jewish Identity and society in the Seventeenth Century: Reflections on The Life and Works of Refael Mordekhai Malki*. Tübingen, 1992.

______. "Pedigree Remembered, Reconstructed, Invented: Benjamin Disraeli Between East and West". In: *The Jewish Discovery of Islam*. Org. Martin Kramer. Tel Aviv, 1999.

RUBIN, Zeev. "Christianity in Byzantine Palestine: Missionary Activity and Religious Coercion". In: *Jerusalem Cathedra: Studies in the History, Geography and Ethnology of the Land of Israel*. Org. de Lee I. Levine. Jerusalém, 1983. v. 3.

RUDERMAN, David B. *Early Modern Jewry: A New Cultural History*. Princeton, 2011.

RUNCIMAN, Steven. *A History of the Crusades*. Cambridge, 1951-4. 3v.

SABBAGH, Karl. *Palestine: A Personal History*. Londres, 2006.

SAID, Edward. *Orientalism*. Nova York, 1978.

SAND, Shlomo. *The Invention of the Jewish People*. Londres, 2009.

SANDERS, Paula A. "The Fatimid State". In: *The Cambridge History of Egypt*. Org. de Carl F. Petry. Cambridge, 1998. v. 1: *Islamic Egypt 640-1517*.

SANDERS, Ronald. *The High Walls of Jerusalem: A History of the Balfour Declaration and the Birth of the British Mandate for Palestine*. Londres, 1989.

SARTRE, Maurice. *The Middle East under Rome*. Cambridge, 2005.

SATLOFF, Robert. *Among the Righteous: Lost Stories from the Holocaust's Long Reach into Arab Lands*. Londres, 2007.

SATTIN, Anthony. *A Winter on the Nile: Florence Nightingale, Gustave Flaubert and the Temptations of Egypt*. Londres, 2010.

SCAMMELL, Michael. *Koestler: The Indispensable Intellectual*. Londres, 2010.

SCHÄFER, Peter. *The History of the Jews in the Greco-Roman World*. Londres, 1983.

SCHNEER, Jonathan. *The Balfour Declaration: The Origins of the Arab-Israeli Conflict*. Londres, 2010.

SCHOLCH, A. "Jerusalem in the 19th Century". In: *Jerusalem in History*. Org. K. J. Asali. Nova York, 1990.

SCHOLEM. G. *Major Trends in Jewish Mysticism*. Nova York, 1961.

______. *Sabbatai Zevi: The Mystical Messiah*. Princeton, 1973.

SCHREIBER, Nicola. *Cypro-Phoenician Pottery of the Iron Age*. Leiden; Boston, 2003.

SCHUR, Nathan. *Napoleon in the Holy Land*. Londres, 1999.

SCHÜRER, E. *The History of the Jewish People in the Age of Jesus Christ*. Edinburgo, 1973-9.

SCHWARTZ, Daniel. "Josephus, Philo and Pontius Pilate". In: *Jerusalem Cathedra: Studies in the History, Geography and Ethnology of the Land of Israel*. Org. Lee I. Levine. Jerusalém, 1983. v. 3.

______. *Agrippa the First, the Last King of Judaea*. Tübingen, 1990.

SEGEV, Tom. *One Palestine Complete: Jews and Arabs under The British Mandate*. Londres, 2000.

______. *1967: Israel, the War and the Year that Transformed the Middle East*. Londres, 2007.

SHANKS, Hershel. *Jerusalem's Temple Mount*. Nova York; Londres, 2007.

SHEPHERD, Naomi. *The Zealous Intruders: The Western Rediscovery of Palestine*. Londres, 1987.

SHERMAN, A. J. *Mandate Days: British Lives in Palestine 1918-48*. Londres, 1997.

SHINDLER, Colin. *A History of Modern Israel*. Cambridge, 2008.

______. *The Triumph of Military Zionism*. Londres, 2010.

SHLAIM, Avi. *Collusion across the Jordan: Kong Abdullah, the Zionist Movement and The Partition of Palestine*. Nova York, 1988.

______. *Lion of Jordan: The Life of King Hussein in War and Peace*. Londres, 2007.

______. *Israel and Palestine*. Londres, 2009.

SIEVERS, J. *The Hasmoneans and their Supporters: From Mattathias to the Death of John Hyrcanus*. Atlanta, 1990.

SILBERMAN, Neil Asher. *Digging for God and Country: Exploration, Archeology and the Secret Struggle for the Holy Land 1799-1917*. Nova York, 1990.

SLATER, Robert. *Rabin of Israel*. Londres, 1996.

SMAIL, R. C. "The Predicaments of Guy de Lusignan". In: *Outremer: Studies in the History of the Crusading Kingdom of Jerusalem, Presented to Joshua Prawer*. Org. de Benjamin Z. Kedar, H. E. Mayer e R. C. Smail. Jerusalém, 1982.

SOSKICE, Janet. *Sisters of Sinai: How Two Lady Adventurers Found the Hidden Gospels*. Londres, 2009.

STAGER, Lawrence E. "Forging an Identity: The Emergence of Ancient Israel", in Michael Coogan (ed.), *The Oxford History of the Biblical World*. Oxford, 1998.

STERN, M. "Judaea and her Neighbours in the Days of Alexander Jannaeus". In: *Jerusalem Cathedra: Studies in the History, Geography and Ethnology of the Land of Israel*. Org. Lee I. Levine. Jerusalém, 1981. v. 1.

STEWART, Desmond. *Theodor Herzl*. Londres, 1974.
STILLMAN, Norman A. "The Non-Muslim Communities: The Jewish Community". In: *The Cambridge History of Egypt*. Org. de Carl F. Petry. Cambridge, 1998. v. 1: *Islamic Egypt 640-1517*.
STRATHERN, Paul. *Napoleon in Egypt*. Londres, 2007.
STROUMSA, G. G. "Christian Memories and Visions of Jerusalem in the Jewish and Islamic Context". In: *Where Haven and Earth Meet: Jerusalem's Sacred Esplanade*. Org. de Oleg Grabar e Benjamin Z. Kedar. Jerusalém; Austin, 2009.
TABOR, James D. *The Jesus Dynasty*. Londres, 2006.
TAMARI, Salim. *Mountain Against the Sea: Essays on Palestinian Society and Culture*. Berkeley; Los Angeles; Londres, 2009.
TCHAMKERTEN, Astrig. *The Gulbenkians in Jerusalem*. Lisboa, 2006.
THOMAS, Hugh. *Rivers of Blood: the Rise of the Spanish Empire*. Londres, 2010.
THOMPSON, Thomas L. *The Bible in History: How Writers Create a Past*. Londres, 1999.
THUBRON, Colin. *Jerusalem*. Londres, 1986.
TIBAWI, A. *British Interests in Palestine*. Oxford, 1961.
______. *Jerusalem: Its Place in Islam and Arab History*. Beirute, 1967.
______. *The Islamic Pious Foundations in Jerusalem: Origins, History and Usurpation by Israel*. Londres, 1978.
TREADGOLD, Warren T. *A History of Byzantine State and Society*. Stanford, 1997.
TSAFRIR, Yoram (org.). *Ancient Churches Revealed*. Jerusalém, 1993.
TSAFRIR, Yoram. "The Templeless Mountain". In: *Where Haven and Earth Meet: Jerusalem's Sacred Esplanade*. Org. Oleg Grabar e Benjamin Z. Kedar. Jerusalém; Austin, 2009.
TUCHMAN, Barbara. *Bible and Sword*. Londres, 1998.
TURNER, R. V. *Eleanor of Aquitaine*. New Haven, 2009.
TVEIT, Odd Karsten. *Anna's House: The American Colony in Jerusalem*. Nicósia, 2011.
TYERMAN, Christopher. *God's War: A New History of the Crusades*. Londres, 2007.
The Ummayads: The Rise of Islamic Art. Museu Sem Fronteiras, Amã; Viena, 2000.
VAN CREVELD, Martin. *Moshe Dayan*, Londres, 2004.
VERMES, Geza. *The Dead Sea Scrolls in English*. Londres, 1987.
______. *Jesus and the World of Judaism*. Londres, 1993.
______. *The Changing Faces of Jesus*. Londres, 2000.
______. *The Story of the Scrolls: The Miraculous Discovery and True Significance of the Dead Sea Scrolls*. Londres, 2010.
VINCENT, L. H.; ABEL, F. M. *Jérusalem nouvelle*. Paris, 1914-26.
WALKER, Paul E. "The Ismaili Dawa and Fatimid Caliphate". In: *The Cambridge History of Egypt*. Org. Carl F. Petry. Cambridge, 1998. v. 1: *Islamic Egypt 640-1517*.
WALLACH, Janet. *Desert Queen: The Extraordinary Life of Gertrude Bell*. Londres, 1997.
WARREN, W. L. *King John*. New Haven; Londres, 1981.
WARWICK, Christopher. *Ella: Princess, Saint and Martyr*. Londres, 2006.
WASSERSTEIN, Bernard. *The British in Palestine: Mandatory Government and the Arab-Jewish Conflict 1917-29*. Oxford, 1991.
______. *Herbert Samuel: A Political Life*. Oxford, 1992.
______. *Divided Jerusalem: The Struggle for the Holy City*. Londres, 2001.
WATT, Montgomery. *Muhammad: Prophet and Statesman*. Oxford, 1961.

WATT, Montgomery. *Muhammad's Mecca: History in the Quran*. Edinburgo, 1988.

WHITELAM, Keith. *The Invention of Ancient Israel: The Silencing of Palestinian History*. Londres, 1997.

WICKHAM, Chris. *The Inheritance of Rome: A History of Europe from 400 to 1000*. Londres, 2009.

WILKINSON, J. *Jerusalem Pilgrims before the Crusades*. Warminster, 1977.

______. "Jerusalem under Rome and Byzantium". In: K. J. Asali. *Jerusalem in History*. Nova York, 1990.

WILKINSON, Toby. *The Rise and Fall of Ancient Egypt: The History of a Civilization from 3000 BC to Cleopatra*. Londres, 2010.

WILLIAMS, Hywel. *Emperor of the West: Charlemagne and the Carolingian Empire*. Londres, 2010.

WILSON, A. N. *Jesus*. Londres, 1993.

______. *Paul: The Mind of the Apostle*. Londres, 1998.

WRBA, Marion. *Austrian Presence in the Holy Land in the Nineteenth and 20th Centuries*. Tel Aviv, 1996.

ZE'EVI, Dror. *An Ottoman Century: The District of Jerusalem in the 1600s*. Nova York, 1996.

Créditos das imagens

SEÇÃO I

Vista aérea do monte do Templo (Albatross/Topfoto)
Estela de Tel Dan, *c.* 850 a.C. (Zev Radovan)
Romã de marfim, Museu de Israel (AKG)
Parte do muro de Ezequias (AKG)
A inscrição de Siloé, *c.* 700 a.C., Museu Arqueológico de Istambul (AKG)
Detalhe de relevo do palácio de Senaquerribe em Nínive (AKG)
Detalhe de relevo do tesouro do palácio de Persépolis (Biblioteca de Arte Bridgeman)
Moeda descoberta perto de Jericó, *c.* 333 a.C. (Zev Radovan)
Tetradracma de prata de Ptolomeu I Sóter, *c.* 300 a.C., Museu de Israel (AKG)
Tetradracma de prata de Antíoco IV Epifânio, *c.* 175 a.C., Museu de Israel (AKG)
Judas, o Macabeu
Denário de prata de Marco Antônio e Cleópatra VII (Curadores do Museu Britânico)
Reconstrução do Segundo Templo, Museu de Israel (AKG)
Ossuário de "Simão, o construtor do Santuário" (AKG)
Inscrição grega do Templo, c. 50 a.C., Museu Arqueológico de Istambul (AKG)
Canto sudeste do muro de Herodes circundando o monte do Templo (Zev Radovan)
A crucificação, Hubert van Eyck, Ca' d'Oro, Veneza (Biblioteca de Arte Bridgeman)
Moeda de Herodes Antipas, *c.* 4-39 d.C., Museu de Israel (AKG)
Moeda de Herodes Agripa I, *c.* 39-43 d.C., Museu de Israel (AKG)
Cabeça de Tito, século I d.C., Museu do Louvre, Paris (Biblioteca de Arte Bridgeman)
Braço de esqueleto de mulher jovem, 67 d.C. (Zev Radovan)

Rochas no pé do Muro das Lamentações, Jerusalém (fotografia do autor)
Detalhe do arco de Tito, Roma (AKG)
Moeda cunhada para comemorar a vitória sobre a Judeia, 81 d.C. (Zev Radovan)
Busto de bronze de Adriano, c. 135, Museu de Israel (Biblioteca de Arte Bridgeman)
Moeda de prata emitida por Simão bar Kochba, *c.* 132-135, Museu de IsraeI (AKG)
Rabisco de peregrino do século IV, igreja do Santo Sepulcro (Biblioteca de Arte Bridgeman)
Cabeça colossal de Constantino, o Grande, Palazzo dei Conservatori, Roma (AKG)

SEÇÃO II

Estátua de mármore de Juliano, o Apóstata, 362, Museu do Louvre, Paris (AKG)
Justiniano I e seu séquito, *c.* 550, San Vitale, Ravenna (Biblioteca de Arte Bridgeman)
Teodora e seu séquito, *c.* 550, San Vitale, Ravenna (Biblioteca de Arte Bridgeman)
Mapa mosaico da Palestina, Madaba (Biblioteca de Arte Bridgeman)
O portão Dourado (fotografia do autor)
Ascensão de Maomé, de um manuscrito do poema "Khamza", de Nizami, 1539-43, Biblioteca Britânica (AKG)
Dinar de ouro da dinastia omíada mostrando Abd al-Malik (Curadores do Museu Britânico)
O Domo da Rocha (AKG)
Interior do Domo da Rocha (Garo Nalbandian)
O saque de Jerusalém em 1099, iluminura em miniatura de uma crônica universal, Jean de Courcy, Bibliotèque Nationale, Paris (Biblioteca de Arte Bridgeman)
Balduíno I cruza o Jordão, iluminura de Roman de Godefroi de Bouillon, Bibliotèque Nationale, Paris (AKG)
Mapa medieval de Jerusalém da *Chronicle of the Crusades* de Roberto, o Monge (Corbis)
Melisende casando-se com Fulque d'Anjou, de *Histoire de la conquète de Jérusalem*, de Guilherme de Tiro, Bibliotèque Nationale, Paris (Biblioteca de Arte Bridgeman)
Saltério de Melisende, *c.* 1131-43, Biblioteca Britânica (AKG)
Balduíno IV e Guilherme de Tiro, iluminura de *Histoire de Outremer*, de Guilherme de Tiro, Biblioteca Britânica (AKG)
Retrato de Saladino, Biblioteca Britânica (Biblioteca de Arte Bridgeman)
Frederico II entrando em Jerusalém, 1227, Biblioteca do Vaticano (AKG)
O Domo da Ascensão (AKG)
Entrada do Mercado dos Mercadores de Algodão
Fonte Qaitbay (AKG)
Suleiman I, retrato atribuído à escola de Ticiano, *c.* 1530, Kunsthistorisches Museum, Vienna (Biblioteca de Arte Bridgeman)
Fonte do portão da Corrente (AKG)
Gravura de Sabbatai Zevi (AKG)
Detalhe dos mosaicos exteriores do Domo da Rocha (Corbis)

SEÇÃO III

Ibrahim Paxá, Charles-Philippe Larivière, Museu de História Francesa no Palácio de Versalhes (RMN)

Igreja grega do Santo Sepulcro, David Roberts, 1839 (AKG)
Sir Moses Montefiore (coleção do autor)
Moinho Montefiore (Mishkenot Sha'ananim)
Fotografia da igreja do Santo Sepulcro, Patriarca Yessayi, 1861 (Patriarcado armênio)
Um grupo de judeus iemenitas (Colônia Americana)
Um grupo de judeus asquenazitas, 1885, Arquivo Hulton (Getty)
Multidão de peregrinos russos na igreja do Santo Sepulcro (Colônia Americana)
Rua Rei Davi, Coleção Granger (Topfoto)
Theodor Herzl e sua família, Arquivo Hulton (Getty)
Kaiser Guilherme II em Jerusalém, 1889, Arquivo Hulton (Getty)
O Kaiser na tumba dos Reis (Colônia Americana)
Bertha Spafford e outros membros da Colônia Americana com amigos beduínos, 1901 (Colônia Americana)
Hussein Selim al-Husseini (Colônia Americana)
Montagu Parker (Arquivos da família Morley)
Wasif Jawhariyyeh (Instituto de Estudos Palestinos)
Kemal Paxá, 1915 (Colônia Americana)
Execuções turcas em Jerusalém (Biblioteca Pictórica Mary Evans)
Chaim Weizmann, 1918
David Lloyd George e Winston Churchill, 1910 (Getty)
T. E. Lawrence no balcão do governador, 1920 (Getty)
O prefeito de Jerusalém entrega a cidade, 1917 (Getty)
Recepção de 4 de Julho na Colônia Americana (Colônia Americana)
Winston Churchill, T. E. Lawrence e Amir Abdullah nos jardins da Casa do Governo, 1921, Coleção Fotográfica Matson (Biblioteca do Congresso, Washington, DC)
Investidura do Duque de Connaught no Bairro do Quartel (Colônia Americana)
Grupo diante da Casa do Governo, 1924 (Arquivo Estatal de Israel)

SEÇÃO IV

Rei Hussein em Jerusalém, 1923 (Biblioteca do Congresso, Washington, DC)
Rei Fasael e Amir Abdullah cercados de estudantes, 1933, Coleção Fotográfica Matson (Biblioteca do Congresso, Washington, DC)
David Ben-Gurion, 1924 (Biblioteca Pictórica Mary Evans)
Mufti Amin al-Husseini nas festividades de Nabi Musa, 1937 (Keystone Press, França)
Cerimônia do Fogo Sagrado, 1941, Coleção Fotográfica Matson (Biblioteca do Congresso, Washington, DC)
Preces no Muro Ocidental, 1944 (Arquivo Central Sionista)
Asmahan (Getty)
Mufti Amin al-Husseini encontra-se com Adolf Hitler, 1941 (AKG)
Abd al-Kadir al-Husseini, anos 1940 (Associated Press)
Procissão funeral de Abd al-Kadir al-Husseini, 1948 (Escritório de Imprensa do Governo, Estado de Israel)

Atentado ao King David Hotel

Katy Antonius (Sociedade Acadêmica Palestina para Estudo de Assuntos Internacionais)

Jerusalém sob fumaça durante a Guerra Árabe-Israelense, 28 de maio 1948 (Biblioteca Pictórica Mary Evans)

Soldados árabes conduzindo um prisioneiro judeu, 1º de junho 1948, Time and Life Pictures (Getty)

Moça judia fugindo de prédios em chamas, 28 de maio 1948, Time and Life Pictures (Getty)

Tropas árabes atrás de barricadas de sacos de areia, 1º de junho 1948 (AKG)

Rei Abdullah com multidão em Jerusalém, 1º de julho 1948 (Getty)

Cena na mesquita de al-Aqsa após o assassinato do rei Abdullah, 20 de julho 1951 (Associated Press)

Rei Hussein da Jordânia, 29 de julho 1967 (Associated Press)

Yitzhak Rabin e Moshe Dayan durante uma reunião do gabinete israelense, 1967 (Micha Bar Am/Magnum Photos)

Paraquedistas israelenses avançando rumo ao portão dos Leões, 7 de junho 1967 (Avner Offer)

Soldados israelenses rezando no Muro Ocidental, 7 de junho 1967 (Cornell Capa/Magnum Photos)

O xeque encarregado das mesquitas no monte do Templo, 7 de junho 1967 (Micha Bar Am/Magnum Photos)

Tropas israelenses abrem caminho rumo a al-Aqsa (Micha Bar Am/Magnum Photos)

Paraquedistas israelenses no Domo da Rocha (Avner Offer)

Índice remissivo

1ª EDIÇÃO [2013] 10 reimpressões

ESTA OBRA FOI COMPOSTA EM DANTE PELO ACQUA ESTÚDIO E IMPRESSA
EM OFSETE PELA GEOGRÁFICA SOBRE PAPEL PÓLEN DA SUZANO S.A.
PARA A EDITORA SCHWARCZ EM FEVEREIRO DE 2025